우리말 불교개념 사전

4

| 수행론 |

우리말 불교개념 사전 4 | 수행론 |

초판인쇄 2024년 05월 17일
초판발행 2024년 05월 24일

편　　자 고영섭
발 행 인 윤석현
발 행 처 박문사
책임편집 최인노
등록번호 제2009-11호

우편주소 서울시 도봉구 우이천로 353 성주빌딩
대표전화 02) 992 / 3253
전　　송 02) 991 / 1285
홈페이지 http://jnc.jncbms.co.kr
전자우편 bakmunsa@hanmail.net

ISBN 979-11-92365-57-2 04220 정가 48,000원
979-11-92365-53-4 (SET)

우리말 불교개념 사전

4

| 수행론 |

동국대학교 세계불교학연구소

고 영 섭 편

박문사

일러두기:

1. 이 사전은 인간관(1책), 세계관(2책), 수행론(2책)으로 분류한 123개 개념을 전5책에 담은 우리말 불교개념 사전이다.
2. 빠알리어표기는 첫 음의 경우 격음을 지양해 경음으로 표기하였다.
   Pali – 빠알리어
3. 범어표기는 첫 음의 경우 경음을 지양해 평음으로 표기하였다.
   Sanskrit – 산스크리트
4. 티베트어표기는 첫 음의 경우 경음을 지양해 격음으로 표기하였다.
   Tibetan – 티베탄
5. 이미 우리말로 굳어진 한자어의 음은 한자로 표기하지 않았다.
6. 각 원고 말미에는 집필자의 이름과 소속을 덧붙였다.
7. 기타

|서문|

무릇 사전은 한 문명을 이해하는 척도이자 한 학문을 인식하는 지도이다. 지도가 공간의 표상을 일정한 형식을 이용해 표현한 것이라면, 척도는 자료를 수집할 때 관찰된 현상에 하나의 값을 할당시키기 위하여 사용하는 측정과 평가의 기준이다. 이처럼 문명 이해의 척도이자 학문 인식의 지도인 온전한 사전의 유무는 해당 문명의 정도와 해당 학문의 수준을 가늠해 준다.

붓다에 대한 연구인 전승 불학과 붓다의 가르침에 대한 연구인 근현대 불교학 사이에는 연속과 단절이 존재한다. 전승 불학에서는 계정혜학과 불선유학의 연속성이 확인되지만 근현대 불교학에서는 계정혜학과 불선유학의 지속성이 확인되지 않는다. 연속성 속에서는 전승 불학의 특징과 특성이 강하게 발휘되지만 불연속성 속에서는 근현대 불교학의 특징과 특성이 강하게 발휘된다. 이 때문에 이 시대를 사는 인문학도와 불교학도는 전승 불학과 근현대 불교학의 연속과 불연속을 통섭해 이들의 강점과 장점을 원용하고 변용해 새로운 인문학과 불교학을 전개해야 할 과제를 지니고 있다.

민족 사학인 동국대학교는 우리나라에서 가장 오래된 배움터이다. 고구려 소수림왕 2년(372)년에 수도 집안에 들어온 순도가 전해온 불교를 공인하면서부터 그가 머문 초문사가 대학의 역사가 시작된 곳이기 때문이다. 우리나라의 고대 고구려 백제 신라 가야 사국의 교육은 대개 유학을 중심으로 한 관학과 불학을 중심으로 한 사학을 중심으로 전개해 왔다. 정부 주도의 관학과 달리 특히 민간 주도의 사학은 불교 사찰의 강원을 중심으로 교육이 이루어져 왔다. 신라 중기에 선법이 전래되면서부터는 선원에서도 교육이 이루어져 왔다.

고려시대 정종 때에는 관학과 함께 사학인 불교를 공부하는 이들을 위해 장학재단 광학보가 설치되었다. 조선후기에는 강원과 선원 및 염불원의 삼원을 중심으로 삼문 수행이 이루어졌다. 대한시대에 들어서 전국 16개 중법산 이상의 사찰에서 출자하여 중앙의 불교 사찰 원흥사에서 명진학교(1906)를 개교하였다. 명진학교는 이후 불교사범학교(1910~1914), 불교고등강숙

(1914~1915), 불교중앙학림(1915~1922), 불교학원(1922~1928), 불교전수학교(1928~1930), 중앙불교전문학교(1930~1940), 혜화전문학교(1940~1946), 동국대학(1946~1953), 동국대학교(1953~현재)로 이름을 바꾸어가며 이어져 오고 있다.

2003년 당시 편자는 우리 불교학의 지형을 제고하기 위해 불교학과의 젊은 교수들 중심으로 단권의 『우리말 불교개념 사전』을 기획하였다. 그런데 이 사실이 서윤길 대학원장님에게 알려지면서 이 기획을 동국대학교의 개교 100주년을 준비하는 사업으로 확대하자는 제안을 받았다. 그 결과 홍기삼 총장님의 동의 아래 학교출판부의 원고료 지원과 사전 간행 지원이라는 전향적인 방향으로 확장되었다. 그리하여 동국대학교의 뿌리가 된 불교학과 창설 100주년을 준비하기 위해 불교학과 교수들 중심으로 『우리말 불교개념 사전』을 편찬하기 위한 준비위원회가 구성되었다.

준비위에서는 이렇게 분류와 책수 및 집필 형식을 확정하고 108명의 박사 필자들에게 125개의 표제어를 150~200매 분량으로 청탁하였다. 이러한 일련의 준비 과정은 지난 한 세기 동대를 중심으로 한 국내 불교연구의 성과를 집대성하는 작업이었다. 이 때문에 당시 우리나라 인문학계에서는 이제까지 들은 적이 없는 『우리말 불교개념 사전』 편찬의 의미와 가치에 대해 큰 관심을 가지고 있었다. 그때 사전 간행을 위한 원고청탁서에는 이 사전의 집필 방향과 편찬 내용이 잘 나타나 있다.

불교에는 수행의 실제를 이론화한 무수한 개념들이 있습니다. 그 개념들은 깊고 넓은 시공간적 의미를 머금고 있기 때문에 인간(존재)과 세계(우주)와 수행(해탈)에 대한 불교의 깊고 넓은 의미 영역에 대한 올바른 이해를 위해서는 '개념사전'이라는 이정표가 필수적으로 요청됩니다. 먼저 각 개념들에 대한 온전한 이해를 위해서는 해당 개념의 1) 어원적 근거 및 개념 풀이, 2) 역사적 맥락 및 텍스트별 용례, 3) 인접 개념과의 관계 및 현대적 논의, 4) 출전 근거와 참고 문헌 등에 대한 탐색이 전제되어야만 합니다. 이들 네 축에 입각한 유기적이고도 포괄적인 이해 위에서 비로소 불교를 온전히 파악할 수 있게 됩니다.

불교사전은 불교를 이해하는 척도가 됩니다. 하지만 종래의 불교사전은 소항목 중심에다 단순한 개념 풀이에 머물러 있어 1) 어원적 근거 및 개념 풀이, 2) 역사적 맥락 및 텍스트별 맥락의 용례, 3) 인접 개념과의 관계 및 현대적 논의, 4) 출전 근거와 참고 문헌 등을 집중적으로 제시한 전문 사전은 아직까지 존재하지 않았습니다. 몇몇 불교사전들 일부에서 위의 몇 축이 제시되었다 해도 지극히 얕은 수준에서 산발적으로 나열되었을 뿐, 이들 네 축이 유기적으로 제시되거나 체계적으로 해명된 예의 사전은 없었습니다. 따라서 종래의 사전들은 단편적이고 주변적인 글자풀이의 수준에 머물러 있어 해당 개념에 대한 종합적 이해가 이루어질 수 없었습니다.

우리가 준비하는 『우리말 불교개념 사전』은 해당 개념마다 불교고전어인 범/파/장/한문과 중국어 및 영어에 이르는 어원적 근거, 각 개념의 시대별 및 텍스트별 용례 분석과 설명을 제시하는 역사적 용례, 해당 개념과 유관한 개념과의 동이 구분을 통한 인접 개념과의 관계 및 현대적 의미, 출전 근거(1차 자료)와 참고 문헌(2차 자료 이상)의 제시를 통하여 종래에는 찾아볼 수 없었던 전혀 새로운 의미의 사전이 될 것입니다.

이러한 네 가지 특징을 담은 새로운 형식의 『우리말 불교개념 사전』은 이미 오래전부터 요청되어 왔습니다. 하지만 우리 불교학계의 인적 물적 인프라의 미약 등으로 인해 아직까지 이루어지지 못했습니다. 『우리말 불교개념 사전』은 이러한 요구를 충실히 담아 불교개념에 대한 본질적 이해와 유기적 이해를 아울러 가능하게 해 줄 것으로 믿습니다.

편자는 기획과 편찬준비위원회를 대표하여 동료 교수들과 함께 수습된 원고를 모아서 '인간관'과 '세계관'과 '수행론'의 분류 아래 총5책 123개의 원고를 엮었다. '인간관'을 다룬 제1책에는 '붓다' 등 26개 개념, '세계관'을 다룬 제2책과 제3책에는 각기 '연기' 등 25개 개념과 '보법' 등 23개 개념, 그리고 '수행론'을 다룬 제4책과 제5책에는 '일념삼천' 등 23개 개념과 '삼도' 등 26개 개념을 담았다.

기존의 사전과는 차별성을 갖는 상위 범주 네 축과 하위 범주 포함 여덟 축의 구조는 이 사전의 독자적인 면모라고 할 수 있다. 이 사전은 불교정신에 기초해 창학한 민족 사학 동국대학교의 불교학과가 창설 100주년을 맞이하여 준비하는 『우리말 불교개념 사전』이라는 점에서 '동대 전인교육 백년'과 '불교연구 백년의 성취'를 아울러 담아내고 있다.

동국대학교 창학 100주년과 불교학과 창설 100주년을 기념하여 준비한 『우리말 불교개념 사전』(전5책)이 우여곡절 끝에 기획과 집필 및 교정과 간행에 이르기까지 예정보다 크게 늦어 118주년이 되는 금년에서야 겨우 간행할 수 있었다. 그 사이 원고를 집필을 해 주신 여러 필자들과 이미 세상을 떠나신 필자들께 감사와 위로의 마음을 전하고 싶다. 처음 『우리말 불교개념 사전』 편찬의 발의와 기획을 도맡았던 편자는 이 막중한 책임을 피할 수 없어 늦게나마 불사를 마무리하고자 폐기한 사전 원고를 출판부에서 넘겨받았다. 그 원고의 교정을 거듭한 끝에 편자와 동국대학교 불교대학 세계불교학연구소 이름으로 편찬을 마무리하기로 했다.

『우리말 불교개념 사전』 편찬을 위해 물심양면으로 지원해 주신 당시 동국대학교 홍기삼 총장님, 대학원 서윤길 원장님, 출판부 이철교 부장님, 그리고 편찬위원인 불교학과 박인성, 우제선, 신성현, 지창규, 고영섭, 김종욱 교수님께 감사를 드린다. 또 사전 원고를 읽고 꼼꼼히 교정해 준 동국대 연구교수 오지연 박사, 불교학과 박사반 박경미 원생에게도 감사를 드린다. 아울러 이 사전이 세상에 나올 수 있게 인내하며 출판해 주신 윤석현 박문사 사장님, 인연을 맺어주신 권석동 부장께도 감사를 드린다.

2024년 2월 9일
동국대학교 불교대학 세계불교학연구소
소장 고영섭 합장

|차 례|

일념삼천

[한] 一念三千

Ⅰ. 개념 및 출전

일체 중생들의 마음에는 세상의 일체 진리가 다 갖추어 있다는 것을 구체적으로 보인 천태학의 교설이 일념삼천설(一念三千說)이다. 불교에서 관심의 포인트는 마음에 있다. 마음은 모양이 없어서 눈으로 볼 수 없고 냄새가 없어서 코로 확인할 수도 없다. 이렇듯 오근(五根)에 의해 그 존재를 포착할 수 없어서 어디에 있는지 어떻게 작용하는지, 그리고 어디에서 비롯되었는지도 분명하지 않지만 마음은 온갖 것을 받아들이고 만들어낸다. 여기에는 세상의 온갖 법이 담겨 있어 이 마음을 연구하면 모든 이치를 알아낼 수가 있다고 한다. 천태교학에서는 이를 일념삼천(一念三千)이라는 말로 표현하였는데, 간단하게 설명하면 "한 생각 안에 3천 가지로 표현되는 세상의 온갖 진리가 다 담겨 있다"는 뜻이다. 세상의 진리가 3천 가지만이 아니겠지만 이 숫자에는 세간을 모두 포괄하는 주요 법수가 망라되어 있으므로 사실상 3천이라는 것은 무량한 진리를 다 포괄하는 개념이라고 할 수 있다.

먼저 3천이란 숫자의 구성에 대해 먼저 간략히 밝히면 다음과 같다. 즉 세간을 분류하는 방식으로서 지옥·축생·아귀·아수라·인간·천·성문·연각·보살·불계의 십계(十界)가 상정되고, 십계 각각이 다른 아홉 계를 서로 갖추고 있다는 십계호구(十界互具)에 의해 백계가 된다. 이러한 세간과 그에 속한 모든 존재를 분별할 때 다시 여시상(如是相)·여시성(如是性)·여시체(如是體)·여시력(如是力)·여시작(如是作)·여시인(如是因)·여시연(如是緣)·여시과(如是果)·여시보(如是報)·여시본말구경등(如是本末究竟等)의 십여시(十如是)가 적용되므로 1천 여시가 되며, 그리고 이들 각각이 오음(五陰)세간·중생(衆生)세간·국토(國土)세간의 삼종세간(三種世間)을 갖추고 있으므로 도합 삼천 세간이 된다. 다시 말하면 세상을 이해하는 데 필요한 주요 분별 방식과 범주를 모아 3천 법수로 대표화 한 뒤 이것이 일념(一念) 안에 갖추어 있음을 설하고 있는 것이다.

이 일념삼천설은 천태교학에서 매우 중요한 위치를 점하고 있다. 여기에는 천태종의 소의경전인 『법화경』의 제법실상론(諸法實相論)과 이와 관련한 삼제원융론(三諦圓融論)이 담겨 있다. 또한 일심삼관(一心三觀)으로 행하는 원돈지관(圓頓止觀)의 근본 원리를 제공하고 있으므로 일념삼천설은 교학연구와 선정수행의 동시 실천[敎觀兼修]을 강조하는 천태종에 있어서 교상문(敎相門)과 관심문(觀心門)을 연결짓는 핵심 교설이라 할 수 있다. 그리고 일념삼천을 바탕으로 성구설(性具說)이 나오는데 이는 성기설(性起說)을 설하는 화엄종과 천태종을 구별하는 중요한 지표가 된다. 나아가 훗날 천태종이 화엄 쪽으로 경도되는 산외파(山外派)와 천태 정통으로 인정되는 산가파(山家派)로 나뉘어 논쟁을 벌이게 되는 주요 소재를 제공한 것도 일념삼천설이다.

일념삼천설은 천태 삼대부(大部)로 불리는 『법화문구(法華文句)』·『법화현의(法華玄義)』와 『마하지관(摩訶止觀)』에 모두 설해져 있다. 또한 천태 오소부(小部) 가운데 하나인 『관음현의(觀音玄義)』에도 상세한 설명이 나온다. 설명 내용이 조금씩 차이가 있는데 일반적으로 이 가운데 가장 나중에 설해진 『마하지관』을 기준으로 삼는다. 그 권5상(上)에 설해진 관련 내용을 보면 "무릇 한 마음에는 열 가지 법계가 갖추어 있는데 하나의 법계는 다시 열 가지 법계를 갖추므로 1백 법계가 된다. 한 법계는 또 30 종류의 세간을 갖추니 백 법계에는 3천 종류의 세간이 갖추어지는 셈이다. 이 3천 법이 한

순간의 마음에 있다. 마음이 없다면 모르지만 겨자씨만큼이라도 마음이 있다면 바로 3천 법을 갖춘다"[1]고 되어 있다. 이것은 원돈지관을 행하는 방법으로서 조직된 십승관법 가운데 첫 번째 관법인 '마음이 불가사의한 경계임을 관하는 것[觀不思議境]'을 설명하는 부분으로서, 마음이 어째서 불가사의한지를 밝히는 내용이다. 단순히 3천 가지 법수가 한 마음 안에 있다는 것이 아니라 그 내면적 설명을 보면 마음이란 참으로 불가사의한 존재임을 알 수 있다. 먼저 법수(法數)가 3천으로 정해지는 과정과 그 의미, 그리고 경전상의 근거를 구체적으로 밝히면 다음과 같다.

1. 십계 및 십계호구(十界互具)

불교에서 세계를 구분하는 방식은 여러 가지가 있는데, 이 가운데 십계로 구분하는 것은 중생들의 복과 지혜의 다소(多少)를 기준으로 삼은 것이다. 일반적으로 이 기준으로 세계를 분별할 때는 오취(五趣)로 나누거나 육도(六道)로 구분한다. 오취는 지옥·축생·(아)귀·인(간)·천(상)계를 말하는 것으로『대비바사론』『구사론』등 주로 아비달마 논서에서 채택하고 있다.[2] 오취의 '취(趣)'란 범어 가타야(gatayaḥ)를 번역한 말로서 '갈 곳'을 말한다. 즉 과거에 지은 선악의 업에 따라 과보를 받기 위해 가는 곳이라는 뜻이다. 대승의 논서에서는 대개 여기에 아수라를 더한 육도설을 채택한다.[3] 아수라(阿修羅)는 범어 아수라(Asura)를 음역한 것으로 보통 축약하여 수라라고도 부르는데, 복을 많이 지었지만 교만한 마음이 강하여 천신과 늘 전투를 벌인다는 존재이다. 여러 경전을 살펴보면 오도와 육도, 오취와 육취라는 말이 모두 사용되고 있고, 아수라의 형체가 귀신을 닮은 것과 천신을 닮은 것이 모두 있어서 분류하기 애매하다는 점도 있으므로 어느 설이 옳다고 단정하기는 어렵다. 다만『대지도론』의 설명에 따르면『법화경』에

---

1 지의(智顗) 설,『마하지관(摩訶止觀)』5상(『대정장』46권, 54상), "夫一心具十法界 一法界又具十法界百法界 一界具三十種世間 百法界卽具三千種世間 此三千在一念心 若無心而已 介爾有心卽具三千"

2 예를 들어『대비바사론(大毘婆沙論)』172,『구사론(俱舍論)』8「분별세품(分別世品)」,『집이문족론(集異門足論)』11「오법품(五法品)」등이 대표적이다. 이들은 모두 설일체유부의 주장을 담고 있다.

3『대지도론(大智度論)』10과『십주비바사론(十住毘婆沙論)』15「대승품」에 나오는 설 등을 대표적인 예로 들 수 있다.

서 육도로 설명하고 있고 또한 죄와 복을 각 3품으로 나누어 삼악도와 삼선도로 해야 균형이 맞으므로 육도로 구분하는 것이 더 합리적이라고 한다.[4]

오역죄(五逆罪)와 살생·도둑질 등 열 가지 악업을 극심하게 지으면 지옥에 태어나고 중품으로 지으면 축생계, 하품으로 지으면 아귀계에 태어나는데 이 세 세계를 삼악도(三惡道)라고 부르기도 한다. 다만 삼악도를 나열할 때 지옥-아귀-축생의 순으로 나온 경론이 있고 지옥-축생-아귀의 순으로 나온 것도 있지만 빈도로 보거나 주요 논서의 설명을 감안할 때 지옥-축생-아귀의 순이 옳다. 그리고 열 가지 선업을 매우 많이 짓거나 선정을 닦으면 천계, 중품으로 지으면 인간계, 하품으로 지으면 아수라계에 태어나니 이들 세계를 삼선도(三善道)라고 한다.

이 가운데 인간계를 더욱 세분하여 성인의 경지에 오른 이들을 네 등급, 즉 사성(四聖)으로 따로 둔 것이 십계이다. 직접 부처님의 설법을 듣고 사성제(四聖諦)를 관하여 회신멸지(灰身滅智)하는 이들인 성문(聲聞)계, 독자적으로 십이인연의 이치를 관하여 성인의 경지에 이른 연각(緣覺)계, 사홍서원을 일으켜 육바라밀을 행하는 이들인 보살계, 복덕과 지혜가 완전하게 갖추어져 더 이상 위가 없는 무상(無上)의 지위에 오른 불계가 그것이다. 이들이 성인의 지위에 오른 것에 대비하여 다른 사람들과 다섯 세계는 육범(六凡), 즉 여섯 종류의 범부 중생이라고 부르니 합하여 사성육범(四聖六凡)이 십계를 구성하는 내용이다.

십계라는 용어는 경전이나 논서에서는 직접 찾을 수 없다. 다만 육도에 더해 인간계를 사성(四聖)으로 나누는 분별 방식은 『화엄경』의 「십지품」과 『법화경』의 「법사공덕품」, 그리고 『대지도론』 등에 설해져 있다. 그러므로 천태대사가 이들 대승 경론을 바탕으로 하여 세계를 열 부류로 나눈 뒤 거기에 '십계(十界)', 혹은 '십법계(十法界)'라는 명칭을 붙인 것이라고 할 수 있다.

그런데 이 십계 하나하나는 독자적인 성질이나 모습을 갖고 격리되어 있는 것이 아니고 서로 갖추고 융섭하는 관계에 있다고 하는 것이 십계호구(十界互具)의 사상이다[5]. 즉 지옥계 내지 불계의 하나하나가 다른 9계를 본

4 용수(龍樹), 『대지도론』 30(『대정장』 25권, 280상)

5 이를 명확하게 밝히고 있는 것으로는 다음의 두 구절이 대표적이다. "하나의 법계는 또 열 법계를 갖추니 100법계가 된다"(『마하지관』 5하). "하나의 법계는 아홉 법계를 갖추니 백법계가 있게 된다"(『법화현의』 2상). 전자는 한 법계가 "열 법계를 갖추었

래 자신의 세계에 갖추고 있다는 것이다. 예를 들면 불계에는 지옥·축생·아귀·수라·인간·천·성문·연각·보살의 9계가 갖추어 있고, 지옥계에도 역시 마찬가지로 축생·아귀·수라·인간·천상·성문·연각·보살·불의 9계가 갖추어져 있다. 이렇게 하면 십계가 지옥-지옥계, 지옥-축생계 내지 보살-불계, 불-불계로 세분되므로 외형상으로는 백계가 되지만 십계 하나하나는 내용적으로 각각 완전한 법계가 된다. 다시 말하여 지옥 내지 불계가 전체 법계의 10분의 1이고 이 열을 합하여 전체 법계가 되는 것이 아니라 십계 하나하나가 각각 완전한 법계이므로 하나의 작은 법계가 곧 전체 법계가 된다는 것이다. 이를 '일법계즉십법계(一法界卽十法界)'라고 한다. 즉 개별 세계에 전체 세계가 구현되어 있다는 것이 십계호구(十界互具)설의 뜻이다.

이러한 논리를 인간의 입장에서 보면 한 인간의 마음에 위로는 부처님의 마음으로부터 아래로는 지옥의 마음까지 다 갖추어 있고, 인간 세계에 부처님의 세계와 지옥세계가 다 구현되어 있다는 것으로 이해할 수 있다. 하지만 지옥계에 부처님의 세계와 마음이 갖추어 있다거나 반대로 부처님의 세계에 지옥중생의 마음과 세계가 갖추어 있다는 것은 쉽게 납득하기 어려운 대목이다. 그렇다면 이렇게 각 계가 서로 갖추고 있다는 것은 어떤 근거를 갖고 있는가?

천태대사 지의(智顗, 538~597)는 경전에 나오는 여러 가지 사례를 들어서 십계호구가 불설에 근거하고 있음을 보이고 있다. 예를 들어『마하지관』에서는『잡보장경(雜寶藏經)』과『대품반야경』에 나오는 일화를 들어 한 계가 다른 계를 갖추고 있는 실질적 사례를 증명한다. 이중『잡보장경』에 나오는 이야기는 부처님의 전생담으로서 만류하는 홀어머니를 뿌리치고 바다로 나갔던 자동녀(慈童女)가 어머니 머리칼을 자른 죄로 지옥에 떨어졌다가 그곳 중생들의 고통을 혼자 짊어지겠다는 마음을 일으킨 뒤 죽어서 천상에 태어난다는 줄거리이다.[6] 이는 지옥계에 속하면서도 부처님의 마음을 일으킨 사례라고 할 수 있다. 또『관음현의(觀音玄義)』에 보면 지옥이 부처님의 십여시를 갖추고 있는 논리가 밝혀져 있다. 즉『열반경』의 "무릇 마음이 있다면 응당 무상정등각(無上正等覺)을 얻을 수 있다"[7]는 경문을 가지

다" 하고 후자는 "아홉 법계를 갖추었다"고 서로 다르게 표현하지만 결과는 똑같이 백법계가 된다.

6『잡보장경』10(『대정장』4권, 450하~451하)

7『대반열반경』20「고귀덕왕보살품(高貴德王菩薩品)」(『대정장』12권, 737상하)에 나

고 지옥에도 부처님 성품[性]이 있음을 설명하고, "일체의 모든 중생에게는 보리의 모습이 있다"[8]는 『유마경』 구절로 지옥에 부처님의 모습[相]이 있음을 설명하고 있는 것이다.[9]

반대로 불계에 다른 아홉 계가 갖추어졌다는 것은 다음과 같이 증명한다. 부처님은 다섯 가지 행을 갖추고 있는데, 병을 앓았던 병행(病行)은 아수라 내지 지옥계에 속하고 성장기의 영아행(嬰兒行)은 인간계와 천계에 속하며 성행(聖行)은 성문과 연각계, 범행(梵行)은 보살계, 천행(天行)은 불계에 속한다는 것이다.[10]

천태대사의 이러한 설명만으로는 납득하기 어려운지 이후에도 논란이 계속되자 천태대사의 여러 저술들에 대한 주석서를 써서 천태종의 부흥을 가져온 제6조 형계(荊溪) 담연(湛然, 711~782)은 다음과 같이 부연하여 설명하고 있다. "일천제(一闡提)는 수선(修善)을 끊어서 단지 성선(性善)만이 있고 여래는 수악(修惡)을 끊었으므로 단지 성악(性惡)만이 있다." 여기서 수악이나 수선이란 후천적으로 삼업(三業)을 행하여 지은 선과 악을 말한다. 이에 대해 어떤 이가 성덕(性德)의 선과 악은 어째서 끊지 않느냐고 묻자 담연은 "성덕이란 단지 선과 악의 법문(法門)일 뿐이므로 끊을 수가 없다. … 가령 악마가 불경을 태운다 해도 성악 법문을 없앨 수 없는 것과 같다"고 대답한다. 이어서 "일천제는 성선과 성악에 통달하지 못했으므로 뒤에 다시 선과 악을 일으킬 수 있으나 부처는 성악을 통달해 악법에 자유자재하기 때문에 수악(修惡)에 물들지 않는다"고 설명하고 있다.[11]

요컨대 지옥부터 보살까지의 모든 중생은 성선이 끊어지지 않았으므로 성불할 가능성을 갖고 있고, 부처는 성악이 있어 거기에 자유자재하므로 모든 중생을 구원할 수 있다는 것이다. 전자는 일체중생실유불성(一切衆生悉有佛性)의 연장선상에 있고 후자는 부처의 보문시현(普門示現)을 가능케 하는 논리가 됨을 알 수 있다. 이렇듯 본성에 선과 악이 이미 갖추어 있다는 것은 '성구선악설(性具善惡說)'이라 할 수 있는데, 이는 후세에 천태종의 산

오는 천제(闡提) 성불론에서 취의한 것.

8 『유마힐소설경』「보살품」(『대정장』 14권, 542중). "一切衆生 卽菩提相."

9 『관음현의』 하(『대정장』 34권, 889상)

10 『마하지관』 5상(『대정장』 46권, 51하). "佛具五行 病行是四惡界 嬰兒行是人天界 聖行是二乘法界 梵行是菩薩法界 天行是佛法界."

11 담연(湛然), 『지관보행전홍결(止觀輔行傳弘決)』 5의3(『대정장』 46권, 296상중)

가파(山家派)와 산외파(山外派) 사이에 논쟁을 벌이는 주요 쟁점 중의 하나가 된다.

2. 십여시(十如是)

십여시(十如是)는『묘법연화경』「방편품(方便品)」에 설해진 것으로, 모든 법의 실상[諸法實相]을 이해하는데 소용되는 온갖 범주들을 열 가지로 묶은 것이다. 그것은 여시상(如是相)·여시성(如是性)·여시체(如是體)·여시력(如是力)·여시작(如是作)·여시인(如是因)·여시연(如是緣)·여시과(如是果)·여시보(如是報)·여시본말구경등(如是本末究竟等)으로서 모두 앞에 '여시(如是)'라는 말이 수식하고 있으므로 십여시라고 부른다.[12] 천태대사의 설명을 빌리면 여기서 상(相)은 외형적 모습, 성(性)은 내면적 성질을 말하고, 체(體)는 주된 바탕을 뜻한다. 예를 들어 축생계의 중생이 있다면 그가 갖는 축생으로서의 형상과 선하고 악한 성질을 각각 여시상과 여시성이라 하고, 그러한 모양과 성질을 가진 주체를 여시체라고 하는 것이다. 그리고 역(力)은 갖추어진 능력, 작(作)은 드러난 작용을 말하고 인(因)은 과(果)를 초래하는 직접 원인, 연(緣)은 인을 돕는 간접 원인을 뜻한다. 또 과(果)는 선하거나 악한 습인(習因)에 따라 선악이 결정되어 받는 과보로서 습과(習果), 다른 말로는 등류과(等流果)를 가리킨다. 보(報)는 업보를 의미하는데 특히 선이나 악으로 나눌 수 없는 무기(無記)의 과보로서 생기는 이숙과(異熟果)를 말한다. 삼악도를 예로 들면 유루의 악업이 그곳에 태어나는 인이 되고 애욕이나 집착이 연이 되며 악한 습과(習果)가 과로서 받는 것이고 삼악도의 중생으로 된 것이 보(報)라고 한다. 다시 말해서 어떤 중생이 극심한 탐심으로 인해 악업을 지어 지옥에 났다고 했을 때, 지옥에서도 탐심이 이어지는 것은 악인악과(惡因惡果)로서 인과 과의 성질이 같으므로 등류과라 하고, 지옥세계나 그곳에서 받은 몸 자체는 선악을 말할 수 없는 무기이므로 악인이 무기과로 다르게 익었다[異熟]고 하여 이숙과라고 부른다. 형계(荊

12 맥락을 이해하기 위해서『묘법연화경』「방편품」(『대정장』 9권, 5하)에 설해져 있는 이 문장을 완전히 옮겨보면 다음과 같다. "부처님께서 성취하신 가장 희귀하고 난해한 법은 오직 부처님과 부처님들만이 완전히 궁구할 수 있는 제법실상(諸法實相)이다. 즉 모든 법의 이같은 상(相)·이같은 성(性)·이같은 체(體)·이같은 역(力)·이같은 작(作)·이같은 인(因)·이같은 연(緣)·이같은 과(果)·이같은 보(報)·이같은 본말구경등(本末究竟等)이다."

溪) 담연(湛然)은 이러한 개념의 이해에 도움을 주기 위해 "상(相)은 오직 색(色)에만 관계하고 성(性)은 마음에만 있다. 체(體)·력(力)·작(作)·연(緣)은 그 뜻이 색과 마음을 겸하고 인(因)과 과(果)는 마음에만 해당하며 보(報)는 색에만 결부된다"[13]고 부연하고 있다.

끝으로 본말구경등(本末究竟等)이란 첫 번째[本]부터 마지막[末]까지가 궁극에는 다 같다[等]고 하는 의미이다. 같다는 것은 첫 번째로 상(相)부터 보(報)까지는 모두 인연으로 생긴 것이니 다 공하다는 점에서 같고, 두 번째로 이들은 이름만 있는 것으로서 임의로 세워놓은 것이니 가(假)라는 점에서 같다. 세 번째로 상 내지 보는 모두 상·보가 아니면서 상·보가 없는 것도 아니니 그 하나하나가 다 진여(眞如)·실제(實際)의 모습 그대로인 중(中)으로서 같다는 것이다. 또한 가제의 측면에서 보면 처음과 끝이 서로 표지가 되니, 상을 잡으면 보가 드러나고 보를 보면 상을 알 수 있어서 처음과 끝이 서로를 갖추고 있다는 점에서 같다. 즉 겉으로 드러난 상을 보면 그 성질이나 능력, 내지는 앞으로 받을 과와 보가 그 안에 다 갖추어 있어서 상을 통해 알 수 있다는 것이다. 이를 다시 정리하면, 각 법에 갖춰져 있는 아홉 여시(如是)는 그대로 삼제(三諦)가 원융(圓融)한 실상(實相)으로서 같으며, 또한 아홉 가지 여시가 일관된 하나의 특징을 갖고 있다는 점에서 같다는 의미이다. 삼악도를 예로 든다면 처음과 끝이 모두 어리석음으로서 같으니, 어리석음이란 법은 그대로 삼제가 원융한 실상이며 상에서 보까지 삼악도 중생이 갖는 일관된 특징이 있다는 점에서 '같다'고 표현한 것이다.[14]

이러한 아홉 가지 법에 '여시'라는 수식어가 붙은 것에는 깊은 뜻이 있다. 외형상 '여시(如是)'라는 말은 '이같은'이라는 말로 해석되는, 큰 의미가 없는 말로 보인다. 하지만 지의는 이것이 상·성·체·력 … 등에 공·가·중의 삼제(三諦)가 갖추어져 있음을 보이는 중요한 어구라고 풀이하고 있다. 즉 한 문으로 "제법여시상여시성(諸法如是相如是性) … 여시보여시본말구경등(如是報如是本末究竟等)"으로 되어있는 『묘법연화경』「방편품」의 문장을 세 가지 방법으로 다르게 끊어 읽는 것이다. 이는 삼전독(三轉讀)이라 불리는 방식으로서, 첫 번째는 "제법여 시상여 …시보여"로 읽는 것이고 두 번

13 담연, 『십불이문(十不二門)』(『대정장』 46권, 703상). "十如中 相唯在色 性唯在心 體力作緣 義兼色心 因果唯心 報唯約色."

14 십여시 각각에 대한 풀이는 『마하지관』 5상(『대정장』 46권, 53상하)과 『법화현의』 1하(『대정장』 33권, 694상중)에 나온다.

째는 "제법 여시상 … 여시보"로 읽는 것이며 세 번째는 "제법여시 상여시 … 보여시"로 읽는다. 첫 번째 방식은 "이 상은 여이고 … 이 보는 여이다"고 해석되며 '여(如)'에 의미 중심이 놓인다. '여'란 다르지 않다'는 뜻이라고 지의는 설명하고 있는데, 원래는 진여(眞如)·여여(如如)·실제(實際) 등과 같은 의미로서 범어 타타타(tathatā)의 번역어이다. 『유마경』「부사의품」 등에서는 여(如)라는 표현을 사용하여 공임을 나타낸다. 모든 법은 여러 조건이 화합하여 일정 기간동안만 특정한 모습을 갖고 있으며, 그 모습조차 찰나도 쉬지 않고 계속 변해가기 때문에 제법은 자성(自性)이 없고 붙잡을 수 없다[不可得]는 본질을 갖는다. 이를 진제(眞諦)라 하는데 천태종에서는 공제(空諦)라고 부른다. 공제의 측면에서 보면 모든 법은 생과 멸이 없으며 본질적으로 서로 다르지 않으므로 겉으로는 차별적으로 분별되는 상 내지는 보가 모두 진여로서 평등함을 말하는 것이다. 두 번째 방식은 "이같은 모양…이같은 보"라고 번역되어 모양 내지는 보에 중점이 놓이게 된다. 어떤 법이 인연이 화합하여 특정한 형체를 띠게 되면 외견상 다른 법과 차별되는 상·성·체·력 등을 갖게 된다. 그리하여 사람들은 생활의 편의에 따라 이들을 구분하여 각각 다른 이름을 붙이게 되는데, 이러한 것은 세속의 약속이라는 점에서 세속제(世俗諦) 혹은 속제라 하기도 하고 천태종에서는 임시의 진리라는 점에서 가제(假諦)라고 부른다. 그러므로 앞의 문장을 이렇게 끊어 읽는 것은 법을 가제의 측면에서 비추어 본 것이라 할 수 있다. 마지막 방법은 시(是)에 중심이 놓여서 "모양은 시(是)와 같으며 … 보는 시와 같다"고 해석이 된다. 시(是)라는 것은 '진실'이라는 의미를 내포하며 모든 법이 있는 그대로 유(有)와 공(空)의 양 변을 떠나 중도실상(中道實相)으로 존재함을 뜻한다. 즉 '산은 산이고 물은 물'이라는 천연한 경계로서 모든 존재는 진공묘유(眞空妙有)라고도 표현되는 절대의 법이라는 것이다. 천태종에서는 이러한 진리를 중제(中諦)라고 한다.[15] 이를 다시 정리하면, 천태대사는 『법화경』「방편품」의 십여시(十如是)를 상(相), 여(如), 시(是) 각각에 중점을 두게끔 세 가지로 달리 끊어 읽음으로써 이 내용이 각각 가제·공제·중제를 나타내고 있다고 해석하여 「방편품」에 나오는 이 구절은 일체의 법이 삼제가 원융한 중도실상으로 있는 것임을 밝힌 것이라고 본 것이다.

15 『법화현의』 2상(『대정장』 33권, 693중)

우리는 살아가면서 주변의 사물이나 생명체, 즉 제법(諸法)에 대해 많은 분별을 행한다. 그 분별은 다양하겠지만 대체로 모양, 성질, 능력, 행하는 일, 원인과 결과 등 열 가지로 대별할 수 있다. 이리하여 어떤 대상에 대해 이러한 분별정보를 많이 갖고 있으면 그 대상에 대한 지식이 많다고 인정한다. 그 지식은 살아가는 데 유용하기 때문에 많은 사람들이 지식에 집착하고, 주변에서 지식이 많다고 인정받으면 더욱 그러한 분별이 옳다고 고집한다. 하지만 엄밀히 말하면 그 대상들은 한 찰나도 쉬지 않고 변하고 있기 때문에 정확한 실체를 잡을 수가 없다. 또한 다른 대상들과 엄밀히 구분할 수 있는 경계도 없다. 그런 분별은 자의적인 것이고 시공간에 제약을 받는 임시적인 것이기 때문에 속제, 혹은 가제라고 부를 수 있다. 범부들은 이러한 속제만 알고 그나마 모든 세상 법 가운데 자신에 관계되는 극히 일부의 법에 대해서만 알고 있다. 그러나 근본을 알면 일체 법의 본래 모습은 공이라 할 수 있다. 그리하여 출세간의 도를 익힌 사람이라면 모든 법은 무상하다며 탐욕심을 내지 않지만, 그것은 다시 공제에 집착하는 모습이다. 공제건 가제건 어느 한 쪽에 집착할 수는 없다. 모든 사물은 이 두 측면을 다 갖고 있으며 또한 공도 아니고 가도 아니어서 있는 그대로가 중도 실상이기 때문이다. 이러한 삼제원융한 이치를 모든 법에 적용하여 완전히 꿰뚫어 알아야 제법실상(諸法實相)을 아는 것이고, 그러므로 이러한 실상은 오직 부처님만이 알 수 있다는 것이 『법화경』에 설해진 이 문장의 골자라고 천태대사는 삼전독을 통해 해석한 것이다. 다만 이렇게 세 가지 방식으로 읽는 것은 물론 『법화경』이 설하고 있는 제법실상(諸法實相)으로서 십여시의 의미를 쉽게 이해하도록 하기 위해 방편으로 사용한 방법이며 글의 흐름대로 읽으면 '제법(諸法) 여시상(如是相)…'의 순서로 보는 것이 타당함을 천태대사는 부연하고 있다.

그런데 십여시의 내용은 구마라집(Kumārajīva: 343~413)이 번역한 『묘법연화경』에서만 찾아볼 수 있다. 즉 『묘법연화경』보다 120년 가량 앞서 축법호(Dharmarakṣa)가 번역한 『정법화경』이나 근래에 발견된 범본 법화경, 그리고 세친이 주석한 『법화경론』 등을 보면 법을 파악하는 범주로 제시된 것이 다섯 가지뿐이다. 다만 구마라집이 『묘법연화경』보다 반 년 가량 앞서서 번역한 용수의 『대지도론』에 보면 다음과 같은 문장이 있다. "하나하나의 법에는 아홉 가지가 있으니 첫번째는 체(體)이고, 두번째는 법(法이며) … 역(力)·인(因)·연(緣)·과(果)·성(性)·한애(限礙)·개통방편(開通方便)

이다."[16] 『묘법법화경』의 십여시와 내용이 매우 유사하며 전후 맥락도 비슷함을 알 수 있다. 그러므로 대부분의 학자들은 이를 9종법이라 하여 십여시는 『법화경』 원문에 있기보다 구마라집이 『대지도론』의 9종법을 응용하여 원문의 취지를 더 구체적이고 철학적으로 살려내어 번역한 것이 아니냐는 견해를 보이고 있다. 그러나 현재 남아있는 범본 『법화경』이 『묘법연화경』의 번역 대본이 아니므로 십여시를 담고 있는 별도의 원전이 있었으리라는 가능성도 여전히 남아있다.

3. 삼종세간(三種世間)과 일념(一念)

십법계 외에 세상을 분별하는 또 하나의 유용한 방식으로서 오음세간(五陰世間)·중생세간(衆生世間)·국토세간(國土世間)의 삼종세간(三種世間)이 있다. 오음이란 오온(五蘊)의 구역(舊譯)으로서 색·수·상·행·식을 말한다. 일체의 유위법(有爲法)은 이 오온으로 구성되어 있으니 십법계의 중생들도 모두 오온을 갖고 있다. 다 같이 오온이라고 하여도 그 내용은 서로 차별이 있다. 삼악도의 중생들은 유루(有漏)의 악한 오온이고 삼선도의 중생들은 유루의 선한 오온이며 성문과 연각은 무루(無漏)의 오온으로 이루어져 있다. 그리고 보살은 역유루역무루의 오온이고 부처는 비유루비무루의 오온으로 되어 있어서 각기 차별이 있으므로 오음세간이라고 부른다.[17] 부처의 경우는 유루와 무루를 초월하여 제법의 중도 실상을 체득한 분이므로 비유루비무루의 오온이라고 한다. 세(世)란 시간적으로, 간(間)이란 공간적으로 격리된 것을 말한다. 그러므로 오음세간이란 크게 보면 십법계의 중생들 사이에 오온의 차별이 있고, 세밀하게 보면 같은 계라 할지라도 개개 중생 간에 오온이 각기 시공간적으로 격리되어 한 세계를 이루고 있음을 뜻하는 것이다.

중생세간이란 오온으로 구성된 개개 중생들이 모여서 이루는 사회를 말한다. 예를 들어 십법계 가운데 축생계라고 하면 축생 하나하나를 가리키기보다 이들의 집합체를 지칭하는 것이다. 그러나 실제로 축생들이 이루는 중생세간의 실체는 없다. 다른 세간과 명확하게 경계를 지을 수 없기 때문

16 『대지도론』 32(『대정장』 25권, 298하)

17 『마하지관』 5상(『대정장』 46권, 52하). "三途是有漏惡陰界入 三善是有漏善陰界入 二乘是無漏陰界入 菩薩是亦有漏亦無漏陰界入 佛是非有漏非無漏陰界入."

이다. 현대 사회에서 법조계, 재계라고 부를지라도 그 정확한 실체를 잡아낼 수 없는 것과 같다.

국토세간이란 주처(住處)세간이라고도 하는데, 이름 그대로 중생들이 의지해서 생활하는 환경세계를 말한다. 화엄종에서는 기세간(器世間)이라고 부른다. 국토 역시 형태와 장소가 여러 가지로 구별되기 때문에 세간이라고 한다. 예를 들어 지옥 중생들은 붉게 달구어진 쇠에 의지해 살고 축생들은 땅과 물과 공중에 의지해 살며 아수라는 해변이나 해저에 산다는 것이다. 또 인간은 땅을 의지하여 살고 천신들은 궁전에서 살며 부처님은 늘 고요하며 빛나는 국토[常寂光土]에 머문다고 한다. 국토세간도 역시 다른 세간과 엄밀하게 경계를 구분할 수는 없다. 그러므로 이 세 가지의 분별은 모두 세속제, 즉 가제라고 할 수 있다.

이상의 내용을 다시 정리하면 개개 중생의 육체와 마음이 하나의 오음세간을 이루고, 이 개개의 중생들은 서로 유사한 부류끼리 모여서 중생세간을 이루며, 이 중생들이 의지하여 사는 환경을 국토세간이라고 부르는 것이다. 인간계를 놓고 삼종세간을 설명하면 다음과 같이 말할 수 있다. 어떤 중생이 전생의 과보로 인간의 몸을 받아 나름의 성질과 특기를 가진 채 다양한 의식작용을 일으키며 살아간다. 그가 지닌 육체와 마음은 다른 인간이나 축생들과 구별되기에, 하나의 '세간'을 이룬다. 이것이 오음세간이다. 그 인간은 다른 인간들과 어울려 다양한 사회를 이루며 살아간다. 때로는 한국인이라는 이름으로 불리기도 하도 때로는 재계(財界)의 일원으로 살기도 한다. 이렇게 한국사회, 재계 등은 모두 중생세간이라고 부를 수 있다. 이 사람은 한국이라는, 또는 어느 지방이라는 특정한 지역적, 공간적 환경에 의지하며 살아가는데 이러한 것은 국토세간이라고 부른다. 십계에 속해 있는 모든 중생들은 남들과 구별되는 나름의 오온을 가지고 있고, 나름의 사회를 구성해 살고 있으며 나름의 환경과 조건에서 생활한다. 이 세 가지는 그 중생의 다양한 모습과 성질을 파악하는데 필요한 분별방식이라고 할 수 있다.

사실 십법계를 말할 때는 의보(依報)와 정보(正報)가 함께 포괄된다. 즉 각 계의 중생들과 그 거주 공간을 함께 지칭하는 것이다. 그러나 일반적인 용례로는 십법계 가운데 지옥과 천상은 거주처로 이해되고 아귀, 축생 등 나머지 여덟 부류는 중생만을 지칭하는 것으로 생각한다. 때문에 십법계만으로는 모든 법계가 망라되지 않는 것으로 여길 우려가 있으므로 이를 명확하게 할 필요가 있어서 삼종세간의 개념을 도입한 것이라고 생각된다. 이를 통해 3천이라는 법수는 일체의 중생은 물론 무정물도 다 포함되는, 말 그대로 일체의 법을 망라한 것임을 분명히 알 수 있다.

지의가 이렇듯 세계를 인식하기 위한 범주로서 삼종세간을 설한 것은 『대지도론』에 근거를 두고 있다. 『대품반야경』의 「마하연품(摩訶衍品)」을 풀이하는 곳과 「불모품(佛母品)」을 풀이하는 두 군데가 그것인데, 「마하연품」의 주석에서는 백팔삼매 가운데 하나인 능조일체세간삼매(能照一切世間三昧)를 풀이하면서 “이 삼매를 얻으면 능히 세 가지 세간을 비출 수 있으니 중생세간과 주처세간과 오중세간이다”[18]고 말하고 있다. 오중(五衆)도 역시 오온의 구역(舊譯)이다. 일체세간을 비추는 삼매로 세 세간을 비추는 것이니 이 세 세간이 일체 세간임을 알 수 있다. 또한 『열반경』 「범행품(梵行品)」에서도 이와 유사한 세간의 분류를 찾을 수 있다.[19] 『대지도론』은 천태대사가 천태교학을 조직하면서 매우 많이 인용하고 있는 논서로서 여기에 나오는 삼종세간을, 십법계만으로는 전체 법계를 아우르기에 부족하다고 여겨질 수도 있는 점을 보완하는데 이용한 것이라고 보인다.

지금까지 살펴보았듯이 세상을 정확하게 이해하고 분석하기 위해 사용하는 분별 방식은 십계와 삼종세간과 십여시가 있어서 이를 종합하면 3천 가지로 나타낼 수 있다. 그런데 이 3천 가지로 분별되는 세간의 진리가 ‘일념(一念)’에 담겨있다는 것이 일념삼천인데 그렇다면 이 때의 일념이란 어떤 의미인가?

일념이라는 말은 다양한 의미로 사용되지만 대표적인 것은 다음의 두 가지라고 보인다. 첫 번째는 생각이 잠깐 일어나는 사이, 즉 극히 짧은 시간을 말한다. 『인왕경』에는 “90찰나가 일념이 된다”[20]는 말이 있고 담란(曇鸞)은 『왕생론주』에서 “101생멸이 일찰나이고 60찰나가 일념”[21]이라고 주석하고 있다. 이들은 모두 일념이 지극히 짧은 시간이라는 의미로 쓰인 것이고 또한 여러 경론에서 한 순간도 멈추지 않고 빠르게 변화하는 것을 “일념부

18 『대지도론』 47(『대정장』 25권, 402상)

19 『(36권본)대반열반경』 16(『대정장』 12권, 711중하) : 여래 십호 가운데 세간해(世間解)를 풀이하면서 나온다.

20 『인왕반야바라밀경』상(『대정장』 8권, 826상)

21 세친, 『무량수경우바제사원생게(無量壽經優婆提舍願生偈)병주(并註)』상(『대정장』 40권, 834하)

주(一念不住)"라는 말로 표현하는 것도 같은 용례이다. 두 번째로는 "한 번 생각하는 것"을 뜻하는 경우가 있다. 『무량수경』 상권에 나오는 법장비구의 사십팔원 가운데 제18원인 십념왕생원(十念往生願)을 해석하면서 담란(曇鸞: 476~542)을 비롯한 정토교가들이 십념이란 나무아미타불을 열 번 칭명하는 것이라고 해석하는 것이 이러한 용례이다.

3천 법수가 한 생각에 담겨있다는 것을 표현한 것은 다음과 같은 문구이다. "이 3천은 한 생각의 마음[一念心]에 있다 만일 마음이 없다면 그만이지만 겨자씨만큼이라도 마음이 있다면 3천을 갖춘다."[22] 여기에서 주목할 것은 '일념심(一念心)'과 '겨자씨만큼'이라는 표현이다. 겨자씨란 매우 작은 것을 비유하므로 일념심이란 한 찰나에 일어나는 미세한 마음이라는 뜻이 될 것이다. 그러므로 일념삼천에서 일념이란 짧은 시간을 말하는 첫 번째의 용법과 가깝지만 시간적으로 짧은 것보다는 양적으로 적은 것에 초점이 맞추어진 것이라고 볼 수 있다. 즉 념(念)보다는 심(心)에 중심이 놓여 있다는 것이다. 다시 말하면 일념삼천의 '일념'이란 '일념심', 즉 순간순간 일어나는 마음을 말하고 이는 무심(無心)에 상대되는 개념으로서 사용된 것이다. 이를 바탕으로 엄밀하게 풀이한다면 일념삼천이란 "마음이 없다면 모르되 한 찰나에 생멸하는 작은 마음일지라도 그 속에는 3천 법수로 표현할 수 있는 세간의 일체 진리가 다 들어있다"는 내용이 된다. 다만 마음이라고 할 때, 그것이 자성청정심(自性淸淨心)이라고 불리는 본래의 마음인가, 혹은 범부들이 일상에서 일으키는 번뇌 덮인 망심(妄心)인가를 놓고 훗날 논쟁이 일어나게 된다.

4. 종합적 이해

지금까지 3천 법수를 개별적으로 설명하였는데 이 3천에는 세상의 모든 사물과 존재들이 다 포함될 뿐 아니라, 반대로 하나하나의 사물과 존재들은 이 3천 세간을 다 갖추고 있다고 한다. 즉 3천은 일체법의 분류이면서 동시에 만물을 분석하는 틀이며, 또한 한 사물이 담고 있는 일체법의 형상을 표현한 것이라고 할 수 있다. 이를 호구호융(互具互融)이라고 표현한다. 이

22 『마하지관』 5상(『대정장』 46권, 54상). "此三千 在一念心 若無心而已 介爾有心 卽具三千."

점에서 3천 세간은 만물을 단순히 분류한 구사(俱舍)의 오위 칠십오법이나 유식(唯識)의 오위 백법과는 그 취지가 다르며, 때문에 이를 삼천실상(三千實相)이라고 부르기도 한다.

3천 세간에 일체법이 포함된다는 것은 납득하기 어렵지 않다고 생각되지만, 한 가지 법이 3천을 갖춘다는 것은 어떠한 의미인지 실례로써 이해해 보자. 지식은 분별을 전제로 한다. 즉 각 사물의 계통을 짓고 이 사이에 적용되는 법칙을 찾기 위해서는 먼저 사물들 가운데 같은 것과 다른 것을 분리하여 각각에 이름을 붙이는 일이 필요한 것이다. 이러한 분별 방법 가운데 불교에서 사용하는 대표적인 것이 십계와 삼세간과 십여시이다. 이러한 범주로 지식을 갖는다는 것을 다음과 같은 예로써 이해할 수 있다.

살고 있는 동네에 큰 장애물이 있다고 하자. 그것은 흔히 산(山)이라고 불리는 사물이다. 이 산에 대해 지식을 갖고 있다면 그 이름만 아니라 그 산은 국토세간의 한 가지이며 십계 가운데 인간계에 속하는 산임을 먼저 알아야 할 것이다. 그리고 그것이 어떤 모양이고 어떤 색인지 하는 상(相)을 알고 그 성질[性]이 딱딱한지 부드러운지, 찬지 더운지 알고 있을 것이다. 또한 산은 흙과 돌과 나무와 풀 등으로 이루어졌으며[體] 안에 지하자원과 물 등을 갖추고 공기를 정화하는 능력[力]을 가졌으며 현재 어떠한 작용[作]을 하고 있는지 알아야 한다. 나아가 이 산이 어떤 과정과 조건[因과 緣]을 거쳐 이루어졌으며 앞으로 어떻게 변화하여 어떤 결과[果와 報]로 귀결될지를 안다면 이미 산에 대해 거의 안다고 할 것이다. 게다가 전문가의 수준에 있다면 외형만 척 보아도 그 성질과 내지는 미래의 과보까지 알 수 있으니 이것은 외형부터 과보까지가 일관된 속성[本末究竟等]을 가지고 있기 때문이다.

유정물(有情物)에 대해서도 같은 범주로 분별할 수 있는데 소를 예로 들어보자. 누군가 소에 대해 깊은 지식을 갖는다고 하면 그 소가 십계 가운데 축생계에 속한다는 것과 유루의 선하지 못한 오온을 가지고 있으며, 그것이 이루어 사는 무리와 의지해 사는 환경을 알아야 할 것이다. 불교적 지식이 있다면 소에게도 불성(佛性)이 있으며 지옥 내지는 천상 같은 환경도 갖추어 있음을 감지할 것이다. 또한 소의 생김새와 성질, 몸체, 능력, 하는 일을 알아야 하고 나아가 그 전생 및 금생의 인연과 말년과 내세에 받게 될 과보를 알아야 할 것이다. 게다가 전문가들은 소의 겉모습만 보아도 그 성질이나 힘, 그리고 앞으로 어떻게 될지 등을 모두 알 것이다.

이렇듯 십계와 삼종세간과 십여시는 세상의 온갖 사물들을 분별하는 데 소용되는 범주이고 범부로서 생활하는 데 필요한 요소이다. 하지만 이것으로 대상물을 다 알았다고 여기고, 그 지식에 집착하는 것은 어리석은 일이다. 이런 분별은 자의적이고 임의의 것이기 때문이다. 높이가 100미터가 넘어야 산인가, 아니면 10미터만 되도 산인가? 소라고 부르지만 뿔이 세 개이고 날개가 달렸다면, 모양은 소와 똑같지만 크기가 고양이만 하다면, 세상일을 다 알고 말을 할 줄 안다면 그것도 소라고 할 수 있을까? 엄밀하게 말하면 산과 다른 사물, 소와 다른 중생과의 경계는 없다. 뿐만 아니라 그것은 시시각각 변하고 있기 때문에 어느 것이 진정한 산이고 소의 모습이라고 확정할 수 없다. 사물 스스로 산이라고, 소라고 말하지 않지만 세속 사람들이 편의상 그렇게 이름 붙이고 분별하는 것이므로 이를 세속제(世俗諦), 혹은 속제(俗諦)라고 부르고 천태종에서는 임시의 진리라는 의미로 가제(假諦)라고 부른다. 산은 본래 산이 아니고 소는 정해진 소가 아니어서 사실은 고유한 성질이나 정해진 모습 등이 없이 무상하게 변하므로 진제(眞諦), 혹은 제일의제(第一義諦)라 하고 천태종에서는 공제(空諦)라고 한다. 그리고 공제나 가제, 어느 한 쪽만을 옳다고 할 수 없고 두 가지 진리는 어느 한쪽의 지양을 통해 나타나는 것이 아니라 현상으로 나타난 법 그대로 공과 가의 진리를 담고 있으므로 중제라고 한다. 이를 밝히고 있는 것이 삼전독을 통한 십여시의 이해이다. 3천 법수는 이렇듯 일체의 사물에 대해서 현상적으로 분별하는 가제와 그것이 사실은 임의의 분별로서 법은 본래 한 모습이라는 공제, 그리고 현상 그대로 실상이고 진리라는 중제를 포함하고 있다. 이렇게 다방면으로 완벽하게 사물을 파악하는 일체법의 진리가 한 마음에 다 담겨있다는 것이 일념삼천이다.

Ⅱ. 역사적 전개

천태종은 송(宋)시대에 이르러 화엄사상으로 경도된 산외파(山外派)와 천태종의 독자성을 고수하려는 산가파(山家派)로 나뉘어 논쟁을 벌이게 되는데, 일념삼천설은 이 때 여러 쟁점을 제공하였다. 먼저 산외파는 3천의 분별법은 마음에만 갖추어 있다고 하여 심구삼천(心具三千)을 주장하였다. 이에 반해 천태종의 제14조인 사명 지례(四明知禮, 960~1028)를 위시한 산가파에서는 마음뿐 아니라 색법에도 삼천이 갖추어 있다고 주장하였다. 이를 (색과 마음의) 양중삼천(兩重三千)이라고 한다. 지의가 본래 일념삼천을 말하면서 마음에 일체법이 갖추어졌다고 한 것은 마음이 불가사의함을 밝혀 그것을 관의 대상으로 삼아야 한다는 것을 밝히기 위한 것이었다. 그러나 산외파는 화엄에 경도된 입장에서 이를 오해하여 오직 마음만 본래 삼천 제법을 갖추었다고 풀이한 것인데 사명 지례가 마음뿐 아니라 색법에도 삼천이 본래 갖추어 있음을 밝혀 지의의 본뜻을 되살린 것이다.

지례는 나아가 마음과 일체의 색 등 현상적 법[事法]들이 본래 일체를 갖추고 있다는 것을 성구(性具)라고 표현하여 이를 천태종의 특색으로 내세웠다. 이때의 성(性)은 십여시 가운데 하나인 '여시성'의 성이 아니라 진여법성을 말한다. 즉 법계의 일체 색·심 사법(事法)에 본래 법성이 다 갖추어 있으며, 이 법성이란 3천으로 세분되는 미오(迷悟)와 인과(因果)의 제법이라는 주장이다. 이에 비해 화엄종에서는 하나의 이치가 연에 따르면 차별법을 이루고 연을 따르지 않을 때는 차별이 없다고 하여 성기설(性起說)이라고 한다. 성구설에서 특히 지례가 강조한 것은 성악의 법문이다. 지옥 중생을 포함하여 모든 중생이 불성을 갖추고 있다는 것은 일반적인 법문이고 최고선을 구현한 부처님에게도 지옥 중생의 모습이나 성질이 있다는 것은 특히 성구사상을 극단적으로 보여주는 사례이므로 천태종의 독특한 학설이라고 본 것이다. 이를 성악설(性惡說)이라고 부르는 학자들도 있는데 이는 심성론의 성악설과 혼동될 우려가 있으므로 적절치 못한 표현이다.

여기서 주의해야 할 것은 성구설은 유심론과는 다르다는 점이다. 성구사상은 무엇보다도 지론(地論)계의 유심론(唯心論)이나 섭론(攝論)계의 유식론(唯識論)에 대하여 형성된 것이다. 지론종의 유심론은 법성심(法性心)을, 섭론종은 아뢰야식을 일체법의 근원으로 하고 제법과 이러한 근원심 혹은 근본식을 구별한다. 이것을 지의는 별교(別敎)라 비평하고 원교(圓敎)의 실상론에는 미치지 못하는 법문이라고 하였다. 그런데 성구설은 심법도 절대, 불법도 절대, 중생법도 절대라 하여 글자대로 삼법(三法) 무차별과 삼법 동격을 요구한다. 그러므로 심법을 불법이나 중생법의 근본으로 하는 유심론적 사상과는 취지를 달리하고 있는 것이다. 지관을 실천함에 있어서 불법이나 중생법보다는 심법을 대상으로 하는 쪽이 편리하고 가까운 것이기에 일체법을 관찰할 때 한순간 일어나는 마음을 대상으로 삼을 뿐, 마음이 유일한 실재라고 하는 것은 아니다.

또한 관의 대상이 되는 마음에 대해서도 해석이 엇갈린다. 3천으로 표현되는 일체법의 실상(實相)이 그대로 한순간 일어나는 마음[一念心]에 갖추어 있다는 것이 일념삼천이므로 순간순간 일어나는 마음을 여실히 관함으로써 제법의 실상을 깨달을 수 있게 된다. 그러므로 천태종에서는 수행을 말할 때 마음을 관한다는 의미의 관심(觀心)이라고 한다. 그런데 관하는 대상이 되는 그 마음은 어떤 마음을 지칭하느냐를 두고 원청(源淸: 생몰년 미상)·경소(慶昭, 963~1017) 등의 산외파에서는 자성청정심(自性淸淨心)이라고 불리는 본래의 마음, 즉 법성(法性)을 관하는 것이라고 주장하였다. 이에 반해 산가파에서는 범부들이 일상에서 일으키는 번뇌 덮인 망심(妄心)을 관하는 것이라고 반박하였다. 전자를 진심관(眞心觀)이라 하고 후자를 망심관(妄心觀)이라고 부르는데, 본래 지의는 진심관과 망심관의 어느 한 쪽에 치우치지 않았다. 그러나 유일진심(唯一眞心)을 중시하는 화엄의 영향을 받은 송조의 천태학에서 진심관을 주장하게 되었고 이에 대하여 색은 마음에 상즉해 있고 마음은 역시 색에 상즉해 있는 것으로서 모두가 그대로 실상(實相)이라는 견지를 따르는 산가파에서는 망심관으로 반박했던 것이다. 이 양설의 가부는 간단히 판정할 수 없으나 대체로 사명파의 망심관을 천태 정통의 설이라 보고 있다. 색심실상(色心實相)을 논하여 일상의 모든 것에 그대로 진리가 담겨 있음을 말하는 천태학의 입장에서 보면 망심관이 보다 철저한 것이라고 볼 수 있다.

Ⅲ. 인접 개념과의 관계 및 현대적 논의

일념삼천설을 구성하는 요소 가운데 가장 이해하기 어려운 부분은 십계호구설이다. 지의가 호구(互具)의 원리와 근거를 설명한 대표적 명문은 "이 십계는 모두 법계이니 일체의 법을 포함한다. 일체의 법은 지옥으로 나아가서 이 나아감을 벗어나지 않는다. 이 지옥의 체(體)가 바로 진리[理]에 상즉해 있어서 다시 의지하는 것이 없으므로 법계라고 부른다. 내지 불(佛)의 법계도 이와 같다"[23]는 『법화현의』의 구절이다. 십계 하나하나가 전체의

23 『법화현의』 2상(『대정장』 33권, 693하), "此十皆卽法界 攝一切法 一切法趣地獄 是趣不過 當體卽理 更無所依 故名法界 乃至佛法界 亦復如是"

법계와 같아서 법계 안에 있는 모든 법을 다 포함하고 있다는 말이다. 그 이유는 일체의 법이 지옥 내지는 불계로 나아가서 이것을 벗어나지 않기 때문이라는 것이다. 이 내용은 반야경에서 반복해서 설해지는 문장을 이끌어 온 것이다. 『대품반야경』에 보면 "일체의 법은 공(空)으로 나아가며 이 나아감을 벗어나지 않는다. 공 가운데서는 나아감과 나아가지 않음을 붙잡을 수 없기 때문이다"[24]라는 구절이 있다. 일체의 법이 나아가는 대상으로 거명된 것은 공뿐만 아니라 꿈·욕망·오온·십이처·아뇩다라삼먁삼보리 등 70여 가지의 세간법 및 출세간법이다. 지의는 여기에 십계 하나하나를 대입하여 십계 각각이 완전한 법계임을 증명하고 있는 것이다. 이것은 개별적 법이 법계 전체를 담고 있다는 화엄의 '일즉일체(一卽一切)'와 궤를 같이 하는 대목이다. 이 구절에 대해 용수(龍樹)는 "일체의 법은 공 등의 상을 벗어나는 것이 없다. 마치 어떤 사람이 허공을 벗어나려 해도 불가능한 것과 같다."[25]고 주석을 달아서 이해를 돕고 있다.

우리가 꿈을 꾸면 그 안에는 모든 것이 있다. 먼 곳도 이곳이고 아무리 먼 과거나 미래도 바로 지금이다. 이렇게 모든 것이 꿈속에 다 모여있는 것은, 법의 입장에서 말한다면 일체의 법은 다 꿈으로 나아간다고 할 수 있을 것이다. 이것이 가능한 것은 꿈속의 법은 다 꿈일 뿐이고 실재가 아니기 때문이다. 즉 자성이 없는 공이라는 의미이다. 이렇게 본다면 십계호구설은 일체법의 차별을 부정하는 진제(眞諦)의 차원, 즉 공(空)의 입장에서 설한 『반야경』의 사상이 근본 바탕이라고 할 수 있다. 그리고 법들이 인연을 만나 현현할 때, 그 이치[理]와 현상[事]의 관계를 설한 『화엄경』과도 맥락을 함께 하는 것이다. 다만 화엄에서는 현현한 현상의 근본에 주목하여 성기(性起)를 말하고, 천태의 삼천실상론에서는 현현한 현상의 결과에 주목하여 성구(性具)를 주장한 것이라고 할 수 있다.

앞서 3천의 실상은 색과 마음 모두에 갖추어 있다고 주장한 사명 지례의 설이 천태의 정통설이라 하였다. 이는 지의가 색과 마음이 다르지 않다는 색심불이(色心不二)의 입장을 견지하고 있기 때문이다. 그가 색심불이라고 보는 것은 『화엄경』에 나오는 '삼법무차(三法無差)'에 근거하고 있다. 60화

---

24 『마하반야바라밀경』「지식품(知識品)」(『대정장』 8권, 332하). "一切法趣空 是趣不過 何以故 空中趣不趣不可得故."

25 『대지도론』 71(『대정장』 25권, 560하). "一切法 無有過出空等諸相 如人欲出過空 不可得."

엄의 「야마천궁보살설게품」에 "마음은 뛰어난 화가와 같아서 / 온갖 오온을 그리니 / 일체의 세계 가운데 / 만들지 않는 법이 없네 / 마음처럼 부처도 그러하고 / 부처와 같이 중생도 그러하니 / 마음과 부처와 중생 / 이 세 가지는 차별이 없네"[26]라는 게송이 있다. 여기서 설해지는 마음과 부처와 중생을 3법이라 하고 이들간에 차별이 없다는 것을 삼법무차(三法無差)라고 한다. 이 내용을 인격적 부처님과 중생들만을 가리키는 것으로 생각하면 이해가 어렵지만 심법·불법·중생법이라고 풀면 의미가 다가온다. 즉 중생법은 인간사에서 분별로 나타나는 일체의 속제를, 불법은 출세간법을 포함한 부처님의 일체 교법을 가리키는 것이고 심법이란 마음과 그 작용, 즉 심과 심소(心所)를 가리키는 것이라고 하면 이 세 가지는 근본적으로 차이가 없음을 알 수 있다.[27] "미세한 마음을 깨뜨려보면 삼천대천 세계의 경전이 다 나온다"[28]는 것도 이와 같은 맥락의 논의이다.

이렇듯 색심불이라고 보지만 지의가 특히 일념삼천이라고 하여 마음에 일체법이 갖추어 있다고 설한 이유는 그것이 관의 대상으로 삼기에 편하기 때문이라고 한다. 즉 "중생법은 너무 넓고 불법은 너무 높아 처음 배우는 이에겐 어려우나 자기의 마음을 관하면 쉽다"[29]는 것이다. 속제로 나타나는 중생법은 무량하게 많아서 일일이 관하기 어렵고, 불법이라면 출세간법이 먼저 떠오르므로 너무 높다고 느끼는 것이 보통의 생각일 것이다. 그러나 마음은 누구에게나 있는 것일 뿐 아니라 일념삼천으로서 모든 법들이 갖추어 있기 때문에 관하기 쉽다는 의미이다.

일념삼천설은 또한 일심삼관(一心三觀)의 근거를 제공한다. 삼관이란 종가입공관(從假入空觀: 공관)과 종공입가관(從空入假觀: 가관), 그리고 중도제일의제관(中道第一義諦觀: 중관)을 말한다. 공관은 공제를 깨달아 견혹(見惑)과 사혹(思惑)을 깨뜨리는 관을 말하고, 가관이란 가제를 깨달아 무량하게 많은 진사혹(塵沙惑)을 깨뜨리는 관이다. 중도관은 중제를 깨달아 가

26 『대방광불화엄경』 10 「야마천궁보살설게품(夜摩天宮菩薩說偈品) (『대정장』 9권, 465하)

27 이와 유사한 논법으로 육조 혜능(慧能: 638~713)은 『육조단경』에서 "부처가 깨달은 법은 세속에 있다. 그러므로 세속을 떠나서 깨달음을 구하는 것은 마치 토끼의 뿔을 구하는 것과 같다"는 법문을 하였다. 불법이 바로 중생법임을 밝히는 내용이라 하겠다.

28 『법화현의』 2상(『대정장』 33권, 693중). "破心微塵 出大千經卷."

29 『법화현의』 2상(『대정장』 33권, 696상). "但衆生法太廣 佛法太高 於初學爲難 然心佛及衆生 是三無差別者 但自觀其心 則爲易."

장 근본적인 번뇌인 무명혹(無明惑)을 깨뜨린다. 별교(別教)에서는 세 가지 미혹의 체가 각기 다르다고 설하여 세 가지 지관을 차례로 닦으니 이를 차제삼관(次第三觀)이라 한다. 그러나 원교(圓教)가 되면 세 가지 미혹은 체가 하나이며 다만 거칠고 미세한 차이가 있을 뿐이라고 한다. 또한 삼제가 원융함을 설하기 때문에 관은 불차제삼관, 즉 일심삼관을 닦는다. 한 마음으로 공·가·중 삼관을 동시에 닦는다는 의미이다. 이를 달리 원돈지관이라고도 하고 부사의삼관(不思議三觀)이라고도 한다. 이것이 가능한 이유는 한 마음에 삼천으로 대표되는 일체법이 다 담겨 있으며, 십여시설에서 보듯 그것은 삼제가 원융한 상태로 있기 때문이다. 다시 말해서 일념삼천설에는 삼제원융이라는 내용이 담겨 있고 이것이 바로 원돈지관을 가능케 하는 원교의 논법으로 작용하는 것이다.

마지막으로 일념삼천설이 갖는 현대의 철학적 의의를 밝혀보면 다음과 같다. 먼저 마음의 중요성을 구체적으로 논하고 있다는 점이다. 일반적으로 불교에서는 일체유심조(一切唯心造)라 하여 마음을 중시하고 있음은 주지의 사실이지만, 그것을 구체화하여 삼천 가지로 분별될 수 있는 온갖 법들이 삼제원융한 그대로 마음속에 담겨 있다고 설명한 것은 의의가 깊다. 마음의 불가사의함이 절실하게 그려지고 있는 것이다. 과학자들이 우주의 신비나 생명의 경이로움을 놓고 경탄을 하지만 그와 똑같은 이치가 마음에 담겨 있고, 그러므로 똑같이 불가사의한 존재인 것이 마음임을 설하고 있는 것이다. 항상 외부의 대상에만 정신이 팔려 내면을 놓쳐 버리고 물질에서만 행복을 찾으려는 현대인들에게 경종을 울리는 대목이라 할 수 있다.

두 번째로, 그렇다고 천태대사가 마음만 중요하다고 보는 것은 아니다. 색심불이(色心不二)와 삼법무차(三法無差)의 원리로서 대상 세계의 물질적 법과 중생들의 마음 어느 것에 우위를 둘 수 없다고 본다. 그러므로 불교가 유심론이라는 생각도 일념삼천설을 통해 부정된다. 천태대사는 직접적으로 다음과 같이 말하고 있다. "한 마음이 먼저 있고 일체의 법이 나중에 있다고 말하지 않으며, 일체의 법이 먼저 있고 한 마음이 나중에 있다고도 하지 않는다. … 단지 마음이 바로 일체의 법이고 일체의 법이 마음이기 때문이다."[30] 마음과 일체의 법, 바꾸어 말하면 인식주체와 인식대상, 혹은 마음

---

30 『마하지관』 5상(『대정장』 46권, 54상). "不言一心在前 一切法在後 亦不言一切法在前 一心在後 … 祇心是一切法 一切法是心故."

과 색은 시간적 선후가 없다. 마음이 일체법보다 앞서 있다면 유심론(唯心論)이고, 일체법이 마음에 앞서 있다면 유물론(唯物論)적 견해다. 또 한쪽이 한쪽을 함유한다고 말하면 양자가 공간적으로 별개의 사물이 되어야 한다. 이 견해는 색심이원론(色心二元論)이라 할 수 있겠는데, 이 또한 옳지 않다고 부정되었다. 천태대사가 일념삼천설을 통해서 보는 색과 마음의 관계는 같은 것도 아니고 다른 것도 아닌, 즉 비일비이(非一非異)의 존재라고 할 수 있다. 역사적으로 철학계에서는 유물론과 유심론이 대결을 벌여왔으나 이제는 과학의 월등한 우세로 인해 마음이 물질로 이루어진 신체에 의해 부수적으로 일어나는 작용일 뿐이라고 보는 유물론적 입장에 반기를 들 수 없는 형국이라고 할 수 있다. 그러나 마음의 기능이 물질에 부수해서 일어나는 것만이 아님을 증거로 일념삼천설을 논리적으로 진전시켜 색심일원론(色心一元論)이라는 대안을 제출할 수도 있다.

세 번째, 이와 관련하여 일념삼천설은 선정의 무한한 힘을 밝히고 있다는 점이다. 일념삼천설은 마음의 연구, 즉 선정을 닦는 것을 통해서 세계의 일체 진리를 모두 깨달아 알 수 있다는 내용을 담고 있다. 출세간의 법, 불법만이 아니라 속제까지도 알 수 있다는 것이다. 이로써 부처님이 세간법을 학문으로 익히지 않고도 일체종지(一切種智)를 얻을 수 있었던 것을 설명해 줄 수 있다. 선을 닦는 것을 그저 마음의 평화를 얻거나 머리를 맑게 하는 정도로만 이해하거나, 조금 나아간다 해도 마음의 본성이나 자신의 참 모습을 알게 해주는 것이 목표라고 생각하는 것과는 큰 차이가 난다. 과학적 연구와 조사를 통해서만 알 수 있다고 여기는 각종 속제적 지식조차 선정을 통해 얻을 수 있다는 것은 놀라운 일이다. 현대의 과학자들은 만물의 이치를 알아내기 위해 물질을 열심히 연구한다. 잘라보고 현미경으로 들여다보고 각종 실험을 한다. 그러나 세상에 있는 물질은 무한하게 많아서 연구를 아무리 하여도 다 알아낼 수는 없을 것이다. 참선이라는 마음공부를 통해서 과학만으로는 불가능한 세상의 모든 이치를 다 알 수 있다는 원리를 구체적으로 표명한 것이 일념삼천설이다. 다만 이러한 연구는 지적 호기심이나 물질적 이익을 위한 것이 아니라 보살들이 중생구제를 위해서 행한다는 것이 차이일 뿐이다. ❀

최기표 (금강대)

무드라

범 mudrā 빠 muddā 장 phyag-rgya
한 母捺羅[慕捺羅, 母陀羅, 牟陀羅, 目陀羅, 目帝羅]
영 Hand pose[finger-signs; finger plays; hand poses adopted during meditation or exposition]

Ⅰ. 어원적 근거 및 개념 풀이

1. 어원적 근거와 그 개념

무드라는 범어로 mudrā의 음사로서 휘장(徽章)·봉(封)·정(錠)·신체에 인(印)한 신성한 기호의 뜻으로 종교적 예배 또는 주술적 의식에 사용하는 인계를 뜻한다. 동사는 mudraya이며, 타동사는 mudrayati로서 '인(印)을 눌러 확인한다; 봉(封)한다; 인쇄(印刷)한다'의 뜻이다. 이와 반대로 un-이라는 접두어가 붙을 경우에는 '[서장(書狀)을] 개봉한다, 찢어 열다'는 뜻이 된다.[1] 빠알리어로 muddā인 경우에도 마찬가지로 인(印)·인계(印契)·인산(印

1 鈴木學術財團編,『漢譯對照 梵和大辭典』(東京: 講談社, 1986) 1050면.

算)·지산(指算)·기호·부호술(符號術)의 의미를 갖는다.[2] 서장어로 phyag-rgya이며, 영어로 번역할 때에는 보통 Mudra를 그대로 사용하지만, 의역의 경우 'Hand pose' 또는 'finger-signs'; 'finger plays'라 하며 'hand poses adopted during meditation or exposition' 등으로 정의한다.[3] 무드라의 한역 음사는 모날라(母捺羅)·모날라(慕捺羅)·모다라(母陀羅)·모다라(牟陀羅)·모다라(目陀羅)·모데라(目帝羅) 등 아주 많은데, 전체적으로 무드라가 나타내는 의미는 기호(記號)의 뜻으로서 인계(印契)·인상(印相)·밀인(密印)·계인(契印) 또는 줄여서 인(印)이라고도 번역한다. 인장처럼 허망하지 않다는 뜻이다. 인(印)이란 신(信)의 뜻으로서 인가결정(印可決定)·결정불개(決定不改)·표치(標幟)의 뜻이다. 현교에서는 대부분 인을 날인(捺印)·인가(印可)의 뜻으로 사용하며 밀교에서는 대부분 표치의 뜻으로 사용하고, 제존의 내증본서의 공덕을 상징한다.

결인(結印)이라 함은 인계(印契)를 결(結)한다는 뜻으로 수행자가 두 손의 열 손가락을 구부리거나 펴서 여래 내증의 본서(本誓)와 덕의 상징인 무드라의 모습을 갖추는 것을 말한다. 그것은 바로 수행자가 불보살과 같은 몸가짐을 하고서 그 불보살의 본서를 관하는 것이다.

계인(契印)은 인계와 같은 뜻이다. 계인에는 제존 및 수행자가 결하는 수인(手印)과 제존이 소지한 지물인 삼매야형(三昧耶形)의 두 가지가 있다. 협의로 말하면 특수한 삼매야형을 가리켜 계인이라 하고 광의로 말하면 수인과 삼매야형을 합하여 계인이라 한다.

법인(法印, 범 dharma-mudrā)이란 법본말(法本末)·법본(法本)·상(相)·우다나(憂檀那, 범 udāna) 등의 용어와 같은 뜻이다. 법은 불법·불교를 가리키며 인은 곧 기인(旗印)·인기(印記)·표치(標幟)이다. 즉 불교의 기치(旗幟)·표치·특질로서 진정한 불법을 증명하는 표준이다. 또한 인에는 진실하고 움직이지 않으며 변하지 않는 뜻이 있어서 예를 들면 왕의 옥쇄와 같다고 한다. 따라서 초기불교의 교리에서도 사용되었는데, 『잡아함경』 권

2 水野弘元著, 『パーリ語辭典』(東京: 春秋社, 1981) 226면.

3 E. Dale Saunders, 『MUDRĀ』 (NewYork, Princton University Press, 1959) 5면. E. Dale Saunders씨는 본서에서 여러 학자들의 무드라에 대한 정의를 다음과 같이 나열하였다. 'an established and conventional sign languaga'; 'manual signs indicative of various ideas'; 'mystic pose of the hand of hands'; 'a system of magic gesticulation consisting in distorting the fingers so as to imitate ancient Sankrit characters, of supposed magic effect'.

10[4]에서는 일체행무상(一切行無常)·일체법무아(一切法無我)·열반적정(涅槃寂靜) 등의 세가지를 삼법인(三法印)이라 한다. 또한 여기에 일체행고(一切行苦)를 더하여 사법인·사우다나(四憂檀那)라고도 한다. 이 네 가지에 일체법공(一切法空)을 더하면 곧 오법인(五法印)이다.

밀교의 교리에서는 수인으로서 무드라 외에 사종만다라(四種曼荼羅)를 사지인(四智印)·사종지인(四種智印) 또는 사인(四印, 범 caturmudrā, 장 phyag-rgva bshi)이라고도 한다. 즉 대인(大印, 범 mahā-mudrā)·삼마야인(三摩耶印, 범 samaya-mudrā)·법인(法印, 범 dharma-mudrā)·갈마인(羯磨印, 범 karma-mudrā) 등 네 종류의 인이다. 『대일경』·『금강정경』 등 밀교경전에서 설하는 것으로, 즉 (1) 대인은 대지인(大智印)이라고도 하며 만다라 제존의 형상을 그린 것이다. (2) 삼마야인은 삼마야지인(三摩耶智印)이라고도 하며 곧 손으로 결하여 이루는 인계이거나 혹은 소지하는 표치·도검(刀劍)·윤보(輪寶)·금강저·연꽃 등으로 이들을 사용하여 제존의 본서를 드러내는 상징물이다. 혹은 그림으로 그린 만다라를 가리키기도 한다. (3) 법인은 법지인(法智印)이라고도 하며 제존의 종자 및 소지하는 종자의 만다라이며, 혹은 경전의 문장을 가리키기도 한다. (4) 갈마인은 갈마지인(羯磨智印)·갈마만다라(羯磨曼荼羅)라고도 하며 제불보살 등의 위의사업이다. 금강계만다라 사인회(四印會)의 네 존은 이 사지인을 표시한다.

탄트라불교 가운데 인(印)은 거의 일종의 표치와 상징의 의의를 대표하고 있으며 나중에 점점 발전하여 행법할 때의 여성수반자를 표시하며 이를 대인(大印)이라 칭한다. 이외에도 사인(四印)을 사환희(四歡喜, 범 caturānanda)·사신(四身, 범 catuḥkṣaṇaa)·사찰나(四刹那, 범 catuḥkṣaṇa)에 배당하기도 한다.[5] 『대일경』·『금강정경』의 중기밀교와 탄트라불교에서 설하는 사인은 그 순서와 내용이 각기 동일하지 않다. 탄트라불교 가운데 최하급의 갈마인은 신·구·의 등의 활동의 표현으로 이를 사용하여 상대적인 현상계를 표시한다. 법인(法印)은 현상계를 초월한 절대자를 표시하며, 대인(大印)은 일체의 대립을 초월한 절대자를 표시한다. 그러므로 대인은 법인과 더불어

---

4 『잡아함경』 권10(『大正藏』 2, 66중)

5 사찰나란 잡종(雜種)·이숙(異熟)·사량(思量)·이상(離相)이며, 사환희란 환희·최승환희·이희환희·구생환희이다. 여기서의 무드라는 사실상 성취법에서의 여러 가지 단계이다. S.B. Dasgupta, 정승석 옮김, 『딴뜨라불교입문; An Introduction to Tantric Buddhism』 (서울: 민족사, 1991), 147면 참조.

이미 상통하며 또한 법인의 과를 볼 수 있다. 이른바 삼마야인은 곧 열반과 윤회, 반야와 대비 등 온갖 대립이 불이(不二)인 과이다. 현상계를 초월하지 않고 이타의 행을 행한다. 사인은 차례대로 보리심이 상승하는 과정의 사륜(四輪)에 배당하며 이로써 그 관법의 진행을 보인다. 즉 갈마인은 변화륜(變化輪, 범 nirmāṇa-cakra)에 배당하며 법인은 법륜(法輪, 범 dharma-cakra)에 배당되고 대인은 수용륜(受用輪, 범 sambhoga-cakra)에 배당하며 삼마야인은 대락륜(大樂輪, 범 mahāsukha-cakra)에 배당한다. 또한 사인으로 사환희에 배당하는데, 갈마인을 환희(歡喜, 범 ānanda)에 배당하고 법인을 승환희(勝歡喜, 범 paramānanda)에 배당하며 대인을 구생환희(俱生歡喜, 범 sahajānanda)에 배당하고 삼마야인을 이환희(離歡喜, 범 viramānanda)에 배당한다. 현대학자들의 연구에 근거하면 탄트라불교의 사인은 9세기 이후에 전개한 중요한 사상이다.[6]

또한 지인(智印, 범 Jñāna-mudrā)이란 혜인(慧印)이라고도 한다. 불보살이 내부에 간직한 깨달음의 지혜를 상징하는 삼매야형이며, 또는 모든 불보살이 결하는 인계의 총칭이기도 하다. 모든 불보살이 결하는 인계는 지용(智用)의 표치로서 일체여래의 비밀장엄한 대지(大智)를 내증한 몸과 입과 뜻의 업용을 표시하므로 총칭하여 지인이라 한다. 『법화의소(法華義疏)』 12권에 수록되어 있는 바에 의하면 반야지(般若智)를 인으로 삼아 능히 실상의 이치에 들어갈 수 있다고 한다.[7] 지(智)로써 인으로 삼아 옳고 그름과 참되고 거짓됨을 판별하기에 지인이라 칭하는 것이다.

또한 보인(寶印)이라는 용어도 쓰이는데 제불보살의 갖가지 인계의 미칭(美稱)이다. 혹은 재보를 생산하는 목적의 인계를 가리키기도 한다. 그러나 이 재보는 반드시 유형(有形)의 재보만은 아니다.

특히 신인(身印, 범 kāya mudrā)이란 우리들의 신체활동이 부처님의 그것과 같다고 하는 것이다.

이상과 같이 무드라와 관련된 용어는 다양하게 사용되지만, 주로 무드라라고 할 때에는 만다라에서 불·보살·천부(天部) 등의 제존이 각자의 내증삼매(內證三昧)와 본서(本誓)를 외부로 나타낸 것이다. 또한 수행자가 제존의 본서에 상응하기 위한 것으로서 삼밀을 성취하여 그 존의 경계에 들어

---

6 慈怡 外, 『佛光大辭典』(臺灣: 佛光出版社, 1988), 1682면.

7 『法華義疏』 12卷(『大正藏』 34, 622상)

가고자 결하는 것이 무드라이다.

밀교에서 설하는 인은 넓은 뜻으로 말하면 대만다라(大曼荼羅)·삼매야만다라(三昧耶曼荼羅)·법만다라(法曼荼羅)·갈마만다라(羯磨曼荼羅) 등의 사만다라(四曼荼羅)를 모두 인이라 칭하지만, 일반적으로 무드라라고 할 때에는 수인(手印, 범 Hasta-mudrā) 혹은 인상(印相)으로써 대부분 좁은 뜻으로 사용되는 것을 가리킨다. 아직 번뇌를 끊지 못한 범부중생이 몸으로 본존의 밀인을 지니고 입과 뜻의 이밀(二密)도 역시 본존과 상응하여 삼밀상응하는 가지력으로써 본존과 섭입하여 성취를 얻고자 하는 것이다. 그러므로 무드라는 신·구·의 삼밀(三密) 가운데 신밀(身密)을 가리킨다.

2. 무드라의 특징

『대일경소』 13권에 '인(印)이란 바로 법계의 표치이다. 이 인으로써 법계의 바탕을 표시하므로 법계당(法界幢)이라 이름한다. 모든 부처가 이로 말미암아 몸을 장엄하기 때문에 온갖 큰 모임 가운데에서 이 위가 없는 대보리의 표치당(標幟幢)을 건립하여 팔부(八部) 등의 온갖 무리의 사악한 도를 멀리하고 떠나게 한다. 훌륭한 근성을 지닌 자는 [선지식을] 친근하고 가르침을 받들어 수행해야한다'[8]고 하는 것처럼 인은 인신(印信)이고 분명하여 바뀌지 않는 뜻이다. 이 무드라에 몇 가지의 특징을 들 수 있다.

첫째, 불보살의 본서와 이상을 상징한다.

우리나라에서는 석가여래의 경우 통인(通印)이라 하여 오른손을 시무외인, 왼손으로 여원인을 결하는 불상을 많이 볼 수 있다. 이 경우에 오른손은 '영원불멸의 진리'를 나타내고 왼손은 '이 진리를 수여 한다'고 하는 원을 의미한다. 결국 영원불멸의 깨달음의 세계로 들어오라는 의미이며 이러한 세계로 중생들을 초청하는 메시지이다.

약사여래의 경우에는 석가여래처럼 시무외인과 여원인을 하고 있다. 여기에서 시무외인은 치료하는 손이고, 왼손은 그러한 치료를 베풂을 의미한다. 이때에 왼손에 여원인 대신에 작은 약항아리를 들고 있는 경우가 많다. 여래 가운데 지물(持物)을 들고 있는 부처는 약사여래가 유일하다. 약사여래의 지물로는 약항아리 외에도 보주(寶珠)나 바루, 염주, 석장이 사용된다.

8 『대일경소』 13권(『大正藏』 39, 714상)

그 외에 문수보살의 지혜를 상징하는 검과, 관자재보살의 자비를 의미하는 연꽃, 그리고 견고하여 물러나지 않는 굳건한 보리심을 상징는 금강수(金剛手)의 손에 쥔 금강저(金剛杵)가 불보살의 본서를 상징하는 대표적인 예이다. 그 외에 금강구(金剛鉤)보살의 갈고리와 금강색(金剛索)보살의 그물, 금강쇄(金剛鎖)보살의 자물쇠와 금강령(金剛鈴)보살의 방울이 각기 중생을 교화하는 데 하나라도 빠뜨리지 않는 사섭법(四攝法)의 상징이듯이, 각존의 무드라는 그 존이 갖고 있는 고유한 서원의 상징으로 그 존이 불법 가운데 맡는 역할과 성격에 대해 설명해준다. 그래서 우리는 그 존의 옷차림새보다는 무드라를 통해서 그 존이 어떠한 분인지 확인할 수 있다.

또한 수행자가 무드라를 결하는 것은 불보살의 본서와 덕의 상징을 따라하는 것으로 그것은 바로 불보살의 본서를 관하는 것이다. 이와 같은 무드라는 불과 중생 사이에 신호를 주고받음에 의해서 동일한 경지로 일체화하기 위한 것이다. 수인으로서의 무드라는 제불제존의 신해(信解)로부터 생하는 것[9]으로 제존의 본서가 마음 바깥으로 표현된 제존의 신밀이다. 밀교는 범부의 삼업으로써 삼밀과 동일체가 되게 하여 즉신성불을 얻게 하는 종지이기 때문에 무드라는 실로 중요한 의의를 갖는다.

결국 신밀의 목적은 수행자가 부처나 보살의 깨달음의 힘을 몸에 받아들여 그 힘과 일체가 되기 위하여 인을 결하는 것이다. 그 인은 우주정신의 심볼이고 그 자체, 생명을 지니고 있다. 이 인상에는 십팔인, 십이합장, 육종권 등 수백종류가 있지만 그 자체가 진리를 상징하며 진리로 나아가게 하는 힘을 갖추고 있는 것이다.

둘째, 무드라는 비밀한 성격을 지니고 있다.

선무외 삼장(善無畏三藏, 637-735)은 『대일경소』 제13권에서 다음과 같이 무드라의 비밀한 성격에 대하여 설하고 있다.

---

9 『대일경』「밀인품」: "비밀주여. 이와 같은 모든 여래의 인은 여래의 신해로부터 생긴다. 곧 보살의 표치와 같으며 그 수는 한량이 없느니라."(『大正藏』 18, 30상) 이 문장을 『대일경소』에는 다음과 같이 해석하고 있다. "여래께서는 이미 평등법계를 증득하시고 본래 서원하신 대비의 힘으로서 신력가지 하셔서 이러한 방편의 신밀문(身密門)을 나타내신 것은 모든 중생들이 다 신해하여서 함께 일체지의 경지에 들어가게 하기 위해서이다. 이러한 까닭에 이와 같은 인들이 부처님의 신해로부터 생겨났음을 마땅히 알아라. 또한 이와 같은 인들은 모든 보살의 표치라는 것을 마땅히 알아야 한다. 방편으로 여래 내증의 덕을 보이기에 표(標)라 하는 것이다."(『大正藏』 39, 722중)

서방에서는 특히 인법을 비밀로 한다. 결할 때에는 또한 지극히 공경하며 반드시 본존을 모신 방 가운데이거나 조용하고 청결한 장소에 있으면서 마땅히 목욕하여 몸을 장엄해야 한다. 만약 낱낱이 씻을 수 없으면 반드시 손을 씻고 입을 헹구며 도향을 손 등에 바르고서야 지을 수 있다. 또한 지을 때에는 반드시 위의를 바르게 하여야 한다. 가부좌 등으로 앉아야 하는데 그렇지 않으면 죄를 얻어 법을 속히 이룰 수 없게 된다.[10]

밀교는 진언을 중요시하는 데에 못지않게 무드라도 상당히 중요시하고 있다. 밀교수행의 요건으로서 인계와 진언은 우선 진언이 성립하고 이어서 인계가 성립하였다. 또한 진언은 반드시 인계와 삼마지가 수반된다. 이것은 밀교의 삼밀수행에서 지켜져야 할 일종의 약속인 것이다. 밀교의 근본교의에 근거하면 모든 불보살은 각기 본서를 지니고 그 낱낱의 본서를 표시하기 위하여 언제나 양손 열손가락으로 혹은 하나의 특수한 신체동작으로 갖가지의 형상을 드러내는 것이 무드라로써 그 표치하는 바의 뜻은 매우 비밀하고 심오하므로 이를 칭하여 밀인(密印)이라 한다.

이 밀인을 결하는 위치에 대해서는 밀교의 각 유파에 따라 각기 달리 설하고 있다. 오른손 소매의 안이거나 왼손 소매의 안에서 결하여 다른 사람이 결인한 것을 보지 못하게 한다. 이것은 『다라니집경』에 '형상 앞에서 인을 결하고 가사(袈裟)로 덮거나 혹은 깨끗한 수건으로 덮는다'[11]고 한 것이 그 근거가 된다. 이처럼 결인은 비밀스럽게 행한다. 법에 따르지 않고 결인하게 되면 귀신이나 비나야가 등에 의해 장애를 받으며, 죽어서 지옥에 떨어진다고 한다. 또한 아직 관정 받지 않은 사람이나 보리심을 발하지 않은 사람 앞에서도 결인하면 안 된다.

또한 인상은 원래 위의(威儀)가 있는 신체의 동작이며, 그 공용(功用) 또한 매우 크기 때문에 결인할 때에는 반드시 공경하고 신중해야 한다. 수행자는 결인하기에 앞서 스승으로부터 인가를 받아야 하며 그렇지 않으면 결인의 공덕을 잃을 뿐만 아니라 월삼매야(越三昧耶)의 중죄를 받는다.[12]

셋째, 의례적인 요소를 지니고 있다.

『보리심론』에 '신밀이란 계인을 결하여 성중(聖衆)을 부르는 것과 같은

10 『대일경소』 제13권(『大正藏』 39, 715중하)
11 『다라니집경』(『大正藏』 18, 827중)
12 『대일경소』 제13권(『大正藏』 39, 722중하)

것이다'[13]라고 한다.

그 일례로서 『불정존승다라니염송의궤법(佛頂尊勝陀羅尼念誦儀軌法)』을 살펴보면, 성중(聖衆)을 봉청(奉請)하는 여래구인(如來鉤印)을 결하고 진언을 송한 뒤에 자리를 봉헌하는 인, 알가(閼伽)를 봉헌하는 인, 도향(塗香)을 봉헌하는 인, 화만(花鬘)을 봉헌하는 인, 소향(燒香)을 봉헌하는 인, 음식을 봉헌하는 인, 등명(燈明)을 봉헌하는 인 등을 결하여 의식을 행한 뒤에 성중을 봉송(奉送)하는 절차가 설해져 있다.[14]

일반적으로 만다라를 건립한 수행자는 봉청인(奉請印), 또는 소청인(召請印)을 결하여 제존을 초청하며, 각종의 공양인(供養印)과 알가인(閼伽印) 등을 결하면서 공양을 올리고, 발견인(發遣印)을 결하여 제존을 봉송한다. 무드라에 의해 제존이 마치 귀한 손님처럼 오고 가는 양상을 보이는데 여기에서 무드라의 역할은 입으로 송하는 진언과 찬탄 못지않게 중요한 역할을 하고 있다. 그 외에 각종 의례에 사용되는 인은 다음과 같다.

금강기인(金剛起印)은 각기인(覺起印) 또는 경각인(警覺印)이라고도 한다. 입정(入定)의 제불을 경각시켜서 수행자를 지키게 하는 인계이다. 지금강(智金剛)의 가지력으로 금강정(金剛定)에 있는 모든 성중을 경각시키고 그들을 봉청(奉請)하여 도량에 이르게 해서 수행자를 호념(護念)하게 하는 인이다.

또한 밀교의 입단관정시에 미리 수행자에게 외오고인(外五股印)을 수여하고 관정의 직위를 부여하는 것을 수수인(授手印)이라 한다. 오른손으로 왼손에 수여하고 왼손으로 오른손에 수여한다.

알가인(閼伽印)은 좌우의 손 모두 손바닥을 위로 향하는 인계이다. 두 손의 금강박에서 두 가운뎃손가락의 끝을 서로 합하고 두 검지를 가운뎃손가락의 뒤쪽에 놓으면 갈구리 모양이 되며, 두 엄지로 각기 두 검지의 아랫부분을 잡으면 이루어진다. 인으로써 알가기(閼伽器)를 받들어 올리고 이마에 대고 봉헌한다. 만약 도량 가운데에 알가가 없으면 단지 두 엄지를 서로 교차하기만 하여도 된다.[15]

생일체지분인(生一切支分印)은 밀교 종파에서 관정할 때에 제자의 사지오체(四肢五體)를 가지하는 수인(手印)이다. 지분(支分)이란 손·발 등의 사

---

13 『보리심론』(『大正藏』 32, 574중)
14 『佛頂尊勝陀羅尼念誦儀軌法』(『大正藏』 19, 365중-368상)
15 不空譯, 『普賢金剛薩埵略瑜伽念誦儀軌』 (『大正藏』 20권, 533하)

지오체(四肢五體)를 가리킨다. 『대일경의석』 권10에, '다음에 생일체지분인(生一切支分印)을 결하고 제자의 정수리 위에 관정한다. 무릇 관정할 때에는 이 인을 결하며, 결하고 나서 병을 가져다 뿌려야 한다. 만약 이 인을 결하지 않으면 법식을 갖추지 못 한다'[16]고 한다.

Ⅱ. 역사적 전개 및 용례

1. 무드라의 기원

무드라의 기원은 갖가지 현란스러운 손놀림으로 희로애락을 표현하는 인도무용에서 찾아볼 수 있다. 인도에서는 손가락, 손, 팔 등의 갖가지 형태에 고유한 의미를 부여하고 이를 통하여 인간이 지니는 다양한 감정과 생각을 전달한다. 이러한 손놀림과 무드라는 공통점을 지닌다. 인도의 무용뿐만 아니라 인도의 다양한 종교에서도 무드라는 오래전부터 사용되어 왔음을 고대의 조각에서 보여지는 요기[17]들의 손 모양을 통해서 알 수 있다. 이 무드라에 자연적인 것과 특수한 것이 있다. 자연적인 것이란 자기를 표출하는 자연스러운 것으로 사람이 천상의 신에 간절히 바랄 때에 손을 받들거나, 포옹하려고 할 때에는 자연히 손을 넓게 벌리는 것 등이다. 특수한 것은 불교의 독특한 사상내용을 손가락을 통해 표현하고자 하는 경우로서 이때 온갖 기교를 사용하여 이를 표현한다.[18]

불교의 제존에 인도종교로부터 유입된 것과 불교 내부에서 창조된 것이 있듯이, 무드라에도 인도의 여러 종교와 민간에 있던 무드라[19]가 불교내로 흡수되어 불상의 손 모양을 이루는 토대가 된 것이 있고 불교권 내에서 성

16 『대일경의석』 권10(『卍續藏經』 36, 40하)

17 요가에서는 온몸의 자태(姿態)를 무드라라 한다. 예를 들면 하타요가(haṭha-yoga)는 요가의 실수에 관한 좌법이나 자태 등을 통틀어 무드라라 한다.

18 栂尾祥雲, 『秘密事相の研究』 (和歌山県: 高野山大學出版部, 1935) 97면 면.

19 상징적인 손짓은 힌두교 및 인도의 여러 종교와 불교가 공유한다. 힌두교의 제존에 표현된 Mudrā와 Hasta는 여러 면에서 유사하다. 두려움 없음(Abhaya)을 나타내는 손짓은 시무외인과, 축복(Varada)을 의미하는 손짓은 여원인, 설명·교시(Vitarka)의 손짓은 전법륜인 등의 손짓이 동일하게 표현되어 있다. [Anneliese·Peter Keilhauer 著, 전재성역, 『힌두교의 그림언어』 (서울: 東文選, 1994) 58면 참조].

립한 것이 있다. 불교 내에서 성립한 최초의 인상으로 다음의 시무외인(施無畏印, 범 abhaya-dada mudrā)을 들 수 있다.

『법구비유경(法句譬喩經)』 권3 「분노품」에 다음과 같이 조달[제바달다]이 부처님을 해치려고 아사세왕과 흉계를 꾸미는 이야기가 나온다.

> "지금 부처님의 제자들은 뿔뿔이 흩어져 갔는데 아직 5백 명의 제자가 그 좌우에 남아 있소. 대왕은 내일 부처를 청해 성 안으로 들어오게 하시오. 그러면 내 마땅히 5백 마리의 큰 코끼리에게 술을 먹여 취하게 하였다가, 부처님께서 성 안으로 들어오면, 취한 코끼리들을 내몰아 저들을 다 밟아 죽여 그 종자를 없애 버리겠소. 그리고 내가 장차 부처가 되어 세상을 교화하겠소."
>
> 그리하여 이튿날 공양 때가 되자 부처님께서 5백 아라한과 함께 성 안으로 들어가셨는데, 5백 마리의 술 취한 코끼리들이 콧소리를 치면서 내달아 담을 무너뜨리고 나무를 부러뜨렸다. 행인들은 모두 놀라고 두려워하였으며 온 성이 다 벌벌 떨었다. 5백 아라한은 모두 공중으로 날아가고 오직 아난만이 부처님 곁에 서 있었다. 술 취한 코끼리들은 머리를 나란히 하고 부처님 앞으로 달려들었으나, 부처님께서 손을 드시자 다섯 손가락은 이내 5백 마리의 큰 사자왕으로 변화하여, 한꺼번에 외치는 소리가 천지를 진동시켰다.
>
> 그 때 술 취한 코끼리들은 무릎을 꿇고 땅에 엎드려 감히 머리도 들지 못하였고, 취했던 술이 이내 깨어 눈물을 흘리면서 잘못을 뉘우쳤다. 왕과 신하들은 모두 놀라고 숙연해지지 않는 사람이 없었다.[20]

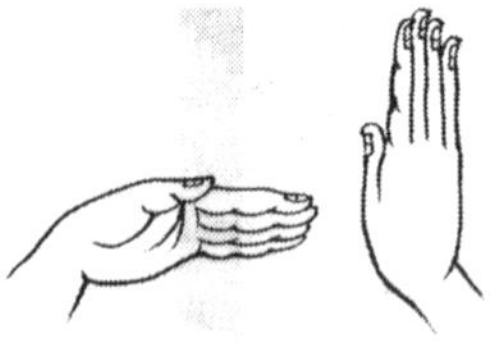

시무외인

시무외인은 이렇듯 부처님께서 다섯 손가락을 들어 이를 제지하였던 데에서 유래하는 무드라이다. 『불본행경(佛本行經)』에서는 다섯 손가락에서 오색의 광명이 뿜어져 나왔다[21]고도 한다. 오른손을 들어 손바닥을 밖으로 향하고 왼손은 주먹 쥐어 허리에 얹거나 옷자락을 잡는

20 『法句譬喩經』 卷3(『大正藏』 4, 596상)
21 寶雲譯, 『佛本行經』 5(『大正藏』 4권, 93하)

이 인은 신자에게 공포를 제거하는 인으로 불상에 널리 채용되었다. 이 무드라를 결하고 송하는 자는 시무외자(施無畏者)라 하고, 그 무드라를 시무외수(施無畏手)라 하며, 중생의 공포와 불안을 제거하기 위하여 부처의 대비를 나타내는 인계이다. 여원인(與願印)이 대비로써 즐거움을 주는 덕이 있는 반면에 이 시무외인은 대비로써 고통을 없애주는 덕을 나타낸다. 이 인을 시감로인(施甘露印)이라고도 한다.

그러나 석가모니의 탄생설화에 의하면 이보다 먼저 보여주었던 손모양이 있다. 출생하고 나서 홀로 땅에 내려서서 하늘을 가리키며 탄생게를 읊었던 설화에서 우리는 천지인(天地印)[22]을 볼 수 있으며, 이 인은 석가여래의 근본 다섯 인계와 더불어 대승불교시대에 성행하게 된다.[23] 이 설화에 따른다면 불교의 시작은 바로 천지인으로부터 비롯된다고 해도 과언이 아니다.

이와 비슷하게 석가모니의 성도를 방해하던 마군을 꺾는 항마촉지인(降魔觸地印, bhūmisparśamudrā)에 관련된 일화도 있다. 『대당서역기(大唐西域記)』 권8에 의하면 석존이 성도하려 할 때에 천마(天魔)가 앞에 와서 번뇌롭게 하자 석존이 손을 늘어뜨려 땅을 가리키니[24] 곧 지신(地神)이 솟아올라서 석존의 복업과 뛰어난 덕을 증명하자 천마가 물러나 흩어졌다고 한다. 그래서 이 인을 증성인(證成印)·증성인(證誠印)이라고도 한다. 촉지인은 고대 인도의 맹세하는 자세이며, 촉지란 곧 본래 갖추고 있는 보리심을 경발시킨다는 의미이다. 또한 이 인은 능히 모든 마구니와 귀신, 온갖 번뇌를 다 날뛰지 못하게 하기에 능멸비나야가제악

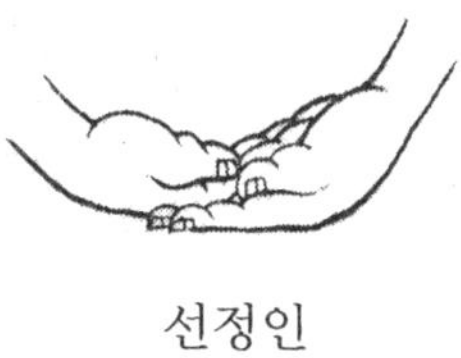
선정인

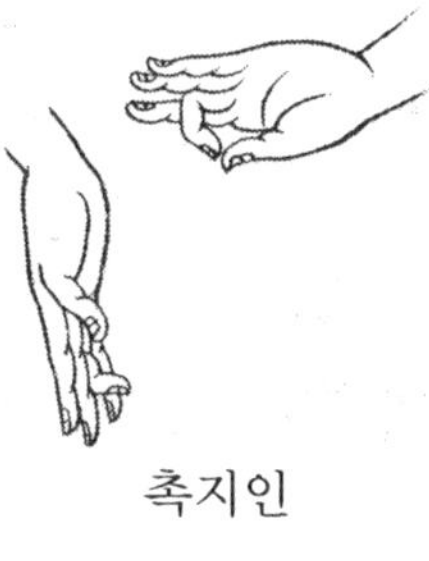
촉지인

22 『잡아함경』 23(『大正藏』 2권, 166하). "如來初生處 生時行七步 顧視諸四方 擧手指天上 我今最後生 當得無上道 天上及於人 我為無上尊."

23 문명대선생은 '대승불교시대가 되면 시무외인과 여원인이 합쳐져 시무외여원인이 되며, 천지인이 포함되어 대승불교의 석가근본5인으로 볼 수 있다'고 하였다. 文明大, 『佛敎美術槪論』 (서울: 동국대학교 역경원, 1984), 120면.

24 『大唐西域記』 卷8(『大正藏』 51, 916중). "如來乃垂手指地言."

여원인

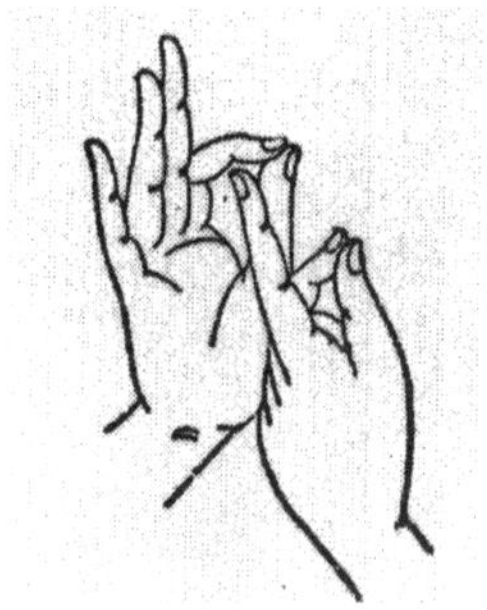

전법륜인

귀신인(能滅毘那夜迦諸惡鬼神印)이라고도 하며 항마인(降魔印)·촉지계(觸地契)·파마인(破魔印)·경발지신인(驚發地神印)·능최복인(能摧伏印)이라고도 한다.

이 밖에도 선정인(禪定印, 범 dhyāna-mudrā)은 결가부좌하고 입정(入定)에 들었음을 나타내기 위해 양손을 배꼽 아래에서 포개는 무드라로서 선정할 때의 자세이다. 또는 법계정인(法界定印)·삼마지인(三摩地印)·삼매인(三昧印)·등지인(等持印)·제산란심인(除散亂心印)이라고도 한다. 선정은 의식을 임지(任持)해서 평등하게 하나의 경계에 전주(專注)시키므로 등지(等持)라 한다. 두 엄지손가락을 서로 맞대고 오른손을 왼손 위에 올려놓는 모양이다. 여기에서 오른손은 불계(佛界), 왼손은 중생의 뜻으로 중생과 부처가 불이(不二)임을 표현한다.

석가모니부처님이 녹야원에서 처음으로 설법하던 때의 무드라로 석가모니의 설법의 상을 표현한 전법륜인(轉法輪印, 범 dharmacakra-mudrā)은 법륜을 굴리는 것을 상징하는 인계이다. 부처의 전법륜을 나타내기 위해서 양손의 엄지와 두지의 끝을 서로 붙여서 바퀴 모양을 만드는 이 인은 법을 굴려 번뇌를 최파하고 몸과 마음을 청정하게 함을 나타낸다.

그리고 시원인(施願印, 범 varadamudrā)은 여원인(與願印)·만원인(滿願印)이라고도 한다. 사람들의 원에 응하여 모든 것을 베푸는 인상으로 중생이 소원하는 바에 따라 재물을 베풀어 주는 결인이다. 보배를 무한히 생산하고 아낌없이 주고 모든 사물에 가치를 주는 여래의 대자여락(大慈與樂)의 자세로 부처가 중생이 원하는 것을 어떻게든지 주고자 하는 마음을 상징한다.

이상과 같이 석존의 수행과 중생교화에 관련된 내용이 무드라로 정립되었다. 1세기 후반부터 인도에서 조상(彫像)이 유행하면서 손의 형태가 무드라로 발전하기에 좋은 토대가 되었다. 불상에는 설법상(說法相)·입정상(入定相)·성도상(成道相) 등이 있으며 그러한 내용을 불상의 인상으로 표시하였다.

2-3세기 무렵 불상에 나타난 인상은 더욱 정형화되어 불교의 체계적인 인계로 발전할 기틀이 마련된다. 그러한 인계의 숫자가 많아진 것은 불보살과 수행과 기도의 종류가 많아짐에 따른 것으로 볼 수 있다. 또한 제불보살의 본서가 무량하기 때문에 이를 나타내는 무드라도 무량하게 늘어난 것이다.

그리하여 6세기 후반에 야사굴다(耶舍堀多)에 의하여 한역된 『십일면관세음신주경(十一面觀世音神呪經)』에는 『금광명경(金光明經)』에 설해져 있던 변재천법(弁才天法)이 증광되어, 십일면관음법이 처음으로 출현하고 그 존형(尊形), 단법(壇法)이 규정되어 있음[25]을 볼 수 있다. 그후 약 1세기 사이에 각양각색의 변화관음(變化觀音)이 출현하고, 그것에 관한 의궤가 정해졌다.[26] 그 이후 『천안천비관세음보살다라니신주경』[27]·『다라니집경(陀羅尼集經)』·『관자재보살수심다라니경』 등이 중국으로 번역된 것을 통해서 본존의 무드라나 지물을 가지고 상징하는 삼매야형이 7세기까지는 인도에서 거의 완벽하게 성립하였음을 추정할 수 있다.

2. 무드라의 전개

보통 우리나라의 불상을 통해서 볼 수 있는 무드라, 즉 수인(手印)의 대부분을 차지하고 있는 것은 시원인·전법륜인·시무외인 등 석가여래의 다섯 가지 무드라와 비로자나여래의 지권인(智拳印)이다. 그러나 인계의 좁은 뜻으로서 무드라를 설한 경전은 헤아릴 수 없이 많으며, 무드라의 종류 또한 수천 가지이다. 중국 양(502-556)나라 때에 한역된 것은 확실하지만 번역자의 이름이 남아있지 않은 『모리만다라주경(牟梨曼拏羅咒經)』은 무드라를 결하는 방법과 거기에 부수되는 주가 처음 설해진 경전이다. 이러한 무드라도 『모리만다라주경』[28]에는 19가지의 인을 설하고 있는 것에 지나지 않지만, 이것이 점차로 발달하여 약 1세기를 경과한 7세기에 아지구다(阿地瞿多, Atikūta)에 의하여 번역된 『다라니집경(陀羅尼集經)』[29] 등에는 이

25 『十一面觀世音神呪經』(『大正藏』 20, 149상-152상)
26 松長有慶, 『密教の歴史』 (京都: 平樂社書店, 1969), 45면.
27 지통(智通)역 『천안천비관세음보살다라니신주경』 (『大正藏』 1057권).
28 『모리만다라주경』(『大正藏』 19, 661상)
29 『陀羅尼集經』(『大正藏』 18, 785중) 이후 참조.

무드라가 이미 삼백여 종이 넘는다. 그 기교적인 수인이 차례로 발달함과 함께 이것을 결하기 위한 원리로서 다수의 인계가 기본적 유형인 인모(印母)로 정리되기에 이른다.

『대일경』「밀인품(密印品)」에서는 십이합장(十二合掌)과 사종권(四種拳)을 기본적인 무드라로 정하였다. 이들의 무드라가 대표적인 것으로 수행자가 수인을 결할 때에는 보통 이 가운데 하나를 결하거나 이로부터 변형된 수인을 결하기에 이들을 인모라 한다.

더 나아가 『대일경소』[30]에는 계인(契印)과 수인(手印)의 두 종류를 들고 있다. 원래 무드라는 손의 동작을 통하여 나타내는 수인과 불보살들이 지니고 있는 지물 및 장엄을 가지고 나타내는 계인이 있다. 계인에 사용되는 각종 지물(持物)은 불상·보살상·신중상 등에서 권능과 자비를 상징하기 위해 손에 들고 있는 물건을 가리킨다. 삼매야형의 하나로서 인계와 함께 제존의 깨달음 등을 표현하는 중요한 요소이다. 그 종류는 매우 다양한데 대체적으로 법구류(法具類)·무기류·악기류·동식물류·옥기류(玉器類)·건축물류·장식물류·해와 별 등의 성신류(星辰類) 등으로 분류된다. 법구류에는 금강저·윤보(輪寶)·금강령·석장·수주(數珠)·향로·화만·불자(拂子) 등이 있고, 악기류에는 공후(箜篌)·북·발(鈸)·비파(琵琶)·피리·법라(法螺) 등이 있다. 무기류에는 도끼·칼·창·방패·갈구리·활·갑옷과 투구 등이 있으며, 법구류 가운데 금강저와 윤보도 원래 무기에 해당하는 것이다. 그리고 봉(棒)이나 장(杖)에 부수된 반월장(半月杖)·선장(仙杖)·인두장(人頭杖)·당번(幢幡) 등이 있으며, 그 밖에 큰 궁전·탑에서부터 병·바루·항아리·접시·우산·밧줄·고리·저울 등이 있다. 식물에는 각종 과실과 길상초 등이 있으며, 가장 많이 쓰이기로는 여의보주와 마니주가 있다. 주로 보살이나 신중 등이 각자 자기 고유의 지물을 들고 있음으로써 깨달음과 서원·본원 등을 상징적으로 표현한다. 예를 들면 관음보살은 중생의 고통을 씻어주는 감로수를 상징하는 정병(淨甁)을, 지장보살은 지옥문을 열어주는 석장(錫杖)과 어둠을 밝혀주는 명주(明珠)를, 문수보살은 번뇌를 끊어주는 지혜를 상징하는 칼을 지니고 있는 것 등이다.

한편으로 지물을 지니는 것뿐만 아니라 손 모양을 변화시켜서 제불보살이 지니는 지물의 모습을 본뜨는 경우가 많다. 예를 들면 보병인(寶甁印)이

30 『대일경소』(『大正藏』 39, 741중)

라고 할 때에는 보병으로 삼매야형을 삼으므로 보병인이라 하지만, 보병을 표현한 수인을 가리키기도 한다. 이럴 때에는 병인(瓶印)·존승보병인(尊勝寶瓶印)이라고도 한다. 이 수인을 결할 때에는 이 인 가운데 대비의 지수(智水)가 맑게 차서 능히 중생들의 소원을 채운다고 관한다. 또한 보생인(寶生印)은 금강계삼매야회의 보생여래가 결하는 보배 형상의 무드라로서 손으로 금강박(金剛縛)을 하고 좌우 손의 가운뎃손가락을 세워서 보배형상을 만든다.

그리고 두 손을 심장에 대고 합장해서 두 검지를 굽히고 가운데 마디를 세로로 서로 붙이며 두 엄지를 나란하게 두 검지의 윗마디를 눌러 칼의 모양과 같게 하는 검인(劍印), 병기 가운데 창[śūla] 모양의 인상인 수라인(輸羅印), 어금니[牙]의 모습을 결하여 나타내는 아인(牙印), 두 팔을 서로 붙여, 열 손가락을 벌려 세우고 조금 굽혀서 위로 향하여 마치 연꽃이 핀 것과 같게 하는 연화인, 화염의 모양을 결하여 화륜(火輪)를 표시하는 인계인 화륜인(火輪印), 손가락으로 탑의 모양을 만드는 탑인(塔印) 등이 있다.

또한 피갑인(被甲印)은 수행자의 몸을 보호하는 무드라로 금강갑주(金剛甲冑)를 입고 삿된 귀신과 악마의 해를 막기 위해 결하는 인계이다. 갑주인(甲冑印)이라고도 한다.

불발인(佛鉢印)은 여래발(如來鉢)·석가대발(釋迦大鉢)·발인(鉢印)이라고도 한다. 바루[鉢]는 불보살의 보배그릇으로써 밀교에서는 바루를 석가여래의 삼매야형으로 삼는다. 『대일경소』 권13에, '이 인을 결하면 곧 여래와 동등해지며 이 가사를 지니는 것은 모든 부처님의 표치의 의식이다. 또한 능히 온갖 근기가 아닌 중생들로 하여금 모두 법기가 됨을 감당하게 한다'[31]고 하고 있다.

그 외에 금강희희(金剛嬉戲)보살과 금강소(金剛笑)보살의 무드라, 그리고 분노형을 한 제존의 무드라를 통해서 우리는 희·노·애·락의 감수(感受)와 이의 표현이 적극적으로 상징된 무드라를 볼 수 있다.

이상에서 살펴본 것처럼 무드라는 이미 초기불교에서부터 등장하며, 불보살의 본서를 나타내고자 하거나, 불상을 형상화하는데 필수적인 내용이 되며, 시대가 지남에 따라 대폭적으로 증가하여 밀교를 구성하는 기본적인 요소의 하나로 정립된다.

31 『대일경소』 권13(『大正藏』 39, 716상)

인상은 불교 초기에는 정해진 궤칙이 없었으나 밀교가 흥기한 다음에 인도에 있었던 인상에 관한 설이 채택되었으며, 여기에 한걸음 더 나아가 인상의 의의와 이익 등에 대한 해석이 부가되었다. 밀교의 무드라의 특색은 이러한 초기불교 이래의 무드라의 성격을 포괄하면서 나아가 그것을 밀교 의례 속에 체계적으로 구성시킨 점에 있다고 할 수 있다.

그러나 인상은 여러 가지 의궤가 성립함에 따라 시간상의 선후 차이가 있게 되었다. 그리고 인도·네팔·중국 등 각지의 전승도 같지 않으며 많은 차이가 난다. 또한 금강계·태장만다라 양부 만다라의 제존의 근본인도 같지 않으며 수법을 행하는 의식에서도 결인의 모습은 각기 다르다. 무수한 수가 있는데 현재 일반적으로 사용되는 불보살의 인상에서 중요한 것은 석가여래의 근본 다섯 무드라와 십이합장·사종권 및 육종권·아미타불의 구품인·비로자나여래의 지권인·십팔계인 등이다.

3. 기본적인 무드라와 그 상징

1) 두 손과 열 손가락의 상징

밀교에서는 결인의 두 손과 열 손가락에 특수한 의의와 명칭이 있다. 양손은 이우(二羽) 또는 이익(二翼)이라 한다. 석가여래의 양쪽 협사(脅士)는 왼쪽이 선정(禪定)을 나타내는 보현보살이고 오른쪽이 지혜를 표시하는 문수보살이다. 그래서 지혜를 오른쪽에 배당하고 선정을 왼쪽에 배당한다.[32] 따라서 좌권(左拳)은 선권(禪拳)이라 칭하며 우권(右拳)은 지권(智拳)이라 칭한다. 그밖에 왼손과 오른손이 각각 상징하는 바는 다음의 표와 같다.

右手	日-觀-慧-智-智-實-獻-外-般若-悲念-金剛界
左手	月-止-定-福-理-權-從-內-三昧-慈念-태장만다라

열 손가락은 십도(十度), 십륜(十輪), 십련(十蓮), 십법계(十法界), 십진여(十眞如), 십봉(十峯)이라고도 한다. 손톱은 갑(甲), 손바닥 안은 만월(滿月)·

32 또는 왼손으로써 정지(靜止)를, 오른손으로 활동을 표현한다고도 하며, 왼손을 중생의 세계, 오른손을 깨달음의 세계에 각각 배당하기도 하여 좌우 양손에 상대적 의미를 부여하고 있다.

호구(虎口)라 한다. 열 손가락에 대하여 의미를 부여한 것에 대해서는『대일경소』「밀인품」에서 다음과 같이 볼 수 있다.

> 그 다섯 손가락 가운데 새끼손가락을 지(地)라 이름하고 약손가락을 수(水)라 하며 가운데손가락을 화(火)라 하고 집게손가락을 풍(風)이라 하며 엄지손가락을 공(空)이라 한다. 왼손을 정(定)이라 하고 오른손은 혜(慧)라 한다. 또한 왼손의 새끼손가락을 단도(檀度)라 하며 다음에 이로써 위를 향하게 하고 이를 헤아리는데 집게손가락을 정(定)이라 한다. 오른손의 새끼손가락은 혜도(慧度)라 하며 다음에 이로써 위로 향하게 하고 이를 헤아리는데 집게손가락을 지도(智度)로 삼는다.[33]

또한『섭무애경(攝無礙經)』에 의하면 왼손의 다섯 손가락은 태장만다라의 오지(五智)를 표시하고 오른손의 다섯 손가락은 금강계의 오지를 표시하며 열손가락은 십바라밀, 혹은 십법계(十法界)·십진여(十眞如)를 표시한다고 한다.[34] 이 가운데 열손가락에 십바라밀을 배당하는 것은 이설이 많으나『금강정연화부심염송의궤』[35]의 설에 의하면 오른손의 다섯 손가락은 단바라밀(檀波羅蜜) 등의 오바라밀에 배당하고 왼손의 다섯 손가락은 혜(慧) 등의 오바라밀에 배당한다. 혹은 왼손의 다섯 손가락을 단바라밀 등의 오바라밀에 배당하고 오른손의 다섯 손가락을 혜 등의 오바라밀에 배당하기도 한다.

양손에서 다섯 손가락을 오륜(五輪), 오지(五智) 등이라 하며 각각의 손가락에 오대(五大), 오근(五根) 등을 배당하는 것을 열거하면 다음과 같다. 아래에서 다섯 손가락은 두 손이 공통이다.

---

33 『대일경소』13(『大正藏』39권, 714하) 참조.

34 不空譯,『攝無礙大悲心大陀羅尼經計一法中出無量義南方滿願補陀落海會五部諸尊等弘誓力位及威儀形色執持三摩耶標幟曼荼羅儀軌』(『大正藏』20권, 129중하). "故以左右手 其名曰理智 左手寂靜故 名理胎藏海 右手辦諸事 名智金剛海 左手五指者 胎藏海五智 右手五指者 金剛海五智 左手定右慧 十指卽十度 或名十法界 或曰十眞如."

35 『금강정연화부심염송의궤』(『大正藏』878)

	새끼손가락	약손가락	가운뎃손가락	집게손가락	엄지손가락	經軌
五大	地	水	火	風	空	大日經, 大日經疏, 蘇悉地經, 佛頂尊勝陀羅尼念誦儀軌法 등
五根	信	進	念	定	慧	阿閦如來念誦供養法 등
五佛頂	勝	高	光	蓋	輪	不空譯 一字頂輪王念誦儀軌, 一字奇特佛頂經 등

또한 좌우 양손의 열 손가락에 십바라밀을 배당시키는 등의 배치가 행해지는데 그 예를 들면 아래와 같다.

<table>
<tr><th></th><th>새끼손가락</th><th>약손가락</th><th>가운뎃손가락</th><th>집게손가락</th><th>엄지손가락</th><th>經軌</th></tr>
<tr><td>오른손</td><td>檀</td><td>戒</td><td>忍</td><td>進</td><td>禪</td><td rowspan="2">금강정연화부심염송의궤, 금강정유가호마의궤 등</td></tr>
<tr><td>왼손</td><td>慧</td><td>方便</td><td>願</td><td>力</td><td>智</td></tr>
<tr><td>오른손</td><td>慧</td><td>方便</td><td>願</td><td>力</td><td>智</td><td rowspan="2">금강정유가중약출염송경, 大日經疏 13권, 佛說七俱胝佛母准提大明陀羅尼經 등</td></tr>
<tr><td>왼손</td><td>檀</td><td>戒</td><td>忍</td><td>進</td><td>禪</td></tr>
</table>

이처럼 다른 이름이 나오는데 보통은 오대(五大)와 십도(十度)에 의거하여 명칭을 세우는 것이 보통이다. 이상과 같이 손가락에 다양한 의미를 부여하여 밀교 독특의 무드라로서 우주의 비밀한 뜻과 인생의 깊은 의미를 나타냄과 함께 이 비밀한 뜻을 전달함에 의해서 정과 혜를 함께 행하는 밀교의 수법을 표현하고 있다.

인상은 능히 제존의 내증과 본서를 표현하므로 하나의 손가락을 구부리고 펴는 결인에 말미암아 능히 법계를 진동하게 하며 범부와 성인을 만나게 한다. 열손가락은 만다라의 총체인 십법계를 대표한다. 그러므로 『대일경소』에 '만약 어떤 중생이 이 법을 수행한다면 인으로써 가지하는 까닭에 역시 여래법계의 몸과 동등하게 된다'[36]고 하는 것처럼, 범부중생이 아직 번뇌를 끊지 못하였더라도 단지 결인한 인상의 힘에 의하여 성인의 힘과 동등하여져서 능히 호법의 명왕과 선신을 움직여 수행자의 몸 곁에서 보호하게 하고 아울러 소원을 성취한다고 한다.

2) 연꽃의 개화(開花)를 상징하는 십이합장(十二合掌)

십이합장에 대해서는 『대일경소』 제13권[37]에서 다음과 같이 그 합장의 명칭과 모습에 대해 자세히 설하고 있다.

'무릇 모든 인법(印法)에는 이 열두 가지가 지극히 중요한 것이므로 널리 분명하게 기록한다.

제1의 합장은 손바닥의 중심을 합하여 견고하게 서로 붙이고 열 손가락 끝을 조금 떨어지게 하여 약간만 벌린다. 이것을 녕미나합장(寧上尾拏上合掌, 범 Niviḍa)이라 이름 한다.[이것을 견실심합장(堅實心合掌)이라 이름 한다]

제2는 다음에 열 손가락 손톱을 서로 맞대어 나란하게 하여 손가락끝을 서로 합하고 손바닥 가운데를 조금 벌린다. 이것을 삼보타(三補吒, 범sampuṭa)합장이라 한다.[이것을 허심합장(虛心合掌)이라 이름 한다]

제3은 또 다시 열 손가락 끝을 서로 합하고 손가락을 역시 나란하게 하며 그런 다음에 손바닥 안을 비워서 조금 볼록하게 하면 굴만라(屈滿囉, 범 Kuḍmala)합장이라 한다.[이것은 마치 아직 피지 않은 연꽃과 같다] 미부연화(未敷蓮花)합장이라 하며 허심합장보다 양 손바닥 내부를 크게 비운다.

제4는 다음으로 두 지지(地指)와 두 공지(空指)를 서로 붙이고 나머지 손가락을 약간 벌린다. 이것을 복나(僕拏收問反, 범 Bhagna)합장이라 이름 한다.[이것을 처음으로 피어나는 연꽃이라 한다] 즉 초할련화(初割蓮華)합장으로 미부연화합장의 형에 열 손가락을 합하여 집게와 가운데손가락, 그리고 약손가락을 다소 벌린다.

제5는 다음에 또 양손바닥을 받들어서 나란하게 하고 위로 향하여 반듯하게 서로 나란히 편다. 이것을 올다나야(嗢多那上若, 범 Uttānaja)합장이라 이름 한다.[이것을 현로(顯露)라 한다]

---

36 『대일경소』(『大正藏』 39, 714상)

37 『대일경소』 13권 (『大正藏』 39권, 714하) 참조.

견실심합장

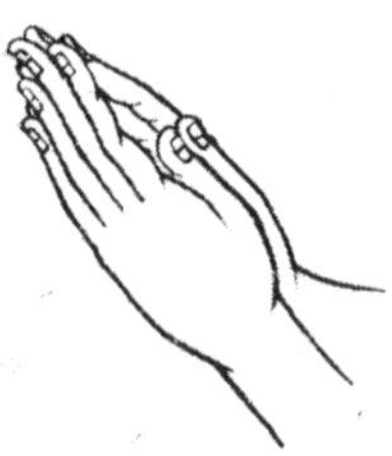

허심합장

미부연화합장

초할련화합장

현로합장

지수합장

제6은 다음에 또 두 손바닥을 나란히 받들어 올리는데 앞의 모습과 비슷하게 하고 모든 손가락의 끝을 조금 구부려서 합하는데 마치 사람이 물을 움켜쥐는 형상을 한다.[크게 구부려서는 안된다] 이것을 아다라(阿陀上囉, 범 Ādhāra)합장이라 이름한다.[이것을 지수(持水)합장이라 한다]

제7은 다음에 또 열 손가락 끝을 서로 교차시키고 모두 오른손의 손가락이 왼손의 손가락 위를 덮게 해서 마치 금강(金剛)합장과 같게 한다. 이것을 범어어로 발라나마(鉢囉二合拏上摩, 범 praṇāma)합장이라 이름 한다[이것을 귀명(歸命)합장이라 한다].

제8은 다음에 또 오른손으로 왼손을 누르고 손바닥을 뒤집어 열 손가락 끝을 서로 붙이며 또한 오른손 손가락을 왼손 손가락 위에 더한다. 이것을 미발리다(微鉢哩哆, 범 Viparita)합장이라 한다.[이것을 반차(反叉)합장이라 한다] 즉 양손의 등을 합하고, 각 오른 손가락이 왼 손가락의 위에 겹치도록 교차시킨다.

제9는 다음에 또 오른손으로 왼손 위에서 받들고 왼손으로 오른손 아래에 두고 점점 좌선하는 사람의 손모양과 비슷하게 한다. 이것을 비발라리예살다(毘鉢囉哩曳薩哆, 범 Viparyasta)합장이라 한다.[이것을 반배호상착(反背互相着)합장이라 한다]

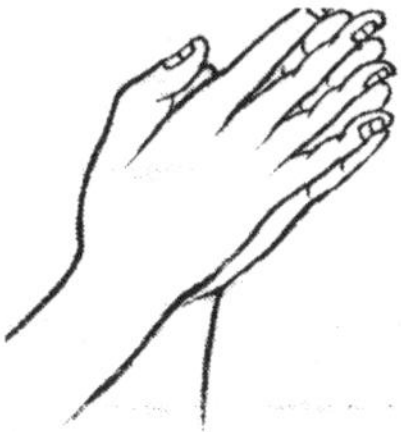

귀명합장

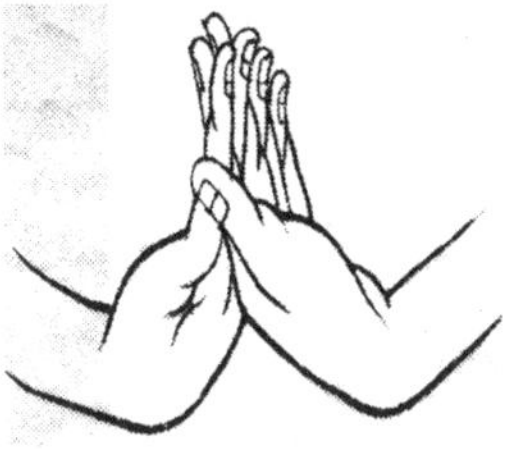

반차합장

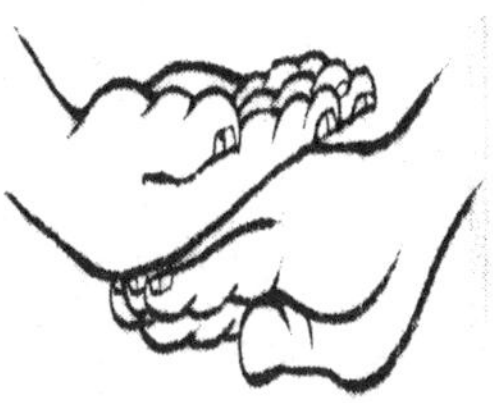

반배호상착합장

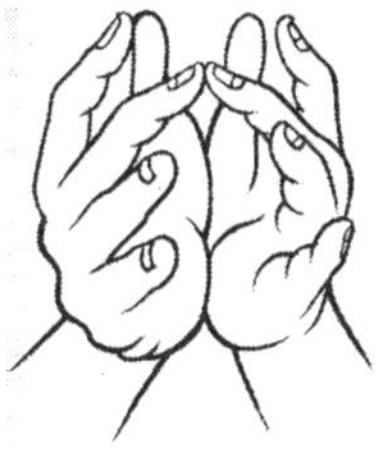

횡주지합장

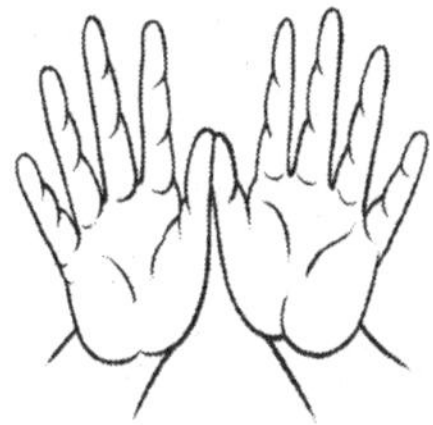

부수합장

부수향하합장

제10은 다음에 두 손바닥을 받들고 두 손의 가운뎃손가락 끝을 서로 붙여서 이를 받들어 올리면 이를 제리예(帝上哩曳入, 범 Tiryak)합장이라 한다.[이것을 횡주지(橫柱指)합장이라 한다]

제11은 다음에 또 두 손바닥을 함께 뒤집고 또한 두 손의 가운데손가락을 서로 붙인다. 이것을 아타라(阿馱囉, 범 Adhara)합장이라 한다.[이것을 부수향하(覆手向下)합장이라 한다]

제12는 다음에 또 양손을 함께 뒤집고 두 엄지손가락을 나란히 서로 붙이며 열 손가락 끝을 밖으로 향하게 하라. 역시 같은 이름이다.[역시 부수합장이라 한다]

이상의 십이합장은 각개의 합장이 갖는 의미도 있으며, 서로 연결되어 있는 일관된 내용을 예상할 수 있다. 제1의 합장에서 제4까지는 연꽃이 봉우리에서 점차 벌어져서 활짝 피는 상태에 이르는 모습을 보리심의 개화에 비유한 것이다. 제5의 합장에서 제12까지는 보리심을 바탕으로 공양올리며 선정에 들어가는 수행자의 모습을 보여준다. 여기에서 낱낱의 합장은 별상(別相)으로서 각각의 의미를 지니며, 이 모든 합장이 총상(總相)으로 귀결되는 것이 하나의 일관된 스토리로서 전개되어 있다. 낱낱의 인상은 또한 수행이 수행자 각자의 경향에 따라 다르며, 이타의 수행에서 그것은 더욱 다양하지만, 궁극의 귀결은 지혜로 결론된다는 이야기를 전해준다.

3) 아미타여래의 구품인(九品印)

대승불교시대에 들어와 인계로서 구체적인 예를 『관무량수경(觀無量壽經)』[38]을 통해서 볼 수 있다. 『관무량수경』 구품왕생설(九品往生說)에 근거한 구품인(九品印)은 상품상생(上品上生)에서부터 하품하생(下品下生)까지의 아홉 가지 인상으로 아미타구품왕생인(阿彌陀九品往生印)·왕생구품인(往生九品印)·삼삼품인(三三品印)·삼삼품왕생인(三三品往生印)이라고도 하며, 염불행자의 죄업과 수행에 근거하여 아홉 단계로 나눈 인상(印相)이다. 왕생하는 데에 구품의 왕생이 있고, 극락에도 구품의 정토와 구품의 염불이 있는 것과 같다. 아미타불에도 역시 구품 미타의 구별이 있으며 그 구체적인 표현이 구품인이다. 구품인에 대해서는 다양한 설이 있으나 일반적으로 상품인상(上品印相)은 양손을 서로 겹치고서 단전 가까이 두는데 세 손가락을 펴고 오른손을 왼손 아래에 둔다. 중품인상(中品印相)은 양손을 가슴에 대고 손바닥을 밖으로 향하게 한다. 하품은 손바닥을 밖으로 향하는데 오른손을 위로 향하고 왼손은 아래로 향한다. 상생인상(上生印相)은 엄지손가락·집게손가락의 손가락 끝을 조금 구부려 합한다. 중생인상(中生印相)은 엄지손가락·가운뎃손가락의 손가락 끝을 조금 구부려 합한다. 하생(下生)은 엄지손가락과 약손가락의 손가락 끝을 조금 구부려 합한다.

이와 같이 각품과 각생(各生)의 인상을 조합하면 곧 상품상생(上品上生)·상품중생(中生)·상품하생(下生)·중품상생(中品上生)·중품중생·중품하생·하품상생(下品上生)·하품중생·하품하생 등의 구품인이 이루어진다. 그 가운데 상품상생인을 묘관찰지인(妙觀察智印), 또는 정인(定印)·미타정인(彌陀定印)이라고도 한다. 그리고 하품상생인을 미타내영인(彌陀來迎印)이라 하여 아미타불(阿彌陀佛)을 영접하는 염불행자의 인상으로 삼는다. 그 인상은 서있는 아미타상에서 양손바닥을 바깥으로 향하게 하는데 오른손은 위로 향하게 하고 왼손은 아래로 향하게 하며 엄지손가락과 약손가락의 끝을 서로 붙인다.[39]

---

38 『觀無量壽經』(『大正藏』 12, 344하) 이하 참조.
39 『불광대사전』 136면.

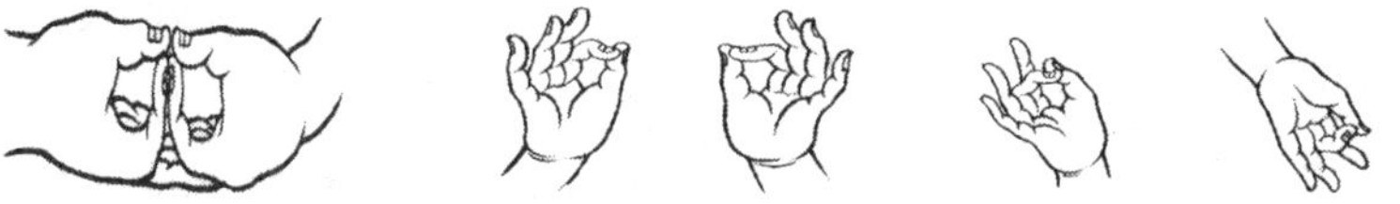

상품상생인　상품중생인　중품하생인

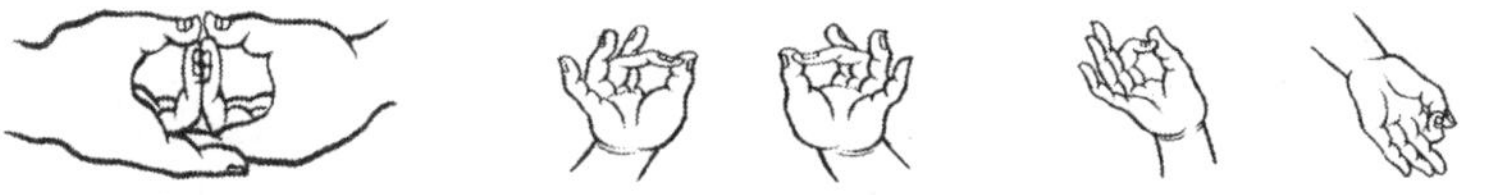

중품상생인　중품중생인　상품하생인

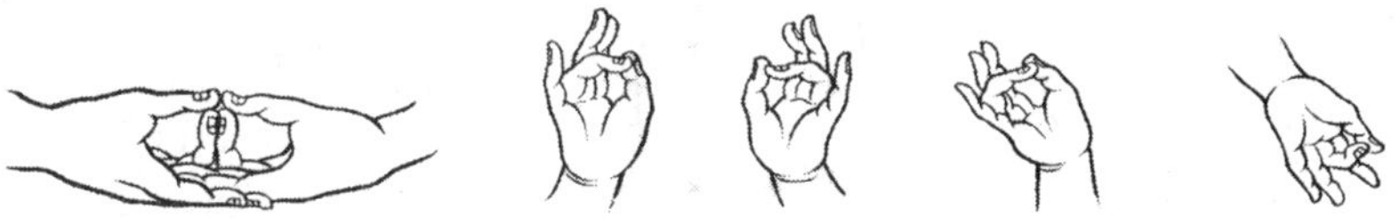

하품상생인　하품중생인　하품하생인

4) 인모(印母)로서의 사종권(四種拳)과 육종권(六種拳)

인모를 가장 총괄적이고 조직적으로 설명한 것이 선무외삼장의『대일경소』제13권[40]에서 인모로서 사종권(四種拳)이 설해진다. 모든 경궤에서는 결인하는 법을 설할 때에 반드시 먼저 사종권과 십이합장을 거론하여 기타 각종 인계의 기준으로 삼으며 다음에야 비로소 소용되는 인계를 서술한다. 그 사종권은 연화권(蓮華拳), 금강권(金剛拳), 외박권(外縛拳), 내박권(內縛拳)의 넷이다. 거기에 분노권(忿怒拳)과 여래권(如來拳)을 더하여 육종권으로 한다. 권(拳)이라 함은 범어 muṣṭi로서 음역은 모슬치(母瑟致)이다. 덮어 감춘다는 뜻으로, 인계를 사용하는 것을 권이라 한다. 연화권·금강권·외박권·내박권의 사종권은 십이합장과 함께 수천 인계의 기본이기 때문에 인모(印母)라고 칭하며 그 인상과 의미하는 바는 다음과 같다.

(1) 연화권

연화권은 태장권(胎藏拳)·여래권·태권(胎拳)이라고도 하며 연꽃으로 이치를 표현하므로 연화권이라 한다.『대일경소』제13권에 '언제나 권법으로서 엄지손가락을 세운다'[41]고 한다. 그 인상은 집게손가락 이하의 네 손가

40 『대일경소』제13권(『大正藏』39, 715하) 참조.
41 『대일경소』제13권(『大正藏』39, 714하).

락을 잡고, 엄지손가락은 집게손가락의 중간 마디를 눌러서 세운다. 이 인상은 지(地)·수(水)·화(火)·풍(風)·공(空) 등 오대법성(五大法性)의 이탑(理塔)을 나타내는 까닭에 연화라 이름하고 태장부에서 인모로서 상용한다.

(2) 금강권

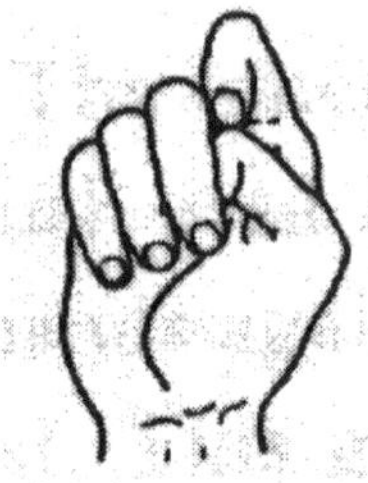

금강권 1

금강권 2

금강권(金剛拳, 범 vajra-muṣṭi)은 금강여래권(金剛如來拳)·분노권(忿怒拳)·견뢰금강권인(堅牢金剛拳印)이라고도 한다. 인계의 기본형으로 엄지손가락을 손바닥에 넣고 다른 네 손가락으로 싸쥐는 것으로 오른손 엄지손가락을 셋째와 넷째 손가락 사이의 셋째 마디에 놓은 후, 셋째·넷째·다섯째 손가락(이 세 손가락은 삼밀을 나타냄)으로 감싸면서 집게손가락 끝을 구부려서 엄지손가락의 첫째 마디에 갖다 놓는 결인을 말한다. 금강권을 한 오른손을 단전 위에 갖다 놓은 후 왼손 바닥으로 포개어 덮는다. 금강계 대일여래의 오른쪽 인(印) 양부(兩部) 중에는 금강계에 속하고 이지(理智) 중에서 지(智)를 표하여 금강같이 견고함을 뜻한다.

금강권은 주로 금강정부(金剛頂部)에서 사용되는 인모로서 『금강정경』[42]에서 갈마권은 이 금강권을 기본으로 하여 결하는 것이다. 이 인상에 대하여 『대일경소』[43]에서는 '엄지손가락을 손바닥 안에 넣고 이것을 쥐어라'라고 하며, 『금강정경일자정륜왕유가일체시처염송성불의궤(金剛頂經一字頂輪王瑜伽一切時處念誦成佛儀軌)』[44]에서는 '가운뎃손가락과 약손가락과 새끼손가락으로 엄지손가락을 감싸고 집게손가락으로 엄지손가락의 등쪽을 누른다'고 설하고 있다. 이 금강권을 『금강정경』에서는 일체여래신어심금강박지인(一切如來身語心金剛縛持印)[45]이라 하며 불공의 『반야이취석』에서

42 『금강정경』(『大正藏』 18, 221하)
43 『대일경소』(『大正藏』 39, 715하)
44 『金剛頂經一字頂輪王瑜伽一切時處念誦成佛儀軌』(『大正藏』 19, 322상)
45 『금강정경』(『大正藏』 18, 341중)

는 '신구의의 금강으로 합성함을 권이라 이름한다'[46]고 말하고 있다. 무엇보다도 이 금강권은 일체여래의 몸과 말과 뜻의 삼밀활동을 총지하고 박지(縛持)하는 것을 나타내는 것이다.

(3) 외박권

외박권(外縛拳)은 금강박인(金剛縛印)·지재외권(指在外拳)·향외상차권(向外相叉拳)이라고도 하며 간략히 칭하여 외박인(外縛印)이라고도 한다. 곧 두 손의 열 손가락을 깍지 껴서 권(拳)을 만든다. 왼손의 다섯 손가락을 오른 손의 다섯 손가락 위에 두며 열 손가락을 손바닥 바깥으로 향하게 한다. 이 권은 특히 태장만다라에서 사용된다. 대개 이 인상은 연화 위의 월륜으로 표시하며 또한 여덟 손가락을 서로 교차시켜서 팔엽연화를 표시한다.

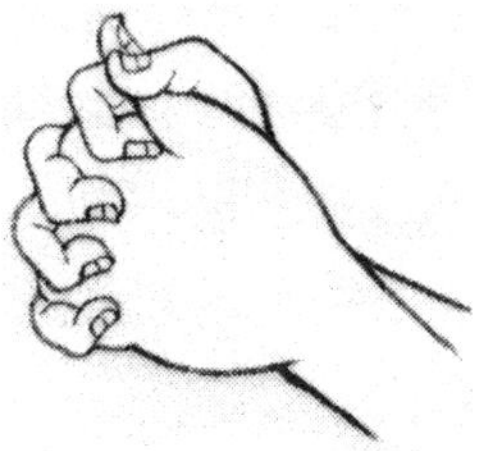

외박권

『금강정경』에서는 이것을 금강박(金剛縛)이라 하며 이 금강박에 대해 '두 손이 달 모양과 같다'[47]고 설하며 이 외박에서 손바닥 가운데의 원형을 월륜을 나타내는 것으로 삼고 있다. 『금강정경』에서 삼매야인 등은 무엇보다도 이 외박을 인모로 삼고 있다. 『약출염송경』 등에서도 출전(出纏)의 월륜을 관상하기 위하여 수보리심관을 닦는 경우에 이 외박인을 결한다고 한다.

『대일경소』 13권에서는 견고박(堅固縛), 금강박(金剛縛), 외박권(外縛拳)이라고도 하며 결사(結使)의 얽힘을 푼다는 뜻을 지니며, 십지(十地) 원만의 형상을 드러내는 것이라 한다.

(4) 내박권

내박권(內縛拳)은 이수권(二手拳)·지향내상차권합장(指向內相叉拳合掌)·향내작권합장(向內作拳合掌)·향내차합장(向內叉合掌)·내장권(內掌拳)이라고도 하며 간략히 칭하여 내박인(內縛印)이라 한다. 손가락을 안으로 향하여 서로 깍지 껴서 권

내박권

46 『반야이취석』(『大正藏』 19, 613상)
47 『금강정경』(『大正藏』 18, 221상)

을 만드는데 오른쪽 손가락을 왼쪽 손가락 위에 있게 하며 손바닥 안에서 서로 깍지 낀다. 범부 내심의 깊숙이 잠재하는 본심 즉 불성을 보인 것으로 손 안의 둥근모양은 월륜의 체(體), 가운뎃손가락은 열은 안개 가운데 있는 광명을 나타낸다. 안개 낀 가운데에 있는 월륜을 상징하는 통달보리심의 경지를 표시하는 인이다. 말하자면 손바닥 안에 깍지 낀 상태로 있는 열손가락을 옅은 안개 가운데에 잠재해 있는 월륜의 광명으로 볼 수 있으며 특히 금강계만다라에서 사용된다.

이상 설명한 연화권과 금강권과 외박권과 내박권의 네 가지에 분노권과 여래권을 더하여 보통 육종권이라 칭한다. 그러나 육종권인 가운데에서 앞의 네 가지가 인모이며 다음의 둘은 인모라 하지 않는다.

분노권

(5) 분노권

분노권(忿怒拳)은 약손가락과 가운뎃손가락으로써 엄지손가락을 잡고, 집게손가락과 새끼손가락을 세우고 약간 굽혀서 어금니[牙]처럼 한다. 또는 금강권을 하고 집게손가락을 세워서 엄지손가락의 등 쪽에 붙여서 지발생(智發生)의 형상을 취한다. 또는 금강권을 분노권이라 칭하기도 하지만 일반적인 설은 아니다.

(6) 여래권

여래권(如來拳)은 왼쪽을 연화권, 오른쪽을 금강권으로 하고 오른쪽으로써 왼쪽의 엄지손가락을 잡는다. 여래권인(如來拳印)이라고도 하며 여기에 두 종류가 있다. 태장만다라에서 쓰이는 연화권은 태장권(胎藏拳)·태권(胎拳)이라고도 한다. 그 인상은 엄지손가락으로 집게손가락의 바깥쪽을 누른다. 이 인상은 지·수·화·풍·공 등 오대법성(五大法性)의 이탑(理塔)을 표시한다. 『무량수궤(無量壽軌)』·『약사관행궤(藥師觀行軌)』·『금륜요약염송법(金輪要略念誦法)』 등에서 열거하는 권인(拳印)은 이지(理智)의 융합과 색심불이(色心不二)의 뜻을 표시한다. 그래서 도량관을 닦을 때에 이 인을 사용한다. 그 인상은 왼손을 아래에 두어 연화권을 하고서 엄지손가락을 오른손 가운데에 넣고, 오른손을 위에 두어 금강권을 하고 왼손의 엄지손가락 손톱을 쥔다. 위에서 기술한 왼손의 연화권은 연화부를 나타내는

데 바로 이(理)이며, 오른손의 금강권은 금강부를 나타내며 지(智)이다. 두 권이 합한 것은 이지불이(理智不二)를 나타내므로 여래권인이라 칭하며 또는 지권인(智拳印)이라고도 한다. 그러나 여러 경궤에서 칭하는 여래권은 통상 연화권을 가리켜서 말하는 것이다.

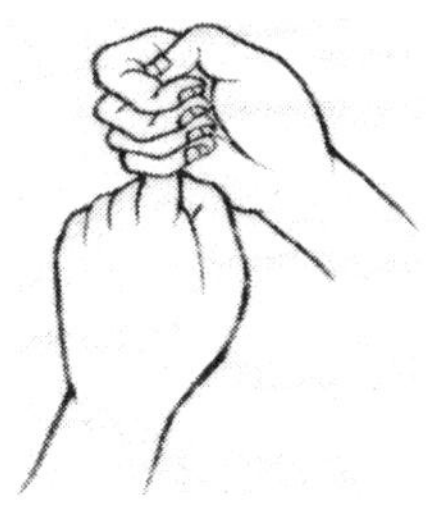
지권인

4. 열여덟 단계의 십팔계인(十八契印)

『십팔계인』은 일반적으로 혜과화상(惠果和尙, 746-805)의 저서로 알려져 있으나 일본의 공해(空海, 774-835)가 만들었다[48]고도 한다.

십팔계인이란 여러 종류의 수법의 기본이 되는 18종의 계인으로 갖가지 수법에 통용되는 열여덟 종류의 인상을 가리킨다. 또는 십팔도계인(十八道契印)·십팔도(十八道)라고도 한다. 열 여덟의 인계와 진언을 닦아 불과(佛果)의 각위(覺位)에 도달하므로 십팔도라 한다[因道]. 또는 십팔계인이 모두 여래내증의 과지(果地)의 지인(智印)이므로 십팔도라 한다[果道]. 혹은 십팔도를 금강정십팔회(金剛頂十八會)의 총행(總行)으로 삼기도 한다. 인상(印相)의 기본형으로서 밀교 수행자가 관법을 행할 때에 사용하는 중요한 합장의 형상이다.『십팔계인』에 근거하여 그 인상을 설명하면 다음과 같으며 각각의 인상에는 부수되는 진언이 있다.

① 정삼업인(淨三業印)은 연화합장인(蓮華合掌印)·본삼매야인(本三昧耶印)이라고도 한다. 곧 좌우의 열손가락을 세우고 손가락과 손바닥을 함께 합한다. 장엄한 행법의 최초의 인으로 청정한 수행자의 신구의 삼업을 표시하는 인계이다. 양손의 열손가락을 표치로 하여 연화로써 이(理)를 표시한다. 수행자가 연화합장을 하는 것은 곧 하나의 법계를 이루는 것이고 이를 벌려서 환희의 연화인을 결하는 것은 곧 수많은 법계를 이루는 것이다. 이 인을 결하고 정삼업진언을 송한다. 이 진언의 가지에 의하여 본래 갖추고 있던 자성이 드러나며 나의 삼업이 모두 청정해진다.

48 『십팔계인』(『大正藏』 18권, 783중), "十八契印者.傳云惠果和尙製.或云弘法大師作."

② 불부삼매야인(佛部三昧耶印)은 법계탑인(法界塔印)이라고도 한다. 허심합장(虛心合掌)에서 두 집게손가락을 구부려 두 가운뎃손가락의 윗마디에 붙이고 두 엄지손가락을 두 집게손가락의 아랫마디에 붙인다.
밀교의 수행자는 이 인삼의 가지로 말미암아 불부의 제존이 수행자의 신업(身業) 위에 개현되고 아울러 가호되며 신업을 청정하게 하고 죄장을 소멸시키고 복과 지혜를 늘리게 된다. 이 인의 형상은 흡사 불정(佛頂)의 형상과 같기에 불정인(佛頂印)이라고도 칭한다.

③ 연화부삼매야인(蓮華部三昧耶印)은 팔엽인(八葉印)이라고도 한다. 즉 허심합장에서 두 집게손가락과 두 가운뎃손가락과 두 약손가락을 세우고 비슷하게 손가락을 벌려서 팔엽화가 활짝 핀 인상을 이룬다. 이를 아미타불의 인이라고도 한다.

④ 금강부삼매야인(金剛部三昧耶印)은 왼손을 뒤집고 오른손을 받들며 양손의 등을 서로 합한다. 양손의 엄지와 새끼손가락을 서로 걸고 중간의 세 손가락은 삼고저(三股杵)처럼 한다.

⑤ 피갑호신인(被甲護身印)은 또한 피갑호신(被甲護身)·갑주인(甲冑印)·피갑인(被甲印)·호신삼매야(護身三昧耶)라고도 한다. 즉 두 손을 내박하고 두 가운뎃손가락을 세워서 서로 걸며 두 집게손가락을 갈구리 모양으로 구부리고 두 엄지손가락을 나란히 세워서 두 약손가락에 붙인다. 밀교의 수법(修法) 중에 수행자의 몸에 금강의 갑옷을 입고 투구를 쓰게 하는 것으로 삿된 신들이나 악마의 해침을 방호하는 계인이므로 피갑호신인이라 한다.

⑥ 지결인(地結印)은 금강궐(金剛橛)이라고도 한다. 즉 왼손의 약손가락·가운뎃손가락을 오른손의 약손가락·가운뎃손가락에 넣고 나머지 새끼손가락·집게손가락·엄지손가락을 서로 깍지낀다.

⑦ 사방결인(四方結印)은 금강장인(金剛墻印)이라고도 한다. 인상은 앞의 지결인과 같은데 다만 두 엄지손가락을 벌린다.

⑧ 도량관(道場觀)의 인상은 육종권의 하나인 여래권인(如來拳印)과 같다. 즉 우권(右拳)으로 좌권의 임지손가락을 잡는다.

⑨ 대허공장인(大虛空藏印)은 두 손을 합장하고 두 가운뎃손가락을 밖으로 서로 교차하며 두 집게손가락을 보배모양처럼 서로 깍지 낀다.

⑩ 보거로인(寶車輅印)은 송거로인(送車輅印)이라고도 한다. 즉 두 손을

안으로 서로 교차하며 손바닥을 위로 받들고 두 집게손가락의 옆을 서로 교차시키고 두 엄지손가락을 각각 집게손가락의 밑 부분에 붙인다.

⑪ 청거로인(請車輅印)의 인상은 보거로인(寶車輅印)과 같다. 다만 엄지손가락을 집게손가락에 붙이지 않는다.

⑫ 영청인(迎請印)은 또한 영청본존인(迎請本尊印)·소청인(召請印)이라고 한다. 즉 내박(內縛)에서 오른손의 엄지손가락을 갈구리처럼 세운다.

⑬ 부주인(部主印)은 부주결계인(部主結界印)·벽제결계인(辟除結界印)이라고도 한다. 즉 두 손을 합장하여 두 손의 집게손가락과 약손가락을 각각 손바닥 안에 넣고 그 손가락 끝의 손톱이 서로 닿게 하며 두 엄지손가락을 세워서 벌린다.

⑭ 허공망인(虛空網印)은 금강망인(金剛網印)이라고도 한다. 인상은 앞의 지결인(地結印)과 같다. 다만 두 엄지손가락으로 두 집게손가락에 댄다.

⑮ 화원인(火院印)은 금강화원인(金剛火院印)이 온전한 칭호이며 금강염(金剛炎)·금강화염(金剛火炎)·금강화원계인(金剛火院界印)·밀봉인(密縫印)·화인(火印)이라고도 한다. 즉 금강화염(金剛火焰)으로 밀봉(密縫)하여 결계하고 나머지는 틈이 없다는 뜻이다. 이 인과 진언으로 결호하는 지계(地界)는 그 사방과 사유 모두 화계(火界)로 이루어지므로 팔방화원(八方火院)·화원(火院)이라 한다. 인상은 왼손바닥으로 오른손등을 가리고 두 엄지손가락을 세워 오른쪽으로 몸을 감싸며 세 번 돌리면서 금강장(金剛牆) 바깥에 화원(火院)이 둘러싸고 있다고 관상한다.

⑯ 알가인(閼伽印)은 헌알가향수인(獻閼伽香水印)이라고도 하며 즉 두 손으로 알가기(閼伽器)를 받들고 성중(聖衆)의 발을 씻는다고 관상한다. 수행자는 이 알가향수를 바침에 의해서 삼업이 청정하게 되고 번뇌의 더러움을 씻는다.

⑰ 화좌인(華座印)의 인상은 앞의 연화부삼매야인(蓮華部三昧耶印)과 같다. 헌연화좌인(獻蓮華座印)이라고도 하며 양손으로 합장하되 중앙을 비게 하고 좌우의 약손가락·가운뎃손가락·집게손가락을 벌려서 구부리는데 아직 피지 않은 연꽃 모양으로 한다. 수행자가 이 인을 결하고 진언을 송하면 십지를 만족하게 되어 금강좌에 앉게 된다.

⑱ 보공양인(普供養印)은 두 손으로 금강합장을 하고 두 집게손가락을 보배형상처럼 뾰족하게 해서 붙이고 두 엄지손가락을 나란히 세운다.[49]

십팔도의 열여덟 단계의 행법은 그 각 단계에 의미적으로도 효과적으로도 완전하게 대응하는 열여덟 개의 무드라가 설정되어 있고 그 인을 열하고 각 단계에 있어서 효과를 원하면 십팔도를 실천하는 것과 동등한 효과를 얻을 수 있는 것이다. 그 십팔도의 인을 십팔도계인이라 하며 이것은 양계만다라의 수법이나 호마, 가지기도 등 밀교수법의 실천에 필요한 기본 시스템이다. 부처님과 수행자가 정신적인 교감을 얻고 만다라에 묘사된 부처님들의 참된 의미를 알 수 있는 것이다.

Ⅲ. 인접 개념과의 관계 및 현대적 논의

1. 인접개념과의 관계

밀교계통의 무수한 경궤에서는 삼마지를 통하여 제존의 덕성을 계승하는 무드라와 진언의 수여를 보여준다. 즉 삼밀 중에서 제존이 지니고 있는 신밀의 무드라에 대해서 반드시 설해진다. 결과적으로 수행자가 본존의 서원을 나타내는 무드라를 결하고 진언을 독송하며 그들을 관상할 때에 수행자의 행동이 모든 불보살의 행동과 일치하게 된다는 것을 설한다. 또한 이와 같은 행을 통하여 수행자는 불보살이 이상으로 하는 활동을 몸에 익힐 수 있으며 여기서 설하는 인과 진언을 체득하면 수행자 자신이 불보살의 근본이 되는 진리의 세계를 체득할 수 있다고 한다.

대개의 무드라는 만다라에서 행해지는데, 만다라는 단(壇)이라는 의미로서 단에 봉안되는 모든 존은 바로 그러한 만다라를 건립하는 아사리가 증득한 최고의 경지를 상징한다. 아사리는 그 경지를 고스란히 제자에게 물려주기 위하여 제존을 초대하고 공양하며, 삼마지를 통하여 일체가 되는 삼밀의 수행을 선수한다. 여기에서 무드라는 제존을 나타내는 상징으로서 그 무드라를 결인함에 의해 그 존의 삼마지에 몰입할 수 있으므로 무드라

49 『십팔계인』(『大正藏』 18, 781하-783중) 참조.

는 삼마지에 들어가는 문이라 할 수 있다.

먼저 불보살의 활동과 자신을 일치시키기 위하여 진언과 종자를 독송하며 관상해야 한다. 이러한 수행을 통하여 청정한 삼매를 얻을 수 있으며 헛된 분별을 떠나 불보살과 일치할 수 있는 것이다. 즉 지혜를 나타내는 검이나 금강저의 인은 불보살의 마음[意]의 공덕이고, 소리를 내는 나패(螺貝)의 인은 입[口]의 공덕, 정계(淨戒)는 몸의 공덕을 나타내는 것이기 때문에 실제로 형상으로 나타낼 수 있는 이 세 가지를 관상함에 의해서 불보살의 삼밀과 일치되는 활동을 할 수 있다. 무드라는 삼밀 가운데 신밀로서 수행이란 결국 관(觀)으로 귀결된다. 수많은 무드라가 보여주는 분노·기쁨·슬픔·사랑이 모두 관 차원에서 승화된다. 각자의 인식체계는 다르므로 수행도 별상으로 전개되지만 궁극에 총상으로 귀결되어서는 하나이듯이 수많은 무드라도 궁극의 목적인 실지(悉地)로 귀결된다.

그 대표적인 예를 『대일경』의 「비밀팔인품(秘密八印品)」[50]에서 볼 수 있다. 이 팔인은 팔엽원(八葉院) 8존의 인명(印明)으로, 대일여래의 사지사행(四智四行)의 덕을 나타내는 대일여래 관정의 비밀한 무드라이다. 그래서 모든 경궤에서는 이 비밀팔인을 초발심의 행자에게 수여하는 것을 금하고 있다. 「비밀팔인품」은 비밀팔인을 통하여 진언행자가 본존의 모습으로 전변한 것을 견고히 이루도록 하기 위하여 설해졌다.

먼저 본존의 모습으로 전변하는 데에는 여래의 몸과 보살의 몸 두 가지가 있다. 수행자는 어떤 몸으로 변화하든 불신이 견지해야 할 장소와 몸을 갖추어야 한다. 여기서 주처를 확고히 하는 데에는 금강불괴인(金剛不壞印)과 연화장인(蓮華藏印)이 필요하며, 나머지 여섯 가지 무드라는 몸을 확고히 하는 역할을 한다. 이 여덟 가지 무드라를 결하고 진언을 독송하는 이유는 자기자신을 본존과 유가(瑜伽)하기 위해서이다. 그 목적은 식재·증익 등의 상·중·하로 구분되는 실지를 증득함에 있다.

무드라에는 유상(有相)과 무상(無相)의 두 가지 구별이 있다. 유상은 색채·형상·자태로 이를 표시한다. 무상은 색채·형상·자태 등을 사용하지 않고 표시하는 것으로 참된 뜻과 계합하면 일거수 일투족 등 모든 동작이 여기에 해당된다.

『대일경』 제6 「본존삼매품」에 무드라를 유형(有形)과 무형(無形)의 두 가

50 『대일경』「비밀팔인품」(『大正藏』 18, 37상 이하)

지로 구분하고 있으며, 『대일경소』 제20권에 이를 다음과 같이 해석한다.

> 인형(印形)에도 역시 두 가지가 있다. 이른바 유형(有形)과 무형(無形)이다. 형(形)이란 바로 청·황·적·백 등의 색깔과 네모지거나 둥글고 삼각형 등의 형태와 구부리고 펴며 앉고 서는 것 및 머무는 곳의 종류이다. 인(印)이란 들고 있는 인으로서 도(刀)·륜(輪)·견색(羂索)·금강저(金剛杵)의 종류이다. 초심(初心)에는 연을 따로 하여 관하는데 먼저 그려진 본존 등을 관한다. 이러한 것에 의하여 관하는 것을 유형(有形)이라 한다. 나중에 점차로 익숙하고 순수해지며 또한 가지력으로써 자연히 나타나 마음과 상응한다. 이때에 이 본존은 단지 마음으로부터 나타난 것이므로 바깥의 연을 따로 둘 필요가 없다. 이것을 무형(無形)이라 한다.[51]

즉 인상은 유상(有相), 즉 형상이 있는 것과 무상(無相) 즉 형상이 없는 것의 두 종류가 있다. ⑴ 유상(有相)은 곧 여러 인계 가운데 하나의 인계를 결하는 것으로 여기에 다시 두 가지가 있다. ① 수인(手印)은 제존의 소지한 인으로서 금강계대일여래의 지권인이나 태장만다라 대일여래의 법계정인(法界定印) 등이다. ② 계인(契印)은 제존이 지니고 있는 기물로서 제존의 본서를 표시하는 무기·칼·연꽃 등의 삼매야형으로 관음의 연화·문수보살의 검 등과 같은 것이다. ⑵ 무상(無相)은 즉 하나의 모습에 치우치지 않고 온갖 상을 구족한 것이다. 또한 일거수일투족이 모두 밀인의 경계이다. 이 무상의 인상은 인상의 실다운 뜻에 도달한 것으로 깊은 비밀 가운데 깊은 비밀의 인이다.

처음 수행하는 자가 여러 인계 중에서 어느 한 특정의 인계를 가지고 수행하는 것을 유상인계(有相印契)라 하고, 무상인계(無相印契)란 그렇게 해서 점차 여래의 가지력을 얻어 자연적으로 행자가 부처의 인계를 나타내게 되는 것으로 무드라의 본래의 참뜻을 이해하면 구체적으로 무드라를 결하지 않아도 움직이는 동작 모두가 무드라가 된다. 『대일경』「밀인품」에 '신체를 들고 움직이고 머무는 것이 모두 밀인이라고 알아야 한다. 혀를 굴려서 하는 온갖 언어가 모두 진언임을 알아야 한다'[52]고 하는 것처럼 우리의

51 『대일경소』 제20권(『大正藏』 39, 783중)
52 『대일경』「밀인품」(『大正藏』 18, 30상)

일거수일투족이 다 무드라에 포섭되는 것으로 여래의 본서를 상징하는 무드라를 우리 자신이 그대로 받아서 반복함으로 해서 여래의 경지에 드는 것이다.

신인법회(神印法會)는 인계를 결(結)하는 법회로 문두루법회(文豆婁法會)라고도 한다. 『삼국유사』 2권, 「문호왕법민(文虎王法敏)」에 의하면, 명랑(明朗)법사는 635년 신라로 돌아와 『불설관정복마봉인대신주경(佛說灌頂伏魔封印大神呪經)』에 의한 신인(神印)의 비법을 전하였다고 한다. 신인(神印)이란 즉 인계(印契)이며 일종의 방위신을 그 신앙의 대상으로 삼고 있다. 30대 문무왕(文武王) 10년(670) 삼국통일 뒤, 당나라의 고종이 설방(薛邦)에게 명하여 50만 대군을 일으켜 신라를 침공하려고 하자 신라조정에서는 명랑에게 그 비책을 물었다. 그는 '낭산(狼山) 남쪽 신유림(神遊林)에 사천왕사를 창건하고 도량을 개설하라'고 하였다. 그리고 당나라 군사가 국경에 다다랐다는 급보를 들은 명랑은 곧 풀로 오방신장(五方神將)을 만들어서 자신이 우두머리가 되어 유가승(瑜伽僧) 12인과 함께 문두루비법(文豆婁秘法)을 썼다. 그러자 당나라전함은 신라와 교전하기도 전에 사나운 풍랑으로 침몰되었으며, 그 이듬해 조헌이 이끄는 5만의 당나라 군사가 침략하였으나 역시 같은 방법으로 격퇴시켰다[53]고 한다.

이로써 신인종의 개조로 받들어지게 되었다. 문무왕 19년(679)에는 그곳에 정식으로 사천왕사(四天王寺)가 창건되었으며 김유신 등이 건립한 경주의 호원사(遠願寺)는 통일신라시대 문두루비법의 중심도량이었다.

또한 무드라가 종파의 명칭에도 사용된 예가 있다. 십이종(十二宗)은 고려 때에 있었던 12종의 종파를 가리킨다. 12종 종파의 명칭[54]을 보면 이 가운데 신인종(神印宗) 또는 문두루종(門頭樓宗), 그리고 염지종(念持宗) 또는 총지종(摠持宗)의 명칭이 보인다. 신인종 또는 문두루종이라는 명칭은 무드라의 번역 내지는 음사이며, 염지종(念持宗) 또는 총지종(摠持宗)은 다라니의 다른 명칭으로서 삼밀 가운데 신밀과 구밀이 종파의 명칭으로 사용된 좋은 예이다.

---

53 『삼국유사』 2, 「文虎王法敏條」 및 같은 책 5, 神呪 6, 「明朗神印條」.

54 ① 소승종(小乘宗) 또는 시흥종(始興宗), ② 율종(律宗) 또는 남산종(南山宗), ③ 자은종(慈恩宗), ④ 유가종(瑜伽宗) 또는 중도종(中道宗), ⑤ 신인종(神印宗) 또는 문두루종(門頭樓宗), ⑥ 염지종(念持宗) 또는 총지종(摠持宗), ⑦ 해동종(海東宗) 또는 도문종(道門宗), ⑧ 화엄종(華嚴宗), ⑨ 천태종(天台宗) 또는 천태소자종(天台疏字宗), ⑩ 천태법사종(天台法師宗), ⑪ 선종(禪宗), ⑫ 조계종(曹溪宗)이다.

2. 현대적 논의

Body language는 전세계 공통의 언어이다. 몸짓과 손짓이라는 상징으로써 자신의 욕구와 감정을 표현함에 의해 우리는 전혀 다른 이질적인 문화권에 속한 사람에게 자신의 뜻을 어느 정도 전달할 수 있다. 일상생활에서도 손가락으로 방향을 가리키기도 하고 손으로 서로 신호를 주고받기도 한다. 불교가 처음으로 타지역으로 전파되었을 때에도 불상이 지니는 상징적 표현이 수인에 의해 전달된다. 즉 신밀의 무드라는 부처와 사람 사이에 교환하는 일종의 신호이다.

더 나아가『제불경계섭진실경』에 '유가행자는 몸과 말과 뜻의 인계와 진언으로써 본존 비로자나여래를 공양하면 모든 공양 가운데 가장 제일로 삼는다'[55]라고 하는 것처럼 우리가 몸과 말과 뜻의 세 가지로 헌신적으로 공양하여 공양 그 자체가 되는 것이 모든 공양 가운데 제일이며, 공양의 완성이 된다. 무드라는 일종의 신호에서 그 차원을 고양하여 중생과 부처, 혹은 중생과 중생 사이에 행해지는 공양이 된다는 것이다. 공양이란 상대방에 대한 존중하는 마음과 존경심을 바탕으로 한 것인 만큼 가장 종교적인 행위라 할 수 있다. 그러나 단순한 물질의 공양이 아니라 행위로써 공양하는 것이다. 또한 이 공양의 행위가 실지와 보리 증득에 연결된다고 하는 것이다.

무드라가 갖는 이러한 의미에도 불구하고 한국에서는 아직 본격적인 연구 성과가 나온 적은 없다. 단지 불교미술계에서 지권인의 비로자나를 대상으로 하는 연구에서 기초적인 예가 보일 뿐이다. 우리나라에서 무드라에 관한 참고할 만한 논문은 다음과 같다.[56]

그러나 무드라만을 전문적으로 연구한 논문은 아직 없으며, 위의 논문 가운데 무드라, 특히 지권인에 대한 서술이 부분적으로 보일 뿐이다. 특히 문명대 선생이 비로자나불에 관한 가장 많은 논문을 발표하였으며, 비로자

55 般若譯,『諸佛境界攝眞實經』 中(『大正藏』 18권, 276하)

56 姜友邦,「韓國毘盧遮那像의 成立과 展開; 圓融의 圖像的 實現」『美術資料』 44, 국립중앙박물관, 1989; 文明大,「新羅下代 毘盧舍那佛彫刻의 研究-新羅下代 佛敎彫刻의 研究(1)-」,『美術資料』 22, 국립중앙박물관, 1978; 김리나·이숙희,「통일신라시대 智拳印 毘盧舍那佛像 研究의 쟁점과 문제」『美術史論壇』 7, 한국미술연구소, 1998; 이동철,「高麗時代 智拳印佛像에 대한 考察」,『慶北史學』 제23집, 慶北史學會, 2000; 조원영,「新羅下代 八部神衆像 研究」,『釜山史學』 39, 부산사학회, 2000.

나불의 조성을 밀교의 유행과 연관시켜 설명하고 있다. 그러나 지권인의 비로자나불상이 단순하게 밀교의 유행과 관련되었다고 보기에는 검토해야 할 문제가 있다. 왜냐하면 『화엄경』이나 다른 대승경전에 불상과 관련된 조상(彫像)의 내용이 나오는 것은 극히 드물며, 구체적인 서술을 한 밀교경전에 의거하여 조성할 수밖에 없기 때문이다. 더군다나 조각으로 된 불상의 경우는 분명하지만 그려진 불화의 경우 무드라가 선명한 것보다는 분별하기 어려울 정도로 두루뭉술하게 그려져 있는 것이 많아서 연구에 어려움을 주고 있다.

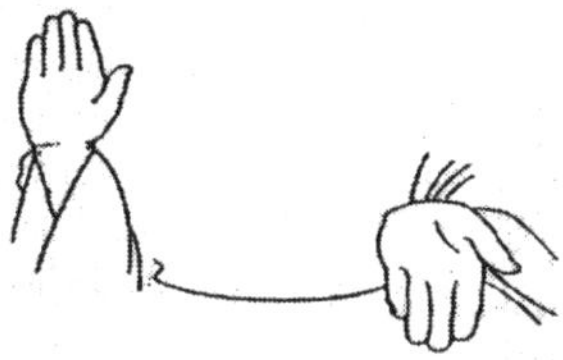

통인

우리나라의 불상이나 불화에 표현된 무드라의 경우에 석가모니불의 다섯가지 인계에다 비로자나여래의 지권인이 보통이고, 더욱 많이 보이는 것은 시무외인과 여원인을 합한 통인(通印)이 주류를 이루고 있다. 그러나 그 외의 무드라와 지물을 지닌 계인의 경우도 많은 만큼 그 조각과 불화에서 표현된 무드라를 어떻게 해석해야 하는지가 앞으로 연구되어야 할 과제라고 생각한다.

김영덕 (위덕대)

우리말 불교개념 사전

일심삼관

한 一心三觀

Ⅰ. 일심삼관의 어원과 개념

일심삼관은 천태종 이론의 핵심 가운데 하나이다. 이는 공(空)·가(假)·중(中)이 하나라는 말이다. 공을 체득할 때 그 속에 이미 가(假)와 중(中)이 포함되어 있고, 가를 얻을 때 그 안에 이미 공과 중이 들어 있으며, 중을 증득할 때 그 속에 공과 가(假)가 함축되어 있다는 말이다. 공·가·중이 하나라는 것이 강조된 이유는 천태종이론 가운데 차제삼관(次第三觀)에서 단계론을 말하고 있기 때문이다. 차제삼관에서는 공을 체득하고 그 힘에 근거해서 가를 얻고, 그 다음에 중을 증득한다는 단계론을 주장한다. 일심삼관에서는 이러한 단계론을 넘어서서 일시에 공·가·중을 증득한다는 점이 강조되었다.

일심(一心)은 유식학파와 여래장사상에서는 중요한 개념이지만, 일심삼관에서는 삼관(三觀)이 하나라는 것을 설명하는 것에 지나지 않는다. 한 마음에 세 가지 관이 있으므로 삼관이 하나임을 말하고 있다. 그리고 삼관(三

觀)은 『보살영락본업경(菩薩瓔珞本業經)』의 「賢聖學觀品」에서 유래한다. 「현성학관품」에서는 종가입공관(從假入空觀)과 종공입가관(從空入假觀)과 중도제일의관(中道第一義觀)을 설명하고 있다. 이것이 천태지의에게 영향을 준 것으로 보인다. 또한 일심삼관의 형성을 알아보기 위해서는 『중론(中論)』의 사구게(四句偈)에 주목할 필요가 있다. "모든 인연으로 생긴 법(法)을 나는 무(無: 空)라고 말한다. 공(空)이라 함도 가명(假名)이니 이것이 중도(中道)이다."[衆因緣生法, 我說卽是無, 亦爲是假名, 亦是中道義.][1] 천태지의는 이 게송에 근거해서 공(空)·가(假)·중(中)이 하나임을 강조하였다. 이렇게 보면 일심삼관이라는 용어는 『보살영락본업경』의 내용과 『중론』의 사구게에 기초한 것임을 알 수 있다.

Ⅱ. 일심삼관의 전개과정

1. 『마하지관(摩訶止觀)』의 일심삼관

1) 『마하지관』의 기본 입장: 세제와 제일의제의 조화

『마하지관』에서 실상(實相)을 말할 때, 세제와 제일의제로 나누어서 접근한다. 세제는 일념심이 삼천법을 갖추고 있다는 측면에 주목한 것이고, 제일의제는 일법(一法)도 얻을 수 없다는 점에 착안한 것이다. 그리고 일법도 얻을 수 없는 것을 부처의 말·용수(龍樹)의 말·『열반경』을 인용해서 증명하고자 하였다. 이러한 점은 다음의 인용문에 잘 나타난다.

> 제일의제 가운데에서는, 일법(一法)도 얻을 수 없거늘, 하물며 삼천법(三千法)이 있겠는가? 세제 가운데에서는 일념심(一念心)도 무량법(無量法)을 갖추고 있으니, 하물며 삼천법에 그치겠는가? 부처가 덕녀(德女)에게 묻기를 "무명(無明)은 안에 있는가?" 하니, "아닙니다"라고 답하였고, "바깥에 있는가?" "아닙니다" "안과 밖에 있는가?" "아닙니다" "안도 밖도 아닌 데에 있는가?" "아닙니다" 부처가 말하길 "이와 같이 존재한다"라고 하였다. 용수(龍樹)가 말하기를 "자생(自生)도 아니고, 타생(他生)도 아니며, 공생(共

---

1 『중론』「관사제품」(『대정장』 30권, 33중)

生)도 아니고, 무인생(無因生)도 아니다"라고 하였다.『열반경』에 말하기를 "생생(生生)도 말할 수 없고, 생불생(生不生), 불생생(不生生), 불생불생(不生不生)도 말할 수 없다"라고 하였다.[2]

위 인용문의 내용처럼 제일의제의 입장에서 보자면 일법도 얻을 수 없으므로 무엇이라고 말할 수도 없다. 그렇지만 천태 지의는 사실단(四悉檀)으로 보자면 말할 수 있다고 한다. 다시 말하자면, 사구(四句)로 집착을 털어냈으나, 자비심(慈悲心)으로 불쌍히 여겨, 이름할 수 없는 것에다 방편으로 이름 붙인 것이다.[3] 앞에서 말한 사실단의 실단(悉檀)은 범어 siddhānta의 음역이다. 이는 성취(成就)·종(宗)·이(理)라는 뜻이다. 이것은 부처가 중생을 인도하여 깨달음에 들게 하기 위해서 제시된 교법이다. 여기에 네 가지가 있는데, 그것은 세계실단(世界悉檀)·각각위인실단(各各爲人悉檀)·대치실단(對治悉檀)·제일의실단(第一義悉檀)이다.

우선, 세계실단은 세상에서 일반적으로 생각하는 방법에 맞추어 설법하는 것이다. 다시 말하면, 세속적인 원(願)에 맞추어서, 법(法)을 설하여 범부를 즐겁게 하는 것이다. 그래서 낙욕실단(樂欲悉檀)이라고 하기도 한다. 각각위인실단은 줄여서 위인실단(爲人悉檀)이라고도 하는데, 이는 중생 각자의 성질과 소질에 따라 법(法)을 말하는 것이다. 대치실단은 중생의 번뇌와 악업(惡業)을 경고하여, 끊게 하는 가르침이다. 제일의실단은 진리를 직접 말하여, 중생이 깨달음에 들어가게 하는 것이다.

2) 세제와 제일의제의 조화 : 일심삼관

일심삼관(一心三觀)에서는 세제와 제일의제를 종합한다. 여기서 세제는 일념삼천설의 심구설(心具說)인데 이는 마음에 모든 가능성을 간직하고 있다는 것이고, 제일의제는 일념삼천설을 사구(四句)로 부정하는 것인데, 이는 공(空)의 가르침을 의미한다. 그리고 일심삼관에서 세제와 제일의제를 종합하는 데 사용하는 주요논리는 "일즉일체(一卽一切) 일체즉일(一切卽一) 비일비일체(非一非一切)"이다.

2 『마하지관』 5상(『대정장』 46권, 54하)
3 『마하지관』 5상(『대정장』 46권, 54하)

(1) '일즉일체(一卽一切) 일체즉일(一切卽一) 비이비일체(非一非一切)' 의미
우선 『마하지관』에서는 "일즉일체(一卽一切) 일체즉일(一切卽一) 비일비일체(非一非一切)"를 두루 확장해서 적용한다. 다시 말하자면 "일즉일체 일체즉일 비일비일체(一卽一切 一切卽一 非一非一切)"를 심(心)·음(陰)·입(入)·계(界)·중생(衆生)·국토(國土)·구경(究竟) 등에 널리 적용하였다. 그리고 이러한 이치를 알면, 언제 어디서나 불가사의경(不可思議境)을 깨달을 수 있다. 불가사의경을 이해하는 관건이 바로 "일즉일체 일체즉일 비일비일체(一卽一切 一切卽一 非一非一切)"에 있다. 이러한 내용은 다음의 예문에 잘 나타난다.

> 만약 다음에서 말하는 내용을 이해한다면, 어떠한 상황에 놓이더라도 모든 것이 불가사의경(不可思議境)으로 탈바꿈할 것이다. 일심(一心)이 일체심(一切心)이고, 일체심(一切心)이 일심(一心)이며, 비일비일체(非一非一切)이다. 일음(一陰)이 일체음(一切陰)이고, 일체음(一切陰)이 일음(一陰)이며, 비일비일체(非一非一切)이다. 일입(一入)이 일체입(一切入)이고, 일체입(一切入)이 일입(一入)이며, 비일비일체(非一非一切)이다. 일계(一界)가 일체계(一切界)이고, 일체계(一切界)가 일계(一界)이며, 비일비일체(非一非一切)이다. 일중생(一衆生)이 일체중생(一切衆生)이고, 일체중생(一切衆生)이 일중생(一衆生)이며, 비일비일체(非一非一切)이다. 일국토(一國土)가 일체국토(一切國土)이고, 일체국토(一切國土)가 일국토(一國土)이며, 비일비일체(非一非一切)이다. 일상(一相)이 일체상(一切相)이고, 일체상(一切相)이 일상(一相)이며, 비일비일체(非一非一切)이다. 내지 일구경(一究竟)이 일체구경(一切究竟)이고, 일체구경(一切究竟)이 일구경(一究竟)이며, 비일비일체(非一非一切)이다.[4]

위 인용문에서 강조하는 일즉일체(一卽一切)와 일체즉일(一切卽一)은 주관과 객관의 대립이 해소된 경지에서 가능한 것이다. 다시 말하면, 나와 남의 대립이 없고 나와 대상과의 차이가 사라졌을 때, 산하대지와 하나가 되었을 때, 일즉일체 일체즉일(一卽一切 一切卽一)을 비로소 알아들을 수 있다. 조그마한 하나가 전체와 융합한다는 것은 주관과 객관의 대립을 넘어

4 『마하지관』 5상(『대정장』 46권, 55상~중)

섰다는 말이고, 그것을 보다 극적으로 말하기 위해서 주관과 객관이라는 말을 쓰지 않고, 하나와 전체가 융합한다는 표현을 한 것이다. 이와 같이 하나와 전체가 융합한다면, 그 하나도 고정된 자기 성품이 없고, 전체도 고정된 자기 성품이 없다. 왜냐하면, 만약 하나·전체가 자기의 성품을 가지고 있다면, 융합은 불가능하기 때문이다.

그리고 자기 성품을 부정하는 것이 비일비일체(非一非一切)이다. 비일비일체(非一非一切)는 일즉일체 일체즉일(一卽一切 一切卽一)과 동격이다. 하나가 전체와 융합하니까 하나도 고정된 자기 성품이 없고, 전체도 고정된 자기 성품이 없다. 앞에서 말한 일즉일체 일체즉일(一卽一切 一切卽一)이 깨달음의 세계를 긍정적인 방식으로 말한 것이라면, 비일비일체(非一非一切)는 깨달음의 세계를 부정적인 방식으로 말한 것이다.

(2) 일심삼관의 의미

천태 지의는『중론』의 24품인「관사제품(觀四諦品)」에서 말한 사구게(四句偈)를 이용해서 공·가·중을 설명하고 있다. 사구게에서는 "모든인연으로 생긴 법(法)을 나는 무(無)라고 말한다. 공(空)이라 함도 가명(假名)이니 이것이 중도(中道)이다"[衆因緣生法, 我說卽是無, 亦爲是假名, 亦是中道義.]라고 한다.[5] 이 사구게와 일즉일체 일체즉일 비일비일체(一卽一切 一切卽一 非一非一切)를 연결시키면, 일즉일체(一卽一切)는 가(假)를 말하는 것이고, 일체즉일(一切卽一)은 공(空)을 말하는 것이며, 비일비일체(非一非一切)는 중(中)을 말하는 것이다. 그리고 일즉일체(一卽一切)의 관계에서 공·가·중을 말하고 있으므로, 하나가 공(空)이면 전체가 공(空)이다. 그러면 가·중은 숨고 공(空)만이 나타난다. 이 말의 숨은 뜻은 흔히 공(空)이라고 말할 때 공(空) 하나만 있는 줄 알고, 잘못 집착해서 아무 것도 없다는 허무론(虛無論)·단멸론(斷滅論)에 빠지기 쉬우나, 공(空)을 말할 때 이미 그 뒤에 가(假)와 중(中)도 숨어있다는 것이다. 마찬가지로 하나가 가(假)이면 전체가 가(假)이고, 하나가 중(中)이면 전체가 중(中)이다. 가(假)라 해도, 그 뒤에 공·중이 숨어있어 유(有)의 집착에 빠지지 않고, 중(中)이라 해도 그 뒤에 공(空)·가(假)가 숨어있어 잘못된 중도(中道)에 떨어지지 않는다는 것이다. 이는 상대지관(相待止觀)에서 말하듯이, 공·가·중이 순서대로 등장하는 것이 아

5『중론』「관사제품」(『대정장』 30권, 33중)

니라, 일심에 동시에 나타나므로 일심삼관(一心三觀)이라 한다. 이상의 내용은 다음의 인용문을 설명한 것이다.

> 일법(一法)이 일체법(一切法)이면, 인연소생법(因緣所生法)과 시위가명(是爲假名)에 해당하니 가관(假觀)이다. 일체법(一切法)이 일법(一法)이면, 아설즉시공(我說卽是空)에 해당하니 공관(空觀)이다. 비일비일체(非一非一切)는 중도관(中道觀)이다. 하나가 공(空)이면, 전체가 공(空)이어서, 가(假)·중(中)도 모두 공(空)이다. 이는 총공관(總空觀)이다. 하나가 가(假)이면, 전체가 가(假)이니, 공(空)·중(中)이 모두 가(假)이다. 이는 총가관(總假觀)이다. 하나가 중(中)이면, 전체가 중(中)이어서, 공(空)·가(假)가 모두 중(中)이다. 이는 총중관(總中觀)이다. [이것이] 『중론(中論)』에서 말한 불가사의(不可思議)한 일심삼관(一心三觀)이다.[6]

(3) 일심삼관의 확대적용

천태 지의는 일심삼관에서 말하는 공·가·중의 틀을 가지고, 삼제(三諦), 삼관(三觀), 삼지(三智), 삼어(三語), 삼취(三趣)에 두루 적용한다. 삼제(三諦)와 삼관(三觀)은 이미 앞에서 말했으므로 삼지(三智)부터 검토하고자 한다.[7] 삼지는 도종지(道種智)와 일제지(一切智)와 일체종지(一切種智)이다. 우선 앞에서 말한 인연소생(因緣所生)의 일체법은 방편수정(方便隨情)의 도종지(道種智)에 해당한다. 앞에서 말한 일체법일법(一切法一法)은 아설즉시공(我說卽是空)이니 수지(隨智)의 일체지(一切智)이다. 앞에서 말한 비일비일체(非一非一切)는 역시중도의(亦是中道義)이니, 비권비실(非權非實)의 일체종지(一切種智)에 해당한다. 이 삼지에 근거해서 삼어(三語)가 전개된다.

삼어(三語)는 수타의어(隨他意語)와 수자의어(隨自意語)와 비자비타의어(非自非他意語)이다.[8] 수정방편(隨情方便)의 도종지(道種智)는 수타의어(隨他意語)인데 이는 도종지(道種智)에 근거해서 다른 사람의 뜻을 잘 헤아려서 거기에 맞추어서 가르침을 주는 것이다. 수지(隨智)의 일체지(一切智)는 수자의어(隨自意語)인데, 이는 일체지(一切智)에 근거해서 자기 뜻을 온전

6 『마하지관』 5상(『대정장』 46권, 55중)
7 『마하지관』 5상(『대정장』 46권, 55중)
8 『마하지관』 5상(『대정장』 46권, 55중)

히 펼치는 것이다. 비권비실(非權非實)의 일체종지(一切種智)는 비자비타의어(非自非他意語)인데 이는 일체종지(一切種智)에 따라 가르침을 펴는 것이 다른 사람의 뜻에 치우치지도 않고 자기 뜻에도 치우치지 않는 중도(中道)라는 것이다.

삼취(三趣)는 돈교(頓教)와 점교(漸教)와 부정교(不定教)이다.[9] 돈교(頓教)는 진리를 있는 그대로 가르치는 것이니 이는 마음을 지칭하는 것이다. 따라서 마음 자리를 꿰뚫어 본다면, 그 본의에 맞느니 안 맞느니 하는 분별이 사라진다. 점교(漸教)는 순서대로 가르쳐 올라오는 것이다. 그래서 그 최후의 가르침은 마음 자리를 깨닫는 데 있다. 부정교(不定教)는 돈교일 때도 있고, 점교일 때도 있어서, 그 모습이 일정치 않은 것이다. 그렇지만 그 붓다의 본의에 벗어나는 것은 없다.

2. 『법화현의(法華玄義)』의 일심삼관

앞에서 소개한 『마하지관』의 일심삼관이 천태지의 사상의 기본형이라고 할 수 있다. 하지만 이러한 기본형을 중심으로 해서 여러 가지 변형이 있다. 여기서는 『법화현의』에서 말하는 일심삼관의 여러 모습에 대해 알아보고자 한다.

1) 3전독(三轉讀)의 공(空)·가(假)·중(中)

『법화현의』에서는 십여시(十如是)를 세 가지 관점에서 읽는다. 이것을 십여시의 삼전독이라고 한다. 십여시(十如是)의 삼전독(三轉讀)은 공·가·중의 뜻을 십여시에 짝지워서 풀이한 것이다. 이것을 여시상(如是相)을 예로 하여 살펴본다. 여시상(如是相)에 공·가·중의 뜻이 다 들어있다. 그리고 여(如)에 주안점을 두어서 시상여(是相如)라고 하면, 공(空)만 나타나고, 여시상(如是相)·상여시(相如是)는 숨는다. 그리고 여시상(如是相)이라 풀이하면, 가(假)만 등장하고, 시상여(是相如)·상여시(相如是)는 숨는다. 그리고 시(是)를 강조해서 상여시(相如是)라 하면, 중(中)만 나타하고, 시상여(是相如)·여시상(如是相)은 나타나지 않는다. 이렇게 공·가·중의 뜻이 여시상(如是相)에 맞물려 있으므로, 공(空)일 때는 가·중이 그대로 공(空)이고, 가(假)

9 『마하지관』 5상(『대정장』 46권, 55중)

일 때는 공·중이 그대로 가(假)이며, 중(中)일 때는 공·가(假)가 그대로 중(中)이다. 그러므로 여시상(如是相) 등의 십여시에는 공·가·중이라고 따로 지적할 실체는 존재하지 않지만, 엄연히 구성에 따라 공·가·중이 존재한다. 이것이 실상(實相)이다. 이상의 내용을 다시 간추려서 정리해 본다. 시상여(是相如)는 공(空)이다. 이것은 이 상(相)이 여여(如如)하다는 뜻이다. 이 상(相)이 자기 자성(自性)을 갖지 못하면, 자기 색깔을 내세울 수 없어, 다른 존재와 다르지 않다. 그러므로 자성(自性)이 없다는 점에서 공(空)이다.

여시상(如是相)은 가(假)이다. 이는 이와 같은 상(相)이라는 뜻이다. 이것은 여(如)에 중점을 두고 본다면, 자성이 없지만, 그래도 상(相)은 존재한다는 말이다. 그래서 이것을 공(空)을 간직한 가(假)라 할 수 있다.

상여시(相如是)는 중(中)이다. 이는 상(相)이 이와 같다는 뜻이다. 이것은 상(相)의 존재방식이 이와 같다는 말인데, 그 존재방식은 중도(中道)이다. 그리고 이러한 내용에 대해 자세히 말하고 있는 인용문을 소개하면 다음과 같다.

> 『법화경』에서는 십여시로 모든 법을 거두어들인다. 십여시는 여시상(如是相), 여시성(如是性), 여시체(如是體), 여시력(如是力), 여시작(如是作), 여시인(如是因), 여시연(如是緣), 여시과(如是果), 여시보(如是報), 여시본말구경등(如是本末究竟等)이다. 남악대사가 십여시를 읽을 때, 여(如)에 중점을 두었기 때문에, 십여시라고 부른다. 천태대사는 남악대사의 뜻을 이어 받아서 십여시를 읽었는데, 모두 세 가지 읽는 방법이 있다. 첫째는 시상여(是相如), 시성여(是性如) 내지 시보여(是報如)이다. 둘째는 여시상(如是相), 여시성(如是性) 내지 여시보(如是報)이다. 세째는 상여시(相如是), 성여시(性如是) 내지 보여시(報如是)이다. [첫 번째 같이] 시상여(是相如) 라고 하면, [이 상(相)은 여(如)하다 라는 뜻이다] 여(如)는 불이(不異)의 뜻이므로 공(空)의 뜻이다. [두 번째 같이] 여시상(如是相), 여시성(如是性)이라고 하면, [이와 같은 상(相)·이와 같은 성(性)이라는 말이므로] 공(空)한 상(相)과 성(性)에다가 이름을 붙여서 차이 나게 하였다. 이는 가(假)의 뜻이다. [세 번째 같이] 상여시(相如是)라고 하면, [상(相)은 이와 같다 라는 의미이므로] 상(相)이 중도실상의 시(是)와 같다는 것이다. 이는 중(中)의 뜻이다. 그런데 잘 따져서 쉽게 이해시키기 위해 [십여시와 짝지어서] 공·가·중을 따로 따로 설명한 것이다. 제대로 설명하자면, 공 그대로 가·중이다. [자세히 말하면] 여

(如)에 중점을 두어 공(空)을 밝히므로, 하나가 공이면 전체가 공이고, 여(如)에 의지해서 상(相)을 말하므로, 하나가 가(假)이면 전체가 가이며, 시(是)를 근거해서 중을 논하면, 하나가 중이면 전체가 중이다. 따라서 1·2·3이 아니나, 1·2·3이니, 불종불횡(不縱不橫)한 것을 실상이라 한다. 그러므로 부처님과 부처님만이 이 가르침을 완전히 알 수 있다.[10]

2) 원오행(圓五行)에 나타난 공(空)·가(假)·중(中)

원오행의 의미를 살펴보기 위해서는 먼저 오행(五行)을 살펴보아야 한다. 오행은 보살이 수행하는 다섯 종류의 행법인데, 이것은 성행(聖行)·범행(梵行)·천행(天行)·영아행(嬰兒行)·병행(病行)으로 이루어져 있다. 성행(聖行)은 계·정·혜에 의지해서 닦는 보살의 바른 행이고, 범행(梵行)은 애착이 없는 깨끗한 마음으로 중생의 괴로움을 없애주고 즐거움을 주는 행이며, 천행(天行)은 천연(天然)의 이치에 의해서 성취하는 훌륭한 행이고, 영아행(嬰兒行)은 마치 어린아이 대하는 듯한 행이니, 이는 인승(人乘)·천승(天乘)·소승(小乘)이 행한 조그마한 선(善)의 행이다. 그리고 병행(病行)은 중생이 번뇌의 병이 있으므로 보살도 번뇌와 괴로움이 있음을 나타내는 행이다.

그런데 천태 지의는 이 오행을 원교(圓敎)의 관점에서 다시 해석한다. 이것이 원행(圓行)이고, 이 원행을 다시 5행으로 나누어 접근하는 것이 원오행이다. 이 원오행을 알기 위해서는 『법화경』에서 말하는 내용을 일부 알고 있어야 한다. 『법화경』에 말하기를 "이 선남자·선여인은 여래실(如來室)에 들어가며, 여래의(如來衣)를 입으며, 여래좌(如來座)에 앉아서, 사부대중을 위해서 이 『법화경』을 널리 설한다. 여래실이라 함은, 모든 중생 가운데에 있으면서 대자비심(大慈悲心)을 일으키는 것이고, 여래의(如來衣)이라 함은 유화(柔和)와 인욕심(忍辱心)을 일으키는 것이며, 여래좌(如來座)라 함은 모든 존재가 공(空)함을 깨닫는 것이다."[11]고 하였고, 또 말하기를 "이 사람은 부처의 장엄으로 스스로 장엄한다."[12]고 하였다.

천태 지의는 이러한 『법화경』의 글을 인용해서 원오행(圓五行)을 풀이한다. 원성행(圓聖行)은 원행 가운데 성행(聖行)인데, 성행(聖行)은 보살 수행

10 『법화현의』 2상(『大正藏』 33권, 693중)
11 『법화경』「법사품」(『大正藏』 9권, 31하)
12 『법화경』「법사품」(『大正藏』 9권, 31상)

의 기본이므로 『법화경』에서 “여래의 장엄으로 스스로 장엄한다”고 말한 것에 짝지웠다. 그리고 범행은 청정한 마음에 의해서 닦는 행이므로, 원범행(圓梵行)을 『법화경』에서 말하는 ‘방’에다 비교했고, 천행(天行)은 청정한 마음이 완성되면, 천연의 이치대로 닦으므로, 원천행(圓天行)을 『법화경』에서 말하는 ‘자리’에다 비교했으며, 영아행은 아이 다루는 듯한 행이고, 병행(病行)은 중생이 괴로워하니까 보살도 같이 괴로워한다는 행이다. 그래서 이 두 가지가 방편에 속하므로, 원영아행(圓嬰兒行)과 원병행(圓病行)을 『법화경』에서 말하는 ‘옷’에다 비유했다. 그리고 영아행은 잘 달래주는 행이므로 『법화경』에서 말하는 ‘유화(柔和)’에 비교했고, 병행(病行)은 고통을 참는 것이므로 『법화경』에서 말하는 ‘인욕(忍辱)’에 견주었다.

이러한 5행(五行)을 총괄하는 행이 여래행(如來行)이고, 여래행은 이 오행을 일심(一心)에 잘 갖추는 것이다. 설명 순서를 뒤집으면, 우리 일심에 5행이 온전히 갖추어져 있고, 거기서 하나씩 벌어지는 것이 오행이다. 그래서 여래행(如來行)과 오행과의 관계는 함께 한다고 할 수도 없고, 서로 떨어져 있다고 할 수도 없다. 일심이 오행을 갖춘다는 점에서 보면, 서로 떨어진다고 할 수 없고, 그 일심에서 하나씩 벌어진다는 측면에서 보면, 함께 한다고도 할 수 없다. 이상의 내용에 대한 인용문은 다음과 같다.

> 『법화경』에 의지해서 원오행을 풀이하겠다. 오행이 일심(一心) 가운데에 있으니, 구족하여 부족함이 없는 것을 여래행이라 한다. 『법화경』에서 말하기를 “여래의 장엄(莊嚴)으로 스스로 장엄한다”고 한 것은 원성행(圓聖行)에 해당하고, 『법화경』에서 “여래실(如來室)”이라 한 것은 원범행(圓梵行)에 해당하며, “여래좌(如來座)”라 한 것은 원천행(圓天行)에 해당한다. 그리고 『법화경』에서 말한 “여래의(如來衣)”에는 두 가지가 있다. 즉 유화(柔和)는 원영아행(圓嬰兒行)에 해당하는 것이고, 인욕(忍辱)은 원병행(圓病行)에 해당하는 것이다. 이 다섯 가지 행은 하나의 실상행(實相行)이다. 다시 말하면 일행(一行)이 오행(五行)을 만들지 못하고, 오행이 일행을 만들지 못한다. 그러므로 일행과 오행은 서로 함께 하는 것도 아니고, 떨어져 있는 것도 아니다. 따라서 [원오행은] 불가사의(不可思議)하니, 하나이면서 다섯 가지인 행(行)이라 한다.[13]

13 『법화현의』 4하(『大正藏』 33권, 725중)

그 다음 천태 지의는 원오행을 공·가·중으로 분류한다. 우선, 원오행(圓聖行)은 진제삼매(眞諦三昧)이니 공(空)이다. 원범행·원영아행·원병행은 속제삼매(俗諦三昧)이니 가(假)이다. 원천행은 중도삼매(中道三昧)이니 중(中)이다. 그런데 일심이 십법계를 비추는 것이 원오행(圓五行)을 갖추는 것이므로, 이는 일심이 오행(五行)을 갖추는 것이다. 또한 오행은 공·가·중으로 정리되므로, 일심은 공·가·중을 갖추게 된다. 이 점을 천태지의는 다음과 같이 말한다.

> 일심(一心)이 십법계를 비추니 원오행(圓五行)을 갖춘다. 또 일심오행(一心五行)은 삼제삼매(三諦三昧)이다. 성행(聖行)은 진제삼매(眞諦三昧)이고, 범행(梵行)·영아행(嬰兒行)·병행(病行)은 속제삼매(俗諦三昧)이며, 천행(天行)은 중도삼매(中道三昧)이다. 또 원삼삼매(圓三三昧)는 25종류의 유(有)를 원만히 깨뜨린다. 즉, 공(空)은 25종류의 악업(惡業)·견사(見思)등을 깨뜨리고, 가(假)는 25종류의 무지(無知)를 깨뜨리며, 중(中)은 25종류의 무명(無明)을 무너뜨린다. 따라서 하나이면서 셋이요, 셋이면서 하나이다. 그러므로 하나가 공(空)하면 전체가 공(空)하고, 하나가 가(假)이면 전체가 가(假)이며, 하나가 중(中)이면 전체가 중(中)이다. 그러므로 여래행(如來行)이라 이름한다.[14]

3. 『유마경현소』의 일심삼관

1) 『유마경현소』에 나타난 일심삼관

『유마경현소』에서는 관조할 대상인 부사의경(不思議境)과 관조하는 쪽인 삼관(三觀)으로 나누어서 설명하는데, 이것이 『유마경현소』의 특징이라고 할 수 있다. 또한 여기서는 일념삼천설에서 말하는 삼천설 대신에 십법계를 말하고 있는 점도 특징이다. 먼저 부사의경에 대한 설명은 다음과 같다.

> 한 생각 무명의 마음[一念無明心]을 인연하여 생긴 열 가지 법계가 생각할 수 없고 의논할 수 없는 대상이다.[15]

14 『법화현의』 4하(『大正藏』 33권, 725하)
15 『유마경현소』 2(『만속장경』 27권, 785하)

관조하는 쪽인 삼관은 다음과 같다.

> 이 한 생각의 무명심[一念無明心]이 공(空)도 아니요, 가(假)도 아니니, 모든 존재도 공도 아니요 가도 아니라고 관찰하고, 또한 무명 마음의 공·가를 알아서, 모든 존재의 공·가를 비추면, 이것이 일심삼관(一心三觀)으로서, 삼제(三諦)의 이치를 원만히 비추는 것이다. [따라서 이것은] 어리석음과 애착을 끊지 않고, 모든 밝음과 해탈을 일으키는 것이다.[16]

2) 일심삼관(一心三觀)의 회통정신

일심삼관의 입장에 서면 회통의 입장이 나온다. 『유마경현소』에서는 그 기준점으로 진성해탈(眞性解脫), 실혜해탈(實慧解脫), 방편해탈(方便解脫)을 제시한다. 그리고 이것을 축으로 해서 삼도(三道), 삼(三識), 삼성(三佛性), 삼야(三般若), 삼리(三菩提), 삼승(三大乘), 삼법신(三法身), 삼열반(三涅槃), 삼덕열반(三德涅槃)을 회통한다. 이것들이 이름은 다르지만 그 근본은 하나이다.

우선 일심삼관에서 어떻게 회통의 입장이 가능한지 살펴보자. 마음과 사물의 공·가·중을 정확히 알게 되면, 불교에서 최고의 경지를 말하는 여러 가지 명칭도, 실제로는 같은 뜻을 가진 것임을 꿰뚫어 볼 수 있다. 천태지의는 이런 입장을 다음과 같이 말한다.

> 모든 경에서는 다른 이름으로 진실한 성품의 실상을 말하고, 혹 일실제(一實諦: 하나의 참다운 진리)를 말하고, 혹 자성청정심(自性淸淨心: 중생이 본래 가지고 있는 청정한 마음)을 말하고, 혹 여래장(如來藏: 부처가 될 수 있는 가능성을 간직하고 있음)을 말하고, 혹 여여(如如: 부처의 경지는 어떤 것에도 걸리지 않음)를 말하고, 혹 실제(實際: 진여 이치의 근본)를 말하고, 혹 실상반야(實相般若)를 말하고, 혹 일승(一乘: 모든 가르침이 궁극에 돌아가는 목적지)을 말하고, 혹 그대로 수능엄삼매(須楞嚴三昧: 십지보살이 닦는 선정)라고 말하고, 혹 법성(法性: 진리의 성품)을 말하고, 혹 법신(法身)을 말하고, 혹 중도(中道)를 말하고, 혹 필경공(畢竟空: 공의 이치를 지극히 발휘한 것)을 말하고, 혹 정인불성(正因佛性)과 성정열반(性淨涅槃)을 말하니, 이

16 『유마경현소』 2(『만속장경』 27권, 786상)

와 같은 등의 여러 가지 다른 이름은 모두 실상(實相)의 다른 명칭이다.[17]

이와 같이 회통의 입장에 서면, 각자의 교의에 입각해서 다른 학파의 견해를 비난하는 일은, 아무 소용없는 일이 될 것이다. 그래서 천태지의는 이러한 논쟁이 쓸모 없는 짓임을 말한다.

> 말세에서 법을 전하는 사람도 이와 같다. 혹 아려야식(阿黎耶識: 제8식으로 인간의 심층심리임)·자성청정심(自性淸淨心)을 믿고서, 필경공(畢竟空)을 비방하고, 혹 필경에 공하여 무소유임를 말하여, 아려야식·자성청정심을 비방하고, 혹 『반야경』은 실상을 밝혔고, 『법화경』은 일승을 밝혔으나, 모두 불성을 밝히지 못했다고 한다. 이와 같이 복을 구함이, 어찌 재앙을 염려함만 같겠는가? 만약 이름은 다르지만 근본이 하나임을 안다면, 수희(隨喜: 다른 사람의 좋은 일에 따라 기뻐하는 것)의 착함이 법계에 두루할 것이니, 어찌 논쟁하겠는가?[18]

이처럼 일심삼관에서 회통의 입장이 나온다. 천태 지의는 이 주장을 더 확장해서, 세 가지 해탈이 열 가지 삼법(三法)과 이름은 다르나, 실제 맥락은 같은 것이라고 말한다. 세 가지 해탈은 첫째 진성해탈(眞性解脫)이고, 둘째 실혜해탈(實慧解脫)이며, 셋째 방편해탈(方便解脫)이다.

우선, 진성해탈이란 번뇌에 물든 마음 그대로 자성청정심(自性淸靜心)이어서 그 성품에 얽매임이 없는 것이고, 둘째, 실혜해탈은 자기가 본래 가지고 있는 성품을 잘 닦아서 드러내는 것이며, 셋째, 방편해탈은 방편을 잘 활용해서 널리 중생을 구제하는 것이다.[19]

그러면 세 가지 해탈을 이용해서 다른 세 가지 법과 비교해보자.[20] 첫째 삼도(三道)와 비교한다. 삼도는 고도(苦道)와 번뇌도(煩惱道)와 업도(業道)이다. 이것을 3해탈과 비교하면, 진성해탈은 고도요, 실혜해탈은 번뇌도며, 방편해탈은 업도이다.

둘째, 삼식(三識)과 비교한다. 삼식은 파타나식(波陀那識)과 아타나식(阿

---

17 『유마경현소』 6(『만속장경』 27권, 847하~848상)
18 『유마경현소』 6(『만속장경』 27권, 848상)
19 유마경현소』 5(『만속장경』 27권, 834하~835상)
20 이하의 내용은 『유마경현소』 5(『만속장경』27권, 835하~837하)를 정리한 것이다.

陀那識)과 아려야식(阿黎耶識)이다. 파타나식은 육식이고, 아타나식은 칠식이며, 아려야식은 팔식이다. 이것을 삼해탈과 비교하면, 진성해탈은 아려야식 즉 팔식이고, 실혜해탈은 칠식이며, 방편해탈은 육식이다.

셋째, 삼불성(三佛性)과 비교한다. 삼불성은 정인불성(正因佛性)과 요인불성(了因佛性)과 연인불성(緣因佛性)이다. 정인불성은 본래 갖추고 있는 이치이고, 요인불성은 이치를 비추어 나타나는 지혜이며, 연인불성은 지혜를 일으키는 데 도움이 되는 모든 착한 행이다. 이것을 3해탈과 비교하면, 『열반경』에서 말하기를 "불성은 일(一)이요, 비일(非一)이요, 비일비비일(非一非非一)이다"고 하였는데, "일"이라 함은 정인불성·진성해탈이고, "비일"이라 함은 연인불성·방편해탈이며, "비일비비일"이라 함은 요인불성·실혜해탈이다.

넷째, 삼반야(三般若)와 비교한다. 삼반야는 실상반야(實相般若)와 관조반야(觀照般若)와 문자반야(方便般若)이다. 우선 반야의 의미를 살펴보면, 반야는 모든 사물의 도리를 분명히 꿰뚫어 보는 지혜이다. 그리고 실상반야는 모든 존재의 실상인데, 이것은 모습이 없고 비어서 고요한 것이다. 이것은 엄격히 말하면 반야는 아니지만, 반야의 지혜작용을 일으키게 하므로 반야라 한다. 그리고 관조반야는 모든 존재의 실상을 관조하는 것이고, 문자반야는 문자로 표시된 경전, 예를 들면 『반야경』 같은 것이 반야를 잘 이해하게 하므로 반야라 하는 것이다. 그런데 이것을 삼해탈과 비교하면, 진성해탈은 실상반야고, 실혜해탈은 관조반야며, 방편해탈은 방편반야다.

다섯째, 삼보리(三菩提)와 비교한다. 삼보리는 실상보리(實相菩提)와 실지보리(實智菩提)와 방편보리(方便菩提)이다. 우선 보리의 의미를 살펴보면, 보리는 깨달음의 지혜이다. 그리고 실상보리는 실상의 이치를 깨달을 가능성을 가지고 있는 것이고, 실지보리는 그 실상의 이치를 깨닫는 것이며, 방편보리는 방편으로 출가하여 깨닫는 모습을 보여주는 것이다. 그런데 이것을 삼해탈과 비교하면, 진성해탈은 실상보리고, 실혜해탈은 실지보리며, 방편해탈은 방편보리이다.

여섯째, 삼대승(三大乘)과 비교한다. 삼대승은 성승(性乘), 득승(得乘), 수승(隨乘)이다. 성승은 『열반경』에서 "모든 중생이 대승이다"라고 한 것이다. 이는 모든 중생이 진리를 자각할 있음을 말하는 것이다. 그리고 득승은 지혜를 말하는 것인데, 지혜로 성승을 얻을 수 있어서 득승이라 이름하였다. 그리고 수승은 대방편이다. 지혜에 따르므로 수승이라 한다. 이것을 삼해탈과 비교하면 진성해탈은 성승이고, 실혜반야는 득승이며, 방편반야는 수승이다.

일곱째, 삼법신(三法身)과 비교한다. 삼법신은 법신(法身)과 보신(報身)과 응신(應身)이다. 천태 지의가 말하는 삼신은 일반적으로 말하는 삼신과 다른 점이 있다. 즉 법신은 진리의 근본이고, 보신은 진리의 근본을 얻는 지혜이며, 응신은 지혜를 얻어 적극적으로 실천하는 것이다. 그런데 이것을 삼해탈과 비교하면 진성해탈은 법신인 비로자나불이니 이는 성품이 깨끗한 법신이고, 실혜해탈은 보신인 노사나불이니 이는 깨끗함이 가득 찬 법신이며, 방편해탈은 응신인 석가모니불이니, 이는 응신·화신의 법신이다.

여덟째, 삼열반(三涅槃)과 비교한다. 삼열반은 성정열반(性淨涅槃)과 원정열반(圓淨涅槃)과 방편정열반(方便淨涅槃)이다. 우선 열반의 의미부터 살펴보면, 열반은 타오르는 번뇌의 불을 완전히 꺼서 깨달음의 지혜를 완성한 경지이다. 그리고 성정열반은 중생이 본래부터 가지고 있는 성품이 깨끗한 것이고, 원정열반은 도를 닦아서 번뇌를 없애고 얻은 것이며, 방편정열반은 부처가 중생을 구제하기 위해서 열반에 들어감을 보인 것이다. 그런데 이것과 삼해탈을 비교하면 진성해탈은 성정열반이고, 실혜해탈은 원정열반이며, 방편해탈은 방편정열반이다.

아홉째, 일체삼보(一體三寶)와 비교한다. 일체삼보는 의미로는 불보(法寶)와 법보(佛寶)와 승보(僧寶)를 구분하지만 그 속뜻은 한 몸이라는 것이다. 이것을 삼해탈과 비교하면, 진성해탈은 법보요, 실혜해탈은 불보며, 방편해탈은 승보이다.

열째, 삼덕열반(三德涅槃)과 비교한다. 삼덕은 법신과 반야와 해탈이다. 이것을 삼해탈과 비교하면, 진성해탈은 법신이고, 실혜해탈은 위대한 지혜라는 의미의 마하반야이며, 방편해탈은 해탈이다. 이상의 내용을 도표로 정리하면 다음과 같다.

<표>

삼해탈	삼도	삼식	삼불성	삼반야	삼보리	삼대승	삼법신	삼열반	일체 삼보	삼덕 열반
진성 해탈	고도	파타 나식	정인 불성	실상 반야	실상 보리	성승	법신	성정 열반	불보	법신
실혜 해탈	번뇌 도	아타 나식	요인 불성	관조 반야	실지 보리	득승	보신	원정 열반	법보	반야
방편 해탈	업도	아려 야식	연인 불성	문자 반야	방편 보리	수승	응신	방편 정열반	승보	방편 해탈

이상의 논의를 정리해 보면, 일심삼관의 입장에서 여러 법을 회통할 수 있는 것이다. 그 회통의 기준점은 진성해탈, 실혜해탈, 방편해탈이다. 이것을 축으로 해서 삼도, 삼식, 삼불성, 삼반야, 삼보리, 삼대승, 삼법신, 삼열반, 삼덕열반을 회통한다. 이것들은 이름은 다르지만 근본은 하나이다. 이러한 회통사상은 『법화현의』에도 나타나지만 『유마경현소』의 설명과 서로 중복되고, 또한 『유마경현소』의 설명이 더 간명한 측면이 있기 때문에 『법화현의』의 내용은 소개하지 않는다.

4. 천태 지의 이후의 일심삼관의 전개

1) 담연의 일심삼관: 천태와 화엄사상의 결합

천태종은 당나라 시대에는 부진하였지만, 담연이 등장한 때 다시 일어섰다. 여기서는 담연의 여러 저술 가운데 『십불이문』에 관해서만 살펴보고자 한다. 담연은 천태와 화엄사상을 결합하고자 하였고, 이는 담연의 일심삼관의 설명에도 발견된다.

『십불이문』에서는 열 가지 불이(不二)를 말하고 있지만, 그 요점은 두 번째 내외불이문(內外不二門)에 있으므로 그 내용을 정확히 안다면 『십불이문』의 특징을 판단할 수 있다. 그것은 외부의 대상을 관조하면 그것이 마음과 하나되는 경지를 맛볼 수 있다는 것이다. 그래서 안[內]과 밖[外]이 둘이 아니라는 것이다. 관조할 경계는 안[內]과 밖[外]으로 구분되는데, '바깥'은 바깥 대상이 그대로 공(空)·가(假)·중(中)임을 관조하는 것이고 동시에 공·가·중도 없다고 하는 것이다. 구체적으로 말해서, 하나의 실성(實性)에서는 공·가·중도 없으므로 모든 물질과 마음을 초월하고, 또한 동시에 공·가·중이므로 물질과 마음이 진실되고 청정하게 나타난다는 것이다. 따라서 바깥의 관조대상은 물질과 마음을 초월해 있으면서도 또한 물질과 마음이 분명히 나타나는 두 가지 측면이 있다.

'안'은 바깥 대상이 일념(一念)이면서도 무념(無念)임을 아는 것이다. '일념'의 대상이 되는 것은 그 대상이 존재한다는 의미이고, '무념'의 대상이 된다는 것은 그 대상이 존재하지 않는다는 것이다. 따라서 바깥의 대상은 '일념'의 관점에서는 존재하는 것이면서도 '무념'의 관점에서는 존재하지 않는다고 할 수 있다. 이런 식으로 관조하면 내부의 마음과 외부의 대상세계가 하나가 되는 경지가 열린다. 이런 내용을 천태 지의는 다음과 같이 말한다.

> 두 번째 안[內]와 밖[外]이 둘이 아닌 문(門)이다. 경계를 관조한다는 것은 안과 밖을 벗어나지 않는다. 바깥[外]은 저 의보(依報)와 정보(正報)의 물질과 마음이 그대로 공(空)·가(假)·중(中)이라는 사실에 의탁하는 것이다. 공(空)·가(假)·중(中)의 묘(妙)함 때문에 물질과 마음의 근본[體]이 끊어지고, 그리고 하나의 실성(實性)이므로 공·가·중이 없다. 물질과 마음이 분명하므로 진실하고 깨끗한 것과 활연히 같아지고, 다시 중생의 일곱 가지 방편의 다름[異]도 없다. [따라서 이 경지에서는] 국토의 깨끗함과 더러움의 차이를 보지 못하고, 제석천의 그물과 같은 의보와 정보가 마침내 밝아질 것이다. 이른바 안[內]은 바깥의 물질과 마음이 일념(一念)이면서 무념(無念)임을 먼저 아는 것이다. 그래서 삼천 가지가 공·가·중임을 안으로 체득하는 것이다.[21]

그런데 위 인용문에서 주의해서 보아야 부분은 '제석천의 그물'이라는 표현이다. 이는 화엄에서 사용되고 있는 용어로서 중중무진(重重無盡)의 세계를 표현하는 비유적인 말인데, 이것을 그대로 받아서 사용하고 있다는 점에서 화엄사상의 영향을 읽을 수 있다.

2) 사명 지례의 일심삼관

중국의 천태종은 앞에서 소개한 담연의 시대에 크게 변화하였고, 송대에 들어와서 다시 크게 변화하였는데, 그것은 산가파와 산외파의 대립이 발생하였다는 점이다. 이 때 산가파의 이론을 제시한 인물이 바로 사명 지례이

21 『십불이문』(『대정장』 46권, 703중)

다. 사명지례는 천태의 일심삼관을 정토사상에 접목하려고 하였고, 그것을 통해서 천태종의 독자성을 모색하려고 하였다.

사명 지례는 "마음의 성품이 모든 존재를 갖추고[具] 모든 존재를 만든다[作]"는 구절에 자신의 천태정토사상 전개의 구심점을 삼았고, '관무량수'에서 '관(觀)'은 일심삼관(一心三觀)의 의미로 풀이하고, '무량수'는 일체삼신(一體三身: 삼신이 한 가지 몸)의 의미로 해석한다. 이러한 내용은 다음의 인용문에서 잘 나타난다.

> 말한 바 마음의 성품[心性]이 모든 존재[法]를 갖추고 모든 존재[法]를 만든다고 한 것은 실제로는 갖추는 쪽[能具]와 갖추는 내용[所具]도 없고, 만드는 쪽[能造]와 만드는 내용[所造]도 없고, 마음 그대로 존재[法]이고 존재 그대로 마음이다. 만드는 쪽[能造因緣]과 만드는 내용[所造法]이 모두 그대로 마음의 성품이다. 그러므로 '의보'나 '정보'가 법계(法界)의 마음이고, 법계의 경계를 관조해서 법계의 의보·정보·물질[色]·마음에 태어난다고 여기서는 관조한다. 이러한 것을 오직 의보, 오직 정보, 오직 물질, 오직 마음, 오직 관(觀), 오직 경계라고 이름한다. 그러므로 '관(觀)'의 글자를 해석하는 데 일심삼관(一心三觀)을 활용하였고, '무량수'를 해석하는 데 한 근본의 세 가지 몸[一體三身]을 활용하였다. 체(體)·종(宗)·역(力)·용(用)의 의미는 '원교'에 근거한 것이고, 가르침을 구분하자면 '돈교'에 속한다.[22]

그렇지만, 사명 지례가 마음만을 강조한 것은 아니다. 마음과 대척점에 있는 물질[色]도 마음을 만들고 마음을 갖추고 있다고 주장한다. 이 점에서 사명지례는 다른 종파의 유심(唯心)이라는 주장은 방편의 가르침에 지나지 않는다고 한다. '유색(唯色)'을 말할 수 있어야 원교(圓敎)의 가르침이라고 사명지례는 주장한다. 이점이 산외파와 구분되는 산가파의 주장이기도 하다. 이 내용에 관한 인용문은 다음과 같다.

> 대사가 이것[앞의 주장]으로 인해 유분별색(有分別色)을 주장하였다. 색(色: 물질)이든 마음[心]이든 간에 오로지 한결같이 색(色)이다. 지금 [『관무량수불경』 제5寶池觀에서] 물소리가 가르침을 말하고, 광명이 새[鳥]로 바

22 『관무량수불경소묘종초』 1(『대정장』 37권, 195중)

뀐다고 하니 어찌 유분별색(有分別色)을 나타냄이 아니겠는가? 색(色)이 마음을 만들고 색(色)이 마음을 갖추고 있으니 다만 한결같이 색(色)일 따름이다. [다음의 사실을] 반드시 알아야 한다. 모든 존재는 다만 마음뿐이라는 주장[唯心]은 오히려 방편의 가르침을 포함하고 있어서 다른 종파의 스승도 모두 말하는 것이다. [그에 반해] 모든 것이 오직 색(色)이라는 주장은 원종(圓宗)에 속할 뿐이다. 유독 [나만이] 우리 조사[我祖]에 따르고 있는데, 왜냐하면 변한다는 주장[變義]은 별교의 이치를 겸한 것이고, 갖춘다는 주장[具]만이 원교에 속하기 때문이다.[23]

5. 한국 천태사상의 일심삼관의 전개

1) 제관의 일심삼관

제관은 『천태사교의』의 관부사의경(觀不思議境)을 설명하는 대목에서 『마하지관』과 『법화현의』를 포괄하고 있다. 백계와 천여시를 말한 것은 『법화현의』의 내용이고, 삼천의 성상(性相)을 말한 것은 『마하지관』의 내용이다. 이 내용에 대한 인용문은 다음과 같다.

첫 번째 관부사의경(觀不思議境)이다. 일념심이 삼천의 성상(性相)과 백계(百界)와 천여(千如)를 구족해서 모자람이 없다고 관조하는 것이다. 곧 이 경계[일념심이 三千의 性相과 百界와 千如를 갖춘 것]가 공(空)이고 가(假)이고 중(中)이어서 다시 앞과 뒤도 없고 넓고 크고 원만하며 횡(橫)과 수(竪)로 자유롭다. 그러므로 『법화경』에서 "그 수레는 높고 넓다"고 하였다[상근기는 이 경계를 바로 관조한다].[24]

2) 의천의 원효 강조

의천은 해동에 천태종을 전래한 사람으로 원효와 제관을 들고 있다. 의천은 이렇게 말한다.

생각해 보니 해동에 불법이 전래된지 700년이 되어 비록 여러 종에서 다

23 『관무량수불경소묘종초』 4(『대정장』 37권, 219중)
24 『천태사교의』(『한국불교전서』 4권, 527중)

투듯이 경연하고, 많은 교에서 서로 [자기의 교의를] 진술하지만, 천태의 한 가지는 이 시대에 그 밝음이 사라졌도다. 과거에 원효보살이 앞에서 [그 천태교의를] 칭찬하였고, 제관법사가 뒤에서 [그 가르침을] 전하고 휘날렸지만, 어찌하겠는가? 근기와 인연이 익지 않아 [천태의 가르침을] 빛내고 휘날릴 길 없음에랴! [천태의] 교법이 [이 땅에] 유통되기를 기다려야 엎드려서 겨우 만날 수 있을 듯이 보였도다.[25]

나아가 의천은 법상종의 규기, 천태대사 지의와 원효를 비교하여 원효가 더 위에 있는 인물이라고 평가한다. 구체적으로 말해서, 원효가 여러 가지 논쟁을 화해시키고, 중생과 함께하는 삶을 살았다는 점에서 규기와 지의보다 더 높게 평가한다. 여기서 주의할 점은 천태대사 지의보다 원효를 더 높이 평가하고 있다는 것이다. 그러므로 의천은 천태종을 열었지만 천태사상에 완전히 빠져들어 간 것이 아니고, 원효 화쟁사상의 관점에서 천태종을 열은 것이다. 이 내용에 대한 인용문은 다음과 같다.

법상종의 100권의 책도 명상(名相)에만 구애되고, 천태의 90권의 책도 이관(理觀)을 숭상할 뿐이니, 비록 법칙을 취하는 글이라고 말할지라도 방(方)에 통하는 가르침이라 아직 말하지 못한다. 우리 해동보살만이 성(性)과 상(相)을 융섭해서 밝히고, 옛날과 지금을 은밀히 통괄하여, 백가(百家)의 다른 논쟁의 단서를 화해시켜, 한 시대의 지극히 공정한 논의를 하였으며, 하물며 신통은 헤아릴 수 없고, 묘한 용은 생각하기 어려우며, 티끌과 함께 하지만 그 진(眞)을 더럽히지 않고, 광명과 화합하지만 그 체(體)를 바꾸지 않는다. 그리하여 이름이 인도와 중국에 떨치고 자비스런 교화는 저승과 이승을 감싸안으니, 칭찬하여 올리려고 해도, 생각하여 의논하기가 진실로 어렵다.[26]

3) 운묵 무기의 일심삼관: 회통사상

운묵 무기는 백련사결사를 계승한 인물이다. 운묵은 일심삼관에 근거해서 회통사상이 전개된다. 운묵은 이를 위해서 천태의 '일심삼관'과 글자와 진리가 둘이 아니라는 사실을 연결시킨다.

25 『대각국사문집』 3권, 「신창국청사계강사(新創國淸寺啓講辭)」(『한국불교전서』 4권, 530중)
26 『대각국사문집』 16권, 「제분황사효성문(祭芬皇寺曉聖文)」(『한국불교전서』 4권, 555상)

운묵은 '글자는 글자가 아니고[非字], 글자가 아니고 그렇다고 해서 글자가 아닌 것도 아니다[非字非非字]'라는 천태의 주장을 수용한다. 이 말은 글자는 집착하는 것같이 존재하는 것이 아니므로 글자가 아니라고 하는 것이고, 그렇다고 글자를 통하지 않고서는 진리를 알 수 없으므로 글자가 아닌 것도 아니라고 말하는 것이다. 예를 들어, '황금산'이라는 개념은 글자는 존재하지만, 글자가 있는 대로 실제로 그런 대상이 존재하는 것은 아니다. 그래서 '글자가 아니다'라고 말하는 것이다. 그렇다고 언어의 용법을 깡그리 무시하자는 것은 아니므로, 부정의 정신을 살리면서도 언어의 기능을 인정한다. 그래서 '글자도 아니고 그렇다고 해서 글자가 아닌 것도 아니다'라고 하는 것이다. 이것을 속제·진제·일실제(一實諦 : 중도제일의제)에 연결할 수 있다. 글자를 통해서 지식을 얻는 것은 속제의 영역이고, 이런 속제의 영역을 부정해서 진리의 세계로 나아가려는 것이 진제이다. 이것이 '글자가 아니다'에 해당한다. 그런데 이 경우 언어의 용법을 부정할 우려가 있으므로, 이것마저 부정하는 것이 천태의 온전한 입장이니 바로 일실제이다. 이것을 '글자가 아니고, 그렇다고 해서 글자가 아닌 것도 아니다'라고 하는 것이다. 이렇게 보면, 일실제 안에 속제·진제·일실제가 포함되므로, 일제(一諦)가 삼제(三諦)인 일심삼관(一心三觀)의 이치가 드러나는 것이다. 운묵무기는 일심삼관의 입장에 섰을 때, 진리와 문자가 둘이 아니라는 사실을 분명히 깨달을 수 있다고 주장한다. 다음의 인용문을 살펴보자.

> 만약 글자가 글자가 아니고, 글자가 아니면서 글자가 아님도 아닌 것을 안다면, 두 가지 변(邊)에 전도됨이 없을 것이니 이것을 깨끗함[淨]이라 하고, 깨끗하면 업이 없을 것이니 이것을 자아[我]라 이름하고, 자아라면 고통이 없을 것이니 이것을 즐거움[樂]이라 하고, [즐거움이라 하면] 고통이 없을 것이고, 그렇다면 생사가 없을 것이니 이것을 항상함[常]이라 이름한다. 무슨 까닭인가? '글자'는 속제요, '글자가 아니다'함은 진제요, '글자가 아니요 그렇다고 글자가 아닌 것도 아니다' 한 것은 일실제이기 때문이다. 일제가 삼제요 삼제가 일제이니, 이와 같이, 글자를 이해하면 손으로 책을 잡지 않고서도 항상 경전을 읽고, 입으로 말이 없으면서도 많은 경전을 두루 외우고, 부처님이 세상에 나타나지 않더라도 항상 범음(梵音)을 듣고, 마음으로 생각하지 않더라도 법계를 널리 비추어 본다.[27]

위 인용문에서 일심삼관의 이치를 알게 되면, 책을 보지 않더라도 늘 경전을 보는 경지, 말을 하지 않더라도 늘 경전을 외우는 경지, 부처님이 이 세상에 없더라도 늘 부처님의 가르침을 듣는 경지, 굳이 생각을 떠올리지 않아도 온 우주를 비추어 보는 경지에 들어갈 수 있게 된다. 이 때 비로소 글자에 집착하지 않고, 진리의 세계를 제대로 보았다고 할 수 있다.

한편 공의 관점에서 보자면, 경전의 자성은 존재하지 않는다. 그렇지만, 현실에서는 엄연히 글자 쓰여진 경전은 존재하고 있다. 분석해 보면, 분명히 외우는 주체인 자아는 존재하지 않지만, 그래도 나의 육체는 존재하는 것이다. 따져보면, 진리는 안도 밖도 없는 것이지만, 현실 속에서는 분명히 안도 있고 밖도 있는 것이다. 분석해 보면, 진리는 경전에 있는 것이 아니지만, 그렇다고 해서 진리가 경전을 떠나서 있는 것도 아니고, 외우는 현상이 마음이나 입으로 이루어지는 것은 아니지만, 그러나 마음과 입이 없으면 외우는 현상은 생겨날 수 없다. 이것을 생각할 수 없고 의논할 수 없는 미묘한 삼관이라 부른다. 다시 말하면, 현실에서 경전이 분명히 놓여 있는 것은 '속제'요, 그렇지만, 경전의 자성은 존재하지 않는다는 것은 '진제'이며, 이 둘을 합쳐볼 때 '중도제일의제'가 열린다. 이것이 바로 삼제이다. 따라서 경전을 떠나서 깨달음을 얻을 수 없는 것이다. 이 부분에 대해서 운묵무기는 천태지의의 견해를 인용하여 다음과 같이 말한다.

> 비록 외우는 대상의 경전은 존재하지 않지만, 경권과 종이·묵과 문자는 있는 것이고, 비록 외우는 주체의 사람은 존재하지 않지만, 나의 몸은 있는 것이고, 비록 [진리는] 안과 밖을 벗어나 있는 것이지만, [진리는] 안과 밖을 떠나서 존재하는 것이 아니고, 비록 [진리는] 경권에 있는 것이 아니지만, [진리가] 경권을 벗어나 존재하는 것도 아니고, 비록 [외우는 것이] 마음과 입으로만 하는 것은 아니지만, [외우는 것이] 마음과 입을 벗어나 있는 것은 아니다. [이와 같이] 처음과 끝에 이르기까지 반드시 어긋남이 없는 것이니, 이것을 생각할 수 없고 의논할 수 없는 미묘한 3관이라 이름한다. 삼세의 모든 부처님도 이 삼관에서 생겨났다. 진실로 [이 삼관에] 통달하면, 문장과 구절마다 모두 삼덕이 비밀스럽게 간직되어 있으며, 독송하여 마음을 훈습시키면 심성(心性)이 간직하고 있는 원융한 삼제가 그 가운데에서 훈습되어

27 『석가여래행적송』 상(『한국불교전서』 6권, 507중)

일어날 것이다. 어찌 문장을 벗어나서 이치를 깨달을 수 있겠는가?[28]

운묵무기는 천태의 일심삼관을 받아들여, 문자와 이치는 벗어나 있는 것이 아니라고 밝히고, 이 입장에서 그의 회통사상을 전개하고 있는 것이다.

Ⅲ. 일심삼관의 인접개념

천태사상 안에서도 일심삼관(一心三觀)과 차제삼관(次第三觀)의 구분은 중요한 것이다. 이 둘의 비교를 통해서 일심삼관의 의미가 더욱 분명해 질 것이다. 그리고 원효 화쟁사상의 핵심이 일심이문이라면 천태사상의 핵심은 일심삼관이므로 이 둘의 비교는 동아시아 불교의 핵심적 사상을 이해하는 데 도움이 될 것이다.

1. 일심삼관(一心三觀)과 차제삼관(次第三觀)

일심삼관은 공(空)·가(假)·중(中)이 서로 떨어져 있지 않다는 것이고, 다른 말로 바꾸어 말하면 공·가·중을 일시에 증득하는 것이라고 할 수 있다. 그에 비해 차제삼관은 우선 공을 자각하고, 그 다음에 가(假)를 깨닫고, 그 다음에 중(中)을 증득한다는 것이다. 중(中)을 증득했을 때 공(空)·가(假)도 아울러 체험할 수 있다. 그러므로 일심삼관은 수평적 단계를 말하는 것이라면 차제삼관은 수직적 단계를 지칭하는 것이라고 할 수 있다.

그러면 차제삼관에 대해 자세히 알아본다.[29] 첫째, 종가입공관(從假入空觀)은 현실세계인 가(假)를 초월하여 공을 깨닫는 것이다. 그런데 현실세계인 가는 속제에 속하고, 진리세계인 공은 진제에 속한다. 이는 속제를 잘 관찰하여 진제의 공을 깨닫는 것이다. 따라서 이것을 이제관(二諦觀)이라 한다.

둘째, 종공입가관(從空入假觀)은 공을 체득해서 그것을 현실세계에서 응용하는 것이다. 여기서는 현실세계인 가(假)를 버리지 않는다. 오히려 가에

28 『석가여래행적송』 상(『한국불교전서』 6권, 507하)
29 『마하지관』 3상(『대정장』 46권, 24중~하)

뛰어든다. 이것을 가(假)가 공과 다르지 않다고 보는 것이다. 다시 말해서, 가와 공이 평등하다고 보는 것이다. 그래서 평등관(平等觀)이라 한다. 그리고 종공입가관의 낱말을 풀이하면, '종공(從空)'은 공을 절대적이라고 보지 않지만 임시로 수용한다는 것이고, '입가(入假)'는 중생의 근기에 맞추어 보살행을 한다는 것이다.

셋째, 중도제일의관(中道第一義觀)은 공(空)과 가(假)의 중도를 깨닫는 것이다. 종가입공관에서는 현실을 초월하려는 치열한 구도의식은 있지만, 세간을 구제하려는 의지는 적다. 그리고 종공입가관에서는 진리를 깨달아 세간에 들어가 중생을 구제하지만, 중생을 구제한다는 자비심을 스스로 제어하기 곤란할 경우도 있다. 그러므로 이 두 가지를 다 뛰어넘을 필요가 있다. 그래서 중도제일의관에서는 앞의 두 관을 방편의 길로 삼아 중도를 깨닫는다.

이처럼, 차제삼관은 공을 깨닫고, 그 공의 힘에 의지해서 세간에서 중생을 구제하고, 그 다음 완전한 깨달음을 얻는 것이다.

2. 일심삼관과 일심이문(一心二門)

천태의 일심삼관은 중관(中觀)계열의 공(空)사상에서 나온 것이라고 볼 수 있다면, 원효의 화쟁사상에서 말하는 일심이문은 유식(唯識)과 여래장(如來藏)사상에서 나온 것이다. 따라서 천태의 일심삼관과 원효 화쟁사상의 일심이문은 각기 연원을 달리하는 것이면서 동아시아불교에서 중요한 위치를 차지하는 개념이라고 할 수 있다.

원효는 『대승기신론소』에서 일심이문으로 모든 불교내용을 아우를 수 있다고 주장하였다. 『대승기신론』에서 말하는 일심이문이란 인간이 본래부터 가지고 있는 마음, 곧 일심(一心)은 두 가지 측면에서 바라볼 수 있다는 것이다. 하나는 진리의 입장인데, 이는 심진여문(心眞如門)이라 하는 것이고, 다른 하나는 현상계의 입장인데, 이는 심생멸문(心生滅門)이라고 하는 것이다. 인간에게는 이 두 측면이 서로 섞여 있으므로, 이 두 입장으로 세계를 설명할 수 있다.[30]

먼저, 심진여문(心眞如門)에서는 모든 진리의 근본을 설명한다. 진리의 근본인 우리 마음자리는 생겨나지도 않고 없어지는 것도 아니다. 우리가

30 『대승기신론소기회본』(『한국불교전서』 1권, 740하~741상)

경험하는 모든 차별의 존재는 중생의 어리석은 마음 때문에 인식되는 것이다. 그래서 차별의 여러 모습이 나타난다. 그러므로 만약 우리의 어리석은 마음만 제거할 수 있다면, 우리에게 나타나는 모든 차별의 모습은 사라질 것이다. 따라서 진리의 입장에서 보자면, 모든 존재는 원래부터 말할 수 있는 것이 아니고, 이름 붙일 수 있는 것도 아니고, 인식할 수 있는 것도 아니다. 이러한 점을 분명히 알게 될 때, 보는 주체와 보여지는 객체의 구분은 사라지고, 주관과 객관이 벌어지기 이전의 평등의 세계가 열린다. 이 평등한 세계에서는 어리석은 마음으로 본 차별의 세계와는 달리, 변화하는 것도 없고 파괴되는 것도 없다. 이 평등한 세계는 진리를 깨달은 마음, 곧 일심(一心)에서 비쳐지는 것이다. 그러므로 진실되고 한결같다는 의미의 진여(眞如)라고 부르는 것이다. 그 이유는 모든 말은 실제(實際)와 대응되지 못하고, 편의상 붙여진 것인데, 그것을 모르고 사람은 이름에 따라 여러 가지로 망상(妄想)을 하기 때문이다. 또한 이름과 대상이 대응관계에 있는 것이 아니므로, 이름과 함께 연결되는 존재도 찾을 수 없기 때문이다.[31]

다음은 심생멸문(心生滅門)에서는 아려야식을 중심으로 해서 번뇌를 일으키는 과정과 수행을 해서 완전한 깨달음을 얻는 과정을 설명하고 있다. 『대승기신론』에서는 여래장(如來藏)을 근거로 해서 생겨나고 없어지는 마음[生滅心]이 있다고 한다. 구체적으로 말해서, 불생불멸(不生不滅)의 마음 성품이 생겨나고 없어지는 마음과 화합해서 아려야식이 되었다는 것이다. 그러므로 이 아려야식을 불생불멸의 마음의 성품과 비교하면, 생기지도 않고 없어지지도 않는 마음도 일정부분 포함하고 있으므로, 아려야식과 불생불멸의 마음성품이 다르다고 할 수도 없고, 생기고 없어지는 마음도 일정부분 머금고 있으므로, 아려야식과 불생불멸의 마음성품이 같다고도 할 수 없다.[32] 이 아려야식을 출발점으로 삼아서 인간은 부처가 될 수도 있고, 태어나고 죽는 윤회를 되풀이하기도 한다. 이 아려야식에는 두 가지 기능이 있는데, 하나는 각(覺)의 기능이고, 다른 하나는 불각(不覺)의 기능이다.[33]

원효는 이러한 일심이문(一心二門)으로 모든 불교이론을 거두어들일 수 있다고 한다. 다시 말해서, 『대승기신론』의 뜻을 펼치면, 무수히 많은 경론의 뜻과 통하고, 『대승기신론』의 뜻을 간추리면, 일심이문이 핵심이라는

31 『대승기신론소기회본』(『한국불교전서』 1권, 743중)
32 『대승기신론소기회본』(『한국불교전서』 1권, 745하)
33 『대승기신론소기회본』(『한국불교전서』 1권, 748중)

것이다. 따라서 『대승기신론』의 뜻을 무한정 펼쳐서 전개하여도 아주 많은 경론의 뜻이 일심이문의 다른 표현에 지나지 않으므로 번거롭지 않고, 여러 경론 중에서 간추려서 『대승기신론』에만 주목해도 일심이문에는 이미 여러 깊은 뜻이 함축되어 있으므로 좁은 것이 아니다. 또한 이론을 주장해도 무엇인가 대단한 것을 해냈다는 허물이 없고, 이론을 깨뜨려도 일방적으로 버리기만 하는 허물도 없다.[34]

이처럼, 천태의 일심삼관과 원효의 일심이문은 불교사상을 회통하는 기준점이 된다는 공통점이 있고, 서로 사상의 연원이 다르다는 차이점도 존재한다.

Ⅳ. 일심삼관의 현대적 의미

천태사상의 일삼삼관의 현대적 의미에 대해 두 가지를 거론할 수 있다. 우선, 회통의 정신이다. 일심삼관에 기초해서 모든 불법의 내용을 회통한다. 이것은 모든 불교의 내용이 하나라는 인식으로 그대로 연결된다. 이런 관점에서 천태지의는 회통을 주장하였고, 고려시대 원나라 간섭기에 활동하였던 운묵무기도 회통사상을 주장하였다. 현대는 과거시대에 비해서 더욱 이데올로기 대립이 심한 때이다. 이러할 때 대립되는 이데올로기에 휘말리지 않고 근본정신에 돌아가서 사태를 볼 수 있는 안목을 매우 중요하다고 할 수 있다.

둘째, 일심삼관은 중국의 현실 중시적 사유를 잘 드러내는 것이다. 공·가·중이라고 분명히 구분하여 말한 것은, 천태지의의 독자적인 안목이라고 할 수 있다. 원래 공(空)이란 단순하게 말하자면 모든 집착에서 벗어나는 것이라고 할 수 있다. 그런데 너무 공(空)만을 강조하면 현실을 무시할 우려가 있다. 그래서 가(假)를 제시한다. 이 가(假)는 현실대상은 존재하지만, 집착할 대상은 아니라는 뜻이다. 그런데 가(假)를 너무 주장하면 현실에 매몰될 우려가 있으므로, 공(空)도 경계하고 가(假)도 경계한다는 뜻에서 중(中)을 제시한다. 그래서 공·가·중이 된 것이다. 이를 불교철학의 흐름에서 본다면, 공(空)에 대한 부연설명이라고 할 수 있다. 혹시, 공(空)을 잘못 이해할 가능성이 있으므로 가·중을 덧붙여서 공(空)의 뜻을 분명히 한 것이다.

34 『대승기신론소기회본』(『한국불교전서』 1권, 733하)

그런데 인도불교로 거슬러 올라가면, 천태지의가 말한 일심삼관의 의미는 이미 다 밝혀져 있다고 할 수 있다. 예를 들어 『반야심경』의 경우, 색불이공(色不異空) 공불이색(空不異色) 색즉시공(色卽是空) 공즉시색(空卽是色)이라고 말하는 대목은, 이미 일심삼관의 의미를 먼저 말한 것이라고 해석할 수 있다. 여기서 '색(色)'은 현실의 대상물이라고 할 수 있고, '색이 공과 다르지 않음'은 중도(中道)를 먼저 표방하는 것이며, 이 '색(色)이 그대로 공(空)'이라고 함은 공(空)이면서도 유(有)임을 말하는 것이고, '공(空) 그대로 색(色)'이라 함은 유(有)이면서도 공(空)임을 말하는 것이다. 그러므로 공은 유를 포함하고 있고, 유는 공을 포함하고 있다. 따라서 공(空)을 말해도 거기에는 유(有)가 들어가 있고, 유를 말해도 거기에는 공이 들어가 있다. 그리고 '색즉시공(色卽是空) 공즉시색(空卽是色)'이라고 할 때, 색즉시공은 공(空)을 지칭하는 것이고, 공즉시색은 유(有)를 의미하는 것이므로, 이와 같이 공과 유를 쌍(雙)으로 제시한 것은 중도를 뜻하는 것이다. 그리고 이 때, 유를 가(假)로 바꾸면, 천태지의가 말한 공(空)·가(假)·중(中)이 된다.

앞에서 말한 대로, 일심삼관이 이미 인도불교에서 말한 내용을 천태지의가 좀 더 부연 설명한 것에 지나지 않는다면, 여기에 천태지의의 자기 나름대로 입장이 감추어져 있다고 할 수 있다. 이는 가(假)를 강조함이 중국의 현세중시사상과 통한다는 것이다. 다시 말하면, 실제 내용에서 인도불교와 다른 내용을 말함이 아니면서도 굳이 가(假)를 강조하여 제시하는 것에는 현실을 중시하는 사고방식과 관련이 있다고 볼 수 있다. 인도불교는 세간을 떠남을 강조하므로 공(空)이면 충분했을 것이다. 그러나 중국에서는 현실을 중시하므로 공(空)만으로는 무언가 미진한 점이 있었고, 그래서 공(空)에서 가(假)를 이끌어내었다. 이렇게 본다면, 일심삼관은 현실을 중시하는 중국적 사유를 잘 반영하는 중국불교의 이론이라 할 수 있다. 그리고 이 점은 불교와 현실생활이 밀접히 관련되기를 원하는 현대의 추세와도 부합하는 대목이기도 하다. 현대에는 응용불교학의 요구가 점점 커가고 있는데, 불교사상과 현실이 접목될 수 있는 사상적 원동력을 일심삼관에서 찾을 수 있다고 생각한다. ❁

이병욱 (고려대)

우리말 불교개념 사전

일체개성 · 오성각별

한 一切皆成; 一性皆成; 五姓各別

Ⅰ. 어원적 근거 및 개념 풀이

1. 어원적 근거

초기불교와 부파불교에서는 수행을 통해 도달할 수 있는 최고의 자리를 아라한(阿羅漢)으로 설정하고 있었다. 불타(佛陀)는 특수한 사람으로서 일반인은 불타가 될 수 없다고 여겼기 때문이다. 그러나 대승불교가 흥기하면서 누구나 불타가 될 수 있다고 설하게 되었다. 즉 대승불교에서는 모든 사람은 불성을 갖추고 있기 때문에 보리심(菩提心)을 발함으로써 보살이 될 수 있다고 주장한 것이다. 원(願)을 세워 스스로 깨달아 6바라밀 등의 수행을 쌓으면 누구든지 부처가 될 수 있다는 것이다.

이러한 대승불교도의 주장은 이전에는 찾아볼 수 없었던 혁신적인 사상이었다. 이전의 불교인들은 직접 깨달음을 추구하기 보다는 승단과 수행자에 대한 보시와 봉헌 등에 머물러 있었기 때문이다. 대승불교도들은 깨달음이라는 궁극적인 경지가 모든 중생에게 열려 있음을 강조하면서 스스로 불타가 될 것을 촉구한 것이다.

모든 중생이 부처가 될 수 있다는 주장은 여러 대승경전에서 찾아볼 수 있다. 그렇지만 이를 직접적으로 표현한 구절은 아마도 『열반경(涅槃經)』의 "일체중생실유불성(一切衆生悉有佛性)"일 것이다. 모든 중생에게 불성이 있다는 말은 모든 살아 있는 존재에는 부처의 본성이 있다는 말이다. 『열반경』에서 반복되는 이 가르침은 특히 동아시아 불교권에 큰 영향을 미치게 된다. 중국에서 형성된 여러 불교 종파에서는 '실유불성설'을 근간으로 해서 자신들의 독자적인 논리를 전개시켜 나가게 된다. 이와 같이 일체 중생이 모두 성불할 수 있다는 입장을 줄여서 일체개성(一切皆成) 또는 일성개성(一性皆成)으로도 표현한다.

이러한 일체개성의 설에 대해 유식(唯識)의 법상종(法相宗)에서는 오성각별(五姓各別)의 설을 주장하고 있다. 누구든지 성불할 수 있다고 하지만 실제로 성불할 수 없는 중생도 있다는 것을 주장한 것이다. 즉 오성각별설에서는 중생의 능력을 다섯 가지로 나누고, 일부의 중생은 성불할 수 없다고 주장하고 있다. 일체개성설과 오성각별설은 성불에 대한 이상론과 현실론의 대립을 극명하게 제시한 것으로 볼 수 있다. 이 두 가지 주장은 오랜 세월동안 격렬한 논쟁을 불러 일으켜왔고, 수많은 불교사상가들이 이 문제에 대해서 자신의 입장을 피력하기도 한 불교교리상의 주요한 논쟁거리 가운데 하나였다.

2. 개념 풀이

1) 일체개성(一切皆成)의 의미와 근거

모든 중생은 성불할 수 있다는 '일체개성'의 어원적 의미는 『열반경』에서 찾을 수 있다.[1] 앞에서 서술했듯이 이 말은 '모든 중생에게 불성이 있다'는 뜻이다. 누구나 성불할 수 있다는 주장의 근거는 누구에게나 불성이 있기 때문이다. 그러므로 여기서 핵심이 되는 말은 불성(佛性)인 것이다.

불성에 상응하는 말을 『보성론(寶性論)』에 근거해 확인해 보면, 불성의

1 『大般涅槃經』 21(『大正藏』 12권, 487상). "一切衆生悉有佛性, 佛法衆僧無有差別." ; 『大般涅槃經』 10(『大正藏』 12권, 423상). "一切三乘同一佛性. … 一切菩薩·聲聞·緣覺未來之世, 皆當歸於大般涅槃, 譬如衆流歸於大海."

원어는 범어 buddha(佛) 혹은 tathāgata(如來)에 -dhātu(性), -garbha(藏), -gotra(種姓)라는 세 단어 중 어느 쪽인가가 합성되어 이루어져 있는 복합어적인 술어이다. 이 중에 -dhātu란 부처가 될 수 있는 요소라는 뜻이고, -garbha는 부처가 태아로서 태내(胎內)에 있는 상태라는 의미이고, -gotra란 부처의 가족·동류라는 의미이다. 이를 종합해 보면 불성에 상응하는 원어의 공통적 의미는 '부처가 될 가능성'이라고 할 수 있다. 즉 불성이란 '부처가 될 가능성으로서의 부처를 얻기 위한 인(因)'이라는 의미이다.[2]

『열반경』에서 불성의 원어는 buddha-dhātu이며, 이는 불(佛)의 본질, 본성과 같은 말이다. 모든 중생에게는 부처와 같은 본성이 있으며, 이것은 중생이 장차 성불할 수 있다는 의미로 곧 부처의 인(因), 부처가 되는 인(因)으로 설명된다. 또한 같은 의미에서 tathāgata-garbha(여래의 태아)라 불리며 여래장(如來藏)이라고 한역되고 있다.[3] 이처럼 여래장과 불성은 거의 동일한 의미 영역을 가지고 있다.

그러나 우리에게 여래장이라는 말보다 불성이라는 말이 보다 친근하게 느껴지는 것은 중국에서 전개된 불성사상과 관련이 깊다. 즉 중국에서의 불성사상은 경전으로는 『열반경』과 『승만경(勝鬘經)』을, 논서로는 『대승기신론(大乘起信論)』과 『불성론(佛性論)』을 소의 문헌으로 하고 있다. 반면에 인도와 티베트에서는 경전으로는 『여래장경(如來藏經)』과 『승만경』을, 논서로는 『보성론』을 소의 문헌으로 하고 있다. 이와 같이 중국과 인도의 사상 조류에 있어서 크게 다른 점은 불성사상을 체계적으로 해설하려는 소의의 논서가 전혀 다르다는 것이다.[4] 이로 말미암아 중국에서의 불성사상의 전개는 인도·티베트에서와 다른 양상으로 전개되었음을 짐작할 수 있다. 중국에서의 불성사상은 주로 『열반경』의 번역과 연구에 종사한 이들의 사상적인 전개와 밀접한 관련을 갖게 된다.

『열반경』의 불성설은 주로 「여래성품(如來性品)」에 설해져 있다. 여기서는 우선 "모든 중생에게는 불성이 있지만 번뇌에 덮여 알지 못한다"[5]는 것을 전제로 하면서, 불성에 대해서 "아(我)란 여래장의 뜻이며 일체 중생에게는 모두 불성이 있다. 이것이 아(我)의 뜻이다"[6]라고 설하고 있다.

---

2 小川一乘 지음, 고승학 옮김, 『불성사상』(서울: 경서원, 2002), 40-41면.
3 平川彰 외 편, 종호 역, 『여래장사상』(서울: 경서원, 1996), 16-17면.
4 小川一乘 지음, 고승학 옮김, 앞의 책, 21면.
5 『大般涅槃經』 7(『大正藏』 12권, 405중). "一切衆生悉有佛性 煩惱覆故不知不見."

이어서 불성에 대한 비유를 다섯 가지로 제시하고 있다.[7] 첫 번째는 빈녀보장(貧女寶藏)의 비유이다. 가난한 여인이 집 안에 진금(眞金)이 묻혀 있었으나 그것을 알지 못하고 살다가 다른 사람이 파내어 보여 주었을 때, 비로소 기뻐하게 되는 것과 같은 것이다. 중생에게도 불성이 있으나 그것이 덮여 있기 때문에 그 불성을 보지 못하고 알지 못하며, 지금 여래에 의해서 그것이 있음을 알게 된다는 것이다. 두 번째는 독을 젖에 바르는 비유이다. 어머니가 병든 아이를 고치기 위해 잠시 독을 젖에 바르듯이, 여래도 모든 중생을 제도하기 위해 여래장을 설한다는 것이다. 세 번째는 역사(力士) 미간(眉間)의 금강주(金剛珠)와 관련한 비유이다. 씨름을 하다가 피부 속에 파묻힌 역사의 금강주를 의사가 찾아주듯이, 여래는 번뇌에 뒤덮여 불성이 있어도 알지 못하는 중생에게 불성을 일깨워준다는 것이다. 네 번째는 설산감초(雪山甘草) 일미약(一味藥)의 비유이다. 흘러가는 곳에 따라 여러 맛으로 변하는 설산감초가 전륜성왕과 인연이 맺어질 때 본래의 참된 맛을 가지게 되듯이, 여래의 비장(秘藏) 불성의 맛도 이와 같아서 중생이 번뇌에 덮여 있을 때는 볼 수 없지만 중생들이 부처와 인연이 되면 불성이라는 일미(一味)를 얻게 된다는 것이다. 다섯 번째는 날카로운 괭이로 땅을 파 금강에 이르는 비유이다. 사람이 땅 속에 금강이 감추어져 있는 것을 알고 예리한 괭이로 땅을 파내려갈 때, 바위나 돌 등은 파도 장애받지 않지만 오직 금강에 닿았을 때는 파 들어갈 수 없다. 중생의 불성도 이 금강과 같아서 괭이로 훼손할 수 없다는 것이다.

또 오미(五味)의 비유[8]를 들어 불성을 설하고 있다. 오미(五味)란 유(乳), 낙(酪), 생소(生酥), 숙소(熟酥), 제호(醍醐)를 말하며, 이것은 모두 우유로부터 생기는 것이다. 설산에 비니(肥膩)라고 하는 풀이 있어서 소가 이것을 먹으면 곧 제호가 생기는데, 불성도 이와 같다는 것이다.

이외에도 『열반경』에서는 '실유불성(悉有佛性)'에 대해 반복적으로 설하고 있는데, 이는 모든 중생이 성불할 수 있다는 것을 강조한 것으로 볼 수 있다. 이러한 입장은 중국 대승불교도들에게 매우 중요한 사상적인 단서가 되었다. 삼론종(三論宗), 천태종(天台宗), 화엄종(華嚴宗) 등의 여러 대승 종

6 『大般涅槃經』 7(『大正藏』 12권, 407중). "我者卽是如來藏義 一切衆生悉有佛性 卽是我義."

7 『大般涅槃經』 7(『大正藏』 12권, 407중-408하)

8 『大般涅槃經』 7(『大正藏』 12권, 408하-409상)

파에서는 이 실유불성설을 근거로 해서 일체개성설(一切皆成說)을 주장하게 된다. 이들 종파에서는 주로 삼승(三乘)에 대한 일승(一乘)의 우월을 강조하는 데 주안점을 두고 있다. 즉 삼권일실(三權一實)이라는 취지에 입각해 있는 것이다.[9]

이런 관점에서 일체개성설을 뒷받침해줄 수 있는 대승 경전을 찾아본다면, 『법화경(法華經)』을 들 수 있다. 「방편품(方便品)」에서는 "시방의 불토 가운데 오직 일승법(一乘法)만이 있고 이승도 삼승도 없다"[10]고 설하고 있다. 이어서 만약 법을 듣는 자가 있다면 성불하지 못하는 이는 없다고 강조하고 있다. 여기서는 이승과 삼승법은 방편설에 불과하며 오직 일승법만이 있다는 것을 강조하고 있다. 중생의 근기는 각각 다를지라도 법에 있어서는 차별이 없으며, 일승법을 듣는다면 누구든지 성불할 수 있다는 것이다.

일체개성의 입장에 선다면 성불하지 못하는 중생은 결코 존재하지 않으며, 성불하지 못하는 것은 스스로 성불할 수 없다고 여기기 때문이다. 이는 부처님이 삼승부정성(三乘不定性)이 곧잘 이승지(二乘地)에 머물러 있음을 질책하고 스스로 비굴심을 떨쳐 버리고 정진할 것을 당부하는 것에서 알 수 있다. 여기서 더 나아가 『법화경』과 『화엄경』을 비롯한 대승 경전에서는 '처음부터 성불할 수 있다'는 점을 강하게 주장하고 있다. 그런데 중생들이 이를 이해하지 못하고 자꾸 의심을 일으키기 때문에 처음부터 일승법(一乘法)으로 교화하지 않고 방편으로써 이들을 일승으로 인도해야 한다는 것이다.

2) 오성각별(五姓各別)의 의미와 근거

오성각별은 모든 중생을 본래 지니고 있는 종성(種姓)에 따라 다섯 가지로 분류한 것으로 결코 바뀌거나 변할 수 없음을 설한 것이다. 오성은 오종성(五種姓), 오종종성(五種種姓), 오종승성(五乘姓), 오승종성(五乘種性)이라고도 하며, 오성의 성(姓) 자는 성(性) 자로 바꿔 쓰기도 한다.[11] 『성유식론(成唯識論)』에서는 "모든 유정은 이미 본래 오종성의 차별이 있다"고 설하

9 深浦正文, 『唯識學硏究』 하권(京都: 永田文昌堂, 1982), 639면.

10 『法華經』 1(『大正藏』 9권, 8상). "十方佛土中 唯有一乘法 無二亦無三."

11 五姓의 姓 자는 예전에 혹은 性으로 쓰이기도 했으며, 姓과 性은 통용되기도 한다. 하지만 『성유식론술기』에 의하면 性은 體를 의미하고 姓은 類를 의미하므로 엄밀한 의미에서 이 두 글자는 다르다. [深浦正文, 앞의 책, 633면 참조.]

고 있다.[12]

오성은 보살정성(菩薩定性), 독각정성(獨覺定姓), 성문정성(聲聞定姓), 부정종성(不定種姓), 무성유정(無性有情)으로 분류된다. 여기서 성문정성과 독각정성이란 무루지(無漏智)의 종자(種子)를 갖추고 있지만 일부의 종자만을 지녔기 때문에 번뇌장(煩惱障)은 끊을지라도 소지장(所知障)은 끊지 못하는 유정으로서 둔근자(鈍根者)를 성문정성이라 하고, 이근자(利根者)를 독각종성이라고 한다. 보살정성이란 무루지의 종자를 모두 갖추어 두 가지 장애를 모두 끊고서 불과(佛果)를 증득하는 여래의 종성을 말한다.[13] 그리고 부정종성은 삼승부정종성(三乘不定種姓)이라고도 하며, 삼승의 종자를 모두 갖추고 있는 유정으로서 성문·독각의 과보를 증득하고 마침내 전향하여 보살승에 들어 불과를 증득하는 종성을 말한다. 무성유정이란 무루지의 종자를 완전히 결여하여 영원히 불과나 이승(二乘)의 과보를 증득하지 못하고 생사를 윤회하며, 다만 오계(五戒)와 십선(十善)의 선인(善因)으로 인천(人天)의 선과(善果)를 얻으려는 유정을 말한다.

이와 같은 종성설은 무루종자에 근거한 종성 차별설로서 무루종자의 소유 여부에 따라 크게 정성(定性)과 무성(無性)으로 나누었다. 정성은 다시 일부의 무루종자만을 가졌는가, 일체의 무루종자를 가졌는가, 혹은 그것이 결정되어 있지 않은가에 따라 성문·독각·보살정성과 부정종성으로 나누어지게 되었던 것이다.[14] 또 부정종성은 다시 네 가지로 나눌 수 있는데, 삼승의 종자를 갖춘 종성, 보살·독각의 두 가지 종자를 갖춘 종성, 보살·성문의 두 가지 종자를 갖춘 종성, 독각·성문의 두 가지 종자를 갖춘 종성이다. 이 가운데 앞의 세 종성을 부정성(不定姓)이라고 하기 때문에 네 번째는 정성(定姓)에 속하게 된다.

그렇다면 종성의 구분 기준에 해당하는 무루종자는 본래부터 존재하는 것인가, 후천적으로 훈습되어 생겨나는 것인가. 이에 대해 『성유식론』에서는 세 가지 입장을 소개하고 있다. 첫 번째는 호월(護月)의 설[本有說]로서, 무루종자는 본유적인 것으로 훈습되지 않는다는 입장이다. 두 번째는 난타(難陀)와 승군(勝軍)의 설[唯新熏說]로서, 무루종자는 오로지 후천적으로 훈

12 『成唯識論』 권2(『大正藏』 31, 8중). "諸有情旣說本有五種性別故."
13 『成唯識論』 2(『大正藏』 31권, 9상)
14 권오민, 「5種姓論에 대하여」, 『천태학연구』 제7호, 천태불교문화연구원, 2005, 263면.

습된 것으로 오종성의 차별은 다만 번뇌장과 소지장의 차별일 뿐이라는 입장이다. 세 번째는 이 두 가지 입장을 종합한 호법(護法)의 절충설[本有·新熏並有說]이다.[15] 이 가운데 『성유식론』에서는 호법의 설을 기본 입장으로 하고 있다. 모든 중생에게는 무시(無始) 이래로 법이(法爾)로서 성취된 본유의 무루종자가 존재하여 승진위(勝進位)에서 훈습한 종자에 의해 그것이 증장됨으로써 무루법을 낳게 되며, 유루종자의 경우도 역시 그러하다.[16] 이에 의하면 오종성은 본래부터 정해진 것이라서 각각의 종성은 결코 바뀌지 않으며, 일부의 종성은 결코 성불할 수 없다는 결론에 이른다.

오성각별설은 유식 법상종의 독특한 교설 가운데 하나이다. 이 설의 경전적인 근거는 『해심밀경(解深密經)』에서 찾을 수 있다. 「무자성상품(無自性相品)」에서는 일승(一乘)을 밀의설(密意說: 불완전한 설)로 간주하면서 삼승의 차별을 다음과 같이 설하고 있다.

> 모든 성문·독각·보살이 모두 이 동일한 미묘하고 청정한 도(道)를 함께 하고, 모두 이 동일한 구경청정(究竟淸淨)함을 함께 하니, 그 밖의 다른 증과(證果)는 없다. 나는 이러한 사실에 의거하여 비밀한 뜻으로써 오직 일승만이 있을 뿐이라고 설한다. 그러나 모든 유정의 세계에는 갖가지 유정의 종성이 없는 것이 아니니, 혹은 둔한 근기[鈍根]의 종성으로, 혹은 중간 근기[中根]의 종성으로, 혹은 예리한 근기[利根]의 종성으로 유정은 차별되는 것이다.
>
> 선남자야, 만약 한결같이 적정(寂靜)으로 나아가려는 성문 종성의 보특가라라면 비록 모든 부처님이 시설한 여러 용맹의 가행 방편에 교화된다고 할지라도 끝내 도량에 앉아서 아뇩다라삼막삼보리를 증득할 수 없게 될 것이다. 왜냐하면 그들은 본래 하열한 종성이기 때문이며, 한결같이 자비가 박약하기 때문이며, 한결같이 온갖 괴로움을 두려워하기 때문이다. 곧 그들은 한결같이 자비가 박약하기 때문에 모든 중생을 이롭게 하는 일을 한결같이 저버리며, 한결같이 온갖 괴로움을 두려워하기 때문에 모든 행(行)을 일으켜 업을 짓는 일을 한결같이 저버린다. 나는 이같이 중생을 이롭게 하는 일을 저버리는 자와 모든 행을 일으켜 업을 짓는 일을 저버리는 자가 도량

15 김동화, 『유식철학』(서울: 보련각, 1973), 234-239면.

16 『成唯識論』 2(『大正藏』 31권, 9상). "由此應信 有諸有情無始來有無漏種 不由熏習法爾成就 後勝進位熏令增長 無漏法起以此爲因 無漏起時復熏成種 有漏法種類此應知."

> 에 앉아서 능히 아뇩다라삼막삼보리를 획득한다고는 끝내 설하지 않는다. 그래서 그들을 '한결같이 적정으로만 나아가려는 성문[一向趣寂聲聞]'이라 부른 것이다.
>
> 그러나 만약 보리로 회향하려는 성문 종성의 보특가라라면, 나는 그들을 다른 갈래로서 보살이라 설할 것이다. 왜냐하면 그들은 이미 번뇌장(煩惱障)으로부터 해탈하였나니, 만약 모든 부처님의 깨우쳐주심을 힘입을 때에는 그들의 마음도 소지장(所知障)으로부터도 해탈할 수 있기 때문이다. 그러나 그가 처음에 자신의 이익을 위해서 가행을 수행하여 번뇌장을 해탈하기 때문에 여래는 그를 시설하여 성문 종성이라고 한다.[17]

삼승은 궁극적으로 구경청정의 불과(佛果)를 얻을 수 있겠지만, 현실적으로 성문과 독각의 정성이승(定性二乘)은 한결같이 적정(寂靜)한 회신멸지(灰身滅智)의 열반을 궁극의 목적으로 삼기 때문에 이들은 결코 불과를 얻을 수 없다. 즉 성문이라도 대승의 깨달음을 추구한다면 보살이라고 할 수 있지만, 그렇지 않다면 보살이라 할 수 없다는 것이다. 이처럼 불타가 설한 일승은 모두 깨달을 수 있다는 가능성만을 제시한 것일 뿐 실제로 모든 중생들이 깨달을 수 있는 것은 아니라는 점을 강조하고 있다.

또 종성을 분류한 대표적인 경전으로 『대반야경(大般若經)』과 『입능가경(入楞伽經)』을 들 수 있다. 『대반야경』에서는 성문승성결정(聲聞乘性決定), 독각승성결정(獨覺乘性決定), 무상승성결정(無上乘性決定), 삼승성부정(三乘性不定)으로 분류하고 있다.[18] 『입능가경』에서는 성문승성증법(聲聞乘性證法), 벽지불승성증법(辟支佛乘性證法), 여래승성증법(如來乘性證法), 부정승성증법(不定乘性證法), 무성증법(無性證法)으로 분류하고 있다.[19] 이러한

---

17 『解深密經』 2(『大正藏』 16권, 695상중). "一切聲聞獨覺菩薩 皆共此一妙淸淨道 皆同此一究竟淸淨 更無第二 我依此故 密意說言唯有一乘 非於一切有情界中 無有種種有情種性 或鈍根性或中根性 或利根性有情差別 善男子 若一向趣寂聲聞種性補特伽羅 雖蒙諸佛施設種種勇猛加行方便化導 終不能令當坐道場證得阿耨多羅三藐三菩提 何以故由彼本來唯有下劣種性故一向慈悲薄弱故 一向怖畏衆苦故 由彼一向慈悲薄弱 是故一向棄背利益諸衆生事 由彼一向怖畏衆苦 是故一向棄背發起諸行所作 我終不說一向棄背利益衆生事者一向棄背發起諸行所作者 當坐道場能得阿耨多羅三藐三菩提 是故說彼名爲一向趣寂聲聞若迴向菩提聲聞種性補特伽羅 我亦異門說爲菩薩 何以故 彼旣解脫煩惱障已 若蒙諸佛等覺悟時 於所知障其心亦可當得解脫 由彼最初爲自利益 修行加行脫煩惱障 是故如來施設彼爲聲聞種性."

18 『大般若經』 593(『大正藏』 7권, 1066상중)

오성각별의 입장은 수로 유식 관계 문헌에서 많이 찾아볼 수 있으며, 중국의 유식 법상종에서는 이 설을 더욱 발전시켜 독특한 교의로 발전시켜 나가게 된다.

Ⅱ. 역사적 전개 및 텍스트별 용례

1. 역사적 전개

1) 인도불교에서의 전개

누구나 성불할 수 있다는 일체개성의 입장과 성불할 수 없는 중생이 있다는 오성각별의 입장은 서로 상반된 주장임에 틀림없다. 이 두 설에 대한 논쟁은 인도 불교계보다는 중국 불교계에서 활발하게 전개되었다. 중국 불교인들이 오성각별설에 거부감을 드러내는 것은 아마도 결코 성불할 수 없는 존재의 설정과 종성은 결코 바뀌거나 변할 수 없다는 데 있었을 것이다. 중국 불교인들에게 종성이라는 개념은 매우 낯설었으며, 쉽게 납득하기 어려웠기 때문이었다. 그러나 종성이라는 개념은 불교 이전부터 인도 사회에서 쓰이던 개념이었는데, 이것이 불교에 수용되어 오랜 기간에 걸쳐 체계적으로 발전한 것이다.

본래 '종성(種姓, gotra)'에는 금속과 보석을 매장하고 있는 산이라고 하는 의미와 집안 혈통, 가계 또는 그 가문에 이어지고 있는 능력을 나타내는 두 가지의 의미가 있다. 불교 교리에 이 개념이 도입된 것은 아비달마가 성행한 이후일 것이다. 빠알리 경전 가운데에 gotrabhū라고 하는 말이 있는데, 이 말은 비구가 수행 과정에서 성인이 되기 직전의 위(位)를 가리킨다. 이후 종성의 관념은 설일체유부(說一切有部)에 수용되어 성문과 독각, 보살의 삼승의 종성이라고 하는 개념으로 전개된다. 이것은 사성(四姓)이 태어날 때부터 신분이 다른 것처럼 삼승의 도착점이 각각 다른 것은 태어날 때부터 소질이 다르기 때문이며, 또한 수행의 과정에서 목적지가 결정된다고 생각하게 되었기 때문이다.[20]

---

19 『入楞伽經』 2(『大正藏』 16권, 526하)
20 平川彰 외 편, 종호 역, 앞의 책, 35-37면.

유부에서는 삼승 종성을 설하는 데 그치지 않고,[21] 보다 구체적으로 성문 종성 중에서도 물러나는 상태에 근거하여 퇴법(退法)·사법(思法)·호법(護法)·안주법(安住法)·감달법(堪達法)·부동법(不動法)의 6종성의 아라한을 설하기도 한다.[22] 그러나 유부의 종성 개념은 각각 깨달음으로 나아가게 하는 유정(有情)의 능력이나 근기 등의 원인적 상태[因位]를 의미하지만, 고정되어 있는 것이 아니라 근기의 단련을 통해 다른 종성으로의 이동이 가능하다.

유부의 종성론은 유가행파에 계승되어 보다 정교하게 전개된다. 유가행파의 종성론이 이론적 체계를 갖추게 되는 것은 『유가사지론(瑜伽師地論)』에서이다. 여기서는 종성에 대해서 본래[法爾]적으로 갖추고 있는 본성주종성(本性住種姓)과 후천적으로 일찍이 선근을 닦아 획득되는 습소성종성(習所成種姓)으로 나누어 설명하고 있다.[23] 이 가운데 습소성종성은 결정적인 것이 아니기 때문에 부정종성(不定種姓)이지만, 성문·독각·보살이 갖는 무루종자는 본성주종성으로 본유적인 것이기 때문에 다른 종성으로의 이동이 불가능하다. 그리고 보살종성이 일체의 무루종자를 모두 갖춘 반면 무성(無姓)은 삼승의 무루종자를 모두 결여하고 있기 때문에 무성이다.[24] 무성이란 바로 불성이 없다는 뜻으로 결코 열반에 들지 못하는 유정이다.

이 무성에 대해 『입능가경』에서는 무성이란 열반성을 갖지 않은 일천제(一闡提)이며, 여기에는 단선근자(斷善根者)와 대비(大悲)의 두 종류가 있다고 설한다. 단선근자는 일체의 선근을 태워버려 대승 보살장(菩薩藏)으로는 해탈에 들지 못한다고 비방하는 이며, 대비는 일체 중생을 연민하여 그들이 모두 열반에 들기 전까지는 자신도 역시 열반에 들지 않겠다고 서원한 보살이다.[25]

---

21 『俱舍論』 23(『大正藏』 29권, 120하)

22 『俱舍論』 25(『大正藏』 29권. 129상)

23 『瑜伽師地論』 권35(『大正藏』 30, 478하). "云何種姓 謂略有二種 一本性住種姓, 二習所成種姓 本性住種姓者 謂諸菩薩六處殊勝有如是相 從無始世展轉傳來法爾所得 是名本性住種姓 習所成種姓者 謂先串習善根所得 是名習所成種姓."

24 『瑜伽師地論』 2(『大正藏』 30권, 284상중)

25 『入楞伽經』 2(『大正藏』 16권, 527상중). "大慧 何者無姓乘 謂一闡提 大慧 一闡提者無涅槃性 何以故於解脫中不生信心 不入涅槃 大慧 一闡提者有二種 何等爲二 一者焚燒一切善根 二者憐愍一切衆生 作盡一切衆生界願 大慧 云何焚燒一切善根 謂謗菩薩藏 作如是言 彼非隨順修多羅毘尼解脫說 捨諸善根 是故不得涅槃 大慧 憐愍一切衆生, 作盡一切衆生界願者 是爲菩薩 大慧, 菩薩方便作願 諸衆生不入涅槃者 我亦不入涅槃 是故菩薩摩訶

『유가사지론』에서는 아직 종성을 다섯 종류로 명확하게 구분하고 있지는 않다. 제37권에서는 종성을 성문종성(聲聞種姓), 독각종성(獨覺種姓), 불종성(佛種姓), 무종성(無種姓)의 네 가지로 분류하고 있지만,[26] 다른 곳에서는 셋으로 또는 다섯으로 설명하고 있기 때문이다.

그러나 다섯 종성에 대한 기본적인 개념은 거의 다 제시되어 있으며, 보살종성이 가장 수승함을 밝히고 있다. 성문·독각의 종성이 오로지 번뇌장의 청정만을 증득하는 데 반해 보살종성은 번뇌장과 소지장의 청정을 모두 증득하기 때문에 일체의 종성 가운데 무상최승이라는 것이다. 보다 구체적으로 살펴보면 보살의 근기는 본래 예리한 근기이며, 보살의 실천은 자리(自利)와 이타(利他)를 구족하며, 보살은 일체의 명처(明處)에 대해 선교(善巧)를 닦으며, 보살은 아뇩다라삼먁삼보리를 증득한다.[27] 즉 보살은 단지 근기만 수승한 것이 아니라 실천과 선교의 방편과 그 과보가 다른 종성에 비해 수승하다는 것이다. 이는 보살의 근기가 수승한 것만으로 깨달음을 얻는 것이 아님을 간접적으로 말해주고 있는 것이다. 이에 비해 보살종성을 갖지 않은 무종성은 비록 발심의 가행을 일으킨다 하더라도 결코 아뇩다라삼먁삼보리를 증득할 수 없다고 설하고 있다.[28] 또한 무종성은 상위의 다른 종성으로의 이동이 불가능하다.

『유가사지론』의 종성론은 『성유식론』에 이르러 보다 체계적인 형태를 갖추게 된다. 이 『성유식론』은 『유식삼십송(唯識三十頌)』에 대한 당시의 열 사람의 해석을 모아 놓은 책이다. 이 논서를 현장이 중국으로 가져가 그의 제자들과 함께 번역하면서 매우 활발하게 연구되었다. 이를 근거로 법상종(法相宗)이 형성되고, 이 종파의 특징적인 교설 가운데 하나가 오성각별설이었다. 그러나 중국에서는 『성유식론』이 번역되기 이전에 이미 『열반경』을 비롯한 대승 경전들이 번역되어 있었고, 유식 계통의 경론들도 상당수 번역되어 있었다. 따라서 이러한 중국 불교의 토양에서 오성각별설은 논란을 불러일으키기에 충분했다.

薩不入涅槃 大慧 是名二種一闡提無涅槃性.”

26 『瑜伽師地論』 37(『大正藏』 30권, 496하). “云何所成熟補特伽羅 謂所成熟補特伽羅略有四種 一者住聲聞種姓 於聲聞乘應可成熟補特伽羅 二者住獨覺種姓 於獨 覺乘應可成熟補特伽羅 三者住佛種姓 於無上乘應可成熟補特伽羅 四者住無種姓 於住善趣應可成熟補特伽羅 諸佛菩薩於此四事 應當成熟如是四種補特伽羅 是名所成熟補特伽羅.”

27 『瑜伽師地論』 35(『大正藏』 30권, 478하-479상)

28 『瑜伽師地論』 35(『大正藏』 30권, 478중하)

2) 중국불교에서의 전개

일체개성설과 오성각별설의 논쟁은 인도불교사상이 중국불교사상으로 정착되는 과정에서 비롯된 것이다. 중국 불교계에는 인도 불교계에서와는 달리 방대한 불교의 경론들이 물밀듯이 들어와 여러 역경승들에 의해 번역되었다. 따라서 불교적인 사유가 제대로 형성되지 않은 상태에서 수많은 경론들이 소개되었으므로 자연히 중국인들은 불교의 새로운 개념에 대해 혼란스러워했다. 그러나 점차로 중국의 불교사상가들에 의해 중국사상의 토대 위에서 수용되고 나름대로 논의를 전개시키게 된다. 일체개성과 오성각별 역시 그러한 과정을 거치게 되는데, 이는 중국불교사에서 활발하게 논의된 '불성(佛性)' 논쟁과 그 맥을 같이한다. 불성이라는 개념이 중국에 인식되기 시작한 것은『열반경』의 한역으로부터라고 할 수 있다.

동진(東晋) 말기에서 유송(劉宋)에 걸쳐 새롭게 전래된 경전은 불타발타라(佛駄跋陀羅)에 의해 한역된『화엄경』과 담무참(曇無讖)에 의해서 한역된『열반경』이었다.『화엄경』에서는 주로 비로자나불을 설하였고,『열반경』에서는 불성을 설하였다.[29] 이전까지만 해도 중국 불교도들은 공사상과 노장철학에 깊은 관심을 가졌었다. 이런 풍토에서 이들 경전에서 설한 법신과 불성은 이전에 볼 수 없었던 새로운 개념이었다.

당시 중국에는 여러 종류의『열반경』이 전래되었는데, 크게 소승의『열반경』과 대승의『열반경』으로 나눌 수 있다. 소승의『열반경』은 빠알리 경전의 장부(長部) 제16경인『대반열반경(大般涅槃經)』이며, 이에 해당되는 한역본은 세 종류가 있다.[30] 중국에서 크게 유행한『열반경』은 대승의『열반경』이며, 그중에서도 대본열반(大本涅槃) 즉 한역의 6권 본, 40권본 및 티베트역의 13권 본이다. 법현(法顯)은 417년에『대반니원경(大般泥洹經)』6권의 번역을 시작하여 다음 해에 번역을 마쳤다. 또 담무참은 422년에 하서왕(河西王)의 명을 받아서『대반열반경』40권을 번역하였다. 40권 본이 강남에 전해진 후 법현 역의 6권 본을 본떠 품목을 고치고, 또 읽기 어려운 자구를 고쳐서 36권으로 하고 있다. 이것을 남본(南本)이라 하고 앞의 40권 본을 북본(北本)이라고 한다. 북본의 장(章)은 겨우 13품인데 비해 남본은 25

29 鎌田茂雄, 장휘옥 역,『중국불교사: 남북조의 불교(上)』(서울: 장승, 1996), 13면.

30 세 가지 한역본은『장아함경』의 두 번째 경인『유행경(遊行經)』, 백법조(白法祖)에 의해 한역된『불반니원경(佛般泥洹經)』, 역자가 알려지지 않은『반니원경(般泥洹經)』이다. [K. S. 케네쓰 첸, 박해당 역,『중국불교』상(서울: 민족사, 1991) 129-130면 참조.]

품이며, 특히 앞의 10권의 부분을 북본은 5품으로 하고 있으나 남본은 13품으로 하고 있다.[31] 이와 같은 『열반경』의 역출로 인해 『열반경』에 대한 연구가 활발하게 이루어지게 된다.

『열반경』의 연구자 가운데 첫 번째로 꼽을 수 있는 인물은 도생(道生, 355-434)이다. 도생은 법현이 역출한 『대반니원경』을 연구하여 『니원의소(泥洹義疏)』를 저술하였다. 또 유송(劉宋)의 원가(元嘉) 7년(430년) 말에 북본 『열반경』이 화남(華南)으로 전래되자 그것을 강의하였다. 열반 관계의 저서로는 『열반삼십육문(涅槃三十六問)』, 『석팔주초심욕취니원의(釋八住初心欲取泥洹義)』, 『변불성의(辨佛性義)』가 있다. 도생과 함께 『열반경』을 연구하였던 사람으로는 혜엄(慧嚴), 혜관(慧觀), 승도(僧導), 담무성(曇無成) 등이 있다.[32]

도생을 『열반경』 연구자 중 으뜸으로 꼽는 이유는 그가 법현이 한역한 6권 본의 문제점을 지적하면서 자신의 주장을 제기하였기 때문이다. 그는 법현의 한역본에서 일천제(一闡提, icchantika)에게는 불성이 없다는 구절을 읽고서 이러한 해석은 잘못된 것이라고 주장하였다. 왜냐하면 대승 교리의 전체적인 취지는 누구나 성불할 수 있는 것인데, 특정 부류의 사람들이 성불할 수 없다는 것은 잘못된 것이라고 여겼기 때문이다. 그는 한 걸음 더 나아가 일천제조차도 성불할 수 있다고 주장하였다. 그의 이러한 주장은 당시로서는 파격적인 것이었으므로 쉽게 수용되지 못하였다. 심지어 다른 승려들은 그를 이단으로 치부하면서 승단에서 추방하고자 하였다. 그는 끝까지 자신의 주장을 굽히지 않으면서 자신의 주장이 경전의 뜻과 어긋나지 않음을 맹세하기까지 하였다고 한다.[33]

일천제 성불에 대한 논란은 도생이 수도를 떠나 여산에 도착한 후 담무참의 한역본인 북본 열반경을 접하면서 해소되었다. 그는 북본 가운데 제23품에서 자신의 주장에 부합하는 구절을 찾아냈다. 거기에는 모든 중생은 비록 일천제라고 할지라도 불성을 가지고 있어서 성불할 수 있다는 내용이 있었다.[34] 결국 도생의 주장은 큰 반향을 불러일으키게 되었고, 이후 그의 주장은 널리 퍼져나가게 되었다.

---

31 平川彰 외, 종호 역, 『여래장사상』(서울: 경서원, 1996), 123면.
32 鎌田茂雄, 정순일 역, 『중국불교사』 (서울:경서원, 1996), 114면.
33 『高僧傳』 7(『大正藏』 50권, 366하)
34 K. S. 케네쓰 첸, 박해당 역, 앞의 책, 132면.

도생의 주장은 열반종뿐만 아니라 다른 여러 종파에도 큰 영향을 미쳤는데, 여기에 회의적인 시각을 가진 이들도 있었다. 그 대표적인 인물이 현장(玄奘, 602-664)과 그의 문하들이었다. 현장은 인도에 가기 전부터 '모든 중생에게 불성이 있다'는 주장 즉 일체개성(一切皆成)에 의문을 품었다고 전해진다.

현장이 18년에 걸친 서역·인도 여행을 마치고 장안에 돌아온 것은 645년이었다. 이 때부터 현장은 인도에서 가져온 경론을 국가적인 지원을 받아 번역하기 시작하였다. 현장에 의해 새롭게 번역된 여러 경론은 중국 불교계에 큰 자극을 주었으며, 그 연구를 촉진시켰다.[35] 기존의 구역 번역서에서 보지 못했던 새로운 내용들이 그의 신역 번역서 가운데 포함되어 있었기 때문이다. 현장의 번역서는 모두 76부 1,347권에 이르렀다고 하며 이 가운데 유식 계통의 경론이 다수 포함되어 있었다. 현장 이전의 유식 사상은 주로 진제(眞諦)의 번역에 근거해서 전개되었는데, 현장 이후에는 그의 새로운 번역서에 의거한 유식 사상이 연구되기 시작했다. 그 가운데서도 가장 활발히 연구되었던 것이 『성유식론(成唯識論)』이었으며, 이를 근거로 법상종(法相宗)이 발전하게 되었다.

이 법상종의 대표적인 사상 가운데 하나가 오성각별설(五性各別說)이다.[36] 법상종에서는 『유가사지론』의 오종성설, 즉 가르침을 받는 자를 구분하여 보살·독각·성문·부정·무성의 다섯 종류로 나눈 설을 받아들이고, 그 이외의 교설은 방편적 입장에서 설해진 것으로 간주한다. 더 나아가 이러한 오종성설이 진실임을 논증하기 위해 규기(窺基, 632-682)는 여러 대승경론들에서 결정적인 성문·독각[二乘定性]이나 종교적 무능력자[無種姓人]의 존재를 인정하고 있다고 주장하면서 여기에 해당되는 교설들을 적극적으로 인용하고 있다.[37] 또 규기는 도생 이래 널리 유행하였던 일체개성설을 그의 저술 곳곳에서 비판하였다. 그러나 규기의 이러한 노력에도 불구하고 당시의 중국 불교계에서는 오성각별설에 대해 냉담한 반응을 보이게 된다.

중국 불교계에서 불성에 대한 논란은 깨달음의 본성인 불성이 어떻게 갖

---

35 키무라 키요타카, 장휘옥 역, 『중국불교사상사』(서울: 민족사, 1995), 114-115면.

36 『宋高僧傳』의 기록에 의하면, 현장이 窺基에게 "五性宗法은 오로지 그대에게만 유통시킬 뿐 다른 사람에게는 유통시키지 않을 것이다"고 말하였다고 전해진다.(『大正藏』 50권, 726하) 이로 보건대 오성각별설은 법상종의 중심적인 교의 가운데 하나임에 틀림없다.

37 키무라 키요타카, 장휘옥 역, 앞의 책, 117-118면.

추어지는가에 대한 논의에서부터 출발한다. 다시 말해 불성이 선천적이라는 입장[性得]과 후천적이라는 입장[修得]으로 크게 나뉜다.[38] 전자는 불성은 모든 중생에게 실유(悉有)한다고 여기는 것으로 『열반경』 등의 경전에 근거한다. 이에 비해 후자는 불성은 선천적으로 얻어지는 것이 아니라 실제 수행을 통해 얻어진다고 여기는 것이다. 실제로 『불성론(佛性論)』에서는 유부 등의 주장을 받아들여 중생에게 선천적인 성득불성(性得佛性)은 없으며, 다만 후천적으로 수행에 의해 수득불성(修得佛性)을 얻을 수 있다고 한다.[39] 따라서 전자의 주장은 대체로 일체개성설의 입장에 부합하고, 후자의 주장은 오성각별설의 입장에 가깝다고 할 수 있다.

당시 중국 불교계의 종파들, 즉 열반종, 삼론종, 천태종, 화엄종에서는 일체개성의 입장을 수용하였다. 이에 비해 오직 유식 법상종에서만 오성각별설을 주장하였다. 오성각별의 주장은 결국 모든 중생의 성불 가능성에 대해 부정하는 것으로 일부분의 중생은 성불할 수 없다는 것을 논증한 것이다. 현장과 그의 제자인 규기는 오성각별설의 정당성을 여러 경론을 통해 논증하려고 애썼지만, 이에 대한 반발도 만만치 않았다. 왜냐하면 본질적으로는 일체개성설과 오성각별설은 각각 '일승진실(一乘眞實) 삼승방편(三乘方便)'과 '삼승진실(三乘眞實) 일승방편(一乘方便)'이라는 서로 상반된 입장을 표방하였기 때문이다.

법상종의 오성각별설에 최초로 반발한 인물은 그와 함께 경전 번역에 참가한 영윤(靈潤)이다. 열반사 영윤은 현장이 가져온 신역 불교와 기존 불교의 차이점을 열네 가지 항목으로 정리해 비판하였다. 이에 대해 유식학파의 신태(神泰)가 반론을 펴고, 백제 출신의 의영(義榮)이 논쟁에 참가해 신태와 규기를 비판하였다. 이후 규기의 제자인 혜소(慧沼, 650-714)는 오성각별설을 더욱 발전시켜 당시 일체개성설의 대표적인 인물이었던 법보(法寶)의 『일승불성구경론(一乘佛性究竟論)』을 비판하면서 『능현중변혜일론(能顯中邊慧日論)』을 저술하기도 하였다.[40]

이와 같이 일체개성설과 오성각별설에 대해 중국의 여러 불교사상가들은 각각 자신들의 입장에 따라 그 정당성을 주장하였다. 그러나 점차 이 두 설을 종합해서 수용하려는 움직임이 나타나게 된다. 그 대표적인 인물로

38 常盤大定, 『佛性の研究』(東京: 圖書刊行會, 1973), 4면.
39 『佛性論』 1(『大正藏』 31권, 787하)
40 常盤大定, 앞의 책, 16-25면 참조.

화엄종의 법장(法藏, 643-712)을 꼽을 수 있다. 법장은 이전의 모든 불교사상을 자신의 오교판(五教判)으로 체계화시키는데, 종성론에 대해서도 같은 방식을 취한다. 즉 종성론을 크게 소승의 종성론과 대승의 종성론으로 나누고, 대승의 종성론은 삼승의 종성론과 일승의 종성론으로 나눈다. 삼승의 종성론은 대승시교(大乘始教), 대승종교(大乘終教), 대승돈교(大乘頓教)의 입장이며, 일승의 종성론은 동교일승(同教一乘)과 별교일승(別教一乘)의 입장이다.

우선 소승의 종성에는 퇴법(退法), 사법(思法), 호법(護法), 주법(住法), 승진법(昇進法), 부동법(不動法)의 아라한이 있으며, 이 가운데 부동법에 부처의 종성, 독각의 종성, 성문의 종성이 있다. 그러나 부처의 종성은 오직 붓다에게만 있는 것으로 보았다.[41]

대승시교에서는 인연화합에 의해 만들어진 무상법(無常法) 속에서 종성이 이루어져 세워지는 것이므로 모든 중생에게 두루 미칠 수 없으며, 다섯 종성 가운데 불성이 없는 종성[無性衆生]이 있게 된다고 한다. 그리고 이 종성은 『유가사지론』에서 설한 본성주(本性住) 종성과 습소성(習所性) 종성을 말하는 것이다. 본성주종성은 자성 속에 지니고 있는 것이고, 습소성종성은 선근을 계속 익혀 습득하여 얻은 것이다. 대승종교에서는 진여(眞如)로 된 자성 속에서 종성을 설하는 것이므로 모든 중생에게 두루 본성주종성이 있다고 설한다. 모든 중생에게는 열반의 본성이 있어서 아뇩다라삼먁삼보리를 성취할 수 있는 것이며, 이런 뜻에 의거해 일체의 중생에게 불성이 있다고 할 수 있다는 것이다. 대승돈교에서는 진여의 언설로써 설명할 수 없는 모습을 종성이라고 하며, 본성주와 습소성의 차이를 나누지 않았는데 그것은 모든 법이 두 가지 모습이 없기 때문이라고 한다.[42]

법장은 오성각별설과 일체개성설을 각각 대승시교와 대승종교의 입장으로 정리하고서, 궁극적으로는 일체개성설을 수용한다. 이러한 사상적 바탕 위에 일승의 종성론을 펼치는 것이다. 즉 별교일승인 화엄교학의 입장에서 본다면 종성은 매우 심오하며, 의보(依報)와 정보(正報)에 통하여서 삼세간의 세계를 다하여 모든 법문을 함께 섭수하는 데 원래부터 이미 완전하게 성취된 것이다. 그런데도 각각의 교판에 따라 종성의 차별이 있는 것

41 法藏, 『五教章』 2(『大正藏 45권, 485중하)
42 法藏, 『五教章』 2(『大正藏 45권, 485하-487하)

은 불법(佛法) 그 자체의 깊이와 불법을 이해할 수 있는 중생들의 근기에 따른 방편 때문이라고 보고 있다.[43]

법장은 중국 불교계의 불성 논란을 의식하고 있었으며, 일체개성의 입장에서 정성이승(定性二乘)이 결코 회심(廻心)할 수 없다는 설에 비판적이었다. 법장은 오교(五敎)의 측면에서 이승회심에 대해 논하고, 대승 종교(終敎)의 입장에서 이승이 회심할 수 있는 원인을 네 가지로 제시하고 있다. 모든 중생에게 불성의 힘이 있어 안으로 훈습하는 원인이 되기 때문이고, 여래의 대비력(大悲力)은 외연(外緣)을 버리지 않기 때문이고, 근본 무명(無明)을 아직도 다 없애지 못했기 때문이고, 소승의 열반은 완전하지 않기 때문이다.[44] 법장은 이러한 네 가지 원인에 의해 종교의 입장으로부터 모든 중생이 회심해서 대보리(大菩提)로 향한다고 본다.

3) 한국불교에서의 전개

한국 불교계에서는 중국과는 달리 일체개성과 오성각별에 대한 논란이 본격적으로 전개되지는 않았다. 다만 이 논란에 대해 자신의 독특한 입장을 제시한 이로 원측(圓測)을 들 수 있다. 그는 당시 중국에서 규기와 함께 현장 문하에서 동문수학했었던 인물로 이러한 논란을 누구보다 잘 인식하고 있었다. 그는 당시의 불성 논쟁에 대한 정황을 소개하면서[45] 이어서 『열반경』, 『보성론』 등의 경론을 인용하여 일체 중생이 모두 여래장을 가지고 있으며, 오종성은 한결같이 불성을 지니고 있어 모두 성불할 수 있다는 일성개성설(一性皆成說)을 주장하고 있다.[46] 이는 매우 독창적인 견해 중의 하나이며,[47] 법상종의 오성각별설과 다른 새로운 해석이라고 할 수 있다.

이러한 원측의 입장은 법장과는 그 성격이 다르다. 법장은 화엄종에서 수용한 일체개성설의 입장에서 오성각별설의 입장을 비판적으로 수용하

43 법장은 이 두 가지 측면에서 그 이유를 설명하고 있다. 첫 번째는 約法弁隱顯相收로서 본래적인 불법의 드러남과 숨겨짐의 차별이고, 두 번째는 約機明得法分齊로서 불법을 이해할 수 있는 중생들의 근기의 측면이다. [『五教章』 2(『大正藏 45권, 488상)]

44 法藏, 『五教章』 3(『大正藏 45권, 496상)

45 圓測, 『解深密經疏』 4(『한국불교전서』 1권, 257하)

46 圓測, 『解深密經疏』 4(『한국불교전서』 1권, 258하-259상). "涅槃云, '善男子, 我者卽是如來藏義, 又一切衆生悉有佛性, 常住無有變易'. 又寶性論第一卷云, '何得知一切衆生有如來藏? 答; 依一切諸佛平等法性身知一切衆生皆有如來藏.' 如此等文皆是眞如法身佛性, 此卽 五性皆有佛性."

47 박종홍, 『한국사상사』 1(『박종홍전집』 Ⅳ, 형설출판사, 1990), 93면.

여 종합했다. 그러나 원측은 오성각별설을 논의의 중심으로 삼고 있는 유식 법상종의 학자이면서 이를 비판하고 일체개성설을 수용하여 종합하고 있다.

원측은 『해심밀경』이 '삼승진실 일승방편'을 표방하고 있으며, 이는 삼승의 뜻을 모두 갖춘 최승의 요의경(了義經)이라고 평가하고 있다.[48] 그러면서도 그는 여러 대승 경론을 인용하여 실유불성(悉有佛性)이 여래의 진의임을 강조하였다. 또 종성설은 본질적 차별이 아니라 다만 근기의 성숙·미성숙에 따른 시간상의 차별일 뿐이라고 하였다. 나아가 『섭대승론석(攝大乘論釋)』에 따라 아직 보살도(菩薩道)를 닦지 않은 이는 모두 미결정성(未決定性)으로 대승으로의 전향이 가능하며, 따라서 결정코 대승으로 전향하지 못할 무성유정(無性有情)은 존재하지 않으며, 정성의 성문·독각 또한 성불하지 못할 일이 없다고 주장하였다.[49]

이러한 원측의 주장은 법상종이라는 틀을 깨고 자신의 독창적인 불교관을 드러낸 것이라고 볼 수 있다. 이는 규기의 주장을 살펴보면 보다 명확하게 드러난다. 규기는 "시방(十方)의 불토(佛土) 중에는 오로지 일승의 법만 있을 뿐이며, 이승도 없고 삼승도 없다"는 『법화경』의 구절에 대해 이 경문은 독각과 성문의 이승을 비판한 것이지 보살승을 포함하는 삼승을 비판한 것이 아니며, 여기서의 일승은 성문·독각에 대한 보살승을 가리키는 것이지 삼승 이외의 일승을 말한 것이 아니라는 것이다.[50] 나아가 『열반경』에서 '일체유정 실유불성'을 설한 것은 부정종성으로 하여금 무상의 보리로 나아가게 하기 위해 방편으로 그렇게 설한 것이라고 해석하였다.[51]

이처럼 규기의 주장은 오성각별설에 대한 정당성을 논증하는 데 머물러 있다. 규기는 논란의 핵심인 '성문·독각의 정성유정과 무성종성은 발심할 수도 없거니와 설혹 발심하여 보리분법(菩提分法)을 닦을지라도 무상의 정등각을 증득할 수 없다'는 점에 대해서는 명확한 입장을 밝히고 있지 못하다. 원측은 이에 대해 일체개성의 입장에 서 있기는 하지만 모든 중생이 곧바로 성불할 수 있는 것이 아니라 근기의 성숙이 필요하다고 주장한다. 즉 발보리심(發菩提心)을 성불의 전제 조건으로 설정하고 있는 것이다.

---

48 圓測, 『解深密經疏』 4(『한국불교전서』 1권, 255중)
49 圓測, 『解深密經疏』 4(『한국불교전서』 1권, 257상)
50 『大乘法苑義林章』 1(『大正藏』 45권, 267상)
51 『大乘法苑義林章』 1(『大正藏』 45권, 266하-267상)

그러나 만약 성문과 독각이 발보리심하면, 그들은 더 이상과 성문과 독각이 아니다. 성문과 독각은 보살과는 달리 그들의 도(道)를 버리지 않고 거기에 머물려고 하기 때문에 보리의 도를 얻을 수 없는 것이다. 이에 대해 원측은 성문과 독각도 보살도를 닦아 성불할 수 있다는 사실을 『섭대승론석』을 인용해 밝히고 있다. 소승의 입장에서 본다면, 삼무루근(三無漏根)을 획득하였거나 인위(忍位)에 이른 자[定性]는 이미 성법(聖法)을 획득하였거나 사악도(四惡道)를 면하였기 때문에 대승으로의 전향이 불가능하지만, 오근(五根)을 획득하였거나 정위(頂位)에 이른 자는 근기와 종성이 결정적이지 않기 때문에 대승으로 전향할 수 있다. 그러나 대승의 입장에서 본다면, 아직 보살도를 닦지 않은 한 종성과 근기가 결정적인 것이 아니기 때문에 일체의 성문은 모두 대승으로 전향할 수 있다는 것이다. 따라서 결정코 대승으로 발심하지 못할 무성(無性)의 유정은 존재하지 않으며, 정성(定性)의 성문과 독각 또한 성불하지 못하는 일은 없다.[52]

원측의 이러한 독창적인 견해는 규기를 중심으로 한 법상종 자은학파의 해석의 한계를 뛰어넘은 것으로 평가되기도 한다.[53] 오성각별설이라는 틀 안에서 그것을 정당화시키기 위해 노력하기 보다는 '모든 중생은 성불할 수 있다'는 불교 본연의 입장에서 서서 이 문제를 풀어나갔기 때문이다.

Ⅲ. 인접 개념과의 관계 및 현대적 논의

1. 인접 개념과의 관계

지금까지 일체개성과 오성각별에 대한 전통적인 해석을 살펴보았다. 오성각별설을 주장하는 유식 법상종에서는 깨달음의 전형적인 모델인 '보살'과 결코 깨달을 수 없는 존재인 '무종성(無種姓)'을 동시에 설하고 있다. 비록 나름대로의 이론적인 근거는 제시하고 있기는 하지만, 이는 존재에 대한 결정론적인 해석으로 보인다. 모두가 성불할 수 있다고 해도 현실적으로는 성불하지 못할 수도 있는데, 처음부터 성불의 가능성을 제한하는 것

52 圓測, 『解深密經疏』 4(『한국불교전서』 1권, p.256하-257상); 『섭대승론석』 15(『大正藏』 31권, 264하-265상)
53 고영섭, 『한국불학사: 신라시대편』(서울: 연기사, 2005), 124면.

은 상당히 파격적인 해석임에 틀림없다.

일체개성설과 오성각별설의 논쟁은 결국 깨달음을 추구하는 인간 본성에 대한 진지한 논의에서 비롯된 것이라고 할 수 있다. 그것이 인간에게 본래 존재하는 것이냐, 수행이라는 인위적인 노력에 의한 산물이냐에 대해 오랜 세월에 걸쳐 다양한 시각에서 논의가 이루어져 왔다. 이러한 불성에 대한 논의는 서로 상반되는 주장이 공존하는 듯이 보이지만 결국은 깨달음의 추구라는 하나의 귀결점을 발견하게 된다. 이처럼 불교교리 안에서는 서로 상반되는 듯한 주장이 공존하고 있어 언뜻 보면 모순으로 보이지만, 그 이면을 살펴보면 사유의 획일화와 단일화를 배격하고 다양한 논의를 인정하고 있음을 엿볼 수 있다.

동아시아 불교에서는 특히 이 궁극적인 진리 또는 목표에 큰 의미를 두고 있다. 즉 불교도들이 지향해야 할 최고의 가치를 열반으로 설정하고 이와 관련된 개념들을 끊임없이 탐구하고 연구하기 때문이다. 이러한 전통에서 불성에 대한 진지한 논의가 가능했던 것이다.

그러나 이러한 입장을 동아시아 불교에서의 다원주의의 후퇴라고 보기도 한다. 불교가 중국으로 전래되어 수용되는 과정에서 논의된 주요한 불교 개념들이 다원적인 가치를 가지기보다는 보편적인 원리의 성격이 강하다고 여기기 때문이다. 즉 동아시아 불교에서 주목되는 것들은 열반(涅槃), 불성(佛性), 성기(性起) 등이며, 이것들은 절대 진리, 궁극의 근원 또는 객관적 기준으로 등장하고 있기 때문이라는 것이다.[54]

하지만 이러한 개념들은 오랜 세월에 걸쳐 다양한 논의를 통해서 도출된 것으로 결코 획일적인 해석의 산물이 아니다. 오히려 일원적인 세계관이 주류를 이루었던 중국 사회에 불교라는 이질적인 문화가 전래되면서 다원주의적인 요소가 점차 스며들기 시작했다고 보아야 할 것이다. 따라서 불교의 논의의 틀 안으로 유교와 도교를 비롯한 중국 전통사상의 흐름이 자연스럽게 스며들게 되었고, 이들을 하나의 체계 안으로 포섭하려는 경향이 강하게 되었던 것이다.

또 동아시아 불교의 대표적인 사유 전통에 해당하는 여래장·불성사상이 불교가 아니라는 주장을 제기하기도 한다. 여래장·불성 사상의 비불교적 성

---

54 조윤호, 「동아시아 불교의 두 얼굴: 다원주의와 본질주의 공존」, 『불교학연구』 제13호, 불교학연구회, 2006, 74-75면.

격에 대해 가장 비판적인 이는 마츠모토이다. 그는 『열반경』에서 불성의 원어인 buddha-dhātu와 『승만경』에서 여래장에 해당하는 개념인 tathāgata-dhātu가 같다고 보고 논의를 전개시킨다. 여기서 dhātu를 기체(基體, locus)로 해석하고, 이는 장소의 성격이 강하며 아트만이라고 단정한다. 따라서 여래장 사상은 연기나 공사상과 대립적인 것이며, 연기설에 위배되어 비불교적이라는 것이다.[55]

이러한 입장에 대해 히라가와는 dhātu를 기체의 의미로 해석하는 것은 무리이며, 불교문헌에서 그런 용례를 확인할 수 없다고 비판하고 있다. 또 『승만경』에서 여래장은 아트만이 아니라고 분명히 말하고 있으며, 여래장 사상은 무아설(無我說)에 의해 부정되지 않는 자기, 즉 윤리적 주체로서의 자기나 혹은 본래의 자기를 인정한 것이지 실체적인 아트만을 인정하는 것이 아니라고 반박하고 있다.[56]

이처럼 불성에 대한 논의는 현대에 이르러서도 매우 다양한 형태로 표출되고 있다. 어떤 형태로든 나름대로 타당한 근거를 가지고 있는데, 이는 다양한 문화권에서 오랜 세월동안 축적된 여러 불교 사상가들의 저술 속에서 자신의 입장에 부합하는 근거를 충분히 찾을 수 있기 때문이다.

그러나 일체개성과 오성각별은 그러한 지루한 사상적인 논쟁의 성격에서 벗어난 개념이라고 할 수 있다. 물론 이 두 개념은 불성의 사상사적인 전개와 밀접한 관련을 가지지만 여기서는 주로 불성을 지닌 인간의 성불 가능성에 그 초점이 맞춰져 있기 때문이다.

중국 불교계에서는 불교의 근원적인 목표에 의해 대체로 일체개성설이 오성각별설에 비해 압도적인 우위를 차지하고 있기는 하지만, 여전히 사상적인 치밀함과 논리성은 오성각별설에 빚지고 있다고 볼 수 있다. 종성에 대한 진지한 논의가 바탕이 되지 않은 상태에서 일체개성설만을 강조하다 보면 자칫 허황된 이상론에 매몰될 수 있기 때문이다. 그러므로 법장과 원측과 같은 이는 이 두 가지 입장을 자신의 사상체계로 끌어들여 나름대로의 결론을 도출시킨 것이다. 따라서 이 두 설에 대한 현대적인 논의도 이러한 관점을 근거해 진행되어야 할 것이다. ❁

임상희 (동국대)

55 松本史朗 著, 혜원 역, 『연기와 공: 여래장사상은 불교가 아니다』(서울: 운주사, 1994), 17-27면 참조.

56 조윤호, 앞의 논문, 81-82면.

우리말 불교개념 사전

계율

범 śīla-vinaya 빠 sīla-vinaya 장 tshul-khrims ḥdul-ba 한 戒律

Ⅰ. 어원 및 개념

계율의 어원 : 계율은 범어로는 'śīla-vinaya', 빠알리어로는 'sīla-vinaya', 서장어로는 'tshul-khrims ḥdul-ba'이며, 중국어로는 '戒律', 영어로는 '*sīlavinaya*'라고 번역한다. 계와 율의 합성어인 계율은 빠알리어와 범어 문헌에서는 그 용례를 찾아볼 수 없다. 계율은 중국에서 한역하는 과정에서 만들어진 말이기 때문이다. 인도에서는 계(śīla)와 율(vinaya)이 전혀 다른 뜻으로 사용되었고, 중국에서 다른 의미를 지닌 말이 계율이라는 하나의 단어로 쓰이면서 그 본래의 의미를 잃어버렸다.

계(śīla)는 √śīl(명상하다·봉사하다·실행하다)라고 하는 어근에서 파생된 말이고, '습관성·경향·성격' 등의 의미가 있다. 그리고 '좋은 습관·좋은 행위·도덕적 행위' 등의 의미로 사용되어진다. 『대지도론』에는 '시라라고 하는 것은 여기 말(秦)로 성선(性善)이라고 한다'고 그 어의를 나타내고, 다음에 '기뻐하여 선도(善道)를 행하고 스스로 방일하지 않는 이것을 시라라고 한다'[1]고 그 의미를 나타내고 있다. 시라는 불교만의 특수용어가 아니고, 인도의 종교계에 일반적으로 브라타(vrata, 禁誓·誓戒), 삼바라(saṃvara, 律儀·護) 등과 함께 종교적 행위를 나타내는 용어로 널리 사용되었던 말이다.[2] 이처럼 여러 종교에서 쓰고 있던 말을 불교에서 받아들여 계라고 한 것이다. 계는 단순히 금지적인 조문을 일컫는 것이 아니라 자발적으로 악을 멀리하고자하는 강한 정신력을 가리키는 말이다. 이 계는 출가자와 재가자 모두에게 해당되며, 개인의 자발적인 의지 및 결의를 나타낸다.

율(vinaya)은 vi-√nī라고 하는 어근에서 파생된 말이고, '이끌어 가다·가지고 가다·제외하다' 등의 의미가 있다. 또한 '훈련하다·교육하다'라는 의미에서 '규칙'의 의미로도 사용되고 있다. 한역에는 '조복(調伏)'이라고 하는 역어가 있는데, 이것은 훈련의 의미를 포함하고 있다. 또한 『비니모경』에서는 "비니(毘尼)라고 하는 것은 멸(滅)이라 한다. 모든 악법을 멸하기 때문에 비니라고 한다"[3]고 말하며 멸(滅)이라 해석하고 있다. 또한 "비니에는 무릇 다섯 가지 뜻이 있다. 첫째는 참회(懺悔), 둘째는 수순(隨順), 셋째는 멸(滅), 넷째는 단(斷), 다섯째는 사(捨)이다"[4]라고 해석하고 있다. 율장에서는 율이 '상가의 규칙'이란 의미로 쓰이고 있다. 율에는 바라제목차(prātimokṣa)와 건도부가 있다. 바라제목차는 금지적인 성격을 가지고 있기 때문에 지지계(止持戒, vāritta-sīla)라고 하며, 건도부에 설해진 상가의 운영규칙은 비구들이 단체로서 행동하는 규칙이므로 작지계(作持戒, cāritta-sīla)라고 한다. 율은 상가의 화합과 질서를 위해 필요한 강제적이고 객관적인 규칙이다.

이상과 같이 초기불교문헌에서는 계와 율을 분명하게 구별하여 설하고 있다. 계는 주관적인 개인의 결의로 범계(犯戒)에 대한 벌칙이 없으며, 세간의 윤리도덕에 해당하고 자발적인 면이 강조되고 있다. 율은 상가라는 공동체의 규칙으로 범계에 대한 경중(輕重)의 벌칙을 받으며, 세간의 법률에 해당하고 타율적인 규범이다. 윤리 도덕적인 면이 강한 재가자의 5계와 팔재계, 출가자의 계로서 윤리적인 면은 아함경전에서 주로 설하고 있으며,

1 『大智度論』 13(『大正藏』 25권, 153중)
2 平川彰, 석혜능 譯, 『원시불교의 연구』(서울: 민족사, 2003), 130면.
3 『毘尼母經』 1(『大正藏』 24권, 801상)
4 『毘尼母經』 7(『大正藏』 24권, 842상)

비구 비구니의 구족계와 상가의 운영규칙은 율장에서 설하고 있다. 대승경전에서는 보살의 수행덕목인 육바라밀 가운데 계바라밀로서 십선계와 삼취정계를 설하고 있다. 중국불교와 한국불교 등에서는 계율을 혼용하여 사용하였는데, 불교도가 지켜야 할 모든 계가 포함된다고 할 수 있다.

Ⅱ. 계율의 전개사

1. 경전에 나타난 계율

초기경전 : 불교는 초창기 종교가 계행을 중시한 것에 대하여 비판적인 태도를 취하였다. 그것은 계율중심주의로 형식화, 고정화되어 종교로서의 본연의 의미를 상실할 것을 우려하였기 때문이다.[5] 계는 처음부터 그 의미가 확립되었던 것은 아니다. 처음에는 서계(誓戒)의 형식이었던 것이 자발적으로 악을 멀리 떠난다는 계의 학처로 정비되어 불교의 독자적인 계로 확립된다. 여기서 서계는 시라의 의미가 아니고, 브라타의 의미이다. 원시불교에는 재가신자의 삼귀오계(三歸五戒)와 팔재계(八齋戒), 출가자의 구족계(具足戒)와 십계(十戒)·팔경법(八敬法)·육법계(六法戒)가 대표적인 계율이다.

삼귀의계(三歸依戒) : 원시불교의 교단에서는 재가신자가 되기 위해 우선 삼보에 귀의하고, 스스로 우바새가 된다고 고백을 해야 한다. 삼귀의를 먼저 하는 것은 오계를 받기 전에 재가신자가 되어 있어야 하기 때문이다. 재가신자가 되어야만 오계를 받을 수 있는 자격이 되는 것이다. 삼보가 성립한 후 최초로 삼귀의계를 받은 사람은 야사의 부모와 아내이다. 『사분율』에서는 야사의 부모와 아내가 붓다의 가르침을 듣고 "저는 지금 부처님께 귀의하고, 법과 비구상가에 귀의하겠습니다. 오직 원컨대 세존이시여, 우바새가 되는 것을 허락하소서. 저희들은 지금부터 목숨이 다할 때까지 살생하지 않고, 술을 마시지 않겠습니다"[6]라고 말하고 있다. 이와 같이 세 번

5 목정배, 『계율학개론』(합천: 장경각, 2001), 20-21면.
6 『四分律』 32(『大正藏』 22권, 789하)

반복하면 삼귀의계에 의해 재가신자인 우바새와 우바이가 되는 것이다. 그러나 『오분율』에서는 야사의 부모가 최초로 삼귀오계를 받았다고 한다.[7] 이 당시에는 삼귀오계를 같이 받는 경우와 삼귀의만 하는 경우가 있었던 것 같다. 각 부파의 율장은 서로 다르게 나타나고 있다. 아함 경전에서는 삼귀의만 하는 경우와 삼귀의에 이어 오계를 받아서 우바새가 되는 경우가 함께 나타나고 있다. 『살바다비니비바사』에서는 삼귀의만 받으면 이미 오계를 받은 것과 같다고 말하고 있다.[8]

또한 삼귀의계에 의한 구족계제도가 있었다. 붓다의 초전법륜이 있은 후 삼보가 형성되고 나서 최초로 출가한 사람은 야사이다. 야사는 붓다에 의해 최초로 선래구족계를 수지하여 비구가 된 사람이고, 이후 출가자의 수가 증가하면서 삼귀의계에 의한 구족계제도가 생겨났다. 삼귀의계는 "저는 부처님께 귀의합니다. 저는 법에 귀의합니다. 저는 상가에 귀의합니다"라는 것을 세 번 되풀이함으로써 구족계를 받았다.[9] 『십송율』에서는 구족계를 받기 전에 삼귀오계를 수지하는 것으로 나타나고 있다.[10]

오계(五戒) : 초기경전에서는 "강하거나 약한 것이나 살아있는 것에 대해 폭력을 가하지 말며, 죽이지 말며, 죽이는 일이 없는 그를 나는 바라문이라 한다"[11]라고 하여 바라문을 차용하면서 그들의 실천행을 수행덕목으로 받아들이고 있다. 이것은 초기 계율조목이 설해지기 이전의 단계이다. 이와 같은 보편적인 계가 점차 증가하여 3계·4계가 성립하게 되는데, 계로서 체계화 된 것은 아니다. 『숫따니빠따』[12]에서는 오계라는 용어를 사용하지 않고, 원시적인 형태인 재가자의 서계(誓戒)를 말하고 있다. 『앙굿따라니까야』[13]에서는 5가지 덕목을 오법(五法)이라 하고 있다.

『앙굿따라니까야』에서는 서계에서 변화된 자발적인 형식의 오학처(五學處)를 말하고 있다. "사리불이여, 여기에 거룩한 성문이 있어 살생을 원리(遠離)하고 있다. 주지 않는 것을 훔치는 것을 멀리 떠나고 있다. 애욕에 있

7 『五分律』 15(『大正藏』 22권, 105중)
8 『薩婆多毘尼毘婆沙』 1(『大正藏』 23권, 506중)
9 *Khuddakapāṭha* 1면.
10 『十誦律』 21(『大正藏』 23권, 149하-150상)
11 *Suttanipāta* 629게송, 120면.
12 *Suttanipāta* 394-398게송, 69면.
13 *Aṅguttaranikāya* vol.Ⅲ, 203면.

어서 사행(邪行)을 멀리 떠나고 있다. 망어를 멀리 떠나고 있다. 스라주·메라야주·맛쟈주 등 방일의 원인을 멀리 떠나고 있다. 이러한 오학처에 있어서 행위가 방호(防護)되어져 있다"[14]라고 하였는데, 오학처는 오계와 동일시하여도 될 것이다. 여기서는 원리(遠離, paṭivirata)라는 말을 사용하여 자발적으로 악행을 멀리 떠난다고 하는 오계를 말하고 있다. 한역에서는 대부분 '불살생' '불투도'라는 금지의 의미로 번역하였지만, 그 의미는 원리(遠離)이며 자발적인 결의를 나타내는 것이다. 오계는 다른 종교와는 다르게 시라라는 용어를 사용하고, '불음주계'를 넣어서 불교만의 독자성을 세우고 있다. 불음주계는 단순히 '술을 마시지 말라'라는 데 그치지 않고, '게으름의 원인이 되는 과일로 만든 술·곡식으로 만든 술 등 일체의 음주 행위를 떠나라'고 설함으로써 음주가 방일의 근원임을 말하고 있다.

팔재계(八齋戒) : 팔재계는 재가신자의 포살을 말하는데, 빠알리어로 우포사타(uposatha)라고 한다. 포살은 인도의 여러 종교에서 시행하고 있었지만, 불교교단에서는 빔비사라왕의 권청에 의해 처음 시작되었다. 팔재계는 우바새와 우바이가 지켜야 할 계로서 매월 육재일(六齋日: 8·14·15·23·29·30日)에 하루밤낮동안 지켜야 한다.

『숫따니빠따』[15]의 팔재계는 아직 팔계로서 완성된 단계로 보기 어려우며, 자발적이기보다는 서계의 형식으로 말하고 있다. 『증일아함경』에서는 '살생하지 말라[不殺生], 주지 않는 것은 취하지 말라[不與不取], 음행하지 말라[不婬], 거짓말 하지 말라[不妄語], 술을 마시지 말라[不飮酒], 때가 지나면 먹지 말라[不過時食], 높고 넓은 평상에 거처하지 말라[不處高廣之床], 창기(倡伎)를 즐기고 향화(香華)를 몸에 바르는 것을 멀리 여읜다[遠離作倡伎樂香華塗身]'는 등의 팔관재법(八關齋法)으로서 팔재계를 말하고 있다.[16] 팔재계는 오계 가운데 불사음(不邪婬)이 범행(梵行)으로 나타나고 있다. 재가신자는 포살일에 범행을 지키고, 악불선행(惡不善行)을 삼가고, 단식하고, 오락물이나 사치를 멀리하면서 출가자에 준하는 수행을 한다. 『대지도론』에서는 팔재계를 일일계(一日戒)라 하고, 이 계를 지키면 공덕이 무량하고 수지하면 복이 많다고 하였다.[17] 그리고 『앙굿따라니까야』[18]의 팔재계는 조

14 *Aṅguttaranikāya* vol.Ⅲ, 212면.
15 *Suttanipāta* 400-401게송, 70면.
16 『增一阿含經』 38(『大正藏』 2권, 756하)

문의 내용이 보충이 되어 확정된 형태를 보여 주고 있다.

바라제목차(波羅提木叉) : 율은 화합승을 실현하기 위한 상가의 규칙으로 바라제목차(pātimokkha)와 상가의 운영규칙이 있다. 바라제목차는 보통 비구 227계, 비구니 311계를 말하며, 구족계(upasampadā)라고도 한다. 각각의 계율을 학처라 하며, 이 학처를 모은 것이 바라제목차이며, 계본(戒本)·계경(戒經)이라고도 한다.

바라제목차는 상가의 구성원인 비구 비구니가 지켜야 할 생활규범으로 상가를 통제하기 위한 율이기 때문에 강제적으로 지키게 하며 범계(犯戒)했을 때에는 반드시 처벌을 받는다. 벌칙은 위반사항에 따라 무겁고 가벼움의 차이가 있다. 『구사론』에서는 비구 비구니의 구족계 이외에 재가신자의 오계나 팔재계, 사미 사미니의 십계 등도 포함해서 넓은 의미의 바라제목차를 말하고 있다.[19] 비구의 바라제목차는 바라이법·승잔법·부정법·니살기바일제·바일제·바라제제사니법·중학법·멸쟁법 등 8조항으로 구성되어 있다. 비구니는 부정법을 제외한 7조항으로 구성되어 있지만, 여러 부파의 율장에서는 계율의 수가 비구에 비해서 훨씬 많이 나타나고 있다. 바라제목차의 내용을 『빠알리율』을 중심으로 살펴보면 다음과 같다.

첫째, 바라이법은 음(婬)·도(盜)·단살인(斷殺人)·대망어(大妄語)의 4조이며 비구니계는 8조이다. 이 계를 범하면 불공주(不共住)이며 상가로부터 추방되는 처벌을 받는다. 바라이죄는 세간법의 사형과 같아서 다시 상가에 복귀하는 것이 허용되지 않는다. 단 음계의 경우, 비구는 교묘히 유혹을 받으면 수행의 의지가 있는 비구라 할지라도 유혹에 견디지 못하고 범계를 하는 경우가 있으므로 '바라이학회(波羅夷學悔)' 혹은 '여학사미(與學沙彌)'를 통하여 구제를 받아서 상가에 머무는 것이 허용된다. 비구니는 이런 제도가 없으며 음계를 범하면 추방된다. 바라이는 모든 율장이 조문수와 순서에 차이점이 없다. 오계 등과 같은 일반적인 계와는 달리 음계를 제1계로 하고 있다.

둘째, 승잔법은 비구계는 13조, 비구니계는 17조이다. 성욕(姓欲), 중매, 근거없는 비방, 소송, 득도, 해갈마(解羯磨), 사독계(四獨戒), 공양받는 일,

---

17 『大智度論』 13(『大正藏』 25권, 159중)
18 *Aṅguttaranikāya* vol.Ⅳ, 248-249면.
19 『阿毘達磨俱舍論』(『大正藏』 29권, 72중)

대중 분열, 규율 위배, 다른 이의 죄를 숨겨주는 일, 다투고 성내는 일에 관한 규정이다. 바라이 다음으로 무거운 죄이며, 이 계를 범하면 비구로서의 자격이 정지되고 선후배 비구의 예배와 존경을 받을 수 없다. 그러나 의복과 음식물 등의 물품은 다른 비구들과 평등히 분배 받는다. 백사갈마를 통하여 죄가 확정되면 6일간의 마나타를 행하고, 죄를 숨긴 경우는 숨긴 날짜만큼 별주의 행법을 행한다. 여법하게 행법을 마치면 20인의 비구상가에서 출죄갈마를 통해 비구의 자격을 회복한다. 비구니는 양상가(ubhatosaṃgha)에서 각각 15일간 마나타를 행하고, 20인의 비구니상가에서 출죄갈마를 통해 비구니의 자격을 회복한다.

셋째, 부정법은 모든 율장이 2조이며, 비구계에만 있는 조항이다. 비구가 가려지고 드러난 장소에서 여성과 함께 앉아 있는 것을 재가신자가 보고, 그것을 본 목격자가 고함에 따라 바라이·승잔·단타의 죄가 결정되기 때문에 부정이라고 한다.

넷째, 니살기바일제법은 비구계와 비구니계 모두 30조이다. 비구승으로서 금전 등과 같이 소유를 금하는 물건, 혹은 의복·발우·좌구(坐具)·부구(敷具) 등 여분이 있는 물건을 소유하고 있는 자에 대한 처벌 규정이다. 이 경우에는 즉시 소유물을 버리고 참회에 들어가야 한다. 단 여기에서는 상가에 대해 참회를 행할 필요는 없다. 2,3인의 비구 앞에서 참회하는 것만으로 허물을 벗을 수 있다. 버린 물건은 참회가 끝난 뒤 물건의 주인에게 되돌려주는 것이 원칙이다. 단 비구에게 소유를 금하는 금은전보(金銀錢寶)와 같은 물품은 돌려주지 않고 상가가 회수한다.

다섯째, 바일제법은 비구계는 92조, 비구니계는 166조이다. 물건과 관계없는 계목으로 언어·행동·용심(用心)·생활규범 등에 관한 규칙이다. 『십송율』에서는 "바야제라고 하는 것은 이 죄를 소(燒)·자(煮)·복장(覆障)이라 한다. 만약 참회하지 않으면 능히 도를 장애한다"라고 말하고 있다. 이를 범했을 경우는 1인의 비구 앞에서 참회를 하면 용서받을 수 있다.

여섯째, 바라제제사니법은 비구계는 4조, 비구니계는 8조이다. 이것은 받아서는 안 될 음식물에 관한 규정이며, 조문수는 모든 자료에서 일치한다. 여기에서는 잘못 받은 것을 깨달았을 때에는 이미 음식을 먹은 뒤이기 때문에 물건을 내놓지 않고, 1인의 비구 앞에서 고백 참회함으로서 지은 죄를 용서받을 수 있다. 죄의 성격은 바일제보다 한층 가볍다.

일곱째, 중학법은 비구계와 비구니계 모두 75조이다. 일상적인 위의에 관한 것으로 일상생활에서 흔히 범하기 쉬운 실수들을 경계하고 있다. 특히 재가신자의 청식(請食)에 응하기에 앞서 비구들이 염두에 두어야 할 점을 조문화한 것이다. 즉 출발하기 전에 의복을 착용할 때, 길을 갈 때, 음식을 먹을 때, 설법할 때의 순서대로 그때그때 필요한 주의사항을 밝혀 놓은 것이다.[20] 이 중학법의 모든 조문 끝에는 응당학(應當學, sikkhā karaṇiyā)이라는 말을 하고 있는데, 이는 '응당히 배워야 한다'는 명령의 의미일 뿐, 이를 범하는 경우에 부과되는 벌칙은 없다. 다만 마음속으로 '범하지 않겠다'라고 생각하는 것만으로 충분하기 때문에 악작(惡作)이라 한다. 중학법은 각 부파의 율장이 조문수에 커다란 차이를 보이고 있기 때문에 비교대조가 쉽지 않다.

여덟째, 멸쟁법은 상가에 쟁론이 일어났을 경우, 이를 해결하는 방법에 관한 일체의 규정을 말한다. 따라서 비구들을 직접 규제하는 처벌규정과는 다르다. 상가의 규칙을 범한 사람 혹은 그 범칙 여부 및 죄의 경중을 둘러싸고 쟁론이 발생하는 경우 이를 재정(裁定)할 장치가 필요한데, 이것이 멸쟁법이다. 비구계와 비구니계 모두 7조이다.

건도부의 율 : 상가의 운영규칙은 율장 가운데 건도부(犍度部)에 설하고 있다. 이것은 상가의 행사나 의식 등에 관한 규칙으로 상가의 대중이라면 누구나 지키고 참석해야 하기 때문에 작지계(作持戒)라고 한다. 『빠알리율』의 건도부는 대품(Mahāvagga)과 소품(Cullavagga)으로 나뉘고, 다시 대품은 10건도(Khandhaka), 소품은 12건도 등 모두 22건도로 세분하고 있다.

대품의 내용은 ①대건도: 구족계를 받는 법을 설명 ②포살건도: 포살에 관한 설명 ③안거건도: 안거에 관한 설명 ④자자건도: 자자의식에 관한 설명 ⑤피혁건도: 비구의 일상생활에서 피혁과 관련된 일체의 물품에 관한 규정 ⑥약건도: 5종약[熟酥·生酥·油·蜜·糖]의 취득법 및 사용법, 보존기간 등에 관한 규정과 근약(根藥)·기약(枝藥)·엽약(葉藥)·과약(果藥) 등의 일반적인 약품의 용법에 관한 규정, 약품사용법과 질병치료법에 관한 설명 ⑦가치나의(迦絺那衣, Kathina): 가치나의 의식의 시행방법과 받는 법 및 버리는 법에 관한 설명 ⑧의(衣)건도: 의복에 관한 일체의 규정 ⑨짬빠(Campa)건도: 갈마에 관한 규정 ⑩꼬삼비(Kosambī)건도: 꼬삼비에서 일

20 平川彰, 박용길 譯, 『율장의 연구』(서울: 토방, 1995), 505면.

어난 상가의 분열에 대한 설명 등으로 구성되어 있다. 즉 상가를 운영하는 법, 비구니를 지도하는 법, 재가신자로서 봉사하는 방법, 상가가 분열하였을 때의 갈마법 등을 자세히 말하고 있다.

소품의 내용은 ①갈마(羯磨)건도: 갈마의 성격·권리정지·부과대상·해제 절차에 관한 규정 ②별주(別住)건도: 범계를 속죄하는 비구의 행법에 관한 규정 ③집(集)건도: 승잔죄를 범한 경우 등, 모든 경우에 걸쳐 죄를 부과하는 절차에 관한 규정 ④멸쟁(滅諍)건도: 상가에 쟁론이 발생한 경우 이를 해소하는 방법에 관한 규정 ⑤잡사(雜事)건도: 비구들의 일상생활에 필요한 각종 물품의 수수와 비축에 관한 규정 ⑥와좌구(臥坐具)건도: 비구들의 주처에 관한 규정 ⑦파승(破僧)건도: 데바닷따의 파승에 관한 설명 ⑧위의(威儀)건도: 비구들의 일상적인 행의작법에 관한 규정 ⑨차설계(遮說戒)건도: 포살에 관한 규정 ⑩비구니건도: 비구니상가가 출현하게 된 인연과 팔경법의 제정·비구니의 수구족계작법·이 외의 비구니에 관한 모든 규정 ⑪오백인(五百人)건도: 제1결집에 관한 설명 ⑫칠백인(七百人)건도: 제2결집에 관한 설명 등으로 구성되어 있다.

이상의 바라제목차와 상가의 운영규칙에 관한 율은 상가의 구성원인 비구와 비구니들을 질서 있게 통제하여 상가를 안정되게 유지하고 발전시키기 위해서 제정된 규정들이다. 재가신자의 보시에 의해서 운영되고 있는 상가로서는 일반 사회와의 원활한 관계를 유지하고, 원만하게 상가를 운영 발전시키기 위해서 규칙이 필요하였던 것이다. 이 율은 재가신자의 의견을 많이 반영하여 제정되었고, 비구와 비구니에게는 강제적으로 지키게 하였다. 결국 율은 비구 개인에게는 궁극적인 깨달음을 얻게 하고, 상가의 청정과 화합을 유지하고 원만한 상가의 운영을 위해서 제정된 것이다.

십계(十戒) : 사미(沙彌. sāmaṇera)의 십계는 라훌라가 상가에 들어오고 나서 제정되었을 것이다. 라훌라는 최초의 사미로 붓다가 성도 후 고향인 카필라밧투에 방문했을 때 세존을 따라 상가에 들어와 사리불을 화상으로 사미가 되었다. 『빠알리율』에서는 15세 이상이 정규사미이고, 15세 이하는 구오사미(驅烏沙彌)라 부르고 있다. 최초의 사미인 라훌라는 『빠알리율』에 의하면 삼귀의에 의해 출가를 허락 받았다.[21] 10계는 교단이 성립하고 나서

21 *Vinayapiṭaka* vol. Ⅰ, 82면.

구족계가 먼저 성립하고 난 후에 성립한 것으로 보인다. 어느 때 아난이 부모를 잃은 2명의 아이를 정사로 데리고 와 구오사미로 출가시켰다. 붓다는 한 비구가 2인의 사미를 길러서는 안 된다고 말하고, 거듭 그 후에 사미가 지켜야 할 십계가 있다고 하였다. 사미가 될 사람은 먼저 삼귀오계를 받고 나서 사미계의 작법을 통해서 십계를 받는다. 이것은 사미가 될 사람은 그 전에 우바새가 되어 있어야 하기 때문이다. 사미 10계는 "①불살생 ②불투도 ③불음 ④불망어 ⑤불음주 ⑥화만을 쓰지 않고 향을 몸에 바르지 않는다 ⑦가무창기(歌舞唱伎)를 하지 않고 또한 가서 보거나 듣지 않는다 ⑧높고 넓고 큰 평상에 앉지 않는다 ⑨비시식을 하지 않는다 ⑩생상금은보물(生像金銀寶物)을 가지지 않는다"[22]라고 하는 것이다. 살·도·음·망·음주의 오계는 재가자의 오계와 같은 순서이고, 다만 불사음(不邪婬)이 불음계(不婬戒)로 바뀌어져 있다. 이 순서는 모든 율이 동일하지만, 제6계 이하는 율장에 따라 순서가 다르다. 사미는 비구상가에 속하고 사미니는 비구니상가에 속하기 때문에 비구정사와 비구니정사에 거주하며 그들의 지도를 받는다.

팔경법(八敬法) : 비구니의 팔경법은 마하파자파티가 출가를 하여 구족계를 원하고 아난의 청에 의해서 제정되었다. 붓다가 성도 후 카필라성을 방문하였을 때 마하파자파티는 출가구족계를 원하였다. 그러나 붓다는 이를 허락하지 않았고, 마하파자파티는 많은 석종녀와 함께 머리를 깎고 가사를 걸치고 베살리까지 붓다를 따라 와서 구족계를 줄 것을 간청하였다. 붓다가 허락하지 않자 아난이 여러 차례 간청을 하여 출가를 허락받았다. 그 후 붓다는 앞으로의 비구 비구니와의 관계를 우려하여 팔경법(八敬法)을 제정하여 구족계로 하였다. 팔경법은 팔존경법(八尊敬法)·팔불가과법(八不可過法)·팔불가월법(八不可越法)·팔존법(八尊法)이라고 번역하고 있다. 팔경법의 내용은 다음과 같다.

1. 비구니는 구족계를 받은 지 100세가 되어도 본일 구족계를 받은 비구에게 경례(敬禮)·기영(起迎)·합장·공경을 해야 한다. 이 법을 존경하고 존중하고 찬탄하고 봉사하되 몸과 목숨이 다하도록 범해서는 안 된다.
2. 비구니는 비구가 없는 주처(住處)에서 우기(雨期)를 지내서는 안 된다.

22 *Vinayapiṭaka* vol. Ⅰ, 83-84면.

이 법을 존경하고 존중하고 찬탄하고 봉사하되 몸과 목숨이 다하도록 범해서는 안 된다.

3. 비구니는 보름마다 비구상가에게 두 가지 법을 청해야 하나니, 포살을 묻는 것과 교계(敎誡)에 가는 것이다. 이 법을 존경하고 존중하고 찬탄하고 봉사하되 몸과 목숨이 다하도록 범해서는 안 된다.
4. 비구니는 우안거가 끝나면 양(兩)상가에 있어서 견(見)·문(聞)·의(疑)의 세 가지 일에 있어서 자자를 행해야 한다. 이 법을 존경하고 존중하고 찬탄하고 봉사하되 몸과 목숨이 다하도록 범해서는 안 된다.
5. 비구니가 중법(重法)을 범하면 양상가에서 보름 동안 마나타(mānatta)를 행해야 한다. 이 법을 존경하고 존중하고 찬탄하고 봉사하되 몸과 목숨이 다하도록 범해서는 안 된다.
6. 정학녀가 2년 6법에 학계(學戒)하고 나면 양상가에서 구족계를 구해야 한다. 이 법을 존경하고 존중하고 찬탄하고 봉사하되 몸과 목숨이 다하도록 범해서는 안 된다.
7. 비구니는 어떠한 수단에 의해서도 비구를 악구(惡구)하거나 가책(呵責)해서는 안 된다. 이 법을 존경하고 존중하고 찬탄하고 봉사하되 몸과 목숨이 다하도록 범해서는 안 된다.
8. 금일부터 비구니의 비구에 대한 언로(言路)는 폐쇄되고, 비구의 비구니에 대한 언로는 폐쇄되지 않는다. 이 법을 존경하고 존중하고 찬탄하고 봉사하되 몸과 목숨이 다하도록 범해서는 안 된다.[23]

이 팔경법은 각 부파의 율장이 순서상에 약간 차이가 있다. 제1조의 내용은 비구상가와 비구니상가의 서열을 규정한 것으로 많은 논란을 일으키는 대목이다. 제2조 비구가 없는 주처에서 우안거를 지내지 못하게 한 것은 비구의 지도를 받을 수 없기 때문이다. 비구니는 비구의 교계를 청하는 등의 의무가 있기 때문에 비구가 없는 주처를 선택해서 안거를 하는 것은 적절치 않다. 제3조의 경우는 비구니는 포살을 할 경우 비구상가에 가서 보고하고, 아울러 교계를 구해야 하기 때문이다. 여기서 교계란 팔경법을 받는 것이라고 『십송율』에서는 말하고 있다. 제4조의 경우 비구니들은 비구니상가에서 자자를 행한 후에 다시 비구상가에 가서 비구들로부터 자자를 받아

23 *Vinayapiṭaka* vol.Ⅱ, 255면.

야 한다. 제5조는 『빠알리율』에서는 경법(敬法)을 범하면 2부 상가에서 보름동안 마나타를 행해야 된다고 하는데, 다른 율장은 모두 승잔법을 범하면 양상가에서 보름 동안 마나타를 행해야 하는 것으로 나타나고 있다. 이 조항은 비구의 경우는 비구상가에서만 6야(夜)마나타를 행하게 되어 있다. 제6조는 비구니는 비구니상가에서 구족계를 받은 후 다시 비구상가에서 구족계를 받아야 한다. 제7조의 내용은 모든 율장이 약간의 차이가 있다. 제8조의 내용에 있어서는 『사분율』이 비구니는 비구의 죄를 지적해서는 안 된다. 그러나 비구는 비구니의 죄를 지적해도 된다고 말하고 있다.

이 팔경법은 후일에 붓다에 의해 제정된 것인지 어떤지에 대해 많은 논란을 일으킨다. 그 계율의 내용을 살펴보면 상당히 정비되어 있고, 비구니상가가 성립하고 나서 통합 정리되었다는 느낌이 들기 때문이다. 비구니를 출가시킬 당시에 이런 규칙이 모두 만들어져 있었다고 보기는 힘들다는 것이다. 히라까와 아끼라는 여러 가지의 이유를 들어 팔경법이 나중에 통합 정리되었다고 한다. 그러나 여러 부파 율장의 팔경법의 내용이 비슷한 것으로 보아 원시불교교단에서 성립되었다고 보고 있다.

육법계(六法戒) : 십계를 받은 사미니는 18세가 되면 정학녀(正學女, sīkkhamānā)가 되어 2년간 육법계를 배우고 지켜야 한다. 그리고 20세가 되면 구족계를 받아 상가의 정식 구성원인 비구니가 된다. 『십송율』에서는 육법계를 배우는 목적이 임신의 유무를 알기 위해서라고 말하고 있다.[24] 여성은 20세 이상이 되면 비구니가 될 수 있기 때문에 20세 이상의 여성에게 사미니계를 주고, 이어서 즉시 비구니계를 주어 비구니가 되게 할 수 있다. 그러나 이러한 방법으로는 만약 그녀가 속가에 있을 때 임신을 했다고 한다면 비구니가 되어서 출산하는 문제가 일어난다. 이 때문에 비구니가 되기 전에 2년 동안 견습기간을 제정해 두고, 이 난점을 파하려고 한 것이다. 이것이 정학녀를 설정한 목적인 것이다.[25] 이런 점을 『십송율』은 명확하게 말하고 있는데, 다른 율장에서는 언급되지 않고 있다. 따라서 정학녀는 금욕을 지켜야 하는 것이 무엇보다도 중요시되고 있다. 『빠알리율』에서는 육법계의 내용을 "리살생(離殺生)·리불여취(離不與取)·비범행(非梵行)을 멀

24 『十誦律』 45(『大正藏』 23권, 326중)
25 平川彰, 석혜능 譯, 『원시불교의 연구』(서울: 민족사, 2003), 527면.

리함·리망어(離妄語)·리음주(離飮酒)·리비시식(離非時食)을 2년 동안 범하지 않아야 한다"라고 말하고 있다.[26] 이것은 재가신자의 오계 가운데 불사음을 범행(梵行)으로 바꾸고, 이것에 비시식계(非時食戒)를 더한 것이다. 이 육법계를 범한 경우의 처벌은 다양하게 나타난다. 『사분율』에 의하면, 범행(梵行)을 범한 경우는 비구니와 마찬가지로 멸빈된다. 그러나 염오심(染汚心)을 가진 남자에게 접촉한 경우는 결계(缺戒)이고, 다시 계를 주어야 한다고 말하고 있다. 마찬가지로 5전(錢)을 훔치면 멸빈, 4전 이하이면 결계로 하고 재차 계를 준다. 살인·대망어의 경우도 이와 마찬가지이다. 다만 비시식과 음주를 범하면 계를 잃기 때문에 재차 계를 주어야 한다고 말하고 있다.[27] 결계의 처벌은 다른 계에는 없는 것으로 육법계에만 나타나고 있다.

대승경전의 계 : 대승불교는 재가자들에 의해 일어난 새로운 불교운동으로 보리심을 일으키고 육바라밀을 수행하면 누구라도 보살이 될 수 있다는 보살의 가르침이다. 이로부터 '실유불성(悉有佛性)'이라는 사상도 생기게 된 것이다. 그리고 대승경전에서는 계에 대해 반드시 언급하고 있다. 그것은 대승불교의 보살의 실천도가 육바라밀행이며, 그 중에 계바라밀이 포함되어 있기 때문이다.

초기대승불교의 경전에서는 계바라밀로서 십선계(十善戒)가 나타나고 있다. 『대품반야경』에서는 "보살마하살은 마땅히 살바야(薩婆若)의 마음으로써 스스로 십선도(十善道)를 행하며 또한 다른 이로 하여금 십선도를 행하게 하여야 한다. 무소득(無所得)이기 때문에 이를 보살마하살의 시라바라밀이라 이름한다"[28]라고 하여 십선도가 계바라밀임을 밝히고 있다. 십선은 십선업도(十善業道)로서 아함경에서도 설해진 것이지만, 대승경전에서는 이것이 '자리이타(自利利他)'의 입장에서 설해져 매우 중요시되었다. 예를 들어보면, 그 첫째가 '불살생계(不殺生戒)'인데 "스스로 살생하지 않을 뿐만 아니라 남으로 하여금 살생하지 않게 하며, 나아가 생명의 위험에 처한 자에게는 그 생명을 구제한다"는 따위로 표현되고 있다. 이 점에서 아함경과는 다른 대승불교의 독자적인 계율정신을 보이고 있다. 또 십선계의 셋째가 '불사음계(不邪婬戒)'인데, '불사음'은 남녀의 잘못된 관계를 금지

---

26 *Vinayapiṭaka* vol.Ⅳ, 319면.

27 『四分律』 27(『大正藏』 22권, 756하)

28 『大品般若經』 5(『大正藏』 8권, 250상)

하는 의미이기 때문에 재가자의 계율이다. 따라서 십선계도 본래는 재가자의 계율이다.[29]

또 『화엄경』의 '십지품' 중 제2지인 이구지(離垢地)에서도 보살의 계율을 말하고 있는데, 십선도로 계를 나타내고 있다. 『십지경』에서는 "오직 모든 불자 보살은 이 이구지에 머물 때, 자성으로서 십선업도를 성취한다"[30]고 하여 보살이 가져야 할 계가 십선도라는 것을 밝히고 있다. 여기에서는 각 덕목을 비단 스스로 실천하는 것만이 아니라 남에게도 가르쳐 수행하게 하고, 다시 그것을 널리 중생에게 미치도록 하는 입장을 보이고 있다. 화엄경전은 십선업도를 계로 지니는 점에서는 『반야경』과 공통이지만, 출가보살이 더 명료한 모습으로 존재하고 더욱이 재가보살도 역시 출가를 지향해야 한다는 점이 설해져 있다는 점에서 반야경전과 다른 성격을 보이고 있다. 보살의 계바라밀은 십선계인데, 이것을 '불사음(不邪婬)'의 입장에서 지키면 재가보살이 되고, '불음(不婬)'의 입장에서 지키면 출가보살이 되는 것이다. 초기의 대승경전에서는 재가보살이 지니는 십선계가 그 주류를 이루고 있다.

『화엄경』에서는 "십선도를 행하면 인처(人處) 혹은 유정(有頂)에 태어난다. 또 이 십선도를 지혜와 화합하여 수행함에 있어서, 혹은 마음이 열등하고 미약하여 작은 공덕을 원하고 삼계를 염외(厭畏)하고 대비심이 엷고 다른 이로부터 법을 듣는다면 성문승에 이른다"라고 말하고 있다. 이것은 십선도를 행하는 것뿐이라면 그것은 도덕과 같고, 내세에 인간이나 천계의 업보만이 있다. 그러나 깨달음의 지혜를 가지고 십선을 닦으면 불교의 과보를 얻을 수 있을 것이다. 그러나 수행의 마음이 열등하고 미약하거나 작은 공덕을 원하는 경우에는 성문승에 빠진다는 것이다. 그러나 '십선도를 행함에 있어서, 다른 이로부터 듣지 않고 자연스럽게 앎을 얻지만, 대비방편을 구족하지 않는' 등의 경우에는 벽지불승에 빠진다. 그러나 '만약 이 십선도를 행하는 데에 청정을 구족하고 그 마음이 광대무량무변하여 중생 속에 있으면서 대자비심을 일으키고, 방편력이 있고 지원견고(志願堅固)하여 운운(云云)'[31]의 경우에는 능히 불과를 얻을 수 있다고 말하고 있다. 이와 같이 십선을 수행하는 경우는 지원견고하고 대자비심이 있고 방편력이 있

29 平川彰 外, 정승석 譯, 『대승불교개설』(서울: 김영사, 1999), 48-49면.
30 『十地經』(『大正藏』 10권, 542중-하)
31 『大方廣佛華嚴經』 24(『大正藏』 9권, 549상)

고 대원을 일으키고 일체중생을 버리지 않는 경우에는 십선이 보살의 수행이 된다는 것이다.[32]

중기대승불교의 『열반경』에서는 십선계를 설하지만 "만일 보살계를 지키면 이 사람은 아뇩다라삼먁삼보리를 얻는다고 알아야 한다"[33]라고 하여 보살계를 지키는 것이 정법의 실현과 직결됨을 강조하고 있다. 이 시기의 경전에서는 십선계가 삼취정계(三聚淨戒)라는 새로운 대승보살계사상으로 나타난다. 즉 『해심밀경』에서는 보살행으로서의 육바라밀을 각각 세 종류로 구분하였는데, 전사불선계(轉捨不善戒)·전생선계(轉生善戒)·전생요익유정계(轉生饒益有情戒)라는 삼종계(三種戒)를 설하고 있다.[34] 이것을 『유가론』의 보살지에서는 섭율의계(攝律儀戒)·섭선법계(攝善法戒)·섭요익유정계(攝饒益有情戒)의 삼취정계로 구체화하여 체계적으로 보살계 속에 정착시키고 있다. 율의계는 모든 보살이 지켜야 할 칠중(七衆)의 별해탈율의(別解脫律儀)로 비구계·비구니계·정학계·사미계 사미니계·우바새계·우바이계를 말하며, 섭선법계는 율의계를 받은 후에 소유한 일체를 대보리를 위해 몸과 입과 마음으로 모든 선을 쌓는 것이며, 요익유정계는 중생을 교화하고 중생의 이익을 위해 힘을 다하는 것인데, 이 계의 내용은 십선계와 같이 일상적인 실천덕목들로 하고 있다.[35] 이 삼취정계 가운데 요익유정계는 대승계사상의 핵심이라 할 수 있다. 삼취정계의 특징은 지계에만 끝나는 것이 아니라 발보리심에 깊이 연결되어 있으며, 중생제도를 의도하고 있다. 중기대승불교는 성문계를 율의계로 받아들여 출가보살의 삼취정계가 주류를 이루고 있다.

이 밖에 『보살영락본업경』에서도 삼취정계를 설하고 있는데, "섭선법계는 소위 8만4천의 법문이며, 섭중생계는 자비희사(慈悲喜捨)의 다른 모습이니 일체중생은 모두 안락을 얻는다. 섭율의계는 소위 10바라이이다"[36]라고 하였으며, 또 계의 3연(緣)을 밝히고 있는데, 그 내용은 자성계(自性戒)·수선법계(受善法戒)·이익중생계(利益衆生戒)의 삼취정계를 말하고 있다.[37]

---

32 平川彰, 석혜능 譯, 『원시불교의 연구』(서울: 민족사, 2003), 180면.
33 『大般涅槃經』(『大正藏』 12권, 529중)
34 『解深密經』(『大正藏』 16권, 705하)
35 『瑜伽師地論』(『大正藏』 30권, 511상)
36 『菩薩瓔珞本業經』(『大正藏』 24권, 1020중-하)
37 『菩薩瓔珞本業經』(『大正藏』 24권, 1019중)

여기에서 10바라이는 불살생(不殺生), 불투도(不偸盜), 불음(不婬), 불망어(不妄語), 불설죄과(不說罪過), 불고주(不沽酒), 불자찬훼타(不自贊毁他), 불간(不慳), 부진(不瞋), 불방삼보(不謗三寶)를 말하며, 이는『범망경』의 십중사십팔경계(十重四十八輕戒) 가운데 십중의 내용과 동일하다. 이 두 경전은 보살계 사상에서 서로 밀접한 관계에 있으며, 두 경전을 종합하여 삼취정계의 이념과 그 구체적 계율인 십중사십팔경이 갖추어진 것이다.

밀교의 계 : 밀교에서는 재가보살의 오계·십선계와 출가보살의 삼매야계를 말하고 있다.『대일경』에서는 ①불탈생명계(不奪生命戒) ②불여취계(不與取戒) ③불허망어계(不虛妄語戒) ④불욕사행계(不欲邪行戒) ⑤불사견계(不邪見戒) 등의 오계구(五戒句)를 말하고 있다.[38] 여기에서는 불음주계를 빼고, 불사견계를 더하여 일체에 대한 올바른 견해를 강조하고 있다. 십선계는 ①불탈생명계 ②불여취계 ③불사음계(不邪婬戒) ④불망어계(不妄語戒) ⑤불추악매계(不麤惡罵戒) ⑥불양설어계(不兩舌語戒) ⑦불기어계(不綺語戒) ⑧불탐계(不貪戒) ⑨불진계(不瞋戒) ⑩사리사견(捨離邪見) 등이다.[39] 십선계는 정보리심에 기반한 지(智)의 방편에 의하여 일체법 평등의 입장에서 실천하는 것이고, 십선계에 의하여 십악(十惡)을 범하지 않을 뿐만 아니라 적극적으로 보살의 이타행으로서 십선(十善)을 실천한다고 하는 것이다. 십선계는 삼매야계에 이르기 위한 중간과정의 계이다. 삼매야계는 보리심계(菩提心戒) 또는 사중금계(四重禁戒)라고 한다. 삼매야계는 ①제법을 훼방하는 것[謗諸法] ②보리심을 버려 여의는 것[捨離菩提心] ③아끼는 것[慳悋] ④중생에게 해를 주는 것[惱害衆生] 등을 범하지 않는 것이다.[40]『대일경소』에서는 삼매야계가 비밀장(秘密藏) 가운데 4바라이라고 밝히고 있다.[41] 이것을 범하면 보살의 생명을 끊는 것이 되어 목이 잘리는 것과 같다고 하였다. 밀교계는 궁극적으로 보리심을 발하는 것이다. 즉 중생과 부처가 평등하다는 신념에 머물러 모든 중생을 구제하고자 하는 대서원을 발하는 것을 계로 하고 있다.[42]

38『大日經』6(『大正藏』18권, 40상)
39『大日經』6(『大正藏』18권, 39상-하)
40『大日經』6(『大正藏』18권, 40상)
41『大日經疏』9(『大正藏』39권, 671상)
42 김영덕,「밀교계사상의 현대적 조명」,『한국불교학』제45집, 한국불교학회, 2006, 113면.

2. 중국불교의 계율

중국에서는 계와 율을 구분하지 않고 계율을 혼용하여 사용하였다. 계율은 경전을 번역하는 과정에서 만들어진 용어이다. 계율이 의미하는 말은 시라의 의미보다는 상가의 규칙, 즉 바라제목차를 일컫는 말로 사용되었다. 이 말은 한국과 일본불교에도 영향을 주어 널리 사용되었다. 『범망경』이 번역되어 유통된 후에는 성문계보다는 범망계가 중국불교에서 우위를 차지하였고, 연구가 활발히 진행되었다. 『고승전』에서는 담가가라(曇柯迦羅)가 낙양에서 『승기계심(僧祇戒心)』을 번역하고, 이에 의거해 갈마법을 세워서 수계를 행한 것이 중국불교 계율의 시작이며, 수계의 시초가 되었다고 한다.[43]

혜원(慧遠, 334-416) : 여산에서 백련사(白蓮社)를 결성하여 중국 정토교의 개척자로서의 역할을 한 혜원도 계율을 매우 중시하였다. 혜원 자신뿐만 아니라 여산에 사는 대중들은 모두 계율을 잘 지녀 매우 도덕적이었다고 한다. 환현(桓玄)이 승단을 가려내기 위해 명령을 내리는 과정의 내용을 보면, "사문 가운데 능히 경전의 가르침을 펴고 진술할 수 있고 의리를 유창하게 설법할 수 있거나 혹 금행을 반듯하게 닦아 큰 교화를 베푸는데 기여할 수 있는 사람을 제외하고 이에 어긋나는 스님들은 모두 스님 생활을 그만두게 하여 돌려보내라. 오직 여산만은 도덕이 자리잡은 곳이니, 이번의 수사하고 가려내는 예에서 제외된다"[44]라고 하며 여산을 제외시키고 있는 모습을 볼 수 있다. 또한 혜원은 환현이 사문들을 왕권하에 예속시키기 위하여 사문이 왕자(王者)에 대하여 예배해야 한다고 함에 『사문불경왕자론』을 지어서 재가법과 출가법의 차이를 밝혀서 사문은 왕자에게 예배를 할 필요가 없다고 주장하였다.[45] 이것은 중국전통의 예교질서(禮教秩序)와 외래불교 계율이 서로 충돌하는 모습이다.[46]

그리고 광율이 5세기 초에 전래되어 번역되기 시작하였다. 『십송율』을 시작으로 『사분율』·『마하승기율』·『오분율』·『근본설일체유부율』이 번역됨

43 『高僧傳』 1(『大正藏』 50권, 325상)
44 『高僧傳』 6(『大正藏』 50권, 360중)
45 『高僧傳』 6(『大正藏』 50권, 360중-하)
46 鎌田茂雄, 정순일 譯, 『중국불교사』(서울: 경서원, 1996), 81면.

으로써 중국불교는 오부율(五部律)을 갖추었고, 율에 대한 연구가 크게 성행하였다. 이 가운데 『십송율』이 먼저 성행하여 유통되었고, 이어 『사분율』이 성행하여 중국불교의 교단에 가장 많은 영향을 끼쳤다. 6세기경부터는 『사분율』이 크게 연구 유통되었고, 당대에 이르러서는 도선(道宣, 596-667)·법려(法礪, 569-635)·회소(懷素, 624-697)의 3인이 배출되어 사분율종의 기초를 확립하게 된다. 『사분율』은 율종이 개종되면서 소의경전이 되었고, 많은 율사들을 배출하여 주석서를 남겼다. 율종에서 도선(道宣, 596-667)이 가장 대표적인 인물인데, 그는 율종의 교리를 확립하고 남산율종(南山律宗)을 열었다. 이 밖에 법려는 상부종(相部宗)을, 회소는 동탑종(東塔宗)을 열어 율종은 삼종(三宗)으로 분파되었다. 분파의 원인은 계체에 관한 이론의 차이 때문이라고 한다. 그 중에 도선이 이끄는 남산율종이 크게 번성하였다.

도선(道宣, 596-667) : 남산율종의 도선은 계를 지지계(止持戒)와 작지계(作持戒)로 구분하고 그 교리를 계법(戒法)·계체(戒體)·계행(戒行)·계상(戒相)의 사문(四門)으로 나누고 있다.[47] 계법이란 부처님이 제정한 계율로 불살생·불투도·불음행·불망어·불음주 등을 말하고, 계체는 계법을 받은 후 신심(身心)에서 계의 본체를 발휘하는 것으로 모든 행을 발생시키는 근본, 즉 비(非)와 악(惡)을 막는 근본적인 역할을 체라고 한다. 예를 들면 불음계를 받으면 뒤에 술을 마시는 것을 억제하기 때문에 이것을 계체라고 한다. 계행은 계를 보존하고 실천하는 것으로 계를 받은 사람이 계법의 조목에 따라 널리 방편을 닦으면서 삼업을 수행하는 것이다. 계상은 계의 내용과 차별로 5계·10계·250계 등의 조문의 상(相)을 말한다.

중국의 남쪽지방에서는 대승계인 보살계가 유행하였다. 『보살영락본업경』 『범망경』 『보살지지경』 『보살선계경』 등이 번역되어 유통된 것이다. 이 가운데 『범망경』은 중국에서 찬술된 위경이라는 주장이 있다. 삼취정계가 설해져 있는 『보살지지경』은 『범망경』과 함께 중국에서 중요시되어 널리 유행하고 연구되었다. 『범망경』은 주석서로 양나라 혜교(慧皎, 497-554)의 『범망경소』, 지의(智顗, 538-597)의 『보살계의소』 2권, 법장(法藏, 643-712)의 『범망경보살계본소』 6권, 지주(智周, 668-723)의 『범망경의기소』

47 도선, 『四分律刪繁補闕行事鈔』 중1(『大正藏』40권, 50상-중)

등이 있다. 『범망경소』는 현존하지 않으므로 『보살계의소』가 현존하는 주석서로는 가장 오래된 것이다.

『범망경』의 원제목은 『범망경노사나불설보살심지계품제십』이며, 그 내용은 『보살지지경』과 비슷하며, 중국의 계율사상에 끼친 영향은 매우 크다. 이 경의 상권에는 노사나불에 대한 설명과 십발취심(十發趣心)·십장양심(十長養心)·십금강심(十金剛心)·십지(十地)의 보살 수도의 사십위(四十位)에 대한 설명이 있고, 하권에는 십무진장계품(十無盡藏戒品)을 설하겠다고 하여 10바라이와 48경구죄를 설하고 있다. 비록 바라이라는 말이 사용되고는 있지만, 율은 아니다. 10바라이란 바라이죄 10조를 나열한 것이다. 바라이란 율장에서는 교단에서의 추방의 죄를 의미하지만, 『범망경』에서는 "십중계를 범한 사실이 있으면 가르쳐서 참회하도록 해야 한다"라고 하며 바라이는 지옥에 떨어지는 죄로 바뀌어 있다.

십중(十重)은 ①고의로 모든 생명있는 것을 죽이는 것을 금한다[快意殺生戒] ②남의 것을 훔치는 것을 금한다[劫盜人物戒] ③자비심 없이 음욕을 행하는 것을 금한다[無慈行欲戒] ④고의로 망어를 하는 것을 금한다[故心妄語戒] ⑤술을 사고 파는 것을 금한다[沽酒生罪戒] ⑥타인의 허물을 말하는 것을 금한다[談他過失戒] ⑦자신을 칭찬하고 남을 비방하는 것을 금한다[自讚毁他戒] ⑧욕심을 내어 구하는 사람에게 수치심을 주는 것을 금한다[慳生毁辱戒] ⑨성을 낸 사람의 사죄를 받지 않는 것을 금한다[瞋不受謝戒] ⑩삼보를 비방하는 것을 금한다[毁謗三寶戒]를 말한다.

사십팔경계(四十八輕戒)는 스승 혹은 덕 있는 사람을 공경하지 않음을 금한다[不敬師長戒]·술 마시는 것을 금한다[飮酒戒]·육식하는 것을 금한다[食肉戒]·다섯 가지 매운 것을 먹는 것을 금한다[食五辛戒]·계를 범한 사람을 가르쳐서 참회시키지 않는 것을 금한다[不擧敎懺戒] 등 48가지의 계를 금하고 있는데, 식육과 식오신(食五辛)의 금지, 방생의 권유, 명리사욕(名利私辱)의 금지, 추선공양(追善供養), 일상행의(日常行儀)의 규정 등은 후세에 많은 영향을 끼쳤다. 『범망경』의 계는 범망계로 불리는데, 그 특성은 재가와 출가를 불문하고 수용하고 있다는 점에 있으며, 자기의 불성을 개발하는 것을 목적으로 하는 불성계라는 것에 있다. 즉 부모(父母)·사승(師僧)·삼보(三寶) 등에 대한 효순을 권장하는 것, 자비를 강조하여 "중생이 불계(佛戒)를 받으면 곧 제불의 위에 들어간다"고 설하고, 불자의 자각에 입각하여 보살도를 실천하는 것을 기초로 하는 계이다. 또한 붓다의 자비의 극치를 보여주고 있다. 즉 대승계의 진면목인 섭율의계·섭선법계·섭요익중생계 등 삼취정계의 본의(本義)를 구비하고 있으며, 적극적인 작선(作善)을 강조하고 타인을 교화 인도하는 대방편의 진의를 함축하고 있다는 점이다. 그리고 "효를 이름하여 계라고 한다"고 설하는 등 중국적인 색채를 너무 강하게 띠고 있다는 것이다.[48]

지의(智顗, 538-597) : 천태종의 지의(智顗)는 스스로 계율을 철저히 지켰고, 제자들에게도 계를 잘 지키도록 지도하였다고 한다. 지의는 임종 직전에 제자들에게 "계란 마음의 말을 제어하기 위한 것이다. 비록 5부의 율을 수지한다고 해도 관심(觀心)을 하지 않으면 마음의 말은 끝내 조복되지 않는다"[49]라고 하였다. 천태에게 있어 계행은 도를 얻기 위한 필수조건이다. 하지만 청정한 계를 지키고 관심을 하지 않는다면 궁극적인 깨달음을 얻을 수 없음을 말하고 있다. 또한 삼매가 일어나기 위해서는 반드시 계행이 청정해야 하지만 방심하여 계를 범하였을 경우 진정으로 참회를 하면 계품이 청정해져서 삼매가 일어날 수 있다고 하였다.[50] 그리고 『마하지관』에서는 파계를 하면 전생의 업을 촉발시켜 병이 난다고 하여 경계시키고 있다.[51]

지의는 계를 권계(權戒)와 실계(實戒)로 구분하고 있다. 『법화현의』에서는 5계와 8계·10계·구족계 등의 성문계와 『유가사지론』 『보살선계경』 등에서 말하는 보살계를 모두 삼승에 공통하는 권계라 하고, 범망보살계를 계외(界外)의 보살이 설한 실계라 말하고 있다. 이 실계는 또한 상대적이어서 삼승의 권교를 열어 일승의 실교로 귀입(歸入)할 때 모든 계율이 그대로 절대묘계(絕待妙戒)가 된다. 『마하지관』에서는 구체적인 형식에 의한 사계(事戒)와 계상에 머물지 않고 공·가·중 등 세 가지 관에 안주하는 이계(理戒)로 나누고, 전자는 천·인·아수라 등 삼취(三趣)의 과보를 얻는다고 하고, 후자는 삼승 및 사교(四教)의 보살에 배대된다고 하였다.[52] 이와 같이 천태종에서는 일체계를 절대원돈의 묘계(妙戒)라고 말하고 있다.

지의는 제자들을 지도하기 위하여 10조목의 입제법(立制法)을 제정하였

48 불교신문사 編, 『불교경전의 이해』(서울: 불교시대사, 1997), 454-455면.
49 『觀心論』(『大正藏』 46권, 585중)
50 『次第禪門』 2(『大正藏』 46권, 485상)
51 『摩訶止觀』 8상(『大正藏』 46권, 107하)
52 『摩訶止觀』 4상(『大正藏』 46권, 39상)

다. 입제법은 십중계(十重戒)를 제외하고 처벌규정이 없는 사십팔경계(四十八輕戒) 가운데 특히 수행생활과 관계된 것을 골라 새롭게 계목을 정하고 있다. 여기에는『사분율』의 규정도 포함하고 있다. 처벌규정은 상가에서 내보내는 것, 유나직을 한번 맡는 것, 10번의 예불과 대중에게 참회, 3번의 예불과 대중에게 참회, 30배와 대중에게 참회하는 다섯 가지 방법이 있다. 재가불자에게 계를 줄때는『범망경』에 의지하여 십중사십팔경계를 주었다고 한다.[53]

법장(法藏, 643-712) : 화엄종의 법장은『범망경보살계본소』에서 모든 경전을 화교(化敎)와 제교(制敎)로 구분하였다.[54] 화교는 일체 중생을 교화하기 위한 대소승의 모든 경전의 교법을 말하며, 불(佛)·보살(菩薩)·제자(弟子)·신선(神仙)·변화인(變化人) 등 5종인이 설할 수 있다고 하였다. 제교는 신·구·의 삼업으로 짓는 악업을 제지하고 실천 수행함으로 깨달음에 이르게 하는 율법을 말하며, 부처님만이 설할 수 있다고 하였다. 또『화엄경』과『범망경』을 일체시하지 않고 양자의 구별을 명확히 하였다. 이는 법장이 화엄교의 우월성을 강조하는 입장이었음을 보여주는 것이다. 법장은『범망경』이 제교에 속하는 것으로 보았다.『범망경』의 보살계는 보살만을 위한 것이 아니라 5종성 모두가 실천 가능한 것으로 보았으며, 계율의 조목 주석에서도 유가계를 실교(實敎)가 아닌 권교(權敎)로 보고 거의 인용을 하지 않았다. 결국 법장이 범망보살계를 보는 관점은 화엄교를 절대시하는 바탕 위에 서 있는 것이다. 그리고 일체보살이 보살계를 구족하면 신(信)과 행(行)을 이루고 십주(十住) 등의 보살위에 오른다고 하였다. 또한『대지도론』의 글을 인용하여 삼취정계를 정의하였는데, "첫째 율의(律儀)는 허물을 여의고 끊는 덕으로 법신을 나타내고, 둘째 섭선(攝善)은 만행의 선을 닦음으로써 지혜의 덕인 보신을 이루며, 셋째 섭중생계(攝衆生戒)는 중생에게 은혜의 덕을 베풀어 화신을 이룬다"라고 말하여 삼취정계를 삼신(三身)에 배대하여 해석을 하고 있다.

선종은 8-9세기에 걸쳐 교단의 세력이 커지고 발전해 왔기 때문에 독자적으로 교단생활을 유지할 규범이 필요하였다. 그래서 청규를 제정하여 종

---

53 최기표,「초기 천태교단의 계와 율」,『한국불교학』제45집, 한국불교학회, 2006, 107-114면.

54『梵網經菩薩戒本疏』(『大正藏』40권, 603중)

래의 계율에 의한 수행보다는 청규에 의해서 교단을 운영하고 수행생활을 하였다. 청규는 율장의 건도부에 해당한다고 볼 수 있는데, 시대적인 요청에 부응한 율장의 형태로서 선림의 규범을 규정한 것이다. 선종은 수행승들의 집단적인 수도생활의 규범과 주체적인 교단의 조직 및 운영 등을 위해 체계적으로 성문화한 백장청규의 등장과 함께 안으로는 기반을 정비시키고 정착시켰다.

또한 선종은 백장 회해(百丈懷海, 749-814)에 의해서 처음으로 선종교단으로서 독립되었다. 백장은 그 당시 선종의 수행이 전통적인 계율로는 적합하지 않다고 생각하고 대소승의 계율을 절충하여 그 정신을 살리고 현실생활에 적합한 규범을 제정하여 수행에 힘쓰도록 하였다. 그리고 청규의 독자성은 생산노동을 규정하고 있다는 점에 있다. 인도불교에서는 생산 활동을 율로서 금지하고 있으나 백장은 노동도 또한 수행으로서의 좌선과 동일시하여 수행의 중요한 덕목으로 삼았다. 교단의 경제적인 자급자족의 수행생활은 불교가 중국사회에서 잘 적응한 예로 중국불교의 일대혁신을 일으켰다.

3. 한국불교의 계율

1) 삼국시대

삼국시대 가운데 불교가 제일 먼저 공인된 나라는 고구려이다. 고구려에 불교가 전래된 것은 소수림왕 2년(372)에 전진(前秦)의 부견(符堅)이 사신과 승려 순도(順道)에게 불상과 경문을 보내온 것이 처음이며, 이후에 초문사(肖門寺)를 창건하여 순도를 머무르게 하고, 이불란사(伊弗蘭寺)를 창건하여 아도를 머무르게 한 것이 국가에서 공식적으로 불교를 수용한 것이며 불사(佛寺)의 기원이 되었다. 그러나 불교는 이미 공인되기 이전부터 민간에 널리 알려졌을 것으로 추정된다.

(1) 고구려

고구려불교에서 계율에 관한 기록은 고구려에 불교가 전래된 지 20년 뒤 담시(曇始)가 태원(太元)의 말기에 경율 수십 부를 가지고 와서 불교를 크게 홍포하고 삼귀의계와 오계를 세워 교화하였다는 설에서 알 수 있을 뿐이다.[55] 담시가 전했다는 경율에 관해서는 전해지는 것이 없다. 고구려에 경율이 전해진 시기는 중국에서 광율이 번역되지 않은 시기로 고구려에 전해진 율은 계본과 갈마법에 관한 것이었을 것으로 추정된다. 그 당시 중국에서는 『승기율』과 『사분율』의 계본에 의거하여 수계가 이루어졌던 만큼 고구려에 전해진 율도 이와 같은 것으로 삼귀오계에 의한 수계가 이루어졌을 것이라 추정된다. 그리고 고구려는 팔관재법회가 성행하여 재가자들이 8재계를 수지했던 것 같다. 신라 진흥왕 12년(551)에 고구려의 고승인 혜량에 의해서 백고좌법회와 팔관재법회가 열렸다는 기록이 있는 것을 보면 고구려에는 이전부터 팔관재가 널리 행해졌다는 것을 알 수 있다. 또한 『삼국유사』 권3[56]에 의하면, 고구려 말기에 석보덕(釋普德)에 의해 『열반경』이 강설되었다고 한다. 이것으로 보아 고구려에 이미 대승계가 알려졌을 것으로 추정된다.

(2) 백제

백제는 제15대 침류왕 원년(384)에 마라난타(摩羅難陀)가 동진으로부터 건너와 불교를 전하여 시작되었다고 한다. 이때 왕이 융성한 대접을 하였다고 전해지고 있는데, 이것은 백제에 이미 불교가 알려져서 잘 알고 있었다는 것을 의미한다. 백제는 궁에 스님을 모시고 교설을 듣고 불사를 일으키고 승려들을 득도시키는 등 적극적으로 불교를 수용하였다. 그리고 백제불교는 계율을 중심으로 발전하였다. 그것은 계율을 매우 중요시하였던 동진불교의 영향을 받았기 때문일 것이다. 그리고 일본불교의 계율의 기틀을 마련해 주었다.

백제에서 계율이 본격적으로 연구된 것은 겸익(謙益)에 의해서이다. 겸익은 인도에서 범문과 율을 배우고 귀국할 때 5부 율문을 가져와 번역하였다. 이때 율부(律部) 72권이 번역되었고, 담욱(曇旭)과 혜인(惠仁)에 의해 율소(律疏) 36권이 저술되었다. 이에 왕이 비담(毘曇)과 신율(新律)의 서문을 짓고, 새로 번역된 불전을 태요전(台耀殿)에 봉장하였다고 한다.[57] 또 백제는 6세기 중후반에 일본에 불교를 전파하였는데, 불경과 불상, 경사(經師), 율사, 선사 등을 보내어 법을 전하고, 조소, 회화, 조사(造寺) 등의 기술을 전수했다고 한다.[58] 일본에서는 선신니(善信尼) 등 여러 명의 사미니를 백

55 『高僧傳』 10(『大正藏』 50권, 392중)
56 高麗 靈塔寺條, 『三國遺事』 3(『大正藏』 49권, 990상)
57 『彌勒佛光寺事蹟』, 『朝鮮佛教通史』 상(서울: 경희출판사, 1968), 33-34면)

제로 유학을 보냈는데, 이들은 3년 동안 율을 익히고 구족계를 받았다고 한다. 이것으로 보면 백제에서는 이미 구족계 의식이 시행되고 있었다는 것을 알 수 있다. 백제는 일찍부터 계율의 연구가 성행하였고, 계율을 중심으로 불교가 발전하였지만, 그 구체적인 내용은 전해지고 있지 않기 때문에 알 수가 없다. 또 백제에는 보살계가 널리 알려졌던 것 같다. 제29대 법왕(法王) 원년(599)에는 조령(詔令)을 내려 살생을 금지시키고, 민가에서 기르는 매의 종류를 놓아주게 하였으며, 고기 잡고 사냥하는 도구를 불살라 살생을 일체 금지시켰다고 한다.[59] 이는 보살계에서 모두 금지하고 있는 규정들로 백제는 국가에서 불교의 계율을 실생활에 적극적으로 수용하여 지키도록 하였던 것이다.

(3) 신라

신라는 제23대 법흥왕 14년(527)에 이차돈의 순교가 있은 후 불교가 받아들여져서 국가적 신앙으로 발전하였다. 진흥왕은 불교이념에 의해서 정책을 펼쳐나갔고, 불교는 국교로서 손색없이 터전을 마련하였다. 신라는 삼국 가운데 율학의 흥기가 가장 늦었지만 가장 급속도로 발전하였다. 신라시대에는 성문계의 연구가 활발했지만, 자장이 수계(授戒)하고 보살계본을 설하였다는 기록 등에서 보살계가 성행했음을 알 수 있다. 또 신라에서는 고구려에서 온 혜량(惠亮)에 의해 처음으로 백고좌법회와 팔관재법회가 행해졌다고 한다. 팔관재법회는 팔재계를 근거로 하는 행사이기 때문에 신라에서도 불교가 전래된 초창기부터 포살과 수계의식이 행해졌던 것 같다. 그리고 진흥왕은 전쟁터에서 죽은 병사들의 망령을 추도하기 위하여 국가적으로 팔관재회를 베풀었다.

원광(圓光, ?-630) : 신라의 율학은 원광과 자장에 의해 기틀이 마련되고 발전하였다. 원광은 세속오계(世俗五戒)를 화랑도에게 주는 과정에서 불교에 열 가지 조목으로 된 보살계가 존재한다는 사실을 말하고 있다. 열 가지 조목으로 된 보살계는 『범망경』의 십중계를 말하는 것으로 원광은 이미 보살계를 알고 있었던 것으로 보인다. 원광은 세속오계를 제정하면서 신라가

58 황유복 外, 『한·중 불교문화교류사』(서울: 까치, 1995), 132-133면.
59 興法3, 法王禁殺條, 『三國遺事』 3(『大正藏』 49권, 988중)

처해있는 현실을 생각하지 않을 수 없었을 것이다. 재가자에게 현실성이 없고 지키기 어려운 계율을 지키라고 강요한다면 그들은 강하게 거부반응을 일으켰을 것이다. 그래서 원광은 보살계를 새롭게 해석하여 화랑도가 지킬 수 있는 맞춤형 오계를 제정하였다. 세속오계는 '임금은 충성으로 섬기고[事君以忠], 어버이는 효로 섬기고[事親以孝], 벗은 믿음으로 사귀고[朋友有信], 전쟁에 임해서는 물러나지 않으며[臨戰無退], 살생은 가려서 해야 한다[殺生有擇]'는 것이다. 이 가운데 살생유택은 불살생의 금계를 시대상황에 맞게 변형시킨 것으로 봄과 여름 및 육재일(六齋日)에는 살생을 하지 말고, 소·말·닭·개 등의 가축은 죽이지 말며, 잘게 썬 고기 한점보다 작은 미물(微物)들은 죽이지 말라[60]는 등으로 살생을 최소화할 것을 말하고 있다. 세속오계는 당시 사회 윤리관을 표명한 것으로 국가와 사회의 현실적인 이익을 추구하고 있다. 세속오계는 시대적 산물의 대표적인 계율이라 할 수 있을 것이다.

자장(慈藏, 590-658) : 자장은 한국 율종의 개창조로서 "나는 하루를 계율을 지키다가 죽을지언정 일생을 파계하면서 살기를 원하지 않는다"[61]라고 하며 계율을 자신의 목숨보다도 귀중하게 여겼다고 한다. 자장은 대국통(大國統)이 된 후에 승니의 기강을 바로잡고 교단을 총관(總管)하였으며, 통도사를 창건하고 금강계단을 세워 수계의식을 할 수 있도록 하는 등 신라불교의 기틀을 확립하였다. 『삼국유사』에서는 자장이 황룡사에서 칠일칠야(七日七夜) 동안 보살계본을 강설하였음을 밝히고 있다.[62] 이 사실은 자장이 출가자와 재가자의 계율을 구분하고, 성문계의 토대 위에 보살계를 연구하고 선양하였음을 알 수 있는 대목이다. 자장은 보살계를 대중에게 알리는데 적극적으로 노력하였으며, 이로 인하여 보살계는 신라에 본격적으로 수용되었을 것이다. 자장의 보살계 강설은 시대적 요구에 부응한 것으로 금계위주의 성문계보다는 적극적인 보살계가 신라가 처한 현실에 맞는다고 생각했기 때문일 것이다. 또 『속고승전』에 의하면, 자장은 꿈에 도리천에서 온 두 명의 장부에게 오계를 받은 후, 한달 동안 나라 안의 남녀노소에게 오계를 주었으며,[63] 만년(晩年)에는 5부 대중에게 각기 구습(舊習)

60 列傳 제5, 貴山, 『三國史記』 45,
61 『續高僧傳』 24(『大正藏』 50권, 639상)
62 慈藏定律條, 『三國遺事』 4(『大正藏』 49권, 1005중); 『續高僧傳』 24(『大正藏』 50권, 639하)

을 증장케 하고, 다시 강관(綱管)을 두어 감찰을 하고 유지하게 하였으며, 반달마다 계를 설하고 율에 의해 참회하게 하였으며, 봄과 겨울에 총체적으로 시험하여 지키고 범한 것을 알게 하였다고 한다.[64]

원효(元曉, 617-686) : 신라시대는 특히 계율에 대한 연구가 활발하였다. 통일신라 이전에는 성문계인 『사분율』을 중심으로 연구되었고, 삼국이 통일된 후에는 대승의 범망보살계가 중점적으로 연구되었다. 그 중심에 원효가 있는데, 『범망경종요』 1권, 『범망경소』 2권, 『범망경약소』 1권, 『범망경보살계본사기』 2권, 『보살계본지범요기』 1권, 『영락본업경소』 3권, 『사분율갈마소』 4권 등의 많은 저술을 하였다. 원효는 여러 분야의 저술을 남겼지만, 성문계와 보살계에 대한 연구도 가장 활발히 하였다. 성문계의 주석서는 현존하는 것이 없고, 현존하는 것은 대부분 보살계에 대한 주석서로, 원효에 의해서 『범망경』의 연구가 본격적으로 이루어졌음을 알 수 있다.

원효는 『보살계본지범요기』에서 계는 근원으로 되돌아가는 방편이라고 말하고 있다. 즉 "보살계란 흐름을 거슬러서 근원으로 돌아가게 하는 큰 나루(大津)이며, 삿된 것을 제거하고 올바른 것에 나아가게 하는 요문이다"[65] 라고 하였다. 이 말은 계가 깨달음을 얻기 위한 수행방편임을 강조한 것이다. 또한 원효는 『범망경보살계본사기』에서 깨달음을 얻기 위한 계행으로서 삼취정계의 구족을 강조하고 있다. 범망계에 내재하고 있는 삼취정계를 해와 달로 비유하여 그 필요성을 강조하고 있다.

> 계가 해와 달처럼 밝다고 한 것은 간략히 세 뜻이 있다. 첫째는 해와 달의 자체는 염(染)을 떠나고 정(淨)을 밝게 하기 때문에 또한 능히 저 어둠을 깨뜨리고 물체를 드러나게 한다. 계도 또한 이와 같아서 자체가 더러움을 버리고 밝고 맑아서 번뇌의 어두운 법과 장애를 깨뜨려 불성과 여래장 등의 물질을 나타내기 때문에 마땅히 저 해와 달의 뜻에 비유를 하였다. 둘째는 해는 열로써 성품을 삼고, 달은 서늘한 것으로써 성품을 삼는다. 만일 해만 있고 달이 없으면 모든 싹은 타서 열매가 생기지 않는다. 또한 달만 있고 해가 없으면 온갖 싹은 즉시 썩을 것이다. 계도 또한 이와 같다. 만약 비록 섭

63 『續高僧傳』 24(『大正藏』 50권, 639중)
64 『續高僧傳』 24(『大正藏』 50권, 639하)
65 원효, 『梵網經菩薩戒本持犯要記』(『韓佛全』 1권, 581상)

율의계와 섭정법계만 있고 섭중생계가 없다고 한다면 오직 자리행만 있고 이타행이 없어서 이승과 같기 때문에 무상보리의 풍성한 과실이 생기지 않는다. 만약 비록 섭중생계만 있고 섭율의계와 섭선법계가 없다고 한다면 오직 이타만 있고 자리행이 없어서 도리어 범부와 같기 때문에 능히 보리의 싹이 나지 않는다. 지금 해와 달이 다 있기 때문에 능히 싹은 썩지도 않고 타지도 않는다. 계도 또한 이와 같아서 능히 삼취정계가 갖추어져 있기 때문에 범부나 이승과 같지 않으며 능히 무상보리의 3종의 과를 감득할 수 있다."[66]

이상의 내용은 계율이 번뇌를 깨뜨릴 수 있다고 규정하고, 범망계에 내재되어 있는 삼취정계를 구족할 때 깨달음을 얻을 수 있음을 밝힌 것이다. 즉 삼취정계에 자리와 이타행이 함께 갖추어져 있기 때문에 무상보리를 얻을 수 있다는 것이다. 원효의 계율관은 범망계가 그 중심을 이루고 있다. 범망계는 출가자와 재가자 모두에게 적용되는 계율로서 지범(持犯)의 판단기준은 표면적인 행위보다는 중생제도라는 내면적 동기에 두어 더욱 중요시하고 있다. 원효는 『범망경』과 『화엄경』을 일승교로 보고, 『화엄경』은 일승만교(一乘滿教), 보살도의 실천을 강조하는 『범망경』은 일승분교(一乘分教)로 구분하였다. 또한 중관과 유식을 삼승통교(三乘通教)에 배당하여 『범망경』은 『화엄경』에 버금가는 것이며, 유가·유식보다는 뛰어나다고 보았다.

의적(義寂) : 의적은 『범망경보살계본소』에서 "계는 덕의 근본이요. 도가 그로 말미암아 생긴다. 따라서 깨달음의 종자를 흥하게 하고 정법을 이어받는 것과 생사의 오랜 흐름을 끊고 피안에 오르는 것과 중생을 제도하는 것 등이 계로 말미암는다"라고 하였다. 이런 이유로 여래가 보살의 바라제목차를 제정하였으며, 이 보살계는 진루(塵累)를 고요하게 하고 얽매임에서 해탈시키는 기초이며 원인을 닦고 결과를 증득하는 근본이라고 밝히고 있다. 또한 보살계에 대하여 "다만 이 『계경』의 글과 뜻은 깊고 은밀하여 해석을 잘 해야 하며, 또한 분명하게 알기가 지극히 어렵기 때문에 먼저 과목(科目)을 추려서 간략하게 지귀(旨歸)를 표시한다. 계법은 한량이 없지만, 요약하면 수(受)와 수(隨)일 뿐이다. 수(受)는 곧 업의 근본으로 처음에 법

66 원효, 『梵網經菩薩戒本私記』(『韓佛全』 1권, 588하-589상)

을 받아들이는 것은 몸에 있음을 나타냈고, 수(隨)는 즉 지니는 마음으로 나중에 연(緣)을 나타내서 막아 보호함을 일으킨다"[67]라고 정의하였다. 즉 계율이란 받는 것과 이를 따라 지키는 것의 둘로 요약된다는 것이다. 우선 계를 받을 수 있는 사람의 자격이 되는 그릇을 간택하고[簡資器], 이어서 법사가 될 수 있는 덕을 간택하고 있다[簡師德]. 그리고 수계(受戒)의 방법과 궤칙을 말하고[受之方軌], 끝으로 문답으로 의심을 버리게 하고 있다.[問答遣疑] 그리고 계를 받아서 지키는 수행(隨行)에 대해서도 율의계와 섭선법계, 섭중생계로 나누어서 각각 지키고 어기는 경우를 다루고 있다.

의적은 『유가론』에 의지하여 『범망경』을 해석하고, 성문계를 자주 언급하였다. 그리고 주석을 함에 있어 의적 나름대로 계명(戒名)을 붙이고 계율 조목을 해석하였다. 즉 전쟁이나 군대 또는 무기의 소지 등과 같은 사회적인 문제에 대하여 재가자의 경우에는 이에 관여하는 것을 허용하였다. 이는 전쟁을 겪었던 신라의 시대적 배경 때문일 것이다. 또 세속인의 상업행위를 인정하고 있는데, 이 또한 당시 일반사회의 활발한 상업 활동을 반영한 것이라 생각된다. 재가자의 위상을 높이 평가하여 단월도 설법주(說法主)가 될 수 있다고 하였다. 이는 불교가 대중화되면서 재가신자의 비중이 커진 시대적 상황 때문일 것이다. 이 밖에 의적은 노비(奴)와 주인은 그 지위가 구별되어 본래 뒤섞일 수 없다고 하였다. 이는 골품제도로 신분을 엄격히 구분하고 있던 신라의 한 단면을 잘 반영한 듯하다.[68] 의적은 신라가 그 당시에 처해있던 사회적인 배경들을 통하여 직접적으로 연관하여 보살계를 해석하고 있다.

2) 고려시대

고려시대는 처음부터 조사선이 성행하였으나 천태종이 개창되고부터 중엽이후에는 상당한 부진을 보였다. 천태종의 성립부터 지눌에 이르기까지는 선종의 침체기라 할 수 있다. 일찍부터 구산선문이 열려 선을 우선시하였기 때문에 율종이 있었지만 계율은 그리 중요시하지 않았다. 계율의 조목을 따지거나 번잡한 도덕의 문제를 추구하기 보다는 조사선에 의하여 마음을 깨닫는 것이 시급하였던 것이다. 그래서 율종은 발전하지 못하고

67 의적, 『菩薩戒本疏』상(『韓佛全』 2권, 251하)
68 최원식, 「신라 보살계사상사 연구」, 동국대학교대학원 박사학위논문, 1992, 92면.

쇠퇴하여 체계적이고 계획적인 통제력을 상실하여 교단의 조직과 질서가 무너졌으며, 교단 간에 많은 분란을 일으켰다.

지눌(知訥, 1158-1210) : 지눌이 수선사를 결성하여 결사를 하기 전에는 신라시대에 보살계가 크게 성행했던 만큼 고려시대에도 왕실의 적극적인 후원으로 보살계가 성행했다. 또한 고려는 팔관회나 연등회와 같은 행사가 많았던 만큼 재가인들의 팔재계가 성행했을 것이다. 그러나 고려의 팔관회는 불교의 8계에 근원을 두었지만, 차츰 불교의 색채를 벗고 신라의 신선적 풍류를 띠고 국가적인 행사로 변모하였다.[69]

지눌은 결사를 통하여 교단을 바로 세우고 선풍을 진작시키기 위해서 노력을 하였다. 그리고 저서도 많이 남겼는데, 청규의 성격을 띠는 것으로 『권수정혜결사문』『계초심학인문』이 있다. 『권수정혜결사문』은 10여명의 동학들이 모여 세속의 명리를 버리고 산림에 들어가 결사하며 수행할 때의 마음가짐과 행동규칙을 정한 것이기 때문에 청규라 해도 될 것이다. 『계초심학인문』은 선원청규의 영향을 받아 저술되었을 것이다. 이 책은 『육조단경』의 내용을 더욱 간략히 요약하고 있으며, 선학을 배우는 사람의 마음가짐에 중점을 두고 있다. 내용은 발심·수계·대중화합·공동생활의 주의점·예불·참회·청법·중생제도 등으로 구성되어 있다.[70] 여기에서는 불교에 처음 입문한 초심자들은 악한 벗을 멀리하고 착한 벗을 가까이하며 오계와 십계를 받아 지니고 항상 화합하여 도를 닦는 데에만 힘써야 한다고 강조하고 있다. 그리고 대중생활 중에 명심해야 할 사항들과 선정과 지혜를 닦아서 자성을 체득하고 중생을 제도해야 한다고 훈계하고 있다.

지공(指空, ?-1363) : 지공은 인도출신 승려로 중국을 거쳐 1326년 3월에 고려에 도착하여 2년 7개월 정도 머물렀는데, 무생계를 통하여 교화활동을 하면서 경전을 번역하고 저술을 하는 등 많은 발자취를 남겼다. 지공은 법신사상과 계율사상을 강조하였는데, 그의 계율사상을 단적으로 보여주는 것은 무생계로 고려에 끼친 영향이 매우 컸다고 한다. 무생계의 근거가 된 경전은 『무생계경』이다. 이 경은 법신사상에 토대를 두고, 출가자와 재가

69 鎌田茂雄, 신현숙 譯, 『한국불교사』(서울: 민족사, 1994), 158면.
70 박호남, 「불교율장의 성립과 대승율의 발달 연구」, 한국정신문화연구원 한국학대학원 박사학위논문, 1992, 265면.

자를 공통으로 광범위하게 적용되었으며, 인도의 식생활에 토대를 두고 있다. 지공은 무생계(無生戒)로서 사부대중에게 수계를 하였는데, 그 영향력은 매우 커서 술과 고기를 즐기던 사람들은 이를 끊었고, 무당을 따르던 사람들은 이를 멀리했다고 한다. 고려인들은 이 무생계로 말미암아 식생활에서도 육식을 금하였고, 샤먼적인 토속제의(土俗祭儀)에도 육류의 사용을 철저히 금지하여 갈등을 일으키는 등 심각한 변화를 일으켰다고 한다. 무생계는 출가자와 재가자 모두에게 적용되는 계율로 지공은 수계를 하고 계첩을 주었다고 한다.[71]

3) 조선시대

고려불교의 병폐로 인하여 조선시대의 불교정책은 배불숭유정책으로 일관되었다. 조선은 개국과 함께 불교와 관련된 의식인 팔관회와 연등회, 인왕백고좌법회를 폐지하였다. 태종은 사찰의 토지와 노비를 국가에 귀속시키고, 종단을 7종으로 축소시켰다. 이러한 배불정책은 불교계를 크게 위축시켰다. 그리고 불교교단의 타락상에 근거하여 이론적으로 불교사상을 배척하였는데, 정도전의 『불씨잡변(佛氏雜辨)』이 대표적이다. 이에 대하여 조선 초기 일부 학승과 선승들은 당시 유학자들의 배불론의 한계를 인지하고, 유교와 불교의 공존가능성 및 회통가능성을 근본적인 입장에서 이론적으로 제시하려는 노력을 많이 하였다. 기화(己和, 1376-1433) : 배불론에 대한 불교 측의 대응논리에는 기화의 『현정론(顯正論)』이 대표적이다. 『현정론』은 숭유배불(崇儒排佛)의 시대적 상황에서 핍박받던 불교를 지키기 위한 노력의 결실로 불교를 대변하고 몰지각한 유생들을 깨우치며 불교의 참모습을 드러내 보이기 위해 저술되었다. 『현정론』에서는 불교의 기본 계율인 五戒와 유교의 핵심윤리인 五常을 같은 맥락에서 비교하고 있다. 불살생은 인(仁), 불투도는 의(義), 불음은 예(禮), 불음주는 지(智), 불망어는 신(信)에 배대시키고 있다.[72] 기화는 윤리적인 면을 배대하여 불교와 유교는 근본적으로 일치한다고 말하고 있다. 성격상 상반되는 두 교리가 조화를 이룰 수 있는 것은 악을 멀리하고 선을 가까이 한다는 공통적인 근본입장 때문이다. 또 기화는 불교의 자비와 유교의 인을 불살생에 의해 비교하고

---

71 허흥식, 「지공의 무생계첩과 무생계경」, 『서지학보』 4, 한국서지학회, 1991, 141-151면; 허흥식, 『고려로 옮긴 인도의 등불』(서울: 일조각, 1997), 95-101면.

72 기화, 『顯正論』(『韓佛全』 7권, 217하)

있다. 불교의 '천지(天地)는 나와 함께 근본이 동일하고 만물은 나와 한 몸이다'[73]라고 한 동체자비와 유교의 '어진 사람은 천지만물을 자기의 한 몸으로 여긴다'[74]라고 한 것을 동일한 가르침으로 보았다. 그러나 유가는 산 목숨을 죽여서 자기 목숨을 유지하는 언행이 일치하지 않는 행위를 함으로써 모순점을 드러내고 있다. 불교에서는 이 점을 들어 살생은 형제를 죽이는 것과 같지 않은가?라는 반문을 하면서 지적하고 있다. 기화는 양자가 이론적인 면에서는 같다고 볼 수 있지만, 실천적인 면에서는 엄연히 다르다고 말하고 있다. 유자(儒者)들은 인의 도를 이론적으로는 잘 논하고 있지만, 실천이 뒷받침을 해주지 못하고 있으며, 불교는 자비심의 실천으로 불살생이라는 윤리로 경계하여 만물이 나와 한 몸임을 직접적으로 실천하고 있으므로 양교(兩敎)는 현격한 차이가 있다고 말한다.

휴정(休靜, 1520-1604) : 휴정은 『선가귀감』에서 선교가 둘이 아님을 밝히면서도 선을 우위에 두고 있다. 그리고 깨달으면 그만이라는 선승들을 깨우치기 위하여 수행인으로서 지켜야 할 일상적인 행동규범을 간곡히 말하고 있다. 휴정은 계를 법계(法戒)와 심계(心戒)로 나누어 말하였는데, 법계는 몸으로 범하는 일이 없고, 심계는 생각으로 범하는 일이 없다고 하였다. 또한 4계가 모든 계율의 근본임을 밝히면서 생각으로라도 범함이 없게 해야 한다고 말하였다. 즉 "음욕은 청정을 끊고, 살생은 자비를 끊으며, 투도는 복덕을 끊고, 망어는 진실을 끊는다. 지혜를 이루어 비록 육신통을 얻었다고 하더라도 살·도·음·망을 끊지 않으면 악도에 떨어지고 영원히 보리의 바른 길을 잃고 말 것이다"[75]라고 하여 참선을 하는데 계율이 매우 중요함을 말하고 있다. 또 마음의 계는 한번 파하면 백가지의 허물이 일어나기 때문에 부처님과 같이 계를 존중해야 한다고 말하고 있다.[76] 계율을 지키지 않으면서 깨달음을 얻기를 바란다는 것은 있을 수 없는 일로 반드시 지계하고 깨달음을 얻을 것을 말하고 있다.

긍선(亘璇, 1767-1852) : 긍선은 참선수행자들을 위하여 『수선결사문』을

73 기화, 『顯正論』(『韓佛全』 7권, 219중)
74 기화, 『顯正論』(『韓佛全』 7권, 219중)
75 휴정, 『禪家龜鑑』(『韓佛全』 7권, 639중)
76 휴정, 『禪家龜鑑』(『韓佛全』 7권, 639중-하)

저술하였다. 여기서는 수선결사를 제창하는 뜻과 결사운영의 제반 사항들을 체계적으로 엮고 있으며, 뒷부분에 『사중규승』과 『식지변설』을 첨부하고 있다. 『수선결사문』에서는 유·노·불의 삼교를 비교하면서 유교의 오상(五常)을 불교의 오계와 동일하게 보고 있다. 『사중규승』은 수선결사 대중들이 지켜야 할 청규로 선수행의 방향을 말하고 있으나 어디서 어떻게 행해야 하는지 등의 구체적인 내용이 없다. 청규의 내용을 보면 ①이 문에 들어오면 다만 활구를 참상(參商)함으로써 자성을 돈오하는 것을 급무로 하고, 예불·전경(轉經) 등 일체 행사(行事)는 연을 따라 수작(酬酌)하며 가히 굳건히 집착하지 말아야 한다. ②우리는 다분히 부모에게 태어나지 않음이 없다. 이와같은 무리는 다 악취에 빠져 밤낮으로 대고뇌를 받는다. 통히 심부(心腑)를 얽어 각기 대분지(大憤志)를 발하여 이런 중생들을 널리 제도하기를 원해야 한다. ③간절히 허망한 것을 짓지 말고 금계를 굳건히 지녀야 한다. ④인욕으로 역순(逆順)의 경계를 관해야 한다. ⑤청정걸식은 비구의 정명(正命)이다. 이 외에는 사명(邪命)에 속하므로 버려야 한다. ⑥이 문에 들어오면 다만 걸식으로 구해야 한다. 노병고(老病苦)가 있어 걸식을 하지 못할 때는 자비심으로 수호해야 한다. ⑦회중(會中)에 청정하지 않은 자는 제명(除名)하여 내보내야 한다는 것이다.[77] 긍선은 선을 우위에 두고 성문계와 대승계보다는 중국의 선종과 같이 대소승계를 적절히 수용하여 간단하게 청규를 제정하고 있다. 참선수행을 함에 있어 기본적으로는 지계하여 자기를 청정히 하고, 자비심으로 대중을 두호하고 일체 중생을 제도하기를 염원하며 열심히 수행정진할 것을 말하고 있다. 노동에 대해서는 언급하고 있지 않다.

용성(龍城, 1864-1940) : 조선 말기와 일제강점기는 안팎으로 매우 혼란스러운 시기이다. 일제시대는 일본불교의 영향으로 대처식육(帶妻食肉)을 하는 자가 많았고, 한편으로는 계율을 수호하기 위해서 힘쓰는 자가 있었다. 이 시대는 대처식육을 수용할 것인가 말 것인가가 큰 문제로 대두하였다. 이 문제로 인하여 불교정화운동이 일어났고, 사회적으로도 큰 이슈가 되었다. 이 시기에 용성은 청정지계를 주장하였다. 선율병행(禪律並行)과 선농일치(禪農一致)를 강조하고, 청소년운동의 행동지침으로 세속오계를

77 긍선, 「寺中規繩」『修禪結社文科釋』(『韓佛全』 10권, 547-548상)

제정하였다. 세속오계는 "국가에 충성하고[國家忠誠], 부모에게 효도하고[父母孝道], 사장을 공경하고[師長恭敬], 벗은 신의로 사귀고[交友信義], 전쟁은 지혜로 이긴다[戰爭智勝]"라는 것이다.

학명(鶴鳴, 1867-1929) : 학명은 조선의 선을 중국과 일본에 알렸으며, 서민들을 제도하고 깨우치기 위해 역동적인 삶을 문학작품으로 형상화한 문필가이다. 그리고 선농일치를 주장하며 선불교를 개척하기 위해 힘썼다. 학명은 탁발과 시주에만 의존하던 기존의 불교계를 비판하고, 노동과 참선을 병행하는 반선반농운동(半禪半農運動)을 주창하고, 내장선원규칙 제정하였다. 이 내장선원규칙에서는 운동에 참여할 수 있는 자의 자격을 새로 출가한 사람을 대상으로 하고 기존의 승려는 부지런한 성품이 있는 자에게만 한정하고 있다. 파계(破戒)와 사행(邪行), 폐습(弊習) 등은 일체 금하고, 범패를 학습하고 찬불(讚佛)·자찬(自讚)·회심(回心)·환향곡(還鄉曲) 등을 짓거나 창(唱)을 하도록 규정하고 있다.[78] 이 운동은 당시 불교계에 매우 참신하고 혁신적인 불교운동으로 받아들여졌다고 한다.

동산(東山, 1890-1965) : 선사이면서 율사인 동산은 계율은 도에 들어가는 요긴한 문이며, 세상을 벗어나는 바른 길이라며 적극적으로 계를 지킬 것을 주장하였다. 그리고 해(解)와 행(行)이 둘이 아닌 하나로 보았다. 해와 행을 나누고 다르다고 한다면 온전한 깨달음이 아니라고 한다. 또 5계와 10계, 250계, 범망경보살계 등의 계를 지닌 때가 자성을 회복하는 때이며, 자성을 회복하는 때가 계와 정을 지닌 때임을 말하고 있다. 동산은 보살계 수계산림을 자주 열어 『범망경』을 강설하고 대승계율이 무엇인가를 천명하였다고 한다.[79]

4. 일본불교의 계율

일본불교의 계율의 기원은 백제로부터 시작되었다. 계율을 중심으로 발전하였던 백제불교는 일본불교의 계율 수용에 절대적인 역할을 하였다.

---

78 강유문, 「내장선원일별」, 『불교』 46-47合號, 83면.
79 동산대종사 문집편찬위원회, 『동산대종사 문집』(부산: 범어사, 1996)을 참조함.

「원흥사가람연기」에는 일본의 최초 니승(尼僧) 선신니가 고구려의 비구 혜편(惠便)에게 득도하였고, 선신니(善信尼) 등 대중이 백제로 유학을 가서 이부승가(二部僧伽)에서 비구니계를 받은 것으로 나타나고 한다.[80] 숭준(崇峻) 3년(590) 백제에서 수계한 비구니들은 일본으로 귀국하여 반달마다 포살을 하였는데, 이 때문에 출가하여 수계하는 사람이 많았다고 한다.[81]

일본불교는 백제의 종말기부터 중국과 직접 왕래를 시작하고, 많은 승려들을 유학 보냈다. 이 가운데 도광(道光, 653-678)은 중국에 들어가 도선·만의(滿意)·회소 등에게서 계율을 배웠다고 한다. 도광은 도선의 『사분율산번보궐행사초』를 가지고 귀국하여 그 해에 『의사분율초찬록문(依四分律抄撰錄文)』 1권을 발표함으로써 중국에서 일본에 최초로 율종을 전래한 사람이 되었다. 이때까지도 구족계의식이 여법하지 않았기 때문에 도광은 『사분율』에 의거해 일본의 비구 비구니들을 규율하였다고 한다. 이로서 일본의 불교계는 겨우 본격적인 계율을 지향하는 기반을 조성하였고, 중국에 유학하고 돌아오는 사람들에 의해서 『사분율』의 주소(註疏)가 전래되어 계율사상이 널리 유포되었다고 한다.[82]

일본불교는 승니령(僧尼令)에 의해서 불교의 정책이 보호에서 통제로 전환을 하게 된다. 대보(大寶) 1년(701) 대안사에 27조로 구성된 승니령을 설치하였다. 조명을 열거하면, 관현상조(觀玄象條)·복상길흉조(卜相吉凶條)·자환속조(自還俗條)·삼보물조(三寶物條)·비사원조(非寺院條)·취동자조(取童子條)·음주조(飮酒條)·유사가론조(有事可論條)·작음악조(作音樂條)·청착목란조(聽着木蘭條)·정부녀조(停婦女條)·부득첩입니사조(不得輒入尼寺條)·선행조(禪行條)·임승강조(任僧綱條)·수영조(修營條)·방편조(方便條)·유사사조(有私事條)·부득사축조(不得私蓄條)·우삼위이상조(遇三位以上條)·신사조(身死條)·회격율조(准格律條)·사도조(私度條)·영속인교화조(令俗人敎化條)·출가조(出家條)·외국조(外國條)·재외보시조(齋外布施條)·범신사신조(梵身捨身條) 등이다. 그 내용은 환속형(還俗刑)과 고사형(苦使刑)의 벌칙, 일반승니에 대한 규제, 삼강(三綱)·승강(僧綱)에 대한 규제 등이다.[83] 천평

80 『元興寺伽藍緣起』(『大日本佛教全書』제118, 140면)
81 崇峻紀 3년 庚戌 3月條, 「일본서기」 21(『日本史料』 217면)
82 채인환, 「백제불교계율의 전래와 전파」, 『한국불교학』 제11집, 한국불교학회, 1986, 99면.
83 石田瑞磨, 이영자 譯, 『일본불교사』(서울: 민족사, 1995), 47-52면.

승보(天平勝寶) 7년(755)에 이르러 당승(唐僧) 감진(鑑眞)이 동대사에 계단을 설치하고 구족계와 보살계를 전계하면서부터 일본불교도들은 중요한 생활규범을 전수받았다고 한다.[84]

가정(嘉禎) 2년(1236) 동대사에서 자서수계(自誓受戒)를 한 각성(覺盛, 1194-1249)과 예존(叡尊, 1201-1290) 등에 의해 율종이 부흥되었다. 이 중에 예존은 계율을 연구하고 호지한 율승으로 적극적으로 포살과 안거 등을 행하였다. 관원(寬元) 3년(1245) 별수(別受)를 결행하고 별수계자(別受戒者) 26명을 만들어낸 것과 사미니를 준 것이 주목되며, 사미니에는 그 2년 후에 육법계를 주었으며, 다시 2년 후 건장(建長) 원년(1249) 법화사에서 12명에게 비구니계를 주었다. 이것은 비구니라는 신분이 율종부흥이라는 형태로 일본에서 처음으로 생겨날 수 있었던 것이다. 또 예존은 서대사를 중심으로 계를 설하거나 수계를 통하여 사회구제 활동에도 노력하여 보살이라 추앙되었다. 또 인성(忍性, 1217-1303)은 극락사를 열고 관동에 율종을 넓히고, 계단을 만들어 별수를 행했다. 구제활동도 활발하여 평상시의 시식 시약은 물론이고 다리놓기, 우물파기, 목욕탕, 병원, 천민집단 형성, 살생금지의 장소 63개소를 정하는 등 적극적이며 다채로웠다. 살생금지는 살생을 생업으로 하는 사람을 곤란한 처지에 빠지게 하여 비판을 받았다.[85]

Ⅲ. 계율과 인접한 개념들

결계십리(結戒十利) : 결계십리란 계율을 제정하는 사상적 근거를 말한다. 각 부파의 율장에서는 바라제목차를 제정하게 된 동기를 서술하고 있다. 결계의 시기가 다르게 나타나고는 있지만 대부분 율장에서는 수제나비구가 최초로 부정행을 범한 것이 계기가 되었고, 십리(十利)에 의거하여 비구들을 위하여 계율을 제정해야 한다고 말하고 있다. 십리는 『빠알리율』에서는 dasa atthavasa, 『사분율』에서는 십구의(十句義), 『마하승기율』에서는 십사이익(十事利益)이라 번역하고, 『오분율』 『십송율』 『근본유부율』에서는 십리(十利)라 번역하고 있다. 리(利)는 의리·승리·공덕·칭찬 등의 의미

84 채인환, 「백제불교계율의 전래와 전파」, 『한국불교학』 제11집, 한국불교학회, 1986, 100면.

85 石田瑞磨, 이영자 譯, 『일본불교사』(서울: 민족사, 1995), 201-202면.

를 지니고 있다. 곧 십리(十利)는 10가지의 이익을 말하며, 계를 제정한 것은 열 가지의 이익을 실현하기 위해서인 것이다.

『빠알리율』을 통해서 십리의 내용을 살펴보면, 첫째는 승가의 화합을 위하여, 둘째는 승가의 안락주(安樂住)를 위하여, 셋째는 악인을 억지(抑止)시키기 위하여, 넷째는 선한 비구의 안주(安住)를 위하여, 다섯째는 현세의 번뇌를 끊기 위하여, 여섯째는 미래세의 번뇌를 끊기 위하여, 일곱째는 믿지 않는 자를 믿게 하기 위하여, 여덟째는 이미 믿는 자를 더 증대시키기 위하여, 아홉째는 정법이 오래 머무르게 하기 위하여, 열째는 율을 섭수토록 하기 위해서이다.[86]

십리의 내용을 자세히 살펴보면 모든 율이 완전히 일치하는 것은 아니지만 대체적으로 내용이 비슷하다. 승가에 대한 이익은『빠알리율』과『오분율』이 2가지,『십송율』『사분율』과『마하승기율』과『근본유부율』이 3가지를 말하고 있다.『빠알리율』과『오분율』은 마지막에서 정법구주(正法久住)와 범행구주(梵行久住)의 이익을 말하고,『사분율』과『마하승기율』은 마지막에 정법구주만을 말하고,『십송율』『근본유부율』은 범행구주만을 말하고 있다. 이 외의 내용은 모두 같고 순서만 다르다. 부처님은 교단의 기강과 승풍의 단속을 위해서 계를 설하고자 하는 자는 마땅히 이와 같은 원리에 의하여 설계할 것을 당부하였고, 계를 제정할 때마다 십리의 이치로서 결계를 하였다.[87]

계체(戒體) : 계체란 수계 의식에 의해서 생기는 방비지악(防非止惡)의 힘을 말한다. 계를 받은 순간부터 그 계에 의해서 마음이 속박을 받기 때문에 술을 마시고 싶어도 마실 수 없게 된다. 이 계체는 눈으로 볼 수 없기 때문에 무표색(無表色)이라고도 한다.『성실론』에서는 계체를 비심비색(非心非色)이라 하고,『사분율종』에서는『성실론』에 의거하여 비색비심(非色非心)의 불상응행법(不相應行法)이라 하고, 상부종도『성실론』에 의거하여 비색비심(非色非心)이라 하고, 동탑종에서는『구사론』에 의거하여 심법(心法)이

86 *Vinayapiṭaka* vol.Ⅲ, 21면.

87 십리(十利)의 내용은 모든 율장에서 설하고 있다. Vinayapiṭaka vol.Ⅲ, 21면.『十誦律』1(『大正藏』23권, 1하),『四分律』1(『大正藏』22권, 570하),『摩訶僧祇律』1(『大正藏』22권, 228하),『五分律』1(『大正藏』22권, 3중-하),『根本說一切有部毘奈耶』1(『大正藏』23권, 629중)

라 하였다. 도선은 계체를 비(非)와 악(惡)을 막는 역할을 하는 체라 하고, 지의는 가색(假色)이라 하였다.

『구사론』[88]에서는 계체를 무표색이라 하고, 무표(無表)에 율의(律儀)와 불율의(不律儀), 비율의비불율의(非律儀非不律儀)가 있다고 한다. 율의는 악계(惡戒)를 능히 차단하기 때문에 붙여진 이름이다. 율의무표는 별해탈율의(別解脫律儀)·정려율의(靜慮律儀)·도생율의(道生律儀)로 세분된다.

별해탈율의는 욕전계(欲纏戒)라 말하며, 비구율의·비구니율의·정학율의·사미율의·사미니율의·근사남(近事男)율의·근사녀(近事女)율의·근주(近住)율의의 8종으로 구분한다. 그러나 실체는 비구율의·사미율의·근사율의·근주율의의 4종으로 구분된다. ①비구율의이다. 비구 비구니는 구족계를 받음에 의해서 계체를 얻는다. ②사미율의이다. 사미 사미니는 출가의식을 통해 십계를 받음에 의해서 계체를 얻는다. 정학녀는 육법계의 체를 얻지 않고 십계에 의해서 계체를 얻는다. ③근사율의이다. 우바새 우바이는 삼귀의를 행하고 오계를 받음에 의해서 계체를 얻는다. ④근주율의이다. 재가신자는 포살하는 날에 8계를 받고 계체를 얻는다. 이 계는 하루 밤낮 동안 받는 것이기 때문에 다음날 새벽이 되면 계체는 소멸한다. 팔재계 이외의 계는 목숨이 다할 때까지를 기한으로 받기 때문에 목숨이 다하면 계체를 잃게 된다. 계를 버리는 경우는 계체를 잃기 때문에 수계를 다시 해야만 계체를 얻을 수 있다.

『구사론』[89]에서는 계체를 잃는 인연에 대해, 고사(故死)·명종(命終)·이형구생(二形俱生)·단선근(斷善根)·야진(夜盡)의 5가지가 있음을 밝히고 있다. 고사는 계를 자발적으로 버리겠다고 결심하고 다른 사람에게 그 뜻을 말하면 사계(捨戒)가 성립되어 계체를 잃게 된다. 목숨이 끊어진 경우는 중동분(衆同分)으로 말미암아 계체를 잃는 것이다. 이형구생은 둘의 형체가 동시에 생기는 것으로 남자에게 여근이 생겨서 동시에 남녀 양성을 갖추는 경우이다. 여성의 경우도 마찬가지이다. 이러한 사람은 강한 의지를 발할 수 없고, 수행할 힘을 가지지 못하므로 계체를 잃는 것이다. 단선근은 수행의 힘을 잃는 것이므로 계체를 잃는 것이다. 야진은 재가신자가 8계를 받아 하루 밤낮을 지키다가 다음 날 새벽이 되면 계체를 잃는 것이다. 교단의 구성

88 『阿毘達磨俱舍論』 14(『大正藏』 29권, 72중)
89 『阿毘達磨俱舍論』 15(『大正藏』 29권, 79상-중)

원은 각각의 계를 받음으로서 계체를 얻고, 온갖 악을 멀리하는 힘을 발휘하게 된다. 이 밖에 4바라이죄를 범하는 경우에도 계체를 잃는다고 말하고 있다. 이 경우는 사미와 사미니, 비구니도 마찬가지이다. 바라이를 범하면 자동적으로 상가에 머무를 수가 없고 추방되기 때문에 계체를 잃는 것이다. 성문계는 목숨이 끊어지면 계체를 잃으며, 대승계는 계체를 한번 얻으면 영원히 잃지 않는다고 한다.

정려율의는 색전계(色纏戒)라 말하며, 색계계(色界繫)의 선정에 들어가 있는 동안만 존재하는 수심전무표(隨心轉無表)이다. 이를 정공계무표(定共戒無表)라고도 한다. 도생율의는 무루계(無漏戒)라 말하며, 성자만 얻을 수 있다고 한다. 무루정에 들어가 있는 동안만 존재하는 수심전무표(隨心轉無表)이다. 이를 도공계무표(道共戒無表)라고도 한다. 이러한 선정에 들어가면 법이(法爾)로서의 악을 원리(遠離)할 힘이 몸에 갖춰지게 되는 것이고, 그 힘을 무표라고 하는 것이다. 이 두 가지 율의는 계체와는 관계가 없다.

수계(受戒) : 수계는 상가의 입단을 허가하는 의식으로 허가의 주체는 상가이다. 화상이나 계사와 같이 개인에게는 구족계를 주는 권능이 없다. 하지만 재가신자에게 오계를 주는 경우와 사미를 출가시켜 십계를 주는 경우는 비구 개인이 줄 수 있다. 오계의 경우는 비구라면 누구라도 재가신자에게 줄 수 있다. 사미의 십계는 상가의 허락을 받아 비구 개인이 줄 수 있다. 구족계를 받은 후 5년 이상이 된 비구는 다른 사람을 출가시켜 십계를 주고 사미로 만들어 제자로 둘 수 있는데, 이때 비구를 출가아사리(pabbajjācariya)라 한다. 율의 다른 설에서는 법랍 10세가 되어야 사미를 제자로 둘 수 있다고도 한다.

상가에는 비구와 비구니가 있는데, 이들이 상가에 입문하는 작법을 구족계(具足戒, upasampadā) 또는 수구(受具)라 하고, 사미와 사미니가 되는 출가와는 구별하고 있다. 불교에서는 구족계를 받음으로서 정규 출가수행자인 비구 비구니가 된다. 구족계는 나이의 제한이 있어서 20세 이상인 자만이 받을 수 있다. 우선 구족계를 받고자 하는 자는 화상을 정해야 한다. 화상이 없는 사람은 구족계를 받을 수 없기 때문이다. 화상은 수계자가 상가에 들어온 후 지도자가 될 사람이다. 『십송율』[90]에서는 구족계 의식에 상가

90 『十誦律』 21(『大正藏』 23권, 155중)

와 구족계를 받고자 하는 사람, 갈마의 조건이 충족해야 한다고 말한다. 즉 10인의 상가가 성립해 있어야 하고, 수계자가 구족계를 받고 싶다는 의지를 표명해야 하고, 백사갈마가 바르게 행해질 수 있어야 한다는 것이다. 10인의 상가는 삼사칠증(三師七證)을 말한다. 삼사칠증은 구족계 의식을 행할 수 있는 최소의 인원이다. 변방의 경우는 5인의 상가로 수계가 가능하다. 3사란 화상·갈마사·교수사를 말하며, 7증이란 7명의 증인을 말한다.

구족계의식은 『십송율』에 의거하여 살펴본다. 우선 수계자는 10인의 비구에게 일일이 머리를 발에 대고 상가에 예배한다. 이것이 끝나면 교수사는 삼의(三衣)와 발우의 수지를 가르친다. 이것이 끝나면 화상을 구해야 한다. 수계자에게는 이미 화상이 결정되어 있지만, 갈마를 하기 전에 이것을 확인하는 것이다. 화상이 정해지면 10인의 상가 가운데에서 백이갈마(白二羯磨)에 의해 교수사를 선임한다. 교수사의 선임은 스스로 추천해도 되고, 다른 사람을 추천해도 된다. 교수사의 자격은 오법(五法)을 성취한 자로서 다른 사람을 교계할 능력이 있고, 공정한 자이어야 한다.

교수사가 결정되면 수계자에게 가서 차난(遮難)을 조사한다. 차난은 구족계를 줄때 허가할 수 없는 조건을 수계자가 가지고 있는지 어떤지를 조사하는 것이다. 차난의 내용은 남자일 것, 나이가 만 20세일 것, 부모의 허락을 받을 것, 관인이 아닐 것, 노예가 아닐 것, 부채가 없을 것 등의 20여 가지 항목이 있다. 이 차난은 부끄러워서 대답하기 곤란한 문제도 있으므로 가려진 곳에서 조사를 한다. 교수사는 이 조사가 끝나면 결과를 상가에 보고한다. 이 같은 확인 절차가 끝나면 수계자를 상가 앞에 데리고 가서 교수사는 비구들에게 예배하는 법을 가르친다. 비구들에게 예배하고 나면 구족계를 줄 것을 간청하도록 가르친다. 구족계는 상가에 구하며, 화상이나 계사에게 구하지 않는다. 이상은 구족계갈마의 준비단계이다.

이 간청이 끝나면 구족계갈마가 시작된다. 구족계갈마는 백사갈마(白四羯磨)에 의하여 이루어지므로 갈마사는 백(白)을 말한다. 백은 의제를 말하는 것이다. 이어서 계사는 차난(遮難)을 질문한다. 수계자는 9인의 상가 앞에서 질문에 대하여 차난이 없음을 대답한다. 차난에 관한 질문이 끝난 후에 계사는 찬부를 묻는 갈마를 한다. 제1갈마에서 수계자와 화상에 대하여 부적격한 점이 있으면 반드시 의견을 말해야 한다. 이때 상가가 침묵을 하고 있으면 제2갈마, 제3갈마를 되풀이한다. 즉 세 번 반복하여 찬부를 묻는 것이다. 세 번 갈마를 하는 동안에 상가가 침묵을 하면 계사는 구족계갈마의 종료를 알린다. 구족계갈마가 종료되면 구족계가 주어진 것이고, 상가에 입단하는 것이 허가된 것이다. 구족계갈마는 상가전원의 허락에 의해 이루어지므로 화합갈마라고 한다. 구족계의식이 끝난 후에 계사는 출가자의 기본적인 생활법인 삼의(三衣)·걸식(乞食)·수하주(樹下住)·진기약(陳棄藥)의 사의지(四依止)와 범해서는 안 되는 음(淫)·도(盜)·살(殺)·망(妄)의 4바라이를 가르친다.[91] 나머지 계는 화상이나 아사리에게 배울 것을 말한다. 4의지와 4바라이를 가르치는 것은 구족계의식의 부수적인 것이다. 여기서는 구족계 의식의 중심이 계사로 되어 있지만, 계사는 갈마사(羯磨師)를 말한다. 갈마사는 갈마의 의장이므로 수계갈마에 있어서 이 사람이 중심이 된다. 그 때문에 수계갈마에 한해서 갈마사를 계사로 부르는 것이다. 이 수계의식에 의해서 불교교단의 칠중(七衆)은 계체를 얻으며, 이 계체의 힘으로 악을 멀리할 수 있게 된다.

Ⅳ. 계율의 현대적 의미

계율은 삼학(三學) 가운데 첫째로 불도(佛道)를 실천하는 기초이며, 삼장(三藏) 가운데 하나로 불교교학 가운데 대단히 중요하다. 그리고 육바라밀 가운데 계바라밀로 보살이 반드시 수행해야 할 덕목이다. 이와 같이 중요한 위치에 있는 계율을 불교도에게 한정시키지 말고 그 정신을 현대를 살고 있는 모든 사람들에게 적극적으로 확산시킨다면 인류의 행복과 세계의 평화는 보다 빨리 올 것이다.

계율은 불교도들이 지켜야 할 행위규범으로 신구의(身口意) 삼업으로 나쁜 업을 짓는 것을 방지하고 육근(六根)을 보호하여 선근을 증장시킨다. 계는 자발적으로 악행을 멀리 떠단다는 의지를 나타내는 윤리도덕이며, 율은 상가의 질서를 유지하기 위하여 비구 비구니들이 지켜야 할 상가의 규칙으로 세간의 법률과 같아서 강제적이다. 계율은 우리의 일상생활과 가장 밀접해 있으며, 시대와 장소를 따라 끊임없이 변화하고 발전하여 왔다. 어느 시대를 막론하고 교단과 수행자들에게 항상 중요한 위치에 있었기 때문에

91 平川彰, 석혜능 譯, 『원시불교의 연구』(서울: 민족사, 2003), 486-492면; 『十誦律』 21(『大正藏』 23권, 155중-156하)

계율을 떠나서는 개인의 깨달음과 교단의 평화를 생각할 수 없다.

불교의 계율은 항상 그 시대의 환경에 맞게 제정되어 수행되었다. 원시불교에서는 오계를 비롯하여 8계, 10계, 250계 등을 지켜 개인은 자발적으로는 악을 멀리하려고 노력했으며, 또 상가라는 공동체의 질서를 유지하기 위해서 율을 강제적으로 지키도록 하였다. 대승불교에서는 보살의 수행덕목인 육바라밀 가운데 계바라밀로서 십선계와 삼취정계를 수행하였다. 이 계의 내용은 삼업에 관한 일상적인 실천덕목들로 자발적인 결의로서의 계율이다. 그리고 십선계를 스스로 행할 뿐만 아니라 남에게도 행하도록 권장하고 있다. 중국불교에서 계율사상의 전개는 성문계로부터 대승보살계로의 변화과정이다. 5세기 초에 성문계가 번역되기 시작하여 크게 유행하였고, 연구도 활발하였다. 그 중에 『사분율』이 크게 성행하여 사분율종의 소의경전이 되었다. 그리고 『사분율』에 의거한 수계의식 등이 이루어졌다. 또 대승경론에 설해진 대승보살계가 유행하였는데, 범망보살계가 대표적이다. 범망보살계에서는 그 어느 때보다도 더 적극적인 선행을 강조하였다. 또한 선종에서는 기존의 계율이 그 당시의 수행생활에 적합하지 않다고 믿고 계율의 정신을 살리면서도 새롭게 변형된 청규를 제정하여 교단을 운영하고 수행자들의 수행덕목으로 삼았다. 성문계에서 금지하고 있는 노동을 깨달음에 이르기 위한 수행의 일부분으로 받아들여 교단이 경제적으로 자급자족할 수 있도록 하였다. 한국불교도 그 영향을 크게 받아 재가자들에게 맞는 계율을 제정해 실천하도록 하였다. 대체적으로 보살계의 연구가 성행하였고, 계율의 정신과 시대적인 배경을 조화롭게 받아들여서 제정한 청규를 실천하였다. 때로는 지나친 계율의 실천으로 부정적인 측면을 양산하기도 하였지만, 나와 남을 함께 배려하여 윤리적인 사회가 될 수 있도록 공헌한 것도 사실이다.

불교의 계율에는 자비와 평등, 평화의 실천이 있다. 불교는 자비의 종교로 일체중생에게 즐거움을 주고 고통에서 벗어나게 하기 위해서 자비를 실천한다. 자비는 인간에게 어떻게 살아야 하는지 그 방법론을 말하고 있다. 모든 인간에게 악을 떠나 선을 행할 것을 가르치고 있다. 이 선행 속에는 생명의 존엄성이 내재해 있다. 계율 가운데 불살생계는 모든 생명을 소중히 여길 뿐만 아니라 억압받고 있는 생명을 살려주는 방생의 의미도 포함한다. 생명의 존엄은 인간과 다른 생명체들이 평등하게 존귀하다는 것이다. 자타가 둘이 아닌 하나라는 것을 강조한 것이다. 자비는 나와 남의 존재를 인정하는 것이며, 나의 고통과 행복뿐만 아니라 타인의 고통과 행복을 함께 고려한다. 그래서 타인의 고통을 함께 의식하고 함께 괴로워하고 그 고통으로부터 벗어나게 한다. 이처럼 자비의 힘은 인간뿐만 아니라 지구상에 존재하는 생명체들이 평화롭게 공존할 수 있도록 해 준다.

이 지구상의 평화는 불교의 계율 사상을 바르게 이해하고 실천할 때 온다는 것이다. 세상 사람들이 출가수행자와 같은 계율을 지킬 필요는 없지만, 가장 기본적인 오계만이라도 지킨다면 인류의 삶의 질은 더욱 향상될 것이다. 개인의 일상생활부터 악을 멀리하려고 노력한다면 이 거대한 세계 또한 변화할 것이다. 이 지구상에 당면하고 있는 전쟁, 갈등, 폭력, 부정부패, 환경파괴, 약물남용 등의 사회적인 문제는 개인의 생활을 변화시킴으로써 해결할 수 있을 것이다. 공동체의 질서는 나를 생각하는 만큼 타인을 생각하고 배려할 때 유지될 수 있는 것이다. 계율은 개개인의 올바른 깨달음을 위하여, 교단의 청정과 화합을 위하여, 중생의 이익과 안락을 위하여 제정되었다. 모든 사람들이 종교에 얽매이지 않고 불교의 계율을 한 가지만이라도 지킨다면, 이 세상은 청정하고, 화합하여 평화를 유지할 수 있고, 이익과 안락함을 얻어 피안에 이를 수 있을 것이다.

신성현 (동국대)

깨달음

범 빠 bodhi 장 byan-chub 한 覺, 悟 영 enlightenmen, emancipation; release; deliverance

Ⅰ. 어원적 근거 및 개념 풀이

1. 어원적 근거

깨달음은 불교의 궁극 목적이다. 진리라는 법[Dharma]을 보는 것이 깨달음이다. 따라서 진리를 깨친 자를 붓다(Buddha)라고 하고 그렇지 못한 자를 범부라고 한다. 불교에 의하면, 범부는 번뇌[업]에 의해 미혹한 생존을 되풀이 한다. 업의 근원이 되는 것은 진리에 대한 미혹[無知]과 미혹에서 발생하는 번뇌 망상이다. 이러한 업은 곧 윤회의 축이 된다. 그리고 윤회의 축에서 벗어나는 것을 깨달음, 해탈이라고 하는데, 다른 말로는 '여실지견(如實知見)'이라고도 한다. 사물을 여실히 통찰하고 존재에 대한 진리를 깨닫는 것이다.

성도(成道)이전의 수행자 고타마는 여러 철학자나 종교가의 가르침을 받기도 하고, 혼자서 고행에 전념하기도 했지만 해탈을 얻지 못했다. 그래서 수행도량이었던 정각산을 내려가, 니연선하의 부근 마을의 수쟈타로부터 우미죽 공양을 받고, 기력이 회복되자 강을 건너 언덕의 나무 아래서 안정된 좌선을 통해 결국 진리를 깨닫는다. 이때 석존은 '모든 생명에는 불성이 있음[一切衆生悉有佛性]'임을 깨달았다. 이를 무상정등각(無上正等覺), 아뇩다라삼먁삼보리(anuttara-samyaksambodhi)라고 한다.

불교의 깨달음의 내용을 법(dharma)이라고 하며, 불교에 귀의한 자는 이 법을 믿고 수행한다. 불교의 수행의 요체는 삼학(三學: 戒, śīla. 定, samādhi. 慧, prajñā.)인데 이는 깨달음을 향한 길의 제시다. 대승불전에서는 여섯 가지 바라밀행을 하여 이루어지는 것을 깨달음이라고 하며, 중국 선종(禪宗)에서는 '심즉불(心卽佛)'이라고 하여 중생과 부처의 동일한 진성(眞性)을 믿고 수행함으로써 깨달음을 얻는다고 한다. '중생 모두는 참된 성품[佛性, 眞性]을 가지고 있지만 번뇌 망상의 영향으로 진성이 덮여 있기 때문에, 진성을 가리는 객진인 망상이 본래적인 것이 아님을 믿고 깨닫는[信解]는 것'이 조사선(祖師禪)의 가르침이다. 선(禪)은 분별적 사유를 차단함으로써 깨달음(직관)의 세계로 인도한다.

깨달음의 경지는 '영광(靈光)', '본래인', '청정광(淸淨光)' 등으로 불린다. 이는 시대적, 문화적 차이에 따라 그 어의(語意)는 조금씩 다르지만 그 근원은 모두 석존의 '깨달음'의 경지를 말한다. 초기불교에 있어서 아라한의 깨달음, 대승불교에서의 보살의 깨달음(佛智)은 모두 같은 것이다.

깨달음을 나타내는 동의어에는, 지혜(智慧)이외에 명(明), 정지(正知), 변지(遍知), 증지(證知), 보리(菩提), 각(覺), 오(悟), 도(道), 정각(正覺), 등각(等覺) 등이 있다. 깨달음은 열반, 해탈이라고도 불리는데, 대승불교에서는 붓다의 깨달음을 진여(眞如), 법계(法界), 법성(法性), 여래장(如來藏), 불성(佛性) 등으로도 표현한다.

2. 개념 풀이

깨달음은 범어로 보디(bodhi)라고 하며, 동사어근 √budh(자각하다)에서 전환한 것이다. 음사로서는 보리(菩提, enlightenment)라고 하며, 각(覺), 오(悟), 도(道), 득도(得道) 등으로 번역한다. 직관(直觀), 직각(直覺), 불지(佛智) 역시 깨달음을 나타내는 말이다.[1]

1 中村 元, 『佛教語大辭典』(東京: 東京書籍, 1981), 175면.

각(覺)은 석존이 증득한 각지(覺知)를 말한다. 이는 바로 구경(究竟)의 각이기 때문에 구경각(究竟覺), 무상각(無上覺), 정각(正覺), 대각(大覺)이라고 한다. 지상보리(地上菩提)의 각지(覺知)는 아직 완전하지 못하므로 수분각(隨分覺)이라 하고, 삼현(三賢) 및 이승(二乘)의 각지는 비슷하게 각오(覺悟)하되 아직 참됨을 얻지 못하므로 상사각(相似覺)이라고 하며, 범부는 깨닫지 못했기 때문에 불각(不覺)이라고 한다.

오(悟, anubodha, pabujjhati)는 각성(覺醒)의 뜻으로[2] 각오(覺悟), 증오(證悟)와 동의어이다. 진리에 눈뜸, 즉 미망(迷妄), 미몽(迷夢)으로부터 각성함을 뜻한다. 각과 같은 의미로 쓰이지만 초기불교에서는 오(悟)의 사용이 극히 제한적이어서, 『아함경』에서는 해(解, parinnana)·증(證, sacchikarana)·꿰뚫음(pativedha)과 같은 몇몇 술어들만이 오(悟)의 의미를 나타내고 있다. 그러나 선학에서는 오(悟)가 미혹에 대한 각(覺)을 뜻하는 말로 널리 사용된다. 선학에서의 오(悟)는 시각(始覺), 즉 마음의 본성을 가린 무명이 제거되고 광명이 나타난 것이며, 미오(迷悟)의 대립을 넘어선 깨달음[覺]이며, 모든 중생이 본래 갖추고 있는 청정한 심성 즉 본각을 체득하는 것이다.

각과 오는 해탈을 함의한다. 해탈의 원어는 범어로 vimoksa 혹은 vimukti이다. 어근 vi-√muc에서 전환된 것이다. '해방된 것', '풀어 놓은 것'이라는 의미이다. 결국 해탈이란 번뇌의 속박에서 해방됨, 혹은 미혹한 세계에서 이탈함을 뜻한다. 영어로는 emancipation, release, deliverance 등으로 번역하고 또한 혼의 구제라는 의미에서 salvasion이라고도 한다.[3]

깨달음의 경지를 '열반(涅槃)', '적정(寂靜)'이라고 의역된다. 번뇌를 완전히 소진(消盡)한 마음의 고요함으로, 진리의 세계이기 때문에 진여(眞如), 법계(法界), 여래장(如來藏) 등으로도 불린다.[4] 또한 깨달음을 구하는 마음을 보리심(菩提心)이라고 한다. 깨달음을 구한다는 점에서는 소승이나 대승이 모두 마찬가지다. 자신의 깨달음을 추구하는 소승의 경우, 성문은 사제(四諦)의 가르침을 듣고 수행하고, 연각(緣覺)은 십이연기(十二緣起)를 깨달아서 각각 해탈하는 데 비해, 대승은 자신의 깨달음이 타인의 깨달음과 동시에 성립한다고 하는 입장에서 육바라밀을 실천하는 것이 보살의 깨달

2 『잡아함경』 권22 (『大正藏』 2권, 154면 상)

3 Robert E. Buswell, Jr., *Editor in Chief, Encyclopedia of Buddhism* (USA NY: Thomson, 2003), 50-53면.

4 中村 元 監修, 『比較思想事典』(東京: 東京書籍, 2000), 178-179면.

음임을 강조한다.

보살은 깨달음을 구하고자 지금 수행중인 자를 의미한다. 흔히 깨달음이라고 하면 고정된 상태를 떠올리는 경향이 있지만 그것은 깨달음이라는 것에 집착된 망상이다. 깨달음의 행은 자리(自利)와 이타(利他)의 양면을 원하고 계속적으로 행동하는 것이다.

석존의 깨달음은 『우다나(udāna, 自說經, 偈)』 또는 『율장』에 게재되어 있다.[5]

석존이 깨달음을 이루기 바로 전 날, 저녁에 읊은 시(詩)에는, '실로 담마(damma, 法)가 열심히 선정에 들어있는 수행자에게 드러났을 때, 그 때 모든 의혹을 알았다.'라고 하였다. 이는 연(緣)의 이법(理法)을 알았기 때문이다. 한밤중의 시에는, '실로 담마가 열심히 선정에 들어 있는 수행자에게 드러났을 때, 그 때 모든 의혹은 소멸한다.'라고 한 것은 모든 연의 소멸을 알았기 때문이다. 새벽의 시에서는 '실로 담마가 열심히 선정에 들어 있는 수행자에게 드러났을 때, 그때 모든 의혹을 소멸한다. 마치 태양이 허공을 비추는 것처럼, 악마의 군대는 부수어졌고 편안한 것'이다. 여기서 보면, '담마가 드러났다'고 하는 것이 깨달음의 원점이다.

담마라는 것은 형태가 없는 생명이다. 저녁의 시에서는 담마가 드러나 연의 이법을 알았다고 하고, 밤중의 시에서는 그 연도 소멸했다고 하고, 여명의 시에서는 악마의 군대, 즉 무수한 번뇌를 부수고, 태양이 허공을 비춘 것처럼 담마가 완전히 비추었다고 한다. 이처럼 저녁에서부터 밤중, 나아가 새벽에 걸쳐서 담마가 고타마의 전인격체에 드러나 침투하고 통철했다고 하는 담마의 궤적을 볼 수 있다.

이와 같은 도정을 지나 고타마는 붓다가 된 것이다. 얼마동안 시간이 흘러간 후, 붓다는 자신이 처음 깨달은 것이 아니라 이미 과거의 모든 부처님도 담마로 자각하였고 미래의 불도자들도 그렇게 될 것이리라고 믿고, 이와 같이 담마는 영원히 드러남이 계속될 것임을 알았다. 따라서 담마를 여래라고 명칭하였고 대승경전의 기초를 확립한다.

---

5 玉城康四郎, 『悟りと解脫』(京都: 法藏館, 1999), 22-25면.

Ⅱ. 역사적 전개 및 텍스트별 용례

1. 역사적 전개

불교는 석존의 성도라고 하는 각의 체험과 이를 언급한 설법에서부터 성립한다. 석존의 성도는 결국 각의 실현이다. 석존을 자각으로 이끈 동기는 주지하다시피 죽지 않는 세계를 구하려고 한 것이다. 『성구경(聖求經)』에 의하면 '진실의 자기를 구명하고 싶은 것'이다.

석존은 육 년간의 수행이후 깨달음을 얻었다. 고타마가 붓다가 된 것이다. 좌선을 하여 정각을 성취한 것이다. 석존이 무엇을 깨달았는가. 이 문제야말로 불교의 근본문제이다. 그러나 석존의 깨달음이 무엇인가는 여러 불전에서 반드시 일치하지는 않는다. 곧 잘 십이연기를 깨달았다고 하지만 『사중경(四衆經)』이나 『율장』 같은 문헌에 의하면 깨달음과 십이연기는 직접적인 관계가 없는 것으로 나타나 있다. 『우다나』(小部 니카야)에서는, 우선 보리수 아래에서 처음으로 깨달음을 얻었다고 한다.

석존은 초선, 제이선, 제삼선, 제사선을 성취한 후, 숙명지(宿命智), 천안지(天眼智)을 얻고, 마지막 누진지(漏盡智: 모든 더러움을 멸한 지)를 얻고 각자(覺者)가 된다[『맛지마 니카야』]. 이같이 하여 최후에는 "마음은 욕망의 더러움에서 해탈하고, 마음은 생존의 더러움에서 해탈하고, 마음은 무명의 더러움에서 해탈했다. 해탈한 다음 바로 해탈의 지(智)가 일어났다. '태어남은 마쳐졌다. 청정행이 완성되었다. 이루어야 할 것이 이미 이루어졌다. 이제 이러한 생존의 상태에 이를 것은 없다'는 것을 알았다. 무명을 여의고 해탈했을 때 '해탈했다'고 하는 지(智)가 일어났다"고 한다. 무명을 여의고 해탈했을 때, '해탈했다'는 자각이 일어났다고 하는 이 자각이야말로 깨달음의 핵심이다.

그때, 석존은 칠일 동안 자리에 앉아 해탈(vimoksa, vimukti)의 기쁨을 향유하셨고 칠일 후, 십이연기를 관찰하게 된 것이다. 석존의 깨달음의 이러한 과정에 대해서 경전마다 조금씩 그 내용을 달리 함을 살필 수 있다. 이는 나중의 불교도가 석존의 깨달음이 어떻게 얻어졌는가에 대한 관점이 제각각 다르게 나타난 이유에서라고 본다.

2. 텍스트별 용례

1) 초기불교에서의 깨달음

지금 우리가 사용하는 깨달음이라는 말에 가장 가까운 빠알리어와 범어는 보리(菩提, bodhi)이다. 보리라는 말은 '알다'라는 의미의 budh라는 동사에 파생된 여성명사이다. 이 깨달음에는 세 종류가 있는데, 성문(聲聞)의 깨달음(saavaka-bodhi), 독각(獨覺)의 깨달음(pacceka-bodhi), 그리고 붓다의 완전한 깨달음(samyak-saṁbodhi)이다. 붓다의 깨달음은 최상의 바른 깨달음인 무상정등각(無上正等覺, anuttara-samyak-saṁbodhi)이라고 한다.

깨달음이란 진리에 대한 눈뜸이다. 이전까지는 알지 못했던 것을 밝게 안다는 뜻이다. 보리의 신역(新譯)어가 각이라고 한다면, 구역(舊譯)에서는 보리를 도(道), 불(佛)을 각(覺)으로 했다.

붓다는 자신의 깨달음에 대해서 "눈이 생기고, 통찰이 생기고, 지혜가 생기고, 과학적 지식이 생기고, 빛이 생겼다"고 말했다. 초기경전에서는 진리를 깨달은 사람들에 대해서 "티끌이 없고 더러움이 없는 진리의 눈[法眼, dhamma-cakkhu]을 떴다. 그는 진리를 보았고 진리에 도달했고 진리를 알았고 진리를 파악했으며 의혹을 건너서 흔들림이 없다"라고 표현했다. 여기서 말하는 진리란 사성제, 연기법, 무아설 등을 지칭한다. 따라서 초기불교에서 말하는 깨달음이란 사성제, 연기법, 무아의 이치를 터득한 것이라고 이해할 수 있다.

깨달음에 대한 초기경전에 대해 살펴보면,

> "비구들이여, 이 네 가지 고귀한 진리에 대해 '있는 그대로[yatha] 앎과 봄[如實知見]'이 나에게 아주 분명하지 않았더라면, 나는 천신, 마라(魔), 범천(梵天), 사문과 바라문, 인간, 천인(天人)의 세계에서, 위없는 완전한 깨달음[무상정등각]을 깨달았다고 공언하지 않았을 것이다. 그러나 비구들이여, 이 네 가지 고귀한 진리에 대해서 '있는 그대로의 앎과 봄'이 나에게 완전히 분명하기 때문에, 나는 천신, 마라, 범천, 사문과 바라문, 인간, 천인의 세계에서, 위없는 완전한 깨달음을 깨달았다고 나는 공언했다."[6]

6 「여래의 말씀」, Samyutta-Nikaya, Part Ⅴ. ed. by Leon Feer (London: PTS, 1898), 422-3면.

"심오하며, 보기 어렵고, 깨닫기 어렵고, 고요하며, 수승하며, 단순한 논리적 사유로는 얻을 수 없는, 현자들에 의해서 이해되는 이 법을 나는 증득했다. 그러나 세간 사람들은 감각적 욕망에 머물러 감각적 욕망에 집착하고 감각적 욕망을 즐기고 있다. 감각적 욕망에 머물러 감각적 욕망에 집착하고 감각적 욕망을 즐기고 있는 이러한 세간 사람들은 이 법, 즉 '이것을 조건으로 하고 있음[此緣性]', '조건에 의존된 발생[緣起]의 법'을 이해하기 어렵다. 또한 이 법, 즉 모든 지음[行]의 소멸, 모든 윤회의 뿌리(upadhi)를 끊어 버리는 것, 갈애의 소멸, 이욕(離欲), 멸(滅), 열반을 이해하기 어렵다."[7]

"비구들이여, 청정한 범행(梵行)의 목적은 재물, 명예, 명성을 얻는 것이 아니며, 계, 정, 지견(知見)을 얻는 것이 아니다. 비구들이여, 흔들림이 없는 마음의 자유가 청정한 범행의 목적이며, 핵심이며, 궁극의 도달점이다."[8]

이외에도 깨달음에 대해서는 많은 설명이 있지만, 핵심적인 내용은 네 가지 고귀한 진리[四聖諦]에 대한 체험적인 이해가 곧 붓다의 깨달음의 내용이며, 제자들에게 지도한 가르침임을 알 수 있다.[9] 네 가지 고귀한 진리에 대해 '있는 그대로 앎과 봄'이 붓다의 깨달음의 내용이다.

깨달음의 포괄적인 내용이 네 가지 고귀한 진리에 대한, 있는 그대로의 앎과 봄[如實知見]이라면, 그 깨달음에 이르는 길, 즉 수행법은 사성제의 네 번째인 괴로움의 소멸에 이르는 길[苦滅道]일 수밖에 없다. 초기경전에서 붓다는 팔정도에 대해 다음과 같이 말씀하신다.

"이 고귀한 여덟 갈래[八支聖道=八正道]는 여래(如來)가 발견한, 보는 눈을 주고 앎을 주는 중도, 평온에 이르게 하고, 뛰어난 앎을 얻게 하며, 깨달음을 이루게 하고, 열반을 얻게 하는 중도이다."[10]

---

7 『聖求經』, Majjhima-Nikāya, Vol. Ⅰ. ed. by Robert Chalmers (London: PTS, 1899), 167-168면.

8 『心材喻大經』, Majjhima-Nikāya, Vol. Ⅰ. ed. by Robert Chalmers (London: PTS, 1899), 197면.

9 『숫따니빠다』558게. 여기에 게제 된 원전의 번역은, 「불교신문」 제2041호(2004. 6. 22.)에 게제 된 김재성의 글을 인용 참고하였음.

10 『轉法輪經』, Samyutta-Nikaya, Part Ⅴ. ed. by Leon Feer (London: PTS, 1898), 42면.

깨달음은 정확한 현실 인식과 함께 현실에 대한 해결법을 획득한 상태이다. 즉 괴로움을 완전히 이해하고, 그 원인을 제거하는 길을 따라서 괴로움의 소멸을 직접 체험한 내적인 사건이다. 깨달음은 따라서 '흔들림 없는 마음의 자유[=중도, 부동심해탈]'이라고도 한다. 깨달음을 이루면 탐, 진, 치라는 근본 번뇌가 완전히 사라진다. 이 경지에 도달한 이를 초기경전에서는 아라한이라 한다. 아라한이 되는 것을 최상의 목적으로 수행했다.

깨달음의 과정을 설명하는 많은 초기경전들과 『청정도론(淸淨道論, Visuddhimagga)』을 비롯한 모든 주석서에서도 해탈, 열반, 깨달음은 '사성제를 철견'이다. 사성제에서의 고성제와 집성제는 연기법의 순관과 일치하고 괴로움의 소멸과 그러한 소멸로 인도하는 도성제는 연기법의 역관과 일치한다고 설명한다. 『율장』「대품」에서 붓다는 연기법의 순관과 역관을 통해서 정각을 이루었다고 기술하고 있다. 그러므로 깨달음은 '연기법을 깨달은 것'이라고도 정의한다. 연기는 무아와 일치하는 사상이며 그러므로 깨달음이란 '사성제=연기=무아를 깨달는 것'이라고 말할 수 있다.

깨달음의 실제적인 원인은 사성제 중 고성제(苦聖諦)이다. 중생의 삶은 고이며 이 고의 원인은 오온의 취(取)·착(着)에서 비롯된다. '오온성고(五蘊盛苦)'는 이를 말해 준다. 이러한 취착에는 원인이 있으며 그것은 탐, 진, 치가 그 시원(始原)이 된다. 오온이 고임을 여실지견하였을 때, 일체의 고에서 해탈이며 그런 상태를 열반이라고 한다. 열반은 멸성제(滅聖諦)의 동의어가 된다.

초기경전에는, 깨달음은 수행의 조건이 충족될 때 자연스럽게 일어난다고 한다. 그것은 탐(貪), 진(嗔), 치(痴)라는 근본적인 번뇌의 자각(parinna)과 갈애의 소멸(pahana)과 소멸의 길이 팔정도의 닦음(bhavana)이며 중도이다. 자신의 몸과 마음과 입으로 탐, 진, 치를 제거하는 계, 정, 혜(慧) 삼학(三學)의 수행을 실천하는 길이 깨달음의 길이다. 이 길은 중도의 길이며 이것은 경전에서 말하는 '시간을 지체하지 않고' 체험되는 법(dharma)이다. 중도는 자타(自他), 단상(斷常), 유무(有無), 일이(一異) 그리고 고락(苦樂)의 중도이다. 이는 자타, 단상 등 모두 남김없이 파기 부정하고 세워지는 법이며, 여실지견에서 이루어지는 깨달음의 실현(sacchikiriya)이다.

> "비구들이여, 이 두 가지 치우친 행을 버리고 중도를 취하여 밝음을 이루고, 지혜를 이루며, 정(定)을 성취하여 자재(自在)를 얻고, 지혜로 나아가고, 깨달음으로 나아가고, 열반으로 나아가게 된다. 그 중도란 이른바 팔정도이

니 바른 견해[正見]와 바른 정[正定]으로서 이것을 여덟 가지 바른 길[八正道]이라 한다."[11]

'한 쪽에 치우치지 않는 평등' 즉 '정등(正等)' '편지(偏智)'라고 한 것처럼, 양 극단에 치우치지 않는 길을 중도라고 하였으며, 이는 분명 깨달음의 지견에서 이루어진 것이다.

이처럼 깨달음 혹은 해탈, 열반은 제법의 무상, 고, 무아를 통찰하는 수행을 통하여 실현되며 이를 체계적으로 설한 것이 『대념처경(大念處經)』이다. 그래서 아비담마에서는 무상, 고, 무아를 해탈의 세 가지 관문이라 표현하며 무상을 통찰하여 실현한 해탈을 상이 없는[無相] 해탈이라 하고, 고를 통한 해탈을 원이 없는[無願] 해탈이라 하며, 무아를 통한 해탈을 공(空)한 해탈이라고 한다. 이러한 공, 무상, 무원은 대승불교의 세계관의 핵심이 되기도 하며 선종에서 말하는 견성(見性)의 본질이기도 하다.

2) 대승불교에서의 깨달음

각(覺)은 대승불교에서 비로소 불교의 중심개념으로까지 승격됐다고 말할 수 있다. 각이 이같은 지위를 차지하게 된 것은, 나중에 '본각'이라고 부르게 된 깨달음의 본질로부터 자각하도록 하였기 때문이다.

『중론』에는 깨달음이라는 말은 보이지 않지만 『중론』의 사상은 본질적으로 깨달음을 중심과제로 하고, 깨달음을 가장 본질적으로 해명하고 있다고 말해도 좋을 것이다. 『중론』에는 무상정등각이란 말은 없고 오히려 열반이나 해탈이라는 말을 매개로 해서 중관사상의 깨달음을 논한다. 『중론』의 의미에 의거하면 이해 될 것이다.[12]

중관사상은 모든 존재하는 것의 실재(實在)가 공성(空性)이라고 하는 입장을 제창하지만 그것은 공성이 깨달음의 본질을 나타내기 때문이다. 이런 의미에서 '깨달음'이란 말은 『중론』에서 보이는 공사상에 의해 본격적인 사상내용으로 정리되었다. 이처럼 그것은 종교상의 개념에서 대승불교의 철학적인 중심개념으로 된다.[13]

---

11 『중아함경』56(『大正藏』 1권, 777면 하)

12 『중론』(『大正藏』 30권 1면 상).

13 圓治照義, 「中觀思想における覺の問題」, 『悟りと救い』(京都: 平樂寺書店, 1982). 110-112면.

공성은 단지 중관사상뿐만 아니라 인도의 모든 대승불교에서 깨달음의 본질로서 인식되고 있다. 중관사상은 유식사상이나 여래장사상이 깨달음을 긍정적인 이론이나 실천으로 체계화하는 데 반대한다. 구성적 체계를 철저히 부정하고 체계화를 거부하기 때문이다.

중관사상이 이 공성의 본래의 입장에 선 것은, 각각 그 같은 공성의 사상을 산출한 『반야경』의 반야바라밀의 실재관인 법성(法性, dharmatā)의 입장만을 충실히 따르고, 『화엄경』에서 설해진 것 같은 소위 '성법출생(聖法出生)의 인(因)'으로서 법계(dharmadhātu) 사상을 수용하고 있지 않기 때문이다. 유식사상이나 여래장사상은 법성 즉 공성의 사상을 수용하면서도 그것을 법계나 법신(dharmakāya)과 동일시함으로써 형성된 사상이다.

『팔천송반야경』에서도 이미 법성을 무본성(無本性), 즉 공성인 것이 자각되고 있기보다 오히려 본성청정(本性淸淨, prakṛtiviśuddha)이나 본성원리(本性遠離, prakṛtivikta)라는 말로 공성을 법성으로 하는 일체법의 본성적인 존재를 설하여, '청정'이라는 적극적인 표현으로 의미를 구하고 종교적으로 청정한 것, 성스러운 것을 뜻한다. 윤회도, 열반도, 본성으로서 성(聖)인 것을 논거로 하여 불이(不二, advaya)이며 무구별(無區別)이라고 설하는데 이것이 『팔천송반야경』의 법성관의 특색이다.

『팔천송반야경』의 법성은 공성으로서 사상의 문제로서 논하는 것만이 아니라 일체법의 본성인 것 같은 법성인 동시에 보살행의 기준(pramana)이기도 하다. 이 경전이 일관하여 보살행이 법성에 수순하고 법성에 합치하게 되면 이것을 '반야바라밀'이라고 한다. 법성은 본성임과 동시에 그것은 반야바라밀을 향하여 수행하는 보살에 의해 실현되는 것이므로 어떠한 것과 다르지 않다는 것이다. 이처럼 『팔천송반야경』은 대승불교가 일체법의 본성을 실현하는 길임을 제시한다.

깨달음이란 여실지견, 즉 '진리에 대한 눈뜸'이지만 대승불교시대에 이르러서는 '부처가 된다'는 개념으로 바뀐다. 수행의 결과, 초기불교에서의 아라한과에서 불과를 얻는 것이 대승불교에서는 성불이다.

또한 최고의 깨달음의 경지를 해탈이라든가 열반, 내지 그것의 동의어를 가지고 표현하고 있다. 대승불교사상에 의하면, 해탈은 자유, 열반은 평화의 의미를 가진다. 대승불교는 개인이나 사회 속에서 자유와 평화가 실현할 것을 목표로 삼는다. 따라서 이러한 실재적(實在的), 현재적(顯在的) 삶에서 깨달음을 추구하는 것이 대승불교다. 자유는 자리(自利)만으로 치우치는 폐단이 있기 때문에 깨달음이란 자리와 이타(利他)가 함께 갖추어 있다고 설하고, 아라한과를 얻었던 사람도, 보살도를 닦아서 불과(佛果)를 얻은 사람도, 모두 자리와 이타의 완성자라고 말하는 것은 이를 가리킨다. 또한 대승불교에서 무주처열반(無住處涅槃)이 설해지고, 스스로 평온한 경지에 빠져들지 않고, 이타교화[육바라밀행]의 활동에 종사해야 한다고 하는 것도, '깨달음'이라고 하는 의미임을 보인다.

이러한 모든 대승불교의 보살사상은 주체적인 존재로서 구상(構想)되고 있는 아(我)도, 사물을 구성하는 요소적 존재로서 상정되고 있는 법도, 일체는 어떠한 본체도 가지는 것이 없다는 것, 이는 공(空)·무자성(無自性)이고, 그러므로 가(假)인 것이며 환(幻)과 같은 것일 수밖에 없다는 것이 대승불교의 근본적인 입장이며, 이것이 깨달음의 내용이다.

대승불교의 궁극적인 깨달음에 관하여 경론(經論)상에서 나타난 내용을 중심으로 살펴본다.

『법화경』「방편품(方便品)」에는 여래가 이 세간에 출현하는 일대사인연(一大事因緣)을 중생들을 위하여 '불지견(佛知見)을 열어[開] 보이어[示] 깨달음[悟]에 들게[入]' 하는데 있음을 제시하고 있다. 이는 불교의 출발과 목적이 '깨달음'에 있는 것으로 보인다. 그러나 『법화경』에는 '불지견(佛知見)'에 대해 명확한 설명은 않고 있지만 '있는 그대로의 모습'을 설하고 있다. 이른바 깨달은 붓다의 지견에서 보인 모습을 설한 것이고 이는 『아함경』에서 『반야경』 등을 통하여 명료하게 밝힌 깨달음의 입장에서의 세계이다.

또한 『법화경』의 특징이라고 볼 수 있는 불제자들에 대한 성불의 수기(授記)가 설해져 있다. 「수기품」에는 불제자들이 부처님을 시봉 한 이후, 어떠한 겁(劫)에 어떠한 국토에서 어떠한 불명(佛名)을 갖는다는 내용으로의 성불의 수기는 불법을 신수(信受)하는 유학(有學)에 이르기까지 불교의 궁극의 목적이 성불에 있음을 명료히 보인 것이다. 성불의 수기는 실질적으로 '불지견'에 대한 깨달음[悟入]으로의 접근이 되는 확고한 믿음[信]을 주는 것이다. 이러한 깨달음의 오입(悟入)은 열반에 대한 천착에서 벗어나 '생사즉열반' '중생즉불'의 명제를 제시하였고 일체중생의 성불의 수기는 여래장사상을 통한 불성의 재현을 표명한 것이고, 더욱이 확연하고 명료한 깨달음의 세계가 바로 여기에서 이루어진다는 보리심의 발로가 되는 것이다.[14]

---

14 竹村牧男, 『覺りと空』(東京: 講談社, 1992), 155면.

『대승기신론』에서는, 깨달음이란 마음에서 망념이 떠나 무념의 세계가 되고 반야지혜가 마음의 세계 전체에 빛나 미치지 않는 곳이 없는 것을 말한다. "각(覺)의 의미는 심체(心體)에서 염(念)이 떠난 곳을 말한다. 망념이 떠난 모습은 허공계와 같아, 두루 미치지 않는 곳이 없으며, 법계일상으로서 그것이 여래의 평등법신이다. 이 법신을 본각(本覺)이라고 한다"고 설한다.

이처럼 깨달음의 각(覺)은 여래의 지혜이며, 진리를 깨달은 지혜는 이지불이(理智不二)이기 때문에, 이것을 여래의 법신이라고 한다. 이 법신은 번뇌에 감추어진 여래장의 지위에서나 또는 번뇌를 이탈한 여래 법신의 지위에서나 변화가 없기 때문에 평등한 법신이라는 것이다. 이와 같이 법신은, 본래 마음에 있는 고유한 것이므로 이름하여 본각(本覺)이라 한다. 본각과 대비하는 시각(始覺)을 설하지만, 이 시각은 번뇌를 차단하기 위한 수행을 실천하여 계속하여 깨달음의 지혜가 나타나기 시작하여 그로부터 수행이 진척되어 각의 작용이 차차 더해져, 수행이 완성되면 시각은 본각에 합치하게 된다. 이처럼 만유의 본체는 본래 청정한 각체[본각]임을 논하고 번뇌로 인한 불각(不覺)이 심원(心源)의 깨달음에 의해 시각(始覺)에서의 각(覺)이 되는 것을 말한다. 이처럼 『대승기신론』은 각의 철학서이며 종교원리인 것이다.[15]

『금강경』은 대승불교시대에 가장 먼저 성립된 경전 가운데 하나이다. 대승불교사상의 진수를 간결하게 정리한 경전이다. 공(空)이라는 용어가 등장하지 않는 것으로 보아 공이라는 술어가 성립하지 않은 때에 만들어진 것으로 보인다. 대승보살의 생활과 수행, 마음을 설한 경전이면서 대승불교의 술어인 bodhicitta가 보이지 않는다. 보살의 기본적인 태도는 '여실지견'이다. 보살은 인법무아(人法無我)의 입장에서 '일체법을 알아야 하고[知], 보아야 하며[見], 이해(理解)해야 하며, 더구나 법이라는 관념조차도 정착하지 않는 것처럼, 알지 않으면 안 되고, 보지 않으면 안 되고, 이해하지 않으면 안 된다.'는 것이다. 이것이 깨달음이고 여래이며, 일체의 상(想, 관념)을 여이고 여실지견하는 것이 보살의 기본적 생활태도이다.[16]

이처럼 여실지견의 보살의 자세는 '응무소주(應無所住) 이생기심(而生其心)'이라는 집착이 없는 마음이다. '반야바라밀은 반야바라밀이 아니라고 직관했을 때, 마음은 일체로부터 집착을 여윈다'는 것이다.[17]

---

15 『大乘起信論』 3(『大正藏』32권, 576면 상)
16 田上太秀, 「金剛經のさとりとすくい」『悟りと救い』(京都: 平樂寺書店, 1982), 96면.
17 위의 책. 99면.

경에, "수보리야, 보살마하살은 모든 생각을 불식(拂拭)하고 무상정등각으로 향하는 마음을 일으키지 않으면 안 된다"[十節]라고 한다. '응무소주 이생기심'의 구체적 설명이다.

이러한 무주처의 마음은 그대로 일체중생을 구제한다는 대자비심의 발로가 됨을 보인다. 이것이 수행이다. 그리고 이러한 보살의 수행은 보시바라밀이라고 한다.[四節] 그리고 마지막, 경전을 수지(受持)하고 독송함은 바로 아뇩다라삼먁삼보리를 얻는다고 하였다.[18]

이와 같이 경전상에서 보살의 행을 살펴보았을 때, 이는 바로 수행 그대로가 보리의 실행이고 깨달음의 현상인 것이다. 다시 말해서 이 경전의 깨달음은, 희구(希求)해야 하는 이상의 반야바라밀은 반야바라밀이 아니라고 하고, 반야바라밀조차도 마음에 집착하는 것이 없이 계속 공성으로서 수행해 가는 것, 그것이 그대로 깨달음의 현성(現成)이며, 반야바라밀의 실천이다. '응무소주 이생기심'이란 이를 의미한다. 동시에 이것은 무한히 일체의 상(相)을 여의고 무상정등각을 구하여 마음을 일으켜 행하는 것이다.

보리를 구하는 수행[菩提行] 등을 자세히 설한 내용이 『유마경』이다.[19] 일체제법의 불이(不二)의 이(理)를 근거로 유마거사가 보살행을 설하는 경이다. 「불국품」에 십칠청정불국토(十七淸淨佛國土)에 있는 십바라밀(十波羅蜜), 사무량(四無量), 사섭법(四攝法), 삼십칠보리분법(三十七菩提分法), 설제팔난(說除八難), 제선근(諸善根), 십선업도(十善業道)의 일체의 공덕을 구유하고 있는 중생을 이끌어 마침내 일체중생을 성취 시킨다. 이것이 이 경에서의 '깨달음'이다.

깨달음은 종성(種性)의 구별이 없이 일체의 범부가 향상(向上)하여 모두 현상이 되는 것이다. 중생으로 있는 것은 계위(階位)의 차별만이다. 이 계위는 미입정위(未入正位)-입정위(入正位)-심해탈(心解脫)-발의(發意(=發菩提心))-무생인(無生忍)-일생보처(一生補處)의 육계위(六階位)를 말한다[「보살행품」].

중생이 깨닫는다는 것은, 단혹수증(斷惑修證)과 전식득지(轉識得智)이다. 즉 번뇌를 하나하나 끊는 것과 번뇌를 전환하여 증득한다는 것이다. '단혹수증'에 대해 유마거사의 방장실에 있었던 천녀는 사리불에게 '부처님[佛]

---

18 『금강반야바라밀다경』(『大正藏』 8권, 750면 상)

19 『維摩詰所說經』(『大正藏』 권14, 537면 상); 大鹿實秋, 「佛と衆生との間」, 『悟りと救い』(京都: 平樂寺書店, 1982), 164-165면.

은 증상만(增上慢)의 사람을 위해 음(婬), 노(怒), 치(痴)를 여읨을 해탈이라고 한다고 설하지만, 증상만이 없는 자를 위해서는 부처님은 음, 노, 치의 성(性) 이 바로 해탈'이라고 설한다[「관중생품」].

유마거사는 '육십이견(六十二見) 및 일체의 번뇌가 모두 이 여래의 종성(種性)이다'라고 문수보살에게 답한다[「불도품」]. 번뇌즉보리, 혹은 전식득지는 이를 말한다. 깨달음이라는 것은 무엇을 얻는다든가 무엇인가를 증(證)하는 것이 아니라 무소득(無所得), 무현증(無現證)이다. 그것은 어떤 것을 취사(取捨)하는 일이 없다. 일체중생은 번뇌를 가지는 한, 출가, 재가, 남, 여, 차별 없이 현신(現身) 그대로 깨닫는 것이 될 수 없다[「관중생품」]. 이 깨달음을 유마거사는 문수보살에게 인연의 이법(理法)도 끊은 무인(無因)·무주(無住)의 경지라고 설하고 있다. 불가설(不可說)로서 불이(不二)의 깨달음을 '묵(默)'으로 표명하는 『유마경』은 이후 선종의 종지를 형성하는 근간이 된 경전이다.

『무량수경』에서는 정토에 왕생한 인천(人天)은 열반이 결정된 자들이라고 한다. 이와 같이 보면, 불퇴전(不退轉), 일생보처(一生補處), 무생법인(無生法忍), 정정취(正定聚) 등은 모두 초기대승불교에서 보살도를 완성하는 중요한 단계이며, 『무량수경』에서 정토 왕생자에게 그러한 계위를 주는 것으로 중생을 증오로 이끈다는 의도가 보이는 것이다.[20]

이처럼, 대승경전은 모두 여래의 자비와 보살의 이타행(利他行)을 강조한다는 점에서 『아함경』과 다른 특색을 발견할 수 있다. 여래의 공덕을 찬양하고 그 자비행을 가르치는 즉 '여래교'의 경전은 『법화경』, 『화엄경』 「여래성기품」, 『아미타경』 등의 정토계 경전이며, 보살의 존재, 수행, 바른 법에 대한 견해를 가르치는 '보살교'의 경전으로서는 『반야경』, 『유마경』, 『화엄경』의 『십지경(十地經)』 등이다. 불(佛)의 작용은 자각(自覺), 각타(覺他), 각행원만(覺行圓滿)임을 대승경전에서 밝히고 있다. 보살교는 깨달음을 향하는 지혜를 가르치는 향상문(向上門)이라고 한다면 여래교는 중생을 구함을 목적으로 자비를 설하는 향하문(向下門)이다.

특히, 중기 대승불교의 여래장사상은 모든 중생에게 성불의 가능성이 있음을 주장하고 그 근거를 보이는 것을 목적으로 하고 있는 점에서 깨달음

---

20 『무량수경』(『大正藏』 권12, 271면 상); 香川孝雄, 「『無量壽經』における證悟と往生」, 『悟りと救い』(京都: 平樂寺書店, 1982), 127면

을 과제로 하고 있다. 이는 대승불교의 특색이고 대승은 여래와 같은 무상 보리를 향하여 발심한 보살이 제대로 수행하여 득과하는 것을 목적으로 하는 가르침이라고 정의할 수 있다. 다만 부처가 되기 위해 어떻게 해야 하는가에 중점을 둔다면 여기서 말하는 '보살교'가 되지만, 여래장사상은 어떻게 해야 하는가보다 어떻게 해서 성불이 가능한가라고 묻는 데에 특색이 있다. 그래서 그 성불의 근거로서 여래의 절대의 힘이 강조되는 점에서 이 사상은 '여래교'의 부류에 포함되는 것이다.[21]

여래의 절대성은 중생에 대한 자비로서 드러나기 때문에 거기에 '구함'의 문제가 따른다. 깨달음은 무엇인가를 깨닫는 것이어서 본질적으로 자리적(自利的), 자력적(自力的)이지만, '구함'은 누군가를 구하는 것이어서 '구함'은 이타적이고 구해지는 것으로서는 자력적인 작용이다. 깨달음과 구함은 자리와 이타, 자력과 타력이라고 하는 대비로서 대응하지만 생각해 보면 도달하는 점은 같다. 여래의 작용을 자각·각타로서, 구함은 각타 즉 다른 것으로부터 깨닫게 하는 것이 된다. 구해지는 쪽으로 말하면 붓다의 이타행으로 도움받고 깨닫는 것이다. 구함을 말하는 경우도 불교는 어디까지나 깨달음의 종교인 것이다. 구함은 어떻게 나타나는 것일까? '구함'의 용어의 원어는 ① √trai-trāyate(보호함)과 ② √tṛ(tarati 건너다)의 사역형 tārayati(건너게 하다)의 두 계통으로 귀착한다. ①은 중생을 고로부터 보호하는 것으로 여래는 이 세간을 지키는 역할 때문에 귀의처(śaraṇa)라고 할 수 있다. 세간의 주인이라고 하는 것도 같은 이유 때문이다.

또한 여래의 동의어로서 사용된 tayin은 그 원어의 의미에 대해서 알 수 있지만, 교리적으로는 trāyin이라고 해석하고 범어화하고 있다. 결국 '구호자'라는 뜻이다. ②는 강을 건너는 것이 원어이고 피안 즉 이상의 세계에 이르는 것으로, 깨달음, 해탈과 같은 뜻이다. 특히 '도탈(度脫)'이라고 번역하는 것처럼 이곳 세계의 고로부터 벗어나 피안에 이른다고 하는 의미가 내포된다. 이런 경우 강을 건너는 데는 배의 힘, 배 머리의 힘을 빌리는 것처럼 건너는 자의 수단이 요구되고 여래(혹은 보살)가 중생을 위해 그 역할을 해 줄 것을 기대한다. 여래나 보살은 그런 의미에서 tāra, tāraka라고 하여 '구도자(救度者)'라고 번역한다. 이는 '고로부터 벗어나는' 것과 동의(同義)

---

21 高崎直道, 「如來藏思想における悟りと救い」, 『悟りと救い』(京都: 平樂寺書店, 1982), 142면.

이다.[22] 여래는 어떻게 해서 중생을 피안으로 건너게 하는 것일까. 그것은 불업(佛業)에 의해 깨달음을 돕는 것이다. 불업은 위신력(anubhāva)이다. 위신력으로써 중생을 가지(加持)하고 고로부터 벗어나게 하는 이것이 바로 '구함'이지만, 궁극적으로는 '깨달음'의 신력(神力)으로서 중생을 깨닫게 하는 구함이다.

이와 같이 대승불교에서 깨달음의 길은 깨달음의 마음을 일으키는 발보리심(發菩提心)에서 출발한다. 그러므로 일체중생을 구제하기 위해 깨달음을 추구하는 발보리심은 깨달음의 뿌리인 것이다. 여래도 중생도 모두 여기에서 근거하고 현현(顯現)한다. 발심한 보살은 보살계를 받고 보살행을 실천한다. 보살행은 자량(資糧)을 쌓는 것과 지혜를 체득하는 둘로 구분된다. 육바라밀 가운데서 보시바라밀과 지계바라밀 등은 공덕을 쌓는 것이고, 선정바라밀과 반야바라밀은 지혜를 체득하는 것이다. 보살은 바라밀을 닦음으로써 자량도(資糧道)와 가행도(加行道)를 거쳐 성도(成道)인 견도(見道)에 들어가고, 수도(修道), 무학도(無學道)를 거쳐 원만한 깨달음이라고 할 수 있는 여소유지(如所有智)와 진소유지(盡所有智)를 성취한다. 이것이 『이만오천송반야경(二萬五千誦般若經)』 등 대승경전에서 설하는 깨달음과 깨달음에 이르는 일반적인 길이다. 이러한 대승불교를 토대로 깨달음을 정의하고 증득하는 수행체계를 티벳 불교에서 발견한다.

티벳 불교는 인도 후기불교를 계승했기 때문에 인도불교의 전통 속에서 이러한 체계를 세워 나갔고, 이런 전통 속에서 티벳 불교는 불교수행의 일반화를 이룰 수 있었다. 따라서 배워서 이해하는 사람이면 누구라도 수습하고 수행할 수 있는 불교라고 생각한다. 티벳 승원에서는 경전보다 주로 논서를 읽는다. 법칭(法稱)의 『양평석(量評釋)』, 미륵(彌勒)의 『현관장엄론(現觀莊嚴論)』, 월칭의 『입중론(入中論)』, 세친의 『구사론(俱舍論)』 등이다. 특히 반야학의 교과서인 『현관장엄론』은 『이만오천송반야경』에서 은밀하게 설해진 현관(現觀)의 체계를 모아 약술한 짧은 논서이다. 이 현관은 성문과 연각의 일체지(一切智), 보살의 도종지(道種智), 불의 일체종지(一切種智)라는 삼종지를 체득하는 것이다. 중관학의 교과서인 『입중론』은 월칭의 저술이다. 이 논을 중심으로 중관을 이해하려 한 것은 보살행 속에서 중관을 체득한다는 것을 보여준다.

22 위의 책. 143-144면.

그런데 이러한 논서를 배우는 이유는 쫑카파(Tshong kha pa)의 『보리도차제광론(菩提道次第廣論)』에서 볼 수 있다. 이 논은 아띠샤(Atisha)의 『보리도등론(菩提道燈論)』을 근거로 한다. 『보리도등론』에서는 '도의 단계'를 작은 사람, 중간 사람, 큰 사람의 셋으로 나누어 설명한다. 작은 사람은 내생의 안락을, 중간 사람은 자신의 해탈을, 큰 사람은 일체중생을 구하기 위해 깨달음을 추구하는 사람이다. 이처럼 중생의 근기에 따라 수행도를 시설한 것이다. 이를 토대로 성립한 것이 『보리도차제광론』이다. 중생의 근기에 따라 각기 다른 도를 시설한 전통은 초기 대승경전인 『반야경』에 등장하고 이것이 『현관장엄론』, 『보리도차제광론』으로 계승된 것이다.

이 논은 깨달음에 대해서 밝히고 있다. 발심에서 출발하여 보살행인 육바라밀의 행을 통해 완성된다. 육바라밀 중 구체적인 행의 문제는 선정바라밀과 반야바라밀로 대별되고 지관(止觀)으로 요약된다. 지는 산란한 마음을 그치고 관은 일체법의 본성이 비었음(空)을 관찰하는 것이다. 이렇게 비었음을 관찰하여 견도(見道)에 이른다. 견도에 들어간 보살은 초지에서 십지에 걸친 수도(修道)를 닦고 결국 불지를 성취하게 된다. 이와 같이, 논서에서는 일체중생이 모두 깨달음을 체득할 수 있다는 가능성을 구체적으로 보이고 있는 것이다.[23]

대승불교의 경론은 사람들이 부처가 되는 성질 즉 불성을 갖추고 있다고 하여, 일체중생실유불성(一切衆生悉有佛性)을 바탕으로 함을 살필 수 있으며, 티벳불교 역시 이러한 근거에 의해 깨달음을 목적으로 한 수행도가 구체적으로 나열된 것임을 알 수 있다.

3) 선종에서의 깨달음

선(禪)에서 근본진리의 체득은 주체적으로는 진성(眞性)의 오수(悟修)이며, 객체적으로는 법성(法性)의 파악이다. 마음의 본성을 이지불이(理智不二)라고 보기 때문에 중국의 선에서는 객체적인 법성을 주체적인 진성으로 집약하였다. 이지융합의 본각진성이 서로 상즉(相卽)하는 혜(慧)와 정(定)에 발현하는 근원적 체험이다.[24] 규봉종밀(圭峯宗密, 780-841)은 『도서(都序)』에서, 최상승선(最上乘禪)을 정의하여 첫째는 자심이 본래 청정하여 본

23 티벳불교의 깨달음에 대해서는 「불교신문」 제2035호(2004. 5. 28.)에 게제 된 양승규의 '깨달음과 수행'에 대한 것을 참고.

24 増永靈鳳, 「禪思想の中國的形態」, 『佛教の根本眞理』(東京: 三省堂, 1957), 775면.

래 번뇌가 없고, 둘째는 무루의 지성이 본래 구족하고, 셋째는 이 마음이 바로 부처로서 필경 다른 것이 아님을 돈오하고, 넷째는 이에 의해 닦는 것이 선이라고 한다. 즉 정혜일치의 체험을 선이라고 한다. 『육조단경』에는 '정혜일치하여 불이(不二)이다. 즉 정은 혜의 체(體)이며 혜는 정의 용(用)이다. 혜에 즉할 때 정은 혜에 있고 정에 즉할 때 혜는 정에 있다'고 한다. 선의 근본진리는 정혜융즉(定慧融卽)한 본각진성(本覺眞性)이며 이것에 의해 체득된 내용으로서의 정법이어야 한다.

선은 대오(大悟)와 밀접한 관계를 가진다. 대오는 자기의 혁신이며 생명의 전환이라고 본다. 이 같은 대오에 이르는 과정에 있어서 몇 번인가의 성오(省悟)를 경험함에 틀림없다. 누누이 경험하는 마음의 섬광 내지 영감이 적집(積執)하고 드디어 대오의 일점(一點)에 도달하는 것이 깨달음이다.

초기선종에서 처음으로의 분기는 오조홍인(五祖弘忍, 601-674) 문하부터다. 신수(神秀, 606-706)와 혜능(慧能, 638-713)의 선은 각각 깨달음에 대한 견해의 차가 그 원인이 된다. 혜능의 선은 '남돈(南頓)'이라 하고 신수의 선은 '북점(北漸)'이라고 한다. 돈오는 본래 구유하는 각성(覺性)을 신오(信悟)하는 것이다. 그런데 점오는 각성을 전제로 한 번뇌 망념을 실유(實有)라고 보고 때때로 불식(拂拭)하고 점점(漸漸)히 명백하게 하려고 노력하는 것이다. 북종은 점수를 중히 여기므로 이를 점오(漸悟)라고 하는 것이다. 남종은 번뇌 망념을 본래공(本來空)이라고 보고 수행을 번뇌불식의 수단이라고 생각하지 않는다. 이는 바로 증상(證上)의 묘수(妙修) 즉 '깨달음'상에서의 수행, '돈오묘수(頓悟妙修)'이다.[25] 다시 말해서 혜능은 동일진성의 철견을 강조하였고 깨달음은 자성근원에 귀일하는 것이라고 한다.

『육조단경』에서는 자성이 진불(眞佛)임을 보이고, 법·보·화(法報化)의 삼신(三身)으로 돌아감도, 사홍서원을 발원함도, 무상(無相) 참회를 하는 것도, 무상삼귀(無相三歸)를 받는 것도 자성의 근원으로 귀일하는 것이라고 한다. 혜능은 생불일여(生佛一如), 도속불이(道俗不二)를, 절대 현실적으로 생활 그 가운데서 전현(全現)할 것을 제창한 것이다.[26]

또한 『육조단경』에는 "성이 자정(自淨)함을 보고, 자성법신을 자수(自修)하고, 자작(自作)하여 자행(自行)이 불행(佛行)이 되면, 자작은 스스로 불도

25 위의 책. 802면.
26 『南宗頓教最上大乘禪摩訶般若波羅蜜六祖惠能壇大師於韶州大梵寺施法壇經』(『대정장』 권48, 338면 상)

(佛道)를 이루게 된다"고 한다. 본각진성이 서로 융즉(融卽)하는 혜와 정으로 현성(現成)하는 것이야말로 혜능의 선이다. 이 법문을 육조는 '돈교(頓敎)'라고 한 것이다. 이것을 체득한 것이 돈오다.

이처럼 선은 '심즉불'을 표식(標識)으로 한다. 이 사상은 『대승열반경』의 '일체중생실유불성'의 말에서 보인 것이다. 선종에서 불성을 순차적으로 실현하는 것이라고 보지 않는다. 본각진성에 즉한 오수(悟修)야말로 선의 본령(本領)이다. 직지인심(直指人心), 견성성불(見性成佛)의 표치(標幟)는 분명히 이를 가리킨다. 선에서는 자기의 본성을 깨달으면 그대로 성불이다. 성불은, 부처를 이룬다고 하는 표현은 교학적이다. 오히려 부처인 것을 깊게 자각한다고 하는 쪽이다. 이 말은 『전심법요(傳心法要)』에 있다.[27] 마조도일(馬祖道一, ?~788)은 '즉심시불(卽心是佛)'을 설하고, 석두희천(石頭希遷, 700-790)은 '즉심즉불(卽心卽佛)'이라고 한다.

선불교에서의 깨달음은 '견성성불'이며 '돈오'이다. 물론 '깨달음'의 동의어로서는 교학에서 만큼 선학에서도 많다. '무념', '무심', '안심', '수일(守一)', '절관', '관심' 등으로 나타낸다. 대승불교나 부파불교에서의 의미와 같이 무심은 고로부터의 해탈을 의미한다. 다만 수행도(修行道)가 점진적이고, 전향적이고, 상향적인 의미를 거부하고 '직하(直下)'의 무심, 혹은 '당하(當下)'의 견성을 제창하는 것처럼, '돈(頓, 홀연히, 몰록)'의 깨달음에 중요성을 둔다. 즉 시공간의 세계를 벗어난 '적적요요(寂寂寥寥)'의 깨달음이다. 오(悟)앞에 접두사로서 '돈'을 붙인 이유가 여기에 있다. 일체중생실유불성을 홀연히 명증(明證)하는 것을 중요시한다.

이와같이 선종에서는 '심즉불(心卽佛)'이라고 하여, 중생과 부처의 동일한 진성을 믿고(信) 수행을 통해 이를 돈오하는 것이 깨달음이다. 과거의 수행의 많고 적음에 관계없이, 혹은 공덕의 수승하고 열음에 관계없이, 근기의 높낮음에 관계없이, 절대적 수행이 바로 깨달음이고 깨달음이 바로 좌선이기도 하다. 이러한 선을 중국에 보급한 자가 보리달마(菩提達摩)이다.[28]

달마의 이 같은 선을 당(唐)의 도선(道宣)은 '최상승선(最上乘禪)'이라고 한다. 그는 당시 대표적인 선사로 알려진 승조(僧稠)의 사념처법의 행에 대하

---

27 『전심법요』(『大正藏』 권48, 379면 중)

28 Nelson Foster and Jack Shoemaker *The Roaring saream* (new jersey: the ecco press 1996) p.4

여 달마의 '반야공관'인 '벽관'의 새로운 선수행을 목격한 것이다. 인도적 사고인 사념처의 실천은 신·수·심·법(身·受·心·法)의 네 가지 행법으로 부정, 고락, 무상, 무아의 상을 관하는 것이다. 오정심(五停心)의 사마타(samatha)에서 비파사나(vipassana)의 행이다. 달마는 중국의 선자들을 위해 궤도를 수정한 것이다.

현존하는 가장 오래된 달마의 어록이라고 보는 『이입사행론(二入四行論)』에는 이러한 달마의 선사상 즉 선수행이 나타나 있다. 달마는 선법의 입장을 '교를 근거로 하여 종(宗)을 깨닫는다'고 밝히고 있다. 내용은 '중생이 동일한 진성임을 믿는 것'이다. 종의 깨달음은 나중 종밀이 말하는 해오(解悟), 신오(信悟)이다. '중생은 평등한 진성을 가지고 있고 번뇌 망상의 현실은 외부의 영향으로 진성이 덮혀져 있으며 따라서 이러한 객진은 불확실한 것이며 본래적인 것이 아님을 신해(信解)하는 것'이다. 이 신이 조사선(祖師禪)의 지표이며 이 신(信)이 없이는 선은 성립되지 않는다. 진성은 불성이며 자성이며 달마는 이러한 성(性)을 '대승안심'이라고 한다. 안심의 실현을 이입(理入)과 사행(四行)으로 나누어 가르친다. 이입은 본래적인 깨달음[본각, 本覺]이다. 깨달음은 미혹함이 밝게 되는 것을 말하는 것이다. 본각은 미혹함과 깨달음의 구별이 없는 본래의 깨달음을 말한다. 이를 '깨달음'이라고 말하는 것조차도 분명히 분별을 수반하는 것이라고 하여, 달마는 '벽관'이라고만 한다. 이입은 '자타범성(自他凡聖)의 구별이 없는 자성(自性)의 경지에 드는 것'이다. 즉 '벽관응주'는 이를 말한다.

벽관은, 마음을 벽으로 되어 관하는 것인데, '번뇌가 일어나지 않는 마음을 지속하는 것'임과 동시에 '편안한 마음[安心]'의 표현이다. 따라서 달마의 벽관은 깨달음[悟]과 닦음[修]이 둘이 아니다. 벽관으로서 진성의 이(理)와 일치하여 얻어진 적연무위의 경지가 이입(理入)인 것이다. '여시안심자벽관(如是安心者壁觀)이라고 하듯이 달마에 있어서 벽관은 안심이다.

또한 달마는 새로운 사념처행을 제시한다. 사행(四行)은 이입벽관을 근거로 한다. 이입은 돈(頓)이고 행입(行入)은 점(漸)이다. 사행 중 보원행(報怨行)은 수행자가 고를 당할 경우, 숙생의 악업의 결과라고 보고 이를 감수하여 원심을 갖지 않는 행이며, 수연행(隨緣行)은 영예로운 일이 있으면 과거의 인연으로 얻어진 것으로서 인연이 다하면 무로 돌아간다고 관하는 행이며, 무소구행(無所求行)은 미혹과 불안은 탐심과 구함에 있는 것으로 그러한 생각을 쉬고 구함의 집착이 없는 행을 말하며, 칭법행(稱法行)은 법은

'성정(性淨)의 이(理)'로서 성[절대적 존재]은 본래청정하여 모든 상이 공으로 돌아가고 대립된 집착을 떠나고 피차가 있지 않는 것인데, 이 이(理)를 신해하게 되면 법의 이(理)에 맞는 행을 보게 된다는 것이다. 이 행은 이입과 함께 실생활에 있어서 육도(六道)를 행하고 보살의 도를 행하는 것이므로 대승보살도이다. 달마의 이러한 선법의 종지는 『능가경(楞伽經)』을 토대로 하였으며 부파불교의 정(定)의 철학과 수행을 거부하고 대승의 보살행인 반야바라밀행을 근본으로 삼은 것이다.[29]

달마의 이러한 선수행은 나중에 남북 양종(南北兩宗)의 선수(禪修)의 모체가 된다. 선수를 중심으로 한 북종선에서는 '개오(開悟)의 체험'을 중요시하지만 이는 하택 신회(荷澤神會, 684-758)의 부정된 견해로 인하여 새로운 전등(傳燈)역사가 시작되는 '돈오'의 선수만이 달마선의 계승이라고 제창하고 혜능(慧能)을 육대(六代)라고 주창한다. 이러한 전등사(傳燈史)의 중요성은 가사전수(袈裟傳授)와 전법게(傳法偈)를 표징으로 삼아 사자상승(師資相承)의 제도를 갖게되며 이는 나중에 오가칠종(五家七宗)의 각 가풍의 특질이 되기도 한다. 다시 말해서 선종의 계승의 제도는 교종과는 다른 성종(性宗)의 특색이기도 하다.

중국선종사에서 깨달음의 체험의 방법은 다양하게 제시되지만 송(宋)시대의 '간화선'은 자아철견을 위한 명확한 방법론으로서 인식되고 실천하는 수행법이다. 공안을 통한 의심[의단, 의정(疑情)]으로서 깨달음을 열게 하는 것이다. 치열한 의단의 돈발(頓發)은 임제의 할, 덕산의 몽둥이에게서 찾아 볼 수 있다. 이처럼 공안은 효과적인 의단을 일으킬 수 있는 계기가 되기도 한다. 스승은 제자를 깨달게 하고, 또는 인가(印可)를 위해 가지가지 도구를 사용한다. 그것은 예로, 촛불, 차 한잔, 차관(주전자), 호떡, 고양이, 물소리, '조주무자' 등의 난해한 공안을 무기로 삼기로 한다. 이 무기가 또한 깨달음의 표징이 되며 사자상승의 상징이 되기도 한다.

간화선은 분별적 사유를 차단함으로써 지적인 깨달음(直觀)의 세계로 인도하는 수행이다. 선지식은 선자의 수행의 기량을 시험하고 깨침을 판별한다. 인가(印可)는 이를 뜻한다. 이같은 인가는 간화선을 통한 깨침에 현저한 효과를 거두어 크게 유행한다. 간화선이 깨달음을 얻기 위한 방법론으로 확립된 것은 내면적으로 그만큼 선이 문화나 소양(素養)의 차를 넘어서 모

29 『대승입능가경』(『大正藏』 권16, 602면 상)

든 이에게 쉽게 받아들여지게 된 때문이다.

이러한 공안은 초기선종부터 사용된 것은 아니다. 보리달마는 혜가에게, 도신이 홍인에게, 홍인은 신수 혹은 혜능에게 공안(화두)를 준 것은 아니다. 깨달음의 인가는 '문답'을 통해서 이루어진다. 이러한 문답은 바로 나중에 '공안'이 된다. 이처럼 공안의 의의는 수행과 깨달음을 동시에 함의한다. 즉 공안을 통하여 깨닫고 공안을 통하여 깨달음을 보이는 것이다.

선불교적인 의미에서 깨달음은 '평화[安心]'이며 '대자유'이다. 깨달음이 열려서 모든 더러움[번뇌, 혹(惑)]이 제거된 적요(寂寥)한 상태다. 자연과 인간, 인간과 인간이 이성적이고 정의적으로 연결되어 분리와 소외와 애집을 극복하고 존재하는 모든 것과 하나가 되는 것에 도달(至道)되었을 때, 또한 개아(個我)를 버리고 대승의 진아(眞我)로 존재하였을 때가 통연명백(洞然明白)한 깨달음이다. 영가 현각(675-713)은 이렇게 깨달은 자를 '절학무위한도인(絕學無爲閑道人)'이라고 했다. 일체의 속박에서 벗어난 대자유인임을 가리킨다.

Ⅲ. 인접 개념과의 관계 및 현대적 논의

1. 인접 개념과의 관계

초기불교의 교단에서 꼰단냐, 밥빠, 밧디야, 마하야마, 맛사지 등 오비구가 바라나시에서 석존으로부터 『전법륜경』과 『무아상경』의 내용을 듣고 곧바로 깨달은 것으로부터 깨달음의 역사는 시작된다. 그리고 야사를 비롯한 그의 동료 오십명도 부처님의 법문을 듣고 곧바로 아라한이 되었고, 『율장』「대품」에 의하면 빔비사라왕과 십일만명의 대중이 사제(四諦)설법을 듣고 법안을 얻었다고 한다. 이와 같이 깨달음이란 진리에 대한 눈뜸이며 인식의 전환이다.[30]

불교가 발생하던 당시 인도에는 수많은 종교사상가들이 있었다. 초기불교의 『범망경』에 따르면, 석존 당시 육십이종류 이상의 외도사상이 있었다고 한다. 상키야(skhya), 요가(yoga) 등 육파 철학과 함께 유물론(cravka),

30 마성, 「불교신문」 제2055호(2004. 8. 17.) 참조.

자이나교(jainism) 등이다. 이같이 인도는 종교철학의 산지(産地)이면서 종교문화의 발상지이기도 하다. 불교 역시 이같은 분위기에서 자생하고 철학과 종교로서 형성한 것이다. 이들의 명제는 더없는, 고(苦)로부터의 업과 윤회와 해탈이 목적인 것이다. 인도종교의 윤회사상은 불교의 근저에 놓여 있고 윤회의 근원은 자신의 업으로 인한 결과이며, 이에 대한 해탈은 자신이 이루어야 하며 이것은 진실한 자기, 아집이 없는 자기실현임을 제창한 것이 불교다. 윤회로 인한 무상감과 회의감을 현실의 중도적 실행으로 인하여 새로운 자기창조가 곧 불도의 수행이다. 불교는 영혼의 존재에 대한 부정과 삶의 원인을 무지로 본 것이다. 외도와는 절대 다른 견해가 초기불교의 '삼법인(三法印)'인 것이다.

깨달음은 무명과 무지에 대한 깨어남이다. 무명과 무지는 번뇌다. 번뇌는 성도(聖道)를 장애하는 것이고 올바른 지혜를 방해한다. 지혜에 의해 번뇌를 단제(斷除)해야 하는 것, 이를 '해탈'이라고 한다. 마음이 번뇌의 속박에서 벗어나 해방되어 법[진리]에 맞는 이상적인 활동이 자유로울 수 있게 되는 것, 그리고 모든 번뇌의 불이 꺼진 상태가 열반이며 거기에는 이상적인 지혜의 작용이 현재적(顯在的), 잠재적(潛在的)으로도 이루어지기 때문에 이를 보리(菩提, 覺, 頓悟)라고 한다.[31]

초기불교에서는, 처음[初地]의 깨달음으로서 수다원도(須陀洹道)를 얻는 데는 '신(信)에 의한 것'[隨信行]과 '이론적 이해에 의한 것'[隨法行]으로 나눈다. 신에 의한 깨달음은 사부괴정(四不壞淨)이라고 하여 불법승 삼보와 성계(聖戒)에 대한 절대 확실한 신앙을 가리킨다. 이론적 이해에 의한 깨달음은 원진이구(遠塵離垢)의 법안(法眼, dhamma-cakku)을 얻게 하는 것이다. 사제(四諦)나 연기(緣起)의 법에 대한 지혜의 눈을 얻게 되는 것을 의미한다. 이처럼 첫 단계의 깨달음이 얻어지면 나쁜 일을 범하는 것이 없어지고 나쁜 업으로 악취(惡趣)에 떨어지는 것이 없기 때문에 불타법(不墮法, avimpāta-dhamma, 악취에 떨어지지 않는 것)이라고 하고, 성자위(聖者位)에서 퇴전(退轉)한다든가 이교(異教)의 신앙으로 바꾼다든가 하는 것이 결코 없고, 반드시 향상하여 최고의 깨달음에 이르는 것이 결정되어 있기 때문이다. 이같이 처음 깨달음의 사람들을 정정취(正定聚, samyaktvaniyata-āśi)라고 한다.

---

31 水野弘元, 『佛教要語の基礎知識』(東京: 春秋社, 1986), 232면.

2. 현대적 논의

이처럼 초기불교에서의 깨달음의 의의는 다시 대승불교의 시대로 향하면서 '번뇌의 이탈'을 위해서, 또는 수행의 단계를 통해서, 오안(五眼)을 얻는 것에서, 공성(空性) 즉 불성을 믿고 이 불성은 번뇌와 상즉(相卽)하는 관계에 있음을 체득하는 것을 깨달음으로 인식한다. '존재에 대한 무상[諸行無常]'과 '존재하는 것은 영원한 자아가 없다[諸法無我]'는 것의 깨달음의 실제(實際)가 '마음의 평화[涅槃寂靜]'이며 해탈이다. 대승불교에서는 번뇌의 실체는 '공'이며 '중도', '무집착'임을 선언하여 초기불교에서 나타날 수 있는 생에 대한 무상감을 극복하였고, 이를 중국 선종에서는 현재적(顯在的) 존재의 실체가 바로 '무념', '무심'이며 깨달음의 당체라고 하여, '절관', '관심', '견성'이라고 표명했다.

대승불교의 반야공관의 행자들은 현실 속에서 깨달음의 실현이 가능함을 보였고, 선종의 선자들은 중도사상에 입각하여 현실의 삶에서 깨달음을 체득하고 역시 각자의 삶의 방법을 시사하였다.

불교도는 모두 구도자이며 깨달음을 얻어도 역시 구도는 쉬지 않는다. 더구나 자리와 이타, 자각과 각타(覺他)라고 하는 것처럼, 자기 성불과 일체 중생의 성불이 동시에 완성하는 것을 내용으로 했던 것이 불교의 깨달음이었으며 이를 적극 실천하여 삶의 모습이 그대로 보리(菩提)의 세계임을 시사한 것이 선자의 대도행이었다. 이 같은 불교의 깨달음은 일체 모든 중생의 삶의 목적이 되고 생애가 그대로 깨달음의 도정(道程)임을 알 수 있다.

불교의 깨달음의 의의는 유일적 신앙을 구심점으로 하는 이교(異教)도의 종교문화의 형태와는 상반관계에 있음을 알 수 있다. 스스로 내면의 수행을 통하여 여실지견(如實知見)의 깨달음의 체험으로서 자각, 각타, 각행원만의 대자비행, 대자유행을 실행하는 것이다. 존재의 무상함을 깨닫지 못하면 진정한 깨달음도 없다는 것이 불교의 깨달음에 대한 의미이다.

탐, 진, 치로 인한 무지로서의 분별심의 차단은 '직관(直觀)에 의해서만이 가능하다. 불성에 대한 자각과 고통의 원인에 대한 정확한 인식의 체험이 깨달음이다. ❁

강혜원 (동국대)

돈오

한 頓悟 영 sudden enlightenment

Ⅰ. 어원적 근거 및 개념 풀이

1. 돈오의 의미

돈오(頓悟)는 일반적으로 '빠르게 직접적으로 궁극의 깨달음에 이름'의 의미로서 '차제(次第)에 따라 단계적으로 깨달음에 이름'을 의미하는 '점오(漸悟)'와 상대어로서 사용되고 있다. 그에 따라 한·중·일 동북아 삼국과 같은 한자권에서는 그대로 '돈오(頓悟)'를 사용하고 있고, 영어로는 'sudden enlightenment', 'be suddenly enlightened', 'instantly to apprehend', 'attain to Buddha-enlightenment', 'in contrast with Hinayāna and other methods of gradual attainment' 등으로 번역하고 있다.

2. 돈오의 유래

1) 불성과 돈오

‘돈오’의 개념을 가장 먼저 제창한 이는 바로 축도생(竺道生; 약 372~434)이고, 그의 저작인 『돈오성불의(頓悟成佛義)』로부터 본격적으로 ‘돈오’에 관한 논의가 전개되었다고 알려져 있다. 주지하다시피 중국불교학계에서는 도생을 인도로부터 전래한 불교를 그 본의를 잃지 않고 가장 중국식으로 해석하여 불교의 중국화를 이룬 선구자로서 인정하고 있다. 그러한 인정은 바로 도생이 제시한 ‘돈오성불론’으로부터 비롯된 것이다.

그렇다면 과연 도생이 제창한 ‘돈오성불론’은 어떠한 내용을 지니고 있는가? 불행하게도 도생의 『돈오성불의』을 비롯한 대부분의 저작은 유실되었고,[1] 현존하는 것은 『묘법연화경소(妙法蓮華經疏)』와 승조(僧肇)의 『주유마힐경(注維摩詰經)』에 도생의 주(注)가 기재되어 있으며, 보량(寶亮) 등의 『대반열반경집해(大般涅槃經集解)』에 약간의 단편, 또한 ‘불성의(佛性義)’의 문답 가운데 다만 『답왕위군서(答王衛軍書)』(王弘이 ‘頓悟義’의 물음에 대한 답으로 『廣弘明集』卷18에 기재되어 있음)가 있을 뿐이다. 따라서 도생이 제시한 최초의 ‘돈오’와 관련된 이해를 얻고자 한다면, 그의 현존 자료를 통할 수밖에 없는 것이다. 또한 ‘돈오’가 도생에 의하여 최초로 제시된 개념이라고 한다면, 그 제시와 관련된 사상적 배경을 고찰하는 것도 ‘돈오’의 정확한 이해에 필요할 것이다. 따라서 간략하게 도생이 제시한 ‘돈오’의 내용과 그 사상적 배경을 고찰하고자 한다.

우선, 도생의 ‘불성(佛性)’에 대한 개념적 정의를 유추할 수 있는 구절을 살펴보고자 한다. ‘돈오’는 기본적으로 무엇보다도 ‘불성론(佛性論)’을 그 전제로 한다고 할 수 있다. 그것은 ‘모든 중생에게 불성이 있다[一切衆生實有佛性]’는 전제가 존재하지 않는다면 ‘돈오’의 의미는 없어지기 때문이다. 그에 따라 중국불교사에 있어서 도생을 또한 ‘불성론(佛性論)’의 참다운 제시자로 인정하고 있는 것이다.

---

1 도생의 저작들은 상당히 풍부하지만 대부분 유실되었다. 유실된 것으로는 『泥洹經義疏』, 『小品經義疏』, 『二諦論』, 『法身無色論』, 『佛無淨土論』, 『應有緣論』, 『頓悟成佛義』, 『佛性當有論』 등과 ‘善不受報義’ 등 여러 편의 제목조차도 확인할 수 없는 것들이 존재하였을 것으로 추정하고 있다. 道生의 저작에 관해서는 湯用彤의 『漢魏兩晋南北朝佛敎史』(北京大學出版社, 1997年版) 가운데 「竺道生之著作」에 상세하게 고증하고 있다. 439-441면 참조.

승조(僧肇)의 『주유마힐경(注維摩詰經)』 권3 「제자품(弟子品)」과 보량(寶亮)의 『대반열반경집해(大般涅槃經集解)』 권18 「여래성품(如來性品)」의 주석에서 도생은 다음과 같이 말한다.

> 무아(無我)는 본래 생사(生死) 가운데 '아(我)'가 없음이요, 불성이 있지 않음이 아니다.[2]
>
> 본래 불성이 있어서 곧 중생을 자애롭게 생각한다.[3]

여기에서 도생은 명확하게 모든 중생들에게 불성이 존재한다는 사상을 전개하고 있고, 특히 '무아'설은 결코 불성을 부정하는 것이 아님을 말하고 있다. 다시 『대반열반경집해』 권54 「사자후품(師子吼品)」에서 도생은 다음과 같이 주석하고 있다.

> 십이인연(十二因緣)은 중도(中道)가 됨이니, 중생이 본래 지니고 있음을 밝히는 것이다. 만약 항상[常]한다면 곧 고(苦)를 받지 않음이요, 만약 끊어진 것[斷]이라면 성불(成佛)의 도리가 없는 것이다. 이와 같이 중도를 관(觀)한다면 곧 불성을 볼 것이다.[4]

도생은 '십이연기(十二緣起: 十二因緣)'[5]의 '중도(中道)'로서 불성을 해석하고 있음을 알 수 있다. 다시 말하여 십이연기의 중도로서 본다면 중생은 본래 불성을 지니고 있어 능히 볼 수 있다는 것이다. 다시 불성을 '제일의공(第一義空)'이라고 부른다는 구절에 대하여 도생은 다음과 같이 주석한다.

> 불성의 체(體)에 대한 물음에 답하자면, 마땅히 먼저 '불공(不空)'을 보아야 하고, 그 후에 공(空)이 바로 '제일의(第一義)'임을 보아야할 것이다. '제

---

2 僧肇撰, 『注維摩詰經』 卷3, 「弟子品」(『大正藏』 38, 354중)

3 [梁]寶亮等撰, 『大般涅槃經集解』 卷18, 「如來性品」(『大正藏』 37, 448, 중-하)

4 [梁]寶亮等撰, 『大般涅槃經集解』 卷54, 「師子吼品」(『大正藏』 37권, 546하)

5 여기에서 '十二因緣'은 마땅히 '十二緣起'이다. 이점은 龍樹 이래 명확하게 분별되지 않은 부분이지만 '因緣(hetu-pratyaya)'과 '緣起(pratītya-samutpāda)'는 동일한 개념이 아니다. 하지만 鳩摩羅什의 譯經 이후 錯綜되어 '十二緣起'와 '十二因緣'으로 번역되고 있다.

> 일의공'에는 이미 불공(不空)의 의미가 있는 것이다. 부처[佛]는 처음 그를 보았으므로, 오직 부처가 불성인 것이다. 십주보살(十住菩薩) 역시 그를 보아 이름을 얻고, 아래로 대승을 배우는 자들 또한 [그를 보아] 이름을 얻음이다. 따라서 제일의공을 들어 불성으로 삼는 것은 참으로 의류(義類)로서 같은 것이다.[6]

이로부터 도생은 '제일의공'으로서 '불성'을 해석하고 있음을 알 수 있다. 또한 앞의 인용문과 함께 고찰한다면 도생이 설명하는 '불성'은 십이연기의 '중도'와 반야의 '제법성공(諸法性空)'을 그 기초로 삼고 있음을 알 수 있다. 이는 같은 구마라집(鳩摩羅什)의 제자이면서 중국반야학을 세웠다고 하는 승조(僧肇)와도 차별이 있는 것이다. 승조는 다만 '열반(涅槃)'을 '비유비무(非有非無)'의 논리로서 '무극지체(無極之體)' 등으로서 설명[7]할 뿐으로 도생과 같이 열반의 근거가 되는 불성을 직접적으로 언급하지는 않고 있다. 이러한 불성에 대한 이해는 도생이 장시간 수학했던 혜원(慧遠)의 '법성론(法性論)'과는 상당한 차별이 있음을 알 수 있다. 주지하다시피 혜원의 법성(法性)이 다분히 실체성(實體性)을 지녔다고 한다면, 도생은 바로 '실상무상(實相無相)'의 제법성공을 토대로 하여 불성을 해석한다고 말할 수 있는 것이다. 『주유마힐경(注維摩詰經)』 권3 「제자품(弟子品)」에서 도생은 법성에 대하여 다음과 같이 말한다.

> 법성(法性)이란 법의 본분(本分)이다. 연(緣)으로 존재함[有]은 '가유(假有)'이고, 가유는 곧 성(性)이 있음이 아니다. 존재함이 성이 아닌 것이 바로 그 본분이다. 그렇기 때문에 법과 법성은 이치[理]가 하나이면서 이름이 둘인 것이고, 그러므로 같다고 말하고, 성은 마땅히 같기 때문에 같다는 말을 하는 것이다. 제법(諸法)이 모두 다르지만, 법이 그[性]에 들어오기에 곧 모두를 통일하는 것이다. 하나로써 모두를 통일하니, 따라서 같은 법성인 것이다.[8]

---

6 앞의 책, 544상.

7 僧肇撰, 『肇論』, 「涅槃無名論」(『大正藏』 45, 157하). "涅槃非有, 亦復非無, 言語道斷, 心行處滅."과 僧肇撰, 『注維摩詰經』 卷2, 「方便品」(『大正藏』 38, 343중). "七住以上則具六通, 自非六通運其無方之化, 無以成無極之體." 등 참조.

8 僧肇撰, 『注維摩詰經』 卷3, 「弟子品」(『大正藏』 38, 346하)

인용문에서 도생이 말하는 법성은 바로 '연기성공(緣起性空)'을 가리키는 것으로 실체적인 파악으로 볼 수는 없는 것이다. 하지만 도생 역시 당시 시대적 주류였던 현학(玄學)적인 이해가 나타나고 있다. 도생은 또한 『대반열반경집해』의 「사자후품」과 「여래성품(如來性品)」에서 다음과 같이 주석한다.

> 법을 체득함[體法]을 부처[佛]로 삼으니, 법이 곧 부처이다.
>
> 법을 체득함이란 자연(自然)과 명합하는 것이며, 일체제불이 모두 그렇지 않음이 없다. 따라서 법을 불성으로 삼는다.[9]
>
> 여러 종류의 상(相)이란 자연의 성(性)이다. 불성은 반드시 제불(諸佛)에서 생한다. 이전에는 '아(我)'가 곧 '불장(佛藏)'이라고 하였으나, 지금은 '불성'이 곧 '아'라고 한다. 서로 그 말이 다를 뿐이다.[10]

이러한 도생의 불성에 대한 견해로부터 중국 전통적인 사유양식을 살필 수 있는데, 특히 '법을 체득함[體法]'을 '명합자연(冥合自然)'으로, 불성을 '자연지성(自然之性)'으로 해석하는 것에서 그러한 점이 보다 두드러진다. 더구나 이른바 '불성아(佛性我)'를 제시하고 있어 여산의 혜원 이래 끊임없이 탐구되었던 윤회의 주체아(主體我)에 대한 새로운 실마리를 던지고 있는 것이다.

다시 도생의 주석들을 살펴보기로 하겠다.

> 부처[佛]는 이치[理]를 깨달은 체(體)로서 그 역(域: 境界)을 초월한다.[11]
>
> 부처는 연기로부터 원인이 되고, 부처는 이치[理]를 연(緣)하여 생하는데, 이치에는 원래부터 둘이 없으니, 어찌 삼(三)을 허용하겠는가? 그러므로 일승(一乘)일뿐이다.[12]
>
> 부처는 일극(一極)이 됨이니, 일(一)을 드러내어 나타난 것이다. 이치[理]에는 진실로 삼(三)이 있으니, 성인(聖人) 또한 '삼'을 삼아서 나타난 것이다. 그러나 이치 가운데 '삼'이 없고, 오직 미묘한 일(一)일 뿐이다.[13]

---

9 [梁]寶亮等撰, 『大般涅槃經集解』 卷54, 「師子吼品」(『大正藏』37, 549상중)

10 [梁]寶亮等撰, 『大般涅槃經集解』 卷18, 「如來性品」(同上, 448중)

11 僧肇撰, 『注維摩詰經』 卷3, 「弟子品」(『大正藏』38, 360, 상)

12 道生, 『法華經疏』(卍續藏 150, 400우하)

13 앞의 책 (上同, 좌하)

이러한 예문들로부터 부처를 이치[理]로서 해석하고 있음을 알 수 있다. 사실상 도생의 사유에 있어서 그 중점은 바로 '이치[理]'에 있는 것이다. 이는 다시 '열반(涅槃)'에 대한 그의 주석에서 분명하게 확인할 수 있다.

> 이미 이치[理]를 관(觀)하여 성(性)을 얻었다면 바로 속박이 다하여 니원(泥洹: 涅槃)이 감응할 것이다. 만약 반드시 니원을 귀하게 여기고 그를 취하려 한다면 곧 다시 니원에 속박될 것이다. 만약 번뇌를 끊지 않고 니원에 들려는 자는 곧 니원과 번뇌가 다름을 보지 못할 것이니, 바로 속박이 없다.[14]

여기에서 바로 '이치[理]'를 관하여 '득성(得性)'함을 열반의 원인으로 보고 있음을 알 수 있다. 또한 반야사상의 특질인 '생사즉열반(生死卽涅槃)', '중생즉불(衆生卽佛)'의 사유가 드러남을 알 수 있다. 이러한 도생의 '이치[理]'에 대한 중시가 바로 '돈오성불론(頓悟成佛論)'의 근거가 되고 있다.

2) 돈오 성불

도생은 중생들에게 불성이 '실유(悉有)'함을 강조하고서, 그러한 불성은 바로 십이연기의 중도(中道)로서 관(觀)한다면 볼 수 있는 것이라고 설명한다. 또한 이러한 불성은 바로 '제일의공(第一義空)'과 같은 성격임을 밝힌다. 이로부터 보자면 도생이 말하는 불성은 이른바 '성불(成佛)의 가능성'을 가리키는 것이 아니라 '제불(諸佛)의 당체(當體)'를 의미하는 것으로 일종의 '본체(本體)'적 성격을 지니고 있음을 알 수 있다. 또한 그것은 다시 제불은 '이치를 깨달은 몸[悟理之體]'이고, 또한 '법을 체득함[體法]'이 바로 부처이며, 그것은 바로 '명합자연(冥合自然)'으로 결국은 불성(佛性)을 '자연지성(自然之性)'으로 귀결하고 있는 것이다. 이러한 이해는 아주 분명하게 당시의 현학(玄學)의 작용으로 볼 수 있는 점이 나타난다. 이러한 점은 다시 그의 '돈오성불론'을 살핀다면 보다 분명하게 나타날 것이다.

『대열반경집해』 권1 「서경제(序經題)」에서 도생은 다음과 같이 말한다.

> 참다운 이치[理]는 스스로 그러하여[自然]하여 깨달으면 그윽이 부합(符合)한다. 진리는 차등이 없으니, 깨달음에 어찌 변화[易]를 용납할 것인가?

---

14 僧肇撰, 『注維摩詰經』卷3, 「弟子品」(『大正藏』38, 345, 중)

변화가 없는 체(體)는 담담히 항상 비추지만, 다만 어리석음을 따라 근본에 어긋남으로 깨달음이 내게 있지 아니할 뿐이다. 진실로 능히 이르러 구한다면, 바로 미혹을 되돌려 극(極)으로 돌아간다.[15]

여기에서 도생이 말하고자 하는 것은 아주 분명하다. 바로 진리와 깨달음에 어떠한 단계도 용납하지 않는다는 것이다. '진리'는 이른바 '변화지 않는 체[不易之體]'이고 '담담하게 항상 비춤[湛然常照]'의 상태이기 때문이다. 따라서 참답게 수행한다면 단번에 '미혹을 되돌려 궁극으로 돌아감[反迷歸極]'을 얻을 수 있다는 것이다. 도생의 '리(理)'에 대한 개념을 엿볼 수 있는 내용이 『법화경소(法華經疏』에 다음과 같이 나타난다.

이치[理]와 어그러지면 미혹이 되고, 미혹은 반드시 만물을 다르게 한다. 반대로 이치를 깨달으면, 이치에는 반드시 둘이 없으니, 여래(如來)의 도(道)가 하나이다. 사물[物]이 어그러져 삼(三)이 되고, 삼에서 물정(物情)이 나오지만, 이치는 곧 항상 하나이다. 마치 구름과 비는 하나이지만 초목은 여러 가지로 다름과 같고, 초목이 여러 가지로 다르다고 하여 어찌 비와 구름이 그러하겠는가?[16]

이로부터 본다면 도생이 말하는 '리(理)'는 바로 '리체(理體)'로서 현상을 담보하는 '제법성공(諸法性空)'과 같은 '담지체(擔持體)'인 것이고, 그의 성격은 당연히 '무이(無二)', '상일(常一)'인 것임을 알 수 있다. 이러한 '리(理)'의 '무이', '상일', '불이지체(不易之體)', '담연상조(湛然常照)'하는 성격은 바로 '돈오'의 기본적인 조건이 된다고 말할 수 있다. 혜달(慧達)은 『조론소(肇論疏)』에서 '돈오'에 대하여 다음과 같이 도생의 말을 인용하고 있다.

'돈(頓)'이라 하는 것은, 이치를 나눌 수 없음[理不可分]을 밝힌 것이고, '오(悟)'는 지극히 비춤[極照]을 말한다. 불이(不二)의 깨달음으로 나눌 수 없는 이치에 부합하는 것이다. 이치와 지혜가 함께 아우러짐을 돈오(頓悟)

15 [梁]寶亮等撰, 『大般涅槃經集解』 卷1, 「序經題」(『大正藏』 37, 380, 하)
16 道生, 『法華經疏』(卍續藏 150, 405, 우하)

라고 한다.[17]

이는 도생의 '돈오론'을 설명하는 대표적인 문구인데, 돈오의 근거가 바로 '리(理)'의 '불가분'적인 성격이고, 또한 그것은 '불이(不二)'의 깨달음과 부합(符合)함으로 '돈오'를 이룬다는 것이다. 다시 말한다면, '이치[理]'는 나눌 수 없는 성격을 지니고 있는데, 부분적으로는 그러한 이치를 파악할 수 없다는 것이다. 또한 '깨달음[悟]'은 '극(極)'에 대한 비춤[照]인데, 결국은 그 대상이 우리가 인식할 수 있는 우주의 궁극(窮極)을 비춘다는 의미인 것이다. 따라서 전체적인 대상과 내용은 반드시 전체적인 인식과 깨달음만이 가능하다는 말로서 그것이 바로 '돈오'라는 것이다. 이점은 다시 『대열반경집해(大涅槃經集解)』 권4 「순타품(純陀品)」에 보다 구체적으로 설명되고 있다.

> 극(極)에 머묾에서 말한다면, 부처는 항상 되기 때문에 능히 사람들에게 항상 됨을 베풀어 보살들에게 논한다. 체(體)의 흔적이 아직 극에 이르지 못함에는 조화시킴이 필요할 것이지만, 어찌 거친 형상으로부터 홀연히 얻겠는가? 묘한 상(常)을 문득[頓] 이룰 뿐이다.[18]

여기에서는 바로 극(極), 즉 '이극(理極)' 혹은 '이체(理體)'에 이른 상태에서 '돈오'를 말할 수 있음을 의미한다. 다시 말하여, 도생이 말하는 돈오는 그 깨달음의 완성에 있어서 단계를 인정하지 않는다는 의미이다. 바꾸어 말한다면, 아직 극에 이르지 못한 상태에서는 가르침[教]이 필요하다는 것이다. 이러한 점은 다시 『법화경소(法華經疏)』에서 분명하게 언급되어 있다.

> 무생법인(無生法忍)을 참답게 깨달아 얻은 무리들이 어찌 언어[言: 教]를 필요로 하겠는가? …… 아직 이치[理]를 보지 못한 때는 반드시 언진(言津: 教學)을 필요로 하겠지만, 이미 이치를 보았다면, 어찌 언어[교학]를 쓰겠는가? 올가미와 통발을 얻어서 물고기와 토끼를 구하지만, 물고기와 토끼를

17 慧達, 『肇論疏』(『卍續藏』 150, 425, 좌상)

18 [梁]寶亮等撰, 『大般涅槃經集解』 卷4, 「純陀品」(『大正藏』37, 391, 중-하)

이미 잡았다면 올가미와 통발을 어찌 베풀겠는가?[19]

이미 '무생법인'을 얻었다면 다시 어떤 수행이나 노력이 필요치 않다는 것이지만, 아직 이치[理]를 보지 못한 상태에서는 바로 필수적으로 '언진(言津)', 즉 교법(敎法)을 필요로 한다는 것이다. 따라서 도생의 돈오는 일반적인 상태에서 발현되는 것이 아님을 알 수 있다.

이상으로부터 본다면, 도생의 돈오설은 최종적인 궁극의 깨달음을 의미하는 것으로 사실상 이른바 차제(次第)수행이나 점오(漸悟)를 완전히 배격한다고 볼 수 없는 부분이 있다. 그러나 궁극적인 깨달음의 도달이라는 측면에서 본다면 '차제'와 '점오', '점수(漸修)' 등은 완전히 배척하고 있다고 하겠다.

Ⅱ. 역사적 전개 및 텍스트별 용례

만약 불교의 가장 핵심적인 주지(主旨)가 깨달음에 있다면, 불교의 깨달음은 과연 돈오(頓悟)인가? 아니면 점오(漸悟)인가? 이 문제는 불교에 있어서 더없이 중요한 문제인 것이다. 그런데 불교의 발상지인 인도에서는 '돈오론'과 같은 주장이 명확하게 제시되지 않고 있다. 물론 반야부 경전인 『유마경』 등에서 돈오의 사상적 경향이 보이고 있지만 직접적으로 돈오론이 제시되지는 않았다. 사실상 근본적인 불교의 가르침을 담보하는 『아함경(阿含經)』에서는 "부처님께서는 점차(漸次)적인 설법을 하신다. 이익과 즐거움을 주는 가르침을 보이는데, 시(施)와 계(戒), 생천(生天)을 논하신다"[20]라는 것으로부터 오온(五蘊)·사제(四諦), 십이연기(十二緣起) 등의 차제(次第)적인 법문을 설하여 "점차로 다가간다[漸次來至]"는 구절이 도처에 나타난다. 이러한 입장은 대승불교에서도 그대로 이어져 최종적으로 깨달음의 단계를 설하는 보살의 '열 가지 단계[十地]'로 귀결되고 있는 것이다.

불교가 중국에 전래되면서부터 이러한 전통적인 입장은 역시 견지되고

19 道生, 『法華經疏』(卍續藏 150, 410우상)
20 『長阿含經』(『大正藏』 1, 9상)

있었다. 그에 따라 '돈오론'의 제시는 상당한 논쟁을 불러일으키게 된다. 그런데 중국불교에서는 이미 도생이 '돈오론'을 제시하기 이전에 이미 어느 정도 '돈오'라는 개념이 제시되어 있었다. 그러나 그러한 돈오의 내용은 도생이 제시한 '돈오'와는 본질적인 차별이 존재한다. 그런데 중국불교에 있어서는 최종적으로 모든 종파에서 '돈오론'을 수용하여 그와 관련된 용례는 너무도 방대하여 본고에서는 중국불교의 대표적인 천태(天台)·화엄(華嚴)·선(禪)의 삼종(三宗)에 있어서 사용한 용례를 한정적으로 살펴보고자 한다.

1. 초기 중국불교에서 돈오

길장(吉藏)의 『이제론(二諦論)』에서 도생의 '대돈오의(大頓悟義)'를 다음과 같이 인용한다.

> '대돈오의(大頓悟義)'는 축도생(竺道生)이 분별한 것으로서, 그가 다음과 같이 말한다. "과보(果報)는 바뀌고 달라지는 것이고, 생사(生死)는 대몽(大夢)의 경계이다. 생사로부터 금강심(金剛心)에 이르기까지 모두 꿈이며, 금강(金剛) 이후의 마음에서 활연히 대오(大悟)하여 다시 보는 바가 없는 것이다" 또한 '소돈오의(小頓悟義)'가 있어 칠지(七地)의 깨달음으로부터 생사(生死)와 무소유(無所有)를 밝힌다.[21]

이로부터 앞에서 논한 도생의 '돈오론'을 보다 분명하게 확인 할 수 있다. 바로 '십지(十地)' 이전까지는 깨달을 가능성이 없는 '대몽(大夢)'의 경계이고, 십지 이후에서 얻는 '금강심(金剛心)'에 이르러서야 비로소 능히 활연대오한다는 것이다. 또한 이것은 바로 '대돈오(大頓悟)'라고 칭함을 짐작할 수 있는 것이다. 또한 이러한 도생의 '돈오론' 이외에 다시 이른바 '소돈오의(小頓悟義)'가 존재하는데, 제칠지의 깨달음으로부터 비약적인 '돈오'를 이룬다는 주장을 하고 있음을 짐작하게 한다. 이러한 점은 다시 수대(隋代)의 석법사(碩法師)가 찬술한 『삼론유의의(三論游意義)』에서 다음과 같이 논하는 것에서 확인할 수 있다.

---

21 吉藏, 『二諦論』卷下(『大正藏』 45, 111중)

'소돈오(小頓悟)'를 쓰는 법사(法師)는 육가(六家)로서, 1. 승조(僧肇)법사, 2. 지도림(支道林)법사, 3. 진안타(眞安埵)법사, 4. 사통(邪通)법사, 5. 이산원(理山遠)법사, 6. 도안(道安)법사 등이다. 이들은 칠지(七地) 이상은 무생법인(無生法忍)을 깨닫는다고 말한다. 합년천자(合年天子; 『大正藏』註④ 原本不明) 축도생(竺道生)법사는 '대돈오의(大頓悟義)'를 사용하였다.[22]

이로부터 '대돈오'와 '소돈오'의 구별이 있으며, 그 차별은 바로 칠지(七地)로부터 활연대오하여 '무생법인(無生法忍)'을 얻는가 아니면 십지(十地) 이후에 얻는가 하는 것에 있음을 알 수 있다. 더욱이 당시에 명승(名僧)으로 유명한 지도림(支道林), 도안(道安)과 특히 도생과 함께 구마라집의 제자로 유명한 승조(僧肇)까지도 소돈오에 거명되고 있는 것으로부터 소돈오가 일반적이었음을 추측할 수 있다. 그런데 앞에서 논술한 도생의 돈오론에 입각하여 본다면, 사실상 이러한 '소돈오'는 이미 '점오(漸悟)'가 되어 버리고, 틀린 이론으로 전락하게 되는 것이다. 이른바 새로운 교의(教義)가 출현한 것이다. 따라서 이후 중국불교에서 언급하는 '돈오'는 모두 도생이 제창한 '돈오'를 지칭한다고 하겠다.

2. 혜관과 사령운의 돈점논쟁

앞에서 언급한 바와 같이 전통적인 불교학이 모두 깨달음에 대하여 '점차적 접근'을 논하고, 중국 땅에서 '돈오'의 이론이 제시된 이후에 다시 그에 대한 본질적인 차별이 지닌 돈오론이 나타났다면 필수적으로 그에 대한 반발이 나타날 것이다. 더욱이 불교에서 가장 중시하는 깨달음의 문제와 관련된 것임에 아주 치열하게 그 논쟁이 전개되었을 것으로 쉽게 짐작할 수 있는 것이다.

도생이 돈오성불론을 제시한 것에 대하여 최초로 반박한 이는 바로 도생과 같이 혜원(慧遠) 문하에서 수학하고, 함께 구마라집(鳩摩羅什)의 문하로 유학한 혜관(慧觀)이다. 특히 『고승전(高僧傳)·혜관전(慧觀傳)』에서는 그에 대하여 승조(僧肇)와 함께 법에 대한 이해가 정밀하고 논쟁에 뛰어났다고

22 [隋]碩法師, 『三論游意義』(『大正藏』 45, 121하)
이외에 道生의 『法華經疏』 卷1, 吉藏의 『二諦義』 卷下, 惠達의 『肇論疏』 卷上, 僧祐의 『出三藏記集』 卷12·卷15 등에 관련된 記事가 나타난다.

당시 사람들이 인정하였음을 언급[23]할 정도로 라집 문하의 중요한 인물이었다. 더욱이 그는 '이교오시(二教五時)'의 교판(教判)을 최초로 제창하여 후대 '오시교판(五時教判)'의 원형을 이루고 있을 정도이다. 그의 전기에 따르면, 돈오론과 관련된 것으로 보여지는 『변종론(辯宗論)』과 『논돈오점오의(論頓悟漸悟義)』를 저술하여 후대에 전해진다[24]고 서술하고 있지만, 모두 현존하지는 않는다.

승우(僧祐)가 찬술한 『출삼장기집(出三藏記集)』 12권에 따르면, 당시 돈점논쟁을 유추할 수 있는 자료로서 사령운(謝靈運)의 『변종론(辯宗論)』, 법백륜(范伯倫)의 『여도생혜관이법사서(與道生慧觀二法師書)』, 혜관의 『점오론(漸悟論)』, 담무성(曇無成)의 『명점론(明漸論)』과 작자미상의 『사문축도생집돈오(沙門竺道生執頓悟)』, 『사강낙령운변종술돈오(謝康樂靈運辯宗述頓悟)』, 『사문석혜관집점오(沙門釋慧觀執漸悟)』 등등의 문헌이 나타난다. 그러나 대부분이 유실되고, 사령운의 『변종론』이 당(唐)대 도선(道宣)이 편집한 『광홍명집(廣弘明集)』 권18에 게재되어 있다. 그렇지만 여러 가지 사료에 따르면, 당시 돈점논쟁은 아주 치열하였음을 짐작할 수 있게 한다.

특히, 도생의 제자인 도유(道猷) 등에 의하여 논쟁은 더욱 격렬해졌는데, 결국은 유송(劉宋) 문제(文帝)의 재위기간(424~453)에 황제에 의하여 돈오와 점오 사이에 그 승부를 가리게 되었고, 최종적으로 돈오론이 승리하게 되어 마침내 논쟁이 종식되게 된다. 이러한 사정은 『광홍명집』 권1에 수록된 『송문제집조재논불교(宋文帝集朝宰論佛教)』에 간략하게 전하고 있다.[25] 그런데 흥미로운 것은 도생과 치열하게 논쟁을 전개하고 『점오론』을 찬술한 혜관의 제자인 법원(法瑗) 등도 후에 '돈오론'을 제창하고 있음을 관련된 사료에서 발견할 수 있어 쟁론 이후에는 돈오론이 절대적 지지를 받게 되었음을 짐작할 수 있는 것이다.

관련된 자료의 소실로 인하여 보다 구체적인 돈점논쟁의 내용을 알 수는 없다. 그러나 『출삼장기집』 9권에 기재된 유규(劉虬: 437~495)의 「무량의

23 慧皎, 『高僧傳』 卷7, 「慧觀傳」(『大正藏』 50, 368중). "時人有謂: 通情則生(道生)·融(道融)上首, 精難則觀(慧觀)·肇(僧肇)第一."

24 앞의 책. "著辯宗論·論頓悟漸悟義及十喩序贊諸經序等, 皆傳於世."

25 道宣, 『廣弘明集』 卷1, 「宋文帝集朝宰論佛教」(『大正藏』 52, 100중). "時有沙門竺道生者, 秀出群品英義獨拔. 帝重之, 嘗述生頓悟義, 僧等皆設巨難. 帝日: 若使逝者可興, 豈爲諸君所屈. 時顔延之著離識論. 帝命嚴法師辯其同異. 往返終日. 笑日: 公等今日無愧支許之談也. 云云."

경서(無量義經序)」에 따르면, 그 대체적인 논쟁의 내용을 짐작할 수 있는데, 여기에서 그가 말하는 '점오'는 전통적인 것이 아니라 바로 앞에서 언급한 '소돈오'를 그 내용으로 하고 있음을 볼 수 있다. 하지만 그 역시 철저하게 돈오의 입장에 있는 것으로, 그의 평가에 따른다면 점오론은 허교(虛教)이고, 돈오론은 실교(實教)라고 한다. 어쨌거나 중국의 도생으로부터 비롯된 돈점논쟁은 이미 인도로부터 발원한 불교와는 상당히 거리가 있는 이미 중국화된 불교의 교의논쟁으로 보아야 할 것이다. 특히 이러한 점은 도생과 동시대의 유명한 문인으로 혜관의 『점오론』에 대응하기 위하여 저술하였다는 『변종론』에 아주 잘 나타나고 있다. 그 서두에 다음과 같이 말한다.

> 석가모니 부처님의 교설에서 성도(聖道)는 비록 멀지만, 배움이 쌓이면 능히 이를 수 있고, 쌓임이 다하면 생(生)을 비추므로 마땅히 점오(漸悟)가 아닌 것이다. 공자(孔子)의 교설에서 성도(聖道)는 이미 미묘하여 비록 안회(顔回)가 가깝다[殆庶]고는 하지만, 그 체(體)는 두루 비춤이 없어 이치[理]는 일극(一極)으로 돌아온다. 새롭게 논하는 도사가 있어, 고요히 비춤이 미묘하여, 단계[階級]를 허용하지 않고. 학(學)의 쌓임은 끝이 없는데 어찌 스스로 끊겠는가? 지금 석가모니의 점오를 버리고, 그 능히 이르는 것만을 취하고, 공자의 가까움[殆庶]을 버리고 그 일극을 취한다. 일극은 점오와는 다르게 능히 가깝지 않음에 이를 수 있다. 그러므로 이치가 나아가는 바는 비록 각각의 논지를 취하여 합하였지만 공자와 석가모니의 본의를 떠나지 않았다. 내가 두 가지 논으로 이치를 찾아 말하는 것은 도가(道家)에서 제창하는 득의(得意)의 설이니, 감히 이러한 절충을 스스로 인정하여 신론(新論)으로 삼는 것이다.[26]

이러한 사령운의 말에는 유(儒)·불(佛)·도(道) 삼가의 융합이 두드러진다. 다시 말하여, 도생의 돈오론은 '적학(積學)'을 반대하여 '단계를 허용하지 않고[不容階級]', '가까움을 버리며[去殆庶]', 이치에 있어서는 그 '일극(一極)'을 취함이 바로 유가와 비슷하고 도가의 '득의(得意)'와도 일치한다는 것이다. 도생과 같은 시대를 살았던 사령운의 이러한 평가는 도생의 저

---

26 謝靈運, 『辯宗論』, 「諸道人王衛軍問答」, [唐]道宣, 『廣弘明集』 卷18(『大正藏』 52, 224하-225상)

술 가운데 상당한 부분이 유실된 현재로서는 가장 믿을만한 것이라고 할 수 있다. 또한 이것은 앞에서 고찰한 바와 같이 사실에 부합된다. 이러한 점으로부터 사령운은 다시 도생의 돈오를 가장 중국적인 것으로 보고 있다. 그는『변종론』에서 다음과 같이 말한다.

> 중국인들은 이치[理]를 보는데 익숙하고, 가르침[教]을 따르는데 어려우므로 그 누학(累學)을 폐(閉)하고 그 일극(一極)을 열었다. 이인(夷人: 인도인)들은 가르침을 따르는데 익숙하고, 이치를 보는데 어려우므로 그 돈(頓)을 폐하고 그 점오를 열었다.[27]

이어서 그는 비록 '권(權)·실(實)'은 같지만 그 '용(用)'에 있어서는 다르고, 또한 공자는 이른바 '성학지로(聖學之路)'를 폐하여 어리석은 민중을 따르게 한다고 비판하며 참답게 성인(聖人)을 배우는 것은 바로 '육경(六經)'의 '돈해(頓解)'에 있음을 강조하고, 석존(釋尊)이 비록 '점오(漸悟)'를 열었지만 '은밀하게 돈해를 세웠다[密造頓解]'고 말하고 있다.[28] 이로부터 사령운의 도생에 대한 지극한 존중을 엿볼 수 있다. 바로 '돈오'에 대한 극단적인 찬양인 것이다. 이는 물론 '점오'의 반박을 의식한 것이지만, 그의『변종론』에서는 도생이 인도로부터 전래한 불교와 중국 전통적인 사유양식을 완벽하게 회통하였다는 적극적인 긍정의 평가를 보이고 있는 것이다.

3. 천태종에서 돈오

이른바 '남방에서는 세 부류, 북방에서는 일곱 부류, 뜻으로 세분하면 수많은 종류가 있었다[南三北七, 義成百家]'고 칭해지는 수많은 교상판석(教相判釋)을 종합하고, 당시에 유행하였던 제반 불교학설을 법화(法華)와 반야(般若)사상을 중심으로 통합하는 천태 지의(天台智顗, 538~597)에 있어서 '돈(頓)'과 '점(漸)' 역시 통합되는 경향이 나타난다. 그의『법화현의(法華玄義)』에서 다음과 같이 말한다.

27 앞의 책(上同, 225상)
28 앞의 책(上同, 225중) 필자 요약정리.

> 만약 소승(小乘)이 대승(大乘)을 밝히면 '점(漸)', '돈(頓)'이 서로 도움이다. 만약 소승을 알아 대승으로 돌아가면 '돈', '점'이 하나로 합함이다. …… 마땅히 '돈'에 따른 '점'이요, '점'에 따른 '돈'임을 알아라.[29]

이로부터 지의는 '돈'·'점'이 서로 상보상생(相補相生)의 관계로서 보고 있음을 알 수 있다. 또한 이른바 '오시팔교(五時八教)'의 교상판석을 제창하는데, 그 가운데 '화의사교(化儀四教)'에서 '돈(頓)·점(漸)·비밀(秘密)·부정(不定)'으로 법을 분류하면서 '돈'·'점'을 모두 포섭하고 있는 것이다.

4. 화엄종에서 돈오

도생의 '리(理)'의 개념과 돈오론을 적극적으로 받아들인 것은 화엄종의 제4조인 청량국사(淸凉國師) 징관(澄觀, 738-839)이다. 그의 저작에는 도생의 사상적 영향을 받은 흔적이 많이 나타나고 있다. 우선 그의 『대방광불화엄경소(大方廣佛華嚴經疏)』에 다음과 같은 구절이 보인다.

> 나뉘어진 수[分數]는 무수히 많지만, 이치[理]는 나눌 수 없으므로 일분(一分)이라고 칭한다.[30]

이로부터 징관은 도생이 돈오론의 근거로 삼은 '리불가분(理不可分)'을 원용하는 것을 알 수 있는데, 그의 『화엄경수소연의초(華嚴經隨疏演義鈔)』에서는 또한 직접적으로 도생의 말을 인용하고 있다.

> 하나의 이치[理]로서 그를 꿰뚫는 것이 없다면 곧 혹업(惑業)이 여러 가지로 차별된다. 도생이 이르기를, "무릇 이치[理]에 따라 마음을 내면 선(善)이라고 하고, (이치에) 어그러지고 등지면 악(惡)이 되니, 만선(萬善)의 이치가 같으면 서로 함께 사라지고, 다르다면 그 경계가 끊어진다"는 것이 바로 이 뜻이다.[31]

---

29 智顗, 『妙法蓮華經玄義』 卷1上(『大正藏』 33, 683하)
30 澄觀, 『大方廣佛華嚴經疏』 卷13(『大正藏』 35, 593하)
31 澄觀, 『大方廣佛華嚴經隨疏演義鈔』 卷29(『大正藏』 36, 220상)

이른바 '리이관지(理以貫之)'는 앞에서 살펴본 바와 같이 도생의 사상적 핵심이라고 말할 수 있다. 징관의 의중에는 도생의 사상을 바로 '리이관지'라는 말로서 포괄할 수 있다고 보았는지도 모르겠지만, 도생의 말을 인용하여 자신의 주장을 논증하고 있는 것이다. 이렇게 '리(理)'에 의하여 '업(業)'에 대한 설명을 진행하였다면 또한 '리'에 대한 성격, 즉 '이체(理體)'에 대한 내용도 나타날 것이다. 징관은 다음과 같이 말한다.

> '제일의상(第一義常)'이란 본래 항상됨[常]이 있는 것이다. 지혜가 이치에 부합(符合)하여 담담히 항상 비춘다는 것은 본래 있음과 합하는 것이다. 만약 법상(法相)에 의지한 후에는 항상됨은 항상됨을 상속할 것이다. 그러므로 도생이 『열반경소(涅槃經疏)』에서 말하기를, "참다운 이치[理]는 스스로 그러하여[自然]하여 깨달으면 또한 그윽이 符合한다. 참다움은 곧 차별이 없으니, 깨달음에 어찌 변화[易]를 용납할 것인가? 변화가 없는 체(體)는 담담히 항상 비춘다"라고 한 것은 바로 그 뜻이다.[32]

비록 몇 자의 출입이 있지만 그대로 도생의 말을 인용하여 '이체(理體)'의 성격을 도생과 차별이 없이 설명하고 있는 것이다. 그렇다면 징관 역시 '돈오'를 적극적으로 긍정할 수밖에 없는 것이다. 징관은 다음과 같이 도생의 '돈오론'을 언급한다.

> 그런 까닭으로 도생이 이 이치[理]에 의지하여 '돈오의(頓悟義)'를 세우고, 오직 부처의 깨달음[佛悟]만이 '여(如)'를 증득하기를 다하였으므로 십지(十地)의 성현(聖賢)들은 모두 믿음의 경계[信境]로서 아직 완전하게 '여(如)'를 증득한 것이 아니다. 그러므로 말하기를, "돈(頓)이라 하는 것은, 이치를 나눌 수 없음[理不可分]을 밝힌 것이고, 오(悟)는 지극히 비춤[極照]을 말한다. '돈'으로 깨달음을 밝히니, 뜻에 둘[二]을 허용하지 않는다. 불이(不二)의 깨달음으로 나눌 수 없는 이치에 부합하는 것이다. 이치와 지혜가 함께 아우러짐을 돈오라고 한다"라고 한 것은 곧 이 뜻이다.[33]

32 澄觀, 『大方廣佛華嚴經隨疏演義鈔』 卷24(『大正藏』 36, 183, 하)
33 澄觀, 앞의 책, 卷56(상동, 440하)

이로부터 징관이 인용한 도생의 말은 혜달의『조론소(肇論疏)』에서 인용된 것과 조금 차이가 있음을 알 수 있는데, 바로 "돈(頓)으로 깨달음을 밝히니, 뜻에 둘[二]을 허용하지 않는다"는 구절이 추가되어 있다. 아마 징관이 의미를 보다 분명하게 하기 위하여 삽입한 것으로 보이는데, 그는 다시『대화엄경략책(大華嚴經略策)』에서 다음과 같이 논하고 있다.

> 교(敎)에는 깊고 얕음이 있고, 근기(根機)에는 수승하고 열등함이 있다. 미세함으로부터 드러냄에 이름에 점교(漸敎)는 열등한 근기를 이끄는 것이다. 초심(初心)에 문득 둥글어지니[頓圓], 원교(圓敎)를 상근기에게 보여, 원만히 믿고 원만히 이해하여, 만행(萬行)을 원만히 닦아 문득 깨닫고 문득 이루니, 만덕(萬德)을 원만히 갖춘 것이다.[34]

여기에서 징관의 '돈오'에 대한 중시를 충분하게 엿볼 수 있다. 아마도 전체적인 징관의 사상에 있어서 도생의 작용은 거의 절대적이었을 것이다.

5. 선종에서 돈점 논쟁

'돈오'가 중국불교에서 절대적인 위치를 차지하고 있는 상황에서 선종(禪宗)에서도 적극적으로 돈오를 받아들이게 되는데, 그 대표적인 인물이 바로 하택 신회(荷澤神會, 668~760)선사이다. 하택 신회는 당시 중국불교의 일반적이었던 불성론(佛性論)과 반야(般若)를 중심으로 하여 그의 선사상을 구성하고 있는데, 그에 다시 다음과 같이 '돈오'를 설명하고 있다.

> 사(事)는 모름지기 이지(理智)가 함께 아우러짐을 돈오(頓悟)라 한다. 계위(階位)와 점법(漸法)의 해석에 의하지 않고 스스로 그러한 것[自然]이 돈오의 뜻이다. 자심(自心)이 본래 공적(空寂)한 것을 돈오라 한다. 마음이 얻을 바가 없는 것을 돈오라 한다. 마음이 바로 도(道)라는 것을 돈오라 한다. 마음이 머무를 바가 없는 것을 돈오라 한다. 법에 대하여 깨닫는 마음이 있고, 마음이 얻은 바가 없는 것을 돈오라 한다. 일체법(一切法)이 일체법임을 아는 것을 돈오라 한다. 공(空)을 듣고 공에 집착하지 않으며, 불공(不空)도

34 澄觀,『大華嚴經略策』(『大正藏』36, 704하)

취하지 않는 것이 돈오이다. 아(我)를 듣고 아(我)에 집착하지 않으며, 무아(無我)를 취하지도 않는 것이 돈오이다. 생사(生死)를 버리지 않고서 열반(涅槃)에 드는 것이 돈오이다.[35]

신회의 이러한 설명에서 앞에서 인용한 도생의 문구를 떠올리게 하는 것이다. 특히 "사(事)는 모름지기 이지(理智)가 함께 아우러짐을 돈오라 한다[事須理智兼釋, 謂之頓悟]", "스스로 그러한 것이 돈오의 뜻[自然是頓悟義]"의 두 구절은 도생이 돈오를 설명하는 구절에서 비롯되었을 것이라고 추측할 수 있게 한다. 또한 도생이 불성론(佛性論)을 바탕으로 하여 '돈오성불론'을 제창하고 있는데, 신회 역시 철저하게 불성의 '본유(本有)'를 바탕으로 '반야'의 논리로서 돈오를 이끌고, 최종적으로 '견성성불(見性成佛)'을 제창하고 있다. 이러한 사상적 유사성은 도생의 작용이라고 짐작할 수 있는 것이다.

신회선사는 바로 이러한 '돈오'에 입각하여 이른바 혜능(慧能)의 '남종현창운동(南宗顯彰運動)'을 일으키는데, 이때 다시 '돈점논쟁'이 나타난다. 이른바 '남돈북점(南頓北漸)'의 논쟁인데, 혜능(慧能) 계통의 남종은 '돈오'이고, 신수(神秀) 계통의 북종은 '점오'에 머물러 있다는 논쟁이다.

사실상 '남돈북점'의 용어는 이른바 '조사선(祖師禪)'에서 북종을 폄하하기 위한 것으로 『육조단경(六祖壇經)』에 나타나는 혜능과 신수의 게송(偈頌)에 근거하여 말하는 것이다. 하지만 실제적으로 대운사(大雲寺) 활대(滑臺)의 '무차대회(無遮大會)'에서 남종의 신회선사와 북종의 숭원(崇遠)법사에 의하여 선종의 정통성을 정하기 위한 논쟁을 벌이는데(732), 그 가운데 핵심적인 문제는 바로 '돈점'의 문제였고, 그로부터 '남돈북점'의 용어가 나타났다고 한다.

이러한 '무차대회'의 상황은 독고패(獨孤沛)에 의하여 기록되어 『보리달마남종정시비론(菩提達摩南宗定是非論)』의 제목으로 전해오는데, 그에 따르면 신회선사는 북종의 선사상을 "마음에 머물러 깨끗함을 보고, 마음을 일으켜 밖을 비추고, 마음을 다스려 안으로 증득한다[住心看淨, 起心外照, 攝心內證]"는 것으로 규정하고, 달마(達摩)선사 이후의 육대 조사들은 "하나하나 모두 단도직입을 말하였고, 곧바로 요달하여 성품을 보며, 점차를

35 『南陽和尙問答雜徵義』(石井本), 『荷澤神會語錄』(北京: 中華書局, 1996年版) 80면.

말하지 않았다[一一皆言, 單刀直入, 直了見性, 不言階漸]"고 하여 북종을 "사승은 방계이고, 법문은 점오이다[師承是傍, 法門是漸]"라고 주장하고 있다. 이러한 주장은 북종의 선사상에 대하여 어느 정도 왜곡된 부분도 있지만 보다 철저한 '돈오'의 입장에서 본다면 근거가 없다고 말할 수 없는 것이다. 어쨌거나 활대에서 논쟁의 결과는 신회선사의 철저한 승리로 끝나게 된다.

물론, 이러한 활대의 '무차대회'의 신빙성과 북종 대표로 나왔다는 숭원법사가 실제인물이었는가? 또한 '무차대회'가 실제로 개최되었고, 숭원이 실제인물이었다면 과연 그가 당시 북종을 대표할 만한 인물이었는가? 등등에 관한 의문은 여전히 남지만, 『신회어록』에 수록된 『보리달마남종정시비론』의 논쟁은 후대에 남종을 중심으로 하는 선종에 의하여 기정사실로 확정되고 있다. 그 후 신회선사는 다시 천보(天寶) 4년(745)에 『현종기(顯宗記)』 등을 저술하여 이른바 '남돈북점'과 남종의 정통성을 확정시키고 있다.

신회선사에 의하여 발생한 활대의 '남돈북점' 논쟁은 이후 철저하게 '돈오'를 현실적인 '깨달음'에 적용시킨 '조사선(祖師禪)'의 등장을 불러일으키고 있다. 물론 조사선에 있어서는 '돈오'의 이론과 내용이 상당히 달라지지만, 신회선사의 적극적인 '돈오'에 대한 선양은 이론적인 돈오를 보다 현실적이고 활달한 돈오로 전향하는 계기가 되었던 것이다. 이러한 신회선사에 의한 '돈오론'의 적극적 수용은 이후 선종에서 정통(正統)의 법으로서 받아들여지고 있다. 그것은 이른바 선종의 종전(宗典)으로 인정받는 『육조단경(六祖檀經)』의 다음과 같은 구절에서 분명하게 확인할 수 있는 것이다.

> 선지식들아. 나는 홍인(弘忍)화상의 문하에서 한 번 듣고 그 자리에서 바로 깨달아 진여본성(眞如本性)을 돈견(頓見)하였다. 그러므로 이 교법(敎法)을 유행시켜 도(道)를 배우는 자들로 하여금 보리(菩提)를 돈오(頓悟)하도록 하는 것이다.[36]
>
> 선지식들아, 후대사람들이 나의 법을 얻으면 이 돈교법문(頓敎法門)과 같은 견해를 얻게 되고, 견해가 같은 사람들이 모여 그것을 전수받고 완전히 깨닫기를 염원할 것이다. 이는 마치 부처를 시봉(侍奉)하는 것과 같을 것이

36 (돈황본)『六祖檀經』(『大正藏』 48, 340하)

며, 일생동안 물러섬이 없이 견지하면 성스러운 지위[聖位]에 도달할 수 있을 것이다.[37]

이로부터 돈황본이나 종보본이나 모두 '돈오'를 그 핵심으로 하고 있음을 충분히 짐작할 수 있는 것이다. 이렇게 선종의 종전인 『육조단경』에서 '돈오'를 표방한 이후 후기 선종에서도 역시 '돈오'가 절대적 지위를 차지하게 된다. 대주혜해(大珠慧海)는 『돈오입도요문론(頓悟入道要門論)』에서 "오직 '돈오'라는 하나의 문이 있어 바로 해탈을 얻을 수 있다"[38]라고 하였고, 황벽 희운(黃檗希運)은 다시 역대의 힘든 수행을 "다만 괴로움을 받는 것일 뿐"이라고 하여 "삼아승지겁(三阿僧祗劫)이 지나도록 정진, 수행하여 모든 지위(地位)를 닦더라도 일념(一念)을 증득할 때는 단지 원래 부처임을 증득하는 것으로 다시 그 위에 더해야 할 것은 없다"고 하고, "그대로 곧 옳음이니, 생각이 움직이면 곧 어긋남이요, 그런 후에 본래 부처로 삼는다"고 제창하여 "자심(自心)이 본래 부처임을 그대로 문득 깨달아 마치면[頓了] 하나의 법도 얻을 것이 없고, 하나의 행도 닦을 것이 없다. 이것이 진여불(眞如佛)이다"[39]라고 하였다. 이렇게 '돈오'를 중시하는 중국선종의 전통은 우리에게도 그대로 이어져 고려 중기 한국선의 중흥조(重興祖)로 알려진 보조국사(普照國師) 지눌(知訥) 역시 '돈오'를 중시하여 이른바 '돈오점수(頓悟漸修)'의 기치를 걸게 된다. 그의 『수심결(修心訣)』에는 다음과 같이 말한다.

대체로 입도(入道)에는 여러 가지 문이 있다고 하지만, 그 핵심을 말한다면 '돈오점수(頓悟漸修)'의 두 문이 있을 뿐이다. 비록 '돈오돈수(頓悟頓修)'를 말하는 사람도 있지만 그것은 최상근기(最上根機)를 가진 자만이 얻어 들어갈 수 있는 것이다. 만약 과거를 미루어 본다면, 이미 수많은 생(生)을 받으면서 깨달음에 의지하여 닦아 왔기 때문에 금생에 이르러 듣는 즉시 개오(開悟)하여 한 번에 돈필(頓筆)한다. 그러나 실질적으로 논한다면, 역시 먼저 깨달은 후에 닦음의 기틀[機]이 있는 것이다.[40]

---

37 (종보본)『法寶檀經』(『大正藏』 48, 351중)
38 慧海, 『頓悟入道要門論』 卷上(卍續藏 63, 9우상)
39 裴休集, 『筠州黃檗山斷際禪師傳心法要』(『大正藏』 48, 380중)
40 知訥, 『修心訣』

이로부터 본다면, 보조국사는 '돈오'를 바탕으로 하여 '점수(漸修)'를 제시하고 있음을 알 수 있다. 그러나 '돈오'의 제창자인 도생의 입장에서 본다면, '돈오' 이후의 '점수'는 결코 필요치 않은 것이다. 앞에서 언급한 바와 같이 '돈오'는 제십지(第十地)의 단계에 얻은 '금강심(金剛心)'으로부터 비로소 가능한 것이기 때문이다. 다시 말하여 '돈오돈수(頓悟頓修)'를 의미하고 있는 것이다. 이러한 문제는 4-5세기에 도생에 의하여 제시된 '돈오'가 다양한 해석을 통하여 12-13세기의 보조국사의 시대에 이르러서는 그 '돈오'의 대상과 내용에 있어 상당히 달라져 있음에 기인한 것이라고 하겠다. 그 구체적인 내용은 사상사(思想史)에 있어서 중요한 하나의 연구주제라고 할 수 있다.

Ⅲ. 인접 개념과의 관계 및 현대적 논의

'돈오'가 모든 종파를 포괄한 중국불교의 핵심적인 개념으로서 자리 잡으면서 그와 관련된 개념을 담은 다양한 용어들이 등장하였다. 그러한 용어들은 모두 '돈오'의 원개념으로부터 파생되어 유사한 내용을 담고 있다. 따라서 '돈오'와 관련된 몇 가지의 개념들을 예시하고자 한다.

돈교(頓教): 교설의 내용을 나누어 장기간의 수행을 거쳐 깨달음의 경지에 이르는 교법(教法)을 의미하는 '점교(漸教)'와 상대되는 개념으로서 빠르게 불과(佛果)를 증득하여 보리(菩提)를 성취하는 교법을 '돈교'라고 칭한다. '교상판석(教相判釋)'에서는 일반적으로 '화엄시(華嚴時)'를 가리킨다. 길장(吉藏)의『법화현론(法華玄論)』권3에 "교(教)에는 두 가지 종류가 있으니, 첫째는 '돈교'로서 '화엄(華嚴)'과 같은 부류를 말하고, 둘째는 '점교'로서 오시(五時)의 설법을 말한다"[41]라고 한다.

돈교일승(頓教一乘): 정토법문(淨土法門)을 가리키는 것으로서 당대(唐代) 선도대사(善導大師)가 판석(判釋)한 것이다. 아주 빠르게 성불(成佛)할 수 있으니 '돈교'라고 하고 모든 중생이 여기에 탈 수 있어 '일승'이라고 한다는 것이다. 그의『관경현의분(觀經玄義分)』권1에서는 "나는 보살장(菩薩藏)을 의지하여, '돈교일승'의 바다에서 삼보(三寶)에 귀의하는 게(偈)를 설한다"[42]라고 한다.

---

41 吉藏,『法華玄論』卷3(『大正藏』34, 382중)

돈기(頓機): '돈오기(頓悟機)'라고도 하며, '돈교'를 듣고서 불도(佛道)를 돈오할 수 있는 근기(根機)를 가리킨다. 『원각경(圓覺經)』에 "이 경전의 이름은 '돈교대승'이니, '돈기'를 지닌 중생이 이를 따라 깨달음을 얻기 때문이다"[43]라고 한다.

유점무돈(唯漸無頓): 이는 종밀(宗密)의 『선원제전집도서(禪源諸詮集都序)』 권하에 실려 있는 것이다. 그에 따르면, 깨달음을 '증오(證悟)'와 '해오(解悟)'의 두 가지로 구분한다. '증오'는 수행을 경유하여 깨달음을 얻는 것으로, '점수(漸修)'로 인하여 활연히 돈오하거나, '돈수(頓修)'로 인하여 '점오'하거나, '점수'로 인하여 '점오'하는 세 가지 경우를 말한다. '해오'는 먼저 깨달음을 얻은 후에 수행을 하는 것으로, 두 가지의 경우가 있다. 첫째는 먼저 '돈오'하여 '점수'하는 것이고, 둘째는 '돈오'와 '돈수'가 동시에 일어나는 것으로 상상근기(上上根機)에 해당한다고 한다. 그러나 이러한 '돈·점'의 차별은 단지 금생에 한정하였을 때 합당한 것이고, 만약 숙세(宿世)로부터 논한다면 오직 '점'만이 존재하지 '돈'은 있을 수 없다는 것이다. 그에 따라 '유점무돈'이라고 칭한다.[44] 이러한 종밀의 논단은 앞에서 인용한 보조국사의 '돈오점수'와 밀접한 관련이 있다.

이외에 '돈오'와 관련된 다양한 용어와 개념이 존재하지만, 그 모두 기본적으로 도생으로부터 비롯된 '돈오'의 개념으로부터 분화되어 나타난 것이고, '돈오'의 원개념과 크게 벗어나지는 않는다.

사실 '돈오론'이 지니고 있는 사상적 가치는 또한 무궁하다고 할 수 있다. 부분의 합은 전체가 될 수 있다는 가정 아래 진행되어 온 부분에 대한 심화연구에 대하여 최근에 일어난 전체는 전체를 대상으로 하여야만 참답게 전체를 볼 수 있다는 '전일주의(全一主義)'의 반론이 바로 '돈오론'의 입장임을 생각한다면, 돈오론이 지니는 뛰어난 논리성을 쉽게 짐작할 수 있는 것이다. 20세기에 서구에서 일어난 반론이 이미 5세기에 도생이라는 천재적 불교인에 의하여 제창되었던 것이다. 또한 동북아 불교의 역사 속에서 그것은 하나의 정통(正統)으로서 오늘날에 이르기까지 내려오고 있다. ❁

김진무 (남경대)

42 善導, 『觀經玄義分』 卷1(『大正藏』 37, 246상)
43 『大方廣圓覺修多羅了義經』 卷1(『大正藏』 17, 921하)
44 宗密, 『禪源諸詮集都序』 卷下(『大正藏』 48, 407-408상)

무주

범 apratiṣṭha　빠 appatiṭṭha　장 gnas med pa　한 無住
영 not abiding

Ⅰ. 어원적 근거 및 개념 풀이

1. 어원적 근거

무주(無住) 혹은 무소주(無所住)로 번역되는 범어는 주로 apratiṣṭha 혹은 apratiṣṭhita이지만 aniketa도 무주(無住)로 번역된다. apratiṣṭha와 apratiṣṭhita의 어근(語根)은 '서다[立]', '정지하다[止]', '머물다[住]', '앉다[坐]'라는 뜻을 가진 동사 sthā인데, 여기에 '-에 대(對)하여', '-에 반(返)하여', '-를 향(向)하여', '-위에'의 뜻을 가진 부사 prati가 앞에 붙어서 '-에 머무는', '-에서 있는', '-에 안주하는'이라는 뜻을 가진 형용사 pratiṣṭha가 되고, 여기에 부정접두어(否定接頭語) a가 붙어서 apratiṣṭha가 된다. 또 동사 sthā의 과거수동분사인 sthita에 부사 prati가 붙어서 pratiṣṭhita가 되고, 여기에 부정접두어 a가 붙어서 apratiṣṭhita가 되며, 다시 apratiṣṭhitatva라는 중성명사로 변화한다. 『중론(中論)』에서는 동사 sthā의 과거수동분사인 sthita에 부정접두어 a가 붙은 asthita가 '부주(不住)'로 번역되어 있다. 『유마경(維摩經)』에서는 동사 sthā에서 파생된 중성명사 sthāna['주(住)', '주처(住處)', '좌(座)'로 한역]에 부사 prati와 부정접두어 a가 붙은 apratiṣṭhāna도 '무주(無住)'로 번역된다.

형용사 apratiṣṭha는 『대방광불화엄경(大方廣佛華嚴經)』, 『대승장엄경론(大乘莊嚴經論)』, 『능가아발타라보경(楞伽阿跋多羅寶經)』, 『대승입능가경(大乘入楞伽經)』, 『입능가경(入楞伽經)』 등의 경전에서 '불주(不住)', '무주(無住)', '무소착(無所著)', '무소염(無所染)' 등으로 번역되고, 과거수동분사 apratiṣṭhita는 『유마경』, 『대방광불화엄경』, 『대승입능가경』, 『대반야바라밀다경(大般若波羅蜜多經)』, 『금강반야바라밀경(金剛般若波羅密經)』 등의 경전에서 '불주(不住)', '무주(無住)', '무소주(無所住)' 등으로 번역된다. 중성명사 apratiṣṭhitatva는 『아비달마구사론(阿毘達磨俱舍論)』에서 '무주(無住)', '주무(住無)'로 번역된다. 무주(無住)와 결부된 용어로는 '무주심(無住心)', '심무소주(心無所住)'로 번역되는 apratiṣṭha-mānasa[1], '무주처열반(無住處涅槃)'으로 번역되는 apratiṣṭha-nirvāṇa[2], '주무주정려(住無住靜慮)'로 번역되는 apratiṣṭhā-dhyāna-vartana[3], '부주열반(不住涅槃)'으로 번역되는 apratiṣṭhito-nirvāṇe[4] 들이 있다.

aniketa는 '주(住)', '주처(住處)', '소(所)', '처(處)', '소혈(巢穴)'[5] 혹은 '착(著)', '탐착(貪著)', '탐애(貪愛)', '착처(著處)', '의착처(依著處)'[6] 등으로 한역되는 niketa에 부정접두어 a가 붙은 것으로서, 『대방광불화엄경』, 『보요경』, 『방광대장엄경』, 『불본행집경』, 『번역명의대집』, 『대승집보살학론』, 『대보적경(大寶積經)』 등에서 '무주(無住)', '무처(無處)', '무착(無著)', '무염(無染)', '무상(無相)' 등으로 번역된다.[7]

'무주', '무소주'로 번역되는 빠알리어는 appatiṭṭha, appatiṭṭhaṁ, apatiṭṭhaṁ

1 『대반야바라밀다경(大般若波羅蜜多經)』(『大正藏』 5권, 307중)
2 『번역명의대집(飜譯名義大集)』 2131, 54, 1055면.
3 상동(上同)
4 상동(上同)
5 『보요경(普曜經)』, 『방광대장엄경(方廣大莊嚴經)』, 『불본행집경(佛本行集經)』, 『번역명의대집』, 『대승집보살학론(大乘集菩薩學論)』
6 『대방광불화엄경』, 『십주경(十住經)』, 『십지경(十地經)』, 『대승집보살학론』.
7 鈴木學術財團編, 『漢譯對照 梵和大辭典』(新裝版, 日本: 講談社, 1988) 51, 94, 672, 828, 842, 1514-1517면.

등인데, '-에 대하여', '-에 반하여', '-를 향하여'를 의미하는 접두사 pati와 '서다', '머물다', '살다', '존재하다', '지속하다', '남다'를 뜻하는 동사 tiṭṭhati(=ṭhati)가 결합하여 이루어진 동사 patiṭṭhāti(=patiṭṭhahati)에 부정 접두어 a가 붙어서 이루어진 단어이다.

서장어는 gnas med pa 혹은 mi gnas pa가 '부주(不住)', '무주(無住)', '무소주(無所住)', '무소의지(無所依止)', '불안(不安)', '불안정주(不安定住)' 등으로 번역되고, mi gnas pa 혹은 rten pa med pa가 '무소의지(無所依止)'로 번역되고, mi gnas pa'i myang 'das가 '무주열반(無住涅槃)', '무주처열반(無住處涅槃)'으로 번역된다.

한문은 '무주(無住)', '무소주(無所住)', '부주(不住)', '비주(非住)', '몰주(沒住)', '막주(莫住)', '물주(勿住)', '미주(未住)'가 있으나, 주로 나타나는 표현은 '무주(無住)', '무소주(無所住)', '부주(不住)', '비주(非住)'이다. 범어와 빠알리어의 부정접두사 'a'가 '무(無)', '부(不)', '비(非)', '미(未)', '물(勿)', '몰(沒)', '막(莫)' 등으로 한역(漢譯)되기 때문이다.

무주(無住)를 뜻하는 이상과 같은 범어, 빠알리어, 서장어, 한문의 영어 번역어는 다음과 같이 다양한 표현으로 나타나고 있다. not abiding, not permanently fixed, having no solid ground, does not remain, non-dwelling, no value, fluctuating, unsafe, instability, impermanence, not standing still, without a footing or ground to stand on, bottomless, things having no independent nature of their own, no means of staying, unattached, not in bondage to anything.[8]

2. 개념 풀이

'머묾 없다' 혹은 '머물지 않는다'고 번역될 수 있는 '무주(無住)' 혹은 '무소주(無所住)'의 불교에서의 의미는 불교의 핵심인 깨달음, 해탈, 열반, 반야, 연기, 중도, 공, 무애(無礙), 자재(自在) 등을 나타내는 말이며, 법계의

8 Sir Monier Monier-Williams, *A Sanskrit-English Dictionary* (Tokyo: Meicho Fukyukai, 1986); T. W. Rhys Davids and William Stede, *The Pali Text Society's Pali-English Dictionary* (London: The Pali Text Society, 1986); *Tibetan-English Dictionary* (http://www.nitartha.org/dictionary_search04.html); William Adward Soothill and Lewis Hodous, *A Dictionary of Chinese Buddhist Terms* (Taipei: Ch'eng Wen Publishing Company, 1975).

실상(實相)을 가리키는 말이다. '머문다'는 것이 '반연(攀緣)한다', '집착한다', '애착한다', '묶여 있다'라는 뜻을 가지고 있으므로, 이것은 곧 이름과 모양을 분별하여 분별된 이름과 모양에 머물러 집착하고 묶여 있다는 말이다. 이렇게 이름과 모양에 머물러 집착하고 묶여 있는 것은 바로 중생심의 특징으로서 번뇌, 고(苦) 등으로 불리는 불행하고 불만족한 삶이다. 불교는 이러한 번뇌와 고로부터의 해탈을 목적으로 한 가르침이고 공부이다. 석가모니가 깨달은 해탈의 길에서 석가모니는 지금까지 머물러 집착했던 대상인 이름과 모양이 실체가 아니라 허망한 가상(假相)이라는 사실을 알아차렸다. 허망한 가상이므로 머물러 집착할 것이 없고, 허망한 가상에 머물러 집착하기 때문에 번뇌가 있는 것이다.

이 허망한 이름과 모습은 분별심으로 말미암아 생겨나지만, 실재로는 생겨나는 것도 없고 사라지는 것도 없다. 곧 '이것'을 분별하면 동시에 '저것'이 분별되고, '저것'을 분별하면 동시에 '이것'이 분별된다. 분별이란 '이것'과 '저것'이 언제나 동시에 나타나고 동시에 사라지는 것이다. 이처럼 분별되어 이름과 모양으로 나타나는 개별적 대상은 언제나 상호 인연이 되고 상호 의지하여 나타나는 것이다. 다시 말하면, 분별되어 나타나는 삼라만상은 언제나 단독으로 나타나거나 사라지는 일이 없고, 반드시 다른 것들과 동시에 나타나고 동시에 사라진다. '이것'이라는 이름과 모양이 나타나면, 동시에 '이것 아님'이 나타나는 것이다. '이것'이 나타남에는 '이것 아님'이 그 배경이 되고, 동시에 '이것'은 '이것 아님'의 배경이 되어서, 나타나면 같이 나타나고 사라지면 같이 사라진다. 그러므로 비록 '이것'과 '이것 아님'이 나타나고 사라지며 삼라만상의 세계가 성립되고 있지만, 세계 속에 있는 개별자들은 결코 홀로 독립하여 존재할 수 없는 것이다. 즉 삼라만상은 자성(自性)이 없다.

이처럼 세계는 분별의 세계로서 분별된 하나하나의 이름과 모습은 언제나 다른 이름과 모습과 서로 의존하여 동시에 나타나고 동시에 사라진다. 마치 호수의 물결이 수 없이 많지만 모든 물결이 서로서로 마루가 되고 골이 되며 함께 나타나고 함께 사라지는 것과 같다. 이렇게 '이것'과 '이것 아님'이 서로 연관되어 함께 나타나고 함께 사라지며 개별적으로는 독립된 자성이 없는 것을 일러 연기(緣起) 혹은 연기법(緣起法)이라고 한다. 세계를 구성하는 만법은 서로 인연(因緣)이 되고 서로 반연(攀緣)하여 함께 나타나고 함께 사라지는 것이다. 그러므로 세계는 연기된 세계이며 만법은 연기된 법으로서, 개별적으로는 실재(實在)하는 자성(自性)이 없다. 실재하는 자성이 없기 때문에 세계는 나타나 있지만, 동시에 공(空)이다. 즉 연기된 세계요 공인 세계는 나타나지만 나타남이 없고, 사라지지만 사라짐이 없는 것이다. 생멸(生滅)하는 세계이면서 동시에 불생불멸(不生不滅)하는 세계가 곧 세계의 실상(實相)이다.

그러나 중생의 분별심은 세계와 만법의 이러한 실상에 어두워서[無明], 생멸하는 하나하나의 만법이 제각각 따로 독립하여 자성을 가지고 생멸한다고 여기고는 '저것'을 버리고 '이것'을 취하려 하고, '이것'을 버리고 '저것'을 얻으려 한다. '이것'이라는 배경을 버리고 '이것 아님'을 얻으려 하고, '이것 아님'이라는 배경을 버리고 '이것'을 얻으려 하는 것이 바로 중생의 어리석음이다. 이처럼 '이것 아님'으로 말미암아 '이것'이 있다는 사실을 외면하고 '이것 아님'은 버리고 '이것'을 얻으려 든다면, 빛을 버리고 그림자를 얻으려는 것처럼, 혹은 물결의 마루를 버리고 골을 얻으려는 것처럼 허망한 일일 뿐이다. 이런 허망한 일에 몰두하므로 고와 번뇌가 있는 것이다.

이처럼 번뇌는 머물러 집착함으로 말미암아 일어난다. 분별된 하나하나의 이름과 모양에 머물러 집착함으로 말미암아 번뇌가 일어나는 것이다. 따라서 번뇌에서 해탈하려면 머물러 집착하는 일이 없어져야 한다. 어떤 이름과 모양에도 머물지 말아야 하는 것이다. 물론 이것은 의식적으로 분별하여 성취되는 일이 아니라, 깨달음으로 얻어지는 지혜이다. 의식적으로 분별하게 되면, 이름과 모양에 머물지 않는 것은 곧 허무한 공무(空無)에 떨어져서 헤매거나 무분별(無分別)의 어두움 속으로 들어가는 것을 가리킨다. 의식은 언제나 흑백논리의 분별로 이루어지기 때문에, 물결은 허망하므로 물결에 머물지 말아야 한다고 하면, 의식은 곧 물결이 없는 순수한 물만을 취하려 한다. 물론 이것은 성취될 수 없는 일이고 도리에 맞지 않는 어리석음이다. 이처럼 하나를 취하며 하나는 버리는 것이 곧 중생의 분별심의 특징이다. 허망한 물결에 속지 않고 진실한 물을 깨닫는다는 것은 물결을 버리고 물을 취하는 것이 아니라, 취함에도 머물지 않고 버림에도 머물지 않는 중도(中道)이다.

진실한 물을 깨닫는다는 것은, 물결 하나 하나를 분별하여 이것을 취하고 저것을 버리고 했던 어리석음에서 벗어나는 것이지, 물결[假相]을 버리고 물[實相]을 취하는 것은 아니다. 즉 물결에도 머물지 않고 물에도 머물지 않는 것이다. 그리하여 물결은 물결대로 하나하나 분별되지만, 그 분별된 물결은 언제나 한결같이 물이고, 한결같이 물밖에 없지만 모든 물결 하나하나는 역시 항상 제 모습을 드러내는 것이다. 하나가 곧 모든 것들이고 모든 것들이 곧 하나로서, 하나에도 막히지 않고 모든 것들에도 막힘이 없다. 즉 일즉일체(一卽一切)요 다즉일(多卽一)로서 원융무애하여 장애가 없는 것이다. 이것이 바로 '이것'에도 머물지 않고 '이것 아님'에도 머물지 않아서 '머묾 없음에 머무는[住無所住]' '무주(無住)'이다. 그러므로 '무주'는 법계의 실상(實相)이요, 해탈이요, 열반이다.

이러한 '무주'를 『아함경』에서는 십이지연기(十二支緣起)의 소멸이라 하고, 『반야경』에서는 반야바라밀다(般若波羅蜜多)의 실행이라 하고, 『중론』에서는 연기(緣起)·중도(中道)·공(空)·희론적멸(戱論寂滅)이라 하고, 화엄종에서는 법계연기(法界緣起)라 하고, 천태종에서는 공가중(空假中) 삼제(三諦)라 하고, 『유마경』과 선종에서는 근본(根本)이라 하고, 유식학(唯識學)에서는 무주처열반(無住處涅槃)이라 하고, 『열반경』에서는 법성(法性)이라 한다. 다만, '머문다'와 마찬가지로 '머물지 않는다', '머묾 없다'도 일반적으로 주어(主語)로 사용되는 개념이기 보다는 서술어로 사용되는 개념이기 때문에 단독으로 사용되는 경우는 많지 않다. 예컨대, '반야바라밀다는 머묾도 없고 머물지 않음도 없는 무주(無住)이다'라거나, '중도란 머묾 없음에 머무는 것이다'라고 표현하는 것이 일반적이어서, 반야바라밀다와 중도를 주로 언급하고 무주를 언급하지는 않으나, 그러한 용어들의 실제 내용은 곧 무주인 것이다.

Ⅱ. 역사적 전개 및 텍스트별 용례

1. 아함에서 무주

『아함경』에 '무주(無住)'라는 단어가 많이 등장하지는 않으나, 두 곳에서 중요한 의미를 가지고 나타나 있다. 첫째는 연기법을 밝히는 곳이고, 둘째는 무집착(無執著)을 가르치는 곳이다. 연기법은 집착할 만한 어떤 법도 없음을 밝히는 것이므로, 둘 모두 결국 집착을 떠난 해탈을 가리키는 의미로 '무주'가 사용되고 있다.

1) 연기의 해명

"아난아, 만약 식(識)이 없다면 명색(名色)이 있겠느냐?" "없습니다" "아난아, 나는 이러한 이유 때문에 명색이 식에서 말미암으며 식에 연유(緣由)하여 명색이 있음을 안다. 내가 말하는 뜻은 이것이다. 아난아, 명색에 연유하여 식이 있으니, 이것이 무슨 뜻인가? 만약 식이 명색에 머물지 않는다면, 식은 머무는 곳이 없을 것이다. 만약 머무는 곳이 없으면, 어찌 생, 노, 병, 사, 우, 비, 고, 뇌가 있겠느냐?" "없습니다" "아난아, 만약 명색이 없다면 어찌 식이 있겠느냐?" "없습니다" "아난아, 나는 이런 이유로 식은 명색에 연유하며, 명색에 연유하여 식이 있음을 안다. 내가 말하는 뜻은 이것이다. 아난아, 이 까닭에 명색(名色)은 식(識)에 연유하고, 식(識)은 명색(名色)에 연유하고, 명색(名色)은 육입(六入)에 연유하고, 육입(六入)은 촉(觸)에 연유하고, 촉(觸)은 수(受)에 연유하고, 수(受)는 애(愛)에 연유하고, 애(愛)는 취(取)에 연유하고, 취(取)는 유(有)에 연유하고, 유(有)는 생(生)에 연유하고, 생(生)은 노사우비고뇌(老死憂悲苦惱)의 커다란 고통의 덩어리에 연유한다."[9]

여기서는 십이지연기설(十二支緣起說)의 12지 가운데 무명(無明)과 행(行)을 제외한 10지의 연기(緣起)를 설명하고 있다. 여기에서 연기라고 하는 것은 곧 상호 인연하여 존재한다는 뜻임을 밝히고 있다. 즉, 명색(名色)은 식(識)에 반연(攀緣)하여 (식으로 말미암아) 있고, 식은 명색에 반연하여 (명색으로 말미암아) 있다는 것이다. 이것은 곧 명색과 식이 각각 독자적으로 있을 수는 없고, 상호 연기하여 존재한다는 것으로서, 초기불교에서 반야, 중관으로 이어지는 상의상대(相依相待)의 연기설(緣起說)을 보여주고 있다. 이른바 '이것이 있으므로 저것이 있고, 저것이 있으므로 이것이 있으며, 이것이 없으면 저것도 없고, 저것이 사라지면 이것도 사라진다.'는 아함경의 연기설을 드러내고 있는 것이다.

그런데 여기서는 '말미암는다', '반연한다'는 표현을 대신하여 '머문다[住]'고 말하고 있다. 즉 '머문다'는 말은 '반연한다', '상호 의존하여 존재한다', '연기(緣起)한다'라는 뜻으로 사용되고 있는 것이다. 그러므로 '머물지 않는다[不住]' 혹은 '머묾이 없다[無住]'는 말은 연기하여 펼쳐지는 대상

9 『佛說長阿含經』 10(『大正藏』 1권, 61중)

세계를 따라가며 분별하는 것이 아니라, 연기가 곧 공(空)이요 중도(中道)라는 분별망상이 소멸된 해탈로 향하는 것을 가리키고 있다.

분별망상에서 해탈한 열반을 나타내는 '무주(無住)'는 뒤에 반야경에서 '머묾 없음에 머문다' 혹은 '머물러도 머묾이 없다'[住無所住]는 반야바라밀다(般若波羅蜜多)의 실천으로 나타나고, 나가르주나에 의하여 만법은 연기에 의하여 시설(施設)된 가상(假相)이며 진실은 공(空)이라는 중도(中道)로 드러나며, 나아가 『유마경』의 '머묾 없는 근본에서 일체법이 성립한다[從無住本立一切法]'로 연결되고, 마침내 중국 조사선의 '무주를 근본으로 한다[無住爲本]'에까지 이르게 된다.

2) 무탐의 가르침

"어리석은 범부와 배우지 못한 중생은 두려워할 것이 없는 곳에서 두려워한다. 어리석은 범부와 배우지 못한 중생은 '나도 없고 내것도 없으니, 둘 모두 생겨나지 않을 것이다'라는 것을 두려워하여, 넷에 반연하여 식(識)이 머문다. 무엇이 넷인가? 색(色)에 식이 머무는 것, 색에 반연하는 것, 색을 좋아하는 것, 널리 생장(生長)을 증진시키는 것과 수(受)·상(想)·행(行)에 식이 머무는 것, 반연하는 것, 좋아하는 것, 널리 생장을 증진하는 것 등이다. 비구여, 식(識)은 여기에서 오거나 가거나 머물거나 일어나거나 사라지거나 하며 널리 생장을 증진한다고 말한다면, 다시 다른 법(法)이 있을 것이다. 식(識)이 만약 오거나 가거나 머물거나 일어나거나 사라지거나 널리 생장을 증진한다면, 여기에는 단지 말이 있을 뿐이다. 물었는데도 알지 못하고 어리석음을 더하는 것은 이것이 경계가 아니기 때문이다. 까닭이 무엇인가? 비구여, 색계(色界)에 대한 탐욕을 떠나면, 색에 대하여 의식이 만든 결박도 끊어지고, 색에 대하여 의식이 만든 결박이 끊어지면, 식(識)의 반연도 끊어져서 식이 다시는 머물지 않을 것이고, 다시는 널리 생장을 증진하지 않을 것이다. 수·상·행계에 대한 탐욕을 떠나면, 수·상·행에 대하여 의식이 만든 결박도 끊어지고, 수·상·행에서 의식이 만든 결박이 끊어지면, 반연도 끊어지고, 식(識)은 머물 곳이 없을 것이고, 다시는 널리 생장을 증진시키지 않을 것이다. 식이 머물 곳이 없기 때문에 증장하지 않을 것이고, 증장하지 않기 때문에 유위조작이 없을 것이고, 유위조작이 없기 때문에 곧 안정되고, 안정되기 때문에 족함을 알고, 족함을 알기 때문에 해탈한다. 해탈하기 때

> 문에 모든 세간에 전혀 취함이 없고, 취함이 없기 때문에 집착이 없고, 집착이 없기 때문에 열반을 스스로 깨닫는다. 나의 생은 이미 다했고, 범행(梵行)은 이미 세워졌고, 할 일은 이미 다했으니, 후유(後有)를 받지 않음을 스스로 안다."[10]

오온(五蘊) 가운데 식(識)이 색(色)·수(受)·상(想)·행(行)의 사온(四蘊)에 머물러, 사온에 반연(攀緣)하고, 사온에 애착하여, 널리 생장하려고 한다. 만약 사온에 대한 식의 애착이 끊어지고 반연도 끊어져서 식이 다시는 사온에 머물지 않는다면, 식이 생장하지 않고, 식이 생장하지 않는다면, 유위조작이 없고, 유위조작이 없다면, 안정되게 머물 것이고, 안정되게 머문다면, 족함을 알고, 족함을 아는 것이 곧 해탈이다. 그러므로 식이 색·수·상·행의 사온에 머물지 않아서 집착이 없어지는 것이 곧 해탈의 요건이다.

여기에서 식이 색·수·상·행의 사온에 머문다는 것은 곧, 사온에 반연하는 것이고, 사온에 애착하는 것이고, 결국 생장을 지속하려는 욕구로 나타난다. 이것은 바로 12지(支) 연기설에서 반연으로 말미암아 각각의 지(支)가 연기하여 나타나고, 결국 생노병사를 면하지 못한다는 설명과 동일하다. 연기의 원인으로서의 반연과 애(愛)와 생(生)만을 간략히 언급하고 있긴 하지만, 분명 동일한 의미를 나타내고 있다. 그러므로 '머묾이 없는[無住]' 것은 곧 반연이 소멸하는 것이고, 애착이 사라지는 것이고, 생노병사에서 해탈하는 길이다.

여기서도 '머물지 않는다' 혹은 '머묾이 없다'는 말은 곧 반연이 소멸되어 해탈로 향하는 것을 가리키므로, 앞서 설명한 '무주'와 동일한 의미를 지닌다. 그러나 여기에서는 앞의 경우와는 달리 연기법만을 밝히고 있는 것이 아니라, 탐애(貪愛)를 끊어야 함을 보다 강조하는 것이 눈에 띈다. 색·수·상·행의 분별된 대상세계에 대한 탐애를 떠나면, 식의 반연도 끊어져서 생노병사에서 해탈한다는 것이다. 연기설을 통하여 해탈을 가르치는 것은 같으면서도 여기에서는 대상세계에 대한 탐애를 끊을 것을 보다 강조하고 있는 것이다.

이로써 보건대, 아함경에서 말하는 '머묾 없음[無住]'은 반연과 애착을 떠난 해탈의 의미를 드러내고 있으며, 이것은 대승경전에서의 반야바라밀(般

10 『雜阿含經』 3(『大正藏』 2권, 16하-17상)

若波羅蜜)과 다름 없는 의미이다. 그러나 아함경에서 무주(無住)가 이러한 의미를 가지고 사용하는 경우는 불과 대여섯 군데에 불과하고(『장아함경』 10권(12), 『잡아함경』 3권(64), 『잡아함경』 2권(39), 『잡아함경』 2권(1326), 『잡아함경』 15권(376), 『잡아함경』 48권(1267) 등), 이 이외에 아함경의 몇몇 곳에 나타나는 '무주(無住)'는 그저 '머물지 않는다'는 단순한 뜻으로 사용되고 있다.

2. 아비달마에서 무주

아비달마철학에서 무주(無住)는 주로 찰라멸설(刹那滅說)을 나타내는 뜻으로 몇 군데 나타날 뿐, 다른 중요한 의미를 가지고 나타나지는 않는다. 예컨대 다음과 같은 예가 몇 곳에 나타난다.

> 모든 법은 찰라로서, 머묾 없이 소멸한다. 그렇게 저절로 소멸하는 까닭에, 머물러 있다고 집착하면 도리에 맞지 않다.[11]

법(法)은 과거·현재·미래의 삼세(三世)에 실유(實有)이지만, 경험적으로는 지금 이 찰나에 순간 나타났다 사라질 뿐, 머물러 있지는 않다는 것이다. 마치 기차를 타고 가며 차창 밖을 내다볼 때, 차창 밖의 경치는 순간 나타났다 사라지지만, 차창 밖의 그 경치 자체는 나타나기 전이나 나타날 때나 지나간 뒤에나 언제나 그대로 있다고 여기는 것과 같다.

3. 반야중관에서 무주

『반야경』에서는 "모든 보살마하살은 무주(無住)를 방편(方便)으로 삼아 반야바라밀다에 안주(安住)해야 한다"[12]라고 하여, 『반야경』의 가르침이 곧 '무주'를 방편으로 한 가르침임을 밝히고 있다. 그러므로 『반야경』이야말로 '무주'를 가장 강조하고 있고, '무주'는 『반야경』에서 그 참된 의미가 밝혀진다. 삼장법사(三藏法師) 현장(玄奘)이 번역한 『대반야바라밀다경(大

11 『阿毘達磨俱舍論』 5(『大正藏』 29권, 27하)
12 『大般若波羅蜜多經』 3(『大正藏』 5권, 11하)

般若波羅蜜多經)』(이하 『대반야경』이라 약칭)을 보면, '무주(無住)', '불주(不住)' 혹은 '무소주(無所住)' 라는 구절이 나타나는 문맥의 형태가 몇 가지로 정해져서 수백번 반복하여 나타나는데, 이 『반야경』의 무주를 논리적으로 간략히 정리하여 그 요점을 잘 드러내고 있는 것이 곧 나가르주나의 『중론(中論)』이다. 여기서는 『반야경』과 『중론』을 비교하면서 『반야경』과 『중론』의 무주를 함께 살펴보겠다.

1) 반야바라밀다의 해명

"선현아, 이와 같이 대승은 전혀 머묾이 없다. 까닭이 무엇인가? 일체법은 모두 머묾이 없기 때문이다. 왜 그러한가? 모든 법은 머물 곳을 얻을 수 없기 때문이다. 선현아, 그리하여 이 대승은 머물러도 머묾이 없다. 선현아, 진여자성은 머무는 것도 아니고 머물지 않는 것도 아닌 것처럼, 대승 역시 그러하여 머무는 것도 아니고 머물지 않는 것도 아니다. 까닭이 무엇인가? 진여자성에는 머묾도 없도 머물지 않음도 없기 때문이다. 왜 그러한가? 선현아 진여자성이라고 하지만 진여자성은 공(空)이기 때문이다."[13]

"모든 보살마하살이 반야바라밀다를 수행할 때에도 역시 이와 같다. 비록 반야바리밀다에는 머물지만 여래와 마찬가지로 일체법에는 전혀 머물지도 않고 머물지 않지도 않다. 까닭이 무엇인가? 사리자여 모든 보살마하살이 반야바라밀다를 행할 때에는 비록 반야바라밀다에는 머물지만 색에는 머물지도 않고 머물지 않지도 않으며 내지 모든 상(相)과 지(智)에도 머물지도 않고 머물지 않지도 않다. 무슨 까닭인가? 사라자여 색(色) 등의 모든 법에는 이상(二相)이 없기 때문이다. 사리자여 모든 보살마하살은 깊은 반야바라밀다에서 이렇게 머물지도 않고 머물지 않지도 않는 모습을 따르니 머묾 없음으로써 방편을 삼아 이와 같이 배워야 한다."[14]

"일체법에는 단지 명상(名相)이 있을 뿐이다. 이와 같은 명상은 다만 가짜로 시설된 것이고 명상의 본성은 공(空)이다. … 모든 명상(名相)은 생함도

13 『大般若波羅蜜多經』 55(『大正藏』 5권, 312중)
14 『大般若波羅蜜多經』 425(『大正藏』 7권, 138중)

없고 멸함도 없고 머묾도 없고 달라짐도 없지만 시설(施設)할 수는 있다."[15]

이름[名]이든 모습[相]이든 본성(本性)이든 지혜(智慧)든 일체의 만법(萬法)은 모두 머묾도 없고 머묾 아님도 없다.[머무는 것도 아니고 머물지 않는 것도 아니다] 그 까닭은 일체법은 모두 이름과 모습으로서 가짜로 시설된 것으로서, 머물 곳이 없기 때문이고, 있는 것이 없기 때문이고, 공(空)이기 때문이고, 분별되는 두 모습[二相]이 없기 때문이다. 대승(大乘)의 수행자는 이와 같이 머묾 없음에 머무는데, 이것이 바로 반야바라밀다에 머무는 것이고, 반야바라밀다를 실행하는 것이고, 생사에서 빠져나와 해탈하는 것이고, 의지할 것 없는 대열반에 드는 것이다.

이것은 시설(施設)된 만법은 연기된 모습으로서 가명(假名)이요 가상(假相)이고 공(空)이므로, 분별을 따라 망상(妄相)에 머물지 말고 중도(中道)에 머물라고 하는 『중론(中論)』의 가르침과 동일한 내용이다. 다만 여기서는 중도라는 말 대신에 반야바라밀다라든가 대승이라는 말을 하고 있다. 여기서 '반야바라밀다에 머문다[住般若波羅蜜多]' 혹은 '머물러도 머묾이 없다[住無所住]'고 하는 것이 곧 중도의 길을 가는 것이다. 이것은 '머묾도 없고 머물지 않음도 없다[無住無不住]' 혹은 '머묾도 아니고 머물지 않음도 아니다[非住非不住]'라고 표현되는 것이다. 이 표현은 곧 '머묾'과 '머물지 않음'이라는 분별된 이상(二相)에 머물지 말고, 분별된 이상(二相)을 떠날 것을 요구하는 것이다. 『중론』의 표현을 빌려 말하면 희론(戱論)을 적멸할 것을 요구하는 것이다. 그 이유는 만법의 진여자성은 있는 것이 없는[無所有] 공(空)이고 이상(二相)을 떠난 것이기 때문이라고 한다. 다시 말하면 만법은 다만 이름과 모습으로 시설된 [=분별된, 연기된] 가짜이어서 머물 곳이 없기 때문이라는 것이다.

이처럼 '머묾 없음에 머무는' 반야바라밀다의 논리적 형식은 '머묾도 없고 머물지 않음도 없다[無住無不住]' 혹은 '머묾도 아니고 머물지 않음도 아니다[非住非不住]'라는 모습으로 나타난다. 이 논리는 한 개념과 그 모순개념을 동시에 부정해 버림으로써 모든 분별사유의 길을 끊어 버리는 것이다. 이러한 방식은 앞서는 석가모니에 의하여 무기설(無記說)이라는 이름으로 나타나 분별사유를 해체시키고 있지만, 더욱 적극적으로는 뒷날 나가

---

15 『大般若波羅蜜多經』 363(『大正藏』 6권, 871중)

르주나가 『중론』에서 이 논리적 형식을 활용하여 모든 사유를 해체시킴으로서 만법의 공성(空性)을 깨닫도록 가르치는 방식이기도 하다.

또한 이것이 가리키는 것은 곧 만법이 연기(緣起)된 존재임을 밝히는 것이기도 하다. 만법은 다만 이름과 모습일 뿐인데, 이름과 모습은 상대적인 분별을 통해서만 제각각의 이름과 모습으로 나타난다. 다시 말해, 모든 이름과 모습은 분별되는 이상(二相)의 상호 의존관계 속에서만 드러나는데, 이상(二相)이 상호 의존하여 드러나는 것이 곧 우리의 분별사유이다. 그러므로 이름과 모습으로 드러나는 만법은 제각각의 독자적 자성(自性)은 공(空)으로서 있는 것이 없고, 다만 우리의 분별사유 속에서만 그러한 이름과 모습으로 나타나는 것이다. 이러한 사실을 보통 상의상대(相依相待)의 연기(緣起)라고 부른다. 만법은 연기된 존재일 뿐이고, 그 자성은 공이다. 그러므로 분별 쪽으로 나아가면 만법이 연기되어 시설(施設)되고, 연기되어 시설된 만법은 자성이 공이어서 허망한 가짜인 이름과 모습뿐이라는 사실을 깨달으면, 분별망상에서 해탈하여 머묾 없음에 한결같이 머무는 것이고 반야바라밀다에 머무는 것이고 반야바라밀다를 실행하는 것이다.

이처럼 반야바라밀의 실천은 곧 머묾 없음에 머무는 것이다. 그러므로 반야경에서 '무주(無住)', '비주(非住)' 혹은 '무소주(無所住)'라는 표현은, 한편으로는 '머묾도 없고 머물지 않음도 없다[無住無不住]' 혹은 '머묾도 아니고 머물지 않음도 아니다[非住非不住]'라는 연기(緣起)를 나타내는 논리적 표현 속에서 나타나지만, 다른 한편으로는 머묾 없음에 머무는 것[住無所住]이 곧 반야바라밀다에 머무는 것[住般若波羅蜜多]이라고 하여, 연기를 깨달아 해탈한 중도(中道)인 반야바라밀다를 나타내는 표현으로도 나타난다. 이것은 앞서 『아함경』에 나타난 '무주(無住)'가 보다 구체화되어 나타난 것이다. 나가르주나의 『중론』은 연기의 논리적 표현으로서의 '무주무부주(無住無不住)'를 주로 이용하고 있지만, 이렇게 연기법을 밝히는 목적은 세속제와 승의제의 중도(中道)가 법의 본성이기 때문에 결국 머묾 없음에 머문다는 '주무소주(住無所住)'를 가르치고 있는 것이다. 이처럼 반야바라밀다에 머무는 것은 곧 머묾 없음에 머무는 [머물러도 머묾이 없는] 중도(中道)이다. 이처럼 『반야경』에서의 반야바라밀다는 『중론』에서는 중도로 표현되고 있다.

2) 반야바라밀다의 다양한 표현

나가르주나는『중론(中論)』의 첫머리 귀경게(歸敬偈)에서 이른바 팔불중도(八不中道)를 노래하여, 이러한 좋은 연기법(緣起法)을 말씀하셔서 모든 희론을 소멸시키신 부처님께 머리 숙여 절한다고 한다.[16] 그리고 본문에서는 27장에 걸쳐 불교의 교리에 나타나는 다양한 경우의 이름들을 연기법을 통하여 해체하여 그 공성(空性)을 드러내고 있다. 여기에는 생주이멸(生住異滅)의 해체, 거래(去來)의 해체, 주부주(住不住)의 해체, 유무(有無)의 해체, 성괴(成壞)의 해체 등이 거론되고 있는데, 마찬가지로『반야경』에서도 이러한 개념들을 해체하여 그 본성이 공(空)이라는 사실을 가르치고 있다. 연기를 설하여 분별을 해체하는 이러한 문맥 속에 '무주', '비주', '부주' 등의 표현이 사용되고 있는 것이지만, 결국 그 가르치는 바는 중도의 공성을 드러내려는 것이며, 곧 반야바라밀다를 표현하는 것이다. 몇몇 사례를 들어 보면 다음과 같다.

> "무위(無爲)란 무생(無生)·무주(無住)·무이(無異)·무멸(無滅)을 일컫는다. 이러한 무위는 무위가 공(空)이기 때문이다."[17]

> "모든 유정들이 가진 큰 마음은 무거(無去)·무래(無來)·무생(無生)·무멸(無滅)·무주(無住)·무이(無異)·무대(無大)·무소(無小)다. 무슨 까닭인가? 마음의 자성(自性)에는 있는 것이 없기 때문에, 비거(非去)·비래(非來)·비생(非生)·비멸(非滅)·비주(非住)·비이(非異)·비대(非大)·비소(非小)이다."[18]

> "이와 같은 아견(我見)은 부재내(不在內)·부재외(不在外)·부재양간(不在兩間)·도무소주(都無所住)이다."[19]

> "깊은 반야바라밀다는 이상(二相)을 멀리 여의고 머묾 없음에 머문다[住無所住]. … 깊은 반야바리밀다도 부주유법(不住有法)·부주무법(不住無法)이다. 그러므로 이러한 머묾은 생각할 수도 말할 수도 없다."[20]

---

16 『中論』 觀因緣品第一 (『大正藏』 30권, 1중)
17 『大般若波羅蜜多經』 51(『大正藏』 5권, 291상)
18 『大般若波羅蜜多經』 305(『大正藏』 6권, 556하)
19 『大般若波羅蜜多經』 570(『大正藏』 7권, 942중)
20 『大般若波羅蜜多經』 575(『大正藏』 7권, 969하)

3) 반야바라밀다의 실천

"또 다시 선현아 보살마하살이 깊은 반야바라밀다를 행할 때에 머묾 없음으로 방편을 삼기 때문에 어떤 법도 얻을 것 없는 가운데 머문다."[21]

『대반야경』의 이 구절은, 『반야경』이 '무주(無住)'를 방편으로 하여 반야바라밀다를 행하는 것이며, 반야바라밀다를 행할 때에는 어떤 법도 얻을 것 없는 가운데 머문다[住一切法無所得中]는 것을 말하고 있는데, 이 구절은 같은 『반야경』 계통인 『반야심경』과 『금강경』의 가르침을 떠올리게 한다. 『반야심경』에서는 얻을 것이 없기 때문에 반야바라밀다에 의존하여 구경열반(究竟涅槃)에 이른다고 하였고,[22] 『금강경』에서는 "선남자 선여인이 무상정등각의 마음을 내면, 어떻게 머물러야 하며, 어떻게 그 마음을 항복시켜야 합니까?"[23]라는 물음에, "보살은 법에 머묾 없이 보시해야 한다"[24]라거나 "머묾 없이 그 마음을 내어야 한다"[25]라고 가르치고 있다. 『반야심경』과 『금강경』 역시 '무주'를 방편으로 하여 제법(諸法)의 공성(空性)인 반야바라밀다를 설하고 있는 것이다.

기실 『반야심경』에서는 "사리자여, 이 모든 존재는 공(空)인 모습이므로, 생겨나지도 않고 없어지지도 않으며, 더럽지도 않고 깨끗하지도 않으며, 늘어나지도 않고 줄어들지도 않는다. 그러므로 공(空) 속에는 색도 없고 수·상·행·식도 없으며, 눈·귀·코·혀·몸·의식도 없으며, 색깔·소리·냄새·맛·촉감·존재도 없으며, 안계에서 의식계까지도 없으며, 무명(無明)도 없고 무명이 다함도 없으며, 나아가 늙어 죽음도 없고 늙어 죽음이 다함도 없으며, 고집멸도(苦集滅道)도 없고, 지혜도 없고, 얻음도 없다"[26]라고 하여, 모든 분별개념을 해체하는 희론적멸(戱論寂滅)을 행하고 있는데, 이것은 바로 『대반야경』에서 대승과 반야바라밀다의 이름으로 행하고 있는 것이며, 『중론』에서 팔불중도(八不中道)의 연기법을 통하여 가르치는 파사현정(破

21 『大般若波羅蜜多經』 382(『大正藏』 6권, 974중)
22 『般若波羅蜜多心經』 (『大正藏』 8권, 848하)
23 『金剛般若波羅蜜經』 (『大正藏』 8권, 748하)
24 『金剛般若波羅蜜經』 (『大正藏』 8권, 749상)
25 『金剛般若波羅蜜經』 (『大正藏』 8권, 749하)
26 『般若波羅蜜多心經』 (『大正藏』 8권, 848하)

邪顯正)인 것이다. 한편 『금강경』에서 설하고 있는 "무릇 상(相)으로 있는 것들은 모두 허망하다. 만약 모든 상이 상 아님을 본다면 곧 여래를 보는 것이다"[27]라는 구절이나, "법상(法相)도 없고 법상 아님도 없다"[28]라는 구절이나, "여래가 말하는 법은 모두 취할 수도 없고 말할 수도 없으며, 법도 아니고 법 아님도 아니다"[29]라는 구절이나, "이 실상(實相)이란 것은 실상이 아니다. 그러므로 여래는 이름이 실상이다고 말하는 것이다"[30]라는 구절들이 모두 분별심 속에서 연기(緣起)하여 발생하는 허망한 명상(名相)의 자성은 공(空)이라는 사실을 가르치고 있는 것이다.

그러므로 『대반야경』이나 『중론』과 마찬가지로 『반야심경』과 『금강경』도 '무주'를 방편으로 하여 제법의 공성을 깨닫는 반야바라밀다의 실행을 가르치고 있다. 다만, 방편으로서의 '무주'를 강조하거나, 마땅히 머묾 없이 마음을 내야 한다거나, 반야바라밀다를 행해야 한다고 할 경우에는 실천을 강조하고 있는 것이다.

4) 무소주삼마지(無所住三摩地)

『대반야경』에는 '무소주삼마지(無所住三摩地)'라는 말이 등장한다. 이 삼매에서는 어떤 법에도 머물 곳이 있음을 보지 못한다고 하는데,[31] 바로 머묾 없음에 머문다는 반야바라밀다를 말하는 것이다. 즉, 반야바라밀다를 달리 무소주삼마지라고 부르는 것이다. 『대반야경』을 나가르주나가 주석하여 쓴 논서라고 하는 『대지도론』에서는 '무소주삼마지'란 말 대신에 '무주삼매(無住三昧)', '무주처삼매(無住處三昧)'라고 부르고 있다.[32] 이 '무주처삼매'는 뒷날 유식학의 '무주처열반(無住處涅槃)'으로 연결된다.

4. 유마경에서 무주

『유마경』에서 '무주'가 나타나는 곳은 두 곳이다. 하나는 유마힐이 미륵

---

27 『金剛般若波羅蜜經』(『大正藏』 8권, 749상)
28 『金剛般若波羅蜜經』(『大正藏』 8권, 749중)
29 『金剛般若波羅蜜經』(『大正藏』 8권, 749중)
30 『金剛般若波羅蜜經』(『大正藏』 8권. 750중)
31 『大般若波羅蜜多經』 416(『大正藏』 7권, 76하)
32 『大智度論』 「釋摩訶衍品」(『大正藏』 25권, 397중); 『大智度論』 「釋摩訶衍品」(『大正藏』 25권, 398상중)

과의 대화에서 과거·미래·현재라는 시간의 존재를 부정하는 곳이고, 하나는 유마힐이 문수사리와의 대화에서 '무주를 근본으로 하여 일체법이 건립된다'고 말하는 곳이다. 이 두 곳에서 나타나는 무주는 그 뒤 여러 문헌에서 빈번히 인용될 만큼 중요시 되었다.

첫째, 시간의 존재를 부정하는 곳을 살펴 보면, 유마힐은 미륵이 무상정등각을 얻을 것이라는 세존의 수기(授記)를 받았다는 말을 가지고, 언제 무상정등각을 얻는가를 따진다. "만약 과거생(過去生)에 얻는다고 한다면 과거생은 이미 소멸했고, 만약 미래생(未來生)에 얻는다고 한다면 미래생은 아직 당도하지 않았으며, 만약 현재생에 얻는다고 한다면 현재생은 머묾이 없다"[33]고 하여 과거·미래·현재라는 정해진 시간의 존재를 부정한다.

과거·현재·미래라는 시간의 부정은 이미 『반야경』에서 빈번히 나타난 것이다. 예컨대 "이 모든 법은 공(空)인 모습으로 생하지도 않고, 멸하지도 않고, 더럽지도 않고, 깨끗하지도 않고, 증가하지도 않고, 감소하지도 않고, 과거도 아니고, 미래도 아니고, 현재도 아니다"[34]라는 구절이나, 유명한 "과거의 마음도 얻을 수 없고, 현재의 마음도 얻을 수 없고, 미래의 마음도 얻을 수 없다"[35]는 구절이나, "미래는 아직 있지 않고, 과거는 이미 소멸했고, 현재는 머물지 않는다"[36]는 『대지도론』의 구절이 바로 그런 것들이다. 이러한 삼세의 개별적 존재를 부정하고 삼세평등(三世平等)을 말하는 것은 물론 『반야경』에서 생주이멸을 부정하는 방식인 연기법에 의한 해체이다. 상대적 분별상(分別相)이 연기적으로 발생하므로 개별적 자성(自性)은 없다고 하는 제법성공(諸法性空)의 진실을 나타내고 있는 것이다.

둘째, '무주를 바탕으로 제법이 건립된다'는 구절은 다음과 같다.

> "탐욕은 무엇이 바탕입니까?" "허망분별이 바탕입니다" "허망분별은 무엇이 바탕입니까?" "전도몽상(顚倒夢想)이 바탕입니다" "전도몽상은 무엇이 바탕입니까?" "머묾 없음[無住]이 바탕입니다" "머묾 없음은 무엇이 바탕입니까?" "머묾이 없으면 바탕도 없습니다. 문수사리여, 머묾 없는 바탕으로부터 일체법을 건립하는 것입니다.[從無住本立一切法]"[37]

33 『維摩詰所說經』 菩薩品第四(『大正藏』 14권, 542중)
34 『大般若波羅蜜多經』 403(『大正藏』 7권, 14상)
35 『金剛般若波羅蜜經』 (『大正藏』 8권, 751중)
36 『大智度論』 釋四念處品(『大正藏』 25권, 405상)

'머묾 없는 바탕으로부터 일체법을 건립한다.[從無住本立一切法]'는 이 구절은 중국불교에 큰 영향을 끼쳐서 삼론종, 천태종, 화엄종, 선종 등에서 광범위하게 언급되고 있다. 이 구절도 물론 그 본래의 뜻은 반야바라밀이지만, 중국에서는 유식(唯識)이나 불성(佛性)과도 결부되어 언급되고 있다.

머묾 없음이 근본이고 그 근본에서 일체법이 건립된다는 것은, 곧 머묾 없음에 머문다는 반야바라밀 혹은 중도(中道)가 근본이고, 이 근본에서 자성이 공(空)인 일체법이 나타난다는 말이다. 이것은 『중론』의 다음 게송이 뜻하는 바와 같다.

> "공(空)이란 뜻이 있기 때문에, 일체법이 이루어질 수 있다.
> 만약 공이란 뜻이 없다면, 일체법도 이루어지지 않는다."[38]

이 게송에는 한편으로 공과 일체법이라는 두 개념이 상호 연기적으로 성립하는 두 분별상으로서 자성이 공이라고 하여 스스로를 파괴시키는 가르침이 있는 반면에, 또 한 편으로는 연기법에 따라 공과 일체법이 동시에 성립한다는 성립의 가르침도 있다. 연기법의 본질이 바로 이런 것이다. 시설되는 측면과 파괴되는 측면이 언제나 함께 있는 것이다. 시설되는 쪽으로 나아가면 끝없는 분별상이 나타나고, 파괴되는 쪽으로 나아가면 언제나 변함 없이 공(空)이다. 그러나 이 시설과 파괴는 언제나 독립된 둘이 아닌 하나이다. 분별하는 쪽으로 나아가면 일체법이 성립되지만, 그러면서도 성립되는 일체법은 언제나 공이다. 『반야심경』에서 '오온이 모두 공이다'고 하고, 『금강경』에서 '모든 상(相)이 상이 아니다'고 하고, 『화엄경』에서 '하나가 곧 여럿이고 여럿이 곧 하나'[39]라고 하고, 『대반야경』에서는 '일체법이 곧 보리(菩提)'[40]라고 하고, 『유마경』에서 '세간과 출세간이 둘이 아니고, 생사와 열반이 둘이 아니다'고 하고, 『기신론』에서 '일심법에 생멸문과 진여문의 이문(二門)이 있다'[41]고 한 것 등이 모두 이러한 연기법을 설한 것이다. 이러한 연기법에서 오온과 공, 상(相)과 비상(非相), 생멸문과 진여문의

---

37 『維摩詰所說經』 觀衆生品第七(『大正藏』 14권, 547하)
38 『中論』 觀四諦品第二十四(『大正藏』 30권, 33상)
39 『大方廣佛華嚴經』 菩薩十住品(『大正藏』 9권, 446상)
40 『大般若波羅蜜多經』 507(『大正藏』 7권, 973하)
41 『大乘起信論』 (『大正藏』 32권, 576상)

어느 쪽에도 머물러 집착하지 않아서 머묾 없는 곳에 머무는 것[住無所住]이 곧 반야바라밀을 실행하는 것이고 무주처열반(無住處涅槃)이고 중도(中道)이다. 이러한 중도의 실현을 『유마경』에서는 "모든 법의 모습들을 잘 분별하면서도 첫째 뜻에서 움직이지 않으니 이미 모든 법에서 자재를 얻었다"[42]고 하였는데, 이 구절 역시 공부를 말할 때 많이 인용된다.

연기법의 실천에서는 이처럼 중도(中道)에 머물러 의지함 없이 자재해야 하지만, 연기법은 또한 중생심이 곧 불심이라는 사실을 잘 드러내 주기도 한다. 분별에 매여서 명상(名相)을 따라가면 만법이 실제로 있게 되어서 만법의 세계에서 살게 되는데, 이렇게 출몰하는 만법의 본성을 만법의 인과관계 속에서 해명하여 만법의 공성(空性)을 밝힘으로써 만법에서 해탈하도록 가르치는 것이 바로 유식학이다. 그러므로 유식학은 만법을 분별하여 시설한 법계(法界)에서 그 시설된 법계의 본성이 공임을 순차적으로 밝히는 것으로, 분별의 진행 방향으로 나아가 분별된 만법의 공성을 밝히는 것이다. 이에 대하여 만법이 출현하는 근원인 분별로 눈길을 돌려서, 분별 그 자체의 모순을 폭로하여 분별을 놓아 버리도록 하여 즉시 공성(空性)을 체득하도록 하는 것이 바로 중관학이다. 그러므로 중관학은 만법이 시설되는 근원인 분별로 눈길을 돌려, 분별의 본성이 바로 공임을 밝혀서 분별이 진행되지 못하게 막아 버리는 것이다.

그러므로 『유마경』의 '머묾 없는 바탕으로부터 일체법을 건립한다.[從無住本立一切法]'는 구절은 중관과 유식 모두에서 의미를 가지게 된다. 중관에서는 연기법을 표현하는 것으로, 유식에서는 일체법의 공성을 밝힌 무주처열반을 표현하는 것으로, 이 구절은 의미를 가질 수 있는 것이다. 따라서 이 구절에 대한 주석에서도 중관의 입장에서 주석한 것과 유식의 입장을 도입하여 주석한 것, 나아가 불성론(佛性論)의 입장에서 주석한 것이 모두 나타난다. 삼론종의 승조(僧肇, 384-414)와 길장(吉藏, 549-623)은 머묾 없는 근본에서 망상분별이 헛되이 일어나는 것으로 해석하였고,[43] 정영사(淨影寺)의 혜원(慧遠, 523-592)은 하나의 진심(眞心)에서 팔식(八識)의 허망한 법이 건립된다고 해석하였고,[44] 천태종의 지의(智顗, 538-597)는 진제(眞諦)의 이(理)와 속제(俗諦)의 사(事)를 가지고 해석하였고,[45] 화엄종의 징관(澄觀,

42 『維摩詰所說經』 佛國品第一(『大正藏』 14권, 537하)
43 『注維摩詰經』(『大正藏』 38권, 386하); 『淨名玄論』(『大正藏』 38권, 874하)
44 혜원, 『維摩義記』(『大正藏』 38권, 483상)

738-839)은 지혜의 본체와 작용으로 해석하였다.[46] '머묾 없는 근본[無住本]'이 '유일한 진심', '진제의 이(理)', '지혜의 본체' 등 종파에 따라 다양하게 해석되고 있는 것이다.

5. 유식에서 무주

유식 공부의 궁극적 목적은 4종 열반의 증득이다. 본래자성청정열반(本來自性淸淨涅槃)·유여의열반(有餘依涅槃)·무여의열반(無餘依涅槃)·무주처열반(無住處涅槃)이 그것이다. 일체중생에게는 모두 본래자성청정열반이 갖추어져 있으며, 성문·연각의 이승(二乘)은 앞의 세 열반을 얻을 수 있으나, 오직 세존(世尊)만이 4가지 열반을 모두 갖춘다고 하여,[47] 넷째 무주처열반을 최고의 열반으로 간주하고 있다. 오직 부처만이 얻는다고 하는 최고의 열반인 무주처열반은 법상(法相)에의 집착인 소지장을 소멸한 열반이다. 『성유식론(成唯識論)』에서는 무주처열반을 설명하기를 "소지장을 벗어난 진여인데, 대비(大悲)와 반야(般若)가 늘 도우고 있다. 이 때문에 생사(生死)에도 열반에도 머물지 않는[不住生死涅槃] 이락유정(利樂有情: 중생에게 이익과 즐거움을 주는 보살)이 영원토록 [대비와 반야를] 사용하지만 늘 고요하다. 그러므로 열반이라고 부르는 것이다"[48]라 하고 있다.

무주처열반의 본질은 대비(大悲)와 반야(般若)라는 것인데, 반야는 생사에도 열반에도 머물지 않는 것이고, 대비는 중생을 이익되고 즐겁게 하는 것이다. 대비와 반야는 소지장을 벗어난 진여(眞如)의 두 가지 특징을 말하는 것이지만, 여기서 주목할 것은 반야이다. 앞서 살펴본 것처럼, 반야는 곧 생사와 열반의 어디에도 머물지 않는 무주처(無住處)를 가리키기 때문이다. 적어도 무주처열반이라는 이름으로 보건데 대비 보다는 반야가 보다 강조되고 있음을 알 수 있다. 대비(大悲)도 무주상(無住相)의 반야에서만 실현되는 것이다. 유식에서도 무상보리(無上菩提)의 본질이 곧 '무주'임를 가리키고 있는 것이다.

---

45 천태 지의, 『維摩經玄疏』(『大正藏』 38권, 545중); 천태 지의, 『妙法蓮華經玄義』(『大正藏』 33권, 764중)

46 청량 징관, 『大方廣佛華嚴經疏』(『大正藏』 35권, 675상, 729상)

47 『成唯識論』 10(『大正藏』 31권, 55중)

48 『成唯識論』 10(『大正藏』 31권, 55중)

한편 미륵(彌勒)이 지은 『유가사지론(瑜伽師地論)』에서는 무주(無住)의 의미를 다음과 같이 새롭게 제시하고 있다.

> "무엇을 일러 반연 없고 머묾 없음[無攀無住]이라 하는가? 이른바 모든 애착이 영원히 없어지고 욕망을 떠난 적멸의 열반과 멸진정(滅盡定)이다. 까닭이 무엇인가? 반연이라고 하는 것은 모든 번뇌에 얽히는 것이고, 머문다는 것은 번뇌에 빠져들어 잠드는 것이다. 그곳에서 이 둘 모두가 없으면 반연 없고 머묾 없음이라 하는 것이다. 이것은 열반에는 반연도 없고 머묾도 없음을 말하는 것이다. 또 상(想)을 일러 반연이라 하고, 수(受)를 일러 머문다고 한다. 만약 이곳에서 둘이 모두 없다면 그곳은 반연도 없고 머묾도 없다고 하는 것이다. 이와 같이 멸상수정(滅想受定)에는 반연도 없고 머묾도 없음을 밝힌다."[49]

여기에서 머문다[住]는 것은 번뇌에 빠져들어 지혜가 잠드는 것 혹은 수(受)를 가리키고, 반연한다[攀]는 것은 번뇌에 얽혀 매이는 것 혹은 상(想)을 가리킨다. 『유가사지론』의 이론적 맥락에서 부여된 독특한 뜻이라고 하겠다.

6. 열반경에서 무주

『열반경』의 요점은 상주불변(常住不變)하는 불신(佛身) 곧 불성(佛性)에 대한 가르침이다. 생노병사하는 생신(生身)이 본래 불생불멸의 법신(法身)과 둘이 아니라는 사실을 가리켜 '모든 중생에게 불성이 갖추어져 있다'고 한다.[50] 생노병사하는 중생신(衆生身) 속에 갖추어져 있는 법신을 여래장(如來藏) 혹은 불성(佛性)이라고 하는데, 이 불성은 곧 무주(無住)이며, 오온·십팔계로 드러나는 중생신은 연기하여 드러난 가상(假相)이라는 가르침 속에 『열반경』은 '무주(無住)'의 의미를 드러내고 있다.

『열반경』에서는 여래의 몸을 설명하면서 "여래의 몸은 몸이 아닌 몸으로서, 생겨나지도 않고 소멸하지도 않고, 습기로 물들지도 않고 닦아지지

---

49 『瑜伽師地論』 18(『大正藏』 30권, 376중)

50 담무참 역, 『大般涅槃經』 32(『大正藏』 12권, 559상)

도 않고, 헤아릴 수도 없고 끝도 없고 흔적도 없고, … 불가사의(不可思議)하다"[51]고 하여 이름과 모습으로 판단할 수 없음을 말하고, 또 "있는 것도 아니고 없는 것도 아니고, … 정해진 것도 아니고 정해지지 않은 것도 아니고, 볼 수 없으면서도 또렷이 보이고, 어둠도 아니고 밝음도 아니고, … 머물러도 머무는 곳이 없고, 취하지도 않고 버리지도 않고, 법도 아니고 법 아님도 아니고, 복전(福田)도 아니고 복전 아님도 아니고, 다함도 없고 다하지 않음도 없고, … 둘이 없기 때문에 헤아릴 수가 없다"[52]고 하여 분별의 희론을 떠난 무주(無住)의 중도(中道)를 말하고 있다.

또, 『열반경』에서는 법성(法性)을 설명하면서 '머묾[住]'과 '머묾 없음[無住]'을 대비시켜 '머묾 없음'이 바로 법성이라고 말하고 있다. 여기에서는 '머묾'이 무엇이며 '머묾 없음'이 무엇인가를 여러 경우를 들어 하나하나 대비하여 말하고 있으므로, 『열반경』에서 말하는 '머묾 없음'의 뜻을 보다 명확히 알 수 있다. 이것은 반열반에 들려는 세존이 세간에 더 머물러 달라고 부탁하는 제자에게 여래는 머묾이 없다는 사실을 가르치는 장면에서 세존이 말하는 것이다. 세존은 머물기를 바라는 제자에게 "선남자여, 모든 법의 본성은 머묾 없이 머문다. 너는 어찌하여 여래가 머물기를 바라는가?"[53] 하고 꾸짖고는, 먼저 '머묾'이 어떤 것인지 하나하나 예를 들어 살피고, 다음에 '머묾 없음'의 뜻을 밝히고 있다. 세존이 머묾의 예로서 들고 있는 것은, 색수상행식(色受想行識)·교만(憍慢)·유위법(有爲法)·공법(空法)·이십오유(二十五有)·일체범부(一切凡夫)[54] 등이다. 머묾 없음의 예로는, 무변신(無邊身)·허공(虛空)·금강삼매(金剛三昧)·환(幻)·무시종(無始終)·무변법계(無邊法界)·무변중생계(無邊衆生界)·수능엄삼매(首楞嚴三昧)[55] 등을 든다.

이러한 예를 통하여 말하려는 것은, 여래의 본성은 머묾 없이 머무는 것으로서, 색의 결박·교만·유위법·공법·이십오유·가고 오고 머무는 모습[去來住相] 등을 끊었으며, 한계 있는 생멸법을 떠나 항상하며, 결코 머물지 않으며, 허공과 같으며, 환(幻)처럼 실체가 없으며, 끝없는 법계 자체이며, 일체법을 알면서도 집착이 없으며, 육바라밀을 행함에 머묾이 없으며, 사념

51 상동.
52 상동.
53 『大般涅槃經』 30(『大正藏』 12권, 546상)
54 상동.
55 상동.

처를 닦음에 머묾이 없으며, 일체 중생의 가없는 세계에 모두 이르러 있으나 어디에도 머묾이 없다고 하여, 머묾 없이 머물고 머물지만 머묾이 없는 불성(佛性)의 실상(實相)을 드러내려는 것이다. 이는 곧 모든 중생신에 갖추어져 있는 법신의 본성을 가르치려는 방편의 언어인 것이다. 그러므로『열반경』에서 '무주'는 곧 불성을 나타낸다.

7. 천태법화에서 무주

중국 천태종의 소의경전인『법화경』에는 단 두 곳에서 '머묾 없음에 머문다[住無所住]'라는 말이 등장하고 있을 뿐이다. 즉, "일체법이 환상(幻相) 같고 아지랑이 같고 그림자 같고 메아리 같아서 있는 것이 전혀 아님을 이해하여 머묾 없음에 머문다"[56]라는 구절과 "심식(心識)을 제어하여 머묾 없음에 머문다"[57]라는 두 문장이다.

그러나 천태지의(天台智顗, 538-597)에 의하여 정립된 천태사상에서는 '무주(無住)'가 매우 중요한 의미를 가지고 사용되고 있다. 천태교리의 골격은 공(空)·가(假)·중(中)의 3제(諦)·3관(觀)과 장(藏)·통(通)·별(別)·원(圓)의 4교(教)인데, 이 가운데 특히 공·가·중의 3제·3관에서 '무주'가 중요한 의미를 가지고 있다. 공·가·중의 3제·3관은 나가르주나의『중론』제24「관사제품」의 게송인 "여러 인연으로 생긴 법을, 나는 곧 없다[無=空]고 말한다. 또한 이것은 가명(假名)이기도 하니, 역시 중도(中道)의 뜻이다"[58]을 근거로 하여 천태지의가 수립한 3제 연기설(緣起說)이며 3제 연기관(緣起觀)이다.

이것은 이상(二相)으로 분별된 가명(假名)이 서로 연기된 것으로서 그 실질은 공(空)이라는 연기법에서, 공에도 머물지 않고 가명에도 머물지 않고 중도를 취함을 말하는 것이다. 그러므로 중도는 둘이 아니면서도 둘이고 둘이면서도 둘이 아니며[不二而二 二而不二], 곧 공이며 곧 가이고 곧 중이어서[卽空卽假卽中] 하나의 평등한 법계이다. 지의는 이러한 중도를 일러 "무주법(無住法)으로 경계에 머무는 것이다"[59]라 하고, 또 "비록 모든 법은

56『正法華經』1(『大正藏』9권, 63상)
57『正法華經』6(『大正藏』9권, 99상)
58『中論』4「觀四諦品」第二十四(『大正藏』30권, 33중)
59『妙法蓮華經文句』1(『大正藏』34권, 5상)

머무는 것이 아니지만, 무주법으로 반야에 머물면 곧 공(空)에 들어가고, 무주법으로 세제(世諦)에 머물면 곧 가(假)에 들어가고, 무주법으로 실상(實相)에 머물면 중(中)에 들어간다. 이 무주(無住)의 지혜가 곧 금강삼매(金剛三昧)이다"[60]라고 하여 일심삼관(一心三觀)의 핵심이 곧 무주법(無住法)임을 밝힌다. 그리하여 '머묾 없는 근본으로부터 일체법이 건립된다.'는 『유마경』의 구절을 인용하여 "머묾 없는 근본으로부터 일체법이 건립되니, 머묾 없는 이[無住之理]가 곧 본시(本時) 실상(實相)인 진제(眞諦)요, 일체법은 곧 본시 삼라만상인 속제(俗諦)이다"[61]라고 하여 '머묾 없음'이 곧 삼라만상의 실상(實相)임을 밝히고 있다.

천태의 교학이 나가르주나의 중관사상을 계승하여 발전시키면서, 분별상(分別相)과 공성(空性)의 어디에도 머물지 않는 '무주(無住)'가 크게 강조되고 있음을 볼 수 있다.

8. 화엄에서 무주

『화엄경』에 나타나는 '무주(無住)'라는 용어는 총체적으로 말하면, '하나가 여럿이요 여럿이 하나[一卽多多卽一]' 혹은 이사무애법계(理事無礙法界)·사사무애법계(事事無礙法界)의 상즉상입(相卽相入)하고 원융무애(圓融無礙)한 법계연기(法界緣起)를 설하려는 목적으로 사용되고 있다. 개별적 문맥 속에 나타나는 각각의 '무주'라는 단어가 문맥에 따라서 다양한 의미를 드러내고 있긴 하지만, 총체적으로 볼 때 『화엄경』에서 '머묾 없다'는 말은 '일체법에 걸림 없는 무애자재(無礙自在) 혹은 원융무애'라는 뜻을 드러내고 있다.

중국의 화엄종에서 수립한 화엄교학(華嚴敎學)에 따르면, 화엄의 가르침은 그 세계관인 법계연기와 수행법인 법계관법(法界觀法)으로 요약된다. 법계연기는 무한히 펼쳐진 법계의 본질을 밝힌 것으로서, 본성에서 만유를 전개시키는 것으로 말하면 성기(性起)라 하고, 그 드러난 형상(形相)에서 본성을 탐구하는 것으로 말하면 연기(緣起)라 한다. 법계연기는 이법계(理法界)·사법계(事法界)·이사무애법계·사사무애법계의 넷으로 나누어 설명한

60 『摩訶止觀』 6(『大正藏』 46권, 84상)
61 『妙法蓮華經玄義』 7(『大正藏』 33권, 764중)

다.『화엄경』과 화엄교학에서 '무주'가 법계연기를 나타내는 문맥의 예를 들면 다음과 같다.

> "머물지도 않고 가지도 않으니, 이르는 곳마다 모두 부처를 만난다."[62]

> "머물지도 않고 가지도 않으니, 두루 법계에 들어간다."[63]

> "모든 국토에 들어가지만, 머묾이 없다."[64]

> "여래는 머묾이 없지만, 모든 국토에 두루 머문다."[65]

> "여섯 번째, 이사무애문(理事無礙門) 역시 두 가지 뜻이 있다. 첫째는 모든 교법(教法)이 본체인 진여를 드러내지만 사상(事相)이 뚜렷하여 차별되는 것을 장애하지 않음을 말하고, 둘째는 진여가 본체를 일체법으로 삼지만 일미(一味)가 깨끗하여 평등한 것을 장애하지 않음을 말한다. 앞의 경우는 물결이 곧 물이지만 움직이는 모습이 장애되지 않는 것과 같고, 뒤의 경우는 물이 곧 물결이지만 습성(濕性)을 잃지 않는 것과 같으니, 이 속의 도리(道理)도 그러함을 알아야 한다. 그러므로 이사(理事)는 원융무애(圓融無礙)하여 오직 하나의 머묾 없는 불이법문(不二法門)이다."[66]

한편『화엄경』에는『반야경』이나『유마경』이나 유식학 등에서 사용하는 '무주'와 관련된 용어나 표현도 많이 등장하고 있는데, 이는『화엄경』이 모든 대승불교를 총괄하는 경전이기 때문일 것이다. 그 가운데서도 특히『반야경』에서 연기법을 표현하는 구절과 유사한 표현이 많은 것은,『화엄경』이『반야경』의 연기법을 그대로 계승하고 있음을 보여 준다. 예컨대, "머물러도 머묾이 없다"[67], "머묾도 없고 움직임도 없고 의지할 곳도 없다"[68],

---

62『大方廣佛華嚴經(80권)』6(『大正藏』10권, 30하)
63『大方廣佛華嚴經(80권)』19(『大正藏』10권, 100상)
64『大方廣佛華嚴經(80권)』23(『大正藏』10권, 121중)
65『大方廣佛華嚴經(80권)』23(『大正藏』10권, 123하)
66『華嚴經探玄記』1(『大正藏』35권, 119상)
67『大方廣佛華嚴經(40권)』29(『大正藏』10권, 797중)
68『大方廣佛華嚴經(80권)』2(『大正藏』10권. 8하)

"가지도 않고 오지도 않고 머물지도 않는다"[69], "무주해탈"[70], "과거는 이미 사라졌고 미래는 아직 오지 않았고 현재는 공적하다"[71], "만약 머묾이 없으면 가는 일도 없고 오는 일도 없을 것이니 이것을 일러 보살마하살의 제삼 무생법인(無生法忍)이라 한다"[72] 등의 표현들이 있다.

연기(緣起)와 성기(性起)의 양면을 말하는 『화엄경』의 법계연기는 『아함경』, 『반야경』, 『중론』의 상의상대(相依相待)·공성(空性)·중도(中道)의 연기법을 계승하고, 더럽고 깨끗한 모든 법은 전부 여래장(如來藏)에서 연기해 나온 것이라는 『능가경』과 『승만경』의 여래장연기(如來藏緣起) 혹은 진여연기(眞如緣起)를 포괄하여 종합된 연기법이라고 할 수 있다. 물결의 분별에서 해탈하려면 물결이 곧 물이라는 사실을 깨달아야 하지만, 물은 언제나 물결의 모습으로 나타나므로, 물에도 머물지 않고 물결에도 머물지 않아야 물에도 막힘이 없고 물결에도 막힘이 없어서 원융무애(圓融無礙)하게 통하는 것과도 같다. 진여본성과 분별망상 어디에도 머물지 않으면서 둘 모두에 막힘 없이 원융무애하게 통하는 무애자재(無礙自在)를 나타내고 있는 것이 바로 『화엄경』의 '무주(無住)'이다.

9. 선종에서 무주

보리 달마(菩提達摩)가 인도에서 전해 주었다고 하나, 실제로는 6조(祖)인 조계 혜능(曹溪慧能)의 문하에서 발달한 중국의 선종(禪宗)은 조사선(祖師禪)이라는 혁신적인 선법(禪法)을 전개하였다. 조사선은 돈오법(頓悟法)으로서 이전까지 참선(參禪)이라 할 때 일반적으로 행해졌던 점수법(漸修法)인 선정(禪定)을 통한 해탈의 추구라는 좌선관심(坐禪觀心)의 공부방식이 아닌, '마음을 바로 가리키면 본성을 보아 깨닫는다.'는 직지인심(直指人心)·견성성불(見性成佛)의 공부법이다. 이것은 '황매(黃梅)에서는 무엇을 가리켜 줍니까?' 하고 묻는 인종(印宗)의 물음에 혜능은 '가리켜 주는 것은 없다. 다만 견성(見性)을 말할 뿐, 선정(禪定)과 해탈을 말하지는 않는다'고

69 『大方廣佛華嚴經(80권)』(『大正藏』 10권, 66상, 123하, 307상)
70 『大方廣佛華嚴經(80권)』 40(『大正藏』 10권, 211상)
71 『大方廣佛華嚴經(80권)』 17(『大正藏』 10권, 88하)
72 『大方廣佛華嚴經(80권)』 44(『大正藏』 10권, 232중); 『維摩詰所說經』(『大正藏』 14권, 550하)

대답하고, 다시 인종이 '왜 선정과 해탈을 말하지 않습니까?' 하고 묻자 혜능이 '그것은 이법(二法)이기 때문에 불법(佛法)이 아니다. 불법은 불이법(不二法)이다' 하고 대답하는 곳에 잘 나타나 있다.[73]

이것은 일체의 분별경계를 떠난 공성(空性)을 모든 경우에 실현하는 것을 나타낸다. 이미 『반야경』 이래로 일체법의 진여자성(眞如自性)은 분별된 이상(二相)을 떠난 공이요 중도라는 사실을 대승불교에서는 거듭 밝히고 주장해 왔다. 그러나 이러한 경전의 주장은 이론으로 받아들여졌고, 공의 실천은 선정(禪定)과 관법(觀法)이라는 다른 하나의 행위를 요구하는 것이 일반적이었다. 즉, 이전까지는 만법의 실상이 불이(不二)의 중도요 공이라는 주장을 말로써 선언하고, 다시 그러한 실상을 확인하기 위하여 선정이나 관법을 행할 것을 요구하였던 것이다. 그러나 이것은 이법(二法) 위에 서서 불이법(不二法)을 말하는 자기모순에 빠진 것이었다. 즉 말로는 불이법을 주장하면서 행동은 이법에 따라서 행하는 언행(言行)의 불일치인 것이다. 이러한 상황은 마치 조용한 교실에서 큰 소리로 '조용히 해야 한다.'고 외치는 것과 같다고 할 수 있다.

여기에 비하여 조사선은 즉각 입을 다물어 버림으로써 말과 행동을 일치시킨 것이다. 불이법(不二法)은 지금 불이법을 말하는 여기에서 실현되지 않으면 달리 실현될 곳이 없다. 만약 둘이 아닌 중도를 주장하면서 다시 중도를 찾아서 어떤 행동을 한다면, 이것은 말로는 둘이 아님을 주장하지만 말과 행동을 둘로 나누는 모순에 빠진 것이다. 조사선은 바로 이러한 모순을 극복하고 그 즉시 불이의 중도를 실현할 것을 요구하는 것이다. 『단경(壇經)』에서 혜능이 "말에도 통하고 마음에도 통하면, 마치 해가 허공에 떠 있는 것과 같다"[74]고 한 것이 바로 이것을 나타낸다.

불이의 중도는 곧 공(空)이요 반야(般若)로서, 『반야경』에서 '머묾도 아니고 머묾 아님도 아니다.'[無住無不住]라고 하는 '머묾 없음에 머무는 것'[住無所住]이다. 『반야경』이 이러한 불이법을 말과 이치로써 주장했다면, 『유마경』에서는 유마힐의 행동을 통하여 이 불이법의 실현을 그대로 보여 주고 있다. 선종의 승려들이 『반야경』과 『유마경』을 주로 인용하거나 응용하여 가르침을 펼치고 있는 것도 이러한 이유 때문이다. 말하자면, 조사선(祖

73 『六祖大師法寶壇經』(『大正藏』 48권, 349하)
74 『六祖大師法寶壇經』(『大正藏』 48권, 351중)

師禪)과 그 계승인 간화선(看話禪)은 지금 여기에서 즉각 '머묾 없는 곳에 머물기'를 요구하는 것으로서, 무주(無住)의 철저한 실현이다. 이것은 곧 대승불교의 본질인 반야바라밀의 실행이 바로 조사선에서 가장 철저하게 실현된 것을 가리킨다. 『단경』에서 "마하반야바라밀이 가장 존귀하고 가장 훌륭하고 첫째가는 것이니, 머묾도 없고 가는 일도 없고 오는 일도 없다"[75] 고 하거나, "머묾 없음이 근본이다. 머묾 없음은 사람의 본성으로서, 모든 법 위에서 순간순간 머물지 않으면 결박이 없을 것이니, 이것이 곧 머묾 없음을 근본으로 삼는 것이다"[76]고 하거나, "머묾 없는 근본은 반야(般若)를 일컫는 것이다"[77]고 하는 말들이 바로 이것을 나타낸다.

"자신의 본성을 보면, 움직이지도 않고 고요하지도 않으며, 생겨나지도 않고 사라지지도 않으며, 가지도 않고 오지도 않으며, 옳지도 않고 틀리지도 않으며, 머물지도 않고 가지도 않는다"[78]고 하는 것처럼 견성(見性)은 곧 무주(無住)이다. 그리고 "세존이 입멸한 이래로 서천(西天)의 28대 조사가 모두 무주(無住)의 마음을 전하였다"[79]고 하듯이 이심전심으로 전한 것이 바로 무주(無住)인 것이다. 그러므로 조사선의 본성은 무주(無住)이다.[80]

조사선의 특징은 이 무주를 말로 선언해 놓고 그 실현을 위하여 다른 무엇을 찾는 것이 아니라, 말하는 바로 여기 이 순간에 무주를 실현하는 것이다. 즉 조사선에서는 언제나 분별을 넘어서 머묾 없는 곳에 머물 것을 요구한다. 그러므로 혜능은 '무주가 근본'이라고 말하는 신회(神會)를 말로써 분별하는 것은 견성이 아니라고 크게 꾸짖는 것이다. 조사선에서는 좌선관심(坐禪觀心)의 방법을 버리고 설법(說法)과 문답(問答)을 공부의 방법으로 하고, 간화선에서는 이것을 계승하여 화두(話頭)를 공부의 방법으로 한다. 설법에서는 마음의 본성이 무주라는 사실을 여러 대승경전을 인용하여 밝히고, 문답에서는 언제나 분별로 헤아리는 것을 차단시켜 버림으로써 그 즉시 무주에 머물 것을 요구한다. 화두 역시 경전의 내용이나 문답의 구절

75 『돈황본단경』(『大正藏』 48권, 340상)
76 『六祖大師法寶壇經』(『大正藏』 48권, 353상)
77 『六祖大師法寶壇經』(『大正藏』 48권, 347상)
78 『六祖大師法寶壇經』(『大正藏』 48권, 362상)
79 『景德傳燈錄』 30 「荷澤大師顯宗記」(『大正藏』 51권, 459상)
80 『六祖大師法寶壇經』(『大正藏』 48권, 358상)

을 재료로 삼지만, 요구하는 것은 바로 그 자리에서 머묾 없음에 머물러 모든 한계를 벗어나 해탈하기를 요구하는 것이다.

예컨대, 남양 회양이 좌선(坐禪)에 몰두하는 마조 도일을 꾸짖어 일깨우는 말인, "너는 좌선을 배우느냐? 좌불(坐佛)을 배우느냐? 좌선을 배운다면 선은 앉고 눕는 것이 아니며, 좌불을 배운다면 불(佛)은 정해진 모습이 아니다. 무주법(無住法)에서 취하거나 버려서는 안되는 것이다"[81]는 그 즉시 일체법에 머묾이 없을 것을 요구하고 있다. 또 백장이 정병(淨甁)을 손으로 가리키면서 "정병이라고 불러서는 안된다. 너는 무엇이라고 부르겠느냐?"[82]라고 말하는 것이나, 덕산(德山)이 "말을 해도 30방 맞아야 하고, 말을 하지 못해도 30방 맞아야 한다"[83]라고 말하는 것이나, 『무문관』 제4칙에서 혹암(或庵)이 "서천의 달마는 왜 수염이 없는가?"[84]라고 말한 것이나, 무엇이 부처냐는 물음에 운문(雲門)이 "마른똥막대기이다"[85]라고 말하는 것이나, 여타 화두가 모두 그 즉시 분별사량에서 벗어나 머묾 없음에 머물러 해탈자재할 것을 요구하는 것이다.

10. 한국불교에서 무주

삼국시대 불교가 전래된 이래 현대에 이르기까지 한국불교의 저술들에도 '무주(無住)'라는 용어가 적지 않게 나타나고 있다. 물론 인물별로 화엄이든 유식이든 선이든 각자가 공부한 분야에 따라서 '무주'가 든 구절을 인용하고 있으므로, '무주'로서 드러내려는 뜻도 문맥에 따라서 달리 나타난다.

1) 신라시대

당나라의 현장(玄奘)에게서 유식학을 공부하였던 신라의 승려 원측은 『불설반야바라밀다심경찬(佛說般若波羅蜜多心經贊)』에서 '무주처(無住處)', '무주처열반', '무주열반' 등 유식학의 용어를 사용하고 있고,[86] 또 『해심밀

---

81 『景德傳燈錄』 5(『大正藏』 51권, 240하)
82 『景德傳燈錄』 9(『大正藏』 51권, 264하)
83 『天聖廣燈錄』 10(『卍續藏』 135권, 683중)
84 『禪宗無門關』 (『卍續藏』 119권, 321중)
85 『五燈會元』 15(『卍續藏』 138권, 557중)
86 『佛說般若波羅蜜多心經贊』 (『韓佛全』 1권, 11면)

경소(解深密經疏)』에서는 "무주열반(無住涅槃)은 무상(無相)이라고 일컬으니, 생사와 열반의 모습에 머물지 않기 때문이다"[87], "『해심밀경』에서 말하는 '머무는 곳이 없다'는 것은 무주열반을 일컫는다"[88], "『섭대승론』 10권에서 말하는 '부처는 머묾 없이 머문다'는 것은, 생사와 열반이 머묾 없이 머무는 것이니 이것이 바로 무주열반에 안주하는 것이라는 말이다"[89]라고 하여 모두 유식학에서 최고의 깨달음을 나타내는 무주처열반을 위주로 '무주'를 말하고 있다. 하지만 『인왕경소(仁王經疏)』에서는 "무위공(無爲空)은 생함도 없고, 머묾도 없고, 달라짐도 없고, 소멸함도 없다"[90], "삼세법(三世法)은 오는 일도 없고, 가는 일도 없고, 머물 곳도 없음을 안다"[91]고 하여 『대반야경』에서 '무주'를 인용하고 있다.

원효의 불교를 요약하면, '같지도 않고 다르지도 않다'[非同非異], '양변을 떠나고 중간도 아니다'[離邊非中]라는 불이법문(不二法門)인 화쟁(和諍)으로써 모든 긍정과 부정의 대립을 아울러 '한 마음이라는 근원'[一心之原]으로 귀일시키는 것이다. 이러한 화쟁의 논리는 곧 '양쪽 어디에도 머물지 않고 그 중간에도 머물지 않는다.'는 '주무소주(住無所住)'와 같은 내용이다. 『열반종요(涅槃宗要)』에서 "열반이라는 도(道)는 도도 없고 도 아님도 없으며 머묾도 없고 머물지 않음도 없다"[92]고 하듯이 원효의 저술 여러 곳에서 '무주(無住)'를 말하고 있으나, 여기서는 '무주(無住)'를 통하여 화쟁사상을 잘 드러내고 있는 『금강삼매경론(金剛三昧經論)』의 몇몇 구절들을 예로 들어 보겠다.

> "무생반야(無生般若)는 모든 곳에서 머묾이 없고 모든 곳에서 떠남도 없으니, 마음에는 머물 곳이 없기 때문이다."[93]

> "한 마음의 본체는 두 변을 떠나기 때문에 이 마음의 근원으로 돌아온다. 그러므로 들어간다고 일컫는다. 이와 같이 머묾이 없으면 바야흐로 해탈을

87 『解深密經疏』(『韓佛全』 1권, 152상)
88 상동, 152중.
89 상동.
90 『仁王經疏』(『韓佛全』 1권, 52중)
91 상동, 110상.
92 『涅槃宗要』(『韓佛全』 1권, 524상)
93 『金剛三昧經論』(『韓佛全』 1권, 628하)

얻는다. 그러므로 열반에 머물지만 속박을 떠나지 않는 것이다."[94]

"머묾 없다고 말하는 것은, 이제(二諦)에 머물지도 않고 중간에 있지도 않는 것이다. 비록 중간에 있지 않으면서도 두 변을 떠난다. 이와 같음을 일컬어 머물 곳이 없다고 한다."[95]

"나는 모든 변(邊)을 떠나 머묾 없는 지혜를 얻었다. 그러므로 하나하나의 먼지 속에서 늘 온 우주의 헤아릴 수 없는 모든 부처를 볼 수 있다. 온 우주의 모든 먼지 속에서 헤아릴 수 없는 모든 부처를 보지 않는 곳이 없다. 그러므로 모든 곳에서 항상 모든 여래를 본다고 하는 것이다."[96]

신라 화엄종의 종조(宗祖)인 의상(義湘)은 『화엄일승법계도(華嚴一乘法界圖)』에서, "이른바 일(一)은 자성(自性)이 일인 것이 아니라 연기하여 이루어지기 때문에 일이고 나아가 십(十)은 자성이 십인 것이 아니라 연기하여 이루어지기 때문에 십인 것처럼, 모든 것은 연기로 나타난 법이어서 자성을 가지고 정해진 모습으로 있는 법은 하나도 없다. 자성이 없기 때문에 스스로 존재하는 것이 아니니, 생겨나도 생겨남 없이 생겨나는 것이다. 생겨남 없이 생겨난다는 것은 곧 머묾이 없다는 뜻이니, 머묾이 없다는 뜻이 곧 중도(中道)이다"[97]라 하고는 다시, "중도라는 뜻은 바로 분별이 없다는 뜻이다. 분별이 없는 법은 자성을 지키고 있지 않기 때문에, 인연을 따라서 다함이 없고, 또 머물지 않는다. 이 까닭에 일 속에 십이 있고 십 속에 일이 있어서 서로 포용하여 막힘이 없음을 알게 된다"[98]라고 하여, 화엄의 중중무진(重重無盡)하고 원융무애(圓融無礙)한 법계의 본성이 연기(緣起)이며, 무주(無住)의 중도(中道)라 하고 있다.

통일신라 시기에 활약한 승장(勝莊)은 무주방편(無住方便)[99]을 말하고, 의적(義寂)은 생사에도 머물지 않고 열반에도 머물지 않는 법성(法性)의 무

94 상동, 635상.
95 상동, 664중.
96 상동, 664중.
97 『華嚴一乘法界圖』(『韓佛全』 2권, 6중)
98 상동, 6중하.
99 『金光明最勝王經疏[輯逸]』(『韓佛全』 2권, 189하)

주(無住)[100]를 밝히고 있고, 표원(表員)은 '무주'를 통하여 연기(緣起)의 뜻을 밝혔고,[101] 명랑(明粮)은 화엄법계(華嚴法界)의 실상이 곧 무주(無住)임을 노래하고 있다.[102] 둔륜(遁倫)은 "부처는 반연도 없고 머묾도 없다"[103]라고 무주처열반(無住處涅槃)을 말하고, 태현(太賢)은 "무주열반(無住涅槃)은 두 변에 머물지 않는 무위(無爲)의 한 길로서 소지장(所知障)이 깨끗해진 것이다"[104]라고 말하고, 또 "무분별지(無分別智)에서 깨달음을 얻으면 상(相)에 머물게 되는데, 상에 머무는 것을 돌이켜 비추어 보면 마침내 있는 것이 없다. 그러므로 깨달아서는 머묾 없음에 머물러 분별을 떠난다고 하는 것이다"[105]고 하여 깨달음이 분별을 떠나 머묾 없음에 머무는 것임을 밝히고 있다.

2) 고려시대

고려 초기 화엄의 대가였던 균여는 "부처는 이름을 따르지 않고 깨닫기 때문에 뜻에 머묾이 없다고 한다"[106]고 하고, 다시 "방편에 통하는 처음에는 이름 속에 법이 있었지만, 진실로 깨달을 때에는 오직 뜻에 머묾이 없을 뿐이고, 달리 진실한 이름이라는 것은 없다"[107]고 하여, 깨달음은 뜻에 머묾이 없다는 사실을 말하고 있다. 균여는 자신의 화엄학을 밝힌 『석화엄지귀장원통초(釋華嚴旨歸章圓通抄)』에서 "또 의상 스님이 말한 '하나의 미진(微塵) 속에 시방세계를 품고 있다'는 것은 동일하게 한결같이 머묾 없기 때문에 그런 것이다. 미진의 머묾 없음은 작고 시방세계의 머묾 없음은 큰가? 동일한 크기이다. 만약 그렇다면 무슨 까닭으로 미진은 작고 세계는 크다고 말하는가? 미진과 시방세계는 각각의 자성(自性)이 없고 오직 머묾이 없을 뿐이다"[108]라고 하여 일(一)과 일체(一切)가 자성이 없고 서로 머묾 없는 연기 속에 있음을 밝히고, 다시 "법성은 둘이 없기 때문에, 선재의 머묾 없

100 「無量壽經述義記卷中[復元]」(『韓佛全』 2권, 324하)
101 「華嚴經文義要決問答」(『韓佛全』 2권, 360중)
102 「海印三昧論」(『韓佛全』 2권, 398상)
103 『瑜伽論記』(『韓佛全』 2권, 561중)
104 『梵網經古迹記』(『韓佛全』 3권, 440중)
105 『大乘起信論內義略探記』(『韓佛全』 3권, 751중)
106 『十句章圓通記』(『韓佛全』 4권, 74상)
107 상동, 76하.
108 『釋華嚴旨歸章圓通抄』(『韓佛全』 4권, 143중하)

는 법성과 선우(善友)의 머묾 없는 법성과 일체법의 머묾 없는 법성이 다만 하나이다"[109]라고 하여 사람과 사물을 포괄하여 일체법의 본성(本性)이 곧 머묾 없는 법계연기(法界緣起)임을 밝히고 있다.

고려시대 중기 한국 간화선을 중흥시킨 보조국사 지눌(知訥)의 저술에도 여러 곳에서 '무주'가 발견된다. 『진심직설(眞心直說)』에서는 『금강경』의 구절을 인용하여 무주상보시(無住相布施)를 말하고,[110] 『법집별행록절요병입사기(法集別行錄節要幷入私記)』에서는 "불성(佛性)은 … 뿌리도 없고 머묾도 없다"[111], "머묾 없고 텅 비고 고요하다"[112], "대도(大道)의 근본은 마음이며, 마음의 근본은 무주(無住)이다. 무주는 마음의 본체로서, 신령스럽게 알고 어둡지 않다"[113]고 청량징관(淸凉澄觀)의 「심요(心要)」를 인용하고 있으며, 『화엄론절요(華嚴論節要)』에서는 "내가 여래를 살펴 보니, 과거에 오지 않고 미래에 가지 않고 현재에 머물지 않는다"[114], "세간과 출세간에 전혀 머물 곳이 없다"[115], "머물 법이 없기 때문에 머물 곳이 없다"[116], "한 순간 무한한 세월을 두루 살펴 보니, 가는 일도 없고 오는 일도 없고 머무는 곳도 없다"[117], "마음을 관찰해 보니 머묾이 없다"[118], "머묾 없음을 일러 불(佛)이라 한다"[119] 등으로 '무주(無住)'가 곧 법계(法界)의 본성이라고 하고 있다.

지눌의 제자인 진각국사 혜심(慧諶)은 지눌에 의해 주창된 간화선의 선풍을 더욱 진작시키기 위하여 화두 1463칙(則)과 그 염(拈)·송(頌)·상당거화(上堂擧話)를 모은 『선문염송(禪門拈頌)』을 편찬하였고, 제자인 각운(覺雲)은 『선문염송』에 대한 주석서인 『염송설화(拈頌說話)』를 지었다. 1463칙의 화두 가운데 부처나 보살의 주처(住處)를 다루는 화두가 있으므로, 이 화두에 대한 염·송·상당거화·설화(주석) 등에서도 주처의 문제를 다루고 있

---

109 상동, 150상.
110 『眞心直說』(『韓佛全』 4권, 721상)
111 『法集別行錄節要幷入私記 』(『韓佛全』 4권, 742상)
112 상동, 747중.
113 상동, 760하.
114 『華嚴論節要』(『韓佛全』 4권, 774중)
115 상동, 819하.
116 상동, 821중.
117 상동, 852상.
118 상동, 853중.
119 상동, 868상.

다. 예컨대, 고칙(古則: 화두) 73에서 장폐마왕이 금강제보살에게 무엇에 의지하여 머물길래 찾을 수가 없느냐고 묻자 금강제보살은 "나는 머묾 있음에 의지하여 머물지도 않고, 머묾 없음에 의지하여 머물지도 않으니, 이렇게 머문다"[120]라고 답하여 머묾 없는 곳에 머묾을 말하고, 또 진불(眞佛)이 있는 곳을 묻는 고칙 434에 대하여 목암(牧庵)은 언급하기를 "진불은 머무는 곳이 없으니, 걸음걸음마다 종적이 없다. 그러므로 말하기를 '부처 있는 곳에도 머물지 않고 부처 없는 곳에서도 급히 지나간다'고 하는 것이다"[121]라고 하여 역시 머묾 없음에 머무는 반야무주(般若無住)를 말하고 있다.

3) 조선시대

기화의 저술인 『금강반야바라밀경오가해설의(金剛般若波羅蜜經五家解說誼)』는 『금강경』에 대한 5가의 주해에다 자신의 주석인 설의(說誼)를 덧붙인 것이다. 본래 『금강경』은 『대반야경』의 일부로서 '무주(無住)'를 방편으로 반야를 설하는 경전인데, 설의에서 기화의 '무주'에 대한 언급을 볼 수 있다. 예컨대, 육조혜능의 서문에 나오는 '무주(無住)가 본체이다.'라는 구절에 대한 기화의 설의는 "텅 비어서 어떤 모습도 없고, 텅 비어서 머묾이 없다. … 머묾이 없으나 머물지 않음도 없고 모습이 없으나 모든 모습에 장애되지 않는다"[122]라 하고, 묘행무주분(妙行無住分) 제4에서 야보(冶父)의 주해에 대한 설의에서는 "머묾 없음이 만행(萬行)의 큰 근본이고, 만행은 머묾 없음의 큰 작용이다. 세존의 가르침은 머묾 없음으로 머묾을 삼으므로, 큰 근본이 이미 밝혀졌으니 큰 작용 역시 알 수 있다"[123]라 하고, 또 "무심(無心)이 바로 머묾 없음의 뜻이니, 머묾 없는 속에서 큰 작용이 번성하게 일어난다"[124]라 하고, 이상적멸분(離相寂滅分) 제14의 설의에서는 "만약 참으로 머무는 곳이라면, 머묾 있음에 의지하여 머물지도 않고, 머묾 없음에 의지하여 머물지도 않고, 중도(中道)에 의지하여 머물지도 않으니, 이렇게 머무는 것이다"[125]라고 하여, 여러 곳에서 머묾 없음에 머무는 반야바

120 『禪門拈頌拈頌說話會本』(『韓佛全』 5권, 82상)
121 상동, 367중.
122 『金剛般若波羅蜜經五家解說誼』(『韓佛全』 7권, 14상)
123 상동, 36상.
124 상동, 36중.

라밀과 그 자재한 작용을 말하고 있다.

생육신(生六臣)의 한 사람인 김시습은 세조가 왕위를 찬탈하자 머리를 깍고 출가하였는데, 여러 권의 불교저술이 있다. 의상의 『화엄일승법계도』를 주해한 『대화엄법계도주(大華嚴法界圖註)』에서 김시습은 '자성을 지키고 있지 않고 인연을 따라 이루어진다.'는 구절을 주해하여 "모든 법은 본래 자성이 없고, 모든 자성은 본래 머묾이 없다. 머묾이 없으니 실체가 없고, 실체가 없으니 인연을 따름에 장애가 없다. 인연을 따름에 장애가 없기 때문에, 자성을 지키고 있지 않고 공간과 시간을 이루는 것이다"[126]라 하고, 또 '하나가 곧 모두이고, 여럿이 곧 하나이다.'라는 구절을 주해하여 "허공은 장애가 없고, 살아 있는 부처는 둘이 없다. 연기는 머묾이 없으니, 원인과 결과가 동시(同時)이다"[127]라고 하여, 화엄의 법계연기(法界緣起)를 설명하고 있다.

서산대사 휴정(休靜, 1520-1604)은 『삼가귀감(三家龜鑑)』에서 청량징관이 황태자에게 말했던 심요(心要)의 앞부분인 "대도(大道)의 근본은 마음이며, 마음의 근본은 무주(無住)이다. 무주는 마음의 본체로서, 신령스럽게 알고 어둡지 않다"[128]를 인용하여 마음의 근본이 무주(無住)임을 말하고 있다. 또, 『설선의(說禪儀)』에서는 여러 경전의 방편을 언급하면서 "『금강경』은 무주(無住)로 방편을 삼는다"[129]고 하여 반야경 계통의 『금강경』이 무주를 방편으로 삼음을 밝히고 있다. 한편, 『운수단가사(雲水壇歌詞)』에서는 『금강경』 제32 응화비진분(應化非眞分)의 사구게(四句偈)와 함께 『화엄경』 13권 광명각품(光明覺品) 제9에 나오는 게송 앞 부분인 "한 순간에 무량겁(無量劫)을 두루 살펴 보니, 가는 일도 없고 오는 일도 없고 머무는 일도 없구나. 이렇게 삼세(三世)의 일을 밝게 알면, 모든 방편을 넘어서 십력(十力)을 이룬다"[130]를 인용하고 있는데, 이 두 게송은 뒤에 사찰에서 행하는 장례식의 다비문(茶毘文)에 포함되었음을 『석문가례초(釋門家禮抄)』[131], 『승가예의문(僧家禮儀文)』[132], 『작법귀감(作法龜鑑)』[133] 등을 통하여 알 수 있다.

---

125 상동, 65상.
126 『大華嚴法界圖註』(『韓佛全』 7권, 304상)
127 상동, 304중.
128 『三家龜鑑』(『韓佛全』 7권, 621상)
129 『說禪儀』(『韓佛全』 7권, 739상)
130 『雲水壇歌詞』(『韓佛全』 7권, 748하)
131 『釋門家禮抄』(『韓佛全』 8권, 282상)

자수(子秀, 1664-1737)는 『무경집문고(無竟集文稿)』에서 "삼계(三界)를 집으로 삼고, 대지(大地)에 머물지 않으며, 한 물건도 버리지 않는다"[134]고 노래하고, 다시 『무경실중어록(無竟室中語錄)』에서는 '무주(無住)'라는 제목으로 "부처는 한 글자도 말하지 않았고, 조사는 양(梁)의 황제를 인정하지 않았네. 넓고 넓어 아무것도 없으니, 대도량(大道場)을 노니는구나"[135]라 노래하고, 또 '시(示)'라는 시(詩)에서는 "몸을 쉬고 목숨을 보전할 곳이, 바로 옆에 있지만 스스로는 알기 어려워. 머묾 없음을 떠나지 않고 머물면, 성불은 이미 흔한 일이네"[136]라고 노래하고, 또 '평암(平庵)'이라는 시에서는 "이 일은 본래 머묾이 없어, 인연을 따라 일어나니 곳곳이 평등하다. 이 소식을 믿을 수 있으면, 집으로 돌아감에 무엇하러 길을 물을까?"[137]라고 노래하고 있다. 이들 시(詩)의 내용은 모두 연기(緣起)로 발생하는 무상(無常)한 세계에는 머물 곳이 없음을 노래하는 것이다. 조선시대 선승(禪僧)들 가운데에는 이처럼 시를 통하여 '무주(無住)'를 노래한 이들이 여럿 있었는데, 도안(道安)[138]·추붕(秋鵬)[139]·명찰(明察)[140]·수연(秀演)[141]·새봉(壐封)[142]·해원(海源)[143]·취여(取如)[144]·지탁(知濯)[145]·의순(意洵)[146]·선영(善影)[147] 등을 꼽을 수 있다.

---

132 『僧家禮儀文』(『韓佛全』 8권, 399중)
133 『作法龜鑑』(『韓佛全』 10권, 599상)
134 『無竟集文稿』(『韓佛全』 9권, 407중)
135 『無竟室中語錄』(『韓佛全』 9권, 424상)
136 상동, 425상.
137 상동, 427상.
138 『月渚堂大師集』(『韓佛全』 9권, 90하)
139 『雪巖雜著』(『韓佛全』 9권, 241중)
140 『楓溪集』(『韓佛全』 9권, 144하)
141 『無用堂遺稿』(『韓佛全』 9권, 347상)
142 『霜月大師詩集』(『韓佛全』 9권, 593상)
143 『天鏡集』(『韓佛全』 9권, 610하)
144 『括虛集』(『韓佛全』 10권, 306중)
145 『三峯集』(『韓佛全』 10권, 466상)
146 『艸衣詩藁』(『韓佛全』 10권, 835중)
147 『櫟山集』(『韓佛全』 10권, 943상)

Ⅲ. 인접 개념과의 관계 및 현대적 논의

1. 인접 개념과의 관계

앞서 언급했다시피, '무주(無住)'라는 용어는 문장에서 보통 서술어로 사용되는 용어이다. 그러므로 '무주'가 서술하는 주어에 해당하는 용어들이 곧 무주와 인접한 개념들이다. 이 개념들은 앞서 각 경론(經論)과 종파(宗派)에서의 무주의 의미를 설명하면서 다 언급하고 살펴보았으므로, 여기서는 그 이름만 열거하고 다시 논의하지는 않겠다. 무주가 서술하는 개념들은 다음과 같다. 연기(緣起), 무탐(無貪), 반야바라밀다, 공(空), 해탈(解脫), 열반(涅槃), 법성(法性), 법계(法界), 법계연기(法界緣起), 무주처열반, 무주처삼매, 근본(根本) 등.

2. 현대적 논의

20세기 이후 현대 한국의 불교학 연구에서 '무주(無住)'를 주제로 한 논문은 미미하다. 그 이유 역시 무주가 주어 개념이 아니고 서술어 개념이기 때문일 것이다. 비교적 최근에 다음과 같은 4편의 소논문에서 무주를 다루고 있을 뿐이고, 단독으로 '무주'를 주제로 한 본격적인 연구논문이나 연구서는 아직 없다.

① 佐藤繁樹, 「元曉의 禪思想, 그 無住觀에 관한 一考察: <金剛三昧經論>을 中心으로」, 『(震山韓基斗博士華甲紀念)韓國宗敎思想의 再照明, 上』(圓光大學校 出版局, 1993), 241-268면
② 김승철, 「無住와 방황; 卽非의 논리와 해체의 신학」, 『宗教神學研究』(西江大學校宗教神學研究所, 1995), 153-205면
③ 김하우, 「中觀의 無住方式」, 『불교철학연구: 반야공관 위주의』(예문서원, 2001), 564-587면
④ 김하우, 「慧能의 無念·無相·無住義」, 『불교철학연구: 반야공관 위주의』(예문서원, 2001), 216-243면

일본의 경우도 사정은 다르지 않아서 무주를 주제로 한 논문은 극히 드물

다. 히라이슌에이(平井俊榮)가 1976년에 발표한 「무주 개념의 형성과 전개」라는 소논문이 '무주'라는 개념을 단독으로 다룬 유일한 논문이고, 화엄사상이나 유식학에서의 무주의 의미를 살펴본 것이 각 2편, 1편이 아래와 같이 있을 뿐이다.

① 平井俊榮, 「<無住>の概念の形成と展開」, 『駒澤大學佛教學部硏究紀要』34 (1976.3), 48-63면.
② 佐藤厚, 「義湘系華嚴思想における無住」, 『印度學佛教學硏究』94(47-2) (日本印度學佛教學會, 1999.3.20), 84-87면.
③ 小林円照, 「無住と妙住 華嚴經入法界品·善住章の一考察」, 『南都佛教』51 (1983.12.30), 1-24면.
④ 阿理生, 「無住處涅槃について」, 『印度學佛教學硏究』68(34-2) (日本印度學佛教學會, 1986.3.25), 101-108면.

김태완 (부산대)

묵조

한 默照

Ⅰ. 어원적 근거 및 개념 풀이

묵조(默照)라는 말이 중국의 선종사에서 사용된 가장 오랜 기록은 「학림현소선사비명(鶴林玄素禪師碑銘)」이다. 이 비명은 7세기 중반에 졸(卒)했다는 이화(李華)의 찬술로 알려져 있는데 『송고승전(宋高僧傳)』에 수록되어 있는 학림 현소(鶴林玄素, 668-752)의 전기도 주로 이 비명에 의거한 것이다.[1] 그 비명에서 이화(李華)는 현소(玄素)의 선법에 대하여 「항상 묵조를 하면서 설법을 하지 않았으며 도를 언설에 두지 않고 심(心)에 두었다.[居常默照 事無可說之法 道有通心 不在言通]」고 표현하였다. 이것은 언설을 통한 설법보다는 오로지 자신의 수행에만 전념한 현소의 선풍을 언급한 것이다. 이런 점에서 후대에 묵조선에서 말하는 묵조의 의미와 딱히 같은 것은 아니다.

1 『宋高僧傳』 9(『大正藏』 50권, 761하 이하)

묵조선(默照禪)에서 말하는 묵조는 묵과 조로 나뉜다. 묵(默)이라는 글자는 그 형태를 보면 깜깜한 밤에 개가 짖어대고 있는 것이며, 조(照)라는 글자는 일(日)과 소(召)와 화(火)를 모아 놓은 것으로서 어둠을 제거한다는 뜻이다. 말하자면 삼매에 들어가서 부처의 경계에 안주하여 오롯하게 좌선속에서 아무런 말도 하지 않고 있는 언어도단의 상태가 묵이고, 이것이 몸에 배어 산란과 혼침이 없이 요요상지(了了常知)하여 자기의 광명이 충만한 상태가 조이다.

이와 같은 의미의 묵조는 굉지정각(宏智正覺, 1091-1157)의 『묵조명(默照銘)』에 그 의미가 드러나 있다. 곧 묵조의 의미는 묵과 조를 따로 나누어 생각해야 한다. 묵과 조가 서로 일여할 때가 바로 묵조선의 현성이다. 묵(默)이란 글자대로 말하면 어(語)에 상대되는 개념으로서의 묵이다. 그러나 형태상으로는 앉아 있는 자세를 가리키고 있기 때문에 이 묵을 좌선 곧 수행행위이기도 하다. 조는 텅빈 체로부터 저절로 이루어지는 경지이므로 스스로 비추어 나타나는 것을 말한다. 이것은 본증의 현성 곧 자각의 의미이다.

때문에 묵조선의 구조는 본증자각(本證自覺)을 설하고 있는 것으로서 그 중점이 바로 깨침의 세계 곧 불(佛)의 세계에 맞추어져 있다. 본증의 자각이기 때문에 그 깨침으로 이끌어 나아가는 조작적인 방법과 의도적인 수행이 아니다. 대혜가 묵조선을 향하여 깨침이 없는 좌선이라 비판한 것은 바로 이러한 점이다. 이에 대하여 굉지는 "일반적으로 밭을 가는 마음은 가을에 곡식을 거두기 위함이다. 그러나 우리네는 그와 다르다. 벼가 익어도 나가서 거두어들일 생각을 않고, 그대로 비바람에 맞게 내버려 둘 뿐이다. 이 몸뚱아리는 몸뚱아리 그대로 완성되어 있고, 두 눈은 두 눈대로 그대로 있어야 할 곳에 자리하고 있다. 마찬가지로 깨침의 소식은 처음부터 털끝만치도 어긋남이 없이 완전한 그대로이다"[2]고 말한다. 이것은 곧 좌선하는 사람은 수행과 깨침이 따로 없이 본래 구족하고 있어 염오되지 않고 철저하게 청정한 상태이다. 원래부터 있던 것이지 어디서 털끝만치도 빌려온 것이 아니다. 적적(的的)한 그 본증은 애초부터 자기 자신 속에 있기 때문이다.[3] 이와 같은 묵조의 의미에 대한 해석은 네 가지로 요약된다.

2 『宏智錄』 1(『大正藏』 48권, 10상)
3 위의 책, (『大正藏』 48권, 74상)

첫째는 묵묵히 비추다의 의미이다. 이것은 주체인 내가 이미 여기에 좌선하는 존재로 있으면서 본각불성(本覺佛性)·본증(本證)을 묵묵한 상태로 비추어 보는 것이다. 내가 묵조(黙照)의 세계로 들어가는 제1단계로서 묵조의 현상(現象)이다.

둘째는 묵이 비추다의 의미이다. 이것은 내 자신이 곧 묵(黙) 그 자체가 되어 있어 본각불성(本覺佛性)·본증(本證)을 비추어 보는 것이다. 첫째에서 자신이 좌선 속의 자신이라면 이것은 증(證)속의 자신으로서 묵조(黙照)의 세계로부터 나오는 제2단계로서 묵조의 본체이다.

셋째는 묵을 비추다의 의미이다. 이것은 좌선 속의 내가 이미 완성되어 있는 본각불성(本覺佛性)·본증(本證)을 묵(黙)의 묘용(妙用)으로 관찰하는 것이다. 여기에서는 묵(黙)이 바로 본각불성(本覺佛性)·본증(本證)과 일여(一如)한 상태로 등장한다. 그래서 위의 첫째와 둘째의 구조와는 달리 묵조(黙照)가 묘용(妙用)을 지니는 제3단계로서 묵조의 용이다.

넷째는 묵하면서 비추다의 의미이다. 이것은 좌선하는 자신이 곧 묵(黙)이면서 그 묵(黙)으로써 본각불성(本覺佛性)·본증(本證)을 비추어 내는 것이다. 따라서 여기에서는 묵(黙)과 조(照)가 각각이면서 동시에 묵(黙)이 조(照)가 되고 다시 조(照)가 묵(黙)이 되는 제4단계로서 묵조의 탈락이다.

이처럼 묵조의 의미는 묵묵하게 비추어본다는 하나의 용어에만 국한되어 있지 않고 다양한 어구로 나타나면서도 본래의 묵조의 의미를 상실하지 않고 있어서 묵조라는 말뿐만 아니라 텅 비어있으면서 신령스러움[虛而靈]·모든 나무와 물과 바위를 함유하고 있으면서도 탁 트여 있는 계곡[廓谷]·허공과 같으면서도 오묘한 작용이 깃들어 있음[空而妙] 등의 말을 통해서 묵조 본래의 의미가 보다 확실하게 표현되어있다.

그래서 묵조에 대하여 굉지는 『묵조명』에서 "좌선과 깨침이 비추어 낸 세계가 이치적으로 완전하게 되면 연꽃이 피고 꿈이 깨는 도리이다"[4] 라고 말한다. 곧 묵과 조가 일합하게 되면 당인(當人)의 경지는 곧 연꽃을 피우고 꿈을 깨는 것처럼 위없는 경계가 된다. 이것은 불지(佛智)를 터득한 결과의 상태를 비유적으로 표현한 것이다.

묵조를 참구한다는 것은 참학자가 무분별지인 깨침을 자각하여 그것을

4 위의 책: 黙照理圓 蓮開夢覺.

자신의 것으로 만들어 가는 것, 즉 자기에 대한 자각으로서의 증득을 깨치는 것이다. 이것은 모든 사람에게 불심이 본구되어 있음을 전제로 삼은 것이다. 그래서 범부가 바로 이 불심의 본구성을 모르고 밖의 경계에 대한 취사분별에 끄달리고 있지만 그러한 상황으로부터 벗어나 본래부터 갖추고 있는 깨침의 본원(本源)을 원만하게 드러내 가는 과정이 바로 초심으로부터 자각으로 이르는 수행과정이다.

각자 그 수행을 통해서 깨친 존재로서의 불(佛)을 닮아가는 행위가 곧 참구행위이다. 따라서 묵조선에서의 참구는 외부로 치달리는 마음을 멈추고 본구(本具)한 자기의 본래성으로 되돌이켜 자각하는 것이다.

Ⅱ. 묵조의 개념과 본질

1. 묵조의 의미

묵조선은 중국 송대에 형성된 선종의 수행방식 가운데 하나이다. 묵조선을 시대상황으로 보면 당시에 대혜종고를 중심으로 하는 간화선의 형성과도 무관하지 않다. 왜냐하면 이전 당대(唐代)부터 활발하게 전개되어 오던 선종의 사상과 선문답이 오대와 송대를 거치면서 선수행의 방식과 선기의 작용이 점차 형해화(形骸化)되어가자 이것을 새롭게 정립할 필요가 대두되었기 때문이다. 그 가운데 한 방향으로 나타난 것이 간화선의 출현이라면 또 다른 방향으로 나타난 것이 곧 묵조선이다.

이를테면 당대(唐代)의 무사선(無事禪)이 악성적인 방향으로 팽배되어가자 그것을 새롭게 재창조 내지 선의 본래정신으로 되돌이키려는 움직임이 일어났다. 이 가운데 순수하게 진리에 입각한 초시대적인 것으로 보려는 개인적인 입장이 묵조선이었고, 종교의 대사회적인 기능을 발휘하여 무사선의 오류에 빠져있던 선종계에 대한 새로운 대안의 제시로 등장한 것이 간화선이었다.[5] 여기에서 묵조선은 송대에 굉지정각을 중심으로 형성된 선수행의 방식으로서 묵조를 바탕으로 하는 선이다.

이 묵조는 침묵과 좌선과 자각이라는 점에서 간화선의 간화와 상대적인

5 김호귀, 「看話禪의 成立背景」, 『普照思想』 제19집, 普照思想硏究院, 2003.

의미이면서 보다 넓게는 묵조선의 근간으로서 보다 함축적인 의미를 포함하고 있다. 묵조가 지니고 있는 특징을 열거하면 신심탈락(身心脫落) 지관타좌(只管打坐) 본증자각(本證自覺) 현성공안(現成公案)의 네 가지로 요약할 수 있다.

묵조선에서는 수행과 증득 곧 좌선과 깨침이 다른 것이 아님을 묵(黙)과 조(照)의 관계와 이(離)와 미(微)의 관계를 통하여 상호간에 오위(五位)라는 교의를 내세워 열린관계[回互]와 닫힌관계[不回互]의 원리에 의해서 설명하고 있다. 이러한 입장에서 등장한 것이 이른바 신심탈락이고 지관타좌이며 본증자각이고 현성공안이었다.

그 신심탈락이란 몸과 마음이 모든 집착으로부터 벗어나 무집착의 경지에 드는 것을 말한다. 바꾸어 말하면 몸의 집착과 마음의 집착이 없는 무집착이어야만 비로소 신심탈락이 가능하기 때문이다. 그래서 무집착은 신심탈락이고 신심탈락은 무집착이다. 무집착 곧 인식과 자각이 바탕된 것이 현성되어 나타나면 현성공안이지만 무집착이 아닌 무지와 무관심에서 단지 스쳐지나가는 환상으로 오는 현성은 가짜이고 허구일 뿐이다. 이 가짜와 허구를 타파하는 것이 공삼매의 체험이다. 공삼매를 통한 가짜와 허구의 타파야말로 곧 실상이 현현하는 것으로서 현성공안이다.

그리고 지관타좌란 위의 신심탈락에 들기 위한 방법으로서 반드시 좌선의 행위를 필요로 한다. 따라서 지관타좌(只管打坐(祇管打坐))의 경우 좌선을 통하지 않은 신심탈락은 단순한 꿈속의 경험이든지 아니면 어떤 영감에 의한 자기착각일 뿐이다. 또한 지관타좌는 앉음새만의 좌선이 되어서는 안 된다. 앉음새의 좌선을 넘어 탈락의 현성으로서의 지관타좌이지 않으면 안 된다. 그렇지 않은 타좌는 혜능의 비판처럼 유위적이고 조작적인 좌일 뿐이다.[6] 따라서 신심탈락은 지관타좌가 바탕이 된 신심탈락이어야 비로소 그 의의를 지닌다.

그런데 지관타좌는 어디까지나 일심으로 전개되는 좌선이지 않으면 안 된다. 어설프게 앉아서 저절로 깨침이 오기를 기다린다든지 앉아 있는 그 자체를 무슨 대단한 신통력이라도 드러낸 것처럼 간주한다든지 하는 것은

---

6 혜능은 좌선을 강조하였다. 그 좌선은 몸과 마음으로 선정에 철저한 좌선이었다. 그럼에도 불구하고 단순히 앉아만 있는 좌선은 철저하게 배격되어야 할 것이라 하여 부정하였다. 『壇經』(『大正藏』 48권, 353중). “此門坐禪 元不著心 亦不著淨 亦不是不動 … 何名坐禪 此法門中 無障無礙 外於一切善惡境界 心念不起 名爲坐 內見自性不動 名爲禪 ….”

좌선에 대한 오해이다. 특히 묵조선에서의 좌선은 깨침의 행위로 간주된다는 점에서 더욱 그렇다. 바로 이러한 묵조선에서의 신심탈락은 처음부터 좌선이라는 본수(本修)에 기반하고 있다. 이 좌선은 좌의 선임과 동시에 좌가 곧 그대로 선임을 말해주고 있다. 여기에서 신심탈락은 묵묵한 좌선으로서의 수행을 거친 결과를 가리키는 동시에 광겁에 두루 비추지 않음이 없는 깨침의 분상에서의 공능으로 나타난 결과이기도 하다. 이것은 신심탈락이 좌라는 형태로 드러난 결과로서의 현성이라면 지관타좌는 좌선이라는 형태를 수반한 탈락으로의 현성이다.

다음의 본증자각의 본증은 본래증득의 의미와 함께 지관타좌의 타좌를 본래 구비하고 있는 의미에서 본증이기도 하다. 그리고 자각은 타좌가 그 자체로서 완성된 입장을 의미하기도 하다. 이것은 곧 타좌가 본증이고 본증은 자각이며 자각은 타좌가 내면적으로 승화된 모습을 가리킨다. 이런 입장에서야말로 곧 지관타좌는 본증자각으로 통한다. 좌선수행에 철저한 것이 지관타좌이고 지관타좌의 철저화는 본증자각이다. 여기에서 지관타좌는 본증자각의 기초이면서 그 자체가 현성된 것이다. 그리고 마찬가지로 본증자각은 지관타좌의 결과이면서 동시에 지관타좌를 내포한 자기의 깨침이다.

또한 현성공안은 본증자각의 현현이다. 이 점에 대하여 먼저 불성을 그 본래적인 측면과 작용적인 측면을 각각 이불성(理佛性)과 행불성(行佛性)으로 표현하고자 한다. 여기에서 이불성이라는 것은 이미 속성으로서 깨침이 내재적으로 존재한다는 입장이다. 이처럼 본증자각이 행불성으로 구현되어 있는 상황을 현성공안이라 한다. 공안 곧 깨침이 드러나 있다는 의미이다. 이 경우 공안은 간화선의 경우처럼 화두의 의미가 아니다. 여기에서의 공안은 진리이고 깨침이다.

이 때문에 묵조선의 증어(證悟)는 기본적으로 행불성에서 출발한다. 달리 말하면 본각적인 측면에서 시작하여 본각적인 측면을 자각하는 것이다. 그 자각이 다름아닌 깨침이다. 그래서 증오는 굳이 이전에 없었던 것을 새롭게 만들어가거나 새롭게 의미규정을 부여하는 것이 아니다. 있는 그대로를 자신의 체험으로 깊이 확인하고 스스로가 그것이 되는 것이다. 말하자면 깨침 이전의 수행인 전수행(前修行)[작수(作修)·훈수(熏修)]에 상대한 깨침 이후의 수행인 후수행(後修行)[본수(本修)·묘수(妙修)]이기 때문이다. 묵조선에서의 공안관은 현성공안을 중시하여 어떤 하나의 대상에 대한 참구가 아니다.

일상의 모든 행위를 본증의 현현으로 간주하기 때문에 달리 일체중생 실유공안(一切衆生 悉有公案)의 입장에 서 있다. 이것을 굉지정각은 「깨침의 결과는 본래부터 이루어져 있다. 닦아서 증득된 것이 아니다. 본래 구족되어 있다. 때문에 다른 것에 의하여 염오되지 않고 절대적으로 청정하다.」[7] 곧 외부로부터의 빌림이 없이 본래 완성되어 있는 것을 철저하게 터득하는 것이 요구되고 있다.

여기에는 달리 본래부터 뿌리가 없는 생사와 흔적이 없는 출몰에 철저하게 탈락해야 함을 강조하고 있다. 그 탈락의 상태가 바로 일체처 일체물이 다 깨침의 빛으로 다가와 법을 설하고 광명을 내며 불사를 짓고 법을 전한다. 이처럼 묵조선의 증오는 깨침이 본래구족되어 있는 까닭에 철저한 탈락을 통한 내면의 긍정이 필요함을 말한다.

특히 묵조선에서는 석존의 좌선과 같이 이미 깨침의 분상에서 행불성을 말하고 있기 때문에 새삼스레 깨침을 목표로 하지는 않는다. 다만 깨침이 성취된 불성임을 믿고 그대로 똑같이 닮아가려는 연습이라고 할 수 있다. 따라서 석존의 좌선을 자신이 그대로 흉내내면서 좌선하는 속에서 스스로가 닮아가는 것이다. 이러한 때에 자신을 구속하는 것은 아무것도 없다. 좌선 그대로일 뿐이다.

이것이 곧 깨침에 대한 근본적인 신심(信心)으로서 심신(深信)이다. 그 심신(深信)을 바탕으로 하여 몸과 마음은 동시에 좌선이라는 모습으로 등장한다. 그래서 좌선 그 자체는 깨침의 모습이다. 좌선은 더 이상 깨침을 위한 수단이나 과정이 아니다. 이것이 묵조선의 수증관의 특징이기도 하다. 곧 굉지 묵조선에서의 좌선은 단순히 가부좌를 하고 앉아 있는 의미라기보다는 일체처에서 상을 내지 않고 취사를 버리며 일체행위의 행주좌와에 있어서 직심을 지녀 나아가는 마음의 자세에 중점을 두고 있다. 여법한 수행의 자세를 좌선이라 보고 있는 것이다. 이것은 필수적으로 몸의 자세만을 의미하지는 않는다.

수행의 태도가 중요하게 다루어지고 있다. 반면 묵조선에서의 좌선은 앉아 있는 그 자체가 현성공안으로 간주되기 때문에 묵묵히 앉아 자신의 본구불성(本具佛性)을 자각하는 것이 강조되고 있다. 곧 위의즉불법(威儀卽佛

7 『宏智錄』 6(『大正藏』 48권, 74상). “菩提果自成 渠非修證 本來具足 他不汚染 徹底淸淨.”

法)으로 통한다. 이것은 곧 본증의 자각이라는 그 이면으로서의 행위이다. 그래서 묵조의 묵은 본증의 본이고 조는 본증의 증이다. 그래서 "수행과 증득이 없지는 않으나 다만 염오되지 않을 뿐이다"[8] 라고 말한다. 그러나 본래부터 누구나 지니고 있는 본증 그대로가 묵조라 할 수는 없다.

묵조는 좌선을 통한 공안이 현성된 경우가 아니라면 한낱 허우대만 덩그렇게 앉아서 망상을 피우는 살아있는 시체나 다름없다. 묵조가 좌선을 통하여 자각된 본증으로 거듭나기 위해서는 묵과 조로서의 본증을 드러내야 하는데 거기에서 바로 좌선이라는 행위가 반드시 요구된다.

2. 『묵조명』

묵조(默照)에 대한 의미와 의의에 대하여 가장 함축적으로 표현한 글에 「묵조명(默照銘)」이라는 짤막한 글이 있다. 이것은 굉지정각(1091-1157)이 그의 나이 40을 전후하여 찬술한 것이다.[9] 여기에서는 묵조선의 기본적인 성격과 그 공능 및 특징을 밝혀둔 것으로는 가장 함축적이면서도 그 본질적인 측면을 잘 드러내고 있다. 여기에서 굉지는 묵(默)과 조(照)를 나누어 설명하고 있다.

가령 묵(默)은 지언(至言)이고 조(照)는 보응(普應)이라고 말한다. 묵(默)은 단순한 침묵과 고요를 넘어서 오히려 언설적인 것이라는 것이다. 그리고 나아가서 조(照)는 널리 모든 현상에 응하면서도 그것에 빠지지 않는 것이라 말한다. 여기에서 묵(默)은 좌선이고 소(照)는 깨침이다. 또한 묘용(妙用)은 묵(默)에 있고, 공능(功能)은 조(照)에 있다고 말한다. 바꾸어 말하면 묵(默)은 묘용으로서의 일체처에 두루하는 묵(默)이고 조(照)는 공능으로서 일체시에 두루하는 조(照)임을 말한다. 다시 말해 언어분별을 초월한 세계[깨침]는 좌선[默] 속에 있고 그 속에서 나온 깨침이 끝없이 온 우주세계를 비추는 것이다.

이와 같은 默은 필연적으로 수행에 있어서는 가부좌를 통해 나타나는 몸

---

8 『宏智錄』 9(『大正藏』 48권, 119상). "修證不無 汚染不得."; 이 말은 『宗寶本壇經』 (『大正藏』 48권, 357면 중). "修證卽不無 汚染卽不得." 속에서 慧能과 懷讓의 대화를 그대로 인정한 것으로 보아 좋을 것이다.

9 김호귀, 『默照禪研究』. 155면: 여기에서 등장하는 「默照銘」의 출처는 모두 『宏智錄』 8(『大正藏』 48권, 100면 상중)에 의한다.

의 수행이고, 조(照)는 가부좌를 통하여 드러난 성성력력(醒醒歷歷)한 마음의 수행이다. 그리하여 묵조는 몸과 마음의 수행이고 동시에 몸과 마음의 작용이다.

「묵조명」의 내용은 당시 조동종계통인 단하 자순(丹霞子淳)의 문하에서 진헐과 굉지 등을 통하여 일반적으로 행해지고 있던 묵조수행에 대하여 굉지가 개인적으로 묵조선의 특징을 현창하기 위하여 이전부터 전승해 내려온 조동의 가풍을 응용하여 자기수행의 성격을 묵조에 맞추어 드러낸 것에서 찾아야 할 것이다. 때문에 「묵조명」 속에는 묵조의 관계가 조동(曹洞)의 기본적인 교의인 오위(五位)의 열린관계[回互]와 닫힌 관계[不回互]에 근거하여 나타나 있다. 따라서 「묵조명」의 내용을 살펴보는데 있어 대혜가 가한 묵조선 비판의 사실은 배제되어야 한다.[10]

「묵조명」은 4언 72구 288자로 구성되어 있다. 이 속에서 굉지는 법(法)과 비유(比喻)와 그 속성(屬性)과 공능(功能)을 자유자재하게 활용하여 한 편의 멋드러진 비단을 짜내듯이 묵조의 의의를 토해내고 있다. 마치 조화옹이 삼라만상을 만들어내듯 걸림없이 기묘하고 심오한 모습을 일상의 자연물과 언설을 곁들이고 있다. 그리하여 온갖 양념과 재료가 뒤섞인 산채비빔밥과 같은 모습으로 한편의 글을 엮어내고 있다. 곧 시비분별을 떠난 그윽한 진리의 모습은 묵을 통해 은근하게 비유로 나타나고, 하나도 감춰진 것이 없이 본래의 모습 그대로 진리를 표현한 현성의 공능은 조를 의지하여 있는 모습 그대로 드러나 있다. 묵과 조의 용어를 각각 이제 10회씩 활용하여 묵조의 작용과 묵조의 정체와 묵조의 현성을 드러내고 있다.

우선 묵조에 대한 속성을 두 가지로 나타내어 묵조가 지니고 있는 공능을 세 가지로 표현하여 묵조가 지니고 있는 작용을 보여주고 있다. 묵조의 작용을 앞세운 것은 묵조의 묵이 단순히 적묵 내지 고요만을 의미하는 것이 아님을 말해주고 있다. 이미 묵조는 처음부터 한 순간도 쉬지 않고 어느 곳에서나 작용하고 있음을 나타낸 것이다. 그러나 이 작용은 묵을 통한 조로, 그리고 조를 통한 묵으로 작용하고 있기 때문에 묵과 조가 어우러지지 않은 곳에서는 묵조의 작용이 간파되지 않는다.

다음으로 이와 같은 작용이 바탕하고 있는 그 정체가 무엇인지를 나타내

10 대혜가 설봉의 진헐을 처음 방문한 것은 대혜 나이 46세 때이다. 대혜가 묵조선풍에 대한 본격적인 비판을 가한 것은 그 이후부터이다. 그런데 굉지의 「默照銘」이 등장한 것은 대혜가 설봉의 眞歇淸了를 방문하기 4-5년 이전이기 때문이다.

고 있다. 여기에서 묵조의 작용은 다름아닌 묵은 좌선의 묵이고 조는 깨침의 조라는 것을 설명하고 있다. 따라서 묵은 침묵의 묵이면서 동시에 몸으로 올바른 자세로 앉아서 행하는 좌선의 묵이다. 곧 언설로 말하면 지언(至言)으로서 언어표현의 극치이고, 몸의 행위로 말하면 좌선삼매에 들어 있는 가부좌의 모습 그대로이다. 조는 본래부터 작용하고 있는 진리의 모습을 드러내는 것이면서 동시에 묵을 통해서 나타나는 깨침의 빛이다. 그래서 조는 묵을 제대로 묵이게끔 하는 조로서 온갖 세계에 널리 응하면서 방편에 떨어지지 않는 묘용으로서의 조이다.

이와 같은 묵조의 정체는 단순히 정체라는 속성으로만 남아 있는 것이 아니다. 정체이면서 어디에나 드러나 있는 진리의 현성으로서의 정체이다. 이것을 현성공안(現成公案)이라 한다. 곧 묵조는 묵과 조의 작용과 정체가 서로 열린 관계[回互]하고 닫힌 관계[不回互]하면서 그것을 자각으로 현성시켜 놓고 있다. 그 묵조가 현성하는 모습은 조동종가의 본래모습으로서 작용으로 말하면 허공신처럼 자유자재하고, 그 정체로 말하면 화씨의 구슬이 함유하고 있는 본래의 빛처럼 응연부동(凝然不動)하여 동즉정(動卽靜)하다.

3. 묵조선의 본질

묵조선의 사상적 기반은 우선 보리달마(菩提達摩)의 이입사행(二入四行)에서 말하는 심신(深信), 우두종(牛頭宗)에서의 좌선관 곧 절관(絕觀)에 기초한 본래자연(本來自然) 내지 본래본연(本來本然), 그리고 무심(無心)에 기초한 무물(無物)에서 찾을 수 있다. 또한 소위 능가종(楞伽宗)의 수행에서 수일심(守一心) 내지는 수본진심(守本眞心)도 본심의 구비라는 입장에서 그 맥을 같이 하고 있다. 특히 신회(神會)는 염불기(念不起)와 견본성(見本性)을 내세워 신회가 반야바라밀을 강조하여 지(知)를 통한 정(定)의 수(修)가 혜(慧)를 초래한다는 입장을 강조하고 있다. 그것은 이미 정(定)으로부터 혜(慧)를 얻는 단계적인 수행이 아니라 불지(佛智)의 작용이 정(定)에 그대로 드러나 있는 것을 의미한다.

당말(唐末) 오대(五代)에 들어 소위 선종 오가(禪宗五家)가 형성되었다. 이 가운데 동산 양개(洞山良价)와 조산 본적(曹山本寂)을 중심으로 하는 조동종은 석두 희천(石頭希遷)의 「참동계(參同契)」에 바탕한 회호(回互)와 동산(洞山)의 「보경삼매(寶境三昧)」에서의 회호와 불회호의 원리, 그리고 오위사상(五位思想)의 원류인 「오위현결(五位顯訣)」의 등장으로부터 조동종지의 기본이 형성되었다. 이러한 조동선법의 전승은 조동종 제10세에 해당하는 진헐 청요(眞歇淸了)에 이르러서 묵조적인 선풍으로 등장하였다. 진헐은 현성 공안(現成公案)을 현창하고 묵조적인 사상을 고양시켰다. 이러한 바탕에서 굉지 정각(宏智正覺)은 조동종지를 새로운 묵조선이라는 선법의 주창으로 그 의의를 부각시켰다. 특히 조동종의 경우 동산 양개의 법을 이은 운거 도응(雲居道膺)의 아래에서 동안 도비(同安道丕)·동안 관지(同安觀志)·양산 연관(梁山緣觀)·대양 경현(大陽警玄)·투자 의청(投子義靑)·부용 도해(芙蓉道楷) 등으로 이어지는 법통의 상속은 특히 부용도해로부터 더욱 융성했다.

1) 묵조선의 입장

이러한 시대에 굉지 정각은 천동산(天童山)을 중심으로 그 자신의 독특한 교화를 펼쳤는데 그것이 묵조의 수행이라는 가풍으로 전개되어 나아갔다. 묵조라는 말을 가지고 자기의 선풍을 고취시킨 것은 바로 굉지였다. 굉지가 묵조라는 말에 의해서 드러내려고 한 것은 묵(黙)에 있어서의 무분별(無分別)과 조(照)에 있어서의 지(知)의 자각(自覺)이었다.

앞서 언급했듯이 「묵조명」에 나타나 있는 묵조는 묵과 조로 나누어 생각해 볼 수 있다. 여기에서 묵조가 일여(一如)하게 될 때가 바로 묵조선의 현성이다. 이것은 본증(本證)의 현성(現成) 내지는 자각(自覺)의 의미이다. 때문에 묵조선의 구조는 본증자각(本證自覺)을 설하고 있는 것으로서 그 중점이 바로 깨침의 세계 곧 불(佛)의 세계에 맞추어진다. 본증의 자각이기 때문에 그 깨침으로 이끌어 나아가는 방법과 수행이 구분되어 있지 않다. 묵묵하게 좌선을 할 때에 그대로 투탈(透脫)된 깨침의 세계가 현현한다. 그 세계는 새로운 것이 아니라 자신이 원래부터 도달해 있는 세계이다. 이와 같이 묵조는 묵(黙)으로서의 좌선(坐禪)의 수(修)와 조(照)로서 현성된 증(證)을 달리 보지 않고 증(證)이 본래부터 구족되어 있음을 설하고 있다.

특히 묵조라는 용어는 단순히 묵묵히 비추어본다는 수식 내지 한정의 관계가 아니라 묵과 조의 병렬적인 의미이다. 곧 묵조는 다양한 어구로 나타나면서도 본래의 묵조의 의미를 상실하지 않고 있기 때문이다. 그래서 묵조는 묵묵한 좌선으로서의 수행을 가리키는 묵과 광겁(曠劫)에 두루 비추지 않음이 없는 증상(證上)에서의 공능(功能)인 조를 상징한다. 그리하여 묵조가 각각 묵은 조가 상정된 묵으로서의 작위(作爲)의 현성이라면 조는 묵을 수반하는 조로서의 무작위(無作爲)의 현성이다.

또한 이(理)와 사(事), 빈(賓)과 주(主)의 回互[열린 관계]가 어우러진 증상(證上)의 현상(現相)을 유감없이 발휘하여 묵과 조는 다름 아닌 신(身)과 심(心)이다. 묵이 신상(身上)에서 올올(兀兀)하게 좌선일여(坐禪一如)한 상태로 지속되는 동중정(動中靜)이라면 조는 심상(心上)에서 무한한 묘용을 뿜어내는 정중동(靜中動)이다. 이것은 신(身)이 묵(黙)한 상태로의 좌선과 함께 심(心)이 조(照)한 상태로서의 좌선이다.

이러한 좌선일여야말로 바로 심(心)의 증(證)은 신(身)의 수(修)를 통해 표현되고, 신(身)의 수(修)는 심(心)의 증(證)을 통해 이미(離微)에 철저해진다. 따라서 이 묵과 조의 관계는 바로 수와 증의 회호와 불회호(不回互: 닫힌 관계)의 원리를 기반으로 한 편정오위(偏正五位)의 양태를 실천적이고 구조적인 측면에서 부각시킨 것이다.

한편 묵조선에서는 묵조와 더불어 이미(離微)라는 것이 있다. 곧 이미(離微)는 묵조선의 기본 교의 가운데 하나인 오위의 회호와 불회호의 원리를 이미(離微)라는 용어를 사용하여 좌선에 있어서의 마음의 자세와 몸의 자세에까지 적용하고 있다. 원래 이미(離微)라는 용어의 의미는 이(離)는 일체의 계박(繫縛)을 벗어난 것이라는 뜻으로부터 번뇌와 작위적인 행위를 활달하게 떨쳐버린 것이고, 미(微)는 만물 속에 감추어져 만물과 하나가 되는 것으로서 자타의 구별이 달리 없으면서도 묘용으로 작용하는 것이다. 따라서 곧 깨침의 경지를 나타내는 말로서 주와 객인 인(人)과 경(境)이 탈락(脫落)된 대오(大悟)의 경계를 말한다. 이것이 동적(動的) 측면에서 나타난 것이 편정(偏正)의 회호라면 정적(靜的) 측면에서 나타난 것이 바로 이미(離微)이다. 이 때문에 묵조선에서는 좌선이 바로 미지(微知)와 묘조(妙照)의 본증자각(本證自覺)으로 현성해 있는 요기(要機)이고 기요(機要)이다.

또한 묵조선에서는 일체가 깨침의 표현이라는 현성공안의 입장을 내세운다. 일체의 작위적인 행위를 벗어나 있는 수행이 묵이고 그 속에서 청정을 구족하는 것이 조이다. 그래서 생과 사가 원래 뿌리가 없으며 출몰의 흔적도 없는 것임을 자증(自證)하는 것이 강조된다. 천지가 그대로 하나의 대해탈문(大解脫門)임을 묵조한다. 그런데도 아직 공안(公案: 진리)이 현성되어 있지 못하는 경우는 자증이 현성하지 못하고 있기 때문이다. 따라서 여기에서 본증자각이라는 묵조의 묘용이 요구되고 있다. 진리의 현성 그대로는 무엇 하나 감추지 않으면서도 그 본체를 결코 상실하지 않는다. 그것이 바로 몰종적(沒蹤跡)이고 조도(鳥道)이며 무위진인(無位眞人)처럼 당당하여 '묵묵하게 노닐고 여여하게 설한다.'는 입장에 서 있는 현성공안(現成公案)이다. 여기에서는 반드시 공겁이전(空劫已前)의 자기가 전체적으로 탈락할 것이 요구된다. 그것은 원래부터 공겁이전의 자기는 곧 그 자리에 있는 현재의 자기였을 뿐임을 터득하는 것이다. 말하자면 현성공안이 묵조선에서는 전시각(全是覺)으로서 등장해 있다. 그리하여 무언적묵(無言寂默)의 시각(始覺)이 곧 위음왕나반(威音王那畔)의 본각(本覺)으로서 등장해 있다.

한편 묵조선의 대표적인 교의인 오위(五位)는 주도면밀(周到綿密)한 본증의 현성을 강조한다. 본래 묵조선에서 조동오위(曹洞五位)는 하나의 기관(機關)이고 논리(論理)였다. 그 논리적인 성격이 강한 오위설은 그 근본사상인 겸대사상(兼帶思想)이[11] 나타내고 있는 실천성과 회호(回互)의 특징에 있어서 그 기반을 이루고 있다. 그래서 묵조선과 오위는 종래부터 밀접한 관계를 지지고 있었다. 그럼에도 불구하고 양자만큼 성격에 큰 차이점을 내포하고 있는 것도 드물다. 곧 묵조의 실천과 오위의 논리는 실천과 논리의 관계로서 현상적으로는 합치될 수가 없다. 여기에 바로 실천적인 논리와 논리적인 실천이 요구된다. 이것이 묵조의 실천성에 오위의 논리성을 수용하여 그 당위성을 부여하고, 오위의 논리성에 회호와 불회호의 겸대를 되살려 묵과 조의 의미를 확대함으로써 오위와 묵조의 한계는 극복되고 승화된다.

묵조선이 지니고 있는 종래의 한계는 그 실천적인 내용에 대해서는 거의 언급하지 않고 유무에 떨어진다든가, 임제문하(臨濟門下)의 단계성에 상대한 본증적(本證的) 논리적(論理的)인 특질을 지적하는데 머물러 있다는 점이었다. 그리고 오위사상이 지니고 있는 종래의 한계라는 것은 묵조 속에 들어 있는 분석력이 부족하여 그 실천성이 결여되어 있다는 점이었다. 이러한 양측의 상관관계 내지는 대치성을 어떻게 해결하여 그 일치점에 도달

---

11 정(正)과 편(偏) 곧 이(理)와 사(事)의 입장이 서로 융합하면서 동시에 각각으로 존재하는 원리를 나타내는 묵조사상의 근본 개념이다. 특히 정편오위(正偏五位)에서는 제5위를 겸중도(兼中到)라 하여 융합과 개별을 지향하면서 그것을 초월해 있는 입장을 나타낸 조동의 논리개념이다. 이것은 보살이 중생과 함께 어울려 중생을 교화하면서 보살의 본래정신을 상실하지 않고 상구보리를 지향하는 보살도를 의미한다.

하는가 하는 것이 묵조선의 과제였다. 이와 같은 묵조선이 지니고 있는 한계성을 오위의 논리성으로 극복하고, 오위가 지니고 있는 한계성을 묵조의 지유적(至游的)인 선(禪)으로 극복하고 있다.[12]

또한 묵조선에서의 마음자세는 비사량(非思量)에 잘 나타나 있다. 좌선에서 의식의 존재방식으로서 그 중요성이 강조되고 있는 비사량은 단순히 사량이 없다는 의미가 아니다. 번뇌와 분별과 집착이 없는 사량이라는 의미이다. 왜냐 하면 그것은 상호간의 의식이나 무의식과 같은 상대적인 정신작용이 완전히 없어진[非] 상태의 순수한 의식활동[思量]이기 때문이다. 바로 이 비사량에 철저한 것이 묵조 좌선의 요체이다. 그래서 비사량은 좌선을 전제한 비사량이다. 그래서 좌선 속의 비사량이야말로 사량이 없다는 의미가 아니라 비(非)의 사량, 탈락(脫落)의 사량, 불염오(不染汚)의 사량이라는 의미이다.

그래서 비사량의 경지는 믿는 주체의 신(信)과 믿어야 할 객체의 심(心)이 원래 불이일체(不二一體)의 입장에 서 있기 때문에 지식(知識)과 작의(作意)로는 헤아릴 수 없는 좌선으로 맛보는 본증의 경지이다. 그것은 곧 무분별의 사량으로서 좌선을 통해 현성한다. 곧 공안이라는 극도의 긴장 속에서 심의식(心意識)이 무의식을 통해 의식화되어가는 견성의 과정으로서 이해되는 것이 공안선의 행태라면, 비사량이라는 무분별한 사량의 전체 속에 그대로 내맡겨 버리는 가운데서 궁극적으로는 다시 사량을 벗어난 탈체현성(脫體現成)의 의식으로 돌아오는 것이 묵조선의 행태이다. 그러나 비사량의 사상은 좌선에서의 내면적인 마음의 준비로서 파악되어야 할 성질의 것이지 언설로 추구되는 것이 아니다.

그리하여 묵조선의 비사량은 사량에 대한 비(非) 뿐만이 아니라 언설에 대한 비(非)와 신체 행위에 대한 비(非)의 소식으로 적극적으로 표현되어 있다. 따라서 묵조선에서의 비사량은 절대무심(絕對無心)과 순수의식(純粹意識)을 근저로 하는 주객원융이 전일의식(全一意識)으로 나타나 있다. 그 전일의식은 바로 지유(至游)로서의 풍모를 나타내며, 생각을 잊고, 말을 끊

12 묵조선이 형성되는 무렵 당시에 묵조에 대한 부정적인 입장을 지니고 그 비판에 합류했던 무리들이 있었다. 이에 대하여 묵조의 부정적인 의미를 불식시키고 긍정적인 측면을 충분히 드러내려는 입장이 곧 지유선(至游禪)이다. 지유선은 「至游庵銘」(『大正藏』 48권, 98면하-99면상)에 근거한 내용으로서 묵(默)이 지니고 있는 적묵의 의미를 좌선이라는 실천으로 승화시키고 조(照)를 실생활에서 적용해 나아가는 깨침의 구현으로 승화시킨 것이다.

으며, 행동이 떠나 생사거래(生死去來)에 그대로 맡겨두는 곳에서 현성한다. 그래서 묵조선의 비사량은 절대무심이라는 순수의식이 좌선을 통하여 현성한 것이다. 이것을 「묵조명」에서는 좌선을 통한 묵조의 현성이 다름 아닌 깨침의 현성이고 본증의 자각이라 말하고 있다.

2) 묵조선의 특징

묵조선에서는 석존의 좌선과 같이 이미 깨침의 분상에서 행불성(行佛性)을 말하고 있기 때문에 새삼스레 깨침을 목표로 하지는 않는다. 다만 깨침이 성취된 불성임을 믿고 그대로 똑같이 닮아가려는 연습이라고 할 수 있다. 따라서 석존의 좌선을 자신이 그대로 흉내 내면서 좌선하는 속에서 스스로가 닮아가는 것이다. 이러한 때에 자신을 구속하는 것은 아무것도 없다. 좌선 그대로일 뿐이다. 이것이 곧 깨침에 대한 근본적인 신심(信心)이다.

이 신심은 달마의 심신(深信)에 통한다. 달마에게 있어서 이입(理入)이란 곧 불법의 가르침에 의해 불교의 근본적인 취지를 깨닫는 것이다. 중생은 성인과 동일한 진성을 지니고 있음을 심신(深信)하는 것이다. 그런데도 중생은 단지 객진번뇌에 망상에 뒤덮여 있어 그 진성을 드러내지 못할 뿐이다. 만일 객진번뇌의 망념을 제거하여 진성을 지니고 있음을 심신하는 곳에 돌아가 올곧게 벽관(壁觀)을 통하여 자타의 구별이 없고, 범부와 부처가 본질적으로는 동일하다는 경지에 굳게 머물러 변함이 없으며, 또한 다시는 조금도 문자개념에 의한 가르침에 휩쓸리지 않는다면, 바로 그 때에 진리와 하나가 되어 분별을 여의고 고요한 무위에 도달한다.

여기에서 이입은 깨침에 들어가는 이론이라든가 수행의 과정이 아니다. 곧 '불교의 근본적인 취지를 깨닫는 것'으로서 본증자각(本證自覺)이다. 그 방법은 '불법의 가르침에 의해서'와 같이 불법의 가르침에 의해서 불법의 가르침인 그 근본 취지를 깨닫는 것이다. 이것은 불법으로서 불법을 깨닫는 것이다. 따라서 불법이란 깨침이다. 바꾸어 말하면 깨침으로 깨침을 얻는 것이다. 이미 불법이 깨침으로서 출발하여 깨침을 얻는 것이다. 그 깨침의 내용은 구체적으로 '중생은 성인과 동일한 진성을 지니고 있다'는 것이다. 중생과 성인이 다르지 않다는 것은 중생에게나 성인에게나 모두 불법이 본래부터 갖추어져 있음을 말한다. 본래부터 갖추어져 있는 불법을 심신(深信)하는 것이다.

심신의 벽관은 필연적으로 깨침이 구현되어 있는 모습으로서 진리와 하나가 되어 분별을 여의고 고요한 무위에 도달하는 모습이다. 분별이 없기 때문에 따로 자타 내지 범성이 없고, 고요한 무위의 경지이므로 객진번뇌로부터 자유로울 수가 있다. 그래서 이 깨침은 심신(深信)을 통한 벽관(壁觀)으로서의 구현 것만이 아니라 벽관을 통한 심신의 자각이기도 하다. 그래서 묵조에서의 깨침은 본래부터 갖추어져 있다는 본증과 그것에 대한 자각을 의미하는 현성공안으로 대변된다. 이와 같은 근저에는 본래부터 완성되어 있다는 신심(信心) 곧 심신(深信)이 자리하고 있다. 그 심신은 달리 본구(本具)한 불성으로서 불심(佛心)의 작용이다. 그 불심의 작용이 깨침이고 그 깨침의 근본이 다름 아닌 신심이다.

묵조선에서는 바로 그 신심이 모든 사람에게 불심으로 본구되어 있음을 전제하고 있다. 수행인이 이 불심의 본구성을 모르고 있다가 자신이 본래부터 그것을 갖추고 있다는 깨침을 원만하게 드러내 가는 과정이 바로 초심으로부터 닦아가는 수행과정이 된다. 그래서 묵조선에서의 수행은 다름 아닌 깨침의 분사에서의 수행이다. 따라서 필경에 깨침과 수행이 하나로 통한다. 수행은 깨침을 얻으려는 수행이 아니라 깨침의 작용으로서의 수행이다. 그리고 깨침은 수행의 결과로서 얻어지는 것이 아니라 본래부터 완성되어 있는 행위로서 깨침의 유지가 곧 수행으로 나타난다. 말하자면 각자 그 수행을 통해서 깨침의 현성인 불(佛)을 닮아가는 행위이다. 따라서 묵조에서의 무분별의 참구는 외부로 치달리는 마음을 멈추고 본구한 자기의 본래성으로 되돌이켜 자각하는 것이다. 이미 현성되어 있는 깨침을 자각하는 것이지 깨침을 완성하려는 수행의 과정이 아니다. 그 근저에는 바로 본증에 대한 신심(信心) 곧 심신(深信)이 자리하고 있다.

깨침에서의 몸은 가부좌(跏趺坐)가 본격을 이루고 있다. 가부좌는 형식적으로는 몸의 자세이면서 내용적으로는 마음의 자세인데 그것은 증상(證上)의 자세이기 때문으로서 바로 보리달마의 면벽관심(面壁觀心)이며 6조 혜능의 견불성(見佛性)이다. 곧 직심(直心)이 도량(道場)이고 심심(深心)이 도량이며 보제심이 도량이기 때문이다. 따라서 가부좌의 좌선은 모든 좌선의 전체인 이른바 지관타좌(只管打坐)이다. 다만 좌선 수행의 방식 내지는 깨침의 견해가 다른 것은 깨침에 도달할 때까지의 좌선이 깨침을 목표로 하는 좌선 수행이라면 그것은 곧 깨침의 수단[熏修]이지만, 깨침을 얻은 상태에서의 좌선 수행이라면 그것은 곧 수단으로서의 좌선 수행이 아니다[本修]. 곧 자수법락(自受法樂)의 좌선이다.

특히 좌선 수행은 석존의 좌선과 같은 깨침의 분상에서의 좌선을 말하고 있기 때문에 새삼스레 깨침을 목표로 하지는 않는다. 다만 깨침이 성취된 불성임을 믿고 그대로 똑같이 닮아가려는 연습이라고 할 수 있다. 따라서 석존의 좌선을 자신이 그대로 흉내 내면서 좌선하는 속에서 스스로가 닮아가는 것이다. 이러한 때에 자신을 구속하는 것은 아무것도 없다. 좌선 그대로일 뿐이다. 여기에서 좌선은 그대로가 깨침으로 나타나 있다.

이 말의 의미는 불립문자(不立文字)와 교외별전(敎外別傳)이 깨침의 형식이라면 직지인심견성성불(直指人心 見性成佛)은 그 내용이기도 하다. 직지(直指)는 이론적인 모색이나 추론의 결과나 매개체를 의지한다든가 하는 것이 아니라 대상에 직접 부딪치는 것이다. 여기에서 직지인심의 인심은 범부 중생의 자심(自心)이다. 이러한 자심을 직접 철견하여 그 본성을 현현시킴으로써 성불에 이른다. 성불은 단혹증리(斷惑證理)·증득열반(證得涅槃)·성취정각(成就正覺) 등을 의미하는 것으로서 교리상으로 치밀하게 짜여진 단계과정을 거치지 않고 현신(現身)에서 증오(證悟)하여 해탈의 경지에 나아가는 것이다. 따라서 성불은 범부가 환골탈태하여 불(佛)이 되는 것이 아니라 범부로서의 인간 그대로 불타의 각증(覺證)을 얻는다는 의미가 강조되는 말이다. 즉 범부로서의 인간이 변화하여 불이 되는 것이 아니라 범부의 인간 그대로 불지(佛智)를 터득하는 것이다. 이 성불이 바로 견성(見性)을 계기로 하여 성취되기 때문에 견성성불이라 한다.

그런데 견성 곧 성불은 인심의 직지이기 때문에 견성과 직지의 관계는 견성직지로서 회호(回互)의 관계이다. 견성이라는 것은 곧 직지가 바탕이기 때문이다. 그러면서도 견성은 실상적인 행위이고 직지는 현상적인 행위이기 때문에 견성과 직지는 불회호(不回互)의 관계이다. 여기에서 직지의 인심은 이론적으로는 양자를 가리키는 말이지만 구체적으로는 심상(心相)을 직지하는 것이다. 심상을 직지하는 것은 곧 무상(無相)이면서 무자성(無自性)이기 때문에 견성 즉 인심과 직지는 앞에서의 회호와 불회호의 승화로서 겸대(兼帶)가 된다. 이리하여 직지의 당처에서는 견성과 인심과 직지와 성불 등이 순일한 작용으로 나타난다. 따라서 직지인심의 현상 그대로 나타나는 견성이기 때문에 견성의 성은 심성(心性)·이성(理心)·일심(一心)·심(心)의 본질(本質) 등으로 부를 수 있다. 결국 인심이라는 구체적인 사심(事心)을 취하여 보편적인 이심(理心)으로 철저화하여 일심의 심성을 파악하고, 그에 의해서 사심인 심상의 본래성의 작용을 자유로이 도출해 내는 것이 견성(見性)이요 견법(見法)이며 견진여(見眞如)이고 견법성(見法性)이다.

이리하여 불립문자와 교외별전은 직지인심의 현현으로서의 견성을 말하는 형식이라면 직지인심과 견성성불은 그 작용으로서의 내용이다. 곧 견성은 직지인심의 현현이기 때문에 견성은 현성성불(現成成佛)이고 현성공안(現成公案)이다. 그래서 이불성(理佛性)의 입장은 견성성불에, 행불성(行佛性)의 입장은 직지인심에 그 초점이 맞추어진다. 묵조선에서는 바로 행불성에 입각한 좌선이 이루어지기 때문에 좌선은 곧 깨침의 외형이고 깨침은 좌선의 내용이다. 그래서 좌선의 묵(黙)은 묘행(妙行)으로서 곧 깨침의 묵이고, 깨침의 작용인 조(照)는 오히려 부동(不動)의 조로서의 설법이다.

Ⅲ. 비사량의 본증자각과 지관타자

1. 묵조선의 깨침 – 본증자각(本證自覺)

묵조선의 깨침은 본증(本證)을 자각(自覺)하는 것에 있다. 곧 애초부터 구비하고 있는 본래불(本來佛)이 현성(現成)하는 것이다. 증(證)의 문제에 대하여 일찍이 대혜(大慧)는 "그러나 이러한 깨침의 도리는 사람들마다 두루 갖추지 않은 바가 없다"[13]라는 것으로 보자면 수행인이 본각의 도리를 구비하고 있으면서도 현실적으로 그것을 드러내지 못하고 있음을 강조하고 있다. 그러나 굉지는 증(證)에 대하여 모든 것이 각(覺)으로서 시각(始覺)이 곧 본각(本覺)이라는 입장으로 보면서 다음과 같이 말한다.

> 실상(實相)은 곧 무상(無相)의 상(相)이고, 진심(眞心)은 곧 무심(無心)의 심(心)이며, 진득(眞得)은 곧 무득(無得)의 득(得)이고, 진용(眞用)은 곧 무용(無用)의 용(用)이다. 만약 이와 같다면 그것은 곧 탁 트인 행위이고 진실한 행위로서 일체의 법이 이르는 바 그 성품이 허공과 같다. 바로 이러한 때는 공(空)마저도 얻을 수 없어서 비록 공하지만 묘(妙)하고 비록 허(虛)하지만 신령스러우며 비록 고요하나 밝고 비록 묵(黙)하나 조(照)한다.[14]

13 『大慧語錄』 18(『大正藏』 47권, 887상)
14 『宏智錄』 5(『大正藏』 48권, 64중)

여기에는 묵조(默照) 뿐만 아니라 허이영(虛而靈)·확곡(廓谷)·공이묘(空而妙) 등의 말을 통해서 증(證)이 본래부터 누구에게나 구비되어 있는데 그치지 않고 그것이 현실적으로 확연하게 드러나 있는 것으로 나타나 있다. 이것은 모든 사람에게 불심이 본구(本具)되어 있음을 전제로 삼은 것이다. 그래서 범부가 바로 이 불심(佛心)의 본구성을 모르고 밖의 경계에 대한 취사분별에 끄달리고 있지만, 그러한 상황으로부터 벗어나 본래부터 갖추고 있는 깨침의 본원(本源)을 원만하게 드러내가는 과정이 바로 초심으로부터 자각에 이르는 수행과정이 된다. 각자 그 본증임을 자각하는 수행을 통해서 '깨친 존재로서의 불(佛)을 닮아가는 행위'가 곧 참구행위(參究行爲)이다. 따라서 묵조에서의 무분별(無分別)의 참구는 외부로 치달리는 마음을 멈추고 본구한 자기의 본래성을 되돌이켜 자각하는 것이다.

그 본구성의 자각을 아는 것으로부터 깨침으로서의 본증이 가능하다. 따라서 묵조라는 무분별지(無分別智)의 참구는 제불과 동체라는 지견(知見)을 터득해 나아가는 것으로서 자기에게 본래부터 구비되어 있는 무분별지를 자기 자신에게 현성시키는 것이다. 그 현성이란 일체의 번뇌와 분별을 방하(放下)하여 본구한 불심의 허명(虛明)을 불매(不昧)케 하는 참구의 행위이다. 그래서 묵조의 본증을 자각하는데 있어서는 깨침의 당체, 곧 본구한 무분별지를 그 본래의 무분별에 따르게 하고[가부좌를 통한 참구] 그대로 존재케 하는[본증을 현성시키는 자각] 태도가 중요한 관건이 된다.

특히 묵조선은 본증에 대한 자각으로서의 활작용(活作用)은 가부좌라는 좌선과 자각이라는 본증이 어우러져 있으면서 그 어우러짐에 떨어지지 않는 자태이다. 일체의 환화(幻化)를 여읜 '무상(無相)의 상(相)'과 '무심(無心)의 심(心)'과 '무득(無得)의 득(得)'과 '무용(無用)의 용(用)'이기 때문에 가부좌(跏趺坐)를 통한 좌선은 동시에 늘 자각된 본증과 다르지 않다. 바로 침묵이 곧 설법이고, 설법이 곧 침묵이다. 그래서 자각이 가부좌의 현성이라면 본증은 자각의 본구성이다. 이러한 내면 속의 심리는 고요하여 신령스럽고 묵묵하여 참되어 있는 묵묵의 공부로써 마음을 일구는 본증 그대로이다. 그 까닭은 곧 '묵(默) 가운데에 미(味)가 있고 조(照) 가운데에 신(神)이 있다.

이와 같이 본증의 자각은 그 근저에 불심의 본구를 두고 있기 때문에 그것이 자기에게 있어서는 불심의 본구성과 무분별지에 있어서 묵조의 참구 그 자체가 무매개적(無媒介的)·비간격적(非間隔的)·비시간적(非時間的)인 것으로서 자기에 대한 즉금(卽今)의 당처(當處)라는 사실로 향하게 된다. 그래서 불심(佛心)의 본구성(本具性)에로의 회귀와 그 현현을 통한 자각적인 수용(受用)은 단순한 적정(寂靜)과는 엄밀하게 구별된다. 나아가서 이것은 일상의 모든 행위를 본증의 현현(顯現)으로 간주하기 때문에 달리 일체중생실유공안(一切衆生悉有公案)이라 할 수 있다.

곧 외부로부터의 빌림이 없이 본래 완성되어 있는 것을 철저하게 터득하는 것이 요구되고 있다. 여기에는 달리 본래부터 뿌리가 없는 생사와 흔적이 없는 출몰에 철저하게 탈락해야 함을 강조하고 있다. 그 탈락(脫落)의 상태가 바로 일체처 일체물이 다 깨침의 빛으로 다가와 법을 설하고 광명을 내며 불사를 짓고 법을 전한다. 이것은 저 공안이 본래부터 구족되어 있는 까닭에 철저한 탈락을 통한 내면의 긍정이 필요함을 말한다. 그래서 어떤 외부로부터의 유위적인 작위가 소용이 없다.

이처럼 묵조에서는 조동의 면밀한 종풍을 잇고 본래 성불작조(成佛作祖)로서 걸음걸음이 광명 속에서 노닌다는 것을 말한다. 따라서 그 수행의 근간이 본증에 대한 자각을 내세우는 입장이므로 본증묘수(本證妙修)라는 의미에서 혜(慧)와 정(定)의 성격이 동시에 등장한다. 그러나 가부좌라는 좌선의 형식에 국한시켜 잘못 定에만 머물러 고목선(枯木禪)에 빠져 있는 무리를 보고 일찍이 대혜는 진헐청요(眞歇淸了)의 묵조선을 향하여 묵조사사배[(黙照邪師輩)대혜가 묵조를 향해 비판한 말로 아무런 지혜가 없이 그저 멍청하게 앉아있는 것을 깨침이라 하여 능사로 삼는 묵조수행자를 폄하하는 말]라 하여 비판하였던 것이다.[15]

바로 이와 같은 비판을 극복하는 데에는 묵조의 자각이라는 것이 필요하다. 곧 묵조가 단순한 묵과 조가 아니라 묵묵히 앉아 마음은 텅 비고, 묘하게 전하여 도(道)가 존귀하게 되고, 깊이 침묵하여 밝게 드러나고, 고요히 있어 묘한 존재로 나타난다는 의미의 묵과 조(照)이다. 그래서 묵(黙)은 본증의 체(體)로서의 묵(黙)이어야 하고, 조(照)는 본증의 용(用)으로서의 조(照)이어야 한다. 이러한 묵조가 전제된 좌선은 바로 시비(是非)를 떠나고 이미(離微)를 체득한다. 그 묵조는 곧 묘용(妙用)으로 나타나지만 유(有)가 아니고 공(空)으로 숨어 있지만 무(無)가 아닌 원리이다. 이것이 현성공안(現成公案)이다. 현성공안(現成公案)은 혹 견성공안(見成公案)이라고도 하

15 『大慧語錄』 28(『大正藏』 47권, 933하)

는데 이것도 공안의 현현이라는 범위를 벗어나지 않고 있다.

그리하여 묵조선에서는 마음의 수행 못지않게 몸의 수행이 강조된다. 때문에 정혜관(定慧觀)에 있어서도 정(定)과 혜(慧)가 동시로 나타나고 있다. 곧 앉아 있는 그 자체를 깨침의 완성으로 보기 때문에 정이 혜의 형식이 아니라 혜의 내용이고, 혜는 정의 내용이 아니라 정의 묘용이라 할 수 있다. 그리하여 비유하자면 간화선에서의 정과 혜의 관계가 각각 등[體]과 등불[用]의 관계라면, 묵조선에서의 정과 혜의 관계는 정이 곧 혜이고 혜가 곧 정으로서 정과 혜가 서로 즉입(卽入)되어 있는 관계이다. 그리하여 간화선에서의 공안의 투과는 묵조선에서는 본증의 자각으로 비교된다.

2. 묵조선의 사유방식 – 비사량(非思量)

이제 이와 같은 묵조선의 깨침을 터득하는 데 반드시 필요한 것이 자각의 방식이다. 좌선 수행의 근본은 조신(調身)·조식(調息)·조심(調心)을 근본으로 하여 전개되어 왔다. 이와 같은 방식에 대해서는 일찍이 축법호(竺法護)가 번역한 '결가부좌로 단정하게 앉아 움직이지 않으니 마치 태산과 같았다.'[16] 라는 말처럼 인도의 선정 수행에서부터 언급은 되어 왔다. 또한 구마라집(鳩摩羅什, 350 무렵-409)이 홍시년중(弘始年中, 399-416)에 한역한 경전에는 좌법에 대하여 비교적 상세한 기록이 남아 있다.[17] 그러나 거기에서는 아직 결가부좌(結跏趺坐)라는 형태가 오늘날처럼 정형화되어 설명되고 있지는 않다. 아울러 선정 수행의 장소도 대부분은 수하석상(樹下石上)을 가장 보편적인 방법으로 삼았던 것으로 보인다.

그리하여 특별히 좌선을 위한 장소가 설치되거나 몸 자세에 관한 자세한 내용을 엿보기가 쉽지 않다. 따라서 중국에서 좌선작법에 대하여 본격적으로 면밀한 설명을 한 것은 천태지의(天台智顗)에서 찾을 수 있다. 이 밖에도 선종이 중국에서 발생하자 선종의 좌선 지침서로서 규봉(圭峯)의 『원각경도장수증의(圓覺經道場修證儀)』와 자각 종색(慈覺宗賾)의 『좌선의(坐禪儀)』 등이 등장하였다. 그러나 이들은 모두 『천태소지관』의 전문 혹은 일부분을 직접 또는 간접으로 인용한 것이다. 『소지관』은 천태종 한 종파의 내용으로

16 『修行道地經』 2(『大正藏』 15권, 195하)
17 『禪秘要法經』 中(『大正藏』 15권, 242하 이하)

전승된 것만이 아니라 각 종파 전반에 널리 전승된 것이다.

이와 같은 좌선 수행의 방식에서 가장 중심이 된 것은 조심(調心)이다. 좌선 수행에서 마음을 어떻게 유지하는가에 따라 위빠사나·간화선·묵조선 등의 수행방식이 전개되었기 때문이다. 곧 마음의 흐름과 주변 일체의 것을 알아차림에 집중하는 위빠사나, 하나의 화두를 들어 직접 수행인이 화두일념(話頭一念)으로 몰입해 가는 간화선, 그리고 본래부터 일체는 깨침의 현성임을 자각하는 묵조선 등의 방식으로 전개되었다. 이 가운데서 묵조선의 마음자세가 곧 비사량(非思量)이라는 좌선의 심리방식이다.

화두를 참구하는 간화선에서의 심리는 오로지 화두일념에 집중되어 있다. 공안공부에 있어서는 그 마음이 충분히 그리고 유일하게 공안(公案)에 집중되어 있어야 할 것을 강조한다. 이것이 깨침의 전제조건으로서 필수불가결한 것이다. 그러기 위해서 반드시 하나의 의단(疑團)을 필요로 한다. 그 의단은 그 자체로는 의미가 없다. 깨침의 수단으로서의 성격이 강하다. 그래서 참으로 다양한 화두가 등장하였다. 이에 대하여 스즈키 다이세쓰(鈴木大拙)는 공안선에 대하여 "깨침에 이르는 과정을 탐구(探究)·공부(工夫)·성숙(成熟)·폭파(爆破) 등의 과정을 거치고, 심리학적으로는 집중(集中)·축적(蓄積)·방하(放下)라는 단계를 거친다"[18]고 말한다. 그러나 묵조선에서의 심리는 비사량이라는 무분별한 사량의 작용이다. 그 비사량 전체 속에 그대로 자신을 내맡겨 버리는 가운데서 궁극적으로는 다시 사량을 벗어난 탈체현성(脫體現成)의 의식으로 돌아오는 심리이다.

앞서 지적한 바와 같이 여기에서 비사량은 사량이 없다든가 사량을 하지 않는다는 의미가 결코 아니다. 무분별(無分別)의 사량이고 무심(無心)의 사량이며 무번뇌(無煩惱)의 사량으로서 번뇌 및 분별이 없는[非] 사량이다. 따라서 비(非)의 사량일 수 있는 것이다. 곧 일체의 분별과 유심(有心)과 번뇌를 여읜 사량이다. 이 비사량은 곧 일체의 체성(體性)에 대한 무분별과 그 작용으로서의 지(知)를 일여하게 구비한 입장이다. 이처럼 비사량처(非思量處)의 본래의 의미는 아무것도 생각하지 않는다는 뜻이 아니라 선악과 애증 등의 이견(二見)에 떨어지지 않는 임운무작(任運無作)의 사량이며, 정해(情解)의 분별사식(分別事識)이 미치지 않는 초연한 사량이다. 이처럼 비사량의 경계에는 문자가 없어 시비와 선악을 떠나 있는 부모미생이전(父母

18 鈴木大拙, 『禪と念佛の心理學的基礎』 (東京: 大東出版社, 1944)

未生以前)의 모습이다. 따라서 이것을 파악하고 사유하며 표현하기 위해서는 여기에서 말한 비사량이라는 좌선의 심리를 체험하는 것이 필요하다. 곧 이 좌선의 체험은 일상의 행주좌와 어묵동정 견문각지(行住坐臥 語黙動静 見聞覺知) 등 일상생활의 모든 위의에서의 체험으로 다가오는 사량의 실체이다. 곧 영가현각이 말한 '행동하는 것도 선이고 앉아 있는 것도 선이며 말하고 침묵하며 움직이고 고요한 것에서도 항상 그 본체는 편안하다.'[19]라는 바로 그 좌선에 통한다.

이처럼 묵조선에는 좌선 속에서 체험하는 심리를 비사량으로 파악하고 있다. 이와 같은 비사량의 심리가 곧 가부좌라는 좌선의 자세로 드러난 것이 현성공안이다. 그래서 비사량의 외적인 표현이 현성공안이라면 현성공안의 내적인 좌선체험이 곧 비사량이다. 원만한 묵조의 지혜는 사유를 의지하지 않는다는 속성을 지니고 있다. 이처럼 사유를 의지하지 않는 것은 주객이 모두 원래 한 가지로 완성되어 있어서 가감이나 증삭이 없다. 여기에서는 비사량이 단순한 비사량이 아니라 그 좌선 체험으로서의 비사량, 이를테면 비(非)의 사량이므로 좌선 체험이라는 비사량의 본래의미로 회귀한다. 비사량이 비(非)의 사량으로 작용할 때에 비로소 분별사량이 아닌 것을 사량한다는 본분의 기능을 충분하게 발휘한다. 사유에 의지하지 않으면서 그 사유를 드러내는 대긍정의 원리가 비(非)의 사량으로 나타난다.

3. 묵조선의 수행 – 지관타좌(只管打坐)

묵조선의 수행은 좌선이다. 곧 가부좌의 수행이다. 그래서 가부좌는 묵조선 수행의 전부이다. 이것을 지관타좌(只管打坐, 祇管打坐)라 한다. 바로 그 가부좌는 수행의 형식이면서 본증의 내용이기도 하다. 그래서 가부좌는 묵조선의 수행형식임과 동시에 깨침의 내용이다. 이와 같은 가부좌는 반드시 자각된 가부좌이다. 따라서 묵조선에서의 가부좌는 다음과 같이 다양한 의의를 지니고 있다.

가부좌의 첫째 의의는 앉음새의 형식에 있다. 형식을 떠나서는 좌선이란 있을 수 없다. 형식을 떠난 좌선이란 단순한 형이상학의 철리(哲理)에 불과

---

19 『證道歌』(『大正藏』 48권, 396상)

하다. 그래서 묵조선에서의 좌선은 달리 지관타좌라고도 한다. 앉아 있는 모습 그대로가 좌선이고 좌선 그대로가 깨침의 현성으로 간주된다. 좌선의 형식에 대해서 여러 『좌선의』에서 누누이 강조하고 있는 것은 비단 초심자에만 한정되는 것은 아니다. 숙련된 자의 경우야말로 그 숙련의 경지가 올곧게 좌선이라는 형식으로 통해 드러나기 때문이다. 그래서 불법즉위의(佛法卽威儀)라 하였다. 이 좌선의 가부좌라는 형식은 좌선의 실천을 상징하면서 동시에 실천 자체이기 때문이다. 그래서 몸으로 직접 앉지 않고 깨침을 얻는다든가 좌선을 한다고 말하는 것은 설령 삼세제불이 와서 설법한다 해도 혀끝의 희롱에 지나지 않는다. 왜냐 하면 실천을 무시하고는 어떤 선종도 존재할 수가 없기 때문이다. 특히 묵조에서의 좌선은 묵(黙)과 좌(坐), 조(照)와 선(禪)이 동일시되는 입장이라서 좌선이라는 앉음새 자체가 묵조이다.

다음 가부좌의 둘째 의의는 관조(觀照)하는 것이다. 단순히 앉아서 묵묵히 있는 것이 아니다. 묵묵히 앉아 있되 이 묵좌(黙坐)는 삼천대천세계에 두루하는 묵좌이다. 곧 조(照)가 수반되는 묵(黙)이다. 그래서 「묵조명」에서는 묵과 조의 관계를 제대로 살펴야 한다고 하여 조(照)만 있고 묵(黙)이 없으면 그 조(照)는 허상(虛像)으로서 사마(邪魔)와 같다고 말한다. 따라서 가부좌의 첫째 형식은 여기에서 바로 내용의 관조(觀照)로 이어진다. 관조가 없는 형식의 좌는 한낱 껍데기일 뿐이다. 그래서 「묵조명」에서는 묵(黙)만 있고 조(照)가 없으면 그것은 바로 대혜종고가 비판한 묵조사선(黙照邪禪)이 되고 마는 것이다. 따라서 묵과 조의 좌선에서 묵과 조의 어느 것 하나라도 상실한 불완전한 묵조에 떨어져서는 안 된다는 것을 말하고 있다. 그래서 묵(黙)과 조(照)는 좌선에서 서로 완전(宛轉)한 방제(傍提)의 관계로 작용하고 있다.[20] 이 모습은 마치 좌선에 있어서 묵과 조가 일합(一合)하게 되

20 조동종의 조산본적이 제시한 접화방법에 팔요현기(八要玄機)라는 것이 있다. 곧 팔요현기란 여덟 가지 현묘(玄妙)한 기관(機關)을 의미한다. 기관은 공안의 구조를 설명함에 있어서 그 공안의 체계화를 가장 잘 나타내고 있는 용어 가운데 하나이다. 그런데 여덟 가지의 현묘한 기관에 대하여 조산은 [회호(回互)·불회호(不回互)·완전(宛轉)·방참(傍參)·추기(樞機)·밀용(密用)·정안(正按)·방제(傍提)] 2권본 『曹山錄』 卷下 (『大正藏』 47, 544중) 등을 설정하였다.
'回互'는 피(彼)와 차(此)가 서로 융통하기 때문에 피(彼) 속에 차(此)가 들고 차(此) 속에 피(彼)가 들어 피(彼)가 곧 차(此)가 되고 차(此)가 곧 피(彼)가되는 도리이다. 곧 오위(五位)로 말하자면 정중편(正中偏)과 편중정(偏中正)이 이에 해당한다. '不回互'는 피(彼)와 차(此)가 각각의 존재로서 피(彼)는 피(彼)이고 차(此)는 차(此)로서 서로가 완연(宛然)한 존재가 되는 도리이다. 곧 오위(五位)로 말하자면 정중래(正中來)과 편

면 수(修)와 증(證)의 합일이 나타난다. 이것은 가부좌의 형식이 그 내용으로서의 관조에까지 이른 것을 나타낸 것으로서 정전(正傳)의 삼매에 안주하여 곧 위없는 깨침에 이르는 것을 말하고 있다. 영가 현각이 말하는 일초직입여래지(一超直入如來地)[21]와 같은 소식이다.

가부좌의 셋째 의의는 묵조가 완전(宛轉)의 작용으로 현성된 모습이다. 완전이란 본래 조동종의 조산 본적(曹山本寂)의 접화방식(接化方式)에서 유래한 말이다. 조산은 바로 팔요현기(八要玄機)라는 것을 통해서 교화를 폈다. 팔요현기라는 것은 조산에게 있어서 여덟 가지의 현묘(玄妙)한 기관(機關)을 의미한다. 기관은 공안의 구조를 설명함에 있어서 그 공안의 체계화를 가장 잘 나타내고 있는 용어 가운데 하나이다. 그 여덟 가지 가운데 완전(宛轉)은 저것[彼]와 이것[此]이 회호하기도 하고 불회호하기도 하는 자유자재의 경지로서 저것은 저것이면서 동시에 이것이고, 이것은 이것이면서 동시에 저것이 되는 도리를 말한다. 여기에서 묵과 조의 완전(宛轉)이란 가부좌(跏趺坐)의 형식으로서의 의의와 내용으로서의 관조라는 의의가 완전함을 나타낸다. 이것은 묵과 조가 상대적인 입장에 처해 있으면서도 상대성을 뛰어넘은 입장으로 바뀌며 부입(分立)의 입장에서 전일(全一)의 입장으로의 사고전환이다. 전일적인 입장이기 때문에 아직 보지 못한 대활저(大活底)의 현성(現成)이다. 그렇지만 그것은 법(法)의 자기에 투철한 것이기 때문에 실제로는 본래면목의 자각이며 본지풍광에의 체험으로서 하등의 새로운 곳을 밟아가는 것이 아니다. 본가(本家)에로의 귀향이다.

중지(偏中至)가 이에 해당한다. '宛轉'은 회호(回互)하기도 하고 불회호(不回互)하기도 하는 자유자재의 경지로서 피(彼)는 피(彼)이면서 동시에 차(此)이고 차(此)는 차(此)이면서 동시에 피(彼)가 되는 도리이다. 곧 오위(五位)로 말하자면 겸중지(兼中到)가 이에 해당한다. [傍參]은 그윽한 진리의 세계를 차별적인 현상 속에서 사(事)의 측면으로 취해 나타내는 도리이다. 곧 오위(五位)로 말하자면 편중지(偏中至)가 이에 해당한다. '樞機'는 현상으로 나타나는 작용의 근본으로서 주체적인 원리이다. 곧 오위(五位)로 말하자면 정중래(正中來)가 이에 해당한다. '密用'은 주도면밀(周到綿密)하고 몰종적(沒蹤跡)한 작용(作用)으로서 객체적인 원리이다. 곧 오위(五位)로 말하자면 정중편(正中偏)이 이에 해당한다. '正按'은 진리(眞理)를 추기(樞機)의 상태 그대로 현성(現成)하는 원리이다. 곧 오위(五位)로 말하자면 정중정(正中正)이 이에 해당한다. '傍提'는 진리를 일상의 차별현상 속에서 이(理)의 측면으로 은밀하게 현성하는 원리이다. 곧 오위(五位)로 말하자면 편중편(偏中偏)이 이에 해당한다. 이러한 기관은 곧 조산이 학인을 접득하고 지도하는 기관 곧 작략의 수단으로 사용한 것이다. 곧 스승이 학인의 근기에 응하여 가장 적절한 방식으로 대하는 관문을 말한다.

21 『證道歌』(『大正藏』 48권, 396상)

따라서 가부좌는 특별한 무엇으로 규정되어 있는 것이 아니다. 형식과 내용의 구분이 엄밀하게 존재한다고 규정해 버리면 깨침은 필연성이 아니라 목적성이 되어 버린다. 가부좌는 본래의 자기가 현성하는 것일 뿐이다. 일상의 모든 사사물물(事事物物)이 다 가부좌의 구조 속에서 본래의 자기 체험으로 다가온다. 그리하여 주변의 어느 것 하나 가부좌의 현성 아님이 없다. 그래서 가부좌는 부단한 깨침의 체험으로 연속되어 간다. 과거의 깨침의 체험과 미래의 깨침의 체험이 따로 없다. 지금 그 자리에서의 깨침이다. 깨침에 전후가 없다. 전일적인 입장이므로 미혹한 중생의 입장에서의 고매한 깨침과 진리를 통한 각자(覺者)의 입장에서의 일상적인 깨침에 구분이 없다. 여기에서는 벌써 돈오점수(頓悟漸修)가 문제되지 않는다. 일체처(一切處)와 일체시(一切時)가 일체인(一切人)이 깨침의 현현이므로 미오(迷悟)가 없고 범성(凡聖)이 없으므로 깨침의 횟수가 없다. 묵조의 완전(宛轉)이 가부좌로 나타나 있을 뿐이다. 그래서 가부좌는 깨침의 다른 이름이다. 깨침은 일회성의 특수경험과 동시에 그 이후의 생활경험 속에서 연속되기 때문에 더욱더 묘용(妙用)을 발휘해 나아간다. 이것이 바로 가부좌의 완전(宛轉)한 작용이고 가부좌의 일상성이다.

다음 가부좌의 넷째 의의는 수행과 더불어 깨침의 의의를 함께 나타내준다. 굉지는 이에 대하여 '조동의 가풍은 중도의 규구(規矩)에 근거한다'[22] 라 하여 가부좌의 의의를 묵조의 속성에 비추어 설명하고 있다. 곧 묵조의 가풍은 목전의 당사(當事)를 중시하는 것이라 하여 묵조의 가풍이 주도면밀(周到綿密)함을 중규중구(中規中矩)라 말한다. 그래서 묵(黙)으로서는 구(矩)에 치우치지 아니하고 조(照)로서는 규(規)에 어긋나지 않는 것을 정(中)이라 한다. 규(規)와 구(矩)는 묵(黙)과 조(照)이고, 정(正)과 편(偏)이며, 공(功)과 덕(德)이요, 진여(眞如)와 수연(隨緣)이다. 이것이야말로 가부좌를 통한 묵조의 좌선이 바로 중도(中道)에 입각한 구원(久遠)의 본증(本證)임을 설파한 말이다. 일체의 양단을 떠나 있어서 묵(黙)의 근본인 추기(樞機[현상으로 나타나는 작용의 근본으로서 주체적인 원리])에만 떨어지지도 않고, 조(照)의 작용인 방참(傍參)으로만 현성하지도 않는 종통(宗通)과 설통(說通)의 완전(宛轉)이다. 이것은 가부좌가 지니고 있는 깨침의 속성이 일상성과 함께 지속성임을 말한다.

22 『宏智錄』 8(『大正藏』 48권, 100중)

가부좌 자체는 곧 깨침의 현성으로서 깨침을 증상(證上)의 수행이라고 말하는 까닭이 바로 여기에 있다. 가부좌의 모습은 깨침의 연속성이기 때문에 그 속에서 행하는 좌선 수행이 비로소 의미를 지니는 것이다. 따라서 가부좌는 그대로 깨침의 현현으로서 나타난 몸의 구조이고 마음의 구조이다. 이러한 가부좌야말로 묵조가 나타내는 일상성(日常性)이고 본증성(本證性)이다. 그래서 굳이 깨침을 얻으려고 목적하지 않아도 저절로 수행의 필연성이 구현되어 온다. 그래서 올바른 수행은 올바른 가부좌이고, 올바른 가부좌는 올바른 수행이며, 올바른 좌선은 올바른 깨침이다. 좌선 그대로가 깨침의 작용이므로 일시좌선(一時坐禪)하면 일시불(一時佛)이요 일일좌선(一日坐禪)은 일일불(一日佛)이다. 즉 좌선즉불(坐禪卽佛)이요 불즉좌선(佛卽坐禪)이다. 이것이 지관타좌(只管打坐)로서의 가부좌가 나타내는 본래 의의이다.

Ⅳ. 묵조선의 현대적 의의

1. 심신(深信)과 자각(自覺)

묵조선은 선수행에서 하나의 방식이다. 이것이 위빠사나·간화선과 더불어 현대사회속에서 선수행으로서 어떤 의의를 지니기 위해서는 우선 일상의 수행으로서 역할을 감당한다는 점에서 찾을 수 있다. 따라서 여기에서는 묵조선 수행의 방식이 어떤 것인가를 살펴보기로 한다. 선종 전체의 수행이 공통적으로 말하고 있는 바이지만 그 가운데서도 묵조선 수행의 근본은 애당초 깨침이 완성되어 있다고 보는 본증(本證)을 자각(自覺)하는 데 있다. 본증은 선천적으로 이미 모든 것이 완성되어 있다는 의미이다. 깨침마저도 벌써 완성되어 있어 후천적으로 수행을 통해서 미혹으로부터 깨침을 얻는다는 것과는 같지가 않다. 그렇다고 하여 숙명론이나 기계론과 같이 우리의 자유의지가 무가치하다는 것은 아니다. 왜냐 하면 본증의 의미로서 이미 완성되어 있다는 것은 그와 같은 가능성이 내포되어 있을 뿐만 아니라 그 가능성이 항상 누구에게나 열려 있다는 의미이기 때문이다. 그래서 흔히 생각하듯이 어떤 수행을 통해서 미혹한 자신이 이전에는 없었던 깨침을 새로 얻어간다는 의미가 아니라는 것이다. 전혀 없었던 것이 수행을 통해서 새로이 생긴다는 것은 더욱 어불성설이다. 아무리 수행을 통해서 깨침을 얻는다 해도 궁극적으로는 자신의 내면속에 깃들어 있는 깨침의 요소랄까 아니면 본래부터 완성되어 있는 불성이 인연을 만나 꽃이 피듯이 발양되는 것이다.

실로 아니 땐 굴뚝에는 연기가 나지 않듯이 무인연으로 존재하는 것은 없다는 것이 불교의 상식이다. 상식을 무시하고는 어떤 것도 성립할 수가 없다. 아는 사람에게는 상식일 수 있어도 그것을 모르는 사람에게는 고차원적인 지식으로 비칠는지도 모른다. 그러나 상식에서 벗어나는 것은 불교가 아니고 선도 아니다. 단지 모르고 있을 뿐이지 애초부터 우리 곁에 늘 있어 왔다. 곧 본증이란 그와 같이 이미 완성되어 있는 것을 의미하는 것이다. 곧 그것을 자기 것으로 만들어 가는 것이 자각이다.

자각이란 불성으로 굳이 나누어 말하면 행불성(行佛性)이다. 이불성(理佛性)이 흔히 말하는 일체중생실유불성(一切衆生悉有佛性)의 의미라면 행불성은 그 불성이 직접 당사자에 의해서 체험되고 실현되는 것이다. 이것이 본증자각(本證自覺)이다. 그래서 본증자각은 제 아무리 지식을 통해서 이해를 한다 해도 저절로 터득되는 것은 아니다. 몸소 느껴야 한다. 그 방법이 다름 아닌 좌선이라는 행위이다. 그래서 좌선은 수행의 전부이다. 이 때의 좌선은 더 이상 수행만을 의미하는 것이 아니다. 좌선 그 자체가 깨침을 드러내는 행위이기 때문에 여기에서의 좌선은 곧 깨침이다. 깨침으로서의 좌선이다. 그래서 좌선이 깨침의 형태라면 깨침은 좌선의 내용이다. 더 이상 좌선과 깨침이 다른 것이 아니다. 이것을 지관타좌(只管打坐)라 한다. '오직 앉아 있을 뿐'이라는 정도의 뜻이다. 앉아 있는 것이 깨침 그 자체이기 때문에 앉아 있다는 사실이 다름 아닌 그대로가 깨침[全是覺]으로서의 좌선이다. 그냥 몸으로만 앉아 있는 것이 아니다. 깨침의 내용이 몸의 좌선으로 드러나 있는 것이다. 그래서 좌선은 수행이면서 동시에 깨침이다. 바로 이 좌선의 형식은 가부좌(跏趺坐)라는 모습으로 나타난다. 여기에서는 가부좌라 해도 두 다리를 겹쳐 앉는 몸의 형식으로서의 앉음새뿐만 아니라 안으로 마음의 형식에 이르는 가부좌이다. 따라서 여기에서는 우선 본증자각의 근거가 되는 가부좌이다.

수행은 깨침과 무관하지 않다. 여기에서 무관하지 않다는 것은 수행 자체가 깨침과 동일한 의미를 지닌다는 말이다. 그래서 수행은 반드시 깨침을 목표로 하고 궁극에는 깨침이 이루어진다는 바탕위에서 시작되고 끝나는 것으로 생각하는 경향이 있다. 그러나 이와 같이 수행이 깨침의 전단계(前段階)로서만 이해되는 수행은 수행이 아니다. 수행은 깨침의 전단계가 아니라 수행이 곧 깨침이기 때문이다. 이와 같은 수행과 깨침의 관계에 대해서는 앞서 살펴본 바 있다. 바로 그와 같은 입장이라면 새삼스레 왜 수행이 필요한가? 누구나가 깨침 자체 그대로 완전하지 않은가.

그러나 이처럼 누구나가 완전하게 구비하고 있다는 사실을 누구나가 아는 것은 아니다. 그러나 아는 사람은 안다. 이것이 자기 인식 곧 자각이다. 그 인식의 대상은 무엇인가? 물론 자기이다. 그러나 그 대상으로서의 자기는 인식의 대상일 뿐이다. 더 이상 본래자기가 아니다. 본래자기는 인식의 대상이 아니다. 그냥 그렇게 존재하는 법이연(法爾然)한 자기일 뿐이다. 그래서 본래자기를 터득하는 기술이 필요하다. 그 기술이 좌선으로서의 자각이다. 좌선을 통한 자각, 다시 말해 본래자기라는 심신(深信)이 수행이다. 따라서 좌선을 통한 자각의 수행은 본래불을 찾는 것이 아니다. 애초부터 구비하고 있는 본래자기를 닮아가는 행위이다. 곧 부처를 닮아가는 것이다. 아니 자신의 행위가 부처를 닮아가는 행위임을 자각하는 것이다.

이와 같은 본래불의 도리에 대하여 일찍이 대혜 종고(大慧宗杲)가 말한 바 있는 사람들마다 두루 갖추지 않은 바가 없다는 것은 본래부터 중생 누구나가 본래자기라는 깨침을 갖추고 있다는 의미였다. 이것은 중생 누구나 본래자기임에도 불구하고 온갖 번뇌와 어리석음으로 인하여 본래자기라는 사실조차도 인식하지 못한다는 것이다. 따라서 처음부터 갖추고 있던 본래자기를 회복해야 하는 과제가 대두된다. 그것이 수행의 필요성을 이끌어낸다. 이처럼 본래자기라는 인식이 필요하다는 것이 곧 대혜의 입장이었다. 이러한 대혜의 입장은 수행인이 본각의 도리를 구비하고 있으면서도 현실적으로는 그것을 드러내지 못하고 있는 것을 강조하고 있기 때문에 궁극적으로는 본래자기에 대한 深信이 반드시 필요하다. 한편 굉지정각(宏智正覺)은 모든 사람에게 불심이 본래부터 갖추어져 있다고 말한다. 그래서 범부가 바로 이 불심이 본래부터 갖추어져 있음을 모르고 밖의 경계에 대한 취사분별에 끄들리고 있지만, 그러한 상황으로부터 벗어나 본래부터 갖추고 있는 깨침의 본원(本源)을 원만하게 드러내 가는 과정이 바로 초심으로부터 자각에 이르는 수행과정이라 말한다. 각자 그 본래불임을 자각하는 수행을 통해서 본래부터 깨친 존재로서 부처를 닮아가는 행위가 수행이라 하였다.

> 묵묵하면서도 자재롭고 여여하여 반연을 떠나 있어서 훤칠하게 분명하여 티끌이 없고 그대로가 깨침의 드러남이로다. 본래부터 깨침에 닿아 있는 것으로서 새로이 오늘에야 나타난 것은 아니다. 깨침은 광대겁 이전부터 있어서 확연하여 어둡지 않고 신령스레 우뚝 드러나 있는 것이다. 비록 그렇다고는 하나 부득불 수행을 말미암지 않으면 안 된다.[23]

여기에서 깨침의 자각이라는 수행의 본래 기능이 되살아난다. 곧 좌선 수행이 그냥 앉아 있는 것이 아니다. 묵묵히 앉아 마음은 텅 비고 깨침은 침묵 속에 밝게 드러난다. 그리하여 좌선 수행에서는 마음의 수행 못지않게 몸의 수행이 강조되고 있기 때문에 정(定)과 혜(慧)가 동시에 나타난다. 곧 앉아 있는 그 자체를 깨침의 완성으로 보기 때문에 좌선 수행이 깨침의 형식이 아니라 깨침의 내용이고 깨침은 좌선 수행의 내용이 아니라 좌선 수행의 묘용(妙用)이다. 이 좌선 수행이 곧 깨침으로 성립하는 것은 반드시 심신(深信)이 바탕하고 있기 때문이다. 심신이 아닌 좌선 수행은 단순히 앉아 있는 자세일 뿐이고, 심신이 바탕하지 않은 깨침은 착각일 뿐이다. 바로 이 심신이 가장 강조된 것은 일찍이 보리달마부터였다. 보리 달마는 『이종입(二種入)』에서 다음과 같이 말한다.

> 이입(理入)이란 무엇인가. 불법의 가르침에 의해 불교의 근본적인 취지를 깨치는 것이다. 중생은 성인과 동일한 진성을 지니고 있음을 심신하는 것이다. 그런데도 중생은 단지 객진번뇌에 망상에 뒤덮여 있어 그 진성을 드러내지 못할 뿐이다. 만일 객진번뇌의 망념을 제거하여 진성을 지니고 있음을 深信하는 곳에 돌아가 올곧게 벽관(壁觀)을 통하여 자타의 구별이 없고, 범부와 부처가 본질적으로는 동일하다는 경지에 굳게 머물러 변함이 없으며, 또한 다시는 조금도 문자 개념에 의한 가르침에 휩쓸리지 않는다면, 바로 그 때에 진리와 하나가 되어 분별을 여의고 고요한 무위에 도달한다. 이것을 이입이라 한다.[24]

여기에서 이입은 깨침에 들어가는 이론이라든가 수행의 과정이 아니다.

---

23 『宏智錄』 6(『大正藏』 48권, 74중)
24 『少室六門』 (『大正藏』 48권, 369하)

곧 불교의 근본적인 취지를 깨치는 것을 말한다. 그 방법은 '불법의 가르침에 의해서'처럼 불법의 가르침에 의해서 불법의 가르침인 그 근본 취지를 깨치는 것이다. 이것은 불법으로서 불법을 깨치는 것이다. 따라서 불법이란 깨침이다. 바꾸어 말하면 깨침으로 깨침을 얻는 것이다. 이미 불법이 깨침으로서 출발하여 깨침을 얻는 것이다. 이것이 달마의 수행방식이다. 여기에서 달마의 수행은 무엇을 새로이 얻기 위한 수행이 아니었다. 궁극적으로는 달마의 수행이 아니라 달마가 제자들에게 가르친 수행의 방식일 뿐이다. 이와 같이 달마가 말하는 깨침의 내용은 구체적으로 '중생은 성인과 동일한 진성(眞性)을 지니고 있다.'는 것이다. 중생과 성인이 다르지 않다는 것은 중생에게나 성인에게나 모두 불법이 본래부터 갖추어져 있음을 말한다. 본래부터 갖추어져 있는 불법을 심신(深信)하는 것이 달마의 수행방식이다. 따라서 달마의 수행 속에는 이미 깨침이 갖추어져 있음[理入]을 말한다. 그래서 달마의 깨침[理入]은 수행이고 수행은 깨침[理入]이다. 이 깨침은 불법을 깨치는 것이므로 그것은 이론적인 깨침이 아니라 수행을 겸한 완성된 깨침이다. 그 수행방식이 심신이라면 심신의 형태는 곧 벽관이다. 달마의 벽관은 좌선 바로 그것이었다.

따라서 좌선의 구체적인 수행방식인 벽관의 모습은 '객진번뇌의 망념을 제거하여 진성에 돌아가 올곧게 벽관을 통하여 자타의 구별이 없고, 범부와 부처가 본질적으로는 동일하다는 경지에 굳게 머물러 변함이 없으며, 또한 다시는 조금도 문자개념에 의한 가르침에 휩쓸리지 않는 것'이다. 여기에는 좌선의 수행방식인 벽관의 내용이 드러나 있다. 첫째는 자타의 구별이 없고, 둘째는 범부와 부처가 본질적으로는 동일하다는 경지에 굳게 머물러 변함이 없으며, 셋째는 다시는 조금도 문자개념에 의한 가르침에 휩쓸리지 않는 것이다. 자타의 구별이 없다는 것은 분별심을 내지 않는 것이다. 이입(理入)으로 깨침이 완성되어 있기 때문에 굳이 중생이니 성인이니 수행이니 깨침이니 하는 분별은 의미가 없다. 그 무분별한 마음으로 '범부와 부처가 본질적으로는 동일하다는 경지에 굳게 머물러 변함이 없는 것이야말로 심신의 또 다른 형태이다. 곧 좌선의 벽관은 심신을 통한 벽관이라는 것이다.

이처럼 심신(深信)을 통한 벽관은 다시는 조금도 문자개념에 의한 가르침에 휩쓸리지 않는 것일 뿐만 아니라 오히려 문자를 통한 진리에 계합하는 것이다. 달마는 교(敎)를 부정하지 않고 교에 의하여 자각할 것을 말하였는데 그것이 곧 자교오종(藉教悟宗)이었다. 본래 깨침이란 교(教)에 의지해서 종지를 깨친다는 것이므로 거기에는 교를 매개로 하여 근본[宗]을 철견한다는 것이 포함되어 있다. 문자를 부정한다든가 여의는 것이 아니라 적극적으로 교내별전 불이문자(教內別傳 不離文字)를 말한다. 이와 같은 자교오종에 의한 심신의 벽관은 필연적으로 깨침이 구현되어 있는 모습으로서 달마는 바로 그 때에 진리와 하나가 되어 분별을 여의고 고요한 무위에 도달한다고 하였다.

이로써 보면 진리와 하나가 되는 깨침은 반드시 자각을 수반하는 것으로서 분별을 여의고 고요한 무위에 도달하는 것을 속성으로 삼고 있다. 분별이 없기 때문에 따로 자타(自他) 내지 범성(凡聖)이 없고, 고요한 무위의 경지이므로 객진번뇌로부터 자유로울 수가 있다. 그래서 깨침은 심신이라는 자각을 통한 좌선벽관의 구현일 뿐만 아니라 벽관을 통한 심신의 자각이다. 따라서 심신과 벽관과 깨침은 좌선 수행방식에 대한 달마 특유의 용어이면서 교를 통한 깨침이라는 의미까지 내포되어 있는 말이다.

어쨌든 좌선 벽관은 구체적으로는 마음이 미혹을 버리고 진실로 되돌아가는 공부이다. 달마가 말한 '현실의 번뇌를 버리고 본래자기를 회복한다.[捨妄歸眞]'는 말에서 망(妄)은 본래자기를 자각하지 못하는 것으로서 애써 버려야 할 미혹이 남아 있다는 의미가 아니다. 본래부터 있지 않은 것이 나타나는 망(妄)으로 보이다가 이제 눈에 보이지 않게 되는 것이다. 미혹이란 본래부터 있지도 않은 것을 있는 것으로 잘못 보는 것이다. 진실을 망각하고서 본래부터 없는 것을 있다고 보는 것이다. 깨침이란 본래부터 있지 않은 것은 있지 않다고 보고 미혹으로 인하여 망각한 진실을 되돌이켜 세우는 것이다. 특별히 이전에 없던 새로운 진실이 모습을 나타내는 것이 아니다. 망각했기 때문에 그것을 망각했다고 알아차리는 것이다. 미혹이 없다면 새삼스레 깨칠 것도 없다. 본래의 진실은 의연(依然)하여 변함이 없다. 이와 같은 모순된 구조를 달마는 짐짓 사망귀진(捨妄歸眞)이라 하였다. 귀진이란 진실에 낙착하는 것이지만 단순히 되돌아간다는 의미도 들어 있다. 그 곳이 본래의 자리이고 지금 이곳은 비본래(非本來)의 자리라는 미혹에서 벗어나 그 망념을 버리는 것으로 족하다. 흔히 말하는 돈오라는 말은 바로 이 귀진을 말하는 것이다. 본래자리는 돈오니 점수니 하는 것은 없다.

이와 같은 귀진의 방식은 좌선벽관을 통한 심신에 있다. 깨침은 고차원적인 진리의 실천이다. 그 실천을 수행이라 한다. 따라서 수행은 좌선의 실천형태이다. 그리고 심신은 그와 같은 깨침의 내용이다. 그래서 심신의 신(信)과 깨침은 표리관계에 있다. 그 연결고리가 좌선벽관이다. 그래서 이와 같은 좌선벽관은 깨침의 현성이지 깨침을 새로이 얻으려는 의미의 수행이 아니다. 범부도 성인도 모두 동일한 진실심을 지니고 있다는 바로 그것이 함생동일진성(含生同一眞性)의 구조이다. 심신(深信)이란 불신(不信)이 계기가 되어 있다. 심신해야 할 신(信)임에도 불구하고 불신(不信)하는 것이 중생의 비본래적인 일상사이다. 그러다가 심신해야 할 신(信)을 경험함으로써 마침내 자기를 확립하게 된다. 그 확립이 곧 깨침이다. 곧 심신을 통한 확립이다. 그 확신이라는 본래의 실천에는 반드시 좌선벽관이 있다. 그래서 벽관에는 자타(自他)·범성(凡聖)의 차별이 없다. 무위(無爲)한 사실을 심신하는 것이므로 무위를 깨달으려는 것 자체가 무용(無用)이다. 그래서 깨침을 수행의 결과로서 도달하는 것으로 보려는 분별은 더 이상 깨침이 아니다. 왜냐 하면 거기에는 심신이 결여되어 있기 때문이다. 또한 좌선 벽관하는 그것이 수행이고 깨침이기 때문이다.

2. 신심탈락(身心脫落)

수행을 하는 데 그 기본은 무엇보다도 우선 반드시 근원을 알아야 한다. 그런데 그 근원을 알기 위해서는 일정한 행위가 요구된다. 그것이 마음이든 몸이든 언설이든 몸과 마음과 언설의 상호간의 행위든 간에 반드시 어떤 유형 내지 무형의 작용을 필요로 한다. 그런데 이 바탕에는 언제나 주체가 있어야 한다. 그 수행의 주체는 다름 아닌 자기 자신이고 자기의 몸이며 자기의 마음이고 자기의 언설이다. 그러나 이 모두를 한꺼번에 이행할 필요는 없다. 누구에게나 깨침을 구하는 것은 마음을 말미암지 않고서는 불가능하기 때문이다. 또한 모름지기 마음의 본성을 알아 분명히 미혹함을 없애면 공업(功業) 내지 공능(功能)을 이룰 수 있다. 한 가지를 알면 천 가지를 알고 한 가지에 미혹하면 만 가지에 미혹한다. 그런즉 마음이 무심함을 알면 즉 그것이 항상 定이다. 그리고 색(色)이 무색(無色)임을 알면 항상 지혜의 자리에 노닌다. 그러니 자신이 깃들어 살고 있는 그곳의 상황이 그대로 여법한 생활이고 수행임을 알아야 한다. 그래서 진리와 일상의 행위에 있어서 주변사를 여의지 않으면서 주변사를 구하는 것도 구하려는 집착이 없으면 된다. 말하자면 아(我)에 있으면서 아(我)를 없애면 아(我)에 즉(卽)

하여 법신이 되는 것이다. 마치 연꽃이 더러운 곳에서도 청아하게 피어나듯이 무분별하고 고요한 마음의 경지는 현재의 지금에서 자기를 직시하는 것이다. 집착하면 걸림이 있고 해탈하면 구속됨이 없다.

무심하여 심(心)과 아(我)가 여여하고 항상 실상으로 돌아가 마음이 일체법에 머물러 움직이지 않으면 곧 선정에 드는 것이다. 이 경지가 되고 보면 일체법은 마음이 지은 것이므로 법을 보는 것은 공적법문(空寂法門)이고 해탈법문(解脫法門)이며 무상법문(無相法門)이고 진여법문(眞如法門)이며 지혜법문(智慧法門)에 들어가는 방법을 아는 것이다. 따라서 도심(道心)이란 득도(得道)에 이르는 방법을 보여주는 것이다. 궁극에는 그 수도마저도 닦아야 할 도가 없다는 생각을 가지도록 해야 한다. 이것이 수행에 들어가는 제일심(第一心)이다. 이제 제일심을 지니기 위해서는 반드시 자신의 몸을 필요로 한다. 그 몸의 자세와 작용이 다름 아닌 좌선이라는 행위이다. 좌선의 행위는 우선 몸의 자세를 중시한다. 앉는 것이다. 제대로 똑바로 여법하게 앉는다. 그것이 가부좌이다. 그래서 가부좌는 수행의 제일심을 지니기 위한 첫걸음이기도 하다.

이 가부좌에는 자신의 몸과 마음과 기를 조절할 줄 아는 호흡이 수반된다. 호흡이야말로 자신이 살아 있는 근본방식이이다. 이 근본적인 방식을 무시하고는 가부좌도 한탄 형식에 치우쳐버리고 만다. 호흡이 바탕이 된 가부좌야말로 여법한 몸의 자세이다. 호흡은 수식관(數息觀) 내지 지식관(止息觀)이 기본이 된다. 수식 내지 지식을 지속적으로 이끌고 나아가는 방식은 호흡에 대한 인식이다. 자신이 지금 호흡하고 있음을 알고 언제나 호흡하는 자신을 알며 호흡하는 주체를 알고 호흡하는 이유를 알며 호흡하는 마음을 알아야 한다. 이와 같은 호흡에 대한 인식은 몸과 마음에 습관이 베어들 때까지 지속하는 것이 필요하다. 그리하여 끝내 호흡하는 자세와 호흡하는 자체를 초월하는 것이다. 그 초월이란 더 이상 호흡에 신경 쓰지 않고도 자연스러운 호흡에 도달하는 것이다. 자연스러운 호흡과 올바른 호흡은 자연스러운 가부좌와 올바른 가부좌의 모습으로 나타난다. 호흡은 가늘게 고르게 길게 하는 것이 중요하다. 이것이 호흡의 자각이다.

호흡이 갖추어졌거든 보리심을 내야 한다. 보리심이란 다름 아닌 발심이고 발심은 자각의 행위이며 발심은 믿음의 당체이다. 그런데 그 믿음의 당체를 어떻게 자각하는가 하는 것이 중요하다. 믿음이 저절로 오는 것인가? 아니면 돈을 주고 사 오는 물건처럼 어디서 가져오는 것인가. 발심이라는 믿음은 적어도 누구로부터 부여받는다든가 자신이 그렇게 하고 싶다고 해서 되는 것이 결코 아니다. 발심은 그만큼 본래적이다. 발심이 본래적이라는 말은 아무렇게나 개인의 기분에 따라 좌우되고, 개인의 인연을 따라 나타나며, 개인의 필요에 따라 수시로 소용되는 그런 것이 아니라는 말이다. 그런 만큼 발심의 믿음은 직관적이고 자발적이며 보편적인 것이다. 따라서 발심의 믿음은 애초부터 누구에게나 갖추어져 있는 것을 자신이 직접 체험하는 행위이다.

발심은 최초 수행의 단계에서부터 우선 모든 것이 공하다는 것을 실증하고 그 연후에 모든 것은 단순한 공이 아님을 자각하는 것으로서의 지고지순한 경험이다. 그래서 발심은 수행하는 것이고, 수행한다는 것은 발심이라는 분별마저도 초월하는 것이다. 이러한 중생이야말로 그대로 수행상에 있는 중생이다. 그러나 중생에게는 수행을 시작하고 받아들이며 인정할 만한 능력이 구비되어 있지 못하다. 다시 말해 중생으로서는 열반에 나아가는 길이 막혀 있는 셈이다. 따라서 중생이 멸하여 중생을 초월한 존재가 되는 것이 수행인데 그 수행의 첫걸음은 중생을 비우는 행위이다. 중생을 비우는 행위를 공이라 말하기도 한다. 여기에서 공이란 중생이 공한 존재가 되는 것이 아닌 본질적인 공이다. 곧 중생을 벗어나는 것이 아니라 중생을 깨치는 것이다.

그래서 여기에서 중생을 깨치는 것은 보리심의 획득 곧 발심의 완성이 된다. 발심의 완성이란 선악과 번뇌를 벗어나 있는 것이기 때문에 선악과 시비 번뇌로 알 바가 아니다. 열반과 부처와 여래란 심(心)이 무심(無心)해져 항상 고요한 경지에 머물러 일심(一心)이 되면 안·이·비·설·신·의가 올바로 작용하여 열반과 부처와 여래는 더 이상 깨침의 대상이 되지 않는다. 그대로 자신의 당체가 되기 때문이다. 그리하여 자세하고 올바르게 본심을 생각하여 한 번 무위(無爲)를 깨치면 동시에 정각에 오르게 된다.

이리하여 발심이 이루어지고 나면 좌선이 순일해지는데, 순일해진 좌선은 그대로가 깨침의 행위의 연속이다. 이것이 본증(本證)의 행태이다. 그런데 본증의 행태를 유지하기 위해서는 그것에 대한 자각이 필요하다. 그 자각의 행위가 묵조의 마음이고 좌선의 몸이다. 따라서 본증에 대한 자각은 이미 발심되어 있는 분상에서 이루어지는 수행 곧 묘수(妙修)이고 본수(本修)이다. 그 자각에도 준비가 필요하다. 자각에 대한 준비란 다름 아닌 믿음이다. 발심의 믿음이다. 여기에서 믿음이란 이미 그렇게 되어 있다는 믿음이 아니라 자신이 믿고 싶어하는 모습으로서의 믿음, 곧 순전히 자신이 만들어 낸 믿음이다. 이것을 좌선이라는 행위로 다듬어 가는 것이다. 스스로 만들어 낸 믿음을 좌선삼매를 통하여 부단히 검증하고 마침내 인정하는 것이다.

예를 들면 좌선삼매 속에서 자기의 본래면목을 들어 궁구하는 것이다. 그것을 궁구하는 데에는 온통 자신을 송두리째 그 대상(이 대상은 다름 아닌 자기 자신이 된다. 자기가 자기를 궁구하는 행위이다)에 들이밀어 하나가 되어야 한다. 그와 같은 경험이 자각이다. 그러나 끝내 자신과 하나가 되지 않는 경우는 자신이 만들어 낸 믿음에 대하여 다시 숙고해 보아야 한다. 믿음의 대상을 바꾸라는 것이 아니다. 각도를 달리하여 용의주도하고 주도면밀하며 세밀하고 깊게 다시 살펴야 한다. 그리하여 본래면목이라는 주제에 대한 믿음을 달리하여 다시 궁구하는 것이다.

수행에 있어서 항상 믿음의 대상을 근본으로 하여 일행삼매의 경지에 들어야 한다. 그래야만 신심(身心) 일거수일투족이 항상 믿음을 떠나지 않고 성성적적(醒醒寂寂)하다. 이것은 자기의 평소생활을 되돌아보는 행위이기도 하다. 곧 단좌하여 믿음의 실상을 염하고 자기를 염하며 심심(心心)이 상속되어 마음을 고요하고 청정하게 하면 믿음의 대상이라는 의식이 없는 곳에 이르게 된다. 이것이 곧 망념이 사라진 본래믿음의 현성이다. 다시 말해 믿음의 대상을 염하는 마음 그 자체를 염하는 것이다. 믿음의 대상을 염하는 것은 곧 마음을 염하는 것이며, 믿음의 대상을 궁구하는 것은 곧 깨침을 궁구하는 것이다. 때문에 믿음의 대상이 적정하게 되어 궁구하는 자신과 하나가 되면 믿음도 더 이상 형상이 없는 도리인 줄을 알아 안심입명의 경지에 도달하게 된다. 이리하여 지속적으로 믿음의 대상을 궁구하여 대상적인 마음이 일어나지 않으므로 평등하여 대립이 없게 된다. 이처럼 마음을 믿음에 모아 평등하고 청정하게 하여 항상 그것을 자각하면 달리 망상이 없다. 애초부터 없는 줄을 자각한다. 모두가 믿음의 대상과 똑같은 법신이 된다. 항상 이러한 마음 상태로 있으면 모든 분별과 번뇌가 소멸해 버리기 때문이다.

그래도 그 궁구의 대상과 하나가 되는 경험을 하지 못했을 경우에는 처음으로 돌아가 믿음의 대상을 앞에 두고서 절대고요를 체험해 본다. 절대고요의 체험은 조금도 자신을 남겨두어서는 안되는 경험이다. 좌선 그대로 고요하다는 것을 느껴보는 것이다. 자신의 혈관으로 피가 흐르는 소리를 듣고 전신으로 기가 흐르는 소리를 들으며 향이 타들어가는 소리를 듣고 향로에 재가 떨어지는 소리를 듣고 생각의 움직임마저 멈추어 버린 심연에 침잠하는 것이다. 더욱더 깊고 깊은 고요 속에 파묻혀 마침내 고요라는 생각마저 사라져 버린 때에 고요에 대한 본래모습을 경험하게 된다. 그 절대 고요속에서 무아의 체험이 가능하다. 무아의 체험은 자기 전체의 대긍정이다. 이와 같은 절대고요와 무아를 체험하고 난후 긴 호흡과 더불어 다시 앞에 두었던 자신의 믿음을 가져다가 궁구해 본다. 곧 묵조하는 것이다. 그리하여 마침내 그 믿음의 대상과 하나가 되는 자각의 묵조체험이 필요하다. 하나의 대상에 대한 하나됨의 묵조체험을 마치고나면 또 다른 대상을 가져다 다시 계속한다. 이것이 묵조수행(黙照修行)의 방식이다.

믿음의 대상이라고는 해도 자신이 생각하고 느끼며 말하고 경험하며 실존하는 모두가 이에 해당한다. 본래면목과 더불어 경전의 문구라든가 연기법이라든가 생명의 모습이라든가 인간과 우주활동의 일체가 자신의 믿음의 대상이 된다. 그 믿음의 대상이 잘못되었다고 염려할 필요는 없다. 단지 어떻게 언제 궁구하느냐 하는 것을 염려할 뿐이다. 왜냐 하면 발심의 믿음에서 이미 완전하게 갖추어진 믿음이 자신의 눈을 통하여 색깔을 달리하여 드러난 것에 지나지 않기 때문이다. 이와 같은 대상에 대하여 언제부터인지 무슨 모습으로든지 어떤 작용으로든지 이미 자신이 믿어버린 그대로를 체험하는 것이 필요하다. 이 체험은 본래인으로서의 자신이 본증에 대한 자각행위이다. 그 자각은 필연적으로 공안이 현성된 상황이며, 공안의 현성은 좌선하는 가부좌에 늘 그렇게 올곧게 드러나 있다.

묵조선의 수행에서 무엇보다 우선적인 것은 믿음이다. 그것도 제일심으로서의 믿음과 아울러 본증을 위한 전제로서의 발심의 믿음이다. 그런데 이 믿음에 대해서 믿음이 진리 그대로 드러나 있다는 것을 현성공안(現成公案)이라 한다. 말 그대로 공안의 현성이다. 따라서 현성공안은 믿음의 존재방식이기도 하다. 이와 함께 믿음의 작용방식은 곧 좌선이다. 다시 말해 좌선이라는 행위를 통하여 공안이 현성되면서 현성된 공안이 다시 좌선의 모습으로 드러나는 것이다. 그래서 공안의 현성과 좌선은 믿음의 다른 방식일 뿐 별개사(別個事)가 아니다.

여기에서 공안은 탈락된 공안이다. 곧 일체의 의문과 형식과 공능을 벗어난 진리 그대로의 존재방식을 말한다. 그래서 공안은 진리이면서 진리의 현성이고 믿음의 탈락방식이다. 믿음이 무엇을 상대로 하여 누구에게 어디에 드러난다는 것이 아니라 누구에게나 어디에나 무엇으로름 아닌 좌선이다. 그래서 좌선은 좌선 그대로 현성된 진리이다. 이 좌선이 묵조의 좌선이다. 묵조의 좌선은 묵과 조의 좌선이다. 묵의 좌선은 이 몸뚱어리로 단좌하는 것이라면 조의 좌선은 깨어 있는 마음의 작용이다. 몸과 마음이 좌선이라는 형식으로 나타나 있다. 그래서 묵과 조는 몸과 마음의 조화이고 몸과 마음의 일체작용이다. 몸과 마음이 조화 내지 작용의 일체를 보이고 유지하기 위해서는 탈락이라는 수행이 필요하다. 탈락은 벗어나고 초월하며 집착이 없으면서 본 작용의 기능을 그대로 유지하는 작용이다. 그래서 신심탈락(身心脫落)이란 신(身)과 심(心)이 자기로부터 탈락되어 있는 상태를 말한다.

신(身)의 탈락이란 자신이 이 몸 그대로를 지니고 유지하면서 몸의 당체와 작용과 유혹과 번뇌에 끄달리지 않으면서 동시에 몸의 유지와 작용에 대하여 아무런 장애도 느끼지 않는 것이다. 심(心)의 탈락이란 신(身)과 함께 상호 작용 속에서 유지되는 심이면서도 동시에 신의 구속으로부터 떠나 있는 것을 말한다. 심이 신의 구속을 벗어나 있는 것은 몸이 하고자 하는 대로 마음이 따라가면서도 몸과 마찰을 일으키거나 전혀 장애가 되지 않는 것이다. 마음이 하고자 하는 대로 몸이 따르고 몸을 부리며 몸을 지탱된다. 그래서 심과 신의 탈락이란 정작 그 자체로부터 벗어난다는 의미이기는 하나 실제로는 그 자체 속에서 심과 신이 자유로운 기능을 유지하는 것을 말한다. 따라서 신심의 탈락 내지 심신의 탈락은 달리 탈락된 신심이고 탈락된 심신이다. 탈락의 굴레를 떨쳐버린 심과 심의 작용방식이다. 이처럼 신과 심이 탈락된 형태가 공안의 현성이고 신심의 현성이다. 그런데 바로 이와 같은 탈락은 좌선이라는 행위를 통해서 이루어진다는 데에 의의가 있다. 신심의 어떤 탈락행위도 좌선을 벗어나서는 의미가 없다. 좌선은 신과 심의 형식이고 내용이면서 가치이고 작용이기 때문이다.

몸과 마음이 일치된 상태에서 일어나는 탈락의 양상은 필연적으로 감각의 탈락을 수반한다. 안·이·비·설·신·의의 탈락은 몸으로부터의 탈락이고 마음으로부터의 탈락이기 때문이다. 좌선의 형식을 통하여 몸과 마음의 탈락을 경험한 이후에는 다음으로 반드시 감각의 탈락으로 이행된다. 색과 형체를 보고 소리와 들으며 냄새를 맡고 맛을 보며 촉감을 느끼고 여타의 과거와 현재와 미래를 넘나들고 인식하는 일체의 것으로부터 초연한 경험하게 된다. 여기에서 좌선을 통해 경험된 감각의 탈락은 달리 좌선의 탈락

형태이기도 하다. 좌선이 탈락된 형식으로 보고 들으며 맡고 맛보며 느끼고 체험한다. 그래서 좌선은 곧 신심의 탈락이고 감각의 탈락이기도 하다. 탈락된 신심과 탈락된 감각은 좌선을 통해서만 드러나는데, 이처럼 드러나 있는 모습이 공안의 현성이다. 따라서 공안의 현성 곧 현성공안은 좌선탈락의 모습이면서 좌선탈락의 내용이다.

이와 같이 묵조의 공안과 좌선은 현성과 탈락이라는 공능으로 나타나 있다. 바로 현성과 탈락의 근원에는 붇다의 제행무상이라는 반야공관이 뒷받침되어 있다. 곧 묵과 조의 상호간 작용에서 일어나는 연기상의(緣起相依)는 현성과 탈락이라는 중중무진의 상즉(相卽)으로 통하며, 그 현성과 탈락의 전개양상에는 제법무아의 도리에 통한다. 그런데 발심의 믿음에 대한 주제는 앞서 말한 바처럼 모든 것이 가능하다. 그러나 어느 것이나 다 되는 것은 아니다. 자신이 직접 경험한 발심의 믿음이지 않으면 안 된다. 가령 12연기를 발심의 믿음으로 정했다면 우선 붇다의 깨침에 대하여 좌선삼매를 행한다. 왜냐 하면 붇다의 깨침은 12연기에 통해 있기 때문이다. 그러면 붇다가 연기를 깨쳤다는 말인지, 아니면 붇다가 연기를 통해서 무엇을 깨쳤다는 것인지, 아니면 붇다는 무엇 무엇이 연기의 도리라는 것을 깨쳤다는 것인지 등등을 몸소 좌선삼매를 통하여 심신(深信)하는 것이다. 또한 붇다가 말한 연기의 맨 바닥에 놓여 있는 무명(無明)에 대하여 무명의 실상이 무엇인지, 무명은 무엇을 인연하여 발생하는 것인지, 무명 자체가 근본적인 제일원인이 되는 것인지, 무명의 행위란 도대체 무엇인지 등등을 몸소 좌선삼매를 통하여 확신하는 것이다. 이와 같은 행위는 필연적으로 반야에 의하여 탐욕과 번뇌를 여의는 혜해탈(慧解脫) 뿐만 아니라 선정을 통해서 근본적인 무명을 여의는 심해탈(心解脫)의 어느 것에도 두루 통하는 직접 경험이고 또한 지혜와 심신의 탈락이다.

김호귀 (동국대)

우리말 불교개념 사전

바라밀

범 pāramitā 빠 pāramitā 장 pha-rol-tu-phyin-pa 한 波羅蜜
영 highest perfection

Ⅰ. 어원적 근거 및 개념 풀이

‘바라밀’은 빠알리어로는 ‘pāramitā, pāramī’이며 범어로는 ‘pāramitā’이다. 서장어로는 ‘pha-rol-tu-phyin-pa’이다. 중국에서는 음역하여 바라밀(波羅蜜)·바라밀다(波羅蜜多)·바라미다(波囉弭多)·바라미(波羅美)·바라미다(波羅美多) 등으로 썼다. 이를 의역함에 있어서는 한역장경에서 크게 두 가지로 찾아볼 수 있는데, 그 첫째는 구경(究竟)이고[1], 둘째는 도피안(到彼岸)이다[2]. 영어로는 각각 ‘highest perfection’, ‘complete attainment’ 등으로 옮기기도 한다. 이들 어원들을 범어 문법학에 따라 해석하면 ‘pāramitā’의 어원은 ‘최고’를 나타내는 추상명사를 만드는 어미 ‘따(tā)’가 붙어서 ’빠아라미따아(pāramitā)‘가 되었다는 설이다. 이 학설에 의하면 ‘바라밀’의 어의는

1 길장, 『金剛般若疏』 1(『大正藏』 33권, 90 중); 「天台智者大師說門人灌頂記」, 『仁王護國般若經疏』 1(『大正藏』 33권, 254 중)
2 용수, 『大智度論』 12(『大正藏』 25권, 145 중)

'최고·완성·구경(究竟)'이라는 뜻이 되어 영어로는 'highest perfection'이 적절하다.[3] 또 다른 어원의 학설은 'pāra'는 피안(彼岸)을 뜻하고 그것의 목적격 '빠람(pāram)'은 '피안에' 다가 'ita(도달했다)'라고 하는 과거수동분사를 여성형으로 하여 '빠아라미따아(pāramitā)'라고 한 것이라는 설이다. 한역이나 서장역에서는 이 뜻을 많이 취하여 '도피안(到彼岸), 도(度)' 등으로 구마라습(鳩摩羅什, Kumārajīva; 344-413)은 한역하였다. 이것에 대해 언어학적인 견지에서 앞의 해석이 타당하나 후자가 교의적 해석학적 회통의 의의를 보다 잘 드러냈다는 견해가 동아시아에서는 지배적이어서 널리 채용되고 있다. 이런 뜻의 영어는 'complete attainment'가 적절하다. 『팔천송반야경(Aṣtasāhasrikā-prajñā-pāramitā-sūtra)』 주(註, ṭikā)를 쓴 하리바드라(Haribhadra, 師子賢, 800년경)도 후자의 어의해석에 따른 번역을 했다. 곧 '바라밀'이란 무명에 의해 생사윤회하는 세계인 이쪽 언덕(此岸)에서 깨달음에 의해 해탈한 세계인 저쪽 언덕(彼岸)에(pāra) 이른(i) 상태(tā)를 의미한다. 이것은 불교의 근본사상을 잘 드러내 준다.

Ⅱ. 역사적 전개 및 텍스트별 용례

1. 일반적 용례

삼장(三藏, tripiṭaka) 내에서 바라밀이라는 어휘처럼 많이 나오는 단어는 드물다. 그러나 바라밀의 참 뜻이 무엇인가를 파악하기는 쉬운 일이 아니다. 사실 바라밀의 뜻은 해석자의 관점에 따라 무한히 확장되기 때문에 한역어도 다양하고 그 한역어에 대한 뜻풀이도 일정하지 않다.

초기 불교에서 바라밀이라는 용어가 나타나는 것은 『본생경(本生經, Jākata)』, 『법구경주(法句經註, Dhammapada-Atthakathā)』, 『인연고사(因緣故事, Nidāna-Kathā)』 등이다. 부파불교 시대에는 유부의 교학서인 『대비바사론』권 178 (『대정장』 27권, 892)에 나타나 있다. 초기·부파불교에서는 바라밀의 개념적 정의보다 주로 덕목들을 나타내고 있다. 바라밀의 개념 정의는 대승불

3 Har Dayal, *The Bodhisattva Doctrine in Buddhist Sanskrit Literature,* Delhi Motilal Banarsidass, 1932, 165면.

교에 와서 명확해졌으므로 대승경론을 통해 어떻게 나타나는지 살펴보기로 한다.

먼저 『해심밀경』에 설하고 있는 바라밀의 의미를 알아보자. "바라밀이라는 이름이 갖는 실질적인 의미는 다섯 가지 내력이 있으니, 그 첫째는 세상일에 물들거나 집착함이 없음이요, 둘째는 세상일에 뒤돌아보며 연연하지 않음이요, 셋째는 죄와 허물이 없음이요, 넷째는 생사의 차안으로부터 일체의 분별이 없음이요, 다섯째는 바르게 회향함이다"[4]라고 하였다.

『금광명최승왕경』에 나타나고 있는 바라밀의 의미는 "빼어난 이익을 수습하는 것, 원만한 지혜를 갖춘 것, 마음에 집착이 없는 것, 생사의 근심됨과 열반의 공덕을 바르게 아는 것, 어리석은 사람이나 지혜로운 사람을 모두 아우르는 것, 온갖 종류의 진귀한 보배를 드러내는 것 등의 뜻이 있다"[5]고 한다.

『미륵보살소문경』에 나타난 바라밀의 의미는 "차안에서 피안에 도달하기 때문에 바라밀의 뜻이라고 한다. 또한 모든 부처님께서는 이미 피안에 도달했기 때문에 바라밀이라고 한다. 초지인 환희지(歡喜地)의 보살이 마침내 저 언덕에 도달할 것이기 때문에 바라밀이라 한다. 여러 보살이 결국 저 언덕에 도달할 것이기 때문에 바라밀이라 한다"[6]고 하였다. 위에서 나타난 바라밀은 '이미 도달했음'과 '미래에 도달할 것임'이라는 두 가지의 뜻으로 구별하고 있다. 전자는 부처님의 경우이고, 후자는 보살의 경우에 해당함을 밝힌 것이다.

『대승의장』의 바라밀의 의미는 "첫째 생사를 차안, 구경열반을 피안이라 하고, 둘째 생사열반에 대해 차별상을 구분 짓는 것은 차안, 차별상을 구분 않고 평등하게 보는 것이 피안이다"[7]라고 바라밀을 풀이하고 있다. 이상과 같은 바라밀의 궁극적 의미에 대한 해석은 대승불교 공통의 가치관임이 인지된다. 또 길장은 그의 『대품경유의』에서 "하나의 법도 있지 않는 경지를 깨달아서 차안에서 피안으로 도달하는 것이니, 오직 아(我)와 무아(無我)를 멀리 여의어 차별이 없음을 아는 경지에 도달한 것을 도(度)라고 한다"[8]라고 바라밀을 해석하고 있다. 궁극적으로는 피차의 분별의식을 떠나

4 『解深密經』 4(『大正藏』 16권, 705하)
5 『金光明最勝王經』 4(『大正藏』 16권, 419상)
6 菩提流支, 『彌勒菩薩所問經』 8(『大正藏』 26권, 266상)
7 혜원(慧遠), 「大乘義章」 12(『大正藏』 44권, 705중)
8 길장, 『大品經遊意』(『大正藏』 33권. 65상)

초월한 것이 바라밀이라 하였다. 바라밀은 도피안이라는 뜻인데, 차안과 피안이라는 분별의식이 내재되어 있으면 바라밀의 본의에 어긋나므로 바라밀이 아니라고 한 것이다. 이런 논지를 뒷받침하는 길장은 『정명현론』에서 "또한 이 반야는 바라밀이라고 한다. 바라밀은 불도의 피안에 도달하는 것이다. 이승(二乘)은 불도의 피안에 도달하지 못하기 때문에 바라밀이라고 하지 않는다. 그러므로 마하반야바라밀은 오직 보살의 법이고 이승에는 속하지 않는다"[9]고 하였다.

소승불교에서는 인무아법유(人無我法有)를 주장하여 법의 실체성을 강조하였는데, 이러한 분별의식으로는 아무리 바라밀을 주장해도 마음에 집착하는 상(相)이 있기 때문에 대승에서 주장하는 것과 같은 의미에서 바라밀을 성취할 수 없다고 한다. 소승과 대승에 있어서 반야의 차이를 바라밀이라는 용어에 의해 해명하였다. 법이 공(空, śūnya)함과 법에 자성(自性)이 없음을 분명히 했던 것은 『반야경』이다. 법을 무자성(無自性)이라고 보는 지(智)가 주체적으로 공지(空智)로 되는 것이다. 『반야경』은 처음부터 끝까지 공을 설하고 무집착을 설하고, 유위의 세계와 무위의 세계와의 불이(不二)를 설하고 있다. 대승불교의 공은 모든 대상경계에 대해 자성적 실체라는 집착을 여의므로 분별의식을 초월하는 것이다.

현장의 『반야바라밀다심경주해』에도 "바라밀다의 한역어는 도피안이다. 중생이 지혜의 성품에 미혹함으로 인하여 생사에 윤회하여 거주하는 경계를 차안이라고 하고, 보살이 반야를 닦아 지혜의 성품을 깨달음으로 인하여 열반에 도달한 경지를 피안이라고 한다"[10]고 하였다.

원효는 "생사와 열반은 모두 망견(妄見, mithyādṛṣṭi)이니, 이들을 모두 남김없이 건넜기 때문에 바라밀이라고 한다"[11]고 하였다. 이것은 원효의 반야사상을 드러내고 있다. 진정한 바라밀이란 차안과 피안에 대한 분별의식을 초월하는 그 자리에서 성취된다는 것이다. 바라밀을 이렇게 해석할 때, 생사와 열반의 세계는 서로 분리되지 않고, 생사윤회하는 그 자리가 바로 열반의 세계가 된다. 『대지도론』에서 "부처님께서 삼승을 수행하는 이들에게 설하시기를 '이 반야의 지혜로 피안의 열반에 도달하여 모든 근심과 괴로움들을 소멸시킨다'고 하셨으니, 이러한 뜻에서 바라밀이라고 한다"[12]

9 길장, 『淨名玄論』 4(『大正藏』 38권, 879중)
10 현장, 『般若波羅蜜多心經註解』(『大正藏』 33권, 569하)
11 원효, 『大慧度經宗要』(『大正藏』 33권, 72상)

고 한 것과 같다.

2. 초기불교에서 바라밀

빠알리어(pāli)로 된『자따까(Jātaka)』의 '인연담'에서도 석가보살의 수행을 설하고 있는데, 여기에서는 '십바라밀(dasapāramī)'을 언급한다. 그 십바라밀이란 보시(dāna)·지계(śīla)·출리(出離,nekkhamma)·지혜(paññā)·정진(viriya)·인욕(khanti)·진실(sacca)·결정(決定, addhiṭṭhāna)·자(慈, mettā)·사(捨, uppekhā)이다. 빠알리어『자따까』에서 전하는 내용도 대승의 육도(六度)와는 거리가 멀다. 불전문학을 성립시킨 이들은 부파불교에 속하여 있었지만 문학의 집필자들이었으므로 부파를 초월하여 횡적으로 연결되어 있었던 것 같다. 예를 들면『불본행집경(佛本行集經)』은 법장부(法藏部, dharmaguptaka)에 속하는 것이라고 하지만 이 경에서는 다른 부파의 이설(異說)을 마하승기사(摩訶僧祇師, mahāsāṁghika)의 설, 가섭유사(迦攝維師)의 설, 니사새사(尼沙塞師)의 설 등으로서 인용하여 소개하고 있다. 그리고 권말에서는 담무덕부(曇無德部)에서「석가모니불 본행」이라고 이름붙인 것을 마하승기사는「대사(大事)」로, 살바다사(薩婆多師)는「대장엄(大莊嚴」으로, 가섭유사는「불생인연(佛生因緣)」으로, 니사새사는「비니장근본(毘尼藏根本)」으로 명명한다고 기술하여[13], 각 부파의 불전 문학 작가들간에는 횡적 유대가 있었음을 시사하고 있다. 대승불교의 육바라밀이 불전문학의 계통을 이어받고 있다는 것은 그 육바라밀의 내용이 불전문학과 일치한다는 점으로도 알 수 있다.

3. 아비달마불교에서 바라밀

일반적으로 바라밀의 덕목은 육바라밀이 기본이지만 이외에도 사바라밀설과[14] 십바라밀설[15]이 있다. 먼저 사바라밀설은 설일체유부(說一切有部)

---

12 원효,『大慧度經宗要』(『大正藏』 33권, 72상)

13『佛本行集經』 60(『大正藏』 3권, 932상)

14『大毘婆沙論』 178(『大正藏』 27권, 892 상중)

15 T. W. Rhys Davids and Wiliam Stede, *The Pāli Text Society's Pāli-English Dictionary,* London: 1921, "Pāramitā"

의 「대비바사론(大毘波沙論)」에서 설하고 있다. 여기에서는 석가보살이 삼아승지겁(阿僧祇劫)의 수행을 했음을 설하고 있는데, 그 수행이 '보시(dāna)·계(śīla)·정진(vīrya)·반야(prajñā)'의 사바라밀다라고 한다.

석가보살의 성불 수행은 불전문학(佛傳文學)에 잘 나타나 있다. 불전문학은 석가부처의 '본행(本行)'을 추구하는 것을 목적으로 한다. '본행(本行)'이란 '근본적 행동'이라는 의미로서 석가가 보살이었던 때에 닦았던 행동을 말한다. 즉 성불의 원인이 되는 행동으로서 보살의 열렬한 수행을 명확히 하여, 이 원인이 되는 행동의 위대함을 이해함으로써 성불이라는 결과의 위대함을 이해시키고자 하는 것이다. 이것은 주로 붓다의 본행을 고찰하므로 '자리(自利)'의 입장이며, 또한 아직 소위 소승불교의 범주에 속하는 것이다.

사바라밀다는 불전문학에서의 육바라밀과는 다르다. 다만 외국의 스승(外國師)은 "육바라밀다가 있으니, 말하자면 앞의 넷에 인(忍)과 정려(靜慮)를 덧붙인다"[16]고 설한다. 가습미라국(迦濕彌羅國)의 계(戒) 속에 섭재(攝在)하고 정려(靜慮)는 반야에 섭재한다. 계(戒)와 혜(慧)가 원만할 때에 곧 그것들이 원만하다고 할 수 있기 때문이다"[17]고 말한다.

또 다른 설명이 있으니, "육바라밀다는 말하자면 앞의 넷에 문(聞)과 인(忍)을 덧붙인다. 만일 어떤 때에 보살이 능히 편재하는 여래소설(如來所說)의 십이분교(十二分教)를 수지(受持)케 하면 그로 인해 문(聞)바라밀다는 원만하다고 말할 수 있게 된다. 만약 어떤 때에 보살이 스스로 인욕을 말하여, 갈리왕(羯利王)이 팔과 다리를 잘라내는 피해를 주더라도 절대 한 생각일망정 화내는 마음을 일으키지 않고 오히려 자비로운 말로써 서원을 발해 그를 요익케 하면, 그로 인해 인(忍)바라밀다는 원만하다고 말할 수 있게 된다"[18]고 한다. 그 둘도 역시 앞의 넷 속에 섭재한다. 인(忍)은 앞에서 말한 바와 같고, 문(聞)은 혜(慧)에 섭재한다. 모든 공덕을 다 바라밀다라고 이름 붙일 수 있다하더라도 현료증상의(顯了增上義)에 의해서 설하기 때문에 오직 넷이다.[19]

즉 유부의 논사들은 보시(施)·지계(戒)·정진(精進)·반야(般若)의 사바라

16 『大毘婆沙論』 178(『大正藏』 27권, 892 중)
17 앞의 책, 892중.
18 앞의 책, 892 중·하.
19 앞의 책, 892 하.

밀을 신봉하고 있고, 외국 스승의 설로서 육바라밀설을 알고는 있었지만 인(忍)을 계(戒)에, 선정(禪定)을 반야에 포함시켰다. 또 다른 설명으로서 문(聞)과 인(忍)을 더했던 육바라밀(여기에는 선정이 포함되지 않는다)설에 대해서도 그것들을 자기들이 설한 사바라밀에 흡수시키고 있었다.

어쨌든 유부에서는 보시(布施)·계(戒)·인(忍)·정진(精進)·선정(禪定)·반야(般若)의 육바라밀설이 존재함을 알고 있으면서도 스스로는 시(施)·계(戒)·정진(精進)·반야(般若)의 사바라밀을 고수하고 있었음이 분명하다. 단지 이 사바라밀설은 이백권이나 되는 웅대한 『대비바사론』 중에서 말미에 가까운 이 한 곳에서 등장할 뿐이고, 그것이 유부의 실천·수행도에 확실한 역할을 다한 흔적도 현저하지는 않다.

이런 이유인지는 모르지만 『구사론(俱舍論)』에서는 하등의 이의도 삽입하지 않고 육바라밀설을 설하고 있다. 그 부분을 요약 소개하면 아래와 같다.

1) 보살은 반드시 삼겁무수(三劫無数)를 경과하여 큰 복덕과 지혜의 양식인 육바라밀다(ṣaḍbhih pāramitābhiḥ)를 각각 백 천의 고행을 닦아, 마땅히 무상정등보리(無上正等菩提)를 보증받는다.[20]

2) 능히 스스로 머무르는 곳인, 원만한 덕이 넘치는 피안(彼岸)에 도달하기 때문에 그 여섯을 바라밀다라고 말한다.[21]

4. 대승불교에서 바라밀

대승불교의 근본사상은 '보살불교'이다. 성불을 목적으로 하는 대승불교는 난행도의 불교와 이행도의 불교라는 두 가지의 불교를 낳았다.[22] 난행도는 주지주의적 성향인 자력문(自力門, 聖道門)인데 대하여, 이행도는 제불(諸佛)과 불보살(佛菩薩)에 신앙 귀의하여 그 자비의 힘으로 해탈하려는 주정주의적 성향인 타력문(他力門, 易行道)의 교설이다. 난행도의 불교는 자력문의 불교로서 이것은 육바라밀의 수행을 설하는 불교이다. 육바라밀의 수행에 대해서는 많은 대승경전들이 다양한 형식으로 설하고 있다. 대승 보살의 근간을 이루는 것은 육바라밀이다. 육바라밀이란 보시(dāna)·지계(śīla)·인욕(kṣānti)·정진(vīrya)·선정(dhyāna)·반야(prajñā)이다. 이 여

20 『俱舍論』 12(『大正藏』 29권, 63하)
21 『俱舍論』 18(『大正藏』 29권, 95중)
22 용수, 『十住毘婆沙論』 5(『大正藏』 26권, 41중)

섯 바라밀(pāramitā)은 논리적인 체계와는 깊은 관계를 갖지 않고 단적으로 보살의 실천덕목을 이룬다. 육바라밀의 각 항은 이미 초기·소승불교에서부터 산재해 있던 것을 대승불교에 와서 모두 육바라밀로 통일하였다.

여섯 바라밀 중 보시와 인욕은 사회적인[또는 對他的] 덕목이고, 나머지 지계·인욕·선정·지혜는 소위 개인적인 덕목이다. 즉 삼학이나 오근·오력 또는 팔정도에 비교하여 볼 때 타인에의 지향 즉 사회성을 더하여 통괄하고 있는 것이 육바라밀설의 커다란 특색이다. 더욱이 여기에는 일종의 무상성(無償性), 즉 대가를 바라지 않는 면이 있다. 그리고 그 전체를 반야바라밀이 일관하게 되는데, 'prajñā'를 뒷받침했던 '공(空)'사상이 그의 기반을 지탱하고 그것이 전체에 미쳐 철저하게 되면서 단순히 여섯 항이 각각 바라밀을 수반하여 육바라밀로 표출된다.[23]

1) 『반야경』에서 바라밀

초기 대승불교의 시대에 이르면 『반야경』이 이들 바라밀을 모두 총괄하고 반야바라밀을 중심으로 한 육바라밀을 설하였다.[24] 최초로 '대승'을 선언했던 「소품반야경」과 이에 연이은 반야경전들은 그 이타(利他)의 사상을 어느 정도 설하고 있지만, 그 중요성이 그만큼 약해지고 그보다는 '공(空)' 사상을 전면에 내세워 '공' 사상을 설하는 어(語)·구(句)·문(文)으로 가득 차 있다. 이것을 잘 나타낸 것이 『금강반야바라밀경』(이하 『금강경』)이다.

『금강경』은 그 교리적 표현이나 경의 형식이 소박하고 '공'이라는 말은 나타나지 않지만 공사상을 기본으로 하는 대승교리가 확립되어 있다.[25] 위의 주에서 인용한 『금강경』의 사구게(四句偈, catuṣ-padī-gāthāṃ)는 공(śūnya)이라는 술어를 쓰지 않으면서 '즉비(卽非)'의 논리'로 공(空)사상을 설명하면서 『금강경』전체의 뜻을 나타내는 것이라고 한다.[26] 이 경전을[27] 최초로 한역한 이는 구마라집(Kumārajīva, 343-413)이다. 『금강경』에서는 "보살은 보살이 아니기 때문에 보살이고, 보살은 불토(佛土)를 장엄하게 하

23 『摩訶般若波羅蜜經』 5(『大正藏』 8권, 250상)
24 『摩訶般若波羅蜜經』 1(『大正藏』 8권, 220상)
25 『金剛般若波羅蜜經』(『大正藏』 8권, 750상)
26 김동화, 『불교교리발달사』(서울: 삼영사, 1977), 451면
27 『금강경』의 내용 및 구조적 특징은 졸저, 『인도정통철학과 대승불교』(서울: 동국대학교 출판부, 2005), 127~139면 참조.

지 않기 때문에 그로 인해 보살의 '불토가 장엄'하다"[28]는 식의 소위 반야적 표현이 반복하여 나타난다. 이러한 표현의 방법['卽非'의 논리]은 당연히 '공'사상을 양성한다.

이러한 '공'사상과 보살이라는 관념이 결합함으로써 하나의 절대적 경지에 도달할 수 있었다. 이런 내용을 잘 나타낸 것이 『금강경』의 「대승정종분」이다. 거기에서는 "수보리야, 만약 보살이 아상(我相, ātma-saṃjñā)과 인상(人相, pudgala-saṃjñā)과 중생상(衆生相, sattva-saṃjñā)과 수자상(壽者相, jiva-saṃjñā)이 있다고 하면 곧 보살이 아니기 때문이다"[29]라고 했다. 이와 같이 대승의 이상을 잘 나타내 주는 것이 보살의 개념이다. 위의 사상(相)은 대승불교 운동가들이 보살승(budhisattva-yāna)사상의 기치를 내걸고 활동할 당시 인도의 모든 사상, 즉 정통파(āstika)나 비정통파(nāstika)들의 단견으로서, 파사현정(破邪顯正) 회통되어야 할 사조였다. 대승운동가들은 당시 불교 내외의 사조에 대승(大乘)의 종지를 세우기 위하여 '즉비(卽非)의 논리'로 공(空) 사상을 주장하면서 보살의 관념을 보편화시키려고 했다. 또 "일체의 모든 상을 여읨을 곧 부처님이라 이름하기 때문이다"[30]라고 했다. 이런 사상(相)의 부정은 초기불교의 무아관을 계승하여 대승 흥기 당시 인도 불교계 내외의 인격이나 영혼을 실체적 존재로 인정하는 듯한 사조의 단견을 혁파·회통하기 위하여 사상을 무상(無相)으로 해석한 것인데, 이것이 바로 『금강경』의 사상 공적이다. 다만 범어 경전의 사상(相)에 대한 원문의 순서가 아(我)·인(人)·중생(衆生)·수자(壽者)의 순서가 아닌, 아(我, ātman)-중생(衆生, sattva)-수자(壽者, jiva)-인(人, pudgala)의 차례로 되어있음을 주(註) 50)의 범어 원문을 통해 알 수 있다. 이런 보살승 운동은 그 당시 매우 새롭고도 혁명적인 대중운동으로서 모든 사상을 회통시킬 수 있는 새로운 지평의 장을 연 것으로 평가된다.[31]

보살사상의 근간을 이루는 것은 무엇보다도 '공'사상이다. 이 '공(空)'의 지혜에 의해 육바라밀을 실행하면 모든 것은 집착이 없는 행(行)이 되고, 다섯 바라밀은 반야바라밀에 의해 육바라밀을 실행하면 모든 것은 집착이 없는 행(行)이 되고, 다섯 바라밀은 반야바라밀에 흡수된다.[32]

---

28 『金剛般若波羅蜜經』「究竟無我分」 第十七(『大正藏』 8권, 751중)
29 『金剛般若波羅蜜經』「大乘正宗分」 第三(『大正藏』 8권, 749상)
30 『金剛般若波羅蜜經』「離相寂滅分」 第十四(『大正藏』 8권, 750중)
31 김선근, 『인도정통철학과 대승불교』(서울: 동국대학교 출판부, 2005), 151면.

『반야경』은 보살대사의 이타정신을 성문·연각의 협소한 자리주의에 대비시켜서 후자를 비판한다. 『반야경』은 처음부터 끝까지 공을 설하고 무집착을 설하고, 유위의 세계와 무위의 세계와의 불이(不二)를 설하고 있다. 그것은 소승불교를 대표해서 당시 가장 성행되고 있던 설일체유부(說一切有部, sarvāstivāda)의 실재론철학에 대한 비판인 것이다. 『반야경』은 '공(空)'의 교리를 설하여 '법(法)은 공(空)이다'고 주장하는데, 이것은 분명히 설일체유부의 '법(法)은 유자성(有自性)이다'고 하는 주장과 대립되는 교리이다. 설일체유부의 논서는 법을 정의해서 '독자(獨自)의 성질을 유지하기 때문에 법이다'라고 한다. 독자의 성질(sva-lakṣaṇa)이란 '타와 공통하는 성질(sāmānya-lakṣaṇa)'과 대비해서 사용되는 말로, 다른 것에 없는 그 자신의 특성을 말한다. 이 말은 또 설일체유부의 논서에서 '독자의 존재[自性, sva-bhāva]'와 동의어로 쓰이고 있다. 그리고 독자적 존재 즉 본체는 실체(dravya)와 같은 뜻이다. 다르마라는 명사는 '유지 한다'를 뜻하는 어근에서 파생하므로, 설일체유부는 '독자의 성질, 독자의 존재를 유지하므로' 실체를 다르마[法]라고 한다. 이렇게 정의한 것이다. 『반야경』이나 그것을 계승한 용수가 '제법(諸法)은 공이다'라고 할 때, 공이란 '독자의 성질, 존재를 갖지 않는다' 라는 의미이다. 그래서 『반야경』의 사상의 극점은 공사상이다.

공의 사상의 핵심을 이루는 것은 '제법은 모두 다른 것에 의존해서 생기고 존재하므로 본체로서 공이다'라는 의존성(依存性·緣起)의 논리다. 법을 무자성(無自性)이라고 보는 지(智)가 주체적으로는 '공지(空智)'로 되는 것이다. 이 공에 바탕을 둘 때 보살의 삼아승지겁이라는 긴 수행도 수행으로서의 의미를 가질 수 있다. 만일 삼아승지겁의 수행을 실체적으로 파악한다면 이 수행은 일상적인 수행으로서의 의미를 갖지 못하게 될 것이다. 공에 기초를 두지 않는다면 어리석음으로부터 깨달음으로 전환하는 것도 불가능하게 된다.

이 공의 사상은 초기불교의 '제행무상(諸行無常)'이나 '제법무아(諸法無我)'라는 관념과 우빠니샤드의 "네띠, 네띠(neti, neti: 아니다 아니다)"[33]라는 인도철학의 사상의 배경이 깔려 받아들인 사상인 것 같다. 공사상(空思

---

32 『摩訶般若波羅蜜經』 1(『大正藏』 8권, 219중)

33 Bṛhadāraṇyaka Upaniṣad, IV. 5. 15; III, 9. 26; IV, 2. 4; IV, 4. 22.

想)은 『아함경』[34]이나 아비다르마[35]불교에도 있지만 이 공사상을 더욱 심화시켜 존재하는 모든 것의 본성은 공이라 하고, 법이 공(空)함과 법에 자성(自性)이 없음을 분명히 했던 것은 『반야경』이다.[36] 『반야경』의 공관(空觀)은 직접적으로는 종래의 불교부파 중 가장 유력하였던 설일체유부의 '법실유론(法實有論)'에 대한 비판으로서, 공(空)은 연기설에 대한 새로운 해석이다. 『반야경』은 보살의 존재방식으로서 '어느 것에도 집착하지 않음'을 강조한다. 이 무집착은 부처도 포함하여 모든 개념설정을 부정한다.[37] 그 근저에 있는 것은, 우리가 있다고 생각하는 것(法)은 모두 그러한 고정된 방식으로 존재하는 것이 아니며[空], 그 실체는 불가지(不可知: 不可得, 無所得)라는 견해이다. 이와 같이 사물의 있는 그대로의 모습[諸法의 實相, 眞如, 法性]을 아는 것이 '반야바라밀(prajñāpāramitā)'이다. 보살은 반야바라밀에 의해 깨달음에도 집착하지 않으며 이타행에 매진한다.

붓다(Buddha)가 되고자 하는 보살의 수행은 남을 이롭게 하는 것을 우선으로 하는 수행이 된다. 남을 이롭게 하는 일에 뛰어듦으로써 자기의 수행(自利)이 완성된다고 보는 것이다. 이것이 육바라밀의 수행이다. 『반야경』은 초기불교의 종교적 덕목의 중심이었던 오계(五戒)와 팔정도(八正道), 부파불교의 삼십칠보리분법(菩提分法)[38]의 도덕과 수도의 여러 덕목과 그 수습의 결과인 성자의 위, 즉 성문의 사과, 수다원(須陀洹)의 입류(入流), 사다함(斯陀含)의 일왕래(一往來), 아나함(阿那含)의 불래(不來), 아라한(阿羅漢)의 이욕(離欲)·응공(應供)을 총괄하고, 그리고 그들보다 훨씬 우월한 것으로서 '육바라밀'을 주장했다.

바라밀다(pāramitā)는 '완성'인 동시에 그 완성에 도달하기 위한 지침이 되는 가르침, 경전, 그리고 수행의 도까지 의미하므로 육바라밀은 '육종의 완성에의 길'이기도 하다. 이 육바라밀은 앞에서 말한 초기·부파불교의 수도의 여러 덕목 오계, 십선업도에서 삼십칠보리분법, 사선, 사무색정 등에 이르는 여러 덕목에 대신하는 것이고, 새로이 대승보살의 덕목으로 들고

34 『雜阿含經』 45(『大正藏』 2권, 327중), 『雜阿含經』 5(『大正藏』 2권, 29하)
35 『大毘婆沙論』 104(『大正藏』 27권, 540상), 『大毘婆沙論』 105(『大正藏』 27권, 543상·중)
36 『摩訶般若波羅蜜經』 5(『大正藏』 8권, 250중)
37 『金剛般若波羅蜜經』 「正信希有分」 第六(『大正藏』 8권, 749중) "知我說法 如筏喩者 法尙應捨 何況非法"
38 37보리분법은 사념처(四念處)·사정근(四正勤)·사신족(四神足)·오근(五根)·오력(五力)·칠각지(七覺支)·팔정도지(八正道支)의 총칭이다.

있다. 육바라밀다 중 앞의 다섯 가지[보시·지계·인욕·정진·선정]는 반야바라밀다(pra, 완전+jñā; 지혜+pāramitā, 완성), 완전한 지혜의 완성에 집약되고, 그것을 근거삼아 그것을 목표로 하는 것이었다.[39] 그 완전한 지혜의 완성이란 내용적으로는 붓다의 무상하고 완전한 깨달음, 붓다의 전지자성이다. 그리고 이 목표는 성문의 성자의 최고인 아라한이나 독각의 계위를 훨씬 초월하는 것이었다. 반야바라밀다는 수행의 목표요, 결과로서는 붓다의 계위다.[40] 반야바라밀다(般若波羅蜜多)는 존재론적으로는 우주에 가득 차고 영원한 진리로서의 붓다의 법신, 사물의 본성(本性), 깨달음의 세계(法界)이다. 반야바라밀다는 인식론적으로는 사물의 진상(眞如)이고, 공성(空性)이며, 청정(淸淨), 이탈(離脫)이라고 달리 말해졌다. 『반야경』에서는 반야바라밀다를 실천하면서도 반야바라밀다를 인정하지 않고 보살도 인정하지 않는 사람이 올바른 의미의 반야바라밀의 실천자라고 설하고 있다. 반야사상은 대승불교 역사를 관통하고 있으며 초기·중기·후기에 있어 각각 다른 발전의 모습을 보이고 있으나 그 강렬한 실천적 지향[空觀]과 자유자재를 존중하는 경지[應無所住而生起心]는 항상 일관되고 있다.[41]

초기 대승불교시대의 이상적인 인간상인 보살은 사회에 있어서의 인간상호관계의 이익과 안락을 위해 육바라밀 중 보시와 인욕의 덕목을 강조했다. 그러한 실천을 강조한 경전이 『금강경』이다.

보시란 소승불교에서는 주로 재가자들이 출가자들에게 행하는 물질적인 공양을 의미했다. 대승불교에서는 출가도 재가도 모든 불교신자가 보살이 될 수 있기 때문에 불교의 수행자인 보살이 모든 구류중생(九類衆生)에게 자기의 신명까지 포함해서 모든 것을 시여하는 것으로, 이는 대승의 특색이라고 할 수 있다. 대승의 보살은 자기가 성불하는 것과 일체중생을 성불시키는 것은 다른 것이 아니며 동시적인 것이라고 한다. 중생을 성불시키지 않고 자기만 성불하면 된다고 생각한다면 이는 소승의 연각이 되기 때문에 이러한 것은 대승에서는 결코 설하지 않는다.

그러면 어떤 방법으로 중생을 인도해 갈 것인가. 육바라밀 중에서도 특히 주목할 것은 보시인데, 보살들은 이것을 자신들이 실천해야 할 첫 번째 덕목으로 삼았다. 『금강경』에서는 어떻게 보시를 실천해야 하는가에 대한

---

39 『摩訶般若波羅蜜經』 1(『大正藏』 8권, 220상)
40 『摩訶般若波羅蜜經』 11(『大正藏』 8권, 302상)
41 『金剛般若波羅蜜經』「莊嚴淨土分」 第十(『大正藏』 8권, 749하)

정신적 자세를 다음과 같이 설하고 있다.

> 수보리야! 보살이 상에 머물지 않고 행하는 보시의 복덕도 또한 이와 같이 생각으로 헤아릴 수 없느니라.[42]

보시를 행하면서도 그 보시라는 선행을 자랑하지 않고 그 선(善)에 집착하지 않고 오시는 사람[施者], 받는 사람[受者], 보시하는 물건[施物]이 모두 공(空)한 '삼륜청정(三輪淸淨)의 보시'가 무주상보시요 진정한 보시바라밀이라고 한다.[43] 이처럼 보시를 행하면서도 그 보시에 사로잡히지 않고, 따라서 자기의 보시를 완성시키려고 하는 '집착'을 갖지 않는 보시 즉 공(空, śūnya)에 머무는 보시가 보시바라밀이다. 보시의 본질적인 정신자세는 상(相, lakṣaṇa), 즉 겉으로 난 모습에 집착함 없이 해야 한다는 것이다. 즉 너와 나가 존재하는 보시가 아니라 나와 너를 근원적으로 초월하는 무아(無我, anātman)의 보시(布施, dāna)를 행하는 것이다. 이와 같이 『금강경』의 공(空)사상의 인식은 사상(相)의 부정으로, 실천적 윤리관은 무주상보시로 나타났다고 볼 수 있다.[44]

대승의 보살은 중생의 이익과 안락을 위해 보살행을 실천하는데 인욕이 필수적이다. 인욕바라밀은 온갖 모욕과 번뇌를 참고 원한을 일으키지 않음으로써 깨달음의 경지에 이르는 수행이다. 참는다는 것은 억지로 참는 것만을 뜻하지 않고, 마음의 본성 자리를 굳게 지켜 일체의 분별에 흔들리지 않는 아(我)를 텅 빈 것[空]으로 볼 때 인욕바라밀을 실천할 수 있다고 『금강경』은 다음과 같이 설하고 있다.

> 그런데 다시 수보리여! 실로 여래에 있어서의 인욕바라밀은 참으로 인욕바라밀이 아니다.
>
> 그것은 무슨 이유인가? 깔리왕(Kalingarājā)이 나의 몸과 수족(手足)에서 살을 도려낸 그 때에도 나에게는 자기라는 생각[ātma-saṃjñā, 我相]도, 중생이라는 생각[sattva-saṃjñā, 衆生相]도, 영혼이라는 생각[jīva-saṃjñā, 壽者相]도, 개아라는 생각[pudgala-saṃjñā, 人相]도 없었으며 그리고 나에게 그

---

42 『金剛般若波羅蜜經』「妙行無住分」第四(『大正藏』 8권, 749상)
43 『摩訶般若波羅蜜經』 1(『大正藏』 8권, 220상)
44 김선근, 『인도정통철학과 대승불교』(서울: 동국대학교 출판부, 2005), 138-139면.

어떤 생각한다는 것도, 생각하지 않는다는 것도 없었기 때문이다.

그것은 무슨 이유인가? 수보리여, 만약 그 때에 나에게 '자기'라는 생각이 있었다고 하면 그때에 나에게는 '원망하는 생각'이 생겼을 것이기 때문이다.

그것은 무슨 이유인가? 수보리여! 나는 분명히 안다. 과거세(過去世)에 오백의 생애 동안 나는 '인욕을 설하는 자(kṣāntivādin)'라는 이름의 선인(仙人, ṛsi)이었다. 그 때에도 역시 나에게는 '자기'라고 하는 생각이 없었고, 중생이라는 생각이 없었고, 영혼이라는 생각이 없었고, 개아라는 생각이 없었기 때문이다.[45]

아상(我相, ātma-saṃjñā)·인상(人相, pudgala-saṃjñā)·중생상(衆生相, sattva-saṃjñā)·수자상(壽者相, jīva-saṃjñā)을 초월하여 텅 비어 있는 상태에서 누구를 원망하고 무엇에 대하여 성을 낼 수 있겠는가? 위의 인용문은 부처님께서 전생에 인욕선인(忍辱仙人)으로서 수행하고 있을 때, 그 시대의 왕인 가리왕(歌利王, kaliṅga-rājā)이 몸과 수족을 마디마디 잘라내었을 때 나와 너를 공(空, śūnya)으로 보았기 때문에 아상·인상·중생상·수자상의 사상(四相)에서 떠나 있으므로 이미 고(苦)의 상도 없는 것을 설하는 것이다. 그러므로 깨달은 자는 육체의 고통도, 원망할 가리왕도, 심지어 고마워할 제석천도 없는 것이다. 부처님께서는 과거 오백생 동안에 수행한 인욕을 다 반야의 광명에 비추어 설하신 것이다. 그 때에도 사상(四相)이 없음으로 해서 이름하여 인욕바라밀을 수행할 수 있었다는 것이다. 우리가 사상(四相)을 떠나게 되면 그 어떠한 감정의 대상도 있을 수 없다. 참아낼 대상도 기뻐할 대상도 성낼 대상도 그 어떤 것도 초월하였으므로 실제로 참을 것이 없게 된다. 그러므로 인욕바라밀은 인욕바라밀이 아닌 것이고 단지 그 이름이 인욕바라밀인 것이다. 우리는 자신의 실체를 공(空)한 것으로 보면 상(相)으로부터 벗어나 복잡한 사회생활 속에서도 인욕행을 실천할 수 있는 것이다. 이 공(空)의 지혜에 의해 인욕을 실천하면 모든 것은 집착이 없는 무아행(無我行)이 된다.

인욕바라밀은 보살심으로써 스스로 인욕을 구족하고 타인으로 하여금 인욕을 행하게 하여 무소득(無所得)으로써 하라는 것이다. 이와 같이 『금강

45 『금강반야바라밀경 오가해설의』「이상적멸분(離相寂滅分) 제14」 7권상, 62하-63중

경』의 인욕정신은 반야사상이며, 반야사상은 바로 사상(相)의 부정이다. 『금강경』에서 설하는 보살행은 사상(四相)의 부정에서[破邪] 진정한 육바라밀[妙有]이 실현된다고 주장하고 있다. 대승사상의 형성·발전해 가는 과정에서 『금강경』의 보시와 인욕의 교설은 인간상호의 관계를 요익하기 위한 사회적인 덕목으로 지남하고 있다. 『금강경』에 나타난 육바라밀의 본질은 무집착이라는 것이다. 인식의 집착이란 사물의 특징, 본체를 인식하고 자기를 의식하는 것이다. 그 인식을 부정하는 공의 지혜 없이는 어떠한 도덕도 수도도 깨달음으로 지향하는 것이 되지 못한다는 것이다. 이와 같은 무집착은 공의 지혜를 기본으로 하여 일어나며, 공의 지혜는 지혜의 완성의 본질이므로 지혜의 완성은 다른 다섯 가지 완성의 근거가 된다는 것이다.

2) 『화엄경』에서 바라밀

『화엄경』은 모든 법수(法数)를 십법(十法)으로 매듭짓고 있는 것이 특징인데, 육바라밀도 십지설(十地說)에 맞추어 십바라밀(十波羅蜜)로 전개했다. 이와 같이 『반야경』을 계승하면서 보살의 존재방식을 더욱 깊이 탐구하며, 붓다의 본질과 보살과의 관계를 설명하는 것이 『화엄경』이다. 화엄경이란 상세하게는 『대방광불화엄경(大方廣佛華嚴經)』으로서 '대방광(大方廣, Mahāvaipulya)'은 대승을, '불화엄(佛華嚴, Buddhāvataṃsaka)'은 붓다가 성도하여 일체의 공덕을 갖춘 것을 꽃으로 장엄한다는 것이다. 오늘날 전해지고 있는 『화엄경』은 매우 방대한 문헌으로서 본래 독립적으로 유통되던 「정행품(淨行品)」·「십지경(十地經)」·「여래성기품(如來性起品)」·「입법계품(入法界品, Gaṇḍavyūha)」 등을 집대성한 것이다. 『화엄경』에는 한역으로 40권본, 60권본, 80권본의 3종이 있으나 중국에서는 5세기에 불타발타라(佛馱跋陀羅, Buddhabhadara, 覺賢, 359-429)가 번역한 60권본의 『화엄경』이 가장 널리 사용되어 왔다. 지금 남아있는 『화엄경』가운데 가장 오래된 부분은 「십지품(十地品)」과 『입법계품(入法界品)』이다.

『화엄경』은 「십지품」에서 보살의 수행단계와 거기서 얻어지는 지혜를 설하고 있다. 여기서는 붓다의 정각에 도달하기 위하여 십바라밀을 닦아가는 보살의 인행(因行)을 열 가지 단계로 구분하여 설명하고 있다. 십지(十地)에 바라밀을 배당하기 위하여 육바라밀에 방편(upāyakauśalya)·원(praṇidhāna)·력(bala)·지(jñāna)의 사바라밀을 추가하여 십바라밀을 설하고 있다.[46]

3) 『법화경』에서 바라밀

『반야경』과 『화엄경』은 보살도를 중심으로 하여 점차 대승을 이론화하고, 그에 따라 부파의 아비다르마적 세계로 접근해 가는 경향에 대하여, 『법화경』은 모든 중생을 붓다와 동일한 깨달음으로 인도하는 '일승(一乘, ekayāna)' 사상을 설하고 있다. 그 이외의 제2, 제3의 길은 없다[唯有一乘法無二亦無三]고 주장하고 있다.[47] 『반야경』은 대승의 이상을 성문·연각의 이승(二乘)과 병립시킨 '삼승(三乘)'의 입장을 취한데 대하여, 『법화경』은 성문·연각 이승(二乘)이 중생의 교화를 위한 방편(方便, upāya)이며 이것들도 궁극적으로는 대승의 일승(一乘)으로 귀일(歸一)한다고 한다.[48] 이것은 붓다의 자비행으로서 당연한 귀결이며, 최고의 이념이라 할 수 있다. 『법화경(Saddharmapuṇḍarīka-sūtra)』[49]은 흰 연꽃에 비견되는 올바른 가르침[正法, 妙法]의 의미로서, 이 사바세계에 개현되는 청정한 부처님의 가르침을 진흙밭에 피어나는 맑은 연꽃에 비유한 것이다. 그 주제는 붓다, 여래(如來, tathāgata)의 활동의 영원무한성이다. 여래는 모든 중생을 자신의 아들과 같이 보기 때문에, 그들을 구원하기 위해 언제나 존재한다[久遠實成].[50] 붓다는 세상 모든 사람들을 위해 가장 올바른 정법을 설하시니 처음도 중간도 끝도 다 정법인지라, 그 뜻은 매우 깊고 그 말씀은 오묘하며 한결같아서 그릇됨과 잡됨이 없고, 맑고 깨끗한 행실의 상을 갖추었다고 한다.[51]

『법화경』에서 말하는 '정법(正法)'이란, 교설로서는 '개삼현일(開三顯一)'의 일불승(一佛乘)의 가르침이지만, 이치[理]로서는 '제법실상(諸法実相)'으로서의 제법의 본성정(本性淨)이며, 주체적으로 보살행을 행하는 보살의 '자기에게 불성이 있다'고 하는 자각이다. 이 청정한 법[自性淸淨心]은 범부는 비록 번뇌에 덮여 있지만 본성이 청정하기 때문에 성문이나 연각도 구제할 수 있는 수행법인 육바라밀을 다음과 같이 설하고 있다.

> 모든 보살을 구하는 이에게는 보시·지계·인욕·정진·선정·지혜의 육바라

46 『大方廣佛華嚴經』 37 「十地品」(『大正藏』 10권, 196중하), 『十住經』(『大正藏』 10권, 517하)
47 『妙法蓮華經』 1(『大正藏』 9권, 7중)
48 『妙法蓮華經』 3(『大正藏』 9권, 27중)
49 법화경의 어의와 성립연대에 관한 것은 김선근, 앞의 책, 244-245면 참조.
50 『妙法蓮華經』 5(『大正藏』 9권, 42하)
51 『妙法蓮華經』 1(『大正藏』 9권, 3하)

밀을 설하시어 위없이 높고 바른 깨달음을 얻어서 부처님의 지혜를 성취케 하셨느니라.[52]

부처님이 되는 길은 멀고멀어서 한량없는 오랜 세월을 지내면서 수행을 쌓고 육바라밀을 다 갖추고 닦은 뒤에야 이루어지는 것이라고 했다.[53] 『법화경』에서는 중생구제의 실천을 위해 경전의 수지독송[54]·육바라밀·사섭법·사무량심 등을 권장한다.[55] 또 『법화경』에서는 경전 그 자체를 절대시하여 수지독송자를 잠시라도 욕하는 것은 붓다를 욕하는 것보다 더 큰 죄를 짓는 것이라고 한다.[56] 경전은 자신이 수지·독송·서사·해설하거나 다른 사람을 시켜 수지·독송·서사·해설하거나 다른 사람을 시켜 수지·독송·서사·해설하게 하면 그 사람이 얻는 공덕은 한량없고 가이없어 구경에는 부처님의 지혜인 일체종지(一切種智)를 성취한다고 한다.[57] 그런데 『법화경』에서는 자신이 경전을 수지·독송·서사·해설하거나 다른 사람을 시켜 수지·독송·서사·해설을 하게 하면서 겸하여 육바라밀을 일심으로 행하면 그 공덕은 높고 훌륭하여 한량없고 가이없어 부처님의 지혜인 일체종지에 이르게 된다고 설하고 있다.[58] 이와 같이 『법화경』도 거의 육바라밀설에 의거하고 있지만 간혹 오바라밀설과 칠바라밀설이 발견된다. 구마라집이 번역한 「분별공덕품(分別功德品, puṇyaparyāya-parivarta)」에 다음과 같이 한번 오바라밀이 등장한다.

> 만일 선남자와 선여인이 있어, 아뇩다라삼먁삼보리를 위해 팔십 만억 나유타겁(那由他劫)에 걸쳐 보시바라밀·지계바라밀·인욕바라밀·정진바라밀·선정바라밀의 오바라밀을 행하더라도 반야바라밀을 제외하면 그 공덕은 반야바라밀을 행한 공덕에 비해 백분의 일, 천분의 일, 백천만억분의 일에도 미치지 못한다.[59]

---

52 『妙法蓮華經』 1(『大正藏』 9권, 3하, 5중); 『妙法蓮華經』 4(『大正藏』 9권, 34중·하, 35중)
53 『妙法蓮華經』 4(『大正藏』 9권, 35하)
54 『妙法蓮華經』 4(『大正藏』 9권, 30하)
55 『妙法蓮華經』 4「提婆達多品」 第十二(『大正藏』 9권, 34하)
56 『妙法蓮華經』 4(『大正藏』 9권, 31중)
57 『妙法蓮華經』 5(『大正藏』 9권, 45중)
58 『妙法蓮華經』 5(『大正藏』 9권, 45하)
59 『妙法蓮華經』 5(『大正藏』 9권, 44하)

고 하고, 바로 뒤에 운문으로는 다음과 같이 설하고 있다.

> 만일 사람이 부처님의 지혜를 구하려고 팔십만억 나유타의 겁수에 걸쳐 오바라밀을 행하면……[60]

위의 내용은 바로 앞의 장 「여래수량품(如來壽量品)」을 이어받아, 오바라밀을 오랫동안 실천하더라도 여래의 수명이 장구함을 받는 것에는 미치지 못한다고 설하는 것이다.[61] 여기서 말하는 오바라밀설은 분명히 육바라밀설을 전제로 하고 있다.

한편 구마라집이 번역한 『법화경』의 제27품 「묘장엄왕본사품(妙莊嚴王本事品)」에서는 육바라밀에 방편(方便)바라밀을 더한 소위 칠바라밀을 다음과 같이 설하고 있다.

> 이 두 아들은 큰 신통력과 복덕과 지혜가 있었으니 이는 오래 전부터 보살도를 닦은 공덕이라. 즉 단바라밀, 시라바라밀, 찬제바라밀, 비리야바라밀, 선바라밀, 반야바라밀, 방편바라밀.[62]

이처럼 『법화경』에서도 『반야경』의 사상을 이어 육바라밀은 여섯 번째인 '반야바라밀(prajñāpāramitā)'이 그의 기반을 이루고 있다. 이와 같이 육바라밀은 대승보살이 반드시 실천해야 할 여섯 가지의 수행법이다. 『번역명의집(飜譯名義集)』에서 "보살마하살은 반야바라밀을 어머니, 방편선교를 아버지, 보시바라밀(단바라밀)을 유모, 지계바라밀(시바라밀)을 양모(養母), 인욕바라밀을 장엄구, 정진바라밀(근바라밀)을 양육자(養育者), 선바라밀을 세탁하는 사람으로 삼는다"[63]고 하여 육바라밀 중 반야바라밀이 가장 근본이 되는 것임을 밝혔다. 오바라밀을 완전히 성취하기 위해서는 완전한 지혜(prajñā)를 알지 않으면 안된다. 완전한 지혜란 공(空, śūnya)의 지혜이다. 공의 지혜란 이 세상 모든 것에는 '독자의 성질(sva-lakṣaṇa)'이 없음을 아는 지혜이다.

---

60 『妙法蓮華經』 5(『大正藏』 9권, 45상)
61 『妙法蓮華經』 5(『大正藏』 9권, 45상)
62 『妙法蓮華經』 7(『大正藏』 9권, 59하)
63 『飜譯名義集』(『大正藏』 54권, 1116하)

『섭대승론석(攝大乘論釋)』에서는 “온갖 물줄기가 바다에 이르는 것을 그 궁극적 목표로 삼듯이 보시 등 육바라밀도 또한 이와 같아서 진여(眞如)에 들어가는 것을 구경으로 삼나니, 진여에 들어간 것을 도피안이라 한다. 세간과 이승(二乘)도 또한 보시 등을 실천하지만 진여에 들어가지 못하기 때문에 도피안이라고 하지 않는다”[64]라고 하였다. 이와 같이 완전한 수행, 완전한 진리, 완전한 과보의 증득이라는 세 가지의 목표를 달성하는 것을 바라밀이라고 본 것이다. 이러한 관점에서 볼 때 소승의 수행, 진리, 과보는 불완전한 것이기 때문에 바라밀이라고 할 수 없다고 주장한다.[65] 그래서 『법화경』의 「안락행품(安樂行品)」에서는 “듣는 이들이 어려운 질문을 하더라도 소승법으로 대답하지 말고 오직 대승법으로 해설하여 그들로 하여금 일체의 종지를 얻게 하여라”[66]고 설하고 있다.

Ⅲ. 인접 개념과의 관계

바라밀은 대승 보살 사상과 밀접한 관련이 있으므로, 먼저 보살 개념의 정의와 그 역사적 전개의 용례를 고찰해 보자. 불교 문헌에 등장하는 용어는 불교사상사와 같은 양상을 보여준다. 이러한 것은 각 시대마다의 불교사상이 그 용어를 어떻게 해석하여 사용했는가를, 그 시대 또는 어느 운동의 각 층에서 구명해야 한다. 우선 ‘보살(bodhisattva, bodhisatta)’이란 ‘보리살타(菩提薩埵)’의 약어이다. ‘보리(菩提, bodhi)’는 본래 budh(자각하다)에 근거한 말로써 지혜, 깨달음, 불지(佛智), 부처의 지혜에 상당한다. ‘살타(薩埵, sattva)’는 원래 as(있다, 존재한다)를 어원으로 하는데 한마디로 말하면 생명이 있는 것을 말한다. 현장(玄奘, 600-664) 이전에는 보편적으로 유정(有情)이라고 번역되었다. 보살이란 반드시 붓다가 될 후보자[覺有情]라는 정의가 적합하다. 이 보살이라는 말이 인도사상사上 불교이외에서 사용되었던 흔적은 없다. 이 ‘보살’이라는 말을 결정지었던 이는 구마라집이라고 한다.

‘보살’이라는 말은 언제 나타나 어떻게 변천하여 발달하였는가에 대한 학계

64 『攝大乘論釋』(『大正藏』 31권, 216중)
65 李智冠, 『佛敎大辭林』 7(서울: 伽山佛敎文化硏究院, 2005), 1028-1029면.
66 『妙法蓮華經』 5(『大正藏』 9권, 38상)

의 통설을 알아보자. 보살이라는 말은 초기불교의 네 니까야(Nikāya) 전체의 곳곳에서 보살의 용례가 보인다. 즉 『숫따니빠다(Suttanipāta)』의 '대품(大品)'에서도 쓰이고 있다.[67] 그러나 보살이라는 말은 대개가 불전문학에서 널리 쓰이고 있다. 불전 문학 속에서도 『자따까(Jātaka, 本生談)』 종류는 붓다가 전생에서 갖가지 다른 모습의 신체를 취하면서 수행했다는 문학－선행을 실천한 이야기－인데 대하여, '연등불 수기'에서 말하는 것은 먼 과거세에 바라문이었던 석가모니가 어느 때 연등불(Dīpaṃkara-buddha, 定光如來)을 보고서 반드시 부처가 되어야겠다고 원(願)을 세우자 연등불이 그대는 미래세에 석가모니라는 붓다가 되리라고 '수기(授記, vyākaraṇa)', 즉 예언을 주었다는 이야기－문학이다. "연등불이란 등불을 밝히는 부처이고, 이 부처가 석가보살의 마음에 불교라는 등불을 켰다"고 하는 이 '연등불 수기'의 사상은 아마도 부파가 분열하고 대승이 흥기하던 중간에 출현하였을 것으로 학계에서는 보고 있다.[68] 빠알리어의 『중부(中部)』에서는 붓다가 과거를 회상하여 "내가 정각(正覺)하기 이전, 아직 정각하지 않은 보살이었을 때"[69]라고 말하고 있음에서 나타나듯이, 아직 깨달음을 얻지 않은 때를 보살이라고 부르고 있다. 이와 같이 불전에서 사용되는 보살은 '성불 이전의 보살'이라고 하는 일반적인 이해를 근거로 하고 있다.

한역의 네 종의 아함경은 북인도에서 중앙아시아를 거쳐 중국에 전래된 경장으로서 일반적으로 장아함경은 법장부가 전지한 것이고, 중아함경과 잡아함경은 설일체유부가 전지한 것이며, 증일아함경은 대중부가 전지한 것이라고 한다. 한역의 네 아함 중 증일아함경에 주로 '보살'이라는 말이 등장하는데, 그 어귀(語句)와 보살사상의 내용을 구분해서 알아보자. 먼저 그 어귀는 석가모니가 과거인행(因行)시의 이름을 보살이라 칭한다는 것과 미래세에 출현할 미륵을 보살이라 칭한다는 것이다.[70] 붓다가 되기 전에는 반드시 보살행[71]을 하는 것이 그 필연적 과정으로 되었으므로 이것을 미륵보살이라 보아도 가능할 것이다.[72] 보살사상의 내용에 관한 것은 "미륵보

67 Suttanipāta, III, 11.
68 平川彰, 『초기 대승불교의 연구』(東京: 春秋社, 1968), 160~170면.
69 M. IV. 1., p.17.
70 『增壹阿含經』 44(『大正藏』 2권, 787하)
71 『增壹阿含經』 11(『大正藏』 2권, 599상)
72 『增壹阿含經』 11(『大正藏』 2권, 600상)

살이 세존에게 고하여 묻길, 보살마하살은 어느 정도의 법을 성취하여 보시바라밀을 행하고 육바라밀을 구족하여야 조속히 무상정진(無上正進)의 도(道)를 이룰 수 있느냐고 했다. 부처님이 미륵에게 답하여 고하길, 만약 보살마하살이 사법(四法)의 근본을 행하면 육바라밀을 구족하여 곧바로 무상정진등정각(無上正眞等正覺)을 이룬다고 한다"[73]고 것이 그것이다. 이와 같은 보살사상은 후세 대승경에 설하는 보살사상을 거의 근접한 것이라 볼 수 있다.

또『사분율』[74]·『오분율』[75]·『마하승기율』[76] 등의 율장에서도 보살이라는 관념이 사용되고 있다. 설일체유부계의 논서로서『시설론(施設論)』·『발지론(發智論』·『대비비사론』 등에서 폭넓게 나타나고 있다.『대비바사론』에서는 "보리를 구하여 마음을 잠시라도 버리지 않는 자를 보살로 삼는다"[77]고 해석하고 있다. 그러므로 보살이란 '깨달음을 구하여 노력하고 있는 자'로 이해할 수 있다.

대승경전인『도행반야경』에서는 "보살은 무량무수의 중생을 완전한 열반으로 이끌어 들인다. 그러나 거기에는 열반에 들어간 사람이 한 사람도 없고 또한 그들을 이끈 사람도 없다. 이와 같이 듣더라도 놀라지 않고 크게 두려워하지 않으며, 큰 두려움에 빠지지 않는다면 그는 보살·마하살이다"[78]라고 기술하고 있다. 이것은『반야경』의 보살을 정의하는 중요한 문장인데『금강반야경』[79] 등에서도 보인다.『금강경』에서는 '보살'의 대의(大意)를 '보살마하살'로 나타냈는데, 그 의미를 살펴보면, 관일체법공(觀一切法空)의 의미와 불사일체중생(不捨 一切衆生)의 의미를 갖는 특징을 볼 수 있다.[80] 무량의 중생을 열반으로 이끌더라도 이끌었다고 생각하지 않는 것은 보살이 '공(空)'에 머무르기 때문이다. 보살이라는 말은『도행반야경』이나『금강반야경』에서 쓰이고 있는 것으로 봐서 그 이전에서부터 있었던 언어를 계승한 것이다. 여기서 주목해야 할 것은 반야경에서 석가보살이 연등

73『增壹阿含經』19(『大正藏』2권, 645중)
74『四分律』31(『大正藏』22권, 785하)
75『五分律』2(『大正藏』22권, 13중)
76『摩訶僧祇律』2(『大正藏』22권, 263중)
77『大毘婆沙論』176(『大正藏』27권, 887중)
78『道行般若經』1(『大正藏』8권, 427하)
79 鳩摩羅什,『金剛般若波羅蜜經』(『大正藏』8권, 749상)
80『小品般若波羅蜜經』9(『大正藏』8권, 576중)

불(燃燈佛)로부터 '장차 성불할 것이다'는 수기(授記)를 받았다고 설하고 있는 것이다.[81] 이들 반야경에서는 연등불로부터 수기받았던 석가보살을 보살 수행의 표본이라 생각하고 있음을 보여 주는 것이다.

수기의 교설은 반야경에서 처음으로 이루어진 것이 아니라 그 이전에 율장(律藏)이나 불전문학(佛傳文學) 등에서 이미 설해지고 있었던 것은 앞에서 고찰했다. 불전문학의 보살에 뒤이어 반야경의 보살이 등장했다고 생각된다. 그러나 그 두 보살이 의미하는 바는 크게 다르다. 불전문학에서의 보살은 장차 성불하리라는 수기를 얻었던 보살 인데 대하여, 반야경에서 설하는 보살에는 성불이 결정되지 않는 보살이 많다.

『대지도론』에서는 "불퇴전(不退轉)의 보살에 두 종류가 있다. 하나는 수기를 받고, 또 하나는 아직 수기를 받지 못했다"[82]고 설하여, 불퇴전의 보살이라도 '수기를 받지 못한' 보살이 있음을 나타내고 있다. 대승에서는 불퇴전에 이르지 못한 보살이 대부분이므로 대승불교에서 대부분의 보살은 성불이 결정되어 있지 않은 범부(凡夫)보살이다. 부처로부터 성불의 수기를 받으면 부처의 이 보증에 의해 자기가 보살이라는 자신을 가질 수 있다.

대승에서는 재가·출가·남녀·빈부·귀천을 불문하고, 부처의 깨달음을 구하여 보살행을 닦는 자가 아직 불퇴전에 이르지 못하여 부처로부터 '수기'를 받지 못한 보살을 '범부(凡夫)보살'이라고 한다. 이들은 깨달음을 구하는 구도자로서 미래에는 반드시 성불할 수 있다는 것이다. 이에 대하여 부처로부터 수기를 받은 보살을 '대(大)보살'이라고 칭하는데 문수·보현·관음·지장·대세지·미륵 등이 대표적인 대보살이다. 이들은 '영원히 열반에 들지 않는 부주열반(不住涅槃)'을 주장하며, 이미 붓다 이상의 능력을 갖추고 있으면서도 성불하지 않고 중생의 구제를 계속해 가고 있다고 한다. 이들 대보살들은 현재 중생을 교화하고 있는 보살로서 범부보살과 다르게 언제나 현존하여 이타행을 하고 있다는 것이다. 그들은 "일체중생에게 붓다의 지견(知見)을 열어[開]·보이고[示]·깨달아[悟]·들어가게[入] 하기 위하여 이 세상을 원하여 악취(惡趣: 미혹에 쌓인 세계)에 태어난다"[83]고 한다. 이를 위해 대승에서는 부파불교의 업생(業生)에 상대한 원생(願生)이라는 새로운 사상을 발전시켰다.

81 『道行般若經』 2·6(『大正藏』 8권, 431하·458중); 『金剛般若波羅蜜經』(『大正藏』 8권, 750하)
82 『大智度論』 40(『大正藏』 25권, 349하)
83 『妙法蓮華經』 1 「方便品」(『大正藏』 9권, 7상)

대보살은 보살행의 결과로 붓다가 되어 불국토에 태어나게[業生] 되어 있지만 보살 각자의 특수한 원(願), 즉 본원(本願, pūrva-praṇidhāna)의 내용이 달성될 때까지 미혹의 세계에 남아서[願生] 중생들을 구제하는데 진력한다는 것이다. 이런 대승의 '원생사상'은 불교 내부의 혁신적 발로에서 기인한 대승 고유의 사상으로 간주할 수도 있겠지만 그 본원적 영향관계를 인도철학사에서 추론해 보자면, 『기따』의 화신(化身, avatāra)사상-중생들을 구제하기 위하여 몇 번이라도 이 세상에 현신한다는 것-의 직·간접적 영향으로 형성된 것으로 추정된다.[84] 대승에서는 이타(利他)에서 자리(自利)의 만족이 있음을 가르치는데, 보살은 아라한이나 벽지불(辟支佛)과 달리 이타를 제일로 삼아 재물은 물론 자기의 육신, 머리와 눈, 처자까지도 보시하여 모든 유정(有情)의 이익과 안락을 원하는 것이라고 한다. 이런 대보살들에 대한 초인화가 이루어져 범부보살의 신앙이 된 것이다.

앞에서 고찰한 바와 같이 소승불교나 불전문학에서 언급하는 보살은 모두 '붓다의 전생'이다. 이미 붓다가 된 사람들의 전생(前生)을 고찰하여 그들을 보살이라 칭한 것이다. 소승불교의 '보살'이라는 말은 석가모니불과 같은 특별한 사람만을 지칭하는 용어로서 일반 범부 중생들로서는 도저히 도달할 수 없는 경지에 있는 인간상이었다. 이러한 것을 대승불교 운동가들은 석가모니불의 전신(前身)에 스스로를 견주어 '보살'이라 부름으로써 보살의 이상을 보편화하여 누구든지 도달할 수 있는 것으로 생각하되, 그들의 이상은 석가모니불이 성취했던 것과 똑같은 성불(成佛)에 두었다.

대승의 보살은 '보리심을 발한다(bodhicittotpāda)'고 하는 의미에서의 보살이다. 초기의 대승경전에서는 아직 '불성(佛性, Buddhadhātu)'은 설해지지 않고 있다. '일체중생에게 모두 불성이 있다'는 주장은 대승의 『열반경』에 이르러 비로소 나타나고 있다.[85] 초기의 대승경전에 있어서 이 문제는 '심성본정(心性本淨)'의 사상에서 나타나고 있다.[86] 심성본정설은 『도행반야경』이나 『아사세왕경』그리고 『법화경』[87] 등을 비롯한 많은 대승경전에서 설해지고 있다. 마음의 본성이 청정하다면 이 본성이 현현할 때 붓다

---

84 김선근, 앞의 책, 200면.

85 『大般涅槃經』 14 「聖行品」(『大正藏』 12권, 445 중하) "佛性無生無滅無去無來非過去非未來非現在", 『大般涅槃經』 7(『大正藏』 12권, 407중)

86 心性本淨說에 대해서는 平川彰, 『初期大乘佛教研究』(東京: 春秋社, 1968), 196면 참조.

87 『妙法蓮華經』1 「方便品」(『大正藏』 9권, 9중)

가 되는 것이기 때문에, 이 심성본정의 자각에 기초하여 성불의 원을 세울 수 있다. 이 성불의 원을 세우는 것이 '발보리심(發菩提心)'이다. 이 보리심을 일으킨 사람을 보살이라고 부른다. 이것으로 보살이라는 관념이 대승불교에 이르러 변화했음을 알 수 있다. 그렇다면 이 '보리심을 발한다[發菩提心]'는 것이 도대체 어떤 경로를 거쳐 왔는가. 平川彰은 '연등수기(燃燈授記)'를 주목했다. 대승불교가 연등불의 수기를 중요시하는 것은 나도 석가보살을 본받아 석가보살과 같은 길을 걷고자 하는 '서원(誓願)'을 발했음을 의미한다. 소승의 논서나 율장, 불전문학에서도 연등여래의 수기를 설하고 있다. 그러나 소승불교에서는 나도 석가보살을 본받아 보살의 수행을 하겠다고 하는 서원(誓願)하는 자가 없었다. 이에 반해 대승불교는 누구나 '붓다가 될 수 있는 소질'이 자기에게 갖춰져 있음을 자각하는 사람을 '보살'이라 칭했다. 일반적으로 자기만이 아니라 모든 사람에게도 성불의 소질이 있다고 믿을 때, 다른 사람에게도 이런 자각(自覺)을 불러일으키고 싶은 서원(誓願, praṇidhāna)이 생기게 될 것이다. 그리하여 대승불교의 교리에는 '이타'가 필연적인 계기로서 등장하게 된 것이다. 보살도(菩薩道)는 누구라도 이타의 서원을 세우고 깨달음을 향해 수행하는 자는 재가자나 출가자를 막론하고 누구든지 다 실천할 수 있는 길이었다. 이와 같이 대승은 소승이 출가자만의 깨달음을 문제로 하는 것을 반박하여, 모든 사람의 구제의 종교를 정립하고자 하였다. 소승불교의 수행은 '자리(自利)'의 입장이며, 이에 대하여 대승은 '이타(利他)'에 두는 것이 특색이다.

김선근 (동국대)

반야

범 prajñā　빠 paññā　장 Śes-rab　한 般若　영 wisdom

Ⅰ. 어원적 근거 및 개념 풀이

반야는 빠알리어 paññā와 범어 prajñā를 번역한 말이고, 서장어로는 Śes-rab이다. 중국에서는 반야(般若)·파야(波若)·발야(鉢若)·반야(斑若)·반나(般羅)·반라야(般羅若)·반자야(般剌若)·발라야(鉢羅若)·발자야(鉢剌若)·발라지양(鉢囉枳穰)·발라지양(鉢囉枳孃)·발라견양(鉢羅腎攘) 등으로 음역하였고, 혜(慧)·명(明)·지혜(智慧)·혜명(慧明)·극지(極智)·승혜(勝慧)·결혜(黠慧)·예지(叡智) 등으로 의역하여 사용하였다.[1]

범어 prajñā는 '알다, 이해하다, 인식하다, 경험하다'라는 의미를 갖는 동사 jñā[2]에 '앞으로, 나아가서, 위에, ~보다 앞선' 등의 의미를 갖는 접두사 pra-가 붙고 뒤에 명사를 만드는 ana가 붙은 합성어이다.[3] 초기 불교에서는

---

1 望月信亨(編),『望月佛教大辭典』, 第一卷(增補增訂版; 東京: 世界聖典刊行協會, 1974), 4258면.

2 荻原雲來(編),『漢譯對照 梵和大辭典』(新裝版; 東京: 講談社, 1979), 509면.

jñāna와 prajñā가 엄격히 구별되고 있지 않으나, 대체로 jñāna는 '접근할 수 없거나 고원(高原)한 의미에서'(in either a next to hand or a lofty sense)의 지(智)인데 반해, prajñā는 '알아감'(coming-to-know)이며, '되어감'(coming-to-be)을 뜻한다. 전자가 초월지(transendental knowledge)라면 후자는 수행지(修行智, the knowledge-to-exercised)이다. 모두 어근 jñā(=to know)에서 파생되었으나, paññā의 경우 접두사 pa(=forward, forth, fore)는 역동성이나 진행성을 가진 불변화사(不變化詞)로서 특별히 동작동사와 결합하여 그 동작의 진행성을 나타내어 준다. 그러므로 prajñā는 진행적인 앎을 뜻한다.[4]

prajñā에 대한 어원적 해석을 『섭대승론(攝大乘論)』 권中에서는

> "일체(一切)의 견행(見行)을 멸하고, 사지(邪智)를 제거할 수 있기에 반나(般羅)라 이름한다. 또 진상(眞相)을 드러낼 수 있어 품류(品類)에 거스리지 않고서도 모든 법을 아는 것이므로 야(若)라 이름한다."[5]

라고 하여, 이에 대한 해석으로서 『섭대승론석(攝大乘論釋)』 권9에는 견행(見行)을 62가지 잘못된 견해로, 그리고 사지(邪智)를 세간의 허망한 이해(혹은 지식)라 하여, 견행(見行)을 혹장(惑障)으로 사지(邪智)를 지장(智障)으로, 또한 진상(眞相)을 진여(眞如)로, 품류(品類)를 유위법(有爲法)과 무위법(無爲法)으로 해석하고 있다.[6] 즉, 위 논석에서는 갖가지 잘못된 견해와 세간의 허망한 이해를 없애는 것을 반나(般羅, pra)의 뜻으로, 그리고 진여를 드러내어 유위와 무위의 모든 법에 대하여 아는 것은 야(若, jñā)로 해석하고 있다.

prajñā에 대한 위와 같은 어원적 해석은 중국으로 불교가 전해지면서 대승불교의 반야사상과 더불어 한역(漢譯)경전 중에는 여러 가지 번역과 해석을 낳게 되었다. 특히 길장은 『대승현론(大乘玄論)』 권4에서 역대 역경 속에서 보이는 번역들을 정리하면서 지혜(智慧)·명(明)·청정(淸淨)·원리(遠

---

3 荻原雲來(編), 『漢譯對照 梵和大辭典』, 817면.

4 이상은 김치온, 「jñāna와 prajñā 그리고 prajñāpāramitā에 대한 小考」, 『회당학보』 제10집, 회당학회, 57-58면 참조.

5 『섭대승론』, (『大正藏』 31권, 125상)

6 『섭대승론석』, (『大正藏』 31권, 217중)

離)를 prajñā에 대한 가장 대표적인 번역으로 소개하고 있다. 즉 길장은 이 논에서 prajñā를 지혜(智慧)라 번역함은 내외를 두루 비추어 안다는 뜻이고, 명(明)이라 번역함은 밝고 확연하다는 뜻이고, 청정(淸淨)이라 번역함은 더러움을 떠난 체(體)를 뜻하며, 원리(遠離)라 번역함은 의혹을 끊고, 생사의 상(相)을 멀리한다는 뜻으로 번역하였다고 소개한다.[7] 그리고 또 한역 경전 중에는 prajñā를 통상 음역으로서 '반야'라 하고, 의역으로서 '지혜'라 하는데 이 두 가지 명칭에 대하여 다음과 같이 정의 내리고 있다.

> "『석론』 71권에서는 '반야는 실상에 계합하는 아주 깊고 지극히 묘한 것이어서 지혜라고 부르는 것은 경박한 명칭이다'고 하였다. 그러므로 반야는 이름지어 부를 수 없고 단지 어쩔 수 없이 명칭을 빌어 사용할 뿐이다'라고 한다. 이는 『석론』에서 반야를 사량하여 이름 지을 수 없음을 밝힌 것이지 번역할 수 없음을 말한 것은 아니다."[8]

즉 길장은 prajñā는 뜻이 깊고 미묘하여 사량분별의 대상이 아니므로 굳이 언어로 표현한다면 음역 그대로 '반야'로 부르는 것이 타당하다고 보고 있다. 그리고 또 길장은 반야와 실상과의 관계에 대하여 다음과 같이 구체적으로 표현하고 있다.

> "만물의 변화에는 근원[실상]이 없을 수 없으며, 근원은 무상(無相)이다. 그리고 [무상의] 허종(虛宗)은 계합하지 않을 수 없으며, 계합하는 것은 무심(無心)이다. 그러므로 성인들은 무심의 묘한 지혜로서 무상의 허종과 계합하기 때문에 내외가 하나되고 주객이 함께 적멸하였다. 그러므로 지혜는 실상을 비추는 작용만을 한정하여 이름한 것이니 어찌 [이 지혜라는 이름으로] 내외가 하나되고 주객이 함께 적멸하는 반야를 이름지을 수 있겠는가!"[9]

객관의 진리인 무상의 허종[즉 실상]과 주관의 작용인 무심묘혜(無心妙慧)가 서로 계합하여 주객(主客)·내외(內外)가 완전히 하나로 되는 것이 반야의 근본임을 나타내기 때문에 바로 앞에서 언급한 바와 같이 '지혜' 혹은

7 『대승현론』 권4(『大正藏』 45권, 49상-중)
8 『대승현론』 권4(『大正藏』 45권, 49하)
9 『대승현론』 권4(『大正藏』 45권, 50상)

어떤 의역으로도 부당함을 지적하고 있다. 즉 이는 반야가 모든 상대·대립의 분별세계를 초탈하는 범주임을 말하고 있으며, 길장은 이를 절관반야(絕觀般若)라는 의미를 부여하고 있다. 지금까지 길장의 설명을 세 가지 반야로 분류하면 아래와 같다.

① 무상의 허종(虛宗) -- 실상반야(實相般若)
② 무심묘혜(無心妙慧) -- 관조반야(觀照般若)
③ 지(智) 혹은 혜(慧) 혹은 지혜(智慧) -- 문자반야(文字般若)

길장의 위와 같은 분류 외에도 일반적으로 반야를 진실한 지혜 그 자체를 의미할 때에는 실지반야(實智般若)라 이름 하고, 일시적 방법 혹은 수단의 뜻으로서 권지반야(權智般若) 혹은 방편반야(方便般若)라 이름한다. 그러나 앞에서 이미 살펴보았듯이 반야는 모든 상대·대립의 분별세계를 초탈하는 범주이기에 '지'·'혜'·'지혜' 등의 어떤 의역으로도 부당함으로 '반야'라는 음역을 그대로 사용하는 것이 가장 적절함을 지적하고 있다.

이상과 같은 반야(prajñā)에 대한 어원적 의미는 우리의 일반적 인식 내지 인식의 내용인 지식과 대비시킴으로서 보다 분명해진다. 일반적인 인식을 불교에서는 vijñāna라 하며, 이를 한역하여 식(識)이라 한다. vijñāna는 vi-jña(구별하여 안다)의 사역법인 vijñapayati(알게하다)의 과거수동분사 vijñapta(알게 하였다)를 명사형으로 한 것이다.[10] 그리고 prajñā(반야)와 vijñāna(분별식)은 모두가 그 동사적 활용태가 '~을 안다'는 점은 동일하다. 그러나 불교에서 사용하고 있는 이 둘의 의미는 서로 확연히 달리하고 있다. 일반적으로 '안다'는 것은 극히 상식적인 견지에서 우리 사람의 앞에 나타나는 모든 대상물에 대하여 이해가 되는 것을 의미할 것이며, 불교학상의 vijñāna는 이보다 더 구체적인 점이 있다. 즉 눈·귀·코·혀·몸·뜻 등의 여섯 가지 감각기관을 통하여 물질·소리·냄새·맛·촉감·존재 등의 여섯 가지 대상을 인식하여 구별한다는 것이다. 그러나 prajñā는 위와 같은 일반적 인식처럼 단순히 눈이 외부의 물질을 알고, 귀가 외부의 소리를 아는 것이 아니라, 그 보다 더 한 걸음 대상의 외면과 내부에 잠재하는 본질을 직각(直

10 平川彰·梶山雄一·高崎直道(編), 李萬(譯), 『講座·大乘佛教 8: 唯識思想』, (서울: 경서원, 1993), 126면 참조.

覺)·직관(直觀)하는 것이다. 중국의 역대 번역자들이 prajñā를 의역하는데 있어 이상과 같이 한 가지로 정형화 시키지 못하였던 것은 바로 개념을 동반하게 되는 언어로써 개념을 초월한 직각·직관의 내용을 표명하는 것에 본질적인 어려움이 있었을 것이다.

그러나 prajñā에 대한 이상과 같은 번역들은 한역경전 중에 자주 보이는 용례들이 아니며, 이에 대한 가장 일반적인 한역의 용례로는 '지(智)' 또는 '혜(慧)'로 구별 없이 단독으로 부르거나, 혹은 이 둘을 합하여 '지혜(智慧)'라고 부르는 경우들이다. 그러므로 다음의 본문은 특별한 경우를 제외하고는 설명의 편리를 위하여 prajñā를 이상과 같이 엄격히 구별하지 않고 가장 일반적인 용례를 따르고자 한다.

Ⅱ. 역사적 전개 및 텍스트별 용례

1. 초기 불교에서 반야

니시 기유(西義雄)는 『원시불교에 있어서 반야의 연구』에서 반야의 동사형, 명사형, 형용사형, 복합사형에 대하여 구체적인 활용형태를 아래와 같이 정리하고 있다.[11]

① paññā : 반야(여성명사)
② paññāṇa : 반야(중성명사)
③ pañña(pañño) : 반야의(형용사)
④ pajānātī : [그가] 깨닫는다(현재 3인칭 단수)
⑤ pajānāmi : [내가] 깨닫는다(현재 3인칭 단수)
⑥ pajānan : 깨달으면서(현재분사)
⑦ sampajāna : 깨달은(과거분사)
⑧ paññāya : 반야로써(paññā의 구격)

---

11 西義雄, 『原始佛教に於ける般若の研究』, 『大倉山紀要 8』(大倉文化科學研究所 : 1953), 132면 참조.

이 가운데에서 ① paññā ④ pajānātī ⑧ paññāya이 가장 많이 사용되어지고 있으며, ①은 mahā(큰), bhūri(광대한), gambīra(깊고 넓은) 등의 접두사와 함께하여 복합사로 사용되고 있다. 그리고 ④는 빈번하게 yathābhūtam(여실히)이라는 부사와 함께하여 yathābhūtam pajānātī(여실히 깨닫다)로 사용된다. 또 ⑧ paññāya는 예부터 pajānātī에서 파생된 절대분사로 사용되었지만 여성명사(즉 추상명사)인 paññā의 구격으로 되어 sammāppaññāya(정반야로써) 혹은 yathābhūtam sammāppaññāya(여실히 정반야로써)로 사용되고 있다.

니시 기유(西義雄)은 이 책에서 '빠알리어 니까야(Pāli Nikāya)'와 이에 상응하는 '한역아함(漢譯阿含)'경전들을 대비시켜 초기 불교경전 속에서 반야의 용례에 대하여 많은 지면을 할애하여 상세하게 분석하였다. 본문과 관계가 깊다고 생각되는 부분의 요점을 정리하면 아래와 같다.[12]

	빠알리 니까야	한역아함
(1)	①연기의 법을 깨달다(pajānātī). ②범행이 완성되어져 …… 이후의 유(有)는 없다고 깨닫는다(pajānātī).	①알다(智) 또는 여실히 알다(如實知) ②여실하고 진실함을 안다(知如眞)
(2)	삼매에 들은 비구는 여실히 깨닫는다(yathābhūtaṃ pajānātī).	여실히 관찰한다[如實觀察]
(3)	①반야로써(paññāya) 철견(徹見)이 생겼다. ②일체의 행(行)은 무상함을 만약 반야로써(paññāya) 관한다면 이때 모든 고(苦)를 멀리한다.	①정사유(正思惟)에 의해 무간등지(無間等知)가 생겼다. ②일체의 행(行)은 무상함을 지혜로써 관찰하여 이것이 고임을 깨닫는다면
(4)	여실히 정반야(正般若)로써(yathābhūtam sammāppaññāya) 세간의 집(執)을 보는 사람에게는 세간이 없는 것도 아니다.	세간의 집(執)을 여실하고 올바르게 알고 본다면 세간이 없는 것도 아니다.

반야에 대한 초기경전 속의 이상과 같은 다양한 표현들 중에서, 특히 주의할 만한 것은 우리가 일반적으로 paññā[prajñā]를 반야 혹은 지혜라는 명사형으로 많이 알고 있으나, 이러한 고정태의 명사형 보다는 '깨닫다

12 西義雄, 위의 책, 133-152면 참조.

(pajānātī)'라는 역동성을 나타내는 동사형으로 많이 사용되어 지고 있다는 것이다. 그리고 단순히 '깨닫다(pajānātī)'라는 표현에도 한역 경전 속에서는 빈번하게 '여실(如實)' 혹은 '여진(如眞)'이라는 'yathābhūtaṃ'의미를 첨가시키고 있음을 알 수 있다. 니까야와 한역경전 속에서 반야에 대한 이와 같은 부사적 의미를 첨가한 용례들이 대부분을 차지한다는 것은 일반적인 인식(vijñāna)과는 다른 반야의 작용에 대한 표현으로 보여진다. 즉 일반적인 인식은 명색(名色)·주객(主客)·능소(能所)·자타(自他) 등의 상대관계 위에서 연기하는 것이므로 상대지(相對智)이며 분별식이다. 사람들은 그들이 가지고 있는 안·이·비·설·신·의라는 여섯 가지 감각기관을 통해서 외부대상을 향해 아름답다거나 추하다거나, 혹은 좋다거나 밉다거나 등의 감정을 갖는다. 저것은 높다, 낮다, 이 음식 맛은 달다, 쓰다 등으로 분별해서 안다. 그런데 분별해서 사물을 인식하는 것은 반드시 하나의 병폐를 가져온다. 즉, 분별해서 본 결과, 자기에게 유익하고 자기에게 좋다고 생각하는 것은 자꾸 가까이 하려고 한다. 또 자기에게 싫은 것은 멀리 하려고 한다. 그러므로 이러한 일반적 인지능력을 분별지라 한다.[13] 경전에서는 이러한 [분별]식을 고(苦)의근원으로 간주하여 식을 멸함으로써 고도 멸한다고 서술하고 있다.[14] 이에 반해 반야에 대해서는 아래와 같이 설명하고 있다.

> "만약 사문 혹은 바라문이 법을 여실히 알고, 법의 집·법의 멸·법을 멸하는 방법을 여실히 안다면, 이 사문 혹은 바라문은 사문 중에서도 올바른 사문이요, 바라문 중에서도 올바른 바라문임을 알아야 한다. …… 어떤 법들을 여실히 알고, 어떤 법의 집·법의 멸·법을 멸하는 방법을 여실히 알아야 하는가? 늙음과 죽음의 법을 여실히 알아야 하고, 늙고 죽음의 집·늙고 죽음의 멸·늙고 죽음을 멸하는 방법을 여실히 알아야 한다. 생(生)·유(有)·취(取)·애(愛)·수(受)·촉(觸)·육입처(六入處)를 여실히 알고, 육입처의 집·육입처의 멸·육입처를 멸하는 방법들을 여실히 알아야 한다."[15]

13 정병조, 『정병조 불교입문』(서울 : 불지사, 1994), 164-165면 참조.

14 예를 들면 『유가사지론』 제19(『大正藏』 30권, 386중)에서는"내수(內受)와 외수(外受) 모두에는 기쁨이 생기지 않는다. 이와 같이 생각이 행해지는 것은 모든 식을 영원히 없애야 하며, …… "라고 한다.

15 『잡아함』 권14, (『大正藏』 2권, 99상)

"비구들이여! 선정에 들면 마음이 고요해지는 것을 여실히 관찰한다. 무엇을 여실히 관찰한다고 말하는가? 색(色)과 색의 집·색의 멸을 여실히 아는 것이다. 수(受)·상(想)·행(行)·식(識)과 이들의 집·이들의 멸을 여실히 아는 것이다. 무엇을 색(色)·수(受)·상(想)·행(行)·식(識)의 집이라 하는가? …… 색을 즐기고 색을 찬탄하여 색을 집착하기 때문이다. 유(有)를 조건으로 하여 생(生)이 일어나고, 생(生)을 조건으로 하여 노(老)·사(死)·우(憂)·비(悲)·뇌고(惱苦)가 일어난다. 이와 같이 하여 고의 덩어리가 일어나니 이를 색(色)·수(受)·상(想)·행(行)·식(識)의 집이라 한다. 무엇을 색(色)·수(受)·상(想)·행(行)·식(識)의 멸이라 하는가? …… 색을 즐기지 않고 색을 찬탄하지 않기 때문에 애락(愛樂)이 멸하고, 애락(愛樂)이 멸하므로 색에 대한 집착도 멸한다. 색에 대한 집착이 멸하므로 유(有)가 멸하고, 유(有)가 멸하므로 생(生)이 멸하고, 생이 멸하므로 노(老)·사(死)·우(憂)·비(悲)·뇌고(惱苦)가 멸한다. 이와 같이 하여 고의 덩어리가 사라지게 된다."[16]

위의 인용문은 모두가 '여실히 알거나 혹은 여실히 관찰(yathābhūtaṃ pajānātī, 如實知 혹은 如實觀察)'이라는 반야의 활용에 의해 연기의 멸을 깨닫고 오온의 멸과 고·집·멸·도 사제(四諦)를 증득한다고 설하고 있다. 즉 유전연기의 생과 오온은 모두가 주객을 이분화하는 상대관계 위에서 연기하는 것이며, 이들이 상대·분별의 집착에서 일어남을 아는 것은 '여실히 알거나 혹은 여실히 관찰'이라는 반야무분별지(般若無分別智)의 활용에 의해서 가능함을 보여주고 있다. 그리고 '여실히 알거나 혹은 여실히 관찰'이라는 반야의 활용은 다름 아닌 수행자가 계·정·혜 삼학의 수행법을 통해 증장한다고 설하고 있다. 즉 계를 구족함으로써 정에 들어 마음이 집중하게 되고, 이를 통해 사제를 반복하여 여실히 관찰하면 지혜가 증장하여 번뇌를 없애고 깨달음으로 나아간다는 것이다.[17]

초기 경전 속에서 언급되는 반야에 대한 묘사는 다음의 아비달마 불교와 같이 체계적인 분석을 보여주지는 않지만, 연기 속에서 일어나는 일체의 상대관계를 여실히 관찰할 수 있는 근거이자, 이러한 관찰을 통해 주객이 하나 되고, 자타가 둘이 아닌 평등의 절대경(絶對境) 그 자체임을 말해주는

16 『잡아함』 권3, (『大正藏』 2권, 17하)
17 『잡아함』 권29, (『大正藏』 2권, 210상-중)

반야의 기본적 입장을 잘 보여 주고 있다.

2. 아비달마 불교에서 반야

아비달마 불교에서도 기본적으로는 초기불교의 계·정·혜 삼학의 수행법을 계승하여 반야를 혜근(慧根)·혜력(慧力) 등의 다양한 술어로서 묘사하여, 반야를 깨달음을 얻게 하는 직접적인 원인으로 보고 있다.[18] 그러나 아비달마 불교에서는 초기 불교에서 다루지 못한 반야에 대한 내용을 보다 체계화시키고 구체화 시키고 있으며, 초기 불교에서는 구별하지 않았던 지(智)와 혜(慧)를 엄격히 구별하여 차이를 두었다. 『대비바사론』과 『구사론』에 의하면 '지(智)'는 결정의(決定義)·결단의(決斷義)·중지의(重知義)로서 어떠한 사물에 대하여 인식할 때 그 사물의 여실상(如實相)을 결정적으로 또 결단적으로 판단하여 다시 의심할 여지가 없는 인식을 말한다.[19] 다음으로 '혜'란 판단력 정도의 의미로서, 대상을 관찰하고 인가하고 아는 것이 모두 혜에 포섭되는 작용이다. 말하자면 견(見)·인(忍)·지(智)는 다 같이 혜[판단]를 본질로 하지만 거기에는 각기 추리하여 헤아림[推度], 인가(認可), 결정적 판단[決斷]이라는 작용의 차이가 있는 것이다. 좀더 쉽게 말하자면 '혜'가 판단력이라면, '지'는 판단되어진 내용 즉 지식을 뜻한다.[20] 이에 대한 분석으로 가장 대표적인 것이 『구사론』 권26에 있는 아래의 분류와 설명이다.

> "지(智)에는 모두 열 가지가 있으며, 이를 유루지와 무루지로 분류한다. 유루지는 세속지를 말하고 무루지는 법지와 유지를 말한다."[21]

위의 『구사론』에서는 지(智)를 크게 유루지(有漏智)와 무루지(無漏智) 둘

---

18 『해탈도론(解脫道論)』 제9 「분별혜품(分別慧品)」(즉 「청정도론(淸淨道論), *Visuddhimagga*」에 해당), 에서는 아비담(阿毘曇 즉, 「法僧伽, dhammasangati」)의 말을 인용하여 반야 원어(paññā)에 대한 불교학적 어의 해석은 다음과 같이 제시되어 있다. (『大正藏』 29권, 444하)

19 金東華, 『佛敎學槪論』, 『雲虛 金東華 全集』 1(서울: 뇌허불교학술원, 2001), 335면 참조.

20 권오민, 『아비달마 불교』(서울 : 민족사, 2003), 281-282면 참조.

21 『俱舍論』 권26, (『大正藏』 29권, 134하). "智十總有二 有漏無漏別 有漏稱世俗 無漏名法類."

로 나누며, 이를 세분화하면 세속지(世俗智)·법지(法智)·유지(類智)·고지(苦智)·집지(集智)·멸지(滅智)·도지(道智)·타심지(他心智)·진지(盡智)·무생지(無生智) 등 모두 열 가지이다. 또 그 상(相)에 의하여 분류하면 세속지와 법지와 유지 세 가지로 나눌 수 있으며, 세속지는 유루지에 속하고 나머지 둘은 무루지에 속한다. 『구사론』에서는 이어서 열 가지 지(智)에 대한 자세한 설명을 하고 있는데 이를 요약하면 아래와 같다.[22]

① 세속지 : 병이나 옷 등과 같은 세속의 경계를 대상으로 취하여 얻는 것으로, 제법의 인연화합에 의해 나타난 세간의 모든 존재는 또 다른 관념[慧]에 의해, 혹은 그것이 파괴되고 소멸될 때 그것에 대한 지식도 역시 파괴된다.

② 법지 : 욕계의 사제(四諦)를 대상으로 한 지식으로, 최초로 제법의 참된 이치를 안 것이기 때문에 법지라 한다.

③ 유지 : 법지와 그 대상이 유사하다는 의미로서, 색계와 무색계의 사제를 대상으로 한 지다. 법지와 유지는 다 같이 그 대상의 차별에 따라(고·집·멸·도 사제를 인식의 대상으로 하여) 고·집·멸·도 사제의 사지(四智)로 나누어진다. 즉 고제를 연하여 ④ 고지를 얻고, 집제를 연하여 ⑤ 집지를 얻고, 멸제를 연하여 ⑥ 멸지를 얻고, 도제를 연하여 ⑦ 도지를 얻기 때문이다. 세속지 역시 우리들에게 경험된 현실의 세계 등을 대상으로 하여 고·무상·공·무아 등의 행상을 일으킬 수 있지만, 그러함을 알고 나서도 다시 즐거움 등이라고 여기기도 하며, 혹은 사제의 진리성에 대해 의심하기도 하기 때문에 네 가지 지(智)로 나누지 않는다.

⑧ 타심지 : 전술한 세속지와 법지·도지에 의해 성립되는 지(智)로서 타심을 통찰하여 그 선악 등을 아는 지(智)이다. 즉 무학과(無學果)에 이르면 이 지(智)가 원만하여 진다는 것이다. 그러나 이 지(智)는 고·집·멸지에 의하여 성립되지 않는다. 그 이유는 무루의 타심지는 유루심을 알지 못하기 때문이다. 또한 멸지에 의하여 성립하지 않는 것은 멸이 무위(無爲)이기 때문이다. 그리고 타심지라 해도 모든 타심을 다 아는 것은 아니라 자신과 동일하거나 아래 경지(또는 근기나 계위)에 있는 이의 현재 마음을 아는 지이

22 본문 중의 십지에 대한 내용은 『俱舍論』 권26, (『大正藏』 29권, 134-135)에 수록되어 있으며, 이에 관한 설명은 金東華, 『俱舍學』, 『雲虛 金東華 全集』 5, 335-337면 ; 권오민, 『아비달마 불교』, 282-286면 참조.

며, 아울러 동류의 대상만을 아는 지이다. 즉 하지(下地)의 지(智)는 상지(上地)의 심(心)을 알지 못하고 하위(下位)의 지(智)는 상위(上位)의 심(心)을 알지 못한다. 따라서 법지와 유지에 포섭되는 타심지는 각기 유지와 법지의 마음을 알지 못하기 때문에 도지와는 별도로 법지와 유지를 분별하게 된 것이다.

⑨ 진지와 ⑩ 무생지는 무학위에서 성립되는 지로서, 진지는 무학의 성자가 '나는 이미 고를 알았고, 이미 집을 끊었고, 이미 멸을 증득하였고, 이미 도를 닦았다'고 자각하는 지혜를 말한다. 그리고 무생지는 '나는 이미 고를 알아 이제 더 이상 알 것이 없으며, 나아가 나는 이미 도를 닦아 더 이상 닦을 것이 없다'고 자각하는 지혜이다. 아울러 이 같은 차별의 인식은 무분별인 무루의 선정 상태에서 두 가지 지가 일어날 때 생겨나는 것이 아니라 선정의 상태에서 나온 뒤에 획득되는 이른바 세속의 후득지(後得智)이기 때문에 '나'가 가설될 수 있는 것이다.

이상의 열 가지 지에 대한 분류를 보면 모두가 사제의 도리를 관함에 의하여 성취하는 것이 특징이다. 그리고 지의 본질적인 차이(유루 혹은 무루)와 어떤 범주 속의 번뇌를 물리치는가에 대한 차이, 이를 다시 인식대상과 행상의 차이에 따라서 상호 포섭의 관계를 가지고 있음을 알 수 있다.

상좌부에서는 '혜'의 특질에 대해 '잘 알고 이해한다'는 의미로서의 '지해'(知解) 혹은 '요지'(了知) 등으로 규정하고 있다. 즉 이는 혜가 인식대상인 사물의 구체적인 모습을 잘 알고, 본질적으로 무상임을 이해하여, 수행을 통해 깨달음을 얻게하는 것을 가리킨다. 이러한 관점은 초기 불교에서 '수행자에게 깨달음을 얻게 하는 지혜'라는 의미를 그대로 유지하고 있는 것이다.[23]

이 밖에도 『대비바사론』 권42에는 초심의 수행자가 어떻게 성인의 가르침을 받아 무루혜에 이를 수 있는지에 대하여 생득혜(生得慧)·문혜(聞慧)·사혜(思慧)·수혜(修慧) 등의 차별을 두어 그 과정을 설명하고 있다.[24] 즉 생득혜는 모든 사람들이 태어나면서부터 지니고 나오는 본능과 이를 교육과 문화와 같은 후천적 환경에 의해 증장시키는 지식을 말한다. 생득혜가 일반지식의 획득을 말한다면 후의 세 가지는 불교적 수행을 통해 얻어지는

23 高崎直道(編輯), 『佛教·インド思想辭典』(東京 : 春秋社, 1987), 295면 참조.

24 생득혜·문혜·사혜·수혜 등에 관해서는 『대비바사론』 권42, (『大正藏』 27권, 217중-218상)에서 자세히 설명하고 있다.

지혜를 가리키는 것으로 이 세 가지 혜를 가행혜(加行慧)로 분류한다. 이 가운데 먼저 문혜는 부처님의 가르침을 많이 듣고 마음의 청정과 깨끗한 신심을 통해 얻어지는 지혜이고, 사혜는 문혜를 기초로 하여 깊은 사유·판단·인연과보와 같은 체득을 통해 얻어지는 지혜를 말한다. 그리고 수혜는 앞의 문혜와 사혜의 기초위에 선정과 제법실상을 관찰함으로써 얻어지는 지혜를 말한다. 그러나 이들 가행혜는 아직 진실로 실증단계를 얻은 것은 아니고 이들을 기반으로 하여 모든 번뇌를 끊고 진리를 증득하는 무루혜를 이루는 것이 지혜학의 목표이다. 다시 말해서 이와 같은 지혜에 의해 성취하게 되는 공덕은 번뇌의 단멸인 것이다.

이상에서 살펴보았듯이 범부의 세속지에서 출발하여 무생지까지를 모두 성취하는 아라한에 이르는 일련의 수행과정 속에서 이 열 가지 지혜는 우리가 집착하고 있는 모든 존재가 무상하여 괴로운 존재라는 자각을 통해서 사성제를 알아가는 지혜인 것이다. 그리고 이러한 지혜는 몇몇 특수한 수행자만이 지닐 수 있는 신비한 인식체가 아니라 모든 사람들에 보편적으로 구비되어져 있는 인식활동임을 알 수 있다. 아비달마 불교에 있어서 지혜에 대한 이와 같은 특징은 아비달마 불교 일반에서 반야의 한역에 해당하는 혜(慧)를 심소법(心所法)의 하나로 보고 있는 점에서 더 분명하다. 심소법이란 설일체유부에서는 심왕(心王, 즉 마음의 체)과는 다른 법체를 가지는 법으로 간주하기도 하지만 일반적으로는 심왕에 속하는 법으로서 마음의 활동작용을 가리킨다. 따라서 반야를 마음의 각종 작용 가운데 하나로 간주함으로서 붇다와 아라한을 비롯하여 모든 중생들에게 내재되어 있는 보편적 인식활동으로 분석하고 있다. 그리고 이러한 반야에 대한 보편성의 부여는 초기경전 속에 분명하게 드러내지 못한 부분을 체계화하고 정형화시켰을 뿐 아니라 대승불교의 반야사상에도 수행상의 보편성을 열어주었다고 생각된다.

3. 대승불교에서 반야

반야는 대상을 분석해서 판단하는 인식작용인 식(vijñāna)을 초월하고, 순간적으로 존재전체의 본질을 있는 그대로 직관적으로 정확히 파악하는 진실한 지혜·예지의 의미가 있고, 가장 깊은 의미의 이성이라고도 말할 수 있을 것이다. 초기불교에서는 이 지혜의 획득이 절대적정(絕對寂靜)의 경지인 열반(nibbāna)으로서 중시되어졌고, 부파불교에서는 이를 체계화하고 정형화시켰을 뿐 아니라 일반화함으로써 범부에서부터 부처에 이르기까지 보편적인 인식의 활동성을 열어주었다. 그러나 보다 실천적이고 실제적인 부처님의 본래 모습으로 돌아가고자 하는 대승불교운동이 일어나면서 반야는 이 불교 대중화운동의 중심인물인 보살(bodhisattva)이 반드시 수행해야하는 반야바라밀다(prajñāpāramitā)사상으로 부각되었다.[25] 즉 대승불교사상을 이끌었던 중심사상은 보살사상이며, 이는 초기대승불교의 선구적 경전인 『반야경』으로 계승되어져 이 경의 중심사상인 반야바라밀다로 전개 되어진다.

『반야경』에 의하면 불타의 깨달음을 구하고, 동시에 중생구제를 서원하는 보살의 수행덕목인 육바라밀 안에서 반야바라밀은 가장 중요한 수행덕목으로 되어 있다. 그래서 실천을 통하여 달성되어지는 일체의 사물 내지 도리를 있는 그대로 바라보는 가장 높고 깊은 지혜를 얻는 자는 곧 부처이다. 그러므로 보살이 깨달음을 위해 반드시 실천해야 하는 육바라밀 가운데 반야바라밀이야말로 모든 보살의 어머니이고,[26] 모든 부처의 어머니이며,[27] 바로 여래이므로[28] 다른 오바라밀의 성립근거이며 가장 중요한 위치를 차지한다. 따라서 반야바라밀은 다섯 바라밀을 인도하고 모든 지혜를 생겨나게 하는 근원이자 깨달음 그 자체인 것이다.

대승불교경전 가운데 『반야경』에서는 지혜의 내용을 다음과 같이 분류하고 있다.

---

25 pāramitā는 빠알리어에서는 '가장 뛰어난'(superior, most excellent)이라는 뜻의 형용사 parama에서 파생된 pāramī에 여성추상명사를 만드는 접미사 -tā가 첨가된 말로 pāramī의 장모음 -ī는 대개 자음 앞에서 단모음 -i로 된다(pāramī+tā→pāramitā). 본래 pāramī라는 말은 완성(completness, perfection), 구경(highest state)의 뜻을 가진 여성명추상사로 pāramitā와 동의어이다. 그래서 prajñā-pāramitā는 보통 '지혜의 완성'(perfection of wisdom)이라고 풀이되고 있다. 또한 pāramitā를 pāra(피안)에서 나왔다고 보는 견해가 있다. pāra의 목적격 pāram에 합성어적 형용사로 쓰인 원형동사 -i[t](가다)를 붙이고, 여기에 다시 접미사 tā(여성추상명사)가 결합된 형태이다(pāra-m-i[t]-tā). 그런데 여기에서 동사 -i[t]의 시상(時相)이 반드시 완료시라고 만은 할 수없다. 따라서 교리상 완료시로 보고자 해서 pāramitā를 pāra(m)+ita라는 과거수동분사를 여성형(-tā)으로 하였다는 설이 있다. 이상의 prajñāpāramitā에 대한 어원적 해석은 김치온, 「jñāna와 prajñā 그리고 prajñāpāramitā에 대한 소고(小考)」, 57-58면 참조.

26 『방광반야경』 권11, (『大正藏』 8권, 522상)

27 『방광반야경』 권11, (『大正藏』 8권, 78중)

28 『방광반야경』 권11, (『大正藏』 8권, 77하)

"수보리가 아뢰기를 '부처님께서는 일체지·도종지·일체종지를 말씀하셨습니다. 이 삼종지에는 어떠한 차이가 있습니까?' 부처님께서 수보리에게 '살파약[즉 일체지]은 모든 성문과 벽지불의 지이고 도종지는 보살의 지이며 일체종지는 부처의 지이다'고 말씀하셨다."[29]

위의 경문에서는 성문과 벽지불의 일체지(一切智)·보살의 도종지(道種智)·부처의 일체종지(一切智智) 등 삼승의 차별지를 설명한 것이다. 성문과 연각의 二乘은 존재에 대한 '총체적 모습'[總相]은 파악하였으나 '개별적 모습'[別相]은 아직 알지 못하기 때문에 그들의 지를 '일체지'라 부른다. 그리고 보살은 보살행인 불토정화와 중생교화를 아직 다하지 못했기 때문에 '도종지'라 부른다. 또 부처는 '총체적 모습'과 '개별적 모습'을 모두 알고 진속(眞俗)에 장애 없이 자비의 마음이 두루 미치기 때문에 '일체종지' 라 부른다.[30]

여기에서 일체종지가 가장 원만한 지혜임을 강조하는 것은 반야바라밀의 반야는 단순히 법을 여실히 있는 그대로 바라보는 것뿐 아니라 상대차별을 관조(觀照)하여 중생교화의 방편과 자비를 수반한다는 것이다. 그리고 이는 지각의 경험내용을 통찰·판단·추리한다고 여겨지는 이성과는 달리 피차의 상대개념을 초월한 연기의 공관으로 비로소 얻어지는 것이다. 즉 진실한 지혜인 반야의 획득은 동시에 중생에 대한 무한한 자비심(慈悲心)의 활동으로 전환된다. 또 보살이 깨달음을 얻어 부처가 된다는 것은 완전한 구제능력의 완성을 말하는 것이다.

대승교경전 가운데『능가아발다라보경(楞伽阿跋多羅寶經)』에서도 역시 반야를 세간지(世間智)·출세간지(出世間智)·출세간상상지(出世間上上智)의 삼종지(三種智)로 나누어 설명하고 있다. 세간지는 외도나 범부 등이 존재의 유·무에 집착하는 지요, 출세간지는 성문과 연각이 존재에 대한 '개별모습'[自相]과 '전체모습'[同相]을 허망분별하는 지며, 출세간상상지는 불보살이 모든 존재가 불생불멸임을 유·무 2견을 떠나 어떠한 것에도 집착하지 않는 지를 말한다.[31] 본 경의 이와 같은 분류는 미망의 범부에서부터 깨달

29 『마하반야바라밀다경』 권21, (『大正藏』 8권, 375중)

30 본문의 내용은『마하반야바라밀다경』 권21, (『大正藏』 8권, 375중-하)에 기재되어 있으며, 해석은 인순(仁順),『학불삼요(學佛三要)』,『묘운집(妙雲集)』(下. 2) (臺北 : 正聞出版社, 2000), 170-171면 참조.

은 부처에 이르기 까지를 집착하고 있는 종류와 번뇌의 유무에 따라 지혜를 세 종류로 나눈 것이다.

유식학에서는 범부의 분별식(vijñāna)이 변화하여 무분별의 지혜로 변화하는 것을 전의(轉依)라 하며, 전의에 의해 사종열반(四種涅槃)과 사종지혜(四種智慧)를 얻는다 한다. 그리고 이러한 일련의 과정을 전식성지(轉識成智) 혹은 전식득지(轉識得智)라하여 이를 수행의 목표로 삼는다. 즉 이는 자기 내면에서부터 미망의 인식을 버리고 깨달음의 청정성을 회복하였을 때 객관의 진실한 관찰대상으로서 본래자성청정열반(本來自性淸淨涅槃)·유여의열반(有餘依涅槃)·무여의열반(無餘依涅槃)·無住處涅槃(무주처열반) 등의 사종열반이 나타나고[32], 관찰하는 주체에게는 아래와 같은 사종지혜가 생겨난다고 한다.[33]

① 대원경지(大圓鏡智) : 거울과 같은 지혜라는 의미로서, 아뢰야식 안에서 모든 오염이 제거되어 마음이 근원적으로 티끌하나 없이 닦인 거울처럼 된 상태이다. 거울이 모든 사물을 그대로 비추는 것처럼, 대원경지는 공간적으로도 시간적으로도 모든 것을 항상 주체와 객체가 분화되지 않은 상태에서 있는 그대로 인식한다. 이것은 자기와 우주의 궁극적인 진실[진여법계]과 하나로 된 지혜이며, 여기서 다른 모든 지혜가 생겨난다.

② 평등성지(平等性智) : 평등한 본성을 보는 지혜라는 의미로서, 제7식인 말라식에서 근원적인 자아의식작용이 없어져서 자기와 남이 평등하다고 보는 지혜이다. 또한 열반과 생사가 평등해서 같은 것으로 본다. 그리하여 대자비를 일으켜서 중생구제로 나아간다.

③ 묘관찰지(妙觀察智) : 관찰하는 지혜라는 의미로서, 제6식인 의식의 이것 또는 저것이라는 개별적이고 개념적인 인식상태가 변화하여 사물을 있는 그대로 관찰한다. 이는 또 다라니와 삼매가 생기는 근원이며, 설법 등의 집회에서 법의 단비를 내려 모든 의혹을 끊게 하고 많은 사람을 구제한다.

④ 성소작지(成所作智) : 해야 할 일을 해내는 지혜라는 의미로서, 전오식의 감각작용이 변화하여 얻는 지혜이다. 그리고 많은 사람들을 구제하기

31 본문 중의 내용은 『능가아발다라보경』 권5, (『大正藏』 16권, 544상-중) 참조.

32 사종열반에 대해서는 『성유식론』 권10, (『大正藏』 31권, 55중)에서 볼 수 있다.

33 사종지혜에 대해서는 『성유식론』 권10, (『大正藏』 31권, 56상-하)에서 볼 수 있으며, 본문의 해석은 横山紘一 著, 묘주 옮김, 『유식철학(唯識哲學)』(서울: 경서원, 1997), 241-242면 참조.

위해 여러 장소에 갖가지 변화신(變化身)을 나타낸다.

이들 네 가지 지혜는 깨달은 자의 지혜를 근원적인 대원경지 위에 다른 세 가지 지혜의 활동을 표현한 것이고, 이들 지혜 활동의 목적이 궁극적으로는 '중생구제'를 지향하고 있으며, 이는 바로 가장 원만한 지혜는 단순히 정적(靜的) 혹은 이론적 지혜가 아니라 동적(動的)이고 실천적인 지혜임을 표현하고 있다. 그리고 유식학의 이러한 지혜와 자비의 일치에 대한 표현은 초기 대승경전인 『반야경』 이래로 전개되어지는 대승불교의 전체의 특징이기도 하다.

대승 초기경전인 『반야경』에서 전개되어지는 반야바라밀의 특징은 어떠한 집착도 사라진 것으로, 이 의미에 있어 초기불교 이래의 공사상은 점점 실천수행으로서의 공관(空觀)과 깊은 관계를 가지게 된다. 또 이 반야바라밀의 사상은 유식계통의 경론을 비롯하여 다른 대승경전에 계승되어져 직접 혹은 간접적으로 반야바라밀에 관한 교리를 전계하고 있다. 예를 들면 신주(神呪)·진언(眞言)을 설하는 후기 밀교경전인 『이취경(理趣經)』, 『대일경』, 『금강정경』 등의 경전들의 중심사상에도 영향을 미치고 있다. 여기에서 『이취경』은 『대반야경』 제58권 「반야이취분」을 선구적 경전으로 하여 성립한 경전이라고 말해지고 있어서 양자의 사상적 관련성은 명백하다. 이는 『반야경』에서 반야바라밀이 최고의 신주·진언이라고 설해져 있는 것과 그 외의 신주의 공덕이 앞에서 언급한 「반야이취분」에 많이 설해져 있는 것과 관계가 있다.[34]

대승불교의 반야사상은 산스크리트 원전이 중국어로 번역되는 가운데 중국불교사상 형성에 많은 영향을 미친다. 후한말(後漢末)에 『도행반야경』이 최초의 한역 『반야경』으로 번역되어 나오고,[35] 동진 이후 본격적으로 반야사상이 논의 되어져 나오게 되었다. 특히 도가의 무(無)사상에 의한 공(空)사상의 이해라고 말하는 현학의 격의불교가 성립된 이후 승조(僧肇)의 '비유비무(非有非無)'의 공관과 길장의 '절관(絕觀)의 반야'설 등으로 전개되어 지고, 또 이후 선종의 실천으로 전개되어 졌다.[36]

34 高崎直道(編輯), 『佛教·インド思想辭典』, 356면 참조.
35 『출삼장기집(出三藏記集)』(『大正藏』 55권, 6중)에 의하면, 천축 사문인 축불삭(竺佛朔)이 가지고 온 범본을 後漢 光和2년(179) 월지국 사문인 지루가참(支婁迦讖)이 번역하였다고 한다.
36 高崎直道(編輯), 『佛教·インド思想辭典』, 356면 참조.

Ⅲ. 인접 개념과의 관계 및 현대적 논의

철학에서 우리가 하나의 지식을 획득하였다는 의미는 우리의 인식주체가 인식 바깥에 있는 구체사물[인식대상]과 접촉하여 개별사물에서 얻은 인식을 기반으로 하여 사물 간의 동이점을 서로 비교하고 이러한 과정을 통해 하나의 추상적 개념을 획득하는 것을 의미한다. 그리고 이러한 결과가 참인지 거짓인지, 어떻게 해서 가능한지, 한계는 어디까지인지 등을 탐구하는 분야를 철학에서는 지식론(theory of knowledge) 혹은 인식론(epistemology)이라 한다.[37] 그러나 불교에서는 위와 같은 지식을 '분별하여 아는 지식'이라는 의미로서 식(識, vijñāna)이라 하여 허망한 것으로 보고 있는 반면, 이러한 분별과 개념적 사유를 초월한 직관적 인식을 반야(prajñā) 혹은 (가장 보편적인 용어로는 한역하여) 지혜라 하여, 이에 대한 획득 혹은 경험을 수행의 최고 목표로 하고 있다. 따라서 초기불교 경전 속에서의 반야는 깨달음 그 자체인 절대적정(絕對寂靜)의 열반을 의미하고, 『반야경』에서는 보살의 최고 수행덕목인 육바라밀 가운데에서 반야바라밀이야말로 모든 불보살의 인식활동임을 강조하였고, 유식학에서는 분별의 인식을 무분별의 지혜로 전의하는 전식성지(轉識成智) 혹은 전식득지(轉識得智)를 수행의 목표로 삼는다.

지혜의 획득 혹은 완전한 지혜를 수행의 최고 목표로 삼는다는 것은 다른 종교에서는 찾아 볼 수 없는 불교의 분명한 특징이다. 이 말은 다른 종교에서는 지혜를 무시한다거나 찾아 볼 수 없다는 것이 아니라, 불교처럼 지혜를 수행의 최고의 목표와 종교의 중심으로 보지 않는다는 것이다. 이런 의미에서 불교는 실로 지혜의 종교라 할 만하다. 그러나 불교가 지혜의 완성을 추구하는 종교라는 의미 속에는 간과해서는 안 되는 점이 있다. 그것은 바로 불교에서 강조하는 지혜가 추상적 지식이나 고정되고 냉정한 이성을 가리키는 것이 아니라 자비와 하나가 되어 생활 속에서 활동하는 원만지혜(圓滿智慧)를 추구한다는 것이다.

그리고 우리는 이러한 원만지혜를 성취한 자에게 비로소 '깨달은 자'(즉 Buddha)라 하며 '세간해'(世間解, 세상의 이치를 이해한 자) 등의 명호를 존칭으로 부여하는 것이다. 이런 관점에서 본다면 지혜와 자비가 합일된

37 D.W.햄린(지음), 이병욱(옮김), 『인식론』, (서울: 서광사, 1991), 19-21면, 참조.

원만지혜의 성취는 부처님 활동 당시부터 대승불교 흥기이래로 강조하여 왔던 수행과 생활을 달리하지 않는다는 자리이타(自利利他)의 성취인 것이다. 불교사상의 전개 가운데 대승불교운동자들이 부파불교의 일부분을 소승불교라고 비판하는 것 역시 비판의 대상에 해당하는 부류들이 지혜와 자비가 합일된 원만한 지혜를 추구한 것이 아니라 지나치게 고정화된 이성적 생활에 편향되어 이타(利他)의 자비심이 부족하였기 때문이다. 그리고 이와는 반대로 대승경전 중에서 가장 중심을 차지하는 『반야경』의 반야바라밀이 다른 다섯 바라밀을 인도하고 모든 지혜를 생겨나게 하며 모든 불보살의 인식활동임을 강조하는 것은 바로 반야바라밀이 다섯 바라밀이 지니고 있는 자비의 공덕과 무집착의 지혜가 하나로 통일된 원만지혜이기 때문일 것이다.

'불교는 지혜의 종교이다'는 명제 아래에서 불교사상을 '지혜와 자비의 합일'을 중심으로 전개한다면, 초기불교의 가장 중심사상인 연기에 대한 깨달음은 곧 대승불교 흥기 이후 공사상의 체득으로 이어졌다고 할 수 있을 것이다. 또한 이러한 전개는 공사상이 단순한 인식론에서 그치지 않고 실천을 중심으로 하는 자비사상으로 연결되어 '지혜와 자비가 하나'로 되는 불교의 특징을 역사적 흐름에 따라 전개하여 온 것으로도 펼쳐볼 수 있을 것이다. 다시 말해서 가장 원만한 지혜의 완성은 끝없는 자비심의 확충과 상즉(相卽)한다는 사상적 맥락은 초기불교 이래 대승초기의 반야바라밀의 사상에 이르기까지 일관되게 유지해온 흐름일 뿐 아니라 다른 대승경전 전체에 계승되어 전개되고 있는 사상이기도 하다. ❁

원필성 (전 대만대)

방편

범 빠 upāya 장 thabs
한 方便[方計, 巧便, 權, 權方便, 如法, 因緣, 因緣方便, 烏卑夜]

Ⅰ. 어원적 근거 및 개념 풀이

1. 방편의 뜻과 인접용어

방편은 범, 빠 upāya이고, 티벳어로는 thabs이다. 이것은 ‘접근, 도착’; ‘수단, 방법’; ‘방책, 공부, 책략, 기교’라는 다양한 뜻이 있다.[1] 이것을 한역하면 방편이외에 방계(方計), 교편(巧便), 권(權), 권방편(權方便), 여법(如法), 인연(因緣), 인연방편(因緣方便)이라고도 하였으며, 음사어(音寫語)로는 우비야(烏卑夜)가 대표적이다. 우파야의 동사 어근 upa+aya √i는 ‘~를 향하여 가다’, ‘(목적을 향해) 가까이 가다’라는 의미를 가지고 있으므로, 방편은 진실이나 길을 향해 접근해 가는 것을 뜻하게 되었다. 아울러 지혜와 관련해서 궁극적 지혜에 도달하기 위한 수단, 거기에 도달한 이후 다양

1 荻原雲來編, 『漢譯對照 梵和大辭典』(東京: 講談社, 1986), 277-278면.

하게 활용하는 지혜의 도구라는 의미를 포함한다.

인접한 용어로 범 upāya-kuśala, upāya-kauśala, upāya-kauśalya가 있는데 모두 방편선교(方便善巧), 선교방편(善巧方便), 교방편(巧方便), 선방편(善方便) 등으로 한역되었고, upāya-kauśalya는 대방편력(大方便力)으로 한역된 경우가 있다. 빠 upāya-kusala, 티벳어 thabs-la mkhas-pa는 '뛰어난 방편'이라는 뜻으로, 역시 선권방편(善權方便), 권교방편(權巧方便), 권방편(權方便)이라고 한역되었다. 이 용어의 의미는 중생의 근기와 때의 적절함[時宜]에 따라서 시설(施設)하는 교묘한 지혜의 작용[智用]을 말한다.[2] 사전정의로 볼 때 방편은 지혜와 밀접하게 관련되어 있음을 알 수 있지만, 한역만을 볼 때 단순한 방편 용어와 선교(善巧) 등이 결합된 방편이 어떻게 지혜와 구별되기 시작했는지는 알 수 없다. 다만 초기불교 문헌 용례로 볼 때, 단순한 방편의 경우는 좋고 나쁨, 선과 불선(不善), 옳고 그름의 차별없이 중도적 용어로 쓰여질 수 있지만, 선교 등이 결합된 경우의 방편은 옳음, 선, 좋음, 훌륭함에 치우쳐진 표현으로 사용되는 경향이 높다. 나아가 방편을 쓰는 존재의 지혜와 행위, 특히 보살행에 대한 강조와 관련된다.

한역문헌을 통해서 볼 때 반야부 초기 경전을 비롯하여 많은 대승문헌에서 이와 같은 인접한 유사개념어가 매우 자주 발견된다. 방편이라는 용어는 초기불교 문헌인 아함에서도 나타나지만 대승불교에서 보살과 관련되어 중요한 개념어로 자리매김되기 때문에, 주로 대승불교문헌에서 중요한 내용으로 정립되는 품명(品名)과 내용이 발견된다. 예를 들면 『대반야경』「교편학품(巧便學品)」「교편행품(巧便行品)」, 『대방광선교방편경(大方廣善巧方便經)』 등이 그것이다. 또 『대보적경』「보살장회(菩薩藏會)」에서는 10가지 선교(善巧)를 설명하고, 『유가사지론』「보리분품」에는 보살이 자기 자신과 대상을 범주로 12가지 방편선교를 닦는다는 내용이 설해져 있다.[3] 이와 같이 대승불교문헌에서 방편보다는 선교와 조합한 상태에서의 번역어가 많음을 알 수 있다.

---

2 望月信亨編, 『佛教大辭典』 권3, 世界聖典刊行協會, 1974, 2950-2951면.

3 『瑜伽師地論』 권45 (『大正藏』 30, 540상)

2. 한역어 '방편'과 구마라집

『출요경』, 『정법화경』 등에 '권방편(權方便)'이라는 표현이 나온 이래, 선교방편 등과 같은 동어반복적인 용어는 간단히 방편으로 정립되어간다. 일반적으로 방편이라는 용어가 보편적으로 쓰이게 된 데는 구마라집의 역할이 큰 것으로 추정된다. 곧 구마라집의 역경사업 이후 우리에게 익숙한 문헌에서는 방편이라는 용어가 많이 발견되는데, 그의 번역문헌들이 읽혀지기 쉬운 장점을 지녔다는 평을 받았던 점과 단순반복적인 용어를 간단하게 하는 효과를 지닌 장점 때문인지 '방편'이 널리 쓰이게 된다. 예를 들어 방편과 관련되어 가장 많이 일컬어지는 초기 대승불교의 두 경전인 『법화경』과 『유마경』의 이역본들의 품명(品名)을 비교해 보면 다음과 같다. 축법호의 『정법화경』에서는 방편이라는 용어 대신 권방편(權方便)과 선권방편(善權方便)이라는 번역어가 대부분을 차지하고 있는데, 『묘법연화경』에서 「방편품」이라고 한 제목도 『정법화경』에는 「선권품(善權品)」으로 되어 있다. 지겸(支謙)의 『불설유마힐경(佛說維摩詰經)』 「선권품(善權品)」, 현장(玄奘)의 『설무구칭경(說無垢稱經)』 「현부사의방변선교품(顯不思議方便善巧品)」은 구마라집의 『유마힐소설경』 「방편품」으로 한역된다. 그러므로 일반적으로 쓰여지는 '방편' 용어의 확립은 비슷한 한역어들 가운데서 구마라집의 역경문헌이 유행본이 되면서 불교개념어로서도 보편화되었다고 볼 수 있다.

3. 가행(加行)과 방편

유식학(唯識學)과 관련된 역경문헌에서 방편과 비슷한 용어를 가행(加行; 범 prayoga)이라고 한역한 내용이 자주 발견된다. 아함부에서는 가행이라는 용어가 처음 보인 것은 『증일아함(增一阿含)』에 '가행십선(加行十善)'이다. 이와 관련하여 아함부(阿含部)를 고찰해보면 가행은 방편과 의미상 매우 유사한 용어로 쓰이고 있기는 하지만, 수행과 관련된 내용이 가장 많은 잡아함(雜阿含)·중아함(中阿含)에는 가행이라는 용어가 없고 방편이라는 용어만 쓰이고 있다. 오히려 『대반야바라밀다경』에는 가행 용어가 비교적 많이 등장한다. 예를 들면 '수가행(修加行)', '정진용맹불사가행(精進勇猛不捨加行)', '아수가행기원만이당입보살정성이생(我修加行旣圓滿已當入

菩薩正性離生) … 유가행발보리심(由加行發菩提心)' 등이다. 그러나 이러한 구절은 아함부에서는 거의 가행이 방편으로 대치되어 정형구처럼 보이기도 하고, 다른 반야부 경전류에서도 가행보다는 방편이 수행과 관련하여 훨씬 자주 발견된다.

대승과 수행을 적극적으로 관련시킨 유식학과 관련된 경전인 『십지경』, 『대보적경』, 『해심밀경』, 『아비달마집이문족론』, 『대비파사논』, 『구사론』, 『유가사지론』, 『순정리론』, 『성유식론』[4]등에 가행은 무수히 등장한다. 그런데 유식관련 문헌에서는 내용상 유사한 것처럼 보이는 가행과 방편을 구별하기도 한다. 이 둘은 점차 마치 차제적(次第的)인 관계를 지닌 것처럼 설명되면서, 『유가사지론』에서는 성문지(聲聞地)에서 가행구경(加行究竟)의 내용이 보이는데, 가행은 성문지에서 수행하는 단계의 구경에 위치해있다고 보았음을 짐작할 수 있다. 이것은 이후의 다른 대승경전류에서 보살단계 이전에 방편을 닦아야하는 것과 연관시켜 볼 때, 점차 방편 속에 가행의 내용이 포함되어 가는 것으로 짐작할 수 있다. 정리하자면 아함부와 『대반야바라밀다경』과 비교하여 보면, 수행과 관련되어 용어를 쓸 때 아함부에서는 가행보다는 방편이 많이 사용되었고, 유식에서는 가행이 방편보다 이전단계에서 수행하는 내용과 관련되어 쓰이고 있다. 후기 대승불교인 밀교문헌에 이르면 가행은 관정(灌頂)·수계의식 이전에 행하는 예비적 수단, 의식 등을 뜻하는 번역어가 되므로 보다 형식의례에 치우친 용어로 인신되었음을 알 수 있다.

유식논서의 이러한 성향은 『성유식론』을 중시한 중국의 법상종(法相宗)에 영향을 주어 규기(窺基)는, 『성유식론술기(成唯識論述記)』에서 방편은 뭔가를 열심히 하도록 스스로 자책하고 독려한다는 뜻[5]으로 풀이하면서 가행과 구별하여 설명하고 있다. 그러면서 가행도(加行道)는 현장이전의 한역에서는 방편도라고 하던 것인데, 가행이라고 하는 것은 붓다[佛果]의 선교(善巧)와 차별을 나타내려는 의미로 채택한 용어라고 밝히고 있다.[6] 곧 가행은 견도(見道)에 가까워지려고 행하는 수단을 의미하는 것으로 견도 이전의 수행에 해당되는 가행은 사선근위(四善根位)에 배대되는 것이다. 그

4 『成唯識論』의 유식5위(唯識五位)에 보면 두 번째 단계가 가행위(加行位)인데, 여기에 대한 설명은 대승을 닦고 결택분을 따르는 계위로 설명되어 있다.(修大乘順決擇分)

5 『成唯識論述記』 6본 (『大正藏』 43, 437하)

6 『成唯識論述記』 9말 (『大正藏』 43, 564하)

러므로 붓다의 선교방편과 보살 등의 방편이 같지 않은 점을 구별하기 위하여 특별히 가행이라는 용어를 쓴다고 밝히고 있다.

이상의 내용을 종합하여 설명하면, 방편은 여러 가지 수단과 방법, '(목적)을 향해 가까이 가다'를 의미하는 중립적 용어지만 선교(善巧) 등과 결합하여 쓰이면서 점차 긍정적이고 적극적이며 보살행에 있어서 필수적인 교화능력의 수단으로 쓰인다. 또한 일반적으로는 붓다와 보살이 수행하면서 자신을 닦아가는 측면과 그것을 대상에게 가장 적절하게 활용하는 능력을 의미한다. 그리고 초기불교이래 방편과 유사하게 쓰여지던 가행은 유식계통 경전과 주석에서 수행과 관련되어 쓰이는 점은 비슷하지만, 성문·보살·붓다의 방편능력을 구별하여 차제적으로 쓰여지는 용어로 구별되기도 한다.

Ⅱ. 역사적 전개 및 텍스트 용례

대승불교가 상좌부불교와 다른 점에 관해서는 여러 가지 이설이 있겠지만, 그 가운데 방편과 보살 개념은 대승불교의 교학적·수행적 측면에서 매우 중요하다는데는 대부분 동의한다. 그러나 방편이라는 용어는 초기불교 문헌에서도 자주 발견되며, 붓다 또한 무수한 방편을 써서 설법했으리라는 것을 짐작할 수 있다. John W. Schroeder는 역사상의 붓다가 처음 깨달음을 얻고 나서 자신의 법을 알아들을 중생이 한 명도 없다고 판단하고 바로 열반에 들기로 결심했다가, 범천이 청하는 것을 받아들여 설법을 처음 시작한 이야기가 바로 붓다의 방편이었다고 서술한다.[7] 이것은 언어가 끊어진 세계에 들어간 붓다가 언어로 설법한 것 자체가 방편이라고 파악한 것이다.

1. 초기불교에서의 수행적 방편

방편은 어디까지나 수단이나 방법의 의미를 부정할 수는 없다. 초기불교 경전에서 방편은 생활의 도구, 삶의 수단 등의 의미를 포함하여 단순한 수

7 John W.Schroeder, *Skilful Means,* University of Hawai'i Press, 2001, 1면.

단, 방법의 의미로도 사용되고 있다. 또한 방편은 교(巧)방편, 선교(善巧)방편, 선(善)방편으로 쓰인다. 대승불교문헌에서 방편은 매우 긍정적으로 쓰여지지만 초기불교문헌 속에서는 반드시 좋은 의미의 수단, 방법으로만 사용되지는 않았다. 한역 아함경을 중심으로 볼 때 방편이라는 용어는 『잡아함경』, 『장아함경』에서 다양한 형태로 발견되고, 『중아함경』에서도 적지만 몇 차례 다양한 쓰임으로 발견된다.

『장아함경』에서 발견되는 방편은 앞에 수없이 많은[無數], 갖가지[種種]를 수식어로 삼은 수단, 방법, 방책 등을 의미하는 것이 가장 일반적이다.[8] 붓다만의 설법의 특성·갖춘 능력·수학한 방법[修學法]을 밝히는 부분에서는 팔정도(八正道) 내용이 있는데, 정정진(正精進)을 대신하여 정방편(正方便)을 쓰고, 여덟 가지 소멸해야 할 법으로 그와 상대가 되는 사방편(邪方便)이라는 용어가 쓰여진다.[9] 여러 차례 이와 같은 표현이 보이지만, 정방편·사방편의 내용에 대한 설명은 없다. 『장아함경』을 참고하여 생각할 때 초기 불교에서 방편과 정진은 유사한 의미로 쓰여지고 있음을 알 수 있다. 여기서 방편은 긍정적, 부정적 의미를 모두 포함한 것으로 나타나고, 특별히 강조되지는 않지만 부지런히 수행하는 내용과 관련되어 무수하게 발견된다. 이것은 매우 주목할 만한 특징으로 『장아함경』과 『잡아함경』은 수행과 관련된 내용이 가장 많이 발견되는 경전이다. 삼십칠조도품 수행을 설명하는 가운데에도 근가(勤加), 정진(精進), 당가(當加)[10] 등과 함께 방편 용어가 쓰였다는 점을 주의 깊게 보면, 후에 대승불교경전에서 방편이 보살의 수행과 관련되는 측면을 미루어 짐작할 수 있다. 가장 다양한 용례를 내포한 『잡아함경』을 중심으로 구체적으로 방편의 의미를 분석해보면 다음과 같다.

1) 수행으로서 끊임없이 노력하는 의미, 정방편(正方便)

『잡아함경』의 팔정도 항목은 『장아함경』과 같이 오늘날 우리에게 일반적으로 널리 알려진 정정진(正精進) 대신 정방편(正方便)으로 되어 있다. 구체적으로는 『잡아함경』 42경, 71경, 123경, 233경에 팔성도(八聖道) 내용

8 『長阿含經』 제1「大本經」 (『大正藏』 1, 6중)
9 『長阿含經』 권9 (『大正藏』 1, 55상)
10 『雜阿含經』, 400경~442경까지 매우 많은 경에서 '勤加方便, 當勤方便'이라는 용어가 나온다.

에 정사유(혹은 정사(正思))를 대신하여 정지(正志), 정정진 대신에 정방편이라는 용어가 포함되어 있다. 팔정도 자체가 하나의 완결된 수행체계이지만 그 가운데에서도 정정진은 선정을 닦는 공부방법임을 생각할 때 방편또한 여기서는 수행과 연관된 용어로 쓰여지고 있다고 보아야 한다. 예를 들어 한적한 공터·나무아래·길에서 오음(五陰)·십팔계(十八界)·십이입(十二入)을 관찰하여 바른 노력으로 그 뜻을 사유하는 것을 비구의 세가지 관법의 뜻[三種觀義]이라고 하는데, 이때 정방편을 쓴 결과로 번뇌가 다하여 심해탈(心解脫)·혜해탈(慧解脫)을 얻어 현법(現法)에서 스스로 알아 만족하고, 나의 삶은 이미 다하여 범행을 세웠으며 해야할 바를 다 하여 다시 몸을 받지 않을 것을 스스로 아는 아라한의 경계에 이르게 될 것이라고 한다.[11] 이것은 정방편을 쓴 결과 아라한에 이르게 된다는 초기문헌의 전거로써 방편이 깨달음을 얻는 수행에 적극적으로 쓰여지고 있음을 알 수 있다.

784경에 정방편의 내용이 나오는데, 여기서는 방편, 정진, 근(勤), 욕(欲) 등이 모두 병렬적으로 포함되어 있으면서 항상 이것으로부터 물러나지 않는 것을 정방편이라고 하였다.[12] 785경에는 세간과 출세간이라는 2종류의 정방편 내용이 나온다. 세속의 정방편은 중단됨이 없이 늘 의욕, 정진, 마음으로 섭수하는 것이므로, 세속의 번뇌가 있고 취착(取着)이 있는 정방편이라고 한다. 성스러운 출세간의 정방편은 사성제 가운데 고성제의 이치를 이미 깨달아 몸이 있는 한 겪게 되는 괴로움[苦苦]과 집·멸·도성제를 사유하여 번뇌없는 마음집중[無漏憶念]으로 이에 상응하는 심법을 끊임없이 섭수하는 것을 내용으로 한다.[13] 세간과 출세간의 정방편 설명으로 볼 때, 팔정도의 구성이 깨달음을 얻기 위한 체계이면서 깨달음을 얻은 이후에도 계속 수행되는 것임을 알 수 있다.

647경에 또다른 수행체계로 볼 수 있는 오근(五根: 信根, 精進根, 念根, 定

11 『雜阿含經』 권2 (『大正藏』 2, 10하)

12 『雜阿含經』 권28 (『大正藏』 2, 203상)

13 『雜阿含經』 권28 (『大正藏』 2, 203하). "何等爲正方便. 正方便有二種. 有正方便. 世·俗. 有漏·有取. 轉向善趣. 有正方便. 是聖·出世間. 無漏·不取. 正盡苦. 轉向苦邊. 何等爲正方便世·俗. 有漏·有取. 轉向善趣. 謂欲·精進·方便超出·堅固建立. 堪能造作精進·心法攝受·常不休息. 是名正方便世·俗. 有漏·有取. 轉向善趣. 何等爲正方便是聖·出世間. 無漏·不取. 盡苦. 轉向苦邊. 謂聖弟子苦苦思惟. 集·滅·道道思惟. 無漏憶念相應心法. 欲·精進·方便·勤踊. 超出·建立堅固·堪能造作精進. 心法攝受·常不休息. 是名正方便是聖·出世間. 無漏·不取. 正盡苦. 轉向苦邊."

根, 慧根)을 말하면서 정진근 내용에 방편이 설명된다. 여기서도 정진과 방편은 비슷한 성격으로 열심히, 부지런히, 끊임없이 정진하라는 것이다.[14] 정방편의 내용은 『사체경』에서는 다음과 같이 설명하고 있다.

> "고(苦)는 고라고 집중하여 알고[念] 고의 모임은 반복이라고 알며, 그 반복의 모임이 다하는 것은 고의 다함이라고 알며, 도는 고가 다하는 길이라고 안다. 정진하는 것, 방편하는 것, 나아가는 것, 머무는 것, 능한 것, 펼치는 것, 기뻐하며 비방하지 않는 것, 생각을 끊지 않는 것, 바로 그쳐야 할 것 등을 멈추는 것, 이것을 정직방편이라고 한다."[15]

이것은 앞에서 출세간의 정방편을 설명한 것과 유사한 내용임을 알 수 있다.

65경, 66경, 67경, 68경에서는 거의 정형구처럼 오온의 모임과 흩어짐을 여실하게 관찰해야 한다는 것을 설명한다. 그러기 위해 비구는 항상 방편선사(方便禪思)를 반복하여 닦으며 안으로 그 마음을 고요히 하면서 부지런히 방편을 써서 여실하게 관찰한다[16]고 한다. 110경에도 오온이 무아임을 관찰해야 한다고 하면서, '이 오온이 병·종기·가시·없어짐·무상·괴로움·공한 것·영원한 실체가 아닌 것과 같음을 부지런히 관찰해야 한다.[17]라는 내용이 나온다. 비슷한 용어로 '근방편관찰'이라고 표현된 곳도 있는데, 이때 방편은 '근(勤)'과 비슷한 의미이면서 갖가지 방법을 포함한 것이라고 생각된다.

484경, 493경에서 방편을 행하여, 혹은 방편행에 있어서 마음에 게으름이 없으면 법의 적정을 얻는다고 하는 것도 연관된 방편의 용례로 볼 수 있다.[18] 130경, 174경에는 스승 삼아야 할 인물들을 여러 용어로 적어 놓았는데, 욕자(欲者)·정진자(精進者)·방편자(方便者)·근자(勤者)·정근자(正勤者)·여의족자(如意足者)·근자(根者)·역자(力者)·각분자(覺分者)·도분자(道分者)·

---

14 『雜阿含經』 권26 (『大正藏』 2, 182중). "何等爲精進根. 已生惡不善法令斷. 生欲·方便·攝心·增進. 未生惡不善法不起. 生欲·方便·攝心·增進. 未生善法令起. 生欲·方便·攝心·增進. 已生善法住不忘. 修習增廣. 生欲·方便·攝心·增進. 是名精進根."

15 『四諦經』 (『大正藏』 1, 816중)

16 『雜阿含經』 권3 (『大正藏』 2, 17상)

17 『雜阿含經』 권5 (『大正藏』 2, 35중). "此五受陰勤方便觀 如病如癰如刺如殺無常苦空非我."

18 『雜阿含經』 권18 (『大正藏』 2, 128하)

지자(止者)·관자(觀者)·염신자(念身者)·정의념자(正憶念者)[19] 등이 있다. 이 내용은 삼십칠조도품에 속하는 다양한 실수자(實修者)들을 모두 포함하고 있다. 따라서 방편, 정진, 근, 정근이 각각 분리되어 있어서 기록될 당시에는 약간의 의미상의 차이가 있었을 것 같지만, 분명한 점은 이 용어들이 수행과 관련되어 쓰여지고 있음이 확실하다는 것이다. 초기불교에서 방편은 끊임없이 노력하는 수행체계의 용어범주에 속했다는 점은 주목할 만하다.

2) 가장 일반적인 의미로서의 여러 가지 수단, 방법

『잡아함경』 175, 177, 178~186경에는 '慇懃方便時救令滅'이라는 일관된 구절로 방편 용어가 수차례 나온다. 이 때 방편은 갖가지 수단방법으로 쓰여진다. 모자에 불이 붙은 사람을 어떻게 구하겠느냐라는 질문에 비구들은 은근한 방편으로 상황에 맞게 구제할 방안을 생각하여 불을 끄겠다는 등의 내용이다. 923경, 1092경, 1177경, 1214경에도 여러 가지 수단 방법의 의미로서의 방편용례가 보인다. 이밖에 『잡보장경』, 『중아함경』 속에도 기본적으로 이러한 방편의 용례가 발견된다. 이것은 현재 일상적으로 임시방편이라고 쓰이는 용어와 의미상 통하는 부분이라고 할 수 있다.

3) 생활수단, 삶의 생계수단

91경에 한 바라문이 붓다에게 세속에서 수행하는 사람은 몇 가지 법을 행해야 현법에서 편안과 즐거움[安, 樂]을 얻는가 질문하자, 붓다가 4법[方便具足·守護具足·善知識具足·正命具足]을 구족해야 한다고 답한다. 이 가운데 첫 번째가 '방편구족(方便具足)'이다.[20] 이때 방편은 갖가지 생활을 위한 직업과 같은 의미로 어떤 일을 하여 삶을 꾸리는 구체적 수단, 방법이다. 이 단락에서 정명구족은 자신의 재물에서 수입과 지출을 균등하게 하는 것을 말한다. 93경, 1194경, 1248경, 1283경에도 생활, 살림의 수단으로서의 방편용례가 보인다.

4) 부정적 의미의 방편 용례

수행과 관련된 측면이 있지만 진실·구경적 경계에 도달하기 위해 그 이

---

19 『雜阿含經』 권6 (『大正藏』 2, 41중)
20 『雜阿含經』 권4 (『大正藏』 2, 23상)

전의 수단·도구로서의 방법을 버리거나 적게 써야 수행의 올바름을 얻게 된다는 의미에서 쓰여진 방편용례가 있다. 502경에서 적은 방편으로 선(禪), 해탈, 삼매, 정수(正受)를 얻는다[21]고 하여 방편을 적게 쓰는 것이 올바른 수행법이라는 표현이 있다. 이후에 다시 방편을 열심히 쓰지 않아야 한다는 것을 강조하는 표현이 반복된다.[22] 719, 720경의 내용도 칠각분(七覺分)을 수습하는 데 있어서 사유를 잘하고 나서 방편을 써야 평등을 얻을 수 있고, 사유없이 부지런히 방편을 쓰면 평등을 얻을 수 없다[23]는 내용이다. 이것은 방편자체를 부정적으로 쓴 용례는 아니지만 체계적으로 깨달음을 수행하는 과정에서 사유없이 방편만 열심히 행한다고 원하는 경지를 얻는 것이 아님을 밝히고 있는 정도의 부정적 내용이다.

5) 수행 내용과 관련된 단계적[次第] 표현, '향하여 가다', '가까이 가다'의 의미

이것은 1)의 내용과 반복되는 것처럼 보이기도 하지만, 특히 구체적 실수(實修)와 관련하여 차제적 의미를 담지하고 있는 측면이 있기에 따로 분류해 볼 수 있다. 612경에 비구들이 사념처를 수습할 때 더욱 더 하고자 하는 마음을 일으켜 방편을 쓰기에 노력해야만 바른 마음집중[正念]·바른 지혜[正智]를 얻으므로 반드시 수학해야 한다[24]고 한다.

733, 810경의 내용에서도 칠각분(七覺分)에서 방편수습을 한 후에 각각의 깨달음의 단계가 완전히 만족된다는 차제적인 내용이 나온다.[25] 곧 하나하나의 각분을 점차적으로 일으킨다는 것은, 예를 들면 염각분(念覺分)의 방편을 반복해서 닦아서 만족한 이후에야 염각분을 만족하는 것이다. 그 이후에 다른 각분인 택법각분(擇法覺分)의 수습단계로 넘어갈 수 있다. 나아가 멸진정 이전에 반드시 갖추어야 할 긍정적 의미의 방편용례도 보인다.[26] 이것은 입멸정수(入滅正受)라고 하는 멸진정과 비슷한 상태에 들어가기 전에 먼저 방편을 짓겠다는 내용이다. 마찬가지로 정수(正受)에서 나올 때도 먼저 방편으로 그 마음을 먹고서야 정수에서 나오는 것이다. 이와 같이 수행상에 있어서 목표점에 도달하기 전에 그에 해당하는 방편을 수습하

21 『雜阿含經』 권18 (『大正藏』 2, 132중)
22 『雜阿含經』 권18, (『大正藏』 2, 132하)
23 『雜阿含經』 권27 (『大正藏』 2, 193하)
24 『雜阿含經』 권24 (『大正藏』 2, 171하)
25 『雜阿含經』 권27 (『大正藏』 2, 196중)
26 『雜阿含經』 권21 (『大正藏』 2, 150중)

는 것은 대승수행자가 보살과 붓다의 깨달음 이전, 혹은 깨달음 이후에 수행이 차제적으로 요구되는 측면과 관련지어지는 방편용례이다. 이것은 유식계통의 경전과 문헌에서 가행과 방편을 구별하여 보살과 붓다의 방편행을 구별하려고 했던 점과 통하는 맥락이다.

여기에서 나아가 방편을 써서 깨달음을 일으킨다는 용례는 방편이 깨달음을 유발하는 촉진제가 된다는 것으로 보이기도 한다. 1334경, 1341경 등에서 '방편에 머물러 이것을 잘 깨닫는다'[27], '방편을 지어서 이것을 깨닫게 된다'는 내용이 여러 차례 발견된다. 이것은 여러 가지 수단·방법·임의적 방책 등을 써서 결국 깨달음으로 나아간다는 것이다.

6) 수행자가 갖추어야 할 조건으로서의 방편 용례

616경에 지혜, 변재, 방편을 내심에 갖추고 나서 외적인 대상을 취하면 나중에 물러남이나 스스로 어둠이 생기지 않는다[28]는 내용이 있다. 이것은 앞에서 수행의 차제적 단계로 설명된 방편과는 달리 수행자가 갖출 조건으로서의 방편이기에 5)와 다르게 분류할 수 있다. 이러한 경향이 후에 지혜와 짝을 이루어 보살이 갖추어야 할 방편력으로 전개되는 것으로 보인다. 또한 이것은 높게는 붓다의 방편력에서부터 수행자의 능력정도에 따른 방편력이 대승불교에서 강조되는 것과 연결되는 맥락이다.

이상에서 살펴본 것처럼 아함의 교법 속에 이미 방편이 훗날 다양하게 발전·심화될 싹들을 가지고 있었음을 알 수 있다. 그러나 생활의 수단, 도구, 여러 가지 방법을 의미하는 2), 3)을 제외하면 수행과 밀접하게 관련지어 방편이 설명되고 있다는 점은 오늘날의 용어사용에서는 주목할만한 발견이다. 방편이 '임시적인 변통, 수단'의 의미를 넘어 수행과 직접적으로 관련된 용어이기 때문에, 후에 밀교문헌에서 지혜와 짝을 이루어 궁극적인 개념이 될 수 있었던 것이다.

2. 대승불교 경전 속에서의 지혜와 방편

아함부에서 보인 방편은 본생담류 속에서도 계속된다. 그러나 이때는 주

27 『雜阿含經』 권50 (『大正藏』 2, 368중)
28 『雜阿含經』 권24 (『大正藏』 2, 172하)

로 붓다와 보살이 갖춘 다양한 중생교화의 내용으로 설명되고 있다. 말하자면 이미 다양하게 활용되는 방편과 그것을 실제 행하는 붓다·보살·수행자의 방편력에 중심축이 옮겨가고 있음을 드러낸다.

『출요경(出曜經)』에서는 붓다가 권방편(權方便)으로 여러 가지 비유와 예시를 들어, 생사를 벗어나지 못하는 것은 애증의 덫·번뇌에 얽매인 사람과 같다고 하면서, 방편으로 해탈을 구하라고 한다.[29] 중생들은 갖가지 욕심, 성남, 어리석음의 번뇌에 물들어 여기에 애착하고 있으므로 바로 이것에 의해서 방편을 구한다.[30] 이때의 권방편은 단지 방편이라고 한 것과 같은 의미이지만, 그 내용에서 여러 가지 비유가 등장하므로 방편을 비유언사에 활용한 범위, 설법의 방향 같은 것을 내함한 의미가 된다. 그리고 붓다는 중생들의 상태에 맞추어 그에 적합한 다양한 방편을 구사한다는 점에서 중생의 근기와 방편을 관계맺을 수 있는 근거가 보인다. 『대방편불보은경(大方便佛報恩經)』은 부지런히 방편을 수학할 것을 권하는 내용이다. 『수행본기경(修行本起經)』에 보살이 육도(六度)를 행하면서 함께 수학하는 내용에 선권방편이 있다.[31] 『방광대장엄경(方廣大莊嚴經)』에 보살이 닦는 내용에 육바라밀 내용과 함께 방편이 속해있다.[32] 또한 붓다는 방편문을 열어 화살에 맞아 중상을 입고 있는 것과 같은 한량없는 중생을 번뇌에서 구해야 한다.[33] 『중허마하제경(衆許摩訶帝經)』에는 갖가지 방편으로 중생을 제도하며 즐겁게 한다는 내용이 나온다.[34] 이상에서 보았듯이 이미 본생담에서부터 방편은 긍정적으로 표현되는 측면이 많고, 보살수행과 관련된 경이 나오게 되면 육바라밀 항목과 함께 더불어 수행하는 개념이 되었음을 알 수 있다. 보편적인 수단방법으로서의 방편의 의미는 초기불교문헌에서도 매우 자주 발견되었던 것이지만, 본생담류(本生談類)와 본연부(本緣部) 경전에서 비유언사로서의 이러한 붓다의 방편설은 대승경전에서 핵심적인 내용으로 강조되고 전개된다.

초기불교 문헌에서 많이 발견되지만 자세한 설명내용이 없던 수행적 방

29 『出曜經』 권5 (『大正藏』 4, 633하)
30 『出曜經』 권5 (『大正藏』 4, 633하)
31 『修行本起經』 권1 (『大正藏』 3, 463상)
32 『方廣大莊嚴經』 권3 (『大正藏』 3, 555중)
33 위의 책, (『大正藏』 3, 557상)
34 『衆許摩訶諦經』 (『大正藏』3, 965, 972, 958)

편은, 대승불교문헌에서는 하나의 이야기로 엮어지거나 다양하고 방대한 비유와 설명으로 전개된다. 곧 방편이 용어로서만이 아니라 실제적으로 활용되면서 문헌 속에서 중요한 자리를 차지하게 된다. 대표적으로 오늘날 방편에 관한 저서와 논문은 주로 『유마경』과 『법화경』의 「방편품」을 분석하는 것이다. 『유마경』은 이미 싹이 튼 반야사상을 바탕으로 하면서도 유마라는 재가거사가 당시 최고 수준의 붓다제자들과 보살들을 설법으로 제압하는 방편을 보여주고 있다.[35] 철저하게 상좌부들의 깨달음과 수행을 깨뜨리고 있는 것처럼 보이지만, 『유마경』「방편품」은 역설적으로 유마거사가 몸에 병이 난 것에 의하여 몸은 무상한 것, 부정한 것, 괴로운 것이기 때문에 반드시 버려야할 대상이며 그대신 붓다의 법신을 얻을 것임을 많은 사람들에게 설법하는 내용이다.[36] 이것은 대승수행자 역시 초기불교 수행자들과 같이 욕심을 떠나는 것[離欲], 특히 '나의 몸이 있다'는 것에서 확실하게 벗어나는 것을 체득한 상태에서 방편을 펼친다는 점을 구조적으로 보여주는 것이다. 그렇게 자기 자신의 욕심을 철저히 떠난 붓다의 대표적인 성문 10대제자들이 그 자리에만 머무는 것을 꾸짖으며[37], 방편의 묘용(妙用)으로 인도해간다.

구마라집이 한역한 『묘법연화경』은 방편력(方便力), 방편설법(方便說法), 수의설법(隨宜說法)의 용어로 방편이 표현되고 있다. 「方便品」의 내용은 붓다의 지혜방편을 칭탄하고 과거·현재·미래의 모든 붓다는 삼승으로 중생을 가르치지만 이것은 일승을 위한 방편일 뿐, 실제 붓다의 가르침은 오직 일(불)승(一佛乘)이라는 것이다.[38] 방편의 내용은 갖가지 인연·비유의 말씀이며 이것을 통해 중생들은 마침내 일체종지(一切種智)를 얻는다. 그러나 『법화경』은 더 이상 방편의 가르침이 아니므로 정직하게 방편을 버리고[正直捨方便] 모든 중생을 위한 위없는 가르침[無上道] 만을 설한다고 강조한다.[39] 한편 대승 붓다의 지혜는 오직 붓다들만이 알 수 있는 것으로 보살이나 성문의 지혜로는 헤아릴 수 없다고 하면서, 그런 중생들을 모두 붓다의 깨달음으로 인도하기 위해서는 중생들이 집착하는 여러 대상들에 맞추

35 Michael Pye, Skilful Means, Geraid Duckworth, 1978.
36 『維摩詰所說經』「方便品」(『大正藏』 14, 539)
37 『維摩詰所說經』「弟子品」(『大正藏』 14, 539-542)
38 『妙法蓮華經』 권1 (『大正藏』 9, 7상)
39 『妙法蓮華經』 권1 (『大正藏』 9, 10상)

어 갖가지 인연과 비유 등의 방편을 사용하지만, 그들의 근기가 어느 정도 성숙한 다음에는 방편을 버리고 모든 중생이 붓다가 될 수 있다는 가르침을 담은 『법화경』을 설한다는 내용이다. 「방편품」은 중생들이 집착하는 갖가지 오욕(五慾)을 떠나게 하기 위해 붓다가 방편을 베푸는 것일 뿐이며, 궁극적인 것에 이르기 위해서는 방편이 버려지는 것임을 말한다. 이것은 방편에 대해 부정적 의미를 내함한 것처럼 보일 수도 있지만 비슷한 시기에 제작되는 반야부 경전의 이해를 참고한다면, 이때 붓다의 방편은 이미 반야의 참된 지혜로부터 발휘되는 방편이다. 중생의 근기가 미약하여 아직 붓다의 지혜에 이를 수 없을 때, 삼세(三世)의 모든 붓다는 지혜에 바탕한 방편적 가르침을 제시한다. 이것은 중생의 근기와 시기적인 적절성[時宜] 때문이지 방편이 하열(下劣)한 것이기 때문이 아니다. 오히려 이러한 붓다의 방편력은 붓다가 아니라면 누구도 그처럼 다양한 방편을 쓸 수 없다는 데서 위대함이 드러나기도 한다. 그러나 『법화경』에서 방편은 경전의 특성상 붓다의 다양한 방편과 방편력을 특화하고, 무상도를 얻기 위해서는 버려야 할 삼승(三乘)을 의미하는 것으로 설명되고 있으며, 진실과 상대된다는 점이 두드러지는 특징임을 부인할 수 없다.

궁극적 지혜 또는 진실, 실천행과 관련된 방편설명은 반야부 경전을 통해서 일관된 맥락을 발견할 수 있다. 『대반야경』에서는 공관(空觀: 반야, 지혜)에 바탕을 둔 방편에 관한 설명이 기조를 이룬다. 곧 무사(無捨), 무호(無護), 무취(無取), 무근(無勤), 무사(無思), 무착(無著), 무소득(無所得), 무소주(無所住), 공무소득(空無所得)으로 방편을 삼아 철저한 바라밀행을 할 것을 설명한다.[40] 반야부 계통의 경전에서 기존의 상좌부 전통과 달라지는 매우 중요한 가르침의 핵심은 철저한 바라밀행이다. 붓다의 가르침에서 이끌어져 나온 무소득, 무득(無得)의 깨달음은 두 전통 모두 공통되지만 반야경 제작자들로 생각되는 수행자들에게 핵심이 된 것은 그것을 철저하게 자리이타(自利利他)로 행위하는 것이었다. 자신의 깨달음만으로 만족하지 말고 끊임없이 전도하라는 것은 붓다의 가르침에 이미 있었지만, 붓다의 입멸 이후 자신의 깨달음을 얻기에도 힘들어진 출가집단은 서서히 가르침의 문을 좁혀가고 있었다고 추정된다. 이러한 환경을 반성하면서 대승경전 제작자들은 자신의 깨달음과 그것을 대중들과 함께 나누는 철저한 실천행[上求菩

40 『大般若經』 권1 (『大正藏』 5, 11하)

提, 下化衆生]이라는 두 목표를 세우게 된다. 온갖 종류의 중생에 맞게 다양한 방편이 요구되고, 최상의 깨달음에 바탕을 둔 방편으로부터 임시적으로 쓰여지는 방편행까지 모두 긍정되는 경향을 가지게 된다. 나아가 마침내 밀교에서 지혜와 자비의 구체화된 현실은 방편으로 궁극적 목표[究竟]를 삼기에 이른다. 반야부 계통을 비롯하여 방편에 대한 내용이 담긴 대승경전류를 살펴보면 다음과 같다.

『인왕반야바라밀경』에서 보살은 아라한에게 있을 것으로 생각되는 실지(實智) 공덕과 방편지(方便智) 공덕, 그리고 삼명육통(三明六通) 등을 갖추고 있다고 한다.[41] 이때 보살은 초기불교의 아라한과 붓다와 같은 경지에 도달한 존재로 볼 수 있고, 지혜 측면에서도 붓다가 갖춘 실지와 방편지를 모두 갖춘 존재가 된다. 또한 다양한 종류의 방편을 소개한다. 반야부 경전에서는 지혜를 실지와 방편지로 나누고, 이것은 반야의 지혜와 함께 그를 바탕으로 한 방편의 지혜가 대승에서 함께 필수적 조건이 됨을 알게 하는 분리이다.

『대승이취육바라밀다경(大乘理趣六波羅蜜多經)』에서는 반야(般若) 지혜와 방편을 자세히 구분하려는 의도의 내용이 보인다. 이러한 구분이 사실은 분별없음[無分別]을 바탕으로 한 것이지만 구분의 내용만을 보면, 먼저 보살은 방편과 근사한 개념인 선교지(善巧智)를 갖추고 있는데, 이것은 유위와 무위로 나뉜다. 이 세상[三界]에서 삼계에 집착하지 않고 행위하는 것을 유위선교지라고 하며, 이 세상이 본래 공하여 마술과 같고 변화함과 같아서 취하거나 집착할 것이 없음을 명료하게 아는 것을 보살의 무위선교지라고 한다. 이처럼 법성이 청정하고 무상(無相)하며 무명(無名)이어서 일체지(一切智)를 갖추고 있음을 명료하게 아는 것이 실지(實智)이다. 중생을 제도하기 위해 임시로 이름지은 방편을 분별하는 것이 권지(權智)이다. 보살마하살이 이 두 지혜에 자재한 것을 '반야바라밀다'[지혜의 행을 끝까지 도달한 것]라고 한다.[42] 그 후에 다시 지혜와 방편을 상세하게 구별하는데, 그 내용은 법성을 이해하고 깨닫는 이지적인 측면을 지혜라고 하고, 그것을 알아나가는 단계나 과정의 수행과 관련된 내용을 방편이라고 나누어 설명한다. 곧 일체법성을 모두 명료하게 알 수 있는 것을 지혜라 하고, 관찰되는

41 『仁王般若波羅蜜經』 권상 (『大正藏』 8, 825상)
42 『大乘理趣六波羅蜜多經』 권10 (『大正藏』 8, 915중)

모든 선(善)·불선법(不善法)을 방편이라고 한다. 온갖 분별을 떠난 해탈을 따라서 성스러운 지혜가 현전하는 것을 반야바라밀다라고 하며, 이와 같이 방편으로 분별한 온갖 번뇌·결사(結使)들을 사마타[止]와 위빠사나[觀]로 뽑아버리는 것을 방편이라고 한다. 법의 뜰에서 놀며 총지를 염하여 얻고 이치[理智]가 현전하는 것을 지혜라 한다면, 모든 중생들이 의지하는 곳이 바로 방편이다. 본성이 공함을 아는 것이 지혜이며, 객진번뇌를 제거하는 것이 방편이다. 깊이 선정에 들어가지만 선정에 머무르지 않는 것이 지혜이며, 이승을 이끌어 인도하는 것이 방편이다. 승의제를 보이는 것이 지혜이며, 임시적[權]으로 사제를 설하는 것이 방편이다. 모든 수행에 있어서 불가득(不可得)을 철저히 꿰뚫어 아는 것이 지혜이며, 부지런히 무한한 공덕·대비(大悲)·대원(大願)을 구하는 것이 방편이다. 번뇌의 본성이 본래 해탈임을 아는 것이 지혜이며, 번뇌결사가 허망한 분별임을 요달하여 아는 것이 방편이다. 중생심이 본래 적정함을 요달하는 것이 지혜이며, 번뇌에서 파생한 것[隨眠]과 습기를 수행하여 끊도록 권하는 것이 방편이다. 일체중생의 마음작용[心行]의 차별인 팔만사천의 온갖 것들이 모두 부처님 지혜임을 아는 것이 지혜이며, 성문·연각의 방편을 부지런히 닦아 점차 붓다의 길에 들어가는 것이 방편이다.[43]

『대승이취육바라밀다경』에서 구별한 지혜와 방편은 초기 『대반야경』에서 보였던 것처럼 반야지혜에 바탕을 둔 방편행만을 의미하는 것이 아니라, 방편행이 지혜와 차제적(次第的)으로 서술되어 있음을 드러낸다. 이것은 지혜를 바탕으로 한 방편의 의미라기보다는 지혜보다 한단계 낮은 지혜로서의 방편행과 중생의 입장에서 적극적으로 수행할 것을 의미하는 것으로 내용이 변화한 것이다. 같은 반야부 계통의 경전이라고 해도 지혜와 방편의 관계를 상즉하는 것으로 직접 드러내지는 않음을 알 수 있다. 한편 지혜와 방편을 구별하려고 할 때 방편이 직접적 수행의 내용을 내포하고 있음을 명확하게 드러내어, 아함이래 수행적 전통에서의 방편이해가 일관된 맥락을 지니고 전개되고 있음을 확인할 수 있다.

이상의 경전 내용을 살펴보면 법화경과 반야부 계통의 방편쓰임이 차이가 있다는 점은 주목할 만하다고 생각한다. 증전영남(增田英男)은 반야경에서 방편은 근본적으로 공관(空觀)으로서의 지혜[大智]에 기초해 있으면서

43 『大乘理趣六波羅蜜多經』 권10 (『大正藏』 8, 915중)

자비[大悲]를 위한 수단방법이라는 의미를 중핵(中核)으로 갖가지 파생적, 발전적 의미를 내포한다고 보았다. 이와 비교해서 살펴볼 때『법화경』은 오히려 붓다의 자비에 무게를 두고 있다. 그래서 중생의 불지견(佛知見)을 열어 보이고 깨달아 들어가게[開示悟入]하려는 모든 붓다의 노력이「방편품」에 설해져 있다. 이때의 핵심은 중생의 근기와 그것을 쓸 시기에 응해서 적절하게 방편을 설한다[隨宜說法]는 점이다. 따라서『법화경』은 이미 적극적으로 자비[大悲]의 실천이라는 의미로 방편을 사용한다고 파악한다.[44]『법화경』에서의 방편은 반야부 경전이 지혜의 근원적 의미에 중심을 두고 방편을 이해하여, 공관(空觀)에서 자비로 향함을 강조하는 표현과는 다른 역할과 의미를 지니게 된 것이다. 반야사상 이래 대승불교 속에서 방편은 공관을 담보한 진실성과 중생제도 차원에서 현실적이고 현상적으로 인정되는 권가성(權假性)을 모두 내함한다. 그러나 붓다의 지혜[佛智]에 바탕하지 않고서는 권가적(權假的) 방편을 쓰지는 않는다. 반야사상의 영향을 받았지만 초기 대승불교 경전인『유마경』에서는 아직은 초기불교 수행적 전통의 연장성을 드러내보이면서, 활용적 측면에서 전체구조 속에 방편이 숨겨져 있다고 볼 수 있다.

대승경전은 점차 붓다이외에 보살의 수행에 있어서 방편을 구족할 것이 강조된다. 그러면서 방편은 지혜와 함께 반드시 갖추어야 할 수행자의 조건이 되는 모습을 여러 경전을 통해서 살펴볼 수 있다. 방대한 분량의『대보적경』「대승방편회(大乘方便會)」는 보살마하살이 방편을 행한다고 하는 내용이 소개되어 있는데, 사실 이것은 위로는 깨달음을 구하고 아래로 중생을 이익되게 교화하려는 갖가지 내용이다.[45]

3. 대승수행자(보살)의 궁극적 목표로서의 방편

위에서 살펴본 아함경류, 본연부, 초기 대승경전류의 문헌을 통해서 수행으로서 방편이 점차 강조되어 가는 분위기를 알 수 있지만, 초기불교 수행자의 수행목적은 구경열반(究竟涅槃)이다. 이것은 붓다 이래 초기불교적 전통에서 생사윤회를 벗어나 열반에 이를 것을 목표로 한다는 점에 의심의

---

44 増田英男,「法華經における「方便」の意味について」,『密教文化』95, 1971.

45『大寶積經』(『大正藏』11, 594~607)

여지가 없기 때문에 지금도 남방불교전통을 지켜가는 문화 속에서는 여전하다고 할 수 있다. 그러나 대승으로 전향한 수행자의 궁극적 목적은 열반이 아니라 번뇌즉열반(煩惱卽涅槃)의 방편으로 전향된다. 그것의 가장 구극적(究極的) 모습은 밀교의 가르침에서 지혜와 방편을 핵심으로 들고 있는 점이다. 반야부 계통의 경전 가운데 지혜와 방편을 구별하여 방편을 실천수행적 측면에서 바라본 것과는 같은 맥락이 되지만, 방편을 지혜보다 권가적(權假的)인 것으로 보았던 면에서 한 단계 나아간 표현이다. 밀교에서는 일반대중을 피안으로 인도할 다양한 방편이 지혜만큼 중요하다는 점을 강조한다. 이것은 이끌어가는 지도자[導師, 法師]의 입장에서도 필요하고, 중생 숫자만큼 다양한 중생의 근기에 맞추기 위해서는 그만큼의 방편이 요구된다는 처절한 자각과 노력의 소산임을 짐작하게 한다.

이것은 『잡아함경』에서 끊임없이 부지런하게 정진하라는 용어로 방편이 쓰여진 점, 『법화경』에서 붓다의 방편을 찬탄하는 점, 여러 대승경전에서 보살은 철저하게 육바라밀행으로서의 방편력을 갖추어야 함이 요구되는 점이 모두 총합된 결과로 보인다. 방편은 중생을 진실로 인도하기 위한 수의적(隨宜的) 수단방법·과정이면서 마침내[究竟] 드러난 진실과 상즉해 있다. 그러므로 초기불교 이래 방편의 일관된 맥락을 이어받아 완성된 꽃이 밀교에서의 방편이라고 할 수 있다. 이것은 지혜를 바탕으로 한 방편을 선양했던 반야사상보다도 오히려 지혜만큼의 비중으로 방편을 말하고 있다는 점에 차이와 중요성이 있다. 지혜와 방편의 관계에 대해 여러 가지 설들이 있지만, 밀교에서 방편은 진실지(眞實智)로부터 임시로 건립되어진 것이 아니라 지혜자체의 외적인 쓰임[用]의 발현이다. 여기에서는 권실(權實)의 높고 낮음으로 보지 않는 것이다.

밀교에서 방편이 구경(究竟)이라는 것은 『대비로자나성불신변가지경(大毘盧遮那成佛神變加持經)』(약칭 『大日經』) 1권에 잘 나타나 있다. '일체지지(一切智智)는 무엇을 원인[因]으로 하며, 무엇을 뿌리[根]로 하며, 무엇을 궁극적 목적[究竟]으로 하는가'라는 질문에 대해, 보리심(菩提心)을 원인으로, 대비(大悲)를 뿌리로, 방편을 구경으로 한다[46]고 답하는 내용이 있다. 이것을 간략하게 인근구경(因·根·究竟)의 3구(句), 인행과(因·行·果)의 3구, 혹은 신행과(信·行·果)의 3구라고 하며 그 내용을 3구의 법문이라고 한다. 이

46 『大毘盧遮那成佛神變加持經』 권1 (『大正藏』 18, 1중)

것은 여래가 자증(自證)과 화타(化他)를 성취한 원인·근본과 궁극적 목표를 질문한 것이지만, 동시에 또한 우리들이 어떻게 하면 여래의 깨달음을 얻을 수 있는가라는 질문이기도 하다. 『대일경소(大日經疏)』에서는 이 3구의 뜻 가운데 모든 불법의 비밀신력인 깊고 깊은 일이 포함되어 있다고 서술하며, 식물의 종자가 땅, 물 등 외부적 조건에 힘입어 싹을 틔우고 뿌리를 내리고 과실을 성숙하게 하는데 이르는 것처럼, 중생이 갖추고 있는 불성의 종자를 발생하여 깨달음[大覺]을 이루기 위해서는, 본래 불성을 지녔다는 이치[本覺]에 대한 깊은 믿음과 자비행이 베풀어지지 않으면 안된다고 설명하고 있다. 방편이 구경[方便爲究竟]이라는 것은 대비행(大悲行)에 의해서 근원적 어리석음[無明]을 제거하고 자신의 본모습인 법신을 여실하게 현현해서, 자재하게 중생을 이롭게 하며 자리와 이타의 지극한 뜻으로 삼아 끝없이 구제하는 것을 말한다.[47] 밀교에서 방편은 지혜와 자비를 구체화한 것으로 지혜와 자비는 방편에 의해서 비로서 현실이 되고 현실화된 그 방편에 의해서 마침내 지혜와 자비가 궁극적 의미에 이르게 된다. 방편은 이타의 완성이므로, 구경열반이 아니라 구경방편이 되는 것이다. 여기서 사물과 일에 부딪히는 것이 그대로 참된 것[卽事而眞]이 되며, 마주 대하는 현상과 모습이 곧바로 깨달음[當相卽道]이라는 깊은 뜻이 드러난다.[48]

4. 중국불교에서의 방편

인도에서 제작되기 시작한 불교경전들이 기본적인 문화와 사상이 다른 중국에서 한역되면서 전래 초기에는 도가의 언어를 차용한 격의불교시기를 겪게 된다. 그러나 수·당을 거치면서 중국불교는 학파와 종파를 형성하고 전개하는 과정을 통해 중국화된 불교의 맥을 이어갈 수 있었다. 종파불교라는 큰 특성으로 자리매김하기까지 이전의 불교를 정리하고 집대성한 인물로 혜원(慧遠), 지의(智顗), 길장(吉藏) 등을 꼽을 수 있다. 그 가운데 혜

---

47 『大毘盧遮那成佛經疏』 권1 (『大正藏』 39, 587상). "方便爲究竟者. 謂萬行圓極無可復增. 應物之權究盡能事. 卽醍醐妙果三密之源也. 又淨菩提心者. 猶如眞金. 本性明潔離諸過患. 大悲如習學工巧. 以諸藥物種種練冶. 乃至鏡徹柔軟屈申自在. 方便如巧藝成就. 有所造作隨意皆成. 規製中權出過衆伎故. 其得意之妙難以授人也 … 卽彼萬行所成一切智智之果. 說名方便. 由內具方便故. 方便之業卽是利他. 是以梵音鄔波娜. 亦名發起. 如從種子生果果還成種. 故以爲名也."

48 佐和隆研編, 『密教辭典』, 法藏館, 1974, 262면.

원[49]의 『대승의장(大乘義章)』은 수대(隋代)까지 전래된 불교개념들의 어의와 변화를 자세히 서술하고 있는 백과사전적인 문헌이다. 『대승의장』이라는 제목에서 알 수 있듯이 그 안에 이미 매우 긍정적인 대승의 방편용어가 사용되고 있으며, 『보살지지경(菩薩地持經)』[50]의 설을 정리·요약하여 5가지 방편의 뜻을 자세히 소개한다. 그 내용은 깨달음을 얻기 위해 처음 마음을 낸 보살로부터 보살의 경위(境位)를 10지(地)로 배대하는 것에 맞추어 수행에 도움을 주는 방편을 밝히는 것이다. 본래 종성(種性)이 아닌 존재는 방편행에 의해서만 마침내 아뇩다라삼먁삼보리를 얻는다. 그러므로 10지를 따라 수행해 가기 전에 그 기초적 단계에서 복과 지혜를 닦는데 쓰이는 방편, 허물(죄업)을 벗어나는데 쓰인 방편, 출세간의 방법에 따라 사유하는 갖가지 방편을 거쳐서 마침내 초지에 이르러서 다시 방편을 쓴다. 초지(初地)이상 7지(地)까지 쓰이는 방편을 정심방편(淨心方便)이라고 한다. 이전 단계에서 이미 마음이 깨끗해지는 행을 닦은 이후에 그런 상태에서 방편을 활용하는 것이 7지 보살의 단계이다. 결정방편(決定方便)은 8지에서 10지까지의 방편이다.[51] 보살 단계이전에 쓰여지는 방편은 출세간까지 자신을 닦고 깨달음을 구하는[自利] 수행들이라면, 정심방편과 결정방편은 다른 중생을 제도하고 이끄는[利他] 방편으로 구분한 것이다. 이것은 방편 자체가 격별된 것이 아니라 방편을 쓰는 사람이 어떤 상태에 있는가에 의해 5가지로 구분되었다고 보아야 한다. 그러기에 방편은 하나가 아니며 교묘하게 잘 닦아 윗단계의 경지를 따라 올라가는 것이라고 정의하였다[巧修上順名爲方便, 方便不同].

천태 지의(天台智顗)는 중국불교가 자리매김하는 데 있어서 수행이론을 가장 체계적으로 정립한 인물이다. 그의 수행체계는 『마하지관』에 자세하게 설명되어 있으며 본격적인 지관수행을 닦기 전의 예비적 수행은 25방편으로 설명한다. 이것은 방편이 곧 수행이라는 맥락과 관련되어 있으면서도 기존의 7방편만이 아니라 본격적인 수행이전의 수행을 통털어 지칭하는 것이라는 점에서 암묵적으로 유식학의 수행체계도 포섭하고 있음을 알 수 있다. 지의는 여러 차례 『유마경』에 주소(註疏)를 쓰는 데 주력했으며, 죽기

---

49 수대(隋代)에 생존했던 정영사(淨影寺) 혜원(523~592)으로 도안(道安)의 제자인 여산 혜원(廬山慧遠, 334~416)과 다른 인물이다.

50 『菩薩地持經』 권1 (『大正藏』 30, 890중)

51 『大乘義章』 권11 (『大正藏』 44, 703상)

직전까지도 이 경전을 주석했던 것으로 알려져 있다. 그의 『유마경약소(維摩經略疏)』에서는 방편을 자행(自行)·화타(化他)·자행화타(自行化他)의 세 종류로 구분하고 있다. 다만 자세한 내용이 현의(玄義)에 실려있다고 하는데 남아있는 『법화현의』에는 그 내용이 보이지 않으며, 아마도 소실된 유마현의에 실려있었을 것으로 생각된다. 혜원과 마찬가지로 방편을 자행과 화타로 나누어 설명하는 점에서, 이것은 중국불교 정립기에 중요한 의미를 가진 것으로 생각된다.

길장(吉藏)은 『법화의소(法華義疏)』에서 「방편품」의 명칭을 해석하면서 방편에 대해 다음과 같이 자세히 설명하였다. 방편은 외국(인도)에서는 구화구사라(upāya-kuśala)라고 한다. 구화는 방편이며, 구사라는 승지(勝智)라고 이름하므로 방편승지라고 부른다. 방편이라는 명칭은 글자를 떼거나 붙여서 각각 3가지 뜻이 있다. 글자를 분리하여 말하면, 1)그 뜻이 깊고 멀며 말하는 것이 교묘한 것, 2)병든 자에게 약을 주려면 그 병에 근거해서 맞는 것을 쓰는 것, 3)험난한 길을 갈 때 편안함을 주면서 가기 위해 삼승의 가르침을 주어 이익을 얻게 하는 것이 방편이다.[52] 나누어서 말한다면 『법화경』에서 설하는 삼승의 가르침이 방편이지만, 일반적으로 말하자면 선교(善巧)를 뜻으로 하며, 방편은 예로부터 현재까지 선교와 통한다고 한다. 이처럼 삼승과 일승을 융회하고자 하기 때문에 모든 부처님의 방편선교를 끌어 합친 것이 「방편품」이라고 밝히고 있다.[53] 이처럼 방편이라는 글자의 뜻을 해석하면서 『법화경』에서 방편이라는 용어를 통해 삼승과 일승을 회통하려고 한 입장을 밝히는 것이 수당대 경전주석가들의 면모이며 당시 중국불교학자들의 방편이해 수준이다. 『정명현론(淨名玄論)』에서는 권(權)과 방편이 통적으로는 다르지 않지만, 구별하자면 방편의 의미는 보다 넓고 권의 의미가 짧다는 견해를 드러내는 것을 비롯하여, 반야와 방편, 지혜와 방편을 다르지 않으면서 다른[不二而二], 상즉(相卽)으로 설명하는 등 반야공 사상에 입각한 방편과 지혜에 관한 삼론학(三論學)적인 이해를 보여주고 있다.[54]

한역된 불교용어가 한자문화의 특성상 본의와 다르게 왜곡되는 경향은 바로 이처럼 글자를 떼거나 붙여서 해석하는 방법에서 비롯된다. 역사적

52 『法華義疏』 권3 (『大正藏』 34, 482중)
53 『法華義疏』 권3 (『大正藏』 34, 483상)
54 『淨名玄論』 (『大正藏』 38, 886이하)

사실에 어긋나는 해석도 가끔 있지만, 그 내용을 자세히 궁구해보면 중국 불교학자들이 원의에 벗어나지 않으면서도 심오한 이해를 하고 있음을 알게하는 측면도 있다. 주목할 만한 점은 주로 대승불교문헌이 먼저 전래되고 조명된 중국에서는 방편에 대한 별다른 이견없이 긍정적인 측면에서 주로 이해되었다는 것이다. 이러한 지역적·시대적 상황에서 안정된 방편은 복잡한 문자를 떠난 선종(禪宗)에서도 있는 그대로 모든 환경에 맞게 적응되고 활용된다. 곧 방편은 선교방편, 방편설, 방편설법 등의 용어에서도 알 수 있듯이 다양한 언어, 설법과 관련되어 펼쳐지기도 하고 언어를 떠날 수도 있게 된다.

선(禪)은 본래 문사혜(聞·思·慧) 공부 가운데 마음을 닦는 공부[思修]에 들어가는 것으로 초기불교의 사선(四禪)에 해당하는 내용들로 정려(靜慮)라고 한역되었다. 이것은 마음을 하나의 대상에 집중하여 사유하고 수습(修習)하는 것으로 실천수행과 불가분의 관계에 있는 것이며, 『잡아함경』 등의 내용을 통해서 살펴보면 이러한 수습을 통해 아라한의 경지에 이를 수 있다. 그러나 중국에 전래된 이래 선은 정(定:samatha), 관(觀: vipasana) 등의 불교적 실제 수행과 같은 의미로 함께 쓰였지만, 선종이 성립한 이후에는 선종만의 독자적인 수행용어처럼 오해된 측면도 있다.

달마(達摩)는 『이입사행론(二入四行論)』에서 진리에 이르는 방법을 원리적인 방법[理入]과 실천적 방법[行入]으로 나눈다. 중생은 모두 평등하고 진실한 본질[眞性]을 가지고 있으나 그것이 망상에 가려져 본질을 드러내지 못하는 것이므로, 그것을 드러내도록 깊고 굳은 마음[深信]과 벽관(壁觀)으로 진리에 도달하는 것이 이입이다.[55] 이 벽관이 바로 참선의 방법과 통한다고 볼 수 있다. 곧 중생에게 본래 갖추어져 있는 참된 본성을 깨닫는 것을 지혜[慧]라 하고, 그 지혜를 드러내기 위해 닦는 마음을 선정[定]이라고 하는데, 이것이 곧 정혜즉선(定慧卽禪)임을 말하는 것이다. 깨닫는 마음과 깨달아지는 참된 본성[眞性]이 하나가 되는 체험이 선이라고 할 수 있다.[56] 선은 행을 통하여 드러나는 체험의 사실이 되고 그 방법론까지 포함한 것이 된다. 담림(曇林)이 쓴 달마의 전기에, 달마가 혜가(惠可)에게 전한 진리의 참뜻을 가르친 내용은 네 가지이다. 이것을 후에 대승안심법(大乘安心法)이

55 야나기타 세이잔 주해, 양기봉 옮김, 『달마어록』(서울: 김영사, 1997), 279면.
56 柳田聖山, 『初期禪宗史書の硏究』, 132면, 재인용.

라고 하며 이 가운데에서 방편은 안심(安心), 발행(發行), 순물(順物)과 함께 실천해야 할 네 가지 행법[四行] 가운데 하나이다. 이때 방편은 사람들을 돕는 다양한 가르침으로 그러한 방법들에 대해 집착하는 않는 노력[遣其不著]을 포함하는 의미이다.[57] 다른 사람에게 다양한 방법으로 붓다의 법을 전하지만 그것들에 집착하지 않는다는 것은, 달마 이래 선종문헌에서 방편이라는 용어가 비본래적인 것으로 쓰여질 수 있는 여지를 남겨둔다. 실제로 달마와 초기 선종의 가르침을 알 수 있게 하는 『이입사행론』의 내용 속에서 방편은 진실과 상대되는 것으로 등장하며, '방편심지'(方便心智)라는 용어만은 도를 닦는 방법에서 구해야 할 마음가짐으로 긍정적으로 표현되었다.[58] 이것은 한국의 선사인 지눌의 글 가운데에서도 방편이 마침내는 버려지는 것, 궁극적으로 구하지 말아야 할 것으로 표현된 문장이 많은 점과도 통한다. 다시 말하자면 언어도단(言語道斷), 언망절려(言亡絕慮)의 선종에서 앉아 있는 자체가 수행일 수는 있지만, 깨달음을 얻기 위해 다양한 방법이 문헌으로 특별히 강조되지는 않았다고 볼 수 있다. 물론 대승안심법에서 보인 것처럼 깨달음을 얻은 후에 다양한 방법으로 중생을 이끌려는 노력[方便]이 필요하다는 것은 인정한다.

이러한 초기선종사에서 볼 때, 달마가 혜가에게 선법을 전수한 이래 선수행(禪修行)은 깨달음을 얻기까지 본래 상근기에 적합한 측면이 크다는 것을 부정할 수 없다. 이것은 깨달음의 돈(頓)이 강조되는 간화선(看話禪)에서는 더욱 치열해지는 모습을 보인다. 카마타 시게오는 『임제록(臨濟錄)』의 예를 들어 그러한 선은 강자의 철학이며 독존의 철학이라고 말한다.[59] 그렇기 때문에 하근기에게 법을 전했다가 공연히 법을 불신(不信)하게 하지 않도록 근기를 잘 선택해서 선법을 전할 것을 말하는 선사가 4조 도신(道信)이다. 도신은 달마의 가르침의 요체는 한 마음을 깨끗하고 밝게 하는 것, 즉 편안한 마음[安心]을 체달하는 것임을 간파하지만, 집단수행하는 출가자들이 근기가 높고 낮음으로 인해 발생하는 문제를 해결하기 위해 새로운 방편을 전개해야할 필요성을 느끼고 선의 실제수행을 다양화 하였다.[60]

57 야나기타 세이잔 주해, 양기봉 옮김, 『달마어록』(서울: 김영사, 1997), 280면.
58 야나기타 세이잔 주해, 양기봉 옮김, 『달마어록』(서울: 김영사, 1997), 275면.
59 카마타 시게오, 한형조역, 『화엄의 사상』(서울: 고려원, 1987), 59~60면.
60 『佛光大辭典』 6, 5635면. 「道信」條에 의하면 그의 저서 가운데 『入道安心要方便法門』이 있다. 이 문헌 안에서 그 내용이 전개되었을 것으로 예상된다.

이것은 선종사에서 스승에서 제자에게 이심전심(以心傳心)으로 전해지던 선법에 체계적 수행과정을 도입한 획기적 사건이다.[61] 그는 달마선법은 돈오묘수(頓悟妙修)의 본각(本覺)의 입장에 있는 것이므로 가장 뛰어난 자질을 가진 중생[上上根機]에 적합하다고 보고, 중상근기·중하근기·하하근기의 네 가지 근기에 맞는 방편법문을 개설한다. 곧 수행[行]·이해[解]·증득[證]의 차원에서 행·해·증을 모두 얻는 자가 상상근기이고, 셋 가운데 하나가 없으면 중근기, 수행은 하지만 이해[깨달음]와 증득이 없는 자는 하하근기이다. 이러한 근기의 차이에 맞는 다른 가르침이 방편으로 베풀어지는 것은, 붓다가 대기설법(對機說法)을 했던 면모와 연결된다. 특히 선(종)에서 깨달음을 얻은 후에 다양한 방편의 활용이 펼쳐지는데 대상의 근기가 결정적 조건이 됨을 문헌적으로 정리한 사태임을 파악할 수 있다.

4조 도신으로부터 중생의 근기에 맞는 선수행이 체계화되기까지 많은 노력이 있었고, 이것은 북종선(北宗禪)이라고 하는 신수(神秀)계열의 방편법문으로 이어진다. 도신의 방편설법을 이어 선법을 전수한 인물이 5조 홍인(弘忍)이며, 홍인의 제자 신수이다. 이것은 초학자에게는 방편이 필요하다는 점에 공감하여 중생의 근기차이에 관심을 가진 것이며, 붓다이래 전법(傳法)에서 방편이 활용되는데 기초가 되는 내용이다. 곧 경전에서 붓다와 보살은, 왕·천신·부녀자·어린이·아귀 등 6도 윤회하는 모든 대상에 응하여 그에 맞게 나타나서 그들을 교화한다. 이것이 후대의 교학에서 그대로 적용되어 보살행을 하는 존재에게 다양한 방편능력이 요구된 것과 마찬가지로, 선에서는 중생의 근기에 맞추어 적절한 실제수행이 제시되는 것이다. 시기적으로 볼 때 수당대를 거치면서 교학에서 중생의 근기에 중점을 두는 경향이 강조된 것과 상호 영향을 주고 받은 것으로 보인다. 이렇게 해서 달마의 이입사행(二入四行)이라는 대승안심법문(大乘安心法門) 안에서 네 가지 행법 가운데 하나였던 방편은 도신의 선의 실수(實修)에 있어서는 집단수행자들의 근기차이에 따른 방편법문으로 설정된다. 곧 전문적인 실수의 방편을 개발하여 대중을 상대하는데 의도적이며 기술적으로 방편을 적용하였고, 이것은 곧 돈증(頓證)을 위한 구체적 점수(漸修)의 방법을 설정한 것이다.[62] 따라서 선종 안에서도 역시 다양한 방편(법문)이 전개되었을

61 田中良昭, 「初期禪宗史における方便法門の意味」, 『宗教學論集』 1, 1967, 37면.
62 강혜원, 「北宗禪에 있어서의 方便」, 『한불학』 10, 1985.

것을 알 수 있다. 도신·홍인을 포함한 북종계의 방편법문의 설정은 선을 중국에 널리 보급하는데 큰 힘이 되었고, 그런 의미에서 북종계에서 수학인의 근기를 행·해·증(行 解 證)으로 나누어 증득을 중시한 방편법문 체계는 큰 의미가 있다.

상좌부와 대승교학의 핵심을 실천적으로 전개한 중국의 선종은 그들의 심법(心法)을 전수하는 데 언어보다도 다양한 수단과 방법들을 응용한다. 따라서 혜능 계열의 선법을 전수하는 데도 방편으로서의 법문은 중요한 수단임을 간과할 수 없다. 남종선은 개개의 천재적 뛰어난 근기를 지닌 소유자에게 탁월한 법을 전하는 체계였기 때문에, 일반인과 평범한 근기의 사람들에게 선을 널리 전하게 하는 역할에는 한계가 있었을 수도 있다. 그러나 이끄는 자가 되어 가르치는 입장에서는 이러한 경향의 방편이 필요하다. 깨달은 사람이 모든 것을 담박에 아는 일체지자(一切智者)는 아니다. 따라서 이미 깨달음을 얻었다 해도 다른 사람을 통해 자신이 모르는 측면을 알아가면서 방편을 베푸는 것도 필요하다. 붓다 역시 그런 입장에서 계속 방편력을 키우고 방편설법을 했을 것임을 경전을 통해서 확인할 수 있다. 그래서 두 차례의 폐불을 겪으면서 교종과는 달리 더욱 안정되고, 언어문자를 떠나 있던 선종에서 방편은 손가락을 세우는 행위, 뜰앞의 잣나무, 마른 똥막대기, 몽둥이찜, 발길질, '할'이라는 고함 등으로 다양화된다. 자신의 내면을 여실하게 들여다보는 묵조선(黙照禪)과는 달리 간화선에서는 선사들의 수많은 공안(公案) 속에서 화두를 방편으로 활용했다고 볼 수 있다. 물론 화두가 단순한 언어문자는 아니지만, 이것은 언어문자를 떠난 선이 다시 언어문자를 방편으로 삼아 깨달음으로 향하고자 했던 측면이 된다.

Ⅲ. 한국불교 안에서 방편의 전개

고구려, 백제, 신라 삼국에 불교가 전래된 이래로 우리나라는 불교의 맥이 면면히 이어져 오고 있다. 조선시대까지 대부분의 불교문헌을 총집성하고 있는 『한국불교전서』를 보면 교학적인 면에서 신라의 대표적 학승인 원측·원효·의상, 고려의 균여·의천·제관·지눌 등의 문헌에서 방편에 관한 이해를 살펴볼 수 있다. 그러나 지눌 이후에는 경전에 대한 주석이나 연구자료가 남아있지 않으며, 고려후기와 조선시대에는 승려들의 비문이나 불교에 심취하거나 애호한 유학자들의 문집 속에만 불교의 모습을 살펴볼 수 있다. 이것은 고려말이후 선종이 중심적 종파가 되면서 언어를 떠난 다양한 가르침의 방법을 제시하고 직접 전수하는 전통 속에서 교학적 의미의 방편이 그다지 강조되고 설명되지 않았을 상황을 짐작하게 한다. 나아가 이것이 이후에 수행적 의미를 지닌 맥락에서의 방편이라기보다 일상적인 언어용법으로 '임시방편'이라고 쓰이는 편향을 낳았을 것이라고 미루어 볼 수 있다. 이것은 한국불교 속에서 방편이 다양하고 올바른 용어로 자리매김하는 것을 억제하는 영향을 주었을 것이다.

교종에서 활약한 학승들의 경전에 대한 주석연구를 중심으로 고려시대까지의 방편개념에 대한 이해를 살펴보면 다음과 같다. 원효(元曉)는 『법화종요』에서 『법화경』의 뛰어난 작용[勝用]을 '다양한 방편을 열어 진실한 모습을 보이는 것[開方便門示眞實相]'[63]이라고 종지를 밝히면서, 방편에 대해 간략히 설명하고 있다. 개(開)의 작용은 삼승의 가르침을 여는 것인데, 이것이 방편이며 간단히 네 가지 뜻이 있다. 1)붓다가 방편지(方便智)에 의해서 가르침을 설하는 것을 방편교라고 한다. 2)삼승의 가르침에 딱맞게[卽] 교묘하게 세 근기를 따르는 것을 방편교라고 한다. 3)일승교를 위해서 먼저 방편을 짓고 이것을 원인삼아 나중에 일승의 바른 가르침을 설하는 것을 방편이라고 한다. 4)일승의 이치에서 볼 때 임시로 설하는 것은 방편이지 진실이 아니다. 이상의 내용을 보면 원효는 『법화경』을 통해서 방편교와 방편을 구분해서 이해하고 있음을 알 수 있다. 곧 방편교는 붓다가 중생을 근기에 맞게 가르치는 것이고, 일승인 진실의 가르침 이전에 설법하는 가르침이 방편이다. 이것은 이전에 살펴보았던 문헌 속에서 방편력과 방편[수행]을 구분하려 했던 것과도 연관되는 맥락이다. 방편교를 행하는 붓다와 보살이 갖추어야 할 능력 중에 방편력이 들어가는 것은 방편이 수행과 관련된다는 것을 간접적으로 알게 하는 것이다. 그러나 아쉬운 점은 직접적으로 방편이 수행과 관련되어 자주 쓰이는 용어였던 점이 원효의 글 속에 잘 드러나지 않는다. 이것은 『법화경』의 경전적 성격과도 관련되어 있을 수 있지만, 우리 불교문헌 속에서 수행과 관련되어 방편이 적극적으로 이해되지 못했음을 알려주는 단면이기도 하다.

그러나 원측(圓測)은 수행과 관련된 방편을 종합정리해서 인식하고 있었

---

63 元曉, 『法華宗要』 (『韓佛全』 1, 490중)

음을 알 수 있다. 그는『인왕경소(仁王經疏)』에서 오정심관(五停心觀), 별상념처(別相念處), 총상념처(總相念處), 난(緩), 정(頂), 인(忍), 세제일법(世第一法)이라고 하는 7가지 방편을 밝힌다.[64] 이것은 예비적 수행으로부터 아라한에 이르는 최고단계로서의 수행 방법을 지칭한다. 또한『해심밀경소』에서는 세간에는 세 종류의 중생이 있는데, 1) 유(有)에 집착 2) 무(無)에 집착, 3) 유무(有無)에 집착하지 않는 중생이라고 한다. 유에 집착하는 중생은 열반도를 등지고 열반성이 없어 생사의 즐거움만을 추구하는 자, 법 가운데서 태어나지 않음[不生]만을 희구하여 대승을 비방하는 소승에 집착하는 무리이다. 무에 집착하는 중생도 두 부류가 있다. 하나는 방편없이 행하는 중생과 방편을 가지고 행하는 중생이다. 방편없이 행하는 중생은 불법을 벗어난 96외도와 불법에 대해서 신심(信心)을 일으킬 수는 있으나 아견(我見)에 깊이 빠진 정리론자(正理論者), 정법 가운데서 공함의 이치를 보았지만 유와 무의 두 견해에 빠진 중생들이다. 무에 집착하면서도 방편을 가지고 행하는 중생은 성문승과 연각승이다. 유무에 집착하지 않는 중생은 최상근기로 대승을 수행한다.[65]

또한 다섯가지 즐거움이 있는데 그 가운데 열반의 즐거움은 가장 진실한 것이며, 나머지 넷은 방편이다. 방편의 즐거움에 해당하는 것은 출가하는 것, 아주 멀리 떠나는 것, 적정의 즐거움, 정각의 즐거움이다.[66] 원측이 경전을 주석하면서 이전에 배운 내용에 영향을 받았을 수도 있으나, 열반의 즐거움을 제외하고 선정삼매와 정각의 즐거움을 방편으로 구별하는 견해를 보이는 것은 주목할 만한다. 이것은 열반을 얻지 않은 수행 도상의 모든 즐거움은 방편이라는 의미를 지니며, 이것은 수행상의 모든 내용을 방편이라고 해석하는 초기불교 해석에 맞닿아 있다. 한편 정수(正修)로서의 지관방편(止觀方便)에 대한 자세한 설명이 있는 것으로 보아, 원측은 천태이후 체계적으로 자리잡힌 방편수행에 대한 지식을 갖추고 있었음을 알 수 있다. 독특하게 보이는 부분은 방편이 아닌 행[非方便行]에 대한 설명이 있는데, 만약 보살이 재물을 섭수하여 중생을 요익하게 하는 것으로 선처에 태어나게 하면서 불선처(不善處)에 나지 않게 하는 것은 비방편행이다. 왜냐하면 중생은 행고(行苦)로 말미암아 그 본성이 괴로움이기 때문에, 재물을 약속

64 圓測,『仁王經疏』卷上末 (『韓佛全』1, 36중)
65 『解深密經疏』권2 (『韓佛全』1, 179중)
66 위의 책, 189상

하면 잠시 요익되게 하여 즐거울 수는 있지만 이것은 방편행이 아니라는 것이다.[67]

균여(均如)는 『일승법계도원통기(一乘法界圖圓通記)』[68]와 『석화엄교분기원통초(釋華嚴教分記圓通鈔)』[69]에서 7방편위를 비롯하여, 소승에서의 방편수행과 사념처(四念處), 견도(見道)·수도(修道)·구경도(究竟道=無學道), 유식5위, 아비담(阿毗曇)의 16심(心), 각각의 보살지에 해당하는 수행방편을 모두 자세히 소개하고 있다. 예를 들면 오정심관도 욕심이 많은 사람은 부정관(不淨觀)을 닦고, 화가 많은 사람은 자비관을 닦고, 어리석음이 많은 사람은 연기관(緣超觀)을 닦고, 생각과 관찰(의심)이 많은 사람은 수식관(數息觀)을 닦으며, 아견이 많은 사람은 계차별관(界差別觀)을 닦는다는 것을 밝힌다. 이렇게 자세하게 수행방편과 관련된 내용이 주석되어 있는 것은 화엄종 학승으로서의 면모와 더불어 균여가 수행 측면에 일가견이 있었음을 알려주는 측면이라고 생각한다.

제관(諦觀)의 『천태사교의』는 이전의 천태학 문헌을 정리한 것이기는 하지만, 관심(觀心)수행에 있어서 핵심적으로 이십오방편과 십승관법(十乘觀法)을 제시하고 있는 점은 뛰어난 안목이라고 보아야 한다. 이십오방편수행을 5개의 범주[70]로 나누었을 때, 마지막에 속하는 행오법(行五法)에 욕(欲), 정진(精進), 념(念), 교혜(巧慧), 일심(一心)이 포함되어 있다. 5법의 내용은 방편과 비슷하면서도 계속 나열적으로 쓰여진 아함(阿含)의 용어들을 모두 보여주고 있다. 따라서 제관이 정리한 천태 불교학개론서인 『天台四教儀』는 한국불교사 속에서 방편이 수행과 관련된 측면을 가장 잘 정리한 문헌이라는 의의를 지닌다.

한국 선종사(禪宗史)에서 중요한 인물인 지눌(知訥)도 방편을 긍정적, 부정적 의미로 다양하게 활용하기도 하지만 특별히 수행과 관련시켜서 중요성을 강조하고 있지는 않다. 다만 아미타신앙에 지나치게 주력하는 것을 비판하여 능력이 있음에도 이행도(易行道)만을 가려하고, 수행하지 않는 당시 풍토를 비판하였다. 그러나 선종의 성격상 선사들의 어록이나 중요경전들 속에서 수행적 방편이 강조되어 드러나기는 어려웠을 것임을 짐작

67 위의 책, 414중
68 『一乘法界圖圓通記』(『韓佛全』4, 1-38)
69 『釋華嚴旨歸章圓通鈔』(『韓佛全』1, 81-159)
70 5개의 범주는 具五緣, 訶五欲, 棄五蓋, 調五事, 行五法이다.

할 수 있다.

이와는 다른 측면에서 한국불교 속에서 직접적인 문헌이외에 역사적 상황에서 방편수행이 실행되었음을 유추할 수 있는 내용이 있다. 진표(眞表)는 삼국시대에 미륵사상을 널리 전파시킨 인물로 유명하다. 그는 젊은 시절 미륵보살을 친견하기 위해 몸과 생명을 잃을 수도 있는 치열한 수행을 한 것으로 기록되어 있다. 미륵과 관련된 사찰은 법상종 계열에 속하는 것으로 알려져 있는데, 역사적 기록에서는 유가종이라는 표현이 더 일반적이다. 미륵과 관련된 사찰에서는 계율이 중시되고, 계율과 관련되어 참회법이 근본을 이룬다. 참회의 내용이나 계율과 관련된 불교경전이 『보살계본(菩薩戒本)』이고 이것은 유가종의 계율에 관한 중요한 전적이다. 삼국시대 신라와 백제에서 유행한 『점찰선악업보경』은 중국의 위작이라는 주장도 있지만 실제로는 이 『보살계본(菩薩戒本)』의 내용과 깊은 관련을 가지고 있다. 『삼국유사』[71]에 의하면 진표는 지장보살과 미륵보살로부터 간자를 받고 이후 『점찰선악업보경』에 근거한 점찰법을 시행하여 참회와 계율을 강조하였다고 한다. 『점찰선악업보경』에 의하면 중생들이 각자 자신이 어떤 부분에 있어서 가장 큰 업이 있는지를 찾아내기 위한 윷과 같이 생긴 목륜(木輪)을 만들고, 그것에 따라 참회법을 닦으며 계율을 지키면 대승의 가르침으로 나아갈 수 있다고 믿었음을 알 수 있다.

이상에서 살펴본 것처럼 참회법을 근간(根幹)으로 자신의 업을 닦고 참회하는 수행적 방편은 고려시대 요세(了世)이후 천태(天台)와 정토(淨土)를 결합한 형태까지 계속 명맥을 잇고 있다. 따라서 문헌적 발견도 중요하지만 실제 우리 역사 속에서 참회법, 정토종, 밀교 계통의 수행적 연구가 보다 활발해진다면, 한국불교의 방편에 관한 실천적 면모가 드러날 수 있을 것이다.

한국불교 속에서도 원측, 원효, 균여, 제관 등은 교학방면에서 방편이 수행임을 충분히 알고 경전을 주석했다는 것을 알 수 있다. 일반적으로 인도 초기불교에서 정리된 7방편의 내용과 중국불교에서 천태의 수행체계로 완성된 듯이 보이는 이십오방편이 깨달아 붓다가 되는 구경의 계위 이전에 닦아야할 수행으로서 충분히 인식되어 있었음을 알 수 있다. 그러나 선종이 국가적 대세가 된 고려말 이후에는 이미 이러한 배경을 바탕으로 하지만, 화두를 들고 참선하며 스승에서 제자로 마음에서 마음으로 전수되는

71 『三國遺事』, 「眞表傳簡」(『韓佛全』 6, 350상)

불법 속에서 방편은 그 수행적 의미를 드러내기 힘들어졌다고 볼 수 있다. 특히 수행자가 아닌 일반 재가자들에게 방편은 구경위에 도달하기 위한 갖가지 수행으로서 깨달음을 얻기 전과 후에 계속되는 수행이라는 의미가 퇴색하고, 임시적 수단·방법·임의적 변통 등으로 회자되기에 이르렀다. 이것은 한국불교사 속에서 교학의 의미를 다시 고찰하고 선종과의 관계 속에서 새롭게 부각해야할 부분이다.

Ⅳ. 방편의 현대적 의미

깨달음을 얻은 붓다가 가르침을 펼친이래 불교문헌 속에서 방편은 일반적인 수단·방법의 의미와 수행적 용어로 주로 쓰여졌다. 초기불교에서 중립적이면서도 수행적 내용을 담지하고 있었던 방편은, 대승불교로 전향해 내려오면서 단순한 수단·방법이 아니라 교리적으로 볼 때 중요성이 부가된 측면이 있다. 붓다에게서 방편은 깨달음의 법을 다양하게 전달하는 언어·설법형식·모습 등이었지만, 점차 붓다만이 갖출 수 있는 특별한 능력이 되었음을 경전에서 발견할 수 있다. 이점에서 이끌어져서 방편력은 붓다만이 갖춘 능력이 아니라 대승불교수행자 누구에게나 요구되는 능력이 된다. 이점은 초기불교 문헌 속에서 이미 방편이 수행과 직접적이고 긴밀한 관계를 가진 상황에서 주로 사용되었던 용어임을 살펴봄으로써 그 근거를 찾을 수 있다. 다시 말해서 방편은 처음부터 수행과 관련하여 빈번하게 쓰여지며 그러한 경향이 후대에 수행자들이 갖추어야 할 중요한 능력으로 부각되는 것이다.

그러나 수행이 아니라 교리적 전개에서 지혜·진실과 짝을 이루며 차제적 수단이던 방편은 밀교에서 그 정점을 맞이하게 된다. 반야부 계통의 대승경전에서는 지혜를 근본으로 하고 방편은 그 수단으로 삼는다는 측면이 강했지만, 밀교에서는 지혜[菩提心]를 원인으로 하고 자비[大悲]를 근본으로 싹을 틔워 마침내 방편에 의해서 현실에서 구체화된다. 방편에 의해서 드러나지 않는다면 지혜와 자비는 세상 속에서 꽃을 피울 수 없다. 그렇기에 밀교의 궁극적 목적[究竟]이 방편이라는 결론을 이끌어 내게 되었다. 이때의 방편은 일반적인 수단 방법의 의미를 넘어 불교의 구경적 의미를 가지게 된 것이다. 이것은 분명히 초기의 단순한 방법적 의미나 수행적 차원의 의미보다 확장되고 변화된 것이다.

방편은 초기불교에서 적극적인 수행차원에서 사용했고, 교학적 측면에서 대승밀교에서 마침내 궁극적 목표까지 이르게 되었다. 그러나 오늘날의 방편이라는 용어는 일상적으로 임시적인 수단을 의미하지만, 보편화된 방편이 궁극적 의미를 반영하고 있는 것 같지는 않다. 이것은 우리나라의 경우 특히 오랜기간 선종이 중심적 역할을 했고, 조선시대의 억압이 있었던 점과 관련하여 생각할 때 시사하는 면이 크다. 곧 현대의 일상적 의미에서 방편이 단순화·편향화된 측면이 있는 것은, 깨달음을 얻은 후 중생의 근기에 상대하는 차원에서 방편을 활용한 영향을 암묵적으로 드러낸다고 생각한다. 말하자면 다양하고 적절한 방편을 쓰려면 지혜의 맛을 본 이후라야 제대로 활용될 수 있다는 배경에서 수행자는 스스로 깨달음을 얻는 쪽에 치중하게 된다. 물론 깨달음을 얻게 하기 위해 근기가 뛰어난 제자들에게 베풀었던 모든 행위가 방편이 되겠지만, 그보다는 낮은 근기의 중생을 이끌기 위한 다양한 노력들이 주로 방편이라고 여겨지게 되었다고 볼 수 있다. 나아가 수행의 적극적 차원으로서의 방편의 의미는 고려후기 한국불교에서는 특별히 조명되지 않았던 것으로 보인다. 이점은 앞으로 방편의 현대적 의미에서 부활을 요청하는 내용이다. 본래부터 방편이 진실과 상대되는 의미를 포함하고 있었지만, 불교사상 속에서 반드시 진실보다 못한 수단의 의미만이 아님을 간과하게 한다. 앞으로는 현대적으로 방편용어를 사용할 때 지나치게 방만하지 않으면서도, 불교사상사 속에서 방편이 수행과 관련되어 있으며 나아가 궁극적인 의미를 가지고 있다는 점이 분명히 드러날 수 있기를 기대해본다. 이와 같은 내용이 보완된다면 염불, 절, 참선, 독경, 사경, 행주좌와(行住坐臥), 동정어묵(動靜語默) 모두가 수행의 방편적 수단임을 구체적으로 자세히 설명할 수 있다. 이것으로 인해 생활에서 많은 다양함의 요소가 진실과 통하는 방편성을 띠고 있음을 중도적으로 이해하는 것을 도와줄 것이다.

방편에 관한 주목할만한 서양에서의 저서는 Michael Pye, *Skilful Means* (Geraid Duckworth, 1978)와 John W.Schroeder, *Skilful Means*(University of Hawai'i Press, 2001)이다. Pye는 붓다, 『법화경』, 『유마경』에서의 방편에 관한 내용을 중심적으로 분석하였다. Schroeder는 문헌 속에서 방편을 분석한 것이 아니라 붓다의 설법 결심이래 불교사의 전개는 모두 방편이라는 입장에서 초기불교, 아비달마불교와 용수(龍樹)의 논서, 선불교를 분석하였다. Schroeder는 붓다의 설법과 그가 분석한 논서와 문헌은 모두 붓다가 깨달은 법(Dharma)을 방편적으로 전개한 것으로 Skilful Means가 아니라 Skill-in-Means로 불교사를 파악한다. 이것은 언설로 전개된 붓다의 가르침에 한정된 이해의 한 단면이다. ❁

최은영 (금강대)

불살생

범 빠 ahiṃsā 한 不殺生 영 non-violence

Ⅰ. 어원 및 개념

1) 어원

불살생은 범어로는 'ahiṃsā', 빠알리어로는 'ahiṃsā', 한역으로는 '不殺生', 영어로는 'non-violence'이라고 번역한다. 범어 ahiṃsā는 √Hiṃs '해치다'로부터 파생된 형용사 hiṃsa(해치다)에 부정접두음 a를 붙여서 '살생하지 말라(不殺生)'는 금지의 의미로 쓰이고 있다. 빠알리어는 pāṅa-ātipātā veramaṅī라고도 쓰는데, 형용사 pāṅa(생물), atipāta(죽이는 것, 살해), veramaṅī(멀리함)의 합성어로 '살생을 멀리 한다'라는 서원(誓願)의 의미가 담겨져 있다.

비구계의 4바라이 가운데 단인명계(斷人命戒)는 범어로는 'manuṣya vigrahaṃ jīvitād vyavaropayati(斷人命, 奪人命)'라 하며, '인체의 생명을 빼앗다'라고 번역한다. 'manuṣya는 사람(人)의 의미, vigraha(體)는 vi-√Grah(분리시키다)에서 파생된 형용사 graha(집착하다)에 접두사 vi(분리)

가 합성되어 몸(身, 體)의 의미, jīvita(생명)는 √Jīv(목숨)에서 파생된 형용사, vyavaropayati(빼앗다)는 √Ruh의 사역동사 ropayati(令種)와 접두사 vi(분리)와 ava(격리, 아래)가 합성된 것이다. 빠알리어로는 manussa viggaha jīvitā voropeti sikkhāpadaṃ(斷人命戒, 斷人體命戒)이라 하며, '인체의 생명을 빼앗는다는(살인) 학처'로 번역한다. 'manussa'는 사람(人), 'viggaha'는 vi-√grah에서 파생된 것으로 몸(體), 'jīvita'는 생명, voropeti는 빼앗다, 'sikkhā-pada'는 학처를 의미한다.

2) 개념

불살생이란 살아있는 모든 유정들의 생명을 빼앗지 않는 것이다. 직간접적인 살생을 금지, 육식을 금지, 살생도구의 비축과 판매를 금지, 방화로 인한 살생을 금지하는 것 등을 말한다. 뿐만 아니라 방생을 장려하고 죽은 영혼을 천도하는 등의 자비를 실천하여 모든 중생들을 구제하는 것까지도 포함한다.

『빠알리율』에서는 살생에 대하여 "어떤 비구라 하더라도 고의로 인체의 생명을 빼앗거나, 혹은 그것을 위해서 칼을 가진 자를 구하거나, 혹은 죽음의 아름다움을 찬탄하거나 죽음을 권하되 '아! 남자여, 이렇게 나쁘고 고통스럽게 사는 것이 그대에게 무슨 소용이 있겠나, 죽는 것이 그대에게 있어서 사는 것보다 좋을 것이다'라고, 마음으로 사유하고 마음으로 사념하며 여러 가지 방편으로 죽음의 아름다움을 찬탄하거나 혹은 죽음을 권하면, 이것도 또한 바라이로서 함께 살 수 없게 된다"라는 조문을 설하고 있다.[1] 이 조문의 내용은 모든 율장이 거의 일치한다.

다른 점은 죽이는 주체에 있어서 『빠알리율』에서는 인체의 목숨을 빼앗는다고 할 때 '자기의 손으로[自手, svahastaṃ]'라는 말이 없지만, 나머지 한역에서는 '자기 손[自手]'이라는 말이 있다는 점이다. 또한 죽이는 대상에 있어서도 인체로 하는 계경과 이것을 사람(人)과 사인(似人)으로 하는 계경의 차이가 있다. 인체의 생명을 비구 비구니가 고의로 자기 손으로 죽이거나 다른 사람을 시켜서 죽이거나 죽음을 권하고 찬탄하거나 자살을 권하여 그 사람이 죽으면 비구 비구니는 바라이가 된다는 것이다. 이 계는 인간의 생명에 한정하여 금계를 하고 있지만 깨달음을 얻을 수 있는 근본으로 반드

1 *Pātimokkha* 8면.

시 실천해야 하는 계율이다.

『정법념처경』에서는 "불살생이란 곧 목숨을 보시하는 것이다. 혹은 목숨을 보시한다는 것은 일체 즐거움을 보시하는 것이다. 제일보시(第一布施)라는 것은 목숨을 보시하는 것을 말한다"고 설한다.[2] 또한 "불살생이란 자비이다. 정념으로 불살생의 선을 사유하고 마음으로 항상 기뻐하는 것이다. 혹은 다른 이가 죽이고 다른 이가 가히 막지 못하는 것을 막는 것이다"라고 설한다.[3]

『대지도론』에서는 살생에 대하여 정의를 하고 있다. "어떤 것이 악인가. 만약 진실로 이것이 중생이고 이것이 중생인 줄 알고 발심하여 죽이고자 하여 그 목숨을 빼앗아 신업(身業)을 짓고 불쾌한 안색을 드러냄[作色]이 있으면 이를 살생의 죄라 이름한다. 그 밖에 결박하거나 가두거나 때리는 것 등은 살생을 돕는 법이다. 다시 또 남을 죽이면 살생의 죄를 얻나니 자살은 아니다. 몸과 마음으로 중생인 줄 알면서 죽이면 이를 살생의 죄라 하나니, 밤에 사람을 보고 말뚝인 줄 알고 때려죽인 것은 다르다. 고의로 산목숨을 죽이면 살생의 죄에 해당하니 고의가 아닌 것은 해당치 않으며, 거뜬한 마음으로 산목숨을 죽이면 살생의 죄에 해당하니 미친 때는 해당치 않으며, 목숨을 끊으면 살생의 죄에 해당하니 상처를 낸 정도는 해당치 않으며, 몸으로 행동하면 살생의 죄에 해당하니 입으로만 말한 것은 해당치 않으며, 입으로 명령하여 죽이면 살생의 죄가 되나니 마음으로 생각만 한 것은 해당치 않는다. 이런 것들을 살생의 죄라 하며, 이런 죄를 짓지 않는 것이 계이다"라고 설한다.[4]

또한 불살생의 정의를 하고 있다. "만약 어떤 사람이 계를 받은 뒤, 마음으로 생각하고 입으로 말하기를 '나는 오늘부터 다시는 살생을 하지 않겠다」하거나 몸도 움직이지 않고 입으로 말하지도 않은 채 속으로만 맹세하기를 「나는 오늘부터 다시는 살생하지 않겠다'한다면 이것이 불살생계이다"라고 설하고 있다.[5]

『사리불아비담론』에서는 "어떤 사람이 살생을 여의고 칼과 몽둥이를 버리고 참괴하며 일체중생을 자비로 애민하는 것을 불살생이라 이름한다"고

---

2 『正念處經』 2(『大正藏』 17권, 6하)
3 위의 책, 2(『大正藏』 17권, 7상)
4 『大智度論』 13(『大正藏』 25권, 154하)
5 위의 책, 13(『大正藏』 25권, 154하)

설한다.[6] 『사분율행사초자지기』에서는 "불살생이란 계상(戒相)을 보이는 것이다"라고 설한다.[7] 『법계차제초문』에서는 "첫째는 불살생계이다. 무엇을 살생이라 이름하는가. 어떤 사람이 진실로 중생인 줄 알고 발심하여 죽이고자 하여 그 목숨을 빼앗아 신업을 일으키고 지어 마침이 있으면 이것을 살생의 죄라 이름한다. 만약 이 일을 짓지 않으면 불살계(不殺戒)라 이름한다. 그 밖에 결박하거나 가두거나 때리는 것 등은 살생의 방편으로 바른 죄가 아니다"라고 설한다.[8]

이상의 내용은 초목의 작은 생명으로부터 인간에 이르기까지 그들의 생명이 인간의 생명과 같이 존귀함으로 살생을 금지하는 것이다. 이 불살생의 실천은 자비의 실천으로 일체중생을 애민하게 여기는 것이며, 신구의 삼업을 청정히 하는 것이다. 불살생계는 이 지구상에 존재하는 유정들의 생명은 똑같이 지켜져야 할 가치가 있는 것으로 살생을 적극적으로 금지시키고, 살생을 예방하고, 죽어가는 생명을 구제하는 것이 근본 목적이다. 그리고 이 자비의 실천은 자리이타의 실천으로 깨달음의 세계에 도달하고자 하는 수행인 것이다.

Ⅱ. 불살생의 전개사

1. 경전에 나타난 불살생

1) 원시경전

계율은 처음부터 불교만의 고유한 계율이 아니었으므로 몇 단계의 과정을 거쳐 점차적으로 성립되었다. 시간이 지나면서 점차적으로 불교만의 독자적인 계율로서 발전을 하게 된 것이다. 초기불교의 경전에서는 바라문이라는 이름을 빌려 사용하고 있다. 이것은 그 당시 인도사회가 바라문을 이상적인 수행자로서 존중을 했기 때문이다. 그러나 바라문이라는 이름만 빌렸을 뿐 그 정의는 실질적으로 달리하고 있다. 불교에서는 바라문뿐만 아니라 모든 신분의 결정은 종성(種性)에 의해 결정되는 것이 아니고, 행위에

6 『舍利弗阿毘曇論』 27(『大正藏』 28권, 700하)
7 『四分律行事鈔資持記』 16(『大正藏』 40권, 420하)
8 『法界次第初門』 2(『大正藏』 46권, 670하)

의해 결정됨을 밝히고 있다. 교단이 성립되기 이전에는 보편적인 계가 중요시되었고, 후에 이 덕목들이 모여 삼계(三戒)·오계(五戒)·팔재계(八齋戒) 등으로 불교만의 종교적이고 윤리적인 규범으로 발전을 하게 된 것이다.

초기불교의 경전에서는 바라문의 이상적인 실천수행을 밝히고 있다. 불살생과 관계된 것을 옮겨보면, 『숫따니빠따』에서는 "강하거나 약한 살아있는 것에 대해 폭력을 가하는 것 없이 죽이지 말며 죽이는 것 없는 사람, 그를 바라문이라 한다"라고 하면서 바라문을 정의하고 있다.[9] 이후에는 삼계(三戒) 가운데 불살생이 설해지고 있다. 『맛지마니까야』에서는 "살아있는 것을 안온하게 하라. 만약 그대가 거짓을 말하지 않고, 생명을 해치지 않고, 그대가 주지 않는 것을 취하지 않고, 믿음을 가지고 인색하지 않는다면, 가야에 가서 무엇을 하겠는가?"라고 설하고 있다.[10] 또한 사계(四戒) 가운데 불살생이 설해지고 있다. "생물의 목숨을 빼앗는 것을 끊으며, 헛된 말을 끊으며, 하루 한 끼 식사하며, 청정한 행을 닦으며 여성과 관계하지 말라"고 하여 계를 지닐 것을 설하고 있다.[11] 여기서는 불사음의 행을 더하여 사계를 청정함과 행(行)의 염오(染污)라고 정의하고, 불교의 중요한 실천덕목으로 자리를 잡게 된다.

후에는 불교의 가장 근본이 되는 계율이 '술을 마시지 말라'는 항목을 더하여 5계로서 초기불교에서 성립하게 된다. 『숫따니빠따』에서는 불살생(不殺生), 불투도(不偷盜), 비범행(非梵行), 불망언(不妄言), 불음주(不飮酒) 등을 말하고 있다. 그 가운데 살생에 대해서는 "생명을 해쳐서는 안 된다. 또한 [다른 사람을] 해치게 해서는 안 된다. 또 다른 사람이 해치는 것을 허락하면 안 된다. 세상에서 움직이거나 또 움직이지 못하는 모든 생물들에 대해 막대기를 내려놓아야 한다"라고 하며 살생을 금지시키고 있다.[12] 『앙굿따라니까야』에서는 우바새가 갖추어야 할 5계로서 정형화시켜 설하고 있다. 즉 우바새가 살생과 불여취와 사음과 망어, 음주 등을 멀리 떠난다면, 계를 갖춘 우바새라 할 수 있다는 것이다.[13] 한역에서는 '불살생'이라는 타율적인 금지의 형식이며, 『빠알리율』에서는 '멀리 떠난다'라는 자율적인

9 *Suttanipāta* 629게송, 120면.
10 *Majjhimanikāya* vol. I, 39면.
11 *Majjhimanikāya* vol. II, 101면.
12 *Suttanipāta* 394게송, 69면.
13 *Anguttarnikāya* vol. IV, 220면.

형식으로 나타나고 있다.

이 밖에 불살생계는 팔재계와 십선업도에서도 포함되어 나타나는데, 팔재계는 반월 가운데 8일·14일·15일에 포살을 하는 동안 지킬 것을 말하고 있다. 십선은 처음부터 열 가지가 이루어진 것은 아니고, 몸과 말에 관한 것으로부터 의(意)에 관한 것으로 더해져서 악을 멀리 떠나 선을 행하는 것으로 발전하여 십선업도(十善業道)의 형식을 갖춘 것이다. 십선업도는 대승불교와 같이 계로서의 형식을 갖춘 것은 아니다. 이상은 재가신자가 지켜야 하는 오계와 팔재계의 발전상을 나타낸 것이다. 불살생계를 제1계로 하여 인간에서부터 생명이 있는 모든 유정에 이르기까지 모든 생명들을 살생해서는 안 된다는 것을 말하고 있다.

『사문과경』에서는 "대왕이여, 여기에 비구는 살생을 버리고, 살생을 여의고 있다. 지팡이를 버리고, 칼을 버리고, 부끄러운 마음[慚恥心]이 있으며, 자비심을 가지고, 온갖 생물에 대하여 자애와 애민에 머문다"라고 하여 살생을 버리고 살생을 멀리하겠다는 자발적인 계를 말하고 있으며, 악행에 대한 부끄러움과 생물에 대한 애정과 자비가 표현되어 있다.[14] 이 밖에 인간 외에 생명을 가진 모든 유정들의 살생을 금지하고 있다. 종자(種子)의 종류와 초목의 종류를 해치는 것과 생 곡식을 얻는 것, 생고기를 얻는 것, 숫산양과 암산양을 얻는 것, 닭과 돼지를 얻는 것, 코끼리·소·숫말·암말 등을 받는 것을 끊으라고 분명히 말하고 있다.[15]

『법구경』에서는 "모든 사람은 칼과 몽둥이를 두려워하고 모든 사람은 죽음을 두려워한다. 자신에게 견주어 생각하여 남을 죽여서는 안 되며 죽이게 해서도 안 된다"[16]라고 하여 악은 스스로도 행하지 않으며, 남에게도 행하지 않게 하며, 선은 스스로도 행하고 남에게도 행하게 한다는 불교의 윤리적인 입장과 자비의 입장을 보여주고 있다.

2) 부파경전

부파불교의 각 율장에서는 바라제목차와 약건도 등에서 살생을 금지하는 내용이 나오고 있다. 그러나 완전히 금지한 것은 아니고, 병자에게는 예외를 두어 지범(持犯)의 유연성을 말하고 있다. 모든 율장이 바라이 제3조

---

14 *Dīghanikāya* vol. I, 63면.
15 *Dīghanikāya* vol. I, 63-64면.
16 *Dhammapada* 129게송, 37면.

에 단인명계(斷人命戒)를 말하고 있다. 이 계는 살생계와 같은 것으로 인간과 태아를 죽이는 것을 금지시키고 있다. 『빠알리율』에서 계를 제정하게 된 인연담을 살펴보면, 베살리에서 부처님과 함께 비구들이 부정관을 하고 있었는데 부처님께서 정려에 든 사이에 비구들이 자기의 신체를 싫어하고, 부끄럽게 여기고, 경멸하다가 자기의 몸을 혐오하여 스스로 목숨을 끊고, 서로 목숨을 끊어주거나 옷과 발우[衣鉢]를 주면서 자신의 목숨을 끊어달라고 부탁을 하는 일이 생겼다. 이로 인하여 부처님께서 인간의 목숨을 끊는 것을 금지시키고 계를 제정하였다.

바라이법 가운데 제3계인 단인명계는 모든 율장에서 거의 비슷하게 규정하고 있다. 계의 내용은 고의로 인체의 생명을 끊는 경우와 인체의 생명을 끊기 위해 칼을 가진 자를 구하거나 혹은 죽음의 아름다움을 찬탄하고, 여러 가지 방편을 이용하여 죽음을 권하여 그것들에 의해 그 사람이 죽으면 권했던 비구 비구니는 바라이로 승가에 함께 살 수 없다는 것이다. 여기서 인체(人體, manussa viggaha)라는 것은 "모태에서 처음으로 심(心)이 생기(生起)하여 처음으로 식(識)이 생기고 나서부터 죽을 때까지, 그 중간에 있는 것이다"라고 한다.[17] 이 해석은 모태에 있는 태아와 태어난 후 인간의 신체를 말한다. 죽이는 대상에 있어서는 『사분율』과 『마하승기율』은 '自手斷人命'과 '自手奪人命'이라고 하여 『빠알리율』과 비슷하게 표현하고 있다.[18] 그러나 『빠알리율』만은 자수(自手)란 표현이 보이지 않는다. 『십송율』과 『오분율』은 인(人) 혹은 사인(似人)을 말하고, 『근본설일체유부율』은 인(人)과 인태(人胎)를 구별하여 말하고 있다. 단인명계는 사람에 의해서 죽이려는 의지가 들어가고 칼을 잡으면 돌길라이고, 죽이려는 상대의 몸에 칼이 닿으면 투란차이며, 그 상대가 죽으면 바라이의 판정을 받는다. 상대의 죽음에 의해서 살인이 완료되는 것이다.

승잔법 가운데에는 제6계 시주자 없이 집을 짓되 대중의 지시를 받지 않고 한도에 넘도록 집을 짓지 말라[無主作小房戒], 제7계 시주자가 있고 집을 짓되 대중의 지시를 받지 않고 짓지 말라[有主作大房戒]는 것으로 살생과 관계가 있다. 이 계는 모든 율장이 제6·7계에 규정하고 있다. 이 계가 제정된 것은 비구들이 나무를 베어다가 집을 지음으로 인하여 재가자들이 비난

17 *Pātimokkha* 8면. *Vinayapiṭaka* vol.Ⅲ, 73면.

18 『四分僧戒本』(『大正藏』 22권, 1023하); 『摩訶僧祇律大比丘戒本』(『大正藏』 22권, 549하)

을 하였기 때문이다. 부처님께서는 숲을 훼손함으로 인하여 많은 생명들이 죽을 것을 염려하여 금계로 한 것이다. 많은 생명들의 안식처인 초목은 이로부터 안전망이 구축되었다고 할 수 있을 것이다.

니살기바일제법 가운데에는 '비단을 섞어서 와구를 만들지 말라[雜絹綿臥具戒]'는 것이 살생과 관계가 있다. 비단은 누에고치로부터 나오는 것이기 때문에 작은 벌레의 생명을 자비심으로 지켜주려는 의도인 것이다. 이 계는 『마하승기율』이 제13계에 금지하고, 『오분율』이 제21계에 금지하고, 다른 율장은 제11계에 금지시키고 있다.

바일제법 가운데에서는 ① 땅을 파지 말라[掘地戒] ② 초목을 베지 말라[伐草木戒] ③ 벌레가 있는 물을 쓰지 말라[用虫水戒] ④ 미식을 찾지 말라[索美食戒] ⑤ 축생의 생명을 빼앗지 말라[奪畜生命戒] ⑥ 벌레 있는 물을 마시지 말라[飮虫水戒]고 말하고 있다. 굴지계는 땅을 파면 땅속의 생물을 죽이기 때문에 『빠알리율』이 제10조, 『십송율』 『마하승기율』 『근본설일체유부율』이 제73계, 『사분율』이 제10계, 『오분율』이 제59계에서 금지시키고 있다.

벌초목계는 초목에도 생명이 있고, 나무에는 살아있는 귀신[樹神]이 살고 있기 때문에 모든 율장이 제11조에 금지시키고 있다. 용충수계는 물에 벌레가 있는 것을 알면서 풀에 물을 주는 데 사용하여 진흙과 섞이면 벌레가 죽기 때문에 『빠알리율』 『오분율』이 제20조, 『십송율』 『사분율』 『마하승기율』 『근본설일체유부율』이 제19계에 금지시키고 있다. 색미식계는 병이 없는데도 자신을 위해서 연유[酥]·기름[油]·꿀[蜜]·석밀(石蜜)·우유[乳]·유즙[酪]·생선[魚]·육(肉)을 걸식하는 것을 금지하는 것으로 『빠알리율』 『마하승기율』이 제39조, 『오분율』이 제41조, 『사분율』 『십송율』 『근본설일체유부율』이 제40조에 금지시키고 있다. 이 계는 비구계에서 바일제의 조문이지만, 비구니계에서는 바라제제사니법에서 금지하고 있다.

탈축생명계는 축생이란 용을 제외한 그 밖의 짐승들을 살해하려는 마음으로 목숨을 끊는 것으로 『오분율』이 제51조, 『빠알리율』 『십송율』 『사분율』 『마하승기율』 『근본설일체유부율』이 제61조에 금지시키고 있다. 음충수계는 벌레가 섞인 물을 마시면 벌레가 살생되기 때문에 『빠알리율』 『사분율』이 제62조, 『십송율』 『근본설일체유부율』이 제41조, 『마하승기율』이 제51조에서 금지시키고, 『오분율』에는 이 조문이 없다.

이 밖에 비구니계에서는 ⑦ 스스로 생 곡식을 끓여 먹지 말라[自煮生穀戒], ⑧ 풀 위에 대소변을 보거나 버리지 말라[棄生草上大小便戒]는 계율을 더하여 금지시키고 있다. 자자생곡계는 생물을 끓여 먹기 때문에 『빠알리율』이 제7조, 『사분율』이 제46조, 『오분율』이 제166조, 『마하승기율』이 제78조, 『십송율』이 제76조, 『근본설일체유부율』이 제77조에 금지시키고 있다. 그러나 병이 있는 비구니는 범하는 것이 아님을 밝히고 있다. 기생초상대소변계는 풀 위에 대소변을 보는 것과 침을 뱉는 것을 금지하는 것으로 『빠알리율』이 제9조, 『사분율』이 제77조, 『오분율』이 제137조, 『마하승기율』이 제139조, 『십송율』이 제79조·제174조, 『근본설일체유부율』이 제79조에 두고 있다.

바라제제사니법 가운데 살생에 관한 것은 비구니계 가운데 생선과 고기를 걸식하지 말라[乞魚戒·乞肉戒]는 조문이 있다. 이 계율은 병이 없는데도 몸을 위하여 걸식하는 것을 금지하고 있다. 병이 있는 자는 범하는 것이 아님을 말하고 있다. 걸어계는 『빠알리율』이 제5조, 『사분율』이 제7조, 『오분율』이 제7조, 『마하승기율』이 제7조, 『십송율』이 제6조, 『근본설일체유부율』이 제8조에 금지시키고 있다. 걸육계는 『빠알리율』이 제6조, 『사분율』이 제8조, 『오분율』이 제8조, 『마하승기율』이 제8조, 『십송율』이 제7조, 『근본설일체유부율』이 제9조에 금지시키고 있다. 이 밖에도 물을 마실 때는 걸러서 먹을 것을 규정하고 있다. 작은 생명을 죽이지 않기 위해서이다. 과일을 따는 것도 비구에게는 금지되어서 정인을 시켜 대신 따도록 하고 있다. 또한 약건도에서는 사람고기와 코끼리·말·사자·호랑이·표범·곰·개의 고기를 먹는 것을 금지하고 있으며, 이를 범할 때는 돌길라의 죄를 적용시키고 있다. 그리고 부처님께 적대적이었던 제바달다는 그가 주장한 오사(五事) 가운데에서 생선과 고기를 먹지 말아야 한다고 주장한다. 그러나 부처님은 삼종정육(三種淨肉)으로 제한할 뿐 완전히 금지하지는 않았다. 불교승가는 어머니를 죽인 자·아버지를 죽인 자·아라한을 죽인 자·악한 마음으로 부처님의 몸에 피를 낸 자 등은 원천적으로 출가를 하여 구족계를 받을 수 없도록 규정하고 있다. 승가의 중요 행사인 안거도 우기에 유행을 하면 초목과 작은 미생물들을 밟아 그들의 생명을 빼앗기 때문에 생명을 존중하기 위해서 시작되었다.

이상은 부파불교의 율장에서 살생을 금지하는 조문을 정리한 것으로 단순히 살생을 하지 않는 것에 국한된 것이 아니고 살생과 폭력 등을 멀리하고 중생들을 위해 자비를 실천하는 생명존중의 사상을 내포하고 있는 것이다. 인간에서부터 미세한 생물에 이르기까지 그들의 생명을 자신의 목숨과 같이 존중할 것을 규정하고 있다. 그러나 병자에게는 병을 치료하기 위해서 먹는 것이라면 계율을 범하는 것이 아님을 밝히고 있다. 인간과 태아를 살생하는 것을 제외하고는 이를 범한다 하더라도 바일제 이상의 범죄는 아니어서 세 사람에게 참회만 하면 출죄(出罪)가 되는 경죄로 규정하고 있다. 하지만 의도적으로 생명을 죽이는 것은 금지하고 있다. 육식에 대해서는 완전히 금지하는 입장은 아니다. 고기를 먹는 것 자체를 금지하지는 않았지만, 자기를 위해서 고의로 죽인 고기와 고의로 자기를 위해서 죽였다는 소리를 듣거나 보았거나 의심스러운 것은 먹지 말라고 규정하고 있다.

3) 대승경전

대승불교에서는 십선계와 삼취정계, 범망보살계 등에서 불살생계를 규정하고 있다. 대승불교는 원시불교보다도 더 적극적으로 불살생계를 금계로 하고 있다. 아라한이 자신을 위해서 해탈을 추구하는 것에 반하여 대승의 보살은 자리이타를 철저히 실천하는 이상적인 인간상임을 밝히면서 생명에 대한 존중이 육식을 완전히 금지하는 것으로 나타내고 있다.

『장자법지처경』에서는 십사를 말하는 가운데 "몸으로 살생[殺]·도둑질[盜]·음행하지 않고, 입으로 망언(妄言)·양설(兩舌)·기어(綺語)·악구(惡口)하지 않고, 마음에 질(嫉)·에(恚)·치(癡)하지 않는다"라고 설하고 있다.[19] 『십주비바사론』에서는 십선업도 가운데 산목숨을 죽이는 것을 여의면 오래 살고, 병이 적은 과보가 있다고 설하고 있다.[20] 『대지도론』에서도 불살생의 과보로 장수를 말하고 있다.[21]

『반야경』에서는 재가보살이 가져야 하는 실천덕목, 즉 십선도 가운데 불살생의 계를 제1계로 규정하고 있다. "아유월치 보살은 스스로 살생하지 않으며, 또 남으로 하여금 살생하게 하지 않는다"라고 밝히고 있는데, 스스로 행할 뿐만 아니라 남에게도 행하도록 한다는 점에서 대승불교의 특징이 나타나고 있다.[22]

『십지경』에서도 보살이 가져야 할 계가 십선도임을 밝히고 있다. 이 가운데에서 "살생을 멀리 떠나고, 칼·몽둥이를 버림으로써 노여움을 품지 않

19 『長者法志妻經』(『大正藏』 14권, 945상)
20 『十住毘婆沙論』 16(『大正藏』 26권, 107하)
21 『大智度論』 13(『大正藏』 25권, 154하-155상)
22 『小品般若經』(『大正藏』 8권, 564상)

는다. 부끄러움과 너그러움을 구족한다. 모든 생명체에게 늘 자비로운 마음으로 대하며, 이 보살은 더 한층 잘 헤아려 목숨 있는 자를 해치지 않는다. 어찌 하물며 다른 모든 유정이 일으키는 바의 유정상(有情想)에 있어서랴. 못된 짓으로써 살해를 저지름을 깊이 반성하여 마음을 바로 잡는다"라고 하여 이 덕목을 스스로 실천하는 것뿐만 아니라 남에게도 가르쳐 실천하게 하고, 다시 그것을 널리 중생에게 미치도록 하는 입장을 보이고 있다.[23]

『대반열반경』에서는 금계를 지킴으로써 불성을 볼 수 있고, 아뇩다라삼먁삼보리를 이룰 수 있다고 설한다. 금계를 지키는 것이 정법을 실현하는 것이라고 강조한다. 이 경에서는 불성이 있는 모든 유정은 먹어서는 안 된다는 입장을 말하고 있다. 이 경에서는 살생의 종류를 하·중·상의 살생으로 말하고 있다. 하살생[下殺]은 개미와 모든 축생을 죽이는 것이며, 축생들도 작은 선근이 있어서 죽이면 지옥이나 축생, 아귀에 떨어져서 하품고통을 받는다고 한다. 중살생[中殺]은 범부로부터 아나함까지 죽이는 것을 말하며, 그 과보는 지옥·축생·아귀에 떨어져서 중품고통을 받는다고 한다. 상살생[上殺]은 부모나 아라한·벽지불·결정된 보살을 죽이는 것을 말하며, 그 과보는 아비지옥에 떨어져서 상품고통을 받는다고 한다.[24]

『대반열반경』은 독자적인 계로서 성중계(性重戒)와 식세기혐계(息世譏嫌戒)를 말하고 있는데, 가벼운 계에 해당하는 식세기혐계에 '고기를 먹지 말라[不食肉]'는 것이 포함되어 있다.[25] 또한 「교진여품」에서는 ①범행을 하라[梵行] ②고기를 끊어라[斷肉] ③술을 끊어라[斷酒] ④매운 것을 끊어라[斷辛] ⑤기꺼이 적정처에 머물러라[樂住寂靜]는 등의 오사(五事) 가운데 단육(斷肉)을 들어 금지시키고 있다. 이 경에서는 불식육계로 불살생에 관하여 엄하게 지킬 것을 말하고 있다.[26]

『능가경』에서는 보살들은 모든 중생들이 자신의 친척이나 외아들이라고 생각하고 일체의 고기를 먹어서는 안 됨을 밝히고 있다.[27] 그 이유는 나의 제자가 고기를 먹는다면 모든 세상 사람들이 헐뜯고 비방하기 때문이

23 『十地經』(『大正藏』 10권, 542하)
24 『大般涅槃經』 15(『大正藏』 12권, 701하)
25 위의 책, 11(『大正藏』 12권, 674중)
26 위의 책, 36(『大正藏』 12권, 850중)
27 『楞伽經』 6(『大正藏』 16권, 622하)

며, 고기를 태울 때 더러운 냄새가 나기 때문이라고 밝히고 있다.[28] 그리고 삼종정육(三種淨肉)을 허락한 이유에 대하여 밝히고 있다. 허락한 이유에 대해서는 "내가 여러 곳에서 십종(十種)은 막고 삼종(三種)은 허락한다고 말한 것은 점차로 고기를 먹는 것을 금단하여 닦아 배우게 하기 위해서이다"라고 밝히고 있다.[29] 출가자가 고기를 먹는 것은 청정하지 못하므로 모든 고기를 먹는 것은 다 끊어야 한다고 말하고 있다.

『범망경』에서는 생명이 있는 존재들의 가치를 여실히 보여주고 있다. 이 경에서는 십중 사십팔경계(十重四十八輕戒)를 설하고 있는데, 불살생계와 살생에 직간접적으로 관련된 것들에 대하여 금지하고 있다. 십중계 가운데에는 ① 불살생계를 첫 번째로 규정하고 있다. 또한 사십팔경계 가운데에는 ② 제3계 고기를 먹지 말라[食肉戒], ③ 제10계 중생을 죽이는 도구를 비축하지 말라[畜殺生具戒], ④ 제11계 나라의 사신이 되지 말라[國使戒], ⑤ 제12계 삿된 것을 판매하지 말라[販賣戒], ⑥ 제14계 방화를 하지 말라[放火戒], ⑦ 제20계 산 것을 놓아주고 죽는 것을 구제하라[放生戒] 제32계 중생을 해롭게 하지 말라[取他財戒]는 등이 있다.

불살생계에 대해서는 "직접 죽이거나 남을 시켜 죽이거나 방편으로 죽이거나 찬탄하여 죽게 하거나 죽이는 것을 보고 기뻐하거나 주문으로 죽이는 것에 이르기까지, 죽이는 인(因)이나 죽이는 연(緣)이나 죽이는 방법이나 죽이는 업으로 일체생명 있는 것을 짐짓 죽이지 말아야 한다. 보살은 항상 자비심(慈悲心)과 효순심(孝順心)에 머물러서 일체 중생들을 방편으로 구호해야 하는데, 도리어 제멋대로 하여 거침없이 살생하는 자는 보살의 바라이죄가 된다"[30]라고 규정하고 있다. 대승에서는 자비심으로 중생을 구제하고자 하는 이타의 수행을 강조하기 위하여 불살생계를 제1계로 제정하였다고 한다.

그리고 십중계의 과보를 설하고 있다. 첫째는 현재의 몸으로 보리심을 일으키지 못한다. 둘째는 국왕의 지위나 전륜왕의 지위를 잃을 것이다. 셋째는 비구 비구니의 지위를 잃을 것이다. 넷째는 십발취(十發趣)와 십장양(十長養), 십금강(十金剛)과 십지(十地)와 불성(佛性)이 상주하는 묘과(妙果)를 모두 다 잃어버릴 것이다. 다섯째는 삼악도에 떨어져서 이겁(二劫) 또는

28 위의 책, 6(『大正藏』 16권, 623중)
29 위의 책, 6(『大正藏』 16권, 624상중)
30 『梵網經』 하(『大正藏』 24권, 1004하)

삼겁(三劫) 동안 부모와 삼보의 이름도 듣지 못할 것이다. 이런 까닭으로 한 가지도 범하지 말라고 한다.[31]

48경계 가운데 식육계는 대자비의 불성종자가 끊어지기 때문에 고기를 먹지 말아야 한다고 규정하고 있다. 축살생구계는 일체 중생을 죽이는 칼과 몽둥이의 도구를 비축하지 말라는 것이다. 국사계는 이양을 위하는 나쁜 마음으로 나라의 사신이 되어 군진을 모의하고 전쟁을 일으켜서 무량한 중생을 죽이지 말라는 것이다. 판매계는 양민이나 노비 소 말 양 등을 사고 팔거나 관 등을 팔지 말라는 것이다. 방화계는 나쁜 생각으로 산과 들, 남의 집, 절, 전답 등에 불사르지 말며 온갖 산 것들에 불사르지 말라는 것이다. 즉 재산의 손실을 막고 초목의 생명까지 구제하자는 것이다. 방생계는 자비심으로 산 것을 놓아주고 보살계를 일러주어 교화하여 중생을 제도하고, 죽은 것은 인간이나 천상에 태어날 수 있도록 해야 한다는 것이다. 취타재계는 살생도구를 판매하지 말며, 저울눈을 속이지 말며, 남의 재물을 빼앗지 말며, 남의 성공을 깨뜨리지 말며, 고양이·돼지·개 등을 기르지 말라는 것이다. 보살계는 일체 생명의 근원인 불성과 대승 보살도에 입각하여 인간과 모든 생명 있는 유정들의 살생을 금지하고, 앞으로 일어날 살생을 예방하기 위해 도구 등의 비축을 금지한 것이다. 살생의 금지는 생명의 존엄성을 적극적으로 주장한 것이다.

2. 중국불교의 불살생

법장(法藏, 643-712)은 『범망경보살계본소』에서 불살생계를 제1계로 제정한 것에 대하여 두 가지로 구분하고 있다. "첫째는 보살의 모든 행은 대비심을 근본으로 삼지 않음이 없음으로 보살의 모든 행을 근본으로 두기 위하여 먼저 제정한 것이다. 둘째는 유정들이 소중히 하는 것은 생명을 우선으로 삼지 않음이 없음으로 중생의 목숨을 구하기 위해 먼저 분별한 것이다. 만약 그렇다면 무엇 때문에 성문계의 처음은 이와 같지 않은가? 이른바 이[보살계]는 중생을 구제하는 행위를 우선으로 하고, 저것[성문계]은 자신의 수행을 첫째로 삼기 때문이다"라고 말한다.[32] 성문계는 개인의 해

31 위의 책, 하(『大正藏』 24권, 1005상)
32 법장, 『梵網經菩薩戒本疏』 1(『大正藏』 40권, 610상)

탈을 목적으로 수행하기 때문에 음계를 제1계로 하였지만, 대승의 보살계는 중생을 구제하고자 하는 이타의 수행을 목적으로 하기 때문에 불살생계를 제1계로 제정하였음을 밝히고 있다.

법장은 불살생계를 제정한 뜻을 열 가지로 설하고 있다. 첫째는 생명을 끊는 것으로 말미암아 업도가 무겁기 때문이다. 둘째는 대비심을 어기어 해치기 때문이다. 셋째는 길러준 은혜를 등지는 것이기 때문이다. 넷째는 수승한 연을 어그러뜨리기 때문이다. 다섯째는 모두 불성이 있어서 다 당래에 법기(法器)가 될 것이기 때문이다. 여섯째는 보살의 무외시를 어기어 잃기 때문이다. 일곱째는 사섭행을 어그러뜨리기 때문이다. 여덟째는 손해가 실로 크기 때문이다. 아홉째는 은혜에 보답하기 때문이다. 열째는 법이 그러하기 때문이다.[33]

식육계의 제정에 대해서는 “보살은 마땅히 자신의 살을 버려서 중생의 생명을 구해야 하거늘 어찌 중생의 고기를 먹는 것을 용납하리오. 그 어기고 해로움이 심하기 때문에 모름지기 제정한 것이다”라고 말한다.[34] 또 식육의 과실에 대하여 “첫째는 대자비의 종자를 끊어서 자리를 잃는다. 둘째는 중생을 져버리므로 이타를 잃는다. 셋째는 중생에게 공포를 주어 도망치게 한다”라고 말한다.[35] 축살생구계는 “보살은 마땅히 널리 법재를 모아 중생을 이롭게 하고 즐겁게 하는 것이 도리인데, 도리어 살생을 하는 도구를 비축하는 것은 자비심으로 구제하는 보살심을 등지는 것이기 때문에 제정한 것이다”라고 한다.[36] 방화계의 제정은 “산과 들을 불태우는 것을 경계하는 것은 살생하는 죄를 막기 위함이고, 집이나 자택을 불태우는 것을 제지하는 것은 도계(盜戒)를 범하는 것을 막기 위함이다”라고 한다.[37] 취타재계는 보살은 자비심으로 중생을 구제해야 하는데, 어찌 살생도구를 비축하고 중생의 재산을 손상시키겠는가. 또 삼취정계에 위배되기 때문에 이 계를 제정하였다고 한다.[38]

『법원주림』에서는 식육의 열 가지 허물을 밝히고 있다. 첫째는 일체 유

33 위의 책, 1(『大正藏』 40권, 607하-608상)
34 위의 책, 4(『大正藏』 40권, 636중)
35 위의 책, 4(『大正藏』 40권, 636하)
36 위의 책, 5(『大正藏』 40권, 639상)
37 위의 책, 5(『大正藏』 40권, 640중)
38 위의 책, 6(『大正藏』 40권, 649상)

정은 무시이래로 다 나의 친속이었으므로 행자는 고기를 먹어서는 안 된다. 둘째는 고기를 먹으면 짐승들이 다 두려워하므로 행자는 고기를 먹어서는 안 된다. 셋째는 자비심과 소욕을 기르는 행자는 고기를 먹어서는 안 된다. 넷째는 고기를 먹는 사람은 다른 사람의 신심을 파괴하므로 행자는 고기를 먹어서는 안 된다. 다섯째는 고기를 먹는 사람은 과거에 나찰이 되었던 습기로 인하여 이제 특히 고기를 탐하는 것이므로 행자는 고기를 먹어서는 안 된다. 여섯째는 고기를 먹는 사람은 세상의 주술을 배워도 성취하지 못하거늘 출세법을 어떻게 증득할 수 있겠는가. 그러므로 고기를 먹어서는 안 된다. 일곱째는 유정이 목숨을 사랑하는 것은 나와 조금도 다를 바가 없으므로 행자는 고기를 먹어서는 안 된다. 여덟째는 고기를 먹는 사람을 하늘과 성현은 멀리 떠나고 악신이 찾아든다. 그러므로 고기를 먹어서는 안 된다. 아홉째는 정육(淨肉)의 고기일지라도 먹는 것이 불가능하거늘 부정한 고기이겠는가. 그러므로 행자는 고기를 먹어서는 안 된다. 열째는 고기를 즐겨 먹다가 죽으면 나찰 등으로 태어날 것이므로 행자는 고기를 먹어서는 안 된다.[39]

3. 한국불교의 불살생

1) 신라시대

신라불교에서 계율사상의 연구는 성문계와 보살계가 함께 연구되었지만, 대승의 보살계가 더욱 중심이 되어 보편적으로 연구되고 성행되었다. 신라불교에서 계율의 특징적인 면은 원광(圓光)의 세속오계(世俗五戒)에서 찾을 수 있다. 원광은 불교에서 살생을 금지하고 있는 것에 대하여 살생을 함에 있어서 때와 대상을 가려서 해야 한다고 말한다. 세속오계 가운데에서 살생에 관계되는 것은 '살생을 하되 가려서 하라[殺生有擇]'는 항목이 있다. 이 계에 대한 설명은 "육재일과 봄·여름에는 죽이지 않는 것이니, 이는 때를 가리는 것이다. 말·소·닭·개 등의 가축을 죽이지 말며, 고기가 한 점도 안 되는 미세한 것을 죽이지 않는 것이니 이는 대상을 가리는 것이다. 이것은 또한 오직 소용되는 것만 죽이고, 많이 죽이는 것을 구하지 않는 것이다. 이것이 세속의 선계(善戒)이다"라고 말한다.[40] 재가신자의 포살일과 만

39 『法苑珠林』 93(『大正藏』 53권, 974하-976상)

물이 생성되는 계절에는 살생을 하지 말고, 인간의 생활에 매우 밀접하게 관련되어 있는 말과 소, 닭, 개 등과 미세한 생명들까지 살생을 삼가야 한다는 것이다. 인도불교에서도 그 시대의 생활상과 관련하여 동물들의 살생을 금지하였는데, 신라시대도 마찬가지로 생명을 소중히 여기지 않는 행태들을 보고, 세속인들에게 생명의 존엄성을 일깨워주고 살생을 예방하기 위해서 살생유택의 계를 지키도록 한 것이다.

의적(義寂, 681~?)은 『보살계본소』에서 불살생에 대하여 해석을 하고 있다. 의적은 영혼이 있는 것은 모두가 소중한 것임을 밝히면서 『범망경』이 불살생계를 첫 번째에 제정한 이유에 대하여 "보살은 인자한 생각 품기를 우선으로 삼아야 하거늘, 어찌 제멋대로 하며 통쾌한 마음으로 저 소중한 것을 빼앗을 수 있겠는가. 특히 인자한 행을 어기는 것이기 때문이다"라고 설하고 있다. 또한 성문은 속박에서 벗어나는 것을 우선으로 하기 때문에 음행을 처음에 제정했지만, 보살은 자비로 구제함을 으뜸으로 삼기 때문에 처음에 살생을 금지시켰다고 한다. 그리고 칠중(七衆)이 공통으로 지니기 때문에 처음에 살생계를 두었다고 한다.[41] 살생의 대상은 상품·중품·하품으로 구분하여 설하고 있다. 상품은 부처님과 성인을 말하는데 부모와 승려를 살해하면 곧 역죄이면서 중죄를 범한 것이고, 중품은 사람과 하늘을 말하는 것으로 살해하면 중죄를 범한 것이고, 하품은 사취를 말하며 사취는 도의 그릇이 아니기 때문에 살해하면 경구죄를 범하는 것이라 한다.[42]

48경계 가운데 식육계의 제정은 "대자비의 종자가 끊어지기 때문에 금제한 것이다"라고 한다. 성문은 삼종정육(三種淨肉)을 허락하다가 부처님의 열반 직후에 식육을 금지했지만, 보살은 부처님의 열반 전후 모두 식육을 칠중(七衆)에게 금지시켰음을 밝히고 있다. 식육계는 고기를 먹음으로 인하여 살생을 하게 되고, 한량없는 죄를 짓기 때문에 제정을 하였다고 한다.[43] 축살생구계는 살생을 할 수 있는 도구를 보고 생각하면 살생하는 것이 점차적으로 익혀질 수 있으므로 막기 위하여 제정하였다고 말한다. 이 계는 대승·소승이 다 같이 제정하였으며, 도인·속인을 다 금지시켰다고 한다. 국사계는 나라를 위해 사명을 띠면 반드시 승부를 기약해야 되며, 거짓

40 일연, 『三國遺事』 4(『大正藏』 49권, 1003상)
41 의적, 『菩薩戒本疏』 상(『韓佛全』 2권, 262중)
42 위의 책, 상(『韓佛全』 2권, 263상)
43 위의 책, 하(『韓佛全』 2권, 275상)

으로 속이고 꾀를 써서 전쟁을 하게 되므로, 안으로는 평등과 자비에 어긋나고 밖으로는 물건과 생명을 손상시키기 때문에 금제하였다고 한다. 만약 죽게 하려는 뜻이 있었다면 중죄가 성립되지만, 이 계는 사신이 되는 것만을 금지시켰기 때문에 경구죄가 되었다고 한다.[44] 판매계는 대경을 손상하면서 이익을 바라는 것은 침해하는 것이 깊기 때문에 금제시켰다고 한다. 이 계는 몸과 말의 방일을 금제한 것이다.[45] 방화계는 때와 장소를 가리지 않고 함부로 불을 놓으면 손상받는 일이 많기 때문에 금제하여 끊게 하였다고 한다. 이 계는 대승·소승이 모두 금제한 것이며, 살생을 방어하고 빼앗는 것의 손해를 방어하기 위해서 제정된 것이고, 몸의 방일을 금제한 것이라고 한다. 만약 방화로 인하여 생명을 살해하고 물건을 손상했으면 살생죄·투도의 죄가 성립되지만, 방화만을 금제시켰기 때문에 경구죄가 된 것이라고 한다.[46]

방생계는 장례를 정중히 하고 제사를 지내 온후하게 은혜에 보답하거나 일부러 살생하지 않으면서 죽음의 액난을 구제하거나 재와 설법으로 망령을 돕는 것은 자비를 행하고 은혜를 갚는 선행이기 때문에 제정한 것이라고 한다. 이 계는 대승에만 제정한 것이며, 보살은 온갖 것들을 제도해야 하므로 평등과 자비를 두루 넓히기 위해서 제정하였다고 한다. 방생은 죽게 될 중생을 인자한 마음과 방편으로 죽음의 액난에서 구제하여 현재의 고통을 면하게 하는 것이며, 재와 설법으로 망령을 돕는 것이라고 한다.[47] 취타재계는 십선계를 어기기 때문에 제정하였고, 중생을 이롭게 하기 때문에 제정하였다고 한다.[48]

승장(勝莊)은 『범망경술기』에서 살생에 대하여 대승과 소승과 차별이 있음을 밝힌다. 성문의 가르침에서는 이익이 있고 없거나 간에 살생이 인정되지 않지만, 보살계는 이익이 있으면 살생이 인정된다고 한다. 그 이유는 모든 보살이 보살의 정계율의에 안주하면서 좋은 권도와 방편으로 타인의 이익을 위해서 모든 죄에서 조그마한 부분도 현행하기 때문에 이런 인연으로 보살계를 범한 것이 없고 많은 공덕이 생긴다는 것이다. 그리고 살생은

44 위의 책, 하(『韓佛全』 2권, 278중)
45 위의 책, 하(『韓佛全』 2권, 278하)
46 위의 책, 하(『韓佛全』 2권, 279중-하)
47 위의 책, 하(『韓佛全』 2권, 282중-283상)
48 위의 책, 하(『韓佛全』 2권, 288하)

죄 중에서 가장 무거운 것이고, 보살은 온갖 만행에서 자비로 처음을 삼기 때문에 불살생계를 제1계로 하였다고 한다.[49] 불식육계는 칠중(七衆)이 범하는 것은 같지만 크고 작은 것은 다르다. 성문계는 삼종정육(三種淨肉)을 허락하지만, 보살계는 모두 허락되지 않는다고 한다. 고기를 먹으면 분지옥(糞地獄)에 떨어진다고 한다.

원효(元曉)는 『범망경보살계본사기』에서 살생의 정의를 상품·중품·하품의 중생으로 구분하여 경중(輕重)을 밝히고 있다. 상품중생은 부모와 수행의 지위가 확정된 지상의 보살과 모든 번뇌를 끊어서 배울 것이 없는 아라한을 말하며, 이들을 살해한 자는 중죄와 오역죄를 범한 것이다. 중품중생은 정해서 말할 수 없지만 사람은 다 여기에 해당한다. 이들을 죽인 자는 중죄를 범한 것이고 역죄를 범한 것은 아니다. 하품중생은 사람이 아닌 것과 축생을 말하는데, 이들을 죽인 자는 경구죄를 범한 것이라고 한다.

그리고 스스로 죽이는 경우는 다섯 가지 구별을 하였는데, 죄의 경중(輕重)이 있고 대소승의 동이(同異)가 있다. 첫째, 상대가 사람이라는 판단을 하고서 저질렀으면 대소승이 다같이 중계를 범한 것이다. 그것은 그 마음과 대상이 다 중계에 해당하기 때문이다. 둘째, 사람인지 사람이 아닌 것인지를 의심하여 저질렀으면 소승의 경우 『마하승기율』에 따르면 중죄를 범한 것이고, 『사분율』에 의하면 투란차를 범한 것이다. 왜냐하면 『마하승기율』은 살해의 대상에 대하여 반은 사람인가 아닌가하는 의심을 한 것을 전제로 하였기 때문이며, 『사분율』은 대상이 사람이 아닌 것으로 의심한 것을 전제로 하였기 때문이다. 그런데 만일 대상에 대하여 이 두 가지 경우에 다 같이 의심했다면 이상의 두 가지 죄를 거듭 범한 것으로 된다. 대승의 경우는 중계를 범한 것으로 본다. 셋째, 사람을 보고 사람이 아닌 줄로 알고 죄를 범했을 때인데, 만약 전상으로 범했을 경우, 앞의 마음은 방편으로 범했기 때문에 제삼취(第三聚)를 범한 것이 되고, 뒤의 마음은 사람이 아닌 것을 방편으로 죽인 것이기에 돌길라를 범한 것이다. 대승은 앞뒤의 마음 어느 것이건 다 경구죄를 범한 것이 된다. 넷째, 사람이 아닌데 사람이라고 생각하고 죽이는 경우인데, 제삼취를 범하게 되니 그것은 사람을 방편으로 죽이는 까닭이며, 대승에서는 경구죄를 범하게 된다. 다섯째, 사람이 아닌데 사람일 것이라는 의심 가운데 살생죄를 범하는 경우인데, 소승에서는

49 승장, 『梵網經述記』 상(『韓佛全』 2권, 133하-134상)

만약 반은 사람이라고 의심하며 죽였다면 제삼취를 범하게 되고, 만약 반은 사람이 아닌 줄로 의심하며 죽였다면 돌길라를 범하게 되며, 대승에서는 경구죄를 범하게 된다.

남을 시켜 살생하는 경우에 소승은 나를 위해 다른 사람을 시켜서 살생을 범하였으면 중계를 범한 것이고, 다른 이를 위해 살인을 하라고 가르쳐서 살인을 하였다면 투란차죄를 범한 것이다. 대승의 경우는 나를 위해 범했거나 남을 위해 범했거나 다 같이 중계를 범한 것이다. 남을 시켜서 삼성심(三性心)으로 살해를 범했다면 대소승이 동일하게 중계를 범한 것이다. 방편으로 죽이는 것에 약으로 낙태를 시켜 태아 등을 죽이는 것과 밥에 약을 넣어 먹이는 것 등이다.

찬탄하여 죽게 하는 경우에 셋이 있으니, 첫째는 선행을 닦는 사람을 보고 말하기를 '너는 착한 일을 하고 있을 때에 어서 죽어라. 만일 오래 살다 보면 원수와 허물을 지어 나쁜 생각으로 나쁜 업을 짓게 될지 모를 일이 아니겠는가?'라고 하여 이 말을 듣고 그 사람이 이 말을 들었기 때문에 죽는 것을 말한다. 둘째는 좋지 않은 일을 하는 사람에게 말하기를 '너는 이제 나쁜 짓을 했으니 죄를 조금 지었을 때 지금 어서 죽어라. 만일 살다가 나쁜 업을 더 많이 짓는다면 죄만 더 커질 것이 아니냐?'라고 하여 그 사람이 그 말을 듣고 곧 죽었음을 말한다. 셋째는 노인과 병든 사람을 보고 말하기를 '오래 살면 오래도록 괴로울 뿐이니 차라리 빨리 죽어서 그 괴로움을 여의는 것만 못하다'라고 하여 그 사람이 이 말을 듣고 죽었음을 말한다. 칭찬하여 죽게 하면 그 죄는 중죄이니 대소승이 모두 같이 중죄를 범한 것이다. 살해하는 것을 보고 기뻐하는 사람도 중죄를 범하는 것이다.[50]

태현(太賢)은 『범망경고적기』에서 불살생계를 처음에 제정한 것은 보살이 대비로써 바탕을 삼기 때문이라고 한다. 식육계의 제정은 보살은 자기 몸의 살을 버려서라도 중생의 생명을 구해야 하는데, 도리어 남의 고기를 먹는 것은 살생하는 것이기 때문이며, 축살생구계는 보살은 유정을 이롭게 하는 물건을 모아야 하는데 살생하는 도구를 비축하는 것은 중생들을 가엾이 여기면서 구제하는 것과는 어긋나기 때문이며, 국사계는 보살은 마땅히 다툼을 화해시켜야 하는데, 나라의 사신이 되어 서로 살생을 하게 하는 것은 보살도에 어긋나는 것이기 때문이다. 판매계는 유정을 판매하는 것은

50 원효, 『梵網經菩薩戒本私記』 상(『韓佛全』 1권, 594상-596하)

남이 따로 좋아하게 되고, 관이나 관을 만드는 판자를 파는 것은 사람이 죽기를 바라는 것을 바라기 때문이며, 방화계는 보살이 방화를 하면 도를 거스르는 것이 심하기 때문이며, 방생계는 방생은 죽음의 고난을 구제하는 것이며, 천도재와 강설은 죽은 사람의 내생의 복을 빌기 위해서 제정한 것이라고 한다.

2) 조선시대

기화(己和, 1376~1433)는 『현정론』에서 불교의 자비(慈悲)와 유교의 인(仁)을 불살생(不殺生)의 예를 들어 비교하고 있다. 불교의 '천지(天地)는 나와 근본이 동일하고 만물은 나와 한 몸이다'라고 한 동체대비와 유교의 '어진 사람은 천지만물을 자기의 한 몸으로 여긴다'라고 하는 가르침을 비교하여 생명의 존귀함을 역설한다.[51] 산목숨을 죽여서 자기 목숨을 유지하는 행으로 언행이 일치하지 않는 행위를 함으로써 모순점을 드러내는 유가(儒家)에 대하여, 기화는 "하늘이 준 물질을 사납게 죽이는 것은 성인이 허락하지 않았다. 더구나 천도(天道)는 지극히 어진데 어찌 사람이 산목숨을 죽여 제 몸을 기르게 하였겠는가"라고 반문을 한다. 그리고 천지는 만물의 어머니이며 만물은 천지의 자식인데, 인간이 만물과 같이 천지의 기운을 받고 이치를 얻어 동일하게 태어났건만 어찌 만물을 살생하여 자기의 생명을 기를 수 있겠는가?[52]

인(仁)의 이치를 깊이 깨달은 자라면 미물이라 해도 해치지 않아야 어진 사람의 도를 체득했다고 할 수 있는데, 유자들은 그에 대한 실천이 뒤따르지 못한다. 불교에서는 불살생계를 제일 앞에 두고 미세한 생명을 죽일까 두려워서 물 또한 걸러서 먹으며, 불살생을 몸소 실천하고 있다. 고기를 먹은 사람은 자비를 행하지 않았기 때문에 언제나 수명이 짧고 병이 많은 몸을 받아 생사에 빠져 성불을 하지 못한다는 것을 강조하여 설하고 있다. 기화는 불살생이 대승불교의 자비심의 실천임을 강조하고 있는 것이다.

휴정(休靜, 1520~1604)은 『선가귀감』에서 죽이고, 도둑질하고, 음행하고, 거짓말을 하는 것은 모두 마음에서 일어나는 것이라고 말한다. 그리고 "음란하면서 참선을 하는 것은 모래를 쪄서 밥을 지으려는 것과 같고, 살생

---

51 己和, 『顯正論』(『韓佛全』 7권, 219중)
52 위의 책, (『韓佛全』 7권, 219중-220하)

하면서 참선하는 것은 제 귀를 막고 소리를 지르려는 것과 같으며, 도둑질 하면서 참선하는 것은 새는 그릇에 가득 차기를 바라는 것과 같고, 거짓말 하면서 참선하는 것은 똥으로 향을 만들려는 것과 같다. 비록 많은 지혜가 있더라도 다 악마의 길을 이룰 뿐이다"라고 말한다.[53] 이 중에서도 살생을 하는 것은 자비스런 마음을 끊는 것이며, 이와 같은 행동은 지혜를 이루어 신통력이 있을지라도 반드시 악마의 도[魔道]에 떨어져서 영원히 깨달음을 얻지 못하게 할 것이라고 말한다.

Ⅲ. 불살생과 인접한 개념들

1. 자비

자비는 범어로는 maitrī-karuṅā, 빠알리어로는 mettā-karuṅā라고 한다. 자(慈)는 '우인(友人, mitra)'이라는 말에서 파생한 말로 진실한 우정·순수한 친애의 마음을 의미한다. 비(悲)는 애련(愛憐)·동정(同情) 등의 의미로 사용되고 있다. 중생에게 이익과 즐거움을 주려는 마음을 자(慈), 중생의 불이익과 고통을 없애 주려는 마음을 비(悲)라고 한다. 자비는 성내는 마음이 없고 해치지 아니함을 자성으로 삼는다고 한다.

초기불교에서는 사무량심 가운데 자비가 강조되고 있다. 사무량심은 무량한 중생에게 즐거움을 주고, 고의 미혹을 없애주기 위해 자·비·희·사(慈悲喜捨)의 마음을 일으키는 것을 말한다. 사무량심은 사범실(四梵室)이라고도 불리는데, 그 이유는 출가수행자가 사무량심을 닦으면 범천에 태어나기 때문이라고 한다.[54] 『증일아함경』에서는 자비심에 대해서 "목숨이 다하도록 살생을 여의고, 칼과 몽둥이를 가하지 않고 항상 참괴함을 알고 자비심이 있어서 일체 중생을 널리 생각하는 것이다"라고 설하고 있다.[55] 『법구경』에서는 "모든 생명있는 것들은 폭력을 싫어한다. 모든 생명있는 것들은 죽음을 두려워한다. 자기에게 견주어 보아 죽여서는 안 된다. 남을 시켜 죽이게 해서는 안 된다"라고 설하고 있다.[56] 『숫따니빠따』에서는 "온 세계에 대해

53 『禪家龜鑑』(『韓佛全』 7권, 639중)
54 『中阿含經』 14(『大正藏』 1권, 518중)
55 『增一阿含經』 12(『大正藏』 2권, 606하)

서 무한한 자비를 행하라. 위로 아래로 옆으로 장애도 원한도 적의도 없는 자비를 행하라"고 설한다.[57] 『증일아함경』에서는 "여래는 대자비심(大慈悲心)이 있어서 모든 중생을 불쌍히 여겨 그들을 두루 살펴보시되, 아직 제도받지 못한 자로 하여금 제도케 하여 일체 중생을 버리지 않으시니, 마치 어머니가 자식을 사랑함과 같다"[58]라고 설한다. 이상은 자비가 모든 살아있는 것들에게 폭력과 괴롭히는 것을 금지하는 것으로부터 일체 중생들까지 두루 미치고 있음을 말하고, 부모가 자식을 사랑하듯이 자비를 실천하겠다는 방법론을 말하고, 한 중생도 버리지 않고 모두 구제하겠다는 자비가 강조되고 있다.

『아비달마법온족론』에서도 아함경의 내용을 이어받아 자비를 구체적으로 정의하고 있다. "자란 무엇인가? 말하자면 하나의 류가 있는데 이와같이 사유하는 것이다. 모든 유정이 즐거움을 얻기를 원하는 것이다"라고 설하고 있다.[59] 또 "비란 무엇인가? 말하자면 하나의 류가 있는데 이와 같이 사유하는 것이다. 모든 유정이 괴로움으로부터 벗어나기를 원하는 것이다"라고 설하고 있다.[60]

『아비달마구사론』에서는 사무량심에 관련된 교설과 십팔불공불법(十八不共佛法)을 언급하는 대목에서 자비를 살펴볼 수 있다. 사무량심을 성(性)·행상(行相)·수(修)의 형태로 구분하여 설하고 있다. "여래의 자비는 세속지 자와 비는 성냄이 없는 성질의 것이고, 희는 희수이며, 사는 탐냄이 없음이다. … 성내어 해침과 반갑게 위안하지 않음과 탐욕이 있으니 그를 다스리기 위하여 자, 즉 인자함 따위를 세운 것이다. … 사무량심 중에서 처음과 두 번째는 그 자체가 바로 성냄이 없음이다. 희는 곧 기쁘게 받아들임이요, 사는 탐냄이 없음이니"라고 하여 사무량심을 지니고 있을 때의 심리상태인 성(性)을 설하고 있다. 자비를 수행할 때는 성내는 마음이 없음을 설하고 있다. 다음은 수행을 해나가는 구체적인 모습인 행상에 대해서 말한다.

『대품반야경』에서는 보살의 대자대비가 지혜를 바탕으로 발생한다는 것을 밝히고 있다. 자리가 선행되고 난후에 자비행으로 중생을 구제해야

56 *Dhammapada* 129게송, 37면.
57 *Suttanipāta* 150게송, 26면.
58 『增一阿含經』 32(『大正藏』 2권, 725하)
59 『阿毘達磨法蘊足論』 7(『大正藏』 26권, 484중)
60 위의 책, 7(『大正藏』 26권, 486하)

한다는 것이다. “보살이 이와 같이 공(空)을 수습할 때 능히 대자대비가 발생하나니, 보살이 이와 같이 수습함에 상응하면 간심(慳心)·범계심(犯戒心)·진심(瞋心)·해태심(懈怠心)·난심(亂心)·무지심(無智心)이 생기지 않는다”라고 설하고 있다.[61]

『대지도론』에서는 대자대비에 대하여 사무량심의 해석과 다르지 않음을 보여주고 있다. “대자는 일체 중생들에게 즐거움을 주는 것이며, 대비는 일체 중생들의 고통을 뽑아 주는 것이다. 대자는 희락(喜樂)의 인연을 중생들에게 주는 것이며, 대비는 이고(離苦)의 인연을 중생들에게 주는 것이다”라고 설하고 있다.[62] 또 소자소비(小慈小悲)에 대하여 설하고 있다. “묻기를, 대자대비가 이와 같다면 어떤 것이 대자대비이며 어떤 것이 소자소비인가? 이 소를 인하여 대라고 이름하는 것인가. 답하기를, 사무량심 가운데에 있는 자비를 소(小)라 이름하며 십팔불공불법에서 차례로 설하고 있는 대자비를 대라고 이름하며 다시 제불의 마음 가운데의 자비를 대라 이름하고 나머지 사람들의 마음 가운데에 있는 것을 소라고 이름하니라. 묻기를, 만약 그렇다면 왜 보살이 대자대비를 행한다고 말하는가? 답하기를, 보살의 대자대비는 부처님에 대해서는 소이며 이승(二乘)에 대해서는 대가 되니 여기서는 가명으로 대라 한 것이다. 부처님의 대자대비는 진실로 최대이다”[63]라고 하여 십팔불공불법에 나오는 대자비는 부처님의 대자비에만 한정하여 설하고 있다. 그리고 보살과 이승이 갖는 자비를 구분하여 가명으로써 보살은 자비를 지닌다고 설하고 있다.

또 대자대비를 대승불교의 논리에 의거하여 보살사상과 결합시켜 불도의 근본으로 설명하고 있다. “묻기를, 왜 다만 자비만을 대라고 설하는가. 답하기를, 자비는 불도(佛道)의 근본이다. 왜 그런가. 보살은 중생들이 노병사고(老病死苦)·심고(心苦)·신고(身苦)와 금세·후세의 고(苦) 등 모든 고로 인하여 괴로워하는 바를 보고 대자비를 내어 이와 같은 고통을 구제한다. 그런 연후에 발심하여 아뇩다라삼먁삼보리를 구한다. 또한 대자비의 힘이 있는 까닭에 무량아승세의 생사 가운데에서도 마음이 싫어함에 빠지지 않는다. 대자비의 힘이 있는 까닭에 오랫동안 열반을 얻어도 응당 증득함을 취하지 않는다. 이런 까닭에 일체 제불법 가운데에서 자비를 대로 삼는다.

61 『摩訶般若波羅蜜經』 1(『大正藏』 8권, 225상)
62 『大智度論』 27(『大正藏』 25권, 256중)
63 위의 책, 27(『大正藏2』 5권, 256중)

만약에 대자대비가 없다면 문득 빨리 열반에 들 것이다. 또한 불도를 얻었을 때 무량심심의 선정·해탈·모든 삼매를 성취하여 청정의 즐거움을 내는 것도 받지 아니하고 취락읍성에 들어가서 종종의 비유 인연으로서 설법하며 그 몸을 변화해서 무량의 음성으로 일체를 맞이하고 모든 중생의 매리비방을 참아내고 또 스스로 기악(伎樂)을 만드는 이 모든 것이 대자대비의 힘이다"라고 설하고 있다.[64] 여기서는 아뇩다라삼먁삼보리에 이르고자 하는 계기로써 대자비를 언급하고 있다.

또한 지혜와 자비를 비교하여 자비가 일체중생을 애락하는 것으로서 지혜보다 우위에 있음을 설하고 있다. "지혜는 고락(苦樂)을 먹는 것과 같아 사람이 많이 즐기려하지 않으나 사람이 많이 즐기기 때문에 자비를 '대(大)'라고 칭하는 것이다. 다음으로 지혜는 도를 얻은 사람만이 이에 능히 믿고 받들지만 대자비심은 일체의 모든 잡된 부류가 능히 믿음을 낸다. 마치 코끼리를 보거나 또는 교설을 들으면 모두 능히 믿고 받들며 요익하는 바가 많은 것과 같은 것이다. 그러므로 대자대비라 하는 것이다. … 대지혜를 사상원리상(捨相遠離相)이라고 하며 대자비를 연민이익상(憐愍利益相)이라 한다. 이러한 연민이익의 법은 일체중생이 애락(愛樂)하는 것이기 때문에 '대'라고 하는 것이다"[65]

『선사동자경』에서는 중생들을 구제하기 위해서 자비를 행한다는 생각도 없이 실천하는 것임을 밝히고 있다. "선사동자여, 이 보살은 대자대비를 행하나니 일체법에 대해 자비를 행한다는 집착이 없기 때문이다. 선사동자여, 이 보살은 대보시행을 행하나니 보시를 한다고 하는 집착이 없기 때문이다"라고 설하고 있다.[66]

『법화경』에서는 대자대비와 인욕과 법공으로서 경을 설해야 함을 밝히고 있다. "선남자선여인이 여래의 방에 들어가 여래의 옷을 입고, 여래의 자리에 앉아 응당 사중(四衆)에게 널리 이 경을 설해야 한다. 여래의 방이란 일체중생 가운데 대자비심이며 여래의 옷이란 유화인욕(柔和忍辱)의 마음이며 여래의 자리라는 것은 일체법이 공하다는[一切法空] 것이다. 이 가운데에 안주하고 난 후에 해태하지 않은 마음으로 모든 보살과 사중(四衆)들을 위해 널리 이 법화경을 설해야 한다"[67] 원효는 『범망경보살계본사기』에

64 위의 책, 27(『大正藏2』 5권, 256하)
65 위의 책, 27(『大正藏』 25권, 257상-중)
66 『善思童子經』 하(『大正藏』 14권, 610중)

서 자비를 섭중생계라고 해석하고 있다.[68] 불보살의 큰 자비는 일체중생들을 구제하겠다는 의지로부터 시작되어 중생들의 온갖 괴로움을 제거해 즐거움 등의 많은 이익을 주는 것이다. 그리고 자비의 발전상으로 보면 처음에는 살아있는 생명들에 대한 구제를 위해서 무량한 자비를 베풀고 있지만 대승에 와서는 깨달음을 얻기 위한 불도의 근본으로서 대자비를 베풀어 중생들이 고통으로부터 벗어날 수 있도록 보살행을 실천하는 것으로 변화해 가고 있음을 알 수 있다.

2. 불성(佛性)

불성은 범어 buddha-dhātu의 번역으로 여래장(如來藏, tathāgata-garbha)·여래성(如來性, tathāgata-gotra)·각성(覺性)이라고도 한다. 불성이란 일체중생들이 모두 부처가 될 수 있는 가능성을 가지고 있다는 것이다. 중생은 그 가능성 때문에 여래장이라고 부른다. 여래장의 원어는 '여래(如來)'와 '태(胎)'의 복합어로서, 태(garbha)라는 말은 '머물게 한다' 혹은 '함장한다'라는 의미를 지닌다. '함장한다'는 것은 아직 드러나지 않은 여래로서, 현실의 여래가 아니며, 여래의 태아 혹은 장래에 여래가 될 것이라는 뜻이다. 그래서 '여래의 태아' '여래가 될 수 있는 가능성'이라는 말이 여래장이 된 것이다. 이 여래장이 곧 불성이며, 부처가 될 수 있는 인(因)이며, 부처가 되는 본질인 것이다. 이상의 내용을 정리하면, 일체 중생은 태 안에 여래를 숨기고 있다는 것이다. 이 말을 『열반경』에서는 '일체 중생은 모두 불성이 있다[一切衆生悉有佛性]'이라 설하고 있다.

『보성론』에서는 여래장을 "여래의 법신이 번뇌장의 얽힌 바를 여의지 않은 것을 여래장이라고 한다"라고 정의하고 있다.[69] 또한 『열반경』에서는 불성에 대하여 "아(我)는 곧 여래장의 뜻이며 일체 중생은 모두 불성이 있다. 곧 이것이 아(我)의 뜻이다. 이와 같이 아(我)의 뜻은 본래부터 항상 무량한 번뇌에 숨겨진 바다. 이런 까닭으로 중생은 능히 보지 못하는 것이다"라고 설하고 있다.[70] 이 '일체중생실유불성'의 불성사상은 여래장계 경전

67 『妙法蓮華經』 4(『大正藏』 9권, 31하)
68 원효, 『梵網經菩薩戒本私記』 상(『韓佛全』 1권, 596중)
69 堅慧, 『究竟一乘寶性論』(『大正藏』 31권, 824상)
70 『大般涅槃經』 7(『大正藏』 12권, 407중)

으로부터 비롯되었음을 알 수 있다. 『대방등여래장경』에서는 "일체 중생이 비록 번뇌에 나아간 몸 가운데에 여래장이 있으나 항상 더러움에 물듦이 없어 덕상(德相)을 갖추고 구족함이 나와 같이 다름이 없다"라고 설하고 있다.[71] 이것은 중생들이 본래부터 몸 안에 여래장을 가지고 있는데, 다만 번뇌에 감추어져 있어서 보지 못할 뿐이라고 말하는 것이다.

『승만경』에서는 이종(二種)의 여래장공지(如來藏空智)인 공여래장(空如來藏)과 불공여래장(不空如來藏)을 설하고 있다. 공여래장이란 일체 번뇌장을 여의거나 벗어나거나 다른 것을 말하고, 불공여래장이란 항하사를 지나는 부사의한 불법을 여의지 않고 벗어나지 않고 다르지 않은 것을 말한다.[72] 『부증불감경』에서는 중생계를 무변번뇌소전(無邊煩惱所纏)의 법신으로 규정하고, 세 가지로 나누어 설하고 있다. 첫째, 여래장은 본래부터 청정법과 상응한다. 둘째, 여래장은 본래부터 번뇌에 얽힌 불청정법과 상응하지 않는다. 셋째, 여래장은 미래제가 다하도록 항상 유법(有法)과 평등할 것이다.[73] 이 경은 중생계와 법신을 동일하게 보고 있는 것이다.

『불성론』에서는 여래장에 세 가지 의미가 있다고 한다. "모든 중생은 여래의 지혜의 눈에 섭수되고, 여래의 법신은 인위(因位)와 과위(果位)를 통하여 변함이 없는데 중생들에겐 번뇌에 덮여 드러나지 않고, 여래의 과덕은 모두 범부의 마음속에 섭수되어 있기 때문에 여래장이라 한다"라고 설하고 있다. 또한 장(藏)에 자성(自性)·인(因)·수득(修得)·진실(眞實)·비밀(秘密)의 다섯 가지 의미가 있으며, 이 의미에 따라 명칭이 다른 오종장(五種藏)을 말하고 있다. "① (如來藏)자성을 장(藏)의 의미로 여래장이라 한다. ② 인을 장의 의미로 정법장(正法藏)이라 한다. ③ 지득(至得)을 장의 의미로 법신장(法身藏)이라 한다. ④ 진실을 장의 의미로 출세장(出世藏)이라 한다. ⑤ 비밀을 장의 의미로 자성청정장(自性淸淨藏)이라 한다"고 설하고 있다.[74]

또한 이 경에서는 '일체중생실유불성'이라고 설한 까닭에 대해서 말하고 있다. 그 이유는 다섯 가지의 과실을 없애고, 다섯 가지의 공덕이 생기게 하기 위해서라고 말한다. 5종 과실이란, 중생들로 하여금 하열한 마음을 여

---

71 『大方等如來藏經』(『大正藏』 16권, 457중)
72 『勝鬘經』(『大正藏』 12권, 221하)
73 『不曾不減經』(『大正藏』 16권, 467중)
74 眞諦, 『佛性論』 2(『大正藏』 31권, 796중)

를 보다 쾌적하고 풍요롭게 만들어 그 구성원들이 보다 행복한 삶을 만들어 나갈 수 있도록 만들어 줄 것이다. 지구상에 존재하는 모든 생명들이 서로 공조하며 살아갈 때 평화는 이루어질 것이다.

많은 경전에서는 생명이 있는 유정은 불성이 있다고 한다. 불성이란 부처가 될 수 있는 성품을 가지고 있다는 것이다. 누구라도 성불할 수 있다는 가능성을 열어둔 것이다. 중죄를 지었더라도 불성이 있기 때문에 인간으로서의 존엄성은 지켜져야 하고, 하찮은 식물에 불과하더라도 성불할 수 있는 성품을 지니고 있으므로 자신의 생명과 같이 소중하게 다루어져야 한다. 자비심을 베풀려고 자꾸 노력을 하다보면 생명을 존중하는 마음도 몸과 마음에 훈습되고, 온 세상 사람들에게도 자연적으로 훈습되어 이 지구는 더욱 평화롭고 행복한 우리의 터전이 될 것이다. ❀

신성현 (동국대)

삼학

범 tisraḥ śikṣāḥ 빠 tisso sikkhā 장 bslab-pa gsum 한 三學

Ⅰ. 삼학(三學)의 개념적 이해

삼학은 세 가지 학이라는 의미로 빠 tisso sikkhā로 알려져 있으며,[1] tisso는 삼, 세 가지를 말하며, sikkhā는 sikkhati(배우다)에서 파생된 명사로 배움, 학(學), 훈련이라는 의미한다. 범 tisraḥ śikṣāḥ, 장 bslab-pa gsum이며, 열반, 성스러운 결실을 얻기 위해 수행해야 할 학요(學要)에 세 가지 종류를 칭한다. 계(戒), 정(定), 혜(慧) 삼학이라고 칭하고, 증계학(增戒學, 범 adhiśīlaśikṣā, 빠 adhisīlasikkhā, 장 lhag-paḥi tshu-khrims), 증심학(增心學, 범 adhicittaśikṣā, 빠 adhicittasikkhā, 장 lhag-paḥi sems), 증혜학(增慧學, 범 adhiprajñāśikṣā, 빠 adhipaññāsikkhā, 장 lhag-paḥi śes-rab)이다.

또한 삼학을 뛰어난 계에 대한 학(빠 adhisīla-sikkhā), 뛰어난 삼매에

---

1 Saṁyuttanikāya Ⅲ. 83면, Papañcasūdanī Ⅰ. 46면, Milindapañha 133, 237면. Niddesa 39면.

대한 학([빠] adhisamādhi-sikkhā), 뛰어난 지혜에 대한 학([빠] adhipaññā-sikkhā)로 설명한다.[2] Visuddhimagga에서는 동어의로 율의([빠] saṃvara, 제어), 삼매([빠] samādhi), 지혜([빠] paññā)[3]를 언급하고 있다.

『사분율』 제58에는 증계학, 증심학, 증혜학이라는 삼학을 배워서 수다원, 사다함, 아나함, 아라한과를 얻기 때문에 마땅히 정진하여 이 삼학을 배워야한다고 하였으며, 『구사론』 제24에 학요에는 삼학은 증상계, 증상심, 증상혜이며, 계정혜로써 세 가지 자체로 삼는다[4]고 기술하고 있다. 그러므로 삼학은 계학, 정학, 혜학 또는 증계학, 증심학, 증혜학 또는 증상계, 증상심, 증상혜 또는 증상계학, 증상심학, 증상혜학으로 불린다. 그 밖에 삼학의 개념적 설명은 계학, 정학, 혜학 이외에 계율, 선정, 지혜로 이해할 수 있다.

『청정도론』에 따르면, 계는 위대한 계를 배우는 것이고, 삼매는 위대한 마음을 배우는 것이며, 지혜는 위대한 지혜를 배우는 것이다.[5]

율장은 특별히 증상계학이라고 불렀고, 경장은 증상심학, 논장은 증상혜학이라고 불렀다. 율장은 위범의 단멸, 위범의 적이 되기 때문에 계라고 불렀고, 경장은 번뇌의 단멸, 번뇌의 적이 되기 때문에 정이라고 불렀으며, 논장은 잠재번뇌의 단멸, 잠재번뇌의 단멸이기 때문에 혜라고 불렀다.[6]

1. 계학(戒學)의 의미

계학은 계와 학의 합성으로 계는 [빠] sīla, [범] śīla 즉 계, 습관, 불교의 도덕을 말하며, [빠] sikkhā, [범] śikṣā는 배움, 배우는 것, 학을 말한다. 그러므로 계학은 계와 학의 복합어로서 계학은 계를 배우는 것, 계에 대한 학을 의미하며, 달리 증계학, 증상계학이라고 한다.

증계학은 [빠] adhisīlasikkhā, [범] adhiśīlaśikṣā, [장] lhag-paḥi tshu-khrims로서 adhi는 '뛰어난, 월등한, 수승한'이라는 의미이고, 계학의 의미는 위와 같다. 그러므로 학 가운데 뛰어난 계를 중심으로 하는 학이 바로 증계학이다. 『앙굿따라니까야(*Aṅguttaranikāya*)』에 따라 증상계학의 개념을 살펴보면,

---

2 Aṅguttaranikāya Ⅰ. 234면, Nettipakarana 126면

3 Visuddhimagga, 274면

4 『望月佛教大辭典』, 2. 1472c-1475a.

5 The Visuddhimagga of Buddhaghosa, 4면.

6 Samantapāsādikā Ⅰ. 22면, Samantapāsādikā-ṭīkā. 76면.

증상계학이란 계(sīla)를 지니며, 바라제목차율의(patimokkhasaṃvara)로 제어되고, 행위영역(ācaragocara)을 갖추며, 사소한 죄(vajja)일지라도 두려움을 보며, 학처(sikkhāpada)들에 대해 배우며 사는 것을 말한다.[7]

그러므로 계학을 바르게 이해하기 위해 계학의 내용을 구체적으로 계와 바라제목차, 죄, 학처개념에 대해 언급해야 한다. 먼저 계(sīla)의 의미는 『The Pāli Englisch Dictionaray』에 따르면 '계'는 [빠] sīla이며 √sīl(履行, 반복하다)에서 파생된 명사로서 본성, 성격, 습관, 행위, 도덕적 실천, 선한 성격, 불교의 도덕, 도덕의 총칭이라고 정의하고 있다.[8] 또한 『망월불교대사전』에 따르면 [빠] sīla, [범] śīla라고 하며 불교에 귀의한 자가 지켜야 할 규범을 말하며, 반복하는 것, 또는 행위, 습관, 성격, 도덕, 경건 등의 여러 의미가 있다고 설명한다.[9] 그밖에 다섯 가지 계(pañcasīla)와 다섯 가지 학처(pañcasikkhāpada) 모두 오계로 번역되어 sīla외에 sikkhāpada(學處) 또한 '戒'로 번역되고 있는데,[10] 계의 정신에 대해서 말하면 계(sīla)라고 말할 수 있지만 악을 버리는 대상에 관련하여 말하면 학처(學處)라고 말할 수 있을 것이다.[11] 그러나 일반적으로 사용하고 있는 계율(戒律)이라는 용어는 [빠] sīla-vinaya, [범] śīla-vinaya의 합성어이지만 경전에는 이런 단어가 나타나지 않으며, 계율은 일반적으로 율의 의미로 사용되고 있다고 말할 수 있을 것이다.[12]

『청정도론(淸淨道論, *Visuddhimagga*)』에서는 '무엇이 계인가'라는 대답에 "살생을 멀리하는 사람이나 의무행을 실행하는 사람의 의사(意思, cetanā) 등이 법이다"라고 하고, 『무애해도(無碍解道, *Patisambidāmagga*)』에서는 "사(思)가 계이고, 심소(心所)가 계이고, 율의(律儀, saṃvara)가 계이고, 불범(不犯)이 계이다"[13]라고 서술하고 있다. 여기에서는 주로 신자오계의 번역어로서 시라(尸羅)와 학처(學處)인 '계'로 이해할 수 있을 것이다. 한편 계를 완전히 구족한 자를 설명하면서 바라이(波羅夷)와 승잔(僧殘)을 대계학(大戒學)과 동일하게 설명하고 있다.[14]

---

7 Aṅguttaranikāya Ⅰ. 63면, 235면.

8 The Pāli Englisch Dictionary. 712-713면.

9 『望月佛教大辭典』1. 世界聖典刊行協會; 東京, 昭和49년, 373면.

10 상동, 123-129면 참조.

11 平川彰 著, 『原始佛教の研究 - 教團組織の原型』, 春秋社: 東京, 昭和55년, 120면 참조.

12 상동, 109-110면.

13 The Visuddhimagga of Buddhaghosa. 6-7면.

14 Visuddhimaggam-ṭīkā. 17면.

다음으로 율(律, vinaya)의 의미를 살펴보면, 율이라는 것은 빠알리어로 Vinaya이며, vi√nī(억제하다, 통제, 제어하다)에서 파생된 명사로 제거·규칙·화법과 판단법·행위규범·윤리·도덕·선한 행위·도덕의 총칭·승가의 규율·율이라고 한다.[15]

율의 주석서의 해석에 의하면, 부처님의 말씀은 맛에 의해서 한 가지인데 완전히 깨달으신 세존께서 45년 동안 천상·인간·용·야차신 등에게 가르친 모든 것은 한 맛인 해탈의 맛(vimuttirasa)이고, 법과 율에 의해서 두 가지로 나누는데, 율장이 율이고, 나머지 모든 부처님의 말씀은 법이라고 한다. 여기서는 율장을 바로 율이라고 설명하고 있다.[16] 그리고 piṭaka에 의해 세 가지로 나누는데 그것을 바로 율장(Vinaya-piṭaka)·경장(Suttapiṭaka)·논장(Abhidammapiṭaka)으로 구분하면서 이부바라제목차(ubhayāni Pātimokkhāni)와 이부경분별(dve Vibhaṅgāni), 22건도(dvāvīsati Khandhakāni), 16부록(soḷasa Parivārā)을 율장이라고 설명하고 있다.[17] 또한 율장 주석(Samanatapāsadikā)와 장부 주석(*Sumaṅgalavilasinī, 妙吉祥疎*) 그리고 법집론(法集論, *Dhammasaṅgaṇi*)의 주석 Atthasālinī의 정의에 따르면 여러 가지 상태 즉, 다섯 가지 바라제목차의 설시(說示), 바라이 등 일곱 가지의 죄온(罪蘊, āpattikkhandha),[18] 율모(律母, mātikā), 분별 등의 분류와 차이 때문에, 몸(kāya)과 말(vācā)을 제어하기 때문에 율이라고 부른다.[19]

삼장(三藏)은 다시 시켜서 저지른 것, 세속, 승의의 가르침으로 나누며 그 가운데 율장은 시켜서 저지른 것의 가르침, 경장은 세속의 가르침, 논장은 승의의 가르침으로 보고 있다.[20] 그리고 삼학과의 관계에서 율장은 증상계학(增上戒學), 경장은 증상심학(增上心學), 논장은 증상혜학(增上慧學)이라고 부른다.[21] 결국 율이란 것은 해탈의 맛을 지니고 팔만 사천 가지 법 가운데 하나이며, 승가의 규율인 율장과 동일한 의미로 이해할 수 있고, 그러한 한에서 시켜서 저지른 것의 가르침으로, 삼학 가운데 증상계학이다. 또한

15 The Pāli Englisch Dictionary. 623면, Vinaya 참조.

16 Samantapāsadikā I, 16-17면

17 Atthasālinī, 18면

18 Atthasālinī 395면, 일곱 가지 죄온이라는 것은 Vinayaniddesa에 바라이·승잔·투란차·바일제·회과·악작·악설이라는 일곱 가지 죄이다.

19 Sumaṅgalavilasini I. 17면, Samantapāsadikā I, 18-19면, Atthasālinī 19면.

20 Samantapāsadikā I, 21면

21 Samantapāsadikā I, 22면

율은 여러 가지 상태와 차이성 때문에 그리고 신·구를 제어하기 때문에 율로 이해할 수 있을 것이다.

vajja는 잘못, 죄를 말하며, 계율에서 동일한 의미의 용어 āpatti(罪)를 사용하며, 이것은 법(dhamma)이라는 용어와 동일하다. 그러므로 계조문에서 바라이법은 바라이죄를 의미한다. 죄는 7가지로 구분되며 바라이죄, 승잔죄, 투란차죄, 바일제, 회과죄, 악작죄, 악설죄가 있다. 바라이와 승잔죄는 무거운 죄이며, 나머지는 가벼운 죄이다. 바라이죄는 승가에서 영구 추방되는 죄이며, 승잔죄는 거죄와 출죄를 승가에서 결정하는 죄이며, 투란차죄는 바일죄는 사타죄와 단타죄를 말하며, 사타죄는 내어놓고 참회하는 죄이며, 단타죄는 죄이다.

계속해서 학처(學處, sikkhāpada)의 의미를 살펴보면, 학처는 일반적으로 조문으로도, 계로도 번역한다. 그리고 오학처(pañcasikkhāpada)라고 하면 오계로도 번역할 수 있다. 또한 계경(戒經)에서는 계조, 계조문으로 번역되었다. 논장의 주석 *Mohavicchedanī*에서는 'sikkhāpada(學處)'는 '배워야 할 문구(處)'이며 학(sikkhā)이라는 의미이며, 모든 선법을 배워야 하기 때문에 학(sikkhā)이고, 선법들을 건립하는 것(處)의 의미로 pada[22]라고 풀이하고 있다. 바라제목차율의(波羅提木叉律儀)로 제어된 자'라는 곳에서 바라제목차(波羅提木叉)란 학처계(學處戒)이다. 왜냐하면 그것을 지키고 보호하는 사람을 타악처 등의 고통으로부터 벗어나게 하고, 해탈하게 하기 때문에 바라제목차라고[23] 정의하여 학처계를 또한 바라제목차율의와 동일개념으로 설명하고 있다.

비구는 네 종류의 뛰어난 도덕성을 관찰하기를 기대한다. 첫째는 바라제목차계(Pāṭimokkha-sīla)로 비구의 근본적인 계이다. 둘째는 근율의계(Indriyasaṃvara-sīla)로 감각기관을 제어를 유지하는 계이며, 셋째는 삶의 청정계(Ājīvasuddhi-sīla)로 삶을 청정하게 유지하는 계, 넷째는 필수물에 사용을 유지하는 계이다. 이 네 가지 계는 계청정이라고 부르며, 7가지 청정단계의 첫 번째에 해당된다.[24]

---

22 Ed. A.K. Warder, *Mohavicchedanī Abhidhammamātikatthavaṇṇanā by Coḷa of Kassapatthera,* PTS, London: 1961, 181-182면.

23 앞의 책, 66면.

24 Narada, *The Buddha ana His Teachings,* Buddhist Publication Society, Kandy, 1988. 304면

계의 종류를 기술하면, 지악계(止惡戒)는 유루계(有漏戒)와 무루계(無漏戒)가 있으며, 유루계에는 욕계에 속하는 별해탈율의와 색계에 속하는 정려율의(靜慮律儀)가 있으며, 별해탈율의에는 5계와 팔재계가 있으며, 출가계에는 사미, 사미니의 10계, 정학녀의 6법계, 비구 250계, 비구니 348계가 있으며, 정려율의는 4선정 중의 계이다. 무루계에는 출세간에 속하는 무루율계 성도 중의 계, 정어, 정업, 정명 등이 있다.[25] 또한 악을 행하지 않는 계를 지지계(止持戒), 율의계(律儀戒)라 하고, 선행의 계를 작지계(作持戒), 작선계(作善戒)라 칭한다.

2. 정학(定學)의 의미

정학은 심학, 증심학, 증상심학이라고도 하며 정은 삼매(samāhi), 심(citta)이며, 선정을 말한다. 정학은 정에 대한 학으로 정과 학은 격한정 복합어로 되어 있다.

선정에 나타난 용어는

samādhi: 정(定), 정의(定意), 삼매(三昧), 삼마지(三摩地), 등지(等持), 정수(正受)
dhyāna: jhāna: 선(禪), 선나(禪那), 정려(靜慮), 사유수(思惟修)
śamatha, samatha: 지(止), 사마타(奢摩他)
cittaikāgratā, citteggatā: 심일경성(心一境性)
yoga: 유가(瑜伽)[26] 등이 있으며,

『법집론』에 따르면, 정에 대한 동의어를 정정에서 찾아볼 수 있는데 정의에 대한 동의어적인 개념은 마음의 안정, 확고함, 확고부동함, 균형, 산란하지 않음, 침착한 마음 상태, 그침, 삼매의 능력, 삼매의 힘, 바른 삼매가 있을 때, 그것을 올바른 삼매라고 한다"[27]라고 설명하고 있다.

『증지부』에 나타난 증상심학의 개념을 살펴보면, 증상심학이라는 감각적 욕망에서 벗어나고 나아가 제4선정에 들어가 머무는 것을 말한다.[28] 여

25 미즈노 고겐 저, 석원연 스님 옮김, 『불교용어 기초지식』, 들꽃누리:서울, 2002. 242면
26 『불교용어 기초지식』, 252면.
27 Dhammasaṅgaṇī 12면.
28 Aṅguttaranikāya I. 235면.

기 정의에 따르면, 증상심학은 4선정과 동일한 용어이며, 팔정도의 정정과 같은 내용이다.

이 내용은 『중부』의 내용에서 살펴볼 수 있는데, 4선을 설명한 것이다. 그 내용을 구체적으로 살펴보면, "비구는 욕망에서 벗어나 불선법(不善法)들에서 벗어나 거친 생각[尋]과 미세한 생각[伺]이 있으며, 출리에서 생긴 기쁨과 즐거움이 있는 제1선에 들어가 머문다.

거친 생각과 미세한 생각의 평정으로부터 안으로 마음이 한 곳에 유지된 상태인 거친 생각이 없고[無尋] 미세한 생각이 없고[無伺] 삼매에서 생긴 기쁨과 즐거움이 있는 제2선에 들어가 머문다. 기쁨의 사라짐으로부터 평등[捨]에 머물렀다. 그리고 나는 집중하고 바르게 알아서 몸으로 즐거움[樂]을 느꼈다. 나는 즉 성자들이 명백히 밝힌 '평등[捨]을 지니고 마음챙김[念]을 지니고 즐거움을 지니고 머문다.'라는 제3선에 들어가 머문다. 육체적인 즐거움[樂]의 버림과 괴로움[苦]의 버림으로부터 이전에 정신적 즐거움과 괴로움의 멸함으로부터 괴롭지도 즐겁지도 않고 평등[捨]에 의한 염(念)의 청정인 제4선에 들어가 머문다"[29]고 기술하고 있다.

여기서 제1선의 내용은 심(尋), 사(伺), 희(喜), 락(樂), 심일경성, 제2선의 내용은 희, 락, 심일경성, 제3선의 내용은 락, 심일경성, 제4선정의 내용은 사(捨), 심일경성으로 구성되어 있다. 그러나 아비달마철학에서는 4선을 5선으로 구분하여 제1선은 심사희락 심일경성, 제2선은 사희락, 심일경성, 제3선은 희락, 심일경성, 제4선은 락 심일경성, 제5선은 사, 심일경으로 초기불교의 4선의 내용을 5선으로 구분하고 있다.

삼매의 종류는 모두 다섯 가지이며, 산란하지 않는 특징으로서 한 가지, 근접삼매와 본삼매[30], 삼계의 유익한 마음의 하나됨인 세간적인 삼매와 성스러운 도와 함께한 마음의 하나됨인 출세간적인 삼매, 희열이 있는 삼매와 없는 삼매, 4선 가운데 처음 3선 그리고 5선 가운데 처음 4선에 해당되는 행복이 함께한 삼매와 나머지는 평온이 함께한 삼매로 두 가지이며, 방금 얻은 것인 저열한 삼매, 아직 깊이 닦지 않은 중간인 삼매, 깊이 잘 닦은 수승한 삼매, 심(尋)과 사(伺)를 지니거나, 심은 없고 사만 있거나 심과 사가

---

29 Majjhimanikāya I. 21-22면

30 근접삼매는 六隨念, 死念, 고요함을 계속 생각함, 음식에 대한 혐오의 인식, 사대의 구분으로 얻은 마음의 하나됨과 본삼매에 들기 이전의 마음의 하나됨이다. 그리고 초선에 들기 전인 준비의 마음 바로 다음 마음의 하나됨이 본삼매이다.

없는 삼매, 4선 가운데 처음 2선과 5선 가운데 처음 3선에 해당되는 희열이 함께한 삼매, 4선 가운데 제3선과 5선 가운데 제4선에 해당되는 행복이 함께한 삼매, 나머지는 평온이 함께한 삼매 제한되고 고귀하고 무량한 삼매로서 세 가지이다. 그리고 도 닦음이 어렵고 초월지가 더딘 것 등의 삼매, 근접의 경지에 있는 마음의 하나됨인 제한된 삼매, 색계와 무색계의 유익한 마음의 하나됨인 고귀한 삼매, 성스러운 도와 함께한 마음의 하나됨인 무량한 삼매, 네 가지 선의 구성요소[도 닦음도 어렵고 초월지도 더딘 삼매, 도 닦음은 어려우나 초월지는 빠른 삼매, 도 닦음은 쉬우나 초월지가 더딘 삼매, 도 닦음도 쉽고 초월지도 빠른 삼매], 퇴보에 빠진 삼매, 정체에 빠진 삼매, 수승함에 동참하는 삼매, 꿰뚫음에 동참하는 삼매, 욕계의 삼매, 색계의 삼매, 무색계의 삼매, 포함되지 않은[출세간]의 삼매, 열의로 인한 삼매, 지배적인 삼매로서 정진으로 인한 삼매, 마음으로 인한 삼매, 검증으로 인한 삼매의 네 가지가 있고, 다섯 가지 선[제5선]의 구성요소로 다섯 가지로 구분된다.

3. 혜학의 의미

혜학은 증혜학, 증상혜학이라고 하며, 혜는 지혜를 말한다. 혜학은 지혜에 대한 학으로 혜와 학은 격한정 복합어로 되어있다. 지혜를 의미하는 주요한 용어를 간략히 정리하면 다음과 같다.

prajñā, paññā: 혜(慧), 지혜, 반야, 바야(波若)
jhāna, ñāṇa: 지(智), 지혜(智慧), 사야
vidyā, vijjā: 명(明)
buddhi: 각(覺), medha: 혜(慧), bhūri: 광(廣), 광혜(廣慧)
darśana, dassana, dṛṣṭi, diṭṭhi: 견(見)
vipaśyana, vipassana: 관(觀), 비발사나(毘鉢舍那)
parijñā, pariññā: 변지(遍知)
abhijñā, abhiññā: 증지(證智), 신통(神通)
ajñā, aññā: 요지(了知), 이지(已知), 아야(阿若)
samparjāna, sampajāna: 정지(正知)
pratisaṃvid, paṭisambhidā: 무애해(無碍解), 무애변(無碍辯)[31]

31 『불교용어 기초지식』, 260-262면.

『법집론』에 따르면 혜에 대한 동의어적 해석으로 지혜, 알아차림, 분별, … 지혜의 감각능력, 지혜력, 지혜의 힘, 지혜의 궁전, 지혜의 광명, 지혜의 광채, 지혜의 불빛, 지혜의 보배, 어리석지 않음, 법의 택멸, 바른 견해로 설명하고 있다.[32]

증상혜학의 개념을 살펴보면, 증상혜학이란 비구가 이것이 고라고 사실대로 알고, 이것이 고의 일어남이라고 사실대로 알고, 이것이 멸이라고 사실대로 알고, 이것이 고를 멸하는 길이라고 사실대로 아는 것을 말한다.[33] 이 정의에 따르면 혜학은 사성제를 사실대로 아는 것을 말한다. 그러므로 팔정도 가운데 정견에 해당된다.

> "괴로움이라는 성스러운 진리란 태어남은 또한 괴로움이고, 늙음도 괴로움이고, 죽음도 괴로움이고, 슬픔, 비탄, 육체적 괴로움과 정신적 괴로움, 고뇌도 괴로움이고, 사랑하지 않은 자들과 함께 결합하는[만나는] 것도 괴로움이고, 사랑하는 자와 결합하지 못하는 것도 괴로움이고, 원하는 것을 얻지 못하는 것도 괴로움이고, 간략히 다섯 가지 취착한 무더기도 괴로움이다. 괴로움의 일어남이라는 성스러운 진리란 재생하고 즐거움의 욕망과 함께하고 여기저기 즐거워하는 갈애 즉, 욕망의 갈애·유의 갈애·비유(非有)의 갈애를 말한다. 괴로움의 멸함이라는 성스러운 진리란 갈애를 이욕으로 완전히 멸함, 포기, 버림, 해탈, 제거함을 괴로움의 멸이라고 부른다. 무엇이 괴로움을 멸하는 성스러운 진리란 성스러운 여덟 가지의 길[八正道]이다. 즉, 바른 견해[正見], 바른 사유[正思惟], 바른 말[正語], 바른 행위[正業], 바른 생활[正命], 바른 정진[正精進], 바른 마음챙김[正念], 바른 선정[正定]이다."

혜(paññā)와 지(ñāṇa)의 두 가지 용어는 중 삼학의 혜학과 6바라밀의 지혜바라밀은 혜라는 용어를 사용한다. 혜는 넓은 의미의 지혜로 범부의 유루혜와 성자의 무루혜까지 포함하며, 대승에서는 반야지가 최상의 지혜로 간주된다. 그와 달리 지는 보통 깨침의 지혜에 사용되며, 진지, 무생지, 정지 등의 아라한의 지혜, 지바라밀은 10지의 최고 보살의 지혜이며, 성소작지, 묘관찰지, 평등성지, 대원경지, 법계체성지는 보살이 깨친 지혜이며, 일체지, 도종

32 Dhammasaṅgaṇī 12면
33 Aaṅguttaranikāya, I. 235면

지, 일체종지는 각기 성문 연각의 지혜, 보살의 지혜, 부처님의 지혜로 깨침의 지혜에 속한다. 지와 혜가 동일한 의미로 유루의 혜도 지라고 부르는 경우는 구사론의 10지는 세속지만을 유루혜라고 하며, 나머지 9지는 무루지라고 지칭하였다. 10지에 여실지를 더한 유식 법상종의 11지에서도 여실지는 유루 범부의 높은 지혜로 무루지가 아니다. 유루혜로서의 세속지는 생득혜(生得慧), 문혜(聞慧), 사혜(思慧), 수혜(修慧)의 사혜(四慧)가 있다[34]고 한다.

Ⅱ. 초기불교의 삼학

초기불교의 삼학은 계학, 정학, 혜학 또는 증상계학, 증상심학, 증상혜학으로 설명한다. 계학은 계에 대한 학, 계를 배우는 것이라는 의미이다. 초기불교에서의 계학은 주로 승가에 해당되는 비구, 비구들의 계를 말하며, 재가자에게는 오계를 말한다. 그러나 삼학은 주로 비구, 비구니의 배움과 관련성이 있으므로 비구, 비구니의 바라제목차, 즉 계조문에 대한 학이라고 이해하는 것이 타당할 것이다.

초기불교의 계는 재가자의 오계, 팔재계 그리고 출가자의 사미, 사미니계, 식차마나계, 비구, 비구니계가 있다. 그 내용을 간략히 설명하면 아래와 같다.

① 오계: 신자의 계, 불살생, 불투도, 불사음, 불망어, 불음주.
② 팔재계: 15일마다 포살일에 지키는 신도계, 불살생, 불투도, 불사음, 불망어, 불음주, 불비시식.
③ 사미와 사미니계: 남자는 20세 이하이며, 여성은 18세 이하에 해당하며, 10계이며, 불살생, 불투도, 불사음, 불망어, 불음주, 불비시식 .
④ 식차마나계: 18세에서 19세의 여성 출가자들의 계, 육법계, 불살생, 불투도, 불사음, 불망어, 불음주, 불비시식.
⑤ 비구계: 20세 이상의 비구의 구족계, 빠알리율은 227계, 4바라이법, 13승잔법, 2부정법, 30사타법, 92단타법, 4회과법, 75중학법, 7멸쟁법이다. 사분율은 250계, 4바라이법, 13승잔법, 2부정법, 30사타법, 90단타법, 4회과법, 100중학법, 7멸쟁법이다.[35]

34 『불교용어 기초지식』, 260-262면.
35 비구계경의 계조문의 수 비교는 平川彰 著, 박용길 역, 『율장연구』(서울: 토방, 1995),

⑥ 비구니계: 20세 이상의 비구니의 구족계, 빠알리율은 311계, 8바라이법, 17승잔법, 30사타법, 166단타법, 8회과법, 75중학법, 7멸쟁법이다. 사분율은 348계, 8바라이법, 17승잔법, 30사타법, 178단타법, 8회과법, 100중학법, 7멸쟁법이다.[36]

다음으로 초기불교의 선정은 주로 구차제정[37]과 사무량심[사범주, brahmavihāra], 사마타와 위빠사나[止觀]로 설명된다.[38] 구차제정은 초선, 제2선, 제3선, 제4선, 공무변처, 식무변처, 무소유처, 비상비비상처, 멸수상정이며, 사무량심은 자무량심, 비무량심, 희무량심, 사무량심이다. 초기불교의 선정은 사선·사무색정·멸진정·삼등지(三等特)·삼삼매(三三昧)·삼중삼매(三重三昧)와 이것들에 기초한 사무량심·팔해탈·팔승처·십변처(十邊處) 등의 공덕이 열거되고 있다. 또한 안반(安般)에 육묘문(六妙門)이 있는데, 수(數)·수(隨)·지(止)·관(觀)·환(還)·정(淨)이다.

E. 후라오 봘르너의『원시불교』에 따르면, 선정의 수행에 예비적 수행으로서 고른 호흡, 즉 조식(調息)으로 안반념 즉 입출식념 등으로 수행하게 되었으며 다음으로 사염주, 사념처, 사신족, 오근, 오력, 칠각지이고 때때로 해탈도 그 자체인 팔정도가 언급된다고 설명하고 있으며, 다음으로 사무량과 해탈도의 수행 네 단계로서 사무색정, 그리고 십변처, 팔해탈, 팔승처, 오신통과 누진지 등으로 기술하고 있다.[39]

초기불교의 지혜는 삼학, 육바라밀의 지혜바라밀, 오근의 혜근, 오력의 혜력, 4무애해, 팔정도의 정견, 성취오안의 혜안, 숙명통, 천안통, 누진통의 삼신통 그리고 숙명통, 천안통, 누진통, 신족통, 천이통, 타심통의 육신통 등에서 찾아볼 수 있다.『잡아함경』26에 오근의 하나로서 혜근을 반야[지혜]로 본다. 47에는 무루의 오온 즉 오분법신의 하나로서 혜신을 반야로 보고, 29에 계정의 2학에 비해 혜에 의해서 여실하게 아는 지혜와 견해[지견]으로 증상혜학이라고 한다.

465면 참조.

36 비구니계경의 계조문의 수 비교는『율장연구』, 531면 참조.

37 DīghanikāyaⅡ. 156면, Ⅲ. 265면, 290면. AṅguttaranikāyaⅣ. 410면.

38 ed, H. Bechert and R. Gombrich, The World of Buddhism, Thames and Hudson. London, 1991.

39 E. 후라오봘르너, 박태섭 역주,『원시불교』, 102-112면.

먼저 초기경전에 가장 널리 알려진 것은 사성제와 팔정도에서 그 지혜의 의미를 찾아볼 수 있다. 지혜의 의미는 아는 것, 바르게 아는 것을 의미하며 사성제는 고집멸도를 말하며 도에 해당되는 팔정도의 정견은 고를 알고 집을 알고 멸을 알고 도를 아는 것을 말한다. 결국 고지, 고집지, 고집멸지, 고집멸도지는 바로 정견과 동일한 의미로 이해할 수 있다. 정견은 바로 고집멸도를 바르게 아는 것을 말하며 사견은 고집멸도를 그릇되게 아는 것이다.

그밖에 아라한 또는 깨달음을 성취하기 위해서는 삼단계의 불교적 수행이 요구된다. 디가니까야에서는 계온, 정온, 혜온[40], 상윳따니까야에서는 계(sīla), 정(citta), 혜(paññā)로 설명하고 있다.[41]

『장아함경』에 따르면, 무엇을 혜라고 하는가? 부처님께서 말씀하시길 만약 비구가 삼매심으로써 청정하고, 더러움이 없으며, 유연하고 조복하여 부동처에 머무르고, 내지 삼명을 얻어 무명을 제거하여 혜의 명을 얻어 어두움을 멸하고 대법광을 얻어 누진지를 내기 때문이다.[42]

『중아함경』에는 욕락에 의한 천한 업을 구하는 범부행이나 또한 지극한 고행에 이른 고행을 이르는 고행을 구하지 말고, 이러한 양쪽을 여의면 중도가 있고 성안, 성지자재, 성정, 취지, 성각, 취어열반이라 하여 정을 이루어야 지혜가 생기고 깨달음과 열반에 나아감을 보이고 있다.

『중아함경』에 따르면, 비구가 모든 범행을 공경하면서 위의법, 법을 배우는 것, 계신을 갖추고, 정신을 갖추고, 혜신을 갖추고, 해탈신을 갖추고, 해탈지견신을 갖추고 열반을 갖춘다고 하여 차례대로 앞부분을 갖춘다는 전제하에 그 다음을 갖출 수 있다는 것을 밝히고 있다.[43]

또한 비구가 참괴함이 있고 애공경을 익히고, 믿음을 익히고 정사유를 익히고, 정념정지를 익히고, 근을 수호하고, 계를 지키고, 후회가 없고, 환열하며, 희, 지, 낙, 정, 여실지견이 있고, 염이 있고, 무욕이 있고, 해탈하여 열반에 이른다는 과정을 보이고 있는데[44] 정과 혜를 정과 여실지견으로 파

---

40 Dīghanikāya I . 62-85면

41 Saṅyuttanikāya I .13면, 165면. II.185면, V.222면. Majjhimanikāya I .144면. Aṅguttanikāya I .61면, 216면. II.1면 참조.

42 『長阿含經』(『大正藏』1권, 96면 하)

43 『中阿含經』(『大正藏』1권, 487면 상)

44 『中阿含經』(『大正藏』1권, 486면 중)

악하고 다음에 해탈, 열반을 설정하고 있다.

『잡아함경』에 따르면, 계를 지닌 비구는 근본을 구족하고, 의거할 바를 구족하고, 마음에 신락을 얻고, 마음에 환희를 얻어 낙을 쉬고, 적정삼매에서 여실지견을 얻고 염리, 이욕, 해탈하여 무여열반을 얻는다고 하여 삼매에 들고 여실지견의 지혜가 생겨남을 보여주고 있다.[45]

『무애해도』에 따르면, 지혜를 삼매에 힘에 의한 지혜와 위빠사나의 힘에 의한 지혜로 구분하는데 삼매의 힘에 의한 지혜는 24가지이며, 위빠사나에 의한 지혜는 72가지로 열거하고 있다. 먼저 24가지 삼매의 힘에 의한 지혜는 긴 들숨의 힘에 의한 마음의 하나됨[心一境性]과 산란하지 않음은 삼매이다 -내지- 마음을 해탈케 하는 내쉬는 숨의 힘에 의한 마음의 하나됨과 산란하지 않음은 삼매를 말한다.[46]

그 밖에 초기불교에서는 성문의 지혜, 독각불의 지혜, 정등각자의 지혜로 구분하며 아라한의 지혜, 붓다의 지혜, 부처님의 10력 등이 소개되고 있다.

Ⅲ. 부파불교의 삼학

『마하승기율』 제2에 증상계학은 소위 바라제목차를 널리 축약해서 말한 것이고, 증상의학은 구차제정이며, 증상혜학은 사진제[사성제]라고 한다. 그리고 『청정도론』에서 계(戒)는 세 가지 영지[三明, tevijjā]의 강하게 의지하는 조건을 나타내고, 계의 증득에 의지하여 세 가지 영지를 성취하며, 또한 삼매는 여섯 가지 신통지의 강하게 의지하는 조건을 나타내며, 삼매의 증득에 의지하여 여섯 가지 초월지(abhiññā)를 성취하다고 한다. 혜(慧)는 통찰지의 완성에 의지하여 네 가지 무애해를 성취하여 양극단을 피한 중도를 실천한다고 한다. 마찬가지로 계는 악처를 뛰어넘는 수단, 삼매는 욕계를 뛰어넘는 수단을, 통찰지는 모든 존재를 뛰어넘은 수단을 나타낸다고 한다. 또한 계는 오염원들의 위범의 방지를 나타내고, 삼매는 얽매임의 방지를, 통찰지는 잠재성향의 방지를 나타낸다는 것이다. 또 계는 삿된 행위로 인한 오염의 정화를 나타내고, 삼매는 갈애로 인한 오염의 정화를, 통찰

45 『雜阿含經』 18(『大正藏』2권, 129면 상)
46 임승택, 『위빠사나 수행관 연구』(서울: 경서원, 2004), 290면.

지는 사견으로 인한 오염의 정화를 나타낸다고 한다.[47] 계는 높은 계를 공부 짓는 것으로[增上戒學, adhisīla-sikkhā] 후회하지 않는 덕(guṇa)을 가져오고, 삼매(定)는 교법의 중간으로서 높은 마음을 공부 짓는다.[增上心學, adhicitta-sikkhā] 그것은 신통변화 등의 덕을 가져오기 때문에 좋은 것이다. 통찰지(慧)는 정점이기 때문에 교법의 끝이고, 높은 통찰지를 공부 짓는 것으로[增上慧學, adhipaññā-sikkhā] 원하거나 원하지 않는 것에 대해 평정(tādi-bhāva)을 유지하게 한다.[48]

일반적으로 계는 오계·사미십계·십선계·비구계·비구니계 등의 명칭에서처럼 이름에 '계'자를 첨가하여 사용하는 것이 일반적이다. 하지만 그 이외에도 『무애해도(Paṭisam-bidāmagga)』와 그 주석에 따르면 몇 가지 계가 있는가에 대한 질문에 계의 종류를 선법계·불선법계·무기계(無記戒)[49]의 세 가지로 구분하고 있다. 그리고 Dhs.(『法集論』)의 주석서인 Atthasālinī에는 두 가지 계, 즉 세간계(lokiyasīla)와 출세간계(lokuttarasīla)로 구분하고 있다.[50] 또한 『청정도론』에 따르면 율의계(saṃvarasīla)에는 바라제목차율의(pātimokkhasaṃvara), 염율의(念律儀, satisaṃvara), 지율의(智律儀, ñāṇasaṃvara), 인욕율의(khantisaṃ-vara), 정진율의(精進律儀, viriyasaṃvara)의 다섯 가지로 나눠진다.[51] 여기서 바라제목차율의는 "이 바라제목차율의로 다가갔고 함께 다가갔다는 것이 바라제목차율의이다"[52]라고 서술하고 있다.

그리고 주로 업의 본성과 그 과보를 다루고 있는 부분으로서 Abhi-k(『俱舍論』) 4장에 따르면, 바라제목차율의를 계(śīla)·선행(sucarita)·행위(karma)·율의(saṃvara)라고 부르며, 차가움 때문에 계이며, 현자에 의해 칭찬받기 때문에 선행이고, 자연적으로 행하기 때문에 행위이고, 몸과 입의 제어이기 때문에 율의이다.[53] 여기서 바라제목차율의를 계로 설명하고 있으며, 몸이

---

47 붓다고사 저, 대림스님 역, 『청정도론 (Visuddhimagga)』 (서울: 초기불전연구원, 2004), 130면.

48 Visuddhimagga, 128-129면.

49 Paṭisambhidāmagga. 44면, Saddhammappakāsinī. 219면. Kati sīlānī ti? pañhassa vissajjane kusala- sīlaṃ, akusalasīlaṃ, abyākatasīlan, ti

50 Kathāvatthupakaraṇa-aṭṭhakathā. 125면.

51 Visuddhimagga. 7면, Saddhammappakāsinī. 218면. Saṃvaro sīlan 'ti ettha pañcavidheva saṃ- varo veditabbo : Pātimokkhasaṃvaro, satisaṃvaro, ñāṇasaṃvaro, khantisaṃ- varo, viriyasaṃvaro, 'ti

52 상동 7면. Tattha iminā pātimokikhasaṃvarena upeto hoti, samupeto ti ayaṃ pātimokkhasaṃvaro.

불타지 않도록 차갑게 하기 때문에 계라고 정의하고 있다.

『청정도론』에 따르면, 선정은 삼매와 동일어이며, 삼매란 '유익한 마음의 하나됨(kusalacitt 'ekaggatā)라고 하고 있다. 삼매의 의미는 삼매에 든다는 것으로 마음과 마음부수(心所)들을 하나의 대상(eka-ārammaṇa)에 고르고 바르게 모으고, 둔다는 것이다. 그러므로 어떤 법의 힘으로 마음과 마음부수가 하나의 대상에 고르고 바르게 산란함도 없고 흩어짐도 없이 머물 때를 말한다.

40가지 명상주제는

첫째는 땅, 물, 불, 바람, 푸른색, 노란색, 빨간색, 흰색, 광명, 한정된 허공의 까시나라는 열 가지 까시나[십변처],

둘째는 부었고, 검푸르고, 문드러지고, 끊어지고, 뜯어 먹히고, 흩어지고, 난도질당하여 뿔뿔이 흩어지고, 피가 흐르고, 벌레가 버글거리고, 해골이 된 상태인 열 가지 부정[십부정].

셋째는 부처님, 법, 승가, 계, 관대함, 천신, 죽음을 계속해서 생각함, 몸에 대한 마음챙김, 들숨날숨에 대한 마음챙김, 고요함을 계속해서 생각함이라는 열 가지 계속해서 생각함[십수념],

넷째는 자애, 연민, 더불어 기뻐함, 평온의 네 가지 거룩한 마음가짐[사무량심],

다섯째는 공무변처, 식무변처, 무소유처, 비상비비상처의 네 가지 무색의 경지[사무색정],

여섯째 음식에 대해 혐오하는 인식이란 한 가지 인식,

일곱째 사대를 분석하는 것이라는 한 가지 분석을 말한다.[54]

삼매 다음으로는 통찰지[반야, 혜, paññā]를 닦아야 한다. 지혜는 유익한 마음[선심]과 연결된 위빳사나의 지혜(vipassanā-ñāṇa)이다. 지혜는 꿰뚫어 안다는 의미이며, 인식하는 형태와 자세히 아는 형태와는 달리 여러 측면에서 아는 것을 말한다. 그 이유는 푸르다, 누르다라고 단지 대상을 인식

53 Abhidhammakośabhāsyaṃ. 107면. śīlaṃ sucaritaṃ karma saṃvaraścocyat viṣamakarmaṇāṃ viratisamādānācchīlam/ śītalatvā niruktiḥ "sukhasīlasamādānāṃ kāyo na paridahyata"iti gathāvcanāt. vidvatpraśasta- tvātsucaritaṃ./ kriyāsvabhāv-atvātkarma/ … saṃvara iti kāyavācoḥ saṃvaraṇāt.

54 Visuddhimagga. 110-111면.

하는 정도로 무상, 고, 무아라는 특징을 통찰하지 못하는 인식(saññā)과 대상을 알고 특징을 통찰하지만 도의 현전에 이르지 못하는 알음알이(viññāṇā)와 대상을 알고, 특징을 통찰하고 노력하여 도의 현전에 이르는 통찰지(paññā)와 다르기 때문이다.

지혜의 특징은 법의 고유성질을 통찰하는 것이고, 역할은 법의 고유성질을 덮어버리는 어리석음(moha)의 어둠을 쓸어버리는 것이며, 미혹하지 않음으로 나타나고 가까운 원인은 삼매이다. 그 이유는 삼매를 잘 닦는 자는 그대로 알고 보기(A.v.3) 때문이다.

지혜를 분류해 보면, 통찰지의 종류는 한 가지에서 네 가지까지로 나눌 수 있다. 법의 고유성질을 통찰하는 특징으로 한 가지이며, 세간과 출세간, 번뇌를 가진 것과 번뇌가 다한 것, 정신과 물질을 구분하는 것, 기쁨이 함께한 것과 평온이 함께한 것, 견(dassana)의 경지와 수행의 경지로 두 가지이며, 생각으로 얻은 것과 들어서 얻은 것, 수행으로 얻은 것, 제한된 대상을 가지니 것, 고귀한 대상을 가진 것, 무량한 대상을 가진 것, 증장시키는데 능숙한 것과 손상시키는데 능숙한 것, 수단에 능숙한 것, 안을 천착하는 것 등의 세 가지가 있다. 그리고 네 가지 진리들에 대한 지혜, 네 가지 무애해로 네 가지이다.[55]

『인도불교의 선사상』에 따르면 논전을 중심으로 소개한 주요 선정사상을 좌선법, 지관, 사삼사지, 사염주, 도성제, 사정려, 사무색정, 멸진정, 팔해탈, 팔승처, 부정관, 수식관, 삼삼매, 오개 등과 관련하여 기술하고 있다.[56]『대비바사론』 제42 등에 문혜, 사혜, 수혜의 삼종으로 구분한다.『해탈도론』에서는 내효료, 거요료, 방편효료의 삼혜, 취혜,불취혜, 비취비비취혜의 삼종, 자작업지, 수제상응지, 도등분지, 과등분지의 4종, 욕계혜, 색계혜, 무색계혜, 무번혜의 4종, 법지, 비지, 타심지, 등지의 4혜, 유혜위취비위비취, 유혜위비취비위취, 유혜위취역위비취, 유혜비위취비비위치의 4혜, 유혜유위염환비위달, 유혜위달비위염환, 유혜위염화역위달, 유혜불위염환역부위달의 4혜, 의변, 법변, 사변, 낙설변의 4혜, 고지, 고집지, 고멸지, 고멸도지의 4혜,『대승대집지장십론경』 제10「복전상품」 또는『유가사지론』 제43「혜품」에 세간혜와 출세간혜 등이 있다.

55 대림 역,『청정도론2』. 401면.

56『인도불교의 선사상』. 24면.

가지	내용구분	상세 내용
한 가지	고유성질을 통찰하는 특징	
두 가지	세간과 출세간	세간의 도와 함께하는 세간의 지혜, 출세간의 도와 함께하는 출세간의 지혜
	번뇌를 가진 것과 다한 것	번뇌들의 대상이 되는 것, 번뇌들의 대상이 아닌 것
	정신과 물질을 구분하는 것	수상행식온을 구분하는 지혜, 색온을 구분하는 지혜.
	기쁨이 함께한 것, 평온이 함께 한 것	욕계의 두 가지 유익한 마음(선심)과 5선 가운데 처음 4선과 함께하는 열 여섯 가지 동의 마음에 속하는 지혜, 욕계의 두가지 유익한 마음과 제5선과 함께하는 네 가지 도의 마음에 속하는 지혜
	견의 경지와 수행의 경지	첫 번째 도(예류도)의 지혜, 나머지 세 가지 도(일래도, 불환도, 아라한도)의 지혜
세 가지	생각으로 얻은 것, 들어서 얻은 것, 수행으로 얻은 것	본인의 생각으로 얻은 지혜, 타인에게서 들어 얻은 지혜, 수행을 통해 절정을 이룬 지혜
	제한된 대상으로 하는 것, 고귀한 대상으로 하는 것, 무량한 대상으로 하는 것	욕계의 법들을 대상으로 하여 생긴 지혜, 색계와 무색계를 대상으로 하여 생긴 지혜, 열반을 대상으로 하여 생긴 지혜
	증장시키는데 능숙한 것, 손상시키는데 능숙한 것, 수단에 능숙한 것	손해를 없애고 이익을 생기게 하는 데 능숙한 지혜, 이익을 없애고 손해를 생기게 하는데 능숙한 지혜, 모든 곳에서 결과를 가져오게 할 여러 가지 법들의 수단들 가운데 특정 순간에 즉시 떠올라서 그 경우에 맞게 생겨난 능숙한 지혜
	안을 천착하는 것	자신의 오온을 취하여 시작한 위빳사나의 지혜, 타인의 오온을 취하고나 외부의 물질을 취하여 시작한 지혜, 둘 다를 취하여 시작한 지혜
네 가지	네 가지 진리에 대한 지혜	고에 대한 지혜, 집에 대한 지혜, 멸에 대한 지혜, 도에 대한 지혜
	네 가지 무애해	뜻(attha, 義, 결과)에 대한 무애해(義無碍解, 법에 대한 무애해(法無碍解), 언어에 대한 무애해(語無碍解), 지혜에 대한 무애해(慧無碍解)

『청정도론』의 관점에서 지계, 선정, 지혜는 순차적인 관계에 있으며, 지계를 닦고 다음에 선정을 닦은 후에 지혜가 성취된다는 것을 보여주고 있다.

여기서 7가지 청정을 통해 지계, 선정 지혜로 구분하고 있는데, 계청정은 계에, 심청정은 정에, 나머지 다섯 가지 청정은 혜에 관련시키고 있음을 알 수 있다.

그리고 『분별론(Vibhaṅga)』의 아비달마의 분별에 의한 선의 분별을 살펴보면, 제1선, 제2선, 제3선, 제4선, 즉 네 가지 선정이 있는데, 제1선은 색계의 탄생을 위해서 도를 닦는다. 탐욕을 버리고 -중략- 땅의 까시나, 첫 번째 선에 들어가 머무는 그때 다섯 부분의 선의 요소, 즉 심, 사, 희, 락, 마음의 한곳에 집중함(심일경성)을 갖는다. 그리고 제2선은 희, 락, 심일경성, 제3선은 락 심일경성, 제4선은 사, 심일경성이라는 요소를 갖는다고 한다.

또한 바른 선정은 견취를 단멸하기 위해서 열반으로 이끌고 [재탄생의 가능성]의 줄이는 것으로 가는 출세간의 선정을 닦는다. 첫 번째 단요소의 성취를 위해 욕망에서 벗어나 -중략- 첫 번째 선에 들어가 머물 때 촉 등 선한 법이 있다. 그리고 그 출세간의 좋은 선정을 의지작용하기 때문에, 닦기 때문에 이숙은 욕망에서 벗어나 -중략- 첫 번째 선정에 들어가 머문다. 그때 마음의 안정, 바른 선정, 정이라는 깨달음의 부분, 도의 부분, 도의 완성을 말한다. 아울러 『분별론』에서는 지혜를 열 가지로 구분하여 지혜를 상세히 밝히고 있다.[57]

『구사론』에 따르면, 선정에 의한 공덕은 무량, 해탈, 승처, 변처로 구분하여 설명되는데 먼저 무량은 네 종류가 있으며 자, 비, 희, 사이다. 내유색상곤외색해탈, 내무색상관외색해탈, 정해탈신작증구족주, 무색정의 공무변처, 식무변처, 무소유처, 비상비비상처, 멸수상정해탈신작증구족주[멸진정]의 팔해탈, 내유색상관외색소, 내유색상관외색다, 내무색상관외색소, 내무색상관외색다, 내무색상관외청, 황, 적, 백색의 팔승처, 지, 수, 화, 풍, 청, 황, 적, 백, 그리고 공과 식의 십변처가 있다.

혜학을 살펴보면, 지는 열 가지 종류가 있어 일체의 지를 포섭하니, 첫째는 세속지(世俗智)이여, 둘째는 법지(法智)이며, 셋째는 유지(類智)이며, 넷째는 고지(苦智)이며, 다섯째는 집지(集智)이며, 여섯째는 멸지(滅智)이며,

57 상세한 내용은 Vibhaṅga. 306-344면 참조.

일곱째는 도지(道智)이며, 여덟째는 타심지(他心智)이며, 아홉째는 진지(盡智)이며, 열째는 무생지(無生智)이다.

10지는 두 종류, 유루성과 무루성의 차별로 유루지와 무루지가 있고 세 가지로 구별하여 세속지, 법지, 유지로 나눈다. 유루지는 다수의 경계를 취하기 때문에 세속지이며, 무루지를 법지와 유지로 나누는데 법지는 욕계를 소연의 경계로 하고, 유지는 상 2계의 4제를 소연의 경계로 삼는다.

법지와 유지 그리고 4제지로서 무학에 포섭되고 견의 성질이 아니면 진지와 무생지라고 한다. 다른 성자나 이생과도 공통되는 헤아릴 수 없는 부처님의 공덕은 무쟁, 원지, 무애해, 6통, 4정려, 4무색정, 8등지, 3등지, 4무량, 8해탈, 8승처, 10변처 등이 있다. 무쟁, 원지, 무애해는 다른 성자와 공통되는 공덕이며, 6통과 4정려 등은 이생과 공통되는 공덕이다.

다음으로 『아비달마 순정리론』에 정과 혜에 대해 살펴보면, 지가 의지하는 바는 정이다. 정에서 지가 생기고 지의 운용은 모든 공덕이 되는 것이기 때문에 지는 인이며 정은 연이 된다. 정에는 네 가지 정려와 네 가지 무색정이 있다. 네 가지 선정에는 각각 정과 생의 차별이 있으므로 제1정정려, 제1생정려, 제2정정려, 제2생정려, 제3 정정려, 제3 생정려, 제4 정정려, 제4생정려로 구분된다. 생정려는 색계 유정의 이숙신으로 그의 체는 오온이며 제1선에서 제3천까지는 각각 3천이 있으며 제4선에 8천이 있으므로 모두 17천이 있다.

혜에는 크게 유루와 무루의 두 가지 지혜로 나누며 무루혜마을 성이라는 이름한다. 유루지를 통틀어 세속이라고 하는데 그 이유는 병이나 의복 등의 성품은 파괴될 수 있고 세속의 인정에 나타나 있으며, 세속의 경계를 취하고 세간의 속된 일에 따라 흘러가고 승의를 좇는 일은 없기 때문이다. 다른 해석에는 모든 취를 세속이라고 하며 이 지는 거의 이 모든 취로 가는 것이니 원인을 결과로부터 이름하여 세속지라고 하며, 이 지는 끝없는 때로부터 생사의 몸 속에 나타나 구른 것이기 때문에 세속지라고 하였으며, 모든 유에 따라 흐르며 끊어짐이 없는 것을 세속지라 하고 온갖 법을 두루 반연하기 때문에 세속지라고 한다.

무루지는 법과 유로 구분된다. 무루는 경계에 대해 행상이 밝고 예리하나 유루지는 그렇지 않기 때문에 무루지와 유루지의 차별이 있다. 또한 세속의 지는 뒤에 증상만을 일으키나 무루는 그렇지 않기 때문에 차별이 있으며 또 세속지는 법지와 유지의 경계에 넓고 좁은 것이기 때문에 차별이 있는 것이니 세속지는 두루 온갖 유위와 무위로 소연의 경계를 삼는다.[58]

지는 열 가지가 있다.

"지는 열 가지요, 통틀어 두 가지가 있나니
유루와 무루의 차별이네.
유루는 세속이라 일컬으며
무루는 법과 유라고 하네.

세속은 두루 경계를 삼고
법지와 유지는
차례대로 욕계와 상계의
고 등의 진리를 경계로 삼네."[59]

세속지는 세속 범부의 지혜로서 세간의 일반 사물을 대상으로 분별 인식하는 지혜이다. 번뇌와 상응하여 유루지라고 한다.

법지는 욕계의 고, 집, 멸, 도를 관하여 증하는 지혜이다.

유지는 색계와 무색계의 고집멸도를 관하여 증하는 지혜이다. 만유제법의 진리를 아는 지혜인 법지와 유사하므로 유지라고 한다.

고지는 상하계의 고제를 아는 지혜이다.

집지는 상하계의 집제를 아는 지혜이다.

멸지는 상하계의 멸제를 아는 지혜이다.

도지는 상하계의 도제를 아는 지혜이다.

타심지는 남의 마음을 아는 지혜이다. 다만 하지의 타심지는 상지를 알지 못하고 열지는 승지를 가진 이의 마음을 아지 못하며, 현재의 모든 법은 알지만 과거, 미래의 모든 법을 알지는 못하는 것이니, 부분에만 유효한 지혜이고 온갖 것에 다 효력을 내는 것은 아니다.

진지는 온갖 번뇌를 모두 끊었을 때 "나는 이미 고를 알았고 집을 끊었으며 멸을 증하였고 도를 닦았다고 아는 지혜이다. 곧 번뇌를 모조리 끊고 나

58 한글대장경, 『아비달마순정리론 4』. 312면.
59 한글대장경, 『아비달마순정리론 4』. 309면.

서 생기는 자신의 지혜이다.

무생지는 아라한과에서 생기는 맨 마지막 지혜로 지가 퇴타하지 않은 줄 아는 지혜이다. 사제에 나아가 나는 이미 고를 알았으므로 다시 더 알 것이 없고 나는 이미 집을 끊었으므로 다시 더 끊을 것이 없으며, 나는 멸을 증하였으므로 다시 더 증할 것이 없고 나는 이미 도를 닦았으므로 다시 더 닦을 것이 없다는 것을 아는 지혜이다. 이미 지, 단, 증, 수의 일을 마치고 다시는 지단증수의 일이 없는 것을 무생이라고 하며 이것은 이근의 아라한에 한하여 있는 지혜이다.[60]

Ⅳ. 대승불교의 삼학

대승불교의 삼학은 소승의 삼학과 차이가 있으며, 『보살지지경』 제10에 육바라밀을 배대하여 보시, 지계, 인욕, 정진바라밀은 계학, 선정바라밀은 의학(意學), 지혜바라밀은 혜학으로 규정한다. 『대승의장』제10에는 삼취정계를 계학, 유각유관, 무각유관, 무각무관을 정학, 문사수의 삼혜를 혜학이라고 한다. 『대비바사론』 제1에 증상심론도에 의지하면 이것을 경이고, 증상계론도에 의지하면 율이고, 증상혜론도에 의지하면 논이다. 그러나 경 중에도 증상계, 증상혜가 있고, 율 중에도 증상심, 증상혜가 있으며, 논 중에도 증상심, 증상계도론이 있다고 한다. 계정혜 삼학을 경율론 삼장과 관련하여 설명하고 있다.

그리고 『대승장엄경론』 제4, 『대승아비달마잡집론』 제11 등에는 삼학을 계정혜 삼학을 가르치기 위해 경장, 계정의 2학을 가르치기 위해 율장, 혜학을 가르치기 위해 논장을 건립하였다고 한다. 계율과 선정 그리고 지혜의 삼학에서 계는 삼악을 끊는 천장(千將), 선은 분산을 끊는 이로운 그릇, 혜는 병을 구제하는 뛰어난 의사로 묘사된다.

대승불교에서의 계학은 대승계, 보살계, 금강보계, 불성계라고 부른다. 자리행 이외에 이타행을 강조하는 삼취정계가 있다.

첫째, 섭율의계, 남에게 해끼치는 모든 악행을 하지 않는 계, 별해탈율의, 10선계와 10중금계 등 남에게 피해를 주지 않는 것이다.

60 한글대장경, 『아비달마순정리론 4』. 309-310면 주) 9.

둘째, 섭선법계, 선을 행하는 계, 10선계, 10중금계 등의 선을 능동적으로 실천하는 것.

셋째, 섭중생계, 모든 중생을 이익되게 하는 계, 10선계, 10중금계 중 자비구제의 이타행

십선계는 불살생, 불투도, 불사음, 불망어, 불악구, 불양설, 불기어, 무탐, 무진, 정견이다. 앞의 세 가지는 신업, 중간의 네 가지는 어업, 나머지 세 가지는 의업에 속한다.

대승범망경 보살계는 범망계라고 하며, 10중 48계로 구성되어 있으며 그 중 십중금계는 보살의 10바라이이며, 불살생, 불투도, 불사음, 불망어, 불고주, 불설죄과, 부자차 훼타, 불간법재, 부진에, 불방삼보이다.[61]

정학은 육바라밀, 10바라밀의 선정바라밀, 보살선, 여래선 등의 선정 수행에서 찾아볼 수 있다. 소승선, 대승선, 보살선, 여래선의 4선을 들고 있다.

당의 규봉종밀의 『선원제전집도서』에서는 외도선, 범부선, 소승선, 대승선, 최상승선의 오종선을 열거하고 있다.

대승의 혜학은 보살의 실천수행을 통해 획득되는 지혜와 부처님의 일체지, 정득각지이다. 이것은 주로 초기 대승불교에서 6바라밀의 반야바라밀과 10바라밀에서 반야바라밀, 혜 바라밀로 표현된다. 중관사상에서는 반야공을 이해하고 무집착과 무분별을 통한 공관의 지혜로서 표현되며, 유식사상에서는 전 오식이 청정한 성소작지(成所作智), 의식이 청정한 묘관찰지(妙觀察智), 말라식이 청정한 평등성지(平等性智), 아뢰야식이 청정한 대원경지(大圓境地)의 네 가지 지혜로 설명된다.

V. 삼학 개념의 제 문제

불교에서는 윤리적 수행단계와 마음을 청정히 하는 단계, 지혜를 발달시키는 단계로 구분하는데 이 배움을 세 가지로 구분하여 삼학이라고 하였다. 삼학은 배워야 할 세 가지로 계, 정, 혜이다. 뛰어난 계와 수승한 마음과 지혜를 배움으로써 고통을 벗어나 해탈열반에 이를 수 있게 된다. 수행자가 수행자 생활을 영위하기 위해서는 먼저 도덕적으로 청정해야 하는 것이

61 대승의 계율에 대해 鄭承碩 역, 『대승불교개설』(서울: 김영사, 1999), 249-290면 참조.

다. 그러므로 계는 수행의 시발점이자 모든 수행의 토대가 된다. 다음으로 고요하고 맑은 마음상태를 유지해야 한다. 끝으로 지혜를 형성하는 과정이 무엇보다 필수적이다. 불교에서 배움의 길은 이러한 세 단계로 구성되어 있는데 그것이 바로 세 가지 학, 계정혜 삼학이다. 그 가운데 불교에서 계는 주로 재가와 승가의 규율 즉 종교윤리에 해당된다. 그리고 정은 수승한 마음을 얻는 것으로 선정으로 불리며 수행자들이 깨달음으로 나아가기 위해 거쳐야 할 필수적인 길이다. 지혜는 뛰어난 지혜, 즉 바르게 아는 단계를 말한다.

삼학의 개념은 계, 정, 혜의 내용이 초기, 부파, 대승불교를 거치며 그 내용이 점차 차이가 생기게 되었다는 것이 명백하다. 초기불교에서는 계학은 주로 바라제목차, 정학은 구차제정, 혜학은 사성제를 의미하며, 팔정도 중에 정견과 정사유를 혜학으로, 정어, 정업, 정명, 정정진을 계학으로, 정념과 정정을 정학으로 이해한다. 그리고 부파불교에서는 계학은 바라제목차의 주석적 이해, 정학은 40업처 등의 수행주제, 사마타와 위빠사나 등으로 그 범위의 확대가 있었으며, 아울러 혜학은 사정제 뿐만 아니라 여러 가지 종류의 혜학을 설명하고 있으며, 대승불교에서는 계학을 삼취정계, 정학을 구차제정 대신에 각관[심사]를 통해 분석하였으며, 혜학을 문사수와 10가지 종류 지혜 등 여러 가지 지혜를 혜학으로 이해하고 있다. 그리고 삼학은 제법과의 상관관계를 통해 상세하게 이해할 수 있다.

삼학의 개념 변화는 부파불교의 주석적 차이와 대승불교의 사상변화에 관련성을 고려하여 이해하여야 할 것이다.

괴로움이라는 성스러운 진리란 태어남은 또한 괴로움이고, 늙음도 괴로움이고, 죽음도 괴로움이고, 슬픔, 비탄, 육체적 괴로움과 정신적 괴로움, 고뇌도 괴로움이고, 사랑하지 않은 자들과 함께 결합 하는[만나는] 것도 괴로움이고, 사랑하는 자와 결합하지 못하는 것도 괴로움이고, 원하는 것을 얻지 못하는 것도 괴로움이고, 간략히 다섯 가지 취착한 무더기도 괴로움이다.

괴로움의 일어남이라는 성스러운 진리란 재생하고 즐거움의 욕망과 함께 하고 여기저기 즐거워하는 갈애 즉, 욕망의 갈애·유의 갈애·비유(非有)의 갈애를 말한다.

괴로움의 멸함이라는 성스러운 진리란 갈애를 이욕으로 완전히 멸함, 포기, 버림, 해탈, 제거함을 괴로움의 멸이라고 부른다.

무엇이 괴로움을 멸하는 성스러운 진리란 성스러운 여덟 가지의 길[八正道]이다. 즉, 바른 견해[正見], 바른 사유[正思惟], 바른 말[正語], 바른 행위[正業], 바른 생활[正命], 바른 정진[正精進], 바른 마음챙김[正念], 바른 선정[正定]이다.

1. 삼학의 수행관계

삼학의 수행관계는 단계적으로 이해할 수 있다. 그것은 수행의 수행을 결정하는 것으로 계를 닦은 후에 정이, 정을 닦은 후에 혜가 획득되는 것을 말한다. 장부에 따르면, 계를 닦으면, 사매라는 큰 과보, 큰 이득이 있게 되고, 삼매를 닦으면 지혜라는 큰 과보, 큰 이득이 있게 되고, 지혜를 닦으면, 마음이 바르게 감각적 즐거움과 생존[유], 견해, 무명의 네 가지 번뇌로부터 해방된다.[62]

그와 달리 각각 독립적으로 이해할 수 있다. 삼학의 관계는 단계적 수행으로 간주하지 않는다는 것이다. 그것은 계와 정과 혜는 각각 다른 수행이며, 정을 닦고 계를 계를 획득할 수 있다는 것을 보여준다.

2. 선정과 지혜의 차제 문제

선정과 지혜의 차제문제는 선정과 지혜를 수행의 한 단계로써 서로 관련된 것으로 볼 것인가 아니면 별개로 취급할 것인가 하는 문제와 관련이 있다. 초기경전에 따르면 일반적으로 선정과 지혜는 배워야 할 세 가지 가운데 속하며 그것은 순차적으로 이해하는 것이 일반적이다. 그러나 삼학에서 선정과 지혜가 반드시 순차적이어야 하는가 하는 문제는 지혜를 얻기 위해서는 반드시 선정의 단계를 거쳐야 하는가하는 문제와 직결된다. 그것이 사실이라면 지혜를 얻는 유일한 방법은 선정이어야 한다. 그러나 일반적으로 초기불전에서는 지혜를 얻는 방법의 한 과정에 선정이 있을 뿐 지혜의 성취는 선정을 통해서 이루어지는 경우 이외에도 법을 들음으로 다른 공덕행위로 성취되는 경우도 있다는 것을 알 수 있다.

우선 주장할 수 있는 문제는 선정을 통해서 지혜를 획득할 수 있다는 경

---

62 DN1.81. 84, It.51.

우이다.

경전에 따르면 삼학에서 계를 닦으면, 정이 생기고 정을 닦으면 혜가 생긴다고 설명하고 있다. 계정혜는 순차적으로 삼학으로 거론될 뿐 아니라 정을 통해서 혜를 성취할 수 있다는 문증을 뒷받침하고 있다. 또한 육바라밀에서도 선정과 지혜는 상호 밀접한 관계를 형성하고 있다.

또 다른 주장은 선정과 지혜는 관련이 있지만 반드시 순차적이지만은 않다는 것이다. 선정을 통해서 지혜를 얻는 경우도 있지만 지혜를 통해 선정의 높은 단계에 들 수 있다는 것이다.

세 번째 주장은 선정과 지혜는 관련이 없다는 주장을 할 수 있다.

지혜를 이룬 이가 반드시 선정을 매개로 한 것은 아니라는 것이다. 그와 달리 율장 등에 따르면 선정을 통하지 않고서도 계를 통해서 지혜를 얻을 수도 있고, 부처님의 법을 듣거나 전생의 선행공덕으로 이미 지혜를 이룬 경우도 있다.

> 통찰지를 갖춘 사람은 계에 굳건히 머물러서 마음과 통찰지를 닦는다
> 근면하고 슬기로운 비구는 이 엉킴을 푼다.(S.i..13)

세상에 세 종류의 사람이 있다. 계, 정, 혜가 열등한 자는 봉사, 존중을 받지 말아야 한다. 계, 정, 혜를 동등하게 지니는 사람은 봉사, 존중, 봉사를 받아야 한다. 그 이유는 계, 정, 혜를 지닌 사람은 계, 정, 혜에 대한 이야기를 할 것이고, 좋은 일을 할 것이고, 편안하게 될 것이기 때문이다. 계, 정, 혜에 뛰어난 사람은 존경, 공경받고서 다시 봉사, 존중받아야 한다. 그 이유는 또한 계, 정, 혜를 지닌 사람은 갖추지 못한 계, 정, 혜를 갖출 것이고, 갖춘 계, 정, 혜를 지혜로써 잘 보호하기 때문이다. 그와 달리 계, 정, 혜를 지니지 않은 사람은 계, 정, 혜에 대한 이야기를 하지 않을 것이고, 좋은 일을 하지 않을 것이고, 편안하지 않게 될 것이기 때문이다.[63]

3. 삼학과 제법 관계 문제.

삼학은 먼저 사성제 가운데 고의 멸로 이끄는 도와 관련이 있다. 그러므

---

63 Aṅguttaranikāya I . 125면

로 팔정도에서 정견과 정사유를 혜학, 정어, 정업, 정명, 정정진을 계학, 정념과 정정은 정학과 상응한다. 또한 율장 주석 서문에 따르면, 삼학은 경율론 삼장과 관련하여 계학은 율장, 정학은 경장, 혜학은 논장으로 상응한다. 또한『율장』주석의 서문에 따르면, 율을 잘 갖춘 비구들은 계의 성취에 의거하여 세 가지 지혜[三明]를 구족한다. 경을 잘 갖춘 비구들은 삼매의 성취에 의거하여 육신통을 구족한다. 논장을 잘 갖춘 비구들은 지혜의 성취에 의거하여 무애해를 구족하고[64]『청정도론』에서도 계의 증득에 의지하여 세 가지 지혜가 성취되고 삼매의 증득에 의지하여 여섯 가지 신통지혜를 성취하고, 지혜의 증득에 의지하여 네 가지 무애해를 성취한다고 하여 지율자는 삼명구족, 지경자는 육신통 구족, 지론자는 4무애해 구족을 이룬다고 한다.

『청정도론』에 따르면, 계는 교법의 처음이 좋은 것을 나타낸다. 유익한 법의 처음이 아주 청정한 계이며, 모든 악을 짓지 않음 등의 말씀 때문에 계가 교법의 처음이며 후회하지 않음 등의 덕을 가져오기 때문에 좋은 것이라고 한다. 삼매는 중간이 좋은 것을 나타낸다. 유익함을 받들어 행함 등의 말씀 때문에 삼매가 교법의 중간이고, 신통변화를 가져오기 때문에 좋은 것이다. 지혜는 끝이 좋은 것을 나타낸다. 자기 마음을 맑히는 것이 부처님들의 교법이라는 말씀 때문에 지혜가 그것의 정점이기 때문에 교법의 끝이고 원하거나 원하지 않는 것에 대해 평정을 유지하기 때문에 좋은 것이다라고 하여 계학은 가르침의 시작이 좋은 것, 정학[삼매]은 가르침의 중간이 좋은 것, 혜학은 가르침의 끝이 좋은 것과 상응한다.

또한 계는 쾌락의 탐닉에 몰두함이라 불리는 극단을 피하는 것을 나타내고, 삼매는 자기학대에 몰두함이라 불리는 극단을 피하는 것을 나타내고, 지혜는 중도의 실천을 나타낸다.

계는 악처를 뛰어넘는 수단, 삼매는 욕계를 뛰어넘는 수단, 지혜는 모든 존재를 뛰어넘는 수단을 나타낸다라고 하여 삼계 가운데 지옥, 아귀, 축생, 아수라의 악처를 벗어나는 수단이고, 삼매는 욕계에 벗어나는 수단, 지혜는 모든 존재세계를 벗어나는 수단이라고 밝히고 있다.

계는 반대되는 것을 대체하여 버림에 의해 오염원을 버리는 것이요, 삼매는 억압으로 오염원을 버리는 것이요, 지혜는 근절함으로 오염원을 버리

64 Samantapāsādikā I .

는 것이다.

계는 오염원들의 위법의 방지, 삼매는 얽매임의 방지, 지혜는 잠재성향의 방지를 나타낸다. 계는 삿된 행위로 인한 오염의 정화를 나타내고, 삼매는 갈애로 인한 오염의 정화, 지혜는 사견으로 인한 오염의 정화를 나타낸다.[65]

계는 예류자와 일래자의 원인을 나타내고, 삼매는 불환자의 원인, 지혜는 아라한의 원인을 나타낸다. 예류자와 일래자는 계를 완성한 자, 불환자는 삼매를 완성한 자, 아라한은 지혜를 완성한 자라고 부른다.

『율장』 주석의 서문에 따르면, 증상계학은 위범부분의 단멸이 있고, 증상심학은 장애하는 번뇌들의 중지에 의한 단멸, 증상혜학은 장애하는 번뇌들의 파괴에 의한 단멸이 있다. 또한 증상계학은 악한 행위에 의해 생긴 번뇌들을 단멸함이 있고, 증상심학은 갈애번뇌의 단멸, 증상혜학은 견해의 번뇌들을 단멸함이 있다.[66]

Ⅵ. 현대적 논의

삼학에 대한 개념 문제는 번역상의 논의에 직면한 문제와 다르지 않다. 한자와 한글 사용에서 풀이를 어디까지 할 것인가 고민하게 되는 문제이다. 또한 초기, 부파, 대승의 삼학의 개념적 정의와 그 내용은 각각 차이를 보이고 있다. 이러한 입장에서 삼학을 획일적으로 정의하기는 쉽지 않다. 그렇다면 불교 사상에서 삼학의 개념 정의는 구별하여 이해할 수밖에 없을 것이다.

첫째, 삼학의 개념은 기본적으로 세 가지 학, 세 가지 배움, 세 가지 배울 것, 세 가지 배워야 할 것으로 이해할 수 있다. 그러나 이러한 삼학의 한글 해석은 삼학의 한자용어 사용과 혼용되어 사용되고 있다. 그러므로 삼학의 개념 해석을 통일적으로 한글화하는 작업이 요구되고 있다.

다음으로 삼학에 대해 사상적 논의와 체계적인 이해가 요구된다고 생각한다. 삼학이라는 개념은 불교의 가장 중요한 용어 가운데 하나이며, 초기,

65 대림 스님 역, 『청정도론』 1. 128-130면.
66 Samantapāsādikā Ⅰ. 22면

부파, 대승을 거쳐 불교학의 길이라고 할 수 있을 것이다. 그러한 입장에서는 삼학에 대한 자료정리와 사상적 논의가 요구된다. 청정도론은 삼학을 분석한 것이며, 구사론은 사성제를 분석한 경전이라고 생각하면 이러한 개념 논의와 체계적 교육은 불교사상을 정립이라는 것과 관련이 있을 것이다.

계속해서 논의해야 할 문제는 계정혜의 수행을 순차적으로 이해할 것인가, 아닌가 하는 문제이다. 삼학의 차제 문제는 깨달음의 차제와 연관이 있으며, 경전에 따라 다소 차이가 있다.계를 수행해야 정이 획득되고, 정이 획득된 후에야 혜가 획득된다고 하는 경우와 계정혜의 획득은 순차적이지 않다는 주장은 있다. 정을 획득하면, 계를 자동적으로 획득된다는 경우가 그것이다. 육바라밀 가운데 선정과 지혜도 순차적이라기보다 선정을 통해 지혜가 지혜를 통해 선정을 성취할 수 있다고 하는 상호 보완적 관계로 이해할 수 있다. 또한 율장과 그 주석에서는 선정 내에서도 여러 가지 복합적인 수행과 동시 수행이 진행되기 때문에 차제를 연구하는 작업은 신중한 노력이 필요한 문제이다. ❁

백도수 (능인불교대학원대)

선정

한 禪定[禪那, 靜慮]

Ⅰ. 선정(禪定)의 어원적 근거

1. 선(禪)

선(禪)은 범어 dhyāna이며, 빠알리어로는 jhāna, 티벳어로 bsam-gtan이다. 빠알리어 jhāna의 마지막 a가 탈락한 jhān을 음역하여 선(禪)이라고 하였다. 우리말로는 곱씹다, 꿰뚫어보다, 사유하다 등의 뜻을 가진다. 중국말 음역은 선나(禪那), 타연나(馱衍那), 지아나(持阿那) 등이다. dhyāna의 어근 dhyai에 대한 영어적 의미는 to think of, imagine, contemplate, meditate on 등으로서 '심사숙고(深思熟考)하다'라는 뜻을 지닌다. 선은 또 의역으로서 사유수(思惟修) 또는 정려(靜慮)로 번역된다. 사유수(to consider on or reflect on an object with discrimination)는 마음을 하나의 대상에 응주(凝注)하여 그것을 세밀하게 관찰 사유하는 것을 의미한다. 정려(quite meditation)는 적정주려(寂靜籌量) 또는 적정심려(寂靜心慮)로서 마음을 고요하게 하여 대상을 자세하게 심사숙고하는 실천행이다. 선(禪)은 또한 일체의 악을 버리기 때문에 기악(棄惡)이라고 의역한다. 그리고 선수행은 온갖 공덕의 초래하기 때문에 공덕총림(功德叢林) 혹은 공덕취림(功德聚林)으로 의역하기도 한다. 이는 곧 선을 닦으면 지혜나 신통과 같은 공덕이 집적되기 때문이다.[1]

선(禪)의 기원은 인도의 요가행(瑜伽行)과 그 사상으로서 불교 이전에 그 개념이 존재하였다. 인더스 문명(B.C 2800~B.C 1800년경)의 흔적인 모헨조다로 유적에서 요가를 수행하는 문양의 인장(印章)과 석제 흉상이 발견되었다. 여기에는 정신통일을 암시하는 그림이 있어 선정의 기원이 고대 인도로부터 비롯되었다는 것을 알 수 있다. 아리아인에 의해 만들어진 리그베다 문헌에는 유즈(yuj)에서 파생된 '요가(Yoga)'라는 단어가 보인다. 이는 '말에 멍에를 씌우다' 혹은 '장구(裝具)를 붙이다'라는 의미이다. 이것은 나중에 '연결해 묶는다'는 의미로 변하고, 이것이 우파니샤드(Upanṣad) 문헌에서는 결합, 정신통일, 전념(專念)이라는 의미를 갖게 되었다.

슈베타슈바타라(Śvetāśvatara) 우파니샤드에 나타난 요가수행 즉 디야나(dhyāna)에 몰두하면 여러 가지 환상이 나타나고 최후에는 브라만이 나타난다고 하는 실수(實修) 과정은 불교의 선정이 태동하게 된 요인이다. 요가의 실수(實修) 과정에서 초자연적인 신통력을 얻거나, 고(苦)로부터 해탈하기 위해 육체를 괴롭히는 고행을 하거나, 침사(沈思)와 묵상(黙想)을 통해 마음의 통일을 구하려는 것이다. 이는 외적으로 불교의 선정(禪定)과 유사한 면이 있다. 불교에서는 이러한 요가사상과 수행을 전적으로 부정하지 않고 불교 특유의 수행법인 선정(禪定)으로 발전시켰다.[2]

한자(漢字)로 '선(禪)'이라는 글자는 『사기(史記)』의 「봉선서(封禪書)」에 보이고 있다. 여기서 선(禪)의 순수한 한자 의미는 봉선(封禪) 즉 '천자가 지내는 제사'라는 설명을 하고 있다. 봉(封)은 사방의 흙을 높이 쌓아 제단을 만들고 하늘에 제사지내는 것이고, 선(禪)은 땅을 정(淨)하게 하여 산천에

1 최현각, 『선학의 이해』(서울: 불교시대사. 2003), 15면; 현각, 『인도의 선 중국의 선』(서울: 民族社, 1990), 36~38면; 『禪學辭典』(서울: 佛志社, 1995), 356면; 佛敎學大辭典』(서울: 弘法院, 1988), 817면; 『望月佛敎大辭典』(京都:世界聖典刊行協會, 1954), 3권, 2954면; 『禪學大辭典』(東京: 大修館書店, 1978), 670면d; 『梵和大辭典』(東京: 講談社, 1979), 650면.

2 아베쵸이치 저, 최현각 역, 『인도의 선 중국의 선』(서울: 민족사, 1990), 27면.

제사지내는 것을 말한다. 중국의 역대 황제들이 산동성의 태산(泰山)에 올라 봉선의식을 행하였는데, 자신의 즉위를 하늘에 고(告)하고 태평성대를 축원하였다.[3]

2. 정(定)

정(定)은 범어 samādhi로서 삼매로 음역된다. '정(定)하다', 마음을 한 곳에 '집중하다'의 의미를 가진 말인 'sam-ā√dhā'에서 파생된 남성명사이다. 이는 마음을 평정하게 하고 대상에 전념(專念)해 있는 상태이다. 영어적 의미로는 higher thought meditation, contemplation으로 번역되며, 정(定)은 동요나 산란심을 떠나 마음이 안정된 상태를 말한다.

선(禪)이란 마음이 안정된 상태에서 이루어져야 올바른 수행이 된다. 그러므로 선의 용어에 정(定)을 합하여 '선정(禪定)'이 이루어진다. 사마디는 본래 사마히타(samāhita)로서 브라흐다라냐카(Bṛhadāranyaka) 우파니샤드 혹은 바가바드기타(Bhagavadgīta) 문헌 등에 보인다. 사마디는 디야나와 함께 초기 불교 시대에 이미 선을 나타내는 말로서 일반화되었던 것으로 보인다. 삼매는 평정한 마음 상태의 지속을 의미하는 등지(等持)라고 번역하기도 한다. 이는 원래 심일경성(心一境性)으로서 마음을 하나의 대상에 전주(專注)한다는 의미이다.[4]

중국 선종에 있어 정(定)은 선나(禪那) 즉 정려(靜慮)보다 더 넓은 의미로서 심일경성(心一境性)과 그대로 연결되고 있다. 『임제선사(~867)어록』에는 입정은 주심간정(住心看靜)이라 묘사하고 있다. 외적으로는 관조하고, 내적으로 맑은 마음이며 곧 응심(凝心)되어 있는 것을 말한다.[5] 『분양무덕선사어록』에는 안선정려(安禪靜慮)의 용어가 보이고 있다. 마음이 근본에 도달해 있음을 알고, 모든 연(緣)과 계합되어 있는 상태이며, 오성(悟性)으로서 무생(無生)이며 이사(理事)를 초월한 상태라고 정의하고 있다.[6] 삼매

---

3 司馬遷, 丁範鎭外譯『史記 表序.書』(서울: 도서출판 까치, 1996), 181면.

4 최현각, 『선학의 이해』(서울: 불교시대사. 2003), 16면.

5 『진주임제혜조선사어록』(『대정장』 47, 499중). "爾若住心看靜 擧心外照 攝心內澄 凝心入定."

6 『분양무덕선사어록』(『대정장』 47, 620상). "那得安禪靜慮 識心達本 冥契諸緣 悟性無生 頓超事理."

(三昧) 또한 정(定)과 같은 의미로 사용하고 있으며 선종의 입장에서 삼매라는 용어를 응용하고 있다. 『대혜어록』에서 말하기를 삼매란 오로지 한 마음으로 오랫동안 수습하여 성취하는 것이며, 심상(心想)이라는 잡념이 생기지 않아야 정(定)의 상태가 될 수 있다고 하였다. 이러한 삼매의 상태는 곧 부처님이나 조사의 수용처(受用處)와 같다고 하였다.[7]

3. 선정(禪定)

선정(禪定)은 음역의 선나(禪那), 의역의 정려(靜慮)이며, 음역과 의역의 합성어인 선사(禪思) 등의 용어로 사용된다. 선나(禪那)에 비해 정(定)은 더욱 넓은 의미로 사용되기도 한다. 정(定)은 삼매(三昧)로서 마음이 정지하여 흐트러지지 않은 상태의 응주(凝住) 혹은 심일경성(心一境性)을 말한다. 선(禪)과 정(定)은 불교 수행의 모든 범위를 포괄하며, 이를 줄여서 '선(禪)'이라는 하나의 글자로도 통용되고 있다. 한 마음으로 대상을 관찰하는 외적(外的)인 것을 선(禪)이라고 한다면, 내적(內的)으로 정념(靜念)된 상태를 정(定)이라 한다. 정념된 상태에서의 사유(思惟)는 반드시 지혜를 수반한다. 따라서 선정과 지혜가 일치되므로 정혜일치(定慧一致)라고 한다.

선(禪)·정(定)이 합쳐져 보편적 의미인 선정(禪定) 용어가 성립되었으며, 또는 禪을 定의 일부분으로 보기도 한다. 선과 정의 범위를 엄밀하게 규정하기는 쉽지 않다. 『대지도론』, 『십주비바사론』 등의 논전에서 정의하는 禪과 定의 의미는 모두 일치하지 않으며, 오히려 동의어로 사용되는 경우도 자주 등장한다. 종밀(宗密)은 천축어(天竺語)인 선나(禪那)는 사유수(思惟修) 혹은 정려(靜慮)로 번역하며, 모두 정혜(定慧)를 지칭하는 것이라고 번역하고 있다.[8]

선정(禪定)과 선사(禪思)는 음사와 의역을 합성어이며, 이들 중 선정이 경론에서 보편적으로 사용되고 있다. 그러나 인도적인 선정을 바탕으로 중국에서 새롭게 선종(禪宗)이 성립하면서 오히려 정(定)이 생략된 '선(禪)'이 보편적으로 쓰이고 있다. 또한 선은 단어의 앞뒤에 덧붙여져 다양한 의미

7 『대혜보각선사어록』(『대정장』 47, 939상). "初學不思議三昧 繫心一緣 若久習成就 更無心想 常與定俱 佛與祖師所受用處 無二無別."

8 『선원제전집도서』(『대정장』 48권, 399상). "禪是天竺之語 具云禪那 中華翻爲思惟修 亦名靜慮 皆定慧之通稱也."

로 사용되었고 이것이 보통명사로 전환되었다. 달마선, 혜능선과 같이 인물과 관련된 특징적인 선사상은 물론, 한국선, 중국선 지역적 특성을 나타내기도 한다.[9] 선법의 차이에 따라 북종선, 남종선, 간화선, 묵조선 등으로 나누며, 종풍(宗風)에 따라 임제선, 운문선 등으로 분류되기도 한다.

Ⅱ. 선정(禪定)의 개념

선과 선정이라는 용어는 초기경전인 아함 경전으로부터 현대에 이르기까지 많이 사용하는 단어 중 하나이다. 오랜 역사만큼이나 선정이라는 용어에는 의미가 첨가되거나 변이되거나 하며 다양하게 사용되어왔다. 시대와 지역, 그리고 대부분의 교파와 종파가 사용했던 선정 개념을 상정하기에는 너무 방대할 수 있다. 그러므로 여기에서는 경전에 따른 불교사상 및 선종(禪宗)에서 부여하는 개념을 전개하고자 한다.

1. 불교사상의 선정(禪定) 개념

선정 개념의 성립은 고대 인도의 요가사상으로부터 비롯된다. 요가는 침사(沈思)·묵상(默想)에 의해 마음의 통일을 구하는 방법이다. 그리고 정신과 육체의 이원론적 입장에서 육체를 괴롭힘으로써 정신의 자유를 얻으려는 고행(苦行)과 결부되어 있다. 불교는 이러한 요가사상을 전적으로 부정하지 않고 특유의 선정수행과 사상으로 발전시켰다.

석존은 기존의 요가사상인 고행주의·수정주의를 버리고 선정(禪定)주의를 선택하여 깨달음을 성취하였고, 이는 선정수행의 시발점이다. 본래 현세 해탈을 위한 선정이었지만, 그 선정사상이 발전하여 불교 실천체계의 근간을 이룩하였다. 초기불교의 선정은 사선(四禪: 초선, 제2선, 제3선, 제4선), 팔등지(八等持: 사선+공무변처정·식무변처정·무소유처정·비상비비상처정), 구차제정(九次第定: 사선+사무색정+멸진정)으로 분류한다.

---

9 선을 이용한 다양한 조어(造語)와 함께 그 표기도 새로운 기준을 마련하고 있다. 중국선이 인도와 다른 특성을 갖지만, 한국선 또한 중국과 다른 역사와 문화성을 지니고 있다. 따라서 최현각스님은『선학의 이해』(불교시대사, 2003)에서 선에 대한 영문 표기는 중국의 선(Ch'an), 한국의 선(Seon), 일본의 선(Zen)으로 달리 표기하고 있다.

부파불교 선정은 수집(蒐集)적 해설적인 선관이 전개된다. 선정개념에 대하여 다양한 분류와 해설이 이루어지며, 많은 선정법들이 소개되고 있다. 원시불교의 선정설에 다시 삼등지(三等持), 삼삼매(三三昧), 사무량심(四無量心), 팔해탈(八解脫), 팔승처(八勝處), 십변처(十遍處) 등의 선정법이 부가된다. 이 외에도 십수념(十隨念), 십부정관(十不淨觀), 식염관(食厭觀) 계차별관(界差別觀), 오정심관(五停心觀) 등 다양한 선정법이 소개되고 있다.

대승불교에 있어서 선정의 개념은 원시불교나 부파불교처럼 세밀한 설명이 부연되지 않고, 대승 반야사상의 전개에 수반하여 공(空)사상의 실천으로 나타나고 있다. 『금강반야경』, 『화엄경』, 『유마경』 등이 선정에 대한 설명보다 선정을 통한 반야를 드러내는 보살의 실천사상에 모아지고 있다.[10]

중국에 있어 선정개념은 구마라집(鳩摩羅什)이 번역한 『좌선삼매경』이나, 안세고의 『안반수의경』, 축법호의 『수행도지경』 등 선경류(禪經類)를 통해 소개되었다. 특히 『좌선삼매경』은 좌선을 중심으로 하여, 선정일심(禪定一心)을 지혜(智慧)에 연결시키고 있다. 조용한 곳에서 방일(放逸)하지 말며, 자비의 가르침을 행할 것을 주문하고 있다. 또한 음식과 수면을 조절하고, 철야로 사유(思惟)하되 말을 줄이고 고요한 상태를 유지한다. 행주좌와(行住坐臥)일 때도 호흡이 고르게 이루어지되, 몸이 극도로 피로하지 않도록 해야 하며, 춥거나 더울 때도 몸과 마음이 어지럽지 않도록 전체적으로 조화로운 생활이 되도록 강조하고 있다.[11]

중국의 천태 지의(天台智顗, 538~597)는 인도로부터 선경들이 수입된 선경류의 다양한 선법들을 단계적으로 배열하여 『선문수증(禪門修證)』을 강설하였다. 여기에서 지의는 선정을 선바라밀(禪波羅蜜)이라는 이름으로 정의하고 있다. 선(禪)과 바라밀(波羅蜜)을 공(共)과 불공(不共)으로 나누어 설명하고 있다. 공(共)으로서 범부와 보살, 그리고 제불 모두에게 통용되는 것을 선(禪)이라 한다면, 바라밀은 피안(彼岸)에 이르는 제불보살의 행이라고 정의하고 있다.[12]

---

10 최현각, 『인도의 선 중국의 선』(서울: 민족사, 1990), 62면.

11 『좌선삼매경』(『대정장』 15, 282중). "學諸禪定一心智慧 樂處閑靜常不放逸 少欲知足 行順慈教 節身少食減損睡眠 初夜後夜思惟不廢 省煩言語黙然守靜 坐臥行住知時消息 不令失度致疲苦極 調和寒溫不令惱亂."

12 『선문수증』(『대정장』, 46, 477중). "如禪一字 凡夫外道 二乘菩薩 諸佛所得禪定 通得名禪 故名爲共 不共名者 波羅蜜三字 名到彼岸 此但據菩薩諸佛故."

2. 중국 선종의 선정(禪定)의 개념

인도불교의 선법과 사상이 중국에 전래되어 새로운 선사상이 형성되었다. 현재 일반적으로 선(禪)이라고 할 수 있는 수증(修證)체계가 이룩되었다. 선이 인도에서 중국에 전해진 것은 후한시대(25~220)로 보이지만, 북위시대(386~534)의 보리달마에 의해 전해진 선정법과 선사상은 『능가경』에 의한 이타적·능동적 선법이었다. 이후 선종이 형성되면서 선은 과거의 선정 용어보다 매우 다양하게 사용되고 있다.

보리달마의 중국 도착(527년) 이후 선이 독립적인 한 계통을 형성하게 되면서 선이 의미하는 내용도 많은 변화를 초래하였다. 달마의 『이입사행론(二入四行論)』에 나타난 바와 같이 벽관(壁觀)이다. 벽관의 선정이란 외부로부터의 객진번뇌와 망념(作爲的妄念)이 침입하지 않는 것을 벽에 비유한 것으로서, 본래의 청정한 마음을 직관(直觀)한다는 것이다. 이입과 행입의 법문 중에 나타난 선정의 어원 가운데 '자교오종(藉教悟宗)'이라는 말을 강조하고 있다.[13] 이는 경전의 가르침을 바탕으로 깨달음으로 나아간다고 하는 실천행에 대한 지향점이다. 또한 중생들의 진성(眞性)이 동일하지만 객진번뇌(客塵煩惱) 때문에 진실과 위배되었을 뿐, 벽관(壁觀)에 머물러 자타(自他)가 사라지고 범부와 성인이 동일하다고 하는 것을 스스로 자각해야 한다는 것이다. 즉 진리와 일체가 되어 적연무위(寂然無爲)의 경지가 되는 것이 곧 이입(理入)이라고 가르치고 있다. 오종(悟宗), 혹은 진성(眞性), 벽관(壁觀)과 적연무위에 대한 설명은 곧 선정의 중국적 수용의 출발점이라고 하겠다.[14]

달마선법에서는 본래부터 중생에게 갖추어져 있는 본각진성(本覺眞性)을 그대로 선(禪)이라 하기도 하고, 또한 그 본각진성을 오수(悟修)하는 것을 선(禪)이라 하기도 한다. 그리하여 중국적인 선은 인도적 개념인 사유수(思惟修)나 정려(靜慮) 등에서 변화한 의미로 볼 수 있다. 그런데 중국의 선종은 교종이 불어종(佛語宗)이라 부르는 것에 상대하여 불심종(佛心宗)이라 불렀다. 불심이란 곧 불성이고 진성(眞性)이며 본래면목(本來面目)이다.

13 『속고승전』(『대정장』 51, 551하). "入道多途 要唯二種 謂理行也 藉教悟宗 深信含生同一眞性."

14 『속고승전』(『대정장』 50, 551하). "藉教悟宗 深信含生同一眞性 客塵障故 令捨僞歸眞 疑住壁觀 無自無他 凡聖等一 堅住不移 不隨他教 與道冥符寂然無爲名理入也."

그리고 불성은 佛의 본질로서 성불의 원천적인 근거라고 하는 점이다.

혜능은 선정을 일컬어 '바깥의 상(相)을 떠나면 곧 선(禪)이요, 내적으로 고요한 것이 정(定)이다.'[15]라고 하였다. 바깥으로 상(相)이 있을지라도 안으로 어지럽지 않다면 본래 청정하기 때문에 이를 정이라고 하였다 혜능의 이러한 선정 법문은 형식에 치우친 좌선을 비판하는 것이다. 이러한 점은 초기 대승경전인 『유마경(維摩經)』의 '번뇌를 끊지 않고 열반에 들어간다, 이것을 연좌(宴坐)라고 한다'는 것을 보듯, 선종의 입장에서 선정을 정의한 것으로 볼 수 있다. 특히 종밀은 일체중생의 본각진성(本覺眞性), 불성(佛性), 혹은 심지(心地)라 하였다. 그 수증(修證) 관계란 오(悟)로서는 혜(慧)이며, 수(修)로서는 정(定)이라고 하였다. 또한 정혜(定慧)가 그대로 선나(禪那)이며, 그 성(性)이야말로 선(禪)의 본원(本源)이라고 하였다.[16]

중국에 선종이 정착되면서 선의 용어와 개념은 풍부하게 응용되고 있다. 그 의미에 있어서도 선종의 특징적인 양상을 표현하려는 여러 가지의 용어도 파생되었다. 선(禪)과 선정(禪定), 혹은 정(定)이라는 용어의 의미를 구분하고, 이를 더욱 확장하여 사용하고 있다. 또한 선정법을 응용하여 다시 여래선, 조사선, 간화선, 묵조선 등에 적용하고 있다.

특히 간화선이 발달하면서 좌선과 선정, 혹은 정(定)은 같은 의미로 사용되기도 한다. 수행자의 행(行)과 좌(坐)를 모두 선(禪)이라 하였으며, 즉 행주좌와(行住坐臥) 그리고 어묵동정(語黙動靜)의 자체가 안연(安然)한 상태를 말하고 있다. 『원오선사어록』에는 어묵동정 모두가 밝게 깨어있는 상태인 '분명심지(分明心地)'를 강조하고 있다.[17] 『대혜선사(1089~1163)어록』에는 '마음이 움직이지 않고 모든 경계에 집착하거나 어떤 것도 취하지 않는 상태'라고 하였다.[18] 또한 현재에 머물지 않은 것을[不住現在]를 정(定), 미래에 집착하지 않고[不著未來]를 혜(慧), 과거는 취할 수 없다[不取過去]고 하는 것을 지(智)라고 하며, 정·혜·지가 그대로 여래선이며, 조사선(祖師

15 『육조단경』(『대정장』 48, 339상). "何名爲禪定 外離相日禪 內不亂日定."

16 『선원제전집도서』(『대정장』 48, 399상). "一切衆生本覺眞性 亦名佛性 亦名心地 悟之名慧 修之名定 定慧通稱爲禪那 此性是禪之本源 故云禪源."

17 『원오불과선사어록』(『대정장』 47 753하). "頓歇諸緣 直下了得徹底分明心地了了 可謂行亦禪坐亦禪 語黙動靜皆爲正體."

18 『대혜보각선사어록』(『대정장』 47, 890하). "心定不動 不取著諸法."

禪)이라 하였다.[19]

조사들의 공안을 참구(參究)하는 조사선이 등장하면서 조사들의 행위와 말씀을 간(看)하는 선법이 주류를 이루었다. 이러한 선사상을 바탕으로 당대와 송대에 발전한 선종은 오가칠종(五家七宗)으로 발전하였다. 본격적인 공안(公案)[話頭]선이 형성되면서 참구 혹은 참선(參禪) 개념이 등장하였으며, 이는 선의 체험을 중요시하는 경향을 의미한다. 참선의 개념은 전통적 의미의 선정(禪定)과 선종의 화두참선을 포함하고 있다. 따라서 참선이란 선과 참선을 같은 의미로 본다는 점이다. 『황룡혜남선사어록』에는 참선(參禪)을 비로자성(毘盧自性) 혹은 반야적멸지(般若寂滅智)라 하였으며, 이는 밖으로 구할 것이 아니라 안으로 구해야 함을 말하고 있다. 그것이 곧 선이라고 강조하고 있다.[20]

선종의 근본기치인 불립문자(不立文字)·교외별전(敎外別傳)은 조사선의 입장에서 생겨난 것이다. 또한 선은 설명하기 어려운 체험이라는 점과 선사들의 개별성을 중시하는 선종은 사자(師資: 스승과 제자) 관계를 매우 중시하였다. 그리하여 조사(祖師)의 권위는 여래(如來) 이상으로 중시되었다. 이를 조사선(祖師禪)이라 하였으며, 조사의 언어와 행동을 기록하고 이를 부처님말씀과 동등하게 받들었다. 조사의 어록이 정형화되어 많은 공안(公案, 또는 話頭)을 낳았고, 이를 참구하는 것이 간화선(看話禪)이다. 이와 같이 선의 원류는 인도이지만 그 꽃은 중국에서 피웠다고 할 수 있다. 선사상은 중국사상과 접촉하여 송학(宋學)과 같은 철학이 생겨나는 원인이 되었으며, 예술과 문학에도 많은 영향을 끼쳤다.

Ⅲ. 역사적 전개 및 텍스트별 용례

1. 초기·부파불교에 나타난 용례들

초기불교의 선정은 사선(四禪), 팔정(八定), 구차제정(九次第定)으로 분류

19 『대혜보각선사어록』(『대정장』 47, 819상). "不住現在此名爲定 不著未來此名爲慧 不取過去此名爲智 亦謂之如來禪 亦謂之祖師禪."

20 『황룡혜남선사어록』(『대정장』 47, 633하). "洞山法眼而參禪 是向外馳求 名爲外道 若以毘盧自性爲海 般若寂滅智爲禪 名爲內求."

된다.[21] 선정 수행이란 탐욕이 존재하는 욕계에서는 이루어질 수 없다고 하였다. 불교의 우주관인 삼계(三界), 즉 욕계, 색계, 무색계 중 선정이 가능한 세계는 색계와 무색계이다. 따라서 사왕천(四王天)을 비롯한 욕계의 육천(六天)에서는 진정한 선정이 이루어질 수 없다고 하였다. 색계의 십팔천에서는 초선으로부터 제사선(四禪)이 이루어지며, 무색계에서는 사처정(四處定)이 이루어진다. 후에 멸진정(滅盡定)이 가미되어 구차제정의 선정설이 완성되었다.

부파불교의 선정은 원시불교의 선정인 사선, 사무색정, 삼삼매(三三昧) 등에 기초하여 사무량심(四無量心), 팔해탈(八解脫), 팔승처(八勝處), 십변처(十遍處) 등의 공덕을 열거하고 있다. 이외에도 십부정관(十不淨觀), 십수념(十隨念), 식염관(食厭觀), 계차별관(界差別觀), 오정심관(五停心觀) 등 많은 선관수행법들이 소개되고 있다. 다양한 선법들을 수집하거나, 해설을 붙이거나, 총합하거나, 조직화하는 경향을 보이고 있다. 『집이문족록(集異門足論)』「십법품」에는 십변처의 선정을 상세히 설명하고 있으며[22], 『법온족론(法蘊足論)』「정려품」에는 사정려[禪]를[23] 「수정품」에는 4종 수정을 설명하고 있다.[24] 『발지론(發智論)』「정온(定蘊)」장에서는 부파불교의 선정 사항들을 상세하게 해설하고 있다.[25] 특히 『대비바사론(大毘婆娑論)』은 설일체유부의 근본성전으로서 500나한이 모여 결집하였다고 기록하고 있다. 여기에는 부파불교의 다양한 선정방법에 대한 설명이 매우 세밀하게 열거되어 있다.

2. 대승불교의 경전에 나타난 용례들

인도 대승불교의 경전을 모두 3기로 나누어 선정과 관련하여 설명한다.

---

21 『장아함경』 제4권(『대정장』 1, 26중)에 세존께서 행한 사선과 팔정의 용어가 나타나며, 제17권에는 부처님께서 범지(梵志)에게 삼계(三界)와 사처정(四處定)의 관계를 설하고 있다. 『중아아함경』(대정장 1, 695중)에는 사선의 성취와 관련하여 다양한 공덕을 설하고 있다. 또한 『잡아함경』(대정장 2, 209하)에도 이와 같은 내용을 설명하고 있다.

22 『아비달마집이문족론』(『대정장』 26, 447상)

23 『아비달마법온족론』(『대정장』 26, 482상)

24 『아비달마법온족론』(『대정장』 26, 489중)

25 『아비달마발지론』(『대정장』 26, 1008상~1019하)

제1기 대승경전은 『반야경』, 『유마경』, 『법화경』, 『화엄경』 등이다. 『대품반야경』에서는 무상(無相)과 무생(無生) 등의 공사상을 전개하고 있다. 특히 『금강경』은 선정사상과 많은 연관을 가진다. 일체의 개념과 관념인 상(相)을 떠나라고 가르치고 있다. 경의 내용 중 응무소주(應無所住)[26]는 반야공(般若空)을 가리키며, 이생기심(而生其心)은 공관을 매개로 한 불성의 현전(現前)을 말한다. 『유마경』은 소승적인의 독선을 파하고 이타를 기본으로 하는 불법의 생활화를 강조한다. 그리고 문자와 언어라는 것도 초월한 직심(直心)이 곧 도량임을 말하고, 좌(坐)하는 것도 반드시 연좌(宴坐=좌선)에만 있는 것이 아니라고 설한다.[27] 『화엄경』은 불타의 자내증에 기초하여 광대한 묘유의 세계관을 전개하여 일즉다(一卽多)·다즉일(多卽一)·주반구족(主伴具足)·중중무진의 연기관계를 보이며, 일심이 앙양된 전일(全一)적 생활을 강조하고 있다.

제2기 대승경전으로서는 『열반경』, 『승만경』, 『해심밀경』 등이 있다. 『열반경』은 법신[理法]은 영원하여 변역(變易)되지 않는다고 하며, 일체의 중생에게 성불의 선천적 근거[佛性]가 있다는 것을 보이고, 일천제(一闡提)라도 또한 성불할 수 있다고 역설하는 경전이다. 그 실유불성설(悉有佛性說)이 선문의 즉심즉불(卽心是佛) 내지 견성성불(見性成佛)의 사상적 근거가 되었다.

제3기 대승경론은 『능가경』·『기신론』 등이다. 대표적으로 『능가경』은 대승의 제교설을 잡록한 것이지만, 아뢰야식(阿賴耶識)과 여래장을 조화시키려고 시도한 경전이다. 그리고 불심과 여래장을 설하여 4종류의 선을 말한다. 특히 여래선을 설명하여 여래의 일자불설(一字不說) 혹은 불설즉불설(不說卽佛說)의 이치를 설명하고, 문자를 초월한 체험의 세계를 강조하였다. 또한 선을 사종으로 분류하여 우부소행선(愚夫所行禪), 관찰의선(觀察義禪), 반연여선(攀緣如禪), 여래선(如來禪)으로 설하고 있다.[28] 초기 중국 선종은 달마대사가 『능가경』을 혜가에게 전했다는 내용이 수록되어 있으며,[29] 당의 정각(淨覺)은 『능가사자기』를 완성하였다. 보리달마로부터 신수

26 『금강반야바라밀경』(『대정장』 8, 749하)

27 『유마힐소설경』(『대정장』 14, 539하). "夫宴坐者 不於三界現身意 是爲宴坐 不起滅定而現諸威儀 是爲宴坐 不捨道法而現凡夫事 是爲宴坐 心不住內亦不在外 是爲宴坐."

28 『대승입능가경』(『대정장』 16, 602상)의 내용 참조.

29 『속고승전』(『대정장』 50, 552중). "初達摩禪師以四卷楞伽授可曰 我觀漢地惟有此經

와 그의 제자에 이르는 북종선 계통의 사자상승(師資相承)을 열거하고 그 선사들의 법문이 존재했음을 알리고 있다.

3. 중국 남북조시대 선경류의 용례들

『좌선삼매경』, 『안반수의경』, 『수행도지경』 등을 비롯하여 각종 삼매와 관련된 경전들이 중국에 수입되었고, 습선(習禪)자들에 의해 그 실천법들도 함께 소개되었다. 선경(禪經)류에 소개된 선정법은 고요하게 심일경성(心一境性)에 안주하는 방법을 소개하고 있다. 여기에는 정(定)이라는 단어가 그 중심말을 이루고 있다. 때문에 선나(禪那) 혹은 사유수(思惟修), 정려(靜慮)와 관련된 용어는 거의 보이지 않고 있다. 이들 습선자들은 주로 좌선을 통해 선법을 알렸으며, 선정은 중국과 문화적 차이로 인해 신비한 행위로 인식되었다.

『고승전』(519)에는 선종이라는 용어가 없다. 그러나 『속고승전』(645)부터 선종이 등장하고 있다. 『속고승전』에 나타난 선종의 용례는 종파적인 용어라기보다 선실천의 정업(定業)을 닦는 이들을 가리키고 있다. 특히 혜사전에 남북선종이라는 용어는 남북의 선법을 가리키는 것으로 볼 수 있다. 현경전(玄鏡傳)에는 학선종(學禪宗)의 용례로 보아 이것이 선의 실천법임을 말해주고 있다. 이는 당시 실질적인 좌선 행위가 이루어지고 있었음을 말한다.

구체적인 예로 『고승전』「습선편」 제3에서 돈황인인 축담유(竺曇猷)가 선정과 걸식(乞食), 그리고 좌선을 행했음을 닦았음을 소개하고 있다. 구체적인 선정에 대한 설명은 보이지 않고 있다.[30] 이 시기는 선정수행이 일반화되지 않던 시기이며, 좌선이나 송경(誦經), 혹은 걸식 등은 매우 이질적인 문화였던 것이다.

『고승전』의 혜외(慧嵬)는 선정을 닦았고, 신승(神僧)으로 기록되고 있다. 그는 장안(長安)의 사찰에서 청정하게 계행을 지키는 모습을 보였으며, 또한 산 속에서 선정(禪定)을 닦을 때 무두귀(無頭鬼)를 물리쳤음을 소개하고 있다.[31] 그리고 「승생(僧生)편」에서는 『법화경』을 읽고 선정을 수습했다고

仁者依行自得度世."

30 『고승전』(『대정장』 50, 395하). "竺曇猷. 或云法猷. 燉煌人. 少苦行習禪定."

31 『고승전』(『대정장』 50, 396중). "釋慧嵬不知何許人. 止長安大寺. 戒行澄潔. 多栖處山

전한다. 산중에서 경을 외울 때면 호랑이가 웅크리고 앉아서 듣고 있다가 송경(誦經)이 끝나면 돌아갔다고 하였다.[32] 또한 「홍명(弘明)편」에서도 송경과 함께 선정도 수습했다고 기록하고 있다. 선정 중에는 호랑이가 승상(繩床) 앞에서 움직이지 않고 오랫동안 지키고 있었다고 하였다. 「홍명편」에서 특징적인 것은 육시예참(六時禮懺) 의식이다. 하루 중 여섯 번의 시간을 정하여 송경과 좌선이 이루어지는데 이 시기에 이미 좌선을 중심으로 예경(禮敬) 의식이 이루어졌음을 말하고 있다. 이 때 새벽마다 병에 물이 채워지는 신이(神異)한 현상이 나타났는데, 이는 하늘의 동자들이 내려와 물을 채웠다고 기록하고 있다.[33]

또한 『고승전』에는 선사(禪思)라는 용어가 보이는데 이는 구체적인 사유방법을 묘사하는 것이다. 「지엄(智儼)편」에서 3인의 승려가 함께 좌선을 하기 위해 승상(繩床)에서 고요하게[湛然] 선사(禪思)를 행했음을 소개하고 있다. 또한 손가락을 튕겨 소리를 내는 탄지(彈指)에 의해 눈을 뜨는 행위를 하고 있음을 보아 단체로 좌선을 행한 흔적을 보이고 있다.[34]

『속고승전』에 나타난 선정 용어와 사용례를 알아보자. 『속고승전』의 분류상에 있어 습선편이 등장하지만, 선정과 같은 의미로 습선(習禪)의 용어를 사용하고 있다. 선정이라는 용어보다 오히려 습선(習禪)이라는 용어를 사용하고 있다. 또한 여기에 선나, 선사(禪思), 정업(定業), 선업(禪業) 등의 용어도 함께 사용하고 있다. 『속고승전』의 의해편이나 습선편에서 선정도량(禪定道場)이라 하여 선정을 추구하는 도량이 많아졌음을 의미한다. 또한 서경(西京)에 위치한 선정도량(禪定道場)에서는 많은 선사들이 주석했음을 기록하고 있다. 또한 장안[京]의 서남쪽에 선정사(禪定寺)가 위치하고 있었으며, 탑과 내부의 전각들을 함께 소개하고 있다.[35]

谷修禪定之業. 有一無頭鬼來. 嵬神色無變. 乃謂鬼曰. 汝旣無頭. 便無頭痛之患. 一何快哉. 鬼便隱形. 復作無腹鬼來."

32 『속고승전』(『대정장』 50, 406하). "誦法華習禪定常於山中誦經. 有虎來蹲其前. 誦竟乃去."

33 『고승전』(『대정장』 50, 408상). "釋弘明. 本姓嬴. 會稽山陰人. 少出家貞苦有戒節. 止山陰雲門寺誦法華習禪定. 精勤禮懺六時不輟. 每旦則水瓶自滿. 實諸天童子以爲給使也. 明嘗於雲門坐禪. 虎來入明室內伏于床前. 見明端然不動. 久久乃去."

34 『고승전』(『대정장』 50, 339중). "三僧各坐繩床禪思湛然. 恢至良久不覺於是彈指. 三人開眼."

35 『속고승전』(『대정장』 50, 573하). "京邑西南置禪定寺 架塔七層駭臨雲際 殿堂高竦房宇重深."

천태 지의(天台智顗, 538~597)는 남북조시대와 수대에 걸쳐 활약했던 선정수행의 실천자이다. 단순히 선정만을 추구 한 것이 아니라, 경론에 의거하여 선정사상을 일치시키고 있다. 선정이라는 의미가 사유와 정(定)으로 이해됨이 어렵다고 보고 선정을 구체적으로 표현하는 지관(止觀)으로 바꾸어 사용하고 있다. 그의 대표적인 강설(講說)은 『선문수증』과 『마하지관』이다. 『선문수증』에서는 '선바라밀'을 중심으로 선의 체계를 차제적으로 설명하였다. 『마하지관』은 원돈의 선법으로서 '지관'을 중심으로 선관사상(禪觀思想)의 체계를 구축하였다.[36]

4. 당대(唐代) 선종의 용례들

남북조시대에 인도로부터 입국한 보리달마는 중국에 선정수행의 실천불교를 가르쳤다. 이후 혜가, 승찬, 도신, 홍인에 이르는 북종선 계통의 선이 발달하였다. 그러나 홍인의 제자인 혜능으로부터 시작되는 남종선은 중국 사회에 본격적으로 뿌리내리기 시작하였으며, 이후 선종으로 형성되었고, 당의 종파불교를 구성하는 한 축이었다.

선종의 성립 초기 북종선에 관해 알 수 있는 자료가 돈황에서 출토된 『능가사자기』이다. 당(唐)의 정각(淨覺)이 구나발다라부터 신수(神秀) 및 그의 제자에 이르기까지의 선종 초기에 활약한 선사들의 선사상을 확립한 책이다. 이 책에서 사용된 선법(禪法)의 의미는 선종의 태동으로서 인도의 선법을 넘어 중국적인 실천법으로 정착되었음을 보여주고 있다. 즉 선종 초기의 선사들이 남긴 법문을 기록한 것으로서 선과 선정, 좌선, 정, 삼매 등이 본래적 의미에서 적용되고 있음을 볼 수 있다. 다만 개선법(開禪法) 혹은 선훈(禪訓)이라는 용어가 특징적이다. 개선법(開禪法)이라는 용어를 사용함으로 인해 기존의 불교실천법과는 방법임을 나타내고 있다고 하겠다.

또한 개선훈(開禪訓)이라는 용어의 사용은 이미 선에 대한 이론적 근거가 마련되었음을 의미한다. 즉 인도적인 선정과 달리 중국선종의 독자적인 성격을 나타내고 있는 것이다. 『능가사자기』는 혜능 이후의 남종선과 대비되는 북종선의 법문이 유포되었다는 점을 말해주고 있다. 또 『능가사자기』에는 선정에 대한 선종의 특징적인 용례가 등장하고 있는데, 이는 『육

36 『속고승전』(『대정장』 50, 564상) 「智顗傳」 내용 참조.

조단경』에서 사용되는 용어와 비슷한 의미로서 발전되고 있음을 알 수 있다.[37] 또 다른 용어로는 간심(看心)의 등장을 볼 수 있다. 간화선으로 발전하는 간심(看心)의 용어는 『능가사자기』의 여러 곳에서 발견되고 있다. 선을 배우는 초학자의 좌선을 통한 간심이지만, 그 역사적 의미는 크다고 하겠다. 그러나 선정이나 삼매 등 대부분이 좌선법의 내용을 중심으로 전개하고 있다. 이는 숙연정좌(肅然淨坐), 안정(安靜), 자성청정(自性淸淨), 망념불생(忘念不生), 묵연정좌(黙然淨坐), 심경적정(心境寂淨)의 용어를 통해 알 수 있다.

특히 『능가사자기』의 내용은 비슷한 시기에 활약했던 천태지의의 사상과 관련이 있다. 지의가 규정한 사종삼매 가운데 상좌삼매(常坐三昧)[38]의 행법은 『능가사자기』의 내용과 직접적으로 연결되고 있다. 상좌삼매란 수행자가 일행삼매(一行三昧)에 들고자 한다면 고요한 곳[空閑處]에서 모든 난의(亂意)를 버리고 마음을 오로지 일불(一佛)에 집중하여 그 명자(名字)를 칭하거나, 일불(一佛)을 염념상속(念念相續)해야 하는것이라 하였다. 이는 천태지의의 좌선법을 그대로 계승하고 있다.[39]

또한 선수행의 연원을 육바라밀(六波羅蜜)에 두고 있다. 대적부동(大寂不動)으로서 정진바라밀, 묘적(妙寂)의 선바라밀, 묘적개명(妙寂開明)으로서의 반야바라밀에 선법의 근간을 두고 있음도 지의의 사상과 관련된 부분이다.[40] 『능가사자기』의 정(定)의 개념은 삼매와 같은 의미로서 적정(寂靜)을 강조하지만, '적(寂)'을 다양하게 응용하는 용례를 볼 수 있다. 「도신장」에서 정공(定空)을 강조하고 있다. 마음의 경계가 적정해야하며, 불이(不移)로서 반연(攀緣)을 끊어야 한다고 하였다.[41] 「혜가장」에서는 구법을 위해 팔을 자르고[斷臂], 또한 삼매(三昧)를 일으키고 정수(正受)에 들었다는 법문을 소개하고 있다. 60권 『화엄경』 7권의 내용[42]을 인용하여 다양한 방면,

37 『능가사자기』(『대정장』 85, 1288상). "不起愛見 常學智慧 愚智平等 常作禪定 靜亂不二."; 『육조단경』(『대정장』 48, 339상) 내용.

38 『마하지관』(『대정장』 46, 11상)

39 『능가사자기』(『대정장』 85, 1286하). "欲入一行三昧 應處空閑 捨諸亂意 不取相貌 繫心一佛 專稱名字 隨佛方56便所 端身正向 能於一佛 念念相續 即是念中能見過去未來現在諸佛."

40 『능가사자기』(『대정장』 85, 1284중). "大寂不動 而萬行自然 即是精進波羅蜜 繁與妙寂 即是禪波羅蜜 妙寂開明 即是般若波羅蜜."

41 『능가사자기』(『대정장』 85, 1289상). "先定空空心 使心境寂淨 鑄想玄寂 令心不移 心性寂定 即斷攀緣."

다양한 부류의 인간이 삼매를 일으키고 정수(正受)에 들어간다고 하는 내용이 보이고 있다. 언제 어디서든 누구라도 삼매를 일으킬 수 있다는 점을 강조하고 있다. 『능가사자기』 「도신(道信)장」에서는 안심(安心)을 강조하면서 이를 삼매와 동일시하고 있다. 안심(安心)을 반연(攀緣)이 일지 않는 염불(念佛)이며, 무상(無相)으로서 민연(泯然)함이라고 설명하고 있다. 그 이름을 정법(正法), 정토(淨土), 불성(佛性), 실성(實性)이라고 함과 동시에 보리금강삼매본각(菩提金剛三昧本覺)이라고 이름을 붙이고 있다.[43]

혜능의 『육조단경』에는 『고승전』이나 『속고승전』에 보였던 정려(靜慮), 습정(習定), 선사(禪思), 선나(禪那) 등의 용어가 거의 보이지 않고 있다. 선정 대신 오히려 '삼매'라는 용어를 중심으로 선정의 의미를 전개시키고 있다.

또한 혜능의 『육조단경』은 은 정혜(定慧)를 중심으로 돈오(頓悟)의 실천을 가르치고 있다. 특징적인 것은 '좌선(坐禪)'을 '좌선(座禪)'으로 표기하는 것이다. 그 좌선을 선정과 같은 의미로 정의하고 있다. 좌선은 일체의 무애(無碍)라 하였으며, 일체 경계상에서 생각이 움직이지 않음을 좌(座)라 하였고, 본래의 성품이 어지럽지 않음을 선(禪)이라고 말하고 있다.

또한 선정(禪定)의 선(禪)은 외부의 상(相)을 여의면 선이요, 안으로 어지럽지 않음을 定이라 하였다. 즉 외선(外禪)과 내정(內定)을 합하여 선정이라고 하였다.[44] 또한 덕이본(德異本) 『단경(壇經)』에서는 '번뇌 중에 있더라도 어지럽지 않으며, 선정에 머물더라도 고요하지 않다'라는 선정의 의미를 설명하고 있다.[45] 『전등록』의 혜능에 대한 기록에서도 선을 '무주(無住)'와 '무생(無生)'으로 설명하고 있음을 볼 수 있다.[46]

또한 좌선과 선정은 곧 정혜(定慧)로 이어지며, 정혜는 일행삼매(一行三昧), 반야삼매(般若三昧), 반야관조(般若觀照) 등을 통해 지혜로 거듭난다고 하였다. 혜능은 그의 법문 중에 정혜가 으뜸이며, 정혜는 자체가 같음을 말하고 있다.[47] 즉 정은 혜의 체(體)이며, 혜는 정의 용(用)이지만, 혜라 할 때

42 『화엄경』(60권)(『대정장』 9, 438중). "起三昧 入正受."
43 『능가사자기』(『대정장』 85, 1287상)
44 『육조단경』(敦煌本)(『대정장』 48, 339상). "何名座禪 此法門中一切無礙 外於一切境界上念不去爲座 見本姓(性)不亂爲禪 何名爲禪定 外雜(離)相日禪 內不亂日定 … 外禪內定故名禪定."
45 『육조단경』(德異本)(『대정장』 48, 360상). "住煩惱而不亂 居禪定而不寂."
46 『경덕전등록』(『대정장』 51, 243하). "不出不入不定不亂 禪性無住離住禪寂 禪性無生離生禪想 心如虛空亦無虛空之量."

그 혜에는 이미 정이 내재하고 있으며, 또한 정에는 혜가 내재하고 있다고 하는 불이(不二)를 강조하고 있다.[48] 또한 돈교의 법문을 통해 돈수(頓修)와 돈오(頓悟)를 설명하고 있으며, 자성이 청정하여 진여본성(眞如本性)을 돈현(頓現)하고 활연히 불도를 성취할 것을 당부하고 있다.

규봉 종밀(圭峯宗密, 780~841)은 당의 선종이 발전한 단계에서 『선원제전집도서』를 완성했다. 『도서』의 서두에서 종밀은 선의 번역과 그 개념에 대하여 정의하고 있다. 선과 정에 대하여, 그리고 정혜에 대하여 선종의 입장에서 설명하고 있다. 구체적으로 선종(禪宗)이라는 용어는 물론 선문(禪門), 선리(禪理), 선체(禪體), 선행(禪行) 등 다양하게 사용하고 있다.

종밀은 더 나아가 선(禪) 뿐만 아니라 정의 용어에 대한 영역도 구분하고 있다. 일체 중생에게 본각진성(本覺眞性)이 있으며, 그것을 불성(佛性) 혹은 심지(心地)라고 말하고 있다. 곧 이를 깨닫는 것을 이름하여 혜(慧)라고 하였으며, 닦는 것을 정(定)이라고 하고 있다. 또한 정과 혜를 합하여 통칭 선나(禪那) 혹은 선(禪)이라고 정의하고 있다.[49] 종밀은 『도서(都序)』의 서명(書名)에서 '역명선나이행전집(亦名禪那理行諸詮集)'이라고 표현함으로써 선리(禪理)적 입장에서 선의 실천에 대한 다양한 이론을 전개하고 있다.

5. 송대 선어록(禪語錄)류에 나타난 용례들

송대의 선정사상에 대하여 알 수 있는 자료는 『경덕전등록』, 『송고승전』, 『속전등록』 등을 비롯하여 오가칠종(五家七宗)으로 분류되는 선사들의 어록집이다. 오가는 임제종, 운문종, 조동종, 위앙종, 법안종이며 칠종은 오가에 임제종 계통의 황룡파와 양기파를 합한 숫자이다.

선종의 공안집(公案集)이라 할 수 있는 『전등록』(1004)은 도원(道原)이 완성하였으며, 과거칠불로부터 선종이 형성된 이전과 이후의 많은 조사들

47 덕이본(德異本) 『육조단경』(『대정장』 48, 355중)에서는 즉심(卽心)을 慧라 하였으며, 즉불(卽佛)을 定이라 하여 정혜가 등지(等持)임을 말하고 있다(卽心名慧 卽佛乃定 定慧等持).

48 『육조단경』(敦煌本)(『대정장』 48, 338중). "我此法門 以定惠爲本第一 勿迷言惠定別 定惠體一不二 卽定是惠體 卽惠是定用 卽惠之時定在惠 卽定之時惠在定."

49 『선원제전집도서』(『대정장』 48, 399상). "是一切衆生本覺眞性 亦名佛性 亦名心地 悟之名慧 修之名定 定慧通稱爲禪那."

에 대한 행적과 어록을 기록하고 있다. 『경덕전등록』에는 송대에 많이 사용되었던 '간화선(看話禪)'이라는 용어가 보이지 않지만, 이미 공안(公案)과 화두(話頭)의 용어가 사용되고 있음을 볼 수 있다. 스승과 제자 사이에 오가는 선문답, 즉 '조사께서 서쪽에서 오신 까닭은 무엇입니까?[如何是祖師西來意]'를 필두로 다양한 문답의 형식의 보이고 있다. 수많은 선사들의 말씀과 행위를 불조의 혜명으로 인정하고, 그것을 참구하는 행법이 일반화되었음을 말한다. 따라서 간화(看話)라는 용어를 유추하기 위해 찾아볼 수 있는 단어는 선사들의 문답 가운데 '간심(看心)[50]' 혹은 '간정(看靜, 看淨)[51]' 등을 통해 알아볼 수 있다. 『전등록』에 보이는 선정의 용어로서 '여래청정', '선문(禪門)' 등의 용어가 많이 사용되고 있다. 특히 좌선의 좌구(坐具)를 의미하는 '선상(禪牀, 禪床)'이 빈번하게 등장하고 있는 것으로 보아, 독립된 선원(禪院)이 존재했음을 알 수 있다. 그러나 선나, 정업, 습선, 선적(禪寂) 등의 용어는 상대적으로 적게 나타난다.

회창법난(會昌法亂, 845)과 당말(唐末)의 혼란기에 불교가 어려움을 겪었으나, 선종의 세력은 산문을 중심으로 지속적으로 발전하였고, 송대에는 오가칠종의 선문을 이루었다. 이 시기 선정의 개념은 선사들의 행위와 법어(法語)를 참구(參究)하는 조사선(祖師禪), 혹은 공안선(公案禪)으로 발전하였다. 따라서 참선(參禪), 방할(棒喝), 선원(禪苑) 등의 용어가 대중화되었다. 『전등록』에는 삼매(三昧)라는 용어가 자주 사용되었음을 볼수 있는데, 그 의미는 정(定), 혹은 지(止)와 정(靜)의 상태를 유지하는 원어적 의미에 충실했음을 보여준다. 또한 공안을 참구하는 조사선(祖師禪) 혹은 최상승선(最上乘禪)의 입장에서 그 이전의 모든 선법을 여래선(如來禪)이라 하였던 용어도 함께 사용되었다. 앙산 혜적(仰山慧寂)에 대한 『전등록』의 기록 중에 여래선과 조사선에 대한 구분이 나오지만, 부연설명으로서 '영가 현각(永嘉玄覺)은 이를 구분하지 않았다'고 하였다.[52] 또한 『전등록』은 종밀의 행적에 대한 기록 중에서 '남종 원각(圓覺)의 가르침을 만나 일언지하(一言之下)에 심지가 열렸다'라는 표현으로서 여래선에 대한 조사선(祖師禪) 혹은 최상승선(最上乘禪)에 대한 설명이 이어지고 있음을 볼 수 있다.[53] 조

50 『경덕전등록』(『대정장』 51, 228상)
51 『경덕전등록』(『대정장』 51, 244중)
52 『경덕전등록』(『대정장』 51, 283중). "汝只得如來禪 未得祖師禪[玄覺云 且道如來禪與祖師禪分不分]."

사선의 전통은 곧 석존의 설법이나 문자라는 교학이 아닌 조사들의 마음을 통한 전승이라 하여, 불립문자(不立文字) 교외별전(敎外別傳)으로 말한다. 또한 간화선를 통한 수증(修證)을 직지인심(直指人心) 견성성불(見性成佛)로 대변한다. 이러한 간화선은 대혜 종고에 의해 발달하게 되는데,『대혜어록』에 나타난 선정은 좌선을 가리키고 있다. 결가부좌(結跏趺坐)하여 선정에 들어 생사관(生死關)을 꿰뚫어야 함[透過]을 설한다거나, 회양과 마조의 선문답인 벽돌을 갈아 거울을 만드는[磨甎成鏡]의 공안을 인용하면서 마조의 좌선을 선정으로 표현하고 있다. 또한『대혜어록』에는 선정으로부터 파생된 많은 용어들이 보이고 있다. 여기에는 간화두(看話頭), 공안(公案), 조사선(祖師禪), 여래선(如來禪), 참선(參禪) 등의 용례들아 다수 보이고 있다. 그리고 설선(說禪)은 물론 담선(談禪)의 용어도 보이고 있다. 선정과 관련하여 사용되는 용어 중 참선(參禪)이 선정(禪定)을 대신하고 있음을 알 수 있다. 참선하되 번뇌의 그물을 헐어버리고, 도를 배우되 생사를 벗어나기를 기약함이 마치 은산철벽(銀山鐵壁)이나, 쇠와 나무를 가리지 않는다고 하였다.[54] 조사관(祖師關) 즉 화두에 투철해야 하는 수행을 전체적으로 참선으로 정의하고 있다.

『속전등록(續傳燈錄)』은『전등록』의 형식을 계승하고 있다.『전등록』에는 간화선이나 묵조선이라는 용어가 보이지 않지만,『속전등록』에는 간화선(看話禪)의 입장에서 묵조선(黙照禪)을 비판하거나 그 반대의 입장을 살펴볼 수 있다.『전등록』에 등장했던 공안참구(公案參究)가『속전등록』에서는 일반화된 모습을 볼 수 있다. 또한 선정, 혹은 좌선 대신 참선(參禪)이라는 용어를 여러 곳에서 사용하고 있다.

『송고승전』은『경덕전등록』과 비슷한 시기에 찬술되었지만,『고승전』과『속고승전』의 내용형식을 계승하고 있다. 송대 초기에는 선정이 염불삼매와 관련이 있음을 나타내고 있다. 당(唐)의「오대산 죽림사 법조전(法照傳)」에는 염불과 선정을 직접적으로 연결 짓고 있다. 염불도량을 일으키고 염불을 권유하는 과정에서 관불(觀佛) 혹은 염불(念佛)로 인해 일체종지를 얻고, 반야바라밀의 깊은 선정을 성취한다고 하였다. 그리고 제불 또한 염불로써 생기므로 모든 행법 가운데 최상임을 설하고 있다.[55]『송고승전』에서

53『경덕전등록』(『대정장』 51, 305하). “吾禪遇南宗敎逢圓覺 一言之下心地開通.”

54『대혜어록』(『대정장』 47, 831중). “參禪要透塵勞網 學道還期出死生 鐵壁銀山無向背 金圈栗棘不多爭.”

는 선정에 들어간다는 여입선정(如入禪定)을 좌선삼매와 동일하게 사용하고 있다. 이를 적연선정(寂然禪定)이라고도 하는데, 황룡원 문희전(文喜傳)에는 탑에서 발견된 문희선사의 모습, 즉 육신과 머리카락 손톱이 그대로인 채 선정에 들어 있는 모습이 여입선정이라 하였다.[56] 혜능(慧能), 광릉(廣陵), 보화(普化), 도주(道舟), 수현(守賢)전 등에서도 좌선에 드는 모습을 여입선정으로 묘사하고 있다.

송대에 나타난 어록(語錄)의 출현은 곧 선정개념이 간화선 개념으로 변모했음을 나타낸다. 물론 전통적인 좌선수행이 이어졌지만, 오히려 화두를 참구하는 것이 선의 개념으로 전환되었다. 따라서 조사들의 행적과 어록을 기록한 사전류(史傳類)와 공안집들이 유포되었다. 선사들의 선문답이나 행위로 제자들을 깨우쳐준 공안을 고칙(古則)이라 할 때, 그 고칙에 평창(評唱)을 붙이거나, 염고(拈古), 게송, 착어(著語) 등을 부가시킨 어록집들이 출현하였다. 임제·마조·백장·황벽의 어록을 모은 사가어록(四家語錄)이나 『무문관』, 『벽암록』, 『종용록』 등의 유포로 보아 당시 간화선이 보편적으로 수용되었던 것을 알 수 있다.

6. 신라시대의 선법(禪法) 도입

신라시대는 중국으로부터 선법이 전래된 시기이다. 전래의 세 가지 유형을 살펴보면, 첫째, 중국 우두종(牛頭宗)의 선법을 수입한 법랑(法朗)과 신행(信行)이다. 둘째, 한국에서 중국의 사천성에 들어가 활약한 정중종(淨衆宗)의 무상(無相)을 꼽을 수 있다. 당시 중국 선종계를 대표하는 하택 신회(荷澤神會)나 마조 도일(馬祖道一)에 이르기까지 무상의 휘하에서 선법을 익혔다는 것은 중요한 일이다. 셋째, 오늘날까지 한국에 면면히 계승되는 선법은 마조선법을 전래한 도의(道義)와 석상 경제(石霜慶諸)의 선법을 전래한 행적 등을 통해 알 수 있다. 신라에서는 불심종(佛心宗) 혹은 달마종(達磨宗)이라고 지칭하기도 하였다. 중국에 유학한 선승들을 중심으로 꾸준하게 선법이 전래되었고, 나말과 후삼국, 그리고 고려 초에 이르기까지

55 『송고승전』(『대정장』 51, 844중). "一切諸法般若波羅蜜甚深禪定 乃至諸佛 皆從念佛而生 故知念佛諸法之王."

56 『송고승전』「唐杭州龍泉院文喜傳(『대정장』 50, p.784상). "發喜塔見肉身不壞如入禪定髮爪俱長."

구산선문(九山禪門)으로 발전하였으며, 이는 또한 한국 사회에 선정수행이 뿌리내리게 되었다.[57] 구산선문은 다음과 같다.

1 도의(道義) 장흥 가지산문(迦智山門)
2 홍척(洪陟) 남원 실상산문(實相山門)
3 혜철(惠哲) 곡성 동리산문(桐裡山門)
4 범일(梵日) 강릉 사굴산문(闍崛山門)
5 현욱(玄昱) 창원 봉림산문(鳳林山門)
6 도윤(道允) 영월 사자산문(獅子山門)
7 도헌(道憲) 문경 희양산문(曦陽山門)
8 무염(無染) 보령 성주산문(聖住山門)
9 이엄(利嚴) 해주 수미산문(須彌山門)[58]

신라선은 선교(禪敎)를 차별하며, 조사선을 강조한 선법으로서 주체적인 수용이었다. 한국선의 원류로서 당시의 특수한 선리(禪理) 및 전승의 형태가 오늘날까지 보편적으로 이어지고 있다.

7. 고려시대의 선사상(禪思想)

나말여초에 형성된 구산선문 중 8개의 산문이 마조계통의 법손들이며, 수미산문(須彌山門)만이 청원행사 계통이었다. 고려전기에 접어들면서 유학승들은 청원계의 석두(石頭)계통이나 조동종, 법안종 등 오가칠종의 다양한 선법들을 전래하였다. 그러나 고려 중기에 이르면서 다시 마조선의 계통이 지눌(知訥)과 보우(普愚)의 선맥으로 이어졌다.[59] 지눌은 당시의 극심한 선교 양종의 대립이 심해지자 이를 완화시키고 새로운 수행 풍토를 세우기 위해 노력하였다. 조계산을 중심으로 정혜결사를 조직한 것은 물론 수행을 위한 성적등지문(惺寂等持門), 원돈신해문(圓頓信解門), 경절문(徑截門)뿐만 아니라 종밀의 『선원제전집도서』를 바탕으로 『법집별행록절요』를 찬술하였고, 『염불요문』 등을 지었다. 진각혜심 등 많은 선사들이 지눌

57 최현각, 「신라선의 역사적 의의」(『한국선학』 제2호), 7~9면.
58 고형곤 저, 『해동조계종의 연원 및 그 조류』(서울: 東國譯經院, 1970), 9면.
59 채인환, 「高麗前期 禪의 展開」(『韓國禪思想硏究』, 서울: 東國大學校出版部, 1984), 91면.

의 영향을 받았으며, 고려 후기까지 선종 계승의 틀을 형성하였다.[60] 고려 후기 이자겸의 난과 묘청의 난, 그리고 무신정권을 거치면서도 선종은 꿋꿋하게 그 법맥을 이어갔다. 대표적인 선사로는 지겸(志謙), 일연(一然) 등이 있다.

8. 조선시대의 선교관(禪敎觀)

선정(禪定)의 실천에 기반한 신라와 고려의 선종이 조선의 개국과 동시에 정도전(鄭道傳), 조준(趙俊) 등 억불을 주장하는 이들의 도전을 받게 된다. 태종 때 본격적인 척불(斥佛)이 단행되어 11개 종파가 7개 종파로 폐합되었다가, 세종 때 다시 선교(禪敎) 양종으로 통합되기에 이르렀다. 그 이후에도 지속된 척불정책이 이어지고, 유학의 이념적 도전이 계속되었다. 중종조에는 승과와 도승(度僧)이 폐지되었고 종파 개념마저 무시되고, 불교 교단만이 명맥을 유지하였다. 이와 같은 내용은 조선초 함허당(涵虛堂) 기화(己和, 1376~1433)의 불교관을 통해 알 수 있다. 그는 무학의 제자로서 임제종풍의 영향을 받았지만, 경전에 대한 많은 주석을 남기고 있어 선교관에 대한 새로운 경향이 나타났다고 보는 것이다. 보우(普雨, 1515~1565)가 봉은사에서 선교과(禪敎科)를 설치하거나, 벽계 정심(碧溪正心)이 '선(禪)을 지엄(智嚴, 1464~1534)에게, 교(敎)를 정련(淨蓮)에게 전하다'라는 문구를 보듯 종파적 개념이 희박했던 것을 알 수 있다.[61] 특히 서산대사 휴정(休靜)은 선교관에 대한 해석과 정의를 내리고, 선교에 대하여 정확히 인식할 것을 가르쳤다. 교라는 방편을 넘어 선의 본지(本旨)에 들어가는 사교입선(捨敎入禪)을 주장하고 있다.[62] 휴정 이후 선맥은 사명(四明), 편양(鞭羊) 등 제파와 벽암(碧巖)파의 선장(禪匠)들을 중심으로 조선 말기까지 이어진다.[63]

---

60 이지관, 「知訥의 定慧結社와 그 繼承」, 『韓國禪思想研究』(서울: 東國大學校出版部, 1984), 139면.

61 권기종, 「朝鮮前期의 禪敎觀」, 『韓國禪思想研究』(서울: 불교문화연구원, 1884), 260~261면, 272면.

62 김영태, 「休靜의 禪思想과 그 法脈」, 『韓國禪思想研究』(서울: 불교문화연구원, 1884), 286면, 297면.

63 김영태, 『한국불교사』, 경서원 1997, 296면.

Ⅳ. 선정(禪定)에 대한 인접 개념과의 관계

1. 선정개념의 다양한 분류

선정으로부터 파생된 인접개념은 다양하면서도 많은 수가 있어 모두 열거하기에는 어렵다. 선정은 좌선의 실천을 위한 몸의 형태나 내적 사유 모두를 포함하므로, 그 인접개념은 외적인 좌선의(坐禪儀) 및 내적인 사유(思惟)와 관련하여 다양한 양태들을 포함한다. 즉 불교 수행에는 간경(看經), 염불(念佛), 주력(呪力), 선정[參禪], 불사(佛事) 등 여러 가지 방법이 있다. 그 가운데 선정 즉 참선을 떠나서는 수행을 논할 수 없다고 하겠다.

좌선명상(坐禪冥想)이라는 개념은 불교의 실천행으로 발전되고 계승되었고, 다양한 불교문화를 형성해왔다. 그러나 불교 이전의 고대 인도에서도 선정과 같은 개념이 있었고, 인도 이외의 지역에서도 유사한 개념들이 상존해왔다. 불교의 사상과 그 실천에 있어서 좌선명상과 직·간접으로 관련되는 개념이 무수하므로, 우선 선정과 관련된 직접적인 개념과 인접개념들을 살펴보고자 한다.

불교 수행인이 기본적으로 수행해야 할 삼학(三學: 戒·定·慧), 사무량심(四無量心: 慈無量心·悲無量心·喜無量心·捨無量心), 사념처(四念處: 身·受·心·法의 네 가지 염처), 그리고 사제(四諦: 苦·集·滅·道), 팔정도(八正道: 正見·正思·正語·正業·正命·正精進·正念·正定) 등이 모두 선수행 방법들이다. 천태대사 지의는 『법계차제초문』에서 선정과 관련되는 수행법을 다음과 같이 분류하고 있다. 첫째, 세간선에는 사선·사무색정·사무량심으로 분류하였으며. 둘째, 출세간선에는 육묘문·십육특승·통명선·구상·십상·팔배사·팔승처·십일체처·연선(鍊禪)·십사변화·무쟁삼매·삼삼매·사자분신삼매·초월삼매·삼명육통으로 분류하였다. 셋째, 출세간상상선에는 백팔삼매·백이십삼매를 포함시키고 있다.[64]

2. 선정과 습선(習禪) 습정(習定) 수습(修習)의 비교

경전이 전역되면서 불교의 실천수행에 대한 용어가 등장하였고, 또한 인

64 『법계차제초문』(『대정장』 46, 687중) 내용.

도 등지에서 선법을 가지고 들어온 호승(胡僧)들이 있었다. 이들을 습선인이라 하였다. 『고승전』과 『속고승전』에는 습선인들이 선정에 들어 신이한 현상들을 보이곤 하였다.[65] 『신승전(神僧傳)』이 등장할 정도로 새로운 문화였다.

경전을 번역하면서 선정을 수행하는 것을 습선 혹은 습정, 수습의 용어를 다양하게 사용하고 있다. 아함경전 곳곳에서 습선과 습정의 용어가 보이며, 『좌선삼매경』을 비롯한 선경류에도 다수 보이고 있다. 불공(不空)은 『비로자나오자진언수습의궤』를 번역하면서 제목에 수습을 사용하고 있다. 또한 금강지도 『금강정유가수습비로자나삼마지법』이라 하여 경의 제목을 번역하고 있다. 중국에서는 천태대사가 좌선입문자들을 위해 강술한 『수습지관좌선법요』에서 수습의 용어를 사용하고 있다. 그런데 선종이 등장하면서, 선종의 어록류나 승려들의 전기에 수습이나 습정, 혹은 습선이라는 용어를 거의 사용하지 않는다.

3. 선정과 정수(正受)·삼매(三昧) 개념과 비교

선정의 직접적인 인접 개념으로서 삼매(三昧)이다. 범어 samādhi이며, 음역으로 삼매(三昧), 삼마지(三摩地), 삼마제(三摩提), 삼매지(三昧地)이다.[66] 마음을 하나의 경계에 머물도록 하여 움직이지 않기 때문에 정(定)이라 한다. 또한 그 경계가 지속되더라도 그 마음이 균등하게 유지하기 때문에 등지(等持)라고 한다. 그 의역으로서 정수(正受), 정심행처(正心行處) 등이 있다. 마음이 안정부동(安定不動)하고, 하나의 경계에 응주(凝住)하여 산란하거나 움직이지 않는 상태가 삼매이다.

삼매는 선정과 매우 밀접한 개념이다. 선정과 같은 의미로 사용될 때도 있지만, 주로 삼매와 구분하여 사용한다. 삼매와 선정은 여러 텍스트에서 공존하고 있지만, 선정은 사유(思惟), 혹은 정려(靜慮)로서 헤아리거나, 반추하거나, 회광반조(廻光返照) 하는 것을 말한다. 그러나 삼매는 선정보다 더 넓은 의미로 사용된다. 적정(寂靜)의 상태를 일정하게 유지하는 것, 즉 심일경성(心一境性), 즉 전념집주(專念集注)이다.

65 『고승전』과 『속고승전』에는 습선업(習禪業), 습선정(習禪定)의 용어를 사용하고 있으며, 천축인 혹은 중국인 습선인 다수를 소개하고 있다.

66 『梵和大辭典』(東京: 講談社, 1979), 1419면.

삼매 개념의 연장선에서 정수(正受)는 또한 선정과 직접적인 인접개념으로서, 선정의 상태와 더불어 정수 또한 중요하다. 정수는 삼마발지(三摩鉢底, samāpatti)[67]로서 본원(本願)의 이(理)를 바르게 수납(受納)한다는 의미를 지니고 있다. 정수(正受)는 곧 사유로서 삼매에 상응하는 이름이며, 모든 상심(想心)을 쉬게 한다는 의미이다. 또한 정(定)의 상태에서 신심(身心)이 평등안여(平等安如)의 상(相)이 지속될 수 있도록 하는 것이다.

정수에 대한 예로서 『화엄경』(60권)의 「공덕화취보살십행품」에는 '보살은 적정(寂靜)의 신구의(身口意) 행을 성취하여 물러나지 않는다. 제선삼매(諸禪三昧)의 정수(正受)에 안주하여 일체법의 지혜를 깨닫는다.'[68]라고 하였다. 사선(四禪)과 관련된 정수는 『잡아함경』 제17에 보이고 있다. '초선정수(正受)일 대는 언어적멸(言語寂滅)이며, 제이선의 정수일 때는 각관적멸(覺觀寂滅)이며, 제삼선 정수일 때는 희심적멸(喜心寂滅)이며, 제사선의 정수일 때는 출입식적멸(出入息寂滅)이다. 공입처(空入處)의 정수일 때는 색(色)의 상(想)이 적멸하며, 식입처(識入處)의 정수일 때는 공입처(空入處)의 상(想)이 적멸이다. 무소유입처(無所有入處)의 정수일 때는 식입처(識入處)의 상(想)이 적멸하며, 비상비비상입처(非想非非想入處)의 정수일 때는 무소유입처(無所有入處)의 상(想)이 적멸하며, 상수멸(想受滅)의 정수일 때는 상수멸(想受滅)이다'라고 하였다. 이는 4선(四禪)과 4무색정(四無色定) 등의 등지(等至)라고 하게 되는 것이다.[69] 또한 『관무량수경』에는 위제희(韋提希)부인이 세존께 '사유(思惟)하는 방법과 정수(正受)하는 방법을 가르쳐주시옵소서'[70]라고 하는 부분에서 정수의 의미가 보이고 있다.

4. 선정과 염불 수행과 비교

부처님을 염(念)하는 불교 수행법의 하나이다. 염불에는 부처님의 상(相)

67 『梵和大辭典』(東京: 講談社, 1979), 1422면.

68 『화엄경』(60권)(『대정장』 9, 468하). "菩薩 成就寂靜身口意行 不復退轉 安住諸禪三昧正受 悟一切法智慧成就."

69 『잡아함경』(『대정장』 2, 121중). "初禪正受時 言語寂滅 第二禪正受時 覺觀寂滅 第三禪正受時 喜心寂滅 第四禪正受時 出入息寂滅 空入處正受時 色想寂滅 識入處正受時 空入處想寂滅 無所有入處正受時 識入處想寂滅 非想非非想入處正受時 無所有入處想寂滅 想受滅正受時 想受寂滅."

70 『관무량수경』(『대정장』 12권 341하). "唯願世尊 教我思惟 教我正受."

을 마음에 떠올리는 관념(觀念)의 염불과 입으로 부처님의 명호를 칭하는 칭명(稱名)의 염불로 분류한다. 염불은 범어로 buddhānusmṛti이며 귀경(歸敬), 예배(禮拜), 찬탄(讚嘆), 억념(憶念) 등의 의미를 지니고 있다. 아함경전에서 또한 삼념(三念), 육념(六念), 십념(十念) 등의 염불법이 보이고 있다. 대승불교에서는『관무량수경』등 정토계 경전들을 중심으로 다양한 염불삼매법이 등장하였다. 염불에 의하여 죄업를 멸하고, 정(定) 중에 부처님을 보거나, 정토에 왕생(往生)하고자 하는 염불의 이법과 행법들이 전개되었다. 또한 염불을 통하여 삼매(三昧)의 경지에 몰입하는 염불삼매는 불교수행의 한 방법으로 많이 행해졌다.

염불을 중심으로 정토교가 중국에 수입되었고, 중국에서는 정토에 왕생하는 신앙을 넘어서 염불수행(念佛修行)으로 정착시키고 있다. 회감(懷感)은『석정토군의론(釋淨土群疑論)』에서 염불삼매(念佛三昧)에는 유상행과 무상행이 있다고 소개하였다. 당(唐)의 종밀은 사종염불로 분류하고 있다. 부처님의 명호(名號)를 외우는 칭명염불(稱名念佛), 부처님의 원만한 덕상(德像)을 관찰하는 관상염불(觀像念佛), 부처님의 무량공덕을 상념(想念)하는 관상염불(觀想念佛)이 있으며, 실상(實相)의 진리를 관조(觀照)하는 실상염불(實相念佛)로 분류하고 있다. 또한 염불수행에는 다양한 외적 분류가 있다. 마음을 응집시켜 고요한 상태에서 염불하는 것이 정심염불(定心念佛)이며, 몸과 마음이 산란한 상태에서 행하는 산심염불(散心念佛), 매일 시간을 정하여 일과로 행하는 일과염불(日課念佛), 때와 장소를 가리지 않고 하는 일상염불을 장시염불(長時念佛), 일념(一念), 십념(十念), 다념(多念) 등의 다양한 염불행법이 있다.[71]

5. 선정과 지관(止觀) 개념의 비교

마음이 고요해진 적정(寂靜)의 상태를 지(止)라고 한다면, 그 적정(寂靜)에 입각하여 진리를 통찰하는 것을 관(觀)이라고 한다. 지관(止觀)은 '마음이 고요해져(stop the mind) 대상에 집중함'을 뜻하는 지(止)와 '통찰력(discerning the real)'을 의미하는 관(觀)으로 해석된다. 범어 사마타(奢摩他, śamatha)와 비발사나(毘鉢舍那, vipaśyanā)는 곧 지와 관이며, 또한 정과

71 홍법원,『불교학대사전』(1996), 1077면.

혜이다. 지는 모든 망념을 쉬는 것이며, 관은 산란한 마음을 그치고 맑은 지혜로서 만법을 비추어 보는 것이다.[72] 선정(禪定)은 각 학파와 종파에 따라 그 의미가 다양하게 구사되었지만, 지관(止觀)은 본래 지식(止息)과 관조(觀照)라는 수행방법을 지칭하는 단순한 술어로 사용되었다. 마음을 안정시키고 내면의 지혜를 계발하여 진리를 올바르게 관찰하는 방법이다. 이는 곧 수행자들이 닦아야 할 삼학(三學) 가운데 정혜(定慧)의 명칭과 같이 사용한다. 『장아함경』 9권에는 지관을 일컬어 두 가지의 수행법은 곧 지(止)와 관(觀)이라고 정의하고 있다. 여래의 대지혜(大智慧)나 최정각(最正覺)은 모두 지관(止觀)을 구족하거나 성취했기 때문이라고 하였다.[73] 『성실론』 「지관품」에서는 지관에 대하여 구체적인 수행법을 제시하고 있으며, 지(止)를 정(定)으로, 관(觀)을 혜(慧)의 의미에 연결하고 있다.[74]

천태대사 지의(智顗)가 세운 삼종지관 중 원돈지관인 『마하지관』의 서문에는 지관을 일컬어 법성이 고요한 것을 지(止)라하며, 고요한 상태에서 항상 비추어보는 것을 관(觀)이라 하였다.[75] 천태지의는 지관을 중심으로 선의 이론적 체계와 실천 체계를 조직하였다. 그 지관은 전통의 지관개념에 자신의 체험과 중국적 사유 방식을 부가하여 새롭게 체계화시킨 행법이다 때문에 이를 천태지관(天台止觀)이라 한다. 삼종지관[76]의 실천체계를 수행자의 신의(身儀)를 중심으로 재구성한 것이 사종삼매(四種三昧)이다. 사종삼매는 행의에 따른 네 가지의 분류로서, 구체적인 수행으로서 신개차(身開遮), 구설묵(口說黙), 의지관(意止觀)의 규정이며 천태지의는 이를 매우 세밀하게 설명하고 있다. 첫째, 상좌삼매(常坐三昧)는 90일을 1기로 정하고, 좌선 위주의 수행으로서 일행삼매(一行三昧)를 닦도록 하고 있다. 둘째, 상행삼매는 『반주삼매경』에 의거한 불립삼매(不立三昧)이며, 90일을 주기로 계속하여 아미타불을 칭명하는 수행이다. 셋째, 좌선과 함께 예불, 참회, 송경 위주로 방등삼매와 법화삼매를 닦는 절차이다. 넷째, 비행비좌삼매로서 각의삼매 혹은 수자의삼매로 부른다. 여러 경전에 의거한 관법과 선·악·무

72 최현각, 『선학의 이해』(서울: 불교시대사, 2003), 241면

73 『장아함경』(『대정장』 1, 10상). "微妙獨尊 止觀具足 成最正覺."

74 『成實論』(『대정장』 32, 「止觀品」, 358상). "所謂止觀 若一切禪定等法皆悉應念 何故但說止觀 答日 止名定觀名慧."

75 『마하지관』(『대정장』 46, 2상). "法性寂然名止 寂而常照名觀."

76 삼종지관은 삼종교상에 의한 실천문으로서 그 텍스트는 점차지관으로서 『선문수증』이며, 부정지관으로서 『육묘법문』, 원돈지관의 텍스트로서 『마하지관』이다.

기(無記)의 삼성을 관하는 행법이며, 이관(理觀)과 사관(事觀)이 함께 행해지는 선정수행이다.[77]

6. 선정과 좌망(坐忘)의 개념의 비교

노장사상에는 불교의 선정개념과 유사한 좌망(坐忘)이 있다. 『장자』 제6 「대종사편」에서 좌망사상이 강조되고 있는데 이는 정(定)적인 면을 강조하여 실천의 체계를 나타내고 있다. 안회와 공자 사이에 오고간 문답에서 좌망사상을 엿볼 수 있다. 안회는 자신의 진보를 설명하면서 인의와 예락을 잊고 비로소 좌망을 할 수 있게 되었다고 공자에게 말하고 있다. 공자는 좌망에 대하여 물었다. 좌망은 첫째 몸이 탈락하고, 둘째, 이목의 활동을 물리치며, 셋째, 육체와 지혜를 떠나고 지혜까지 버려서 대도(大道)와 하나가 되는 것이 좌망이라고 말하고 있다. 진인(眞人)의 호흡법을 통한 좌망이란 '먹을 때 맛에 이끌리지 않고, 호흡은 깊고 고요해야 한다. 진인은 발뒤꿈치로부터 나오는 듯 깊이 숨을 내쉰다' 라고 되어 있다. 또 「잡편」에 '몸은 고목의 가지와 같아서 무엇에도 움직이지 않으며, 마음은 식은 재와 같아서 무심한 채로 있다. 이런 상태라면 화도 복도 찾아오지 않을 것이다'[78] 라고 되어 있다. 이러한 노장사상과 어우러져 출발한 선은 큰 마찰 없이 수용과 변용의 틈바구니에서 고유한 선사상으로 발전하였다. 그렇게 되기에는 무엇보다도 중국인의 체질에 선이 크게 부합되었기 때문인 것이다. 번쇄한 철학을 기피하는 경향의 중국인에게 선은 아주 간단한 방법으로 접근하게 되었던 것이다.[79]

Ⅴ. 선정의 현대적 논의

불교에 있어 선정은 궁극적 목표인 깨달음에 이르는 보편적 수행 방법이다. 부처님 자신도 선정을 통해 깨달음을 이루었고, 이후 수많은 조사들도

77 安藤俊雄, 『天台學』(京都: 平樂寺書店, 1968), 186면~208면.

78 『莊子』 「雜篇」. "身若枯木之枝 而心若死灰 若是者 禍亦不至 福亦不來 禍福無有 惡有人災也."

79 최현각, 『선학의 이해』(불교시대사, 2003), 28면.

선정을 통해 증오(證悟)를 이루었다. 선정은 불교 수행과 따로 놓고 이야기할 수 없다. 시대를 바꾸어 오늘날에도 그 중요성이 부각되기는 마찬가지다. 오히려 산업화되고, 정보화된 현대사회에 필요한 것이 선정이다. 선정과 선사상은 현대 문명에 대한 비판적·구원적 의미를 지닌다. 따라서 현대문명이라는 새로운 각도에서 선정 수행을 선택해야 한다.

선정은 불교적 사유(思惟) 방법과 함께 행의(行儀)로서 발전되어 왔다. 불교 뿐만 아니라 불교 이외의 종교나 사회단체 혹은 선정이나 명상을 필요로 하는 이들에게도 많은 도움을 주었다. 첨단 문명이 인간의 사고를 지배하고 있는 현대에도 선정이 필요하다. 인간이 편리성을 추구하였고, 그것은 또 다른 부작용을 양산했다. 때문에 인간은 스스로 대립과 소외를 겪어야 하는 구조를 안고 있다. 이를 위해 선정을 연구하고 실천하는 이들의 저변이 더욱 확대되어야 한다. 문명의 발달에 따른 환경문제, 사회문제 등이 제기되어 있으며, 더 나은 삶은 위한 생활, 그리고 선정을 응용한 명상법, 기수련, 각종 호흡법, 요가 등이 새롭게 고찰되어야 한다.

김용정(金鎔貞)이 번역한 『선과 정신분석』(原音社, 1992)의 1장(Erich Fromm)에서는 프로이트의 정신분석학에 대한 개념과 가치 등을 논하고 있다. 서구인들의 정신적 위기를 불안, 우울, 생기의 상실, 인간의 기계화와 소외 등으로 보고 있다. 그러한 문제에 대한 해결점을 모색하고, 시도로서 치료와 치료를 넘어선 인간구제에 대한 입장을 보이고 있다. 선이 자기 존재에 대한 본성을 꿰뚫어보는 기술이며, 속박으로부터 자유로 향한다고 보았다. 이는 또한 프로이트의 정신분석학과 근접하는 해결점으로 보았다. 선은 개오(開悟)의 체험으로서 우리가 가지는 에네르기를 해방시키며, 또한 미치거나 불구가 되는 것을 막아준다는 입장에서 충분한 보완점을 갖는다고 보았다.

최경호는 『존재에서 규명한 선』(경서원, 2004)에서 하이데거의 존재론을 선의 입장에서 고찰하고 있다. 존재론의 입장에서 선을 조명하겠다는 것과 함께, 선을 학문으로 다루겠다는 의지를 보여준다. 그는 선의 입장에서 가능한 존재의 사유들을 진술하고 있으며, 선의 존재에 대한 규명과 동시에 하이데거 존재론에 대하여 비판적으로 고찰하고 있다. 고유한 특성을 지니며 또한 능동적 기능의 존재가 자신의 존재를 드러내는 것이 우리 의식에 개입하면서 어떤 근본적인 통찰을 요구하게 되는데, 이것이 존재에 대한 사유의 양상이라고 하였다. 그는 이러한 관점에서 선정, 선문답, 선의 의식 등에 관하여 다각도로 조명하고 있다.

특히 변선환이 엮은 『선과 현대철학』(아베 마사오·히사마쯔 신이치 지음, 대원정사, 1996)에는 선의 입장에서 서구 철학과 만나는 다양한 관점들을 소개하고 있다. 비록 선이 서구적 철학적 구조가 아니지만, 선을 철학적 구조에 대입하여 서술하고 있다. 공안 즉 화두를 철학의 입장에서 다루고 있으며, 선을 헤겔 철학에 비교하거나, 사유·비사유를 초월하는 또 다른 비사유를 통해 선에 접근하려는 노력을 보이고 있다. 특히 서양철학에 내재하는 고대철학이나 칸트철학에 이르기까지 비판적 접맥을 시도하고 있는 점이 보이며, 선이 가지는 특징을 통해 동서양 철학의 대화가 가능한지에 대하여 비교적 자세히 다루고 있다.

니시다 기타로(西田幾多郎, 1870~1945)는 대표적인 근대 일본 철학자이며 교토학파로 부른다. 니시다가 10년 이상을 선방(禪房)에서 보냈고, 세츠몽(雪門) 선사로부터 슨신(寸心)거사라는 이름을 받았다. 그는 좌선(坐禪)과 철학이 양립할 수 있는 길을 모색하였고, 그의 생애 중에 나타난 선정과의 직접적인 관계를 여러 차례 제시한다. 때문에 그의 철학은 선정의 사유로부터 많은 영향을 받았다고 할 수밖에 없다. 그의 철학은 개인적 구원에 초점을 두고 있으며, 지관타좌(只管打坐)의 禪적 체험을 통해 철학적 기반을 세우게 된다. 평생의 화두를 일즉다(一卽多) 다즉일(多卽一)의 화엄적 연기관을 사유했지만, 그의 철학적 생명력은 선의 체험에 기초하고 있다. 이는 참선을 통한 순수경험에 대한 개념을 확대하고, 자각을 통한 직관과 반성을 통해 칸트와 베르그송 등의 서구철학과 대비시키고 있다.[80]

스즈키 다이세쓰(鈴木大拙, 1870~1966)는 1897년 미국으로 건너가 경전 번역에 힘을 쏟았으며, 선을 서구에 소개한 대표적인 인물이다. 일본 국내에 귀국하여 불교학 연구에 몰두하다가, 1911년 이후 영국 등 유럽의 여러 나라를 돌면서 불교를 강의하였다. 그는 서구 합리주의에 대한 동양의 직관, 즉 선사상과 그 체험에 대한 중요성을 알리는 데 주력하였다. 선문답을 통해 '교육' 자체에 대한 의문을 제시한다. 수천 년을 두고 전승되어온 선(禪)을 교육학적 시각에서 조명하고 있다. 교육이란 단순히 가르치는 행위에 그치는 것이 아니라 적극적으로 세상을 배우고 자신의 주체를 인식하고

80 미야카 와토루 외저, 이수정 역, 『일본근대철학사』(서울: 생각의나무, 2001), 191~197면.

그 사고를 확장하는 행위라고 정의하고 있다. 그는 선사상을 일컬어 인간의 평범한 생활 그 자체에 있다고 하였으며, 또한 생활 그대로가 선의 행위라 하였다. 이를 무공용(無功用), 무행(無行)의 행, 무용(無用)의 용, 무작(無作)의 작, 무구(無求)의 구 등으로 설명하고 있다.[81] 또한 선문답은 스승과 제자 사이에 가르침이 일어난 행위로 보았으며, 이는 일반 사회적 교육에도 활용될 수 있음을 제시하였다. 선사들의 지혜가 바탕된 선문답을 내면의 세계에 감추어두는 것이 아니라 실질적인 사고의 틀로 나타나야 한다는 것이다. 또한 교육이란 어린이나 젊은이들에게만 해당되는 것이 아니라 남녀노소 누구라도 끊임없이 교육의 대상이 된다고 보았다. 그 때문에 선문답이 가지는 고찰성과 초월성은 현대인들에게 틀 안의 사고가 아닌 초월성이라는 혜택으로 사고적 변화를 제공한다고 하였다.[82]

선정에 대한 또다른 현대적 논의는 돈황의 선종 문헌으로 볼 수 있다. 펠리오와 스타인이라는 탐험가에 의해 돈황(燉煌)에서 고문서들이 발견되었고, 천 년의 시간을 뛰어 넘어 현대 정신문명에 영향을 끼칠 수 있다는 점이다. 돈황의 선 문헌들이 발견되기까지 간화선 전통이 선사상을 대표한다고 하는 시각이 지배적이었다. 그러나 돈황 문헌을 통해 보리달마로부터 신수(神秀)와 그의 제자에 이르는 선사상이 현대에 새롭게 조명됨으로써 선종 역사에 대한 새로운 시각을 갖게 했다. 이는 선종의 전등(傳燈) 역사에 대한 다른 시각이 있었음과 동시에, 지은이 정각(淨覺)의 서문이나 초기의 선사(禪師)들이 남긴 고귀한 법문들이 시사하는 바가 매우 컸다고 보기 때문이다. 이로 인해 선(禪)이라는 고귀한 정신문화가 현대를 살아가는 많은 이들에게 또 다른 방향의 성찰을 가질 수 있게 했다는 점이다. 우여곡절 끝에 흩어진 돈황 고문서들을 모았고, 작업 끝에 『능가사자기』를 비롯하여 북종선과 관련된 문서 내용들이 복원되었다. 많은 학자들의 참여하였고, 대표적으로 야나기다 세이잔(柳田聖山)의 번역 및 각주작업이 『초기선종사(初期禪宗史)』라는 책이 시리즈로 출간되었고 또한 국내에 번역되어 선종 초기의 선정사상에 대한 정보를 제공하고 있다.[83]

한국에 있어 선정사상에 대한 본격적인 학술적 논의가 시도된 것은 '한

81 조벽산 譯, 『禪이란무엇인가』(下)(서울: 홍법원, 1995), 13면~15면.

82 鈴木大拙 著, 서명석 등 옮김, 『가르침과 배움의 현상학』-禪門答-(서울: 경서원, 1998), 201면.

83 篠原壽雄, 『敦煌佛典の禪』(東京: 大東出版社, 1980), p.19.

국선학회'의 출범과 시기를 같이 한다. 한국선학회는 선(禪)에 대한 현대적 논의는 물론, 선학 전반을 다각적으로 연구하는 학회이다. 한국의 선사상뿐만 아니라 선종사(禪宗史), 선사상, 선전(禪典), 선문화 등에 대한 연구를 진행하고 있다.

동국대학교 선학과(禪學科)를 중심으로 좌선과 관련된 강좌들이 개설되었고, 1990년대 초반부터 좌선실수(坐禪實修)가 일반 교양과목으로 지정되어 많은 학생들이 수강하였다. 선원(禪院)에서 이루어지던 좌선법이 대학생들을 대상으로 실질적인 좌선실수가 이루어지고 있다. 많은 학생들이 관심을 가지는 '좌선법의 이해와 연습'은 선정 실천이 현대인들에게도 자연스럽게 적용될 수 있음을 보여주는 사례라 하겠다. ❁

최동순 (동국대)

신행

범 śraddhanusārin, adhimukti-caryā, adhimoksa, ādhimoksika
한 信行

신행(信行)이란 용어는, 유식의 법(法), 유(有)나 화엄의 법계(法界), 성기(性起), 천태의 삼승(三乘), 지관(止觀) 등의 용어처럼 논의의 단서를 담지하거나 고(苦), 각(覺), 선(禪)과 같이 다양한 의미가 적층되어 변천한 개념어가 아니다. 오히려 신행(信行)은 대부분의 경우, 유의미한 용어와 결합해 복합어를 구성하는 형태소로 쓰여 왔다. 예컨대 관음신행, 미타신행, 염불신행, 신행결사, 신행생활, 신행운동이 그것이다.

이러한 상황은 신행을 "믿음[信]과 행위[行]"의 병렬구조나 "믿음[信]의 행위[行]"라는 의미상 술목구조로 분절해 보더라도 동일하다. 일반적으로 '믿음'과 그에 파생된 '행위'는 유기적으로 작동하여, 신(信)은 행(行)을 야기하고 역으로 자각적, 의지적 행(行)은 신(信)을 내포하게 된다. 또한 '신행'은 '믿음' 그리고 '행위'(혹은 실천)라는 두 의미의 결합 이상의 의미를 지니지 않는다. 이렇듯 의존적이고 단순의미적 용어인 '신행'이 갖는 의미망과 그 지형도(directory)를 온전히 그려내기 위해서는 서술의 기본방향이 고려되어야 할 것이다. 요컨대 '신행'은 그 개념을 정의하거나(define) 통시적인 정의를 서술하기 보다는 '신행'의 다양한 용례(cases)를 서술하는 귀납적 해법이 보다 생산적일 것이다.

Ⅰ. 어원적 근거 및 개념 풀이

신행(信行)의 가장 기본적인 의미는 가르침을 '믿고 행하는 것'을 가리킨다. 일반적으로 이때 믿음의 대상과 행위의 대상은 일치하나 믿음과 행위가 순차적으로 진행되는 것으로 의미를 세분할 경우 반드시 일치하지는 않는다.

신행을 범어로 옮기면 śraddhanusārin[수신행隨信行] 혹은 adhimukti-caryā, adhimoksa, ādhimoksika[1]라고 한다. śraddhanusārin(śraddhán)는 '믿음을 따르는 사람'을 의미한다. 즉 믿음직하게 행동하는 사람으로 해석된다.[2] adhimukti-caryā에서 adhimukti는 신행이나 신해를 말한다 즉 올바른 믿음과 완전한 이해하는 것을 의미하며[3] caryā는 행위나 종교적인 행위 혹은 올바른 행위를 하게 하는 것이라고 한다.[4] 믿음'이라고 번역한 말의 산스크리트인 'Sraddha'는 어원적으로는 '마음'이라는 의미를 갖는 라틴어 'cor'와 유사하다. 그만큼 신앙은 지성보다는 마음의 문제를 더 중요시한다. 이에 대해 라다크리슈난(Radhakrishnan)은 "믿음이란 주어진 관념에 마음의 힘을 집중함으로써 자기완성을 추구하는 것"이라고 말했다.

---

1 平川彰 編,『佛教漢梵大辭典』(東京: 凸版印刷株式會社, 평성9년)

2 śraddhanusārin : a follower or observer of faith,' one who acts faithfully, a Śrāvaka at a partice. stage of his religious life, Divyâv.(www.acmuller.net 싸이트 범어사전 참조)

3 adhimukti : 신행[Belief and Understanding] 혹은 신해(信解), 승해(勝解). 가르침을 믿고 이해하는 것. 확신하며 요해(了解)하는 것. "Faith and interpretation, i.e. to believe and understand or explain the doctrine; the dull or unintellectual believe, the intelligent interpret; also, faith rids of heresy, interpretation of ignorance" [soothill] Believing and understanding the teachings. Having both faith and understanding in the Buddhist teaching. Correct faith, complete understanding (adhimukti). [法華經 T 262.9.7하08] [cmuller] Belief in oneself and others. [cmuller] Joy, the arousal of the mind determined for enlightenment. [cmuller](www.acmuller.net 싸이트 범어사전 참조)

4 caryā : conduct; to observe and do; to end one'sways; to cultivate oneself in right practice; be religious, or piouswww.acmuller.net 싸이트 범어사전 참조)

유식학에서 신(信)은 심소법의 하나로 제법의 실체와 삼보의 바른 덕[淨德] 그리고 세간과 출세간의 선근(善根)에 대하여, 깊이 믿고 즐거워하여 마음을 맑게 하는 것을 가리킨다.[5] 신행은 법행(法行)에 대비되는 말로, 스스로 성인의 법을 의지해 행하는 것을 법행이라 하고, 다른 이의 가르침을 믿고 행하는 것을 신행이라고 한다. 신행과 법행의 구분은 타력신행과 자력신행을 염두에 둔 것으로 법행이 초기불교의 수행방식에 가깝다면 신행은 보다 대승불교적인 수행방식을 의미한다. 때문에 신행이란 둔한 근기로 문혜(聞慧)를 성취하는 것이고 법행이란 예리한 근기로 사혜(思慧)를 성취하는 것이라고 하였다.[6] 영어로는 앞에서 언급한 술목구조와 병렬구조, 두 개념을 모두 표기할 수 있다. '믿음을 실천하는 것[the practice of faith]'과, '믿음과 행위[faith and practice]'[7]가 그것이다.

한편 신행에서 신(信) 쪽에 의미의 중심을 둘 경우 신행은 신앙(信仰)과 혼용된다. 예컨대 관음신앙과 관음신행, 미타신앙과 미타신행 등이 있다. 수곡신정 교수는 출가자는 수행을 중심으로 하여 신해로 전개되고 믿음을 바탕으로 종교생활을 영위하는 것을 앙신이라 할 수 있다고 신앙은 앙신(仰信)이라고도 하며 믿음을 가지고 우러러 본다는 뜻이며, 신앙의 대상은 불보살이나 다른 성자들을 포함한다.[8] 신앙에 상당하는 범어로는 śraddhā, prasāda, adhimukti, bhakti 등이 있고 신심(信心), 정신(正信), 정신(淨信), 신해(信解) 등으로 번역된다. 이 용어들은 곧 불, 법, 승 삼보를 우러러 믿고 공경하는 대상으로 삼는다는 뜻이다. 불도를 수행하는 초기에 견고한 신심을 수립해야, 동요되지 않고 지혜로 나아가 깨달음의 경지에 도달할 수 있게 되므로 신심, 신앙은 수행의 초기 단계에 언급된다고 볼 수 있다. 불교에서는 신앙(信仰)이라는 용어보다 신행(信行) 또는 신봉(信奉)이라는 말을 주로 쓰는데, 이는 『금강경』 등 여러 대승불교 경전의 '신수봉행(信受奉行)'이라는 말을 줄인 것이다.

또한 신행은 수신행(隨信行)과 동일하게 간주한다.[9] 수신행[śraddhānusārin][10]

5 『유식론』 권5에서 말하기를 "무엇이 믿음인가? 실덕을 능히 믿고 참고 마음으로 깊이 믿고 즐거워하는 것을 신(信)이라고 한다"라고 하였다.
6 簡豐文, 『실용불학사전』(台北市: 불타교육기금회, 2001)
7 서광 편, 『한영불교사전』(서울: 불광출판사, 2002)
8 河野淸一 찬, 『불교사전』, 成光館, 1933.
9 곽철환 편저, 『시공불교사전』(서울: 시공사, 2003)
10 佛光大藏經編修委員會, 『佛光大辭典』(高雄市: 佛光出版社, 1989), 6349면-중.

은 18유학과 27현성의 하나이다. 수법행(隨法行)과 대비하여 칭한다. 성문승으로 '견도(見道)'의 둔한 근기의 성자로서 다른 이를 따라 부처의 교법을 청해 듣고 신앙이 생기며 그 신앙으로 말미암아 수행하게 되는 것을 수신행이라고 한다. 역으로 다른 이에 의지하지 않고 스스로 정법을 따라 수행하는 것을 수법행이라고 한다. 『구사론』 권23에는 "예리한 근기의 사람은 견도의 지위로서 수법행이라 칭하고 둔한 근기의 사람은 견도의 지위에서 수신행이라고 칭한다"라고 하였고 성실종(成實宗)에서는 수신행을 3현의 지위고 하고 수법행을 사선근의 지위라고 하였으니 모두 견도 이전의 사람과 관련된다.[11]

그밖에는 신행의 속성을 표현한 용어로 신행불리(信行不離)라는 표현이 있는데 이때의 신행은 행신(行信)으로도 쓰며 일본의 정토진종에서 그들의 기본교의를 표시하는 상용어이다. 이때 일반적으로 행(行)은 불도의 수행과 행업을 성취하는 것을 가리키고 신(信)은 신앙, 신심을 가리킨다. 그러므로 행신은 또한 심행(心行)으로 칭해진다. 왕생정토와 불도성취의 필수조건이 된다. 예부터 정토교의 각 계파 중에서 일본정토진종을 제외하고 자력의 성도문을 주장하든 타력의 정토문을 주장하거나를 막론하고 이 두 가지는 모두 중요하게 여겨졌다. 곧 수행인이 필수적으로 보리심을 발하고 보리행을 부지런히 닦으면 이로 말미암아 행과 신이 서로 도와서 바야흐로 구하는 바를 성취하고 원하는 바를 만족하게 된다. 그러나 정토진종의 교의는 행과 신의 두 가지 중에서 비교적 신을 중요시한다. 대개 진종에서는 중생 자신이 성불하는 능력이 없기 때문에 미타에 대한 신앙과 신심에 의지해야 하는 것이고 아울러 이 일념의 신심이 왕생정토의 바른 인(因)이 된다. 만약 신심을 일으킨 뒤에 다시 부처의 이름을 칭하고 염불하는 구업을 행한다면 이 행업은 곧 가시화되어 미타가 은혜에 보답하는 행업이 된다. 이와 같은 신과 행을 정토진종에서는 특히 대신대행이라 말한다.[12] 따라서 부처의 이름을 부르는 것은 부처의 구제력의 구체적인 표현으로, 부처의 이름을 부르는 작용으로 말미암아 신심(信心)을 만들어낼 수 있다고 한다.[13] 역으로 신심이 있으면 필연적으로 부처님의 이름을 부르는 작법이 따

---

11 『雜阿含經』 33;『成實論』1 <分別賢聖品>;『順正理論』 65; 『大乘義章』 17;『大乘法苑義林章』 5.

12 佛光大藏經編修委員會, 『佛光大辭典』(高雄市: 佛光出版社, 1989), 2555면-하.

13 佛光大藏經編修委員會, 『佛光大辭典』(高雄市: 佛光出版社, 1989), 3717면-중.

라온다고 한다. 이러한 원리 혹은 특성을 신심[信]이 행(行)과 더불어 일컬어지며, 신과 행 두 가지는 바로 떨어질 수 없는 일체가 된다는 의미에서 "신행불리"라고 칭한다. 이 경우 행은 일반적으로 나무아미타불을 부르는 것이다. 신행에 대한 정토종의 이러한 풀이는 앞으로 살펴볼 한국불교의 역사적인 전개나 현대적인 의미의 신행에서도 주된 모습으로 부각된다.

Ⅱ. 역사적 용례

1. 초기불교

초기불교에서는 엄연한 의미에서 신과 행의 대상이 분리되어 표현되어 있다. 먼저 신(信)의 대상과 의미를 살펴보자[14]

초기불교의 믿음은 부차적인 덕으로 대승불교와 구분된다. 초기불교에서 강조하는 덕목은 '지혜의 도'이며, 후기 대승불교에서는 '신앙의 도'를 강조하기 때문이다. 그러나 당시의 재가신도들은 지혜를 얻지 못하기 때문에 믿음을 가져야 했다.[15] 이는 초기불교가 소수를 위해 이론화된 교리라는 한계를 지녔음을 반증하며 그것을 극복하려는 노력이 대승불교 탄생의 원동력이 되기도 하다. 초기불교의 깨달음은 언제나 지식 혹은 지혜(ñāṇa-dassana)를 통해 보는 것이지 결코 신앙을 통한 믿음이 아니었다.

나가르주나(龍樹, Nāgārjuna) 역시 지혜와 믿음 양자 모두 지향점은 동일하지만, '지혜'는 어렵고 힘든 방법이며 '믿음'은 쉬운 방법이라고 구별하였다. 다시 말해 초기불교도에게 있어 신앙의 의미는 단순한 '믿음'이 아니라 지혜의 증장에 필요한 덕목이며, 마음의 청정을 증득하는 기본 전제였다. 그러나 나중에는 '절대 확실한 신앙'이라는 사불괴정(四不壞淨)으로 확립된다. 불괴정(不壞淨, aveccappasāda)이란 불(佛)·법(法)·승(僧)·계(戒)에 대한 확실한 믿음을 말한다. 결국 초기경전에서 신(信, saddha) 또는 정신(正信)이란 삼보(三寶)에 대한 믿음이나 확신이나 올바른 인생관이 확립된

14 초기불교의 '신(信)'부분은 조준호의 「초기경전에 나타난 재가자의 위상과 신행생활」 『불교평론』 제5권 제1호, 현대불교신문사, 2003을 참조하였다.

15 Edward Conze, *Buddhism: its Essence and Development,* New Delhi: Munshiram Manoharlal, 145면.

자신감을 의미한다.

믿음과 병행되는 실천행위인 행(行)에 대하여 살펴보면, 믿음뿐 아니라 자신이 지키고 행해야 하는 계(戒)·시(施)·문(聞)을 다른 사람들도 실천하도록 돕고 권장하는 일까지 가리킨다. 이러한 실천행은 삼귀의와 오계의 수지 그리고 신·계·시·문으로 요약된다.

불교도가 된다는 것은 출가든 재가든 기본적으로 삼보(三寶)에 귀의하고 오계(五戒)를 수지할 것을 다짐하는 것에서 출발한다. 재가의 경우에도 최소한 삼보 귀의가 먼저 요구되고 그 외에 오계의 수지까지 그 범위로 설명하는 경우가 많다. 출가자는 보다 철저한 지계를 요구하지만 재가자 역시 경전에서는 '성스러운 제자'로 칭해지며 오법(五法)과 사증상심(四增上心)의 실천을 강조하고 있다. 오법은 오계를 지켜 실천하는 것을 말하고 사증상심이란 네 가지 뛰어난 마음을 성취해야 하는 것으로서 삼보의 염(念, anussati)에 계(戒)에 대한 염을 더한 것이다.[16]

2. 대승불교

초기불교에서는 지혜보다 낮게 취급되었던 믿음[信]이 대승불교에서는 지혜와 동등한 위치를 차지하게 된다.

대승불교에서 말하는 믿음은 '누구나 부처가 될 수 있다는 확신'을 의미한다. 대승불교는 '인간의 심성이 본래 청정하다[心性本淨]'는 소위 성선설의 전제에서 출발한다. 중생이 본래 갖추고 있는 이 깨끗한 마음을 '일체중생 실유불성(一切衆生 悉有佛性)' 혹은 '여래장심(如來藏心)'으로 표현하기도 한다. 이와 같이 일체 중생은 누구나 깨끗한 마음인 보리를 지니고 있기 때문에 본질적으로 부처와 차별이 없고, 이러한 사실을 확고히 믿고 이해하여 행동으로 실증해 나가는 것이 대승불교 신행 즉 실천 수행의 요체인 것이다. 즉 대승불교의 신행은 신(信)·해(解)·행(行)·증(證)의 순서로 이루어져 있다. 이 가운데 가장 중요한 것이 '부처가 될 수 있다[成佛]'는 확고한 믿음이다.

이때의 믿음(信)과 이해(解)의 관계는 초기불교와 대승불교의 입장이 서

---

16 초기경전에서는 이러한 수행을 실천한 대표적인 예로 찟따(혹은 질다장자)를 들고 있다.(『增一阿含經』 제3권 제6「청신사품」)

로 다르다. 초기불교는 맹목적인 믿음보다는 지혜를 통한 이해를 중요시하고, 대승불교는 이해보다 믿음이 우선되어야 한다고 강조한다. 결국 초기불교에서는 지혜를 중시하여 깨달음으로 나아갔고, 대승불교에서는 믿음을 강조하여 실천의 원동력으로 삼았던 것이다.

3. 한국불교

한국불교는 역사적으로 통불교적 성격을 띠기 때문에 그에 따른 신행행위도 다양하게 나타나고 있다. 이를 한국불교 신행의 중층성이라는 개념으로 정의하는 연구도 있다. 불교 도입 이후 삼국시대의 민간신앙과 습합된 불교 신행행위들은 통일기 신라에 접어들면서 보다 불교적인 색채를 나타낸다. 또한 다양한 사상성을 선호하는 신라불교의 특징과 의타적, 기복적인 민간신앙의 영향으로 신라의 경우 관음, 약사, 지장, 미타신앙 등이 화엄사상과 함께 신라불교의 주류를 이루고 있다. 이러한 신행행태 가운데 대표적인 예인 미타신앙과 염불수행을 간단히 살펴보자. 이는 7세기 중반 이전에 수용되어[17] 고려, 조선 그리고 현대에 이르기까지 지속적으로 이어진다.

원효는 『무량수경종요』[18]에서 왕생의 정인은 발보리심이며, 간접적인 조인(助因)으로는 염불을 언급하였다. 발보리심이라는 정인은 바로 정토와 아미타불에 대한 믿음인 미타신앙인 것이다. 『삼국유사』에 나타난 신라 미타신행의 사례는 서왕 영험과 염불의 공덕, 미타도량 및 부처의 조성이라는 세 가지로 요약되며 이는 사후 복덕을 강조 신라의 정토신행을 보여준다. 이러한 신라 미타신행의 타력위주적 성격은 고려시대로 접어들면서 자성미타(自性彌陀) 사상으로 발전하게 된다. 즉 오역죄를 범한 죄인이라 할지라도 왕생 정토할 수 있다는 확신을 심어줌으로서 중생들에게 희망을 주는 종교적 역할을 담당하게 된다. 한편 미타신행은 신라를 풍미한 화엄이나 신라말 구산선문으로 자리 잡은 선종 수행법과 융합되면서 엄정융섭(嚴淨融攝) 혹은 선정일치[念佛禪] 등의 신행형태로 나타난다. 이때의 염불선은 고려 광종 때부터 영명연수의 법안종 염불선법이 전수된 것으로, 선정일치를 강조한 보조지눌, 태고보우 및 조선시대의 청허휴정을 거쳐 최근에 이르고 있

17 정병조, 「의상의 미타신행 연구」, 『신라문화』 제7집, 동국대신라문화연구소, 1990.
18 원효, 『無量壽經宗要』(『大正藏』 37권, 128중)

다. 미타신행 외에도 점찰법회의 개최 등 구복적 성향의 지장신앙이나 샤머니즘적 원시신앙에서 비롯된 신라의 오악·삼산신앙,[19] 문수신앙과 신라불국토설로 신비화된 오대산신앙 등은 점차 민간신행으로 뿌리내리게 된다.

한편 고려시대 불교는 왕실중심의 호국불교로 칭해지는데 왕실의 비호에 힘입어 승과제, 왕사·국사제도 등이 도입되고 연등회, 천도재 등이 국가적 행사로 이루어졌다. 승려와 민간에서도 다양한 신행활동이 이루어지는데 특이한 신행행위로 집단적 수행인 신행결사[20]가 있다. 가장 대표적인 신행결사는 고려 중기 지눌이 설립한 조계산 수선사와 요세가 설립한 만덕산의 백련사이다. 지눌은 언제나 선정과 지혜를 함께 닦는 정혜쌍수를 주장하였다. 그는 수선사에 입문한 사람들에게 『금강경』, 『육조단경』 등을 읽도록 권하였다. 요세의 백련결사는 1232년에 보현도량을 열면서 본격화되었으며 천태종풍의 부활을 위해 법화행법을 행한 독특한 결사였다.

조선조에 들어서는 전시기에 비해 불교신행이 많은 제약을 받게 된다. 제 종파의 통폐합과 사원의 혁거라는 강한 억불책에도 불구하고 왕실중심으로는 기우제, 구병의식, 천도재를 위한 불사가 그대로 베풀어졌다. 또한 주자가례에 입각한 제례를 힘써 행하던 당시에도 사대부 간에는 불교식 제례를 거행하던 관습이 만연하고 있었다. 억불숭유에 의해 지속적으로 통제되었으나 주로 왕실과 양반 부녀자층의 비호를 받아 꾸준히 명맥을 유지하였다. 왕실의 불교 신행은 크게 두 가지가 있었다. 첫째는 사찰을 찾아가거나 고승들을 초청하여 봉불하거나 왕실에서 재회나 반승, 법석 등을 베푸는 일, 둘째는 왕실이 직접 불당을 설치하여 봉불하는 방법이다. 이 가운데 조선시대 왕실불교 위주의 신행행위를 상징하는 것으로 비구니원[21]이 있다. 이곳에서는 재회와 수행, 열성조의 위판까지 모시고 있어서, 개인의 신

---

19 李基白, 「新羅五岳의 成立과 그 意義」, 『震檀學報』 제33집, 진단학회.

20 신행결사의 효시는 신라 정신대왕(淨神大王)의 태자 보천(寶川)이 제의하여 설치한 오대사(五臺社)이다. 오대산의 각각의 대마다 방(房)과 당(堂)을 설치하고 각기 다른 불보살을 봉안하였다. 동대는 관세음보살을, 서대는 무량수불을, 남대는 지장보살을, 북대는 석가모니불을, 중앙에는 비로자나불을 주존불로 봉안하였다. 또한 『삼국유사』에 의하면 경덕왕대에 강주에서 남자신자 수십 명이 서방정토를 구하고자 미타사를 창건하여 만일위계(萬日爲契)를 약속했다고 한다.(한국종교문화연구소 편, 『한국종교문화사전』, 1991 참조)

21 이기운, 「조선시대 왕실의 比丘尼院 설치와 信行」, 『역사학보』 제178집, 역사학회, 2003과 유사논문 「조선시대 정업원의 설치와 불교신행」, 『종교연구』 25집, 한국종교학회, 2001 겨울 참조

행뿐만 아니라 일반 원찰의 기능도 행하고 있다. 이들 비구니원은 왕실의 지원으로 종루와 나한당 등 전각을 갖춘 일반 불당의 모습을 갖추고 있다. 성종-명종대에는 니원이 왕실불교의 한 축을 지탱해 적어도 조선왕실이 지속적으로 호불하는데 큰 역할을 담당하였다. 왕실 이외에 승려들의 신행행위는 염불, 참선, 교학이 주가 되었으며 서산 이후 대부분의 승려들은 선(禪)을 표방하면서도 선종수행의 편벽성을 탈피하고자 교학을 아우르려고 했다. 민간에서는 주로 기복적인 신행행위와 천도재 등이 행해졌다.

Ⅲ. 텍스트별 용례

1. 아함

아함경전에는 신행이라는 용어가 거의 보이지 않고 있다. 오히려 신(信)이나 행(行)이 각각 일차적 의미의 체언 또는 용언으로 쓰이고 있다. 이는 앞에서 살펴본 바대로 신과 행을 분리해 사용한 초기불교의 특징을 보이는 것이라 하겠다. 일례로 『장아함경』을 보면 신(信)이란 용어가 "스스로 믿음을 얻고 남을 위해서도 이야기해주다",[22] "부처를 독실히 믿었다",[23] "맑은 믿음을 내다",[24] "마음으로 믿고 기뻐하다",[25] "기뻐하며 법을 믿었다"[26] 등 일반적으로는 부처의 설법이 끝난 뒤 법을 기쁘게 "믿었다"는 뜻으로 쓰이고 있다. 소위 유통분의 관례적인 "신수봉행"과 동일한 용례들이다.

2. 대승기신론

초기경전에서와 마찬가지로 신과 행을 분리하고 있다. 사신(四信)[27]과 오

22 『長阿含經』(『大正藏』 1권, 57중4). "自得信耳 爲他人說."
23 『長阿含經』(『大正藏』 1권, 37중18). "篤信於佛."
24 『長阿含經』(『大正藏』 1권, 37중27). "生淨信."
25 『長阿含經』(『大正藏』 1권, 42중6). "內信歡悅."
26 『長阿含經』(『大正藏』 1권, 13중7). "歡喜信法."
27 『大乘起信論』(『大正藏』 32권, 575). "說修行信心. 何等信心云何修行. 略說信心有四種. 云何爲四. 一者信根本. 所謂樂念眞如法故. 二者信佛有無量功德. 常念親近供養恭敬. 發起善根. 願求一切智故. 三者信法有大利益常念修行諸波羅蜜故. 四者信僧能正修行自利利他.

행(五行)[28]으로, 사신이란 진여(眞如)와 불(佛), 법(法), 승(僧), 삼보(三寶)를 믿는 것이다. 『기신론』은 이론체계의 골격이 되는 일심(一心), 이문(二門), 삼대(三大)를 설명한 뒤 이것의 실천적인 부분을 언급하고 있다. 이론체계를 이해하게 되면 만유의 근본이며 실상인 진여에 대해 공경하게 되고 그와 동시에 불, 법, 승 삼보에 귀의하게 되는 것이다. 이는 외포심에서 귀의하는 것이 아닌 교리적 이해를 바탕으로 한 자발적 귀의를 유도하여 종교적 신심을 생겨나게 하는 일련의 과정을 보여준다. 이러한 4가지에 대한 믿음에서 실천행위인 오행(五行)이 비롯된다. 오행이란 보시, 지계, 인욕, 정진, 지관을 수행하는 것이다. 진여, 삼보에 대한 신심이 생겨나면 불도를 완성하기 위해 오행을 닦게 되는데, 이렇게 신(信)과 행(行)의 대상이 구분되어 있다. 『기신론』은 자력에 의한 수행을 말할 뿐 아니라 아미타불을 염송하면 극락왕생할 수 있다는 내용도 담고 있다. 지관이나 염불이나 『기신론』에서는 동일한 실천수행인 것이다.[29]

3. 화엄

『화엄경』에서 역시 신행을 단독으로 언급한 것은 거의 없으며 그 의미도 단순히 '믿음과 그에 따른 행위'를 말한다.[30] 그 외에는 역시 신(信)과 행(行)을 각기 따로 살펴보아야 할 것이다.[31] 믿음을 강조하는 대승불교에 오면 경전의 곳곳에 신(信)에 대해 이야기하고 있고 수행에 있어서 불가결한 덕목으로 언급되는데 특히 『화엄경』에 이르면 믿음의 중요성은 극치를 이룬다. 그 대표적인 예가 『화엄경』 「현수품(賢首品)」에 나오는 게송(偈頌)[32]

常樂親近諸菩薩衆. 求學如實行故."

28 『大乘起信論』(『大正藏』 32권, 575). "修行有五門. 能成此信. 云何爲五. 一者施門. 二者戒門. 三者忍門. 四者進門. 五者止觀門."

29 카마타 시게오, 장휘옥 譯, 『대승기신론이야기』(서울:장승, 1996)

30 『華嚴經(60권)』(『大正藏』 9권, 696하20). "爲信行者, 雨無盡門法雲."

31 『華嚴經』에는 깊이 믿는다[深信] 믿고 받아 지니다[信(解)受持] 믿는 마음[信心] 능히 믿고 받들어 행하다[能信奉行] 등 대부분의 '신(信)'이 '믿는다'는 서술형으로 쓰이고 있다.

32 『華嚴經(60권)』(『大正藏』 9권, 432하18) 「현수보살품」. "賢首菩薩曰 佛子我已說 菩薩清淨行 一切諸世尊 咸共所讚歎 又諸大士衆 甚深微妙行 功德廣大義 仁者應演說 <중략> 深心淨信不可壞 恭敬供養一切佛 尊重正法及聖僧 信敬三寶故發心 深信諸佛及正法 亦信菩薩所行道 正心信向佛菩提 菩薩因是初發心 信爲道元功德母 增長一切諸善法 除滅一切諸疑惑 示現開發無上道 淨信離垢心堅固 滅除憍慢恭敬本 信是寶藏第一法 爲清淨手受衆

이다. 여기에는 믿음의 대상과 믿음의 공능을 언급하고 있다. 믿음의 대상은 일체불과 일체 보살과 성스런 승려와 바른 법[正法]이다. 또한 이러한 대상을 믿음으로서 얻게 되는 효과 내지 공능은 다시 세 가지로 요약될 수 있다. 첫째는 개인적으로 지니게 되는 일체의 의혹과 번뇌, 교만, 악 등을 멸하게 되고 둘째는 외부의 작용으로 받게 되는 일체의 재난[八難]과 마장을 여의게 되며, 셋째는 얻게 되는 이익으로 많은 선과 무난(無難)과 무상의 해탈도와 지혜의 문 등을 얻게 되는 것이다. 게송의 일부를 소개해 보면 다음과 같다

> "믿음은 도(道)의 근원이요, 공덕의 어머니라. 일체의 모든 착한 법[善根]을 길러내고 의심의 그물을 끊어 제거하고, 애욕에서 뛰어나나며 열반의 무상대도(無上大道)를 열어 보인다. (중략) 이 때문에 차제행을 연설하는 것이다. 믿고 즐거워하는 것은 가장 얻기 어려우니 비유하면 신령스러운 우담발화가 피는 것 같으며 또한 마음대로 할 수 있는 미묘한 보주를 얻는 것과 같은 것이다."

『화엄경』은 또한 보살이 지니는 열 가지 불괴신(不壞信, 무너지지 않는 신심)[33]을 언급하고 있다. 이때 믿음의 대상이 되는 열 가지는 바로 일체 부처를 비롯하여 불법과 승려와 보살과 선지식과 중생 그리고 일체의 보살대원과 보살행과 제불을 공경히 공양하는 것과 일체중생을 교화하는 미묘한 방편이다. 이들에 대한 믿음이 무너지지 않음으로 인해 불교적인 실천은 자연스럽게 뒤따르게 되는 것이다. 이러한 믿음 외에 「십무진장품」에는 보살의 열 가지 보장(寶藏)을 언급하고 있는데 십장(十藏) 가운데 첫 번째로 언급되는 것이 신장(信藏)이다. 신장에서 설한 믿음의 대상들은 앞서 본 '불

行 信能捨離諸染著 信解微妙甚深法 信能轉勝成衆善 究竟必至如來處 淸淨明利諸善根 信力堅固不可壞 信永除滅一切惡 信能逮得無師寶 信於法門無障礙 捨離八難得無難 信能超出衆魔境 示現無上解脫道 一切功德不壞種 出生無上菩提樹 長養最勝智慧門 信能示現一切佛 是故演說次第行 信樂最勝甚難得 譬如靈瑞優曇華 亦如隨意妙寶珠."

33 『華嚴經(60권)』(『大正藏』 9권, 646중26). "佛子. 菩薩摩訶薩. 有十種不壞信. 何等爲十. 所謂於一切佛不壞信. 於一切佛法不壞信. 於一切聖僧不壞信. 於一切菩薩不壞信. 於一切善知識不壞信. 於一切衆生不壞信. 於一切菩薩大願不壞信. 於一切菩薩行不壞信. 恭敬供養一切諸佛不壞信. 敎化一切衆生成就菩薩巧妙方便不壞信. 佛子. 是爲菩薩摩訶薩十種不壞信. 若菩薩摩訶薩. 安住此法. 則得一切諸佛無上智慧不可壞信."

괴신'이 포괄적인 항목들에 대한 믿음을 강조한 것과 달리, 일체법의 구체적인 모습을 믿음의 대상으로 열거하고 있다. 신장의 대상은, 곧 일체법의 공무진실(空無眞實)과 무상(無相)과 무원(無願), 무작자(無作者), 부실(不實), 무견고(無堅固), 무량(無量), 무상(無上), 불가도(不可度), 불생(不生)이다.[34] 이러한 법(法)의 속성들이 주로 반야 계통의 내용을 담고 있는 것은 주목할 만하다.

불교와 불법과 불도의 삼보에 대한 것을 『화엄경』에서는 '믿음[信]'과 '이해[解]'와 '실행[行]'과 '증득[證]'의 4가지 과목[35]으로 설명하였다. 이는 다른 말로 불도(佛道)의 한 주기[一期]라고 하는데[36] 이는 불도를 수행할 때 반드시 거쳐야 하는 네 가지 과정으로, 우선 불법을 믿고 즐거워해야 하며 다음은 불법을 요해해야 하며 나아가 몸으로 힘써 행하면 최후에 그 과보를 증득해 깨달을 수 있다는 것이다. 이에 대해 지눌은 "믿음은 있으나 올바른 이해가 없으면 무명(無明)만 증장(增長)하고, 이해는 있으나 참다운 믿음이 없으면 삿된 견해만 증장한다. 그러므로 알라. 믿음과 이해가 서로 겸해야만 도(道)에 들어감을 빨리 얻는다"[37]라고 했다. 이러한 믿음과 이해를 일상생활 속에서 구체적인 삶의 형태로 실천하는 것이 바로 행(行)인 것이다. 또한 "믿음과 실천이 둘 다 온전하면 마치 밝은 눈과 건강한 다리와 같아서 능히 천리를 갈 수 있다"[38]라고 하였다. 이밖에도 신해에 대하여 여러 가지 논의가 있고[39] 상황에 따른 믿음과 신해를 변별하여 분류한 연구도 있으며[40] 신해행증에 대한 다양한 언급[41]들이 있다.

---

34 『華嚴經(60권)』(『大正藏』 9권, 546중02). "爾時功德林菩薩摩訶薩. 復告諸菩薩言. 佛子. 菩薩摩訶薩. 有十種藏. 三世諸佛之所演說. 何等爲十. 信藏. 戒藏. 慚藏. 愧藏. 聞藏. 施藏. 慧藏. 正念藏. 持藏. 辯藏. 是爲十. 何等爲菩薩信藏. 此菩薩信一切法空無眞實. 信一切法無相. 信一切法無願. 信一切法無作者. 信一切法不實. 信一切法無堅固. 信一切法無量. 信一切法無上. 信一切法不可度. 信一切法不生. 若菩薩成就如是隨順淨信. 聞諸佛法不可思議. 心不驚怖."

35 신해행증의 영문번역은 "faith interpretation(understanding) performance and evidence or realization of the fruit of Buddha's doctrine"이며 직역에 가깝다. (서광 編, 『한영불교사전』(서울:불광출판사, 2002) 참고

36 簡豐文, 『실용불학사전』(台北市:불타교육기금회, 2001)

37 보조사상연구원 編, 「진심직설」『보조전서』(불일출판사, 1989), 49면. "信而不解 增長無明 解而不信 增長邪見 故知 信解相兼 得入道疾."

38 상게서, "信而不行如有眼無脚, 行而不信如有脚無眼, 信行雙全如明眼健脚, 能行千里."

39 신해(信解)는 일반적으로 믿어왔던 사실들에 대해 의문을 가지고 자기의 유한성에 대해 의심하여 새로운 믿음의 영역을 제시하는 단계이다. (정철호, 「원효의 정토신앙과 사상에 관한 연구」, 동아대박사논문, 1997, 65면.

4. 천태

천태에서도 역시 신과 행의 대상이 구분되며 대승적인 입장에서 신과 행을 보다 강조하고 있다. 소의경전인 『법화경』의 「방편품」 및 천태지의의 지관수행법을 통해 신과 행을 각각 살펴보고자 한다.

『법화경』「방편품」의 경문을 요약한 중송을 보면 교리의 핵심이 삼지삼청(三止三請)을 거쳐 일대사로 집약되며, 다시 일대사의 성취를 위한 신행을 유도하고 있다. 천태를 비롯한 논자들은 「방편품」의 '실상(實相)'을 해석하여 이론화에 힘썼으나 기실 경전의 내용에는 실상에 대한 적극적인 '믿음'이 내포되어 있다. 이는 역사적으로 소승불교적인 경향이 대승적 일반화를 보인 것이라고 한다. 즉 일승(一乘)과 실상(實相)에 대한 믿음을 실상에 접근하는 방편 내지 원동력으로 작동하게 한 것이다.

한편 『법화현의』에서는 일대사로서의 일승(一乘)의 가르침과 행(行)과 사람[人]과 이치[理]가 결국 일승의 행(行)과 이에 대한 단의생신(斷疑生信)[42]을 의미한다고 하였다.[43] 이것의 의미는 결국 일승과 여래의 구원실성

---

40 수곡신정(水谷幸正)은 인간의 믿음을 세 가지로 나누어 보았다. 첫째는 지성[悟性, Verstand]에 의한 것이다. 지성은 의문을 그 본질로 하는데 의심하는 과정을 거쳐 더 이상 의심할 수 없는 상태에 도달하였을 때 믿음이 생기는 것이다. 이것은 특별히 요해(了解)라고 표현되기도 한다. 둘째는 이성의 기능으로서의 믿음이다. 이성은 지성에 대한 의심이 본질이다. 지성의 주관성, 세속성, 유한성을 비판하고 검토하는 것을 말함이다. 이 이성에 와서는 지성이 부정되며 지성의 자기만족을 철저히 부정하는 자각으로서의 믿음이다. 셋째는 신앙으로서의 믿음이다. 이 믿음은 자기 긍정의 지성과 자기 부정의 이성과는 달리 자기 능력을 초월한 곳에서 오는 믿음이며, 자기 증력으로서는 이해할 수 없는 것을 믿는 믿음이다. 이것은 종교적 믿음이며 믿음이 작용하는 원동력이 법[諸佛]의 측면에 있는 믿음이다. 이와 같은 견해를 인정한다면 신해는 지성의 단계를 넘어 자기부정의 단계이며 앙신은 이 신해를 바탕으로 생기는 자기 초월의 믿음이다. (정철호, 「21세기 불교신행의 과제」, 『정토학연구』2집, 한국정토학회, 1999. 재인용)

41 "신해행증"을 문수와 보현 그리고 바이로차나가 동격이라는 삼성원융관(三聖圓融觀)과 연결짓기도 한다. 이때 보현은 모든 보법(普法)을 신해행증하는 본체이며 소신(所信), 행(行), 리(理)를 의미한다고 한다. (高崎直道, 「화엄사상의 전개」, 『강좌대승불교』 권3(東京: 春秋社), 23면 재인용)

42 『법화현의(法華玄義)』의 <오중현의(五重玄義)> 제4 '논용(論用)'의 장에서 "용은 여래의 묘능과 이 경전의 승용을 가리킨다. 여래는 권교와 실교로 묘능을 삼고 이 경전은 의심을 끊고 신심을 일으키는 것을 승용으로 삼는다[用是如來之妙能 此經之勝用 如來以權實二 智爲妙能 此經以斷疑生信爲勝用]"(『大正藏』 33권, 796하)라고 하였다.

43 삼대부(三大部)를 비롯한 세친(世親)의 법화론이나 법운, 길장, 규기 등의 법화경관에서 이 점을 간과했다고 한다. 金英吉, 「法華經方便品 長頌의 信行的 意義」, 『동국사상』

에 대한 믿음[信]을 일으키는 것이 가장 뛰어난 작용[用]이라고 말하고 있는 것이다.

천태학의 수행(行)은 지관수행법[44]으로 압축할 수 있다. 『마하지관』에는 삼지삼관(三止三觀)을 말하고 있는데 원교에서의 삼지란 체진지(體眞止), 방편수연지(方便隨緣止), 식이변분별지(息二邊分別止)이며 삼관은 공관[從假入空觀], 가관[從空入假觀], 중도관[中道第一義諦觀]이다. 또한 천태지의는 깨닫는 방법에 따라 다시 점차지관(漸次止觀), 부정지관(不定止觀), 원돈지관(圓頓止觀)으로 지관을 분류하고 있다. 이러한 삼지와 삼관이 일심 위에서 동시에 이루어지므로 원교의 수행이라고 한다.[45] 지관법은 수행체계가 다기하게 얽혀 있기 때문에 실제로 좌선, 염불, 참법, 삼성관 등은 외형적인 양식으로 실제 어떤 내용으로 수행하는가를 판단하기 어렵다. 천태의 사종삼매(四種三昧)[46] 역시 제법실상을 체득하는 수행법인데, 지의는 이 가운데 관세음보살 칭명염불이나 청관음참법에 지관을 적용하는 삼매행을 언급하고 있다. 이는 『법화경』에서 염불을 색신, 법신, 실상에 대한 염법으로 분류한 것에 의거한 것이다.[47]

천태지관에서 염불법 혹은 염불삼매를 수행법으로 적용하고 또한 대승보살인 관세음보살을 칭념하기를 강조하였는데 이는, 대승불교에서 중시하는 믿음과 실천, 즉 신행(信行)행위를 동시에 보여주는 수행법이라고 하겠다.

Ⅳ. 인접 개념과의 관계

신해의 인접개념으로는 신행양좌(信行兩座)라고 하여 신불퇴의 좌와 행불퇴의 좌를 의미하는 용어가 있다. 신심을 얻을 때 불퇴의 지위에 들어간다고 믿는 사람의 앉는 자리와, 염불수행으로 정토에 왕생하여 불퇴의 지위에 들어간다고 믿는 사람이 앉는 자리를 말한다.[48] 이때의 행은 염불수행

14권, 1981. 참조

44 전운련, 「천태지의의 관음신행관」, 『한국불교학』 33집, 한국불교학회, 2003. 참조

45 藏敎, 通敎, 別敎에서는 繫緣止, 制心止, 體眞止의 三止와 實觀, 解行觀, 得慧觀의 三觀이 차제로 이루어진다.

46 常坐三昧, 常行三昧, 半行半坐三昧, 非行非坐三昧를 말한다.

47 『法華經』(『大正藏』 9권, 35중~하)

48 『御傳鈔』 상권, 6단 참조

에 국한된다.

또한 신행지(信行地 : adhimu kti-carya-bhumi-sthita)보살이란 용어가 있는데 이는 십지의 지위 이전의 보살의 총칭한다. 밀교 가운데 십지(十地)를 통칭하는 용어로 신해행지(信解行地)[49] 혹은 신해지(信解地)가 있다. 이러한 경지는 비밀스럽고 매우 깊어 범부와 이승(二乘)은 알 수 없고 오직 신실한 자만이 능히 깨달아 들어갈 수 있다. 또한 바른 믿음이라야 진실한 이치를 밝게 드러낼 수 있으며 그런 뒤에 이해와 증득이 모두 구족할 수 있다고 한다. 여기에서 보살은 여래의 무량한 경지에 들어가는 것을 믿고 그 과보를 성취할 것을 믿는다. 이러한 믿음과 이해의 단계를 신해행지라고 칭하는 것이고 이것이 곧 백정신심결정지위(白淨信心決定之位)가 된다.[50] 신해[51]는 『화엄경』에서 단순히 '믿고 이해하다'는 의미로 쓰이고 있다.[52]

신행과 연관되며 신해행위의 일례를 극명하게 보여주는 용어로 신행결사(信行結社)가 있다. 이는 불교도들의 수행을 위한 모임. 어떤 목표를 정하여 그것을 이룰 때까지 한 곳에서 오랜 기간을 이룰 때까지 한 곳에서 오랜 기간을 수행에 힘쓴다. 고려시대의 결사운동은 앞에서 대략 언급했고 조선시대의 신행결사는 후기로 들어와 많이 이뤄졌다. 대부분 극락왕생을 위한 염불결사였다. 건봉사와 망월사의 만일회가 유명하였다. 근대 이후 현대에 이르기까지 염불결사 수선결사 및 대장경 연구를 위한 결사 등이 이루어졌다.[53]

V. 현대적 논의

해방 전후로부터 현대에 이르기까지 한국불교의 신행체계와 현실화에 대한 주장과 방법론이 제시되어 왔다. 현대에 제기되는 '신행' 관련 논의의

49 「住心品」『大日經』(『大正藏』 18권, 3중) ; mos pa yis ni spyod pahi sa

50 『大日經疏』(『大正藏』 39권, 580하) ; 始從眞正發心乃至成佛 於是中間 通名信解地

51 신해: adhimoksa(범) faith and interpretation ;determination (서광 編, 『한영불교사전』(서울:불광출판사, 2002) 참조

52 『華嚴經』(『大正藏』 9권, 433중1). "信解微妙甚深法."; (770상6). "甚深信解 隨諸業因 以受果報."; (664중5). "佛者 菩薩摩訶薩 有十種之業 何等爲十 所謂 信解因緣 不壞因果."; (742상9). "如此仁者能信解能知能入能說."

53 한국종교사회연구소 編, 『한국종교문화사전』, 1991

기본틀은 두 가지로 요약될 수 있을 것이다. 첫째는 불교권외적인 문제, 즉 현대사회의 다기한 문제를 해결할 열쇠는 불교신행이라는 것이며, 둘째는 불교권 내적인 문제제기로 통불교적인 한국불교의 속성으로 야기되는 신행의 체계성과 조직성의 결여를 해결해야 한다는 것이다.

이 두 가지 논의는 신행대상, 신행방법을 대안으로 언급하고 있다. 신행대상으로는 삼보를, 신행방법으로는 지계를 강조한다. 물론 종파에 따라 염불이나 참선, 간경, 참회 등 강조하는 신행분야가 다르긴 하나 대개는 초기불교의 신행 방향과 유사하게 주장을 피력하고 있다.

현대의 여러 가지 문제는 불교로 극복하자는 논의에서는 주로 불교의 신(信)을 강조한다. 이때의 신은 '바르게 안다'는 것이다.[54] 또한 한국사회의 위기와 부조리, 혼란을 극복하기 위해서 모든 악한 일을 그치고 모든 착한 일을 몸소 행해야 함[55]을 주장하고 있으며 같은 맥락에서 『사십이장경』의 십선십악(十善十惡)을 강조하고 있다.[56] 또한 오계를 파지하자는 운동[57]과 지계를 중심으로 하는 신행을 주장하는 논의[58]도 만연해 있다.

한편 불교계 권내에서 정법의 위기를 인식하고 불교계의 각성과 현실참여를 촉발하는 주장 가운데에는 한국불교의 회통적 전통이 가지는 단점을 극복하고 장점을 살리자는 대안을 제시하고 있다.[59] 즉 신행방법을 '대기설법'과 같이 각자의 능력과 소질에 맞게 선택하자는 것이다. 다만 방편의 본래 의미를 잃지 않는 것이 중요한데 회통을 강조하는 통불교라고 하여 모든 불교 내의 흐름뿐 아니라 비불교적 요소까지도 포용하여 방편을 왜곡시키지 않는 범위에서 참선, 염불, 주력, 간경 등의 다양한 수행법 가운데 자신에게 맞는 신행방법을 선택하는 것이다.

---

54 아오키 고쇼, 「현대사회와 불교의 신행」, 『다보』 통권4호, 대한불교진흥원, 1992.12.

55 『法句經』 제14품 No.183. "諸惡莫作 重善奉行 自淨其意 是諸佛教 七佛通戒."

56 무관, 「불교의 신행생활」, 『해인』(합천:해인사, 1986.8); 김기성, 「세 가지의 신행목표」, 『월간 금강』, 통권44호, 구인사, 1988.9.

57 채인환, 「경전에 나타난 불교신행」, 『多寶』, 대한불교진흥원, 1995.6.

58 목정배, 「계율의 새로운 해석과 현실화-불교신행, 그 문제와 방향」, 『다보』통권14호, 대한불교진흥원, 1995 여름호. 이외에 오계와 축원의 실천(김현준, 「청정한 이땅을 위한 불자들의 신행생활 방향」, 『다보』통권17, 대한불교진흥원, 1996)과 변화하는 사회의 혼란을 불교적으로 극복하자고 하며 오계와 범망경의 십중계를 강조하였다. (정병조, 「청정운동은 21세기를 여는 새로운 신행개혁운동」, 『다보』 통권19호, 대한불교진흥원, 1996 가을호)

59 강건기, 「한국불자의 신행형태 불교신행, 그 문제와 방향」, 『다보』 통권14호, 대한불교진흥원, 1995 여름호.

한편 김동화의 신행불교운동에서 이에 대한 일련의 연구가 이루어졌는데 김동화는 현대불교의 신행방향은 특수한 지역이나 사람에 의해 실천되는 것이 아니며 전 인류적인 입장에서 동서불교가 공존하는 것처럼 한국불교의 신행도 공존을 지향하며 변화해야 한다는 것이다.[60]

근래 신행신운동이라는 새로운 움직임이 있다. 조계종 포교원의 중점사업인 신신행운동은 기복적 염불신앙을 극복하고 올바른 신행체계를 정비하자는 데 있다. 종회 포교분과[61]에서는 불자들의 신행생활을 다음과 같이 정리하여 보고한 바 있다. 이는 "입문 → 기본교육 → 수행 → 사회적 실천" 과정의 순서인데 이러한 구조를 교리상의 수행체계인 신, 해, 행, 증과 연관되는 신행체계라고 주장하고 있다. ❁

류호선 (고려대)

60 한정섭, 「신행불교 운동의 제창과 전개」, 『불교문화연구』 2집, 동국대불교사회문화연구원, 2001

61 지홍, 「올바른 신행체계를 정립해야 한다」, 『법회와 설법』 제2호, 대한불교조계종 포교원, 1995. 07.

우리말 불교개념 사전

염불

[범] buddhânusmṛti [빠] buddhânussati [장] sańs-rgyas rjes-su-dran-pa
[한] 念佛 [영] mindfulness of buddha

Ⅰ. 어원적 근거 및 개념 풀이

1. 어원적 근거

염불은 범어로는 'buddhânusmṛti', 빠알리어로는 'buddhânussati', 서장어로는 'sańs-rgyas rjes-su-dran-pa'이며, 한자로는 '염불(念佛)', 영어로는 'mindfulness of buddha'라고 번역한다. 범어의 'buddhânusmṛti'는 'buddha'와 'anu'와 'smṛti'의 합성어이다. 범어와 빠알리어의 'buddha'는 서장어로는 'sańs-rgyas', 한자로는 '불타(佛陀)'라고 음역되었고, 이는 우리가 잘 아는 바와 같이 '깨달은 사람'을 의미하며 바로 부처님을 지칭한다. 범어 'anusmṛti'의 'anu'는 '위하여', '따라서', '쪽으로' 등을 의미하는 접두어이고, 'smṛti'는 '기억', '생각'을 의미하는 명사이다. 두 단어가 합해진 'anusmṛti'는 어떤 대상을 잘 기억한다는 의미로, 추억(追憶), 회상(回想), 사상(思想), 의향(意向) 등의 의미를 지닌다. 빠알리어의 'anussati'도 같은 의미를 갖는다. 서장어의 'rjes- su-dran-pa' 역시 'rjes-su'와 'dran-pa'를 합성한 것으로, 'rjes- su'는 범어 'anu'를 옮긴 것이며, 'dran-pa'는 범어 'smṛti'를 번역한 것이다. 한자의 '염(念)' 또한 같은 의미를 가진 낱말로, 관념(觀念), 심념(心念), 사념(思念), 억념(憶念), 칭념(稱念) 등의 의미를 지닌다. 영어의 'mindful'도 마음이 무엇으로 꽉 차있는 상태를 말하므로 우리말로 염두(念頭)에 둔다는 의미이다.

이러한 의미를 종합해 정리하면, '염불'이라는 용어는 부처님을 마음속에 생각하고 잊지 않으려는 의식작용을 말하는 것이다. 부처님은 모든 진리를 깨닫고 그 깨달은 진리를 중생들에게 전하여 미혹의 바다에서 깨달음의 언덕에 이르게 하신 분이다. 그 부처님을 항상 마음속에 간직하고 생각하며 잊지 않는 것이 바로 염불이라는 용어가 지니는 기본 의미이다. 염불은 불보살(佛菩薩)의 가피력에 의지하는 수행법으로 부처의 상호(相好)를 생각하여 관(觀)하거나 부처의 명호를 부르는 것이다. 이는 가장 초보적인 종교의식으로 해탈과 성불, 왕생도에 있어 행하기 쉽고 빠르게 성취할 수 있다고 하여 난행도(難行道)에 대비하여 이행도(易行道)라고 한다.

2. 개념 풀이

1) 명호(名號)에 의한 염불

염불은 대상인 부처님과 보살의 명호에 따라 그 종류가 제각기 다르다. 즉 아미타불을 염하면 아미타 염불이고, 석가모니불을 염하면 석가모니 염불이며, 관세음보살을 염하면 관세음보살 염이듯이 불보살의 명호에 따라 염불의 종류가 다르게 나타나고 있다.

원시불교에서는 석가모니불만을 염하는 염불이었지만 부파불교를 거쳐 대승불교에 들어와서 타방의 여러 부처님이 등장하게 되고, 이에 수반하여 부처님을 보좌하는 보살 또한 많이 출현함으로 인해 여러 불보살의 명호를 염하는 염불과 수행으로 발전하게 된다. 지극한 마음으로 소리가 끊어지지 않게 하여 십념(十念)만 구족하면 팔십억 겁 생사의 죄가 멸하게 되고 정토에 왕생하게 되는 것을 강조하는 아미타 염불이 있으며, 어떠한 어려움에 처해 있을지라도 지극한 마음으로 관세음보살의 명호를 부르면 그 소리를 듣고 와 구원해 주신다는 관세음보살 염불과 온갖 괴로움과 병으로 시달리고 있는 중생들에게 고통과 병을 없애주고 끝내는 위없는 보리를 증득하게 하여 준다는 약사여래 염불, 그리고 오랜 세월 동안 지은 죄업이 소멸되어 다시는 고통을 받지 않고 좋은 과보를 받는다는 지장보살 염불 등이 있다.

2) 시량(時量)에 의한 염불

시기와 수량에 의해 수행하는 염불의 종류를 살펴보면, 우선 날짜를 정해 수행하는 기일염불(期日念佛)과 하루 중 시기를 정해 수행하는 시염불(時念佛), 명호를 부르는 숫자를 헤아리며 수행하는 수량염불(數量念佛)로 구분해 볼 수 있다.

기일염불이란 날짜를 정해 놓고 하는 염불이다.『아미타경』을 보면, "만약 선남자 선여인이 아미타불에 대한 이야기를 듣고 명호를 받들어 1일, 혹은 2일, 혹은 3일, 혹은 4일, 혹은 5일, 혹은 6일, 혹은 7일 동안 한결같은 마음으로 산란하지 않으면 그 사람은 목숨을 마칠 때 아미타불이 여러 성중들과 함께 그 사람 앞에 나타난다"[1]라고 하여 날짜를 정해 염불할 것을 권하고 있다.『지장보살본원경』에서는 7일 동안 보살의 이름을 염하여 만 번을 채우면 존귀한 몸으로 태어나며 삼악도의 고통을 겪지 않게 된다는 칠일염불과 명호가 임종하는 사람의 귀에 들리게 하는 행위 등 여러 가지 선행을 49일간 하라는 사십구일염불 등을 설하고 있다.[2] 이러한 기일염불 사상은 중국 정토신앙으로 이어져 행하여졌으며, 우리나라에도 영향을 주어 만일염불·천일염불·백일염불 등으로 발전되었다.

시염불이란 하루 중 정해진 때에 염불하는 행위이다. 중국의 선도(善導)는 염불할 때에는 밤과 낮 혹은 삼시(三時)·육시(六時)에 염불하라고 하였는데,[3] 이는 하루에 정해진 시간에 따라 수행하는 방법으로 삼시염불은 새벽과 낮, 황혼녘의 세 번으로 나누어 염불하는 것이고 하루 여섯 번에 나누어 염불수행하면 육시염불(六時念佛)이 된다.

수량염불이란 부처님이나 보살의 명호를 부르는 숫자를 헤아리면서 하는 염불이다.『무량수경』에서는 일념(一念)과 십념(十念)이 나오고,『관무량수경』에서도 십념을 이야기하고 있다. 이에 대하여는 여러 가지 학설이 있지만 일념을 일성(一聲), 십념을 십성(十聲)으로 보면 이들은 수량염불로 보아야 한다.『지장보살본원경』에서도 7일 동안 보살의 이름을 염하여 만

1『불설아미타경』(『大正藏』 12권, 347중)
2『지장보살본원경』「여래찬탄품」 제6, 이익존망품 제7 (『大正藏』 13권, 783중, 784)
3『관념아미타불상해삼매공덕법문』(『大正藏』 47권, 24중)

번을 채워야 한다고 하여 수량염불을 말하고 있다.[4] 선도는 『관념법문』에서 크게 정진하여 3만·6만·10만을 하는 사람을 상품상생인(上品上生人)이라 부르고 있다.[5] 이와 같은 수량염불 사상이 일반 민중들 속에 스며들어 진양(晋陽)의 청신녀 배파(裴婆)는 아미타불을 염하는데 팥 13석을 사용하였다는 기록도 있다.[6]

3) 수행방법에 의한 염불

염불수행의 방법으로는 사종염불(四種念佛)이 일반적인 분류로 채택되고 있다. 이는 중국의 종밀(宗密)이 분류한 것으로, 칭명(稱名)·관상(觀像)·실상(實相)·관상(觀想)의 염불법이다. 칭명염불은 부처의 명호를 부르는 염불을 말한다. 여기에는 일상에서 평상심으로 하는 산심염불(散心念佛)과 마음을 집중하여 일념으로 하는 정심염불(定心念佛), 소리의 크고 작음으로 나누는 대념염불(大念念佛)과 소념염불(小念念佛), 한 부처의 명호만을 부르는 정행염불(正行念佛)과 여러 부처의 명호를 일컫는 잡행염불(雜行念佛)로 나누어진다. 관상염불(觀像念佛)은 일심으로 한 부처의 불상을 관하고 생각하는 방법으로, 이 염불을 닦는 이는 죽은 뒤에 그 부처의 정토에 왕생한다고 한다. 실상염불은 자신과 아울러 일체법의 진실한 자성(自性)인 법신(法身)을 관하는 것이다. 관상염불(觀想念佛)은 단정히 앉아 한결같은 마음으로 한 부처의 상호와 공덕을 관하여 생각하는 것이다. 그러는 가운데 삼매(三昧)에 들면 분명히 부처를 볼 수 있고, 한 부처를 보게 되면 모든 부처를 볼 수 있게 되며, 이렇게 닦은 이는 죄장(罪障)이 소멸되어 그 불토(佛土)에 왕생한다고 한다. 이상의 사종염불 중 앞의 둘은 일반적으로 생각하는 염불의 뜻과 같으나, 뒤의 둘은 법신과 삼매의 증득이라는 점에서 자력적인 의미가 숨겨져 있다.

이 밖에도 즉심염불(卽心念佛)과 사리쌍수염불(事理雙修念佛), 전수염불(專修念佛) 등이 있다. 즉심염불은 마음이 법계(法界)에 두루 가득한 것이므로 십만 억 국토를 지나서 있다는 아미타불도 나의 심불(心佛)에 불과하다는 염불관으로, 선종의 즉심즉불(卽心卽佛)사상에 입각한 염불법이다. 사리쌍수염불은 이치[理]와 현상[事]을 함께 닦는 염불이다. 여기서 사를 닦

---

4 『지장보살본원경』「여래찬탄품」 6(『大正藏』 13권, 783)
5 『관념아미타불상해삼매공덕법문』(『大正藏』 47권, 23중)
6 『정토론』권하 제6 인현득왕생인상모 (『大正藏』 47권, 100상)

는다는 것은 입으로 부처의 명호를 부르는 것이고, 이를 닦는 것은 불신(佛身)을 관하는 것이다. 곧 입으로 부처의 명호를 외우고 마음으로 관찰하여 쌍으로 닦는 염불법이다. 전수염불은 염불의 여러 가지 방편을 버리고 오직 입으로 부처의 명호만을 부르는 칭명염불수행이다. 이 전수염불은 오직 아미타불의 본원력(本願力)에 순응하여 정토에 왕생하고자 하는 염불법이다.[7]

Ⅱ. 역사적 전개 및 텍스트별 용례

1. 역사적 전개

1) 경전에 나타난 염불

(1) 원시경전

『잡아함경』에는 "부처님이 계신 곳으로 합장하여 공경하는 마음으로 오른쪽 무릎을 땅에 대고 세 번 '나무경례세존여래응등정각(南無敬禮世尊如來應等正覺)' 이라고 하니 현세 법의 이익과 후세의 이익을 주었다"[8]라고 설하고 있으며, 또 『증일아함경』에서는 "모두 '나무불(南無佛)' 이라고 부르네. 석가모니불은 가장 훌륭한 이로서 그는 능히 안온함을 베푸시고, 모든 고뇌를 제거하신다"[9]라고 설하고 있다. 이러한 경문들이 초기에 행하여진 염불의 모습을 보여주고 있는 것이다. 원시경전에 보이는 최초의 염불은 부처님의 법을 듣거나 혹은 부처님을 친견하고 나서 귀의하려고 하는 의식에서 비롯된 것으로 '나무불'을 세 번 부르는 것이었다. 이때에는 어떠한 상호관계가 따로 형성되지 않고 단순히 부처님께 귀의하려고 하는 마음에서 나온 감흥어라고 할 수 있다. 이것이 뒤에 발전하여 나무불을 부르는 것에 의해 공덕이 생기게 되고, 뒤에는 부처님의 명호만을 부르는 것으로 발전하여 칭명염불이 형성되었다고 볼 수 있다.

『증일아함경』에서는 염불을 수행법의 하나로 설하고 있다. 염불하는 공덕에 의해 무위처에 이르고 신통을 얻어 열반에 이른다고[10] 염불을 중요한

---

7 『한국민족문화대백과사전』 15권 440-441면 「염불」
8 『잡아함경』 42(1150), (『大正藏』 2권, 306하)
9 『증일아함경』 47(9), (『大正藏』 2권, 804상)
10 위의 책, 2 「광연품」 (『大正藏』 2권,554상)

수행법으로 강조하고 있으며, 여래의 십호를 강조하여 부처님의 공덕을 억념하는 데 있어서 행주좌와(行住坐臥)를 가리지 말며 시기와 장소에 구애받지 말고 염불을 닦아야 한다고 하였다.[11] 또한 염불하는 자세에 대하여 몸과 뜻을 바르게 하고 결가부좌하여 생각을 묶어 앞에 두고 다른 생각 없이 오로지 부처님만을 염하며 여래의 형상을 관하는데 눈에서 떠나지 말아야 한다고 설하고 있다.[12] 그리고 마음속으로 부처님의 몸을 생각하는 염불과 입으로 여래의 십호를 부르는 칭명을 함께 행하는 염불법으로 모든 두려움을 소멸시킬 수 있다고 설하고 있다.[13]

원시경전에서는 또한 염불을 통한 사후의 생천(生天)에 대하여 설하고 있다. 『장아함경』에서는 우바새(優婆塞)가 되어 일심으로 염불하면 목숨을 마치고 비사문천왕의 태자로 태어난다고 설하고 있으며,[14] 『증일아함경』에서는 목숨을 마칠 때에 여래의 공덕을 생각하면 삼악취(三惡趣)를 여의고 천상에 태어난다고 하였다.[15]

이와 같이 초기 부처님을 염하던 수행법은 점차 그 대상을 확대하여 부처님 외에 법과 승가를 추가하여 삼보(三寶)를 염하였고 계속하여 육념(六念), 십념(十念)으로 확대되어 나아갔다. 『잡아함경』에서는 불·법·승(佛·法·僧)의 삼보를 염하는 공덕에 의해 악취(惡趣)에 떨어질 악업이 제거된다고 하였으며,[16] 삼보를 염하는 것에 염계(念戒), 염시(念施), 염천(念天)을 합하여 육념을 설하고 있다.[17] 또한 『증일아함경』에서는 십념을 설하고 있는데,[18] 십념이란 육념에다 마음의 조용함을 염하는 염휴식(念休息), 출입하는 숨을 세어 장단을 지각하여 망상을 제거하는 염안반(念安般), 이 몸이 항상 하지 않고 무상하다는 것을 생각하는 염신(念身), 이 몸은 결국 죽는다는 것을 생각하는 염사(念死)를 포함한 것이다. 이 십념설은 귀의해야 할 대상인 삼보와 지키고 수행해야 할 계율과 보시, 장차 태어나야 할 천상과 현실에서 직면하는 무상과 죽음 등 하나 하나를 수행법으로 삼은 것으로 부파불

11 『증일아함경』 11 「제2억념품」(『남전대장경』 제22권, 하, 309)
12 『증일아함경』 2 「광연품」(『大正藏』 2권, 554상)
13 위의 책, 14 「고당품」(『大正藏』 2권, 615상)
14 『장아함경』5 「사니사경」(『大正藏』 1권, 34하)
15 『증일아함경』 32 「역품」(『大正藏』 2권,725상~중)
16 『잡아함경』 33(930) (『大正藏』 2권, 237하)
17 위의 책, 30(858)과 『장아함경』 제2권 「유행경」에 보인다.
18 『증일아함경』 제1권 「십념품」과 『증일아함경』 제2권 「광연품」에 보인다.

교시대에 접어들면서 폭넓게 전개된 것이라 하겠다.

(2) 대승경전

대승불교 시대로 오면서 염불하면 부처님만을 염하는 것 뿐 아니라 보살의 명호를 부르는 것도 염불로 확대된다. 『법화경』에서는 관세음보살의 명호를 부르면 많은 공덕이 있다고 설하고 있는데, 만일 한량없는 백천 만억 중생이 모든 고뇌를 받을 때에 관세음보살의 이름을 듣고 일심으로 부르면 관세음보살이 즉시 그 음성을 듣고 다 해탈을 얻게 한다고 하였고, 또 바다에서 폭풍이 불어 배가 표류하여 멀리 나찰귀의 나라에 떨어지게 되었을지라도, 만일 한 사람이라도 관세음보살의 명호를 부르면 이 모든 사람들이 다 나찰의 환난을 벗어나게 된다며, 이러한 인연으로 이름을 관세음이라 한다고[19]하는 등 어떤 역경에 처해 있을지라도 지극한 마음으로 관세음보살의 명호를 부르면 관세음보살은 그 소리를 듣고 와 구원해 주신다고 설하고 있다. 오늘날까지 성대하게 행해지고 있는 관음신앙은 이에 근거한 것이다. 이 밖에 「방편품」에는 "어떤 사람이 산란심으로 탑묘 중에 들어가서 한 번 '나무불' 이라 일컬어도 다 이미 불도를 이루었다"[20]는 말씀이 있으며, 「약왕보살본사품」에서도 "어떤 여인이 이 경전을 듣고 그 설한 바와 같이 수행하면, 그 목숨을 다 마친 뒤에 극락세계의 아미타불을 큰 보살 대중들이 둘러 있는 곳에 가서 연꽃 가운데의 보배 자리에 태어나리라"[21]고 설하고 있다. 『법화경』에서의 수행이란 수지·독송·해설·서사를 말함이니 대중적인 경권신앙으로도 왕생극락이 가능함을 말하는 것이다.

『화엄경』 「십지품」에서는 십종염불을 설하고 있다. 모든 보살이 초지(初地)인 환희지에 머물러 ① 모든 부처님을 염하고, ② 모든 불법을 염하고, ③ 모든 보살마하살(菩薩摩訶薩)을 염하고, ④ 모든 보살이 행한 바를 염하고, ⑤ 모든 바라밀의 청정한 모습을 염하고, ⑥ 모든 보살과 대중들의 수승함을 염하고, ⑦ 모든 보살들의 무너뜨릴 수 없는 힘을 염하고, ⑧ 모든 여래의 교화법을 염하고, ⑨ 능히 중생에게 이익을 주는 것을 염하고, ⑩ 일체 부처님과 보살들이 들어간 지혜 방편문을 염하기 때문에 환희심이 일어난다고 설하고 있다.[22] 이는 염하는 대상의 다양함을 보여주고 있으나, 구체적인

19 『묘법연화경』 7 「관세음보살보문품제 25」(『大正藏』 9권, 56하)
20 위의 책, 제1권 「방편품제 2」 (『大正藏』 9권, 9상)
21 위의 책, 제6권 「약왕보살본사품제 23」 (『大正藏』 9권, 54중~하)

과보나 왕생을 설하고 있지는 않다. 다만 환희심을 일으키는 근거로 십종 염불을 설하고 있다.

『무량수경』에는 아미타불이 과거인행 시에 발원한 사십팔원 중 제18원에서, “만약 제가 부처가 되어서도 시방의 중생들이 지극한 마음으로 믿고 원해 저의 나라에 태어나려고 십념(十念)을 해도 태어날 수 없다면, 저는 부처가 되지 않겠습니다”[23]라고 하는 아미타불에 대한 십념(十念)이 나오고 있고, 또 같은 경 하권에 “모든 중생은 그 명호를 듣고 기쁜 마음으로 신심을 내어 한 생각이라도 지극한 마음으로 저 국토에 태어나기를 원하면 곧 왕생하여 불퇴전의 자리에 오른다”[24]고 하여 일념(一念)을 말하고 있는데, 이를 일념염불(一念念佛)과 십념염불(十念念佛)이라고 한다.

그리고 『관무량수경』에는 하품상생(下品上生)은 나무아미타불의 부처님 명호를 부르는 공덕에 의해 오십 억겁 생사의 죄가 제거된다고 하였고, 하품하생(下品下生)은 무량수불을 지극한 마음으로 소리가 끊어지지 않게 하여 십념을 구족하면 팔십억 겁 생사의 죄가 제거된다고 하여,[25] 아미타불 염불에 의해 죄가 멸하게 되고 정토에 왕생하게 되는 것을 강조하고 있다.

다음 『아미타경』에서는 극락세계에 왕생하는 것이 세속에서 짓는 여러 가지 선근으로 할 수 없고 오로지 아미타불에 대한 염불이어야만 가능하다고 하였다. “조그마한 선근 복덕으로는 저 국토에 태어날 수가 없느니라. 만약 선남자 선여인이 아미타불에 대한 설법을 듣고 명호를 지니어 혹은 하루, 혹은 이틀, 혹은 사흘, 혹은 나흘, 혹은 닷새, 혹은 엿새, 혹은 이레 동안 일심으로 마음이 흐트러지지 아니하면 그 사람의 임종 시에 아미타불이 모든 성중과 함께 그 사람 앞에 나타나신다”[26]고 하여 아미타 염불을 말하고 있다. 이상이 정토삼부경에 설하여진 아미타 염불이 이루어진 근거이다.

『지장보살본원경』에서는 “만약 미래세에 선남자 선여인이 있어 이 보살의 명호를 듣고서 혹은 찬탄하고, 혹은 우러러 경배하고, 혹은 명호를 부르고, 혹은 공양하고, 혹은 형상을 그리고 조각하고 도금하면, 이 사람은 마땅

22 『대방광불화엄경』 제23 「십지품」 제22-1 (『大正藏』 9권, 544하~545상)
23 『불설무량수경』 상 (『大正藏』 12권, 268상)
24 위의 책, 하 (『大正藏』 12권, 272중)
25 『관무량수불경』(『大正藏』 12권, 345하~346상)
26 『불설아미타경』(『大正藏』 12권, 347중)

히 백번을 거듭 삼십삼천에 태어날 것이며, 길이 악도에 떨어지지 않을 것이다"[27]라고 설하고 있다. 또 만약 미래세에 하천한 모든 사람들, 즉 노비와 또는 자유롭지 못한 여러 사람들이 숙업을 깨달아 참회하려고 하여 지극한 마음으로 지장보살의 형상에 우러러 절하고, 또는 칠일 동안 보살의 이름을 염하여 만 번을 채워서 그들이 지은 업보가 다하면 천만 생 동안 항상 존귀하게 태어나 다시는 삼악도의 고통을 거치지 않는다고 설하고 있다.[28] 이와 같이 지장보살을 생각하고 부르는 수행법을 실천하면 오랜 세월 동안 지은 죄업이 소멸되어 다시는 이러한 고통을 받지 않고 좋은 과보를 받는다고 설하고 있다.

『약사유리광칠불본원공덕경』에 설하여진 여래의 여덟 가지 본원[29]에서는 모두 염불을 강조하고 있다. 중생이 지극한 마음으로 나의 이름을 부르면, 그 염불의 힘으로 말미암아 모든 괴로움, 온갖 병이 다 없어지고 마침내 위없는 보리를 증득하게 된다고 하는 등 여덟 가지 원이 모두 다 염불에 의해 충족됨을 알 수가 있다. 그리고 만약 병든 사람이나 여러 가지 어려움에 처해 있는 사람이 칠일 동안 팔관재계를 받고 여러 가지 공양물로 부처님께 공양하면서 이 경전을 마흔 아홉 번 독송하고 마흔 아홉 개 등을 밝히고 부처님의 명호를 부르면 모든 것이 원하는 대로 이루어진다고 하였다.[30] 이것은 다 약사여래의 명호를 부르는 공덕에 의해 이루어지는 것으로 염불 자체에 공덕이 있다는 약사여래 염불이다.

2) 인도불교에서의 염불

(1) 마명의 전의염불(專意念佛)

인도불교 논사 가운데 불법을 널리 선양하였고, 『대승기신론』, 『불소행찬』 등의 탁월한 저술을 남긴 마명(馬鳴 Aśvaghoṣa 1, 2세기경 생존)의 염불사상은 초기저술에 나타난 원시불교 형태의 귀의적 염불관과 대승불교 형태의 왕생과 불퇴전(不退轉)적 염불관으로 나누어 볼 수 있다. 마명은 『대장엄론』과 『불소행찬』에서 염불이 정법이며 염불에 의해 해탈을 얻을 수 있다고 설하고 있는데, 이는 초기 원시경전에 나타난 염불과 같은

27 『지장보살본원경』(『大正藏』 13권, 778중)
28 위의 책, (『大正藏』 13권, 783중)
29 『약사유리광칠불본원공덕경』 권상(『大正藏』 14권, 409중~하)
30 위의 책, 하(『大正藏』 14권, 415하)

성격을 지닌 것이다. 그러나 후기에는 진일보한 염불관을 보이고 있다. 『대승기신론』에서는 논을 저술한 8가지 인연 중에 염불을 설하고 있는데, 일곱 번째 인연으로 전념(專念) 방편을 보이어 부처님 앞에 나서 반드시 결코 신심에서 물러나지 않기 위해서 이 논서를 지었다는 것이다.[31] 이어서 논의 마지막 부분에서는 전의염불(專意念佛)의 인연으로 타방(他方) 불토에 왕생하고 부처님을 친견하며, 길이 악도를 여읜다고 설하고 있다.[32] 기신론에서는 심진여문(心眞如門)에 들어가기 위해서 망념(妄念)을 여의어야 육진(六塵)의 경계가 없어진다고 한다. 그러나 상근기가 아닌 마음이 약한 범부들이 수행으로 진여문에 들어가기란 매우 어려운 일이다. 그래서 『대승기신론』에서는 전념염불을 통하여 정념(淨念)을 가지고 진여법신을 관하여 정정취(正定聚)에 머무를 수 있다고 설하는 것이다. 물론 근래 『대승기신론』의 저자에 대하여는 이견들이 있지만, 이 논을 통해서 대승불교 초기에 나타난 새로운 염불관을 볼 수 있다고 하겠다.

(2) 용수의 진염불(眞念佛)

인도에서 대승불교를 완성한 용수(龍樹 Nāgārjuna 약150~250)는 그의 저서인 『십주비바사론』에서 색신염불(色身念佛)과 법신염불(法身念佛), 실상염불(實相念佛) 등을 말하고 있다.[33]

색신염불이란 오롯한 마음으로 모든 부처님의 상호를 취하여 염하는 것인데, 부처님의 색신은 삼십이상(三十二相) 팔십종호(八十種好)로 장엄되어 있기 때문이다. 법신염불이란 색신을 염하고 난 후, 부처님의 법신을 염하는 것을 말한다. 용수는 삼십이상 팔십종호로써 부처님의 몸을 염하고 나서 다음에는 부처님의 모든 공덕의 법을 염해야 한다고 한다. 사십불공법(四十不共法)으로써 부처님을 염하는 것이 법신염불이며, 법신염불을 하는 이유는 모든 부처님의 몸은 색신이 아니고 법신이기 때문이라고 설명하고 있다. 실상염불이란 색신불과 법신불에도 탐착하지 않는 허공과 같은 영원한 적멸을 의미한다. 다시 말하면 모든 법이 허공과 같은 줄 아는 것으로, 이것이 용수가 생각하는 염불의 본의라고 할 수 있다. 용수는 염불을 색신

31 『대승기신론』(『大正藏』 32권, 575하)
32 『대승기신론』(『大正藏』 32권, 583상)
33 『십주비바사론』「염불품」 제20에서는 색신염불, 「사십불공법품」 제22에서는 법신염불, 「조염불삼매품」 제25에서는 실상염불과 십호염불에 대하여 논하고 있다.

염불→법신염불→실상염불의 순서로 논하고 있다. 염불수행의 차례로 처음에는 염하기 쉬운 색신염불에서부터 시작하여야만 궁극의 목적인 실상까지 도달할 수 있다고 한 것이다. 실상염불은 색신과 법신에도 집착하지 않는 중도의 실천으로써 반야공의 사상을 기초로 한 공관염불이다. 용수는 이러한 실상염불을 진염불(眞念佛)이라고 표현하고 있다.

(3) 무착의 별시의염불(別時意念佛)

『섭대승론』에 보이는 무착(無着, Asanga: 5세기경 생존)의 염불사상은 별시의염불과 법신염불의 두 종류로 볼 수 있다. 별시의 염불이란 일종의 칭명염불이며, 사의(四意: 平等意, 別時意, 別義意, 衆生樂欲意)를 언급한 가운데 설한 것으로, 다보불(多寶佛)의 명호를 부르는 칭명에 의해 무상보리(無上菩提)에서 물러나지 않으며 발원에 의해 안락불토(安樂佛土)에 왕생한다는 것이다.[34] 이 별시의 염불은 중국과 우리나라에 많은 영향을 주어 『유심안락도』에서도 무착의 별시의설을 인용하여 논하고 있다.[35]

다음으로 무착은 억념염불 형태의 법신염불에 대하여는 법신에 구족된 일곱 가지 수승한 공덕을 염하여야 한다고 말하고 있다. 일곱 가지 염이란 ① 모든 부처님은 일체법에 자재함을 얻음, ② 여래의 몸이 상주함, ③ 여래는 최승(最勝)으로 무죄함, ④ 여래는 공용(功用)이 없음, ⑤ 여래는 대부락(大富樂)을 받음, ⑥ 여래는 모든 염오(染汚)를 떠남, ⑦ 여래는 능히 대사(大事)를 이룬다는 일곱 가지 공덕이다. 이와 같은 칠종염(七種念)으로써 마음속에 염함에 의해 법신을 통달할 뿐 아니라 성숙하지 못한 사람들을 성숙하게 하며, 이미 성숙한 사람은 해탈하게 하는 이익이 있다고 설하고 있다.[36]

이 두 종류의 염불에서 보듯이 무착의 염불은 현세에서 과보를 얻는다는 점을 강조하고 있는 것이 특색이라고 하겠다. 별시의설에 언급된 안락불토에 왕생하는 것은 염불에 의한 것이 아니라 발원에 의한 것이라고 볼 수도 있으나, 이 또한 염불행에 포함되는 것으로 보아야 한다는 견해도 있다.[37]

---

34 『섭대승론』 중 응지승상제 2-2 (『大正藏』 31권, 121중)
35 『유심안락도』(『大正藏』 47권, 118중~119상)
36 『섭대승론』하 피과지분제 11 (『大正藏』 31권, 150하~151중)
37 이태원, 『염불의 원류와 전개사』(운주사, 1998) 229면 참조.

3) 중국불교에서의 염불

(1) 혜원의 염불삼매(念佛三昧)

혜원(慧遠, 334~416)의 염불사상은 『대승대의장』 및 『광홍명집』 제30권의 「염불삼매시집서」[38]와 유유민(劉遺民)의 「여산백련사서문」[39] 등에서 볼 수 있다. 혜원은 69세인 원흥 원년(402)에 여산 반야정사에서 승속(僧俗) 123인과 함께 아미타상 앞에서 단을 차려 서원을 세우고 서방에 왕생하기를 기약하는 염불삼매를 수행하였다. 이것이 바로 결사염불의 시초라 할 수 있는 혜원의 백련결사이다.

그러면 혜원이 행한 염불삼매란 어떠한 것인가. 그는 「염불삼매시서」에서 "염불삼매란 무엇인가. 사(思)를 전일하게 하고 상(想)을 고요히 하는 것[사전상적(思專想寂)]을 말한다. 생각이 전일하면 뜻이 한결같아 산란하지 않고, 상이 고요하면 기가 비워져 정신이 밝아진다. 기가 비워지면 지혜의 비춤이 편안하고 정신이 밝아지면 어둠이 없고 가리지 않는다. 이 두 가지가 바로 자연의 현묘한 부합으로 하나로 합하여 쓰임을 이루는 것이다"라고 정의하고 있다.[40]

당시 혜원의 염불은 입으로 부처님의 명호를 부르는 칭명염불이 아니라, 마음을 집중시키고 잡상(雜想)이 없는 적정(寂靜)한 정신 상태를 유지하는 삼매의 수행이라고 하겠다. 이러한 혜원의 여산백련사 유풍은 중국뿐만 아니라, 우리나라에까지 영향을 미쳐 고려시대에는 요세(了世)의 백련결사와 천책(天頙)의 염불결사가 이루어졌다.

(2) 담란의 십념상속(十念相續)

담란(曇鸞, 467~532)은 용수의 중관사상과 중국의 노장사상 위에 정토사상이 교학적인 면에서 깊이 뿌리내릴 수 있게 크게 기여하였다. 그는 나름대로의 염불사상을 전개하여 십념상속, 염(念)과 칭(稱)의 관계, 신(信)과 염불 등에 관하여 탁견을 주장하였다. 담란의 염불은 시방세계 모든 부처님에 대한 용수의 염불과는 다르게 아미타불 한 부처님에 대한 염이다. 이는 정토교입장에서 생겨난 것으로 담란 염불의 특징이라 하겠다. 마음의 상태에 있어서도 일심으로 아미타불을 전념하는 염불을 강조하고 있다. 아

38 『광홍명집』 권30, 「염불삼매시집서」(『大正藏』 52권, 351중)
39 『악방문류』 권2, 「여산백련사서문」(『大正藏』 47권, 176상)
40 위의 책, 권2, 「염불삼매시서」(『大正藏』 47권, 165하)

미타불을 염함에 있어서 앞의 생각과 뒤의 생각이 서로 이어지고 잡념이 없어야 한다는 것이 담란의 염불이다. 이러한 염불이어야 공덕이 수승하고 정토에 왕생할 수 있다고 한다.

담란은 잡념이 없는 마음[不雜心]을 이름하여 십념상속이라고 정의하고 있다.[41] 담란은 반드시 염불하는 숫자를 알 필요는 없다고 한다. 따라서 십념상속의 십념이란 그 의미가 10이라는 숫자에 있는 것이 아니라 잡념 없이 마음과 마음이 이어지는 연속성에 있다는 것이다. 또한 담란의 염불은 마음속에 작은 의심도 없이 믿고 하여야 한다는 점이다. 조금도 의심없는 신심(信心)이 근본이 되어야 십념을 성취할 수 있다고 본다. 의혹을 가지고 아미타불을 억념하면 왕생할 수 없는 반면, 어떠한 악업을 짓더라도 의혹이 없는 십념염불을 행하면 공덕이 더 중하여 업에 이끌리지 않고 왕생할 수 있다고 주장한다.[42]

(3) 도작의 약시피기(約時被機)

도작(道綽, 562~645)은 당시를 말법시대로 규정하여 불법이 미약해지고 중생의 근기가 하열한 시기에 가장 적합한 가르침이 바로 정토교라고 자각하였다. 도작은 『안락집』에서 교를 일으킨 이유를 시기를 잡고 근기에 맞는 것[約時被機]이 정토이기에 귀의하기를 권한다고 말하고 있다.[43] 오탁악세(五濁惡世)의 말법시대에는 염불을 실천하는 사람만이 죄악에서 구제될 수 있다고 하는 것이 도작의 기본 사상이다.

도작의 염불 특징은 두 가지로 요약할 수 있다. 첫째, 참회(懺悔)염불이다. 참회염불은 말법시대의 죄악범부들이 쉽게 실천할 수 있는 수행법이다. 참회는 스스로가 죄악인 이라고 자각했을 때 나오는 행으로, 이로 인해 업장이 소멸되고 재앙이 따르지 않는 것이다. 둘째는 칭명염불이다. 이것 역시 말법시대 중생의 근기에 역점을 둔 것으로, 근기가 하열하여 관념(觀念)이란 난행(難行)을 실천할 수 없다고 보아 실천할 수 있는 칭명을 이행(易行)으로 보고 권한 것이다. 다시 말하면 염불의 접근 방법을 관념염불에서 칭명염불로 전환시킨 것으로, 관념으로 바로 들어가지 않고 칭명을 통한 염불법을 통하여 관념염불까지 포섭하는 성과를 얻고자 하였다. 한편

41 『약론안락정토의』(『大正藏』 47권, 3하)
42 위의 책, (『大正藏』 47권, 2중~하)
43 『안락집』상 (『大正藏』 47권, 4상)

도작 스스로도 적극적인 칭명염불의 수행자였다. 그는 매일 7만 번에 달하는 칭명염불을 행하였으며, 소두(小豆)로 염불하는 숫자를 헤아리도록 권하여 비로소 수량염불이 시작되었다고 한다.[44]

(4) 선도의 칭명염불(稱名念佛)

선도(善導, 613~681)는 당(唐)대에 정토교를 완성한 사람이다. 선도의 염불사상은 담란과 도작의 영향을 받았으며, 말법관에 입각하여 참회염불, 지계(持戒)염불, 칭명염불을 주창하였다. 선도의 염불은 아미타불 한 부처님만의 본원력을 깊이 믿고 의지한 염불로 관념하고 사유하는 염불이 아니고 전심(專心)으로 아미타불 명호를 부르는 오로지 칭명일행(稱名一行)만을 닦는 데에 귀결되었다.[45] 이는 근기가 하열한 범부를 구제하기 위한 이행법이다. 그러나 이 칭명 또한 염불을 위한 행이다. 구업(口業)으로 하는 칭명염불에 다른 생각이 섞이지 않고 일심불란하게 이루어지면 이는 저절로 의업(意業)으로 성립되기 때문이다. 이러한 상태를 심구상응(心口相應)의 염불이라고 한다.

다음으로 지계와 염불, 참회와 염불을 겸수하는 것이 지계염불이고 참회염불이다. 지계염불은 죄를 짓지 않게 방지하며, 참회염불은 지은 죄를 자각하고 소멸시키는 행이다. 이 또한 말법관에 의한 죄악범부사상에서 비롯된 것으로, 계율을 지키지 않으면 죄악을 짓게 되고, 이미 죄악을 지었으면 참회해야 되기 때문이다. 선도는 정토에 왕생하고자 하면 계를 지키면서 염불하고 아미타경을 외우도록 권하고 있다.[46] 이는 지계가 근본이 되어 염불해야 함을 강조한 것이다. 또한 불상 앞에서 지은 죄를 숨김없이 드러내고 지극한 마음으로 참회[發露懺悔]할 것을 권하고 있다. 참회하는 방법으로는 시간을 정하여 밤과 낮, 혹은 삼시(三時), 육시(六時)에 오체투지하며 지극한 마음으로 참회한 후에 염불할 것을 가르치고 있다.[47] 진실한 마음으로 자기의 죄업을 뉘우치고 참회할 때, 염불은 전일한 상태의 염불이 되는 것이다. 그러므로 염불하는 자는 지계와 참회를 끊임없이 실천하면서 칭명염불을 하여야 두터운 죄업을 멸하고 아미타불의 본원에 힘입어 정토에 왕

44 이태원, 『염불의 원류와 전개사』(운주사, 1998) 361~362면 참조
45 『왕생예찬게』(『大正藏』 47권, 439상~중)
46 『관념아미타불상해삼매공덕법문』 (『大正藏』 47권, 23중)
47 위의 책, (『大正藏』 47권, 24중)

생할 수 있다고 보는 것이 선도의 염불관이다.[48]

(5) 연수의 선정쌍수(禪淨雙修)

법안종(法眼宗)의 제3조인 연수(延壽, 904~975)는 『정토지귀집』의 「참선염불사과간」 사구게에서 선(禪)만 있고 정토가 없는 수행은 망념을 제거하지 못하여 십 중 아홉은 길이 어긋나며, 선은 없고 정토만 있는 수행은 한 사람도 낙오함이 없이 정토에 왕생하고, 선도 있고 정토도 있는 수행은 뿔이 달린 호랑이와 같이 강하여 현세에서는 모든 사람의 스승이 되고 내세에는 부처님이나 조사가 되며, 선도 없고 정토도 없는 수행은 만겁이 지나고 천생을 반복해도 의지하는 사람이 없다고 논하고 있다.[49] 이 중 선도 있고 정토도 있는[有禪有淨土] 것이 연수가 가장 이상적인 수행으로 주장하고 실천한 선정쌍수이다.

연수는 근기를 중시하여 상근기인 사람에게는 계를 주어 참선을 하게 하고, 중근기와 하근기인 사람에게는 염불을 권하는 등 제각기 다른 수행을 권하였다. 이러한 점은 다른 선사들과는 달리, 염불을 배척하지 않는 것으로 제선행융합(諸善行融合)에서 나온 것이라 하겠다. 또 염불에 있어서도 앉아서 단순히 하는 좌염불보다 예배와 칭명을 함께 겸수하는 행도염불(行道念佛)을 권하고 있는 것이 특이하다. 당시 일부 선가에서 참선만을 고집하여 염불을 비난하는 것에 반하여 염불행을 포함시켜 권한 것은 그의 탁견이라고 하겠다. 연수의 선정쌍수 사상은 중국 후대의 불교에 많은 영향을 주었고, 우리나라에서는 조선시대 서산(西山)이 영향을 받아 염불과 선의 일치를 주장하였다.

4) 한국불교에서의 염불

(1) 삼국시대

고구려, 백제, 신라의 삼국시대에 염불과 관련된 자료는 매우 희소하다. 다만, 사료 중 극히 일부의 내용을 미타신앙 또는 염불과 일부 관련지어 보거나, 해외 사료를 통해 유추해 볼 수 있을 뿐이다. 그러나 전해지는 사료는 없지만, 당시 정토관계 경전들이 이웃 중국에서 많이 번역되었으므로 불교

48 이태원, 『염불의 원류와 전개사』(운주사, 1998), 418~470면 참조

49 『정토지귀집』 상권, 「참선염불사과간」(『신찬대일본속장경』, 61-379중~하)

전래 추세에 비추어 볼 때, 관련 경전들이 전래되어 신앙되었으리라 짐작할 수 있다.

고구려의 경우는 현존 사료를 통해 미타신앙과 염불에 관련된 자료를 일체 찾아볼 수 없다. 다만 『삼국사기』에 의하면 신라 문무왕 6년(666)에 고구려 귀신(貴臣) 연정토(淵淨土)가 3,543인을 거느리고 항복하여 왔다는 기록[50]이 있는데, 연정토의 '정토'(淨土)라는 이름에서 고구려의 정토신앙을 짐작해 볼 수 있는 정도이다. 그리고 『해동고승전』에는 고구려 대승상(大丞相) 왕고덕(王高德)이 의연(義淵)을 북제(北齊)에 파견해 불교의 전래와 경전 등 여러 의문사항을 배워오게 하였는데, 의연은 당시 그곳의 대통(大統)이었던 법상(法上, 495~580)을 찾아 법을 물었고 법상은 자세하게 대답해 주었다고 기록하고 있다.[51] 그런데 법상은 중국 정토의 여섯 대덕(大德) 중 한 사람이며, 중국 정토의 비조(鼻祖)로 삼고 있는 보리유지(菩提流支)와 그의 번역인 『십지론』에 대한 언급도 있어서, 의연을 통하여 정토관련 교학도 고구려에 유입되었으리라 짐작할 수 있는 정도이다.

백제의 경우도 국내문헌에는 전혀 찾아볼 수가 없고 해외자료를 통해 그 윤곽만 파악할 수 있을 따름이다. 일본의 기록에 의하면, 백제의 성명왕(聖明王)이 아미타불상과 관음, 세지상을 일본에 보내왔다고 한다.[52] 백제가 아미타삼존상을 일본에 보냈다는 것인데, 이로써 백제에는 미타신앙이 행하여지고 있었다는 반증이 되는 것이다. 당시 백제는 중국 남조(南朝)의 영향을 많이 받았으리라 짐작하고 있는데, 당시 남조에는 혜원을 중심으로 한 미타신앙이 활발하게 전개되고 있을 무렵이다. 또한 일본의 선광사(善光寺) 연기설화[53]에는 생신미타여래(生身彌陀如來)가 인도에서 백제로 날아와 악업을 행하는 국왕과 백성들을 교화하고 불법을 크게 일으켜서 왕과 신하와 모든 백성들이 아침저녁으로 염불하고 공경 예배하였다는 기록이 있다. 백제의 미타신앙은 서방왕생보다는 현세구제의 성격을 보여주고 있다.

삼국 중 가장 늦은 법흥왕(法興王) 때(527)에 불교를 받아들인 신라 역시,

50 『삼국사기』 권6 신라본기6, 문무왕 6년 12월조

51 『해동고승전』 권1 석의연(『大正藏』50권, 1016중~하), 『속고승전』 권8 석법상(『大正藏』 50권, 485중)

52 『일본서기』 권19, 흠명천황 16년 8월조

53 『일본불교전서』 86권 「선광사연기」, 87권 「선광사연기집주」

통일 이후 자료는 많이 남아있는 편이나 통일 이전의 미타신앙에 대한 자료는 없다. 다만 선덕왕(善德王) 때에 대국통을 지냈던 자장(慈藏)이 『아미타경의기』와 『아미타경소』를 지었다는 기록[54]이 있을 뿐이다. 다만 당시 불교사정으로 보아 중국 및 고구려 백제를 통하여 정토관계 경전을 들여와 강송하고 왕생을 염원하는 염불신앙 형태가 행해졌으리라고 추론할 수 있을 뿐이다.[55]

(2) 신라시대

『삼국유사』에는 여러 유형의 염불수행에 대한 설화가 전해지고 있다. 문무왕 때 광덕 엄장의 설화[56]에서는 두 사문이 칭명염불과 관법의 수행을 통해 서방정토에 왕생하는 모습을 전하고 있는데, 무량수전에 두 손 모아 원왕생(願往生)이라고 사뢰는 간절한 모습을 통해 신라인의 생활에 깊이 다가간 미타신앙을 볼 수 있다. 또한 백월산의 미타 현신성불(現身成佛) 설화[57]에서는 노힐부득과 달달박박이라는 두 사문이 무상의 도를 깨닫고자 함께 수행하여 각각 미륵불과 무량수불로 성불하였다는 내용을 전하고 있는데, 이 설화는 아미타 염불을 통하여 서방정토에 왕생한 것이 아니라 신라에서 미타불로 현신성불하였다는 점에서 신라적 미타신앙의 특색을 보이고 있다.

또한 포천산 다섯 비구의 서왕(西往) 설화[58]에는 미상의 다섯 비구가 미타를 염불하고 서방정토를 구한 지 몇 십 년 만에 홀연히 성중이 서쪽에서 나타나 다섯 비구를 각기 연대에 모셔 공중을 타고 대광명을 발하며 서쪽을 향하여 가버렸다는 기록이 있다. 그밖에도 욱면(郁面)이라는 여종이 틈을 내어 미타도량에서 염불정진을 통해 서왕(西往)했다는 이야기[59]와 피리사(避里寺)라고 하는 절에 항상 미타를 염불하는 스님이 있었는데, 그 염불 소리가 17만호에 들리지 않는 곳이 없고, 소리의 고하가 없이 한결같이 낭랑

54 『동역전등목록』(T-2183-55-1151a), 『정토의빙경론장소목록』(『일본불교전서』 1권, 118면, 145면)
55 김영태, 「삼국시대 미타신앙의 수용과 전개」(『한국정토사상연구』, 동국대학교출판부, 1985) 11~50면 참조
56 『삼국유사』 권5. 감통7, 광덕 엄장조
57 위의 책, 권3, 탑상4, 남백월이성 노힐부득 달달박박조
58 위의 책, 권5, 피은8, 포천산 오비구조
59 위의 책, 권5, 감통7, 욱면비염불서승조

하여 모두 그를 염불사(念佛師)라고 불렀다는 설화[60]가 전해진다. 이러한 기록들을 통하여 신라시대에는 정토신앙에 의한 염불수행이 적지 않았음을 알 수 있다.

그리고, 신라시대 고승들은 당시 중국에서 칭명염불을 주창한 담란·도작·선도 등의 영향을 받았으면서도 그에 머물지 않고 진일보하여 독자적인 해석으로 정토신앙을 선양하였다. 신라 정토교학계에서 한결같이 관심을 가진 부분은 '십념왕생'이었는데, 원효(元曉, 617~686)는 『무량수경』 제18원의 '십념'과 『관무량수경』 하품하생(下品下生)의 '십념' 등을 해석하는데 참신한 내용을 기술하였다. 왕생에 있어서 발심을 정인으로 설정하고 염불을 조인으로 보는 입장이 원효의 견해였으므로 십념의 해석에 있어서도 이러한 견해가 반영된 것으로 보인다. 원효는 십념에 은밀의(隱密義)와 현료의(顯了義)가 있다고 보고, 은밀의는 『미륵발문경』에서 말하는 자심(慈心), 비심(悲心), 호법심(護法心), 결정심(決定心), 심심(深心), 발일체종지심(發一切種智心), 존중심(尊重心), 불생미착심(不生味著心), 원리산란심(遠離散亂心), 정념관불(正念觀佛)의 십념을 가리키는 것으로, 은밀의 십념은 범부로서 가능한 것이 아니고 초지 이상의 보살이라야 갖출 수 있다고 말하고 있다.[61]

그리고 원효는 현료의의 십념을 해석하면서 "하품하생이란 중생이 오역·십악 등의 착하지 못한 업을 짓다가 임종 시에 소리가 끊어지지 않도록 해서 십념을 갖추어 '나무아미타불'을 입으로 부르면 그로 인하여 팔십억겁의 생사죄업이 제거되고 목숨이 다한 후에 바로 왕생하게 되는 것" 이라고 『관무량수경』의 내용을 그대로 설명하고 있다.[62] 이처럼 원효는 『미륵발문경』의 십념과 『관무량수경』의 십념을 모두 제시하고 있다. 원효는 이러한 염불관에 근거하여 천촌만락(千村萬落)을 돌아다니며 노래 부르고 춤추며 염불로써 중생제도의 대 보살행을 실천하였던 것이다. 원효의 미타정토 관련 저술로는 『무량수경종요』, 『아미타경소』 등이 남아있다.

이에 대해서 법위(法位, ?~?)는 『무량수경』의 십념과 『미륵발문경』의 십념을 같은 것으로 보아, 이것을 십법십념(十法十念)이라 하고, 『관무량수경』의 십념은 하나의 명호만을 열 번 되풀이하여 염하는 것이므로 일법

60 위의 책, 권5, 피은8, 염불사조
61 원효, 『무량수경종요』(『韓佛全』 1권, 558하)
62 위의 책, (『韓佛全』 1권, 559상)

십념(一法十念)이라 하여 구별하고 있다. 전자는 수행의 난이도가 높아 죄를 짓지 않는 상품 성인들의 왕생인(往生因)이 되고 후자는 수행하기가 비교적 용이하여 하품 범부들의 왕생인이 된다고 보고 있다.[63]

경흥(憬興, 681~691)은 정토교가의 학설을 다양하게 섭렵하여 심도있게 비평하고 있는데, "다른 말은 그만하고 본문(무량수경문)을 해석하자[傍論且止 應釋本文]"[64]라고 주장하며 삼배구품의 왕생을 인정하고 있어, 원효·법위와는 사상적으로 조금 다른 측면에서 신라 정토학을 전개시켰다.

또한 의적(義寂, 702~736)은 십념의 해석에 새로운 면모를 보이고 있다. 의적은 『관무량수경』에 의하여 "십념을 지나는 시간에 오로지 불명을 부르는 것이 십념이다. 여기서 염이라 함은 나무아미타불을 입으로 부르는데, 이 6자를 지나는 사이를 일념이라 한다"[65]고 십념을 해석하였다. 그리고 의적은 구칭불명에 두 가지 의미를 부여한다. 첫째는 오롯한 마음으로 불명을 입으로 부를 때에 자연히 『미륵발문경』에서 말하는 열 가지 십념이 갖추어진다는 것이고, 둘째는 "십념을 갖추어 나무아미타불을 입으로 부르는 것은 『미륵발문경』의 십념을 갖추어 입으로 부르는 것을 말하는 것이니 이렇게 부르고 염하면 소칭(少稱)과 다칭(多稱)이 다 왕생한다는 것이다.[66] 의적의 이러한 사상은 '칭명염불'은 일체 부족한 것이 없고 형식과 숫자에 구애될 것이 없이 왕생극락한다는 내용으로 정리된다.

이와 같은 신라적인 정토사상과 염불관은 누구라도 왕생할 수 있다는 희망을 주어 불교가 크게 일어나는 기반을 구축하였으며, 여러 사상들을 원융무애하게 받아들여 신라적 정토교학을 완성하였다고 하겠다.

(3) 고려시대

지눌(知訥, 1158~1210)은 마음 밖에 법이 없다는 종지에 의하여 가장 중요한 수행은 '성적등지(惺寂等持)'라 보고 서방정토에 대한 교의와 칭명염불의 수행을 비판하였다. "염불과 전경, 만행의 시위는 사문이 생활하는 일상법이니 어찌 방애됨이 있으랴. 그러나 근본을 찾지 않고 상에 집착하여 밖에서 구하면 지인의 웃음거리가 될까 염려된다"[67]라고 함이 바로 그러한

63 법위, 『무량수경의소』 권상, (『韓佛全』 2권, 11중)
64 경흥, 『무량수경연의술문찬』 권중, (『韓佛全』 2권, 48~49)
65 의적, 『무량수경술의기(복원)』 권중, (『韓佛全』 2권, 327중~하)
66 위의 책, 권중, (『韓佛全』 2권, 328상)

내용이다. 이는 다시 말하면 염불과 간경 등의 행을 닦되 성성적적의 마음 닦는 행위를 위한 방편으로 하는 것은 좋으나 마음 밖에서 정토를 구하는 것은 어리석은 일이라는 것이다. 계속하여 지눌은 『유마경』, 『육조단경』, 『여래부사의경계경』과 천태 지자의 법어와 영명 연수의 법어 등을 인용하여 말하기를 "비록 염불하여 정토에 나기를 구하지 않더라도 다만 오직 마음뿐임을 알아서 수순해 관찰하면 정토에 나는 것은 자연스럽고 필연적인 일이어서 의심할 것이 없다"[68]고 하면서 외상에 집착하여 서방으로 향해 소리내어 불호를 부르는 것을 크게 꾸짖고 있다.

한편, 요세(了世, 1163~1245)는 보현도량을 결사하고 천태삼매의에 의하여 법화삼매를 닦으며 정토에 나기를 구하여, 매일 『법화경』을 외우고 준제신주 일천 편과 미타불호 일만 성을 외우는 것으로 일과를 삼았다.[69] 요세의 이러한 염불수행은 천태종지에 입각한 염불행으로 새로운 불교의 모습을 보이고 있다.

태고 보우(普愚, 1301~1382)는 개개인의 본성은 본래 생사가 없으므로 이것이 바로 무량수불이라는 미타관을 전개하여, 일대장교(一大藏教)가 방편이며 이 방편의 요점은 유심정토(唯心淨土), 자성미타(自性彌陀)라고 보았다. 또 염불을 선문의 공안으로 전용하여 염불하는 자신이 누구인가를 돌이켜 관하는 소위 공안염불(公案念佛)을 주장하였다.[70]

또한 나옹 혜근(慧勤, 1320~1376)은 "아미타불이 어디에 있는가. 마음에 두어 잊지 말라. 생각하고 생각하여 생각이 끊어진 무념처에 이르면, 온 몸에서 항상 광명을 뿜어내리라"[71]라고 자성미타 법어를 게송으로 읊고 있다. 혜근은 이와 같이 무념염불을 주장하면서 한편으로는 칭명염불도 권장하였다. 인생은 무상하므로 세간에 대한 애착심을 버리고 부지런히 아미타불의 명호를 불러 극락왕생할 것을 노래한 「승원가(僧元歌)」[72]가 그 대표적인 것이다. 이러한 혜근의 칭명염불은 주로 출가 수행자가 아닌 하근기의 서민과 일반 대중들을 위한 것이었다고 하겠다.

---

67 지눌, 『권수정혜결사문』(『韓佛全』 4권, 698중)
68 지눌, 『권수정혜결사문』(『韓佛全』 4권, 705상~중)
69 「만덕산원묘국사비명병서」『동문선』 권117, 16면
70 보우, 『태고화상어록』권상, 「시낙암거사염불약요」(『韓佛全』 6권, 679하)
71 혜근, 『나옹화상어록』(『韓佛全』 6권, 728상)
72 혜근, 『나옹화상가송』「나옹화상승원가」(『韓佛全』 6권, 746하)

이상과 같이 고려의 선사들은 선의 입장에서 정토를 융합하여 자성미타, 유심정토의 사상으로 발전시켰으며, 염불수행에 있어서도 지눌의 정혜염불, 보우의 공안염불, 나옹의 무념염불 등 독특한 사상적 특징을 가지고 전개되었다.

(4) 조선시대

조선시대의 불교교단은 배척과 억압에 의해 처음 10여 종의 교단이 7종으로, 다시 양종(兩宗)으로 바뀌었다가 나중에는 양종마저 없어지고 잠시 부활하였다가 다시없어지는 등 많은 변화와 곡절을 겪어, 무종산승(無宗山僧)의 교단으로 남게 되었다. 그러나 그 법맥을 중심으로 본다면 주축은 선종이라고 할 수 있다. 청허(淸虛, 1520~1604)와 부휴(浮休, 1543~1615) 이후에 중흥된 교단은 그 법맥이 조계, 임제계통의 선종이었다. 그러나 한편 청허와 부휴 이후로 그 법손들이 선에만 전심한 것은 아니었다. 오히려 경론의 연구에 힘쓰는 경향도 있었으며, 한편으로는 고성염불로 정토업을 닦았고, 때로는 진언을 외워 비밀법을 겸행하기도 하였다. 이와 같이 후기 승가에서는 선(禪)만도 아니고 교(敎)만도 아닌 선수와 교학이 함께 하였고, 또 염불도 함께 닦았기 때문에 당시의 불교를 삼문수업(三門修業)의 가풍이었다고 할 수 있다.[73]

함허당 기화(己和, 1376~1433)는 혜봉(惠峰) 등과 염불향사(念佛香社)를 결성하여 아미타불을 오로지 관상하고 명호를 전념하였다는 기록[74]이 있으며, 허응당 보우(普雨, 1507?~1565)는 『권념요록』을 지어 염불을 권장하였는데, 「서문」에서 "사람이 살아가는 길에는 의심은 많고 배움은 적으며, 업장은 두텁고 복은 적으니, 만일 열어 인도하는 글이 없다면 어찌 생을 구하는 법을 알 수 있겠는가?"[75]라고 하며 고금에 있었던 감응과 왕생의 이야기들을 모아 기록하고 있다.

청허 휴정은 "서방의 염불법이 결정적으로 생사를 초월한다. 심구(心口)가 상응하면 왕생은 한 순간에 된다. … 참선이 염불이며, 염불이 참선이다. 본성은 방편을 여의었으니, 밝고 고요하도다"[76]라고 하며, 심구가 상응하

73 김영태, 『한국불교사개설』(경서원, 1986), 216~217면.
74 기화, 『함허당득통화상어록』(『韓佛全』 7권, 231하)
75 보우, 『권념요록』 (『韓佛全』 7권, 609)
76 휴정, 『심법요초』(『韓佛全』 7권, 651상~중)

기만 하면 정토에 왕생함은 한 순간에 이루어지며, 염불과 참선은 기본적으로 다른 것이 아니라는 염불관을 천명하고 있다.

편양 언기(彦機, 1581~1644)도 그의 찬술 「선교원류심검설」을 통하여 경절문, 원돈문, 염불문의 3문공부를 기술하고 있으며,[77] 진허팔관의 『삼문직지』에서도 염불문, 원돈문, 경절문의 순서로 수행의 요문을 서술하고 있다.[78] 그리고 염불과 간경이 불문의 대도임을 일상적으로 말하고 있는 예도 자주 볼 수 있다. "염불·간경으로 뜻을 깊이 깨달으면 옛 동산 봄 나무에는 꽃이 만발했으리라.[79] 인을 닦고 덕을 쌓는 일은 용신이 기뻐하고 염불하고 간경하면 업장이 소멸된다.[80]"고 함이 바로 그러한 게송들이다.

그러나 조선후기의 염불행은 정토종·천태종·화엄종 등의 종지에 의한 염불관의 형성으로 행해진 염불이 아니고 주로 선종의 종지에 의해서 염불이 행해지고 있었다. 그래서 조선후기의 염불관은 '자성미타·유심정토·선념일심·선정일치' 등의 용어로 이해할 수 있다.

조선후기에 있어서 원 주류를 이루는 기본 염불관은 참선과 염불이 다르지 않다는 데에 있다. 서방의 염불법이 동토의 최상선이라고 하며[81] 극락가는 길을 알고자 하면 모름지기 주인옹에게 물어보라고[82] 말하기도 하고, 구송(口誦)은 조연이며 심념(心念)이 정인이니 자심정토와 자성미타가 나타나면 서방의 제성이 와서 환영함은 자신의 일이라 하고 염불하는 사람을 '염불선객' 이라 일컫기도 한다.[83] 이밖에도 참선과 염불이 차이가 없음을 천명한 글이 많이 보인다. "참선은 언어의 길을 밟지 않는 것, 염불은 정토가에 나기를 구하는 것, 참선과 염불이 원래 다르다고 말하지 말라. 공이 이루어지면 결정적으로 차이가 없다"[84] 이러한 언급들은 모두 조선후기의 염불관이 대체로 선문의 선지에 의해서 형성된 염불관이었음을 말해주고 있는 것이다.

이는 조선시대의 위축된 불교환경에서 형성된 염불관으로 보이며 정토

77 언기, 『편양집』 권2, (『韓佛全』 8권, 257중~하)
78 팔관, 『삼문직지』(『韓佛全』 10권, 138~166)
79 해원, 『천경집』 권상 (『韓佛全』 9권, 607상)
80 안진호, 『석문의범』(법륜사, 1968) 하, 72면.
81 도안, 『월저당대사집』 권하 (『韓佛全』 9권, 118상)
82 해원, 『천경집』 권상 (『韓佛全』 9권, 602중)
83 유일, 『연담대사임하록』 권4 (『韓佛全』 10권, 276하~277상)
84 해원, 『천경집』 권상 「증회열도인」(『韓佛全』 9권, 606중)

종의 특징이 제대로 발휘되지 못하고 일방적으로 축소된 것이었음을 느낄 수 있다. 이러한 염불관은 조선후기를 거쳐 오늘에 이르도록 별다른 변화를 보이지 않고 있다. 이것은 이미 언급한 바와 같이 조선시대의 열악한 정치·사회적 환경에 의해서 여말선초에 있던 종파들이 각자의 종지종풍을 지키지 못하고 무리하게 통폐합된 데서 온 부득이한 현상이라 이해된다. 그래서 염불·간경·송주 등 교종의 의례의식을 행하되 정토종·천태종·화엄종·총지종의 종지에 의해서 하는 것이 아니라 선문의 종지에 의해 실행하게 되었다. 이는 교종가풍의 의례를 선종의 종지로 실행한 것이다. 그러므로 조선시대에는 교종은 의례의식은 유풍으로 전해지나 각자의 종지를 상실하게 되었고 선종은 종지로서의 선지는 계승되었지만 교종의 의례의식들을 의행하고 있어서 선종의 순수성을 결여하고 있다. 이것이 '선교양종·부종수교'로서의 조선불교가 갖는 한계점이며, 아쉬운 면이라 하지 않을 수 없다.[85]

이밖에도, 조선 후기에는 많은 사찰에 염불당(念佛堂)이 있어서 만일회(萬日會)를 개설하고 아미타불을 칭념하여 정토왕생을 원하는 염불의 모임들이 많이 생겨났다. 만일회란 뜻을 같이하는 불자들이 1만 일을 기한으로 하여 나무아미타불을 칭념하는 법회를 말한다. 만일염불회가 이 시대에 와서 부쩍 성하였는데, 그 중에서도 건봉사(乾鳳寺)와 망월사(望月寺)의 만일회가 대표적인 것이었다. 특히, 건봉사의 만일회는 전후 3회에 걸쳐 대법회를 가졌다. 처음은 순조(純祖) 때(1801~1834)에 용허(聳虛)가 시작하여 마쳤고, 두 번째는 철종(哲宗) 때(1850~1863년)에는 벽오(碧梧)가, 세 번째는 만화(萬化)가 고종(高宗) 18년(1881)에 시작하여 융희(隆熙) 2년(1908)에 마쳤다.[86]

5) 일본불교에서의 염불

(1) 법연의 전수염불(專修念佛)

법연(法然, 1133~1212)은 칭명염불로 기존 일본의 불교를 크게 변혁시킨 정토종의 개조이다. 그는 해탈을 얻고자 하는 자신의 수행능력에 대하여 절망하던 중, 선도의 『관무량수불경소』를 읽고 감명을 받아 크게 깨우치

85 종범, 「조선후기의 염불관」『논문집』 4, (중앙승가대학, 1905.11), 31~36면.
86 김영태, 『한국불교사개설』(경서원, 1986), 219~220면.

고[87] 오탁악세의 말법시대에 정토문이야말로 깨달음에 들어가는 유일한 길이라고 주장하였다. 선도는 정행(正行)으로, 정토경전의 독송과 아미타불에 대한 관찰, 예불, 칭명염불, 찬탄공양의 다섯 가지를 말하고, 이와 대조적으로 아미타불 이외에 다른 불보살에 대한 행을 잡행(雜行)이라고 하였으며, 다섯 가지 정행 가운데서 칭명염불을 정정업(正定業), 즉 틀림없이 정토왕생에 이르게 하는 업이라고 하여 조업(助業)인 나머지 넷과 구별하였다. 법연은 보다 강하게 칭명염불을 강조하여 정토왕생을 위해서는 염불 이외의 어떠한 행위도 불필요한 것으로 여겨 배척하였다. 그는 『선택본원염불집』에서 "생사를 떠나기 위해서는 정토문을 택하고 정토문에 들어가기를 원한다면 모든 잡행을 버리고 정행만을 택하여 귀의하며, 정행을 닦으려면 조업을 물리치고 정정업만을 택하여 오로지 하라. 정정업은 곧 아미타불의 이름을 부르는 것이다"[88]라고 주장하고 있다. 법연의 전수염불은 이도(易道)와 신앙을 강조하여 승속(僧俗), 출가와 재가의 구별을 무의미하게 하였으며, 남녀노소, 사회적 신분이나 도덕적 공과, 종교적 위계나 지식의 유무, 경제적 조건에 관계없이 누구에게나 동일하게 염불에 의한 정토왕생이 가능하게 하였다.

(2) 친란의 비행비선(非行非善)

친란(親鸞, 1173~1262)은 일본 정토진종의 개조이다. 친란은 스승 법연의 가르침을 더욱 발전시켜 선행을 쌓을 여유조차 없는 악인이야말로 아미타불이 구원하고자 하는 대상이라는 악인정기설(惡人正機說)을 주장하며 새로이 정토진종(淨土眞宗)을 열었다. 그는 뿌리 뽑을 수 없는 자신의 죄악성을 깊이 자각하여 인간의 도덕적 행위가 자유로운 결단이 아니라 숙업(宿業)에 의해 결정되는 것이므로 번뇌구족의 범부로써 수행하고자 하는 모든 노력은 의미가 없다고 보았다. 친란에게는 염불행이나 신심조차도 우리 자신의 능력에 의한 행위나 마음일 수 없으며, 아미타불에 의해 주어지는 것으로 보았다. 그래서 그는 염불을 비행(非行), 비선(非善)이라고 규정

87 "행주좌와(行住坐臥)에 오직 온 마음을 다해 아미타불의 명호를 부르되 한시도 쉬지 말아라. 이것이 바로 해탈을 가져오는 업이니 저 부처님의 본원에 상응하는 것이기 때문이다."라는 『관무량수불경소』 권4(『大正藏』 37권, 272중)의 구절에서 크게 깨우쳤다고 한다.

88 『選擇本願念佛集』(『眞宗聖敎全書』(京都, 大八本興文堂, 1941) Ⅰ, 62면)

한다.[89] 이는 어떠한 자력도 용납하지 않으려는 순수한 타력의 강조이다. 전통적인 시각에서 볼 때, 염불이란 우리 스스로가 쉽게 정토에 왕생하기 위해 회향하는 행위였다. 친란은 이 개념을 완전히 뒤집어 아미타불의 행위로 바꾸었다. 왜냐하면 번뇌구족의 악업 중생은 아무것도 회향할 것이 없기 때문이다. 그러므로 친란은 모든 형태의 공덕 지향적 수행을 거부하고 오직 아미타불의 본원에 자신을 완전하게 맡기는 신심을 강조하였다. 그는 신심이 발생하면 우리는 아미타불의 섭취불사(攝取不捨)의 이익을 얻게 되고, 이로써 우리의 신심은 확정되어 정토왕생이 확정된 정정취(正定聚)에 이르고 등정각(等正覺)에 이르는 것이라고 규정하고 있다.[90] 그는 아미타불의 본원력에 의해 회향되는 신심 자체를 불성으로 간주했으며, 신심이 일어남을 발보리심(發菩提心)과 동일시하였고, 정토란 깨달음을 통해 얻는 진실한 세계 그 자체로 규정하였다. 정토에 태어나는 순간 아미타불과 똑같은 깨달음을 이루어 어떠한 차별도 없는 것이다. 그리고 이제 신심의 소유자에게는 과거업의 소산인 몸이 종말을 맞을 때까지 이미 확보된 구원을 기쁨과 기대 속에서 기다리는 일만 남은 것으로 보고 있다.[91] 친란은 철저한 타력의 입장에서 아미타불의 본원을 해석하여 모든 중생을 평등하게 무상의 경지에까지 이르게 하였다고 하겠다.

Ⅲ. 인접 개념과의 관계 및 현대적 논의

1. 인접 개념과의 관계

염불은 초기 불교교단에서 부처님에 대한 호칭과 찬탄인 칭명의 개념에서 비롯되어 불교 교리의 발달과 역사적 전개에 따라 정토왕생의 정인에 이르기까지 그 개념의 내포와 외연을 넓혀왔다. 가장 기초적이고 근본적인 의식작용에서 출발하여 오늘에 이르기까지 불교 전반에 걸쳐 가장 중요한 개념 중에 하나가 된 것이다. 염불을 중심으로 수많은 용어들이 새롭게 생겨났고, 또한 염불과 인접한 용어에 대한 개념과 해석은 불교의 다양한 교

89 『歎異抄』(『眞宗聖教全書』Ⅱ) 770면.
90 『末燈鈔』, 『眞宗聖教全書』 bⅡ, 666-667면).
91 길희성, 『일본의 정토사상』(민음사, 1999), 163면.

리의 전개에 따라 거듭 변이되며 심화되었다고 하겠다. 염불의 개념을 형성시키는 인접 개념들은 매우 다양하다. 그 중 가장 중요하다고 생각되는 몇 가지 개념들 - 문명(聞名)과 발심(發心), 그리고 칭명(稱名)과 관념(觀念), 아미타불과 본원(本願), 정토와 왕생, 그리고 염불과 선에 대하여 정리해보고자 한다.

1) 문명과 발심

아함 등 원시경전에서는 부처님의 법을 듣는 문법(聞法)이 중시되었으나, 대승불교 시대로 접어들면서 경전에서는 부처님의 명호를 듣는 문명(聞名)이라는 용어가 나타난다. 일반적인 문(聞)-사(思)-수(修)의 수행과정에서 보듯이 부처님의 법과 명호를 듣는 것은 첫 단계로, 우리들에게 진리의 문을 열어주는 중요한 과정이다. 이 '들음'을 통해서 비로소 진리를 보고 알고 깨달을 수 있기 때문이다. 『마하반야바라밀경』에는 부처님의 명호를 들으면 아뇩다라삼먁삼보리(阿耨多羅三藐三菩提)를 얻는다고 설하고 있다.[92] 문명이 바로 무상보리를 얻는 방법으로 나타나면서 매우 중요한 의미를 가지게 되는 것이다. 정토계 경전에서는 이러한 문명이 많이 보이고 있으며, 문명으로 얻는 과보도 다양하게 나타난다. 문명에 이어서 다음 나타나는 작용의 단계는 경전에 따라 상이하지만, 발심(發心), 기신(起信), 원생(願生), 염불(念佛), 소죄(消罪), 왕생(往生) 등의 형태로 나타난다. 『무량수경』에는 "모든 중생들은 그 명호를 듣고 기쁜 마음으로 신심을 내어 한 생각이라도 지극한 마음으로 저 국토에 태어나기를 원하면 곧 왕생하여 불퇴전에 자리에 머문다"[93]라고 설하고 있다. 이는 문명-기신-염불-왕생의 행도를 보이는 것이다. 또한 『장엄경』에서는 "중생이 부처님의 명호를 듣고 청정심을 일으켜 억념수지하고 귀의하며 공양하여 저 국토에 태어나고자 하면 이 사람은 목숨을 마치고 극락세계에 왕생하여 아뇩다라삼먁삼보리에서 물러나지 않을 것이다"[94]라고 설하고 있는데, 이는 문명-발심-억념-귀의-공양-왕생의 행도를 보이는 것이다. 이밖에 문명에서 바로 왕생으로의 행도를 보이기도 한다. 『관무량수경』 하품하생에서는 부처님의 명호와 법의 명호를 듣거나 내지 스님의 명호를 들을 수 있다면 이 삼보의 명호

92 『마하반야바라밀경』 권26 정토품 第82 (『大正藏』 8권, 409상)
93 『불설무량수경』 권하 (『大正藏』 12권, 272중)
94 『불설대승무량수장엄경』 권중 (『大正藏』 12권, 323중)

를 듣는 것만으로 곧 왕생할 수 있다고 설하고 있다.[95] 이와 같이 아미타불의 명호를 찬탄하는 소리를 듣고 나의 마음이 작용하여 공덕이 생기는 것이 문명공덕이다.[96]

발심이란 발아뇩다라삼먁삼보리심(發阿耨多羅三藐三菩提心), 발보리심(發菩提心), 발청정심(發淸淨心) 등의 신심을 표하는 약칭이다. 발심은 대승불교의 핵심인 보살도의 근본을 이루는 것으로 이를 단초로 하여 정각을 얻고, 중생을 제도하며, 왕생할 수 있는 것이다. 정토경전 이외의 경전에서는 정각, 삼매, 중생제도 등을 목적으로 한 발심을 설하고 있으나, 정토경전의 발심은 왕생을 목적으로 하고 있는 점이 상이하다. 『무량수경』에서는 염불의 제일의 요건으로 이 발심을 들고 있는데, 제19원에서는 "중생이 보리심을 발하여 모든 공덕을 닦아 지극한 마음으로 나의 국토에 태어나기를 원하면"[97]이라고 하여 발보리심을 설하고 있다. 『무량수경』에서는 상배, 중배, 하배 모두 발보리심을 근거로 한 염불을 강조하고 있다.

또한 『장엄경』 제14원에서도 명호를 듣고 보리심을 일으킨다며 문명으로 인한 발심을 설하고 있다.[98] 초기 정토경전에서는 작선(作善)과 육바라밀행을 근본으로 실천하는 보살도라는 용어가 등장하였으나, 후기 정토경전의 삼배단(三輩段)에는 발보리심이라는 용어가 등장한다.[99] 이와 같이 발심은 앞서 언급한 문명의 다음 행도로 경전에 언급되기도 하고, 문명과는 관계없이 염불에 앞선 첫 단계로 언급되기도 하는데, 문명과 발심 모두가 염불행도에 있어서 시점을 의미하는 매우 중요한 개념이라고 하겠다.

2) 칭명과 관념

염불에는 크게 칭명(稱名)과 관념(觀念)의 두 가지 의미가 포함되어 있다. 우리가 일반적으로 염불이라 하면, 칭명염불을 말하고 있지만 앞서 살펴본 바와 같이 염불이라는 단어가 가진 의미는 광범하다. 석존 재세 시에는, 불교 교단에 입문함에 있어서 부처님에게 귀경하고, 부처님을 염하여 그 이름을 부르는 구두의례가 일정의 의칙(儀則)으로 보편화되어 온 것이 칭념

95 『관무량수불경』(『大正藏』 12권, 345하)
96 이태원, 『염불의 원류와 전개사』, 88~114면 참조.
97 『불설무량수경』 하(『大正藏』 12권, 272중)
98 『불설대승무량수장엄경』 중(『大正藏』 12권, 319하)
99 이태원, 『염불의 원류와 전개사』(운주사, 1998), 44~61면 참조.

(稱念)의 사상이다. 그러나 석존이 입멸하신 뒤는 부처님의 추모(追慕), 억상(憶想), 억념(憶念) 등으로 의미가 바뀌었다. 거기에 석존의 유법(遺法)과 교단에 대한 귀경(歸敬)을 나타내는 생각[念法, 念僧]이 부가되어 삼념(三念)이 나타나게 되었다. 즉, 부처님께 귀경(歸敬)하고 부처님을 염하는 염불 사상은 칭명의 사상을 생기게 하였고, 부처님에 대한 추억의 염은 관념, 또는 억념으로 불도수행의 기본적인 행으로 크게 발전했다고 생각된다. 관념은 관(觀)하는 내용에 따라 구분되는데, 추상적인 이념을 관하는 경우를 이관(理觀)이라고 하고, 구체적인 사상(事象)을 관하는 것을 사관(事觀)이라고 한다. 이관이란 진여, 실상(實相), 불성 등을 관하는 것을 말하며, 부처님의 상호, 극락정토 등을 관하는 것을 사관이라고 한다.

이러한 관념과 칭명은 정토왕생을 위한 중요한 정인으로, 상호 작용하여 그 능력을 배가시키는 역할을 한다. 『관무량수경』에 의하면 부처님의 명호를 부르는 까닭에 염념(念念) 가운데 팔십억 겁 생사의 죄가 제거된다고 한다.[100] 이는 칭명과 관념에 의한 멸죄와 정토왕생을 설하고 있는 것으로, 칭명염불과 관념염불이 상호 작용하는 것이라고 할 수 있다. 담란은 임종 시에 대중들에게 칭명염불을 하라고 권하였는데,[101] 이는 칭명염불에 의해 아미타불을 관념할 수 있다고 본 것이라 하겠다. 그는 관념을 중시하여 잡념이 없이 억념하는 상태가 지속되는 것을 십념상속이라고 하여 강조하였다. 선도가 주장한 칭명염불도 아미타불의 본원력을 깊이 믿고 의지하여 전심으로 아미타불의 명호만을 부르는 것을 주장하였으나, 칭명에 의해 잡념이 섞이지 아니하면 관념은 저절로 이루어지므로 심구상응(心口相應)의 염불이라고 한다. 이른바 구업(口業)에 의한 의업(意業)의 작용이라고 하겠다. 즉, 입으로 칭하는 칭명염불과 마음으로 부처님을 염하는 관념염불이 상호 작용하여 하나의 염불로 완성되는 것이다.

3) 아미타불과 본원(本願)

아미타불(阿彌陀佛)은 범어를 한자로 음역한 것으로 그 뜻을 새겨 일반적으로 무량수불(無量壽佛), 무량광불(無量光佛)이라고 한다. 범어로는 'Amitābha', 또는 'Amitāyus'라고 하는데, 'Amitābha'는 헤아릴 수 없는 광명, 즉 무량

100 『관무량수불경』(『大正藏』 12권, 346상)
101 『정토론』 하(『大正藏』 47권, 97하)

광(無量光)을 의미하며, 'Amitāyus'는 헤아릴 수 없는 수명, 즉 무량수(無量壽)를 의미한다. 『아미타경』에서는 "이 부처님의 광명은 무량하여 시방의 나라를 비추어도 장애가 없기 때문이며, 이 부처님의 수명과 그 나라 인민의 수명이 한량없고 끝이 없는 아승지겁(阿僧祇劫)이기 때문에 아미타라고 이름한다"라고 정의하고 있다.[102] 아미타불은 과거에 법장(法藏)이라는 보살이었는데, 깨달음을 얻어 중생을 제도하겠다는 사십팔원을 세우고 오랫동안 수행한 결과 그 원을 성취하여 지금부터 10겁 전에 부처가 되어 현재 극락세계에 머물고 있는 부처이다.

부처는 모두가 보살인행 시에 중생을 구제하기 위하여 발원하였으며, 그 원이 원만하게 성취되어서 불과를 이루게 되는 것이다. 아미타불의 사십팔원, 약사여래의 십이원, 보현보살의 십원 등이 그것이다. 부처의 본질은 무한한 지혜와 무한한 자비에 있다. 부처가 중생을 구제하겠다는 자비와 중생의 구제받지 않을 수 없는 절박함이 서로 만났을 때 비로소 구제의 인연이 성립되는 것이다. 중생의 원은 번뇌의 제약 가운데에서 이루어지기 때문에 여래의 원과는 구별된다. 그래서 여래의 원을 '본원'이라고 한다. 여래의 본원과 중생의 원이 만날 때 비로소 구제의 기연은 성립하게 되는 것이다. 이때의 중생의 원이란 번뇌 중생으로서의 자각과 깨우침을 얻겠다는 소망인 것이다.

아미타불의 본원이란 모든 중생에 대하여 아미타불이 품은 의지와 자비의 표현이다. 자비는 지혜와 더불어 부처의 인격을 이루는 것이다. 초월적 지혜인 반야로써 그는 세계를 관조하며 세상이 진여로부터 오는 것임을 아는 반면에, 자비로써 그는 선정으로부터 나와 중생과 함께 한다. 바로 이러한 나옴이 본원이라고 하는 그의 원을 발하는 것이 된다. 그러므로 본원은 아미타의 의지임과 동시에 자비로운 마음인 것이다. 아미타가 선정에 머물고 반야로써 자기 자신에 머무는 한, 그는 중생들과 상대성의 차원에서 접근할 수 없는 존재이다. 그러므로 아미타는 본원 속에서 업에 종속되어 있는 우리와 같은 존재들과 의사소통을 하며, 우리도 본원을 통하여 아미타와 접촉하게 되는 것이다.

본원은 아미타불의 구원의 의지와 힘을 나타내는 것으로서 법성법신, 즉 실재 그 자체에 근거해 있는 우주적 힘이다. 본원은 궁극적 실재가 나타낸

102 『불설아미타경』(『大正藏』 12권, 347상)

하나의 특수한 상에 지나지 않지만, 그럼에도 불구하고 그것은 온 우주의 중생들이 응답하도록 되어있는 보편적 실재이다. 비록 그것이 정토신앙의 이야기에서 법장보살이라는 한 특정한 존재가 한 특정한 순간에 품었던 의지의 표현에 지나지 않지만, 그럼에도 불구하고 그것은 언제나 중생들을 떠나지 않고 있는 영원한 진리가 되어 나타난 것이다. 비록 본원이 정토에서는 원인과 결과의 관계로 나타나고 있지만 실제로 그것은 인과를 넘어서고 시공을 초월한 실재, 그 자체이며 모든 실재의 근저에 있는 것이다.[103] 염불을 통한 극락정토에로의 왕생은 본원이라고 하는 약속을 통해 중생에게 베풀어지는 가장 훌륭한 선물인 것이다.

4) 정토와 왕생

본래 정토(淨土)라고 하는 용어는 아미타불의 극락정토에 한정해서 쓰이는 말은 아니다. 다시 말하자면, 정토란 시방삼세(十方三世)의 모든 불국토(佛國土)를 가리키는 말로 예토(穢土)에 대비하여 쓰는 용어이다. 그런데, 불보살이 머물고 있는 곳을 정토라고 하지만, 윤회하는 삼계(三界) 내에도 불보살의 주처가 있다. 욕계에 있는 도솔천은 현재 미륵보살이 머물고 있는 곳이지만, 삼계의 내에 있으므로 예토라고 할 것이다. 그러나 아미타불이 상주 설법하는 서방 극락정토야말로 윤회에서 벗어난 정토라 할 것이다. 아미타불의 서방정토는 안락(安樂), 극락(極樂), 안양(安養)이라고도 불러지고 있다. 이것은 범어 'Sukhāvatī'의 번역으로 직역하면 '낙유(樂有)' 즉 즐거움이 있는 곳이라고 하는 의미로 안락, 극락이라고 하는 것은 의역한 것이다. 『무량수경』에서는 '안락'이라고 하는 단어를 사용하고 있으며 『관무량수경』과 『아미타경』은 '극락'이라고 칭하고 있다. 『아미타경』에서는 "그 나라를 어떠한 연유로 극락이라고 하는가. 그 나라의 중생은 많은 고통도 없으며 오직 모든 즐거움만을 받기 때문에 극락이라고 이름한다"[104]라고 하여 아미타불의 국토를 극락이라고 이름하는 이유를 설명하고 있다. 일반적으로 정토라고 하면 아미타불의 극락 국토를 의미하는 것으로 통용된다. 그것은 거의 모든 대승경전에서 아미타불의 극락정토가 언급되고 있으며, 아미타불의 극락정토가 가장 뛰어난 대승 불국토로 지칭되었기 때문이다.

---

103 D. T, Suzuki, Shin Buddhism (New York Harper & Row, 1970), 20면. 길희성, 『일본의 정토사상』, 민음사, 1999, 251-252면 번역 참조.

104 『불설아미타경』(『大正藏』 12권, 346하)

왕생(往生)이란 이 세계에서 다른 세계에 가서 태어나는 것으로, 극락왕생, 시방왕생, 도솔왕생 등이 있다. 극락왕생은 아미타불의 정토에 태어나는 것이며, 시방왕생은 시방정토 중 자기가 원하는 정토에 왕생하는 것이고, 도솔왕생은 『미륵상생경』의 교설에 따라 미륵보살이 계시는 도솔천에 왕생하여 구원받고자 하는 것이다. 또한 왕생의 방법에는 염불왕생(念佛往生), 제행왕생(諸行往生), 조염불왕생(助念佛往生), 문명왕생(聞名往生) 등이 있다.

정토사상에서 가장 중요한 것은 염불하여 극락정토에 왕생하는 것이다. 『무량수경』이나 『아미타경』에는 이것이 여러 가지 형태로써 설해져 있다. 아미타불의 본원 가운데는, 극락세계에 태어난 사람은 반드시 열반에 도달한다는 원[必至滅度願], 이 생을 마치고 다음 생에는 반드시 부처가 된다는 원[必至補處願], 부처님과 똑같이 삼십이상을 갖춘다는 원[三十二相願] 등이 있는데, 이것은 극락정토에 태어나는 것이 보살도를 완성하여 반드시 불과(佛果)를 얻는다는 것을 의미한다. 또한 왕생은 정토에 혼자 가는 것이 아니고, 임종 시에 아미타불이 많은 제자들을 거느리고 와서 극락정토에 맞아들이는 임종래영(臨終來迎)에 의해 장엄하게 정토에 왕생하는 것이다. 왕생은 아미타불의 본원에서 비롯되며, 그것은 바로 부처의 본질인 중생을 구제하지 않을 수 없는 동체대비(同體大悲)의 지혜와 자비가, 아미타불의 본원을 통해서 중생에게 회향되어지는 것을 말한다.

5) 염불과 선

참선과 염불은 서로 상반된 수행법이다. 염불은 서방을 향해서 수행하는 반면 참선에는 동서의 차별이 없다. 참선은 무념(無念)이 되려고 하지만 염불은 염상(念想)을 전일하게 가지려는 유념(有念)을 추구한다. 선은 공(空)사상에 근본을 둔 수행이고 염불은 유(有)사상에 근본을 두고 있다. 또한 참선이 자력에 의해 불성을 깨우치려 한다면 염불은 아미타불의 본원력이라는 타력에 의해 왕생하려는 목적을 가지고 수행한다.

그러나 이와 같이 상반된 참선과 염불을 융합하려는 움직임이 선승사이에 행해져 왔다. 참선을 하는 선승이 공안에 마음을 집중하는 데에 정심(定心)이 필요하듯이 염불 수행자도 오로지 아미타불을 염하기 위해서 정심이 필요한 것이다. 염불 수행자는 처음부터 정심염불을 하기 어려우므로 처음에는 평상심으로 하는 산심염불(散心念佛)부터 시작한다. 산심염불이 익숙해지면 스스로 정심염불에 나아갈 수 있는 것이다. 그 때문에 참선 수행자는 염불을 행하고 나서 좌선하면 더욱 더 정심을 얻을 수 있고 염불 수행자는 좌선하여 정심이 생긴 후에 염불을 하면 삼매력이 더욱 깊어지게 된다.

또한 참선은 무상보리(無上菩提)를 증득하기 위한 방편으로 지(智)의 면이 강한 반면, 정토왕생을 희구하는 염불은 비(悲)의 면이 강하다고 하겠다. 선정쌍수(禪淨雙修)의 근거를 지체(智體)와 비용(悲用)을 원만하게 갖추기 위한 데에서 찾기도 한다.[105] 선과 염불은 수행법으로서는 서로 상반된 입장을 가지고 있지만, 서로를 잘 융화하면 보다 더 훌륭한 수행법이 되기 때문에 많은 수행자들이 실천하려고 노력하였다.

2. 현대적 논의

염불은 그 형태와 내용에 있어서 실로 다양하게 전개되어 왔다. 초기 부처님 재세 시로부터 현재에 이르기까지 전개된 모든 불교의 가르침에 있어서 염불은 다양한 모습과 의미를 가지고 불교라는 범인류적 종교 형성에 핵심개념으로 크게 기여하였다. 때문에 우리는 염불이라는 개념이 빠진 불교를 생각할 수 없는 것이다. 염불은 불교가 종교성을 갖게 하는 가장 중요한 수행이며 의례이기 때문이다.

중생의 근기와 종파에 따라서 염불은 그 방법과 내용은 달리하면서도 항상 중생들과 하나가 되어 모든 불교 종파의 다양한 사상 속에 녹아 수행과 방편으로서의 역할을 하고 있는 것이다. 정토문으로서의 염불은 왕생을 위한 길로 타력신앙의 무한한 힘과 광명을 우리에게 주고 있으며, 성도문으로서의 염불은 자력수행을 통한 깨달음의 방편으로 우리에게 용맹 정진할 수 있는 믿음과 깨달음을 주고 있다. 염불은 시시각각 사리를 분별하는 우리의 마음이 본래 사람마다 갖추고 있는 본각(本覺)의 참 성품을 각오(覺悟)하는 것이다. 다시 말하면 나와 부처가 본래 하나임을 재확인하는 것이 염불이다. 결국 중생과 부처는 둘이 아니며 중생도 없고 부처도 없는 경지에 이르게 하는 것이 염불인 것이다. 한편 정토문 차원에서 염불을 논한다면 염불이란 아미타불의 본원에 의해 극락에 왕생하는 길로 우리는 그에 대한 깊은 믿음을 가지고 성실하게 따르기만 하면 되는 이행문인 것이다.

다시 말하면 우리는 염불로써 정토에 왕생하여 깨달음을 얻고 성불하는

---

105 藤吉慈海, 「禪淨雙修 根據」, 『印度佛敎學研究』 22-2, 83면.

것이다. 극락왕생의 대표적인 실천방법이 바로 염불인 것이다. 염불이란 부처님을 생각하거나 부처님의 명호를 소리 내어 부르는 것이다. 그러나 진정한 염불의 의미는 중생이 부처님을 생각하는 것이 아니라 부처님이 중생을 염려하는 것을 깨닫는 일이다. 그러므로 부처님의 원력을 믿는 것이 왕생과 성불의 근본이 되고 염불하는 것은 부처님의 크신 은혜를 우러러 찬탄하는 것이다. 이러한 염불의 의미를 현재의 시점에서 되새겨 보는 것은 매우 중요하고 뜻깊은 일이라 하겠다.

염불은 중생의 근기를 가리지 않고 모두가 함께 참여하여 수행할 수 있는 큰 문호를 열어놓고 있다. 더욱이 현대와 같이 도덕과 윤리가 땅에 떨어지고 진리가 차츰 빛을 잃어가는 시대, 전쟁과 기아, 문맹과 질병의 어두움 속에서 중생들이 벗어나지 못하고 끝없이 고통 받으며 살아가고 있는 현실에서 염불은 더욱 절실하게 요청되는 가르침이요, 방편인 것이다. 중생으로써 감내해야 할 고통은 예나 지금이나 마찬가지인 것 같다. 지금부터 약 2천년 전 설해진 『무량수경』의 내용을 보면 마치 오늘 세상을 살아가는 나 자신의 모습을 보고 있는 것 같다.

"세상 사람들은 하잘 것 없는 일들을 다투어 구한다. 악과 괴로움으로 들끓고 있는 세상에서 사람들은 자신의 생활 때문에 허덕이며 겨우 생계를 꾸려 나간다. 신분이 높거나 낮거나 가난한 자나 부유한 자나 남녀노소를 가릴 것 없이 모두 재물에 눈이 어두워 있다. 그러나 사실은 그것이 있거나 없거나 간에 근심 걱정은 떠날 날이 없다. 불안 끝에 방황하고, 번민으로 괴로워하여, 엎친 데 덮치는 욕심에 쫓기느라 조금도 마음 편할 틈이 없는 것이다."[106] 탐, 진, 치 삼독의 치성한 불길로 말미암아 중생들은 스스로를 옭죄며 고통 받고 있는 것이다.

그로 인하여 야기되는 중생계의 모습은 이렇다. "세상은 어지럽고 인심이 거칠어지고 사람들이 애욕을 탐하게 되면 진리에 미혹한 사람은 늘고 그것을 깨닫는 사람은 줄어든다. 세상은 항상 어수선하여 믿고 의지할 만한 것은 하나도 없다. 지위가 높은 사람이거나 낮은 사람이거나, 가난한 사람이거나 부유한 사람이거나 세상일에 얽매여 허덕이고, 저마다 가슴에는 독기를 품고 있다. 그러한 악한 기운 때문에 눈이 어두워 함부로 일을 저지른다. 천지의 도리를 어기고 인륜에 순종하는 생각이 없으므로 자연히 나

106 『불설무량수경』 권하(『大正藏』 12권, 274중~하)

쁜 짓을 하게 되고 마침내 죄의 갚음을 받게 된다. 또한 제 목숨이 다하기도 전에 비명 액사하여 지옥에 떨어지게 되고, 수천억 겁을 두고 갖은 고통을 받으면서도 나올 기약이 없는 것이다. 그 고통은 말로는 다 나타낼 수 없다. 참으로 슬픈 일이다."[107]

부처님께서는 이와 같이 고통 받는 중생의 구제를 위해 『무량수경』에서 다음과 같이 미륵보살과 천인들에게 설법하고 있다. "참으로 불국토에 왕생하기는 어렵지 않다. 그런데도 가는 사람은 없다. 그 불국토는 어김없이 신심 있는 이를 맞아들이고, 그들은 부처님의 원력으로 왕생하는 것이다. 그럼에도 불구하고 사람들은 어째서 세상일을 버리고 깨달음의 길에 이르려고 하지 않을까? 불국토에 태어나면 한량없는 목숨을 얻어 영원한 즐거움을 누리게 될 터인데…"[108] 부처님의 중생에 대한 애틋함과 안타까움이 절절하게 묻어나는 구절이다.

아미타불의 본원이란 법장보살이 발원한 48원이지만, 모든 인간의 본원이기도 하다. 본원은 지금으로부터 10겁 이전에 원을 성취하고 성불하여 지금은 십만 억 국토 저쪽 극락정토에 상주하시는 아미타부처님의 자비이다. 중생들은 그 본원에 의해 왕생하고 부처가 되는 것이다. 또한 왕생하는 극락정토는 절대적인 깨달음의 즐거움이 있는 곳이다. 극락정토를 설명하는 화려한 묘사는 모두가 깨달은 경지의 완전한 청정함을 구체적으로 나타낸 것이라 하겠다. 그것은 불교의 궁극적인 목표인 깨달음에 도달하는 것을 가리킨다. 우리가 아미타불 앞에서 귀의하고 마음속 깊은 곳에서부터 참회하며 발보리심하고 몸과 마음과 정성을 다해 염불하는 것은 바로 최상의 깨달음과 극락의 정토에 이르는 길인 것이다. 또 다른 의미에서 염불이란 아미타불에 대한 귀의를 통하여 지혜와 자비로 이루어진 본래적인 자신에게 돌아가 의지하겠다는 다짐이기도 하다. 염불은 삼독의 번뇌와 온갖 죄업에 몸부림치는 우리 자신을 구제하는 구원행이며, 아미타불의 무한한 은혜의 광명을 받는 자비행이며, 위없는 깨달음과 극락의 정토와 내세의 성불을 보장받는 무상행이라 하겠다.

박영기 (성균관대)

107 위의 책, (『大正藏』 12권, 275상~중)
108 위의 책, (『大正藏』 12권, 274중)

자비

범 maitrī-karuṇā 빠 mettā, mettā-karuṇā 장 byama-pa sñiṅ-rje	
한 慈悲 영 compassion, pity, mercy, charity, benevolence, clemency	

Ⅰ. 어원적 근거 및 개념 풀이

자비는 일반적으로 빠알리어 mettā[1] 또는 mettā-karuṇā, 범어 maitrī-karuṇā[2]를 번역한 말이고, 서장어로는 byama-pa sñiṅ-rje이다. 자비는 '자'와 '비'가 결합된 합성어이다. 자(慈)는 범어 maitrī, 불교 범어 maitrā,[3] maitryā,[4] 빠알리어 mettā라는 말의 번역이다. 비(悲)는 범어와 빠알리어 karuṇā

1 雲井昭善,『パーリ語佛教辭典』(東京:山喜房佛書林, 1997), 728면. 빠알리어에서는 mettā 만으로 자와 비를 모두 의미하는 용어로 주로 사용되는데 비해, 비의 용례는 그다지 많지 않고 또 그렇게 중요시되고 있지도 않다.

2 荻原雲來(編),『梵和大辭典』(東京: 講談社, 1986), 1066면.

3 이것은 형용사로 친구에 속하는, 우정이 있는, 호의가 있는, 친절한 등의 의미이고, 자(慈), 자민(慈愍), 자선(慈善), 자비(慈悲) 등으로 한역한다. 荻原雲來(編),『梵和大辭典』(東京: 講談社, 1986), 1065면.

4 우정(友情, friendship). 荻原雲來(編),『梵和大辭典』(東京: 講談社, 1986), 1066면과 Sir Monier-Williams, *Sanskrit-English Dictionary,* London: Oxford University Press, 1899, 834면 참고.

의 번역이다. 범어 maitrī와 karuṇā는 둘 다 여성명사로 사용된다. 이는 빠알리어도 마찬가지이다.

먼저 maitrī는 어원적으로는 mitra라는 말에서 파생된 추상명사이다. mitra는 남성명사와 중성명사로 쓰인다. 남성명사로는 친구, 중간(仲間)의 의미와 베다 시대의 아디트야(범 Āditya) 신의 무리의 하나로서 사법신(司法神)인 바루나(범 Varuṇa)와 나란히 열거되는 신으로서 태양의 관념과 관련이 있다.[5] 또 중성명사로는 원래 계약(契約)의 의미이지만, 리그베다에서는 우의(友誼), 친구 등의 의미가 있다. 이 mitra는 우(友), 붕우(朋友), 선우(善友), 친우(親友), 후우(厚友), 붕(朋), 붕려(朋呂), 동려(同侶), 친(親), 친속(親屬), 지식(知識), 친선(親善), 선지식(善知識) 등으로 한역한다.[6]

따라서 maitrī는 mitra에서 파생한 명사로서 원래 진실한 우정(友情), 우의(友誼) 등의 의미로서, 어떤 특정한 사람에 대한 우정을 갖는 것이 아니라 모든 사람들에게 평등하게 진실한 우정을 가지며 우의를 보이는 것이기 때문에 모든 사람들에 대한 평등한 우정을 뜻한다.[7] 자(慈), 자민(慈愍), 자념(慈念), 자심(慈心) 등으로 한역하며,[8] 영어로는 friendship, friendliness, benevolence, good will 등으로 번역한[9] 것은 한역의 경우와 대체로 일치한다.

또 빠알리어 mettā[10]도 범어 mitra와 같은 의미인 mitta에서 나온 것으로, 자애, 우정, 선의, 인정, 동료애, 우호, 화합, 비공격적임, 비폭력 등 다양한 의미를 지닌 용어이다. mettā는 남의 이익과 행복을 간절히 바라는 것으로 정의되어, 본질적으로 mettā는 사랑과 우정이 넘치는 이타적 태도를 의미한다. 이 점에서 이기주의에 바탕을 둔 단순한 우호적임과 구별된다. mettā

---

5 올덴베르그(H. Oldenberg, *Aus dem alten Indien,* 3-4면)에 따르면, 미트라 신은 인도인과 이란인이 이란 땅에서 아직 한 민족을 형성하고 있을 때부터 벌써 숭배되고 있던 이 신은 나중에 로마제국 시절에는 기독교의 신과 경쟁자로 되어 패권을 다투고, 세계와 미래를 지배하는 힘이 있다고 생각되었다. 그러나 그 기원을 찾아가면, 옛날에는 만물을 바라보는 태양의 관념에 근거하여 인간 사이의 성실과 신앙을 감시하는 신이었다. 약속을 어긴 사람은 미트라 신을 속이는 사람으로 이 신의 노여움을 받았다. 그래서 미트라는 '친구'를 의미하는 말로 되었고, 이 말에서는 특히 성실한 의무를 생각하게 되었다고 한다. 中村元, 『慈悲』(京都: 平樂寺書店, 1961), 제2장, 21면.

6 荻原雲來(編), 『梵和大辭典』(東京: 講談社, 1986), 1040면.

7 武邑尙邦, 『佛敎思想辭典』(東京: 敎育新潮社, 1987), 295면.

8 荻原雲來(編), 『梵和大辭典』(東京: 講談社, 1986), 1066면.

9 Sir Monier Monier-Williams, *Sanskrit-English Dictionary,* London: Oxford University Press, 1899, 834면.

10 Buddhagosha, *Visuddhi-magga,* 318면.

때문에 사람들은 공격적이기를 거부하고 갖가지의 신랄함과 원한과 증오심을 버리게 되는 대신에, 남들의 안녕과 행복을 추구하는 우정과 친절미와 인정이 있는 마음을 키우게 된다. 그것은 또한 마음속에 따뜻한 동료애와 동정심 그리고 사랑의 감정을 불러일으키고, 그러한 감정은 수행을 거듭함에 따라 끝없이 확대되어, 모든 사회적, 종교적, 인종적, 정치적, 경제적 장벽을 무너뜨리는 보편적이고 비이기적이며 일체를 포용하는 사랑이다. mettā는 자식을 위해 온갖 고난을 감내하는 어머니의 그 한없이 인내하는 마음이며, 자식이 아무리 나쁜 짓을 저질러도 탓하지 않는 어머니의 그 끝없이 보호해 주는 태도이다. 또한 벗의 행복을 위해서 최선을 다하려는 친구의 그 마음가짐이다.

karuṇā는 어원적으로 √kṛ로부터 파생한 것으로서 보며, 형용사와 명사적 용법으로 쓰인다. √kṛ에는 만들다, 하다, 형성하다, 실행하다, 성취하다, 우정을 맺다 등의 뜻이 있다.[11] 먼저 형용사로는 karuṇā로 쓰여서 슬픈, 불쌍한, 또는 불쌍히 여기는, 자비심이 깊은, 자비로운 등의 의미이고, 비(悲), 가비(可悲), 심가비(甚可悲), 비념(悲念), 자비(慈悲), 민애(愍哀), 비심(悲心) 등으로 한역되어, 그 명사적 용법으로 쓰이는 karuṇā와 같은 뜻이다.[12] 때로는 부사적으로 불쌍하게 라는 뜻으로 쓰이기도 한다. 또 karunā의 명사적 용법으로는 원래 불쌍히 여김[哀愍]이나 동정(同情)이라는 뜻이고, 비(悲), 대비(大悲), 비심(悲心), 대비심(大悲心), 비민(悲愍), 자비(慈悲), 대자대비(大慈大悲), 자민(慈愍), 애(哀), 애민(哀愍) 등으로 한역하며,[13] pity, compassion, sympathy 등으로 번역한다.[14]

또한 때로는 범어 kṛpā가 비(悲)로 번역되는 경우도 있다. kṛpā는 √kṛp (누구를 위해서 슬퍼하다, 간절히 원하다)에서 파생한 여성명사로 연민이나 동정의 뜻이며, 비(悲), 대비(大悲), 비심(悲心), 자(慈), 비민(悲愍), 비민심(悲愍心), 연민(憐愍·憐憫), 애련(哀憐), 자비(慈悲), 대자대비(大慈大悲), 민(愍), 민애(愍哀), 애민(哀愍) 등으로 한역한다. 또한 kṛpā와 karuṇā

---

11 荻原雲來(編), 『梵和大辭典』(東京: 講談社, 1986), 366면. Sir Monier Monier-Williams, *Sanskrit-English Dictionary,* London: Oxford University Press, 1899, 300-301면.

12 荻原雲來(編), 위의 책, 319면.

13 같은 책.

14 Sir Monier Monier-Williams, *Sanskrit-English Dictionary,* London: Oxford University Press, 1899, 255면.

가 합해져 합성어로 쓰여서 대비(大悲), 대자비심(大慈悲心)으로 번역되기도 한다.[15]

그러면 자(慈)와 비(悲)는 각각 어떤 의미로 쓰이고 있는가를 보기로 하자. 상좌부 불교에서는 자(mettā)는 '동료 친구에게 안락과 이익을 주기를 바라는 것(hita-sūkhupanayanakāmatā mettā)'이고, 悲(karuṇā)는 '동료 친구로부터 고통과 불이익을 제거하기를 바라는 것(ahitadukkhāpanayakāmatā karuṇā)'[16]으로 해석하고 있다. 따라서 karuṇā는 '다른 사람이 괴로워할 때 착한 사람의 마음을 떨리게 하는 것', 또는 '타인의 괴로움에 견딜 수 없는 심성 자체'로도 해석된다.[17]

'자'와 '비'에 대한 불교학적인 어의(語義)의 개념은 여러 대승의 경론에 다양한 방법으로 잘 설명되어 있다. 먼저 『대지도론』에서는 "자(慈)란 중생을 사랑하는 생각[愛念]인데, 늘 안온과 즐거운 일을 찾아서 중생을 널리 이롭게 하는 것이다. 비란 중생을 불쌍히 여기는 생각인데, 오도(五道) 가운데서 갖가지 육체적 고통과 마음의 고뇌를 떠맡는 것이다"[18]라고 하고, 또 대자와 대비에 대해서도 "대자(大慈)란 모든 중생에게 즐거움을 주고, 대비(大悲)란 모든 중생을 위해 고통을 제거하는 것이다. 대자는 기쁨과 즐거움의 인연을 중생에게 주고, 대비는 고통과 고뇌로부터 벗어나는 인연을 중생에게 준다"[19]고 하는데, 이런 의미는 『십지경론』에서 "자(慈)란 기쁨과 즐거움의 인과를 주기 때문이고, 비(悲)란 근심과 고통의 인과를 제거하기 때문이다"[20]라고 하는 데서도 볼 수 있다. 중국불교에서도 "고통을 뽑아 없애주는 것을 '자'라고 하고, 즐거움을 주는 것을 '비'라고 한다. '자'에 의지하기 때문에 모든 중생의 고통을 뽑아 없애고, '비'에 의지하기 때문에 안온함이 없는 중생의 마음을 멀리 여읜다"[21]라 하며, 『대승의장』에서도 "슬퍼하고 아파하는 것을 '비'라 하고, 사랑하고 불쌍히 여기는 것을 '자'라 한다"[22]고 한다.

---

15 荻原雲來(編), 『梵和大辭典』(東京: 講談社, 1986), 373면.
16 *Suttanipātaṭṭhkathā* 1. 128면. ad *Suttanipāta* 75.
17 *Visuddhi-magga,* 318면.
18 『大智度論』 20(『大正藏』 25권, 208하)
19 위의 책, 27(『大正藏』 25권, 256중)
20 『十地經論』 2(『大正藏』 26권, 134상)
21 『無量壽經優婆提舍願生偈註』 하(『大正藏』 40권, 842중)
22 『大乘義章』 14(『大正藏』 44권, 743상)

한편 위의 의미와 다른 맥락에서 '자'와 '비'를 해석하기도 한다. 고(苦 범 duḥkha, 빠 dukkha)를 없애려고 결심할 때 '자'가 일어나고, 생존자가 괴로워하는 것에 동정할 때 '비'가 일어난다고 해석한다. "존재하는 것이 오직 고통의 무거운 짐을 몸에 지고 있다는 것을 연기(緣起)의 도리에 의해 깨달을 때에는 '비'가 일어난다. 또한 이들 생존하는 모든 것은 나에 의해 이 모든 고통의 바다로부터 벗어나야 한다고 깨달을 때는 '자'가 일어난다"[23]고 한다.

그러나 더 후대로 가면, '자'는 즐거움을 건네주는 것[與樂]', '비'는 '괴로운 마음을 없애주는 것[拔苦]'로 해석되어, 그 이후로는 이러한 해석이 일반적으로 인정되고 있다. 『법계차제초문』에는 "능히 남에게 즐거운 마음을 주는 것, 이것을 '자'라 한다. … 능히 남에게서 괴로운 마음을 없애는 것을 '비'라 한다"[24]라고 하고, 또 『화엄경탐현기』에는 "'자'는 즐거움을 건네주는 것[與樂]이고, '비'는 괴로움을 뽑아주는 것[拔苦]이다"[25]라고 한다.

한편 보통 '대자'는 모든 중생에게 이익과 즐거움을 주는 일이고, '대비'는 모든 중생의 무익한 것과 고통을 제거하는 일이라고 하는데, 북본 『대반열반경』에서는 붓다의 대자(大慈)와 '자', 대비(大悲)를 '비'와 구별하여, "모든 중생을 위해 이익이 없는 것을 없애는 것을 '대자'라 한다. 중생에게 헤아릴 수 없는 많은 이익과 즐거움을 주고자 하는 것을 '대비'라 한다"[26]하기도 하는데, 이것은 뒤에서 보게 될 아바달마 불교에서의 '비'와 '대비'의 차별과, 대승불교에서의 '자비'와 '대자대비'의 구별을 한꺼번에 보여주는 것으로 볼 수 있다.

그러면 자와 비를 한데 묶어서는 어떻게 설명되고 있는가를 보기로 하자. 『대지도론』에서는 "자비는 불교의 근본"[27]이라고 하는데, 이것은 무한한 자비심을 가지고 모든 중생을 거두어 살피는 것이야말로 붓다의 마음[佛心]의 근본이기 때문이다. 또 『아육왕경』에서는 "붓다는 모든 번뇌를 소멸하는 비할 데 없는 대자비이다"[28]라고 하며, 『대반열반경』에서는 "자[비]

23 *Bodhisattvabhūmi,* 329면.
24 智顗, 『法界次第初門』 상하(『大正藏』 46권, 672중)
25 法藏, 『華嚴經探玄記』 10(『大正藏』 35권, 301하)
26 북본 『大般涅槃經』 15(『大正藏』 12권, 454상)
27 龍樹, 『大智度論』 27(『大正藏』 25권, 256하)
28 『阿育王經』 1(『大正藏』 50권, 134하)

는 곧 여래이고 자[비]는 곧 대승이다. 대승은 곧 자[비]이고 자비는 여래이다. 사람들이여 자[비]는 곧 깨달음의 길이고, 깨달음의 길은 곧 여래이다. 여래는 곧 자[비]이다"[29]라고 한다.

이처럼 불전(佛典)에서는 살아 있는 모든 것[一切衆生]에게 행복을 가져다주는 것[與樂]이 '자'이고, 불행을 없애주는 것[拔苦]를 '비'라고 말하지만, 자와 비는 거의 같은 심정을 나타내기 때문에 maitrī 또는 karuṇā의 하나만으로 '자비'라고 번역되는 경우가 많다. 특히 대자대비(大慈大悲)·대자비라고 말할 때는 불보살의 자비를 나타낸다. 붓다의 자비는 모든 살아 있는 자의 괴로움을 자기의 괴로움이라고 여기므로 동체대비(同體大悲)라고 말하고, 위를 덮을 만한 것이 없이 넓고 큰 것이기 때문에 무개대비(無蓋大悲)라고도 한다.

진실한 자비는 진실한 실재의 수준에서 작용해야 하고, 내적으로는 무아(無我)이지만 외적으로는 안에서 다른 사람들과 관계되어 있는 잘못된 자아의 그릇된 외관을 초월해야 하며, 실제로 모든 존재들을 향해야 한다. 따라서 지혜(智慧, [빠] paññā, [범] prajñā)는 모든 존재들을 옳게 고찰하는 능력이기 때문에 한 인간이 완전해지려면 지혜와 자비를 동등하게 발전시켜야 한다. 자비는 정서적 측면의 고귀한 성질이나 감성의 특성을 나타낸 반면, 지혜는 지적 측면이나 지성의 특성을 나타낸다. 만일 지적 측면을 무시하고 정서적 측면만을 발달시키는 사람은 마음씨 좋은 바보가 될 것이고, 반면 정서적 측면을 무시하고 지적인 측면만을 발달시키는 사람은 타인에 대한 감정이 없는 냉혹하고 메마른 로봇 인간이 될 것이다. 그러므로 완전한 인간이 되기 위해서는 두 가지를 다 갖추어야 한다. 그래서 지혜와 자비는 새의 두 날개에 비유되기도 한다.

이러한 의미로부터 자비는 지혜가 세간에 나와 작용하고 있는 존재방식에 있어 그것이 '작용하고 있다'고 하는 것을 어원(√kṛ)으로 하여 만들어진 명사로 볼 수 있다. 이처럼 '지혜가 작용하고 있는 존재방식'이 곧 '자비'인데, 그것에 교의적인 내용이 부여되어 '즐거움을 준다'든지 '괴로움을 뽑아 없앤다'라는 규정이 이루어져서 '중생의 괴로움을 없애고 즐거움을 주는 것'이라는 뜻으로 이해되고 있다. 자비의 영어 번역인 compassion, pity, mercy, charity, benevolence, clemency 등도 이것을 반영하고 있다. 자비

29 북본『大般涅槃經』14(『大正藏』12권, 698하)

는 흔히 기독교의 아가페(agapē)적인 사랑[30]이나 공자의 인(仁)[31]에 견주기도 한다.

여러 대승 경론(經論)에서 말하기를, 자비에는 ①무릇 살아 있는 모든 것에 대해서 일어나는 자비[衆生緣] ②모든 존재는 실체가 없다는 것을 깨닫고 집착을 버린 상태에서 일어나는 자비[法緣] ③아무런 대상도 없이 일어나는 자비[無緣]의 세 가지[三緣]이 있는데, 이 가운데서 무연의 자비가 무조건 절대평등의 자비로서, 이것은 다만 공성(空性, 범 śūnyatā)을 깨달은 붓다에게만 있다고 한다.

그런데 '자비'는 일반적으로 한 단어처럼 사용하고 있지만 불전에서는 그런 경우도 있지만 '자'와 '비'를 나누어 따로 사용되는 경우가 훨씬 많다. 또 후대로 갈수록 '대자', '대비', '대자비' '대자대비' 등처럼 '대' 자가 앞에 덧붙여져서 사용되는 경우도 많고, 또 사무량심이나 선정의 하나로서 언급되는 경우가 많다. 따라서 이 글에서는 자비를 '대자', '대비', 사무량심의 내용과 함께 서술되는 경우는 이들과 관련짓거나 또는 이들을 설명하는 내용 안에서 자비가 언급될 것이다.

Ⅱ. 역사적 전개 및 용례

1. 초기불교에서 자비

초기불교에서 다른 사람을 위해 가르침을 설하여 미혹(迷惑)을 제거하고, 올바른 깨달음을 얻도록 하는 것은 자비에 근거한 중요한 활동이다. 이 가운데 첫 활동은 붓다가 깨달음을 얻은 뒤 "세존이시여, 무상정등각을 이루었는데 어찌하여 침묵을 지키며 법을 설하지 않습니까. 오직 원컨대 부디 큰 자비심을 내어 미묘한 법의 바퀴를 굴려 주소서"[32]라고 범천(梵天)이

---

30 郭相勳, 「初期佛敎經典의 慈悲와 共觀福音書의 아가페 硏究」, 東國大學校大學院 博士學位論文, 2004, 115-116면.

31 『論語』 「雍也」 第六: "대체로 인자(仁者)란 자기가 서고자 할 때 남을 서게 해주며, 자신이 이루고자 할 때 남을 이루게 해준다. 가까이 자기를 비추어 남을 이해할 수 있다면 인을 실천하는 방법이다"(夫仁者, 己欲立而立人, 己欲達而達人. 能近取譬, 可謂仁之方也已)에서 볼 수 있듯이 유가에서는 인(仁)이란 남을 자기처럼 여기고 사사로운 감정의 얽힘을 깨끗하게 제거하는 경지로서 모든 덕행을 포괄하는 덕행으로 본다.

간절히 요청하는 데서 시작한다. 그때 붓다는 범천의 간절함을 알고 또한 중생을 불쌍히 여기는 마음(빠 kāruṇyatā)으로 불안(佛眼)으로써 삼천대천 세계를 내려다보고 여러 범천과 세상을 향해 법을 설하겠노라고 하면서 '많은 사람의 이익과 행복을 위하여'라는 전도 선언을 하게 된다.[33] 이것은 불교가 성립 초기부터 자비에 근거하고 시작되고 있음을 볼 수 있다.

그러므로 붓다의 가르침을 고스란히 담고 있는 초기경전에서는 어머니가 목숨을 바쳐서 외아들을 지키는 것과 같은 심정으로 모든 살아있는 것에게 보편적 사랑인 자비의 마음을 일으키라고 강조하고 있다. "마치 어머니가 하나밖에 없는 자식을 목숨 바쳐 지키듯이, 그와 같이 모든 존재에 대해서도 한없는 자비의 마음을 일으켜야 한다. 또한 온 세상에 대해서 한량없는 자비의 마음을 일으켜야 한다. 위와 아래, 옆으로 막힘도 없이, 원한도 적의도 없이 자비를 행하라. 앉으나 서나, 누우나 걸어가나, 잠에서 깨어 있는 한 자비의 마음가짐을 확립시켜야 한다. 불교에서는 이 상태를 자비의 숭고한 경지[梵住, 범 brahmavihāra, 도덕적인 삶]라 부른다"[34]

이것은 이른바 초기경전에 대표적인 자비의 마음을 계발하는 수행관법을 설하는 자비경(Mettā-sutta)의 일부이다. 사람들이 매순간 자비의 마음(빠 mettā-citta, 범 maitrī-citta)을 간직하여 자비로운 상태에 마음을 머무르게 한다면 어떠한 상황에 처하든지 또는 어떠한 대상을 만나든지 간에 이들은 자비로운 행동을 할 수밖에 없다. 그래서 붓다는 극히 짧은 순간 동안이라도 자비의 마음을 놓치지 않고 지속시켜야 한다고 강조한다. 자비의 마음을 갖는다는 것은 덕의 실천을 의미한다. 그런데 자비라는 덕을 실천한다는 것은 동시에 자비 이외의 다른 덕들까지도 실천한다는 것을 의미한다. 자비의 마음 상태를 지속적으로 유지하여 마음의 해탈[心解脫, 빠 cetovimutti, 범 cetovimukti)을 이룬 사람은 어떤 행동을 하더라도 모든 행동들이 도덕적인 삶(범 brahmavihāra)의 틀에 저절로 들어맞도록 행동하며, 따라서 그는 자비라는 덕 이외에도 다른 덕들을 체현하여 모든 덕을 종합적으로 실천한다.

그런데 자비의 대상에는 자기 자신뿐만 아니라 타인 모두, 더 나아가서

---

32 *Saṃyutta-nikāya* vol.I, 138면.

33 *Vinaya-piṭaka* vol.I, 4-7면; 최봉수 譯, 『마하박가』1(서울: 시공사, 1998), 47-53면.

34 *Suttanipāta* 149-152면; 『中阿含經』 3(『大正藏』 1권, 438하; 439상; 499중; 502중; 552중; 616중; 657상; 705상; 733상; 770중). "有慈悲心 饒益一切 乃至 昆蟲."

는 모든 생명체가 포함된다.[35] 그렇다고 자비를 실천하는 데 있어 타인의 행복을 위해 자신의 행복을 희생시키는 것을 반드시 요구하는 것은 아니다. 불교 윤리의 주된 목표가 개인 각자의 행복과 다른 존재들의 행복을 동등하게 실현하는 것이기 때문에 어떠한 자기희생도 정당화될 수 없다. 모든 생명 있는 존재들의 행복을 기원하는 자비의 마음은 초기 경전에서 빈번하게 강조되고 있다. 또 다른 초기불교 경전에도 '자비에 의한 마음의 해탈'[慈心解脫, 빠 metta cetovimutti]를 완성시키면 최소한 열한 가지 복을 기대할 수 있다고 한다.

"비구들이여, 자비에 의한 마음의 해탈을 익히고, 닦고, 많이 행하고, 정통하고, 철저히 실천하고, 따라 이루고, 축적하고, 노력을 다졌을 때 열한 가지 공덕을 기대할 수 있다"[36]

이와 같이 아무리 짧은 동안이라도 자비관을 닦으면 그때마다 어느 정도로 마음의 자유를 누릴 수 있다. 그러나 무한한 마음의 자유를 얻으려면 자비관법이 충분히 발전하여 삼매경지에 이르러야 한다. 그래서 앞에서 본 『숫타니파타』(143-151)에서는 삼매의 경지에 이르기 원하는 사람은 다음과 같이 행동해야 한다고 제시되어 있다.

"① 완전한 평정 상태를 언뜻 맛보고서 더욱 더 향상을 이루고자 애쓰는 사람은 유능하고, 정직하고, 고결하고, 말이 점잖으며, 온유하고, 거만하지 않아야 한다. 만족할 줄 알아서, 남들이 공양하기 쉬워야 하며, 분주하지 않고, 생활이 간소하며, 감관은 고요하고 사려 깊을지니, 속인들에게는 뻔뻔스러워서도 알랑대서도 안 된다. 또한 현자의 질책을 살 어떤 행동도 삼가야 한다. [그런 다음에 이와 같은 생각을 키울지니] 모두가 탈 없이 잘 지내기를, 모든 중생이 행복하기를! ② 살아있는 생물이면 어떤 것이건 하나도 예외 없이 약한 것이건 강한 것이건, 길건 크건 아니면 중간치건 또는 짧건, 미세하건 또는 거대하건, 눈에 보이는 것이건 눈으로 볼 수 없는 것이건, 또 멀리 살건 가까이 살건, 태어났건, 태어나려하고 있건, 모든 중생이 행복하기를! ③ 그것이 무엇이거나 어디서든지 간에 서로 속이거나 헐뜯는 일이

---

35 *Suttanipāta,* 967게송, 187면.

36 *Aṅguttara-nikāya*(xi.16) vol.V, 342면.; 『南傳大藏經』 22권하, 322면. 임승택 옮겨지음, 『빠띠삼비다막가역주』(서울: 가산불교문화연구원, 2001), 제2장, 제4절, 739면. 이에 대한 것은 『增一阿含經』 48(『大正藏』 2권, 806상)에도 거의 같은 내용으로 설해져 있다.

없게 하라. 누구도 남들이 잘못되기를 바라지 말라. 원한에서든, 증오에서든. 어머니가 하나뿐인 자기 자식을 목숨 바쳐 위해로부터 구해내듯 모든 중생을 향한 일체 포용의 생각을 자기 것으로 지켜내라. 전 우주를, 그 높은 곳, 그 깊은 곳, 그 넓은 곳 끝까지 모두를 감싸는 사랑의 마음을 키워라. 미움도 적의도 넘어선 잔잔한 그 자비를 행하도록 하라. 서거나 걷거나 앉거나 누웠거나 깨어있는 한 이 [자비의] 생각을 놓치지 않도록 전심전력하라. 세상에서 말하는 '거룩한 경지'[梵住, 범 brahmavihāra, 도덕적인 삶]이 바로 그것이다. 그릇된 생각에 더 이상 매이지 않고, 계행과 구경의 지견을 갖추었으며, 모든 감각적 욕망을 이겨냈기에 그는 다시 모태에 들지 않지 않[고 윤회에서 벗어나]게 되리라"

이 경의 내용에서는 먼저 자비의 세 가지 측면(①, ②, ③)을 엿볼 수 있다. 첫째 부분(①)은 각자의 일상적 행위에 자비를 철저히 체계적으로 작용하도록 요구하는 부분, 둘째 부분(②)은 삼매에 이르는 탁월한 명상기법 또는 마음의 계발법으로써 자비관을 부각시키는 부분, 셋째 부분(③)은 자비, 곧 보편적 사랑의 철학에 오로지 귀의하여 이것을 사람에게, 전 사회에, 또 자신의 내면적 경험적인 면으로 확대하고 심화하는데 모든 신체적, 언어적, 정신적 인 세 가지 활동[三業]을 통해 자비를 실천할 것을 강조하는 부분이다.[37]

이를 다시 작용하는 형태별로도 세 가지 측면이 있다. 첫째 측면은 우리들의 삶을 유익하고도 도량이 넓고 당당한 나무처럼 자라도록 해준다. 두 번째 측면은 명상으로서의 자비는 정신적 개화를 가져오며 그 결과 우리의 삶 전체가 만인에게 기쁨의 원천이 된다. 세 번째 측면은 정신적 발전과정이 결실을 맺는 것에 해당한다. 모든 것을 포용하는 정신적 사랑을 하게 되어 사회 전체에 강력한 영향력을 미치게 될 뿐만 아니라 자기 자신은 궁극적인 초월적 깨달음의 경지까지 이르게 된다.[38]

또 이 경에서는 초기불교의 자비의 윤리를 볼 수 있다. 불교체계에서 윤리란 행복과 마음의 평화를 가져다주고, 후회나 근심 또는 마음의 불안정

37 붓다락키따, 강자대행 譯, 『자비관』(서울: 고요한 소리, 1991), 18면. 여기서 자비는 보시(布施), 지계(持戒), 수행(修行), 공경(恭敬), 봉사(奉仕), 회향(廻向), 수희(隨喜), 설법(說法), 문법(聞法), 견해의 정정(訂正)의 열 가지 공덕을 짓는 방법으로 쌓은 공덕을 익히는 특수요소이고, 정신적 자질을 성숙시키는 태도인 열 가지 바라밀(보시, 지계, 출리, 지혜, 정진, 인욕, 진실, 결의, 자비, 평정[捨])을 가리킨다.

38 위의 책, 19면.

을 일으키지 않는 행위뿐만 아니라 행복한 재생으로 이어져 수행자가 바로 지금 여기에서 더욱 더 정신적 자유로움의 길을 나아갈 수 있도록 해준다.[39] 따라서 불교의 윤리는 보통 준수사항(빠 cāritta)과 금지사항(빠 vāritta)의 두 가지 측면으로 볼 수 있는데, 이 경에서도 이 두 가지 면으로 볼 수 있다.

첫째 준수사항에는 '유능하고, 정직하고, 고결하고, 말이 점잖으며, 온유하고, 거만하지 않아야 한다. 만족할 줄 알아서, 남들이 공양하기 쉬워야 하며, 분주하지 않고, 생활이 간소하며, 감관은 고요하고, 사려 깊을지니, 속인들에겐 뻔뻔스러워서도 알랑대서도 안 된다.'의 부분이 해당한다. 둘째 금지 사항은 '또한 현자의 질책을 살 어떤 행동도 삼가야 한다.'의 부분이 해당한다.

그런데 이 경에서 자비관은 신체적 언어적 정신적인 세 가지 면에서 분석한다.[40] 먼저 신체적인 실천[身業]하고 언어적으로 실천[口業]하는 자비관은 위의 준수사항과 금지사항의 두 가지 윤리를 실천하는 것이다. 또 마음으로 실천[意業]하는 자비관은 앞의 두 가지의 결과로 얻어지는 내면의 행복과 이타적인 행위이다. 그것은 '모두가 탈 없이 잘 지내기를, 모든 중생이 행복하기를!'의 부분이 이에 해당한다. 따라서 자비의 윤리가 가져다주는 것은 이처럼 주관적 평안이나 금생의 향상 그리고 내생의 행복한 재생에만 그치지 않고, '두려움을 사라지게 해주는 베풂'[無畏施, 빠 범 abhayadāna]과 '편안하게 해주는 베풂'[安穩施, 빠 khemadānam, 범 kṣemadāna]과 같은 더 적극적인 베풂도 포함한다.[41]

따라서 자비는 어디에 한정된 것이어서는 안 되고, 헤아릴 수 없는 것[無量]으로 수행해야 하고, 그래서 수행자는 한없는 자비에 머물러 있는 자라야 한다. 『숫타니파타』에 보면, "그대는 탐욕에서 떠나 악을 억제하고, 끝없는 자비심을 일으켜 밤낮을 가리지 않고 언제나 한결같이 자비심을 사방에 가득 차게 한다"[42]라고 한다. 그런데 초기불교 시대에는 오직 '자'(mettā)만을 강조하였는데, 시대가 지나면서 '자'와 '비'가 함께 사용되어, 수행자는

39 이것은 팔정도 가운데 정어(正語), 정업(正業), 정명(正命)에서 찾을 수 있다.

40 *Theragāthā*(1041f)에서도 몸으로 짓는 행위, 말로 짓는 행위, 마음으로 짓는 행위의 세 가지에서 자비를 실천하라고 한다.

41 붓다락키따, 강자대행 譯, 앞의 책, 21-23면.

42 *Suttanipāta* 507게송, 90면.

이 두 가지 덕을 갖추어야 한다고 한다. 『장로게』에 보면, "수행자는 자심과 비를 갖춘 자가 되라"(mettacittā kāruṇikā hotha)라고 하여 '자'와 '비'의 함께 사용하면서 '자'와 '비'를 거의 같은 의미로 사용하기도 한다.[43] 그 뒤 단계에 이르면 '자'와 '비'에 '희'(喜, 범 muditā)와 '사'(捨, 범 upekṣā)의 네 가지 덕목을 수행하도록 권유한다. 이렇게 하여 사무량심(四無量心, 범 catvāri-apramāṇa cittani)이 성립하게 됨을 다음에서 볼 수 있다.

"비구[수행자]들이여, 그대가 재산이 많다는 것은 대체 무엇인가. 비구들이여, 여기에 수행자 있어 자(慈)와 함께하는 마음으로 한 방향에 차 넘치고, 또한 두 방향, 세 방향, 네 방향에 차 넘치노라. 이와 같이 상하좌우, 두루 모든 곳, 온 세상에 크고 넓고 끝이 없이 퍼져서 원한 없고 손상 없는 자심(慈心)으로 넘치느니라. 비(悲)와 함께하는 마음으로 두루 충만하게 된다. 비구들이여, 이것이야말로 수행자가 재산이 많다는 것이다"[44]

앞에서 든 자비경에서는 범주(梵住, 범 brahmavihāra)가 단지 '자'만을 가리키는 말이었으나, 여기서는 사무량심을 통틀어서 네 범주의 덕목으로 확정되게 이른다.[45]

먼저 사무량심의 수행과정을 설한 것으로는 『중아함경』 가운데 「설처경」에서 전형을 볼 수 있다. "아난이여, 나는 예전에 너를 위해 사무량을 설하였다. 비구는 마음을 '자'와 함께 하여 한 방향에 가득 채워서 자재함을 성취한다[成就遊]. 이와 같이 두·세·네 방향과 사유, 상하 등 모든 곳에 가득 차도록 마음을 '자와' 함께 한다. 그리하여 맺힘, 원한, 성냄, 다툼이 없는 마음이 지극히 넓고도 크며 무량하도록 잘 닦아서 모든 세간에 가득 채

---

43 *Theragāthā* 979게송, 88면.

44 *Dīgha-nikāya* vol.Ⅲ, 78면; 『長阿含經』 6(『大正藏』 1권, 42중; 48하), 『中阿含經』 19(『大正藏』 1권, 550상; 563중; 575하; 594중; 684상 등)에도 간단하게 언급되어 있다.

45 'brahmavihāra'는 원래 불교 밖의 바라문 사상에서 최고의 경지, 또는 해탈의 경지를 의미하였던 것을, 불교의 최초기에 그대로 받아들여서 궁극의 경지의 의미하는 술어로 사용되게 된다. 中村元, 앞의 책, 40-42 참고. 또 사무량심에 무량(無量)과 동일어로 보는 것은 범주가 범천이 머무는 세계는 처음에 있으면서 모든 것을 얻을 수 있기 때문이고, 범(梵)이 아닌 것을 다르기 때문이며, 범은 범음(梵音)을 말하며 자·비·희·사는 범음으로 말한 것이기 때문에 범주라고 한다. 또 범주와 무량이 다른 것은 단지 이름만 다를 뿐이지만 굳이 구별하자면 범이 아닌 것[욕계의 번뇌]를 다스리는 것을 범주라 하고, 희론(戱論: 見희론과 愛희론)을 다스리는 것을 무량이라 하며, 범행을 닦은 이의 몸에서 얻을 수 있기 때문에 범주이고 희론을 여의는 이의 몸속에서 얻을 수 있기 때문이며, 일찍이 얻은 것을 범주라 하고 아직 얻지 못한 것이면 무량이라고 한다. 이에 대해서는 『大毘婆沙論』 82(『大正藏』 27권, 425중) 참고.

우고 자재함을 성취한다. 이와 같이 비와 희를 닦고 내지는, 마음을 사와 함께 하여 맺힘, 원한 … 자재함을 성취한다.[46] 이와 똑같은 내용이 또한『중아함경』에 나오고,[47] 문장이 조금 첨가된 것[48]과 사무량심의 공덕을 함께 설한 곳[49] 등이 있다. 그런데 위의 인용문은 '[자심을] 한 방향 내지 일체 세간에 가득 채운다'고 하여 수행과정만 간략히 설명하고 있고 그 구체적인 방법에 대해서는 언급이 없다.

『증일아함경』에는 "[아나율이 세존께 상인(上人)이 되는 법을 고하면서] 우리들은 자심(慈心)으로 한 방향을 가득 채우고 두 방향, 세 방향, 네 방향도 이와 같이 하며, 사유와 상하도 역시 그렇게 합니다. 모든 것 가운데 일체를 자심으로 그 속을 가득 채워서 수도 없고 헤아릴 수도 없으며 스스로 자재합니다."[50]

또 사무량심을 수행하면 얻어지는 공덕이나 과보에 대해『증일아함경』에서 다음과 같이 설하고 있다. "여래는 항상 자심과 비심과 희심과 호심(護心)을 행한다. 여래는 항상 이 사등심(四等心)이 있어 큰 근력과 용맹이 있으므로 막거나 무너뜨릴 수 없다."[51] 여기서는 사무량심을 '사등심', 곧 '네 가지의 평등한 마음'이라고 표현하고 있다. 아울러 여래는 이 사무량심을 수행하여 늘 지니고 있기 때문에 큰 근력과 용맹이 있다고 그 공덕을 설하고 있다. 또『잡아함경』에서는 좀 더 발전된 사무량심의 수행공덕에 대한 내용을 볼 수 있다. "마음을 '자'와 함께 하여 많이 수행하면 깨끗한[淨]에 가장 뛰어나고 '비심'을 많이 수행하면 공입처(空入處)에 가장 뛰어나다"[52]라고 하였는데, 이에 대해서『대지도론』에서는 중생의 근기에 따라 다른 것이라고 설명하고, 또한 자무량심의 선정에서 나오면 제삼선정(第三禪定)으로 회향하기가 쉽다는 뜻도 된다고 풀이하고 있다.[53]

『잡아함경』에서는 사념처(四念處) 수행과 연결시켜 사무량심을 설하기

46 『中阿含經』21(『大正藏』1권, 563중)
47 위의 책, 3(『大正藏』1권, 438상; 483상; 518상)
48 위의 책, 3(『大正藏』1권, 447중): "다문 성제자여 일심을 얻고 나면 곧 마음을 '자와' 함께하여 한 방향에 가득 채우고 …"라고 되어, '일심을 얻고 나면'이라는 문장이 첨가되어 있다.
49 위의 책, 3(『大正藏』1권, 544상-중)
50 『增一阿含經』(『大正藏』2권, 629중-하)
51 위의 책, (『大正藏』2권, 646중)
52 『雜阿含經』27(『大正藏』2권, 197하)
53 龍樹, 『大智度論』20(『大正藏』25권, 211하)

도 한다. "다섯 가지 장애[五蓋]를 끊지 않으면 마음이 괴롭고 지혜의 힘이 약해지니 이것이 장애가 되어 열반에 나아가지 못한다. 그러므로 마음을 잘 잡아매어 사념처에 머무르되, 마음을 '자'와 함께 하여 원망도 없고 질투도 없으며 성내는 마음도 없도록 한다. 이러한 마음이 광대하고 무량하도록 잘 수행하여 사방과 사유, 상하 등 모든 세간에 가득 차도록 한다. … 이와 같이 비·희·사심도 수행한다."[54] 여기서 '마음을 잘 잡아매어 사념처에 머무르되 마음을 '자'와 함께 하여'라는 구절은 사념처 가운데 심념처(心念處) 수행법이므로 사념처를 수행한 뒤 사무량심을 수행하는 것으로 이해될 수 있다.

그러나 이 경에 바로 이어서 똑같이 「자경(慈經)」이라고 이름이 붙은 짧은 경전도 다른 수행법과 사무량심 수행을 연결시키는 내용이 있다. "비구가 어떻게 '慈心'을 수행하여 큰 과보와 복을 얻는가? 비구가 마음을 '자'와 함께 하여 염각분(念覺分)을 수행한다. 그리하여 멀리 여의는 것과 욕심 없는 것과 멸하는 것에 의하여 평정한 마음[捨]로 향해가는 것을 비롯하여 사각분(捨覺分)을 수행하여 멀리 여의는 것과 욕심이 없는 것과 소멸하는 것에 의하여 평정한 마음으로 향해간다."[55] 이 경에서는 칠각분과 사무량심의 수행과 연결하여 설하고 있다. 그러나 이들 경문에 나오는 사념처 등과 사무량심을 연결시키는 것이 본래 사무량심의 수행법인지 아니면 사무량심 고유의 수행법이 따로 있는 것인지 이들 경의 내용만으로는 확인할 수가 없다. 그러나 아비달마 불교 시대에 이르면 사무량심에 대해서 아주 자세히 설명되고 있으므로 자세한 것은 거기서 보기로 한다.

2. 아비달마 불교에서 자비

불교 교단은 아소카 왕 이후 급속한 발전을 이루어, 전통적 보수적인 아바달마 부파불교에서는 세력이 강대해진다. 당시 교단의 관심은 온통 붓다의 가르침에 충실하기 위한 교리의 해석에 있었다. 자연히 출가자와 승원(僧院)을 중심으로 하는 학문불교의 성격을 띠어가면서 출가를 전제로 하여 계율을 엄격하게 지키면서 수행하고, 또 타인의 구제보다는 자기 수행

54 『雜阿含經』 27(『大正藏』 2권, 197중)
55 위의 책, 27(『大正藏』 2권, 197하)

의 완성을 우선 목표로 삼았다. 따라서 이러한 환경에서는 자비의 정신은 자연히 뒷전으로 밀려날 수밖에 없게 된다. 물론 이 시대에서도 자비가 역시 존중되고 있지만, 명목상으로만 있었던 것처럼 보이기도 한다.

아비달마 불교에서 자비에 대한 논의는 사무량심, 자심관(慈心觀) 그리고 자비와 대자비[또는 대비]의 비교를 통해서 볼 수 있다. 먼저 사무량심의 각각에 대한 개념 풀이를 한 구절 살펴보자. 『성실론』에서는 다음과 같이 설명하고 있다. "'자'란 성냄과 상대되는 선한 마음을 말하고 …, '비란' 뇌(惱)와 상대되는 자심이며 …, '희'란 질투와 상대되는 자심이고 …, '사'란 마음을 평등하게 하기 위해 친한 이에게 친한 마음을 버리고 원수에게 원한을 버리는 것이다"[56]라고 한다.

또 사무량심의 성질[自性]에 대해서는, 『구사론』에서 자와 비는 성냄 없는 성질[無瞋性]이고, 희는 희수(喜受), 사는 탐욕이 없는 것이라고 한다.[57] 『순정리론』에서 자는 능히 성냄을 끊고, 비는 능히 해로움을 끊는 것이라고 하여, 자와 비는 성냄이 없는 것을 성질로 삼는다고 한다.[58]

『대비바사론』에서도 사무량심의 자성에 대해서 설명하고 있다. "사무량의 자성은 어떤 것인가? '자'와 '비'는 다 같이 성냄이 없는 선근[無瞋善根]으로 자성을 삼는데 성냄을 다스리기 때문이다. … '자'는 목숨을 끊는 성냄을 다스리고, '비'는 매로 때리는 성냄을 다스린다. 또 '자'는 성을 내어야 할 곳에서 성내는 것을 다스리고, '비'는 성내지 않아야 할 곳에서 성내는 것을 다스린다. 어떤 이는 자무량은 성냄이 없는 선근으로 자성을 삼는데 성냄을 다스리기 때문이고, 비무량은 해치지 않음으로 자성을 삼는데 해침을 다스리기 때문이다."[59] 또 같은 책에서 "세우존자는 이로움을 주는 것은 바로 '자'의 바탕[相]이고, 쇠퇴와 손해를 없애는 것은 바로 '비'의 바탕이다."[60]

또 『법온족론』에서는 '자'는 모든 사람의 슬픔을 덜어주고자 하는 애련성(哀憐性)과 고통을 받거나 가난한 사람을 도와주고자 하는 민념성(愍念

56 『成實論』 12(『大正藏』 32권, 336중-하)
57 世親, 『俱舍論』 29(『大正藏』 29권, 150중)
58 衆賢, 『順正理論』 79(『大正藏』 29권, 769상). 五百大阿羅漢, 『大毘婆沙論』 141(『大正藏』 27권, 726하) 참고.
59 五百大阿羅漢, 『大毘婆沙論』 81(『大正藏』 27권, 420중)
60 위의 책, 81(『大正藏』 27권, 420하)

性)의 뜻이고,[61] '비'는 흔히 이고(離苦)로 표현되며, 늘 중생들의 고통을 덜어주고 근심과 걱정 그리고 모든 생활고를 덜어주는 측창성(惻愴性)과 산초성(酸楚性)의 뜻이라고 한다.[62]

이 가운데 자비관에 대해서는 『구사론』에서 다음과 같이 자세히 설명해 놓고 있다.

"처음 익히는 업의 지위에서는 어떻게 자무량을 닦는가? 말하자면, 자기가 누렸던 즐거움[樂]을 먼저 생각하고 혹은 불·보살·성문·연각들이 누리는 쾌락에 대해서 말하는 것을 듣고서 곧 이러한 생각을 한다. '원하건대 모든 중생들이 모두 평등하게 그와 같은 쾌락을 누리기를.' 그리고 만약에 그가 본래 번뇌가 많아서 그와 같이 평등하게 마음을 쓰지 못하면 마땅히 중생들을 세 종류, 이를테면 친한 벗, 그 중간자[處中], 원수로 나눈다. 착한 벗에도 다시 상·중·하의 셋으로 나눈다. 중간자는 단지 하나뿐이다. 원수에 대해서도 다시 하·중·상의 셋으로 나눈다. 그리하여 일곱 종류를 이룬다. … 이를 두고 자무량심을 닦아 익혀서 완성한다고 한다. … 비와 희를 수행하는 법도 이것에 준하여 알 수 있느니라."[63]

그런데 『법온족론』에는 사무량을 닦는 선정으로 사무량정(四無量定)을 말하고 있다. 자심정, 비심정, 희심정, 사심정으로 각각 나누고 있다. 그리하여 자심정은 중생들에게 기쁨을 주는 마음[與樂心]을 닦고, 비심정은 중생들의 괴로움을 제거해주는 마음[拔苦心]을 닦는 것이라고 한다.[64]

요컨대 모든 중생들이 즐거움 얻는 것을 보게 되기를 서원한 뒤 가장 친한 이가 즐거워하는 모습을 상상하면서 선정에 들어 점차 그 대상을 넓혀 가는 것이다. 그러나 사무량심은 인간에게 일어나는 것이지 그 밖의 다른 것에서는 일어나지 않으며, 그 가운데 하나를 얻으면 반드시 나머지 세 가지(자·비·사)를 성취하지만 세 번째의 선정 등에 태어나면 다만 희무량심만 이루지 않는다고 한다.[65]

또 자비는 아비달마 불교의 기초적인 수행관인 오정심관(五定心觀) 가운

---

61 大目乾連, 『法蘊足論』 7(『大正藏』 26권, 485중)

62 위의 책, 7(『大正藏』 26권, 486하)

63 世親, 『俱舍論』 29(『大正藏』 29권, 150하-151상)

64 大目乾連, 『法蘊足論』 7(『大正藏』 26권, 485중-488중). 이에 대한 자세한 논의는 다음을 참고하라. 吳亨根, 『印度佛教의 禪思想』(서울: 도서출판 한성, 1992), 제1장, 제8절, 138-150면.

65 世親, 『俱舍論』 29(『大正藏』 29권, 151상)

데 자비관에서 볼 수 있다. 오정심관은 중생의 근본적인 마음인 탐욕, 성냄, 어리석음, 산란한 마음, 업장의 다섯 가지 관심법(觀心法)으로 다스려서 이들을 그치게 하는 수행법이다. 곧 부정관(不淨觀), 수식관(數息觀), 자비관(慈悲觀), 인연관(因緣觀, 또는 緣起觀), 계분별관(戒分別觀, 또는 佛相觀)을 말한다. 『구사론』에서는 부정관과 수식관만을 중시하여 두 가지 관법만을 자세히 설명하고, 나머지 세 가지 관법은 간단히 설명하고 있다. "사무량심 가운데 처음[자무량]과 두 번째[비무량]은 그 자체가 바로 성냄이 없음이다. 그러나 이치적으로 진짜로는 말하기를 '비'는 바로 해침이 아닌 것이라고 해야 한다."[66] 여기서 자비관은 성냄이 많은 중생이 닦아야 함을 볼 수 있고, 또 독립된 자비관이 아니고 사무량심과 관련지어 말하고 있을 뿐이다.

더 자세한 것은 『법온족론』에서 자심정과 비심정에 대한 설명에서 볼 수 있다. 먼저 자심정은 마음을 조복 받고 모든 일은 순서에 따라 하고 늘 고요한 마음을 유지하면서 무량한 중생들에게 자비를 평등하게 베푸는 마음을 단련하는 것이다. 그러므로 무량자심정에 들어가려면 고르게 단련된 마음, 곧은 마음, 부드러운 마음, 힘든 일도 견뎌낼 수 있는 마음, 무엇이든지 잘 이해할 수 있는 마음을 두루 원만하게 갖추어야 한다.[67] 자심정은 모든 중생들의 고통을 덜어주고 안정을 가질 수 있도록 하는 수행심이기 때문에 비심을 가지고 선정을 닦을 때는 모든 진리에 순응하고 유연하며 곧고 어려움도 견뎌내는 정신을 단련하는 것이다. 그러므로 무량비심선정을 닦으려면 추호도 마음을 흔들리지 않게 하야 하고, 자신의 마음을 늘 한 곳에 집중시키는 수행을 해야 하고, 또 늘 무량한 중생들의 마음을 헤아려야 한다.[68]

이처럼 사무량심과 오정심관 가운데서 자비관이 설명되고 있지만, 이미 자비에 특별한 의의는 보이지 않거나, 단순히 관법의 하나로서 위치하고 있는데 지나지 않는다. 이것은 아비달마 불교에서 자비의 실천을 상대적으로 가볍게 여겼던 태도에서 비롯된 것으로 볼 수 있는데,[69] 그것은 다음과 같은 생각이 자리를 잡고 있었기 때문일 것이다.

또 이 시대에는 자관(慈觀, 慈心觀, 빠 mettā-bhāvanā)은 여러 가지로 설

66 世親, 『俱舍論』 29(『大正藏』 29권, 150중); 『大毘婆沙論』 83(『大正藏』 27권, 427하) 참고.
67 大目乾連, 『法蘊足論』 7(『大正藏』 26권, 486중).
68 위의 책, 7(『大正藏』 26권, 487상)
69 中村元, 앞의 책, 54-55면.

명하면서 그것의 생리적 물리적인 공덕을 설명하고 있다. 이것은 이미 초기불교에서 "자[비]심으로써 모든 생물을 가엾게 여긴다면, 그 사람은 많은 공덕을 쌓는다."[70]고 설해져 있는 데, 아비달마 불교에서는 더 나아가 자비심은 자신을 적으로부터 지키는 힘이 있다고 생각하기에 이른다. "자삼매(慈三昧 또는 慈定, 범 maitrīsamāpatti)에 이른 사람은 칼·독·물·불도 해치지 못하며, 반드시 재앙과 횡액이 없이 목숨을 마칠 수 있다."[71] 또 『아육왕경』에는 "자삼매(慈三昧)에 들면, 벌레도 독도 물과 불도 해칠 수 없다."[72]라고 하는데, 그 이유는 자삼매는 해치지 않는 법이기 때문이고, 위세가 크기 때문이며, 다른 사람을 모두 이익이 되게 하므로 모든 천신들이 옹호하기 때문이라고 한다.[73]

이처럼 아비달마 불교시대에는 이미 자비의 실천은 불교에 있어 본질적인 의의가 있는 것으로 인정되지 않는다. 오히려 개인의 마음 평정, 개인의 고통으로부터의 탈피라는 쪽에 더욱 무게를 두어, 자비가 특수한 주술적인 힘을 지닌 것으로 생각하는 경향으로 볼 수 있다.

이러한 경향은 불교의 발전과 함께 붓다의 위대성이 강조됨과 동시에 붓다의 대자비가 강조되고, 일반 수행자가 지닌 자비와 구별하게 되는 것과 무관하지 않다. 특히 붓다의 전세(前世) 이야기를 담고 있는 『본생담』에서 붓다는 무수한 과거 세상에서 구도자로서 수많은 자비행을 실천하고, 그 결과로 이 세상에 붓다로 왔다고 일반 민중은 믿게 된다. 그래서 이 시대에 이르면 사무량 가운데 포함되어 있는 자비와 구별하여, 그것과 별도로 붓다의 '대비'(大悲)가 분명하고 자세하게 설명되어 있다. 따라서 고타마 붓다가 신격화되면서 대비의 관념이 성립된 것으로 볼 수 있다.[74]

아비달마 문헌에서는 대비와 사무량 가운데 '비'를 구별하여 여러 가지로 설명하고 있다. 『구사론』에서 대비의 자성은 세속지(世俗智)로 한다고 정의하면서, 자량(資糧)·행상(行相)·소연(所緣)·평등(平等)·상품(上品)의 위대함[大] 때문에 대비라 이름하고, 일반적인 비(悲)와는 자성(自性)·행상(行

70 *Theragāthā* 238게송, 30면. 더 나아가서는 *Visuddhimagga*(淸淨道論), *Patisambhidāmagga*(無礙解道) 등의 남방 상좌부의 논서에 상세하게 논해지고 있다. 임승택 옮겨지음, 『빠띠삼비다막가역주』(서울: 가산불교문화연구원, 2001), 제2장, 제4절, 739면 참고.
71 五百大阿羅漢, 『大毘婆沙論』 83(『大正藏』 27권, 427상)
72 『阿育王傳』 5(『大正藏』 50권, 117중)
73 五百大阿羅漢, 『大毘婆沙論』 83(『大正藏』 27권, 427상)
74 中村元, 앞의 책, 46-47 참고.

相)·소연(所緣)·의지(依地)·의신(依身)·증득(證得)·구제(救濟)·애민(哀愍)의 여덟 가지 원인[因] 때문에 다르다고 한다.[75] 대비는 『대비바사론』에 자세히 설명되고 있는데, 여기에서는 '세존은 어찌하여 오직 대비만을 설법하고, 대자·대희·대사는 설하지 않는가?'라고 물으니, 모두 대(大)라고 말해야 한다. 불신(佛身) 속의 공덕은 모두 크기 때문에 대자·대희·대사라고 해도 좋지만, '대' 자를 붙이거나 붙이지 않거나 그 본질적인 뜻에 차이가 없지만 비와 대비는 각기 자성(自性)이 다르기 때문에 특별히 '대' 자를 붙인다고 하면서 다음의 표와 같은 차별을 들고 있다.[76]

구분	비(悲)	대비(大悲)
1	자성이 성냄이 없는 선근[無瞋善根]	자성이 어리석음 없는 선근[無癡善根]
2	성냄의 불선근을 다스림[對治瞋不善根]	어리석음의 불선근을 다스림[對治癡不善根]
3	사선정(四禪定)에 모두 존재	단지 제사선정(第四禪定)에만 존재
4	무량(無量)에 속함	무량에 속하지 않음
5	중생과 성자의 몸속에 존재	오직 성자의 몸속에만 존재
6	성문·독각·붓다의 몸속에 있으면서 성취	오직 붓다의 몸속에만 있으면서 성취
7	가엾이 여길[悲] 뿐 구제를 못함	가엾이 여기면서 구제함

75 世親, 『俱舍論』 27(『大正藏』 29권, 141상)

76 五百大阿羅漢, 『大毘婆沙論』 83(『大正藏』 27권, 428상). 다음 표는 『大毘婆沙論』 31(『大正藏』 27권, 160중)에 있는 세우(世友)의 설인데, 『俱舍論』 27(『大正藏』 29권, 141상)에 있는 것과는 거의 차이가 없다.

구분	차별	비(悲)	대비(大悲)
1	자성	성냄이 없는 선근[無瞋善根]	어리석움이 없는 선근[無癡善根]
2	행상	고고(苦苦)의 선근	삼고(三苦)의 선근
3	소연	오직 욕계(欲界)에만 반연	삼계(삼계:욕계·색계·무색계) 전체에 반연
4	의지	십지(十地:사선정·사근분·선정중간·욕계)에 모두 존재	오직 제사선정(第四禪定)에만 존재
5	소의	삼승(三乘)과 중생의 전체에 의지	오직 붓다의 몸에만 의지
6	증득	욕계와 제삼선정의 염(染)을 여읠 때 증득	오직 유정(有頂)의 염을 여읠 때 증득
7	구제	오직 구제하기 희망할 뿐임	구제를 성취
8	애민	불평등하게 가엾이 여김	평등하게 가엾이 여김

이처럼 '비'와 '대비'가 차별이 있는데, 그러면 왜 '대비'라고 하는지에 대해서도 『대비바사론』에서 여덟 가지로 설명하고 있다. 첫째 큰 고통을 받는 중생들을 구제하기 때문에, 둘째 삼독(三毒)의 구덩이에 빠져있는 모든 중생들을 구제하여 성도(聖道)와 성도의 과(果)에 편히 놓아두기 때문에, 셋째 큰일과 큰 안락한 일로써 중생들을 거두어 주기 때문에, 넷째 큰 값어치를 얻게 되기 때문에, 다섯째 큰 가행(加行)으로 얻게 되기 때문에, 여섯째 큰 몸에 의지하여 머무르기 때문에, 큰 법락(法樂)을 버리기 때문에, 일곱째 이 세력으로 말미암아 대사(大士)가 짓기 어려운 일을 짓게 하기 때문에, 여덟째 이 세력을 말미암아 대사산(大捨山)을 움직여 안주하지 않게 하기 때문이다.[77] 그러나 다음 설명은 '비'와 '대비'를 가장 이해하기 쉬운 비유로 보인다. 마치 두 사람이 큰 강 언덕에 서 있다가, 어떤 사람이 물에 빠진 것을 보고, 한 사람은 단지 손을 움켜쥐고 슬퍼하기만 할 뿐 그 사람을 구제하지 못한다. 그러나 다른 사람은 가엾이 여기면서 몸을 던져 물속에 들어가 그를 구제해주었다. 여기서 앞의 것이 비(悲)라면, 뒤의 것은 대비(大悲)에 비유된다.[78]

비(悲)	대비(大悲)
다만 욕계의 괴로움에 반연	삼계의 괴로움에 반연
다만 거친 괴로움에 고통 받고 있는 중생에게 반연	거칠고 미세한 괴로움에 고통 받고 있는 유정에 반연
다만 고고(苦苦)에 고통 받고 있는 중생에 반연	삼고(三苦)에 고통 받고 있는 중생에 반연
다만 몸의 괴로움에 고통 받고 있는 중생에 반연	몸과 마음의 괴로움에 고통 받고 있는 중생에 반연
다만 현법(現法)의 괴로움에 고통 받고 있는 중생에 반연	현법과 후법의 괴로움에 고통 받고 있는 중생에 반연
다만 가까운 괴로움에 고통 받고 있는 중생에게 반연	가깝고 먼 괴로움에 고통 받고 있는 중생에게 반연
다만 현재의 괴로움에 고통 받고 있는 중생에게 반연	삼세의 괴로움에 고통 받고 있는 중생에게 반연

77 五百大阿羅漢, 『大毘婆沙論』 83(『大正藏』 27권, 428중)
78 위의 책, 83(『大正藏』 27권, 428상-중) 표로 나타낸 '비'와 '대비'의 차별은 세우논사의 설로 소개되고 있다.

그래서 이 시기에는 사람과 사람 사이에 나타난 자비는 처음의 종교적 의의는 없어지고 단순한 동정 혹은 연민이라는 세속적인 형태로 해석되기에 이른다. 이러한 '비'와 '대비'의 두 가지 형태는 그 뒤에 아비달마의 불교 안에 보존되면서, 대승불교에 이르면 여러 가지 모습으로 나타나고 있다.

3. 대승불교에서 자비

대승불교는 아비달마의 고답적인 태도에서 벗어나 타인을 위해 봉사한다는 자비행의 정신이 종교의 중심에 놓이게 된다. 대승불교에서는 모든 중생을 구제하고자 서원(誓願)을 세워서 그것을 실천하는 자를 보살(菩薩, 빠 bodhisatta, 범 bodhisattva)이라고 한다. 물론 보살의 관념은 대승불교에서 갑자기 나타난 것은 아니다. 초기불교와 아비달마 불교에서는 전세(前世) 또는 깨달음을 얻기 전까지의 수행자를 보살이라 부른다. 그러나 대승불교에서 보살은 새로운 이상적인 인간관으로서 자신을 구제하기에 앞서 남부터 구제한다는 자비의 서원을 세워서 열반을 추구하기보다는 오히려 생사의 세계에 태어나기를 원한다. 이처럼 대승불교는 자비를 중시하며 이를 구체화하는 불교라고 할 수 있다.

『보살지』에 보면, "보살은 네 가지 원인에 의해 중생에 대한 '비심'이 있기 때문에 윤회의 괴로움을 느껴지지 않는 무한하고, 무변한 세계가 존재한다고 해도 괴로움이 뒤따르는 이 세상에 다시 태어나는 것이지, 괴로움이 없는 세상에 나는 것이 아니다. 그래서 다른 사람이 어떤 한 가지 고통을 느끼고, 당하고, 이겨내는 것을 보면서 자기 자신도 어떤 한 가지 고통을 느끼고, 당하고, 이겨내는 것을 본다. 더 나아가 다른 사람 또는 자신 또는 그 양자가 오랜 시간에 걸친 혹심하고 간단없는 고통을 느끼고, 당하고, 이겨내는 것을 본다. 이와 같이 이 보살이 스스로 정해진 종성(種姓)에 의해 본성상 현명하기 때문에 이들 네 가지 원인에 근거하여, 설령 특별히 반복하여 배우지 않고도 약하거나, 중간 또는 뛰어난 비심을 가지고 활동한다. 보살은 네 가지 원인에 의해 존재에 대한 비심을 먼저 일으키고, 긴 시간에 걸친 여러 가지 격렬하고 끊임없는 생사윤회의 괴로움조차 두려워하지 않고 두려워서 떠는 일도 없다"[79]라고 한다.

여기서 대승의 보살은 자기 자신이 인생의 고통을 느끼고, 당하고, 이겨

낸 경험이 있기 때문에 다른 사람이 그 경우에 처해 있을 것을 보고 비심을 내지 않을 수 없다는 것이다. 이러한 보살의 자비의 개념을 가장 잘 보여주는 『유마경』을 보기로 하자. "어리석음 때문에 애욕이 있게 되면 병이 생기게 된다. 모든 중생이 앓고 있으므로 나도 병을 앓고 있다. 만약 모든 중생의 병이 사라지면 나의 병도 사라질 것이다. 왜냐하면 보살은 중생을 위하여 생사의 길에 들어서기 때문이다. 생사가 있으면 병이 있다. 중생이 병에서 떠나면 보살도 병이 없게 될 것이다. … 중생이 병에 걸리면 보살도 병에 걸리고 중생의 병이 나으면 보살의 병도 낫는다. 보살이 병에 걸린 이유는 중생에 대한 대비심 때문이다."[80]

그러므로 보살불교인 대승불교의 경론에서는 자비를 반복해서 강조하면서 보다 구체화된 개념으로 설명한다. 더욱이 붓다의 본질이 자비라고 한다. 『대지도론』에는 "자비는 불도의 근본이다. 그 이유는 무엇인가. 보살은 중생이 늙고 병들고 죽는 고통, 몸의 고통, 마음의 고통, 금세와 후세의 고통 등 여러 가지 고통에 괴로워하는 것을 보고, 대자비가 생겨나 이와 같은 고통을 구제하고, 그런 다음 무상정등각을 구한다. 또한 대자비의 힘을 가지고 있기 때문에 무량의 아승지 세상의 생사 속의 마음으로부터 멀어지지 않는다. 또한 대자비의 힘을 가지고 있어, 오랫동안 열반에 들 수 있어도 열반을 취하지 않는다. 이 때문에 모든 불법 가운데에서 자비를 으뜸으로 한다. 만약 대자대비가 없다면 일찍 열반에 들었을 것이다."[81] 『관무량수불경』에는 "모든 붓다의 마음은 대자비이다."[82] 『법화경』에는 "여래는 대자비가 있다."[83] "여래의 방은 모든 중생 속의 대자비심이다."[84] 『대반열반경』에는 "모든 중생을 위해서 이익이 없는 것을 제거해주는 것을 '대자'라고 하고, 중생에게 헤아릴 수 없는 이익과 즐거움을 주고자 바라는 것을 '대비'라 한다."[85] 『법화경』에서는 "모든 중생에게 자비의 마음을 버리지 말라."[86] "자로써 몸을 닦으면 붓다의 지혜로 잘 들어간다."[87] "대자비의 힘으

---

79 ed. by U. Wogihara, *Bodhisattvabhūmi,* Tokyo: Sankitbo Buddhist Book Store, 1971, 16-17면.

80 『維摩詰所說經』 중(『大正藏』 14권, 544중-545중)

81 龍樹, 『大智度論』 127(『大正藏』 25권, 256하)

82 『觀無量壽佛經』(『大正藏』 12권, 343하)

83 『法華經』 6(『大正藏』 9권, 52하)

84 위의 책, 4(『大正藏』 9권, 31하)

85 북본 『大般涅槃經』 15(『大正藏』 12권, 454상)

로 고뇌하는 중생을 제도한다."[88] "늘 자심을 닦으면 몸과 목숨이 아깝지 않다."[89] "늘 자비를 행하면 스스로 붓다가 되는 것을 안다."[90] 『중론』(17·1)에서는 자비의 정신은 모든 선행의 근본으로 간주되고 있다. "자신을 제어하고, 다른 사람을 유익하게 하는 것을 '자'(범 maitrā)라고 하는데 그것은 현세와 내세에서 인과응보의 씨앗이다" 등이라고 한다.

대승불교에서도 사무량심에 대한 논의는 여러 곳에서 설명되고 있는데, 『대지도론』에서 자비는 불도의 근본이라고 하면서 각각에 대해서 비교적 상세하게 정돈된 설명을 하고 있다. 아마도 여기서 나오는 사무량심은 일반 개론서에 나오는 사무량심의 전형으로 삼은 것으로 볼 수 있는데 그 가운데 '자'와 '비'에 대해서는, "'자'는 늘 안온하고 즐거운 일을 구하는 중생을 사랑하는 생각으로 이롭게 하려고 것이고, '비'는 오도 가운데 갖가지 육체적 고통과 심적인 고뇌를 받는 중생을 불쌍히 여기는 생각이다"[91]라고 한다.

또한 『유마경』에서는 보살이 '자'무량심을 어떻게 행해야 하는가에 대해서 스물아홉 가지를 들고 있다. 곧 보살은 들뜨지 않고 고요한 자심[寂滅慈心], 뜨겁지 않은 자심[不熱慈心], 언제나 한결같이 여실한 자심[等之慈心], 말다툼 없는 자심[無諍慈心], 대립하지 않는 자심[不二慈心], 확고부동한 파괴할 수 없는 자심[不壞慈心], 견고한 자심[堅固慈心], 청정한 자심[淸淨慈心], 가없는 자심[無邊慈心], 아라한의 자심[阿羅漢慈心], 보살의 자심[菩薩慈心], 여래의 자심[如來慈心], 붓다의 자심[佛慈心], 자연의 자심[自然慈心], 보리의 자심[菩提慈心], 무조건 평등하지 않는 자[無等慈心], 대비의 자심[大悲慈心], 싫증낼 줄 모르는 자심[無厭慈心], 법을 베푸는 자심[法施慈心], 계를 지키는 자심[持戒慈心], 인욕하는 자심[忍辱慈心], 정진하는 자심[精進慈心], 선정하는 자심[禪定慈心], 지혜로운 자심[智慧慈心], 방편을 갖춘 자심[方便慈心], 숨김이 없는 자심[無隱慈心], 깊은 마음의 자심[深心慈心], 속임수 없는 자심[無誑慈心], 안락한 자심[安樂慈心]을 행하여야 한다.[92] 이에 비

86 『法華經』 5(『大正藏』 9권, 38중)
87 위의 책, 1(『大正藏』 9권, 2상)
88 위의 책, 3(『大正藏』 9권, 23중)
89 위의 책, 2(『大正藏』 9권, 16상)
90 위의 책, 3(『大正藏』 9권, 20상)
91 龍樹, 『大智度論』 20(『大正藏』 25권, 208하)
92 『維摩詰所說經』 중(『大正藏』 14권, 547중-하)

해 비·희·사에 대해서는 간략하게 설명하고 있다. "문수사리가 또 물었다. '어떻게 하는 것을 비(悲)라 하는가?' '보살이 짓는 공덕은 모두 다 일체중생과 함께 이를 공유하는 것이다."[93]

또 사무량심을 행하면 공덕을 얻게 되는데 이러한 내용은 앞에서 본 초기불교와 아비달마 불교와 별로 차이가 없다. 자삼매에 들면 현생에서 다섯 가지 공덕을 얻는다고 한다. 곧 불에 들어가도 타지 않고, 독약에 중독이 되어도 죽지 않으며, 칼날에 상하지도 않고 끝내 횡사하지 않고, 선신이 옹호한다. 헤아릴 수 없는 중생에게 이익을 주었으므로 이러한 무량한 공덕을 얻는다. 또 사무량심을 수행하는 것은 『대지도론』과 『유가사지론』에서 볼 수 있다.

"사무량심은 어떻게 수행하는가? 붓다가 여러 경안에서 설하고 있는 것과 같다. 곧 비구가 '자'에 상응하는 마음으로 성냄[恚], 한(恨), 원망[怨], 번뇌[惱]가 없는 마음이 광대하고 무량하도록 자심을 잘 닦아 동방세계의 중생에게 가득 찬다. 또 자심이 남·서·북방과 사유와 상·하의 모든 중생에 두루 가득 찬다. 비·희·사에 상응하는 마음으로도 또한 이와 같이 한다."[94] "보살이 어떻게 자비희사의 사무량을 수행하는가? 보살들이 … 먼저 즐거움을 구하는 사람에게 즐거움을 주려는 뛰어난 의욕[增上意樂]을 일으켜 시방세계에 두루 반연하여 중생에 대해 뒤바뀜 없는 뛰어난 이해[勝解]에 머무르며 '자'와 함께 마음을 수행한다. … 만일 보살이 고통이 있는 사람에게 고통을 없애주려는 뛰어난 의욕을 일으켜 시방세계에 두루 반연하여 '비'와 함께 하는 마음을 수행한다면 이를 '비'라 부른다."[95]

아비달마 불교에서는 '비'와 '대비'의 차별을 상당히 자세하게 설명했음을 보았다. 대승불교에서는 이보다 한 걸음 더 나아가서 '자'에 대한 강조와 함께 '대자대비'를 강조하고 있다. 그러면 보통 말하는 사무량심의 자비와 대자대비는 어떻게 구별하고 있는가를 보자. 『대지도론』에서는 붓다의 대자대비가 사무량심 가운데 포함되고 있는 자비와 다르다는 것을 여러 가지로 설명하고 있다.

"사무량심 가운데 자비를 '소'(小)라 하고, 여기서는 십팔불공법(十八不共法) 속에서 순서대로 설명하는 대자비를 '대'(大)라 한다. 또 다음으로 모

93 위의 책, 중(『大正藏』 14권, 547하)
94 龍樹, 『大智度論』 20(『大正藏』 25권, 209상)
95 彌勒, 『瑜伽師地論』 44(『大正藏』 30권, 535하)

든 붓다의 마음속에 있는 자비를 '대'라 하고, 그 밖의 일반 사람들의 마음속에 있는 자비를 '소'라 한다. 그렇다면 보살이 어떻게 대자대비를 행한다고 하는가? 보살의 대자(大慈)는 부처님의 그것보다도 작다. 하지만 성문승과 독각승의 이승(二乘)의 그것보다는 크다. 이것은 임시로 '대'라고 한다. 그렇지만 부처님의 대자대비는 진실로 최대이다. 또 다음으로 소자(小慈)는 단지 마음에서 염원하여 중생에게 즐거움을 주려고 해도 실제로는 즐거움을 주지 못한다. 소자(小悲)는 중생의 여러 가지 심신의 고통을 깨닫는 것을 말한다. 그것은 다만 중생을 연민만 할 뿐 고통에서 벗어나게 할 수 없다. 그렇지만 대자는 중생이 즐거움을 얻도록 염원하여, 또한 실제로 즐거움을 준다. 대비는 중생의 고통을 연민하며, 또한 고통에서 벗어나게 할 수 있다. 또 다음으로 범부, 성문, 벽지불 불보살의 자비는 '소'라고 하고 모든 붓다의 자비는 '대'라고 한다."[96]

대승불교의 경론에서는 자비를 중생연(衆生緣)·법연(法緣)·무연(無緣)의 세 가지로 들어 설명하기도 하면서 특히 무연의 자비를 강조하고 있다. 『대지도론』에는 세 가지 자비에 대해서 여러 곳에 걸쳐 자세하게 설명하고 있다. 먼저 "자비심에 세 종류가 있다. 곧 중생을 연으로 삼는 중생연과 법을 연으로 삼는 법연과 무연이다. 보통 사람은 중생연이다. 성문·벽지불 및 보살은 처음에는 중생연에서 시작하여 나중에는 법연으로 된다. 모든 붓다가 필경공(畢竟空)을 잘 수행하기 때문에 무연이라 한다."[97] "보살은 늘 대비와 필경공을 떠나서는 안 되고, 필경공을 생각하며 세간의 모든 번뇌를 부수고 열반을 보여야 한다. 그리하여 대비로써 이것을 끌어 선법(善法) 안으로 환원하여 중생을 이롭게 한다."[98]

또한 이들을 세 가지 '비'로 말하기도 한다. "필경공은 크기 때문에 비(悲) 또한 큰 것을 낳는다. 대비는 아차말경(阿差末經) 안에서 설명한 것과 같다. 중생연, 법연, 무연의 세 가지 '비'가 있다. 무연의 '비'는 필경공에서 생긴다."[99] 여기서 '무연'이란 '대상이 없다'는 뜻이다. 따라서 궁극적으로 모든 존재를 평등하게 보고, 공성(空性)을 인정하기 때문에 무연의 자비는 대상을 갖지 않는다. "사랑하고, 미워하며, 그리고 중간인 세 종류의 중생

96 龍樹, 『大智度論』 27(『大正藏』 25권, 256중-하)
97 위의 책, 40(『大正藏』 25권, 350중)
98 위의 책, 53(『大正藏』 25권, 441하)
99 위의 책, 53(『大正藏』 25권, 442상)

에게 정확히 평등하게 대해서 차이가 없고, 시방과 오도(五道)의 중생 가운데 동일한 자심으로 이것을 보는 것을, 아버지와 같고, 어머니와 같으며, 형제·자매·자손·선지식처럼 한다. 늘 좋은 일을 구하고 이익과 안온을 얻도록 한다. 이와 같은 마음이 시방의 중생 가운데에 두루 충만하다. 이 같은 자심을 '중생연'이라 한다. … 중생은 이것이 법공(法空)임을 알지 못하고, 한 마음으로 늘 안락을 얻으려고 한다. 성인은 이것을 불쌍히 여겨 생각에 따라 즐거움을 얻을 수 있다. 이것은 세속의 법을 위한 것이기 때문에 '법연'이라 한다. 무연이란 단지 모든 붓다에게만 있다. 왜냐하면 붓다의 몸은 유위(有爲)와 무위(無爲)의 본성 가운데 있지 않고, 과거세·미래·현재세의 삼세에 머무르지 않으며, 모든 인연이 실체가 아니고 전도되고 허망함을 알기 때문에 마음의 대상이 없다. 붓다는 중생이 이 제법의 실상을 알지 못하고 천·인간·지옥·아귀·축생의 오도를 왕래하여 마음이 모든 것에 집착하여 분별하고 취사선택하므로 중생으로 하여금 이 제법의 실상에 대한 지혜를 얻게 한다. 이것을 '무연'이라 한다. 비유컨대 가난한 자에게 희사하거나 재물을 주거나, 금은보화를 주거나, 여의주를 주는 것과 같다. 중생연·법연·무연도 또한 이와 같다. 이것이 약설하여 자심의 뜻이다. 비심의 뜻도 이와 같다."[100]

이 세 가지 자비 가운데 특히 무연의 자비에 최상의 의의를 인정하고, 그것은 공으로서의 제법의 실상에 통달함으로써 이루어진 것을 '무연대비'라고 한다. "비에 세 종류가 있다. 중생을 연으로 삼는 것과 법을 연으로 삼는 것, 그리고 연이 없는 것이 그것이다. 이 가운데서 무연의 대비는 구족(具足)이라고 말한다. 이른바 법성(法性)이 공임을 비롯하여 실상도 또한 공이다. 이것을 무연의 대비라 한다."[101]

『대반열반경』에서도 사무량심을 중생연·법연·무연의 세 종류로 구별하여 설명한다. "자(慈)에 세 가지 연이 있다. 첫째는 중생을 인연으로 하는 것, 둘째는 법을 연으로 하는 것, 셋째는 무연이다. 비·희·사도 이와 마찬가지이다. … 중생을 연으로 삼는 자비는 오음(五陰)을 인연으로 하여 그 즐거움을 주기를 원한다. 이것을 중생을 연으로 삼는 자비라 한다. 법을 인연으로 삼는 자비는 모든 중생이 필요로 하는 사물을 인연으로 하여 이것을 베

100 위의 책, 20(『大正藏』 25권, 209중-하). 세 가지 비에 대해서는 『大方等大集經』 24(『大正藏』 13권, 170상 이하)에서도 볼 수 있다.
101 위의 책, 51(『大正藏』 25권, 417중)

풀어 주는 것이다. 이것을 법을 연으로 삼는 자비라 한다. 무연의 자비는 여래를 인연으로 하며, 이것을 무연이라 한다."[102]

천태 지의(天台智顗)는 『관무량수경소』에서 "석론[대지도론]에 이르기를, 첫째로 중생연의 자는 마음에 모든 중생을 대상으로 실재시하는 것 없음에도 중생에게 자연히 이익을 나타낸다. 열반경에서처럼, 내가 실제로 가지 않고, 자선의 근력으로써 중생에게 이와 같은 일을 보여주는 것과 같다. 둘째로 법연의 자는 마음에 법을 보는 것 없음에도 여러 법에 자연스럽게 널리 비춘다. 태양이 물체를 비추는 데에 분별하는 것이 없는 것과 같다. 셋째로 무연의 자는 마음에 이(理)를 보지 않음에도 평등제일의(平等第一義) 속에 자연스럽게 안주한다"[103]라고 하였다.

혜원(慧遠)도 『대승의장』에서 세 가지 '비'를 상술하고 있다. "비에 세 종류가 있다. 하나는 중생연의 비로서 고뇌하는 중생을 인연으로 하여 그를 구제하기를 원한다. 『여지경(如地經)』에 의하면, 모든 중생이 십이(十二) 인연으로 생사 유전하는 것을 보고 비심을 일으킨다. 『보살지지론(菩薩地持論)』에 의하면, 모든 중생의 백한 가지 고통을 인연으로 비심을 닦는다. 둘째는 법연의 비인데, 모든 중생이 모두 오음(五陰) 인연의 법수(法數)이면서 무아이고 무인(無人)인 것을 보고 비심을 일으킨다. … 셋째로 무연의 '비'인데, 모든 중생의 오음의 법수가 궁극적으로 공적[畢竟空寂]인 것을 보고 비심을 일으킨다. … '자'도 또한 세 가지가 있다. 첫째는 중생연의 자이인데, 모든 중생을 인연으로 하여 그에게 즐거움을 주기를 원한다. 둘째는 법연의 자인데, 모든 중생이 단지 오음인연의 법수이면서 무아이면서 무인인 것을 인연으로 자심을 일으킨다. 셋째는 무연의 자인데, 모든 법은 궁극적으로 공적이라고 보고 자심을 일으킨다."[104]

한편 이 세 가지 연의 '비'에 대해서 중생연은 소비(小悲)이고, 법연은 중비(中悲)이며 무연은 대비(大悲)라고 하여 구분하면서 대비는 정도의 뿌리라고 하기도 한다. "자비에 세 종류가 있다. 첫째 중생연은 소비이다. 둘째

---

102 親光菩薩, 『佛地經論』 5(『大正藏』 26권, 314중). 『無盡慧經』에는 세 가지 연의 비를 보살의 계위와 비교하고 있다. 곧 중생연은 초발심보살, 법연은 제일지(第一地)에서 제칠지(第七地)보살, 무연은 제팔지(第八地)보살에 각각 배대시키고 있다. 森山清徹, 「菩薩思想としての慈悲」, 『불교에 있어서의 자비: 현대사회의 대응』, 동국대학교, 1998, 9면; 17면 참고.

103 智顗, 『觀無量壽經疏』(『大正藏』 37권, 192하)

104 慧遠, 『大乘義章』 14(『大正藏』 44권, 743중)

법연은 중비이다. 셋째 무연은 대비이다. 대비는 세간을 초월하는 선인데 안락정토는 이 대비에서 생기기 때문이다. 그러므로 이 대비를 일컬어 정토의 뿌리라고 한다."[105]

이상의 세 가지 연에 대한 여러 설명에서 보면, 중생연은 현실사회에서 많은 개인과 개인이 대립하고 있는 장면을 의식하면서 자비를 미치는 것을 말한다. 법연은 개인 존재 또는 그것과 관련 있는 여러 종류의 사물을 개별적인 요소로 분석하여, 그것들은 독립적인 실체가 아니라고 보고, 집착을 버리고 다른 사람들에게 어떤 물건을 주어 봉사하는 것, 다시 말해 아비달마 불교에서 말하는 자비행을 말한다. 무연은 제법실상인 공 또는 여래를 보며 행하는 자비를 말한다.[106]

또한 보살이 공성(空性)의 경지에 도달하면 중생의 고통을 보기 때문에 자비심이 생긴다고 한다. 『마하지관』에서 "보살은 어떤 뜻에서 태어나지 않으면서도 태어나는가? 실로 모든 유루(有漏)의 중생은 상속하여 끊임이 없기 때문에 보살은 대비를 일으키고, 자유자재로 탄생함을 보여 중생을 구제한다."[107]

결국 대승불교가 진실의 덕, 또는 진정한 진리로서 강조하는 것은 모든 존재가 공성이기 때문이다. 모든 존재가 공성임 체득하면 자비는 저절로 나타난다고 본 것이다. 따라서 자비는 자기를 버리고 전면적으로 다른 개인 존재에게 봉사하는 것이기 때문에 그것은 인간의 행위에 대한 지상 명령으로서 여기서 증오를 뛰어넘는 자비가 실현된다. 이처럼 자비는 공관(空觀)에 근거하여 실현되는 것이기 때문에 자비의 실천을 완성하고자 하는 사람은 '나는 자비를 실천하고 있다'고 자랑하거나, 선입관에 사로잡힌 마음이 있다면, 그것은 아직 진정한 자비가 아니다. 자비의 실천은 자비를 실천한다는 의식을 초월하는 데서 나타난다. 따라서 때로는 자비와 시여(施輿)가 거의 같은 말로 해석되는 경우도 있다. 타인에게 봉사할 때 '삼륜청정'(三輪淸淨)을 강조한다. 봉사하는 주체[能施]와 봉사를 받는 객체[所施]와 봉사의 수단[施物]의 세 가지는 모두 공성이다.

한편 여래장 사상은 반야공관(般若空觀)을 기본사상으로 하여 지혜와 그 작용으로서의 자비의 두 가지 사실을 표명한 것이지만,[108] 여래장 사상의

105 曇鸞, 『無量壽經優婆提舍願生偈註』 상(『大正藏』 40권, 828하)
106 中村元, 앞의 책, 109면 참고.
107 智顗, 『摩訶止觀』 5하(『大正藏』 46권, 60중)

성립기반은 근본적으로 자비의 측면에 있다. 왜냐하면 지혜는 자비, 더 나아가서 대비 안에서만 그 존재 의미를 가질 수 있고, 지혜를 중생에게 설법을 통하여 중생을 구제하는 활동, 대비를 실천하기 때문이다.[109] 따라서 여래가 모든 중생에게 대자비심을 내는 것은 불성(佛性)의 종자가 없다는 일천제(一闡提, icchantika)까지도 성불시키고자 윤회에도 머물지 않고 열반에도 머물지 않는다고 한다. "지혜에 의해 자신에 대한 애착을 남김없이 끊고, 중생에 대한 애정 때문에 자비로운 자는 적정에 들어가지 않는다. 이처럼 지혜와 자비라는 깨달음의 두 가지 방편에 의지하여 성자는 윤회세속에도 열반적정에도 머물지 않는다."[110] 이처럼 무주처열반(無住處涅槃)은 윤회의 세속에도 머물지 않고 열반적정에도 머물지 않으므로 고요하고 정지된 세계가 아니라 역동적인 실천의 과정이다. 이것의 대표적인 예가 대비천제(大悲闡提)이다. 대비천제는 윤회의 세간에 존재하는 한 모든 중생을 전혀 차별 없이 대하며 쉼 없이 그의 중생구제의 활동은 계속하며, 중생을 위해서라면 스스로 일천제의 삶도 마다하지 않는다고 한다.[111]

Ⅲ. 인접개념 간 관계 및 현대적 논의

1. 인접개념 간 관계

지금까지의 논의에서 보았듯이 자비의 의미는 '사랑'[112]과 '비폭력/불살

108 小川一乘, 『佛性思想』(京都: 文榮堂書店, 1982), 151면.

109 정호영, 『여래장 사상』(서울: 대원정사, 1993), 84면.

110 ed. by E. H. Johnston, *Ratnagotravibhāga-Mahāyānottaratamtraśāstra*, 35면, 1.49.

111 문을식, 「여래장 사상에서 여래의 자비 문제」, 『伽山學報』 제6집, 가산불교문화연구원, 1997, 159-186면.

112 '자'(빠 mettā, 범 maitrī) 또는 '자비'(빠 mettā, karuṇā, 범 maitrī, karuṇā)를 '사랑'이라는 말로 바꾸어 놓기에 앞서 반드시 알아두어야 할 것이 있다. '사랑'이라는 말은 매우 다양한 대상에 대해서 사용한다. 우리는 보통 음식, 개, 어린이, 부모, 연인, 친구, 조국, 그림, 신 등에 대해서 사랑한다는 말을 사용한다. 이렇게 다양한 대상에 대한 우리의 태도는 어느 면에서는 유사할지도 모르지만 그 유사성은 미미하거나 거의 없는 것에 가깝다. 따라서 사랑에는 다양한 양태가 있을 것이다. 에드워드 콘제(E. Conze)의 견해에 따라 나누면 다음과 같다. ①'단순히 좋아함'(fondness): 누군가와 함께 있기를 바라는 것이나 신체적 접촉에 대한 욕구는 없다. ②'다정함'(tenderness): 피부의 접촉을 바라지만 흥분과 소유욕은 없다. ③'마음이 들뜨는 사랑'(infatuation): 호흡

생'과 인접 개념에 속한다고 볼 수 있다. 따라서 여기서는 자비와 두 개념과의 관계를 보기로 한다.

1) 자비와 사랑

'자'는 mitra(친구)에서 파생한 것이기 때문에 친구에게서 발견되고 친구와 관련되어 나타나기 때문에 '자애'(慈愛, loving-kindness)로는 번역할 수 있겠지만 '사랑'은 그렇지 못하다. 불교에서는 '사랑'의 쓰임새가 매우 다양할 뿐더러, 부정적인 뜻으로도 자주 쓰인다는 사실이다. 이를테면 친애(親愛, 빠 범 anunaya) 또는 애집(愛執, 빠 sineha, 빠 범 sneha)은 '애정'(affection)이란 의미에서의 '사랑'을 가리키지만, 이 말은 악덕과 계박을 의미하는 것으로 멸시되고 있다.[113] 『숫타니파타』(36)에서 '사랑'의 의미로 sneha가 언급되고 있다. "서로 사귀는 사람에게는 사랑(sneha)이 발생한다. 사랑 때문에 괴로움이 생긴다. 사랑에서 오는 우환을 보고 무소의 뿔처럼 혼자서 가라."

또 정열적이고 감각적인 사랑으로 rāga(貪愛, 貪欲, 愛欲)를 말하기도 하지만, 이것은 우애가 깊어질 때 그 우애는 세속적인 탐욕을 강화시켜 줄 수 있고, 또 무분별적이거나 어떤 특정한 일에 대해서 누구보다도 특권적인 지위를 얻으려는 배타적인 감정에 떨어지는 것을 의미한다. 카마(범 kāma, 愛欲)가 '사랑'이라는 뜻이지만, 그것은 '감각적인 본능적 욕망'을 가리키고, 주로 '성적인 사랑'(sexual love)을 말한다면 이에 대해 상대적으로 신의

과 혈액순환의 혼란이 중요한 요소이기 때문에 '심장과 호흡의 사랑(caridac-respiratory)의 사랑'이라 불리기도 한다. 장·노년기보다는 청춘기에 흔한 일시적 현상이다. ④'관능적 사랑'(sexual love): 입, 항문, 성기, 동성애 및 이성애 등 여러 단계의 사랑을 포함한다. ⑤'자기도취의 사랑'(narcissistic love): 자신의 육체에 대한 사랑으로 보통 ③과 ④가 결합된 형태이다. ⑥'공상적인 사랑'(romantic love): 뚜르바두르 시대에 프랑스 남부에서 흥기한 일단의 철학적 관념과 ③이 결합된 형태이다. 여기서는 남녀간의 사랑은 이상화되며, 인생을 가치 있게 하는 것이라고 주장된다. 이 사랑은 결혼과 결부되거나 또는 결혼과 양립할 수 없는 것으로 주장된다. ⑦'정신적 사랑'(spiritual love): '자비'(charity)에 해당하며, 비세속적인 본질을 지향하고 있다는 것이며, 모든 면에서 한결같이 강렬한 사랑이다. 에드워드 콘즈, 「慈·悲·喜·捨에 관하여」, 『佛教研究』1, 韓國佛教研究院, 1985, 163-164면.; (이성배, 「하느님은 사랑이시다-천주교에 있어서의 사랑에 대하여」, 『石堂論叢』 제19집, 동아대학교, 1993, 243면 이하)는 사랑에 대한 사전적인 의미를 비롯하여 다양한 사랑의 의미를 소개하고 있다.

113 에드워드 콘즈, 안성두·주민황 譯, 『인도불교사상사』(서울: 민족사, 1993), 88-92면.

은총에 대하여 이기심을 버리고 사랑을 행하는 프레마(범 prema, preman)가 있다. 자기를 중심으로 하여 부부나 연인 사이에서의 사랑의 감정 또는 자기를 중심으로 하여 혈연과 친척에 연결되는 사랑사이에서의 사랑의 감정은 피야(빠 piya, 범 priya)가 있다. 시를 구성하는 감정으로서의 성애적인 사랑은 쉬링가라(범 śṛṅgāra)이며, 탕하(빠 taṇhā, 범 tṛṣṇā)도 깊은 연정의 갈애로서 '사랑'을 뜻하는 말이지만, 이것은 인간의 아집에서 비롯된 것으로 본다.[114] 그러나 그것은 '격렬한 욕망'을 가리키는 것으로, 거기서부터 병적인 집착이 생긴다. 이런 종류의 사랑에 대해 붓다는 대개의 경우 부정적인 태도를 취하였다. 또 드물게 bhakti(信愛, 헌신적 사랑)를 들기도 하지만 이것은 주로 힌두교에서 신에 대한 신앙적인 무조건적 절대적인 사랑을 의미하는 용어로 사용된다.[115]

『법구경』 '애품'(愛品, piyavagga)에서는 그런 사랑을 나타내는 낱말들, 곧 빠알리어 piya, pema, rati, kāma, taṇhā 따위를 나열하고 나서 그 하나하나에 대해 "사랑에서 근심이 생기고, 사랑에서 두려움이 생기므로 사랑을 넘어선 사람에게는 근심이 없도다. 어디에 간들 두려움 있겠는가"라고 설하고 있다. 이렇게 불교에는 '사랑'에 대해 부정적으로 설한 말이 많다. 그러나 그것들은 결국 사랑을 더욱 높은 차원으로 지양시키고자 했기 때문임을 간과한다면, 붓다의 참뜻을 오해한 것이 될 것이다.[116] 그러므로 굳이 자비, 특히 '자'를 사랑의 의미로 사용하려면 '이기심 없는 사랑', '이기심 없는 무한한 사랑', '자아의식 없는 사랑'[117] 등으로 쓸 수 있지만, 이럴 경우 사랑에서 배타성을 제거하고 '무한한' 것이 되기 위해서 명상과 지혜가 요구된다.

2) 자비와 비폭력/불살생

폭력/살생과 자비는 서로 상반된 개념이다. 자비는 비폭력/불살생(범

114 李珖洙, 「힌두교에서의 사랑의 의미-박띠와 고대 인도 사회와의 관계를 중심으로」, 『石堂論叢』 제19집, 동아대학교, 1993, 223면.

115 위의 글, 224면 이하 참고.

116 붓다는 남녀의 사랑, 부모와 자식 사이의 사랑, 재물에 대한 사랑 따위를 근본에서부터 부정한 것은 아니었다. 만일 그렇게 했다면 그것은 인간이 인간 노릇함을 부정하는 것이 되는 까닭이다. 그것은 인간에게 목석과 같아지라고 요구하는 것이며, 인간성 자체를 말살하는 결과가 되고 말 것이다. 그렇기 때문에 붓다는 그런 것을 더 높은 사랑으로 지양하라고 가르치기 위해 그것들이 가지고 있는 한계점, 불순성을 부정했던 것이었다. 불교에서는 일반적으로 사랑에 대한 거부를 나타내는 것도 이 때문이다.

117 에드워드 콘즈, 앞의 글, 174-181면 참고.

ahiṁsa)과 밀접한 관련이 있다. 비폭력이란 폭력을 사용하지 않는 것이며, 그 비폭력의 핵심은 자비심이 밖으로 드러난 것이다. 만약 자비심이 없다면 진정한 의미의 비폭력/불살생을 실천할 수 없다. 비폭력/불살생을 실천해야 하는 이유는 바로 세상의 모든 것이 연기의 세계이기 때문이다. "이것이 있기 때문에 저것이 있다. … 이것이 소멸하기 때문에 저것이 소멸한다"에서 볼 수 있듯이, '이것'과 '저것'은 동시에 서로 존재하는 데 필수적인 조건이다. "모든 생명체에 대해 자비심을 가지면(mettamsosabhabhūtānam) 누구도 그에게 원한을 품지 않는다."[118] 이처럼 자비를 닦고 익히면 그 결과로 타인에게 원한을 사지 않을 행위를 하지 않게 되는데, 그러기 위해서는 비폭력/불살생을 실천해야 한다. 이것이 곧 '이기심 없는 사랑'이다. 그러한 의미에서 붓다의 가르침을 원래대로 잘 간직하고 있는 빠알리어 경전의 어디를 찾아봐도 불제자의 덕목 가운데 첫 번째 계인 '불살생계/비폭력계'를 지키지 않아도 되는 특수 상황을 용인하고 있는 대목은 없다. 『숫타니파타』(629-630)의 진술은 이것을 극명하게 보여준다. "힘이 세거나 약한 어떠한 생물에게도 폭력을 쓰지 않고, 또 죽이거나 죽이도록 하지 않는 사람, 그를 나는 바라문[119]이라 부른다. 적의를 품은 자들과 함께 있으면서도 그들에게 대적하는 마음이 없고, 폭력을 휘두르는 자와 함께 있으면서도 마음이 온화하며, 집착하는 자들과 같이 있으면서도 집착하지 않는 사람, 그를 나는 바라문이라 부른다." 자비의 수습은 내면으로는 성냄[瞋]을 제거하고 외적으로는 타자에 대한 원한을 생기지 않게 하는 것이기에 비폭력/불살생은 자비와 불가분의 관계가 있다.

2. 현대적 논의

붓다의 교법은 일률적으로 논해서 단정하기는 어려우나, 그것을 요약하면 지혜와 자비라고 할 수 있다. 지혜가 수행의 궁극적인 목표라면 자비는 실천해야 할 기본적인 덕목이다. 지혜와 자비는 각각 자리(自利)와 이타(利他)의 양 극을 의미하는 동시에 지혜를 떠나 자비를 생각할 수 없고 또 자비를 버리고 지혜만을 주장할 수 없는 불가분의 관계에 있다. 자비가 이렇게

118 *Aṅguttara-nikāya* vol.Ⅳ, 151면.

119 여기서 바라문(Brahman)은 네 계급의 하나로서가 아니고, 계율을 잘 지키고 덕행을 갖추고 있는 사람을 가리킨다.

중요한 개념인데도 너무 인구에 회자되어온 상투적인 개념이어서 그런지 자비에 관한 연구적 논의는 생각보다 많지 않다. 연구주제와 각 시대로 나누어 다음과 같이 간단히 소개한다.

1) 단행본

붓다락키따(Acharya Buddharakkhita, 1956),[120] 중촌원(中村元, 1961), 곰브리치(Gombrich Richard Francis, 1998),[121] 임승택(2001)[122]이 있다.

붓다락키따는 『숫타니파타』(143-152)의 '자비경'에 실린 내용을 이론과 실천의 양면에서 자비의 여러 측면, 자비경의 배경, 자비의 세 측면, 자비의 윤리, 자비의 심리학, 자비관의 세 가지 수행방법, 자비의 공덕 등을 설명하고 있다. 특히 자비의 수행에 대한 설명은 상좌부 전통의 주요 교재인 『청정도론』, 『해탈도론』, 『무애해도』의 설명에 따르고 있다. 여기서는 특히 『청정도론』에 의거해서 자비수행법에 많은 지면을 할애해서 자세히 설명하고 있는 것이 특징이다.

중촌원은 문제의 의의, 자비의 어의, 자비 관념의 역사적 발전, 자비의 이론적 기초, 자비의 이론적 성격, 자비의 행동적 성격의 여섯 장으로 나누고, 이를 다시 세분하여 각 부분에서 경론에 근거해서 논의를 전개하고 있다. 지금까지 이 책은 아마도 '자비'에 대한 직접적인 연구로 가장 돋보이는 성과로 볼 수 있다. 왜냐하면 한국에서 그 후에 '자비'에 대한 논의를 전개하는 글치고 이 책을 참고하거나 인용하지 않는 글이 없을 정도이기 때문이다. 물론 이 책이 '자비'에 대한 논의가 완전하고 뛰어나다는 측면에서가 아니고, 자비에 대한 경론의 전개를 시대적 또는 주제 면에서 두루 소개하고 있다는 점과 지금까지 자비에 대한 연구가 이만한 것이 없다는 데에 기인한다. 이 책은 많은 긍정적인 면이 많지만 일본불교의 자료와 일본불교에 대한 비중이 지나치게 많다는 흠이 있다.

임승택은 책 제목에서도 알 수 있듯이, 『무애해도』 문헌에 대한 역주인

---

120 Acharya Buddharakkhita, *The Philosopy and Practice of Universal Love,* Sri Lanka: Buddhist Publican Society, 1956. 이것의 우리말 번역은 '강자대행 譯, 『자비관 Mettā』(서울: 고요한 소리, 2004)가 있다.

121 Gombrich Richard Francis, *Kindness and Compassion as Means to Nirvana,* Amsterdam: Royal Netherlands Academy of Arts and Science, 1998.

122 임승택 옮겨지음, 『빠띠삼비다막가역주』(서울: 가산불교문화연구원, 2001), 제2장, 제4절, 739-753면.

만큼 사상적인 연구는 볼 수 없고, 다만 그 문헌에 대한 번역과 간단한 주석이 있을 뿐이다. 또 책 전체에서 '자비'를 조망하고 있는 것이 아니라 일부에서만 자비수행을 언급하고 있다.

2) 초기불교에서 자비에 대한 글

초기경전에 나오는 자비의 수습에 대한 것을 원문을 중심으로 논하는 글로는 김용환(1993)[123]이 있고, 불교의 근본 교설에 대한 글로는 안옥선(2003)[124]이 있다.

김용환은 니카야와 『법구경』, 『숫타니파타』 그리고 『청정도론』 등에 나오는 '자'에 관한 원전자료를 중심으로 자사상(慈思想)의 성립과 전개 그리고 그 본질적 의미를 자수습의 의의, 자수습의 작용, 자수습의 방법으로 나누어 고찰하고 있다. 이 글은 원전의 구절을 직접 하나하나 열거하면서 설명하고 있다는 데서 자료적인 가치가 있다.

안옥선은 초기불교의 가르침을 탐·진·치 욕망의 지멸, 행복/자유, 자비의 세 개념으로 풀이하고 있다. 인간은 탐·진·치 욕망의 지멸을 통해서 자유를 성취할 수 있고, 이러한 자유는 자비의 삶을 통해 드러나는 것이 이 글의 핵심요지이다.

3) 대승불교에서 자비에 대한 글

보살사상과 자비에 유식경론에서 논의의 글로 삼산청철(森山清徹, 1993)[125]이 있고, 정토사상에서 사랑과 자비에 대한 글로는 조도경정(早島鏡正, 1993)[126]이 있고, 여래장 사상에서 여래의 자비에 대한 글로는 문을식(1997)[127]이 있고, 자비의 수습차제에 대한 글로는 허일범(1995)[128]이 있다.

---

123 金龍煥, 「原始佛教의 慈悲思想」, 『石堂論叢』제19집, 동아대학교, 1993, 115-136면.

124 안옥선, 「부처님의 근본 가르침: 욕망의 지멸·자유·자비」, 『불교평론』 통권14집, 현대불교신문사, 2003, 37-63면.

125 森山清徹, 「菩薩思想としての慈悲」, 『불교에 있어서의 자비: 현대사회의 대응』, 동국대학교, 1998, 7-22면.

126 早島鏡正, 「정토사상における愛と慈悲」, 『石堂論叢』 제19집, 동아대학교, 1993, 161-180면.

127 문을식, 「여래장 사상에서 여래의 자비 문제」, 『伽山學報』 제6집, 가산불교문화연구원, 1997, 159-186면.

128 허일범, 「慈悲의 重要性과 그 修習-Kamalśīla의 『修習次第』譯註1」, 『伽山學報』 제4집, 가산불교문화연구원, 1995, 241-260면.

삼산청철은 대승불교에서 유식학파와 중관학파의 경론들을 전거로 보살사상으로서의 자비, 특히 세 가지 연을 중심으로 보살도를 실천 수행법을 논의하면서 완성된 자애의 마음을 '대비'로 규정하고 그것을 보살의 지위와 관계 짓고 있다. 또한 불교의 자비사상을 현재의 여러 문제, 곧 식량위기, 식량부족 문제와 같은 경제활동에 대해서도 자비의 정신에 근거해서 그러한 사람들이게 접근하고 불쌍히 여기는 마음과 자애의 마음을 일으켜야 함을 강조하고 있다.

문을식은 여래장 사상은 반야공관(般若空觀)을 기본사상으로 하여 지혜와 그 작용으로서의 자비의 두 가지 사실을 표명한 것이지만, 여래장 사상의 성립기반은 근본적으로 자비의 측면에 있다. 이러한 전제 아래서 여래가 모든 중생에게 대자비심을 내는 것은 불성(佛性)의 종자가 없다는 일천제(一闡提, 범 icchantika)까지도 성불시키고자 대비심을 낸다고 한다. 이것의 대표적인 예로 대비천제(大悲闡提)를 들고 있다.

허일범은 카말라쉴라의 『수습차제』를 역주하면서 자비의 중요성과 그 수습방법을 소개하고 있다.

4) 현대사회에서 자비사상에 대한 글

현대사회에서 자비의 의의에 대한 글로는 목정배(1998)[129]가 있고, 자비사상의 현대사회적인 전개에 대한 글로는 연천진순(硯川眞旬, 1993)[130]이 있고, 정토의 자비에 대한 글로는 박규상(1993)[131]이 있다.

목정배는 붓다가 정각한 뒤 '브라흐만의 권청'에 주목하여, 전도선언이 자비에 근거하고 있다고 전제한 뒤 초기불교에서는 『숫타니파다』의 자비경의 내용을 다루고, 대승불교는 보살의 자비의 원에 대한 것으로 『반야경』에 근거하면서도 중촌원의 『자비』에서 지혜와 자비의 관계를 인용해서 논의를 전개한다. 또한 『유마경』에서 문수사리가 유마거사에게 질문하는 내용을 전거로 들며 자타의 모두 생존의 길을 모색하고, 『대지도론』에서 세 가지 자비의 종류를 간단하게 설명하고, 그 가운데 무연의 자비가 가장 중

129 목정배, 「21세기와 자비」, 『불교에 있어서의 자비: 현대사회의 대응』, 동국대학교, 1998, 105-128면.

130 硯川眞旬, 「慈悲思想의 現代社會的 展開」, 『불교에 있어서의 자비: 현대사회의 대응』, 동국대학교, 1998, 23-49면.

131 박규상, 「사랑과 자비의 현대적 조명」, 『石堂論叢』 제19집, 동아대학교, 1993, 137-160면.

요함을 강조하고 있다.

5) 사무량심과 관련한 글

자비희사에 대한 글로는 에드워드 콘즈[132]가 있고, 자비희사에 의한 사회정의를 실현을 불교윤리학적인 입장에서 고찰한 글로는 조용길(1990)[133]이 있고, 천태 지의의 사무량심의 수행체계를 중심으로 전개한 글로는 최기표(2000)[134]가 있다.

조용길은 불교의 분배정의관은 자비희사의 보시정의(布施正義)라는 전제 아래서 자비 정의의 역학적 관계를 고찰하고 사회단체 관계의 정의실현과 정책적인 방법을 논의하고 개인윤리의 정의관을 살피면서 보시희사(布施喜捨)라는 자비의 개념이 절대적인 위치를 차지하는 개념임을 강조하고 있다.

최기표는 사무량심이 단순히 훌륭한 덕이고 불교고유의 수행체계라는 것은 4부 아함에 이미 다 설해져 있지만 매우 추상적인 설법이라 하면서 『구사론』과 『대지도론』은 사무량심의 명칭과 마음작용을, 전문술어를 통해 세세히 해설하고 아울러 수행방법도 구체적으로 설명하고 있다고 한다.

6) 사회복지와 관련한 글

자비의 사회 복지적 가치와 실천에 대한 글로는 김용택(1993)[135]이 있다.

김용택은 사회복지적인 기능을 실천할 때 가장 핵심적인 가치가 자비사상임을 전제하면서 자비의 사회복지적인 실천사상과 원리는 대승의 보살도 정신과 서원의 자발성 원리로 본다. 자비의 구체적 사회복지실천의 덕목으로는 사무량심이고 더 나아가서는 사섭법임을 강조하면서 인도의 아소카 왕이 시물복전(施物福田)으로 국가의 지역복지 정책 사업을 실시한 사례를 들고 있다.

---

132 에드워드 콘즈, 「慈·悲·喜·捨에 관하여」, 『佛教研究』 1, 韓國佛教研究院, 1985, 163-185면.

133 曺勇吉, 「慈悲喜捨的 社會正義實現考」, 『韓國佛教學』 제15집, 한국불교학회, 1990, 49-77면.

134 崔箕杓, 「四無量心의 수행체계」, 『韓國佛教學』 제25집, 한국불교학회, 1999, 533-566면.

135 金龍澤, 「慈悲의 社會福祉的 價値와 實踐」, 『불교에 있어서의 자비: 현대사회의 대응』, 동국대학교, 1998, 129-172면.

7) 생태학과 관련한 글

고영섭(2001)[136]은 자연·생태·환경에 대한 불교의 담론과 실천은 붓다의 연기론과 보살의 자비행임을 전제하면서 자연·생태·환경에 대한 우리의 관심은 인식의 전환[연기론]과 구체적 실천[자비행]이 동시에 요청됨을 강조하며, 불전과 한국 불교인물의 사상에서 연기와 자비의 생태학의 전형을 찾는다.

8) 기독교 아가페 또는 사랑과 비교한 단행본 또는 논문

초기불교와 초기 기독교의 자비와 사랑에 대해서 개괄적으로 비교·고찰한 책으로는 마스타니 후미오(Fumio Masutani, 1962)[137]가 있다. 박사학위 논문으로는 곽상훈(郭相勳, 2004)[138]이 있고, 일반적인 글로는 길희성(1995)[139]이 있으며, 형성과학의 원리에 근거한 글로는 정영식(1995)[140]이 있다.

마스타니 후미오(增谷文雄)는 인간론, 행복론, 신앙론, 실천론의 네 장으로 나누어 설명하면서 불교의 자비와 기독교의 사랑에 대해서는 실천론(제4장 제17절)에서 『법구경』에 나오는 자비경을 중심으로 설명하고 있다.

곽상훈은 초기불전에 나타난 자비사상과 공관복음서의 아가페의 가르침을 중심으로 붓다의 자비와 예수의 아가페에 대해서 지혜와 정의 등의 여러 각도에서 논의하고, 그것들의 각 종교에 대한 기여에 대해서 논하면서 자비를 불교의 사랑으로, 아가페를 그리스도교적 사랑이라고 정의하고 있다.

정영식은 곽상훈과 마찬가지로 천주교의 신부로서 네덜란드의 아드리안 반 카암(Adrian van Kaam)이 창안한 형성과학의 원리에 입각해서 그리스도교의 자비-연민과 불교의 자비-연민을 비교 연구하는 글이다.

9) 불교 밖에서 글

136 고영섭, 『연기와 자비의 생태학』(서울: 연기사, 2001)

137 Fumio Masutani, *A Comparative Study of Buddhism and Chirstianity,* Tokyo: CLLB Press, 1962, 163-265면. 이것의 우리말 번역은 '이종택 譯, 『불교와 기독교의 비교연구』(서울: 고려원, 1989), 239-265면.'이 있다.

138 郭相勳, 「初期佛教經典의 慈悲와 共觀福音書의 아가페 硏究」, 東國大學校大學院 博士學位論文, 2004.

139 길희성, 「자비와 아가페」, 『한국전통사상과 천주교』 제1집(서울: 탐구당, 1995), 213-250면.

140 정영식, 「연민(憐憫)-자비(慈悲)-형성과학의 원리에 의한 그리스도교와 불교의 비교연구」, 『理性과 信仰』 Vol.10, 수원카톨릭대학교, 1995, 133-156면.

한국의 신종교에서 자비에 대한 글로는 김홍철(1993)[141]이 있고, 서양철학에서 데이비드슨(Davidson)의 원초적 해석론과 자비원리에 대한 글로는 이영철(1987)[142]이 있다.

김홍철은 한국의 신종교에 나타난 자비사상으로 천도교의 인내천주의, 증산교의 해원 사생사상, 원불교의 은(恩)사상, 신종교에서 구원의 문제로 수운의 광제창생운동, 증산의 선경건설공사, 소태산의 정신개벽과 광대하고 무량한 낙원건설이 한국사회에 어떤 영향을 미쳤는가에 대해서 논하고 있다. ❀

문을식 (동국대)

141 金洪喆, 「韓國新宗教에 있어서 慈悲와 救援의 問題」, 『石堂論叢』제19집, 동아대학교, 1993, 35-53면.

142 李榮哲, 「자비의 원리-원초적 해석의 방법론적 원리에 관한 한 연구」, 『哲學』vol.28, 한국철학회, 1987, 111-142면.

참회

범 āpatti-pratideśanā 장 bśags-pa, gyod-pa 한 懺悔 영 repentance, contrition, penitence, confession

Ⅰ. 어원적 근거

참회(懺悔)라는 단어의 '참(懺)'은 범어인 '참마(懺摩, kṣama)'를 소리가 나는 대로 줄여서 옮긴 것이고, '회(悔)'는 kṣama의 뜻을 번역한 것이다.[1] 그러므로 참회란 범어 kṣama의 소리와 그 뜻을 각각 한 글자로 하여 번역한 말이다. 범어 kṣama는 '인내, 관용, 용서, 대지' 등의 의미로 사용되어진다.

한역(漢譯)경전에서 kṣama 이외에 참회라고 번역되는 범어로는 '아발저발라저제사나(痾鉢底鉢喇底提舍那, 범 āpatti-pratideśanā; 빠 āpatti-praṭidesana)'와 '아발저제사나(阿鉢底提舍那, 범 āpattideśanā)'가 있다. 범

1 義淨이 지은『南海寄歸內法傳』제2(『大正藏』54권, 217하)에는 '무엇이 '참마'인가. 이는 서방의 소리이니 '스스로 마땅히 참는다.'는 뜻이다. '회'는 동하(東夏)의 글자로 추회(追悔)를 요점으로 한다.'라 하였으며,『四分律含注戒本疏』제1(『續藏經』62권, 415하)에 '회는 이 땅의 말이요 참은 서방의 약어(略語)로 범본(梵本)의 소리 참마이다.'라 하였다. 中村 元,『佛敎語大辭典』(東京: 東京書籍株式會社, 昭和56), 497c

어 āpatti-pratideśanā의 '아발저(痾鉢底, āpatti)'는 '잘못'의 의미이고, '발라저제사나(鉢喇底提舍那, pratideśanā)'는 '남에게 말하는 것'을 의미한다.[2] 그러므로 āpatti-pratideśanā는 '자신의 죄를 마음속으로 뉘우치고 다른 사람에게 고백하는 의미'이다. 그리고 āpattideśanā는 '아발저(阿鉢底, āpatti)'가 '잘못', '제사나(提舍那, deśanā)'가 '말한다'는 뜻이니, 곧 '자신의 죄를 말한다'는 뜻이다.[3] 단순히 '제사나(提舍那, deśanā)'를 참회라고 번역하기도 한다.『금광명경(金光明經)』「참회품(懺悔品)」의 한역(漢譯)과 범본(梵本)을 대조해 보면 '신구의악 소집삼락 여시중죄 금실참회(身口意惡所集三樂 如是衆罪 今悉懺悔)'의 게송이 범본에는 'kāya-vāṅ-mānasaṃ pāpaṃ tridhātu- caritaṃ ca tat, yat kṛtam īdṛśai rūpais tat sarvaṃ deśayāmy aham'이라고 되어 있다. 여기에서 deśanā를 참회라고 번역한 것을 알 수 있다.[4]

역경(譯經)의 초기에는 āpatti-pratideśanā와 pratideśanā를 회과(悔過)라고 번역하였으니『사리불회과경(舍利弗悔過經)』,『문수회과경(文殊悔過經)』이나 율(律) 가운데의 회과법(悔過法)과 같은 것에서 그 예를 볼 수 있다. 그러나 kṣama와 āpattideśanā의 뜻이 비슷하고, 용서를 빈다는 것은 결국 자신의 허물과 잘못을 뉘우친다는 뜻이 포함되어 있으므로, 훗날의 번역가들이 āpattideśanā도 참회라 번역하여, 이 둘을 동일시하게 되었다.

kṣama는 '용서를 비는 것'에 의미를 두고, āpatti-pratideśanā, āpattideśanā, deśanā 등은 '죄를 말하는 것'에 그 의미를 둔 것이나 결국 동일하게 번역되기에 이르렀다.

또한 kṣama의 소리를 따라 번역한 참마(懺摩)를 그대로 사용하기도 하였으니 당나라 의정(義淨)이 번역한『근본설일체유부비나야(根本說一切有部毘奈耶)』를 비롯한 근본설일체유부(根本說一切有部)의 여러 율전(律典)에서

---

2 義淨이 지은『南海寄歸內法傳』제2(『大正藏』54권, 217하)에는 '범어로 '아발저발라저제사니'라고 한다. '아발저'는 '잘못'이고 '발라저제사니'는 '남에게 말하는 것'이다.(梵云痾鉢底鉢喇底提舍那. 痾鉢底者. 罪過也. 鉢喇底提舍那. 即對他說也.)'하였다.

3『根本說一切有部毘奈耶』제15의 주(『大正藏』23권, 706상)에서 의정(義淨)은 '참마라고 하는 것은 이곳의 바른 해석으로는 마땅히 용서하고 용인하고 사과하는 마음을 거두어 줄 것을 빈다는 뜻이다. 만약 앞사람과 잘못 접촉한 자가 용서를 구하고자 하면 어른 아이를 묻지 않고 모두 같이 참마라고 한다. 이를 만약 회죄(悔罪)라고 하면 본디 '아발저제사나'라고 하는데 '아발저'는 죄이고 '제사나'는 말하는 것이니 죄를 말하는 것이다. 참회라 하는 것은 참(懺)은 서쪽의 소리요 회(悔)는 동쪽의 말이다.'라고 하였다.

4『望月佛教大辭典』(東京: 世界聖典刊行協會, 昭和48) 1493하.

참마(懺摩)라 번역한 것을 볼 수 있다.

또한 kṣama를 회과(悔過)라고 하기도 하고,[5] 회왕(悔往)으로 번역되기도 하였다.[6]

참회로 번역되는 티베트어로는 bśags-pa, gyod-pa가 있으며, 영어로는 repentance, contrition, penitence, confession 등으로 번역한다.

Ⅱ. 개념 풀이

참회는 지난날의 잘못과 허물을 뉘우치고, 이제부터 다시는 잘못이나 허물을 짓지 않을 것을 서원하는 것이다. 그리하여 참회를 참(懺)과 회(悔)로 나누어, 참은 지난날의 허물을 뉘우치는 것을 말하고 회는 앞으로 다시는 허물을 짓지 않는 것을 말하기도 한다.

참회의 어원인 kṣama가 '인내, 용서, 관용, 대지'의 뜻인 것을 감안한다면, 참회는 '모든 것을 수용하는 대지와 같이 인내와 관용을 가지고 용서한다.'는 의미이다. 그러므로 참회의 본래 의미는 계를 파하거나 죄를 지은 자가 스스로 고백하고 용서를 바라면, 죄를 문책하는 자는 지은 죄에 대하여 심판을 하고 벌을 주는 것보다는 이를 용서하는 쪽에 비중을 두고 있다는 것을 알 수 있다.

석존의 가르침에 따라 수행하고자 출가하는 자가 많아지자 불교교단을 유지하는 것이 중요하게 되었다. 불교의 교단을 유지해 나가는 기반이 되는 것은 비구들의 성스러움과 청정성이며, 이것은 비구들의 생활이 어떻게 바르게 행하여지느냐에 달려 있다. 수많은 비구들이 수행생활을 함에 있어 그들 중에는 계를 파하고 죄를 범하는 자가 있기 마련이고, 청정한 승가의 규범과 질서를 유지하지 위해서는 그들이 범한 죄의 경중에 따른 처벌은 불가피하였다. 그리하여 붓다는 매월 보름마다 포살(布薩, 범 uposadha, 빠

---

5 天台 智顗의 『佛說觀無量壽佛經疏』(『大正藏』 37권, 191상)에 '참마는 범어이고 회과는 한어이다. 이를 나란히 거론하였으므로 참회라 한다.'고 하였으며, 知禮의 『金光明經文句記』 제3(『大正藏』 권39, 112중) 에도 '범어 참마를 중국말로는 회과라고 한다.'고 하였다.

6 元照의 『四分律行事鈔資持記』中四下(『大正藏』 40권, 349중)와 畺良耶舍의 『觀無量壽佛經義疏』 중(『大正藏』 37권, 289중~하) 등에 '범어 참마는 이곳 말로 번역하면 회왕이다.'고 하였다.

uposatha)을 행하고 하안거의 마지막 날에는 자자(自恣, [범] pravāraṇā, [빠] pravāraṇā)를 행하여, 계를 파하고 죄를 범한 제자들로 하여금 그 죄를 참회하게 하였다.

초기경전인 『불설신세경(佛說新歲經)』에는 '비구들에게 말하였다. 너희들은 마땅히 일어나 사라주를 행하라. 각각 서로 마주보고 지난 허물을 뉘우치고 자책하라. 비법을 범한 많은 잘못을 서로 용서하고 각자 참고 화합하라. 몸과 입과 마음을 깨끗이 하여 더러움이 남아있지 않도록 하라. 이때에 모든 비구들이 부처님의 가르침을 받아 각자 자리에서 일어나 세존 앞에서 각각 서로 용서하였다. 잘못을 참회한 후 본래의 자리로 돌아와 앉았다.'[7]라는 기록이 있다. 비구들의 화합을 강조하며 서로 지난 허물을 뉘우치고 용서하라고 가르치고 있는 것이다.

그리고 초기의 경전에는 비구뿐만 아니라 왕과 바라문 그리고 아수라 등이 자신이 지은 죄를 붓다에게 참회하는 내용이 기록되어 있음을 볼 수 있다.[8] 이를 통해서 우리는 참회가 승속을 불문하고 행하여졌음을 알 수 있다. 그리고 자신의 잘못을 붓다 앞에서 뉘우치면 붓다는 가엾게 여겨 받아줌으로써 저들은 지난날의 허물을 진심으로 뉘우치고 새로운 마음으로 수행할 수 있었던 것이다.

이는 참회가 과거지향이 아닌 미래지향적이라는 것을 말한다. 지난날 자신이 지은 잘못과 허물은 욕망과 집착과 화냄과 어리석음 등으로 지은 것을 깨닫고 뉘우침으로써 자신의 미래는 새로운 삶을 창조적으로 살아갈 수 있도록 하는 것이다. 곧 평소 자신의 행위에 대하여 뒤돌아보고 성찰하여 잘못과 허물이 있으면 뉘우치고 붓다나 장로비구에게 용서를 비는 과정을 통하여 자기 스스로를 교정하는 능력을 배양해 나가는 것이다. 그러므로 참회하는 것은 마치 암세포를 초기에 발견하여 제거함으로써 그 암이 확대되는 것을 막는 것과 같다.

초기의 경전인 『사십이장경(四十二章經)』에는 '사람이 잘못이 있으면서 스스로 뉘우치지 않으면 그 마음을 정지하게 하고 죄가 몸으로 돌아온다.

7 『佛說新歲經』(『大正藏』 1권, 859하)

8 『別譯雜阿含經』(『大正藏』 2권, 392상)에는 파사익왕이 붓다에게 참회하는 내용이 있으며, 『別譯雜阿含經』(『大正藏』 2권, 400하)에는 바라문이, 『雜阿含經』(『大正藏』 2권, 307상)에는 아수라가, 『佛說玉耶女經』(『大正藏』 2권, 864중)에는 옥야부인이 붓다에게 참회하는 내용이 있다.

마치 물이 바다로 돌아와 스스로 깊고 넓어지는 것과 같다. 악이 있더라도 잘못을 알아서 과실을 고치고 선을 행한다면 죄가 날로 사라져서 후일에는 도를 얻게 되리라.'[9]라 하여 잘못이 있는 자는 잘못을 뉘우치고 선을 행할 것을 가르치고 있다.

그리고 『증일아함경(增壹阿含經)』에서는 '사람이 지극히 악한 악행을 지었더라도 뉘우쳐서 미약하게 하고, 매일 쉬지 않고 뉘우치면 죄의 뿌리는 마침내 뽑히리라.'[10] 하여 비록 나쁜 행위를 하였더라도 계속하여 매일 참회함으로써 악의 뿌리를 끊을 수 있다고 하였다.

이처럼 초기불교에서의 참회는 잘못을 저지른 자가 승단에 용서를 비는 것이며, 이러한 참회를 계속함으로써 마침내 악의 뿌리를 뽑아 도를 이루도록 하는 것이다.

대승불교에서도 참회는 중요한 수행의 하나가 되었다. 대승불교의 보살계본인 『범망경(梵網經)』의 사십팔경계(四十八輕戒)가운데 다섯 번째가 '죄를 참회하도록 가르치지 않는 계[不擧教懺戒]'이다. 그 내용을 보면 '만일 불자가 모든 중생들이 팔계(八戒)와 오계(五戒)와 십계(十戒)를 범하고 칠역(七逆)과 팔난(八難)을 파괴하고 일체의 계율과 죄를 범하는 것을 보면 마땅히 참회하도록 가르쳐야 하거늘, 보살이 참회를 가르치지 않고 대중과 함께 머물며 이양(利量)을 받고 함께 포살을 하면서 그 죄를 드러내어 잘못을 뉘우치도록 가르치지 않는 것은 경구죄(輕垢罪)를 범하는 것이니라.'[11] 하였다.

또한 지의(智顗)는 『금광명경문구(金光明經文句)』에서 '참은 처음이 되고 회는 다음이다. 세상 사람이 왕에게 죄를 지으면 조목에 따라 순종하고 감히 위배하지 않는 것과 같이 거스르지 않는 것은 다음이요 순종하는 것이 처음이 된다. 수행하는 사람도 이와 같다. 삼보(三寶)의 다리 아래에 엎드려 바르게 도리에 순종하여 감히 잘못을 짓지 않는다. 그러므로 참회라 한다. 또한 참은 백법(白法)이고 회는 흑법(黑法)이라고 한다. 흑법은 모름지기 후회하고 짓지 않으며, 백법은 모름지기 하고자 하여 받드는 것이다. 버리고 취하는 것을 합한 것이므로 참회라고 한다. 또한 참은 올 것을 닦는 것이요 회는 지난 것을 고치는 것이다. 지난날에 지은 나쁘고 좋지 못한 법을 더럽

---

9 『四十二章經』(『大正藏』 17권, 722중)
10 『增壹阿含經』(『大正藏』 2권, 764상)
11 『梵網經』(『大正藏』 24권, 1005중)

게 여기고 싫어하므로 회라 하고, 지난날에 버린 모든 착한 법을 오늘 이후 열심히 닦을 것을 서원하므로 참이라 한다. 지난 것을 버리고 오는 것을 구하므로 참회라 한다. 참은 많은 잘못을 파헤쳐서 지난 허물을 드러내고 숨기거나 회피하지 않는 것을 말하며 회는 계속되는 마음을 끊고 싫어하며 뉘우쳐서 버리고 떠나는 것을 말한다. 짓는 자와 지은 바를 모두 버리므로 참회라고 한다.'라고 하였다.[12]

연수(延壽)는 그의 『만선동귀집(萬善同歸集)』에서 '경전에 이르기를, 앞의 마음이 죄를 일으키는 것은 구름이 하늘을 덮는 것과 같으며, 뒤의 마음이 죄를 멸하는 것은 횃불이 어둠을 몰아내는 것과 같다. 모름지기 횃불이 꺼지면 어두워지는 것을 알아서 반드시 항상 참회의 횃불을 태워야 한다.'[13]고 하여 항상 참회를 해야 함을 강조하였다.

죄를 짓는 것은 악업(惡業)을 짓는 것이며, 악업을 지음으로써 악업의 종자를 심었으니 반드시 현재나 미래에 뿌리를 내리고 싹터 자라게 된다. 그러므로 참회를 하여 죄의 업장을 소멸하여야 과거의 종자가 현대에 이르지 않게 되는 것이다.

지난날의 무거운 업장 때문에 수행에 많은 장애가 생겨나므로 발심하여 선정과 지혜를 수행하고자 하는 자는 먼저 참회법을 닦아야 한다는 것이다. 때 묻은 거울을 깨끗이 닦아줌으로써 비로소 자신의 얼굴을 볼 수 있듯이 삼먁삼보리를 이루려 하는 이는 반드시 참회를 통하여 업장을 소멸해야만 된다. 그리하여 『금광명최승왕경(金光明最勝王經)』에서는 '일체지(一切智) 청정지(淸淨智) 부사의지(不思義智) 부동지(不動智) 삼먁삼보리(三藐三菩提) 정변지(正邊智) 등을 두루 구하여 이루려 하는 이는 응당히 참회하여 업장을 멸해야만 한다. 왜냐하면 선남자야 일체의 모든 법이 인연으로 좇아 생겨나기 때문이다.'[14]라고 하였다. 『점찰선악업보경(占察善惡業報經)』에서도 '만약 미래세의 중생들이 생노병사로부터 벗어나고자 하여 선정(禪定)과 무상(無相)의 지혜를 수습(修習)하고자 발심(發心)하고 배우고자 한다면, 마땅히 먼저 숙세(宿世)에 지은 악업의 다소와 경중을 관찰하여야 한다. 만약 악업이 많고 두터운 자는 선정과 지혜를 얻어 배울 수가 없으니 마땅히 먼저 참회의 법을 닦아야만 한다. 왜냐하면 이 사람은 오랜 습으로 나

12 智顗, 『金光明經文句』 제3(『大正藏』 39권, 59상)
13 延壽, 『萬善同歸集』(『大正藏』 48권, 965하)
14 『金光明最勝王經』(『大正藏』 16권, 414하)

쁜 마음이 맹렬하여 현재에 있어 반드시 많은 악을 짓고 계율을 훼손하고 무거운 죄를 범하게 된다. 계율과 무거운 죄를 범하여 만약 참회하지 않으면 청정하고 선정과 지혜를 닦는 자들로 하여금 많은 장애가 있고 그것을 막지 못하게 되고, 마음을 잃어 어지럽게 하고, 그릇된 법으로 번뇌하게 하고, 그릇된 법을 받아들여 나쁜 견해를 증장하게 된다. 그러므로 마땅히 먼저 참회법을 닦아야만 한다.'[15]고 한 것이다.

현세에 탐욕과 화냄과 어리석음으로 악업을 이루었으며 이러한 업은 반드시 지옥의 과보를 받게 되나, 가진 바 모든 악을 참회하고 드러내어서 뉘우치고, 다시는 짓지 않아 뉘우치고 부끄러워하고, 삼보를 공양하고, 항상 자신을 가책하고, 바로 몸과 계와 마음과 지혜를 닦으면 현세에 가벼운 과보를 받고 지옥에 떨어지지 않는다.[16] 그리고 참회법을 닦음으로써 부처님이 보호하고 도와서 마침내 아뇩다라삼먁삼보리를 이루게 된다.[17]

참회의 공덕에 대하여는 『대승본생심지관경(大乘本生心止觀經)』에는 '만약 이처럼 법과 같이 참회하는 자는 있던 번뇌를 모두 제거하고 겁화(劫火)가 세간을 파괴하고 수미산과 큰 바다를 태워 없애는 것과 같다. 참회는 능히 번뇌의 섶을 태우고, 참회는 능히 하늘의 길에 왕생하고, 참회는 능히 사선(四禪)의 즐거움을 얻으며, 참회는 능히 마니보주를 내리게 하고, 참회는 능히 금강의 수명을 연장하고, 참회는 능히 항상 즐거운 궁전에 들어가며, 참회는 능히 삼계의 감옥에서 나오며, 참회는 능히 보리의 꽃을 열게 하고, 참회는 부처님의 대원경을 보게 하며, 참회는 능히 보배가 있는 곳에 이르게 한다.'[18]고 하여 참회의 열 가지 공덕을 설하고 있다.

Ⅲ. 참회의 종류

참회는 그 방법과 성질에 따라 그 종류에 포살(布薩), 자자(自恣), 이참(理懺)과 사참(事懺), 제교참(制敎懺)과 화교참(化敎懺), 삼종참회(三種懺悔), 삼품참회(三品懺悔), 오종참회(五種懺悔), 육정참회(六情懺悔) 등이 있다.

15 『占察善惡業報經』(『大正藏』 17권, 903하)
16 『大般涅槃經』 26(『大正藏』 12권, 462중)
17 『觀普賢菩薩行法經』(『大正藏』 9권, 394중)
18 『大乘本生心止觀經』(『大正藏』 3권, 303하)

1. 포살(布薩)과 자자(自恣)

포살(범 upoṣadha, 빠 uposatha)이란 매월 두 차례 곧 보름마다 동일한 지역의 승려들이 모여 자신을 반성하고 죄를 고백하고 참회하는 것이다. 보름날과 그믐날[滿月과 新月]에 출가승들은 한 곳에 모여 계율의 조문을 하나하나 읽고 죄과(罪過)의 종류를 밝히면서 지난 보름동안 계를 범한 자가 있는가를 묻는다. 만약 계를 범한 자가 있으면 곧 대중들에게 고백하여 참회하고 상좌에게 훈계를 받고 용서를 비는 일이다. 이 때 다른 비구의 죄를 문책하는 비구는 다음과 같은 주의를 하여야만 한다. 첫째 적당한 시기에 말하며, 둘째 진실을 가지고 말하며, 셋째 부드럽게 말하며, 넷째 이익을 위해 말하며, 다섯째 자비심을 가지고 말하여야 한다.

재가자들은 매월 육재일(六齋日) 곧 8, 14, 15, 23, 29, 30일의 여섯 번에 걸쳐 생업에 종사하는 일을 쉬고 사찰에 가서 부처님 법을 듣고 나서 참회를 하며, 팔관재계(八關齋戒)를 닦아 악을 짓지 아니하고 선을 행하며 정진하도록 하였다. 재가자들은 일상생활 속에서 6일만이라도 맑은 신심과 청정한 마음으로 법을 듣고 정진하라는 것이다.

자자(自恣, 범 pravāraṇā, 빠 pravāraṇā)란 한역(漢譯)으로는 청(請), 자자청(自恣請), 광자(廣恣), 자자식(自恣食)이다. 신역(新譯)으로는 수의(隨意)라고 한다. 하안거가 끝나는 날에 함께 수행하던 수행승들이 모여서 안거하는 동안에 자신이 범한 죄를 서로 고백하고 참회하는 의식이다. 대중 앞에 호궤합장하고 "만약 보고 들은 것 가운데 의심나는 죄가 있으면 대덕 장로님이여, 가엾게 여겨 저에게 말씀하여 주십시오. 저에게 만약 죄가 보이면 바로 법에 따라 참회하겠나이다"라고 세 번 거듭하고 그때 지적된 죄는 이를 참회하는 것이다.[19]

하안거의 마지막 날에 출가자들이 모두 모여 서로 격의 없이 비판을 하는 가운데 각자가 스스로 참회하여 그 덕행을 연마하는 방법이다.

그 죄의 경중(輕重)에 따라 참회의 양식에는 중법참(衆法懺)·대수참(對首懺)·심념참(心念懺)의 세 가지로 구분이 된다. 중법참은 중대한 죄를 지었을 때 4인 이상의 승가에 참회를 하는 것이며, 대수참은 가벼운 죄를 스승한 분에게 참회하는 것이며, 심법참은 미약한 죄를 본존(本尊)을 생각하면

---

19 佐藤密雄 著, 최창식 譯, 『律藏』(서울: 동국대학교, 1994), 43면.

서 자신의 마음으로 참회하는 것이다.

포살이 스스로의 고백에서 이루어지는 참회라면 자자는 타인으로부터 지적을 받아서 참회하는 것이다.

2. 이참(理懺)과 사참(事懺)

대승불교에서는 이참(理懺)과 사참(事懺)의 두 가지 양식을 말한다. 이참은 관찰실상참회(觀察實相懺悔)라고도 한다. 과거와 현재에 지은 모든 죄업은 모두 마음으로부터 일어난 것이다. 그러므로 만약 자신의 마음의 본성이 공적(空寂)하다는 것을 안다면 일체의 죄상(罪相) 또한 모두 공적하다. 이와 같이 실상의 이치를 관찰하여 그 죄를 참회하여 사라지게 하는 것을 이참이라고 한다.

『관보현보살행법경(觀普賢菩薩行法經)』에서는 '번뇌를 끊지 않고 번뇌의 바다에 머물지도 않는다. 마음을 마음이 없다고 관찰한다. 전도(顚倒)로부터 생각이 일어난다. 이와 같이 생각과 마음은 망상으로부터 일어난다. 마치 허공중의 바람은 의지처가 없는 것과 같이 법상(法相)은 불생불멸이다. 무엇이 죄며 무엇이 복인가? 나의 마음은 그대로 공하며 죄와 복은 주체가 없다. 모든 법이 이와 같다. 머물지 않고 파괴되지 않는다. 참회도 이와 같다. 마음을 마음이 없다고 관찰한다. 법은 법 가운데에 머무르지 않고 모든 법은 해탈(解脫)이며 멸제(滅諦)며 적정(寂靜)이다. 이와 같이 생각하는 것을 대참회라고 한다. … 모든 업장의 바다는 모두 망상으로부터 생겨난 것이다. 참회를 하고자 한다면 단정히 앉아 실상을 생각하라. 죄란 서리와 이슬과 같아서 지혜의 햇살이 사라지게 할 것이다.'[20]고 하였다. 그리고 『維摩經』에서는 '죄의 본성은 그들 자신의 안에 있는 것도, 밖에 있는 것도, 중간에 있는 것도 아니기 때문입니다.'[21] 라고 하여 죄의 본성이 공하다는 것을 밝히는 것으로 모두 이참을 설명한 것이다.

죄를 지은 자와 죄의 본성을 비추어보아 제법실상의 이치가 공한 것임을 알고 본래 근본자성이 청정한 것임을 깨닫는 것이니, 진리를 깨달아 마음이 진리 자체와 하나가 되어야 하며, 완전한 인격을 구현하여 다시는 죄를

20 『佛說觀普賢菩薩行法經』(『大正藏』 9권, 392하~393상)

21 『維摩經』(『大正藏』 14권, 541중)

짓지 않게 되어야 진정한 이참인 것이라 할 수 있다.

사참은 사실상의 구체적인 참회로써 수사분별참회(隨事分別懺悔)라고도 한다. 몸으로 예배하고 우러러 예경하고, 입으로는 찬송하며 찬탄하고 참회문을 읽으며, 마음으로는 붓다의 성스러운 모습을 생각한다. 이렇게 함으로써 은근히 붓다가 불쌍히 여겨줄 것을 구하면서, 과거와 현재에 지은 죄업을 참회하는 것을 말한다. 일반적으로 참회라고 말할 때 대개는 사참이다.

대승불교에서 참회를 이참과 사참으로 나누어 설명하고 있으나 실제로는 칭탄, 예배, 송경 등의 사참이 이루어졌다. 이참과 더불어 사참을 닦아야 하는 이유에 대하여 영명 연수는 '악업으로 물든 더러운 때[染垢]는 무겁고 깊으며 지혜는 거칠고 덕은 얕으면서도 다만 '죄성(罪性)은 안, 밖, 중간에도 있지 않노라.'고 헛되이 생각만 한다면, 그 삼업(三業)의 현행(現行)을 관찰해 보니 온전히 근진(根塵)의 법내(法內)에 빠져 있는지라 마치 음식을 이야기만 하고 먹지 않는 것과 같아서 배고픔을 채우지 못하고, 약방문을 생각만 하는 것으로 어찌 능히 병이 치유되겠는가? 만일 다만 그 말만 구하는 것으로 죄가 소멸되게 한다면 곧 일체의 업에 매인 사람도 짐짓 쉽게 해탈할 수 있을 것이거늘 어찌하여 이에 오랜 세월의 생사가 돌고 도는 불 바퀴와도 같은가.'[22]라고 하였다.

3. 화교참(化敎懺)과 제교참(制敎懺)

붓다가 일생을 통해 가르친 바를 화교(化敎)와 제교(制敎)로 분류하기도 하는데 화교란 경(經)과 론(論)에 설해진 가르침을 말하며, 제교란 이러이러한 것을 하여서는 안 된다는 율장의 가르침을 말한다. 이러한 분류에 따라 업도(業道)의 죄는 화교의 참회를 하고 계율을 위반한 죄는 제교의 참회를 한다. 화교참은 도속(道俗) 칠중(七衆), 대소승, 삼세(三世), 십업(十業)에 통용하고, 제교참은 출가의 오중(五衆), 소승(小乘), 현범(現犯), 사업(事業)에 국한한다. 또 제교의 참회는 이미 앞에서 밝힌 바와 같이 중법참(衆法懺), 대수참(對首懺), 심념참(心念懺)이 있다.[23]

---

22 延壽 述, 日藏 편역, 『萬善同歸集』(서울: 김영사, 1982), 109면.
23 望月佛教大辭典 (東京: 世界聖典刊行協會, 昭和48), 1494중~하

4. 삼종참회(三種懺悔)

참회를 작법참회(作法懺悔), 취상참회(取相懺悔), 무생참회(無生懺悔)의 셋으로 나누어 설명하기도 한다. 작법참회란 율장에 나타나 있는 격식에 따라 참회하는 것을 말한다. 그리고 취상참회란 관상(觀相)참회라고도 하는데 붓다의 모습, 즉 붓다의 거룩한 상호(相好)를 관함으로써 불보살의 가피를 입어 모든 죄업을 소멸하는 참회형식이다. 무생참회란 진리의 근본이치를 생각하여 죄라는 것이 본래 따로 자성이 없기 때문에 생겨남도 없다는 이치를 깨달아 일어남이 없는 이치, 즉 무생의 도리를 깨달음으로써 참회하는 방법이다. 이 가운데 작법참회와 취상참회는 사참(事懺)에 속하고, 무생참회는 이참(理讖)에 속한다고 할 수 있다. 그리고 작법참회는 소승참회요 취상참회와 무생참회는 대승참회이다.[24]

5. 삼품참회(三品懺悔)

『왕생예찬게(往生禮讚偈)』에는 상·중·하의 삼품참회(三品懺悔)를 설하고 있다. 참회의 상(相)에 따라 분류하여 신체의 모공과 눈에서 피가 나오는 것을 상품참회, 모공에서 열한(熱汗)이 나오고 눈에서 피가 나오는 것을 중품참회, 전신이 미열(微熱)이며 눈에서 눈물이 나오는 것을 하품참회라고 한다.[25]

또 한편으로는 죄를 짓고서 바로 그 순간 참회하는 마음을 일으키는 것을 상품, 시간을 거르는 것을 중품, 날짜를 어기는 것을 하품으로 하는 금(今)·시(時)·일(日)의 3품참회로 나누기도 한다.

6. 오종참회(五種懺悔)

재가자들의 참회법을 말하는 것으로 첫째는 마땅히 바른 마음으로 삼보를 비방하지 않고 출가를 막지 않으며 바라문의 행을 하지 않고 사람이 악이 머무는 어려운 짓을 하지 않고 응당히 깊고 깊은 경전의 가르침인 제일의공(第一義空)을 기억하며 이러한 법을 생각하는 것이다. 둘째는 부모를

---

24 智顗, 『釋禪波羅蜜次第法門』 제2(『大正藏』 46권, 485중~하)

25 『往生禮讚偈』(『大正藏』 47권, 447상)

효도로 공양하며 스승과 어른을 공경하는 것이다. 셋째는 바른 법으로 나라를 다스려 백성들을 잘못되지 않도록 하는 것이다. 넷째는 육재일에 힘이 미치는 모든 경내에 칙령을 내려 살생을 하지 못하도록 하는 것이다. 다섯째는 응당히 인과를 깊이 믿어 일관된 도를 믿고 부처가 불멸한다는 것을 아는 것이다.[26]

7. 육정참회(六情懺悔)

일심에 위배한 육정(六情)의 방일함을 참회하는 것이 육정참회이다. 중생의 육근(六根)이 일심을 따라 일어나나 스스로의 근원을 배반하고 뿔뿔이 흩어져 육진(六塵)을 일으키게 되었으나, 이러한 모든 죄는 인연으로 화합되어진 것으로 실제로 존재하지 않는다. 이러한 사실을 깨닫고 번뇌를 부끄러이 여겨 스스로 방일하지 않을 것을 참회하는 것이다.

Ⅳ. 참회의 작법

참회를 하는 작법(作法)에 대하여는 경전에 따라 조금씩 다르다.

『원각경략소초(圓覺經略疏鈔)』에서 '소승(小乘)에 있어 참회는 반드시 대비구를 초청하여 증명으로 삼고 대승(大僧)에 대하여 다섯 가지 법을 갖추어야 한다. 첫째는 오른쪽 옷을 말아 올려 어깨를 드러내고, 둘째는 오른쪽 무릎을 땅에 대어 꿇어앉고, 셋째는 합장하고, 넷째는 죄의 명칭을 말하고, 다섯째 발에 예배하는 다섯 가지 법을 갖추어야 하며, 소승(小僧)에 대해서는 앞의 네 가지를 갖추고, 발에 대한 예는 필요하지 않다. … 대승(大乘)의 참회에는 먼저 도량을 장엄하고, 향을 땅에 바르고, 실내에 둥근 단을 만들고, 오색의 번을 걸고, 해안의 향을 태우고 등을 밝히고, 높은 자리를 펴서 이십사존의 상을 청하고, 방해되지 않을 만큼 음식을 차리는 데 마음을 다하고 깨끗한 의복을 입고 깨끗한 신을 신어야 한다.'[27]고 하였다.

『사분률산보수기갈마소(四分律刪補隨機羯磨疏)』에서는 '참회를 하고자

26 『觀普賢菩薩行法經』(『大正藏』 9권, 394상~중)
27 『圓覺經略疏鈔』 제12(『續藏經』 15권, 437하~438상)

할 때에는 반드시 다섯 가지 인연을 갖추어야 한다고 하였다. 첫째는 시방의 불보살 등을 청하여 증명케 하고, 둘째는 경과 주문을 외우고, 셋째는 자신이 지은 죄명을 말하고, 넷째는 지금부터 성불하기까지 죄가 끝나고 복이 시작되게 하리라는 맹세를 하고, 다섯째는 가르침과 같이 증명하여 밝혀야 한다.'[28]고 하였다.

또한 『근본설일체유부비나야잡사(根本說一切有部毘奈耶雜事)』에서는 '부처님께서 말씀하셨다. 참회를 하기 위해서는 응당 다섯 가지 법을 갖추어야 한다. 첫째는 신심이 있어야 하며, 둘째는 정진하려는 마음을 일으켜야 하며, 셋째는 공경하는 마음을 내어야 하고, 넷째는 입으로 아름다운 말을 하여야 하며, 다섯째는 선지식을 가까이 하여야 한다. 이 다섯 가지 법의 다소에 따라 참회가 이루어진다.'[29]고 하였다.

『점찰선악업보경(占察善惡業報經)』에는 '참회법을 닦고자 하는 자는 마땅히 조용한 곳에 머물면서 능력에 따라 방안을 장엄하되 불상과 경전을 안치하고 번개와 향화를 구하여 공양하라. 그리고 신체를 목욕하고 의복을 세탁하여 냄새가 나지 않도록 하라. 낮에 실내에 있으면서 세 때에 과거칠불 및 오십삼불을 칭명하며 일심으로 예경하라.'[30]고 하였다.

중국에서는 종파에 따라 여러 가지 참회법이 이루어진다. 양무제가 그의 비였던 치씨(郗氏)를 위하여 지은 『자비도량참법(慈悲道場懺法)』에는 귀의삼보(歸依三寶)·단의(斷疑)·참회(懺悔)·발보리심(發菩提心)·발원(發願)·발회향심(發廻向心)의 참회작법을 기록하고 있다.[31]

징관(澄觀)의 『대방광불화엄경소(大方廣佛華嚴經疏)』 27권[32]과 법장(法藏)의 『화엄경현기(華嚴經探玄記)』에서 참회법에 대하여 '보살이 참회를 닦아 업장을 멀리하는 것을 모든 성현의 가르침 가운데에 개합(開合)하면 『이구혜소문예불법경(離垢慧所問禮佛法經)』에서 설한 바와 같이 부처를 공양하는 것, 부처님의 덕을 찬탄하는 것, 예불(禮佛)·참회(懺悔)·권청(勸請)·수희(隨喜)·회향(廻向)·발원(發願)의 여덟이라고 하였다. 그리고 찬불과 예불

28 『四分律刪補隨機羯磨疏濟緣記』(『卍續藏經』 64권, 999상~1000상)에 있는 『四分律刪補隨機羯磨疏』 본문을 참조하였음.
29 『根本說一切有部毘奈耶雜事』 13(『大正藏』 24권, 265하)
30 『占察善惡業報經』 상(『大正藏』 17권, 903하)
31 『慈悲道場懺法』(『大正藏』 45권, 923상)
32 澄觀, 『大方廣佛華嚴經疏』(『大正藏』 35권, 706상~중)

을 합하여 일곱으로 하기도 하고, 다시 공양을 생략하여 여섯으로 하기도 하고, 『십주비바사론(十住毘婆沙論)』에서 설한 바와 같이 발원과 회향을 합하여 다섯으로 하기도 한다. 다시 예불을 빼고 넷으로 하기도 하고, 『대지도론(大智度論)』에서 설한 바와 같이 참회·권청·수희의 셋으로 하기도 하고, 『보살선계경(菩薩善戒經)』에서 설한 바와 같이 죄장을 참회하고 선근을 회향하는 것으로 하기도 한다.'[33]고 하여 여러 가지 참회법을 설명하고 있다.

천태 지의대사는 참회를 중요시하여 법화참법(法華懺法)을 비롯하여 방등참법(方等懺法), 금광명참법(金光明懺法)을 행하였으며 특히 『법화경(法華經)』과 『관보현보살행법경(觀普賢菩薩行法經)』 및 대승경의 내용에 따른 육근참회의 의식을 만들었다. 『법화삼매참의(法華三昧懺儀)』에는 수행자가 도량에 처음 들어서면 열 가지의 법[十法]을 갖추어야 한다고 하였다. 이 가운데 일곱 번째로 육근(六根)으로 지은 죄를 참회하는 법을 밝히고 있다.

수행자가 예불을 한 후 법좌 앞에 몸을 바르게 하고 위의를 갖추고 향을 사르고 꽃을 올리고 삼보를 생각하며 허공 중에 보현보살이 여섯 이빨을 가진 하얀 코끼리를 타고 무량하게 장엄하고 주위에 권속을 거느리고 내려오는 것을 눈앞에서 대하듯 한 마음 한 뜻으로 모든 중생들을 위해 참회법을 행하여야 한다.

부끄러워하는 마음을 내어 무량겁이래로 모든 중생들과 함께 육근으로 지은 악업을 지금 이후 다음 생이 다하도록 다시는 짓지 않도록 하여야 한다. 업의 성품은 비록 공(空)이나 과보는 없어지지 않기 때문이다.

육근참회법은 먼저 수행자가 한 마음으로 호궤합장하고 몸을 바르게 하고 위의를 갖춘 뒤 향을 사르고 꽃을 올린 다음 중생들과 더불어 눈으로 과거로부터 지은 죄를 참회할 것을 마음으로 생각한다. 본성은 항상 공적(空寂)하나 잘못된 인연으로 모든 무거운 죄가 일어남을 눈물을 흘리며 참회하면서 입으로 참회문을 읊는다. 귀로 코로 혀로 몸으로 생각으로 지은 죄도 이와 같이 참회한다. 그리고 이어서 권청하고 수희하며 회향하고 발원하는 법을 밝히고 있다. 이를 천태종에서는 오회(五悔)라 하여 참회(懺悔)·권청(勸請)·수희(隨喜)·회향(廻向)·발원(發願)의 다섯 가지를 말하고 있다.

33 法藏, 『華嚴經探玄記』(『大正藏』 35권, 253중~하)

V. 유사개념

지난날의 잘못을 뉘우친다는 의미로 경전에서 사용되는 단어는 참회를 비롯하여 회과(悔過), 추회(追悔), 참마(懺摩), 회왕(悔往), 참괴(慚愧), 참괴(懺愧), 회죄(悔罪) 등이 있는데 모두 같은 의미로 사용되고 있다.

참회 다음으로 많이 사용되는 것은 자신의 잘못을 부끄러워한다는 뜻의 참괴(慚愧)이다. 참은 마음으로 자신의 죄를 부끄러워하는 것이며, 괴는 자신의 죄를 다른 사람에게 고백하여 부끄러워하고 죄의 용서를 비는 것이다.

지의(智顗)의 『금광명경문구』에서는 '참(懺)은 참(慚)을 말하고 회(悔)는 괴(愧)를 말한다. 참(慚)은 하늘에 부끄러워한다는 것이고 괴(愧)는 사람에게 부끄러워한다는 것이다. 사람은 나타나는 것을 보고 하늘은 숨은 것을 본다. 숨은 것은 미세하고 나타나는 것은 거칠다. 거칠고 미세한 것이 모두 나쁜 것이므로 참회라고 한다. 사람은 현인이 바른 것이요 하늘은 성인이 바른 것인데 현인과 성인의 흐름에 미치지 못하므로 참회라고 한다. 또 현인과 성현은 함께 사람과 하늘을 바르게 한다. 이는 제일의천(第一義天)으로 제일의천은 곧 이(理)요 현성은 사(事)이며, 사리에 함께 미치지 못하므로 참회이다. 또 삼승(三乘)의 성스러운 하늘에 부끄러워하고 삼승(三乘)의 어진 사람들에게 부끄러워하고 하늘과 사람에 미치지 못하므로 참괴(慚愧)라 한다. 참괴(慚愧)가 곧 참회(懺悔)이다.'[34]라고 하였다.

부파불교에서는 모든 존재를 분석하여 오위칠십오법(五位七十五法)으로 분류하고 있는데 여기에서는 참회를 참(慚)과 괴(愧)로 나누어서 설명하고 있다. 이때에는 공경하고 숭상하고 어려움을 삼가고 따라 속해야 할 것을 참(慚)이라 하고, 죄를 보고 두려워하는 것을 괴(愧)라 하였다. 그리고 지은 죄에 대하여 스스로를 관찰하여 부끄러워하는 것을 참(慚)이라고 하고, 지은 죄에 대하여 다른 이를 관찰하여 부끄러워하는 것을 괴(愧)라고 하였다.[35]

유식에서도 모든 존재를 분석하여 오위백법(五位百法)으로 분류하고 있는데 여기에서는 참회를 참(慚)과 괴(愧)로 나누어서 설명하고 있다. 보살이 죄를 행함에 자신이 비법(非法)을 짓고 있음을 바르게 깨닫고 안으로 수

---

34 智顗, 『金光明經文句』 제3(『大正藏』 39권, 59상)

35 『阿毘達磨俱舍論』(『大正藏』 29권, 21상)

치스러운 마음을 내는 것을 참(慚)이라 하고 타인에게 경외(敬畏)하고 밖으로 수치스러운 마음을 내는 것을 괴(愧)라 하고 있다.[36] 아울러 회(悔)도 따로 오위백법 속에 두고 있는데, 이를 부파불교에서는 행한 바를 미워한다는 의미에서 오작(惡作)이라고 하였다.

그 다음으로 많이 사용되는 것이 회과(悔過)이다. 종밀(宗密)은 『대방광원각수다라료의경략소(大方廣圓覺修多羅了義經略疏)』에서 '간절히 참회를 구하라. 갖추어 말하면 참회인데 이는 회과를 말한다. 따로 설명을 하면 참은 지난날의 죄를 드러내는 것이요 회는 지난 것을 고치고 올 것을 닦는다는 것이다.'[37]라고 하였다.

죄를 뉘우친다는 회죄(悔罪)도 사용되고 있다. 『불설여래부사의비밀대승경(佛說如來不思議祕密大乘經)』 8권에는 '목건련이 부처님의 발에 예를 올리고 "제가 이제 죄를 뉘우칩니다[悔罪]. 제가 이제 죄를 뉘우칩니다" 라고 말하였다.'[38]라는 표현이 있다.

이들의 사용 빈도를 『대정장(大正經)』 1~55권와 85권에서 살펴보면, 참회(懺悔)(6700) 〉 참괴(慚愧)(4426) 〉 회과(悔過)(2475) 〉 추회(追悔)(376) 〉 회죄(悔罪)(103) 〉 참마(懺摩)(74) 〉 회왕(悔往)(22) 〉 참괴(懺愧)(4)의 순이다.

Ⅵ. 텍스트별 용례

1. 초기불교에서의 참회

붓다의 재세(在世)시에 있어 참회는 비구와 재가신도 그리고 바라문 등이 석존에게 자신이 지은 지난날의 잘못을 뉘우치고 용서를 비는 것이었다. 그리하면 붓다는 그들을 연민하여 그들의 참회를 받아주었고 그들은 기쁜 마음으로 돌아갔던 것이다. 가장 이른 시기의 가장 간단한 참회양식이었다.

그러나 출가교단이 성립되고 비구들의 수도 늘어나자 붓다는 출가교단을 청정하게 유지하기 위해 매월 2회에 걸쳐 행하여지는 포살회와 우기(雨

36 『瑜伽師地論』(『大正藏』 30권, 537중)
37 宗密, 『大方廣圓覺修多羅了義經略疏』 하(『大正藏』 39권, 572상)
38 『佛說如來不思議祕密大乘經』 8(『大正藏』 11권, 721중)

期)의 안거(安居) 마지막 날에 이루어지는 자자의식에 의해 정기적인 참회를 제정하였다. 그리하여 승가는 동일한 장소에서 머물면서 함께 물건을 사용하고 함께 음식을 먹고 함께 참회를 하여야만 하였다.[39]

비구의 경우 참회란 붓다가 제정한 계율을 범한 것에 대한 죄를 승단의 비구승들에게 고백하고 용서를 비는 것이었다. 비구가 계율을 범하면 그 죄의 경중에 따라 승가의 심판을 받게 되는데 바라이죄를 범하면 승가로부터 영원히 추방되어 다시 비구가 될 수 없으나, 그 외의 비구계를 범하면 즉시 승가에 고백하고 속죄를 요청하면 승가에서는 일정기간동안 비구의 신분과 행위를 제한하여 별주(別住)하게 한 뒤 비로소 출죄(出罪)하게 한다.

율장에 의하면 화상아사리를 향해 참회를 하는데 오른쪽 어깨를 드러내고 오른쪽 무릎을 땅에 대고 합장한 채 "대덕이시여, 제가 이제 참회하옵니다. 다시는 짓지 않겠습니다" 라고 참회하여야만 한다.[40]

왕을 비롯한 재가신자의 경우나 바라문 등은 출가자가 아니므로 계율을 어긴 것을 참회하는 것이 아니라 일상생활 속에서 잘못을 행한 것을 참회하는 것이다. 『별역잡아함경(別譯雜阿含經)』 3권에는 파사익왕이 붓다의 설법이 진실한가 그리고 나이 어린 비구가 아뇩다라삼먁삼보리를 얻을 수 있는가를 의심하자, 붓다는 자신의 말은 진리의 말이며 세상에는 작지만 가볍게 여길 수 없는 네 가지가 있으니 왕자와 용(龍)의 자식과 불(佛)과 비구라고 하였다. 그러자 파사익왕은 마음으로 전율하며 "원컨대 세존이시여 저를 가엾게 여기시어 저의 참회를 들어주소서" 하자 붓다는 "내 이제 너를 가엾게 여겨 너의 참회를 듣겠노라"라고 참회를 받아 주었다.[41]

『불설옥야녀경(佛說玉耶女經)』에서는 친정의 위세를 믿어 교만 방자한 옥야부인에게 붓다가 시부모와 남편을 섬기는 오선(五善)과 삼악(三惡)을 설하자 환희심을 내어 믿고 공경하며 부끄러운 마음이 생겨 석존에게 참회를 하고 있다.[42]

이와 같이 재가자는 별도의 참회의식이 없으며, 다만 붓다에게 나아가 자신의 잘못된 행동과 생각에 대하여 참회를 받아줄 것을 간청하는 것이다.

---

39 『佛說大集法門經』(『大正藏』 1권, 229중)
40 佛陀耶舍, 『四分律』 34(『大正藏』 22권, 804하)
41 『別譯雜阿含經』 3(『大正藏』 2권, 391하~392상)
42 『佛說玉耶女經』(『大正藏』 2권, 864상~중)

초기불교의 참회내용은 인과응보의 업사상이 기초가 되고 있다. 악한 업을 지었으면 그에 따른 악한 과보가 반드시 있을 것이므로, 잘못을 저지른 중생들은 불안과 공포로 인한 심리적인 압박감이 클 수밖에 없다. 그리하여 설사 지난날에 악한 업을 지었더라도 현재에 자신의 죄를 참회함으로써 그 악업에 대한 미래의 과보를 받지 않거나, 미래의 과보를 현세에서 미약한 과보로 받게 될 수 있다는 것이다.

『불위수가장자설업보차별경(佛爲首迦長者說業報差別經)』에는 '만약 중생이 지옥의 업을 짓더라도 짓고 난 뒤에 두려워하며 더욱 신심을 일으키고 부끄러워하는 마음을 내어 악을 싫어하여 파기하고 깊이 참회를 하고 다시 짓지 않으면 마치 아사세왕이 아버지를 죽인 죄 등을 지어 잠깐 지옥에 들어갔으나 곧 해탈을 얻는 것과 같다. 이에 세존이 게송으로 말하셨다. 만약 사람이 중한 죄를 지어도 지은 것을 깊이 자책하고 참회하여 다시 짓지 않으면 능히 근본업을 뿌리 뽑을 것이다.'[43]라고 하였다.

그리고 『분별선악보응경(分別善惡報應經)』에서는 '어떤 업이 과보를 얻지 않는가. 지은 바 악업을 마음을 돌려 드러내고 앞의 잘못을 반성하고 사유하여 싫어하고 마음으로 생각하고 입으로 말하며 뜻으로 오로지 거듭거듭 참회하면 이러한 업은 비록 지었더라도 그 과보를 받지 않는다.'[44]고 하여 진심으로 참회를 하면 지난날의 악한 업에 대한 과보를 변화할 수 있다는 것이다.

초기불교의 참회는 선인선과(善因善果) 악인악과(惡因惡果)의 윤리적인 인과응보개념에 기초를 두고, 죄에 대한 스스로의 참회와 더불어 일정한 복사(服事)를 통하여 속죄할 수 있었다.

2. 부파불교에서의 참회

석존의 입멸(入滅) 후에는 승단의 장로들에 의해 참회의 의식이 이어져 왔으며, 율장이 정비된 이후 율장을 읽으면서 설명하는 설계(說戒)포살이 이루어졌다. 그리고 참회는 출가교단을 청정하게 유지하기 위한 숙정(肅正)의 의식으로 더욱 강조되었으며, 교리상으로도 매우 중요한 위치를 차

43 『佛爲首迦長者說業報差別經』(『大正藏』 1권, 893하)
44 『分別善惡報應經』(『大正藏』 1권, 898상)

지하였다.

석존의 입멸(入滅) 후 학승들은 석존의 가르침을 연구 노력하여 분석하고 정리하여 하나의 지적 체계로 정하였으며, 그들의 노력에 의해 아비달마(阿毘達磨, abhidharma)라는 교학을 이루게 된다. 이 아비달마에서는 달마(法, dharma) 즉 존재의 요소를 오위칠십오법의 체계를 세워 헤아리는데 심소(心所, 마음작용)를 분류하면서 대선지법(大善地法, 일체의 선한 마음과 동반하는 것)의 십종 가운데 참(慚)과 괴(愧)를 두고 있으며, 다시 대불선지법(大不善地法, 일체의 악한 마음과 동반하는 것)의 오종 가운데 무참(無慚)과 무괴(無愧)를 두고 있다.[45]

무탐(無貪)·무진(無瞋)·무치(無痴)·참(慚)·괴(愧)의 다섯은 그 자체가 선(善)이며, 탐(貪)·진(瞋)·치(痴)·무참(無慚)·무괴(無愧)의 다섯은 그 자체가 악(惡)이라는 것이다. 그리고 이러한 무참과 무괴가 불선(不善)인 까닭은 욕루(欲漏)와 무명루(無明漏)와 상응하기 때문이라는 것이며[46], 오직 두 마음작용이 모든 불선심(不善心)과 함께 하기 때문이라는 것이다.[47] 또한 유위(有爲)가운데 오직 참(慚)과 괴(愧)와 무탐(無貪)등의 세 선근(善根)은 기다리지 않고 상응하고 일어나므로, 체성(體性)이 곧 선(善)이며 양약(良藥)과 같다는 것이다.[48]

『아비달마대비바사론(阿毘達磨大毘婆沙論)』에서는 '만약 법이 참괴하면 자성과 참괴가 상응하여 참괴를 좇아 함께 일어난다. 이러한 참괴는 번뇌의 과(果)를 여의기 때문에 선이라 한다. 만약 법이 무참 무괴하면 자성이 무참무괴와 더불어 상응하여 무참무괴를 좇아 일어난다. 이러한 무참무괴는 등류과(等流果)이므로 불선(不善)이라고 한다.'[49]라고 하였다.

이와 같이 무참과 무괴가 불선(不善)인 까닭은 욕루(欲漏)와 무명루(無明漏)과 상응하여 악한 마음이 움직이게 되고 악한 업을 짓게 되기 때문이며, 참과 괴를 '그 자체가 선'이라고 하는 것은 자신의 과실을 부끄러워하는 것이 선을 행하는 근본이 되기 때문이다.

---

45 『阿毘達磨大毘婆沙論』(『大正藏』 27권, 220중)
설일체유부의 경우에는 大不善地法의 2종으로 無慚과 無愧를 두고 있다.

46 『阿毘曇八犍度論』(『大正藏』 27권, 785상)

47 『阿毘達磨俱舍論』(『大正藏』 29권, 20상~중)

48 『阿毘達磨藏顯宗論』(『大正藏』 29권, 864상)

49 『阿毘達磨大毘婆沙論』(『大正藏』 27권, 263중)

초기불교에서 지난날의 잘못함을 고백하는 의미의 참회는 이제 부파불교에 있어서 참(慚)과 괴(愧)로 나누어져 아비달마교법의 중요한 요소가 되었다. 모든 존재의 분류에 있어 마음작용으로 분류되어지고 참(慚)과 괴(愧)는 자성(自性)과 상응하여 번뇌의 과를 벗어나게 하므로 그 자체가 선이라 하였다.

3. 대승불교에서의 참회

대승불교에서는 기존의 율장을 읽는 포살의식과 더불어『범망경(梵網經)』등의 대승계(大乘戒)인 십중(十重) 사십팔경계(四十八輕戒)를 독송하는 대승포살(大乘布薩)을 병행하였다. 특히 불보살의 구제 가피력에 의지해야 한다는 사상이 일어나 불보살을 찬탄하고 예경함이 참회의 기본으로 자리 잡았다.

1) 중관(中觀)과 유식(唯識)에서의 참회

대승불교초기에서는 모든 존재가 모두 공(空)하다는 반야사상이 일어났고 아울러 잘못 집착한 공(空)을 극복하고자 자성이 없는 동시에 어떤 의미에서 있을 수 있는 것에 대하여 연기의 사상으로 설명한 중관학파와 식(識)으로 설명하는 유식학파가 생겨나게 되었다.

부파불교 설일체유부의 오위칠십오법과 같은 실체적 존재가 삼세에 걸쳐 항유(恒有)한다는 이론에 대하여『반야경(般若經)』에서는 이러한 이론은 불교의 근본사상인 연기(緣起)와 무아(無我)와 중도(中道)에 어긋나는 것으로 모든 법은 그 실체 곧 자성이 없는 것이므로 공(空)이라는 것이다. 용수(龍樹)는『중론(中論)』을 저술하여『반야경』의 공사상을 철학적으로 체계화하였다. 모든 사물이 각기 독자적인 존재의 것이 아니라 상호의존적인 연기의 관계로 이루어졌기 때문이라고 하는 것이다.[50]

이러한 공사상의 기초가 결국 대승불교에 있어 참회해야 할 죄의 본성을 관(觀)하여 공(空)이며 무자성(無自性)이라는 것을 깨달아야 한다는 이참(理懺)의 사상이 나타나게 된 것이다.

중관학파의 내용 가운데 계를 범하면 참회를 해야 하며 참회하지 않으면

50『불교사상의 이해』(경주: 동국대학교불교문화대학), 166면.

정견(正見)을 파괴하게 된다는 내용이 있다. 『광백론본(廣百論本)』에는 '어찌 계를 범하고도 정견을 파괴하지 않겠는가. 계는 좋은 곳에 태어나게 하고 정견은 열반을 얻게 한다.'[51]는 게송이 있고, 이에 대하여 『대승광백론석론(大乘廣百論釋論)』에서는 '정계(淨戒)를 훼손하는 자는 오직 자신만을 파괴하나, 만약 정견(正見)을 파괴하면 아울러 자신과 남을 파괴하는 것이며, 오랜 생을 거듭하며 큰 고통의 과보를 받고 한량없는 이익과 즐거움을 잃게 된다. 또 계를 훼손하는 자는 계를 범하였으므로 항상 부끄러움을 품고 자신을 싫어하게 된다. 정견을 파괴한 자는 부끄러워하지 않고 삿된 견해를 내어 찬탄하고 항상 자신을 높이게 된다. 또 계를 훼손하는 자는 삿된 견해를 증대하지 않으나 만약 정견을 파괴하면 계를 부수게 되어 생기지 않은 악을 생기게 하고, 생기고 나면 커지고 넓어지고 견고해져서 부수기가 어렵다. 또 정계를 훼손하면 하늘에 태어남에 장애가 되며, 정견을 파괴하는 자는 열반의 즐거움을 얻음에 장애가 된다.'[52]고 하였다.

계를 훼손하는 것은 자신만을 파괴하는 것이나 이 계를 훼손하고 참회하지 않으면 정견을 파괴하게 된다는 것이다. 정견을 파괴하면 삿된 견해를 내어 남까지도 파괴하게 되므로 계를 훼손하면 정견을 파하기 전에 참회를 해야만 한다는 것이다.

유식에서는 온갖 법의 내용을 오위백법(五位百法)으로 나누는데 오위(五位)의 심소(心所) 가운데 선(善)의 심소 11종에 참(慚)과 괴(愧)가 들어 있다. 그리고 심소 가운데 근본번뇌에 수반되어 일어나는 수번뇌(隨煩惱) 20종에 무참(無慚)과 무괴(無愧)가 있다. 다시 수번뇌를 일어나게 하는 요건에 따라 대·중·소의 셋으로 나누는데 모든 악심(惡心)에 필히 똑같이 생기는 중수번뇌(中隨煩惱)로 무참(無慚)과 무괴(無愧)를 두고 있다.[53] 또한 심소의 부정(不定) 4종에 회(悔)가 있는데 이는 후회를 가리키는 것으로, 행한 바를 미워하므로 오작(惡作)이라고도 불린다.

대승유식학파들은 과거와 현재에 지은 모든 죄업들은 모두 마음에서 일어난 것일 뿐, 마음 밖의 것은 하나도 없다고 본다. 고통의 원인은 악한 마음 때문이며, 악한 마음은 곧 번뇌에서 비롯되는 것이다. 그러한 번뇌를 일으키는 것이 무참과 무괴이므로 무참과 무괴는 악의 추진력이 되는 것이며,

51 『廣百論本』(『大正藏』 30권, 184중)
52 『大乘廣百論釋論』(『大正藏』 30권, 219상~중)
53 『顯揚聖教論』(『大正藏』 31권, 481상)

참과 괴는 선으로써 악을 저지하는 근본이 되는 것이다.

그러므로 계를 배움에 있어 만약 어기고 범하게 되면 곧 밖으로 다른 사람을 살피어 부끄럽고 창피한 마음[愧恥]을 깊이 내어야 하며, 안으로 자신을 돌이켜보아 수치스럽고 부끄러운 마음[慚羞]을 깊이 일으켜야 한다. 참괴함으로 말미암아 받은 계를 잘 막아 보호하게 되며, 받은 계를 잘 막아 보호함으로써 모든 악을 짓지 않게 된다.[54]

유식에서도 무상보리를 얻기 위해서는 모든 바라밀에 대하여 응당히 네 가지를 좇아 수행하여야 하는데, 육바라밀의 모든 업장을 응당히 참회하고, 육바라밀의 모든 행을 기뻐하며 따르고, 육바라밀의 진리를 권청하고, 육바라밀로 무상보리에 회향하여야 한다는 것이다.[55]

2) 천태사상에서의 참회

천태학은 교상문(敎相門)과 관심문(觀心門)의 둘로 구성된다. 교상문은 이론 부분으로서 세계의 실상과 인간의 본질 등을 다루고, 관심문에서는 사종삼매(四種三昧)와 십승관법(十乘觀法)과 같은 관심수도의 체계를 제시한다.[56] 이론만의 학문만이 아니라 실천적 체험을 위한 사종삼매에 있어 세 번째인 반행반좌삼매(半行半坐三昧)중 법화삼매에서는 참회를 중요시하여 21일을 한 주기로 불상을 돌고 좌선 하기를 교대로 행하며 그 사이에 예불, 송경(誦經)과 함께 참회가 행하여진다.

『법화경』을 중심으로 한 천태 지의의 사상에서 참회는 수행의 아주 중요한 내용이었으며, 자신이 『법화삼매참의(法華三昧懺儀)』를 지어 육근참회의 의식을 만들었다.

참회에 대하여 그는 '참괴와 인욕은 능히 화냄을 막고 외부의 악을 방지하니 이는 겉옷이요, 믿음을 즐거워하는 마음과 안의 선근(善根)이 있으니 이는 내의라.'[57]라 하였으며, 참회의 중요성에 대하여 '과거의 죄를 이제 모두 참회하고 현재 짓는 많은 죄를 이제 참회하며 미래의 죄는 상속심을 끊어 미래를 막는 까닭에 구원한다고 한다. 무엇 때문인가. 과거에 지은 죄장이 현재의 선을 일어나지 않도록 한다. 이러한 악을 제거하기 위해 부처님

54 『瑜伽師地論』 40(『大正藏』 30권, 510하)
55 無著, 『大乘莊嚴經論』(『大正藏』 31권, 616중)
56 『불교사상의 이해』, 196면.
57 智顗, 『妙法蓮華經文句』(『大正藏』 34권, 107상)

을 청한다. 또 현재의 과보는 고의 과보가 중생을 핍박하므로 구호하여줄 것을 구한다. 미래의 악은 때에 따라 서로 만나므로 막아서 일어나지 않도록 한다. 그러므로 삼세를 통용하므로 악은 기틀이 된다.'[58] 고 하였다.

참회의 방법에 대하여는 '참회법에는 두 가지가 있다. 하나는 정법(正法)이고 둘은 조법(助法)이다. 정법은 법성의 지혜를 관찰하는 것이다. 죄를 관찰하면 이는 더 이상 죄가 아니라 죄가 곧 실상이요, 복을 관찰하면 복은 복이 아니라 복이 곧 실상이다. 순수한 실상인 것이다. 이것을 대참회라고 한다. 만약 순수하게 정참(正懺)을 한다면 조도(助道)가 필요하지 않으나, 만약 정도(正道)가 어두워 명료하지 않는 자라면 조도를 닦음으로써 도와야 한다. 이른바 잿물로 콩과 도토리의 껍질과 염주를 씻음으로써 맑은 물을 돕는 것이다. 말하자면 몸과 입과 뜻을 부지런히 사용하는 것이 조도가 되는 것이다. 몸으로 돌면서 예경하고 입으로 독송하며 마음으로 경책함으로써 문을 열도록 돕는 것이다. 마치 순류와 순풍이 도와서 노와 돛으로 빨리 갈수 있는 것과 같다.'[59]고 하여 죄의 실상을 관찰하는 정법을 깨닫지 못하면 몸과 입과 뜻으로 참회를 하여야 한다는 것이다.

3) 화엄에서의 참회

대승불교에서 참회의 이론과 실천을 가장 잘 나타낸 경전은『화엄경』이라고 할 수 있다.

화엄의 철학에서는 참회해야 할 모든 나쁜 업은 모두 탐(貪)·진(瞋)·치(痴) 삼독(三毒)으로부터 비롯되어 신(身)·구(口)·의(意) 삼업(三業)을 통해 지은 것이라 하였다. 오늘날 국내 모든 종파에서 참회의 게송으로 널리 독송되어지는 '아석소조제악업 개유무시탐진치 종신구의지소생 일체아금개참회(我昔所造諸惡業 皆由無始貪嗔癡 從身語意之所生 一切我今皆懺悔: 내가 지은 바 모든 나쁜 업은 모두 탐욕과 화냄과 어리석음으로부터 비롯된 것이다. 몸과 입과 뜻으로 좇아 일어난 모든 것을 내가 이제 모두 참회합니다.)'[60]는『대방광불화엄경(大方廣佛華嚴經)』(40卷)의 卷40에 있는 내용이다.

그리고『화엄경』에서는 '모든 업은 모든 과보를 일으키나 오고 가는 곳

58 智顗,『妙法蓮華經玄義』(『大正藏』 33권, 748상)
59 智顗,『金光明經文句』 제3(『大正藏』 39권, 59하)
60『大方廣佛華嚴經』 40(『大正藏』 10권, 847상)

이 없으니 마치 마술사가 사람의 눈을 현혹하는 것과 같다. 모든 업이 이와 같다는 것을 알면 이것이 진실한 참회이며 모든 죄악이 다 청정해지리라.'[61] 고 하여, 업의 실상이 없다고 하였다. 죄의 실상을 살피어 죄의 본성이 공하다는 것을 깨달아 마음이 진리와 하나가 되어야 한다는 참회의 이론적인 면을 강조하기에 이르게 된 것이다. 참회해야 할 대상인 죄의 실상을 관하여 죄의 성품이 본래 공하다는 것은 죄에 대한 지나친 집착이나 과거로의 회귀를 경계하기 위함이라고 볼 수 있다.

아울러 『화엄경』에서는 '이러한 여래의 공덕을 성취하고자 한다면 열 가지의 넓고 큰 행원을 닦아야만 한다. 열 가지란 모든 부처님께 예경하고, 여래를 칭찬하고, 공양을 널리 베풀며, 업장을 참회하고, 공덕을 기뻐하며 따르고, 법륜을 굴릴 것을 청하고, 부처님이 세상에 머무시기를 청하고, 항상 불학(佛學)을 좇으며, 항상 중생을 따르며, 모두 회향하는 것이다.'[62]고 하여 공덕을 성취하기 위해 닦아야 하는 십광대행원(十廣大行願) 가운데 참회를 두고 있다.

결국 화엄철학에서는 초기불교의 근본교리대로 우리가 지은 악업은 신구의 삼업으로 비롯된 것임을 밝히면서도, 모든 업의 실상은 없는 것이며 오직 마음이 짓는 바라는 것이며, 여래의 공덕을 성취하기 위해서는 참회를 통해 잘못을 깨우치는 과정이 필요하다는 것이다.

4) 정토사상에서의 참회

정토란 시방삼세의 모든 불국토를 가리키나 일반적으로는 아미타불의 극락정토를 말한다. 정토사상의 소의경전인 『무량수경(無量壽經)』에서 법장비구는 중생을 향한 약속인 사십팔원(四十八願)을 선언하고 있다. 송(宋) 왕일휴(王日休)가 교집(校輯)한 『불설대아미타경(佛說大阿彌陀經)』에서는 제 38원으로 '시방의 무량한 세계의 모든 하늘과 인간 그리고 날고 기는 동물들이 전생에 악업을 지었더라도 나의 이름을 듣고 참회하고 선을 행하고 경의 계율을 받들어 지니고 나의 세상에 나기를 원하면 목숨이 다하고 삼악도를 거치지 않고 바로 태어나고 일체의 하고자 하는 것들이 뜻대로 되리라. 이러한 원을 얻지 못하면 마침내 부처가 되지 않으리라.'[63]라는 내용

61 『大方廣佛華嚴經)』(80권) 48(『大正藏』 10권, 256상~257하)
62 『大方廣佛華嚴經』 40(『大正藏』 10권, 844중)
63 『佛說大阿彌陀經』(『大正藏』 12권, 329하)

이 있다.

이처럼 악업을 지었더라도 아미타불의 이름을 듣고 참회하고 선을 행하고 계율을 지키며 왕생하기를 원하면 뜻대로 이룰 수 있도록 하겠다는 것이다. 나아가 중생이 많은 악업을 짓고 참회를 하지 않다가 임종시 선지식을 만나 가르침을 받아 합장하여 나무아미타불을 부르면 50억겁의 생사의 죄를 제거하게 된다. 이때 불보살이 화현하여 나타나 칭찬하고 행자는 실내에 화불의 광명이 가득한 것을 보고 환희심을 내며 목숨을 마친 뒤 보배의 연꽃을 타고 화불(化佛)을 따라 왕생하게 된다는 것이다.[64]

염불삼매로 수많은 죄를 멸할 수 있는 것은 부처님은 무량한 공덕이 있고 염불도 무량한 공덕이 있으므로 무량한 죄를 멸할 수 있는 것이다.[65] 이처럼 아미타불을 염하기만 하여도 불퇴전을 얻으며 또 다른 방편으로는 참회를 할 것을 권하는데 참회를 함으로써 모든 정업(定業)을 바꿀 수 있으니 마치 여의주로 원하는 바를 쉽게 얻을 수 있는 것과 같다. 그리고 만약 태어나고자 하는 곳이 있으면 마땅히 참회하여 마음이 물러서지 않도록 하여야 한다고 하였다.[66]

많은 악업을 짓고도 참회를 하면 무량한 죄를 멸할 수 있으며, 참회하지 않다가도 임종시에 일심으로 나무아미타불을 부르면 모든 죄업이 소멸된다는 것은 정토신앙의 특징을 잘 나타내고 있다.

5) 선사상에서의 참회

선불교의 사상적인 골격은 대승불교의 가장 핵심인 불성(佛性)사상과 반야 공(空)사상을 수행하고 실천하는 데에 있다. 이러한 선의 수행과 실천을 완성시킨 사람이 육조 혜능인데 그는 청법을 위해 모인 대중들에게 무상(無相)참회를 주어 삼세(三世)에 지은 죄를 멸하여 삼업(三業)이 청정하도록 하였다. 참회에 대하여 '참은 이제까지의 지은 허물을 뉘우치는 것이니 이제까지의 지은 모든 악업인 어리석고 미혹하고 교만하고 속이고 질투하는 등 죄를 모두 다 참회하여 영영 다시는 일으키지 않는 것 이것이 참이며, 회라 함은 미래의 허물을 뉘우침이니 지금부터 이후 짓는 바 악업인 어리석고 미혹하고 교만하고 속이고 질투하는 등 죄를 지금 미리 깨닫고 모두

---

64 『佛說觀無量壽佛經』(『大正藏』 12권, 345하~346상)

65 吉藏 撰, 『觀無量壽經義疏』(『大正藏』 37권, 242하)

66 窺基 撰, 『阿彌陀經疏』(『大正藏』 37권, 327중)

다 영영 끊고 다시는 짓지 않는 것 이것이 회이니 이 까닭에 참회라 하느니라. 범부는 어리석고 미혹하여 다만 앞의 허물만 뉘우칠 줄 알 뿐 미래의 허물을 뉘우칠 줄 모르나니 미래의 허물을 뉘우치지 않으므로 앞의 허물도 멸하지 아니하고 또한 뒤의 허물이 생기나니 이미 앞 허물이 없어지지 않고 뒤 허물이 또 생기니 어찌 참회라 할 것이냐.'[67]고 하였다.

선종에서는 출가수계나 그 외의 계법을 받을 때에는 반드시 그에 앞서 참회멸죄를 위한 참회문을 제창하고 있다. 발로참회(發露懺悔)를 함으로써 죄업은 경감하여지고 또는 완전히 소멸하기 때문이다.

선종의 법규인 『칙수백장청규(勅修百丈清規)』의 사미 수계의식에 있어 '선남자여, 계에 귀의하고자 한다면 마치 사람이 옷을 씻은 후에 염색을 하듯이 먼저 마땅히 참회하여 허물을 씻어야 한다. 너는 이제 지극한 정성으로 나를 따라 참회를 하라.'고 한 뒤 참회게송인 "내가 지난날에 지은 모든 악업은 모두 무시이래로 탐내고 성내고 어리석음으로부터 말미암아 몸과 입과 뜻을 좇아 생겨난 것이니 이제 제가 이 모두를 참회합니다"를 읽도록 하고 있다.[68]

6) 밀교에서의 참회

밀교에서는 삼매야계(三昧耶戒)라고 하는 독자(獨自)의 계가 있다. 이는 삼종보리심(三種菩提心)을 계로 하는 것으로 진언의 행자가 그 종교적인 생활을 개시할 때에 당연히 받아야 하는 전법관정(傳法灌頂)을 받기 이전에 받아야 하는 작법이다.

만약 파계하고 죄에 저촉되면 곧 그 죄를 고백하고 참회해야 함은 다른 소승계·보살계와 마찬가지이지만 삼매야계에서는 참회하는 의식[布薩]같은 것은 필요하지 않고 오직 자기의 정신에 호소하여 참회해야 된다는 것이 요청될 뿐이다.[69]

밀교의 소의경전인 『대비로자나성불신변가지경(大毘盧遮那成佛神變加持經)』(『大日經』)에는 죄로부터 벗어나기 위해 오른쪽 무릎을 땅에 대고 합장하여 사유하며 먼저 지은 죄업을 뉘우친다. '제가 무명으로 쌓은 몸과 입과 생각의 업으로 많은 죄를 지었으니 탐내고 성내고 어리석음이 마음을

---

67 광덕 역주, 『법보단경』(서울: 신흥출판사, 1976), 188면.
68 德煇 重 편, 『勅修百丈清規』(『大正藏』 48권, 1137하)
69 金岡秀友 著, 원의범 譯, 『밀교의 철학』(서울: 진언종교학부, 1982), 268면.

덮은 까닭입니다. 부처님과 바른 법과 어진 스님들과 부모님과 두 스승과 선지식과 수많은 중생들에 이르기까지 무시이래로 삶과 죽음을 윤회하는 가운데 지극히 무거운 많은 죄를 이미 지었으니 시방에 계시는 부처님께 모두 참회하옵고 다시는 짓지 않겠습니다.'[70]라고 하여야 함을 설하고 있다.

그리고 또 다른 소의경전인 『금강정일체여래진섭대승현증대교왕경(金剛頂一切如來眞實攝大乘現證大教王經)』(『金剛頂經』)에서도 깊고 미묘한 비밀금강계대삼매야(秘密金剛界大三昧耶)를 수습(修習)함에 있어 진언과 함께 '시작도 없이 윤회하는 존재는 신구의업으로 죄를 지어 태어남이니 불보살이 참회하는 바와 같이 내 이제 이와 같이 참회를 베풉니다.'[71]라는 게송을 읊도록 하고 있다.

그리고 『금강정유가중략출념송경(金剛頂瑜假中略出念誦經)』에서도 참회를 드러내도록 함에 있어 스스로 자신의 이름을 부르며 '제가 무시이래로 몸과 입과 생각으로 널리 지은 죄가 무량무변하니 이제 모든 부처님전에 지극한 마음으로 드러내어 참회하고 감히 덮어 감추지 않겠습니다.'라고 하도록 하고 있다.[72]

탐욕과 화냄과 어리석음 등이 몸과 마음을 덮어서 번뇌가 쌓이고 무명이 증장되어 착하지 못한 삼업이 무량무변하였음을 생각하라고 하였다. 그리고 부처님과 정법과 성현과 스승과 부모와 종친과 선지식에게 이와 같이 매우 무거운 죄를 지었으며 착한 벗의 말을 위배하여 생사에 빠져들었으니 이제 시방의 불보살님 앞에 마음을 열어 참회하며 다시는 짓지 않을 것을 맹세하고 진언을 세 번 읊고 뉘우치면 죄가 일시에 다 없어지니 이를 결정코 의심하지 말라는 것이다.[73]

참회의 작법에 대하여 『금강정경금강계대도량비로자나여래자수용신내증지권속법신이명불최상승비밀삼마지예참문(金剛頂經金剛界大道場毘盧遮那如來自受用身內證智眷屬法身異名佛最上乘祕密三摩地禮懺文)』에서는 37존불을 예불하고, 참회하고, 수희하고, 권청하고, 회향 발원하도록 하고 있다.

---

70 『大毘盧遮那成佛神變加持經』(『大正藏』 18권, 46상중)
71 『金剛頂一切如來眞實攝大乘現證大教王經』(『大正藏』 18권, 311하)
72 『金剛頂瑜假中略出念誦經』 4(『大正藏』 18권, 249상)
73 『大毘盧遮那佛說要略念誦經』(『大正藏』 18권, 55하)

Ⅶ. 국내에서의 참회사상

원효(元曉)의 저술 가운데 참회를 논하고 있는 것이 『대승육정참회(大乘六情懺悔)』이다. 이는 『불설관보현보살행법경(佛說觀普賢菩薩行法經)』에서 설한 육정근(六情根)참회를 원효가 설명하고 있는 것이다.

원문을 보면 '지음도 없고 받음도 없으나 시절이 화합하기 때문에 과보를 받는다. 수행자가 능히 그러한 실상을 끊임없이 사유하여 참회할 것 같으면 사중죄(四重罪)와 오역죄(五逆罪)도 소멸되고 말 것이니 마치 허공을 태우지 못하는 것과 같으리라. 그러나 방일하여 뉘우침과 부끄러움도 없이 죄업의 실상을 사유하지도 않는다면, 장차 지옥에 들어갈 것이니 마치 환술(幻術)로 만들어진 호랑이가 도리어 환술사를 삼켜버리는 것과 같다고 할 것이다. 그러므로 마땅히 시방의 부처님 앞에 깊이 부끄러운 마음을 내어 참회를 해야 한다. 참회를 행할 때에는 지어서 하지 말고 곧바로 참회의 실상을 사유하라. 뉘우쳐야 할 죄업이 이미 없는데 어찌 참회해야 함이 있다고 하겠는가. 뉘우치는 것이나 뉘우칠 것이 모두 있을 수 없는데 어느 곳에 마땅히 참회의 법이 있을 것인가. 모든 업장에 있어 이렇게 참회하고 나서 또한 육정의 방일함도 참회해야 한다. 나와 중생이 무시이래로 제법이 본래 무생임을 알지 못하고, 망령된 생각으로 뒤바뀌어 나와 내 것을 헤아려서 안으로는 육정을 세워 거기에 의지하여 분별하는 마음을 내고 밖으로는 육진(六塵)을 지어 그것을 실유(實有)라고 집착하니 이것이 모두 내 마음이 지어낸 것임을 알지 못한다. … 나와 중생이 오직 긴 꿈에 잠자면서 망령되이 실다운 것이라 헤아리며, 육진(六塵)과 남녀 두 가지 상(相)에 위배하고 수순하니 이 모두가 내 꿈이요 영영 실다운 일이 아니다. 무엇을 탐욕하고 성낼 것인가. 자꾸자꾸 사유하여 이와 같이 꿈을 관하면 점점 닦아서 여몽삼매(如夢三昧)를 얻게 된다. 이 삼매로 말미암아 무생인(無生忍)을 얻게 되고 따라서 긴 꿈으로부터 활연히 깨어나면 본래 전혀 유전(流轉)이 없고 다만 이 한 마음이 일여의 자리에 누워 있음을 곧 알게 될 것이다. 만약 [긴 꿈에서] 벗어나기를 이와 같이 하여 자꾸자꾸 사유하면, 비록 육진에 반연되어 실다운 것으로 삼지 않으며 번뇌와 부끄러움이 스스로 놀아나지 못하게 된다. 이를 대승육정참회라고 한다.'라 하였다.[74]

74 『國譯 元曉聖師全書』 6권(서울: 원효전서국역간행회, 1989), 698~703면.

원효는 그의 『금강삼매경론(金剛三昧經論)』에서도 '한번 관에 들었을 때 모든 죄가 다 소멸한다는 것은 모든 죄장(罪障)은 망상으로부터 생기는데, 이제 모든 상을 부수고 진실관에 듦으로써 단박에 모든 망상의 경계를 부수는 것이므로 모든 죄가 일시에 다 없어진다.'[75]고 하였다. 이는 죄의 실상을 관찰하여 모든 망상을 부수고, 죄의 성품이 공한 것을 깨달으면 참다운 참회라는 이참(理懺)을 설하고 있는 것이다.

『대승기신론소(大乘起信論疏)』에서는 '만약 내가 정법의 선정에 들어갔을 때 마구니가 그 가운데에 들어와 모든 삿된 형상을 나타나게 되면 정법을 사용하여 그것을 물리친다. 그러면 마구니의 삿된 형상이 사라지고 곧 내가 선정에 든 마음은 밝고 깨끗해진다. 마치 구름이 제거되면 해가 나타나는 것과 같다. 만약 이러한 형상이 비록 마구니가 지은 것과 같은데 정법으로 다스려도 사라지지 않는다면 마땅히 자신의 죄장으로 인하여 일어난 것을 알아서 곧 부지런히 대승참회를 닦아야만 한다. 죄가 없어진 뒤에 선정은 당연히 스스로 나타나게 된다.'[76]고 하였다.

그리고 『금강삼매경론(金剛三昧經論)』에서 '먼저 지은 죄업이 본식(本識)에 배어들었고 그리하여 과거에 지은 죄의 종자가 현재에도 유전(流轉)하지만 지금에 참회하면 그 죄의 종자가 생겨 유전하지 못한다. 이런 도리로 말미암아 과거에 들어가지 않는다. 또 이제 참회하여 생겨나는 시기를 다스려 죄의 종자가 현재에 이르지 못하게 한다. 마치 등불을 켜면 방안의 어둠이 없어지는 것과 같다. 또 번뇌를 끊는다 함은 종자를 영원히 끊음을 말하고 이전의 죄를 참회한다 함은 종자를 덜어내고 조복하여 그 증강(增强) 작용이 현재에 이르지 못하게 하는 것이다. 즉 참회함으로써 죄가 현재에 이르지 않는다.'[77]라고 하였다.

이는 죄의 업장이 있으면 수행에 방해가 되므로 대승참회를 먼저 닦아서 죄가 없어져야만 올바른 선정에 들어갈 수 있다고 하였다. 보살의 자비와 원력이 강조됨에 따라 참회에 있어서도 계율을 범한 잘못뿐만 아니라 전생의 업장까지를 포함한 지난날의 모든 잘못을 불보살에게 참회하여 구제받아야 한다는 생각이 일어나게 되었다. 그리하여 불보살의 구제를 받기 위한 참회의식이 생겨나게 되었으며, 불교의 수행을 하기 위해서는 먼저 참

75 元曉, 『金剛三昧經論』(『韓國佛敎全書』 1권, 676하)
76 元曉, 『大乘起信論疏』(『大正藏』 44권, 225상)
77 元曉, 『金剛三昧經論』 하(『韓國佛敎全書』 1권, 676하)

회법을 먼저 닦아야만 한다는 의식이 일어나게 되었다.

고려시대 지눌(知訥)은 『계초심학인문(誡初心學人文)』에서 '모름지기 자신이 지은 죄의 업장이 산과 바다와 같음을 알아서 이참과 사참으로 소멸할 수 있음을 알라.'[78]고 하여 처음 출가한 자에게 참회의 중요성을 일러주고 있다.

국내의 모든 불교 종단에서 가장 많이 독송되어지는 『천수경(千手經)』은 신묘장구대다라니를 중심으로 국내에서 편집한 것으로 국내 불교의 전반적인 사상을 담고 있는 매우 중요한 경전이다. 이 경의 참회에 관한 내용을 살펴보면, 먼저 참회게인 '아석소조제악업 개유무시탐진치 종신구의지소생 일체아금개참회(我昔所造諸惡業 皆由無始貪嗔癡 從身口意之所生 一切我今皆懺悔)'를 읊고, 다음에 참제업장십이존불(懺除業障十二尊佛)을 염불하고, 십악업을 참회하고는, '백겁적집죄 일념돈탕진 여화분고초 멸진무유여(百劫積集罪 一念頓蕩盡 如火焚枯草 滅盡無有餘: 백겁동안 쌓은 죄 한 생각에 다 없어지이다. 마른 풀을 불태우듯 남김없이 사라지이다)'의 게송을 읽고, 다시 '죄무자성종심기 심약멸시죄역망 죄망심멸양구공 시즉명위진참회(罪無自性從心起 心若滅時罪亦亡 罪亡心滅兩俱空 是則名爲眞懺悔: 죄란 스스로의 성품이 없어 마음을 따라 일어나는 것, 마음이 멸하면 죄 역시 멸해지고, 죄가 멸해지고 마음 또한 멸하여 둘이 아울러 공이 되면 이를 진정한 참회라고 한다.)'[79]를 읊은 뒤 참회진언인 '옴 살바 못자 모지 사다야 사바하'를 세 번을 외운다. 죄의 성품이 없으므로 이를 깨달아 죄가 멸하고 그 마음 또한 멸하여 공하면 참다운 참회라 하여 이참을 밝히고 있다.

Ⅷ. 현대적 논의

인간이 살아가면서 자신이 저지른 잘못을 뉘우치는 행위는 더불어 살아가는 인간사회에 있어 필수적인 윤리적인 행위이라 할 수 있다. 그러므로 많은 종교나 성현의 가르침에 있어 자신의 잘못에 대한 반성과 자신에 대한 성찰은 반드시 요구되고 있다.

---

78 知訥, 『誡初心學人文』(『韓國佛敎全書』 4권, 738중)

79 『千手經』『法要集』(동국대학교 정각원, 1996), 55면.

공자(孔子)는 일찍이 자신의 허물을 진심으로 자책하는 자가 없음을 한탄하며 "어쩔 수 없구나! 나는 아직 자신의 허물을 보고서 내심(內心)으로 자책(自責)하는 자를 보지 못하였다"[80]라고 하였다. 이에 대하여 주자(朱子)는 주석(註釋)하기를 '사람이 허물이 있을 때에 스스로 아는 자가 드물며, 허물을 알고서 내심(內心)으로 자책하는 자는 더더욱 드물다. 내심(內心)으로 자책한다면 그 뉘우침과 깨달음이 깊고 간절하여 허물을 고칠 것임에 틀림없다.'[81]라고 하였다. 배우는 자는 자신의 허물을 깨닫고 뉘우침을 통하여 그 허물을 고치게 되지만 그러한 자는 진실로 만나기 어렵다는 것이다.

기독교에서는 뉘우친다는 의미로 회개라는 단어가 사용되어지는데 이는 '하나님에 의하여 마음 가운데 일어나는 죄에 대한 확신, 즉 하나님께 죄를 지었다는 깨달음, 그리고 죄인을 구속하시는 하나님의 은혜의 행위로 자신을 확인하고 죄로부터 결정적으로 돌이키는 것, 회개는 전인격적 전생활적, 전환으로써 옛 생활을 떨쳐버리고 전면적으로 새로운 생활에 들어가는 것을 요구하는 것이다.'[82]라는 것이다. 그러나 여기서 회개는 하나님 이외의 신을 믿었던 것을 회개하고 하나님께 돌아간다는 의미인 것이다.[83]

그러므로 불교의 참회는 유교나 기독교의 뉘우침이나 회개와는 그 성격이 다르다. 또한 단순한 반성이나 후회와도 그 성격이 다르다. 반성과 후회도 지난날의 잘못을 뉘우치는 것의 의미는 같으나, 과거에 얽매이어 현재의 삶에 최선을 다하지 못하고 포기하거나 미래에 대한 불안을 느끼게 하는 경우가 많다.

참회의 본래 취지는 죄를 처벌하는 것이 아니라 죄를 고백하는 자를 용서하는 것이며, 과거지향이 아니라 미래지향인 것이다. 참회에 이참과 사참을 논하는 것은 이참을 통해 심리적인 안정을 사참을 통해 육체적인 안

80 『論語』公冶長 26(서울: 傳統文化硏究院, 1999), 103면.
81 위의 책, 103면.
82 『기독교백과사전』(서울: 기독교문사 1994), 1622면.
83 『그리스도교대사전』(서울: 대한기독교서회, 1987), 1206면.
회개하기 이전에 우리를 사로잡고 있는 것은 이교적인 신들, 맘몬(Mammon) 혹은 하나님이 아닌 어떤 다른 구속력있는 형식일 수 있다. 그러나 우리는 사실상 그러한 거짓된 이방인의 신들의 힘에 얽매어 있기 때문에 살아계신 하나님과 함께 사는 삶에로 접근해 가는 것은 이때까지의 구속력으로부터 단호하게 벗어나서 새로운 근거에 올라서는 것으로써만 가능하다. … 여기서 회개는 믿음, 참회, 거듭남 등과 일치한다. 이 회개로 인하여 인간에게 구원이 온다.

정을 꾀하는 것이다.

불교는 생사를 거듭한다는 윤회사상을 가지고 있으며 자신이 행한 업에 의해 윤회하는 곳이 결정되어지는 것이다. 그러므로 고통스런 윤회의 존재로부터 벗어나 깨달음의 세계인 열반에 이르기 위해서는 악업을 짓지 않고 선업을 행하여야만 하는 것이다. 그리하여 불교를 모든 악을 행하지 말고 선을 받들어 행하고 마음을 깨끗이 하는 것[84]이라고 하였던 것이다.

지난날에 지은 잘못의 원인을 알아서 스스로 뉘우치며, 그 잘못을 감추지 아니하고 타인에게 또는 부처님에게 드러내어 용서를 빈다. 그리하여 다시는 그런 잘못을 되풀이하지 않을 뿐만 아니라 그 악업의 근본 뿌리를 뽑아버리는 것이다.

불교의 참회는 자신의 잘못을 깨닫는 것으로부터 비롯된다. 남의 탓을 하고 환경의 탓을 하기 쉬운 현실에서 모든 것은 자신의 탐욕과 화냄과 어리석음으로 지은 바에 의한 것임을 인식하는 것은 자기 삶의 주체성을 확신하는 것이다.

그리고 죄의 본성은 원래 공(空)한 것이며 인연을 좇아 생겨나는 것이므로 인연을 좇아 멸할 수 있다는 것을 깨달음으로써, 지나치게 과거에 집착하거나 과도한 정신적 부담을 가져서는 안 되는 것이다. 이 몸은 부정한 것이고 무아(無我)이고 공(空)한 것임에도 불구하고 욕망의 노예가 되어 애욕을 끊지 못하고 생사를 거듭하고 있는 것을 깨닫고 현실의 고통과 고난을 벗어나기를 서원함으로써 힘들고 어려움을 당하여 쉽게 인생을 포기하는 사람들에게 희망과 용기를 가지고 미래지향적인 삶을 살아갈 것을 당부하는 것이다.

참회를 하면서 아울러 불보살을 예경하고 찬탄(讚嘆)하고 권청(勸請)하고 수희(隨喜)하고 발원(發願)하고 회향(廻向)하는 것은 부처와 내가 하나이고 본래 자성은 청정한 것이므로 인격완성의 전형인 불보살의 청정한 삶을 살아가겠다는 다짐인 것이다. 참회를 실천하기 위해 삼십칠조도품(三十七助道品)과 육바라밀행(六波羅蜜行)과 자비희사(慈悲喜捨)를 수행하라고 하는 것은 악업(惡業)의 정화(淨化)를 위해 개인의 수양과 더불어 사회의 윤

---

84 일반적으로 七佛通偈라 하여 '제악막작 중선봉행 자정기의 시제불교(諸惡莫作 衆善奉行 自淨其意 是諸佛教)'라 염송되며, 『增壹阿含經』(『大正藏』 2권, 551상)등에서는 '제악막작 제선봉행 자정기의 시제불교(諸惡莫作 諸善奉行 自淨其意 是諸佛教)라 되어있다.

리와 도덕을 실천하라는 것이다. 자신만의 삶을 추구하는 이기주의적인 현대인의 삶을 비판하며 인간뿐 만 아니라 모든 중생들이 더불어 사는 사회임을 깨닫고 이들의 생존을 위해 노력하라는 것이다.

우리는 탐내고 화내고 어리석어 몸과 마음이 번뇌를 일으키고 각종 악한 행위를 저지르게 된다. 이러한 잘못과 허물을 진심으로 뉘우치고 용서를 비는 일련의 노력을 통하여 자기 스스로 교정하고 정화하는 능력을 키워나갈 수 있다. 지난날의 잘못에 지나치게 매달려 자학하거나 자멸하는 등의 또 다른 잘못을 저질러서는 안 되며, 참회하는 인연을 가짐으로써 지난날의 욕망과 집착을 버리고 어둠에서 벗어나 밝은 미래로 나아가야만 한다.

원래 맑고 깨끗한 물이 가정과 공장으로 들어가 생활하수로 공업폐수로 오염된 물이 된다. 그러나 이러한 오염된 물도 자연정화능력을 가진 수생식물들이 자라는 자연하천을 흐르면 정화되어 다시 맑은 물이 된다. 이처럼 참회도 오염된 우리의 몸과 마음을 정화하는 과정인 것이다. ❁

이철헌 (동국대)

우리말 불교개념 사전

팔정도

범 staṅgika mārga, ariya-astaṅgika-mārga 장 ḥphags-paḥi lam yaṅ-lag brgyad 한 八正道 영 The Eightfold Noble Path, the Noble Eightfold Path

Ⅰ. 팔정도(八正道)의 개념

팔정도(八正道)는 빠알리어로 aṭṭhaṅgika-magga이다. aṭṭha는 8, 여덟을 말하고, aṅgika는 부분의, 부분적인, magga는 길, 도(道)를 말한다. 그러므로 해석은 여덟 가지 길, 여덟 부분의 도이다. 또한 팔정도는 성스러운 것이라 하여 ariyo aṭṭhaṅgika-maggo, 성스러운 여덟 가지의 길을 말하며[1] 여덟 항목으로 이루어진 고귀한 도라는 의미이다. 『율장(Vinaya)』과 『분별론(Vibhaṅga)』 등에서도 빠알리어 ariyo aṭṭhaṅgika-maggo[2]로 되어 있는데, 이것에 해당하는 범어로는 astaṅgika mārga, ariya-astaṅgika-mārga이며, 서장어는 ḥphags-paḥi lam yaṅ-lag brgyad이다. 한역으로는 팔정도(八正道), 팔도선(八道船), 팔정문(八正門), 팔유행(八由行), 팔유행(八遊行), 팔지

1 The Pāli English Dictionary. 16면.
2 Vinayanikāya Ⅰ, 10면; Saṅyuttanikāya Ⅴ, 421면; Vibhaṅga. 104면.

정도(八支正道), 팔지성도(八支聖道), 팔성도분(八聖道分), 팔현성도(八賢聖道), 팔정로(八正路), 팔정법(八正法), 팔품도(八品道), 팔성도지(八聖道支), 팔도행(八道行), 팔직행(八直行), 팔직도(八直道)라고 한다. 영어로는 The Eightfold Noble Path[3] 또는 the Noble Eightfold Path[4]로 기술하고 있다. 그리고 각 단어의 개념을 살펴보면, 첫째, 바른 견해[正見, 諦見]는 빠알리어 sammā diṭṭhi로 sammā는 '바르게', '바른', '완전한'이라는 의미이고, diṭṭhi는 견해, 견, 봄, 이론을 의미한다. 범어 samyagdṛṣṭi, 서장어로 yaṅ-dag-paḥi Ita-ba, 영어는 Right Understanding이다. 둘째, 바른 사유[正思惟, 正思, 正分別, 正覺, 諦念]는 빠알리어 sammā saṅkappa이며, saṅkappa는 사유, 생각, 의도, 목적, 계획 등을 의미한다. 범어로 samyak saṅkalpa, 서장어 yaṅ-dag-paḥi rtogs-pa, 영어는 Right Thought이다. 셋째, 바른 말[正語, 正言, 諦語]은 빠알리어 sammā vācā이며 vācā는 말, 목소리, 언어를 의미한다. 범어로 samyagvācā, 서장어 yaṅ-dag-paḥi ṅag, 영어는 Right Speech이다. 넷째, 바른 행위[正業, 正行, 諦行]는 빠알리어 sammā kammanta이며, kammanta는 행위, 활동, 작업, 일, 사업, 직업 등을 의미한다. 범어로 samyak karmanta, 서장어는 yaṅ- dag-paḥi las-kyi mthaḥ, 영어는 Right Action이다. 다섯 째, 바른 생활[正命, 諦受]은 빠알리어 sammā ājīva이며, ājīva는 생활, 생활 양식, 삶, 생계을 의미한다. 범어 samyagājīva, 서장어 yaṅ-dag- paḥi ḥtsho- ba, 영어는 Right Livelihood이다. 여섯 째, 바른 노력[正精進, 正方便, 政治, 諦法]은 빠알리어 sammā vāyāma이며, vāyāma는 정진, 노력, 수고 등을 의미한다. 범어는 samyagvāyāma, 서장어 yaṅ-dag-paḥi rtsol-ba, 영어는 Right Effort이다. 일곱 번째, 바른 마음챙김[正念, 諦意]은 빠알리어 sammā sati이며 sati는 기억, 의식, 인지, 마음챙김, 마음새김을 의미한다. 범어는 samyaksmṛti, 서장어 yaṅ-dag-paḥi dran-pa, 영어는 Right Mindfulness이다. 여덟 번째, 바른 집중[正定, 諦定]은 빠알리어 sammā samādhi이며, samādhi는 집중, 삼매, 마음이 집중된 상태, 선정의 상태를 의미한다. 범어는 samyak samādhi, 서장어 yaṅ-dag-paḥi tin-ṅe ḥdsin, 영어는 Right Concentration이다.

그 밖에 팔정도의 영어 해석은 정견은 correct views in regard to the

---

3 The Pāli English Dictionary. 16면.
4 Walpola Rahula, What the Buddha taught, London: Goldon Fraser, 1972. 45면.

Four Axitoms, and freedom from the common delusion, 정사유는 correct thought and purpose, 정어는 correct speech, avoidance of false and idle talk, 정업은 correct deed, or conduct, getting rid of all improper action so as to dwell in purity, 정명은 correct livelihood or occupation, avoiding the five immoral occupations, 정정진은 correct zeal, or energy in uninterrupted progress in the way of nirvāṇa, 정념은 correct remembrance, or memory, which retains the true and excludes the false, 정정은 correct meditation, absorption, or abstraction라고 한다.[5]

중도(中道)는 majjhimā paṭipadā와 동일한 의미이며, 팔정도라는 8가지 요소로 구성된다. 팔정도와 동일한 용어는 빠알리어 dukkhanirodhagāminīpaṭipadā-ariyasacca로 괴로움을 멸로 이끄는 도라는 바른 진리, 또는 간략히 도(magga)라고 한다. 또한 이 도를 중도 majjhimā paṭipadā라고 한다. 그러므로 팔정도는 사성제의 도, 중도로 이해된다.

정도와 반대개념은 그릇된 길(kummagga)을 말하며[6] 왼쪽 길(vāmamagga)을 말하며[7] 이것은 micchāmagga 잘못된 길과 동의어이다. 그러므로 팔사도(八邪道) 즉 여덟 가지 그릇된 길은 그릇된 견해[邪見 micchādiṭṭhi]·그릇된 사유[邪思惟]·그릇된 말[邪語]·그릇된 행위[邪業]·그릇된 생활[邪命]·그릇된 정진[邪精進]·그릇된 마음챙김[邪念]·그릇된 선정[邪定]을 말한다.

Ⅱ. 팔정도의 성립

부처님의 가르침 가운데 초기 가르침으로 알려진 팔정도가 언제 생겼는가 하는 논의는 중요한 문제이다. 먼저 해결해야할 문제는 팔정도가 인도의 여타의 종교에 나타나지 않는 독특한 부처님의 가르침인가하는 것이다. 왜냐하면 기존의 인도 종교나 사상에 영향을 받은 것이라면 그 기원을 불교 내에서가 아니라 불교 외부에서 찾아야 때문이다. 그러나 팔정도는 인도의 다른 종교에서 볼 수 없는 불교의 독특한 가르침인 것은 판단된다. 그 이유는 당시 여러 종교의 가르침에 팔정도와 대비할 가르침이 없으며, 부

5 蘇慈爾 외, 『中央佛學辭典』(佛光出版社, 民國83년), 37면.
6 Majjhimanikāya Ⅰ, 118면.
7 SaṅyuttanikāyaⅢ, 109면.

처님께서 선언한 사성제와 중도 사상은 독창적인 불교사상이기 때문이다. 또한 베다 등 여러 사상에서 얻은 것도 아니고, 깨달음 이전에 알라라 깔라마와 웃따까라마뿟따에게 배운 내용은 무소유처정과 비상비비상처정의 선정 수행이기 때문에 팔정도와는 연관성이 없기 때문이다.

다음으로 깨달음 과정에서 팔정도가 있는가하는 문제이다. 부처님의 깨달음 과정에서 주의해야 할 것은 바로 사성제와 십이연기의 가르침이다. 사성제는 고성제, 집성제, 멸성제, 도성제로써 그 가운데 도성제가 바로 팔정도이다. 그럼에도 불구하고 구체적으로 팔정도에 대한 내용 언급은 제시되지 않았다. 구체적인 팔정도의 용어 설명은 석가모니 부처님께서는 성도 후에 49일간 해탈의 즐거움을 경험하기 위해서 보내신 후 범천의 권청을 받아 전에 같이 수행한 다섯 명의 수행자를 만나 가르침을 전하였다.

빠알리어 경전에 따르면 다섯 비구에게 두 가지 극단을 설명하고 중도를 가르치는데 여덟 가지 성스러운 길[八正道], 즉 바른 견해, 바른 사유, 바른 말, 바른 행위, 바른 생활, 바른 정진, 바른 마음챙김, 바른 선정을 언급하고 있다. 계속해서 부처님께서는 사성제의 진리를 설명하며, 이 가운데 괴로움을 멸함으로 이끄는 도를 여덟 가지 성스러운 도, 팔정도로 가르치셨다.[8] 그러므로 팔정도의 구체적 분류와 설명은 다섯 비구에게 설한 초전법륜의 중도와 사성제 가르침에서 비롯되었다고 할 수 있다. 여기서 중도가 팔정도이며, 사성제의 도성제가 팔정도임을 밝히고 있다. "다섯 비구여 마땅히 알라, 도를 닦는 모든 사람으로 배워서는 안될 두 가지 치우친 행이 있다. 하나는 욕락의 하천한 업으로써 범부의 행에 집착하는 것이요, 둘은 스스로 번민하고 스스로 괴로워하며 성현의 법이 아닌 것으로서 도리에 맞지 않는 것이다. 다섯 비구들이여, 이 두 가지 치우친 행을 버리고 중도를 취하면 밝음이 있고 지혜를 성취하여 자재를 얻고 지혜로 나아가고 깨달음으로 나아가고 열반으로 나아가게 하니, 이른바 팔정도 즉 정견 내지 정정이니라."[9]

그러나 범본의 『Lalitavistara』에 석가모니 부처님의 깨달음의 과정을 살펴보면 제1선, 제2선, 제3선, 제4선에 든 후 초야(밤 9시-12시)에 천안통을 얻어 중생을 관찰하였으며, 중야(밤 12시-3시)에 전생을 기억하는 숙명통을 성취했으며, 후야(밤 3시-6시)에는 고의 생멸을 관찰하여 십이연기를 순

8 Vinayapiṭaka Ⅰ, 10면.
9 『中阿含經』 56(『大正藏』 1권, 777-778)

관, 역관을 통해 생성연기와 소멸연기를 이해하였으며, 지혜의 눈을 성취하여 고집멸도의 사성제로써 다시 십이연기를 파악하여 48단계를 파악하여 사실대로 알았고, 마침내 완전한 깨달음을 성취하였다.[10] 이 경문에서는 분명히 사성제를 알아 깨달았음에도 불구하고 도에 대해 구체적인 내용 즉 팔정도의 언급은 없다. 빠알리어 경전과 마찬가지로 깨달음 후에 후야에 다섯 비구에게 두 극단을 말하며, 다시 중도로써 법을 설했으며 그 중도를 팔정도로 설명하고 계속해서 사정제의 고집멸도를 설하셨다.[11] 그러므로 팔정도의 발생은 구체적으로 초전법륜의 다섯 비구에서 설한 시간 즉 깨달음 이후 49일이 지나 녹야원에 가서 다섯 비구를 만난 첫날 새벽 3시에서 6시에 가르치신 법의 내용에서 찾아볼 수 있다.

하지만 깨달음의 과정에서는 사성제의 도만 언급했을 뿐 구체적으로 팔정도의 용어와 내용은 포함되지 않았다. 그럼에도 불구하고 깨닫는 과정에서 사성제의 도성제와 팔정도의 내용이 동일한 것인가 하는 문제는 더욱 논의가 필요할 것이다. 만약에 도성제와 팔정도의 내용이 그때부터 동일한 것으로 간주되었다면, 부처님께서 깨달음의 과정에서 언급하지 않았다고 하더라도 당연히 팔정도로 이해되어야 할 것이다. 그러나 도성제와 팔정도의 동일한 내용이 깨달은 이후에 설법 과정에서 형성되었다면, 또는 후기에 체계화되었다면 깨달음 과정에서의 도성제는 다를 수도 있다는 것을 고려해야 한다. 초전법륜시에 실천수도의 한 방법으로서 고변과 낙변의 중도인 팔정도를 제시하였고 입열반시 최후의 설법에서는 그 실천수도법으로 삼십칠조도법을 이미 설하였다. 즉 부처님은 "나의 입멸 후 이에 의하여 방일하지 말라"고 제자에게 유언했다고 기술하고 있는데 이것은 부처님께서 수많은 제자들을 교화함에 있어서 초기에는 그 실천수도법으로 오직 팔정도만을 설하다가 그 후 점차 교화의 실제경험을 통하여 그 부족함을 느끼고 다른 여러 가지 수도법을 강구한 것으로 볼 수 있기 때문이다.

부처님의 말씀 가운데 팔정도는 초기불교에서는 사성제, 만들어진 것[법, 오온, 십이처, 십팔계 등]은 고, 무상, 무아와 더불어 주요한 가르침의 일부를 차지하고 있다. 또한 부파불교와 대승불교의 가르침에서도 팔정도는 사성제, 37조도품의 부분으로 근본적 가르침의 위치를 차지하고 있다.

---

10 P.L. Vaidya, Lalitavistara, Buddhist Sanskrit Texts. No.1, The Mithila Institute, 1958, 270-271면.

11 위의 책, 323면.

Ⅲ. 팔정도의 목적과 과보

팔정도 수행의 목적은 고통을 멸하는 것이다. 그러나 중생의 병이 다양하여 약과 처방도 각각 다르듯이 부처님의 가르침도 각각 차이가 있다. 그러한 부처님의 가르침 가운데 팔정도는 때와 장소에 따라 중생에 상응해서 설했기 때문에 다양한 목적을 보여주고 있다. 팔정도는 "모든 악을 중지하고, 선함을 증장하고 마음을 청정하게 하는 것, 이것이 모든 부처님들의 충고이다"[12]라는 법구경의 구절과 관련이 있다. 그러므로 모든 악을 중지하는 것은 계이며, 선함을 증장하는 것은 지혜이며, 마음을 청정하게 하는 것은 정이다. 팔정도는 계, 정, 혜 삼학으로 구분되는데 그 가운데 정어, 정업, 정명은 모든 악을 중지하기 위한 가르침이고, 정정진, 정념, 정정은 마음을 청정하기 위한 부처님의 가르침이며, 정견과 정사유는 선함을 증장하기 위한 가르침이다.

빠알리어 경전에 따르면, 팔정도는"여기서 벗들이여, 탐냄은 악이고 성냄은 악이다. 탐냄을 버리기 위하여 그리고 성냄을 버리기 위해서 중도(中道)가 있다. 그것은 [진리를 보는] 눈을 만들고 [진리를 아는] 지혜를 만드는 것이고 적정·초월적 지혜·완전한 깨달음·열반으로 인도한다. 벗들이여, 적정·초월적 지혜·완전한 깨달음·열반으로 인도하고 [진리를 보는] 눈을 만들고 [진리를 아는] 지혜를 만드는 중도는 무엇인가?

이것은 실로 성스러운 여덟 가지의 길[八正道]이다. 즉, 바른 견해[正見]·바른 사유[正思惟]·바른 말[正語]·바른 행위[正業]·바른 생활[正命]·바른 정진[正精進]·바른 마음챙김[正念]·바른 선정[正定]이다.[13] 이것이 적정·초월적 지혜·완전한 깨달음·열반으로 인도하고 [진리를 보는] 눈을 만들고 [진리를 아는] 지혜를 만드는 중도이다.

여기서 벗들이여, 분노는 악이고 악의는 악이다. －위선은 악이고 원한은 악이다. －질투는 악이고 신랄함은 악이다. 속임수는 악이고 미침[誑]은 악이다. －완고함은 악이고 성급함은 악이다. 거만은 악이고 자부심은 악이다. －자만은 악이고 방만(放漫)은 악이다. 자만을 버리기 위하여 그리고 방만을 버리기 위해서 적정·초월적 지혜·완전한 깨달음·열반으로 인도하

12 『법구경』 게송 183.

13 MajjhimanikāyaⅢ, 251-252면; Dīghanikāya Ⅱ, 311-313면; Vibhaṅga, 235-236면 등 참조.

고 [진리를 보는] 눈을 만들고 [진리를 아는] 지혜를 만드는 중도가 있다"[14] 라고 하여 탐냄, 분노, 악의, 위선, 원한, 질투, 신랄함, 속임수, 미침, 완고함, 성급함 등의 모든 악을 버리기 위해서, 적정, 초월적 지혜, 완전한 깨달음, 열반으로 인도하며, 진리의 눈을 만들며 진리를 아는 지혜를 만들기 위해서 팔정도가 있다고 그 목적을 밝히고 있다.

또한 빠알리어 경전에 따르면, 팔정도가 있어야 할 이유에 대해서 완전한 열반을 위하여 그릇된 견해를 지닌 자를 위하여 바른 견해가 있다. 완전한 열반을 위해서 그릇된 사유를 지닌 자에게 바른 사유가 있다. 완전한 열반을 위하여 그릇된 말을 하는 자를 위하여 바른 말이 있다. 완전한 열반을 위하여 그릇된 행위를 하는 자를 위하여 바른 행위가 있다. 완전한 열반을 위하여 그릇된 생활을 하는 자를 위하여 바른 생활이 있다. 완전한 열반을 위하여 그릇된 정진을 하는 자를 위하여 바른 정진이 있다. 완전한 열반을 위하여 그릇된 염을 하는 자를 위하여 바른 염이 있다. 완전한 열반을 위하여 그릇된 선정을 하는 자를 위하여 바른 선정이 있다. 완전한 열반을 위하여 그릇된 지혜를 지닌 자를 위하여 바른 지혜가 있다. 완전한 열반을 위하여 그릇된 해탈을 하는 자를 위하여 바른 해탈이 있다.[15]고 하여 그릇된 아홉 가지를 지닌 자에게 완전한 열반을 위해 올바른 아홉 가지의 길을 제시하고 있다. 여기서 바른 해탈을 제외한 나머지는 팔정도이며, 팔정도는 결국 완전한 열반을 위해 팔정도를 지니지 못한 이들에게 필요한 것이다.

또한 빠알리어 경전에 성스러운 제자가 바른 견해가 있고 그의 견해가 곧게 되고 법에 대한 절대적인 믿음을 지닌 자가 되고 정법에 도달한 자가 되는 것과 같은 다른 법문도 있을 수 있는가 하는 물음에 대하여 부처님께서는 있다고 하시며, "벗들이여, 성스러운 제자가 번뇌[漏]를 알고 번뇌의 일어남을 알고 번뇌의 멸을 알고 번뇌의 멸로 이끄는 길을 알기 때문에 그래서 벗들이여, 성스러운 제자가 바른 견해가 있고 그의 견해가 곧게 되고 법에 대한 절대적인 믿음을 지니고 정법에 도달한다.

한편 벗들이여, 무엇이 번뇌이고, 무엇이 번뇌의 일어남이고, 무엇이 번뇌의 멸이고, 무엇이 번뇌의 멸로 이끄는 길인가? 벗들이여, 세 가지 번뇌가 있다. 욕번뇌·유번뇌·무명번뇌이다. 무명의 일어남 때문에 번뇌의 일어

---

14 Majjhimanikāya I, 15-16면; 백도수 譯, 『맛지마니까야(中部) 1(서울: 민속원, 2002), 42-43면.

15 위의 책, 99면.

남이 있고, 무명의 멸함 때문에 번뇌의 멸함이 있다. 이것이 성스러운 여덟 가지 길, 번뇌의 멸로 이끄는길 즉, 정견·정사유·정어·정업·정명·정정진·정념·정정이다. 벗들이여, 성스러운 제자가 이와 같이 번뇌를 알고, 이와 같이 번뇌의 일어남을 알고, 이와 같이 번뇌의 멸을 알고, 이와 같이 번뇌의 멸로 이끄는 길을 알기 때문에, 그래서 탐냄이라는 잠재적 번뇌를 완전히 단멸하고 성냄이라는 잠재적인 번뇌를 제거하고서 '나는 있다'라는 견해와 같은 자만의 잠재적 번뇌를 근절하고서 무명을 단멸하고 지혜[明]를 생기게 하고서 현세에서 고통을 끝맺기 때문에 그래서 벗들이여, 성스러운 제자는 바른 견해가 있고 그의 견해가 곧게 되고 법에 대한 절대적인 믿음을 지니고 정법에 도달한다"고 욕번뇌, 유번뇌, 무명번뇌를 멸하기 위해서 팔정도가 필요하다고 하셨다.

또한 한문 경전에 따르면 팔정도 수행 목적을 개략적으로 여섯 가지로 밝히고 있는데 첫째, 고를 멸하기 위해,[16] 둘째, 무명을 끊기 위해서,[17] 셋째, 애욕을 끊기 위해서,[18] 넷째, 생사의 어려움을 건너기 위해서,[19] 다섯째, 삼독을 끊기 위해서,[20] 여섯 째, 지옥을 떠나기 위해서[21] 팔정도를 수행한다.

팔정도 수행의 과보를 간략히 살펴보면, 첫째, 성불하거나,[22] 둘째, 예류과, 일래과, 불환과, 아라한과를 얻으며,[23] 셋째 열반에 이르고,[24] 넷째 재생과 후유를 받지 않으며,[25] 마지막으로 일체번뇌를 끊고 청정하게 된다.[26] 팔정도의 과보는 결국 최종적으로 성불, 해탈, 열반에 이르는 것이며, 고에서 벗어나는 것이라는 것을 알 수 있다.

---

16 『中阿含經』 38(『大正藏』 1권, 673상); 『中阿含經』 3(『大正藏』 1권, 436상) 등 참조.
17 『中阿含經』 60(『大正藏』 1권, 806하)
18 『雜阿含經』 28(『大正藏』 2권, 119상)
19 『增一阿含經』 39(『大正藏』 2권, 762상)
20 『雜阿含經』 28(『大正藏』 2권, 202하); 『雜阿含經』 35(『大正藏』 2권, 251하)
21 『增一阿含經』 36(『大正藏』 2권, 748하)
22 『增一阿含經』 37(『大正藏』 2권, 752)
23 『別譯雜阿含經』 6(『大正藏』 2권, 413)
24 『中阿含經』 56(『大正藏』 1권, 778)
25 『雜阿含經』 39(『大正藏』 2권, 283); 28(『大正藏』 2권, 198)
26 『雜阿含經』 42(『大正藏』 2권, 309)

Ⅳ. 팔정도의 내용

경전에 따르는 팔정도의 해석은 다음과 같다. Majjhimanikāya, Vibhaṅga에 따르면, 괴로움을 멸하는 성스러운 진리는 성스러운 여덟 가지의 길[八正道]이다. 즉, 바른 견해[正見], 바른 사유[正思惟], 바른 말[正語], 바른 행위[正業], 바른 생활[正命], 바른 정진[正精進], 바른 마음챙김[正念], 바른 선정[正定]이다라고 팔정도의 구성요소를 밝히고 있다. 이미 팔정도 각각의 개념에 대해 설명하였으므로 여기서는 좀 더 상세하게 경문에 나타난 구절을 통해 팔정도의 내용을 살펴보고자 한다.

1. 바른 견해[正見]

정견은 바른 견해, 올바른 견해, 올바른 보기, 완전한 견해라고 한다. 바른 견해에는 두 가지가 있다. 세간과 출세간의 정견이다. 업에 행해진 지혜와 지혜에 따르는 순차적인 지혜는 세간의 정견이다. 또는 모든 번뇌로부터 사유하기 때문에 생긴 지혜이며, 성스러운 도, 과와 결합한 지혜가 출세간의 정견이다. 정견을 지닌 사람은 세 종류가 있다. 보통사람, 유학, 무학이다.

세간에는 두 가지 의지함이 있으며, 유와 무다. 취착 때문에 촉이 있고, 취착에 접촉하기 때문에 유에 의지하고 혹은 무에 의지한다. 만일 이 취착이 없으면 마음이 경계에 매이더라도 집착하지 않고 머무르지 않으며 헤아리지 않게 하며, 괴로움이 생기면 생하는 대로 두고 괴로움이 멸하면 멸하는 대로 두어 그것에 대하여 의심하지 않고 미혹하지 않으며, 다른 것을 의지하지 않고 스스로 아나니 이것이 바른 견해이면, 이것이 여래가 시설해 놓은 정견이다.[27]

만일 온갖 착한 법이 생하면 그것이 다 지혜가 근본이 되고 원인이 되며, 지혜의 생함이요 지혜의 일어남이다. 지혜는 선법과 불선법을 사실대로 알고, 죄와 죄 아님, 친근하고 친근하지 않는 것과 하천한 법과 뛰어난 법, 더럽고 깨끗함, 분별이 있고 없음, 연기와 연기 아님을 바르게 알면 이것이 정견이다.[28]

---

27 『雜阿含經』 12(『大正藏』 2권, 85하)

바른 소견은 보시가 있고 설과 재가 있으며 선행과 악행이 있고 선악행에 과보가 있고, 이 세상과 다른 세상이 있고, 부모와 중생의 생이 있으며, 피안의 세계에 잘 도착하고 잘 향하는 아라한의 이 세상과 다른 세상이 있어서 증득한 줄을 스스로 알고 갖추고 머물러 나의 생은 이미 다하고 범행은 이미 서고, 할일은 이미 마쳐 후생의 몸을 받지 않을 줄 스스로 안다고 말하는 것이다.[29]

또한 Majjhimanikāya에 따르면, 바른 견해란 괴로움에 대해 아는 것, 괴로움의 원인에 대해 아는 것, 괴로움의 멸함에 대해 아는 것, 괴로움을 멸하는 길을 아는 것이라고 하여 사성제를 아는 것으로 설명하고 있다.[30]

여기서 바른 견해를 이해하기 위해 내용 부분을 구체적으로 살펴보면, 괴로움은 태어남, 늙음, 죽음, 슬픔, 비탄, 육체적 괴로움과 정신적 괴로움, 고뇌, 사랑하지 않은 자[것]들과 함께 결합 하는[만나는] 것[怨憎會苦], 사랑하는 자[것]와 결합하지 못하는 것[愛別離苦], 원하는 것을 얻지 못하는 것[求不得苦], 다섯 가지 취착한 무더기[五陰盛苦]를 말한다. 그리고 괴로움의 원인은 재생하고 즐거움의 욕망과 함께 하고 여기저기 즐거워하는 갈애 즉, 욕망의 갈애·유의 갈애·비유(非有)의 갈애이며, 괴로움의 멸은 갈애를 이욕으로 완전히 멸함, 포기, 버림, 해탈, 제거함을 말한다. 괴로움을 멸하는 길은 팔정도이다.[31]

정견을 유루선취로 향하는 것과 무루고변으로 향하는 것으로 나누어 전자는 보시 내지 아라한이 후유를 받지 않는 것이라고 하며, 후자는 사성제를 사유하여 지혜를 얻는 것이라고 설명하고 있다.[32]

『청정도론』에 따르면, 네 가지 진리를 통찰하기 위해서 도닦는 수행자의 통찰지의 눈[慧眼]이며, 이 혜안은 열반을 대상으로 삼으며 무명의 잠재성향을 뿌리 뽑는다. 바른 견해의 특징은 바르게 보는 것이다. 요소를 드러내는 역할을 하고, 무명의 어둠을 쓸어버림으로 나타난다.[33]

또한 검증의 성취수단, 통찰지의 기능[慧根], 통찰지의 힘[慧力], 법을 간

---

28 『雜阿含經』 28(『大正藏』 2권, 198하)
29 『雜阿含經』 28(『大正藏』 2권, 203상); 『中阿含經』 49(『大正藏』 1권, 735하)
30 MajjhimanikāyaⅢ, 251면.
31 Vibaṅga. 99-106면.
32 『雜阿含經』 28(『大正藏』 2권, 203)
33 『청정도론』 2, 568-9면.

택하는 깨달음의 구성요소[擇法覺支]를 포함한다.[34]

Vibhaṅga의 아비달마적 해석에 따르면, 어떤 지혜, 알아차림, 어리석지 않음, 법의 택멸, 정견, 법택멸각지, 도의 부분, 도에 포함됨. 이것을 바른 견해라고 부른다.

바른 견해는 고집멸도를 아는 것, 부모에 대한 은혜 및 선악의 분별, 과보법을 아는 것, 윤회에 대한 믿음, 양극단에 집착하지 않은 것, 죄, 죄 아님을 아는 앎, 사성제와 연기법에 대한 이해 등의 여러 가지 의미를 포함하고 있다.

2. 바른 사유[正思惟]

정사유는 바른 사유, 바른 생각, 완전한 사유라는 의미이다. 초기경전에 나타난 바른 사유의 내용을 살펴보면, 만일 삿된 생각을 삿된 생각이라고 보면 이것은 올바른 생각이요, 만일 올바른 생각을 올바른 생각으로 보면 이것도 또한 올바른 생각이다. 어떤 것을 삿된 생각이라 하는가? 탐욕, 진에, 해가 있는 생각이니 이것을 삿된 생각이라 한다. 어떤 것을 올바른 생각이라고 하는가? 탐욕, 진에, 해가 없는 생각을 올바른 생각이라고 한다.[35]

정지(正志)란 두 가지가 있는데, 하나는 세속의 정지로서 번뇌와 취함이 있어서 좋은 세계로 향하는 것이요, 하나는 출세간의 정지로서 번뇌와 취함이 없고 바로 괴로움을 다해 괴로움과 멀어지는 것이다. 세속의 정지는 탐욕을 벗어난 깨달음, 성냄이 없는 깨달음, 해침이 없는 깨달음이며, 출세간의 정지는 괴로움을 괴로움이라고 생각하고 고의 원인, 고의 멸, 고를 멸하는 길을 생각하여, 번뇌가 없는 생각과 상응하여 마음 법을 분별하고 스스로 결정하여 의미를 알고 헤아리고 계산하여 의미를 세우는 것[36]이라고 말하고 있다.

Majjhimanikāya에 따르면, 바른 사유는 출리에 대한 사유, 악의없음에 대한 사유, 불상해에 대한 사유를 말한다.[37]

Vibhaṅga의 아비달마적 해석에 따르면, 바른 사유란 어떤 생각, 머무는

34 『청정도론』 2, 573면.
35 『中阿含經』 49(『大正藏』 1권, 735-736)
36 『雜阿含經』 28(『大正藏』 2권, 203)
37 MajjhimanikāyaIII, 251면.

생각, 바른 사유, 도의 부분, 도의 포함된 것을 말한다.

바른 견해를 가진 자가 마음을 열반으로 기울이는 것을 말하며, 삿된 사유를 부수며, 바른 사유의 특징은 마음을 대상으로 바르게 기울이도록 하는 것이며, 역할은 본삼매를 가져오며, 삿된 사유를 버림으로 나타난다.[38] 또한 출리에 대한 생각 등 세 가지를 포함한다.[39]

그러므로 바른 사유란 옳고 그른 생각을 바르게 알며, 출리, 악의 없음, 해치지 않음에 대한 사유, 마음이 열반에 기울이는 것, 삿된 사유를 부수는 것을 말한다.

3. 바른 말[正語]

정어는 바른 말, 바른 언어, 완전한 언어적 행위를 말한다. 『잡아함경』에 따르면, 거짓말, 이간질 하는 말, 추한 말, 꾸민 말을 떠난 말이다. 이것을 바른 말이라고 하나니 만일 삿된 말을 삿된 말로 보면 이것이 바른 말이요, 바른 말을 바른 말이라고 보면 또한 바른 말이다.[40] 또한 망어, 양설, 악구, 기어를 떠난 말을 바른 말이라고 하는데[41] 십선 가운데 언어적 행위의 네 가지를 말한다. 또한 바른 말은 두 가지가 있으며, 세속의 바른 말과 출세간의 바른 말로 구분된다. 세속의 바른 말은 망어, 양설, 악구, 기어를 떠나는 것이여, 괴로움을 멀어지는 출세간의 바른 말은 고집멸도를 생각하여 삿된 생활로부터 입으로 짓는 네 가지 악행과 다른 모든 입의 악행을 버리고 그것에서 멀리 떠나 번뇌가 없어 굳이 집착해 거두어 가져 범하지 않되 때를 지나지 않고 한계를 넘지 않는 것을 말한다.[42]

『중부니카야』에 따르면, 바른 말은 망어를 멀리하는 것, 악한 말을 멀리하는 것, 악한 말을 멀리하는 것, 이간질하는 말을 멀리하는 것을 말하고 있다.[43]

Vibhaṅga의 아비달마적 해석에 따르면, 바른 말은 어떤 네 가지 말에 의

38 『청정도론』 2, 569면.
39 『청정도론』 2, 573면.
40 『中阿含經』 49(『大正藏』 1권, 736상)
41 『雜阿含經』 28(『大正藏』 2권, 203중)
42 『雜阿含經』 28(『大正藏』 2권, 203중)
43 MajjhimanikāyaⅢ, 251면.

한 나쁜 행위로부터 벗어남, 멀어짐, 여윔, 행위 없음, 행위하지 않음, 죄를 짓지 않음, 한계를 넘지 않음, 바른 말, 도의 부분, 도에 포함된 것을 말한다.

보고 생각하는 자가 삿된 말을 절제하는 것이며, 정사유와 연결되어 있으며, 삿된 말버릇을 부수며, 절제하는 역할을 하며, 삿된 말을 버림으로 나타난다.

네 가지 입으로 짓는 좋은 행위가 포함된다.[44]

이상으로 정어는 망어, 양설, 악구, 기어를 하지 않는 바른 말이며, 삿된 구업을 짓는 않은 것이며, 바르고 그릇된 말을 알고 삿된 말버릇을 제거하는 것을 내용으로 한다.

4. 바른 행위[正業]

정업은 바른 행위, 올바른 행동, 완전한 행위라고 하며 여기서는 올바른 신체적 행위를 말한다. 『중아함경』, 『잡아함경』에 따르면, 바른 행위는 살생, 도둑질, 사음을 떠난 행위이다.[45] 오계 가운데 불살생, 불투도, 불사음의 행위와 동일한 의미이다.

세속의 바른 행위는 살생과 도둑질과 사음을 떠난 것이며, 출세간의 바른 행위로서 고를 고라고 생각하고, 집, 멸, 도를 생각하여 삿된 생활인 두 가지 악행과 다른 모든 몸의 악행을 버리고 번뇌가 없어 즐겨 집착하여 굳이 행하지 않으며, 거두어 범하지 아니하되, 때를 지니지 않고 한계를 넘지 않는 것을 말한다.[46]

『중부나카야』에 따르면, 바른 행위는 불살생, 불투도, 불사음을 말한다.[47]

Vibhaṅga의 아비달마적 분석을 따르면, 바른 행위는 어떤 세 가지 몸에 의한 행위로부터 벗어남, 멀어짐, 여윔, 행위 없음, 행위하지 않음, 죄를 짓지 않음, 한계를 넘지 않음, 바른 행위, 도의 부분, 도에 포함되는 것을 말한다.

절제하는 자가 살생 등을 절제하는 것이며, 바른 말과 연결되어 삿된 행

---

44 『청정도론』 2, 573면.
45 『中阿含經』 49(『大正藏』 1권, 736상); 『雜阿含經』 28(『大正藏』 2권, 203)
46 『雜阿含經』 28(『大正藏』 2권, 203)
47 MajjhimanikāyaIII, 251면.

위, 나쁜 행위를 부수며, 특징은 일어나게 하는 것이며, 절제하는 역할을 하며, 삿된 행위를 버림으로 나타난다.[48] 소욕과 지족이 포함된다.[49]

그러므로 정업은 오계 가운데 불망어와 불음주를 제외한 불살생, 불투도, 불사음의 신체적 행위이며, 십선 가운데 세 가지 신체적 선행을 말한다. 또한 신체적으로 죄를 짓지 않으며, 삿되고 나쁜 행위를 하지 않는 것을 내용으로 한다.

5. 바른 생활[正命]

정명은 바른 생활, 올바른 생활, 바른 생활양식, 바른 생활법, 완전한 생활이라는 의미이며, 만일 구하지 않아서 마음이 만족스럽지 못해도 여러 가지 축생의 주문을 써서 삿된 생활을 존속해 가지 않는다. 그는 법에 맞게 법으로써 의복을 구하고 그는 법에 맞게 법으로써 음식, 침구, 탕약과 여러 가지 생활 도구를 구하는 것이다,[50]

바른 생활은 의복, 음식, 침구, 탕약을 법에 맞게 구하고 법에 맞지 않는 것을 구하지 않는 것이다.[51]

세속의 바른 생활은 의복, 음식, 침구, 탕약을 법답게 구하고 법답지 않는 것을 구하지 않는 것을 말하며, 출세간의 성인의 바른 생활이란 고를 고라고 생각하고, 집멸도를 집멸도라고 생각하며, 모든 삿된 생활에 대해 번뇌가 없어 즐겨 집착해 굳이 행하지 않고, 거두어 범하지 아니하되, 때를 지나지 않고 한계를 넘지 않는 것을 말한다.[52]

『중부니카야』에 따르면, 바른 생활은 여기 성스러운 제자는 삿된 생활을 버리고 바른 생활로 살아가는 것을 말한다.[53]

Vibhaṅga의 아비달마적 해석에 따르면, 바른 생활은 어떤 잘못된 생활로부터 벗어남, 멀어짐, 여읨, 행위 없음, 행위하지 않음, 죄를 짓지 않음, 한계를 넘지 않음, 다리를 제거함, 바른 행위, 도의 부분, 도에 포함된 것을 말

48 『청정도론』 2, 569면.
49 『청정도론』 2, 573면.
50 『中阿含經』 49, 聖道經(『大正藏』 1권, 736)
51 『雜阿含經』 28(『大正藏』 2권, 203)
52 『雜阿含經』 28(『大正藏』 2권, 203하)
53 MajjhimanikāyaⅢ, 251면.

한다.

바른 말과 바른 행위가 청정해지도록 삿된 생업으로부터 절제함이며, 바른 말과 바른 행위와 연결되어 있으며, 음모 등을 끊으며, 특징은 깨끗이 하는 것이며, 합리적인 생계를 일으키게 하는 역할을 한다. 삿된 생계를 버림으로 나타난다.[54] 또한 율장 주석에 따르면, 무기판매, 인신매매, 도살업, 술판매, 독판매의 다섯 가지 직업을 갖지 않는 것을 바른 생활이라고 한다.

정명의 내용은 주로 주문 등의 삿된 생활로 살아가지 않으며, 법에 맞게 의식주와 약을 구하며, 다섯 가지 나쁜 직업을 갖지 않는 것이다.

6. 바른 정진[正精進]

정정진은 바른 노력, 바른 정진, 완전한 노력과 정진을 의미한다. 『중아함경』에서는 이미 생긴 나쁜 법을 서둘러 없애고, 아직 생하지 않은 나쁜 법을 서둘러 생기지 않게 하고, 아직 생하지 않은 선한 법을 서둘러 생기게 하고, 이미 생한 선법은 물러나지 않도록 머무르게 하는 것을 말한다.[55]

또한 방편으로 꾸준히 힘써 번뇌를 떠나려 하고 부지런하고 조심하여 항상 물러나지 않도록 행하는 것이며[56] 바른 방편을 두 가지 세속의 방편과 출세간의 방편으로 구분하며, 세속의 바른 방편은 정진하고 방편으로 뛰어나기를 바라면서 굳게 서고 만들고 정진하기를 능히 견디어 마음과 법으로 거두어 언제나 쉬지 않는 것을 말하며, 출세간 성인의 바른 방편은 고를 고라고 사유하고 집, 멸, 도를 집, 멸, 도라고 사유하며 번뇌가 없는 생각과 서로 상응하여 마음과 법으로 정진하고 방편으로 노력하여, 번뇌에서 벗어나 굳게 서고 만들고 정진하기를 능히 견디어 마음과 법으로서 거두어 잡아 언제나 쉬지 않는 것을 말한다.[57]

『중부니카야』에 따르면, 바른 정진을 "여기 비구는 일어나지 않은 악한 불선법을 일어나지 않게 하기 위해 의욕을 일으키고 정진하고, 마음을 유지하는 것, 일어난 악하고 불선한 법을 버리기 위해 의욕을 일으키고 정진하고, 마음을 유지하는 것, 일어나지 않은 선법을 일으키기 위해 의욕을 일으

54 『청정도론』 2, 570면.
55 『中阿含經』 49(『大正藏』 1권, 736중)
56 『雜阿含經』 28(『大正藏』 2권, 203중)
57 『雜阿含經』 28(『大正藏』 2권, 203하)

키고 정진하고, 마음을 유지하는 것, 일어난 선법을 유지하고 증장하기 위해 의욕을 일으키고 정진하고 마음을 유지하는 것"이라고 설명하고 있다.[58]

Vibhaṅga의 아비달마적 해석에 따르면, 바른 정진은 어떤 마음적인 정진, 바른 정진, 정진 각지, 도의 부분, 도에 포함된 것을 말한다. 또한 바른 말, 바른 행위, 바른 생계라 불리는 계의 지위에 굳건히 서 있는 자의 노력이다. 게으름을 물리치며, 특징은 용감함이며, 일어나지 않은 해로운 것을 일어나지 않게 하는 역할을 한다. 삿된 정진을 버림으로 나타난다.[59] 그리고 네 가지 바른 노력, 정진의 성취수단, 정진의 기능, 정진의 힘, 정진의 깨달음의 구성요소가 포함된다.[60] 그러므로 바른 정진은 사정근(四正勤)과 상응한다.

정정진은 악, 나쁜 법을 생기지 않게 하거나 제거하는 것, 선, 좋은 법을 생기게 하거나 증장시키는 것을 말하며, 바른 방편으로 번뇌를 떠나려고 항상 노력하는 것이며, 게으름을 물리치며, 삿된 정진을 버리는 것을 말한다.

7. 바른 마음챙김[正念]

정념은 바른 기억, 바른 마음챙김, 바른 마음새김, 완전한 기억, 완전한 마음챙김을 말한다.비구는 내신을 관찰하기를 몸답게 하고 내지 감각, 마음, 법을 관찰하기를 감각, 마음, 법답게 하는 것을 말한다.[61]

또한 생각을 따르고 잊지 않으며 헛되지 않게 하는 것이며[62] 세속의 바른 마음챙김과 출세간의 바른 마음 챙김 두 가지로 구분되며, 세속의 마음챙김은 만일 생각을 따르고 소중히 알며 생각을 기억하되, 망령되지 않고 헛되지 않는 것을 말한다. 아울러 출세간 성인제자의 바른 마음챙김은 고를 고라고 생각하고 집, 멸, 도를 집, 멸, 도라고 생각하여 번뇌가 없는 생각과 서로 상응하고, 만일 생각을 따르고 생각을 소중히 알며, 생각을 기억하되 망념되지 않고 헛되지 않는 것을 말한다.[63]

---

58 MajjhimanikāyaⅢ, 251-252면.
59 『청정도론』 2, 570면.
60 『청정도론』 2, 574면.
61 『中阿含經』 49(『大正藏』 1권, 736)
62 『雜阿含經』 28(『大正藏』 2권, 203)
63 『雜阿含經』 28(『大正藏』 2권, 203)

『중부나카야』에 따르면, 바른 마음챙김은 신념처, 수념처, 심념처, 법념처의 사념처를 말한다. 그 구절을 살펴보면, 몸에서 몸에 대해서 비구가 몸에 있어서 몸을 관하면서 열심히 바른 지혜를 지니고 염을 지니고 세계[몸]에서 탐욕과 근심을 제거하고서 머문다. 느낌에 있어서 마음에 있어서 법에 있어서 법을 관하면서 열심히 바른 지혜를 지니고 염을 지니고 세계[법]에서 탐욕과 근심을 제거하고서 머무는 것을 말한다.[64]

어떤 마음챙김, 기억, 바른 선정, 염각지, 도의 부분, 도에 포함됨, 이것을 바른 선정이라고 부른다.

정진하는 자가 그의 마음에 잊지 않음이며, 삿된 마음챙김을 흔들어 버리며, 특징은 확립하는 것이며, 잊어버리지 않는 역할을 하고, 삿된 마음챙김을 버림으로 나타난다.[65]

네 가지 마음챙김의 확립, 마음챙김의 기능, 마음챙김의 힘, 마음챙김의 깨달음의 구성요소가 포함된다.[66]

8. 바른 선정

정정은 바른 집중, 바른 선정, 바른 삼매, 완전한 선정이라는 의미이다. 『중아함경』에 따르면, 욕심을 떠나고 악하고 선하지 않는 법을 떠나며 내지 제4선을 성취하여 노니는 것을 말하며[67], 마음을 어지럽히지 않는 데 두고, 굳게 거두어 가져 고요한 삼매에 든 한 마음을 말한다.[68] 그리고 세속의 바른 선정은 마음이 어지럽지 않고 움직이지 않은데 머물러 거두어 잡아 고요히 그치고 삼매에 들어 일심이 되는 것이며, 출세간의 성인제자의 바른 선정은 고를 고라고 생각하고 집, 멸, 도를 집, 멸, 도라고 생각하여 번뇌가 없는 생각과 서로 상응하여 마음과 법으로 어지럽거나 흩어지지 않는 데 머물러, 거두어 잡아 고요히 그치고 삼매에 들어 일심이 되는 것을 말한다.[69]

---

64 MajjhimanikāyaⅢ, 252면.
65 『청정도론』 2, 570면
66 『청정도론』 2, 574면
67 『中阿含經』 49(『大正藏』 1권, 736)
68 『雜阿含經』 28(『大正藏』 2권, 203)
69 『雜阿含經』 28(『大正藏』 2권, 204)

『중부니카야』에 따르면, 바른 선정은 제1선, 제2선, 제3선, 제4선의 4선을 말하며 그 내용은 "나는 욕망에서 벗어나 불선법(不善法)들에서 벗어나 거친 생각[尋]과 미세한 생각[伺]이 있으며, 출리에서 생긴 기쁨과 즐거움이 있는 제1선에 들어가 머문다. 나는 거친 생각과 미세한 생각의 평정으로부터 안으로 마음이 한 곳에 유지된 상태인 거친 생각이 없고[無尋] 미세한 생각이 없고[無伺] 삼매에서 생긴 기쁨과 즐거움이 있는 제2선에 들어가 머문다. 나는 기쁨의 사라짐으로부터 평등[捨]에 머물렀다. 그리고 나는 집중하고 바르게 알아서 몸으로 즐거움[樂]을 느꼈다. 나는 즉 성자들이 명백히 밝힌 '평등[捨]을 지니고 마음챙김[念]을 지니고 즐거움을 지니고 머문다'이라는 제3선에 들어가 머문다. 나는 육체적인 즐거움[樂]의 버림과 괴로움[苦]의 버림으로부터 이전에 정신적 즐거움과 괴로움의 멸함으로부터 괴롭지도 즐겁지도 않고 평등[捨]에 의한 염(念)의 청정인 제4선에 들어가 머문다. 이것을 바른 선정이라고 부른다"[70]라고 하고 있다.

Vibhaṅga의 아비달마적 해석에 따르면, 어떤 마음의 유지, 바른 삼매, 삼매 각지, 도의 부분, 도에 포함됨. 이것을 바른 삼매라고 부른다. 이것은 괴로움의 멸로 이끄는 길, 나머지 법들은 괴로움의 멸로 이끄는 길과 결합하는 것이다.

그의 마음이 수승한 마음챙김으로 보호될 때 마음의 하나됨이며, 삿된 삼매를 없애버린다.[71] 거친 생각과 미세한 생각이 있는 삼매 등 세 가지, 마음의 삼매, 삼매의 기능, 삼매의 힘, 희열의 깨달음의 구성요소, 평온의 깨달음의 구성요소가 포함된다.[72]

정정의 내용은 제1선, 제2선, 제3선, 제4선을 말하며, 유심유사, 무심유사, 무심무사의 삼매, 삼매의 각지 등이다.

Ⅴ. 팔정도의 구분과 제법관계

팔정도는 여덟 가지로 구분된다. 각각 그 내용은 바른 견해[正見], 바른 사유[正思惟], 바른 말[正語], 바른 행위[正業], 바른 생활[正命], 바른 정진

70 MajjhimanikāyaⅢ, 252면.
71 『청정도론』 2, 570면.
72 『청정도론』 2, 574면.

[正精進], 바른 마음챙김[正念], 바른 선정[正定]이다. 팔정도는 사성제 가운데 깨달음의 결과인 멸성제로 이끄는 깨달음의 원인 즉, 도성제이다. 각지의 상호연관 관계에서 팔정도는 정견[연기의 원리]을 정념하여 정정진하는 데는 일상생활법으로 정명 즉 신업으로서 정업과 구업으로서 정어와 의업으로서 정사유, 그리고 특수생활법으로 정정에 의지하여 正覺을 이루는 것이라고 이해할 수 있다. 『중부나카야』, 『청정도론』에 바른 견해와 바른 사유는 삼학 가운데 혜학에 속하고, 바른 말, 바른 행위, 바른 생활은 계학에 속하고, 바른 정진, 바른 마음챙김, 바른 선정은 정학에 해당한다. 정견은 문혜(聞慧), 정사유는 사혜(思慧), 나머지는 수혜(修慧)로 보며, 정어, 정업, 정명은 계품, 정념, 정정은 정품, 정견, 정사유, 정정진은 혜품으로 구분한다.

"바른 말, 바른 행위, 바른 생계, 이 법들은 계의 무더기에 포함됩니다. 바른 정진, 바른 마음챙김, 바른 삼매, 이 법들은 삼매의 무더기에 포함됩니다. 바른 견해, 바른 사유, 이 법들은 통찰지의 무더기에 포함됩니다"[73]라고 하는데 십선 또는 십악과 바른 말과 바른 행위의 관계를 살펴보면, 바른 말은 십악 가운데 거짓말, 거친 말, 헛된 말, 이간질하는 말을 하지 않은 것이며, 바른 행위는 살생, 도둑질, 사음을 하지 않는 것을 말한다. 팔정도 중 정어는 삼업 중 구업에 속하고, 정업과 정명은 신업, 나머지는 의업에 속한다. 또한 정업은 오계 가운데 3계, 십선 가운데 세 가지 선에 해당한다.

『청정도론』에 따르면, 팔정도와 오근과의 관계를 살펴보면, 바른 견해와 바른 사유는 오근 중에 혜근에 해당되고, 바른 말, 바른 행위, 바른 생계는 신근, 바른 정진은 정진근, 바른 마음챙김은 염근, 바른 선정은 정근(定根)에 해당된다. 또한 팔정도와 오력과의 관계를 살펴보면, 바른 견해와 사유는 혜력, 바른 말, 바른 행위, 바른 생활은 신력, 바른 정진은 정진력, 바른 마음챙김은 염력, 바른 선정은 정력과 상응한다. 그리고 팔정도와 팔각지와의 관계를 살펴보면, 바른 견해는 법택멸각지를 포함하고, 바른 정진은 정진각지, 바른 마음챙김은 염각지, 바른 선정은 희각지, 경안각지, 정각지, 사각지를 포함한다.[74]

Vibhaṅga의 아비달마적 해석에 따른 팔정도와 제법관계를 살펴보면, 팔

---

73 Majjhimanikāya I, 301면; 대림 譯, 『청정도론』 2. 579면.

74 『청정도론』 2, 573-574면.

정도는 먼저 선법에 속한다. 또한 낙수와 상응할 수도 있으며, 고수와 상응할 수도 있다. 유심유사일 수도 있고 무심유사일 수도 있고 무심무사일 수도 있다. 희를 동반할 수도, 낙을 동반할 수도 있으며, 사를 동반할 수도 있다. 또한 유학에 속하고, 외부 대상이라고 그 관계를 설명하고 있다.[75]

빠알리본에 따르면, 팔정도의 비유로 설명은 고집멸도에서 짐, 짐을 들어올림, 짐을 내려놓음, 짐을 내려놓는 방법 그리고 병, 병의 원인, 병이 나음, 약 그리고 기근, 가뭄, 풍부한 수확, 단비, 증오, 증오의 원인, 증오를 없앰, 증오를 없애는 방법, 독이 있는 나무, 나무의 뿌리, 뿌리의 절단, 절단하는 방법, 그리고 두려움, 두려움의 원인, 두려움을 없앰, 없애는 방법, 이쪽 해안, 거센 홍수, 저쪽 해안, 그곳에 이르기 위한 노력으로 적용시켜 비유로 설명한다.[76] 여기서 팔정도는 주로 방법과 약, 노력 등으로 비유되고 있다.

Ⅵ. 팔정도의 현대적 논의

팔정도는 여덟 가지 요소가 확장되어 만들어진 것이 아니라 부처님의 가르침을 통해 형성된 교리임을 알 수 있다. 팔정도의 각 지분은 각각 독립적인가 아니면 상관관계가 있는가 하는 문제를 살펴볼 필요가 있다. 미즈노 고겐(水野弘元)은 원시불교의 특질에서 팔정도를 설명함에 있어서 『장아함경』 제28권과 빠알리어 경전 『증지부(增支部)』 7권 42를 들어 정견은 나머지 7가지 종을 수반하는 정견이고, 단독적이 아니라 밀접 불가분의 관계를 보인 것으로 설명하고 있다. 그럼에도 불구하고 다른 경전에는 정견을 통해 정사유를 낳고, 정사유를 통해 정어 등을 낳는 순차적인 설명을 하고 있기 때문에 팔정도의 한 지분이 다른 모든 부분을 포섭하는 것인가 하는 논의는 더욱 살펴보아야 할 것으로 생각한다.

다음으로 계정혜 삼학의 수행 순서는 분명 계를 닦으면 정을 얻고 정을 닦으면 혜를 얻는다고 초기경전에 전하고 있는데 왜 팔정도의 순서가 정어, 정업, 정명, 정정진, 정념, 정정, 정견, 정사유의 순서가 아니라 혜학과 관련된 정견과 정사유를 선두에 두었는가 하는 문제이다. 팔정도의 구성요

75 『Vibhaṅga』, 112-113면.
76 『청정도론』 2. 574-575면.

소의 순서는 계품, 계학은 정어, 정업, 정명을 먼저 닦고 나중에 정품, 정학인 정정진, 정념, 정정을 닦으며, 다음으로 혜품, 혜학인 정견과 정사유를 수행하는 것이 일반적이다. 그러나 팔정도의 순서는 삼학의 순서를 따르지 않고 있다. 그 이유는 깨달음을 위해 가장 먼저 바른 견해가 필요하고 그것을 통해 점차 바른 사유를 얻어 바른 말과 행위, 생활을 할 수 있으며, 점차로 바른 정진을 통해 바른 마음챙김과 바른 선정에 들 수 있기 때문이다. 그러나 팔정도의 각지의 순서는 계정혜 수행의 순서와 별개의 것이 아니다. 팔정도는 삼학 수행과의 관계에서 먼저 정견, 정사유가 있는 이유에 대해 논의되어 왔는데, 계정혜의 순서가 혜[믿음]에서 계정의 순서로 진행된 것으로 본다면 현재의 팔정도 순서와 일치한다고 할 수 있다.

다음으로 팔정도의 해석적 차이를 어떻게 이해할 것인가 하는 것과 왜 그러한 내용의 이해에 변화가 생겼는가 하는 것을 밝히는 것이 고려되어야 할 사항이다. 현재 팔정도의 교리적 논의는 거의 진행되지 않고 있으며, 팔정도의 현대적 의미해석의 차이는 현대적 시각에 따라 큰 차이를 보이고 있다는 것을 부정할 수 없다. 그럼에도 불구하고 초기불교의 가르침에서는 대부분 통일적으로 팔정도의 내용을 설명하고 있다는 것을 명심해야 한다.

팔정도의 개념에 대한 현대적 논의에 있어서 가장 중요한 문제는 용어의 한글화 통일과 사용에 관한 것이다. 팔정도에 대한 한글 풀이는 번역에 중요한 문제이다. 팔정도의 한글 번역은 번역자마다 각각 다르다. 또한 빠알리어 경전 해석과 범어불전 그리고 한문경전의 해석이 각각 차이가 있다는 것을 인정하고 용어정리를 진행하는 것이 필요하다. 특히 정견 등에서 정을 '바른'과 '완전한'이라는 의미에서 좀더 상세한 논의가 필요하며, 아울러 정념의 념(念), sati는 사띠, 마음챙김, 마음새김, 주의집중 등 다양한 용어로 사용되고 있어 최근 학자간의 논란이 된 문제이다. 아울러 팔정도를 가르치는 문제에 있어서도 분명히 초기불교, 부파, 대승불교적 해석에 차이가 발생하기 때문에 팔정도 해석의 현대적 풀이에 대해 신중한 개념적 해설이 요구된다. ❁

최종석 (금강대)

우리말 불교개념 사전

오정심관

한 五停心觀

Ⅰ.

북방불교에서 선정 수행의 기본적인 방법으로 제시된 오정심관이라는 수행법이 인도불교 및 중국불교 전통에서 사용된 용례와 인접 개념과의 관계 및 현대적인 논의에 대해 살펴본다.

먼저 오정심관이라는 용어에 대한 어원적인 근거와 각 항목에 대한 개념 풀이, 그리고 인도불교를 중심으로 한 역사적 용례 및 텍스트별 맥락의 용례를 제시하면서 오점심관을 역사적인 맥락에서 이해한다. 오정심관이라는 수행법이 부파불교나 대승불교에서 그리고 중국불교 전통에서 기초적인 단계의 수행법으로 정립되기 이전에 불교 수행의 핵심을 이루는 수행법의 측면이 있다는 점이 밝혀질 것이다.

Ⅱ. 어원적 근거

오정심관(五停心觀)이란 다섯 가지 번뇌의 장애를 가라앉히는 수행법을 말한다.

오정심관은 오종관법(五種觀法)[1], [五種] 법문(法門)[2], 오문선(五門禪)[3], [五種] 정행소연(淨行所緣, carita-viśodhana-ālambana)[4], [五種] 소취입문(所趣入門, avatāramukhāni)[5], [五種] 도문(度門)[6], 오종치행경계(五種治行境界)[7]라

---

1 『四教義』. "五種觀法者, 一數息觀. 二不淨觀. 三慈心觀. 四因緣觀. 五界方便觀."(『大正藏』 46권, 733중19-20)

2 『坐禪三昧經』. "若多婬欲人不淨法門治, 若多瞋恚人慈心法門治, 若多愚癡人思惟觀因緣法門治, 若多思覺人念息法門治. 若多等分人念佛法門治, 諸如是等種種病, 種種法門治." (『大正藏』 15권, 614, 271하2-5)

『修行道地經』. "假使行者情欲熾盛, 為說人身不淨之法."(『大正藏』 15권, 191하17); "假使瞋怒而熾多者. 為說慈心."(191하20); "修行道者設多愚癡, 當觀十二因緣分別了之." (192상19- 20); "修行道者設多想念, 則為解說出入數息."(192상26); "修行道者設多憍慢為說此義, 人有三慢.一日言我不如某, 二日某與我等, 三日我勝於某, 有念是者為懷自大, 當作此計城外塚間, 棄捐骨鎖頭身異處, 無有血脈皮肉消爛, 當往觀此貧富貴賤."(192중1-6)

3 『五門禪經要用法』. "坐禪之要法有五門. 一者安般, 二不淨, 三慈心,四觀緣, 五念佛."(『大正藏』 15권, 325하)

4 『瑜伽師地論』「聲聞地」. "云何名為淨行所緣, 謂不淨, 慈愍, 緣性緣起, 界差別, 阿那波那念等, 所緣差別."(『大正藏』 30권, 428하18-19): *Srāvakabhūmi of Aacārya Asaṅga Part I,* tatra carita-viśodhanam ālambanaṃ katamat. tadyathā aśubhā-maitrī, idaṃ pratyayatāpratītyasamutpādaḥ dhātuprabhedaḥ ānāpānasmṛtiś ca. (Ed. by Karunesh Shukla, Patna, 1973, 202면.3-5)

『大乘阿毘達磨集論』. " 淨行所緣復有五種. 謂多貪行者緣不淨境, 多瞋行者緣修慈境, 多癡行者緣衆緣性諸緣起境, 憍慢行者緣界差別境,尋思行者緣入出息念境."(『大正藏』 31권, 687상4-7)

Abhidharmasamuccaya, caritaviśdhanālambanaṃ pañcavidham. bhūyorāgacaritānām aśubhaviṣyālambanam, bhūyodveṣacaritānāṃ karuṇābhāvanāviṣayālambanam, bhūyomohacaritānāṃ nikāyapratyayatā- pratītyasamutpādaviṣayālambanam, madamānacaritānām dhātuprabhedaviṣyālambanam, vitarkkacaritānām avatārāprativāṇismṛtiviṣyālambanam. (『瑜伽行思想研究会 梵藏漢對校 E-Text Abhidharmasamuccaya(大乘阿毘達磨集論) and Abhidharmasamuccayabhāṣya (大乘阿毘達磨雜集論)』, Vol. III, 2003, 622면. http://www.shiga-med.ac.jp/public/yugagyo/AS.html)

5 『瑜伽師地論』「菩薩地」. "如其所應隨其所宜, 示現種種所趣入門令其趣入 謂或修不淨 或復修慈 或修種種緣性緣起 或修界差別 或修阿那波那念. 如其所應隨其所宜. 示現種種所趣入門令趣入已. 為說能治常邊邪執處中之行. 為說能治斷邊邪執處中之行."(『大正藏』 30권, 504중11-16)

Bodhisattvabhūmi, anuśayaṃ paryeṣya yathāyogaṃ yathā'rham eva vicitreṣv avatāra-mukheṣv avatārayati. yadi vā aśubhayā yadi vā maitryā yadi vā idaṃ-

는 명칭으로도 불린다.[8]

하지만, '오정심관'이라는 용어 자체는 인도불교에서는 찾아보기 어렵고[9] 정영사(淨影寺) 혜원(慧遠, 523-592)의 『대승의장(大乘義章)』을 위시로 하여, 천태 지의(智顗, 538-597)의 『마하지관』 등의 저술, 화엄종 지엄(智儼, 602-668)의 『화엄경공목장』 등의 중국 문헌에서 사용되고 있다.

특히 중국의 『구사론』에 대한 주석문헌[10]에서는 『구사론』「현성품」의 7가지 준비단계 수행(七加行)의 첫 번째인 순해탈분(順解脫分)의 삼현(三賢)의 첫 번째로 오정심관을 들고 있지만, 『구사론』 본문에서 나타나는 수행법은 부정관(不淨觀)과 입출식념(入出息念) 두 가지[11]이다. 따라서 '오정심관'이라는 용어의 사용은 인도의 전통이라기보다는, 혜원 등에 의해 비롯된 중국 전통에 의한 것이며,[12] 이를 중국의 경론 주석가 및 종파의 스승들

---

pratyayatā-pratītya-samutpādena yadi vā dhātu-prabhedena yadi vā ānāpāna- smṛtyā yathāyogaṃ yathā'rhaṃ avatāra-mukheṣv avatārya śāśvatāṃtā- sad-graha-pratipakṣeṇa madhyamāṃ pratipadaṃ deśayati. ucchedāṃta-sad-graha- pratipakṣeṇa madhyamāṃ pratipadaṃ deśayati (Ed. by Wogihara, Unrai, Tokyo, 1930-1936, 110-111면)

6 『菩薩地持經』. "隨其所應種種度門,而度脫之. 所謂不淨, 慈心, 緣起, 界分別, 安那般那念."(『大正藏』 30권, 905중21-23) (『瑜伽師地論』 本地分, 第十五菩薩地의 異譯)

7 『三無性論』. "治行境界者自有五種, 一不淨觀, 二無量心, 三因緣觀, 四分別界, 五出入息念."(『大正藏』 31권, 876하11-13)

8 『佛光大辭典』(高雄市: 佛光出版社, 1989), 1,144면.

9 따라서 앞서 제시한 유식관련 논서를 제외한 인도불교 전통의 경전이나 논서 그리고 산스크리트-티베트 번역용어집인 『飜譯名義大集』에도 다섯 항목이 함께 정리되어 있지 않다.

10 『俱舍論記』. "卷第二十二(普光述) 此下第二明五停位, 七加行中五停心觀也."(『大正藏』 41권, 339중23-24),
『俱舍論疏』. "卷第二十二(法寶撰) 論. 如是已說修所依器. 自下第三明七加行. 文即有七. 此一行頌. 第一明五停心位. 文中有二. 先總明入修二門. 後別釋二門. 此文初也. 論日至能正入修. 略說二要門也. 入修要門有多種故. 諸有情類行別衆多故. 入修門亦有多種. 廣即衆多. 次有五種. 謂多貪不淨. 多瞋慈悲. 多癡緣起. 著我六界. 尋伺持息. 然就多分最略二門. 一不淨觀. 二持息念."(『大正藏』 41권, 729하14-21)

11 '그런데 이와 같이 [聖道로 향하는] 근기가 된 그에게는 어떻게 그 수행에의 진입(들어가는 것)이 있는가? 그것(수행)에의 진입은 부정(不淨)과 입출식념에 의한다.'(tasya tv evaṃ pātribhūtasya katham tasyāṃ bhāvanāyām avatāro bhavati. tatrāvatāro 'śubhayā cānāpānasmṛena ca (AKBh 337.8-8)
『俱舍論』(玄奘). "由何門故能正入修. 頌日 入修要二門 不淨觀息念." (『大正藏』 29권, 117중4-5); 『俱舍論』(眞諦). "於修中緣何法門, 得入修觀偈曰. 入修由二因, 不淨觀息念."(『大正藏』 29권, 269하8-9); 桜部 建, 大谷信千代 『俱舍論の原典解明 - 現聖品』(京都: 法藏館, 1996), 76면.

12 Sakurabe Hajime, 'On the Wu-T'ing-Hsin-Kuan', Indianisme et Bouddhisme,

이 적극적으로 사용하였다고 볼 수 있다.[13]

『대승의장』에 의하면 오정심관의 내용은 부정관(不淨觀), 자비관(慈悲觀), 인연관(因緣觀), 계분별관(界分別觀), 안나반나관(安那般那觀)이다.[14]

『대승의장』에 제시된 오정심관의 다섯 가지 항목은 주로 인도 대승불교 유식 계통의 문헌에서 보이며, 『좌선삼매경(坐禪三昧經)』(『대정장』 15권, 217하)이나 『오문선경요용법(五門禪經要用法)』(『대정장』15권, 325하) 등의 선경류(禪經類) 또는 삼매경류에서는 계분별관(界分別觀), 대신에 염불법문(念佛法門)이 들어가 있다.[15]

먼저 『대승의장』에 보이는 오정심(五停心)에 대해서 살펴본다.

> 이 다섯 가지는 경 가운데[16]에서 오도문(五度門)이라고 하며, 또한 정심(停心)이라고도 한다. 도문(度門)이라고 말할 때, 도(度)는 벗어남[出離]에 이르게 한다는 뜻이다. 이 다섯 관을 닦아서 탐욕 등의 다섯 가지 번뇌에서 벗어날 수 있어 열반의 경지에 이르게 된다. 따라서 이름하여 도(度)라고 한 것이다. 또한 번뇌를 끊고 생사를 건너 여의므로 또한 이름하여 도(度)라고 한 것이다. 지나는 사람이 들어오기 때문에 문이라고 한다. 정심(停心)이라고 할 때 정(停)은 가라앉고 멈추어 편안하게 머문다는 뜻이다. 탐욕 등을 가라앉혀 여의고 마음을 다스려, 부정(不淨) 등의 수행법에 머물기 때문에 정심

Mélanges offerts à Mgr Étienne Lamotte, Louvain, 1980, 308면. 釋惠敏, 『「聲聞地」における所緣の研究』, Tokyo, 1994, 129면, n.2. 大谷信千代, 『法と行の思想としての仏教』(京都: 文営堂, 2000), 137면.

13 신수대장경 1-55권과 85권(CBETA Taisho Tripitaka 사용)에서 「五停心」으로 검색한 결과 T33-39 『經疏部』에서 57개를 위시로 「論疏部」 「諸宗部」 등의 18책에서 총 190개가 검색되었다. 이 문헌들은 중국에서 제작된, 경론의 주석서류와 천태, 화엄교학의 전적 등이다. 다음 ( ) 안의 수는 대정장 33권 이하에 나타난 「五停心」이라는 용어의 수이다. 經疏部T33(22) 經疏部T34(7) 經疏部T35(1) 經疏部T36(8) 經疏部T37(10) 經疏部T38(6) 經疏部T39(3) 律疏,論疏部T40(2) 論疏部T41(10) 論疏部T42(15) 論疏部T43(10) 論疏,諸宗部T44(26) 諸宗部T45(7) 諸宗部T46(50) 諸宗部T47(4) 諸宗部T48(5) 史傳部T51(1) 古逸,疑似部T85(3)

14 『大乘義章』12(『大正藏』 44권, 693하)

15 선경류와 삼매경류의 수행론에 대한 연구로는 大谷信千代, 『法と行の思想としての仏教』(京都: 文営堂, 2000), 175-203면, 김호귀, 「禪觀思想의 考察 - 禪觀經典의 분류를 중심으로」, 『동국사상』 27/28집, 1996, 65-87면 참조.

16 여기서 말하는 경(經)의 한 예로 『瑜伽師地論』 本地分, 第十五菩薩地의 異譯인 『菩薩地持經』(A.D. 414-426역출, 國譯一切經 『瑜伽部1』 瑜伽師地論解題, 11면)에는 도문(度門)이라는 용어가 나온다. "隨其所應種種度門, 而度脫之. 所謂不淨, 慈心, 緣起, 界分別, 安那般那念."(『大正藏』 30권, 905중21-23)

(停心)이라고 한다.[17]

하지만 『대승의장』에서는 '오정심관'의 '관(觀)'에 대한 해석은 보이지 않는다. 오정심관에서 관(觀)은 지관(止觀)의 지혜를 의미하는 관(觀, vipassanā(빠알리어), vipaśyanā(범어)) 또는 수관(隨觀, anupassaī, anupassanā)이라는 의미로 해석할 수도 있고, 수행 또는 수습(修習)을 의미하는 bhāvanā에 해당하는 용어로 해석할 수도 있다. 실제로 앞서 지적했지만, 『유가사지론』「성문지」의 정행소연(淨行所緣)으로 제시된 다섯 항목과 「보살지」의 범어와 한역에서는 '관(觀)'이라는 용어가 없이 사용되었다. 즉, aśubhā 不淨, maitrī 慈愍 또는 慈, idaṃpratyayatāpratītyasamutpādaḥ 緣性緣起, dhātuprabhedaḥ 界差別, ānāpānasmṛti 阿那波那念이다.

『대승의장』에서 말하는 안나반나관(安那般那觀)의 경우에는 다른 곳에서는 안반염(安般念)[18]이라고도 한다. 이는 입출식념(入出息念)인 ānāpānasati(빠알리어) ānāpānasmṛti(범어)를 가리키므로 이때의 관(觀)은 일단 염(念)의 의미라고 볼 수 있을 것이다. 또는 염이 생략되고 bhāvanā의 의미를 살려서 사용했다고 볼 수도 있을 것이다. '오정심관'의 '관(觀)'이라는 단어가 실제로 무엇을 의미하는지에 대해서는 각 항목에 대한 개념 풀이에서 설명한다.

오정심관은 각각 다섯 가지 번뇌, 즉 탐욕, 분노, 어리석음, 아만, 분별을 다스려 가라앉히는 수행법이다.[19] 『유가사지론』「성문지」에 인용된 레와타(Revata)[20]에 대한 가르침에 제시된 번뇌와 수행법은 다음과 같다.

---

17 『대승의장』. "此五經中名五度門. 亦日停心. 言度門者. 度是出離至到之義. 修此五觀能出貪等五種煩惱到涅槃處. 故名為度. 又斷煩惱度離生死亦名為度. 通人趣入. 因之為門. 言停心者. 停是息止安住之義. 息離貪等制意住於不淨等法. 故日停心."(『大正藏』 44권, 697하11-16)

18 『대승의장』. "安般念者, 五地所攝." (『大正藏』 44권, 699중20)

19 『中阿含經』에 의하면 不淨(惡露)을 닦아서 욕망을 끊고, 慈를 닦아서 분노를 끊으며, 出入息을 닦아서 산란한 마음을 끊고, 無常想을 닦아서 아만을 끊는다고 한다. "復修四法. 云何 為四. 修惡露. 令斷欲. 修慈. 令斷恚. 修息出息入. 令斷亂念. 修無常想. 令斷我慢."(『大正藏』 1권, 491하15-17); "當知必修惡露 令斷欲. 修慈令斷恚, 修息出息入令斷亂念, 修無常想令斷我慢. 若比丘得無常想者, 必得無我想. 若比丘得無我想者 便於現法斷一切我慢."(『大正藏』 1권, 492중23-27)

20 빠알리 니까야에서 『성문지』에 인용된 레와타에 대한 가르침을 찾아볼 수 없다. 레와타 장로는 사리풋타 존자의 막내 동생으로 숲 속 수행(아란냐)의 제1인자라고 한다. (āraññikānaṃ yad idaṃ revato khadiravaniyo AN I, 24, s.v. DPPN II 752) 레와타 존자의 수행생활에 대한 면모는 『중간길이의 가르침』(中部) 32經, 『고싱가 큰 경』(Mahāgosiṅga-sutta, MN I, 216)에 나온다. 大谷信千代[2000] 『法と行の思想としての仏教』 137면.

> 어떻게 적절한 대상에 마음을 고정(또는 안정)시키는가? 레와타여, [만일 그] 요가행을 닦는 수행자(yogī yogacāra)인 비구가 다름 아닌 탐욕의 성향이 있는 자(rāgacarita)라고 한다면, 그는 부정(不淨)한 대상에 마음을 고정시킨다. 이와 같이 적절한 대상에 마음을 고정시킨다. 하지만 분노의 성향이 있는 자(dveṣacarito)라면, 자애(慈愛)에, 또는 어리석음의 성향이 있는 자(mohacarito)라면, 이것을 조건으로 하는 연기(緣起)에, 또는 아만의 성향이 있는 자(mānacarito)라면 요소의 구별에, 레와타여, 만일 그 요가행을 닦는 수행자인 비구가 다름 아닌 분별의 성향이 있는 자(vitarkacarita)라고 한다면, 들숨과 날숨에 대한 마음챙김(入出息念)에 마음을 고정시킨다. 이와 같이 적절한 대상에 마음을 고정(또는 안정)시킨다.[21]

이 경전을 통해서 '정심(停心)'은 "마음을 고정시키다.(cittam upanibadhnāti, 安住其心)"라는 표현에 해당한다고 생각할 수 있다. upanibadhnāti (upa-ni-bandh)는 '글을 쓰다' '작문하다'라는 뜻이 있고, 어원적으로 '가까이 묶어 두다', '고정시키다', '안정시키다'는 의미를 가지고 있다.[22] 따라서 「오정심관」이라는 용어 자체가 인도에서는 술어화 되지 않았다고 하더라도, 위와 같은 인도불교 문헌인 『성문지』 등의 내용을 근간으로 제시되었다고 볼 수 있을 것이다.[23]

---

21 katham anurūpe ālambane cittam upanibadhnāti. [sa ce] revata bhikṣur yogī yogācāraḥ (so) rāgacarita eva, sa na śubhālambane cittam upanibadhnāti. evam anurūpe ālambane cittam upanibadhnāti. dveṣacarito vā punar maitryāṃ, mohacarito vā idaṃ pratyayatāpratītyasamutpāde, mānacarito dhātuprabhede, sa ced revata, sa bhikṣur yogī yogācāre vitarkacarita eva ānāpānasmṛtau cittam upanibadhnāti evaṃ sonurūpe ālambane cittam upanibadhāni.(Śbh 198면.12-19) 『유가사지론』「성문지」. "云何比丘勤修觀行是瑜伽師. 於相稱緣安住其心. 謂彼比丘若唯有貪行. 應於不淨緣安住於心. 如是名為於相稱緣安住其心. 若唯有瞋行. 應於慈愍安住其心. 若唯有癡行. 應於緣性緣起安住其心. 若唯有慢行. 應於界差別安住其心. 若唯有尋思行. 應於阿那波那念安住其心. 如是名為於相稱緣安住其心."(『大正藏』 30권, 428상11-16) 大谷信千代, 『法と行の思想としての仏教』(京都: 文営堂, 2000), 137면.

22 Edgerton, BHSD 137면: pāli: upanibandhati, binds to, attaches, skt. writes, composes, fastens, attaches. 荻原雲来, 『梵和大辭典』 909면: 繫, 攝繫, 安置, 係念.

23 현장이 번역한 『瑜伽師地論』보다 혜원의 『大乘義藏』의 성립이 1세기 정도 앞섰기 때문에, 혜원이 「聲聞地」의 이와 같은 표현을 근거로 「五停心」이라는 용어를 사용하였다고 보는 데는 무리가 있다고 할 수 있다. 하지만 혜원 이전에 번역되어 소개된 『瑜伽師地論』의 이역본들과 여러 가지 선관류의 경전 등의 내용을 종합하면서 『五停心』이라는 용어를 선택할 때, 인도불교적인 이해도 가미되었다고 볼 수 있는 여지가 많을 것이다. 이 점은 아직 연구의 여지가 남아 있다.

Ⅲ. 개념 풀이

오정심관을 이루는 다섯 가지 수행법에 대해 초기경전 및 아비달마 논서를 중심으로 해석해 본다.

1. 부정관(不淨觀) asubha [bhāvanā](빠알리어), aśubhā [bhāvanā](범어), mi-sdug-pa [bsgom-pa] (서장어)

초기경전이나 아비달마논서에서는 부정수관(不淨隨觀, asubānupassī) 또는 부정상(不淨想, asubhasaññā(빠알리어), aśubhasaṃjñā(범어))이라는 명칭으로도 자주 사용된다.[24] 부정(不淨)이 수행을 의미하는 bhāvanā와 복

24 빠알리 니카야에서 부정(不淨, asubhā)이 수관(隨觀, anupassī)과 함께 사용된 예는 『法句經』 1회(Dhp 8), 「이렇게 하신 말씀(如是語經)」 3회(It 80.11, 80.14, 81.4), 『하나씩 더해지는 가르침』(증지부)에서 10회(AN II 150.34, 151.8, 155.32, 156.9; III 83.9, 83.19, 84.6, 142.27, 143.13; V 109.26), 『중간길이의 가르침』(중부)에서 2회(MN I 336.22, 336.27) 총 16회 사용되었다.
부정(不淨, asubhā)이 상(想 saññā)와 함께 사용된 예는 38회가 검색되었다.(It 93.6; Th v.594(p.61.20); Nidd I 143.10, 212.13, 338.2, 345.26, 481.1; AN I 41.24, III 79.13, 277.10, IV 24.8, 46.12, 46.22, 46.25, 46.28, 47.5, 47.9, 47.12, 47.14, 47.18, 47.20, 148.9, 148.16, 387.8, 465.4, V 105.24, 107.19, 108.5, 109.1, 109.18, 109.27, 309.20: DN II 79.30, III 253.3, 283.7, 291.8: SN V 132.11)
대정장 『阿含部』(『大正藏』 1권, 2)에서 '不淨觀'은 20회, '不淨想'은 53회. 『毘曇部』(『大正藏』 26-29권)에서는 '不淨觀'은 519회, '不淨想'은 255회 검색된다(CBETA Electronic Tripitaka Series : Taisho Electronic Edition Vol. 1-55 & 85 사용). 『阿含部』나 『毘曇部』에서 '不淨觀'으로 사용된 말은 '不淨隨觀', '不淨', '不淨想' 또는 aśubha-bhāvanā의 의미라고 보아도 무난할 것이다. Lamotte, Étienne *Le Traité de la Grande Vertu de Sagesse, Tome III,* Louvin, 1970, 1311-1313면에는 『大智度論』의 不淨想에 대한 설명에 앞서 초기경전의 여러 가지 상(想) 가운데 不淨想에 대한 부분과 빠알리 아비담마(Dhammasaṅgaṇi, Visudhimagga. Vimuttimagga 등)의 十不淨想(dasa-asubhā-saññā)과 유부아비달마(『俱舍論』, 『順正理論』 등) 및 대승 경전(『大品般若經』, 『大般若經』 등)에 보이는 九(不淨)想의 용례를 제시하고 있다.
『佛教漢梵大辭典』(平川彰 編, Tokyo : Reiyukai, 1997, 55면)에 부정관(不淨觀)에 대한 범어의 예로 aśubha-bhāvanā, aśubha-pratyavekṣā, aśubha-samāpatti, aśubhā, aśubhākāra를 들고 있다.
『大毘婆沙論』에서 부정관의 자성(自性)은 지혜(慧)도 싫어함(厭)도 아니라, 탐욕이 없는 선의 뿌리(無貪善根)라고 하면서도 관(觀)이 혜(慧)와 관계가 있다(慧相應)는 경전의 해석(如契經說. 眼見色已隨觀不淨. 如理思惟乃至廣說. 觀是慧故)도 받아들이고 있다. (問不淨觀以何為自性. 答以無貪善根為自性. 修定者說, 以慧為自性, 所以者何. 經為量

합어를 이루거나 동사형인 bhāveti의 목적어로 쓰인 예도 있다.[25] 부정상(不淨想)의 상(想, saññā, saṃjñā)은 정(定, samādhi)을 이루는 수행법을 의미하거나 선정의 동의어로 보아도 좋다.[26] 따라서 부정관(不淨觀)이라는 용어는 부정수관(不淨隨觀)의 준말이거나 부정상(不淨想)을 의미하며, 부정(不淨)을 닦는 수행(asubha-bhāvanā)으로 이해할 수 있다.

부정관은 탐욕의 성향이 있는 사람[貪行, rāga-carita]의 탐욕 또는 감각적 욕망을 제어하기 위한 수행이다. 외적으로는 타인의 육체[시체]가 부패하여 백골로 변해가는 9가지 모습[九想] 혹은 10가지 모습[十想]을 눈으로 직접 보고 난 후 상기(想起)하는 방법과 내적으로는 자신의 몸을 구성하는 것[31가지 또는 32가지]을 상기(想起)하면서 부정(不淨)하다고 생각하는 수행법이다. 이러한 수행을 통해서 감각적 욕망을 다스리는 것이 부정관 수행의 목적이다.[27]

故. 如契經說, 眼見色已隨觀不淨, 如理思惟乃至廣說, 觀是慧故. 有餘師說, 以厭為自性.所以者何. 厭所緣故. 評曰. 此不淨觀, 無貪善根以為自性. 非慧非厭. 所以者何. 對治貪故. 問前契經說當云何通. 答與慧相應故說為觀. 而此體是無貪善根. 『大正藏』 27권, 206하11-16)

『大毘婆沙論』에서 인용하고 있는 "契經說, 眼見色已隨觀不淨, 如理思惟."에 가까운 아함경의 문구는 설일체유부 전승 『中阿含經』의 "比丘, 眼見色護眼根者 以正思惟不淨觀也. 不護眼根者, 不正思惟以淨觀也."(『大正藏』 1권, 432중6-8)라고 할 수 있지만, 한역 『阿含經』에서 정확하게 부정을 거듭 관한다(隨觀不淨 빠알리어: *asubhānupassana)라는 용어로는 검색되지 않는다. "契經說, 眼見色已隨觀不淨."은 『大毘婆沙論』(『大正藏』 27권, 439상28-29; 439상27-28)과 『阿毘達摩順正理論』(『大正藏』 29권, 507상18), 『阿毘達磨顯宗論』(『大正藏』 29권, 845중29-하1) 등에 보인다.

25 『중간길이의 가르침』(중부)에 '부정 수행의 실천에 전념하며 머문다.'(asubhabhāvanānuyogam anuyuttā viharanti. MN III, 82.11)라고 나오며, SN V, 320에도 제시되어 있다. 『法句經』에는 '그는 항상 마음챙기고 부정을 닦는다.' (asubhaṃ bhāvayatī sadā sato. Dhp 350중)라고 하여 '닦는다'는 동사의 목적어로 asubha가 사용되었다. '라훌라야, 부정 수행을 닦아라.'(asubhaṃ rāhula bhāvanaṃ bhāvehi. MN I, 424.35) s.v. asubha, CPD I, 512-3.

26 藤田宏達 「原始仏教における禅定思想」, 『佐藤博士古希記念 仏教思想論叢』(東京: 山喜房, 1972), 302면.

27 '라훌라야, 부정 수행을 닦아라. 왜냐하면, 라훌라야 부정 수행을 닦는 자는 감각적 욕망이 끊어진다.'(asubhaṃ rāhula bhāvanaṃ bhāvehi asubhaṃ hi te rāhula bhāvanaṃ bhāvayato yo rāgo so pahīyissati MN. I, 424.35-36) '감각적 욕망을 끊어버리기 위하여 부정을 닦아야 한다.'(rāgassa pahānāya asubhā bhāvetabbā. AN. III, 446.1, IV, 353.9, 358.15)

2. 자비관(慈悲觀) mettā(paali), maitrī(범어), byams-pa(서장어)

자비관에 사용된 '자비(慈悲)'라는 용어는 정확하게는 '자(慈)', '자민(慈愍)', 또는 '자애(慈愛)'를 말한다. 자비(慈悲)는 자(慈 mettā, maitrī)와 비(悲 karuṇā)로 이루어진 말이지만, 오정심관의 '자비관'의 '자비'는 『유가사지론』 등에 의하면 일단 '자'만을 가리키고 있다. 현재 남방불교의 수행법에서 '자관(慈觀)'이라고 할 때, 자애를 '보는 것'이 아니라, 자애수행(慈愛修行, mettā-bhāvanā)에 대한 번역어로 사용되며, '자애를 닦는 수행'을 의미한다.

자비관은 분노의 성향이 있는 사람(瞋行, dosa-carita)[28]이 분노, 악의(惡意)를 제어하기 위한 수행법이다. 자(慈)의 가장 간략한 의미는 '[중생들이] 행복하고 평안하기를. 모든 존재들이 행복한 상태가 되기를.'[29]이라는 말이 될 것이다.

*Suttanipāta*의 게송 73에 대한 주석에서 사무량심을 해석하는 가운데 mettā(慈)와 karuṇā(悲)를 다음과 같이 설명하고 있다.

> '모든 중생이 행복하기를'이라는 방식(naya)으로, [사람들에게] 이익과 행복을 주려고 하는 마음상태(hita-sukhupanayana-kāmatā)가 慈(mettā)이다.'
>
> '[사람들이] 이 괴로움에서 벗어나기를'이라는 방식으로, 해로움과 괴로움을 없애려고 하는 마음상태(ahita-dukkhāpanayana-kāmatā)가 悲(karuṇā)이다.[30]

이 주석을 통해서, 지(慈)는 다른 존재에게 이익과 행복을 가져다주려는 마음이라는 점을 분명히 알 수 있다. 이처럼 자(慈)란 모든 생명 있는 존재들이 행복하고 평안하기를 바라는 기원의 마음임을 알 수 있다. 분노[瞋, dosa, dveṣa]나 나쁜 의도[惡意, vyāpāda]를 없애기 위해서 자애를 닦는다.[31]

28 「聲聞地」. "若有瞋行補特伽羅, 於諸有情修習慈愍令瞋微薄, 名於瞋恚心得清淨."(『大正藏』 30권, 429하24-26)

29 sukhino vā khemino hontu. sabbe sattā bhavantu sukhitattā. (Sn. 145, Khp. 8)

30 Pj II, 128, Aronson[1980] p.16. tattha sabbe sattā sukhitā hontū" ti ādinā nayena hitasukhupanayanakāmatā mettā "aho vata imamhā dukkhā vimucceyyu" ntiādinā nayena ahitadukkhāpanayanakāmatā karuṇā.

31 dosassa pahānāya mettā bhāvetabbā(AN. III, 446.1-2). mettā bhāvetabbā vyāpādassa pahānāya (AN. IV, 353.10).

mettā-bhāvanā라는 용어가 초기경전에서 사용되지는 않았지만, '닦아야 한다.'(bhāvetabbā: bhāveti의 미래수동분사)라는 동사의 주어로 mettā가 사용되었기 때문에(dosassa pahānāya mettā bhāvetabbā. AN III, 446.1-2), 의미상으로 mettā가 bhāveti의 목적어가 된다. 따라서 자비관, 또는 자관이란 자비 또는 자애를 닦는 수행으로 이해할 수 있다.

3. 인연관(因緣觀) idappaccayatāpaṭiccasamuppāda(빠알리어) idaṃ pratyayatāpratītyasamutpādaḥ(범어) rkenñid ḥdi pa tsam gyi(gyis) rten ciṅ ḥbrel par ḥbyuṅ ba[32](서장어)

'인연관'에 대한 범어와 빠알리어의 정확한 한역어는 차연성연기(此緣性緣起)이며, 연성연기(緣性緣起) 또는 종종연성연기(種種緣性緣起), 십이인연(十二因緣), 인연관(因緣觀) 등으로 한역된다. 차연성연기(此緣性緣起)의 의미는 '이것을 조건으로 하는 것이라는 조건에 의한 발생'이다.

차연성(此緣性 idappaccayatā(빠알리어), idaṃ pratyayatā(범어))이라는 용어는 십이연기와 함께 사용되는 용어로 연기(緣起, paṭiccasamuppāda(빠알리어), pratītyasamutpāda(범어))와 동격어 내지 동의어로 사용되거나[33], 연기의 도리의 진리성을 강조하는 문맥에서 사용되는 말이다.[34] 따라서 '이것을 조건으로 하는 것이라는 연기' 즉 구체적으로 십이지연기[35]에 대

32 Yamaguchi Susumu, *Index to the Prasannapadā Madhayamaka-vṛtti, Part I*(Kyoto: Heirakuji-shoten, 1974), 56면(idaṃpratyayatāpratītyasamutpādalakṣana), 150면(pratyayatāpratītyasamutpāda).

33 三枝充悳,『緣起の思想』(京都: 法藏舘, 2000), 13면, 223-231면. 藤田宏達,「原始佛教における因果思想」,『佛教思想3 因果』(京都: 平樂寺書店, 1978, 1997), 99면, 107면, n. 55. idaṃ idappaccayatā paṭiccasamuppādo(Vin. I. 5.1, DN. II. 36, MN. I. 167, SN. I 136). s.v. idaṃpratyayatā, Edgerton BHSD 114면.

34 藤田宏達,「原始佛教における因果思想」,『佛教思想3 因果』(京都: 平樂寺書店, 1978(1997)), 100면.

35 연기(緣起)는 곧 십이지연기를 말하는 경전은 많다.『함께 묶은 가르침』(상응부)의 nidānasaṃyutta의 한 예를 들면 다음과 같다. '세존은 다음과 말씀하셨다. 그러면 비구들이여, 연기란 어떤 것인가? 어리석음(無明)을 조건으로 해서 지음(行)이 있다. 지음을 조건으로 해서 식(識)이 있다. … (bhagavā etad avoca. katamo ca bhikkhave paṭiccasamuppādo. avijjāpaccayā, bhikkhave saṅkhārā. saṅkhārapaccayā viññānaṃ … SN II, 1.18-27) 후지타 박사가 지적하는 것 처럼(藤田宏達,「原始佛教における因果思想」,『佛教思想3 因果』(京都: 平樂寺書店, 1978), 102면, n.7. 빠알리 니카야에는 십이연기, 십이지연기, 십이인연에 해당하는 용어는 보이지 않는다, 다만 내

한 관찰이 인연관의 내용이다.

인연관을 십이지연기에 대한 관찰이라고 했을 때, 범어 자료나 빠알리어 자료를 통해서 '보다' 또는 '관찰하다'는 의미의 관(觀)에 해당하는 용어로는 'passati'가 있다.

> '연기를 보는 자, 그는 법을 본다. 법을 보는 자, 그는 연기를 본다.'[36]
>
> '이처럼 있는 그대로의 행위[業]를 보는 현자는 연기를 보는 자이고 업의 과보를 잘 아는 자이다.'[37]
>
> '비구들이여, 이렇게 성인의 제자들에게 이 연기(緣起)와 이 연기에 의해 생겨난 법들[緣已生法]이 있는 그대로 바른 지혜에 의해서 잘 보여 졌다.[또는 체험되었다]'[38]

또한 연기가 훌륭한 이치에 맞는 사고[sādhukaṃ yoniso manasikaroti, [善如理作意]의 대상으로 제시된 경전도 있다.[39]

이처럼 '인연관' 또는 '연기관'이라는 용어는 찾아볼 수 없으나 '연기를 본다.' '연기와 연이생법(緣已生法)이 바른 지혜에 의해서 잘 체험되었다.' '연기에 대해서 이치에 맞게 사유한다.'라는 표현에서 '연기관'의 '관'의 의미를 찾을 수 있을 것이다.

앞서 「성문지」에서 보았듯이 인연관은 어리석음의 성향이 있는 사람[癡行, moha-carita]이 어리석음을 없애기 위한 수행법이다. 초기경전에서는 어리석음을 끊어 버리기 위해서는 지혜를 닦아야 한다고 하였다[40]. 유부의

용상 십이지가 순서대로 제시되어 있기 때문에 십이지연기라고 하여도 무리가 없는 것이다. 한역 아함과 율에서는 자주 사용된다.

36 yo paṭiccasamuppādaṃ passati so dhammaṃ passati, yo dhammaṃ passati so paṭiccasamuppādaṃ passatīti (MN. I, 190.37-191.2)

37 evam etaṃ yathābhūtaṃ kammaṃ passanti paṇḍitā paṭiccasamuppādadasā kammavipākakovidā (Sn. 653)

38 yato kho bhikkhave ariyasāvakassa ayañca paṭiccasamuppādo ime ca paṭiccasamuppannā dhammā yathābhūtaṃ sammāpaññāya sudiṭṭhā honti (SN. II, 26.25-27)

39 tatra kho, bhikkhave sutavā ariyasāvako **paṭiccasamuppādaññeva sādhukaṃ yoniso manasi karoti.** iti imasmiṃ sati idaṃ hoti, imassuppādā idam uppajjati, imasmin asati idam na hoti, imassa nirodhā idam nirujjhati. yad idam avijjāpaccayā saṅkhārā saṅkhārapaccayā viññāṇam pe (SN. II, 65.3-8)

40 mohassa pahānāya paññā bhāvetabbā (AN. III, 446.2)

아비달마에서 제시하고 있는 수행단계에서 오정심관의 위치가 수행의 입문에 해당하기 때문에, 유부 아비달마체계에서 연기관은 초보적인 단계의 지혜를 닦는 수행이라고 이해할 수 있다.

4. 계분별관(界分別觀) dhātuppabheda(빠알리어)[41], dhātuprabhedaḥ(범어), khams kyi rab tu dbye ba[42](서장어)

계분별관은 계차별관(界差別觀)이라고도 하며, 설일체유부의 논서인 『대비바사론』에서는 계방편(界方便)[43]이라고도 한다.

여기서 말하는 계는 기본적으로는 사계(四界)[44] 또는 육계(六界)[45]를 말하며 때로는 십팔계[46]를 의미하기도 한다. 사계의 경우에는 네 가지 물질의 근본요소(四大)인 지수화풍(地水火風)을 말하며, 육계의 경우에는 사계에 공간[空, ākāsa]과 의식[識, viññāṇa]을 더한다. 십팔계의 경우는 육근(六根), 육경(六境), 육식(六識)을 말한다.

자신의 육체 또는 육체와 마음을 구성요소인 사계 또는 육계 등으로 분

---

41 Vism 352.20 빠알리 주석 전통에서는 dhātumanasikāro, dhātukammaṭṭhāna, catudhātuvavatthāna라고도 한다. dhātumanasikāro dhātukammaṭṭhānaṃ catudhātuvavatthānan ti atthato ekaṃ. Vism 347

42 横山紘一, 広沢隆之『瑜伽師地論に基づ梵蔵漢對照·蔵梵漢對照 佛敎語辭典』(東京: 山喜房佛書林, 1997), 145면.

43 『阿毘達磨大毘婆沙論』12. "先起持息念界方便亦爾."(『大正藏』 27권, 58중7f); 『阿毘曇毘婆沙論』 6. "安般觀界方便亦如是."(『大正藏』 28권, 44상2f); "問曰.何以說不淨觀繫念在前, 不說阿那波那念觀界方便耶. 答曰, 或有說者此說初起方便. 如說不淨觀繫念在前. 亦應說阿那波那念觀界方便, 而不說者."(『大正藏』 28권, 154.상9-12)

44 '다음으로 비구들이여, 이 육신을 현재 있는 그대로, 구성되어진 그대로 (네 가지) 요소의 측면에서 관찰한다. 즉, "이 육신에는, 땅의 요소(地界), 물의 요소(水界), 불의 요소(火界), 바람의 요소(風界)가 있다"라고.' puna ca paraṃ bhikkhave bhikkhu, imam eva kāyaṃ yathāṭhitaṃ yathāpaṇitaṃ dhātuso paccavekkhati, atthi imasmiṃ kāye paṭhavīdhātu āpodhātu tejodhātu vāyodhatū ti.(DN. II, 294, MN. I, 57, MN. III, 91) 『大般若波羅蜜多經』. "以無所得而為方便, 審觀自身, 如實念知四界差別, 所謂地界水火風界."(『大正藏』 5권, 298중12-13, 『大正藏』 7권, 78상26, 458중24)

45 『中阿含経』20 観身諸界에 해당하는 부분: "復次比丘修習念身. 比丘者, 観身諸界. 此身中有地界水界火界風界空界識界."(『大正藏』 1권, 556상26-7); 『瑜伽師地論』卷第二十七. "云何界差別所緣. 謂六界差別, 一地界二水界三火界四風界五空界六識界."(『大正藏』 30권, 430중14-15)

46 『阿毘達磨大毘婆沙論』. "又佛於彼多界經中, 說界差別有六十二, 彼亦攝在此十八界, 即所依等三事攝故."(『大正藏』 27권, 367하4-6); 『大般涅槃經』 36. "著我多者當為分析十八界等."(『大正藏』12권, 576하24)

석해서 관찰하는 수행법을 계분별관 또는 계차별관이라고 한다. 이 수행법은 초기경전 『대념처경』 등의 염처경류에 간략하게 제시되어 있고, 『중간 길이 가르침』(中部) 140경인 『계분별경』 등[47]에 자세히 설명되어 있다.

계분별관은 아만의 성향이 있는 자[mānacarito]의 아만을 극복하기 위한 수행법이다. 즉 육체[色, rūpa]나 정신[名, nāma]을 '나'라고 생각하는 아만을 극복하기 위해 사계나 육계 등의 요소로 분석해서 관찰하는 수행법을 말한다.

5. 안나반나관(安那般那觀) ānāpānasati(빠알리어), ānāpānasmṛti(범어), dbugs rṅub-pa daṅ ḥbyuṅ-ba dran-pa(서장어)

아나반나관은 들숨과 날숨에 대한 마음챙김[ānāpānasati 入出息念]을 의미하며, 수식(隨息),[48] 수식(數息) 또는 수식관(數息觀),[49] 안반염(安般念)으로 번역되었다. '입출식념'에 '수행'이라는 말이 함께 사용되어, 입출식념 수행을 닦는다,[50] 입출식념 수행의 실천[ānāpānasatibhāvanānuyogam],[51] 입출식념수행[52]이라고 사용된 용례가 있고, 입출식념에 의한 삼매[53]라는 표현도 사용된 것으로 볼 때, 안나반나관 또는 수식관은 입출식념을 닦는

---

47 「界分別經」 Dhātuvibhaṅga-sutta에서는 지수화풍에 공간과 의식을 포함한 6계를 제시하고 있다. (MN. III, 240).『중간 길이 가르침』 62경 「라훌라에 대한 큰 가르침」(Mahārāhurovāda-sutta)에서는 내적, 외적인 지수화풍의 네 가지 요소(四界)와 공간의 요소(ākāsa-dhātu 空界)만을 제시하고 있다. (MN. I, 421.27-423.17). 빠알리어의 「大念處經」(DN. II, 295)과 「염처경」(MN. I, 57-58)에서는 지수화풍의 4계만이 제시되며, 한역『中阿含經』의 「念處經」에서는 지수화풍에 공과 식이 추가된 6계가 제시되어 있다.『中阿含経』 24(『大正藏』 1권, 582중-584중, 특히, 583중17-9). "復次, 比丘, 観身如身比丘者, 観身諸界. 我此身中有地界水界火界風界空界識界."

48 '따른다(隨)'라는 말은 일부러 힘을 들이지 않고, 들숨과 날숨의 진행을 따라간다는 뜻이다.' anugamo nāma anabhisaṃskāreṇāśvāsapraśvāsānāṃ gatim anugacchati (AKBh. 340.2). "隨謂繫心緣入出息不作加行隨息而行."(『大正藏』 29권, 118중2-3)

49 『阿毘曇甘露味論』. "趣涅槃道二種.一觀身不淨, 二念數息." (『大正藏』 28권, 975중11-12) 『攝大乘論釋』. "謂凡夫位 修戒乃至得不淨觀及數息觀. 以隨順顛倒故."(『大正藏』 31권, 217하5-6)

50 ānāpānasatiṃ rāhula bhāvanaṃ bhāvehi (MN. I, 421.18-19, 425.3)

51 bhikkhave, bhikkhū imasmiṃ bhikkhusaṃghe ānāpānasatibhāvanānuyogam anuyuttā viharanti(MN. III, 82.16-17)

52 ānāpānasatibhāvanaṃ, MN. III, 84.24

53 ānāpānasatisamādhi. SN. V, 316-341

수행을 의미하며 그 결과로 삼매를 성취하는 것으로 이해할 수 있다.

들숨과 날숨[入出息]에 주의를 집중하여 관찰하는 수행법으로 초기경전에 의하면 색계 사선(四禪) 등을 이루는 방법으로 제시되기도 하고[54], 사념처를 통해서 칠각지를 이루어 지혜와 해탈에 이르는 수행법으로 제시되기도 한다.[55]

앞서 「성문지」에서 보았듯이 분별의 성향이 있는 자[vitarkacarita]가 들숨과 날숨에 대한 마음챙김[入出息念]을 통해서 마음을 안정시킨다.

6. 오정심관의 다양한 구성

오정심관에서 자비관 대신에 사무량심을 넣은 예,[56] 계불별관 대신에 염불법문 [buddhānusmṛti, 佛隨念]을 넣은 예,[57] 계불별관이나 염불 대신에 골쇄관(骨鎖觀)이 제시된 예[58]도 있듯이 다섯 가지 항목은 문헌에 따라 여러 가지로 구성되어 있다.[59]

담무참역의 『대반열반경』에서는 인연관이 제외된 4가지 수행법이 제시되어 있고, 계분별관에서 계가 18계로 제시되어 있다.[60]

---

54 『함께 묶은 가르침』(상응부)의 ānāpāna-saṃyutta 8번째 경(dīpo, 등불)에 의하면, 붓다는 깨달음을 얻기 전에 입출식념에 의한 마음집중(ānāpānasati-samādhi)에 주로 머물렀다고 하며, 입출식념에 의한 마음집중에 의해서 사선과 사무색계선 및 상수멸정(想受滅定)에 이르는 구차제정(九次第定)을 얻는다. 더 나아가 입출식념에 의한 마음집중에 의해서 즐겁고(樂), 괴롭고(苦), 괴롭지고 즐겁지도 않은(不苦不樂) 느낌(vedana, 受)의 무상함을 알고, 집착하지 않으며, 즐거워하지 않게 된다고 한다. (SN. V, 316-320)

55 『중간 길이 가르침』(중부) 제 118경 ānāpānasati-sutta에 의하면 입출식념을 닦으면 사념처가 갖추어지고, 사념처가 갖추어지면 칠각지가 갖추어지며, 칠각지가 갖추어지면 지혜와 해탈[vijjā-vimutti 明解脫]이 갖추어진다고 한다. 'ānāpānasati, bhikkhave, bhāvitā bahulīkatā mahapphalā hoti mahānisaṃsā. ānāpānasati , bhikkhave bhāvitā bahulīkatā cattāro satipaṭṭhāne paripūreti. cattāro satipaṭṭhānā bhāvitā bahulīkatā, satta bojjhaṅge paripūrenti. satta bojjhaṅgā bhāvitā bahulīkatā vijjāvimuttiṃ paripūrenti. (MN. III, 82.17-22)

56 鳩摩羅什譯, 『思惟略用法』(『大正藏』 15권, 298상)과 眞諦譯, 『三無性論』(『大正藏』 31권, 876하).

57 鳩摩羅什譯, 『坐禪三昧經』(『大正藏』 15권, 217하); 曇摩蜜多譯, 『五門禪經要用法』(『大正藏』 15권, 325하)

58 竺法護譯, 『修行道地經』(『大正藏』 15권, 191하)

59 大谷信千代, 『法と行の思想としての仏教』(京都: 文営堂, 2000), 137-138면.

60 善男子, 『대반열반경』. "智不具足凡有五事. 是人知已求近善友. 如是善友當觀是人貪欲

Ⅳ. 역사적 용례 및 텍스트별 맥락의 용례

빠알리 삼장이나, 한역 아함경에는 오정심관에서 제시된 다섯 가지 수행법이 한 세트로 제시된 예는 보이지 않는다. 초기 경전에서는 개별적이거나 몇 가지 항목이 오정심관에 포함되지 않은 다른 수행법들과 함께 제시되었다.[61]

『이렇게 하신 말씀[如是語經]』과 『하나씩 더하는 가르침[增支部]』에 의하면, 세 가지 좋지 않음의 뿌리[三不善根: 貪瞋痴] 가운데 부정상(不淨想)을 통해서 감각적 욕망[rāga]을 다스리고 자애(慈愛)를 통해서 분노[dosa 또는 vyāpāda, byāpāda]를 다스리며, 지혜[paññā, prajñā]에 의해서 어리석음[moha 또는 avijjā(빠알리어) avidyā(범어)]를 다스린다[62]고 한다.

또한 부정관[asubhānupassī]을 통해서 감각적 욕망의 잠재성향[rāgānusaya]을 다스리고, 입출식념[ānāpānasati]을 통해서 분별의 잠재성향[vitakkāsaya]을 다스리며, 무상관[aniccānupassī]을 통해서 어리석음[avijjā]를 끊는다고 제시된 예도 있다.[63]

부정(不淨, asubha)을 통해서 감각적 욕망을 끊고, 자애(慈愛)를 통해서 악의(惡意, byāpāda)를 끊고, 입출식념(入出息念)을 통해서 분별[vitakka]를 잘라버리고, 무상의 지각[無常想, aniccasaññā]을 통해서 아만(我慢, asmimāna)를 끊는다고 제시된 경도 있다.[64]

『하나씩 더하는 가르침(增支部)』의 [다섯] 덮개를 끊어 버림의 장[nīvara.na-

瞋恚愚癡思覺何者偏多. 若知是人貪欲多者即應為說不淨觀法. 瞋恚多者為說慈悲. 思覺多者教令數息. 著我多者當為分析十八界等."(『大正藏』 12권, 576하20-24)

61 Sakurabe Hajime, 'On the Wu-T'ing-Hsin-Kuan', Indianisme et Bouddhisme, *Mélanges offerts à Mgr Étienne Lamotte,* Louvain, 1980, 308면.

62 te nibbāpenti rāgaggiṃ niccaṃ asubhasaññino. dosaggiṃ pana mettāya nibbāpenti naruttamā, mohaggiṃ pana paññāya yāyaṃ nibbedhagāminī(It. 93.5-10)
rāgassa pahānāya asubhā bhāvetabbā. dosassa pahānāya mettā bhāvetabbā. mohassa pahānāya paññā bhāvetabbā. imesaṃ kho bhikkhave tiṇṇaṃ dhammānaṃ pahānāya ime tayo dhammā bhāvetabbā ti (AN. III, 446.1-5)

63 asubhānupassīnaṃ bhikkhave kāyasmiṃ viharataṃ yo subhāya dhātuyā rāgānusayo so pahīyati. ānāpānasatiyā ajjhattaṃ parimukhaṃ sūpaṭṭhitāya ye bāhirā vitakkāsayā vighātapakkhikā te na honti. sabbasaṃkhāresu aniccānupassīnaṃ viharataṃ yā avijjā sā pahīyati yā vijjā sā uppajjātīti (It. 80.14-81.3)

64 asubhā bhāvetabbā rāgassa pahānāya,mettā bhāvetabbā byāpādassa pahānāya, anāpānasati bhāvetabbā vitakkupacchedāya,aniccasaññā bhāvetabbā asmimānasamugghātāya Ud. 37.16-18)

pahaana-vagga]에 의하면 다섯 덮개인 감각적 욕망에의 욕구(kaamachanda)는 부정의 모습[不淨相, asubhanimmitta]으로, 악한 의도[惡意, vyaapaada]는 자애[慈, mettaa]로, 혼침과 수면(thīna-middha)는 세 단계의 정진[65]으로, 들뜸과 후회(uddhacca-kukkucca)는 마음의 평안(cetaso vuupasama)으로, 회의적 의심(vicikicchaa)은 이치에 맞는 사유(yoniso manasikarota)로 끊어 버린다고 한다.[66]

『중간 길이 가르침(中部)』 62경 「라훌라에 대한 큰 가르침」(Mahārāhurovāda-sutta)에서는 자비희사(慈悲喜捨)의 사무량심(四無量心), 부정(不淨), 무상상(無常想), 입출식념(入出息念)이 제시되어 있다. 자애[慈, mettā]는 악의(惡意, byāpāda)를, 연민[悲, karuṇā]은 해치는 마음[傷害, vihesā]를, 더불어 기뻐함[喜, muditā]은 불쾌(arati)를, 평온[捨, upekkhā]은 대립(paṭigha)을, 부정(不淨)은 감각적 욕망(rāga)을, 무상상(無常想)은 아만(asmimāna)을 없애주며, 입출식념을 닦으면 큰 결실(mahāpphala)과 큰 이익(mahānisaṃsa)이 있다고 한다.[67] 큰 결실과 큰 이익이란 『입출식념경』에서 설해진 사념처와 칠각지를 갖추어 지혜와 혜탈을 이루는 것[68]이라고 생각할 수 있다.

한역 『증일아함경』의 「라운(羅雲)」이라는 경에는 입출식념(安般之法)을 닦으면 슬픔과 근심의 생각[愁憂之想]을 제거하고, 부정상을 닦으면 탐욕을, 자심(慈心)을 닦으면 분노[瞋恚]를, 연민의 마음[悲心]을 닦으면 해치려는 마음[害心]을, 더불어 기뻐하는 마음[喜心]을 닦으면 질투하는 마음을,

---

65 naaha.m bhikkhave a.j.ja.m ekadhammam pi samanupassaami yena anuppanna.m vaa thīnamiddha.m nuppajjati uppanna.m vaa thīnamiddha.m pahīyati yathayida.m bhikkhave, aarambhadhaatu nikkamadhaatu parakkamadhaatu aaraddhaviriyassa bhikkhave anuppanna.m ceva thīnamiddha.m nuppajjati uppanna.j ca thīnamiddha.m pahīyatī ti (AN. I, 4.22-27)

66 AN. I, 3.1-5.5

67 mettaṃ rāhula bhāvanaṃ bhāvehi, mettaṃ hi te rāhula, bhāvanaṃ bhāvayato yo byāpādo so pahīyissati. karuṇaṃ rāhula bhāvanaṃ bhāvehi, karuṇaṃ hi te rāhula bhāvanaṃ bhāvayato yā vihesā sā pahīyissati. muditaṃ rāhula bhāvanaṃ bhāvehi, muditaṃ hi te rāhula bhāvanaṃ bhāvayato yā arati sā pahīyissati. upekkhaṃ rāhula bhāvanaṃ bhāvehi upekkhaṃ hi te rāhula bhāvanaṃ bhāvayato yo paṭigho so pahīyissati. asubhaṃ rāhula bhāvanaṃ bhāvehi, asubhaṃ hi te rāhula bhāvanaṃ bhāvayato yo rāgo so pahīyissati. aniccasaññaṃ rāhula bhāvanaṃ bhāvehi, aniccasaññaṃ hi te rāhula bhāvanaṃ bhāvayato yo asmimāno so pahīyissati. ānāpānasatiṃ rāhula bhāvanaṃ bhāvehi, ānāpānasati rāhula bhāvitā bahulīkatā mahapphalā hoti mahānisaṃsā (MN. I, 424.27-425.4)

68 『중간 길이 가르침(중부)』제 118경 *ānāpānasati-sutta.* MN. III, 82.

마음을 지키는 수행[行護心]을 닦으면 모든 교만을 없애버린다고 한다.[69]

1. 부정관에 대한 역사적 용례 및 텍스트별 맥락의 용례

앞서 '부정관'의 개념 풀이의 각주에서 밝혔듯이 라모트는 『대지도론』의 부정상(不淨想)에 대한 설명에 앞서 초기경전의 여러 가지 상(想) 가운데 부정상(不淨想)에 대한 부분과 빠알리어 아비담마의 십부정상(十不淨想, dasa-asubhā-saññā), 설일체유부 아비달마 및 대승경전에 보이는 구(부정)상의 용례를 제시하고 있다.[70] 부정상에 대해서는 라모트와 하야시마의 글 등을 참조하여 정리해본다.

1) 초기 경전에 보이는 부정(不淨)

빠알리경전 가운데 부정(asubha)이라는 경명이 붙은 예[71]와 부정(asubha) 또는 부정상(asubhasaññā)이 경전에서 다른 수행법과 함께 열거되어 나타난 예, 부정관이 시체의 해체 과정을 관찰하는 것으로 제시된 예[72] 등이 있다.

부정(不淨)이 경전에서 다른 수행법과 함께 열거되어 나타난 예를 살펴본다.

먼저 3법으로 제시된 예[73]에서는 부정 asubha, 자애 mettā, 지혜 paññā가 각각 탐욕(rāga), 악의(vyāpāda), 어리석음(moha)을 끊어버린다.

4법으로는 부정 asubha, 자애 mettā, 입출식념 ānāpānasati, 무상상 aniccasaññā이 제시되고, 무상상 aniccasaññā에 의해서 무아상anattasañña

69 『증일아함경』「라운경」. "當修行安般之法. 修行此法. 所有愁憂之想皆當除盡. 汝今復當修行惡露不淨想. 所有貪欲盡當除滅. 汝今. 羅雲. 當修行慈心. 已行慈心. 所有瞋恚皆當除盡. 汝今. 羅雲. 當行悲心. 已行悲心. 所有害心悉當除盡. 汝今. 羅雲. 當行喜心. 已行喜心. 所有嫉心皆當除盡. 汝今. 羅雲. 當行護心. 已行護心. 所有憍慢悉當除盡."(『大正藏』 2권, 581상15-21)

70 Lamotte Étienne *Le Traité de la Grande Vertu de Sagesse, Tome III,* Louvin, 1970, 1311-1313면. 부정관에 대한 연구로는 早島鏡正, 『初期佛教の社会生活』(東京: 岩波書店, 1964) (第四編 不淨觀の意義とその修習) 335-404면 참조.

71 SN. V, 132; AN. II, 150-152; It. 80-81.

72 AN. I, 42; II, 17; V, 310; 『雜阿含經』(『大正藏』 2권, 221중27-28); 『增一阿含經』(『大正藏』 2권, 780상19-21, 789중2-5)

73 rāgassa pahānāya asubhā bhāvetabbā. dosassa pahānāya mettā bhāvetabbā. mohassa pahānāya paññā bhāvetabbā. imesaṃ kho bhikkhave tiṇṇaṃ dhammānaṃ pahānāya ime tayo dhammā bhāvetabbā ti(AN. III, 446.1-5)

이 갖추어지고, 무아상에 의해서 아만심이 제거(asmimānasamugghāta)되어 지금 여기서 열반을 이루게 된다.[74]

오법(五法) 또는 오상(五想)으로는 부정수관(不淨隨觀), 음식에 대해 싫어하는 상(食厭想), 모든 세간에 대해 즐거워하지 않는 상(想), 모든 행에 대한 무상상(無常想), 죽음에 대한 상(死想)이 제시되는 예가 있고[75], 부정상(不淨想), 사상(死想), 혐오상(嫌惡想), 식염상(食厭想), 모든 세간에 대해 즐거워하지 않는 상(想)이 제시되는 예가 있다.[76]

7상으로는 무상상(無常想), 무아상(無我想), 부정상(不淨想), 혐오상(嫌惡想), 사단상(捨斷想), 이욕상(離欲想), 멸상(滅想)이 제시된 예[77]와 부정상(不淨想), 사상(死想), 식염상(食厭想), 모든 세간에 대해 즐거워하지 않는 상(想), 무상상(無常想), 무상에 대한 고상(苦想), 고에 대한 무아상(無我想)이 제시된 예가 있다.[78]

9상으로는 부정상(不淨想), 사상(死想), 식염상(食厭想), 모든 세간에 대해 즐거워하지 않는 상(想), 무상상(無常想), 무상에 대한 고상(苦想), 고에

---

74 asubhā bhāvetabbā rāgassa pahānāya, mettā bhāvetabbā vyāpādassa pahānāya, ānāpānasati bhāvetabbā vitakkūpacchedāya, aniccasaññā bhāvetabbā asmimānasamugghātāya, aniccasaññino bhikkhave bhikkhuno anattasaññā saṇṭhāti, anattasaññi asmimānasamugghātaṃ, pāpuṇāti diṭṭheva dhamme nibbānan (AN. IV, 353.9-14, 358.15-20).
"當知必修惡露令斷欲. 修慈令斷恚. 修息出息入, 令斷亂念. 修無常想令斷我慢. 若比丘得無常想者, 必得無我想. 若比丘得無我想者. 便於現法斷一切我慢. . 得息, 滅, 盡, 無為, 涅槃."(『中阿含經』(『大正藏』 1권, 492중23-27)

75 idha bhikkhave bhikkhu asubhānupassī kāye viharati, āhāre paṭikkūlasaññī, sabbaloke anabhiratasaññī sabba saṅkhāresu aniccānupassī, maraṇasaññā kho panassa ajjhattaṃ sūpaṭṭhitā. so imāni pañca sekhabalāni upanissāya viharati. (AN. II, 150.34-38, 151.8-12, 155.32 - 156.1; III, 83, 142-143)

76 asubhasaññā, maraṇasaññā, ādīnavasaññā, āhāre paṭikkūlasaññā, sabbaloke anabhiratasaññā (AN. II, 79.13-14, 277.10.11)

77 bhikkhave bhikkhū aniccasaññaṃ bhāvessanti, anattasaññaṃ bhāvessanti, asubhasaññaṃ bhāvessanti, ādīnavasaññaṃ bhāvessanti, pahānasaññaṃ bhāvessanti, virāgasaññaṃ bhāvessanti, nirodhasaññaṃ bhāvessanti (DN. II, 79.29-33, III, 253.3-4, AN. IV, 24.4-10, 148.8-9)

78 sattimā bhikkhave saññā bhāvitā bahulīkatā mahapphalā honti mahānisaṃsā amatogadhā amatapariyosānā. katamā satta asubhasaññā, maraṇasaññā, āhāre paṭikkūlasaññā, sabbaloke anabhiratasaññā, aniccasaññā, anicce dukkhasaññā, dukkhe anattasaññā(AN. IV, 46.91-14, 148.14-16)
"佛告比丘復有七法, 則法增長, 無有損耗. 何謂為七法. 一者觀身不淨, 二者觀食不淨, 三者不樂世間, 四者常念死想, 五者起無常想, 六者無常苦想, 七者苦無我想."(『長阿含經』『大正藏』 1권, 11하26-29)

대한 무아상(無我想), 사단상(捨斷想), 이욕상(離欲想)이 제시되어 있다.[79]

10상으로는 위의 9상(想)에 멸상(滅想)이 추가된 예[80]와 무상상(無常想), 무아상(無我想), 부정상(不淨想), 혐오상(嫌惡想), 사단상(捨斷想), 이욕상(離欲想), 멸상(滅想), 모든 세간에 대해 즐거워하지 않는 상(想), 모든 행에 대한 무상상(無常想), 입출식념이 제시된 예[81] 등이 있다.

---

79 nava saññā. asubhasaññā, maraṇasaññā, āhāre paṭikkūlasaññā, sabbaloke anabhiratisaññā, aniccasaññā, anicce dukkhasaññā, dukkhe anattasaññā, pahānasaññā, virāgasaññā. (DN. III, 289.27-290.1, AN. IV, 387.8-10, 465.4-6.
"謂九想. 不淨想, 觀食想, 一切世間不可樂想, 死想, 無常想, 無常苦想, 苦無我想, 盡想, 無欲想."(『長阿含經』『大正藏』1권, 56하22-24)

80 dasa saññā: asubhasaññā, maraṇasaññā, āhāre paṭikkūlasaññā, sabbaloke anabhiratisaññā, aniccasaññā, anicce dukkhasaññā, dukkhe anattasaññā, pahānasaññā, virāgasaññā, nirodhasaññā (DN. III, 291.7-10; SN. V, 132-133; AN. V, 105.24-26, 309.20-22.
반야경의 十想: 無常想, 苦想, 無我想, 食不淨想, 一切世間不可樂想, 死想, 不淨想, 斷想, 離欲想, 盡想(『大般若波羅蜜多經』3(『大正藏』5권, 12상21-23), (『大正藏』7권, 7하1-3, 429하22-24), 『摩訶般若波羅蜜經』1(『大正藏』8권, 219상11-13), 『大智度論』初品中十想釋論第三十七(卷二十三)(『大正藏』25권, 229상6-7))
이외에 다음과 같이 약간의 차이가 있는 10상을 소개해둔다.
『增一阿含經』42. "白骨想, 青瘀想, [月*逢]脹想, 食不消想, 血想, 噉想, 有常無常想, 貪食想, 死想, 一切世間不可樂想. 是謂, 比丘, 修此十想者. 得盡有漏, 得至涅槃界." (『大正藏』2권, 780상17-21)
『大般涅槃經』38. "能修十想. 當知是人能得涅槃. 云何為十. 一者無常想. 二者苦想. 三者無我想. 四者厭離食想. 五者一切世間不可樂想. 六者死想. 七者多過罪想. 八者離想. 九者滅想. 十者無愛想." (『大正藏』12권, 588상9-13, 835하12-16)
『阿毘曇八揵度論』27. "十想: 無常想, 無常苦想, 苦無我想, 不淨想, 觀食想, 一切世間不可樂想, 死想, 斷想, 無欲想, 盡想."(『大正藏』26권, 894상3-5)
『阿毘達磨發智論』18. "十想謂無常想, 無常苦想, 苦無我想, 死想, 不淨想, 厭食想, 一切世間不可樂想, 斷想, 離想, 滅想."(『大正藏』26권, 1013하19-21)
『阿毘達磨大毘婆沙論』166. "十想謂無常想. 無常苦想, 苦無我想, 死想, 不淨想, 厭食想, 一切世間不可樂想, 斷想, 離想, 滅想."(『大正藏』27권, 836하21-23) 『阿毘達磨大毘婆沙論』에서는 10상(想)에 대한 자세한 해설이 이어진다.
『舍利弗阿毘曇論』17. "何謂十想. 不淨想, 食厭想, 一切世間不樂想, 死想, 無常苦想, 苦無我想, 斷想, 離欲想, 滅想, 是名十想."(『大正藏』28권, 643중12-13)
『佛說立世阿毘曇論』7. "佛聖弟子修習十想, 各有三品謂下中上. 何者為十. 一無常想, 二無我想, 三滅除想, 四離欲想, 五寂滅想, 六不淨想, 七過失想, 八死墮想, 九厭食想, 十一切世間無安想."(『大正藏』32권, 204중26-29)
『大方廣佛華嚴經隨疏演義鈔』卷第三十八. "言十想者一無常, 二苦, 三無我, 四食不淨, 五一切世間不可樂, 六死, 七不淨, 八斷, 九離, 十盡想."(『大正藏』36권, 290하1-3)
『大乘義章』14. "十名是何. 一無常想. 二苦想. 三無我想. 四厭食想. 五一切世間不可樂想. 六死想. 七不淨想. 八斷想. 九離想. 十滅想."(『大正藏』44권, 738중)

81 aniccasaññā, anattasaññā, asubhasaññā, ādīnavasaññā, pahānasaññā, virāgasaññā, nirodhasaññā, sabbaloke anabhiratasaññā, sabbasaṅkhāresu aniccasaññā, ānāpānasati

이상의 여러 가지 상(想)이나 수관(隨觀) 가운데 설해진 부정상 또는 부정수관은 수행법의 하나로 고, 무상, 무아 등의 수행법과 밀접한 관계에 있음을 알 수 있다. 고, 무상, 무아는 초기불교의 세 가지 수관(隨觀)을 이루는 핵심적인 수행법이다. 우리에게 널리 알려진 『법구경』(Dhammapada 277-279)에 다음과 같은 말씀이 있다.

> 조건에 의해 생겨난 모든 현상(諸行)은 영원하지 않다(無常)라고 지혜에 의해 볼 때,
> 그는 괴로움에 대해 싫어하게 된다. 이것이 청정함에 이르는 길이다.
> 조건에 의해 생겨난 모든 현상(諸行)은 괴로움(苦)이라고 지혜에 의해 볼 때,
> 그는 괴로움에 대해 싫어하게 된다. 이것이 청정함에 이르는 길이다.
> 모든 법들은 영원한 자아가 없다(無我)라고 지혜에 의해 볼 때,
> 그는 괴로움에 대해 싫어하게 된다. 이것이 청정함에 이르는 길이다.[82]

이 말은 바로 세 가지 법의 특성(三法相)인 무상, 고, 무아에 대해서 지혜로써 관찰하는 것이 바로 청정(열반) 에 이르는 길임을 설하고 있는 것이다. 이 법구경에서 말하는 지혜로써 관찰한다(passati)[83]는 말이 다름 아닌 관(觀) 수행인 위빠사나라고 이해할 수 있다. 이러한 무상, 고, 무아에 대한 관찰과 함께 설해지는 부정관 수행의 중요성을 반증해 준다고 할 수있다.[84]

2) 빠알리 아비담마에 나타나는 십부정상(十不淨想)

빠알리 아비담마에서는 부정상으로 시체가 부패해서 백골이 되는 과정 10단계가 제시되고 있다. ① [시체가] 부픈 모습 uddhumātaka, ② 검푸른 모습 vinīlaka, ③ 고름이 흘러나오는 모습 vipubbaka, ④ 끊어진 모습 vicchiddaka,

---

(AN. V, 109.1-3)

82 sabbe saṃkhārā aniccā ti yadā paññāya passati, atha nibbindatī dukkhe esa maggo visuddhiyā//277
sabbe saṃkhārā dukkhā ti yadā paññāya passati, atha nibbindatī dukkhe esa maggo visuddhiyā//278
sabbe dhammā anattā ti yadā paññāya passati, atha nibbindatī dukkhe esa maggo visuddhiyā//279

83 관찰에 대한 좋은 설명의 예로 가장 오래된 경전인『숫타니파타』의 대품 12경「두 가지 관찰에 대한 경」Dvayatānupassanāsutta Sn. 724-765) 참조.

84 早島鏡正,『初期佛教の社会生活』(東京: 岩波書店, 1964), 344면.

⑤ 뜯어 먹힌 모습 vikkhāyitaka, ⑥ 흩어진 모습 vikkhittaka, ⑦ 끊어져 흩어진 모습 hatavikkhittaka, ⑧ 뼈에 피가 묻어있는 모습 lohitaka, ⑨ 벌레가 모여 있는 모습 puḷuvaka, ⑩ 백골이 된 모습 aṭṭhika.[85]

3) 설일체유부 아비달마의 구부정상(九不淨想)

설일체유부 아비달마에서는 시체가 부패해서 백골이 되어가는 9단계의 부정상이 제시되어 있다. ① 검푸른 모습[青瘀, vinīlaka], ② 부푼 모습 [膖脹, vipūyaka], ③ 고름이 흘러나오는 모습[膿爛, vyādhmātaka], ④ 끊어진 모습[破壞, vipaḍumaka], ⑤ 뼈에 피가 묻은 모습[異赤, vilohitaka], ⑥ 뜯어 먹힌 모습[被食, vikhāditaka], ⑦ 흩어진 모습[分離, vikṣiptaka], ⑧ 백골이 된 모습[白骨, asthi], ⑨ 백골이 흩어진 모습[骨鎖, asthisaṃkalikā][86]

2. 자비관에 대한 역사적 용례 및 텍스트별 맥락의 용례

1) 자애[mettā]의 의미

초기불교 문헌에서 자애[mettā]를 주제로 한 유명한 경전으로 *Suttanipāta* 와 *Khuddaka-pāṭha*에 수록되어 있는 『자애경』(Mettā Sutta)[87]을 들 수 있다. 10개의 게송으로 구성되어 있는 이 작은 경전을 통해서 자(慈)의 의미를 알 수 있는데, 자(慈)의 가장 간략한 의미는 '행복하고 평안하기를 기원하노라. 모든 존재들이 행복한 상태가 되기를 기원하노라.'[88]라는 말이 될 것이다. 즉, 자(慈)란 모든 생명 있는 존재들이 행복하고 평안하기를 바라는 마음임을 알 수 있다.

---

85 10 부정상은 『법의 모음』(法集論)과 그 주석서(Dhs. 55, Dhs-a. 197-198) 『清淨道論』(Vism. 178), 『解脫道論』(『大正藏』32권, 424하15-426중2) Vimuttimagga(trsl. Ehara, Soma Thera and Kheminda thera, 132-139면)에 제시되어 있고, 특히 『청정도론』(Vism. 178-196)에 부정관(asubha-bhāvanā)에 대한 상세한 설명이 있다.

86 『阿毘達磨大毘婆沙論』40. "或觀青瘀或觀[月+逢]脹, 或觀膿爛, 或觀破壞, 或觀異赤, 或觀被食, 或觀分離, 或觀白骨, 或觀骨鎖."(『大正藏』27권, 205상9-11), 범어 9想 : 1.vinīlaka, 2.vipūyaka, 3.vyādhmātaka, 4.vipaṭumaka, 5.vilohitaka, 6.vikhāditaka, 7.vikṣiptaka 8.asthi 9.asthisaṃkalikā. AKBh-vy 55.1-2. 이외의 여러 가지 경론에서 제시된 9부정상에 대해서는 Lamotte Étienne, *Le Traité de la Grande Vertu de Sagesse, Tome III,* Louvin, 1970, 1313면 참조.

87 Sn. 143-152(25-26면), Khp 8-9.

88 Sn. 145, Khp. 8; sukhino vā khemino hontu. sabbe sattā bhavantu sukhitattā.

완전한 열반에 들기 전에 붓다는 슬픔에 빠져있는 아난을 위로하면서 신구의(身口意)로 다른 사람의 이익과 행복을 위해 무량한 자심(慈心)을 닦은 공덕을 이야기하는 장면[89]에서도 자심(慈心)이란 이익과 행복을 주는 마음임을 알 수 있다.

*Suttanipāta*의 게송 73에 대한 주석에서 사무량심(四無量心)을 해석하는 가운데 자애[mettā, 慈]와 연민[karuṇā, 悲]을 다음과 같이 설명하고 있다.

> '모든 중생이 행복하기를'이라는 방식(naya)으로, [사람들에게] 이익과 행복을 주려고 하는 마음상태(hita-sukhupanayana-kāmatā)가 慈(mettā)이다.'
>
> '[사람들이] 이 괴로움에서 벗어나기를'이라는 방식으로, 해로움과 괴로움을 없애려고 하는 마음상태(ahita-dukkhāpanayana-kāmatā)가 悲(karuṇā)이다.[90]

이 주석을 통해서, 慈는 다른 존재에게 이익과 행복을 가져다주려는 마음이라는 점을 분명히 알 수 있다.

mettā라는 말의 의미를 빠알리 논서 『법집론(法集論)』의 주석서 Atthasalinī에서는 '사랑하다', '호감을 가지다'라는 의미를 가진 동사 mejjati(√mid)로 풀어서 설명하면서 친구에 대한 [우정의] 감정도 자(慈)라고 하고 있다.[91]

한편 분노가 없는 상태에 대한 설명으로 또 다른 논서인 『분별론(分別論)』에서는 다음과 같이 정의하고 있다. "중생들에 대한 사랑, 사랑을 일으킴,

---

89 『大般涅槃經』 DN. II, 144. '아난다여, 그대는 오랫동안 이익이 있는, 행복이 있는, 純一하고 無量한 慈[心]이 있는 身口意行으로 여래를 가까이서 모셨다. 아난다여, 그대는 공덕을 쌓았다. 아난다여, 정진하라. 오래지 않아 漏盡者가 될 것이다.'
dīgharattaṃ kho te ānanda, tathāgato paccupaṭṭhito mettena kāyakammena hitena sukhena advayena appamāṇena mettena vacīkammena pe mettena manokammena hitena sukhena advayena appamāṇena katapuññosi tvaṃ ānanda padhānaṃ anuyuñja khippaṃ hohisi anāsavo ti.

90 Pj. II, 128, Aronson [1980] 16면.
tattha "sabbe sattā sukhitā hontū" ti ādinā nayena hitasukhupanayanakāmatā mettā; "aho vata imamhā dukkhā vimucceyyu" ntiādinā nayena ahitadukkhāpanayanakāmatā karuṇā.

91 Dhs-a. 192. "이 자비희사에 대하여 의미에서 볼 때, 사랑한다고 하는 의미에서 자(慈)이다. 좋아하다는 의미이다. 또는 친구에 대하여 있는 감정, 또는 친구에 대하여 이것이 일어나는 것도 자(慈)이다"
tāsu hi mettākaruṇāmuditāupekkhāsu atthato tāva mejjatīti mettā, siniyhatīti attho. mitte vā bhavā, mittassa vā esā pavattatīpi mettā.

사랑하는 상태, 자애에 의한 마음의 해탈[慈心解脫] 이것을 악의가 없는 상태(avyāpādadhātu 無瞋界)"[92]라고 한다.

『라훌라에 대한 큰 가르침』[93]이라는 맛지마 니까야[中部]의 경전에서는 특정 번뇌를 극복하는 대치법으로서의 사무량심이 제시되어 있다.

자(慈)는 악의(惡意, byāpāda)를, 비(悲)는 상해(傷害, vihesā)를, 희(喜)는 불쾌(不快, arati)를, 사(捨)는 대립(對立, paṭigha)을 제거하여, 자비희사의 네 가지 덕목을 통해서 각각의 번뇌에서 벗어나게 하여 마음의 해탈[心解脫]을 이룬다. 이 경전을 비롯해서 초기불전에 보이는 자심은 악의 또는 분노를 다스리는 수행법으로 제시되고 있다.

한편, 상좌불교 수행론의 지침서로서도 유명한 『청정도론』에서는 자애수행이 두 가지로 제시되어 있다. 한 가지는 보편적인 수행법(一切處業處; sabbatthaka-kammaṭṭhāna, Vism 97)이고, 한 가지는 사무량심을 얻는 수행법의 한 가지로 제시될 때이다(Vism 295-325). 보편적인 수행법이란 어떤 수행을 하더라도 미리 예비적으로 동반되는 수행이라고 할 수 있으며, 『청정도론』에서는 자애와 함께 죽음에 대한 마음챙김(死念 maraṇasati)이 제시되어 있다.[94] 한편 사무량심에서는 체계적이고 포괄적인 자애수행의 방법이 제시되어 있다.

1) 초기불교의 자비관[95]

초기불교의 자비관 또는 자애(慈愛) 수행은 계정혜 삼학의 모든 과정과 일반 재가자에서 아라한에 이르기까지 모든 사람들에게 권해진 수행이었다.

먼저 계학과 자애수행의 관계를 살펴본다. 계와 관련된 자애의 실천은 불살생계에서 찾아 볼 수 있을 것이다. 장부(長部)의 두 경전인 『범망경』과 『사

---

92 Vibh. 86. yā sattesu metti mettāyanā mettāyitattaṃ mettā cetovimutti.. ayaṃ vuccati avyāpādadhātu.

93 『라훌라 教誡大經』 *Mahā-Rāhulovāda-sutta,* MN. I, 420-425. 사무량심에 대해서는 424-5면에 제시되어 있다.

94 어떤 사람은 보편적인 수행주제[일체처업처]에 不淨想 asubhasaññā을 넣기도 한다고 한다. Vism 97. tattha sabbatthaka-kammaṭṭhānaṃ nāma bhikkhusaṅghādisu mettā maraṇasati ca, asubhasaññā ti pi eke.

95 자비관에 대해서는 김재성, 「초기불교에 있어 mettā 수행의 위치」, 『인도철학』, 인도철학회, 2003.(발표논문)을 중심으로 정리하였다. 자비에 대한 종합적인 연구로 中村元, 『慈悲』(京都: 平樂寺書店, 1956) 참조.

문과경(沙門果經)』의 소계(小戒)에 대한 설명에서 다음과 같이 말하고 있다.[96]

> 대왕이여, 비구는 어떻게 계를 갖추고 있는 것입니까? 여기에서 대왕이여, 비구는 살생을 버리고 살생에서 떠나 있습니다. 막대기를 버리고, 칼을 버렸습니다. 마음으로 부끄러워하고[lajjī] 자애심이 있고[dayāpanno] 모든 생명을 이롭게 하고 사랑하는 마음을 가지고 있습니다[sabbapāṇabhūtahitānukampī]. 이것이 비구의 계입니다.

계란 의지[cetanā]로 지니는 자율적인 규범이라고 할 때, 첫 번째 계인 불살생계는 살생을 피하고, 폭력을 피하며, 살생과 폭력을 부끄러워하면서, 모든 생명 있는 존재들에게 이익을 주고 사랑하는 마음을 지니는 것이 불살생계라고 설명하고 있다.

다음은 정학(定學)과 자수행(慈修行)의 관계이다. 마음집중을 의미하는 정[samādhi 定]과 관계가 있는 자수행은 앞에서도 살펴본 사무량심(四無量心) 또는 사범주(四梵住)와 관련이 있다. 앞서 예를 든 『라훌라에 대한 큰 가르침』에서 붓다는 수행법으로 라훌라에게 사무량심과 부정(不淨), 무상상(無常想), 입출식념(入出息念)을 제시하고 있다.

자비희사의 네 가지 덕목을 통해서 악의[byāpāda 惡意], 상해[vihesā 傷害], 불쾌[arati 不快] 대립[paṭigha 對立]이라는 번뇌에서 벗어나게 한다는 것은 바로 사무량심이라는 수행으로 심해탈(心解脫)을 이루었다고 볼 수 있다. 장부(長部) 17경 『大善見王經』[97]에 사선(四禪)을 성취하고, 다시 사무량심을 좌선의 자세로 수행하는 방법이 설해져있다.

> 은으로 된 자리에 앉아, 慈를 지닌 마음을 가지고, 한 방향에 가득 채우고

---

96 Brahmajāla-sutta, DN. I, 5; Sāmaññaphala-sutta, DN. I, 63.
kathañ ca mahārāja bhikkhu sīlasampanno hoti. idha mahārāja bhikkhu pāṇātipātaṃ pahāya pāṇātipātā paṭivirato hoti. nihitadaṇḍo nihitasattho lajjī dayāpanno sabbapāṇabhūtahitānukampī viharati idam pissa hoti sīlasmiṃ.

97 Mahāsuddasana-sutta, DN. II, 186. atha kho ānanda rājā mahāsudassano mahāvyūhā kūṭāgārā nikkhamitvā sovaṇṇamayaṃ kūṭāgāraṃ pavisitvā rūpimaye pallaṅke nisinno mettāsahagatena cetasā ekaṃ disaṃ pharitvā vihāsi. tathā dutiyaṃ, tathā tatiyaṃ, tathā catutthaṃ iti uddham adho tiriyaṃ sabbadhi sabbattatāya sabbāvantaṃ lokaṃ mettāsahagatena cetasā vipulena mahaggatena appamāṇena averena avyāpajjhena pharitvā vihāsi.

> 서 지낸다. 똑같이 제2의 방향에, 제3의 방향에, 제4의 방향에 채우고 지낸다. 이렇게 위, 아래, 옆, 모든 곳을 향해, 모든 것을 자신의 것으로 하고, 모든 것을 포함한 세상에 慈心이 있는 넓고 크며 한량없고, 성냄이 없고, 악의가 없는 마음으로 가득 채우고 지낸다.

앉은 자세에서 마음속으로 사방사유와 위아래의 모든 방향을 향해서, 한량없는 자심(慈心)을 가득 채우고 수행하는 방법은 바로 선정수행의 한 방법으로 응용되고 있음을 알 수 있다. 사무량심은 『청정도론』[98]에서 자세히 해설되고 있다.

혜학(慧學)과 자애수행의 관계를 정리해보자. 팔정도에서 혜학에 해당하는 덕목으로 정견(正見)과 정사(正思)를 들 수 있다.[99] 정견이란 사성제에 대한 이해를 말하고, 바른 사유[正思, sammā saṃkappa]는 감각적 욕망[kāma]을 버리는 원리(遠離 nekkhamma), 성냄을 버리는 불악의(不惡意, avyāpāda), 남를 해치려는 마음을 버리는 불상해(不傷害, avihiṃsā)를 의미한다. 불악의는 바로 자심을 의미하며, 불상해는 비심을 의미하므로, 혜학에도 자비의 실천이 포함되어 있다고 볼 수 있는 것이다. 또 다른 각도에서 보면, 지혜와 자비는 상보적이어서 한 쪽이 결여되면 다른 한 쪽도 결여된다고 볼 수 있는 경전이 있다. 『상응부』의 「염처상응」의 한 경전으로 내용은 다음과 같다.

> 자기를 보호할 때, 남을 보호하는 것이며, 남을 보호할 때, 자기를 보호하는 것이다.
>
> 그러면 어떻게 자신을 보호하면서 남을 보호하는 것인가? 많은 수행을 함을 통해서이다. 그러면 어떻게 남을 보호하면서 자신을 보호하는 것인가? 인내와 해치려는 마음이 없음(不傷害)과 남의 행복을 바라는 자심과 고통에서 벗어나기를 바라는 연민의 마음를 통해서이다.[100]

---

98 Vism. 295-326. Brahmavihāra-nidesso. 『청정도론』에 보이는 자애수행법은 <상좌불교의 자비관> 참조

99 Nyanatiloka[1906:26-27](김재성 역[2003, 76]). Gethin[1992: 194]은 증지부의 한 경전(AN. II, 76)을 인용하면서, 正思는 正見의 보조적인 덕목으로 해석하고 있다. 증지부에서 번뇌의 소멸[漏盡]을 위한 네 가지 법으로, 正見(sammā-diṭṭhi)과 遠離(nekkhamma), 不惡意(avyāpāda), 不傷害(avihiṃsā)의 네 가지를 들고 있으며, 正思는 바로 뒤의 세 가지 덕목임을 알 수 있다.

100 SN. V, 169 attānam bhikkhave rakkhanto paraṃ rakkhati. paraṃ rakkhanto attānaṃ

자신을 지키는 방법으로 혜학으로써 염처수행을 설하면서, 남을 지키는 방법으로는 자비의 실천을 설하는 이 경전을 통해서 초기불교 수행법에서 지혜와 자비의 상보적인 관계를 분명하게 확인할 수 있다.

다음은 성자(聖者)와 자비의 실천에 대해 살펴본다. 붓다는 많은 사람들의 유익과 행복을 위해서 45년간 법을 폈다. 5비구와 야사의 친구들로 이루어진 60명의 아라한 제자들에게 선포한 전도의 선언도 세상 사람들의 유익과 행복을 위해 법을 설하라는 말씀이었다[101]. 지혜의 완성에 의해 모든 번뇌가 소멸한 아라한이 해야 할 일은 바로 많은 사람들을 유익하게 하는 자비의 실천이었음을 우리는 전도의 선언을 통해 알 수 있다.

앞서 언급한 『숫타니파타』(*Suttanipāta*)와 『소송경』(*Khuddaka-pāṭha*)에 수록되어 있는 『자경』(Mettā Sutta)은 바로 '평온의 경지를 깨닫고 나서(yan taṃ santaṃ padaṃ abhisamecca)' 행해야 하는 자비행을 설한 경전이다. 이 경전은 지혜에 의해 자신의 평안 즉 열반에 이른 이는 어머니가 아들을 돌보듯이 모든 생명 있는 존재들을 자비로서 돌보라는 가르침이다. 아라한의 자비행은 바로 모든 중생들을 이롭게 하는 회향의 정신이라고 할 수 있다.

자애수행을 하면 『하나씩 더하는 가르침』(增支部) 등에 제시된 11가지 유익함을 얻게 된다.[102]

> 비구들이여, 자애심으로 마음의 해탈이 훈련되고 개발되고 숙달되고 탈

rakkhati. kathañca bhikkhave attānam rakkhanto param rakkhati. āsevanāya bhāvanāya bahulīkammena. evaṃ kho bhikkhave attānaṃ rakkhanto paraṃ rakkhati. kathañca bhikkhave paraṃ rakkhanto attānaṃ rakkhati. khantiyā avihiṃsāya mettatāya anudayatāya. evaṃ kho bhikkhave paraṃ rakkhanto attānaṃ rakkhati. attānaṃ bhikkhave rakkhissāmī ti satipaṭṭhānaṃ sevitabbam, paraṃ rakkhissāmī ti satipaṭṭhānaṃ sevitabbaṃ.

101 『율장』대품, Vin. I 21. caratha bhikkhave cārikaṃ bahujanahitāya bahujanasukhāya lokānukampāya atthāya hitāya sukhāya devamanussānaṃ.

102 AN. V, 342,02-11(Pa.ti II, 130 = Vism. 305-6) mettaaya bhikkhave cetovimuttiyaa aasevitaaya bhaavitaaya bahuliikataaya yaaniikataaya vatthukataaya anu.t.thitaaya paricitaaya susamaaraddhaaya ekaadasaanisa.msaa paa.tika.gkhaa katame ekaadasa? 1 sukha.m supati. 2 sukha.m pa.tibujjhati. 3 na paapaka.m supina.m passati. 4 manussaana.m piyo hoti. 5 amanussaana.m piyo hoti. 6 devataa rakkhanti. 7 naassa aggi vaa visa.m vaa sattha.m vaa kamati. 8 tuva.ta.m citta.m samaadhiyati. 9 mukhava.n.no vippasiidati 10 asammuu.lho kaala.m karoti 11 uttari.m appa.tivijjhanto brahmalokuupago hoti.

것이 되고 기초가 되고 확고해지고 견고해지면, 11가지 유익함이 기대된다. 무엇이 11가지인가? 1. 잠을 편안하게 자고, 2. 편안하게 깨어있고, 3. 악몽을 꾸지 않고, 4. 인간에게 사랑받고, 5. 인간이 아닌 존재들에게서도 사랑받고, 6. 천신들이 보호하고, 7. 불, 독약, 무기로 해침을 받지 않고, 8. 마음이 쉽게 집중되고, 9. 얼굴빛이 밝고, 10. 혼란 없이 죽고, 11. 출세간으로 나아가지 않는다면 범천에 태어난다.

이와 같이 초기불교의 자애수행은 삼학으로 대표되는 실천체계에서 시종일관 동반되는 중요한 수행임을 알 수 있었고, 수행의 완성을 이룬 성인들에게도 여전히 강조된 실천법이었음을 알 수 있었다. 지혜에 의해 자신의 문제가 해결될 수 있다면, 자비행은 바로 지혜를 나누는 실천임을 붓다의 삶과 아라한의 삶을 통해서 알 수 있다. 불교에서 말하는 궁극적인 행복이란 괴로움이 소멸한 열반이며, 이 열반을 이루는 것을 도와주는 것이야말로 진정한 자비의 실천이므로 깨달음을 이루는 과정에서도, 깨달음을 이룬 후에도 자비행은 초기불교에서 중요한 실천법으로 강조되고 있는 것이다.

2) 부파불교의 자비관

(1) 상좌불교의 자비관

상좌불교의 자비관 수행에 대한 상세한 설명은 『무애해도』「자애론」[103] 『청정도론』의 사범주(四梵住) 또는 사무량심(四無量心)에 대한 해설[104]에서 볼 수 있다. 사무량심에서 자비관은 자애수행인 자관(慈觀)과 연민수행인 비관(悲觀)으로 나뉜다. 자애수행과 연민수행을 차례로 정리해본다.

자애수행[慈行]

자애를 닦고자 하는 사람은 수행법에 대해 배운 후에 적절한 장소에 앉아 성냄의 위험과 인내의 유익함을 생각해야 한다. 이 수행으로 성냄을 버리고 인내를 얻게 되기 때문이다.

먼저 초보의 수행자가 자애를 개발하기 위해서 무엇보다도 먼저 알아야 할 것은 이성(異性)에 대하여 일정한 시간까지는, 그리고 죽은 사람을 대상

103 Pa.tis ii, 130-139.

104 Vism. 295-325(PTS. ed.), 대림 譯, 『청정도론』 2권(서울: 초기불전연구원, 2004), 137-192면

으로는 절대로 하지 말아야 한다. 초보의 수행자가 이성을 대상으로 사용하면 자애의 가까운 적인 욕정이 일어나기 때문이며, 죽은 사람을 대상으로 하는 아무리 오랫동안 자애수행은 아무리 오랫동안 닦아도 본격적인 마음집중[本三昧]인 선정을 얻지 못하기 때문이다.

따라서 자애명상을 시작하는 순서는 다음과 같다. 1. 자기 자신, 2. 좋아하거나 존경하는 사람, 3. 중립적인 사람, 4. 미워하는 사람으로, 처음에는 자기 자신과 좋아하거나 존경하는 사람을 향한 자애명상부터 시작해야 한다. 이 말은 자애명상의 초보자가 다음과 같은 사람을 향해서 자애를 개발해서는 안 된다는 의미이다. 즉 1. 싫어하는 사람, 2. 너무 좋아하는 사람, 3. 중립적이거나 무관심한 사람, 4. 원한 맺힌 사람 등이 그들이다.

싫어하는 사람을 대상으로 하면 자애심을 일으키기 어려워 피곤해지고, 원한 맺힌 사람에 대해서는 화가 나기 쉽다. 두 사람을 대상으로 하여 수행의 초보자가 자애심을 개발하는 것이 어렵다. 또한 수행 초기에는 무관심한 사람을 향해서 자애심을 개발하는 것도 어렵다. 피곤해지기 때문이다. 너무 좋아하는 사람의 경우에는 그 사람에 대한 집착이 일어날 수 있다. 그 사람에게 무슨 일이 일어났는지 생각만 해도 슬픔과 근심으로 눈물이 날 수 있기 때문이다. 그래서 자애수행의 초보자는 이런 사람을 대상으로 자애심을 개발해서는 안 된다.

백년을 명상한다 해도 자기 자신을 대상으로는 자애에 의한 본삼매를 얻을 수 없다. 그런데 자기 자신을 대상으로 자애심 개발을 시작하는 이유는, 자기 자신을 본보기로 다른 사람들도 내 자신과 같이 행복하기를 바란다는 소원을 일으킬 수 있기 때문이다. 따라서 먼저 자기 자신으로부터 시작하는 것이다. '내가 행복하기를!' 이렇게 생각하면서 자기 자신을 향해서 자애심을 수행한 후에 다른 사람도 나와 같다는 점을 생각한다. 내가 행복하고, 괴로움을 싫어하고, 오래 살기를 원하고, 죽기 싫어하는 만큼, 다른 사람도 행복하고, 괴로움을 싫어하고, 오래 살기를 원하고, 죽기 싫어하는 것을 이해한다. 자기 자신과 다른 사람을 평등하게 보며, 자신의 마음을 부드럽게 하기 위해서, "내가 행복하기를, 내가 고통이 없기를"[105] 또는 다음과 같은 4가지 마음으로 자기 자신을 향해서 자애심을 개발한다.

1. 내가 증오에서 벗어나기를!, 2. 내가 악의에서 벗어나기를!, 3. 내가 정

105 aha.m sukhito homi, niddukkho. Vism. 296.

신적, 육체적 고통에서 벗어나기를!, 4. 내가 행복하게 지내기를![106]

이런 식으로 자신에 대한 자애심을 개발하고 나서, 다음으로 자애심이 쉽게 일어나는 좋아하는 사람, 존중하고 공경하는 선생님이나 선생님과 같은 분, 은사나 은사와 같은 분에 대하여, 그 사람에게서 발견되는 좋은 말과 존중과 공경을 생기게 하는 계와 학식 등을 반복해서 생각하면서, "이런 참된 분(sappuriso)이 행복하기를, 괴로움이 없기를!" 등의 방식으로 자애를 닦는다.

다음에 이 정도에 만족하지 않고 한계를 극복하기 위해서 , 아주 좋아하는 사람, 아주 사랑스런 사람을 대상으로 자애심을 닦는다. 그 다음에는 중립적인 사람, 미워하는 사람, 원한 맺힌 사람의 순서로 자애를 닦는다. 각 단계별로 마음이 충분히 유연하고 적절하게 자애심이 향상되고 난 후에 다음 대상으로 향해야 한다. 하지만 원한 맺힌 자가 없을 경우에는 원한 맺힌 자에 대한 자애심을 닦을 필요가 없다. 원수에 대해 자애심을 닦는 경우, 그가 지은 해악이 생각나서 적개심이 일어날 때는 앞서 자애심이 잘 일어난 대상으로 돌아가서 반복해서 자애수행을 닦아서 마음속에 일어난 적개심을 제거한다. 그래도 적개심이 가라앉지 않는다면 톱 등의 비유, 상대방의 좋은 점[고요함, 청정함] 생각하기, 분노의 해악을 생각하면서 자신을 훈계하기, 모든 생명들은 자신이 지은 업의 상속자임을 생각하기, 붓다가 전생에 수행한 덕목[지계, 인욕 등]을 생각하기, 자애의 11가지 유익함을 생각하기, 인간을 구성하는 요소들[四大, 五蘊, 十二處, 十八界]을 분석하면서 화를 내는 대상이 무엇인가에 대해 생각하기, 마지막으로 보시를 하거나 받을 것. 이러한 방법으로 적개심을 가라앉히려고 노력한다. 원한 맺힌 사람에 대한 적개심이 가라앉으면 그에 대해서도 자애의 마음을 일으킨다. 반복해서 자애심을 닦아 1. 자기 자신, 2. 좋아하는 사람, 3. 중립적인 사람, 4. 미워하고 원한 맺힌 사람에 대해 평등한 마음이 이루어지고 분별이 없어질 때까지 자애심을 계속 향상시켜야 한다. 비록 자기 자신을 대상으로 자애에 의한 삼매를 얻을 수는 없지만, 이 4종류의 사람 사이에 균형을 잡고 분별을 제거하기 위해서는 자기 자신을 포함해야 한다.

이렇게 자기 자신, 좋아하는 사람, 중립적인 사람, 미워하는 사람에게 자애심을 보내는 수행을 하면 마음이 끊어짐이 없고 분별없는 자애심이 일어

---

106 avero, avyaapajjo, aniigho, sukhii attaana.m pariharaami. Vism. 296.

난다. 어떠한 사람도 분별하지 않고 자애삼매를 얻을 수 있을 때 사람들 간에 분별을 무너뜨리게 될 것이다. 이것을 경계 허물기(sīmāsambheda)라고 부른다.

『무애해도』에서의 방법은 자애심을 22개의 범위로 확장한다. 그 범위는 5개의 한정되지 않는(anodhiso) 대상, 7개의 한정된(odhiso) 대상, 10 방향의 대상이다.

5개의 한정되지 않은 범위는 1. 모든 존재들 , 2. 모든 숨 쉬는 존재들, 3. 모든 생명체들, 4. 모든 사람들, 5. 모든 개인들이다. 7개의 한정된 범위는 1. 모든 여성들, 2. 모든 남성들, 3. 모든 깨달은 사람들, 4. 모든 범부들, 5. 모든 천신들, 6. 모든 인간들, 7. 모든 4악도의 중생들이다. 10 방향의 대상은 1. 동쪽, 2. 서쪽, 3. 남쪽, 4. 북쪽, 5. 남동쪽, 6. 남서쪽, 7. 북동쪽, 8. 북서쪽, 9. 위쪽, 10. 아래쪽에 있는 존재들을 말한다.

이 방법을 개발하기 위해서 자신과 타인과의 경계가 없어질 때까지 자기 자신, 좋아하는 사람, 중립적인 사람, 미워하는 사람을 향해서 자애심을 개발한다. 그리고 5개의 한정되지 않는 대상과 7개의 한정된 대상을 향해 자애심을 개발한다. 각각의 범위에서 다음의 4가지 방법으로 자애심을 충만 시킨다.

1. 모든 존재들이 증오에서 벗어나기를!, 2. 모든 존재들이 악의에서 벗어나기를!, 3. 모든 존재들이 정신적, 육체적 고통에서 벗어나기를!, 4. 모든 존재들이 행복하게 지내기를!

이렇게 모두 48가지[(7+5)×4=48]방법으로 자애심을 충만 시킨다. 10개의 방향에서 자애심을 충만 시킨다는 것은 10개의 방향에서 각각 48가지 방법으로 수행하는 것을 말한다. 동쪽의 무한한 우주의 모든 존재들에게 48가지 방법으로 그들에게 자애심을 확장한다. 이어서 서쪽으로, 그리고 또 다른 방향으로 이같이 수행한다. 이것은 10개의 방향에서 48가지 방법으로 자애심을 충만 시키기 때문에 모두 480가지(10×48) 방법이 된다. 거기에 방향에 한정되지 않은 48가지 방법을 더하면 528가지(480+48) 방법이 된다.

연민 수행(悲行)

앞서 설명한 자애심을 개발했다면 연민(悲心)을 개발하는 것은 어렵지 않다. 연민을 개발하려면 먼저 연민 없음의 위험과 연민의 유익함을 생각한 후에 연민수행을 시작해야 한다.

연민을 닦기 위해서는 먼저 고통 받는 사람, 불운에 빠져 있는 사람을 보고 연민이 일어나듯이 모든 중생들을 향해 연민의 마음으로 가득 채워나간다. 고통 받는 사람을 대상으로 계속 유지하면서 이런 생각으로 연민을 개발한다. '이 사람이 고통에서 벗어나기를!' 자애심을 개발할 때처럼, 자기 자신, 좋아하는 사람, 중립적인 사람, 미워하는 사람에 대해서 연민을 개발한다. 이들 각각에 대해 삼선정까지 개발해야 한다.

겉으로 보기에 고통스럽지 않고 행복해 보이는 사람을 향해 연민을 개발하기 위해서는, '죄를 지은 사람이 비록 행복해 보일 지라도 그를 사형선고를 받은 사람에 비유하여 연민을 일으킨다. '모든 깨닫지 못한 범부들은 윤회 속에서 헤매는 동안 행했던 악행으로 과보를 받을 수 밖에 없다. 그리고 악도에 태어나는 위험으로부터 자유스럽지 못하다'라고 생각하면서 연민을 닦는다. 실제로 모든 존재들은 늙음, 병듦, 죽음이라는 윤회의 고통에서 자유롭지 못하기 때문에 모두 연민의 대상으로 삼는다. 이렇게 고찰한 후에 자애심에서 했던 것처럼, 자기 자신, 좋아하는 사람, 중립적인 사람, 미워하는 사람을 향해서 경계가 허물어 질 때까지 연민을 개발해야 한다. 그런 다음 132가지 방법으로 연민을 개발한다. 즉, 5가지 한정되지 않는 대상과 7가지 한정된 대상, 120가지 방향[5+7+(10×12)=132]이다. 이것은 자애심 개발에서 했던 방법과 같다.

(2) 설일체유부의 자비관

설일체유부의 자비관에 대해서는 『구사론』을 중심으로 개관해본다.

『구사론』8장 「분별정품」에 사무량심에 대한 해설(3게)에서 자비관 수행법을 찾아볼 수 있다. 사무량심은 선정수행의 방법이라기보다는 선정 수행의 공덕으로 제시되어 있다.

먼저 게송의 내용을 보면 다음과 같다.

> 무량에는 네 가지 종류가 있으니
> 진(瞋) 따위를 대치하기 때문으로
> 자(慈)와 비(悲)의 자성은 무진이며
> 희(喜)는 희, 사(捨)는 무탐이다.

이러한 무량의 행상은 순서대로
즐거움을 주는 것과 괴로움을 없애는 것과
기뻐함과 유정의 평등함이니
욕계의 유정을 소연으로 한다.

희무량은 초·제2정려에 의해 일어나며
그 밖의 무량은 6지, 혹은 5지·10지에 의해서인데
능히 온갖 번뇌를 끊을 수 없으며
인취가 일으키고, 결정코 세 가지를 성취한다.

3. 인연관에 대한 역사적 용례 및 텍스트별 맥락의 용례

1) 초기불교의 인연관

앞에서 살펴 보았듯이, 인연관은 십이지 연기에 대한 관찰 또는 이치에 맞는 사유라고 할 수 있다. 앞서 인용한 연기에 관한 초기경전을 다시 읽어보자. '연기를 보는 자, 그는 법을 본다. 법을 보는 자, 그는 연기를 본다.'[107] '이처럼 있는 그대로의 행위(業)를 보는 현자는 연기를 보는 자(paṭiccasamuppādadasā)이고 업의 과보를 잘 아는 자이다',[108] '비구들이여, 이렇게 성인의 제자들에게 이 연기(緣起)와 이 연기에 의해 생겨난 법들(緣已生法)이 있는 그대로 바른 지혜에 의해서 잘 보여졌다(또는 체험되었다)',[109] 훌륭한 이치에 맞는 사고(sādhukaṃ yoniso manasikaroti)의 대상으로 제시된 연기가 있다.[110]

초기경전에서는 '인연관' 또는 '연기관'이라는 용어는 찾아볼 수 없으나 '연기를 본다.' '연기와 연이생법(緣已生法)이 바른 지혜에 의해서 잘 체험되었다.' '연기에 대해서 이치에 맞게 사유한다.'라는 표현에서 '연기관'은 연기에 대한 체험적 이해 또는 이치에 맞는 사유라고 할 수 있다.

초기경전에서 연기에 대한 체험적 이해에서 빠질 수 없는 두 가지 문구가 있다. 하나는 이른바 「초전법륜」을 듣고 콘단냐의 법의 눈(dhammacakkhu)이 열렸음을 말해주는 게송이다. 법의 눈이 열린 내용을 경전은 간단하게

107 MN. I, 190.37-191.2
108 Sn. 653게송
109 SN. II, 26.25-27
110 SN. II, 65.3-8

'생겨나는 성질을 지닌 어느 것이든, 그 모든 것은 소멸하는 속성을 지닌다.'[111]라고 전하고 있다. 이른바 조건에 의한 발생과 소멸을 말하는 연기의 이법을 말해주고 있는 것이다. 법의 눈이 열리는 이 체험에 의해서 콘단냐는 첫 번째 성인인 소타판나(수타원, 예류)가 된다. 다른 하나는 사리풋타 존자가 붓다의 제자가 되기 전, 붓다의 최초의 제자인 5비구 가운데 한 명인 아싸지(馬勝) 비구를 만나서 누구를 스승으로 해서 누구의 법을 즐기고 있는가라고 묻자 대답으로 들은 시였다. '원인에서 발생하는 그 모든 법들, 여래께서 그 원인을 밝혀주셨네. 또 그것들의 소멸에 대해서 말하셨나니, 이것이 대사문의 가르침이네.'[112] 이 시를 듣고 사리풋타는 그 자리에서 법의 눈이 맑아져 소타판나가 되었다. 두 번 째 게송은 이른바 연기법송(緣起法頌)[113]이라고 한다. 콘단냐 존자와 사리풋타 존자의 깨달음은 연기에 대한 체험적 이해라고 할 수 있는데, 이렇게 보면 인연관 또는 연기관은 후대 아비달마에서 말하는 예류(預流)의 깨달음을 말하는 견도(見道)와 직결되는 수행법이라고 볼 수 있다.

연기관에서 빼놓을 수 없는 경전은 붓다의 성도 후 1주일이 지난 후의 연기에 대한 사유를 전하는 『기쁨에 찬 말씀』(우다나) 첫번째장인 「깨달음의 장」(bodhivagga)의 처음의 세 게송이다. 보리수 아래에서 처음 깨달음을 얻고 7일간 해탈의 즐거움(vimuttisukha)을 경험한 후, 선정(samādhi)에서 나와서 초야(初夜)에 연기(paṭiccasamuppāda)를 순서대로(anulomam) 훌륭하게 이치에 맞게 사유하였다(sādhukaṃ yoniso manasākāsi). "이것이 있을 때, 저것이 있다. 이것의 발생으로부터 저것이 발생한다. 그것은 다음과 같다. 어리석음[無明]을 조건으로 지음[行]이 있다. 지음을 조건으로 식(識)이 있다. 식을 조건으로 정신과 물질[名色]이 있다. 정신과 물질을 조건으로 여섯 감관[六入]이 있다. 여섯 감관을 조건으로 접촉[觸]이 있다. 접촉을 조건으로 느낌[受]이 있다. 느낌을 조건으로 갈망[愛]이 있다. 갈망을 조

---

111 yaṃ kiñci samudayadhammaṃ sabban taṃ nirodhadhamman. (SN. V, 423.15-16)

112 ye dhammā hetuppabhavā, tesam hetum tathāgato āha, tesam ca yo nirodho, evam vādi mahā samano (Vin. I, 40-41).
"如來說因緣生法 亦說因緣滅法 若法所因生 如來說是因 若法所因滅 大沙門亦說此義 此是我師說." (『四分律』(『大正藏』 22권, 798하21-23)

113 연기법송이라는 용어가 직접 사용된 예는 義淨(635-713)의 『南海寄歸內法傳』이다. "緣起法頌. 其頌曰, 諸法從緣起 如來說是因 彼法因緣盡 是大沙門說."(『大正藏』 54권, 226하20-21)

건으로 집착[取]이 있다. 집착을 조건으로 존재[有]가 있다. 존재를 조건으로 태어남[生]이 있다. 태어남을 조건으로 늙음과 죽음[老死], 슬픔과 비탄, 육체적 고통과 정신적 고통, 번민이 있다. 이와 같이 괴로움의 발생이 있다.'[114] 세존은 이 의미를 알고 나서 감흥의 시를 읊었다.

<初夜의 게>

'진실로 열심히 선정을 닦는 바라문에게 법(dhammā 諸法)이 분명히 들어났을 때,

그의 모든 의심은 사라졌다. 왜냐하면 그는 원인있는 법을 알았기 때문이다.'[115]

중야가 되자 붓다는 연기를 역으로(paṭiloma) 이치에 맞게 사유하였다. 이것이 없을 때, 저것이 없다. 이것의 소멸로부터 저것의 소멸이 있다. 그것은 다음과 같다. 어리석음[無明]의 소멸로부터 조건으로 지음[行]의 소멸이 있다. 지음의 소멸로부터 식[識]의 소멸이 있다. 식의 소멸로부터 정신과 물질[名色]의 소멸이 있다. 정신과 물질의 소멸로부터 여섯 감관[六入]의 소멸이 있다. 여섯 감관의 소멸로부터 접촉[觸]의 소멸이 있다. 접촉의 소멸로부터 느낌[受]의 소멸이 있다. 느낌의 소멸로부터 갈망[愛]의 소멸이 있다. 갈망의 소멸로부터 집착[取]의 소멸이 있다. 집착의 소멸로부터 존재[有]의 소멸이 있다. 존재의 소멸로부터 태어남[生]의 소멸이 있다. 태어남의 소멸로부터 늙음과 죽음[老死], 슬픔과 비탄, 육체적 고통과 정신적 고통, 번민의 소멸이 있다. 이와 같이 괴로움의 소멸이 있다.

<中夜의 게>

'진실로 열심히 선정을 닦는 바라문에게 법(dhammā 諸法)이 분명히 들

---

114 imasmiṃ sati idaṃ hoti. imassuppādā idaṃ uppajjati. yadidaṃ. avijjāpaccayā saṅkhārā, saṅkhārapaccayā viññāṇaṃ, viññāṇapaccayā nāmarūpaṃ, nāmarūpapaccayā saḷāyatanaṃ, saḷāyatanapaccayā phasso, phassapaccayā vedanā, vedanāpaccayā taṇhā, taṇhāpaccayā upādānaṃ, upādānapaccayā bhavo, bhavapaccayā jāti, jātipaccayā jarāmaraṇaṃ, sokaparidevadukkhadomanassupāyāsā sambhavanti. evam etassa dukkhakkhandhassa samudayo hotīti. (Ud. 1.12-20)

115 yadā have pātubhavanti dhammā ātāpino jhāyato brāhmaṇassa, athassa kaṅkhā vapayanti sabbā yato pajānāti sahetudhamman ti. (Ud. 1.22-23)

어났을 때,

그의 모든 의심은 사라졌다. 왜냐하면 그는 조건의 소멸을 알았기 때문이다.'[116]

후야가 되자 붓다는 연기를 순서대로, 역으로, 이치에 맞게 사유하였다. 이것이 있을 때 저것이 있다. … 이와 같이 괴로움의 발생이 있다. 이것이 없을 때 저것이 없다.… 이와 같이 괴로움의 소멸이 있다.

<後夜의 게>

'진실로 열심히 선정을 닦는 바라문에게 법(dhammā 諸法)이 분명히 들어났을 때,

그는 악마의 군대를 깨트리며 머물렀다. 마치 허공을 비추고 있는 태양처럼.'[117]

초야의 게에서 원인 있는 법은 바로 원인에 의해 생겨나는 법[118]이며, 이것은 바로 조건에 의해 생겨나는 법(paṭiccasamuppannā dhammā 緣已生法)이며, 유의법(saṅkhatā dhammā)이다. 이처럼 복수 형태로 사용된 법 dhammā은 기본적으로 유의법이라고 이해할 수 있다.[119] 특히 위의 게송 앞부분에 나오는 법은 십이지연기의 각지를 가리키고 있다고 해석해야 할 것이다. 12지 각지가 바로 원인 있는 법들이기 때문이다.[120] 붓다가 깨달음을

116 yadā have pātubhavanti dhammā ātāpino jhāyato brāhmaṇassa athassa kaṅkhā vapayanti sabbā yato khayaṃ paccayānaṃ avedī ti (Ud. 2.18-20)

117 yadā have pātubhavanti dhammā ātāpino jhāyato brāhmaṇassa vidhūpayaṃ tiṭṭhati mārasenaṃ suriyova obhāsayam antalikkhan ti (Ud. 3.3-5)

118 hetusamuppannā dhammā(AN. III, 440.16, 441.17, 444.11)

119 복수 형태로 사용된 dhammā가 유의법은 물론 무위법(無爲法)인 열반까지 포함하고 있는 예도 있다. 그것은『念處經』(MN. I, 62)이나『大念處經』(DN. II, 310)에서 제시된 법념처의 5 범주(①다섯 가지 덮개[五蓋]; 욕망, 분노, 혼침과 졸음, 들뜸과 우울, 회의적 의심]② 五蘊[色受想行識] ③ 十二處[眼耳鼻舌身意와 色聲香味觸法] ④ 七覺支[念, 擇法, 精進, 喜, 輕安, 定, 捨] ⑤ 四聖諦[苦集滅道]) 가운데 마지막 사성제의 멸성제를 말할 때이다.

120 십이지연기에서 첫 번째 나오는 어리석음(無明)의 원인은 제시되지 않았지만, 다른 경전에 의하면 어리석음은 번뇌(āsava, 漏)를 조건으로 하여 생겨난다.(āsavasamudayā avijjāsamudayo MN I 54.27) 무명도 원인 있는 법이다. 번뇌(āsava, 漏)에는 기본적으로 3가지[감각적 쾌락의 번뇌(kāma-āsava 欲漏), 존재의 번뇌(bhava-āsava 有漏),

얻은 뒤 이치에 맞는 사유를 통해 확인한 진리는 십이지연기이며, 이것이 바로 초기경전에 보이는 연기관의 내용이다. 다마키 고시로 박사는 연기를 순서대로, 역으로, 이치에 맞게 사유한다는 이 경전은 연기의 원형을 보여주고 있다고 한다[121]. 붓다의 깨달음의 체험 직후의 이러한 사유에서 연기관의 원형도 찾아볼 수 있을 것이다.

붓다의 깨달음의 체험과 관련해서 볼 때, 초기불교의 연기관은 본격적인 수행에 들어가기 위한 초보단계의 수행법이라고 보기 어렵다.[122]

4. 계분별관에 대한 역사적 용례 및 텍스트별 맥락의 용례[123]

1) 빠알리문헌의 계분별관

수행도로서 「계분별관」 또는 「계차별(界差別)」은, 빠알리경전에서는 주로 사념처 가운데 신념처의 한 항목인 「4계차별」로 다음과 같이 설해진다.

> 비구들이여, 비구는 다름 아닌 이 신체를 있는 그대로, 놓여진 그대로, 要素(界)로서 관찰한다. 이 신체에는 지의 요소[地界], 수의 요소[水界], 화의 요소[火界], 풍의 요소[風界]가 존재한다고.[124]

어리석음의 번뇌(avijjā-āsava 無明漏) MN. I, 7.27-29, 55.10; DN. III, 216.9; SN. IV, 256.4]가 있다. 그 외 여러 가지 āsava에 대해서는 CPD II, 239f. 참조.

121 玉城康四郎, 「縁起の眞意 原型への復帰」 『印度学仏教学研究』83(42-1), 日本印度学仏教学會, 1983, 210면.

122 아난 존자가 연기의 이치가 깊으며 자신에게 분명하게 파악되었다고 하자 붓다가 그렇게 말하지 말라고 제지하며, 이 법을 깨닫지 못했기 때문에 중생들은 괴로움의 윤회를 벗어나지 못한다고 한 경전을 보더라도 연기는 쉽사리 파악되는 진리가 아니다. 'āyasmā ānando bhagavantaṃ etad avoca. acchariyaṃ bhante abbhutaṃ bhante yāva gambhīro cāyaṃ bhante paṭiccasamuppādo gambhīrāvabhāso ca atha ca pana me uttānakuttānako viya khāyatīti. mā hevaṃ ānanda avaca, mā hevaṃ ānanda avaca gambhīro ca. ayaṃ ānanda paṭiccasamuppādo gambhīrāvabhāso ca etassa ānanda dhammassa ananubodhā appaṭivedhā evam ayaṃ pajā tantākulakajātā gulāguṇṭhikajātā muñjababbajabhūtā apāyaṃ duggatiṃ vinipātaṃ saṃsāraṃ nātivattati' (DN. II, 55.8-18)

123 계분별관에 대해서는 김재성, 「界差別について －南北両阿毘達磨の修行道における位置づけ－」 『韓國佛教學 Seminar』 第7號, 한국유학생인도학불교학연구회, 1998을 중심으로 정리하였다.

124 『大念処経』DN. II, 294 =『念処経』 MN. I, 57 =『身念経』MN. III, 91 : bhikkhave bhikkhu, imam eva kāyaṃ yathāṭhitaṃ yathāpaṇihitaṃ dhātuso paccavekkhati, atthi imasmiṃ kāye paṭhavIdhātu āpodhātu tejodhātu vāyodhātūti.

이처럼 신체를 4요소로 관찰하는 수행도를 「사계차별」(四界差別, catudhātuvavatthāna)이라고 이름한 것은, 빠알리문헌에서는 『청정도론』(清浄道論) 등의 주석문헌에서이다. 그리고 『청정도론』에서는 계작의(界作意, dhātumanasikāra), 계업처(界業処, dhātukammaṭṭhāna), 사계차별(四界差別, catudhātuvavatthāna)은 같은 의미이며,[125] 계분별(界分別, dhātuppabheda)이라고도 한다.[126]

「사계차별」이 설해진 3 경전은 장부의 『대념처경』(大念処経, Mahāsatipaṭṭhāna-sutta), 중부의 『염처경』(念処経, Satipaṭṭhāna-sutta), 『신념경』(身念経, Kāyagatāsati-sutta)』이고, 3경전 모두 신념처의 하나로 제시되어 있다.

『청정도론』에서는, 선정 수행의 40 주제(kammaṭṭhāna)의 하나로 「사계차별」을 자세히 해설하고 있다. 신념처의 하나로 간략하게 「사계차별」을 설명(説明)한 후, 『상적유대경』(象跡喩大経, Mahāhatthipadūpama-sutta)』(MN. I, 184ff), 『교계라훌라대경(Mahārāhurovāda-sutta)』(MN. I, 421ff.), 『계분별경(界分別経, Dhātuvibhṅga- sutta)』(MN. III, 237ff)을 인용하면서 자세하게 「사계차별」을 분석(分析)하고 있다.[127] 이 3 경전의 「사계차별」을 간단하게 정리하면, 머리카락(髪, kesā)·체모(毛, lomā)·손발톱(爪, nakhā)·이(歯, dantā) 등의 신체를 구성하는 부분을 지계(地界)·수계(水界)·화계(火界)·풍계(風界)에 대응시켜 분석적으로 관찰한 것이다.

2) 유부 『중아함경』을 위시로 한 「계차별」

설일체유부 전승의 『중아함경』의 『신념경』[128]과 『염처경』[129]에는 지수화풍 사계에 공계와 식계가 더해져, 륙계가 제시되어 있다.[130]

---

125 Vism. 347: dhātumanasikāro dhātukammaṭṭhānaṃ catudhātuvavatthānan ti atthato ekaṃ.

126 Vism. 352.

127 Vism. 347-370. 『清浄道論』의 「四界差別修習」은 先行하는 『解脱道論』의 「観四大」(『大正藏』32권, 438중-440중)에 해당한다. 『解脱道論』에서는 『清浄道論』보다 簡略하게 설명되어 있다. 두 문헌에 대한 상세한 비교연구는 Bapat[1937:82-84] 参照.

128 『中阿含経』20(『大正藏』1권, 554하-557하), 특히, 観身諸界에 該当하는 556상26-7에 "復次比丘修習念身. 比丘者, 観身諸界. 此身中有地界水界火界風界空界識界."라고 제시되어 있다.

129 『中阿含経』24(『大正藏』1권, 582중-584중), 특히 583중17-19에 "復次比丘観身如身. 比丘者, 観身諸界. 我此身中有地界水界火界風界空界識界."로 제세되어 있다.

130 빠알리 『念処経』과 한역 中阿含経의 『念処経』의 比較研究는 田中教照[1993:150-168] 参照. 재미있는 것은 所属部派가 명확하지 않은 『増一阿含経』(榎本文雄[1984:102], 水

유부의 아비달마에서 신념처 가운데「계차별」(界方便)의「계」가 모두 육계를 의미하게 된 것은『중아함경』의 영향이라고 보아도 좋을 것이다. 예컨대, 유부 아비달마에서 신념처의 계차별을 설명하고 있는『아비달마법온족론』은 다음과 같다.

> 復次比丘. 於此內身, 觀察思惟諸界差別. 謂此身中, 唯有種種地界水界火界風界空界識界. 如是思惟諸界相時, 所起於法簡択乃至毘鉢舍那, 是循內身觀, 亦名身念住[131](또 비구들이여, 이 안의 몸에서 여러 계차별을 관찰하고 사유하라. 이를테면 이 몸안에는 갖가지 지계·수계·화계·풍계·공계·식계만이 있을 뿐이다. 이와 같이 여러 계의 모습을 사유할 때 법에서 일어나는 것을 간택하고 나아가 바발사나 하면 이것은 안의 몸을 좇아 관찰하는 것이니 또한 신념주아고 한다.)

『잡아비담심론』에도「부정관」「안반념」과 함께 삼도문의 하나로 제시되어 있는「계방편관」은 육계에 대한 관찰이다.[132]

3) 사계의 의미

수행도로서「사계차별」에서 사계의 의미는 빠알리문헌과 유부의『아함경』이나 논서가 거의 일치하고 있다. 간단히 말하면, 지계는 견성(堅性)·고성(固性), 수계는 결착성(結著性)·유동성(流動性), 화계는 편숙성(遍熟性)·열난성(熱煖性), 풍계는 지지성(支持性)·부동성(浮動性)이다.[133]

野弘元[1996 : 457-9])에는 四界가 설해져 있다.『大正藏』2권, 568상23-9 "復次比丘, 還觀此身有地種耶, 水火風種耶. 如是比丘, 觀此身. 復次比丘, 觀此身分別諸界. 此身有四種 … 有地水火風種."

131 『阿毘達磨法蘊足論』(『大正藏』26권, 476상28-중3)

132 『雜阿毘曇心論』. "能於自身界方便. 觀此身種種自性種種業種種相, 謂地等六界."(『大正藏』28권, 908중10-11)

133 yo imasmiṃ kāye thaddhabhāvo vā kharabhāvo vā, ayaṃ pathavīdhātu ; yo ābandhanabhāvo vā dravabhāvo vā, ayaṃ apodhātu ; yo paripācanabhāvo vā uṇhabhāvo vā, ayaṃ tejodhātu ; yo vitthambhanabhāvo vā samudīraṇabhāvo vā, ayaṃ vāyodhātū ti. Vism. 351-2.
"地界云何. 答堅性 … 水界云何. 答濕性 … 火界云何. 答煖性...風界云何. 答輕等動性."『大毘婆沙論』75(『大正藏』27권, 387하-388중)

5. 수행도에서 「계차별」의 위치

1) 초기경전의 「계차별」

「계차별」이라는 수행도는 초기경전에서 사념처 가운데 신념처의 하나로(『大念処経』等), 또는, 오온[五取蘊]의 색온[色取蘊]으로서 사대에 대한 분석으로(『象跡喩大経』, 『象跡喩経』『大正藏』 1권, 464중-67상), 또는 육계[地水火風空識]로서(『界分別経』, 『六浄経』 MN. III, 30-37. esp. 32면) 설해져 있다.

초기경전의 「계차별」이라는 수행도는 마음을 하나의 대상에 집중(心一境性)하는 선정의 측면보다는, 사대[四界]는 무상, 무아이며, 멸진(滅尽)의 성질을 가진 것(khayadhammatā), 괴멸(壊滅)의 성질을 가진 것(vayadhammatā), 변이(変異)의 성질을 가진 것(vipariṇāmadhammatā)이라는 것[134] 등을 아는 지혜의 측면이 중점적으로 제시되어 있다. 이러한 지혜의 측면에서 본다면, 한역 아함과 빠알리 니까야에 보이는 「사계차별」은 관(観, vipassanā) 수행으로 위치지을 수 있을 것이다.

2) 남방상좌불교 수행도에서 「계차별」의 위치

(1) 선정의 주제(業処)로서의 「계차별」

앞에서 말한 것 처럼(4. 1)), 「사계차별」이 독립된 수행도로서 빠알리문헌에 나오는 것은 『청정도론』을 위시로 한 주석문헌에서부터이다. 따라서 「사계차별」에 관한 자세한 분석은 『청정도론』의 「삼매의 해설(samādhiniddesa)」(Vism. 347-370)에 제시되어 있다.

『청정도론』의 「사계차별」에 대한 해설에서 주목할 점은 「사계차별」에 의해 경험되는 선정이다. 「사계차별」에 의해 얻어지는 선정은 근행정(近行定, upacāra- samādhi)이다.[135] 『청정도론』에 다음과 같이 말한다.

> '지계' '수계'라고 계(界)만으로, (즉) 유정이 아닌 것으로, 생명을 지닌

---

134 MN. I,185ff.; MN. III, 32, 240. 『大正藏』 1권, 464하27-9: "色法 … 是破壊法是滅尽法離散之法." 初期経典에서 五取蘊의 無常, 苦, 無我 等을 설한 経典에 관해서는 森 章司, 『原始仏教から阿毘達磨への仏教教理の研究』(東京: 東京堂出版, 1995), 281면ff. 参照.

135 近行定에 대해서는 金宰晟, 「『清浄道論』における刹那定と近行定－Samathayānaと Vipassanāyānaの接点－」, 『インド哲学仏教学研究』 3, 東京大学文学部インド哲学仏教学研究室, 1995. 参照.

자가 아닌 것으로 주의를 기울여 사유하고 관찰해야 한다. 이렇게 노력하는 그에게 오래지않아, 요소[界]의 차별을 비추는 지혜에 의해 획득되는, 고유한 성질을 가진 현상[自性法]을 대상으로 하는 안지(安止, 근본정 또는 본삼매)에는 도달하지 않고, 근행삼매(近行三昧)만이 일어난다.[136]

여기에서 사계차별에 의해 지혜가 얻어져, 그 지혜에 의해 정(定, 近行定)이 생긴다는 것을 확인할 수 있다.

(2) 관(觀) 수행에 사용되는 「사계차별」

『청정도론』에서 실천적인 관(觀) 수행 vipassanā-bhāvanā은 혜체(慧体, paññā-sarīra)라고 하는 5청정 즉, 견(見)청정·도의(度疑)청정·도비도지견(道非道智見)청정·행도지견(行道智見)청정·지견(智見)청정으로 전개된다.[137] 5청정 가운데 최초의 견(見)청정은 정신과 물질[名色]을 있는 그대로 보는 것이며,[138] 여기에서 「사계차별」이 설해진다. 다음에 순관행자(純觀行者) 또는 지행자(止行者)는 사계차별에서 설해진 각각의 계(界)를 파악하는 어느 문에 의해서 간략하게 또는 상세하게 사계를 파악한다.[139]

이처럼 「사계차별」이라는 수행도가 순관행자(純觀行者)[140]가 닦는 수행

136 pathavīdhātu āpodhatū ti dhātumattato nissattato nijjīvato āvajjitabbaṃ manasikātabbaṃ paccavekkhitabbaṃ. tass' evaṃ vāyamamānassa na ciren' eva dhātuppabhedāvabhāsanapaññāpariggahito sabhāvadhammārammaṇattā appanaṃ appatto upacāramatto samādhi upajjati. Vism. 352.
고유한 성질을 가진 현상(自性法)을 対象으로 하고 있는 禅定의 主題에는, 十随念 가운데 出入息念과 身念을 제외한 八随念, 食厭相, 四界差別, 識無邊処, 非想非非想処의 12가지가 있다. (tathā dasasu anussatīsu ṭhapetvā ānāpānasatiñ ca kāyagatāsatiñ ca avasesā aṭṭha anussatiyo, āhāre paṭikūlasaññā, catudhātuvavatthānaṃ, viññāṇañcāyatanaṃ, nevasaññānāsaññāyatanan ti imāni dvādasa sabhāvadhammārammanāni. Vism. 113.) 이 12가지 수행의 주제 가운데, 無色定인 識無邊処, 非想非非想処를 제외한 10가지는, 近行定을 가져온다. (kāyagatāsatiñ ca ānāpānassatiñ ca avasesā aṭṭha anussatiyo, āhāre paṭikūlasaññā, catudhātuvavatthānan ti imān' eva h' ettha dasa kammaṭṭhānāni upacāravahāni. Vism. 111.)

137 diṭṭhivisuddhi, kanthāvitaraṇavisuddhi, maggāmaggañāṇadassanāvisuddhi, paṭipadāñāṇadassanavisuddhi, ñāṇadassanavisuddhī ti imā pañcavisuddhiyo sarīran ti. Vism. 587

138 nāmarūpānaṃ yāthāvadassanaṃ diṭṭhivisuddhi nāma. Vism. 587.

139 suddhavipassanāyāniko pana ayam eva vā samathayāniko catudhātuvavatthāne vuttānaṃ tesaṃ tesaṃ dhātuparigahamukhānaṃ aññataramukhavasena saGkhepato vā vitthārato vā catasso dhātuyo pariganhāti. Vism. 588.

도로서 명확하게 제시되어 있다.[141] 순관행자(純観行者)는 혜해탈자(慧解脱者)의 일부이다. 따라서 혜해탈의 아라한이 되는 수행도로서 「사계차별」이 자리잡을 수 있다.[142]

3) 유부 수행도에서 「계차별」의 위치

유부 논서에서 「계차별」의 「계」는 『중아함경』과 마찬가지로 육계를 말한다. 유부 아비달마의 발달은 삼단계로 나뉘어진다. 먼저 초기단계는 경전의 주석 단계로 『집이문족론(集異門足論)』 『법온족론(法蘊足論)』이 여기에 속한다. 다음은 경전에서 독립하여 독자적인 연구를 하는 단계로 『식신족론(識身足論)』, 『계신족론(界身足論)』, 『시설론(施設論)』, 『발지론(発智論)』, 『대비바사론(大毘婆沙)論』 등이 있다. 마지막은 종합화, 체계화 단계로 『아비담심론(阿毘曇心論)』, 『아비담심론경(阿毘曇心論経)』, 『잡아비담심론(雜阿毘曇心論)』, 『구사론(俱舎論)』. 『아비달마순정리론(阿毘達磨順正理論)』 등이 있다.[143] 이와 같은 유부(有部)의 논서 가운데 「계차별」, 「계방편」이 수행도의 체계에서 등장하는 것은 『대비파사론(大毘婆沙論)』, 『아비담심론경(阿毘曇心論経)』, 『잡아비담심론(雜阿毘曇心論)』이다.[144]

(1) 『대비파사론(大毘婆沙論)』의 「계차별」

『대비파사론』에서는 기억과 망실에 관한 논의에서 계방편이 부정관(不浄観)과 지식관(持息観)과 함께 제시되어 있다.

> 이와 같이 먼저 부정관을 일으켜, 도중에 잊어버리고, 나중에 이전의 행한 것과 같은 예비적 수행(加行)에 의해 다시 기억한다. 앞서 일으킨 지식념

---

140 『청정도론』 주석에 의하면 無得定者가 純観行者 또는 乾観行者이다. ajhānalābhi suddhavipassanāyāniko sukhavipassako va. (Vism-mhṭ. 474면)

141 순관행에 대해서는 김재성, 「순관(純觀, suddha-vipassanā)에 대하여」, 『불교학연구』 4, 불교학연구회, 2002.참조.

142 혜해탈에 의해 아라한이 되는 성자에는 순관행자와 4선을 의지한 지행자(止行者)가 있다. 자세한 내용은 김재성, 「慧解脱について」 『印度學佛教學研究』51-2, 831-827면(L), 日本印度學佛教學会, 2003.참조.

143 有部阿毘達磨의 発達에 대해서는 江島惠教, [1988] 164-168면 참조.

144 阿毘曇心論系와 『大毘婆沙論』의 수행도에 대한 비교연구는 田中教照, 「阿毘曇心論系と大毘婆沙論の修行道のちがいについて」, 『印度学仏教学研究』 24-1, 日本印度學佛教學会, 1975.참조.

과 계방편도 이와 같다.[145]

간단하지만 『대비파사론』에서는 적어도 예비적 수행[加行, prayoga]으로 부정관과 지식관과 함께 계방편이 사용되었음을 알 수 있다.

『대비파사론』의 수행도의 순서는 다음과 같다.

부정관혹지식념등(不浄観或持息念等) → 염주(念住) → 삼의관(三義観) → 칠처선(七処善) → 난(煖) → 정(頂)→ 인(忍) → 세제일법(世第一法) → 견도(見道) → 예류(預流) → 일래(一来) → 불환(不還) → 아라한과(阿羅漢果).[146]

여기에서 「부정관혹지식념등(不浄觀或持息念等)」 가운데 「계방편」이 포함될 수 있다. 「삼념주가행(三念住加行)」으로 설해져 있는 설명[147]에 의하면, 계작의(界作意, 界方便)는 부정관과 지식관 함께 염주(念住)의 세 가지 예비적 수행[三加行]으로 명확하게 제시되어 있다.

이처럼 계방편이라는 수행도는 『대비바사론』에서 영주(念住) 수행으로 들어가지 전에 닦는 세 가지 예비적 수행[加行]의 하나임을 알 수 있다.

(2) 『아비담심론경』, 『잡아비담심론』에서의 「계차별」

『아비담심론경』과 『잡아비담심론』은 『아비담심론』의 주석적인 논서이다. 이 논서 가운데 먼저 『아비담심론경』에서는 『대비바사론』과 같이 부정관, 아나파나(阿那波那, 持息念)와 함께 계입(界入, 界差別)이 삼방편관(三方便観)으로 설해져 있다. [148]

『잡아비담심론』에서는 삼도문(三度門)으로 부정관, 안반념, 계방편관(界方便観)이 설해져 방편관에 대해서는 유부(有部) 론서 가운데 가장 상세하게 설명하고 있다[149]. 이러한 논서에서 말하는 「계」는 지수화풍공식(地水火風空識)의 육계이다.

---

145 "如是先起不淨觀, 中間忘失, 後因如前所作加行還得記憶. 先起持息念界方便亦爾."(『大正藏』 27권, 58상5-7)

146 "若順次第説諸功徳者, 應先説不浄觀或持息念等, 次説念住, 次説三義觀, 次説七處善, 次説煖, 次説頂, 次説忍, 然後應説世第一法. 若逆次第説諸功徳者, 應先説阿羅漢果, 次説不還, 次説一來, 次説預流, 次説見道, 然後應説世第一法."(『大正藏』 27권, 5하1-9)

147 問何謂念住加行. 云何自相種性雜緣, 及聞思修所成念住生起次第. 答不淨觀持息念界作意, 是謂念住加行. 則此爲先入自相種性身念住. 則身念住爲先入自相種性受念 (『大正藏』 27권, 941하1-6)

148 『大正藏』 28권, 848하4-5.

149 『大正藏』 28권, 908중1-23.

따라서 이러한 삼방편관을 예비적 수행으로 하여, 사념주(四念住) → 사선근(四善根, 煖·頂·忍·世第一法) → 견도(見道) → 수도(修道, 預流 → 一来 → 不還 → 阿羅漢向) → 무학(無学, 阿羅漢果)이라는 수행도가 제시된다.

하지만 『잡아비담심론』을 참고하면서 저술된 세친의 『구사론』에서는, 계차별(界方便)을 제외하고, 부정관과 지식관의 이문을 수도에 들어가는 요문(要門, dve avatāramukhe)[150]으로 세우고 있다.

4) 대승불교의 계차별관

유부(有部) 아비달마의 영향을 받았다고 할 수 있는 유식학파의 논서 『유가사지론』 「성문지」에서는 5정행소연(浄行所緣)의 하나로서 「계차별소연(界差別所緣)」이 제시되며, 「계차별소연(界差別所緣)」에서의 「계」도 유부의 아비담마의 전통과 같이 육계이다[151].

이상의 고찰을 정리하면 다음과 같다.

먼저 초기경전에서 「계차별(界差別)」은 관(観, vipassanā) 수행으로 자리할 수 있다.

『청정도론』을 위시로 한 남방상좌불교의 아비달마 및 주석에서는 관(観)의 측면과 관의 근거가 되는 근행정(近行定)을 얻기 위한 방법으로 위치지울 수 있다. 따라서 순관행자(純観行者)는 「사계차별(四界差別)」을 통해서 혜해탈자가 된다.

유부의 아비달마에서는 『대비파사론』, 『잡아비담심론』을 중심으로 사념주(四念住)의 예비적 수행(加行)으로서, 부정관, 지식관(持息観)과 함께 3방편문으로 자리잡게 된다.

---

150 AKbh. 341.6-7. ukte dve avatāramukhe. "탐욕이 강한 사람들과 분별의 성향(尋)이 강한 사람들은 不浄[観]과 持息念에 의해 (修習)에 들어간다" tatrāvatāro "'subhayā cānāpānasmṛtena ca adhirāgavitarkāṇām(AKbh. 337.8-20). "入修要二門不淨觀息念, 貪尋增上者如次第應修."(『大正藏』29권, 117중6-7); "得入修觀偈曰. 入修由二因. 不淨觀息念. 釋曰. 何人因不淨觀入修. 何人因阿那波那念入修次第. 偈曰. 多欲多覺觀."(『大正藏』29권, 269하8-11)

151 『육가사지론』「성문지」. "云何界差別所緣. 謂六界差別. 一地界二水界三火界四風界五空界六識界."(『大正藏』30권, 430상14-15) 하지만 『大般若経』에는 四界가 提示되어 있어 주목해 보아야 할 것이다. "審觀自身, 如實念知四界差別. 所謂地界水火風界."(『大正藏』5권, 298중13-4)

6. 안나반나관에 대한 역사적 용례 및 텍스트별 맥락의 용례

1) 초기불교의 입출식념[152]

초기경전에 나타난 입출식념은 여러 곳에서 설해지지만, 대표적인 경전으로는 이른바 염처계 경전[153]이다. 그 가운데 『대념처경』에서는 신념처의 첫 항목으로 제시되며, 『입출식념경(入出息念經)』(MN. III, 78-88)과 『신념경(身念經)』(MN. III, 88-99) 등에서 구체적인 수행법을 찾아 볼 수 있다.

『입출식념경(入出息念經)』은 신념처 수행의 처음에 제시되는 호흡에 대한 관찰 부분만을 설한 경전인데, 수행의 단계가 입출식념 → 사념처 → 칠각지 → 명(明, vijja)·해탈(解脫, vimutti)로 제시되어 있다. 「염처경」에서는 단순히 호흡에 대한 관찰[154]만이 제시되어 있는데, 『입출식념경』에서는 호흡에 대한 관찰이 16 단계로 나뉘어져서 각 4 단계마다, 신수심법의 사념처를 순서로 적용시키고 있다. 그 내용은 다음과 같다.

신념처 : (1) 긴 날숨과 들숨에 대한 관찰. (2) 짧은 날숨과 들숨에 대한 관찰, (3) 전신(全身)을 감지하면서(paṭisaṃvedī) 호흡, (4) 호흡이라는 몸의 작용[身行]을 가라앉히면서(passambhayam cittasaṅkhāraṃ) 호흡.

수념처 : (1)기쁨[喜, pīti]을 감지하면서 호흡, (2) 행복[樂, sukha]을 감지하면서 호흡, (3) [느낌이라는] 마음의 작용[心行, cittasaṅkhāra]을 감지하

152 『入出息念經』과 『清淨道論』의 입출식념에 대해서는 대림, 『들숨날숨에 마음챙기는 공부』(서울: 초기불전연구원, 2003) 참조.

153 『염처계경』에는 四念處를 전체적으로 해설하고 있는 장부의 『大念處經』 (DN. II, 290-313), 『중부』의 『念處經』(MN. I, 55-63), 中部 118경인『입출식념경』(MN. III, 78-88)과 119경인『身念經』(MN. III, 88-99) 그리고 相應部 대품의「念處相應」(SN. V, 141-192) 등이 있다. 김재성, 「염처경(念處經)에 나타난 수행법」『한국불교학결집대회논집』 제1집 하권, 2002b 참조.

154 「염처경」과 『대념처경』에 제시된 호흡에 대한 관찰은 다음과 같다. "비구들이여, 여기에 어떤 비구가 숲 속에 가거나 나무 아래에 가거나 빈방에 가서, 다리는 가부좌를 틀고 상체를 곧 바로 세우고 전면에 마음챙김을 단단히 하여 앉는다. 그리고는 마음을 챙겨서 숨을 들이쉬고 마음을 챙겨서 숨을 내쉰다. 숨을 길게 들이쉬면서는 '길게 숨을 들이쉰다'고 알아차리고(pajānāti), 길게 내쉬면서는 '숨을 길게 내쉰다'고 알아차린다. 숨을 짧게 들이쉬면서는 '숨을 짧게 들이쉰다'고 알아차리고, 숨을 짧게 내쉬면서는 '숨을 짧게 내쉰다'고 알아차린다. '온 몸을 파악하면서 숨을 들이쉬리라'고 마음을 다지면서 수행하며(sikkhati) '온 몸을 파악하면서 숨을 내쉬리라'며 마음을 다지면서 수행한다. '(호흡이라는) 육체의 작용[身行]을 안정시키면서 숨을 들이쉬리라'며 마음을 다지면서 수행하며, '육체의 작용을 안정시키면서 숨을 내쉬리라'며 마음을 다지면서 수행을 한다" (DN. II, 291 = MN. I, 56)

면서 호흡, (4) [느낌이라는] 마음의 작용[心行]을 가라앉히면서 호흡.

심념처 : (1) 마음(citta)을 감지하면서 호흡, (2) 마음을 기쁘게 하면서 (abhippampdayaṃ cittaṃ) 호흡, (3) 마음을 집중하면서(samādahaṃ cittaṃ) 호흡, (4) 마음을 해탈시키면서 (vimocayaṃ cittaṃ) 호흡.

법념처 : (1) 무상(無常, anicca)을 반복해서 관찰하면서(anupassī) 호흡, (2) 이탐(離貪, virāga)을 반복해서 관찰하면서 호흡, (3) 멸진(滅盡, nirodha)을 반복해서 관찰하면서 호흡, (4) 버림[捨, paṭinissagga]을 반복해서 관찰하면서 호흡.

이처럼 호흡을 하면서 사념처로 진행되는 수행법은 『입출식념경』에서만 제시되는 수행법이다. 호흡에 대한 관찰을 통해 사념처로 이어지고 사념처의 각 염처 수행은 다시 각각 칠각지로 이어진다(MN. III, 85-88). 마지막으로 칠각지를 수행하여 명(明)과 해탈(解脫)을 완성한다. 이처럼 『입출식념경』의 마지막 목적은 명(明)과 해탈임을 알 수 있다.

『중부』의 『신념경(身念經)』은 『대념처경』의 「몸에 대한 마음챙김」 부분만이 제시되어 있는 독립된 경전이지만, 몸에 대한 마음챙김 수행이 선정(禪定) 수행으로 이어지는 면이 중심적으로 제시되어 있다. 기본적인 내용은 염처경의 신념처에 해당하는 부분과 동일하지만 각 수행법 뒤에 다음과 같은 내용이 추가되어 있다.

'이렇게 게으르지 않고, 열심히 스스로 노력하며 지내는 그에게 재가(在家)의 기억과 생각(sarasaṅkappa)이 끊어져 버린다. 이것들이 끊어짐으로써 안으로 마음이 잘 머물고 가라앉으며, 한곳에 집중되고 안정된다. 비구들이여, 이렇게 비구는 신념을 닦는다.' [155]

마음이 한 곳에 집중되고 안정된다는 말은 곧 초선을 이룬다는 의미이다. 초선을 이룬 후 신념경은 계속해서 제 2선, 제 3선, 제 4선을 이루고, 마지막 번뇌가 다하여 누진통(漏盡通)을 포함한 여섯 가지 신통(abhiññā)을 이루게 된다고 한다. 이처럼 신념경에서는 신념으로 사선을 이루고 사선으로 육신통을 이루는 과정으로 설명되어 있다. 「신념경」의 체계에 따르면 입출식념 수행의 결과 4선을 이루게 되고, 4선을 이룬 뒤에 여섯 가지 신통을 얻어 아라한이 되는 것임을 알 수 있다.

155 tassa evaṃ appamattasa ātāpino pahitattassa viharato ye te gehasitā sarasaṃkappā te pahīyanti. tesam pahānā ajjhattam evā cittaṃ santiṭṭhati sannisīdati ekodihoti samādhiyati. evam pi, bhikkhave, bhikkhu kāyagataṃ satiṃ bhāveti. MN. III, 89.

붓다는 깨달음을 얻기 직전에 입출식념으로 네 가지 선정[156]을 이루었고, 이 선정을 바탕으로 자신의 전생을 아는 숙명지(宿命智), 다른 중생들의 죽음과 태어남을 아는 사생지(死生智), 그리고 네 가지 고귀한 진리[사성제]를 체득함에 의해서 모든 번뇌를 끊어버린 누진지(漏盡智)를 얻어 붓다가 되었다.[157] 한 경전에 의하면 붓다가 완전한 깨달음을 이루기 전 보살이었을 때, 열심히 닦고 익혔던 수행법은 입출식념(ānāpānasati)이었고 바로 이 수행법을 통해 마음이 번뇌에서 해탈했다[158]고 한다. 붓다는 깨달은 이후에도 입출식념에 의한 마음집중(ānāpānasatisamādhi)에 머물렀다. 입출식념에 의한 마음집중은 성인이 머무는 곳 (ariyavihāro)이고 브라마가 머무는 곳(brahmavihāro)이며, 여래가 머무는 곳(tathagātavihāro)이 되며, 모든 번뇌의 소멸을 이루고(āsavānaṃ khayāya saṃvattati), 바로 이생에 행복하게 머물게 된다(diṭṭheva dhamme sukhavihārāya ceva saṃvattati)[159]. 이렇게 붓다는 깨닫기 이전부터 보리수 아래에서 깨달음을 이룰 때는 수행의 방법으로, 그리고 깨달은 이후에는 이생에서 경험할 수 있는 행복으로 입출식념에 의한 마음집중에 들었다는 것을 볼때, 입출식념은 붓다의 기본적인 수행법이자 머무는 곳이었음을 알 수 있다.[160]

---

156 『사차카경』의 주석서<MN-a. II, 291>에 의하면, 태자시절에 농경제에서 경험한 호흡에 대한 마음챙김인 입출식념 ānāpānasati에 의해서 얻은 초선을 바탕으로 해서 사선(四禪)을 이루었다.

157 MN. I, 247-249.

158 aham pi sudam bhikkhave pubbeva sambodhā anabhisambuddho bodhisatto va samāno iminā vihārena bahulaṃ viharāmi tassa mayham bhikkhave iminā vihārena bahulaṃ viharato neva kāyo kilamati na cakkhunī anupādāya ca me āsavehi cittaṃ vimuccati (SN. V, 317.7-11)

159 yañ hi tam bhikkhave sammāvadamāno vadeyya ariyavihāro iti pi brahmavihāro iti pi tathagātavihāro iti pi ānāpānasatisamādhiṃ sammāvadamāno vadeyya ariyavihāro iti pi brahmavihāro iti pi tathāgatavihāro iti pi ye te bhikkhave bhikkhū sekhā appattamānasā anuttaraṃ yogakkhemaṃ patthayamānā viharanti tesam ānāpānasatisamādhi bhāvito bahulīkato āsavānaṃ khayāya saṃvattati ye ca kho te bhikkhave bhikkhū arahanto khīṇāsavā vusitavanto katakaraṇīyā ohitabhārā anuppattasadatthā parikkhīṇabhavasaṃyojanā sammadaññā vimuttā tesam ānāpānasatisamādhi bhāvito bahulīkato diṭṭheva dhamme sukhavihārāya ceva saṃvattati (SN. V, 326. 13-25)

160 일중,「입출식념경에 나타난 초기불교의 호흡관 수행법」 1088-9면. 이 논문에서 붓다는 '깨달은 이후에도 늘 이 호흡관 수행을 하셨음'이라고 하였는데, 깨달은 이후에는 수행을 한 것이라기보다는 입출식념에 의한 선정을 즐기셨다는 표현이 적절할 것이다. 아라한이나 붓다는 더 이상 수행을 해야 할 필요가 없으며, 단지 선정의 상태를 즐

이처럼 입출식념을 붓다가 중시했음은 물론 제자들에게 부작용이 적은 수행법으로 제시하였음을 알 수 있다.[161] 『입출식념경』에 제시된 입출식념은 사념처와 칠각지로 이어지고 궁극적으로는 지혜와 해탈을 이루는 입문적 수행법의 위치에 있다고 할 수 있다. 하지만, 이 경전에서 우리는 사념처의 전 과정에 입출식념 수행이 동반되어 있기 때문에 수행의 도입부분뿐만 아니라 수행이 제자리를 잡고 나서도 계속해서 입출식념을 닦는 것을 알 수 있다. 입출식념을 통해 4선을 이룰 경우에는 선정 수행의 기본 방법으로의 역할을 하고 있다는 것도 알 수 있다. 4선을 이루는 효과적인 방법으로 입출식념은 4선을 이룬 후에 지혜가 열리는 기반이 된다는 점에서 기반이 되는 수행법임을 알 수 있다.

V.

오정심관이라는 다섯 가지 수행법은 중국불교 전통에서 다섯 가지 번뇌를 다스리는 기초적인 수행법으로 자리매김을 하게 된다. 특히 『구사론』 주석가들과 종파불교의 저술에 반영된 오정심관은 본격적인 수행에 들어가는 준비단계의 수행법으로 간주되었다. 인도불교의 유부의 교학이나 유식학의 전통에서도 이러한 입장은 유사하다고 할 수 있다.

하지만 초기불교 전통에서 고찰해본 오정심관의 각 수행법은 준비단계의 수행만이 아니라 수행의 향상에 따라 함께 깊어지는 수행법으로 제시되고 있음을 알 수 있었다.

『성문지』 등에서 일반적으로 부정관으로 탐심을, 자비관으로 분노를, 인연관으로 어리석음을, 계차별관으로 아만을, 안나반나관으로 분별을 다스린다고 한다. 하지만 각 수행법을 구체적으로 검토해 보면, 대치되는 번뇌를 극복하는 것은 물론 더 깊은 깨달음의 체험으로 이어지는 수행법임을 알 수 있다. 특히 인연관과 계차별관은 그대로 성인의 깨달음으로 이어지는 수행법임을 확인할 수 있었고, 안나반나관도 지혜와 해탈에 이르는 전

졌을 뿐이었다고 하는 것이 바람직하기 때문이다.

161 『율장』에 의하면, 부정관의 부작용으로 수행승들이 자신의 육체를 혐오해서 서로 죽이거나 남을 시켜 죽는 부작용이 일어나자 붓다는 입출식념에 의한 마음집중(ānāpānasatisamādhi)를 닦을 것을 권했다고 한다. (Vin. III, 68-71)

과정의 바탕이 되는 수행법임도 확인할 수 있었다. 따라서 오정심관으로 정리된 수행법을 인도불교의 전통에서부터 올바로 이해하는 것은 불교 수행의 다양성을 풍요롭게 하는 첫 걸음임을 알 수 있을 것이다.

김재성 (능인불교대학원대)

사념처

범 catvāri smṛty-upasthānāni 장 dran-pa ñe-bar bshag-pa bshi
한 四念處 영 the four foundations of mindfulness, the four establishings of mindfulness

Ⅰ. 어원과 의미

사념처(四念處, 빠 cattāro satipaṭṭhānā)란 초기불교 실천체계의 전형으로서 몸[身]·느낌[受]·마음[心]·법(法)의 4가지[四, 빠 cattāro]에 대해 마음지킴[念, 빠 sati]을 확립하는[處, 빠 paṭṭhānā] 수행을 가리킨다. 이것에 대응하는 범어는 catvāri smṛty-upasthānāni이고, 서장어는 dran-pa ñe-bar bshag-pa bshi이며, 중국에서는 사념처(四念處) 이외에 사념주(四念住)·사의지(四意止)·사지념(四止念)·사념(四念) 등으로 옮겼다.[1] 또한 영어로는 the four foundations of mindfulness 혹은 the four establishings of mindfulness 등으로 번역한다.[2]

사념처 수행은 깨달음을 얻기 위한 37가지 수행의 요소[三十七助道品] 가운데 첫 번째 것으로 분류된다.[3] 이것의 요체는 몸과 마음에서 발생하는 현

1 望月信亨, 『불교대사전』, 1954, 1973-1974면.
2 Venerable U Sīlānanda, *The Four Foundations of Mindfulness,* 1990, 13면 이하; R. M. L. Gethin, *The Buddhist Path to Awakening,* 1992, 29-68면.

상들에 대한 지속적인 관찰과 주의집중을 통해 탐욕[빠 abhijjhā]과 근심[빠 domanassa]으로부터 벗어나는 데에 있다. 또한 이 과정에서 5가지 집착된 무더기[五取蘊]라든가 여섯 터전[六入處] 등으로 드러나는 사물의 실상을 꿰뚫어 네 가지 거룩한 진리[四聖諦]를 깨닫고 궁극적으로는 아라한의 지혜[빠 aññā]를 얻는 것을 목적으로 한다.

Mahāparinibbānasutta[大般涅槃經]에 따르면, 사념처는 "자신을 등불로 삼아 자신에 의지하고 법을 등불로 삼아 법에 의지하라[自燈明自歸依 法燈明法歸依]"[4]는 가르침의 실제 내용으로 해설된다. 나아가 이것을 실천하면 "나의 제자들 중에서 최고의 비구가 될 것이다"[5]는 부처님 자신의 구체적인 유언도 뒤따른다. 따라서 사념처는 불교 문헌에 나타나는 여러 수행 방법 중에서 가장 확실한 경전적 근거를 지닌다고 할 수 있다. 또한 사념처는 오늘날에 이르기까지 남방의 상좌부[Theravāda]에서 위빠사나(vipassanā)라는 이름으로 실천되고 있다.[6] 따라서 사념처는 경전적 근거와 더불어 장구한 세월에 걸친 생명력까지를 지닌 수행법이라고 할 수 있다.

빠알리어로 제시되는 satipaṭṭhānā[念處]는 sati[念, 마음지킴]와 paṭṭhāna[處, 확립; 혹은 빠 upaṭṭhāna]의 합성어이다. 먼저 sati란 √smṛ[to remember]에서 파생한 말로서 '잊지 않고 기억하다'는 일차적인 의미를 지니며 범어의 smṛti[기억]와 동의어이다. sati의 의미는 크게 두 가지로 구분되는데, 기억[memory]이나 회상[remembrance]의 의미가 첫 번째이고 주의 집중[intentness of mind] 혹은 주의 깊음[mindfulness]이 두 번째이다.[7] 전자의 기억이나

---

3 R. M. L. Gethin, ibid.

4 DN(PTS본, 이하 약호표기 동일). 2권, 100면; DN. 3권, 58면, 77면 등.

5 DN. 2권, 101면.

6 일중, 「고엔카 수행법과 대념처경」, 『근본불교 학술대회 자료집』(서울: 근본불교 수행도량, 2002), 109-144면; 김재성, 「태국과 미얀마 불교의 교학과 수행체계」, 『세계 승가공동체의 교학과 수행체계』(서울: 가산불교문화연구원, 1997), 85-160면; 김재성, 「마하시 수행법과 대념처경」, 『근본불교 학술대회 자료집』(서울: 근본불교 수행도량, 2002), 150-198면; Myanaung Tin (ed)., *Satipaṭṭhāna Vipassanā Meditation-Criticisms and Replies.* Rangoon, 1979.; Nyanaponika There, *The Heart of Buddhist Meditation,* London: Rider, 1986; U Sīlānanda, *The Four Foundations of Mindfulness,* Boston, 1990.; Harcharan Singh Sobti, *Vipassanā The Buddhist Way, Based on Pāḷi Sources.* Delhi: Eastern Book Linkers, 1992.; Ginsberg, Mitchell, *The Far Shore-Vipassanā,* Delhi: Motilal Banarsidass, 1996.; 인경 옮김, 『단지 보기만 하라』(서울: 경서원, 1990); 정원 옮김, 『위빠사나 수행』(서울: 보리수선원, 1998) 등.

7 T. W. Rhys Davids, *The Pali Text Society's Pali-English Dictionary*, 1986, 672면.

회상이 이미 경험하여 개념적으로 고정된 사실에 대한 마음작용이라면, 후자의 주의 집중 혹은 주의 깊음은 현재 진행되는 사태에 대한 그것을 나타낸다. 이러한 sati는 념(念) 이외에도 억념(憶念)·수의(守意) 등으로 옮겨졌는데, 념이라든가 억념은 전자에 가깝고 수의는 후자에 근접해 있다고 할 수 있다.

*Paṭisambhidāmagga*에서는 이것에 대해 "들숨을 따라가는 것 그리고 날숨을 따라가는 것이 곧 사띠이다[巴 anugacchanā ca assāsaṁ passāsaṁ anugacchanā sati]"[8]고 해설하여 후자를 뒷받침해 준다. 동일한 맥락에서 이것의 주석서인 *Saddhammapakāsinī*에서도 "사띠란 내부적으로나 외부적으로 산란하지 않게 하는 원인이 되는 것을 사띠라 한다[巴 satīti ajjhattabahiddhāvikkhepahetubhūtā sati]"[9]고 정의한다. 따라서 이 용어는 '기억하다'는 기본적인 의미에 뿌리를 두면서 마음의 조절에 관련한 개념으로 확장·사용된 것임을 생각해 볼 수 있다. 한편 *Visuddhimagga*에서는 "이것은 들뜨지 않음을 특징으로 하고 잊지 않는 것을 역할로 하며 보살핌을 나타남으로 하거나 혹은 대상을 향한 상태를 나타남으로 한다"[10]고 정리한다.

나아가 4부의 니카야(*Nikāya*)에는 이 용어와 관련하여 "비구여, 사띠란 [감각의 문을 지키는] 문지기에 비유된다[巴 dovārikoti kho bhikkhu satiyā etaṃ adhivacanaṃ]"[11]는 경문이 등장한다. 또한 감관의 억제[巴 indriyasaṁvara]·감관의 통제[巴 indriya-saṃyutta]·감관의 문을 지킴[巴 indriyesu guttadvāro] 등의 표현이 sati와 직·간접적인 관계 속에서 묘사된다. 이들 용례는 감각기관의 단속을 통해 산란함을 가라앉히는 sati의 기능과 긴밀한 관련을 지닌다고 할 수 있다. 본 고에서는 이상의 용례들을 근거로, 이 용어를 '특정한 대상을 지속적으로 관찰하거나[巴 anupassī] 따라감으로써[巴 anugacchanā] 감관을 단속하고 마음의 방황을 멈추게 하는 것'으로 정의한다. 또한 이것에 근거하여 념(念)이라는 번역어를 채용하는 대신 마음지킴이라는 새로운 말을 채택한다.[12]

한편 합성어를 이루는 두 번째 용어로서 paṭṭhāna(혹은 巴 upaṭṭhāna)는

8 Ps. 1권, 164면.
9 PsA. 471면.
10 Vism. 464면.
11 SN. 4권, 194면; AN. 4권, 111면 등.
12 임승택, 「마음지킴의 확립을 위한 큰 경전, 제1」, 『불교원전연구』 제3호, 동국대학교 불교문화연구원, 2002, 11-12면.

다시 pa와 ṭhāna로 이루어져 있다. 여기에서 pa는 '앞으로'의 의미를 지닌 접두어이고 ṭhāna는 장소나 지점을 의미한다. 따라서 paṭṭhāna는 '앞으로 나가는 곳'의 뜻을 지닌다. 이렇게 해서 satipaṭṭhāna의 온전한 의미를 번역하면 '마음지킴을 시작하는 곳'이 된다. 이러한 분석을 통해 사념처의 관찰 대상으로서 몸·느낌·마음·법은 마음지킴을 가능케 하는 시작점 혹은 매개물이 된다는 사실을 생각해 볼 수 있다.

그런데 문헌상에서는 이것을 upaṭṭhāna로 대신하여 분석하는 경우가 많고, 이것에 상응하는 범어 또한 smṛty-upasthānāni로 기술된다. upa는 '가까이'의 뜻을 지닌 접두어로서 그대로 직역하면 '가까이에 있는 상태'를 의미한다. 따라서 이 경우의 온전한 의미를 옮기자면 '마음지킴이 가까이에 있는 상태' 혹은 '마음지킴이 확고한 상태'가 된다. 이상과 같이 satipaṭṭhānā에는 2가지 의미가 중첩되어 있다고 할 수 있는데, 전자가 수행의 대상을 지시하는 것이라면 후자는 수행의 과정을 가리킨다.

이러한 satipaṭṭhāna의 2가지 의미와 관련하여, 문헌에 나타나는 용례는 대체적으로 후자에 근접해 있다. 예컨대 *Saddhammapakāsinī*에서는 "빳타나란 확고히 선다는 것이며 확립한다는 것이다. [대상을 향해] 뛰어 오르고 돌진하여 나아간다는 의미이다. 사띠가 곧 빳타나이며 사띠빳타나이다[빠 patiṭṭhātīti paṭṭhānaṁ, upaṭṭhāti okkanditvā pakkhanditvā pavattatīti attho. satiyeva paṭṭhānaṁ satipaṭṭhānaṁ]"[13]고 해설한다. 나아가 *Paṭisambhidāmagga*에도 "마음지킴의 기능에서 확립의 의미를 철저히 알아야 한다[빠 satindriyassa upaṭṭhānaṭṭho abhiññeyyo]"[14]는 구절이 나타난다. 본 고에서는 이상과 같은 용례들을 근거로 염처(念處)로 옮겨졌던 satipaṭṭhāna를 '마음지킴의 확립'으로 옮긴다.

Ⅱ. 개념 분석

1. 몸[身]·느낌[受]·마음[心]·법(法)

마음지킴[念, 빠 sati]을 확립하는 매개로서 사념처의 4가지란 몸[身]·느

13 PsA. 298면.
14 Ps. 1권, 16면.

낌[受]·마음[心]·법(法)을 가리킨다. 사념처 수행은 이들에 대한 마음지킴과 지속적인 관찰[隨觀, 빠 anupassanā]을 방법으로 한다. 그런데 이들 4가지는 수행의 과정에서 포착되는 여러 현상들을 총괄적으로 아우르는 성격을 지니며 또 다른 세부 항목들로 구성된다. *Mahāsatipaṭṭhāna-Suttanta*에 나타나는 세부 항목들을 요약·정리하면 다음과 같다.[15]

(1) 몸에 대한 마음지킴[身念處]

① 들숨과 날숨에 대한 알아차림
② 몸의 상태에 대한 알아차림
③ 몸의 행동에 대한 알아차림
④ 몸을 구성하는 32가지의 요소에 대한 알아차림
⑤ 몸을 구성하는 4가지 요소[四大]에 대한 알아차림
⑥ 죽은 시체에 대한 관찰
⑦ 죽은 시체를 짐승들이 쪼아먹는 모습에 대한 관찰
⑧ 해골에 살과 피와 힘줄이 뒤엉켜 있는 모습에 대한 관찰
⑨ 해골에 피와 힘줄이 뒤엉켜 있는 모습에 대한 관찰
⑩ 해골에 힘줄만 남아 붙어 있는 모습에 대한 관찰
⑪ 해골과 뼈가 흩어져 있는 모습에 대한 관찰
⑫ 해골이 하얗게 바랜 모습에 대한 관찰
⑬ 해골이 뼈 무더기로 변한 모습에 대한 관찰
⑭ 뼈가 삭아 티끌로 변한 모습에 대한 관찰

(2) 느낌에 대한 마음지킴[受念處]

① 즐거운 느낌에 대한 알아차림
② 괴로운 느낌에 대한 알아차림
③ 즐겁지도 괴롭지도 않은 느낌에 대한 알아차림
④ 육체적인 즐거운 느낌에 대한 알아차림
⑤ 비육체적인 즐거운 느낌에 대한 알아차림
⑥ 육체적인 괴로운 느낌에 대한 알아차림
⑦ 비육체적인 괴로운 느낌에 대한 알아차림

15 DN. 2권, 290-315면.

⑧ 육체적인 즐겁지도 괴롭지도 않은 느낌에 대한 알아차림
⑨ 비육체적인 즐겁지도 괴롭지도 않은 느낌에 대한 알아차림

(3) 마음에 대한 마음지킴[心念處]

① 탐욕이 있음에 대한 알아차림
② 탐욕이 없음에 대한 알아차림
③ 성냄이 있음에 대한 알아차림
④ 성냄이 없음에 대한 알아차림
⑤ 어리석음이 있음에 대한 알아차림
⑥ 어리석음이 없음에 대한 알아차림
⑦ 침체된 마음에 대한 알아차림
⑧ 산란한 마음에 대한 알아차림
⑨ 넓은 마음이 있음에 대한 알아차림
⑩ 넓은 마음이 없음에 대한 알아차림
⑪ 우월한 마음이 있음에 대한 알아차림
⑫ 우월한 마음이 없음에 대한 알아차림
⑬ 집중된 마음이 있음에 대한 알아차림
⑭ 집중되지 않은 마음에 대한 알아차림
⑮ 해탈한 마음이 있음에 대한 알아차림
⑯ 해탈한 마음이 없음에 대한 알아차림

(4) 법에 대한 마음지킴[法念處]

① 5가지 장애[五蓋]에 대한 알아차림
② 5가지 집착된 무더기[五取蘊]에 대한 알아차림
③ 여섯 터전[六入處]에 대한 알아차림
④ 일곱 깨달음의 요소[七覺支]에 대한 알아차림
⑤ 4가지 거룩한 진리[四聖諦]에 대한 알아차림

이와 같이 사념처의 수행은 몸·느낌·마음·법에 관련하여 44가지에 이르는 세부 항목들을 포함한다. 즉 사념처의 관찰 대상은 크게 볼 때 4가지로 구분되지만 세부적으로 나누면 도합 44가지에 이른다. 이들에 대한 마음지킴을 통해 탐욕과 근심으로부터 벗어나고 종국에는 4가지 거룩한 진리[四

聖諦]를 깨닫는 것이 전술한 사념처 수행의 목적이다.

*Mahāsatipaṭṭhāna-Suttanta*에서는 이와 같은 세부 항목들을 기술한 연후에, 그들에 대한 지속적인 관찰[빠 dhammānupassī]을 통해 무상함의 이치를 자각해 가는 과정을 다음과 같이 묘사한다.

> 이와 같이 혹은 안으로 몸[·느낌·마음·법]에 관련하여 몸[·느낌·마음·법]을 지속적으로 관찰하면서[dhammānupassī] 머문다. 혹은 밖으로 몸[·느낌·마음·법]에 관련하여 몸[·느낌·마음·법]을 지속적으로 관찰하면서 머문다. 혹은 안팎으로 몸[·느낌·마음·법]에 관련하여 몸[·느낌·마음·법]을 지속적으로 관찰하면서 머문다. 혹은 몸[·느낌·마음·법]에서 일어나는 현상들[samudayadhammā]을 지속적으로 관찰하면서 머문다. 혹은 몸[·느낌·마음·법]에서 사라지는 현상들[vayadhammā]을 지속적으로 관찰하면서 머문다. 혹은 몸[·느낌·마음·법]에서 일어나고 사라지는 현상들[samudayavayadhammā]을 지속적으로 관찰하면서 머문다.[16]

이 정형구는 위에서 제시한 각각의 세부 항목들을 통해 무상[빠 anicca]의 진리를 체득해 나가는 과정을 묘사한 것이라고 할 수 있다. 즉 일어나는 현상[빠 samudayadhammā]·사라지는 현상[빠 vayadhammā]·일어나고 사라지는 현상[빠 samudayavayadhammā] 등을 지속적으로 관찰한다[빠 dhammānupassī]는 의미는 사물의 변화 과정을 본다는 것이다. 그리고 이것은 곧 무상함에 대한 통찰과 실제적으로 상응하는 것이라고 할 수 있다.

그런데 *Mahāsatipaṭṭhāna-Suttanta*에서는 총 21가지 세부 항목에 대해서만 이러한 정형구를 적용시킨다. 즉 몸에 대한 마음지킴에서 14차례, 느낌에 대한 마음지킴에서 1차례, 마음에 대한 마음지킴에서 1차례, 법에 대한 마음지킴에서 5차례이다. 이를 도식적으로 정리하면 다음과 같다.

> 몸에 대한 마음지킴[身念處] → 14차례에 걸친 지속적인 관찰 과정의 반복
> 느낌에 대한 마음지킴[受念處] → 단 1차례의 지속적인 관찰 과정
> 마음에 대한 마음지킴[心念處] → 단 1차례의 지속적인 관찰 과정
> 법에 대한 마음지킴[法念處] → 5차례에 걸친 지속적인 관찰 과정의 반복

16 DN. 2권, 292면.

몸에 대한 마음지킴에서 14차례, 법에 대한 마음지킴에서 5차례에 걸쳐 반복·등장하는 지속적인 관찰은 거기에 속한 각각의 세부 대상들이 무상함의 이치를 깨닫는 데에 있어서 나름의 완결성을 지닌다는 사실을 의미한다. 즉 그들 중에서 어느 하나만을 지속적으로 관찰하더라도 일어남[集]과 사라짐[滅]의 도리를 자각할 수 있다는 것으로 파악된다. 그러나 느낌에 대한 마음지킴의 9가지와 마음에 대한 마음지킴의 16가지 세부 항목들은 그렇지 못한 것으로 나타난다. 다시 말해서 느낌이라든가 마음은 세부의 내용들은 서로 유기적인 관련을 맺고 있으며, 그들 전체가 일어나고 사라지는 과정 속에서 변화함의 진리가 체득될 수 있다는 의미가 된다.

따라서 *Mahāsatipaṭṭhāna-Suttanta*에 나타나는 사념처의 몸·느낌·마음·법은 성격을 달리하는 대상들을 임의적으로 취합해 놓은 것이라고 할 수 있다. 결과적으로 몸에 대한 마음지킴과 법에 대한 마음지킴은 거기에 속한 세부 항목 중에서 어느 하나만을 중심으로도 독자적인 수행을 해 나갈 수 있고, 나머지 둘은 그렇지 못하다는 것을 생각해 볼 수 있다. 이와 같이 특정한 세부 항목을 중심으로 한 단편적인 사념처의 실천은 초기불교의 여러 문헌에서 어렵지 않게 그 사례를 찾을 수 있다.

예컨대 *Vinaya*에는 몸에 대한 마음지킴[身念處]의 ①항목에 속한 '들숨과 날숨에 대한 알아차림'과 ④항목에 속한 '부정함에 대한 관찰'이 별개의 것으로 행해지던 때가 있었음을 알리는 내용이 기술된다.[17] 거기에 따르면 부처님께서는 맨 처음 부정함에 대한 관찰법을 가르치셨다고 한다. 그러자 이를 닦아 행한 비구들에게 몸과 목숨을 싫어하게 되는 경향이 생겨났고, 그들 중 일부 극단적인 자들은 자살이나 죽음을 찬탄하기에 이르렀다. 이러한 일이 발생하자 부처님께서는 비구들을 불러모아 차후로는 들숨과 날숨에 대한 알아차림을 통해 삼매를 닦을 것을 권했다고 한다. 이 이야기는 사념처의 세부 항목들이 개별적으로 행해지던 시기가 있었음을 단적으로 나타내는 사례라 하겠다.

한 *Ānāpānasati-Sutta*[入出息念經]에서는 들숨과 날숨에 대한 마음지킴[入出息念] 안에 몸·느낌·마음·법의 4가지를 배대하는 형식으로 사념처를 설한다.[18] *Ānāpānasati-Sutta*에 기술된 마음지킴의 대상은 ① 긴 숨, ② 짧

17 Vin. 1권, 68-71면.
18 MN. 3권, 78-88면.

은 숨, ③ 온 몸을 느낄 때의 숨, ④ 육체적 현상을 가라앉힐 때의 숨, ⑤ 기쁨을 느낄 때의 숨, ⑥ 즐거움을 느낄 때의 숨, ⑦ 정신적 현상을 느낄 때의 숨, ⑧ 정신적 현상을 가라앉힐 때의 숨, ⑨ 마음을 느낄 때의 숨, ⑩ 마음을 즐겁게 할 때의 숨, ⑪ 마음을 집중케 할 때의 숨, ⑫ 마음을 해탈케 할 때의 숨, ⑬ 무상을 관찰할 때의 숨, ⑭ 탐냄의 떠남을 관찰할 때의 숨, ⑮ 소멸을 관찰할 때의 숨, ⑯ 버림을 관찰할 때의 숨 등이다. *Ānāpānasati-Sutta*에서는 이들 중에서 ①에서부터 ④까지는 몸에 대한 마음지킴[身念處]으로, ⑤에서부터 ⑧까지는 느낌에 대한 마음지킴[受念處]으로, ⑨에서부터 ⑫까지는 마음에 대한 마음지킴[身念處]으로, ⑬에서부터 ⑯까지는 법에 대한 마음지킴[法念處]으로 구분한다.

이러한 가르침은 *Mahāsatipaṭṭhāna-Suttanta*에서 세부 항목의 하나로 거론되었던 들숨과 날숨에 대한 알아차림이 사념처 자체를 포괄하는 별도의 완결적인 방법이 될 수 있음을 나타낸다. 이러한 사실을 종합할 때, *Mahāsatipaṭṭhāna-Suttanta*의 사념처는 독자적인 완결성을 지닌 21가지 수행 방법을 후대에 이르러 하나의 종합적인 틀로써 재구성해 놓은 결과일 가능성이 높다. 또한 거기에 나타나는 세부 항목들이 서로 연관성을 지니지 않는다는 사실을 통해서도 다시금 확인된다. 예컨대 '들숨과 날숨에 대한 알아차림'과 '죽은 시체에 대한 관찰' 사이에는 아무런 연관성이 없다.

2. 법에 대한 마음지킴[法念處]의 두 가지 측면

마음지킴의 대상으로 상정되는 몸·느낌·마음·법의 4가지 중에서, 앞의 3가지에 해당하는 세부 항목들은 그 내용을 파악하는 데 있어서 특별한 혼돈의 여지를 남기지 않는다. 즉 '들숨과 날숨에 대한 알아차림'이라든가 '몸의 상태에 대한 알아차림'이 무엇을 의미하는지에 관해서는 별다른 어려움이 없다. 그러나 맨 마지막의 법에 대한 마음지킴은 다층적인 의미를 지니는 까닭에 별도의 설명이 필요하다. 즉 ① 5가지 장애[五蓋], ② 5가지 집착된 무더기[五取蘊], ③ 여섯 터전[入處], ④ 7가지 깨달음의 요소[七覺支], ⑤ 4가지 거룩한 진리[四聖諦] 따위는 구체적인 의미가 쉽게 드러나지 않는다.

이들 법에 대한 마음지킴[法念處]의 세부 항목은 몸·느낌·마음의 3가지에 대한 관찰 과정에서 체득되는 내용을 아우르는 성격을 지님과 동시에,

자체적으로 구분되는 별개의 항목으로서의 특징을 지닌다. 다시 말해서 몸·느낌·마음의 3가지에 대한 관찰이 곧 법에 대한 관찰의 실제 내용이 될 수 있다는 의미이다. 따라서 법에 대한 마음지킴은 몸·느낌·마음에 관련된 것과 법 자체에 관련한 것이라는 두 가지 측면을 지닌다고 할 수 있다.

법에 대한 마음지킴[法念處]에서 맨 처음 거론되는 5가지 장애[五蓋, 빠 pañcanīvaraṇāni]는 첫 번째 선정[初禪]에 이르게 되면 사라지는 번뇌들을 가리킨다. 즉 첫 번째 선정을 이루는데 있어서 장애가 되는 요인들을 취합한 것이 5가지 장애이다. 여기에는 감각적 쾌락에 대한 욕망[빠 kāmacchanda]·악한 마음[빠 byāpāda]·혼침과 졸음[빠 thīnamiddha]·들뜸과 회한[빠 uddhaccakukkucca]·의심[빠 vivikiccha] 등이 포함된다. 그런데 이들 5가지 모두는 마음에 대한 마음지킴[心念處]의 세부 항목들과 중첩된다. 즉 탐욕이 있는 마음[빠 sarāgaṃ cittaṃ]·성냄이 있는 마음[빠 sadosaṃ cittaṃ]·침체된 마음[빠 saṅkhittaṃ cittaṃ]·산만한 마음[빠 vikkhittaṃ cittaṃ]·어리석음이 있는 마음[빠 samohaṃ cittaṃ] 등이 그것이다. 따라서 마음에 대한 마음지킴[心念處]의 수행이 원만해질 때 5가지 장애에 대한 알아차림 또한 무르익는다고 할 수 있다.

동일한 맥락에서 5가지 집착된 무더기[五取蘊]에 대한 알아차림이라든가 여섯 터전[入處]에 대한 알아차림 역시 몸·느낌·마음의 3가지와 별개의 것이 아니다. 즉 물질현상[色, 빠 rūpa]은 몸에 대한 마음지킴[身念處]에 관련되고, 느낌[受, 빠 vedanā]이라든가 지각[想, 빠 saññā]은 느낌에 대한 마음지킴[受念處]의 영역에 중첩된다.[19] 또한 여섯 터전[六入]에 관련하여, 눈과 시각대상[빠 cakkhu-rūpa]·귀와 소리[빠 sota-sadda] 따위는 몸에 대한 마음지킴[身念處]과 느낌에 대한 마음지킴[受念處]의 양자에 속한다. 반면에 맨 마지막의 마음과 법[빠 mana-dhamma]은 마음에 대한 마음지킴[心念處]과 법에 대한 마음지킴[法念處] 모두에 관련된다. 따라서 이들 역시 5가지 장애와 마찬가지로 몸·느낌·마음에 대해 중첩되는 두 가지 측면을 지닌다고 할 수 있다.

한편 7가지 깨달음의 요소[七覺支]에서는 법에 대한 마음지킴의 독자적 측면이 상대적으로 크게 부각된다. 그러나 이들 역시 몸에 대한 마음지킴[身念處] 등과 별개의 것이 아니다. 예컨대 *Majjhimanikāya*에는 몸에 대한

19 임승택, 『위빠사나 수행관 연구』(서울: 경서원, 2004), 271-272면.

마음지킴을 열렬히 수행할 때 7가지 깨달음의 요소가 원만해진다는 내용이 기술된다.[20] 따라서 이것 역시 5가지 장애 등과 마찬가지로 몸에 대한 마음지킴 따위와 유기적인 상관관계를 지님을 알 수 있다. 이상과 같이 사념처의 대상으로 상정되는 몸·느낌·마음·법 중에서 맨 마지막의 그것에는 앞의 세 가지와 다른 이중적인 의미가 내포되어 있음을 확인할 수 있다.[21]

Ⅲ. 인접 개념

1. 지속적인 관찰[隨觀, 빠 anupassanā]과 위빠사나[觀, 빠 vipassanā]

*Mahāsatipaṭṭhāna-Suttanta*에는 사념처에 관련한 인접 개념들이 다음과 같이 집약적으로 나타난다. "몸[身]에 관련하여, 몸을 지속적으로 관찰하면서 머문다. 열렬한 알아차림과 마음지킴을 지니고 세간에 관련한 탐욕과 근심을 벗어나서 … [빠 kāye kāyānupassī viharati ātāpī sampajāno satimā vineyya loke abhijjhādomanassaṃ. …"[22]는 정형구가 그것이다. 이 정형구는 몸·느낌·마음·법이라는 4가지 전체에 대해 반복적으로 적용되는데, 여기에 나타나는 지속적인 관찰[隨觀, 빠 anupassaī 혹은 빠 anupassanā]·알아차림[知, 빠 sampajañña]·마음지킴[念, 빠 sati] 등은 사념처의 원리를 드러내는 키워드라고 할 수 있다. 이들 중에서도 특히 알아차림과 마음지킴은 지속적인 관찰을 이루는 마음작용[cetasika]으로서, 양자를 통해 몸이나 느낌 따위를 지속적으로 관찰하는 것이 곧 사념처라는 의미가 된다.

먼저 '지속적인 관찰'의 원어로 제시되는 아누빠싸나(빠 anupassanā)에서, 접두어 anu는 '-을 뒤따라[along, after, behind)'의 의미를 지닌다. 이것은 대상에 대해 주관적 의지를 개입시키지 않고서 그것을 수동적인 입장에서 지긋이 관찰·주시한다는 맥락이다. 이러한 지속적인 관찰은 몸이나 느낌 등에 대한 사념처 수행의 구체적 양태를 지칭한다. 즉 몸[kāya]에 대한 지속적인 관찰을 일컬어 까야누빠싸나(빠 kāyānupassanā)라 하고, 느낌[vedanā]에 대한 지속적인 관찰을 웨다나누빠싸나(빠 vedanānupassanā)라

20 MN. 3권, 85-86면.
21 Ps. 1권, 194-195면.
22 DN. 2권, 290면.

한다. 따라서 사념처를 일컬어 '지속적인 관찰' 즉 '아누빠싸나'의 수행이라고 바꾸어 부르는 것이 가능하다.

그런데 *Paṭisambhidāmagga* 등에는 이러한 지속적인 관찰[anupassanā]과 관련하여, 무상에 대한 지속적인 관찰[無常隨觀, 빠 aniccānupassanā]·소멸에 대한 지속적인 관찰[滅隨觀, 빠 nirodhānupassanā]·달라짐에 대한 지속적인 관찰[變易隨觀, 빠 vipariṇāmānupassanā] 등의 용례가 나타난다.[23] 앞에서 언급한 몸에 대한 '지속적인 관찰'이 대상에 근거한 것이라면, 여기에서의 '무상에 대한 지속적인 관찰' 따위는 그것을 통해 체득되는 내용에 초점을 맞춘 것이다. 이러한 2가지 용례는 동일한 아누빠싸나(anupassanā)에 대해 각기 다른 측면을 적용한 것이다. 즉 관찰의 대상과 관찰의 내용이라는 2가지 측면에서 아누빠싸나를 다르게 표현한 것이다. 그러나 양자는 실제 수행에서 동일한 의미를 지닌다고 할 수 있다. 관찰 대상과 관찰 내용은 불가분의 관계에 있기 때문이다. 다시 말해서 '무상에 대한 지속적인 관찰' 따위는 '몸이나 느낌에 대한 지속적인 관찰'을 행해 나갈 때 체득되는 내용 이외에 다름이 아니다.

나아가 *Paṭisambhidāmagga*에서는 이러한 지속적인 관찰[anupassanā]을 일괄하여 위빠사나(vipassanā)의 하위 개념으로 재분류한다. 즉 "무상에 대한 지속적인 관찰[無常隨觀]은 위빠사나에 의한 것이다. 고통에 대한 지속적인 관찰은 위빠사나에 의한 것이다. … 무명에 대해 그리고 무명을 수반하는 여러 번뇌와 구성요소에 대해 동요하지 않고 흔들리지 않으며 움직이지 않는다는 의미에서 위빠사나에 의한 것이다"[24]는 구절이 그것이다. 이러한 해설은 관찰 내용에 초점을 맞추고서 아누빠싸나를 분류한 사례라고 할 수 있다.

초기불교의 경전 상에서 사념처의 개념은 위빠사나라는 용어와 관련된 직접적인 용례를 보이지 않는다. 그러나 이러한 내용을 통해 사념처가 곧 위빠사나에 상응하는 것임을 알 수 있다. 따라서 지속적인 관찰 혹은 아누빠싸나(anupassanā)는 사념처와 위빠사나를 연결시키는 매개 개념으로서의 역할을 한다고 할 수 있다. 이러한 이유에서 사념처를 일컬어 지속적인 관찰의 수행이라고 할 수 있으며, 이들 양자 모두를 가리켜 위빠사나라고

23 Ps. 1권, 20면 등.
24 Ps. 1권, 98-99면 등.

바꾸어 부르는 것 또한 가능하다. 오늘날 유통되는 남방불교의 위빠사나 수행은 초기불교의 사념처를 근거로 한다. 남방불교의 실천·수행을 통칭하여 위빠사나라고 부르는 데에는 이러한 의미 맥락이 전제되어 있다고 할 수 있다. 이상에서 언급한 주요 개념들의 관계를 나열·정리하면 다음과 같다.

> 사념처(四念處) ⇔ 몸·느낌·마음·법에 대한 지속적인 관찰[四隨觀, 빠 anupassanā] ⇔ 몸·느낌·마음·법에 대한 알아차림[知]과 마음지킴[念] ⇔ 지속적인 관찰[隨觀, 빠 anupassanā]의 여러 양태 ⇔ 위빠사나[觀]

2. 알아차림[知, 빠 sampajañña]과 마음지킴[念, 빠 sati]

지속적인 관찰[隨觀, 빠 anupassanā]을 이루는 두 가지 심리적 기능이 있다. 앞 소절의 인용문에 제시된 알아차림[知, 빠 sampajañña]과 마음지킴[念, 빠 sati]이 그것이다. 먼저 전자에 대해서 살펴보자면, 이것은 편견이나 왜곡됨이 없이 있는 그대로[如如, 빠 yathātaṁ]를 분명하게 알아차린다는 의미이다. 즉 몸으로 일어나는 현상, 느낌으로 일어나는 현상 등을 그때그때 명확히 알아차린다는 것이다. 이러한 알아차림의 대상은 비단 특정한 수행 과정에서 포착되는 현상에 국한되지 않으며 일상에서 접하는 모든 것들을 포함한다. 이와 관련하여 *Mahāsatipaṭṭhāna-Suttanta*에는 다음과 같은 내용이 기술된다.

> "비구의 알아차림[知]이란 무엇인가. 이 가르침 안에서, 비구는 나아갈 때나 물러날 때 알아차림으로 행한다. 볼 때나 관찰할 때 알아차림으로 행한다. 구부리거나 펼 때 알아차림으로 행한다. 겉옷과 발우와 옷을 착용할 때 알아차림으로 행한다. 먹거나 마시거나 먹고 난 이후에나 맛을 볼 때나 알아차림으로 행한다. 대소변을 볼 때에도 알아차림으로 행한다. 가거나 서거나 앉거나 자거나 깨어 있거나 이야기할 때에나 침묵할 때에도 알아차림으로 행한다. 이것이 곧 비구의 알아차림이다"는 내용이 등장한다.[25]

25 DN. 2권, 292면.

이 내용은 몸에 대한 마음지킴[身念處]의 세부 항목 ③에 해당하는 '몸의 행동에 대한 알아차림'의 해설 부분을 옮긴 것이다. 이것을 통해 몸·느낌·마음·법이라는 4가지를 관찰 대상으로 하는 사념처는 일상에서 발생하는 모든 현상을 대상으로 하는 것임을 알 수 있다. 또한 이것을 가능케 하는 심리적 기능으로서의 알아차림 또한 동일한 지평에서 행해지는 것임을 확인할 수 있다. 이러한 알아차림이 의도하는 것은 습관적인 상념이나 망상의 굴레로부터 벗어나 깨어있는 마음으로 자신과 주위의 사실을 올바르게 관찰한다는 의미로 파악된다.

알아차림의 원어로 제시되는 sampajañña는 sam[완전하게], pa[다양하게], √jñā[알다]라는 3가지가 결합하여 이루어진 합성어이다. 따라서 원래의 의미를 직역하자면 '다양하게 완전히 알다'는 뜻이 된다. 따라서 이 용어는 앎[智, 빠 ñāṇa]이라든가 지혜[慧, 빠 paññā]와 상통하는 맥락을 지닌다고 할 수 있다. 이러한 알아차림을 통해 수행자는 부정적이거나 긍정적인 현상들에 대해 바르게 대처할 수 있게 된다. 즉 부지불식간에 일어나는 탐냄과 성냄과 어리석음을 약화·단절시킬 수 있는 계기를 마련하게 된다. 이와 관련하여 *Aṅguttaranikāya*에는 "알아차림이 없는 이에게는 아직 생겨나지 않은 유익하지 않은 법들이 발생하고 이미 생겨난 유익한 법들이 사라진다"[26]라든가, "또한 알아차림을 지닌 이에게는 아직 생겨나지 않은 유익한 법들이 발생하고 이미 생겨난 유익하지 않은 법들이 사라진다"[27]는 문구가 등장하다. 따라서 알아차림은 윤리·도덕의 측면에서도 매우 중요한 역할을 하는 개념이라고 할 수 있다.

한편 *Aṅguttaranikāya-aṭṭhakathā*에서는 이러한 알아차림을 다시 4가지로 세분화한다.[28] 즉 유용함에 대한 알아차림[빠 sātthakasampajañña]·적절함에 대한 알아차림[빠 sappāyasampajañña]·대상에 대한 알아차림[빠 gocarasampajañña]·어리석음이 없는 알아차림[빠 asammohasampajañña]이 그것이다. 유용함에 대한 알아차림은 어떠한 언행을 하기에 앞서 그것의 유용성과 이로움을 미리 알아차리는 것을 말하고, 적절함에 대한 알아차림은 그러한 언행이 상황과 시기에 적절한가를 고려하는 것을 가리킨다. 또한 대상에 대한 알아차림은 특정한 수행의 대상을 지속적으로 알아차리는 것으로

26 AN. 1권, 13면.
27 AN. 1권, 13면.
28 ANA. 1권, 183면.

본격적인 수행의 영역에 해당된다. 마지막의 어리석음이 없는 알아차림은 사물의 본성에 대해 혼미한 헤아림을 버리고서[빠 asammuyhanasaṅkhātaṁ] 어리석음 없이[빠 asammoham] 알아차리는 것을 가리킨다.

한편 마음지킴[念]이란 알아차림을 통해 얻은 깨어있는 의식을 일정한 집중상태로 유지시키는 기능을 말한다. 예컨대 '잡념에 사로잡혀 있었다는 사실을 깨닫는 것'을 알아차림에 비유할 수 있다면, 그러한 알아차림에 의해 '마음을 되돌리는 것'을 마음지킴이라 할 수 있다. 더불어 되돌린 마음으로 일정한 집중의 상태를 유지·지속하는 것을 마음지킴이라 한다면, 그러한 상태에 대해 분명하고 기민하게 알아차리는 것은 알아차림이라 할 수 있다. 이렇게 해서 알아차림과 마음지킴은 사념처를 이끌어 가는 하나의 축으로 기능하게 된다.

마음지킴은 사념처의 어원을 다루는 소절에서 이미 살펴보았던 그것이다. 따라서 이 용어는 사념처 자체를 나타냄과 동시에, 사념처를 가능케 하는 심리적 기능이라는 두 가지 측면을 지닌다. 전자를 넓은 의미의 마음지킴이라고 한다면 후자를 좁은 의미의 마음지킴이라 할 수 있다. 초기불교의 경전 내에서 단독으로 사용되는 마음지킴의 용례는 대체적으로 전자에 해당되며 후자는 알아차림과 짝을 이루어 사용되는 경우가 대부분이다. 예컨대 8가지 바른 길[八正道]의 7번째 항목으로 제시되는 바른 마음지킴[正念]은 사념처 전체를 포섭하는 개념으로 설명된다.[29]

이러한 알아차림과 마음지킴은 고요함과 평안을 의미하는 사마타[止, 빠 samatha]와 통찰의 지혜를 의미하는 위빠사나[觀, 빠 vipassanā] 양자 모두에 연결된다. 즉 잊지 않음을 기능으로 하는 마음지킴은 집중을 의미하는 사마타에 연결되고, 대상에 대한 기민한 알아차림은 위빠사나 본래의 의미에 통해 있다고 할 수 있다. 따라서 *Aṅguttaranikāya*에서는 열렬한 알아차림과 마음지킴을 통해 내부적인 마음의 사마타[內心寂止, 빠 ajjhattaṁ cetosamatha]와 탁월한 지혜의 위빠사나[增上慧法觀, 빠 adhipaññādhammavipassanā]를 얻게 된다고 기술한다.[30] 이러한 사마타와 위빠사나의 균형 잡힌 실천은 후대의 부파불교와 대승불교에서도 한결같이 강조되었다. 지관균행(止觀均行)이라든가 정혜쌍수(定慧雙修)와 같은 언급들이 그것이다. 따라서 알아차림과

29 DN. 2권, 313면.
30 AN. 5권, 99-100면.

마음지킴은 비단 초기불교의 가르침에 한정되지 않으며, 시대를 관통하여 불교 수행의 여러 측면에 폭넓게 적용되는 내용을 지닌다고 할 수 있다.

3. 사마타[止, 빠 samatha]와 위빠사나[觀, 빠 vipassanā]

사마타란 마음의 집중을 통해 들뜸을 가라앉히는 것을 말한다. 이와 관련하여 *Paṭisambhidāmagga*에서는 "들뜸과 더불어 들뜸에 수반된 여러 번뇌의 요소에 대해 동요하지 않고, 움직이지 않고, 흔들리지 않는다'는 의미에서 사마타이다"[31]고 해설한다. 그리고 선정의 상태를 나타내는 jhāna[禪]·samāpatti[定]·samādhi[三昧] 따위를 이것의 하위 개념으로 배속시킨다. 사마타는 이들 하위 개념을 통해 심리적 동요가 가라앉은 정도를 단계별로 구분하는 것이 일반적이다.

반면에 위빠사나는 일체의 현상에 대해 무상(無常)·고통[苦]·무아(無我)로 관찰함으로써 무명[빠 avijjā]을 타파하는 것을 말한다. 이와 관련하여 *Paṭisambhidāmagga*에서는 "무상에 대한 지속적인 관찰은 위빠사나에 의한 것이며, 고통에 대한 지속적인 관찰은 위빠사나에 의한 것이며, … 무명과 더불어 무명에 수반되는 번뇌의 요소에 대해 동요하지 않고 흔들리지 않으며 움직이지 않는다는 의미에서 위빠사나이다"[32]고 해설한다. 요컨대 위빠사나란 무상·고통·무아의 진리를 통찰하고 무명을 타파하여 4가지 거룩한 진리[四聖諦]를 깨닫는 것을 가리킨다.

이미 언급했듯이, 사마타와 위빠사나는 초기불교 이래도 수행을 이끌어 가는 양 날개에 비유되곤 하였다. 따라서 이들 양자와 사념처 수행이 어떠한 관계에 있는가에 대해서도 구체적으로 다루어야 할 필요가 있다. 먼저 사마타와 사념처의 관련성에 대해서부터 살펴보자면, *Mahāsatipaṭṭhāna-Suttanta*의 후반부에는 네 가지 선정[四禪]에 관련한 언급이 등장한다.[33] 따라서 사념처와 사마타가 무관하지 않다는 점을 일차적으로 확인할 수 있다. 나아가 *Paṭisambhidāmagga*에서는 들숨과 날숨에 대한 마음지킴의 과정에서 8가지 선정[色界四禪과 無色界四禪]이 발현된다고 기술한다.[34] 이것 또

31 Ps. 2권, 172면.
32 Ps. 1권, 98-99면.
33 DN. 2권, 313면.
34 Ps. 1권, 167-169면.

한 사념처와 사마타의 직접적인 관련성을 나타내는 것이라 할 수 있다.

더불어 *Cūḷavedalla-Sutta*에는 "사념처는 곧 삼매의 근거이다"[35]라는 언명이 등장한다. 따라서 사념처 수행은 사마타의 과정을 포함하는 것으로 결론을 내릴 수 있다. 또한 이점은 느낌에 대한 마음지킴[受念處]의 세부 항목들을 통해서도 분명히 드러난다. 특히 거기에 나타나는 '비육체적인 즐겁지도 괴롭지도 않은 느낌'이란 네 번째 선정[第四禪] 이상의 단계에서 지각될 수 있는 느낌 이외에 다른 것이 아니다.[36] 이와 같이 사념처의 진행 와중에 혹은 사념처 수행의 결과로서 사마타의 상태가 발현된다는 사실을 확인할 수 있다.

반면에 사념처 수행의 전반적인 흐름은 위빠사나와 더욱 밀접한 양상을 보인다. 예컨대 *Mahāsatipaṭṭhāna-Suttanta* 전체에 걸쳐 21이나 반복되는 일어남과 사라짐에 대한 관찰[[illegible] dhammānupassī]은 곧 몸·느낌·마음·법의 무상(無常)에 대한 체득의 과정 이외에 다름이 아니다. 또한 *Mahāsatipaṭṭhāna-Suttanta*에서는 이러한 과정을 통해 4가지 거룩한 진리[四聖諦]를 깨닫는 것으로 기술한다.[37] 나아가 *Aṅguttaranikāya*에는 위빠사나를 닦으면 지혜가 닦여진다는 구절이 나타나고,[38] *Paṭisambhidāmagga*에는 네 가지 거룩한 진리에서 지혜의 기능을 볼 수 있다는 해설이 등장한다.[39] 이러한 내용을 종합할 때, 사념처란 몸·느낌·마음·법에 대한 위빠사나의 구체적인 방법이라고 할 수 있다. 즉 사념처는 4가지 거룩한 진리를 깨닫기 위한 방법으로 제시된 가르침이며, 그것의 진행 과정은 몸이나 느낌 따위에 대한 관찰을 매개로 무상·고통·무아를 체득해 나가는 형식을 지닌다.

이상의 논의를 통해 위빠사나와 사마타의 균형 잡힌 실천이 사념처라는 동일한 지반 위에서 행해지는 것으로 결론지을 수 있다. 그런데 경전에서는 여기에서 한 걸음 더 나아가 사념처의 위빠사나가 과연 어떠한 사마타의 상태와 중첩이 되는가에 대해서도 구체적으로 밝힌다. 예컨대 *Dantabhūmisutta* 등에는 5가지 장애를 극복한 연후에 사념처를 닦으며 그러한 연후에 두 번

---

35 MN. 1권, 301면.

36 정준영, 「대념처경에서 보이는 수념처의 실천과 이해」, 『불교학연구』 제7호, 불교학연구회, 2003, 218-219면.

37 DN. 2권, 310-314면.

38 AN. 1권, 61면.

39 Ps. 2권, 14면.

째 선정[第二禪]이라든가 세 번째 선정[第三禪] 등으로 옮겨간다는 내용이 기술된다.[40] 동일한 맥락에서 *Mahāparinibbānasutta*에도 "세존께서는 그들 5가지 장애 모두를 버리고서 지혜로써 마음의 번뇌가 약화된 상태에서 사념처에 대해 마음을 확고히 하셨다"[41]는 내용이 등장한다. 이들은 사념처 수행이 첫 번째 선정[初禪]의 상태에서 행해지는 것임을 나타낸다. 5가지 장애가 극복된 상태란 다름 아닌 첫 번째 선정의 그것에 상응하기 때문이다.[42] 결론적으로 사념처의 위빠사나는 깊은 선정의 상태가 아닌 낮은 단계의 선정과 더욱 긴밀한 관계에 있다.

4. 사념처와 지혜[빠 paññā]의 계발

사념처란 알아차림과 마음지킴에 의해 몸·느낌·마음·법의 4가지를 지속적으로 관찰하는 수행이다. 그리고 이 과정에서 마음의 집중을 의미하는 사마타가 이루어지며, 또한 그러한 과정 전체를 일컬어 위빠사나로 대신하여 부르기도 한다. 이러한 위빠사나를 실천해 나아갈 때 수행자는 비단 '몸'이나 '느낌' 따위의 직접적인 관찰대상 뿐만이 아니라 주위의 여러 현상에 대해서도 깨어있는 상태를 유지한다. 바로 여기에서 지혜[빠 paññā]의 개발을 본분으로 하는 위빠사나의 실제가 드러난다. *Paṭisambhidāmagga* 등에서는 이러한 과정을 일컬어 육체적·정신적 현상들이 감지된다는 형식으로 설명한다. 관련 문구를 인용하면 다음과 같다.[43]

> 긴 들숨과 날숨에 의해 마음의 하나됨과 산란하지 않음을 알아차릴 때, 감지되는 것[viditā]으로서 느낌[受]이 일어나고 감지되는 것으로서 [느낌의 특성이] 드러나고 감지되는 것으로서 [느낌이] 사라진다. 감지되는 것으로서 지각[想]이 일어나고. … 감지되는 것으로서 사유[尋]가 일어나고 … '무명의 일어남[集]으로부터 느낌의 일어남이 있다'고 하는 조건[緣]에 의한 일어남[paccayasamudaya]의 의미로 느낌의 일어남이 감지된다[vidito

40 MN. 3권, 135-136면.

41 DN. 2권, 83면.

42 임승택, 「첫 번째 선정의 의의와 위상에 대한 고찰」, 『불교학연구』 제6호, 불교학연구회, 2003, 185-210면 참조.

43 Ps. 1권, 178-179면; DN. 2권, 223면.

hoti] … '무명의 소멸로부터 느낌의 소멸이 있다'고 하는 조건에 의한 소멸의 의미로 느낌의 사라짐이 감지된다 … 조건에 의한 소멸의 의미로 지각의 사라짐이 감지된다 … 조건에 의한 소멸의 의미로 사유의 사라짐이 감지된다 … .[44]

인용문은 일차적인 관찰 대상으로서 코끝이라든가 면상에 대해 마음지킴을 확립하고 난 후에 조건에 의한 일어남[緣集]과 조건에 의한 사라짐[緣滅]을 체득하는 과정을 기술한 것이다. 이 문구에서 핵심이 되는 용어는 감지되는 것[빠 vidita]인데, 이것의 원어인 vidita는 동사원형 √vid[보다, 알다, 경험하다]에서 기원한 말로서 과거수동분사·복수·주격의 문법형식을 취한다. 따라서 이 용어에 의해 수식을 받는 느낌·지각·사유 따위는 수행자의 자발적 의지와 상관이 없이 저절로 드러나 포착되는 것임을 알 수 있다. 다시 말해서 조건에 의해 일어났다가 사라지는 것으로 그들 현상이 포착된다는 의미이다.

마음지킴[念]과 알아차림[知]에 의한 사념처 수행이 단순하게 고요함[빠 samatha]만을 의도하는 것이라면, 일차적인 관찰대상 즉 코끝이라든가 배의 움직임 따위에 대해 집중된 상태에만 논의의 초점이 맞추어져야 할 것이다. 그러나 경전에서는 그와 같이 집중된 상태에 대해서는 별다른 언급을 하지 않는다. 오히려 느낌[受] 따위의 육체적·정신적 현상이 피동적으로 감지된다[빠 viditā honti]는 점을 부각시키는 데에 주력하고 있다.

인용문에 등장한 느낌[受, 빠 vedanā]·지각[想, 빠 saññā]·사유[尋, 빠 vitakka] 등은 수행의 과정에서 포착되는 일체의 모든 것을 사실상 망라한다. 그런데 이들 부차적인 포착의 대상은 코끝이라든가 배의 움직임이라고 하는 직접적인 관찰 대상으로부터 의식이 분산될 때 발생하는 것이다. 따라서 깊은 선정의 상태에 이르게 되면 저절로 없어지는 것들로서, 일어남과 사라짐을 반복하면서 고갈되어 없어지는 과도적인 현상에 불과하다. 그러나 이들은 인위적인 제거의 대상이 아니라 진리를 깨닫기 위한 매개가 된다는 점에서 중요한 의미를 지닌다. 즉 이들을 통해 일체의 현상이 지니는 조건[緣, 빠 paccaya]의 이치에 대한 자각과 함께 지혜[빠 paññā]의 개발이 이루어지게 된다. 한편 사리불 존자의 위빠사나 체험담을 전하는

44 Ps. 1권, 178-179면.

*Anupadasutta*에서는 이 대목을 다음과 같이 묘사한다.

> 비구들이여, 사리뿟다는 보름 동안에 걸친 '순서에 따른 법에 의한 위빠사나'를 수행하였다 …… 그에게 감지되는 것[viditā]으로서 그들 현상이 일어났다. 감지되는 것이 드러났다. 감지되는 것이 사라졌다. 그는 이와 같이 알아차렸다. '실로 이들 현상은 나에게 있지 않다가 발생한 것으로 있고 난 후에는 사라진다'고. 그는 그들 현상에 대해 집착하지 않고[anupayo], 혐오하지 않고[anapāyo], 의존하지 않고[anissito], 메이지 않고[appaṭibaddho], 벗어난 상태로[vippamutto], 얽히지 않은 상태로[visaṃyutto], 자유로운 마음으로[vimariyādīkatena cetasā] 머물렀다.[45]"

이 내용은 앞서의 인용 경전과 동일한 맥락의 내용을 담고 있다. 특히 여기에는 위빠사나라는 구체적인 명칭이 나타난다는 점이 주목할 만하다. 즉 사념처라는 이름은 거론되지 않지만 실제적인 내용 면에서 사념처 수행과 동일한 맥락의 그것이 묘사되고 있음을 확인할 수 있다. 따라서 이 인용문을 통해 위빠사나와 사념처의 긴밀한 연관관계를 다시 한번 생각해 볼 수 있다.

그런데 이 문구는 위빠사나를 실천해 나가는 수행자 마음가짐과 관련하여 더욱 시사하는 바가 크다. 즉 후반부에 나타나는 내용은 위빠사나를 진행해 나가는 과정에서 발생하는 육체적·정신적 현상을 어떻게 다루어야 하는가에 대한 전형이라고 할 수 있다. 즉 감지되는 것들[빠 viditā]에 대해 "집착하지 않고, 혐오하지 않고, 의존하지 않고, 메이지 않고, 벗어난 상태로, 얽히지 않은 상태로, 자유로운 마음으로 머물렀다"는 내용이 그것이다. 따라서 위빠사나 수행자는 수행의 과정에서 포착되는 일체의 현상들에 대해 집착하지도 혐오하지 않는 평정된 마음 상태를 유지해한다. 바로 그러한 속에서 지혜[빠 paññā]를 개발하게 되고 무상함[無常]이라든가 조건[緣]의 진리에 대한 체득으로 나아가, 궁극적으로는 4가지 거룩한 진리[四聖諦]를 깨닫게 된다고 할 수 있다.

45 MN. 3권, 25면.

Ⅳ. 초기불교 문헌의 용례

사념처의 용례를 살펴볼 수 있는 초기불교의 대표적인 경전으로는 이상에서 언급했던 *Mahāsatipaṭṭhāna-Suttanta*[大念處經]를 꼽을 수 있다.[46] 나아가 *Satipaṭṭhāna-Sutta*[念處經]도 이것과 대동소이한 내용을 전한다.[47] 이들 중에서 *Satipaṭṭhāna-Sutta*는 법에 대한 마음지킴[法念處]의 4가지 거룩한 진리[四聖諦]에 해당하는 부분이 간략하게 항목만 거론된다는 점에서 차이를 지닌다. 앞에서 이미 살펴보았듯이, 이들 경전에는 사념처의 세부항목들과 함께 그들 각각을 매개로 하여 진리를 깨달아 나가는 과정이 묘사된다. 또한 도입부와 종결부에는 사념처의 의의와 함께 수행에 필요한 기간 등이 다음과 같이 기술된다.

> 이 [사념처]는 중생들의 청정을 위한 것이며, 슬픔과 비탄을 극복하기 위한 것이며, 괴로움과 근심을 소멸하기 위한 것이며, 올바름에 이르기 위한 것이며, 열반을 겪어 알기 위한 것이다.[48]

> 누구든지 이러한 사념처를 7년간 닦는다면, 그에게는 두 가지의 결실 가운데 어느 하나의 결실이 기대된다. 즉 현생에서 [아라한의] 지혜[aññā]를 얻거나 혹은 집착이 남은 경우에는 돌아오지 않음[不還]을 얻는다. … 혹은 7년은 그만 두고 이러한 사념처를 이와 같이 6년간 닦는다면, … 내지 … 혹은 5년 … 내지 … 혹은 4년 … 내지 … 혹은 3년 … 내지 … 혹은 2년 … 내지 … 혹은 1년간 닦는다면, … 혹은 1개월간, … 내지 … 혹은 7일간 닦는다면, 그에게는 두 가지의 결실 가운데 어느 하나의 결실이 기대된다. 즉 지금 현생에서 [아라한의] 지혜를 얻거나 혹은 집착이 남은 경우에는 돌아오지 않음을 얻는다.[49]

인용된 내용을 통해 초기불교의 사념처는 최고의 경지인 열반에 도달하기 위한 직접적인 방법이 됨을 알 수 있다. 또한 최장 7년에서부터 최단 7일

---

46 DN. 2권, 290-315면.
47 MN. 1권, 55-63면.
48 DN. 2권, 290면.
49 DN. 2권, 314-315면.

까지의 기간에 아라한의 지혜[▣ aññā]를 얻을 수 있다는 언급이 나타나는데, 이 점은 수행의 방법에 관련한 다른 문헌에서는 찾아볼 수 없는 독특한 것이다.

한편 *Ānāpānasati-Sutta*[入出息念經][50]와 *Paṭisambhidāmagga*[無碍解道]의 Ānāpānakathā[入出息論][51] 역시 사념처의 실제를 규명하는 데에 있어서 중요한 경전들이다. 앞 소절에서 일부 언급했듯이, 이들 경전에서는 호흡에 대한 마음지킴[入出息念]을 별도의 체계로서 부각시키고 다시 거기에 몸[身]·느낌[受]·마음[心]·법(法)이라는 4가지의 의미를 부여한다. 다시 말해서는 이들 경전에 나타나는 사념처는 몸에 대한 마음지킴[身念處]의 세부 항목 ①에 해당하는 '호흡에 대한 알아차림'만을 독자적으로 다룬다. 이러한 내용을 축약적으로 다루는 관련 문구를 소개하면 다음과 같다.

> 긴 [숨], 짧은 [숨], 온 몸을 느끼게 하는 [숨], [육체적 현상을] 가라앉히는 [숨] 등 육체적 현상이 있는데, [이들] 4가지는 몸에 대한 지속적인 관찰[身隨觀]에 속한다. 기쁨을 느끼게 하는 [숨], 즐거움을 느끼게 하는 [숨], 정신적 현상을 느끼게 하는 [숨], [정신적 현상을] 가라앉히는 [숨] 등이 있는데, [이들] 4가지는 느낌에 대한 지속적인 관찰[受隨觀]에 속한다. 마음을 느끼게 하는 [숨], 마음을 즐겁게 하는 [숨], 마음을 집중케 하는 [숨], 마음을 해탈케 하는 [숨] 등이 있는데, [이들] 4가지는 마음에 대한 지속적인 관찰[心隨觀]에 속한다]. 무상에 대한 지속적인 관찰[에 관련된 숨], 탐냄에 대한 지속적인 관찰[에 관련된 숨], 소멸에 대한 지속적인 관찰[에 관련된 숨], 버림에 대한 지속적인 관찰[에 관련된 숨] 등이 있는데, [이들] 4가지는 법에 대한 지속적인 관찰[法隨觀]에 속한다.[52]

인용된 내용은 호흡에 대한 알아차림 하나만으로도 사념처가 완성될 수 있다는 것을 묘사하고 있다. 특히 여기에 제시된 각각의 세부 항목들은 호흡이라는 단일한 현상의 변화 양태에 관련된다. 따라서 서로 간에 긴밀한 연속성을 지닌다고 할 수 있다. *Ānāpānasati-Sutta* 계열의 이러한 가르침은

50 MN. 3권, 78-88면.
51 Ps. 1권, 162-196면.
52 PsA. 467면; MN. 3권, 82-83면 이하; Vin. 3권, 70면 이하; SN. 5권, 311면 이하; AN. 5권, 111면 이하 등.

하나의 일관된 길만을 통해서도 궁극에 도달할 수 있다는 것을 나타낸다는 점에서 의의가 크다.

그러나 이것을 통해 얻는 수행의 결과는 *Mahāsatipaṭṭhāna-Suttanta* 등에서 거론된 그것과 다를 바 없다. 이점은 *Paṭisambhidāmagga*에 기술되듯이, 이것을 실천하면 5가지 수행의 기능[五根]·7가지 깨달음의 요소[七覺支]·8가지 거룩한 바른 길[八支聖道]·4가지 바른 노력[四正勤]·4가지 신통의 요소[四神足]·계의 청정[戒淸淨]·마음의 청정[心淸淨]·견해의 청정[見淸淨]·해탈·지혜[明]·다해 없어짐에 관한 지혜[盡智]·일어남을 여읜 지혜[無生智] 등을 얻을 수 있다는 언급을 통해 확인할 수 있다.[53]

이러한 내용은 *Mahāsatipaṭṭhāna-Suttanta*에 나타나는 법에 대한 마음지킴[法念處]의 세부 항목과 사실상 중복된다고 할 수 있다. 예컨대 7가지 깨달음의 요소는 법에 대한 마음지킴의 네 번째 세부 항목에 해당되며, 8가지 거룩한 바른 길은 다섯 번째 세부 항목에 속한 4가지 거룩한 진리[四聖諦]의 마지막에 해당된다. 또한 그 밖의 내용들도 4가지 거룩한 진리의 교리적 위상을 고려할 때 그것의 범위를 벗어난다고 볼 수 없다. 결국 *Mahāsatipaṭṭhāna-Suttanta*와 *Ānāpānasati-Sutta*에 나타나는 가르침의 차이는 분류의 방식에서 비롯된 것이라고 할 수 있다.

한편 이상에서 언급한 경전들 이외에도 사념처에 관련한 단편적인 가르침을 전하는 초기불교의 문헌으로는 *Kāyagatāsati-Sutta*[身至念經],[54] *Vedanāsaṃyutta*[受相應],[55] *Satipaṭṭhānasaṃyutta*[念處相應],[56] *Anupadasutta* [不斷經][57] 등을 꼽을 수 있다. 이들 중에서 *Kāyagatāsati-Sutta*와 *Vedanāsaṃyutta*는 각각 몸[身]과 느낌[受]이라는 특정한 대상을 통해 궁극적인 완성의 가능성을 제시한다. 따라서 이들 경전 또한 *Ānāpānasati- Sutta*와 동일한 차원에서 이해할 수 있다. 즉 이들은 몸에서 발생하는 현상이라든가 느낌에서 발생하는 현상 중의 어느 하나만을 마음지킴의 대상으로 삼고, 그 이외의 사항에 대한 특별한 언급을 하지 않는다.

한편 *Satipaṭṭhānasaṃyutta*는 사념처를 설하게 된 경위와 그 과정을 사

---

53 Ps. 1권, 180-182면.
54 MN. 3권, 88-99면.
55 SN. 4권, 204-238면.
56 SN. 5권, 141-192면.
57 MN. 3권, 25-29면.

례별로 엮어 상세하게 기술한다. 즉 사념처 자체에 대해서라보다는 이것에 관련한 주변적인 이야기에 논의의 초점을 맞춘다. 따라서 다소 산만한 느낌을 주지만 이 가르침이 설해졌던 배경과 영향 등에 관련하여 자료적 가치가 크다. 나아가 *Anupadasutta*는 사념처의 실천 과정이 구체적으로 어떠한가에 대해 밝힌다는 점에서 주목할 만하다. 또한 이 경전에는 사념처라는 용어가 직접적으로 등장하지는 않지만, 사리불 존자의 개인적인 체험 과정과 함께 수행 중에 발생하는 육체적·정신적 현상들의 대처 방안이 잘 기술되어 있다. 특히 이 경전은 몇몇의 특정한 선정의 단계에서 행해지는 위빠사나의 사례를 기술하여, 이것을 행해 나아갈 때의 심리적 지평이 어떠한가를 구체적으로 밝힌다는 점에서도 활용도를 지닌다.

Ⅴ. 아비달마 문헌의 용례

초기불교의 니까야에 나타나는 사념처 교설은 문헌에 따라 상당 부분 편차를 지닌다. 그러나 이것의 위상에 관련해서는 대체적으로 일치를 보이는 듯하다. 이미 확인했듯이, *Mahāsatipaṭṭhāna-Suttanta*에서는 사념처를 "괴로움과 근심을 소멸하기 위한 것이며 올바름에 이르기 위한 것이며 열반을 겪어 알기 위한 것"으로 설명한다. 동일한 맥락에서 *Satipaṭṭhānasaṃyutta*는 사념처의 의의와 중요성에 대해 다음과 같이 설명한다.

> 한때 세존께서는 우루벨라의 네란자라 강 언덕에 아자빨라니그로다 나무 아래에서 최초의 완전한 깨달음을 얻어 머무셨다. 그때 홀로 수행하시는 세존께 다음과 같은 생각이 떠올랐다. 이것은 유일한 길[一乘道, 빠 ekāyano maggo]이나니 중생들의 청정을 위한 것이며 슬픔과 비탄을 극복하기 위한 것이며 괴로움과 근심을 소멸하기 위한 것이며 올바름에 이르기 위한 것이며 열반을 실현하기 위한 것이다. 이것은 바로 사념처이다.[58]

> 벗이여, 사념처를 완전히 닦아 익힌 자는 배울 것이 남아 있지 않은 자[asekho] 입니다. 넷이란 무엇입니까? 여기에 한 비구가 있어, 몸에 관련하

58 SN. 5권, 167면.

> 여 몸을 지속적으로 관찰하면서 머문다. 열렬한 알아차림[知]과 마음지킴[念]을 지니고서, 세간에 관련한 탐욕과 근심을 벗어나 [머문다.] 느낌[受]에 관련하여, … 중략 … 마음[心]에 관련하여, … 중략 … 법(法)에 관련하여 법을 지속적으로 관찰하면서 머문다. … 중략 … 이러한 사념처를 완전히 닦아 익힌 자는 배울 것이 남아 있지 않은 자 입니다.[59]

이와 같이 초기불교의 사념처는 문헌에 따라 상이한 내용을 전하지만, 그것의 위상에 관해서는 동일한 양상으로 설명한다. 그러나 시간이 흘러감에 따라 사념처를 설명하는 방식과 그것의 위상에 관련하여 새로운 관점들이 나타나기 시작한다. 본 소절에서는 이러한 변화의 양상을 부파불교의 아비달마를 대표하는 몇몇 논서들을 중심으로 살펴보기로 한다.

먼저 『대비바사론[*Abhidharma-mahāvibhāṣā-śāstra*]』에서는 사념처를 성격에 따라 몇 가지 유형으로 구분한다. 예컨대 "마음지킴의 확립[念住]에 3가지 종류가 있나니 첫째는 자성에 의한 마음지킴의 확립[自性念住, 범 svabhāva-smṛty-upasthāna]이고 둘째는 취합에 의한 마음지킴의 확립[相雜念住, 범 saṃsarga-smṛty-upasthāna]이고 셋째는 대상에 의한 마음지킴의 확립[所緣念住, 범 ālambaṇa-smṛty-upasthāna]이다"[60]고 해설한다. 이러한 구분은 사념처의 의미를 각기 다른 각도에서 조명하기 위한 의도로 파악되는데, 이것에 입각한 세부적인 하위의 분류에서는 다음과 같은 새로운 관점이 나타난다.

> 마음지킴의 확립에 2가지 종류가 있으니 하나는 궁극적인 것[勝義, 범 paramārtha]이고 다른 둘은 세속적인 것이다. 자성에 의한 마음지킴의 확립[自性念住]은 궁극적인 것이고 나머지는 세속적인 것이다.[61]

나아가 『대비바사론』에서는 이상의 3가지 중에서 번뇌를 단절시킬 수 있는 것은 오로지 '취합에 의한 마음지킴의 확립'이라고 규정한다. 즉 "이 세 가지 마음지킴의 확립[念住] 중에서 어느 것이 번뇌를 끊는가 하면 오로지 '취합에 의한 마음지킴의 확립'만이 번뇌를 끊을 수 있고 그 밖의 다른

---

59 SN. 5권, 175면.
60 『大毘婆沙論』(『大正藏』 27권, 936하)
61 『大毘婆沙論』(『大正藏』 27권, 937상)

것은 끊지 못한다"[62]고 밝힌다. 그런데 이러한 '취합에 의한 마음지킴' 역시 다시 3가지로 구분된다. 들음에 의한 마음지킴의 확립[聞所成念住], 생각에 의한 마음지킴의 확립[思所成念住], 닦음에 의한 마음지킴의 확립[修所成念住]이 그것이다.[63] 그리고 더 나아가 '닦음에 의한 마음지킴의 확립' 이야말로 번뇌를 단절하는 능력을 지닌 것으로 언급한다.[64]

사념처에 대한 『대비바사론』의 분류는 여기에서 멈추지 않는다. "닦음에 의한 마음지킴의 확립[修所成念住]에 다시 네 가지가 있다. 이를테면 몸[身]·느낌[受]·마음[心]·법(法)이다"[65]는 언급이 그것이다. 또한 거기에서 맨 마지막의 법에 대한 마음[法念住]은 "다시 법에 대한 마음지킴에 두 가지가 있나니 첫째는 뒤섞인 것들을 조건으로 하는 것[雜緣]과 뒤섞이지 않은 것을 조건으로 하는 것[不雜緣]이다"[66]는 형식으로 더욱 세분화된다. 나아가 "괴로움[苦]·일어남[集]·길[道]의 진리[諦]를 조건으로 하여 번뇌를 단절한다면 이것은 뒤섞인 것을 조건으로 하는 법에 대한 마음지킴[雜緣法念住]이고 소멸의 진리[滅諦]를 조건으로 하여 번뇌를 단절한다면 이것은 뒤섞이지 않는 것을 조건으로 하는 법에 대한 마음지킴[不雜緣法念住]이다"[67]는 설명까지 등장한다.

한편 『아비달마구사론[*Abhidharmakośabhāṣya*]』에서는 몸·느낌·마음·법을 개별적으로 관찰하는 경우와 그들 모두를 총괄적으로 관찰하는 경우의 두 가지로 구분한다. 즉 개별적인 대상에 대한 마음지킴의 확립[別相念住]과 총괄적인 대상에 대한 마음지킴의 확립[總相念住]이 그것이다.[68] 그리고 이들 중에서 후자를 '뒤섞인 것들을 조건으로 하는 법에 대한 마음지킴의 확립[雜緣法念住]'에 뒤이어 나오는 사념처 수행의 최종적인 모습으로 설명한다. 이상과 같은 『대비바사론』과 『아비달마구사론』의 사념처에 대한 분류는 설일체유부(說一切有部)의 문헌에 나타나는 고유의 것으로서, 제법을 체계화하려고 했던 부파불교시대의 아비달마적 경향을 잘 반영한다고 할 수 있다.[69] 이상에서 언급한 내용을 간략하게 도식적으로 정리하면

62 『大毘婆沙論』(『大正藏』 27권, 937중)
63 『大毘婆沙論』(『大正藏』 27권, 937중)
64 『大毘婆沙論』(『大正藏』 27권, 937중)
65 『大毘婆沙論』(『大正藏』 27권, 937중-하)
66 『大毘婆沙論』(『大正藏』 27권, 937하)
67 『大毘婆沙論』(『大正藏』 27권, 937하)
68 『阿毘達磨俱舍論』(『大正藏』 29권, 119상-중)

다음과 같다.

① 자성에 의한 마음지킴의 확립[自性念住] → 궁극적인 것[勝義]
② 취합에 의한 마음지킴의 확립[相雜念住] → 세속적인 것[世俗]
③ 대상에 의한 마음지킴의 확립[所緣念住] → 세속적인 것

- ①들음에 의한 마음지킴[聞所成念住]
- ②생각에 의한 마음지킴[思所成念住]
- ③닦음에 의한 마음지킴[修所成念住]

- ① 몸에 대한 마음지킴[身念住] → 개별적인 마음지킴[別相念住]
- ② 느낌에 대한 마음지킴[受念住] → 개별적인 마음지킴
- ③ 마음에 대한 마음지킴[心念住] → 개별적인 마음지킴
- ④ 법에 대한 마음지킴[法念住] → 개별적인 마음지킴

- ①뒤섞인 법에 대한 마음지킴[雜緣法念住] → 총괄적인 마음지킴[總相念住]
- ②뒤섞이지 않은 법에 대한 마음지킴[不雜緣法念住]

또한 『대비바사론』 등에서는 이상과 같은 사념처의 몸[身]·느낌[受]·마음[心]·법(法)에 대해 몸 → 느낌 → 마음 → 법이라는 단계적인 순서를 강조한다. 예컨대 "무엇 때문에 먼저 몸에 대한 마음지킴[身念住]을 설하고 내지 후에 법에 대한 마음지킴[法念住]를 설했는가? 답하자면, [수행의] 순서에 따른다는 것을 드러내기 위한 까닭이다. … 먼저 몸에 대한 마음지킴을 일으키는 까닭에 부처님은 앞에서 설하셨고 내지 뒤에 법에 대한 마음지킴을 일으키는 까닭에 부처님은 뒤에 설하셨다"[70]는 등의 언급이 그것이다. 이와 같은 사념처의 순서에 관한 언급은 『아비달마구사론』에서도 상세하게 설명되며,[71] 또한 『잡아비담심론(雜阿毘曇心論)』 등에도 구체적으로 서술된다. 관련 내용을 소개하면 다음과 같다.

69 최봉수, 『부파불교 원전의 이해』(서울: 경서원, 1997), 321-332면 참조.
70 『大毘婆沙論』(『大正藏』 27권, 939하)
71 『阿毘達磨俱舍論』(『大正藏』 29권, 119상)

> 무엇 때문에 수행자는 먼저 몸에 대한 마음지킴[身念處]을 일으키고 내지 법에 대한 마음지킴[法念處]을 일으키는가. 답하자면, 거친 것[에 따르기] 때문이다. 다섯 가지 무더기[五陰] 중에서 어떤 것이 거친가. 말하자면 네 가지 요소[四種]와 그것으로 이루어진 것[所造]이다. 이 때문에 [먼저 몸을 관찰하고 나중에] 느낌을 관찰한다. 느낌[受]은 물질이 아니지만 지음[行]이 거친 까닭에 다음에 설한다. 말하자면 손과 발 등의 통증은 곧 바로 일어나는 것이다. 지각[想]과 지음[行]의 무더기는 거칠지만 의식[識]에 미치지 못하므로 [생략한다]. 또한 열반과 합하여 법에 대한 마음지킴[法念處]을 내세우는 까닭에 그것은 가장 미세한 것이다. 따라서 먼저 마음[心]을 관찰하고 나중에 법을 관찰한다. …[72]

이미 살펴보았듯이, 초기불교의 *Mahāsatipaṭṭhāna-Suttanta*[大念處經]에는 수행의 순서를 생각해 볼 수 있는 내용이 나타나지 않는다. 즉 몸에 대한 마음지킴의 세부 항목 ①에 해당하는 '들숨과 날숨에 대한 알아차림'과 ⑥에 해당하는 '죽은 시체에 대한 관찰' 사이에는 아무런 연관성이 없다. 따라서 거기에 나타나는 사념처는 수행의 순서에 따른 것이라기보다는 개별적으로 행해지던 여러 방법을 임의적으로 취합해 놓은 것에 불과하다고 할 수 있다. 그러나 호흡에 대한 관찰만으로 사념처 전체를 포섭해 내는 *Ānāpānasati-Sutta*[入出息念經] 계통의 사념처는 그와 다르다. 거기에 나타나는 사념처에는 점진적인 수행의 단계를 의미한다.

따라서 초기불교의 사념처는 일관된 체계성을 갖추지 못한 것으로 규정할 수 있다. 바로 그러한 이유에서 아비달마 교학의 발달과 함께 기존의 사념처는 어떠한 형식으로든 재정리되어야 할 필요가 있었을 것이다. 아비달마의 사념처는 바로 그러한 필요에 부응하는 것이라고 판단된다. 그러나 여기에는 실제적인 수행과 상관이 없는 다소 관념적인 내용들도 포함되어 있다고 할 수 있다. 예컨대 자성에 의한 마음지킴의 확립[自性念住]·취합에 의한 마음지킴의 확립[相雜念住]·대상에 의한 마음지킴의 확립[所緣念住] 등의 구분이 실제 수행에서 과연 얼마만큼의 유용성을 지닐 수 있는지는 명확하지 않다.

72 『雜阿毘曇心論』(『大正藏』 28권, 908-909상)

Ⅵ. 대승불교 문헌의 용례

이상과 같이 아비달마 문헌에 나타나는 사념처는 제법에 대한 체계적인 분류의 경향과 맞물려 있다고 할 수 있다. 그런데 대승불교의 사념처는 그러한 분류의 경향 위에 다시 실천적인 측면과 교리적인 측면이 부가된 형태를 취한다. 따라서 아비달마에 못지 않게 복잡한 체계를 이루고 있다. 본 소절에서는 이러한 대승불교의 사념처에 대해 『유가사지론[*Yogācāra- bhūmi*]』과 중국에서 저술된 『마하지관(摩訶止觀)』에 나타나는 몇몇 구절들을 중심으로 살펴보고자 한다.

이미 확인했듯이, *Mahāsatipaṭṭhāna-Suttanta*에 나타나는 사념처는 몸·느낌·마음·법의 4가지 주요 대상들과 그들에 속한 하위의 세부 항목들로 구성된다. 즉 몸에 관련해서는 14가지 세부 항목을, 느낌에 관련해서는 9가지를, 마음에 관련해서는 16가지를, 법에 관련해서는 5가지 세부 항목들을 구분·제시한다. 그런데 『유가사지론』에서는 이들을 더욱 세분화하여 몸에 관련해서는 35가지 세부 항목을, 느낌에 관련해서는 21가지를, 마음과 법에 관련해서는 각각 20가지씩의 세부 항목들을 구분·제시한다.[73]

따라서 『유가사지론』의 사념처는 도합 96가지에 이르는 세부 항목들을 마음지킴[念]의 대상으로 상정한다. 이들 중에서 초기불교의 그것과 가장 극명하게 달라진 것은 몸[身]에 관련된 35가지 세부 항목들이다. 거기에는 내부적인 몸[內身]과 외부적인 몸[外身]을 비롯하여, 사람의 몸[人身]·천신의 몸[天身]·친근한 사람의 몸[親友身]·친근하지 않은 사람의 몸[非親友身]·어린 사람의 몸[少身]·늙은 사람의 몸[老身] 등이 포함된다. 따라서 초기불교에 비해 타인의 신체에 관한 항목들이 대폭 증가되었음을 알 수 있다. 이것은 대승불교에 이르면서 마음지킴의 범위가 그만큼 넓어졌다는 의미로 파악된다.

또한 『유가사지론』에서는 들음[聞]과 생각[思]과 닦음[修]의 문제에 대해서도, "몸에 대해 지속적으로 관찰하며[循身觀]에 머무르는 것'에 간략하게 세 가지가 있나니, 몸[身]에 의지하여 듣고[聞] 생각하고[思] 닦아서[修] 지혜[慧]를 기르며, 이러한 지혜로 말미암아 일체의 몸[一切身]과 일체의 대상[一切相]에 대해 바르게 관찰하고 바르게 추구한다"[74]고 설명한다. 이 언급

73 『瑜伽師地論』(『大正藏』 30권, 440상-442상)

은 『대비바사론』에서 맨 마지막의 닦음[修]에 몸·느낌·마음·법의 4가지를 배대하였던 것과 대조를 이룬다. 또한 『유가사지론』에서는 "들음과 생각은 오직 유루일 뿐이고 닦음에 의한 것은 유루와 무루에 통한다"[75]고 기술한다. 이것 역시 『대비바사론』에 나타나는 것과 차이를 보이는 것으로, 시대적 변화에 따른 사념처의 내용 변화 양상을 잘 나타내고 있다. 더불어 『유가사지론』에서는 사념처가 지니는 의의에 대해서도 다음과 같이 새로운 방식으로 설명한다.

> 네 가지의 뒤바뀜[顚倒]을 바로잡기 위하여 세존께서는 네 가지의 마음지킴의 확립[四念住]을 설하신 것이다. 즉 부정한 것[不淨]을 깨끗한 것[淨]으로 잘못 생각하여 뒤바뀐 것을 바로잡기 위하여 몸에 대한 마음지킴의 확립[身念住]을 세우셨고, … 여러 가지의 고통[苦]에 대하여 즐거움[樂]이라고 잘못 생각하여 뒤바뀐 것을 바로잡기 위하여 느낌에 대한 마음지킴의 확립[受念住]을 세우셨고 … 무상한 것[無常]에 대하여 항상하는 것[常]이라고 잘못 생각하여 뒤바뀐 것을 바로잡기 위하여 마음에 대한 마음지킴의 확립[心念住]을 세우셨고 … 무아(無我)에 대하여 나[我]라고 잘못 생각하여 뒤바뀐 것을 바로잡기 위하여 법에 대한 마음지킴의 확립[法念住]을 세우신 것이다.[76]

이미 확인했듯이, 초기불교의 사념처에서는 몸·느낌·마음·법의 4가지 전체를 하나로 취합하여 그것이 지니는 수행론적 위상과 의의를 언급하였다. 그러나 이와 같이 『유가사지론』에 이르러서는 각각의 항목에 대해 개별적으로 그 의미를 부여하고 있다. 이것은 대승불교의 사념처가 아비달마의 법에 대한 분류 경향을 반영하면서, 다시 거기에 실천의 측면을 강조한 결과로 생각된다. 바로 이러한 실천적 측면에 대한 강조는 다음의 문구를 통해 더욱 정교한 형태로 드러남을 확인할 수 있다.

> 무엇을 '내부적인 몸[內身] 등에 대하여 지속적으로 관찰하며[循身觀] 머무른다'고 하며, … 무엇을 '안팎의 몸 등에 대하여 지속적으로 관찰하며 머무른다'고 하는 것인가? 만약 안에 있는 자신의 중생으로서의 몸의 물질[身

74 『瑜伽師地論』(『大正藏』 30권, 440상)
75 『瑜伽師地論』(『大正藏』 30권, 442상)
76 『瑜伽師地論』(『大正藏』 30권, 441하)

> 色]을 조건으로 이것을 대상[境]으로 삼아서 지속적인 관찰에 머무르면 이를 '내부적인 몸에 대해 지속적으로 관찰하며 머문다'고 이름한다. … 만약 외부적인 중생으로서의 몸의 물질에 의해 생겨나는 느낌[受]이나 마음[心]이나 법(法)을 조건으로 이것을 대상으로 삼아서 지속적인 관찰에 머무르면 이를 '외부적으로 느낌이나 마음이나 법에 대하여 지속적으로 관찰하며[循受心法觀] 머무른다'고 이름한다. … 만약 자신의 몸 속의 머리카락이나 털·손톱·이빨 등의 모양[相]을 조건으로 이것을 대상[境]으로 삼으면 이를 '내부적인 몸에 대하여 지속적으로 관찰하며[循身觀] 머무른다'고 이름한다. … 만약 다른 이의 몸에 있는 머리카락·털·손톱·이빨 등의 모양을 조건으로 이것을 대상으로 삼으면 이를 '외부적인 몸에 대하여 지속적으로 관찰하며 머무른다'고 이름한다. … 이와 같이 몸·느낌·마음·법에 대한 차별의 문[差別門]이 많은 종류인 것을 알아야 한다.[77]

인용된 내용을 통해 초기불교의 경전에서는 자세히 설명되지 않는 내부적인 몸[內身, 빠 ajjhatta-kāya]과 외부적인 몸[빠 bahiddh-kāya], 그리고 안팎의 몸[빠 ajjhattabahiddhā-kāya] 등이 구체적으로 무엇을 의미하는지 분명하게 드러난다. 즉 자신의 몸과 마음에서 포착되는 현상들을 통해 무상·고·무아의 진리를 통찰하는 방식에서 벗어나, 다른 사람의 신체에서 드러나는 현상들까지를 마음지킴의 대상으로 상정하기에 이른 것이다.

한편 중국의 『마하지관』에서는 사념처에 대해, "일체의 것[一切種]으로써 사념처를 수행한다는 것은 사념처가 곧 법계로서 일체의 법을 포함한다는 것이며 일체의 법이 사념처에 미친다는 것이다"[78]고 설명한다. 이것은 중국불교에서도 여전히 사념처 수행의 위상에 큰 변화가 없음을 나타내는 것이라고 할 수 있다. 그러나 『마하지관』에 나타나는 사념처의 성격은 이전까지 발전되어온 고유의 교리체계와 맞물려 다분히 관념적인 경향으로 흐른다. 이것은 다음의 구절들에서 명확하게 드러난다.

> 법의 성품을 인연으로 하여 생겨난 까닭에 만일 하나의 종자가 일체의 종자라고 관찰한다면 바로 하나의 물질[色]이 일체의 물질이다. 만일 법의 성

---

77 『瑜伽師地論』(『大正藏』 30권, 441상)

78 『摩訶止觀』(『大正藏』 46권, 88중)

> 품이 공(空)한 까닭에 일체의 물질이 하나의 물질이라면 바로 하나의 공이 일체의 공이다. 법의 성품이 거짓[假]인 까닭에 하나의 물질이 거짓이라면 하나의 거짓이 일체의 거짓이다. 법의 성품이 중도[中]인 까닭에 하나가 아닌 것이 일체의 것이 아니라면 하나와 일체는 서로 짝을 이루어 비춘다[雙照]. … 9가지 법계의 물질이 곧 공이며 곧 거짓이며 곧 중도인 것은 이와 같다. 이것을 '몸에 대한 마음지킴[身念處]'라고 한다. … 9가지 법계의 느낌[受]이 곧 공이며 곧 거짓이며 곧 중도인 것은 이와 같다. 이것을 '느낌에 대한 마음지킴[受念處]'라고 한다. … 9가지 법계의 마음[心]도 역시 이와 같다. 이것을 '마음에 대한 마음지킴[心念處]'라고 한다. … 9가지 법계의 지음[行]이 곧 공이며 곧 거짓이며 곧 중도인 것도 이와 같다. 이것을 '법에 대한 마음지킴[法念處]'라고 한다.[79]

인용문에 나타나는 공(空)·거짓[假]·중도[中]는 중국의 천태종(天台宗)에서 세운 고유의 세 가지 진리[三諦]를 구성하는 개념들이다. 먼저 공의 진리[空諦]란 삼라만상이 실체를 지니지 않는다는 것을 가리키고, 거짓의 진리[假諦]란 한 물건도 실재하지 않지만 그럼에도 불구하고 모든 현상이 분명하게 존재하는 것을 의미하며, 중도의 진리[中諦]란 이러한 모든 법이 공한 것도 아니고 거짓도 아닌 것을 나타낸다. 천태종에서는 이러한 세 가지 진리에 대한 관찰을 다시 공에 대한 관찰[空觀]·거짓에 대한 관찰[假觀]·중도에 대한 관찰[中觀]이라는 세 가지로 구분하여 천태삼관(天台三觀)으로 정립한다. 이렇게 해서 초기불교의 사념처는 공·거짓·중도의 이치를 깨닫기 위한 방법으로 응용되기에 이른다.

이상과 같이 사념처의 교설이 시대적 변천에 따라 그 내용이 달라져 간다는 사실을 살펴보았다. 초기불교의 사념처는 문헌에 따라 상이한 내용을 전하며 일관된 체계를 갖추지 못한 것이 사실이다. 이것에 대해 부파불교의 제 문헌에 나타나는 그것은 제법에 대한 체계적 분류의 경향을 반영하면서 여러 측면으로 분석·종합되는 과정을 거친다. 그리고 이 과정을 거친 연후에는 대승불교로 넘어와 실천과 교리의 측면에서 새로운 내용을 갖추는 형식으로 변모된다. 따라서 사념처의 가르침은 교리사적 전개 과정과 밀접한 관련 선상에 놓인다고 결론지을 수 있다.

---

79 『摩訶止觀』(『大正藏』 46권, 88중하)

Ⅶ. 현대적 해석과 논의

1. 현대적 적용과 실천

본 소절에서는 오늘날 남방 상좌부에서 실천·수행되는 위빠사나(vipassanā)의 몇몇 대표적인 경우를 소개하고자 한다. 현존하는 사념처의 위빠사나는 대부분 *Mahāsatipaṭṭhāna-Suttanta*의 세부 항목들에 근거한다. 먼저 세계적으로 가장 널리 알려진 미얀마(Myanmar)의 마하시 사야도(Mahasi Sayadaw, 1904-1982)부터 살펴본다. 그가 가르친 위빠사나는 좌선과 경행 그리고 일상시의 몸 동작에 대한 알아차림을 위주로 한다.[80] 따라서 그의 방법은 몸에 대한 마음지킴[身念處] 위주의 위빠사나라고 할 수 있다.

마하시의 위빠사나는 몸의 움직임에 대한 알아차림을 통해 일체의 현상이 지니는 무상(無常)·고통[苦]·무아(無我)를 통찰하는 데에 주력한다. 특히 이 방법에서는 좌선 중에 호흡에 동반되어 생겨나는 복부의 움직임을 일차적인 주의집중의 대상으로 하며, 그 와중에 부차적으로 포착되는 느낌들을 통해 몸을 구성하는 4가지 요소[四大]의 특성을 파악하는 데에 초점을 모은다. 즉 들숨과 날숨에 대한 알아차림·몸의 행동에 대한 알아차림·몸을 구성하는 4가지 요소에 대한 알아차림을 기본 내용으로 한다.

그런데 마하시의 방법은 후대의 주석 문헌인 *Visuddhimagga*[淸淨道論]에 나타나는 찰나삼매[[illegible] khaṇika-samādhi]를 근거로 예비적인 사마타(samatha)를 익히지 않고서도 행할 수 있는 특징을 지닌다.[81] 특히 복부의 움직임에 대한 관찰은 경전에는 나타나지 않는 독특한 것으로 전통적인 수행법과 다소 상이하다는 지적도 있었다. 그러나 이것은 몸을 구성하는 4가지 요소의 특성을 파악하기 위한 것으로, 초기경전에 설해진 가르침을 벗어난다고는 볼 수 없다.[82]

마하시 다음으로 널리 알려진 현대의 위빠사나 실천가로는 고엔까(S. N. Goenka, 1924-)를 꼽을 수 있다. 그의 방법은 호흡에 대한 마음지킴을 중

---

80 정동하 옮김, 『깨달음으로 이끄는 명상』, 1995; 김열권 지음, 『위빠사나』 2권(서울: 불광출판부, 1993); 정원 옮김, 『위빠사나 수행』(서울: 보리수선원, 1998) 등.

81 김재성, 「마하시 수행법과 대념처경」, 『근본불교 학술대회 자료집』(서울: 근본불교 수행도량, 2002), 187-189면.

82 송위지 옮김, 『불교 선수행의 핵심』(서울: 시공사, 1999), 117-118면.

심으로 집중력을 배양한 다음, 느낌에 대한 알아차림으로 전향하는 방법론적 특징을 지닌다.[83] 따라서 고엔까의 위빠사나 역시 *Mahāsatipaṭṭhāna-Suttanta*에 제시되는 가르침을 크게 벗어나지 않는다. 즉 들숨과 날숨에 대한 알아차림[=身念處]으로부터 시작하여, 느낌에 대한 마음지킴[受念處]에 주력하는 형식을 취한다.

고엔까는 느낌[vedanā]으로부터 욕망과 혐오가 시작되는 까닭에 이것을 통찰의 대상으로 다루지 않는 한 마음의 심층에서 발생하는 고질적인 욕망과 혐오는 지속된다고 보았다. 그는 갖가지 느낌들을 지속적으로 관찰하다가 보면 거기에 반응하는 습성들을 멈추게 되고 마침내는 평정된 마음을 얻게 된다고 가르친다. 그는 또한 느낌의 세밀한 부분들을 포착하기 위해 신체를 여러 부분으로 분할하여 관찰하는 텍크닉을 사용하기도 한다. 그에 따르면 느낌은 관찰 대상으로서 가장 넓은 범위를 지니며, 이것이 발생하는 와중에 포착되는 발열과 진동 현상 등은 엄청난 빠르기로 변화하는 속성을 지닌 까닭에 무상(無常)의 진리를 체득하기에 용이하다.[84]

한편 이상의 실천가들과는 달리 *Ānāpānasati-Sutta*에만 전적으로 의존하는 붓다다사(Buddhadāsa, 1906-1993)가 있다. 그는 당시 자신의 주변에서 목격되던 불교 수행계의 혼잡 양상을 부처님 가르침을 잘못 이해한 결과로 생각하였고, 이것의 원인이 후대에 저술된 *Abhidhammapiṭaka*[論藏]나 *Visuddhimagga* 등의 주석 문헌에 의존하는 데에 있다고 보았다.[85] 그리하여 니까야의 *Suttapiṭka*[經藏]와 *Vinayapiṭaka*[律藏]에 근거한 새로운 수행 체계의 정립에 투신하였다. 그는 *Ānāpānasatisutta*야말로 실제적인 수행 방법이 제시되어 있는 유일한 경전으로 평가하였고, 거기에 제시된 16단계의 호흡에 대한 마음지킴의 양상을 점진적인 수행의 위계로써 구분하였다. 따라서 그의 방법은 들숨과 날숨에 대한 마음지킴[入出息念]이라는 단일한 구조 안에 몸[身]·느낌[受]·마음[心]·법(法)의 4가지가 포함되는 형식을 취한다.

이상의 실천가들 이외에, 위빠사나를 선양한 남방불교의 인물들로는 미

83 일중, 「고엔카 수행법과 대념처경」, 『근본불교 학술대회 자료집』(서울: 근본불교 수행도량, 2002), 121-127면; 인경 옮김, 『단지 보기만 하라』(서울: 경서원, 1990) 등.
84 일중, 「고엔카 수행법과 대념처경」, 『근본불교 학술대회 자료집』(서울: 근본불교 수행도량, 2002), 116-123면.
85 강진아 옮김, 『상좌불교의 가르침』(서울: 불교시대사, 1993), 20-28면.

얀마의 모곡 사야도(Mogok Sayadaw, 1899~1962), 순룬 사야도(Sunlun Sayadaw, 1878~1952), 쉐우민 사야도(Shwe Oo Min Sayadaw, 1910~2002) 등이 있고, 태국의 프라 몽골 텝무니(Phra Mongkol Thepmuni, 1884~1959)와 아찬 담마다로(Ajahn Dhammadharo, 1914~) 등이 있다.[86] 이들 실천가들은 제각기 다른 가풍(家風)의 방법을 계승하고 있지만, 이상에서 살펴본 사념처의 가르침을 크게 벗어난다고는 볼 수 없다. 요컨대 현존하는 남방불교의 위빠사나는 무상·고·무아에 대한 통찰을 통해 고(苦)·집(集)·멸(滅)·도(道)의 진리를 깨닫는 것을 목적으로 한다.

2. 현대적 논의

사념처에 관련해서는 국내외의 여러 학자들에 의해 이미 다양한 논의가 이루어졌다. 특히 사념처 개념을 둘러싸고 파생된 사마타(止)와 위빠사나[觀]의 관계 문제는 최근 수년간에 걸쳐 국내의 여러 학회에서 집중적으로 논의되었다.[87] 이제까지 진행된 논의에서 사념처가 위빠사나라는 점에 대해서는 특별한 이견이 없었던 듯하다. 그런데 이러한 사념처의 위빠사나가 선정[禪, 빠 jhāna] 즉 사마타[止, 빠 samatha]의 상태와 어떠한 관련을 맺는가 하는 문제에 대해서는 상당한 의견의 불일치가 있었다. 일부에서는 일정한 단계의 선정 체험을 거친 연후에 사념처로 옮겨간다는 주장을 하였고, 다른 일부에서는 최소한의 선정 상태만으로도 사념처가 가능하다는 입장을 밝혔다.

먼저 조준호는 사마타[止]와 위빠사나[觀]가 동시적으로 실천되어야 한

86 김열권 옮김, 『남방의 선지식』(서울: 법보출판사, 1997); Daing, U. Than., *The Doctrine of Paticcasamuppāda,* Society for the Propagation of Vipassana,. 1966.; Pa-Aut Sayadaw, *Mindfulness of Breathing and Four Elements Meditation,* Malaysia: WAVE, 1998; 무념 옮김, 『사마타 그리고 위빠싸나』(서울: 보리수선원, 2004) 등.

87 김준호, 「初期佛典에 나타난 止觀槪念」, 『韓國禪學』 제1호, 한국선학회, 2000; 조준호, 「초기불교에 있어 止·觀의 문제」, 『韓國禪學』 제1호, 한국선학회, 2000; 조준호, 「위빠싸나(vipassanā)의 인식론적 근거」, 『보조사상』 제16집, 2001; 김재성, 「순관(純觀), suddha-vipassanā]에 대하여」, 『불교학연구』 제4호, 불교학연구회, 2002; 임승택, 「선정의 문제에 관한 고찰」, 『불교학연구』 제5호, 불교학연구회, 2002; 임승택, 「첫 번째 선정의 의의와 위상에 대한 고찰」, 『불교학연구』 제6호, 불교학연구회, 2003; 임승택, 「사념처의 심리적 지평에 관한 일고찰」, 『인도철학』 제16집, 인도철학회, 2004; 정준영, 「대념처경에서 보이는 수념처의 실천과 이해」, 『불교학연구』 제7호, 불교학연구회, 2003 등.

다는 전통적인 설명이 재고되어야 한다는 입장을 피력하였다.[88] 그에 따르면 사마타를 통하여 마음지킴[빠 sati]이 확립된 연후라야 비로소 위빠사나가 가능하기 때문에 사마타와 위빠사나를 동시에 계발한다거나 위빠사나를 먼저 닦고 사마타를 나중에 계발하는 것은 불가능하다. 또한 그는 온전한 위빠사나는 네 번째 선정[四禪] 이후의 단계를 얻어야만 가능하며 선정의 단계가 높아질수록 위빠사나 또한 완성된다는 견해를 제시하였다. 이러한 조준호의 주장은 지각과 느낌이 소멸된 경지[想受滅, 빠 saññāvedayitanirodha]에 이르러야 마음이 완전히 정화되며, 또한 있는 그대로를 보는 것[如實智見, 빠 yathābhūtañāṇadassana]이 가능해진다는 형식으로 나아간다.[89]

이에 대하여 김재성은 초기불교의 니까야와 주석문헌 그리고 *Visuddhimagga*를 바탕으로 현존하는 남방 상좌부 전통에서의 사마타와 위빠사나 관계에 대해 논한다.[90] 그에 따르면 위빠사나란 첫 번째 선정[初禪]을 얻기 이전의 단계에서부터 지각과 느낌의 소멸[想受滅]에 이르는 높은 단계의 선정에 이르기까지 가능하다. 그는 특히 마하시 사야도의 위빠사나가 예비적인 집중수행이 없이 행해지는 것이라는 점에 착안하여, 사마타를 배제한 상태에서 행하는 위빠사나의 문헌적 근거를 밝히는 데에 주력하였다. 그리하여 *Visuddhimagga*에 제시되는 찰나삼매[빠 khaṇika-samādhi]를 순수 위빠사나[純觀, 빠 suddhavipassanā]의 심리 상태로 규정하였다. 찰나삼매란 기존의 사마타 체계에 포함되지 않은 것인 까닭에 바로 그러한 상태에서 행하는 위빠사나란 순수한 일변도의 그것이 된다. 이러한 김재성의 견해는 사마타와 위빠사나를 함께 닦는다[定慧雙修]는 전통적인 입장과 상충되는 까닭에 상당한 논란을 불러 일으켰다.

한편 이와 관련하여 임승택은 니까야에 나타나는 경전들을 근거로 위빠사나란 첫 번째 선정[初禪]을 얻기 이전의 단계에서부터 일곱 번째 선정의 단계인 아무것도 없는 경지[無所有處] 단계에 이르기까지 가능하다는 입장

---

88 조준호, 「초기불교에 있어 止·觀의 문제」, 『韓國禪學』 제1호, 한국선학회, 2000, 321-356면; 조준호, 「위빠싸나(vipassanā)의 인식론적 근거」, 『보조사상』 제16집, 2001, 43-86면.

89 조준호, 「초기불교중심교리와 선정수행의 제문제」, 『불교학연구』 제8호, 불교학연구회, 2004, 31-52면.

90 김재성, 「순관(純觀), suddha-vipassanā]에 대하여」, 『불교학연구』 제4호, 불교학연구회, 2002, 255-280면; 김재성, 「마하시 수행법과 대념처경」, 『근본불교 학술대회 자료집』(서울:근본불교 수행도량, 2002), 150-193면.

을 내세웠다.[91] 이 입장에 따르면 온전한 위빠사나가 가능하기 위해서는 언어적 사유[尋, 빠 vitakka]에 의한 분별의 기능이 수반되어야 한다. 따라서 이것이 가능한 유일한 선정의 상태인 첫 번째 선정이야말로 위빠사나 수행을 위한 최상의 조건이 된다. 또한 지각이 있는 것도 없는 것도 아닌 경지[非想非非想處]라든가 지각과 느낌이 소멸[想受滅]과 같은 고원한 사마타의 단계에서는 위빠사나가 불가능하고 그러한 상태를 벗어난 연후라야 비로소 그것이 가능하다.[92]

마지막으로 정준영은 이상의 논의와 관련하여 *Mahāsatipaṭṭhāna-Suttanta*에 나타나는 느낌에 대한 마음지킴[受念處]을 지목하였다.[93] 그에 따르면 느낌에 대한 마음지킴의 9가지 세부 항목들은 선정의 단계와 밀접한 관련이 있다. 즉 맨 처음의 세부 항목으로서 즐거운 느낌[빠 sukhā-vedanā]은 첫 번째 선정[初禪] 및 두 번째 선정[第二禪]의 단계와 매우 밀접한 관련이 있다. 그리고 이것은 세 번째 선정[第三禪]을 걸쳐 네 번째 선정[第四禪]의 단계에 이르면서 소멸한다. 따라서 선정의 단계가 깊어질수록 관찰 대상으로서의 느낌의 범위 또한 줄어들게 되는데, 마침내 네 번째 선정의 단계에 이르게 되면 맨 마지막의 비육체적인 즐겁지도 괴롭지도 않은 느낌[빠 nirāmisa-adukkhamasukha-vedanā]만이 남게 된다. 따라서 사념처의 수행은 선정의 단계에 따른 깊이와 위계로써 행해진다고 한다.

한편 이상과 같은 국내 학계의 논의와 관련하여, 독일의 슈미트하우젠(Shmithausen)과 그의 견해에 동조하는 페터(Vetter)의 견해를 살펴볼 필요가 있다.[94] 그들 따르면 초기불교의 니까야에 나타나는 것으로서, 재생과 고통으로부터 벗어나는 방법은 다음과 같이 3가지 유형으로 정리해 볼 수 있다.

---

91 임승택, 「선정의 문제에 관한 고찰」, 『불교학연구』 제5호, 불교학연구회, 2002, 257-274면; 임승택, 「첫 번째 선정의 의의와 위상에 대한 고찰」, 『불교학연구』 제6호, 불교학연구회, 2003, 185-210면.

92 AN. 4권, 426면.

93 정준영, 「대념처경에서 보이는 수념처의 실천과 이해」, 『불교학연구』 제7호, 불교학연구회, 2003, 183-239면.

94 Schmithausen, Lambert., "On Some Aspects of Descriptions or Theories of 'Liberating insight' and 'Enlightenment' in Early Bddhism", *Studien Zum Jainismus und Buddhismus,* Wiesbaden: Steiner-Verlag-Wiesbaden-Gmbh, 1981, 199-250면; Vetter, Tilmann,. *The Ideas and Meditative Practices of Early Buddhism,* Leiden: E. J. Brill, 1988. xxi-xxvii면

① 4가지 선정[四禪]을 성취하여 3가지 지혜[三明] 혹은 사성제를 깨닫고, 그러한 연후에 모든 번뇌로부터 벗어나 재생과 고통으로부터 해탈하는 유형
② 지각과 느낌의 소멸[想受滅]을 정점으로 하는 9가지 선정 단계를 순차적으로 성취함으로써 모든 번뇌로부터 벗어나 재생과 고통으로부터 해탈하는 유형
③ 선정을 배제한 지혜의 성취에 의해 모든 갈애로부터 벗어나 재생과 고통으로부터 해탈하는 유형

이러한 3가지 유형을 앞에서 언급한 국내 학자들의 주장과 비교할 때, 조준호의 견해는 항목 ①과 ②를 동시에 아우른다고 할 수 있다. 그러나 언어와 분별의 차원을 떠난 높은 단계의 사마타 상태를 강조한다는 점에서 다분히 항목②에 더 근접해 있다고 할 수 있다. 한편 김재성의 입장은 사마타를 배제한 순수 위빠사나의 가능성을 언급한다는 점에서 항목③의 경우와 밀접한 연관성을 지닌다. 또한 정준영의 견해는 선정의 상태와 지혜에 의한 위빠사나의 과정이 상호 중첩된다는 맥락을 지니므로 항목①과 ② 모두에 관련지을 수 있다. 마지막으로 임승택이 주장하는 첫 번째 선정의 사념처는 이러한 3가지 유형 어디에도 속하지 않는다. ❁

임승택 (경북대)

사선근

범 kuśalamūla 장 dge ba'i rtsa 한 四善根 영 wholsome root, good root

사선근(四善根)은 초기 불교[니까야 혹은 아함]에서는 보이지 않는 개념이다. 이러한 개념은 아비달마 불교시대에 접어들어서야 비로소 나타나기 시작한다. 또한 유가행 유식파의 문헌에서도 그 모습을 드러낸다. 이러한 사선근은 유가행파를 비롯한 특히 아비달마 불교 수행의 특징을 잘 드러내주는 사상이다[1].

1 실제로 4선근설을 설한 부파는 설일체유부 뿐이 아니다. 『大毘婆沙論』에 따르면, 세제일법에 관한 설이 인용된 경량부, 대중부, 독자부, 화지부, 법장부가 있다. 그리고 정법에 관해서 인용된 비유사 등이 있고 『異部宗輪論』에 따르면 세제일법이라는 용어를 사용한 설출세부 등 널리 북방 상좌부와 대중부 계통에서 보인다. 그러나 이들 부파가 수행계위로서 4선근위를 설했나 하는 점에 대해서는 이들 부파의 문헌이 거의 남아있지 않으므로 현재로서는 확정할 수 없다. 법장부가 확실히 4선근위를 설한 것은 『大乘義章』(『大正藏』44권, 797중)을 통해 확인할 수 있다. 또 시대는 내려가지만 대중부의 다문부소속이라고 말해지는 『成實論』과 소속불명의 『修行道地經』에도 4선근설이 설해져 있다. 阿理生(1976), 674면. : 정량부의 사선근설에 관해서는 並川孝儀(1997),참조할 것.

Ⅰ. 어원적 근거 및 개념 풀이

사선근에 정확하게 대응하는 용어는 『아비달마구사론(AKBh)』에서는 나타나지 않는다.[2] 대신 선근(善根)에 해당하는 kuśalamūla가 나타난다. 범어 kuśalamūla는 빠알리어로는 kusalamūla, 서장어로는 dge ba'i rtsa로 번역된다. 우선 mūla는 중성 명사로서 나무의 뿌리를 뜻하며 이로부터 파생된 '근원, 근본, 원인, 기원, 시작'등을 의미한다.[3] kuśala는 전자에 비하여 다양한 뜻을 가지고 있다. 우선 형용사로서 '바른, 적절한, 알맞은, 좋은, 건강한, 번영하는, 유능한, 할 수 있는, 숙련된, 현명한, 능숙한'으로 사용되며, 중성명사는 '행복, 복지, 안녕' 등의 의미로 사용된다.[4] 서장어의 번역을 보자면, kuśalamūla라는 복합어에서 kuśala와 mūla를 각각 명사로 취급하여 6격 한정복합어로 풀이하고 있다. 즉 'kuśala의 mūla'로서 풀이하고 있다. 이는 '행복[선]의 뿌리[혹은 근원, 조건]으로 번역하는 것이다. Nyanaponika Thera도 이와 동일한 방식으로 빠알리어 kusalamūla'를 'The roots of Good (선의 뿌리)' 로 번역하고 있다.[5] 그러나 『청정도론』에서는 '그 뿌리(mūla)를 통하여 안정성 혹은 숙련됨(kuśala)을 성취한 것들을 나무와 같이 굳건하고 안정되었다.'고 말한다.[6] 여기서는 '안정성 혹은 숙련됨(kuśala)을 위한 뿌리(mūla)'의 5격 한정 복합어로 풀이하고 있다. 이 문맥에서의 뿌리는 '무탐·무진·무치'를 가르키며,[7] 이 셋을 통하여 사람의 마음이 깊은 뿌리를 가진 나무와 같이 안정 혹은 숙련되었다는 것이다. 영어로는 'wholsome root' 혹은 'good root'로 번역된다. 이러한 번역어들은 모두 kuśala를 형용사로 보아 동격한정복합어로 해석하고 있는 것이다. 즉 '선한[혹은 유익한] 뿌리[근원]'으로 풀이하는 것이다.

이 다양한 뜻 중에서 어떠한 것을 선택하는가를 차치하고라도, 실제로 가장 친숙한 선근의 용례는 '무탐·무진·무치'라는 세 종류이다. 그리고 선근과 반대되는 '탐(lobha)·진(dveṣa/dosa)·치(moha)라는 세 종류의 불선

---

2 『구사론색인』 I, II, III.
3 Sir Monier-Wiilliams, 『A Sanskrit-English Dictionary』 826면.
4 『A Sanskrit-English Dictionary』 296면.
5 Nyanaponika Thera, trans.,(1978), 10-104면.
6 Bhikku Ñāṇamoli, trans(1964), 612면.
7 Aṭṭhasālinī III, 241.

근(akuśalamūla)의 개념이 훨씬 전자에 비해 더 빈번하게 사용된다.[8] 일반적으로 열반을 '탐·진·치의 소멸'로 볼 때, '무탐·무진·무치'라는 선근은 '[열반을 실현하는데 있어서] 유익한 뿌리[근원]' 혹은 '[열반이라는] 행복의 조건' 혹은 '이[무탐·무진·무치]라는 조건[뿌리]을 통하여 [열반을] 숙련함[혹은 안정시킴]'이라고 해석할 수 있을 것이다.

그러나 이러한 해석은 사선근이라는 개념과는 일치하지 않는다. 실제로 비바사론을 따르는 사람들을 의미하는 비바사론자(vaibhāṣika)들은 선근을 셋으로 나누어 구별하고 있다.[9] 첫 번째는 'puṇyabhāgīyāni kuśalamūlāni'로서 '순공덕분(順功德分)이라는 선근'으로 번역된다. 여기서 puṇya는 공덕(merit)이며, bhāga는 부분, 어미 īya는 빠니니의 규정에 의하자면 '무엇에 도움이 되다, 무엇과 상응하다.'라는 뜻이다.[10] 따라서 공덕에 도움이 되는 [혹은 상응하는] 유익한 근원[뿌리]라고 정의할 수 있다. 이것은 믿음[信], 노력[精進], 참(慚), 괴(愧) 등으로서 유루의 선근이다.

두 번째로는 'mokṣabhāgīyāni kuśalamūlāni'로서 '해탈에 도움이 되는 [혹은 상응하는] 유익한 근원[뿌리]'이다. 이는 해탈의 종자(mokṣabīja)를 포함하는 것으로서, 이 선근은 반드시 반열반(parinirvāṇa)을 성취할 수 있게 한다.

세 번째로는 'nirvedhabhāgīyāni kuśalamūlāni'이다. 이에 관한 어원적 해석은 『아비달마구사론(AKBh)』의 6장 「현성품」에 자세하게 설명되어 있다. 이를 살펴보면,

> 순결택분이란 어떤 의미인가? '분별(vibhāga)'이라는 [뜻]이 vidha이다. nirvedha(결택)는 결정된 분별이며 거룩한 길(聖道)이다. 그것에 의해 의심이 끊어졌기 때문에 그리고 "'이것은 苦[諦]이다'로부터 '이것은 道[諦]이다.'"에 이르기까지 [4]제를 구별해 냈기 때문이다. 그것의 부분이란 견도와 일부[유사한 것]이다. 그것으로 인도하기에 [그것에]도움이 되기 때문에 순결택분이다[11]

8 Buswell(1994), 109면.
9 Buswell(1994), 109면 ff.
10 안성두(2003), 250면. n.2.
11 AKBh 346, 3 ff. : nirvedhabhāgīyānīti ko 'rthaḥ | vidha vibhāgeti | niścito vedho nirvedhaḥ āryamārgas, tena vicikitsā prahāṇāt satyānāṃ ca vibhajanād idaṃ duḥkham ayaṃ yāvat mārga iti | tasya bhāgo darśanamārgaikadeśaḥ. tasyāvāhakatvena hitatvān

여기서 nirvedha(결택)는 사제를 대상으로 '이것은 고제이다 …… 이것은 도제이다'라고 확실히 결정하는 것을 말하며 견도와 동일시된다. 그러나 nirvedhabhāgīya(순결택분)는 견도와 유사한 것이지 견도는 아니다.[12] 다만 견도로 인도하고 도움이 되는 것이다. 따라서 간략하게 정의하자면 '결택[견도]에 도움이 되는 [혹은 결택에 유사한] 유익한 근원'을 의미한다.

사선근은 바로 이 순결택분을 지칭하는 것이다. 아비달마의 각 텍스트마다 숫자와 순서 내용은 다르지만[13] 가장 후기문헌인 AKBh에 따르면 이 네 종류의 선근은 '난(煖, ūṣmagata) - 정(頂, mūrdhāna) - 인(忍, kṣānti) - 세제일법(世第一法, laukikāgradharma)'이다.

첫 번째 난(ūṣmagata)에서 'ūṣman'은 열, 수증기, 연기라는 뜻이고, '-gata'는 복합어의 뒤에서 '-가 된 상태' 혹은 '다만 그 종류를 총칭하는 것으로 -라는 것[14]'을 의미한다. 따라서 '연기가 된 상태 혹은 연기인 것'으로 번역할 수 있다. 비유를 들자면 마치 나무를 맞대어 불을 피웠을 때 연기가 올라오고 있는 상태와 같다.[15]

두 번째 정(mūrdhāna)에서 'mūrdhāna'은 '정상, 가장 높은 곳을 뜻한다.' 『국사론』에서는 '움직일 수 있는[즉 퇴환의 가능성이 있는] 선근 중에서 꼭대기이기 때문에 정이라고 한다'[16]고 정의하고 있다.

세 번째 인(kṣānti)의 경우는 논란이 되고 있는 개념이다. 우선 AKBh에서 세친은 kṣānti를 kṣamaṇa로 정의하고 있다.[17] 'kṣānti'와 'kṣamana' 모두 어원을 √kṣam에 두고 있다. √kṣam은 'be patient, endure, allow, permit, resist, suffer, be able to do anything' 등의 매우 다양한 의미를 가지고 있다. 세친이 'kṣānti'를 풀이한 'kṣamaṇa'는 동일한 어근 √kṣam에 중성명사를 만드는 접미사 -ana를 붙인 것으로 일종의 동어 반복이다. 그러나 『국사론』을 주석한 칭우(Yasomitra)는 이 kṣamaṇa를 'kṣamate rocate'로 주석하고 있다[18]. kṣamate는 동일한 어근 √kṣam의 3인칭 단수 현재형의 동사이

nirvedhabhāgīyāni |

12 『大毘婆沙論』(『大正藏』27권, 24중25)

13 이에 관해서는 2.역사적 전개 및 용례 참고할 것.

14 BHSD, 208면.

15 兵藤一夫(1991), 79면.

16 AKBh, 344면.

17 AKBh, 344면.

18 AKVy. 533면.

지만 rocate는 √ruc (to be agree, to please)의 현재형 동사로서 '즐거워하다, 동의하다'라는 뜻이다. 따라서 칭우는 √kṣam의 다양한 어의 중에서 '견디다'라는 의미보다는 '받아들이다. 허락하다'라는 의미를 취한 것으로 보인다. kṣānti를 번역한 서장어의 'bzod pa' 역시 '받아들이다, 견디다' 양자의 뜻을 모두 가지고 있다.[19] Edgarton은 kṣānti를 '지적으로 수용함, 미리 지(智)를 받아들일 준비가 되어 있음.'으로 '받아들이다. 수용하다'라는 맥락을 취하고 있다. 그러나 이 kṣānti는 의심을 수반하기 때문에 지(智, jñāna)와는 근본적으로 다르다고 한다.[20]

사사키 겐준(佐佐木現順)은 kṣānti보다는 빠알리어 형 khanti가 시대적으로 앞선다는 점에 주목하고 있다. 그에 따르면 khanti는 √kam(to be willing to[21])으로부터 나온 것으로 kṣānti로 잘못 산스크리트화된 것으로, kānti (willingness)가 바른 산스크리트화라고 한다.[22] 따라서 kṣānti는 한문 인(忍)이 의미하는 '참음'이 아니라 '지적인 고찰력 혹은 관찰력뿐만 아니라 의지적 활동'이라고 보아야 한다고 주장한다. 사쿠라베 하지메(櫻部建)는 이러한 고찰에 대하여 kṣānti의 어근은 √kam이 아니라 √kṣam이라고 지적한다. 그리고 kṣānti는 '대상을 고찰 분별하는 작용인 추탁(saṃtīraṇa)작용을 본질로 하는 지혜의 한 모습'이라고 정의하고 있다.[23] 이를 종합적으로 살펴볼 때, 인(忍)은 '참음, 견딤'의 의미는 명백하게 아니다. 특히 인이 사제(四諦)를 인식경계(gocara)로 한다는 점을 고려할 때는 '대상을 받아들여 의식적으로 관찰 분별하는 작용'을 의미할 것이다.

네 번째 세제일법(laukikāgradharma)에서 'laukikāgradharma'는 laukika-agra-dharma로 이루어진 것이다. laukika는 세간, 세상사람을 뜻하는 loka에 파생접미사 -ika가 붙어 '세간적인, 세속적인'을 나타내는 형용사이고, agra는 최고를 뜻한다. 즉 laukikāgradharma는 '세간적인 것들 중에서 최고의 법'을 의미한다.

19 Tibetan-English Dictionary, 498면.
20 BHSD 199면.
21 CPD. 195면에 따르면 √kam으로부터 나온 kamati는 처격을 취했을 때 '이해하다. 통찰하다, 꿰뚫어 알다'는 뜻을 가지고 있다.
22 자세한 논의에 관해서는 佐佐木現順(1958), 580-593면과 그 영역본인 Sasaki(1992), 133-140면 참고할 것.
23 櫻部 建, 『佛教語の研究』(京都: 文榮堂, 1975), 54-59면.

Ⅱ. 역사적 전개 및 용례

앞서 언급한 바와 같이 순결택분으로서의 사선근은 초기불교에서 그 용례가 보이지 않는 유부의 독창적인 개념이다. 그러나 유부에(있어)서도 순결택분의 사선근의 명칭과 이에 대한 종합적 설명은 『대비바사론』에 와서야 나타난다.[24] 이러한 점에 대해서는 유부의 역사를 고려해야만 할 것이다. 『구사론』의 성립에 관한 진제(眞諦)의 전승에 의하면 "작자 바수반두(世親)는 우선 『대비바사론』의 내용을 요약하고 그것을 게송의 형태로 모아 하루 하나의 게송을 짓고, 후에 산문을 덧붙였다"[25] 그러나 목촌태현에 의하여 대비바사론이 아니라 『잡심론』에 얼마간의 손을 가하여 성립된 것이라고 지적되었다.[26] 또한 유부는 지역과 시대에 따라 발전해왔다. 붓다의 반열반 200년 후인 B.C 1세기 경 박트리아(Bactria)에서 법승(法勝, dharmaśreṣṭhin)이 『아비담심논(Abhidharmahṛdaya)』을 지었으며, 그와 동시대에 간다라(Gandhāra) 지역에서는 가전연자(迦旃延子, Kātyānīputra)가 『아비담팔건도론(阿毘曇八犍度論)』을 지었다. 그리고 쿠샨왕조가 힘을 얻은 A.D 1세기에는 까쉬미르(Kaśimir)지역이 번성하게 되었다. 그리하여 2세기에 와서는 까쉬미르의 사람들은 육족론에 『아비담팔건도론』을 재해석한 새로운 이름의 『발지론(jñānaprasthāna)』을 붙여서 7 아비달마논장을 만들었다. 이 『발지론』 위에서 쓰여진 것이 『비파사론(vibhāṣā)』과 『대비바사론(mahāvibhāṣā)』이다. 이 중에서 7 논장과 『대비바사론』은 까쉬미르 유부의 권위를 갖는 텍스트가 되었다. 동시대의 박트리아와 간다라의 설일체유부의 사람들은 경량부(sautrāntika)라고 불리었다. 이는 어느 특정한 부파를 지칭하기보다는 까쉬미르 유부가 아닌 사람들을 통칭하는 용어였다. 또한 까쉬미르 논사들은 이 경량부의 사람들을 비유론자(Dārṣṭāntika)라고 조롱기가 담긴 말투를 사용하여 불렀다. 5세기에는 세친이 경량부의 영향을 받아 『구사론』을 저술하였고, 중현은 까쉬미르 유부의 전통을 이어받아 구사론에 반박하는 『순정리론』을 지었다. 7세기에는 까쉬미르 설일체유부들이 쇠퇴하고 박트리아·간다라 계열의 유부가 번성하게 되었다. 이들은 설일체유부의 정통을 이어받았음을 나타내기 위하여 스스로를 근본설일

24 안성두(2003), 253면.
25 『婆藪槃豆法師傳』(『大正藏』50권. 190중05)
26 西村實則(1984), 1면.

체유부(mūlasarvāstivāda)고 부르게 되었다.[27] 박트리아 계열의 문헌 중에서 사선근의 형태가 가장 먼저 갖추어진 것은 바로『아비담심론』이었다. 따라서 유부를 통털어서 완성된 형태의 사선근이 가장 먼저 보여진 것은『대비바사론』이 아니라『아비담심론』이었다.[28]

이제부터는 북방 아비달마의 문헌을 박트리아·간다라 계통과 정통 까쉬미르-유부 계통으로 나누어, 역사적 순서에 따라 각각의 경전에 나타난 사선근의 내용을 고찰할 것이다. 그리고 이후에 이러한 성문의 사선근설을 대승에서 받아들이게 된 가교가 되는 〈선경류〉의 문헌을 고찰할 것이다. 대승 특히 유가행유식파의 사선근에 관해서는 중복되기에 서술을 생략할 것이다. 이에 관해서는 본사전의 '오위설'을 참고해야만 한다.

1. 박트리아·간다라 문헌

1)『아비담심론』

『아비담심론』을 포함한 유부의 사선근은 수행과정에서 나타난다. 먼저 이러한 수행과정과 그 결과를『아비담심론』의 제 5장 현성품을 통하여 간략히 정리하면 다음과 같다.

· 사념처 : 몸[신]을 不淨·無常·苦·無我의 측면으로 관찰함 - 느낌[通, vedanā] - 마음[心, citta]- 법[dharma] - 몸·느낌·마음·법 모두를 대상으로 무상·공·무아·고로 관찰함

· 사선근

① 난(煖): 여기에서 모든 유위의 연료를 태울 수 있는 무루지가 생하기 때문에 煖(ūṣmagata)이다. 사제(四諦)를 인식경계(gocara)로 하고 16측면(行

27 이상의 유부 역사에 관해서는 Charles Willemen(1998)의 preface를 요약한 것. 이상의 역사에 관해서는 학자들 간에 완전한 동의를 얻은 것은 아니다.

28 후라우발너는『阿毘曇心論』을『發智論』보다 이전이고『오사론』보다 이후로 보고 있다: Frauwallner(trans by Kidd)(1995), 152면 :『阿毘曇心論』을『發智論』이전으로 보는 경향에 대해서는 Willemen(1975), Ⅶ-Ⅷ :『毘婆沙論』과 동시대로 보는 경향에 대해서는 Armelin(1978), 12면 :『毘婆沙論』보다 이전으로 보는 경향은 田中教照(1987), 35면 :『阿毘曇心論』이 아닌『甘露味論』이 박트리아 계열의 최초의 논서라는 점에 관해서는 西村實則(1984) 참조할 것: 兵藤一夫(1990), 74면ff.은 적어도 수행체계에 관하여『集異門足論』·『法蘊足論』-『發智論』-『毘婆沙論』·『甘露味論』·『阿毘曇心論』의 순서로 나열하고 있다.

相)으로 관찰한다. 즉 고제를 인식경계로 하여 인연으로 생하기 때문에 '무상'으로, 무상의 힘에 의해 파괴되기 때문에 '고통'으로, 안에 푸드갈라(pudgala, 人)가 없기 때문에 '공'으로, 자재하지 못하기 때문에 '무아'의 측면으로 관찰한다. 집제를 인식경계로 하여 비슷한 결과를 낳기 때문에 '원인[因]'으로, 상속하기 때문에 '습(習)'으로, 생사가 끝이 없기 때문에 '생성[有]'으로, 비슷하지 않은 사태가 상속에서 연속되기 때문에 '조건[緣]'으로 관찰한다. 멸제를 인식경계로 하여 모든 고통이 다하기 때문에 '소멸[滅]'로, 모든 번뇌라는 불을 제거하기 때문에 '적정[止]'으로, 모든 법들보다 뛰어나기 때문에 '미묘[妙]'로, 생사를 버리기 때문에 '출리[離]'로 관찰한다. 도제를 인식경계로 하여 비견할 수 없기 때문에 '도(道)'로, 전도되지 않았기 때문에 '바름[如]'으로, 모든 성자들이 걸어가므로 '적(跡)'으로, 생사의 고통으로부터 나아가게 하므로 '승(乘)'으로 관찰한다. 미지정[초선에 이르지 못함]·중간정[초선과 이선 사이]·4근본정과 욕계[혹은 감각적 쾌락(kāma)을 자른 경우는 색계]에 속한다.

② 정(頂): 욕계에서 생하며 '난'보다 뛰어나기 때문에 '정'이다. 난과 같이 사제(四諦)를 인식경계로 하여 16측면으로 관찰한다. 미지정·중간정·사근본정과 욕계[혹은 감각적 쾌락(kāma)을 자른 경우는 색계]에 속한다.

③ 인(忍): 능히 할 수 있기[堪任] 때문에 '인'이다. 난·정과 같이 사제를 인식경계로 하여 16측면으로 관찰한다. 미지정·중간정·4근본정에 속한다.

④ 세제일법(世第一法): 모든 세속의 공덕 중 가장 뛰어난 선근으로서 열반의 문을 열고 범부의 마음중에서 가장 뛰어나기 때문에 세제일법이다. 범부의 마음 안에는 이것 이외의 비슷한 특질[공덕]이 있을 수 없기 때문에 다만 한 찰라[相]에 의지한다. 즉 고제를 대상으로 무상·고·공·무아의 측면으로 관찰한다. 미지정·중간정·4근본정에 속한다.

· 견도 : 1. 욕계의 고제에 대한 법[가르침]을 분별하는 지혜(duḥkhe dharmakṣānti) - 2. 욕계의 고제에 대한 법을 아는 지혜(duḥkhe dharmajñāna) - 3. 색·무색계의 고제에 대한 법을 유비적으로[29] 분별하는 지혜(duḥkhe anvayakṣānti) - 4. 색·무색계의 고제에 대한 법을 유비적으로 아는 지혜(duḥkhe anvayajñāna)

---

29 anvaya를 '유비적 인식'으로 번역한 것에 대해서는 Frauwallner(1995), 168면.; 안성두(2002), 148면. 특히 n. 10. 참조할 것.

… 15. 색·무색계의 도제에 대한 법을 추론에 의해 분별하는 지혜(mārge anvayakṣānti) 견도 // 수도 16. 색·무색계의 도제에 대한 법을 추론에 의해 아는 지혜(mārge anvayajñāna).

여기서 인과 지는 각각 무간도(ānantaryamārga)와 해탈도(vimktimārga)이다. 이 견도의 15찰라를 통하여 진리를 봄에 의하여 끊어지는[견소단] 번뇌를 끊는다.[30]

· 수도 : 견도의 15찰라에서 수행자는 믿음[信]·념(念)·노력[精進]·삼매[定]·지혜[慧]라는 능력[五根]이 날카로운 자는 법을 따르는 자[從法行, dharmānusārī], 둔한 자는 믿음을 따르는 자[從信行, śraddhānusārī]로 구분된다. 이 견도의 15찰나 동안 진리를 봄에 의하여 끊어지는[견소단] 수면을 끊은 수행자는, 이전 범부였을 때 수소단의 번뇌[31]를 어느 정도 끊었는가에

30

			탐	진	치	만	의	유신견	변집견	사견	견취	계금취	계			
견소단	욕계	고	○	○	○	○	○	○	○	○	○	○	10	32	88	98
		집	○	○	○	○	○			○	○		7			
		멸	○	○	○	○	○			○	○		7			
		도	○	○	○	○	○			○	○	○	8			
	색계	고	○		○	○	○	○	○	○	○	○	9	28		
		집	○		○	○	○			○	○		6			
		멸	○		○	○	○			○	○		6			
		도	○		○	○	○			○	○	○	7			
	무색계	고	○		○	○	○	○	○	○	○	○	9	28		
		집	○		○	○	○			○	○		6			
		멸	○		○	○	○			○	○		6			
		도	○		○	○	○			○	○	○	7			
수소단	욕계		○	○	○	○							4	10	10	
	색계		○		○	○							3			
	무색계		○		○	○							3			

유부의 98수면

31 수소단의 번뇌는 번뇌의 종류를 논하자면, 욕계: 탐·진·만·무명(치) + 색·무색계: 탐·만·무명×2 = 총 10종이다. 그러나 수소단의 번뇌는 종류를 구별하지 않고 그 수면의 세기에 따라 9종류로 구분한다. 즉 微微-微中-微上-中微-中中-中上-上微-上中-上上이 그것이다. 이 9종류의 번뇌를 욕계(9), 색계(초선~4선: 4×9=36), 무색계(공무변처~비상비비상처: 4×9=36)의 81 종류로 나눈다. 그러나 번뇌를 끊어가는 방식은 욕계의 상상부터 미미까지 색계 초선의 상상부터 마지막 무색계 비상비비상처의 하하까지 끊어간다.

따라 차별된다. 즉 수소단의 번뇌를 전혀 끊지 못했다면 예류과로 가고 있는 자[預流向], 욕계 수소단의 번뇌 중 6품[中微]까지를 끊었던 자는 일래과로 가고 있는 자[一來向], 욕계 수소단의 모든 번뇌를 끊었던 자는 불환과로 가고 있는 자[불환향]이다. 이들은 16번째 찰나[도류지]에서 각각 예류과, 일래과, 불환과라는 수행의 결과[사문과]를 얻게 된다. 그리고 더 이상 법을 따르는 자(dharmānusārī)와 믿음을 따르는 자(śraddhānusārī)라고 불리지 않고 각각 見到(dṛṣṭiprāptaḥ) 信解脫(śraddhādhimuktaḥ)이라고 불린다.

만약 이들이 욕계 수소단의 번뇌를 끊지 못했다면, 극생생사칠(極生生死七, saptakṛtvaḥparamaḥ)로서 신과 인간의 세상에서 많게는 7번까지 태어날 수 있다. 그가 욕계 수소단의 상미(上微), 상중(上中), 상상(上上) 번뇌를 끊었다면 가가(家家, kulamkulaḥ)가 되어 중에서 많게는 둘 혹은 세 신과 인간의 가족들에서 태어난 후 열반에 들 것이다. 이 둘 모두는 예류과를 획득한 자이다.

또한 욕계 수소단의 번뇌 중 6품을 끊은 자는 일래로서 신의 세계에 태어났다가 한 번 더 인간 세상에 돌아온 후 열반에 든다. 만약 8품을 끊는다면 그는 일종(一種, ekavīcika)으로서 단 한 번만 태어날 것이다. 만약 9품 모두를 끊는다면 그는 인간세상으로 돌아오지 않고 열반하는 불환이다. 그리고 욕계의 번뇌를 모두 끊어버리고 색·무색계의 번뇌만이 남아 있는 자를 아라한향이라고 한다. 이처럼 비상비비상처의 수면까지 끊어가는 방법에는 세간도(laukikamārga)와 무루도(anāsravamārga)의 두 가지가 있다. 욕계 1단계, 색계 4단계, 무색계 4단계는 세간도이기도 하고 무루도이기도 하다. 범부는 세간도로서 원리(遠離)를 획득할 수도 있다. 또한 성자는 비상비비상처에서 열반과 유사한 상태를 몸으로써 직접 접촉하는 즉 멸진정을 체험함으로써 신증자(身證者, kāyasākṣī)가 될 수 있다. 비상비비상처의 단계에서 이욕할 때, 즉 미미(微微)의 번뇌를 끊을 때 금강유정(金剛喻定, vajropamasamādhi)라는 이름을 얻는다. 이것은 9번째 무간도로서 유학(śaikṣa)의 마지막 마음으로 이 마음에 의하여 모든 수면이 영원히 그리고 완전히 소멸하게 된다.

· 무학도: 다음으로 " 모든 번뇌가 소멸하였다"라고 인식하는 무학의 첫 지혜인 진지(盡智, kṣayajñāna)가 일어난다. 다음으로 "나의 모든 생은 파

괴되었다"라는 지혜[無生智: 직접적인 언급은 없음]가 일어나게 된다. 이로부터 그는 익힐 것이 더 없는 무학으로 아라한이다.[32]

2) 『아비담감노미론(阿毘曇甘露味論)』

이시무라 미노리(西村實則)와 호토오 카즈오(兵藤一夫)를 비롯한 일본학자들은 『감로미론』을 『아비담심론』보다 이전 시대로, 정확히는 『감로미론』의 영향아래 『아비담심론』이 쓰여졌다고 보는 경향이 있다.[33] 『감로미론』에서 사선근은 다음과 같이 정의되고 있다.

· 사선근 이전단계

마음을 정수리·미간·코끝·심장에 집중 → 사념처: 몸[身], 느낌[痛], 마음[意], 법[法]을 관찰하여 법념주 중에서 마음을 청정히 하여 진실한 지혜를 얻고 나서 모든 행의 실제모습은 생멸하고 영원하지 않기 때문에 '무상'으로 재앙과 근심이 쌓이기 때문에 '고'로 안에 푸드갈라[人]이 없기 때문에 '공'으로, 자재하지 않기 때문에 '비아'로 관찰한다.

· 사선근

① 난: [이러한] 법념주에 의하여 마치 송곳으로 두 손을 비비어 구멍을 뚫어 일어난 불이 나무에 생기듯이 붓다의 가르침에 대하여 청정한 믿음의 선근이 일어나듯이 난이 생한다. 사제를 대상으로 하여 16 측면으로 관찰하는 것은 『아비담심론』과 완전히 동일하다.

② 정: 삼보를 믿거나 혹은 오온을 무상·고·공·비아로 믿고 사제를 대상으로 16측면으로 관찰한다. 난법보다 뛰어나기 때문에 정이라고 한다.

③ 인: 이미 증상된 정은 제를 따르는 인으로 인선근이라고 한다. 인선근은 3종류로서 상·중·하로 나뉜다. 사제를 소연으로 하여 십육행상[측면]으로 관찰한다.

④ 세제일법 : 사제를 따라 증상하는 선근 그것을 세간제일법이라고 한다. 하나의 심[찰라]에 있는 심·심소법을 세간제일선근이라고 한다. 어떤 사람은 믿음[信]을 시작으로 하는 다섯 능력[五根]을 세간제일법이라고 한

32 『阿毘曇心論』(『大正藏』 28권, 818상11- 819하06)

33 n. 28. 참조.

다. 여실한 의미는 '하나의 심[찰라]에 있는 심·심소법을 세간제일선근이라고 한다.'이다. 능히 열반의 문을 열고 이것은 범부의 법중 최고이다. 하나의 제를 대상으로 4가지 측면 즉 무상, 고, 공, 비아로 관찰한다. 왜 그러한가? 첫 번째 무루심은 고제를 소연으로 하기 때문이다. 제 1법도 이와 동일하다. 여섯 선지 즉 미지·중간·사선이 인·정·난선근이 [의지하는 곳이다. 동일하게]여섯 단계 중에 세간제일법이 있다.[34]

이를 통하여 보자면, 『아비담심론』에는 나와 있지만 『감로미론』에는 없는 것은 다음과 같다. 첫 번째는 사선근에 들어가기 전에 사념처 모두를 함께 관찰하는 총상념주/별상념주의 구분이 없다. 두 번째로는 『감로미론』에서는 사선근 모두의 의지처를 미지정, 중간정, 4근본정으로 보지만, 아비담심론에서는 난과 정에 욕계를 의지처로 추가하고 있다.

반대로 『감로미론』에서만 볼 수 있는 것도 있다. 첫째는 난과 정선근에서 믿음[信]과 관련되어 논의하고 있다는 것이다. 두 번째는 인선근을 상·중·하로 나누고 있으며 '수체인(隨諦忍)'이라는 용어를 사용하고 있다. 마지막으로 일심찰라의 심심소를 세간제일법으로 정의하고 있는 것이다.

3) 『구사론』

· 사선근 이전

계(戒): 수행자는 우선 계를 지켜 신체를 청정하게 하여 수습에 적합한 자가 된다.[身器淸淨] 이 신기청정에는 세 가지가 있다. 첫 번째는 몸을 사람들과의 접촉으로부터 먼 곳에 거주하고, 마음을 나쁜 생각으로부터 멀리하는 '심신원리(心身遠離)'이다. 두번째는 가진 것에 대하여 만족[喜足]하고, 가지지 못한 것에 대하여 욕심을 내지 않는 '희족소욕(喜足少欲)'이다. 세 번째는 성자들의 생활태도로서 옷, 음식, 눕고 앉는 것[臥坐具]에 만족하고 번뇌를 끊음(prahāṇa)과 닦음(bhāvanā)을 즐기는 성종(聖種)이다

정(定): 다음은 해탈에 도움이 되는[순해탈분] 수행으로 사마타[止]를 닦게 된다. 그 종류는 부정관과 입출식념으로 각각 탐욕(rāga)이 많은 자와 생각(vitarka)이 많은 자에게 적합한 수행법이다. 부정관이 속하는 단계는 10단계로서 초선-제4선의 4 근본정, 이 근본정에 근접한 4 근본정, 중간정과 욕계이다. 그러나 입출식념은 제4선에서는 호흡이 없어서 평정의 느낌[捨,

34 『阿毘曇甘露味論』(『大正藏』 28권, 972하22~973상21)

upekṣā]과 결합하기 때문에 초선부터 제3선까지의 근본정과 중간정과 욕계의 5단계에 속한다.

혜(慧): 다음으로는 관(觀)으로서 사념처를 수습하게 한다. 이 사념처는 또한 두 단계로 나뉘게 된다. 첫 번째는 몸·느낌·마음·법을 각각 개별적으로 고유한 특징(svalakṣaṇa)과 보편적 특징(sāmāyalakṣaṇa)을 관찰하는 것이다. 여기서 고유한 특징[自相]은 자성(svabhāva)를 의미하며, 보편적 특징은 유위법이 '무상'하고 유루법은 '고통'이고 일체법은 '공'이고 '비아'라는 것이다. 두 번째는 법념처에서 몸·느낌·마음·법 모두를 대상으로 보편적 특징으로 관찰하는 것이다. 여기서는 구체적으로 어떠한 선정의 상태에서 일어나는 것인지에 대한 언급은 결여되어 있다.

· 사선근

① 난(煖): 법념처에서 법념처에서 몸·느낌·마음·법 모두를 대상으로 보편적 특징으로 관찰하는 것에 의해 순결택분의 최초의 선근인 난선근(煖善根, ūṣmagata-kuśalamūla)이 생한다. 번뇌라는 연료를 불태우는 성스러운 길[聖道]의 이전의 모습(pūrvarūpa) 혹은 최초의 징후(prathama nimittatvād)이고 견도라는 불에 가까워짐에 따라 따뜻함을 느끼는 상태로 비유된다. 이 난은 고제를 인식경계(gocara)로 하여 16가지 측면으로 다음과 같이 관찰한다.

고제를 대상으로 연기법에 의하여 생겨났기 때문에(pratyayādhīnatvāt) '무상(anitya)'으로, 몸과 마음을 핍박하는 고통을 본성으로 하기 때문에(pīḍanātmakatvād) '고(duḥkha)'로, '나의 것'이 있다는 견해에 반대되기 때문에(ātmīyadṛṣṭivipakṣatvād) '공(śūnya)'으로, '나'라는 존재가 있다는 견해에 반대되기 때문에(ātmadṛṣṭivipakṣatvād) '비아(非我, anātmaka)'로 관찰한다. 집체를 대상으로 종자가 싹을 틔우는 것과 같이 고통스러운 결과를 생하는 것이기에(bījadharmayogena) '인(hetu)'으로, 고통스러운 결과를 생기게 하기 때문에(prādurbhāvayogena) '집(samudaya)'으로, 고통스러운 결과를 마치 종자로부터 싹이 나고 꽃이 피고 열매가 맺는 것처럼 연속하여 생하게 하기 때문에(prabandhayogena) '생(prabhava)'으로, 고통스러운 결과를 분명히 하는 데 도움이 되는 조건이기 때문에(abhiniṣpādanārtham) '연(緣, pratyaya)'으로 관찰한다. 멸제를 대상으로 유루의 오온을 소멸하는 원인이기 때문에(skandhoparamatvād) '멸(nirodha)'로서, 탐·진·치의 삼독을 그치게 하기 때문에(agnirvāpaṇāt) '정(靜, śānta)'으로, 모든 고통이 없기 때문에(nirupadravatvād) '묘(妙, praṇīta)'로, 모든 고통의 원인으로부터 떠나기 때문에(sarvāpakṣālaviyuktatvād) '리(離, niḥsaraṇa)'로 관찰한다. 도제를 대상으로 이를 통하여 열반으로 가기 때문에(gamanārthhena) '도(道, mārga)'로, 바른 진리로서 주어지기 때문에(yogayukatvād) '여(如, nyāya)'로, 열반을 바르게 실현하게 만들기 때문에(samyak pratipādānārtham) '행(pratipatti)'으로, 생사의 고통과 근심을 뛰어넘기 때문에(atyantasamatikramaṇāt) '출(nairyāṇika)'로 관찰한다. 이와 같이 16측면으로 사제를 관찰한다. 이러한 난선근은 사념처와 결합하여 하·중·상의 세 단계를 거쳐 성장하여 마지막 단계에서 정선근(頂善根, mūrdhāna-kuśalamūla)이 생한다.

② 정(頂): 정은 난보다 뛰어나기 때문에 다른 이름이 있는 것이다. 그리고 움직이는 선근[動善根]의 꼭대기이기 때문에 정(頂)이다. 이것들로부터 떨어지거나 혹은 나아가는 것이 있다. 즉 정선근은 마치 산 정상에 있는 것과 같아서 오래 머물 수 없고, 더 나아가 봉우리를 넘던가 그렇지 않으면 다시 산에서 되돌아 내려오는 것과 같은 상태로 비유된다. 정선근도 난선근과 마찬가지로 사제를 인식경계로 하여 16측면으로 관찰하며, 사념처 모두와 결합하여 행해지고, 세 단계를 거쳐 성장하여 마지막 단계에서 인선근(忍善根, kṣānti- kuśalamūla)이 발생한다.

③ 인(忍): 가장 뛰어난 진리를 받아들여 관찰할 수 있기(kṣamaṇa) 때문에, 이전의 선근들과는 달리 이 상태에서 물러나는 것(parihāṇita)이 없기 때문에 忍이라고 불린다. 앞서의 난선근과 정선근도 동일하게 사제를 관찰한다. 그렇지만 난선근의 상태에서는 하품(下品)의 진리를, 정선근의 상태에서는 중품(中品)의 진리를 관찰할 뿐이다. 또한 다음 단계의 세제일법에서는 사제 전부가 아니라 고제를 대상으로 4행상의 어느 하나만을 가지고 관찰하기 때문에, 인은 가장 뛰어난 진리를 받아들여 관찰할 수 있는 것이다. 그리고 세제일법과 더불어 그 상태에서 물러남이 없는 부동선근(不動善根, acalakuślamūdra)으로 악취 등에 떨어지지 않는다. 이 상태도 이전 선근들과 마찬가지로 세 단계가 있다. 그러나 인선근은 앞서의 두 선근과는 달리 오직 법념처와 결합하여 성장한다. 하의 인은 난·정선근과 동일하게 사제를 대상으로 한다. 그러나 중의 인은 인식대상[所緣]과 인식의 측면[行相]을 점차적으로 줄여나가는 감연감행(減緣減行)을 행한다. 그리하여 욕계의 고

제를 인식대상으로 단지 두 찰라로 관찰하는 데 이르른다. 이것을 중의 인이라고 한다. 이러한 감연감행의 방법은 『대비바사론』과 『구사론』을 주석한 칭우의 견해는 서로 다르다. 여기서 칭우의 주석을 간략하게 정리해보자면 아래와 같다.

〈下忍〉: 사제를 각각 욕계와 색·무색계로 나누어 8제 32행상으로 관찰

〈中忍〉:

1. 8제 32행상: 욕계·고제를 無常·苦·空·無我… 색·무색계의 도제를 道·如·行·出로 관찰
2. 8제 31행상: 욕계·고제를 無常·苦·空·無我… 색·무색계의 도제를 道·如·行
3. 8제 30행상: 욕계·고제를 無常·苦·空·無我… 색·무색계의 도제를 道·如
4. 8제 29행상: 욕계·고제를 無常·苦·空·無我… 색·무색계의 도제를 道로 관찰
5. 7제 28행상: 욕계·고제를 無常·苦·空·無我… 색·무색계의 멸제를 滅·靜·妙·離 관찰

29. 1제 4행상: 욕계·고제를 無常·苦·空·無我로 관찰
30. 1제 3행상: 욕계·고제를 無常·苦·空로 관찰
31. 1제 2행상: 욕계·고제를 無常·苦로 관찰

〈上忍〉: 1제 1행상: 욕계·고제를 無常으로 관찰[35]

상의 인은 앞서 본 바와 같이 욕계의 고제만을 인식대상(ālambana)으로 하여 다만 한 찰나로 관찰하는 것을 말한다.

④ 세제일법: 세제일법은 상의 인과 동일하게 욕계의 고제를 인식대상으로 하는 한 찰나이다. 그리고 그것은 번뇌가 있기 때문에 세간법이고 가장 뛰어나기 때문에 제일법이다. 모든 유루인 세간법 중에서 가장 뛰어나기 [最勝, śreṣṭha] 때문에 세제일법(世第一法)이다.

35 AKVy, 534-535면. : 이영진(2000), 45면.

그리고 이 모든 사선근은 결택에 도움이 되는 선근[순결택분]으로 규정되고 있다.[36] 그리고 난, 정선근은 5단계[미지정·중간정·4근본정]에 욕계를 더한 6에 의지하고, 인선근과 세제일법은 욕계를 제외한 5단계에만 의지한다.[37]

2. 정통 까쉬미르-유부 문헌

1) 『집이문족론』

여기서는 사선근 모두가 아니라 세제일법에 관한 설명만이 나와 있다. 7푸드갈라 중의 수신행자와 수법행자의 설명 중에서 다음과 같은 내용이 나온다. '견도를 획득하는 것은 사제가 진실이라는 것을 확신하고, "제행은 무상이다. 유루행은 고통이다. 일체법은 공이고 무아이다"라는 것을 관찰하는 것에 의해, 이후에 세제일법을 수득(修得)하고, 직후에 그것으로부터 고법지인이 생한다"라고 서술하고 있다.[38] 즉 견도에 이르기 위한 방법으로서 무상·고·공·무아의 측면[行相]으로 관찰하는 것이고, 견도의 직전에 세제일법이 나온다. 그러나 순결택분이나 사선근의 사고방식은 아직 보이지 않고 있다.[39]

2) 『발지론』

발지론은 갑자기 '세제일법이란 무엇인가?'로 시작하여 '정이란 무엇인가?' '난이란 무엇인가?'가 연속하여 서술되고 있다.[40]

① 난: 정법과 비나야에 대하여 조그만 믿음을 가지고 있는 것이다. 세존이 마사(馬師)와 정숙(井宿)을 정법과 비나야에 대하여 조금의 난도 없다고 설한 것에서 유래되었다.

② 정: 불법승의 삼보에 대하여 적은 양의 믿음을 생하는 것이 정이다. 세

36 이에 관해서는 1. 어원적 근거 및 개념 풀이에 나타난 순결택분을 참조할 것.
37 이상의 내용은 AKBh. 335-349면을 정리한 것.
38 『集異門足論』(『大正藏』 26권, 435중 ff)
39 兵藤一夫(1990), 75면: 鈴木紀裕(1977), 341면: 비록 사선근의 명칭은 보이지 않지만 이를 전제하고 있다는 견해에 관해서는 森章司(1975), 538면 참조할 것.
40 『阿毘達磨發智論』(『大正藏』 26권, 918상10-919상09)

존은 바라연나마나파(波羅衍拏摩納婆)에게 누군가 불법승 삼보에 대하여 매우 적은 양의 믿음이 생기한다면, 그는 정법을 이미 얻은 자라고 함에서 유래되었다. 또한 '어떻게 정에서 퇴환하는가?'의 설명에서 정을 '친근선사(親近善士), 청문정법(聽聞正法), 여리작의(如理作意)와 불보리(佛菩提)와 법은 좋은 가르침이고 승려는 묘항(妙行)을 닦는 것이고 오온은 무상하고 사제는 잘 시설되었다는 것에 대한 믿음'으로 정의하고 있다. 앞서의 셋은 사예류지(四預流支)의 세 요소이고, 『대비바사론』의 해석에 의한다면 나머지 불보리에 대한 믿음으로부터 사제에 대한 믿음에 이르기까지는 사예류지의 법수법행에 해당하는 것이다.

③ 인: 인은 설명되고 있지는 않지만, 그것에 관련한 『대비바사론』의 개소에서는 인을 순제인(順諦忍)이라고 부르고 있다. 그리고 이 순제인은 『발지론』의 다른 개소에서 '친근선사(親近善士), 청문정법(聽聞正法), 여리작의(如理作意)한다. 그것에 의하여 순제인을 얻는다.'라고 설해지고 있다. 이것은 정과 더불어 사예류지가 사선근설의 발전과 밀접하게 관련되어 있음을 보여주는 증거로 해석된다.[41]

④ 세제일법: 등무간이 되어 정성이생(正性離生: 예류·견도)에 들어가는 심·심소를 세제일법이라고 한다. 이러한 심·심소는 여타의 세간법에 대하여 최고이고 뛰어나고 미묘하기 때문에, 범부의 상태[異生性]를 버리고 성자의 상태를 획득하기 때문에 세제일법이다. 또한 색계에 의지하는 것이고, 그 상태로부터 물러남이 없다.

이와 같이 『발지론』에서의 순결택분은 사선근으로서 명확히 구별되는 것은 아니지만, 예류[견도]에 도달하는 중요한 단계로서는 인식되기 시작하였다. 예류에 이르는 수행체계가 사실상 사제의 관찰을 중심으로 [실질적으로] 체계화되기 시작한 것이었고, 그 주요요소로서 세제일법·정·난이 도입된다. 그 때 수행단계를 고찰하는 원형이 되었던 것이 사예류지[親近善士, 聽聞正法, 如理作意, 法隨法行]이다.[42]

41 兵藤一夫(1990), 867면.; 안성두(2003), 254면.
42 兵藤一夫(1990), 867면.

3)『대비바사론』

『대비바사론』은 표면적으로는 당연히『발지론』을 받아들이고 있지만 실질적으로는 상당한 발전을 했다. 그중 하나가『구사론』에서 보이듯이 사선근을 순결택분이라고 확정하고 있는 것이다. 또한『대비바사론』자체의 사고방식으로 생각되는 난의 준비적 수행[加行]이 상세하게 설해지고 있다. 요약하자면 다음과 같다.

> 가행은 문·사·수소성의 삼혜의 의한다. '삼장(三藏)의 요점은 십팔계·십이처·오온이다'라고 선사(善士)으로부터 청문하거나 혹은 스스로 안다. 다음으로 십팔계·십이처·오온의 순서로 각각을 명칭과 고유한 성질[自相]과 보편적인 성질[共相]에 의하여 관찰한다. 오온을 관찰하는 것을 마치면 사념주에 들어간다. 오온과 무위는 곧 사념주이기 때문이다. 각각의 념주를 명칭과 자상과 공상에 의하여 관찰한다. 사념주를 마치면 사성제에 들어간다. 사념주로부터 허공과 비택멸을 제한다면 사성제이기 때문이다. 각각의 제를 명칭과 자상과 공상에 의하여 관찰한다. 공상은 16행상(行相)이다. 문·사소성의 지혜를 성취고 다음으로 수소성의 지혜가 생하는데 이것을 난이라고 한다. 그리고 순서대로 정·인·세제일법이 생하고, 다음으로 견도가 생한다.[43]

이와 같이『아비담심론』,『감로미론』,『구사론』의 계열과는 이질적인 것을 포함하고 있다. 즉 십팔계·십이처·오온을 관찰대상으로 하며, 더욱이 이름·자상·공상에 의하여 관찰하는 것이다. 또한 이것들의 수행은 사예류지[親近善士, 聽聞正法, 如理作意, 法隨法行] 안에 있는 것으로 보는 것도 가능하다. 이 의미에서는『발지론』의 사고방식을 답습하는 것이 된다. 다만 사선근의 원래 의미였던 믿음[信]의 요소는 다양하게 해석하여 바꾸는 것에 의해 얇아지고 대치되어 사제의 관찰에 기반한 혜가 중심이 되었다. 사선근의 각각을 살펴보자면,

① 난 : 모든 번뇌라는 연료를 불태우기 때문에 난이고, 정법과 비나야[律,

43『大毘婆沙論』(『大正藏』27권, 34상22-34하26); 兵藤一夫(1990), 866면: 사념처의 개소에서의 조금은 다른 설명에 관해서는 兵藤一夫(1990), 863면. n. 12; 田中教照(1975), 참조할 것.

vinaya]에 대하여 적은 신애(信愛)를 가지고 있는 것이다. 정법에 대하여 믿음을 가지는 자는 도제를 믿고, 비나야에 대하여 믿음을 가지는 자는 멸제를 믿는다. 또한 16가지 측면[行相]에 의하여 사제를 인식대상으로 하여 관찰한다.

② 정 : 불·법·승 삼보에 대한 소량의 믿음이다. 또한 정은 소량의 믿음으로서 산의 정상과 같다. 산의 정상에서는 사람이 오래 머무를 수 없는 것과 같다. 어려움이 없다면 그는 산봉우리를 넘어 다른 산에 오를 수 있지만, 문제가 생긴다면 다시 봉우리에서 퇴환하여 산을 내려오는 것과 같다. 이와 같이 어려움이 없다면 인으로 나아갈 수 있지만, 어려움이 있다면 되돌아와서 난에 머무른다. 비바사론자들은 이러한 난의 정의를 세존이 아난다에게 설한 경전으로부터 찾고 있다. 여기서는 '성제자가 집착이 되는 다섯 모임[오취온]에 대하여 무상·고·무아로 관찰과 작의를 하여 인(忍), 견(見), 욕락(欲樂), 행해(行解), 견심려인(見審慮忍)을 갖게 된다. 이것을 정이라고 한다.'고 설하고 있다.[44]

③ 인 : 인은 사선근 중에서 가장 작은 양이 기술되어 있으며, 이것은 인이 세제일법과 유사한 것으로 기술하고 있기 때문이다. 실제로 세제일법과 인은 단지 사성제의 유효성을 경험하는 정도의 차이에 의하여 구분되고 있다.[45] 또한 견도와 유사한 것[似見道]으로 정의되고 있다. 인은 매우 성제의 현관에 수순하기 때문에 순제(順諦)라고 불리지만 난과 정은 그렇지 않다.

④ 세제일법: 발지론과 동일하다. 다만 분별론자의 설로 신(信) 등의 오근이 곧장 정성이생[견도]에 들어가는 것이라고 하는 설명을 소개한다.

이상으로 유부에서의 사선근을 박트리아·간다라계열의 유부와 까쉬미르 정통 유부로 나누어 살펴보았다. 사선근 만을 놓고 본다면, 앞서 소개하였던 Willemen의 학설과는 상이하다. 사선근이 믿음[信]을 중심으로한 사예류지를 바탕으로 하였다는 효토오 카즈오(兵藤一夫)의 견해를 고려한다면, 믿음이 보이고 있지 않은 『아비담심론』은 『감로미론』 이후라는 것은 물론이고, 심지어 『대비바사론』이후로도 생각할 수 있을 것이다. 그러나 이러한 문제는 지역적 문제와 함께 시대적 문제도 고려해야 함은 물론이고, 덧붙여 현재 남아있는 문헌의 변형이전을 고려해야만 한다. 따라서 현 상

44 『大毘婆沙論』(『大正藏』 27권, 26하1-5)
45 Buswell(1997), 603면.

태로는 이 텍스트들의 전·후 관계를 결정하기 어려울 것이다.

3. 선경류 문헌

널리 북방의 상좌부와 대중부를 비롯한 부파만이 아니라 유식학파도 역시 사선근설을 채용하고 있다. 특히 유가행파의 사선근설은 유식관과 결합되기 때문에 수행체계에서 가장 핵심적인 부분을 이룬다. 그러나 이 개념은 '**유식의 오위설**'의 순결택분과 중복된다. 따라서 유식에서의 사선근설을 보려는 독자는 '유식의 오위설'을 찾아 자세한 내용을 보기를 바란다. 여기서는 아주 간략하게 정리를 하려고 한다.

사선근은 유가행파의 최고층 문헌이라고 평가되는 「성문지」와 「보살지」중에서 보살지에는 보이지 않는다. 그리고 성문지에서는 「본지분」에서 보여지며, 특히 「제 2유가처」와 「제 4유가처」[46]에서 자세히 언급되고 있다. 또한 『해심밀경』에서는 나타나지 않는다. 따라서 사선근설은 원래 성문의 수행도에 의하여 받아들여졌던 것이다. 이 성문의 수행도인 사선근이 유가행파의 핵심적 수행인 '유식관'과 결합한 것은 『대승장엄경론』으로부터이다. 이와 같이 유식관이 사선근설과 결합한 것은, 더 정확히 사선근설이 보살도에 도입된 것은 「성문지」의 영향으로 보여진다. 아리생(阿理生, 1975: 675]은 유식관과 사선근설의 결합을 방식에 따라 세 종류로 나누었다. 제 1류는 『대승장엄경론』과 그 세친석·안혜석, 『섭대승론』「입소지상분」권 4와 그 세친석·무성석, 『중변분별론』과 안혜석, 사자현(師子賢)의 『현관장엄광명』이다. 제 2류는 『성유식론』(37송 제27게 호법석), 연화계의 『수습차제』(광석보리심론)이고, 제 3류는 수습차제의 범본과 서장본이다.

46 ŚrBh 324,8 -324, 17 (「성문지」 제 2유가처: 444중8-하28); ŚrBh 495,15-500,10(「성문지」 제 4유가처: 475상6-하26)

<table>
<tr><td rowspan="3"></td><td rowspan="3">사선근</td><td rowspan="3">定</td><td rowspan="3">智</td><td>제 1 류</td><td colspan="3">제 2 류</td><td>제 3 류</td></tr>
<tr><td rowspan="2">대승장엄경론 등</td><td colspan="2" rowspan="2">성유식론 호법설</td><td colspan="2">수습차제</td></tr>
<tr><td>한역</td><td>산스크리트, 티벳</td></tr>
<tr><td rowspan="6">순결택분위=가행위</td><td>난</td><td>明得定</td><td>사심사</td><td colspan="5">소취의 無를 관한다</td></tr>
<tr><td>정</td><td>明增定</td><td>사심사</td><td colspan="5">능취의 無를 관한다</td></tr>
<tr><td rowspan="3">인=순제인</td><td rowspan="3">入眞義一分定 (성유식론 : 印順定)</td><td rowspan="3">사여실지</td><td rowspan="3">소취의 無에 결정을 얻어 능취의 無에 다가가다</td><td>하</td><td>소취공을 인가</td><td rowspan="3">능취상을 떠남</td><td rowspan="3">제1류에 따르다</td></tr>
<tr><td>중</td><td>능취공 順樂印</td></tr>
<tr><td>상</td><td>능취공을 인가</td></tr>
<tr><td>세제일법</td><td>無間定</td><td>사여실지</td><td>능취의 無相에 悟入</td><td colspan="3">능취·소취의 공상을 나란히 인가한다</td><td>제2류에 따르다</td></tr>
</table>

그렇다면, 이러한 유식관과 사선근설의 결합의 밑바탕이 되는 「성문지」의 사선근설은 앞서 서술하였던 유부의 영향을 받았는가? 이에 관하여 전통적인 학설은 「성문지」의 사선근설은 직접적으로나 간접적으로 유부의 이론을 전제하고 있고 그로부터 영향을 받아 성립했다고 본다.[47] 그러나 안성두는 소승적 선정체험을 중심으로 여기에 대승의 관법을 가미한 〈선경〉류의 문헌[48]에서 그 기원을 찾고 있다.[49] 즉 초기의 유가행 유식파가 그들의 선정체험의 이론적 체계화보다는 실천적 측면에 보다 깊은 관심을 갖고 있었다면, 그들의 관심은 아비달마의 아함 전통에 의거한 논증과

47 西義雄(1975), 265면.: 釋慧敏(1994), 30면.

48 선경류의 학파소속성에 관해서는 이견이 있다. Schlingloff(1964), 10면, 30-33면에 따르면 이 문헌은 유부계에 속한다: D. Schlingloff, Ein Buddhistisches Yogalehrbuch. Sanskrit aus den Turfunden, vol.7. Berlin: 1964. : D. Schlingloff, 'Yogavidhi', *Indo-Iranian Jounal* 7, 1964.: 그러나 Schmithausen은 이 텍스트가 근본유부의 고유한 용어를 사용하고 있고, 또 보살의 이상이 강조되고 있다는 사실을 지적하면서 근본설일체유부에 귀속시키고 있다: L. Schumithausen, 'Zu den Rezensionen des Udānavargaḥ', *Wiener Zeitschrif für die Kunde Südasien* 14, 1970.: 109-113면과 n. 257 : 서의웅(1975)에 따르면 유가사(yogācāra)들은 어떠한 학파에도 소속되지 않는다.

49 안성두(2003), 267-271면.

이론적 체계화에 의해 자극받았기보다는 그들의 직계스승인 선궤범사(pūrvācarya)들의 선정체험으로부터 영향을 받았다고 보는 것이 타당하다고 여겨지기 때문이다.[50] 그는 saṃgharakṣa의 *Yogācārabhūmi*(=『수행도지경』)와 『좌선삼매경』을 중심으로 성문지 「제 2유가처」와 「제 4유가처」와의 관련성을 조사하였다. 특히 사선근설의 도입과 관련해 순제인(順諦忍)의 역할을 부각시킨 것은 주목할 만한 가치가 있다.[51]

1) 『수행도지경』

『수행도지경』에서 사선근은 수식관의 설명 중에 제시되어 있다.[52] 여기서는 요가행자의 수행도를 범부와 불제자로 나누었으며, 이는 각각 세간도와 출세간도에 해당한다. 이 중 범부의 길은 마음을 그치고 머무르게 하여 오개(五蓋, nīvaraṇa)를 제거하고 사선정(四禪定)의 단계를 통해 오신통(五神通)의 획득으로 연결된다. 그리고 불제자의 길은 사선근의 단계를 거쳐 사성제의 현관을 성취하고 삼십칠보리분법을 이루고 마침내 제 8地의 과를 획득한다.[53]

① 난: 불제자의 길은 우선 출입식념을 닦는다. 즉 들숨이 코로부터 배까지 이르고 날숨이 배로부터 코에 이르는 호흡의 과정을 쫓아 마음이 산란하지 않도록 한다. 마음이 잘 집중되면 오직 불·법·승의 공덕과 사제의 뜻(義)에 관하여 몰두하기 시작한다. 이런 선정의 대상에 대한 집중을 통해 요가행자는 기쁨을 얻는데 이를 온화(溫和)라고 한다. 마치 불을 불 때 열기가 얼굴에 향하지만 불이 닿지는 않기에 열기만을 느끼는 것과 같은 상태이다. 또한 난을 비롯한 사선근은 각 3단계를 가진 총 9단계로 분류되고 있다.

② 정: 오온이 모두 공하고 모두 나의 것([我所]이 아니라고 보는 것이 정법이다(217상7). 이 단계에서 요가행자는 모든 방향으로 살핀다. 이 단계에서 수행자는 상승하든가 퇴환하든가의 기로에 서 있다. 그는 마치 산 정상에 서 있는 사람이 더 높은 산을 향해 오르거나 또는 하산하는 사람을 보듯이 성도를 올라가는 다른 수행자들을 보거나 다시 범부의 단계로 추락하는

50 안성두(2003), 252면.
51 안성두(2003), 272면 ff.
52 『修行道地經』(『大正藏』 15권, 215하-218하29)
53 『修行道地經』(『大正藏』 15권, 217상1-27)

수행자를 본다. 범부의 단계로 추락하는 수행자들은 정법은 얻었지만 그 도과(道果)를 얻지 못해 마음이 우울해지고 삼보와 사성제에 대한 독신(篤信)이 소멸하게 된다. 반면 퇴환하지 않는 수행자의 경우 신(信)이 증대되어 계속 정진하여 전에 사념했던 법을 버리지 않는다.

③ 순법인(順法忍): 사유의 대상인 법에 전념해서 이를 의식작용이 놓지 않기 때문에 정법으로부터 물러서지 않는다. 이러한 방법으로 수행한다. 그 전념으로 인하여 마음[心]과 인식대상[想]은 하나가 된다.[54] 각각의 구경의 법에 집중할 때 처음으로 [의식과 대상사이에] 산동(散動)됨이 없게 된다. 새로운 것에 념을 두지 않기 때문이다. 이 때 요가행자는 중중지상(中中之上)의 법인(法忍)을 얻는다. 마음은 의식대상(所想)은 없지만 이 관찰을 행할 때 전후 찰나의 마음 사이에는 어떠한 착란도 없다. 이를 상중지하(上中之下)의 유순법인(柔順法忍)이라고 한다. 만약 그의 마음이 오로지 한 생각에 빠져있지만 의지가 산란하지 않는 것을 상중지중(上中之中)의 유순지법(柔順之法)이라 부른다. 그의 忍은 사성제를 관찰(nidhyāna)하여 이에 주하는 것이다. 마음이 이러한 방법을 통하여 청정에 도달한다. 이것을 신(信)이라 이름한다. 또한 오근과도 연결이 되지만 아직 오근을 성취하는 것은 아니라고 말한다.

④ 세제일법: 마지막 상중지상(上中之上)의 단계로 사성제의 현관 직전에 위치한다.

2) 『좌선삼매경』

『좌선삼매경』은 대승적 경향을 보여주는 〈선경〉으로서 성문도[55]·벽지불도[56]·보살도[57]로 이루어져 있다. 이 중 사선근은 성문들의 수행도로 분류되어 있으며,[58] 『아비담심론』계열과 같이 사제(四諦) 십육행상(十六行相)으로 수습한다.

① 난: 사념처를 수습할 때 수행자에게는 사제를 인식대상으로 하여 16

---

54 이 해석에 대해서는 안성두(2003), 261면. n. 24. 참고할 것.
55 『坐禪三昧經』(『大正藏』 15권,(270하28-280하24)
56 『坐禪三昧經』(『大正藏』 15권,(280하24-281상21)
57 『坐禪三昧經』(『大正藏』 15권,281상22-286상12)
58 사선근에 관해서는 『坐禪三昧經』(『大正藏』 15권, 279중9-280상14)

측면으로 관찰하는 것[사제 십육행상]이 생겨난다. 이와같이 관찰하는 사람에게는 무루와 유사한 법[無漏相似法]이 생겨나는데 이것을 난법이라고 한다. 항상 부지런히 정진하기 때문에 난이고, 번뇌의 연료가 무루의 불에 의해 타버리는 것으로 마치 불을 지피려고 할 때 먼저 연기가 나는 것과 같다.

이것은 열반으로 가는 길의 최초의 징후[初相, prathamanimitta]이다. 이 난법을 획득하는 것은 일심으로 선정을 구하는 것을 즐겨하는 자로서 유루도에 속하는 수행자가 아니다. 애착을 제거하고 지혜를 구하는 불제자가 직접 열반으로 나아가[直趣涅槃][59] 난법을 획득하는 것이다. 이러한 상태는 무루의 상태가 아니라 그와 유사한 상태이며, 이 단계의 수행자는 언젠가 열반을 획득할 수 있으리라는 인식을 획득한다. 또한 법을 들은 사람이 [법을] 사유함을 통하여 환희가 마음을 잡을 때 마음에서 열이 난다. 이러한 행자를 '난법을 가진 사람'이라고 말한다. 또한 이 난은 열반분선근(涅槃分善根, (nirvāṇabhāgīyāni kuśalamūlāni: 열반과 유사한 선근)이라는 명칭을 얻는다.

② 정 : 마치 우유가 변하여 낙(酪)이 되듯이 난법으로부터 발전된 것이 정법이다. 이 정법을 얻은 사람은 제법의 실상을 관찰하면서 '나는 마땅히 고통으로부터 벗어남을 얻어야 한다'라고 사유한다. 그리고 삼보에 대한 믿음과 연결되어 설명되고 있으며, 퇴환의 가능성도 열려 있다. 또한 난과 더불어 열반분선근(涅槃分善根)이라는 명칭을 얻는다.

③ 인 : 정법으로부터 나아가 일심으로 열반에 들어가려고 노력하는 사람에게는 다시 오온을 사제 십육행상에 따라 관찰하게 된다. 이때 마음은 후회하거나 물러서지 않고 받아들이게 되는데 이것이 인이다. 또한 사제를 따라 행하기[隨四諦行] 때문에 인이다. 그리고 오온을 무상·고·공·무아로 관찰하여, 마음이 받아들이고 물러섬이 없기 때문에 인이고, 신심이 굳건해져 의심하지 않고 수용하기 때문에 인이다.[60]

---

59 『大正藏』 15권, 279중3에서는 직취열반이 팔정도라는 것이 명시되어 있다. 따라서 『좌선삼매경』에서는 직취열반으로서의 팔정도와 세간도로서의 사선정을 구별하고 있음을 알 수 있다. : 팔정도를 正定, 즉 4정려로 보는 것에 대해서는 T. Vetter(1998) 참조할 것.

60 또한 『大正藏』 15권, 285상9ff에서는 보살의 견도에 生忍, 柔順法忍, 無生認의 3종이 나열되어 있다. 이중에서 柔順法忍은 有無의 언설적 분별을 떠난(=涅槃性) 제법의 실상에 대한 신심의 청정이라고 설명되어 있다. 또 무생(법)인이란 이런 실상에 대해 지혜, 믿음, 정진이 증대되어 그 능력(근)이 예리하게 되는 것이다. 경은 이것이 성문법

④ 세제일법: 인법을 얻은 사람이 이를 반복하여 증진시키고 일심으로 유위법을 염리할 때 4제의 각 행상을 이해하고 증득하고 열반으로 나아가 작증하려고 한다. 이러한 한 찰라의 마음에 대하여 세간제일법이라고 한다. 한 찰나에 고제를 대상으로 사행상 즉 무상·고·공·무아에 주(住)한다.

Ⅲ. 사선근의 의의

붓다의 깨달음(bodhi)과 제자들의 해탈적 통찰을 서술하는 "해탈도의 전형적 서술"에서는 다음과 같이 서술하고 있다.

> 五蓋의 제거→제1정려… 제4정려→ 그 자신의 전생에 대한 기억(숙명통, pubbenivāsānussatiñāṇa)→[다른 존재들이] 죽고 다시 태어나는 것에 대한 관찰(천안통, cutūpapātañāṇa) → 사성제에 대한 인식→ 루를 사성제의 방식으로 인식('이것이 루이다'… '이것이 루의 소멸로 가는 길이다') → 루의 소멸에 대한 지혜[漏盡智, āsavāṇaṃ khayañāṇa] → 아라한의 사자후['생은 다하였고, 범행은 완성되었고, 더 이상 이러한 상태는 없다.][61]

그러나 유부의 수행도는 앞서 본 바와 같이, 이와 다른 두 가지 차이점을 갖는다. 첫째는 해탈적 통찰을 견도와 수도로 분리한 점이다. 둘째는 견도 이전의 예비적인 단계로 사념처와 사선근설을 도입한 것이다.

이러한 변화에 대하여 후라우발너는 다음과 같이 분석한다.[62] 먼저 유부가 해탈적 인식의 단계를 견도와 수도로 분리한 이유는 앞서 MN의 사성제에 대한 인식→루(āsava)의 소멸을 기반으로 하기 때문이다. 즉 '지적인 경향인 사성제에 대한 인식이 어떻게 감정적 번뇌가 대부분을 차지하고 있는 루(欲漏, 有漏, 無明漏)를 단번에 소멸할 수 있는가?'에 대한 문제를 해결

중의 난법, 정법, 지혜, 믿음, 정진이 증대되어 인을 얻는 것과 마찬가지라고 말한다. 여기서 忍이란 열반을 받아들이는 것, 무루법을 받아들이는 것으로서 새롭게 얻고 새롭게 인식했기 때문이다.; 『좌선삼매경』 285중13-17; 안성두(2003), 267면.

61 MN No. 4 = MN Ⅰ21 ff : No. 19 = Ⅰ117: No. 36= Ⅰ247 ff : Schmithausen(1981), 203면 ff. : Frauwallner(1995), 154-155면. : 앞의 두 신통이 후대의 삽입이라는 것에 관해서는 Schmithausen(1981), n. 75 참고할 것.

62 Frauwallner(1995), 149-184면.

하기 위해서이다. 그는 이를 위하여 십수면설(十隨眠說)의 확립과 관련지어 고찰한다. 수면은 초기 경전에서는 일반적인 나쁜 성향만을 의미할 뿐이었으며, 십수면이 아니라 7수면의 형태로 등장한다. 7수면이란 탐(貪)·진(瞋)·견(見)·의(疑)·만(慢)·유탐(有貪)·무명(無明, 癡) 등이다. 후기에는 탐이 욕탐(欲貪)으로 대치된다. 7수면 중에서 욕탐과 유탐의 구분이 사라지면서 6수면으로 줄어들고 견을 다섯 가지 곧 유신견(有身見)·변집견(邊執見)·사견(邪見)·견취견(見取見)·계금취견(戒禁取見)으로 세분하면서 십수면설이 확립되었다고 보는 것이 정설이다.[63] MN에서 보이는 '루'를 이 '수면'으로 대치한다면, 루에서는 무명[사성제에 대한 무지]을 제외하고는 설명할 수 없는 사성제에 대한 인식의 효력이 1십수면설에서는 오견(五見)과 더불어 의심[疑]이라는 절반을 넘어선 번뇌에 미칠 수 있는 것이다. 실제로 사성제에 대한 완전한 이해(abhisamaya)라는 견도에서 끊어지는 수면은 이 오견과 의심이라는 이지적인 번뇌들이다. 또한 유부에서는 이 십수면을 3계와 오부(五部)로 배치하면서 98수면으로 확립된다. 이제 십수면에서 남아 있는 탐·진·만·무명은 바로 반복적인 수행(bhāvana)에 의하여 끊어지는 번뇌들이다. 즉 견도에서 보았던 사성제의 진리를 반복적으로 사유(contemplating)함을 통하여 제거해나가는 것이다. 그러나 후라우발너도 지적하듯이 원래 수습(bhāvanā)은 7깨달음의 요소[覺支, bodhyaṇgāni]이지, 사성제를 반복적으로 사유[욕계의 사성제에 관해서는 관찰, 색·무색계의 사성제에 관해서는 유비적 인식 즉 추론]하는 것은 아니다.[64] 이와 같이 유부는 bhāvana의 개념을 전이하여 자신의 수행도 체계를 완성하고 있는 것이다.

유부에서는 이러한 사성제 관찰의 효력을 극대화하기 위하여 사념처를 도입하고 사선근의 개념을 창안한 것으로 보인다. 그러나 초기경전으로부터 도입되었다고 생각되는 사념처 역시 그 모습을 매우 달리한다. 이러한 점은 법념처에서 더욱 두드러진다. 초기의 『염처경(Satipaṭṭhānasutta)』(MN 10, I 55-63)에 따르면 법념처는 오온(五蓋), 오취온(五取蘊), 십이처(十二處), 칠각지(七覺支), 사제(四諦)를 숙고하는 것이다. 반면 설일체유부의 법념처는 신·수·심을 제외한 법만을 숙고하는 것[不雜緣, asaṃbhinnālambana]과 사념처의 모든 대상을 통틀어서 숙고하는 것[雜緣, saṃbhinnālambana]이다. 특히

63 수면설의 발전에 대한 다른 의견에 관해서는 田中教照(1987) 29-30면 참고할 것.
64 Frauwallner(1995), 158면.

사념처의 모든 대상을 통틀어서 무상·고·공·무아로서 관찰하는 것은『염처경』등에서는 보이지 않는다. 이것이 사선근의 '고제를 인식경계로 하여 무상·고·공·무아로 관찰하는 것'으로 이어진다는 점을 고려할 때, 사념처는 단순히 사선근이라는 새로운 이론이 연결될 수 있는 정전(正典)의 시작점을 얻기 위한 수단이 될 것이다.[65]

또한 전혀 새로운 사상인 사선근은 유부의 삼매[혹은 선정]에 대한 사상과도 밀접한 관련을 맺는다. 앞서 인용한 MN에서는 제1정려로부터 제4정려까지의 선정을 수행하고, 바로 제 4선정상태에서 2가지 신통[숙명·천안통]을 획득한 후 비로소 사성제에 대하여 인식하는 것이다. 즉 유부가 '사성제에 대한 인식은 2가지 신통을 전제한다'라는 경전적 근거를 받아들이는 한 사성제에 대한 인식은 일반적인 인식을 초월한 신비적·직관적 인식일 것이다. 그러나 유부의 사선근설에서는 '반드시 [신통을 얻기 위한] 선정을 전제로 한다'는 것은 거부되고 있다. 앞서 살펴보았듯이 사선근은 미지정을 포함한 5선정[중간정+근본 4정려]에서 수행되며, 특히 난과 정은 산란심이 있는 욕계에서도 가능하다. 미지정은 Schumithausen[1981: 240]이 지적하듯이 '선정[특히 4정려에 드는 것]이 해탈적 통찰에 대해 불필요하다'고 간주하는 경향을 통합한 것이다. 이는 아마도 사제에 대한 인식이 일상적인 사고형태로 작용하는 이성적인 인식이어서, 제자들의 해탈적 인식과 관련해서는, 반드시 신통과 연관된 제4정려에 들지 않더라도 획득 가능한 것이기 때문일 것이다. 그러나 이러한 선정을 배제한 사제의 관찰은 '사정려에서 사제를 관찰하여 루를 소멸한다'는 신비적 인식과는 분명히 다른 것이다. 이에 대해서는 후라우발너는 다음과 같이 설명한다.

> 그러나 '어떻게 새로운 사상이 이 인식을 생각했는가?'에 관한 문제는 남아 있다. 왜냐하면 깨달음 동안에 나타나는 붓다의 인식은 일상적인 인식이 될 수 없다. 이 의문은 Dharmaśrī(법승)이 서술한 해탈의 길을 마음에 떠 올림으로써 해결할 수 있다. 거기서 사제는 단계적으로 점점 더 강화되어 숙고되어 마침내 견도에서는 몇 찰라 동안의 직접적인 봄(darśana)으로 계발된다. 직접 보면서 그로부터 사성제 대한 확실성을 획득하는 것이다. 따라

65 Frauwallner(1995), 180면.

> 서 이것은 강렬한 준비(가행) 이후에 일어나는 마치 섬광과도 같은 일종의 직관적 인식이다. 그것은 강렬한 체험으로서 여전히 명상적 체험과는 다르지만 일상적인 인식의 범주는 넘어서는 것이다.[66]

이와 같이 사선근에서 수면을 없애기 위한 사제의 관찰은 실제적으로 선정을 배제하고 있는 것이다. 슈미트하우젠(1991)은 이러한 경향을 부정적·지적 흐름이 강화된 것으로 보고 있다. 이러한 경향은 대승에서는 더욱 강화되어 선정과 관련된 수행도를 '세간도'로 폄하하고, 지혜[특히 사물의 부정적인 본성: 무아·공]를 중심으로 하는 출세간도 중심으로 수행도가 전개된다. 이와 같이 유부의 '사성제에 대한 인식이 루를 소멸한다.'는 초기의 正典의 사상을 전제로 하여 그들 수행도를 '부정적-지적 흐름'으로 강화하는 데 새로운 개념인 사선근은 결정적인 역할을 하고 있다.

이러한 사선근이 갖는 현대적 의의는 무엇일까? 앞서 살펴본 바와 같이 사선근은 유부에서 하나의 관점[부정적-지적 흐름]아래 초기의 개념을 변형하여 적용한 것이다. 그리고 이것은 이미 이론을 위하여 체계화된 것으로서 실제의 수행과는 어느 정도 거리를 두고 있음은 자명한 일이다. 그러나 이와 같이 체계화되기 이전의 문헌군, 특히 이론의 체계화보다는 실천 수행에 관심을 가지고 있었던 선경류의 문헌군들과 성문지를 비롯한 초기 유가행 유식학파의 텍스트들은 실제 경험을 기술한 것이다. 따라서 이러한 텍스트들에서 보이는 사선근은 실제 수행을 해나갈 때 좋은 지침서가 될 수 있을 것이다. 이러한 목적으로 현재까지 우리 나라에서 등한시되고 있는 체계화되기 이전의 문헌군에 대한 연구가 절실히 필요하다고 생각한다. ❁

이영진(금강대)

66 Frauwallner(1995), 182-183면.

출전 근거와 참고문헌

일념삼천

1. 일차자료

지의(智顗) 설(說), 관정(灌頂) 기(記). 『마하지관(摩訶止觀)』(『대정장』46)
______, ______. 『묘법연화경현의(妙法蓮華經玄義)』(『대정장』33)
______, ______. 『묘법연화경문구(妙法蓮華經文句)』(『대정장』34)
______, ______. 『관음현의(觀音玄義)』(『대정장』34)
담연(湛然) 술(述). 『지관보행전홍결(止觀輔行傳弘決)』(『대정장』46)
______. 『법화현의석첨(法華玄義釋籤)』(『대정장』33)
______. 『법화문구기(法華文句記)』(『대정장』34)
______. 『지관의례(止觀義例)』(『대정장』46)
______. 『지관대의(止觀大義)』(『대정장』46)
______. 『십불이문(十不二門)』(『대정장』46)
지례(知禮) 술(述). 『십불이문지요초(十不二門指要鈔)』(『대정장』46)

구마라집 역. 『금강반야바라밀경』(『대정장』8)
담무참 역. 『대반열반경』(『대정장』12)
실차난타 역. 『대방광불화엄경(『대정장』10)
구마라집 역. 『마하반야바라밀경』(『대정장』8)
구마라집 역. 『묘법연화경』(『대정장』9)
축불념 역. 『보살영락본업경』(『대정장』24)
구마라집 역. 『유마힐소설경』(『대정장』14)
길가야·담요(曇曜) 역. 『잡보장경(雜寶藏經)』(『대정장』4)
축법호 역. 『정법화경』(『대정장』9)
용수 조(造). 구마라집 역. 『대지도론』(『대정장』25)
세친 석(釋). 보리류지 등 역. 『묘법연화경우바제사』(『대정장』26)
세친 조(造). 현장 역. 『아비달마구사론』(『대정장』29)
5백 아라한 조(造). 현장 역. 『아비달마대비바사론』(『대정장』27)
김무득 역주. 『대지관좌선법』(마하지관) 5책 (서울: 운주사, 1994-1995)
이법화 역. 『십불이문지요초(十不二門指要鈔)』(서울: 영산법화사출판부, 1987)

2. 이차자료

조명기.『고려대각국사와 천태사상』(서울: 경서원, 1962)
타무라 요시로 외. 이영자 역.『천태법화의 사상』(서울: 민족사, 1990)
이영자.『천태불교학』(서울: 불지사, 2001)
菅野博史.『一念三千とは何か』(東京: 第三文明社. 1999)
紀野一義.『法華經の探究』(京都: 平樂寺書店, 1982)
島地大等.『天台教學史』(東京: 明治書院, 1929)
新田雅章.『天台實相論の研究』(京都: 平樂寺書店, 1981)
安藤俊雄.『天台思想史』(京都: 法藏舘, 1959)
_______.『天台性具思想論』(京都: 法藏舘, 1953)
_______.『天台學』(京都: 平樂寺書店, 1982)
玉城康四郎.『心把捉の展開』(東京: 山喜房佛書林, 1975)
里見岸雄.『法華經の研究』(京都: 平樂寺書店, 1924)
日比宣正.『唐代天台學研究』(東京: 山喜房佛書林, 1975)
佐藤哲英.『天台大師の研究』(京都: 百華苑, 1961)
佐佐木憲德.『天台教學』(京都: 百華苑, 1963)
Kalupahana, David J. Buddhist Philosophy. Honolulu:The Univ. Press of Hawaii, 1982.

두지원(杜繼文).「일념삼천의 해독(解讀)」.『천태학연구』 제6집, 2004.
최기표.「천태 일념삼천설의 연구」. 동국대 석사논문, 1995.
大窪康充.「一念三千說の一考察」.『印度學佛教學研究』 39권 1호, 1990.
金英吉.「法華 十如是의 原典的 考察」.『동대 대학원 연구논집』 제7집, 1977.
金仁德.「天台 圓教의 圓融原理」.『한국불교학』 제3집, 1977.
李世傑.「一念三千的世界觀」.『天台思想論集』. 現代佛教學術叢刊 57(台北: 大乘文化出版社, 1977)
張元圭.「一念三千說에 관한 硏究」.『불교학보』 제5집, 1967.
佐藤哲英.「摩訶止觀の一念三千說に對する疑義」.『印度學佛教學研究』 7권1호, 1958.
望月歡厚.「一念三千と妙法五字」.『印度學佛教學研究』 5권 1호, 1956.
石津照璽.「一念三千論」.『宗教研究』47(東京: 1927)
모찌즈키 신코(望月信亨).『望月佛教大辭典』(東京: 世界聖典刊行協會, 1954)
佛光大辭典編修委員會.『佛光大辭典』(臺灣: 佛光出版社, 1989)

무드라

1. 일차자료

경전류
一然撰,『三國遺事』
求那跋陀羅譯,『雜阿含經』(『大正藏』99)[1]
寶雲譯,『佛本行經』(『大正藏』193)
法炬共法立譯,『法句譬喻經』(『大正藏』211)
畺良耶舍譯,『觀無量壽經』(『大正藏』365)
不空譯,『一字頂輪王念誦儀軌』(1卷)A, (『大正藏』954)
不空譯, 『攝無礙大悲心大陀羅尼經計一法中出無量義南方滿願補陀落海會五部諸尊等弘誓力位及威儀形色執持三摩耶標幟曼荼羅儀軌』(1卷), (『大正藏』1067)
不空譯,『一字奇特佛頂經』(3卷), (『大正藏』953)
不空譯,『金剛頂一切如來眞實攝大乘現證大教王經』 3卷 (『大正藏』865)
金剛智譯,『金剛頂瑜伽中略出念誦經』 4卷 (『大正藏』866)
善無畏譯,『大毘盧遮那成佛神變加持經』 7卷 (『大正藏』848)
善無畏述, 一行記, 智儼·溫古矯,『大日經義釋』(『卍續藏經』 36권)

1 ()안에서『大正藏』은 대정신수대장경(大正新脩大藏經)이고 숫자는 경의 고유번호임.

般若譯,『諸佛境界攝眞實經』(『大正藏』868)
不空譯,『金剛頂蓮華部心念誦儀軌』(『大正藏』873)
惠果造,『十八契印』(『大正藏』900)
阿地瞿多譯,『陀羅尼集經』(『大正藏』901)
不空譯,『金剛頂瑜伽護摩儀軌』(『大正藏』908)
不空譯,『阿閦如來念誦供養法』(『大正藏』921)
不空譯,『金剛頂經一字頂輪王瑜伽一切時處念誦成佛儀軌』(『大正藏』957)
不空譯,『佛頂尊勝陀羅尼念誦儀軌法』(『大正藏』972)
不空譯,『大樂金剛不空眞實三昧耶經般若波羅蜜多理趣釋』(『大正藏』1003)
失譯,『牟梨曼拏羅咒經』(『大正藏』1007)
不空譯,『聖觀自在菩薩心眞言瑜伽觀行儀軌』(『大正藏』1031)
智通譯,『千眼千臂觀世音菩薩陀羅尼神呪經』(『大正藏』1057).
耶舍崛多譯,『十一面觀世音神呪經』(『大正藏』1070)
不空譯,『普賢金剛薩埵略瑜伽念誦儀軌』(『大正藏』1124)
帛尸梨蜜多羅譯,『佛說灌頂伏魔封印大神呪經』(『大正藏』1331).
不空譯,『金剛頂瑜伽中發阿耨多羅三藐三菩提心論』(『大正藏』1665)
吉藏撰,『法華義疏』(『大正藏』1721)
善無畏述,『大毘盧遮那成佛經疏』(『大正藏』1796)
金剛智譯,『佛說七俱胝佛母准提大明陀羅尼經』(『大正藏』1975)
玄奘譯·辯機撰,『大唐西域記』(『大正藏』2087)

2. 이차자료

1) 사전류

水野弘元著,『パ-リ語辭典』(東京: 春秋社, 1981)
宮坂宥勝 外,『密教小辭典』, (東京: 春秋社, 1987)
慈怡 外,『佛光大辭典』, (臺灣: 佛光出版社, 1988)
鈴木學術財團編,『漢譯對照 梵和大辭典』, (東京: 講談社, 1986)
種智院大密敎辭典編纂會,『密敎大辭典』, (東京: 法藏館. 1970)
佐和隆研,『密敎辭典』(京都: 法藏館, 1975)
中村元,『佛教語大辭典』(東京: 東京書籍, 1981)
望月信亨,『望月佛敎大辭典』(東京: 東京書籍, 1971)

2) 단행본

宮坂宥勝·金剛秀友·眞鍋俊照,『密教圖典』(日本: 筑摩書房, 1980)
栂尾祥雲,『密敎思想と生活』(高野山大學出版部, 1939)
栂尾祥雲,『秘密佛敎史』(高野山大學出版部, 1933)
栂尾祥雲,『秘密事相の研究』(高野山大學出版部, 1935)
松長有慶,『密敎の歷史』(京都: 平樂社書店, 1969)
田中海應,『秘密事相の解說』(東京: 鹿野苑, 1962)
佐和隆研,『密敎圖典』(東京: 吉川弘文館, 1970, 9版)
逸見梅榮,『佛像の形式』(東京: 東大出版, 1970)
恭鑑老人,『密法總集』1 (臺灣: 金林文化事業有限公司, 1984)
文明大,『佛敎美術概論』(서울: 동국대학교 역경원, 1984)
E. Dale Saunders,『MUDRĀ』(NewYork, Princton University Press, 1959)
S.B. Dasgupta,『An Introduction to Tantric Buddhism』정승석 옮김,『딴뜨라불교입문』(서울: 민족사, 1991)
Anneliese·Peter Keilhauer著, 전재성역,『힌두교의 그림언어』(서울: 東文選, 1994)

3) 논문

姜友邦,「韓國毘盧遮那像의 成立과 展開; 圓融의 圖像的 實現」『美術資料』44, 국립중앙박물관, 1989.
文明大,「新羅下代 毘盧舍那佛彫刻의 硏究: 新羅下代 佛敎彫刻의 硏究(1)」,『美術資料』22, 국립

중앙박물관, 1978.
김리나·이숙희, 「통일신라시대 智拳印 毘盧舍那佛像 硏究의 쟁점과 문제」 『美術史論壇』 7, 한국미술연구소, 1998.
이동철, 「高麗時代 智拳印佛像에 대한 考察」, 『慶北史學』 제23집, 慶北史學會, 2000.
조원영, 「新羅下代 八部神衆像 硏究」, 『釜山史學』 39, 부산사학회, 2000.

일심삼관

『불광대사전(佛光大辭典)』.
『織田 불교대사전』.
전관응 대종사 감수 『불교학대사전』.
교양교재편찬위원회 편, 『불교학개론』(동국대학교출판부, 1984년).
다카쿠스 준지로 지음, 정승석 옮김 『불교철학의 정수』(대원정사, 1989년).
조명기 『고려대각국사와 천태사상』 (경서원, 1982년).
이영자 『한국천태사상의 전개』(민족사, 1988년).
오지연 『천태지관이란 무엇인가』(연기사, 1999년).
이병욱 『천태사상연구』(경서원, 2002년).
이병욱 『고려시대의 불교사상』(혜안, 2002년).
이병욱 「제관의 실상론과 십승관법의 이해」(『보조사상』 23집, 보조사상연구원, 2005년).
이병욱 「『십불이문』에 나타난 담연의 사상」(『불교학연구』 12호, 불교학연구회, 2005년).
이병욱 「사명지례의 천태정토사상」(『정토학연구』 8집, 한국정토학회, 2005년).
田村芳朗·梅原猛 共著 이영자 옮김 『천태법화의 사상』 (민족사, 1989년).
田村芳朗·新田雅章 저, 편집부 역 『천태대사 -그 생애와 역사』(영산법화사 출판부, 1997년).

일체개성 · 오성각별

1. 출전 근거

『대반야경』(『대정장』 제7권)
『대반열반경』(『대정장』 제12권)
『묘법연화경』(『대정장』 제9권)
『해심밀경』(『대정장』 제16권)
『입능가경』(『대정장』 제16권)
『구사론』(『대정장』 제29권)
『유가사지론』(『대정장』 제30권)
『성유식론』(『대정장』 제31권)
『불성론』(『대정장』 제31권)
『섭대승론석』(『대정장』 제31권)
『오교장』(『대정장』 제45권)
『대승법원의림장』(『대정장』 제45권)
『해심밀경소』(『한불전』 제1권)

2. 참고 문헌

김동화, 『유식철학』(서울: 보련각, 1973)
박종홍, 『한국사상사』1(『박종홍전집』Ⅳ(서울: 형설출판사, 1990)
고영섭, 『한국불학사: 신라시대편』(서울: 연기사, 2005)
高崎直道 지음, 전치수 옮김, 『불성이란 무엇인가』(서울: 여시아문, 1998)
정호영 지음, 『여래장사상: 불성사상의 원형』(서울: 대원정사, 1993)
小川一乘 지음, 고승학 옮김, 『불성사상』(서울: 경서원, 2002)
平川彰 외 편, 종호 역, 『여래장사상』(서울: 경서원, 1996)

松本史朗 著, 혜원 역, 『연기와 공: 여래장사상은 불교가 아니다』(서울: 운주사, 1994),

高崎直道, 『如來藏思想の形成』(東京: 春秋社, 1974)
高崎直道, 『如來藏思想』Ⅰ(京都: 法藏館, 1988)
高崎直道, 『如來藏思想』Ⅱ(京都: 法藏館, 1989)
常盤大定, 『佛性の研究』(東京: 圖書刊行會, 1973)
深浦正文, 『唯識學研究』(京都: 永田文昌堂, 1954)

박경준, 「대승열반경에 나타난 일천제 성불론」, 『한국불교학』제17집, 한국불교학회, 1992
이봉순, 「대승열반경의 보살사상」, 『불교학연구』제9호, 불교학연구회, 2004
권오민, 「5종성론에 대하여」, 『천태학연구』제7호, 천태불교문화연구원, 2005
조윤호, 「동아시아 불교의 두 얼굴: 다원주의와 본질주의 공존」, 『불교학연구』제13호, 불교학연구회, 2006

계율

1. 일차자료

Aṅguttaranikāya (PTS.)
Khuddakanikāya (PTS.)
Suttanipāta (PTS.)
Vinayapiṭaka (PTS.)
「元興寺伽藍緣起」(大日本佛教全書 제118)
『高僧傳』(『大正藏』50권)
『根本說一切有部毘奈耶』(『大正藏』23권)
『大般涅槃經』(『大正藏』12권)
『大方廣佛華嚴經』(『大正藏』9권)
『大日經』(『大正藏』18권)
『大日經疏』(『大正藏』39권)
『大智度論』(『大正藏』25권)
『大品般若經』(『大正藏』8권)
『摩訶僧祇律』(『大正藏』22권)
『梵網經』(『大正藏』24권)
『菩薩瓔珞本業經』(『大正藏』24권)
『毘尼母經』(『大正藏』24권)
『四分律』(『大正藏』22권)
『薩婆多毘尼毘婆沙』(『大正藏』23권)
『續高僧傳』(『大正藏』50권)
『十誦律』(『大正藏』23권)
『十地經』(『大正藏』10권)
『阿毘達磨俱舍論』(『大正藏』29권)
『五分律』(『大正藏』22권)
『瑜伽師地論』(『大正藏』30권)
『增一阿含經』(『大正藏』2권)
『解深密經』(『大正藏』16권)
긍선, 「寺中規繩」『修禪結社文科釋』(『韓佛全』10권)
기화, 『顯正論』(『韓佛全』7권)
도선, 『四分律刪繁補闕行事鈔』(『大正藏』40권)
법장, 『梵網經菩薩戒本疏』(『大正藏』40권)
원효, 『梵網經菩薩戒本私記』(『韓佛全』1권)
원효, 『梵網經菩薩戒本持犯要記』(『韓佛全』1권)
의적, 『菩薩戒本疏』(『韓佛全』2권)

일연, 『三國遺事』(『大正藏』49권)
지눌, 『誡初心學人文』(『韓佛全』4권)
지눌, 『勸修定慧結社文』(『韓佛全』4권)
지의, 『觀心論』(『大正藏』46권)
지의, 『摩訶止觀』(『大正藏』46권)
지의, 『菩薩戒義疏』(『大正藏』40권)
지의, 『次第禪門』(『大正藏』46권)
태현, 『梵網經古迹記』(『韓佛全』3권)
태현, 『梵網經菩薩戒本宗要』(『韓佛全』3권)
휴정, 『禪家龜鑑』(『韓佛全』7권)
김부식, 『三國史記』

2. 이차자료

荻原雲來 編, 『梵和大辭典』(東京: 講談社, 1986)
『佛敎大辭林』(서울: 가산불교문화연구원, 1998)
홍법원편집부 編, 『佛敎學大辭典』(서울: 홍법원, 1996)
水野弘元, 『パーリ語辭典』(東京: 春秋社, 1981)

K.S. 케네스 첸, 박해당 譯, 『중국불교』(서울: 민족사, 1991)
鎌田茂雄, 신현숙 譯, 『한국불교사』(서울: 민족사, 1994)
鎌田茂雄, 정순일 譯, 『중국불교사』(서울: 경서원, 1996)
김영덕, 「밀교계사상의 현대적 조명」, 『한국불교학』 제45집, 한국불교학회, 2006.
김영태, 『한국불교사』(서울: 경서원, 1997)
동산대종사 문집편찬위원회 編, 『동산대종사 문집』(부산: 범어사, 1996)
목정배, 『계율론』(서울: 동국역경원, 1988)
______, 『계율학개론』(합천: 장경각, 2001)
______, 『한국불교학의 현대적 모색』(서울: 동국대학교출판부, 2000)
박호남, 「불교율장의 성립과 대승율의 발달 연구」, 한국정신문화연구원 박사학위논문, 1992.
백도수, 「比丘戒經에 대한 연구」, 동국대학교대학원 박사학위논문, 2001.
불교신문사 編, 『불교경전의 이해』(서울: 불교시대사, 1997)
불교신문사 編, 『한국불교인물사상사』(서울: 민족사, 1997)
石田瑞麿, 이영자 譯, 『일본불교사』(서울: 민족사, 1995)
신성현, 『대승계율연구』(서울: 해조음, 2002)
이능화, 『조선불교통사 上』(서울: 경희출판사, 1968)
이자랑, 「율장을 통해 본 승단과 현대사회의 조화」, 『한국불교학』 제45집, 한국불교학회, 2006.
이태원, 『초기불교 교단생활』(서울: 운주사, 2000)
정성본, 『선의 역사와 사상』(서울: 불교시대사, 2000)
정승석 編, 『불전해설사전』(서울: 민족사, 1994)
佐藤密雄, 김호성 譯, 『초기불교교단과 계율』(서울: 민족사, 1991)
채인환, 「고구려불교 계율사상 연구」, 『불교학보』27, 동국대불교문화연구소, 1990.
______, 「백제불교계율의 전래와 전파」, 『한국불교학』 제11집, 한국불교학회, 1986.
최기표, 「초기 천태교단의 계율」, 『한국불교학』 제45집, 한국불교학회, 2006.
최원식, 「신라 보살계사상사 연구」, 동국대학교 대학원 박사학위 논문, 1992,
平川彰 외, 정승석 譯, 『대승불교개설』(서울: 김영사, 1999)
平川彰, 『比丘尼律の 硏究』(東京: 春秋社, 1998)
平川彰, 박용길 譯, 『율장연구』(서울: 토방, 1995)
平川彰, 석혜능 譯, 『원시불교의 연구』(서울: 민족사, 2003)
허흥식, 「지공의 무생계첩과 무생계경」, 『서지학보』4, 한국서지학회, 1991.
______, 『고려로 옮긴 인도의 등불』(서울: 일조각, 1997)
黃有福 外, 권오철 譯, 『한중불교문화교류사』(서울: 까치, 1995)
横超慧日, 『中國佛敎の 硏究』(東京: 法藏館, 1981)

깨달음

1. 출전 근거

『中論』(『大正藏』 30권).
『佛本行集經』(『大正藏』 3권).
『大乘起信論』(『大正藏』 31권).
『妙法蓮華經』(『大正藏』 9권).
『金剛般若波羅蜜多經』(『大正藏』 8권).
『大般涅槃經』(『大正藏』 12권).
『維摩詰所說經』(『大正藏』 14권).
『無量壽經』(『大正藏』 12권).
『大乘入楞伽經』(『大正藏』 16권).
『二入四行論』(『大正藏』 48권).
『觀心論』(『大正藏』 48권).
『六祖壇經』(『大正藏』 48권).
『傳心法要』(『大正藏』 48권).
『信心銘』(『大正藏』 48권).
『證道歌』(『大正藏』 48권).
Aṅguttara-Nikāya, Part Ⅰ. ed. by Richard Morris, revised by A. K. Warder(2nd ed.: london: PTS, 1961).
Majjhima-Nikāya, Vol. Ⅲ. ed. by Robert Chalmers(London: PTS, 1899).
Samyutta-Nikaya, Part Ⅴ. ed. by Leon Feer(London: PTS, 1898).

2. 참고 문헌

望月信亨(編)『望月佛教大辭典』, 第一卷, 增補增訂版 (東京: 世界聖典刊行協會, 1974).
水野弘元『佛教要語基礎知識』(東京: 春秋社, 1972).
中村元『佛教語大辭典』(東京: 東京書籍, 1981).
宇井伯壽『佛教凡論』(東京: 岩波書店, 1974).
中村元, 福永光司, 田村芳郎, 今野達『巖波 佛教辭典』(東京: 岩波書店, 1996).
古賀英彦編著 入失義高監修『禪語辭典』(京都: 思文閣, 1991).
中村元監修 峰島旭雄責任編輯『比較思想事典』(東京: 東京書籍, 2000).
Robert E. Buswell, Jr., Editor in Chief Encyclopedia Buddhim (Macmillan Reference USA. NY: Thomson, 2004).
鈴木大拙,『鈴木大拙全集』第2, 3卷 (東京: 岩波書店, 1968).
鈴木大拙,『禪問答と悟り』,『鈴木大拙禪選集』2卷 (東京: 春秋社, 1982).
宮本正尊,『佛教の根本眞理』(東京: 三省堂, 1957).
立花俊道,『原始佛教の禪宗』(東京: 更生社, 1955).
阿部肇一,『禪世界·公案』(東京: 築摩書房, 1975).
楠正弘,『解脫と救濟』(京都: 平樂寺書店, 1983).
宮坂宥勝,『佛教の起原』(東京: 三陽社, 1987).
玉城康四郎,『佛教の比較思想論的研究』(東京: 東京大學, 1980).
水野弘元,『佛教の眞髓』(東京: 春秋社 1986).
日本佛教學會編,『悟りと救い』(京都: 平樂寺書店, 1982).
平川彰,『佛教入門』(東京: 春秋社 1992).
佐橋法龍,『禪』(東京: 實業之日本社, 1980).
伊吹敦,『禪の歷史』(京都: 法藏館, 2001).
普照思想研究院,『普照思想』第4集 (서울: 불일출판, 1990).
沈在龍,『지눌연구』(서울: 서울대학출판부, 2004).
John R. Mcrae. "Shen-hue and the Teaching of Sudden Enlightenment in Early Ch'an Buddhism". Peter N. Gregory(ed.), *Sudden and gradual*(Delhi: Motial Banarsidass, 1986).

Andy Ferguson. *Zen's chinese heritage* (Boston: Wisdom Publications, 2000).
Heinrich Dumoulin. *Zen Buddhism: A History* (NY: Macmillan Publishing Co. 1988).

돈오

『望月佛教大辭典』(世界聖典刊行協力會, 1933)
『佛光大辭典』(佛光出版社, 1989)
『佛教學大辭典』(佛書出版 弘法院, 1998년 4월 10판 발행)
『長阿含經』(『大正藏』1)
『大方廣圓覺修多羅了義經』卷1(『大正藏』17, 921下)
僧肇,『注維摩詰經』(『大正藏』38)
[梁]寶亮等撰,『大般涅槃經集解』(『大正藏』37)
僧肇,『肇論』(『大正藏』45)
道生,『法華經疏』(卍續藏 150)
慧達,『肇論疏』(『卍續藏』150)
吉藏,『二諦論』(『大正藏』45)
碩法師,『三論游意義』(『大正藏』45)
僧祐,『出三藏記集』(『大正藏』55)
慧皎,『高僧傳』(『大正藏』50)
道宣,『廣弘明集』(『大正藏』52)
謝靈運,『辯宗論』(『大正藏』52)
智顗,『妙法蓮華經玄義』(『大正藏』33)
澄觀,『大方廣佛華嚴經疏』(『大正藏』35)
澄觀,『大方廣佛華嚴經隨疏演義鈔』(『大正藏』36)
澄觀,『大華嚴經略策』(『大正藏』36)
楊曾文編校,『荷澤神會語錄』(中華書局, 1996年版)
(돈황본)『六祖檀經』(『大正藏』48)
(종보본)『法寶檀經』(『大正藏』48)
慧海,『頓悟入道要門論』(卍續藏63)
裴休集,『筠州黃檗山斷際禪師傳心法要』(『大正藏』48)
知訥,『修心訣』
吉藏,『法華玄論』卷3(『大正藏』34, 382中)
善導,『觀經玄義分』卷1(『大正藏』37, 246上)
湯用彤,『漢魏兩晋南北朝佛教史』(北京大學出版社, 1997年版)

무주

『佛說長阿含經』(『大正藏』 1권).
『雜阿含經』(『大正藏』 2권).
『阿毘達磨俱舍論』(『大正藏』 29권).
『大般若波羅蜜多經』(『大正藏』 5권).
『大般若波羅蜜多經』(『大正藏』 6권.
『大般若波羅蜜多經』(『大正藏』 7권)
용수,『中論』(『大正藏』 30권).
『般若波羅蜜多心經』(『大正藏』 8권).
『金剛般若波羅蜜經』(『大正藏』 8권).
용수,『大智度論』(『大正藏』 25권).
『維摩詰所說經』(『大正藏』 14권).
마명,『大乘起信論』(『大正藏』 32권).
승조,『注維摩詰經』(『大正藏』 38권).
길장,『淨名玄論』(『大正藏』 38권).

혜원, 『維摩義記』(『大正藏』 38권).
천태지의, 『維摩經玄疏』(『大正藏』 38권).
천태지의, 『妙法蓮華經玄義』(『大正藏』 33권).
청량징관, 『大方廣佛華嚴經疏』(『大正藏』 35권).
『成唯識論』(『大正藏』 31권).
『瑜伽師地論』(『大正藏』 30권).
『大般涅槃經』(『大正藏』 12권).
『正法華經』(『大正藏』 9권).
『妙法蓮華經文句』(『大正藏』 34권).
『摩訶止觀』(『大正藏』 46권).
『妙法蓮華經玄義』(『大正藏』 33권).
『大方廣佛華嚴經』(『大正藏』 9권).
『大方廣佛華嚴經(80권)』(『大正藏』 10권).
『大方廣佛華嚴經(40권)』(『大正藏』 10권).
『華嚴經探玄記』(『大正藏』 35권).
『돈황본단경』(『大正藏』 48권).
『六祖大師法寶壇經』(『大正藏』 48권).
『景德傳燈錄』(『大正藏』 51권).
『天聖廣燈錄』(『卍續藏』 135권).
『禪宗無門關』(『卍續藏』 119권).
『五燈會元』(『卍續藏』 138권).
『佛說般若波羅蜜多心經贊』, 『解深密經疏』, 『仁王經疏』, 『涅槃宗要』, 『金剛三昧經論』(『韓佛全』 1권).
『華嚴一乘法界圖』, 『金光明最勝王經疏[輯逸]』, 『無量壽經述義記卷中[復元]』, 『華嚴經文義要決問答』, 『海印三昧論』, 『瑜伽論記』(『韓佛全』 2권).
『梵網經古迹記』, 『大乘起信論內義略探記』(『韓佛全』 3권).
『十句章圓通記』, 『釋華嚴旨歸章圓通抄』, 『眞心直說』, 『法集別行錄節要并入私記』, 『華嚴論節要』(『韓佛全』 4권).
『禪門拈頌拈頌說話會本』(『韓佛全』 5권).
『金剛般若波羅蜜經五家解說誼』, 『大華嚴法界圖註』, 『三家龜鑑』, 『說禪儀』, 『雲水壇歌詞』(『韓佛全』 7권).
『釋門家禮抄』, 『僧家禮儀文』(『韓佛全』 8권).
『無竟集文稿』, 『無竟室中語錄』, 『月渚堂大師集』, 『雪巖雜著』, 『楓溪集』, 『無用堂遺稿』, 『霜月大師詩集』, 『天鏡集』(『韓佛全』 9권).
『括虛集』, 『三峯集』, 『艸衣詩藁』, 『櫟山集』, 『作法龜鑑』(『韓佛全』 10권).
전재성 편저, 『빠알리어사전』(한국불교대학출판부, 1994).
鈴木學術財團編, 『漢譯對照 梵和大辭典』新裝版 (講談社, 1988).
Sir Monier Monier-Williams, *A Sanskrit-English Dictionary* (Tokyo: Meicho Fukyukai, 1986).
T. W. Rhys Davids and William Stede, *The Pali Text Society's Pali-English Dictionary* (London: The Pali Text Society, *1986*).
Tibetan-English Dictionary (http://www.nitartha.org/dictionary_search04.html).
William Adward Soothill and Lewis Hodous, *A Dictionary of Chinese Buddhist Terms* (Taipei: Ch'eng Wen Publishing Company, 1975).
塚本善隆, 『望月佛教大辭典』(東京: 世界聖典刊行協會, 1974)
中村元, 『佛教語大辭典』縮刷版 (東京: 東京書籍, 1981)
駒澤大學禪學大辭典編纂所, 『新版禪學大辭典』(東京: 大修館書店, 1978)
朱芾煌, 『法相大辭典』(台北: 新文豐出版公司, 1988)
이운허, 『불교사전』(서울: 동국대학교역경원, 1995)
경인문화사 편집부, 『불교용어사전』(서울: 경인문화사, 1998)
김길상, 『불교학대사전』(서울: 홍법원, 2001)
김승동, 『불교인도사상사전』(부산: 부산대학교출판부, 2001)
곽철환, 『시공불교사전』(서울: 시공사, 2003)
지관, 『가산불교대사림』(서울: 가산불교문화연구원, 2005)

목조

1. 일차자료

『修行道地經』(『大正藏』15)
『禪秘要法經』(『大正藏』15)
隋 智顗 說,『金剛般若經疏』(『大正藏』33)
後秦 僧肇 著,『寶藏論』(『大正藏』45)
宋 才良等 編,『法演禪師語錄』(『大正藏』47)
日本 慧印 校,『筠州洞山悟本禪師語錄』(『大正藏』47)
明 語風圓信·郭凝之 編,『瑞州洞山良价禪師語錄』(『大正藏』47)
日本 慧印 校,『撫州曹山元證禪師語錄』(『大正藏』47)
日本 玄契 編,『撫州曹山本寂禪師語錄』(『大正藏』47)
宋 蘊聞 編,『大慧普覺禪師語錄』(『大正藏』47)
宋 道謙 編,『大慧普覺禪師宗門武庫』(『大正藏』47)
唐 慧然 集,『臨濟錄』(『大正藏』47)
宋 守堅 集,『雲門錄』(『大正藏』47)
明 語風圓信·郭凝之 編,『法眼錄』(『大正藏』47)
宋 楚圓 集,『汾陽錄』(『大正藏』47)
唐 道綽 撰,『安樂集』(『大正藏』47)
宋 侍者 等 編,『宏智錄』(『大正藏』48)
宋 宗紹 編,『無門關』(『大正藏』48)
唐 法海 集,『法寶壇經』(『大正藏』48)
隋 僧璨 作,『信心銘』(『大正藏』48)
宋 延壽 集,『宗鏡錄』(『大正藏』48)
宋 重顯頌古·克勤評唱,『碧巖錄』(『大正藏』48)
宋 正覺頌古·行秀評唱,『從容錄』(『大正藏』48)
宋 智昭 集,『人天眼目』(『大正藏』48)
宋 宏智正覺,『宏智錄』,(『大正藏』48)
唐 裴休 集,『傳心法要』(『大正藏』48)
唐 裴休 集,『宛陵錄』(『大正藏』48)
唐 宗密 述,『都序』(『大正藏』48)
唐 玄覺 撰,『證道歌』(『大正藏』48)
無名,『少室六門』(『大正藏』48)
元 念常 集,『佛祖歷代通載』(『大正藏』49)
宋 贊寧 等 撰,『宋高僧傳』(『大正藏』50)
唐 道宣 撰,『續高僧傳』(『大正藏』50)
梁 慧皎 撰,『梁高僧傳』(『大正藏』50)
宋 道原 纂,『景德傳燈錄』(『大正藏』51)
無名,『歷代法寶記』(『大正藏』51)
日本 道元 撰,『正法眼藏』(『大正藏』82)
無名,『無心論』(『大正藏』85)
無名,『觀心論』(『大正藏』85)
無名,『大乘無生方便門』(『大正藏』85)
宋 允堪 述 · 日本 慧光 合,『淨心誡觀法發眞鈔』(卍續藏105)
唐 文益 撰,『宗門十規論』(卍續藏110)
唐 慧海 撰,『頓悟要門』(卍續藏110)
宋 慧洪 撰·覺慈 編,『智証傳』(卍續藏111)
宋 正覺 拈古·元 行秀 評唱,『請益錄』(卍續藏117)
宋 義青 頌古·元 從倫 評唱,『空谷集』(卍續藏117)
宋 頤藏 主集,『古尊宿語錄』(卍續藏118)
慧南 重編,『慈明四家錄』(卍續藏120)
德初 義初 等 編,『眞歇淸了禪師語錄』(卍續藏124)
太泉·等純·興燈·心亮·淨煥 錄,『禪海十珍』(卍續藏126)

明 覺岸 編集, 『釋氏稽古略』(卍續藏133)
宋 紹曇, 『五家正宗贊』(卍續藏135)
宋 李遵勗 勅編, 『天聖廣燈錄』(卍續藏135)
宋 悟明, 『聯燈會要』(卍續藏136)
宋 正受, 『嘉泰普燈錄』(卍續藏137)
宋 慧洪 撰, 『禪林僧寶傳』(卍續藏137)
宋 普濟 集, 『五燈會元』(卍續藏138)
明 玄極 輯, 『續傳燈錄』(卍續藏142)
宋 慧洪 集, 『林間錄』(卍續藏148)
高麗 晦然 編, 『重編曹洞五位』(韓國佛教全書6)
朝鮮 雪岑 撰, 『十玄談要解』(韓國佛教全書7)

2. 이차자료

石井修道, 『宋代禪宗史の研究』(大東出版社. 1987)
_______, 『禪籍善本古注集成 宏智錄』 卷上 · 下(名著普及會. 1985)
鈴木大拙, 『禪と念佛の心理學的基礎』.(大東出版社. 1944)
김호귀, 『묵조선 연구』, 민족사. 2002.
______, 『선과 좌선』, 석란. 2004.
______, 「看話禪의 成立背景」, (『普照思想』 제19집. 보조사상연구원. 2003)
______, 「宏智正覺의 修證觀」, (『大覺思想』 제2집. 대각사상연구원. 1999)
______, 「黙照禪의 證悟와 信心」, (『韓國佛教學』 제32집. 한국불교학회. 2002)
______, 「黙照禪의 修行體系」, (『佛教學研究』 제6호. 불교학연구회. 2003)
______, 「묵조선의 성립배경」, (『韓國佛教學』 제34집. 한국불교학회. 2003)
______, 「묵조선 수행의 구조」, (『佛教學報』 제37집. 불교문화연구원. 200)

바라밀

『雜阿含經』 (『大正藏』2권).
『增壹阿含經』 (『大正藏』2권).
『道行般若經』 (『大正藏』8권).
『小品般若波羅蜜經』 (『大正藏』8권).
『金剛般若波羅蜜經』(『大正藏』8권).
『大般涅槃經』 (『大正藏』12권).
『摩訶般若波羅蜜經』 (『大正藏』8권).
『摩訶僧祇律』 (『大正藏』22권).
『妙法蓮華經』 (『大正藏』9권).
『飜譯名義集』(『大正藏』54권).
『彌勒菩薩所問經』 (『大正藏』26권).
『解深密經』 (『大正藏』16권).
『佛本行集經』 (『大正藏』3권).
『四分律」』 (『大正藏』22권).
『攝大乘論釋』(『大正藏』31권).
『十住經』(『大正藏』10권).
『大方廣佛華嚴經』 (『大正藏』10권).
『五分律」』 (『大正藏』22권).
『俱舍論』 (『大正藏』29권).
길장, 『金剛般若疏』 (『大正藏』33권).
길장, 『大品經遊意』(『大正藏』33권).
길장, 『淨名玄論』 (『大正藏』38권).
용수, 『大智度論』 (『大正藏』25권).
용수, 『十住毘婆沙論』 (『大正藏』26권).

원효,『大慧度經宗要』(『大正藏』33권).
의정,『金光明最勝王經』(『大正藏』16권).
天台智者大師說門人灌頂記,『仁王護國般若經疏』(『大正藏』33권).
현장,『般若波羅蜜多心經註解』(『大正藏』33권).
慧遠,「大乘義章」(『大正藏』44권).
Bṛhadāraṇyaka Upaniṣad
Suttanipāta
T. W. Rhys Davids and Wiliam Stede, *The Pāli Text Society's Pāli-English Dictionary,* (London, 1921).
Conze, Edward. *Buddhist Wisdom Books,* (London : George Allen & Unwin LTD, 1970).
Har Dayal. *The Bodhisattva Doctrine in Buddhist Sanskrit Literature,* (Delhi, : Motilal Banarsidass, 1932).
Wogihara, U. & Tsuchida, C., *Saddharmapuṇḍarīka-Sūtram,* (Tokyo : The Sankibo Buddhist Book Store, 1958).
김동화,『불교교리발달사』, (서울: 삼영사, 1977)
김선근,『인도정통철학과 대승불교』, (서울: 동국대학교출판부, 2005)
李智冠,『佛教大辭林』, (서울: 伽山佛教文化硏究院, 2005).
平川彰,『초기 대승불교의 연구』, (東京: 春秋社, 1968).

반야

『攝大乘論』(『大正藏』31권)
『攝大乘論釋』(『大正藏』31권)
『大乘玄論』(『大正藏』45권)
『瑜伽師地論』(『大正藏』30권)
『雜阿含經』(『大正藏』2권)
『解脫道論』(『大正藏』29권)
『俱舍論』(『大正藏』29권)
『大毘婆沙論』(『大正藏』27권)
『放光般若經』(『大正藏』8권)
『楞伽阿跋多羅寶經』(『大正藏』16권)
『成唯識論』(『大正藏』31권)
金東華,『佛教學概論』,『雲虛 金東華 全集』1(서울: 뇌허불교학술원, 2001).
元義範,『現代佛教思想』(서울: 集文堂, 1985).
정병조,『정병조 불교입문』(서울: 불지사, 1994).
권오민,『아비달마 불교』(서울: 민족사, 2003).
橫山紘一 著, 묘주 옮김,『唯識哲學』(서울: 경서원, 1997)
平川 彰·梶山雄一·高崎直道(編), 李萬(譯),『唯識思想』,『講座·大乘佛教』8, (서울: 경서원, 1993).
D.W.햄린(지음), 이병욱(옮김),『인식론』, (서울: 서광사, 1991).
仁順,『學佛三要』,『妙雲集』下編之二(臺北: 正聞出版社, 2000).
西義雄,『原始佛教に於ける般若の研究』,『大倉山紀要 8』(大倉文化科學硏究所: 1953).
高崎直道(編輯),『佛教·インド思想辭典』(東京: 春秋社, 1987).
「jñāna와 prajñā 그리고 prajñāpāramitā에 대한 小考」,『회당학보』제10집, 회당학회.

방편

1. 일차자료

『雜阿含經』(『大正藏』2)
『長阿含經』(『大正藏』1)

『瑜伽師地論』(『大正藏』 30)
『成唯識論述記』(『大正藏』 43)
『四諦經』(『大正藏』 1)
『出曜經』(『大正藏』 4)
『修行本起經』(『大正藏』 3)
『方廣大莊嚴經』(『大正藏』 3)
『衆許摩訶諦經』(『大正藏』 3)
『維摩詰所說經』「方便品」(『大正藏』 14)
『妙法蓮華經』(『大正藏』 9)
『大般若經』(『大正藏』 5)
『仁王般若波羅蜜經』(『大正藏』 8)
『大乘理趣六波羅蜜多經』(『大正藏』 8)
『大寶積經』(『大正藏』 11)
『大毘盧遮那成佛神變加持經』(『大正藏』 18)
『大毘盧遮那成佛經疏』(『大正藏』 39)
『大乘義章』(『大正藏』 44)
『法華義疏』(『大正藏』 34)

2. 이차자료

이정수, 「밀교특성으로서의 방편수행」, 『불교학보』 38집, 2001
新田雅章, 「天台教學における二十五方便の意味」, 『인불학』 15, 1969
田中良昭, 「初期禪宗史における方便法門の意味」, 『종교학논집』 1, 1967
増田英男, 「法華經における「方便」の意味について」, 『밀교문화』 95, 1971
日下俊文, 「小品般若經の方便思想」, 『인불학』 29, 1980
강혜원, 「北宗禪에 있어서의 방편」, 『한불학』 10, 1985
카마타 시게오, 한형조역, 『화엄의 사상』, 고려원, 1987.
Michael Pye, Skilful Means, Geraid Duckworth, 1978
John W.Schroeder, Skilful Means, University of Hawai'i Press, 2001
佐和隆研編, 『密教辭典』(法藏館, 1974)
望月信亨編, 『望月佛教大辭典』(世界聖典刊行協會, 1974)
荻原雲來編, 『漢譯對照 梵和大辭典』(講談社, 1986)
諸橋轍次, 『大漢和辭典』(大修館書店, 1990)
佛光大藏經編修委員會, 『佛光大辭典』(佛光出版社, 1988)

불살생

1. 일차자료

Anguttarnikāya (PTS.)
Dhammapada (PTS.)
Dīghanikāya (PTS.)
Majjhimanikāya (PTS.)
Pātimokkha (PTS.)
Suttanipāta (PTS.)
Vinayapiṭaka (PTS.)

『究竟一乘寶性論』(『大正藏』31권)
『根本說一切有部毘奈耶』(『大正藏』23권)
『楞伽經』(『大正藏』16권)
『大般涅槃經』(『大正藏』12권)
『大方等大集經』(『大正藏』13권)

『大方等如來藏經』(『大正藏』16권)
『大智度論』(『大正藏』25권)
『摩訶般若波羅蜜經』(『大正藏』8권)
『摩訶僧祇律大比丘戒本』(『大正藏』22권)
『摩訶僧祇律』(『大正藏』22권)
『妙法蓮華經』(『大正藏』9권)
『梵網經』(『大正藏』24권)
『法界次第初門』(『大正藏』46권)
『法苑珠林』(『大正藏』53권)
『不增不減經』(『大正藏』16권)
『佛性論』(『大正藏』31권)
『舍利弗阿毘曇論』(『大正藏』28권)
『四分僧戒本』(『大正藏』22권)
『四分律行事鈔資持記』(『大正藏』40권)
『四分律』(『大正藏』22권)
『善思童子經』(『大正藏』14권)
『小品般若經』(『大正藏』8권)
『勝鬘經』(『大正藏』12권)
『十誦律』(『大正藏』23권)
『十住毘婆沙論』(『大正藏』26권)
『十地經』(『大正藏』10권)
『阿毘達磨俱舍論』(『大正藏』29권)
『阿毘達磨法蘊足論』(『大正藏』26권)
『五分律』(『大正藏』22권)
『瑜伽師地論』(『大正藏』30권)
『雜阿含經』(『大正藏』2권)
『正念處經』(『大正藏』17권)
『中阿含經』(『大正藏』1권)
『增一阿含經』(『大正藏』2권)
법장, 『梵網經菩薩戒本疏』(『大正藏』40권)
일연, 『三國遺事』(『大正藏』9권)
기화, 『顯正論』(『韓佛全』7권)
승장, 『梵網經述記』(『韓佛全』2권)
원효, 『梵網經菩薩戒本私記』(『韓佛全』1권)
의적, 『菩薩戒本疏』(『韓佛全』2권)
휴정, 『禪家龜鑑』(『韓佛全』7권)

2. 이차자료

荻原雲來 編纂, 『梵和大辭典』(東京: 講談社, 1986)
홍법원편집부 編, 『佛教學大辭典』(서울: 홍법원, 1996)
水野弘元, 『パーリ語辭典』(東京: 春秋社, 1981)

김동화, 『대승불교사상』(서울: 불교시대사, 2001)
김상현, 『원효연구』(서울: 민족사, 2000)
목정배, 『계율론』(서울: 동국역경원, 1988)
______, 『불교윤리개설』(서울: 경서원, 1986)
박호남, 「불교율장의 성립과 대승율의 발달 연구」, 한국정신문화연구원 박사학위논문, 1992.
백도수, 「比丘戒經에 대한 연구」, 동국대학교대학원 박사학위논문, 2001.
불교신문사 編, 『한국불교인물사상사』(서울: 민족사, 1997)
신성현, 「열반경의 계율사상 연구」, 동국대학교대학원 박사학위논문, 1994.
이지관, 「北傳六部律藏比較研究」, 동국대학교대학원 박사학위논문, 1975.
이태원, 『초기불교 교단생활』(서울: 운주사, 2000)

자각종색선사, 최법혜 譯, 『고려판 선원청규 역주』(서울: 가산불교문화연구원, 2002)
정승석 編, 『불전해설사전』(서울: 민족사, 1994)
정호영, 『여래장사상』(서울: 대원정사, 1993)
佐藤密雄, 김호성 譯, 『초기불교교단과 계율』(서울: 민족사, 1991).
천소화, 「불성의 본질에 관한 연구」, 전남대학교대학원 석사학위논문, 1996.
최법혜 編譯, 『불교윤리학논집』(서울: 고운사본말사교육연구원, 1996)
최원식, 『신라 보살계사상사 연구』(서울: 민족사, 1999)
平川彰, 박용길 譯, 『율장연구』(서울: 토방, 1995)
平川彰, 석혜능 譯, 『비구계의 연구』 I (서울: 민족사, 2002)
_____________, 『원시불교의 연구』(서울: 민족사, 2003)
平川彰, 심법제 譯, 『초기대승불교의 종교생활』(서울: 민족사, 1993)
平川彰, 『比丘尼律の研究』(東京: 春秋社, 1998)
한중광, 「불교의 생명사상에 대한 연구」, 동국대학교대학원 석사학위논문, 1994.
______, 『한국불교계율사상연구』(서울: 토방, 1997)

삼학

1. 일차자료

망월 불교대사전
大正 新修大藏經 1, 2.
ed. H. Oldenberg, *Vinayapiṭaka I - V*, PTS, London, 1879-1883.
ed. V. Trenckner외, *Majjhimanikāya I - III*, PTS, London, 1979, 1977.
ed. M.Leon Feer, *Saṅyuttanikāya III*, PTS, London, 1975.
ed. T.W. Rhys Davids, J.E. Carpenter, W. Stede, *Dīghanikāya*, PTS, London, 1890-1911.
ed. Mrs. Rhys Davids, *The Vibaṅga*, PTS, London, 1978.
ed. Edward Müller, *Atthasālinī*, , PTS, London, 1979.
ed. R. Morris, E. Hardy, *Aṅguttaranikāya I - IV.* PTS, London, 1885-1990.
ed. E. Müller, *Dhammasaṅgaṇi*, , PTS, London, 1885.
ed. C.A.F, Rhys Davids, D. Litt, *The Visuddhimagga of Buddhaghosa*, PTS, London, 1975.
Heinz Bechert, Richard Gombrich edition, *The World of Buddhism*, Thames and Hudson Ltd, London, 1991.
I.B. Horner, *Middle Langth Sayings*. Vol I-III, PTS. London, 1975.
I.B. Horner, *The Book of the Discipline* 5 Vols, PTS, London, 1986.
Nānamoli, *The Path of Purification*, Singapore Buddhist Meditation Centre, Singapore, 2001.

2. 이차자료

권오민 역주, 『아비달마구사론 4』(서울: 동국역경원, 2002)
김재성, 『위빠사나 수행의 길』(서울: 푸른세상, 2002)
柳田聖山 著, 안영길·추만호 역, 『선의 사상과 역사』(서울: 민족사, 1991)
백도수 역, 『맛지마니까야(中部) 』(서울: 민속원, 조계사 불교대학, 2002)
붓다고사스님 저, 대림스님 역, 『청정도론(위숫디막가) 1-3권』(서울: 초기불전연구원, 2004)
아베 쵸이치 外, 최현각 옮김, 『인도의 선, 중국의 선』(서울: 민족사, 1991)
에드워드 콘즈 저, 안성두·주민황 역, 『인도불교사상사』(서울: 민족사, 1988)
오형근, 『印度佛教의 禪思想 』(서울: 도서출판 한성, 1992)
柳田聖山 著, 안영길, 추만호 역, 『禪의 思想과 歷史』(서울: 민족사, 1989)
임승택, 『위빠사나 수행관 연구』(서울: 경서원, 2004)
鄭性本, 『禪의 歷史와 禪思想』(서울: 三圓社, 1994)
최현각, 『선학의 이해』(서울: 불교시대사, 1991)
칼루파하나 저, 조용길 역, 『원시근본불교철학의 현대적 이해』(서울: 불광출판부, 2002)

平川彰 著, 박용길 역,『율장연구』(서울:토방, 1995)
平川彰 著, 釋慧能 옮김,『비구계의 연구 Ⅰ, Ⅱ』(서울: 민족사, 2002)
홍수평, 손역평 공저, 노선환, 이승모 공역,『如來禪』(서울: 운주사, 2002)

金澤俊,「原始禪定 硏究」, 동국대학교 석사학위 논문, 1970.
김재성,「남방 상좌부 불교의 수행 체계」,『불교평론』, 불교시대사, 2002, 겨울.
______,「순관(純觀, suddha-vipassanā)에 대하여- 남방상좌불교 수행론의 일고찰-」, 불교학연구회, 2002년 3월.
______,「미얀마의 교학 체계와 수행체계」,『세계 승가공동체의 교학체계와 수행체계』, 도서출판 가산문고, 1997.
______,「염처경(念處經)에 나타난 수행법」,『한국불교학결집대회논집』, 제1집下, 2002.
난다라타나,「상좌부 불교의 현황」,『불교평론』, 불교시대사, 2002, 겨울.
柳萬烘,「根本佛敎의 修行體系 硏究」, 동국대학 석사학위 논문, 1993.
미산스님,「남방 상좌 불교의 심식설과 수행계위」,『한국불교학결집대회논집』, 제1집 下, 2002.
佛敎文化硏究院,『佛敎原典硏究』,「善見律毘婆沙」, 서울: 東國大學校出版部. 2001.
成桓基,「印度佛敎의 三學 硏究」, 동국대학교 박사학위 논문, 1997.
송위지,「상좌부 불교의 역사와 전통」,『불교평론』, 불교시대사, 2002, 겨울.
辛椿烈,「阿含經의 三十七助道品 硏究」, 동국대학교 석사학위 논문, 1986.
安承駿,「大念處經의 修行體系와 敎理體系 硏究」, 동국대학교 석사학위 논문, 1993.
李惠玉,「三昧(Samādhi)修行論 硏究」, 동국대학교 박사학위 논문, 1997.
인경스님,「초기불교의 지관과 사선」,『제39차 보조사상연구발표회 자료집』, 보조사상연구원, 불일출판사, 2001.
일중스님,「스리랑카 승가의 교학체계화 수행체계 조사연구」,『세계 승가공동체의 교학 체계와 수행체계』, 도서출판 가산문고, 1997.
임승택,「마음지킴(sati)의 차제적 성격에 관한 일고찰」,『한국불교학결집대회논집』, 제1집 下, 2002.
______,「사띠(sati)의 의미와 쓰임에 관한 고찰」,『제39차 보조사상연구발표회 자료집』, 보조사상연구원, 불일출판사, 2001.
______,「大悲에 관한 연구」, 동국대학교 석사학위 논문, 1993.
______,「초기불교의 경전에 나타난 사마타와 위빠사나」,『인도철학회 제12회 춘계 학술 발표대회 자료집』, 인도철학회, 2001.
조준호,「초기불교경전에 나타난 수행에 관한 용어와 개념의 검토(Ⅰ): 止·觀을 중심으로」,『韓國禪學會 제16차 월례발표회 자료집』, 한국선학회, 2001.
______,「초기불교에 있어 止·觀의 문제」,『韓國禪學』, 제1호, 한국선학회, 2000.
______,「Vipassanā의 인식론적 근거: Pali 경전을 중심으로」,『제39차 보조사상연구발표회 자료집』, 보조사상연구원, 불일출판사, 2001.
韓鏡洙,「阿含經에 나타난 修行觀 硏究」, 동국대학교 석사학위 논문, 1989.

선정

1. 일차자료

경전·어록류
『장아함경』(『대정장』 1권).
『중아함경』(『대정장』 1권).
『잡아함경』(『대정장』 2권).
『수행도지경』(『대정장』 15권).
『대반야경』(『대정장』 5권).
『금강반야바라밀경』(『대정장』 8권).
『문수설반야경』(『대정장』 8권).
『관무량수경』(『대정장』 12권).

『좌선삼매경』(『대정장』 15권).
『대안반수의경』(『대정장』 15권).
『달마다라선경』(『대정장』 15권).
『수행도지경』(『대정장』 15권).
『선비요법경』(『대정장』 15권).
『유마힐소설경(『대정장』 14권).
『대승입능가경(『대정장』 16권).
『해심밀경(『대정장』 16권).
구마라집, 『대지도론』(『대정장』 25권).
현장, 『집이문족록』(『대정장』 26).
현장, 『아비달마법온족론』(『대정장』 26).
현장, 『대비바사론』(『대정장』 27권).
실차난타, 『대승기신론』(『대정장』 32권).
지의, 『선문수증』(『대정장』 46권).
지의, 『마하지관』(『대정장』 46권).
지의, 『수습지관좌선법요』(『대정장』 46권).
초원, 『분양무덕선사어록』(『대정장』 47권).
혜천, 『황룡혜남선사어록』(『대정장』 47권).
혜연, 『임제록』(『대정장』 47권).
법해, 『법보단경』(『대정장』 48권).
배휴, 『전심법요』(『대정장』 48권).
종밀, 『선원제전집도서』(『대정장』 48권).
염상, 『불조역대통재』(『대정장』 49권).
찬녕, 『송고승전』(『대정장』 50권).
도선, 『속고승전』(『대정장』 50권).
혜교, 『고승전』(『대정장』 50권).
도원, 『경덕전등록』(『대정장』 51권).
혜홍, 『선림승보전』(『卍속장』 137권).
정.균 『조당집』(『고려장』 45권).

2. 이차자료

1)단행본류
최현각, 『선학의 이해』(불교시대사. 2003).
최현각, 『인도의 선 중국의 선』(민족사, 1990).
정성본, 『中國禪宗의 成立史研究』(민족사, 1991).
정성본, 『禪의 思想과 歷史』(三圓社, 1993).
종호, 『臨濟禪研究』(經書院, 1996).
한보광 역, 『禪과 日本文化』(불광출판부. 1995).
최현각, 『禪의 實踐哲學 研究』(東國大 博士學位論文, 1986).
강혜원, 『北宗禪 研究』(東國大 博士學位論文, 1992).
김호귀 역, 『현대와 선』(불교시대사, 1994).
최경호, 『존재에서 규명한 禪』(경서원, 2004).
김용정, 『禪과 精神分析』(原音社, 1999).
忽滑谷快天, 『禪學思想史』(玄岩社, 1925).
변선환 엮음 『선과 현대철학』(대원정사, 1996).
柳田聖山, 『初期の禪史』 I (筑摩書房, 1971).
石井修道, 『宋代禪宗史の研究』(大東: 大東出版社, 1987).
胡適, 『神會和尙遺集』(胡適記念館, 1967).
田中良昭, 『敦煌禪宗文獻の研究』.(大東: 大東出版社, 1983).
鈴木大拙, 『禪と念佛の心理學的基礎』.(大東: 大東出版社, 1944).
鏡島元隆, 『天童如淨禪師の研究』(大東: 春秋社, 1983).
山內舜雄, 『禪と天台止觀』(東京: 大藏出版, 1986).

2) 논문류
이법산, 「楞伽經의 선사상 연구」(『印度哲學』 제4집, 民族社, 1994).
최창술, 「禪의 實踐哲學 研究」(동국대학교 박사학위논문, 동국대, 1986).
최현각, 「禪定과 卽物的 認識」(『韓國佛教學』, 1985).
채인환, 「禪思想의 成立과 展開 - 禪中心의 自力信仰의 歷史」(『佛教學報』 26집, 1989).
강문선, 「北宗神秀의 禪思想 研究」(동국대학교 박사학위논문, 1988).
安藤嘉則, 「中國禪定思想史における 羅什譯禪經について」-『坐禪三昧經』と初期禪宗 · 天台法門- (『宗學研究』30, 駒澤大學, 1988).
小川弘貫, 「大慧 · 宏智にみられる如來藏·佛性」,(『駒澤大學佛教學部研究紀要』30, 1972).
阿部肇一, 「南宋の大慧宗杲」,(『文學部研究紀要』24, 駒澤大學, 1966).

3) 사전류
『禪學辭典』(서울:佛志社, 1995).
『佛教學大辭典』(서울: 弘法院, 1994).
『望月佛教大辭典』(京都: 世界聖典刊行協會, 1954).
『禪學大辭典』(東京: 大修館書店, 1988).
『梵和大辭典』(東京: 講談社, 1979).
『佛光大辭典』(台灣: 佛光出版社, 1989).

신행

1. 일차자료

『無量壽經宗要』(『大正藏』37권)
『增一阿含經(『大正藏』2권)
『長阿含經』(『大正藏』1권)
『大乘起信論』(『大正藏』32권)
『華嚴經(60권)』(『大正藏』9권)
『法華玄義』(『大正藏』33권)
『法華經』(『大正藏』9권)
『大日經』(『大正藏』18권)
『大日經疏』(『大正藏』39권)

2. 이차자료

簡豐文, 『실용불학사전』(台北市: 불타교육기금회, 2001)
곽철환, 『시공불교사전』(서울: 시공사, 2003)
김길상, 『불교대사전』(서울: 홍법원, 2001)
多屋頼俊, 『新版仏教學辭典』(京都: 法藏館, 2003)
佛光大藏經編修委員會, 『佛光大辭典』(高雄市: 佛光出版社, 1989)
서광, 『한영불교사전』(서울: 불광출판사, 2002)
平川彰, 『佛教漢梵大辭典』(東京: 凸版印刷株式會社, 1997)
河野清一, 『불교사전』, 成光館, 1943.
한국종교사회연구소, 『한국종교문화사전』, 1991.
강건기, 「한국불자의 신행형태-불교신행, 그 문제와 방향」, 『多寶』, 대한불교진흥원, 1995.6.
권기종, 「불자의 바른 신행을 위하여-불교신행, 그 문제와 방향」, 『多寶』, 대한불교진흥원, 1995.6.
김기성, 「세 가지의 신행목표」, 『金剛』, 구인사, 1988.9.
김동화, 「僧俗과 信行佛教」, 『法輪』, 法輪寺, 1975.7.
김영길, 「法華經 方便品 長頌의 信行的 意義」, 『동국사상』14권, 동국대 불교대학, 1981, 75-89면.
김영두, 「佛教의 信行과 現實參與」, 『法施』, 法施舍, 1974.12.
김현준, 「'청정'한 이 땅을 위한 불자들의 신행생활 방향」, 『多寶』, 대한불교진흥원, 1996.3.

목경찬, 「삶속에 스며드는 신행생활」, 『법사회보』, 1997.1.
______, 「신행혁신운동을 통해 '참다운 불자가 됩시다'」, 『법회와 설법』, 대한불교조계종. 포교원, 1995. 12.
목정배, 「계율의 새로운 해석과 현실화-불교신행, 그 문제와 방향」, 『多寶』, 대한불교진흥원, 1995.6.
무 관, 「불교의 신행생활」, 『海印』, 해인사, 1986.8.
박미선, 「원광(圓光)의 점찰법회와 삼계교(三階敎)」, 『한국사상사학』24호, 한국사상사학회, 2005, 169-197면.
박부영, 「신행혁신을 위한 재정개혁: 개혁종단의 재정개혁 성과와 한계」, 『선우도량』, 선우도량출판부, 1998.2.
박성배, 「선가(禪家)의 신행이론을 통해 본 인간관」, 한국동서철학연구회 논문집, 제3회 주제 동서철학에 있어서의 인간관: 모든 사람이 다 부처님이다」, 『동서철학연구』, 한국동서철학회, 1986, 13-19면.
______, 「오늘을 사는 불자들의 올바른 신행생활」, 『불교와 문화』, 대한불교진흥원, 1998.1.
보 각, 「제자불자의 교육과 신행에 도움을 주는 기관」, 『比丘尼』, 2000.5.
보 광, 「아미타신앙이란 무엇인가」, 『불교와 문화』통권35호, 대한불교진흥원, 2000.
서정락, 「신행을 한결같이」, 『法施』, 法施舍, 1980.9.
선진규, 「새 천년 정토신행의 포교방향-21세기 불교신행의 과제」, 『정토학연구』제2집, 한국정토학회, 1999.
아오키 고쇼, 「현대사회와 불교의 신행」, 『多寶』4호, 대한불교진흥원, 1992, 147-153면.
오고산, 「신행활동을 위한 여러 단체들」, 『奉恩』, 봉은편집부, 1992.10.
오고산, 「신앙과 신행의 목적」, 『법회와 설법』, 대한불교조계종포교원, 1997.4.
원의범, 「신행은 과학적 방법을 능가한다-새로운 건설적 이념구성을 위하여」, 『불교사상』, 불교사상사, 1962.8.
이기운, 「조선시대 정업원의 설치와 불교신행」, 『종교연구』25호, 한국종교학회, 2001, 155-174면.
이기운, 「조선시대 왕실의 比丘尼院 설치와 信行」, 『역사학보』178호, 역사학회, 2004, 29-58면.
이영무, 「신행과 삼보-불교를 어떻게 믿을 것인가」, 『불교사상』, 불교사상사, 1984.3.
이태원, 「僧伽의 信行方向」, 『정토학연구』, 한국정토학회, 1999.12.
전운련, 「불교교학: 천태지의의 관음신행관」, 『한국불교학』33호, 한국불교학회, 2003, 185-214면.
전형성, 「재가인의 바른 신행과 발심」, 『金剛』, 구인사, 1987.3.
정병조, 「신라시대 지장신행(地藏信行)의 연구」, 『불교학보』19호, 불교문화연구원, 1982, 327-344면.
______, 「慈藏과 文殊信行」, 『신라문화』3-4권, 동국대학교 신라문화연구소, 1987, 139- 153면.
______, 「義湘의 彌陀信行 硏究」, 『신라문화』7권, 동국대학교 신라문화연구소, 1990, 215-230면.
______, 「청정운동은 21세기를 여는 새로운 신행개혁운동: 전주지역청정운동실천전국대회」, 『多寶』, 1996.
______, 「불교신행의 새로운 방향-불교신행, 그 문제와 방향」, 『多寶』, 대한불교진흥원, 1995.6.
정철호, 「21세기 불교신행의 과제-재가불교의 입장」, 『정토학연구』제2집, 한국정토학회, 1999.
조준호, 「초기경전에 나타난 재가자의 위상과 신행생활」, 『불교평론』5권(통권14), 현대불교신문사, 2003.03. 112-139면.
지 홍, 「올바른 신행체계를 정립해야 한다」, 『법회와 설법』, 대한불교조계종포교원, 1995. 07.
______, 「보현행원으로 이웃과 함께 신행생활을」, 『법회와 설법』, 대한불교조계종포교원, 1998.06.
______, 「신행생활 속에 스며드는 부처님 오신 날」, 『법회와 설법』, 대한불교조계종포교원, 1998.05.
______, 「신행의 문」, 한국불교태고종총무원, 1982.

채인환, 「경전에 나타난 불교신행-불교신행, 그 문제와 방향」, 『多寶』, 대한불교진흥원, 1995.6.
한정섭, 「신행불교 운동의 제창과 전개」, 『불교문화연구』2권, 동국대 불교사회문화연구원, 2001, 212-236면.
______, 「신행불교운동의 제창과 전개」, 『불교문화연구』, 동국대 불교사회문화연구원, 2001.12.
______, 「뇌허 김동화선생의 저술세계」, 『불교문화연구』2집, 동국대 불교사회문화연구원, 2001, 190-211면.
한태식, 「아미타신앙이란 무엇인가-생활속의 신행」, 『불교와 문화』, 대한불교진흥원, 2000.7.8.
김동화, 『신행불교』, 정각사신행회, 1977.
______, 『신행불교』, 문조사, 1978.
대한불교조계종, 『불교의 이해와 신행』, 조계종신도교재2권, 2004.
마 성, 『불교신행공덕』, 법공양총서, 불광출판부, 2004.
박보광, 『佛子신행관』, 보광스님법문집, 석황사, 1998.
오고산, 『信行法典』, 반야샘, 1986.
우 학, 『불자수행지침서:信行寶鑑』, 좋은인연, 1996.
이성운, 『신행수첩』, 정우서적, 2001.
이지관, 『信行日鑒』, 동국대 역경원, 1993.
이혜성,이지형, 『(소원성취되는)불공·기도』, 불교신행생활총서2, 1989.
일 타, 『생활 속의 기도법』, 불교신행총서1, 효림, 1996.

염불

1. 출전 근거

『장아함경』(『대정장』 1권)
『잡아함경』(『대정장』 2권)
『증일아함경』(『대정장』 2권)
『마하반야바라밀경』(『대정장』 8권)
『묘법연화경』(『대정장』 9권)
『대방광불화엄경』(『대정장』 9권)
『불설아미타경』(『대정장』 12권)
『불설무량수경』(『대정장』 12권)
『관무량수불경』(『대정장』 12권)
『불설대승무량수장엄경』(『대정장』 12권)
『불설반주삼매경』(『대정장』 13권)
『지장보살본원경』(『대정장』 13권)
『약사유리광칠불본원공덕경』(『대정장』 14권)

용수, 『십주비바사론』(『대정장』 26권)
무착, 『섭대승론』(『대정장』 31권)
마명, 『대승기신론』(『대정장』 32권)
선도, 『관무량수불경소』(『대정장』 37권)
가재, 『정토론』(『대정장』 47권)
혜원, 『악방문류』(『대정장』 47권)
선도, 『관념아미타불상해삼매공덕법문』(『대정장』 47권)
선도, 『왕생예찬게』(『대정장』 47권)
연수, 『정토지귀집』(신찬대일본속장경 61)
도작, 『안락집』(『대정장』 47권)
담란, 『약론안락정토의』(『대정장』 47권)
도선, 『속고승전』(『대정장』 50권)

각훈, 『해동고승전』(『대정장』 50권)
도선, 『광홍명집』(『대정장』 52권)
영초, 『동역전등목록』(『대정장』 55권)

원효, 『무량수경종요』(『한불전』 1권)
원효, 『유심안락도』(『한불전』 1권)
법위, 『무량수경의소』(『한불전』 2권)
의적, 『무량수경술의기』(『한불전』 2권)
경흥, 『무량수경연의술문찬』(『한불전』 2권)
지눌, 『권수정혜결사문』(『한불전』 4권)
보우, 『태고화상어록』(『한불전』 6권)
혜근, 『나옹화상어록』(『한불전』 6권)
혜근, 『나옹화상가송』(『한불전』 6권)
기화, 『함허당득통화상어록』(『한불전』 7권)
보우, 『권념요록』(『한불전』 7권)
휴정, 『심법요초』(『한불전』 7권)
언기, 『편양집』(『한불전』 8권)
해원, 『천경집』(『한불전』 9권)
도안, 『월저당대사집』(『한불전』 9권)
유일, 『연담대사임하록』(『한불전』 10권)
팔관, 『삼문직지』(『한불전』 10권)
일연, 『삼국유사』
김부식, 『삼국사기』
法然, 『選擇本願念佛集』(眞宗聖教全書 Ⅰ)
親鸞, 『歎異抄』(眞宗聖教全書 Ⅱ)
親鸞, 『末燈鈔』(眞宗聖教全書 Ⅱ)
『日本書紀』

2. 참고 문헌

운허 용하 편, 『불교사전』(동국역경원 2002)
망월신형, 『망월불교대사전』(세계성전간행협회 1973)
스즈키 다이세쓰, 『범화대사전』(영목학술재단 1986)
정문연, 『민족문화대백과사전』(한국정신문화연구원 1991)

안진호, 『석문의범』1968 법륜사
불교문화연구원, 『한국정토사상연구』 1985 동국대학교출판부
이태원, 『염불의 원류와 전개사』1998 운주사
김영태, 『한국불교사 개설』 1986 경서원
길희성, 『일본의 정토사상』 1999 민음사
望月信亨, 이태원역, 『중국정토교리사』 1997 운주사
坪井俊映, 이태원역, 『정토삼부경개설』 1992 운주사
坪井俊映, 한보광역, 『정토교개론』 2000 여래장
藤原凌雪, 『念佛思想の研究』 1957 永田文昌堂
藤田宏達, 『原始淨土思想の研究』 1986 岩波書店
香川孝雄, 『淨土教の成立史的研究』 1993 山喜房佛書林
色井秀讓, 『淨土念佛原流考』 1978 百華苑
D. T, Suzuki, Shin Buddhism (New York Harper & Row, 1970)
김영태, 「삼국시대 미타신앙의 수용과 전개」(『한국정토사상연구』동국대학교출판부, 1985)
서종범, 「조선후기의 염불관」『논문집』4, (중앙승가대학, 1905.11)
강동균, 「대승불교에 있어서 정토사상의 의미」『정토학연구』창간호(한국정토학회 1998)
이태원, 「경론과 정토교사에 나타난 염불의 종류」『정토학연구』제5집(한국정토학회 2002)
藤吉慈海, 「禪淨雙修 根據」(『印度佛教學研究』22-2)

자비

1. 일차자료

『觀無量壽經疏』(『大正藏』37권)
『觀無量壽佛經』(『大正藏』12권)
『俱舍論』(『大正藏』29권)
『論語』「雍也」 제6.
『大般涅槃經』(『大正藏』12권)
『大方等大集經』(『大正藏』13권)
『大毘婆沙論』(『大正藏』27권)
『大乘義章』(『大正藏』44권)
『大智度論』(『大正藏』25권)
『無量壽經優婆提舍願生偈註』(『大正藏』40권)
『法界次第初門』(『大正藏4』6권)
『法蘊足論』(『大正藏』26권)
『法華經』(『大正藏』9권)
『佛地經論』(『大正藏』26권)
『成實論』(『大正藏』32권)
『順正理論』(『大正藏2』9권)
『十地經論』(『大正藏』26권)
『阿育王經』(『大正藏』50권)
『瑜伽師地論』(『大正藏』30권)
『維摩詰所說經』(『大正藏』14권)
『雜阿含經』(『大正藏』2권)
『長阿含經』(『大正藏』1권)
『中論』(『大正藏』30권)
『中阿含經』(『大正藏』1권)
『增一阿含經』(『大正藏』2권)
『華嚴經探玄記』(『大正藏』35권)
Aṅguttara-nikāya, vol.V, ed. by Richard Morris, revised by A. K. Warder(2nd ed.; London: PTS, 1961)
Bodhisattvabhūmi. ed, by U. Wogihara, Tokyo: Sankitbo Buddhist Book Store, 1971.
Dīgha-nikāya. vol.Ⅲ, ed, by T. W. Rhys Davids and J. Estlin Carpenter(London: PTS, 1975).
Ratnagotravibhāga-Mahāyānottaratamtraśāstra. ed. by E. H. Johnston
Saṃyutta-nikāya. I. ed. by Leon Feer(London: PTS, 1898)
Suttanipāta. ed. by Dines ansersen & Helmer Smith(London: PTS, 1913).
Suttanipātaṭṭhkathā. ed. by Dines ansersen & Helmer Smith(London: PTS, 1913).
Theragāthā. ed. by Hermann Oldenberg & Richard Pischel(2nd ed.; London: PTS, 1966)
Vinaya piṭaka vol. I. translated from pali by T. W. Rhys Davids and Hermann Olenberg, Lodon: Oxford University, 1882.
Buddha Gosha, *Visuddhimagga*, translated from the Pali by Bhikkhu Nyanamoli, 4thed. Kandry, Sri Lanka: Buddhist Publication Society, 1979.

2. 이차자료

최봉수 譯, 『마하박가』1(서울: 시공사, 1998)
武邑尙邦, 『佛教思想辭典』(東京: 教育新潮社, 1987)
雲井昭善, 『パーリ語佛教辭典』(東京: 山喜房佛書林, 1997)
荻原雲來(編), 『梵和大辭典』(東京: 講談社, 1986)
Sir Monier Monier-Williams, *Sanskrit-English Dictionary*, London: Oxford University Press, 1899.
고영섭, 『연기와 자비의 생태학』(서울: 연기사, 2001)

郭相勳,「初期佛教經典의 慈悲와 共觀福音書의 아가페 研究」, 東國大學校大學院 博士學位論文, 2004.
金龍澤,「慈悲의 社會福祉的 價値와 實踐」,『불교에 있어서의 자비: 현대사회의 대응』, 동국대학교, 1998.
金龍煥,「原始佛教의 慈悲思想」,『石堂論叢』제19집, 동아대학교, 1993.
金洪喆,「韓國新宗教에 있어서 慈悲와 救援의 問題」,『石堂論叢』제19집, 동아대학교, 1993.
길희성,「자비와 아가페」,『한국전통사상과 천주교』제1집(서울: 탐구당, 1995)
목정배,「21세기와 자비」,『불교에 있어서의 자비: 현대사회의 대응』, 동국대학교, 1998.
문을식,「여래장 사상에서 여래의 자비 문제」,『伽山學報』제6집, 가산불교문화연구원, 1997.
박규상,「사랑과 자비의 현대적 조명」,『石堂論叢』제19집, 동아대학교, 1993.
붓다락키따, 강자대행 譯,『자비관』(서울: 고요한 소리, 1991)
森山清徹,「菩薩思想としての慈悲」,『불교에 있어서의 자비: 현대사회의 대응』, 동국대학교, 1998.
小川一乘,『佛性思想』(京都: 文榮堂書店, 1982)
안옥선,「부처님의 근본 가르침: 욕망의 지멸·자유·자비」,『불교평론』통권14집, 현대불교신문사, 2003.
에드워드 콘즈,「慈·悲·喜·捨에 관하여」,『佛教研究』1, 韓國佛教研究院, 1985.
에드워드 콘즈, 안성두·주민황 譯,『인도불교사상사』(서울: 민족사, 1993)
硯川眞旬,「慈悲思想의 現代社會的 展開」,『불교에 있어서의 자비: 현대사회의 대응』, 동국대학교, 1998.
吳亨根,『印度佛教의 禪思想』(서울: 도서출판 한성, 1992)
李珖洙,「힌두교에서의 사랑의 의미-박띠와 고대 인도 사회와의 관계를 중심으로」,『石堂論叢』제19집, 동아대학교, 1993.
이성배,「하느님은 사랑이시다-천주교에 있어서의 사랑에 대하여」,『石堂論叢』제19집, 동아대학교, 1993.
李榮哲,「자비의 원리-원초적 해석의 방법론적 원리에 관한 한 연구」,『哲學』vol.28, 한국철학회, 1987.
이종택 譯,『불교와 기독교의 비교연구』(서울: 고려원, 1989)
임승택 옮겨지음,『빠띠삼비다막가역주』(서울: 가산불교문화연구원, 2001)
정영식,「연민(憐憫)-자비(慈悲)-형성과학의 원리에 의한 그리스도교와 불교의 비교연구」,『理性과 信仰』Vol.10, 수원카톨릭대학교, 1995.
정호영,『여래장 사상』(서울: 대원정사, 1993)
早島鏡正,「정토사상における愛と慈悲」,『石堂論叢』제19집, 동아대학교, 1993.
曺勇吉,「慈悲喜捨的 社會正義實現考」,『韓國佛教學』제15집, 한국불교학회, 1990.
中村元,『慈悲』(京都: 平樂寺書店, 1961)
崔箕杓,「四無量心의 수행체계」,『韓國佛教學』제25집, 한국불교학회, 1999.
허일범,「慈悲의 重要性과 그 修習-Kamalśīla의『修習次第』譯註1」,『伽山學報』제4집, 가산불교문화연구원, 1995, 241-260면.
Acharya Buddharakkhita, *The Philosopy and Practice of Universal Love*, Sri Lanka: Buddhist Publican Society, 1956.
Burtt Ediwin, *The Teachings of the Compassionate Buddha*, New York: New American Library, 1958.
Gombrich Richard Francis, *Kindness and Compassion as Means to Nirvana*, Amsterdam: Royal Netherlands Academy of Arts and Science, 1998.
Fumio Masutani, *A Comparative Study of Buddhism and Chirstianity,* Tokyo: CLLB Press, 1962.
H. Oldenberg, *Aus dem alten Indien*.

참회

1. 일차자료

Monier,Williams, Sanskrit-English Dictionary(London;Oxford University Press, 1988)
『根本說一切有部毘那耶』(『大正藏』23권)
『根本說一切有部毘奈耶雜事』(『大正藏』24권)
『金剛三昧經』(『大正藏』9권)
『金光明最勝王經』(『大正藏』16권)
『南海寄歸內法傳』(『大正藏』54권)
『大方廣佛華嚴經』(40卷)(『大正藏』10권)
『大方廣佛華嚴經』(80卷)(『大正藏』10권)
『大乘本生心止觀經』(『大正藏』3권)
『別譯雜阿含經』(『大正藏』2권)
『佛說觀普賢菩薩行法經』(『大正藏』9권)
『佛說大集法門經』(『大正藏』1권)
『佛說新歲經』(『大正藏』1권)
『佛說如來不思議祕密大乘經』(『大正藏』11권)
『佛說玉耶女經』(『大正藏』2권)
『佛爲首迦長者說業報差別經』(『大正藏』1권)
『四分律刪補隨機羯磨疏濟緣記』(『卍續藏經』64),
『四十二章經』(『大正藏』17권)
『阿毘達磨俱舍論』(『大正藏』29권)
『阿毘達磨大毘婆沙論)』(『大正藏』27권)
『阿毘達磨藏顯宗論』(『大正藏』29권)
『阿毘曇八犍度論』(『大正藏』27권)
『圓覺經略疏鈔』(『續藏經』15권)
『維摩詰所說經』(『大正藏』14권)
『雜阿含經』(『大正藏』2권)
『占察善惡業報經』(『大正藏』17권)
『增壹阿含經』(『大正藏』2권)
『顯揚聖敎論』(『大正藏』31권)
『華嚴經探玄記』(『大正藏』35권)
畺良耶舍, 『觀無量壽佛經義疏』(『大正藏』37권)
德輝 重編, 『勅修百丈淸規)』(『大正藏』48권)
法海 集, 『六祖大師法寶壇經』(『大正藏』48권)
善導 集記, 『往生禮讚偈』(『大正藏』47권)
延壽, 『萬善同歸集』(『大正藏』48권)
元照 撰, 『四分律行事鈔資持記』(『大正藏』40권)
元曉, 『金剛三昧經論』(『韓佛全』1권)
元曉, 『大乘起信論疏』(『韓佛全』1권)
諸大 集撰, 『慈悲道場懺法』(『大正藏』45卷)
宗密, 『大方廣圓覺修多羅了義經略疏』(『大正藏』39卷)
智顗 說, 『釋禪波羅蜜次第法門』(『大正藏』46卷)
智顗 說, 灌頂 록, 『金光明經文句』(『大正藏』39卷)
澄觀, 『大方廣佛華嚴經疏』(『大正藏』35卷)
天台 智顗, 『佛說觀無量壽佛經疏』(『大正藏』37卷)
太賢, 『梵網經古迹記』下末(『韓佛全』) 卷
『論語』(서울;傳統文化硏究院, 1999)

2. 이차자료

운허, 『佛敎辭典』(서울: 동국역경원, 2002)

駒澤大學禪學大辭典編纂所, 『禪學大辭典』(東京: 大修館書店, 昭和60)
『望月佛教大辭典』(東京: 世界聖典刊行協會, 昭和48)
全在星 편저, 『빠알리語辭典』(서울: 한국불교대학출판부, 1994)
中村 元, 『佛教語大辭典』(東京: 東京書籍株式會社, 昭和56)
『법요집(法要集)』(동국대학교 정각원, 1996), 55면.
『그리스도교대사전』(서울: 대한기독교서회, 1987), 1206면.
『새성경사전』(서울: 기독교문서선교회, 2001), 1784면.
『기독교백과사전』 (서울: 기독교문사 1994), 1622면.

金柄煥, 「元曉의 大乘六情懺悔 研究」, 동국대학교 대학원 석사학위논문, 1987.
김성철 역주, 『中論』(서울: 경서원, 2001)
목정배, 『계율학개론』(서울: 장경각, 2001)
사토 미츠오, 김호성 옮김, 『초기불교교단과 계율』(서울: 민족사, 1991)
이운허 역, 『法華經』(서울: 동국대역경원, 1990)
최법혜 편역, 『불교윤리학논집』(서울: 고운사본말사교육연수원, 1996)
한국불교계율사상연구(韓國佛教戒律思想研究) I (서울: 토방, 1997)

팔정도

1. 일차자료

『別譯雜阿含經』(『大正藏』2권)
『雜阿含經』(『大正藏』2권)
『中阿含經』(『大正藏』1권)
『增一阿含經』(『大正藏』2권)
ed. H. Oldenberg, *Vinayapiṭaka* I , London: PTS, 1879. 10면.
ed. T.W. Rhys Davids, J.E. Carpenter, W. Stede, *Dīghanikāya*, London: PTS, 1890- 1911.
M.Leon Feer, *Saṅyuttanikāya*III, London: PTS, 1975.
Mrs. Rhys Davids, *The Vibaṅga*, London: PTS, 1978. 99-121면
P.L. Vaidya, Lalitavistara, *Buddhist Sanskrit* Texts. No.1, The Mithila Institute, 1958. 270-271면.
V. Trenckner외, *Majjhimanikāya* I -III, London: PTS, 1979, 1977.

2. 이차자료

Franz-Karl Ehrhad, *Das Lexikon des Buddhismus*, Otto Wilhelm Barth Verlag, 1992.
T.W. Rhys Davids, W, Stede, *The Pali Text Society's Pali-Englisch Dictionary*, London: PTS, 1986.
V, Trenckner, *Critical Pali Englisch Dictionary*1, Copenhagen: The Royal Danish Academy, 1924-48, 65면.
望月信亨, 『望月 佛教大辭典』제5권(東京: 世界聖典刊行協會, 1974), 4214-4215면
蘇慈爾 외, 『中央佛學辭典』(佛光出版社, 民國83년), 37-38면.

Bodhi, *The Noble Noble Eightfold Path*, Kandy: BPS, 1984.
David J. Kalupahana, *Buddhist Philosophy*, Honolulu: The University Press of Hawaii, 1976. 59-60면.
ed. H. Bechert and R. Gombrich, *The World of Buddhism*, London: Thames and Hudson Ltd, 1984. 52면.
Ledi Sayadaw. 'The Noble Eightfold Path and Its Factors Explained'. *Wheel* 245/247. Kandy: BPS.
Nyanatiloka Thera, *The Word of the Buddha*. 14th ed., BPS, 1968.
Piyadassi Thera, *The Buddha's Ancient Path*, 3rd., ed., BPS, 1979

Walpola Rahula, *What the Buddha taught,* London: Goldon Fraser, 1972.
E. 후라오봘르너, 朴泰燮 역주, 『원시불교』(서울: 고려원, 1991), 119-123면.
金東華, 『原始佛敎思想』(서울: 뇌허불교학술원. 2001)
白道守 역주, 『맛지마니까야(中部) I』(서울: 민속원, 2002)
水野弘元, 東峰 譯, 『原始佛敎』(서울: 관음출판사, 1994)
李仲杓, 『阿含의 中道體系 硏究』, 동국대학교대학원 박사학위논문, 1989.
崔琮錫, 「연기와 공의 종교신학적이해에 대한 고찰」, 팔정도의 새로운 해석을 통한 불교와 그리스도교의 자기개혁적 접근, 『공과 연기의 현대적조명』, 고려대장경연구소, 2000.
韓鏡洙, 『阿含經에 나타난 修行觀 硏究』, 동국대학교대학원 석사학위논문, 1989.

* 바른 견해(정견, Right View)
Nyanatiloka, 'Karma and Rebirth', *Wheel* 9, Kandy: BPS.
Soma, *Right Understanding, Colombo*: Bauddha Sahitya Sabha, 1946.
Story, Francis. 'The Four Noble Truths', *Wheel* 34/35, Kandy: BPS.
Wijesekera, O. H de A. 'The Three Signata', *Wheel* 20, Kandy: BPS.
* 바른 사유(정사유, Right Intentions)
Nānamoli, 'The Practice of Lovingkindness', *Wheel* 7. Kandy: BPS.
Nyanaponika, 'The Four Sublime States', *Wheel* 6. Kandy: BPS.
Prince, T. 'Renunciation', *Bodhi Leaf B*. 36, BPS.
* 바른 말(정어, Right Speech), 바른 행위(정업, Right Action), 바른 생활(정명, Right Livelihood)
Bodhi, Bhikkhu, 'Going for Refuge and Taking the precepts'. *Wheel* 282/284, Kandy: BPS.
Narada, 'Everyman's Ethics', *Wheel* 14, Kandy: BPS.
Story, Francis, 'Buddhist Lay Ethics', *Bodhi Leaf B*.59, BPS.
Vajrañāṇavarorasa, *The Five Precepts and the Five Ennoblers*, Bangkok: Mahāmakuta, 1975.
* 바른 노력(정정진, Right Effort)
Nyanaponika, 'The Five Mental Hindrances and Their Conquest', *Wheel* 26, Kandy: BPS.
Piyadassi, 'The Seven Factors of Enlightment', *Wheel* 1, Kandy: BPS.
Soma, 'The Removal of Distracting Thought', *Wheel* 21. Kandy: BPS.
* 바른 마음챙김(정념, Right Mindfulness)
Nyanaponika, *The Heart of Buddhist Meditation*, London: Rider & Co, New York, Samuel Weiser, 1962.
Nyanaponika, 'The Power of Mindfulness', *Wheel* 121/122, Kandy: BPS.
Nyanasatta, 'The Foundations of Mindfulness(Satipaṭṭhāna Sutta)', *Wheel* 19, Kandy: BPS.
Soma, *The Way of Mindfulness(Satipaṭṭhāna Sutta, with Commentaries)*, 3rd ed., BPS, 1967.
* 바른 선정(정정 Right Concentraton & The Development of Wisdom)

Buddhaghosa, Bhadatācariya, *The Path of Purification(Visuddhimagga)*, Translated by Nāṇamoli, 4th ed, BPS, 1979.
Khantipālom, *Calm and Insight*, London: Curzon, 1980.
Ledi Sayadaw, 'A Manual of Insight', *Wheel* 31/32, Kandy: BPS.
Nyanatiloka, *The Buddha's Path to Deliverance*, BPS, 1982.
Vajrañāṇa, Paravahera, *Buddhist Meditation in Theory and Practice*, 2nd ed, Kuala Lumpur, Malaysia: Buddhist Missionary Society, 1975.

오정심관

Pāli Text와 略語는 *Critical Pāli Dictionary*(CPD) Vol.1의 Epiloegomena 참조.
기타 약어는 다음 문헌에 따른다.
Abkurzungsverzeichnis zur buddhistischen Literatur in Indien und Sudostasien, herausgegeben von Heinz Bechert. Gottingen : Vandenhoeck & Ruprecht, 1990.

1. 일차자료

Pāli 문헌 검색 및 인용을 위한 데이터베이스로는 다음의 자료를 참조하였다.
Pāli Text Database (Pāli Text Society Editions) inputted by Association for Pali Text Inputting (APTI), Faculty of Letters, University of Tokyo, 1993 - 1998.
Chatta Saṅghayana Tipitaka CD III, Vipassanā Research Institute, Igatpuri, 1998.

Akbh. : *Abhidharmakośabhāṣya*, ed. by P. Pradhan, Tibetan Sanskrit Works Series vol. 8, Patna, 1967.
(『구사론』 등의 범어 원문 자료는 정신문화연구원 이종철교수가 입력한 자료를 이용하였다.)
Vism-mhṭ. : Visuddhimagga-Mahāṭīkā (Paramatthamañjūsā). Burmese Chatta Saṅghayana edition. Vols. 2, Yangon, 1960.
『大正藏』: 『大正新脩大藏経』(『大正藏』1권, 212상2-8은 대정장 1권 212면 上段 2행에서 8행까지를 의미)

『倶舍論』(『大正藏』29권)
『南海寄歸內法傳』(『大正藏』54권)
『大乘阿毘達磨集論』(『大正藏』31권)
『大乘義章』(『大正藏』44권)
『大毘婆沙論』『大正藏』27권)
『大般若波羅蜜多經』(『大正藏』7권)
『大般涅槃經』(『大正藏』12권)
『佛說立世阿毘曇論』(『大正藏』32권)
『菩薩地持經』(『大正藏』30권)
『思惟略用法』(『大正藏』15권)
『四分律』(『大正藏』22권)
『四教義』(『大正藏』46권)
『舍利弗阿毘曇論』(『大正藏』28권)
『三無性論』(『大正藏』31권)
『攝大乘論釋』(『大正藏』31권)
『修行道地經』(『大正藏』15권)
『阿毘曇八揵度論』(『大正藏』26권)
『阿毘達磨發智論』(『大正藏』26권)
『坐禪三昧經』(『大正藏』15권)
『修行道地經』(『大正藏』15권)
『阿毘曇甘露味論』(『大正藏』28권)
『五門禪經要用法』(『大正藏』15권)
『瑜伽師地論』(『大正藏』30권)
『長阿含經』(『大正藏』1권)
『雜阿含經』(『大正藏』2권)
『中阿含經』(『大正藏』1권)
『增一阿含經』(『大正藏』2권)
『解脫道論』(『大正藏』32권)
普光, 『倶舍論記』(『大正藏』41권)
神泰, 『倶舍論疏』(『大正藏』41권)
澄觀, 『大方廣佛華嚴經隨疏演義鈔』(『大正藏』36권)

2. 이차자료

榎本文雄, 「阿含経典の成立」, 『東洋学術研究』23-1, 東洋哲学研究所, 1984.
江島惠教, 「経と論(一)－経から論へ」, 『インド仏教 2』, 岩波講座 · 東洋思想第九巻, 岩波書店, 153-170면. 『空と縁起』(東京: 春秋社, 2003), 145-178면 再錄, 1988.

金宰晟,「『清浄道論』における刹那定と近行定－SamathayānaとVipassanāyānaの接点－」『インド哲学仏教学研究』3, 東京大学文学部インド哲学仏教学研究室, 1995.
______,「界差別について－南北両阿毘達磨の修行道における位置づけ－」,『韓國佛教學Seminar』第7號, 한국유학생인도학불교학연구회, 1998.
______,「순관(純觀, suddha-vipassanā)에 대하여」,『불교학연구』4, 불교학연구회, 2002.
______,「초기불교에 있어 mettā 수행의 위치」, 인도철학회 발표논문(미출판), 2003.
______,「慧解脱について」『印度學佛教學研究』51-2, 831-827면(L), 日本印度學佛教學会, 2003.
______, 염처경(念處經)에 나타난 수행법」,『한국불교학결집대회논집』제1집 하권, 2002.
______,「南方上座部仏教における修行の理論と実践—タイとミャンマーの現地調査に基づいて—」『パーリ学仏教文化学』10, 1996.
김호귀,「禪觀思想의 考察 - 禪觀經典의 분류를 중심으로」,『동국사상』27/28집, 대림, 1996.
대림 譯,『들숨날숨에 마음챙기는 공부』(서울: 초기불전연구원, 2003)
大谷信千代,『法と行の思想としての仏教』(京都: 文営堂, 2000)
藤田宏達,「原始佛教における因果思想」,『佛教思想 3 因果』(京都: 平樂寺書店, 1997)
森章司,『原始仏教から阿毘達磨への仏教教理の研究』(東京: 東京堂出版, 1995)
釋惠敏,『「声聞地」における所縁の研究』(東京: 山喜房仏書林, 1994)
水野弘元,『仏教文献研究』水野弘元著作選集 第一卷(東京: 春秋社, 1996)
_______,『パーリ仏教を中心とした仏教の心識論』(東京: 山喜房仏書林, 1978)
玉城 康四郎,「縁起の眞意 原型への復帰」,『印度学仏教学研究』83(42-1), 日本印度學佛教學会, 1983.
일중,「입출식념경에 나타난 초기불교의 호흡관 수행법」,『한국불교학결집대회논집』2-2, 2004.
田中教照,「阿毘曇心論系と大毘婆沙論の修行道のちがいについて」,『印度学仏教学研究』24-1, 日本印度學佛教學会, 1975.
_______,『初期仏教の修行道論』(東京: 山喜房仏書林, 1993)
早島鏡正,『初期佛教の社会生活』(東京: 岩波書店, 1964)
中村元,『慈悲』(京都: 平樂寺書店, 1997)
______,『原始佛教の思想 I』(東京: 春秋社, 1993).
下田正弘,「《さとり》と《救い》－インド仏教類型論再考」,『宗教研究』70-1, 한국종교학회, 1996.

Aronson, Harvey B, *Love and Sympathy in Theravāda Buddhism,* Delhi: Motilal Banarsidass, 1986.
Bapat, P.V., *Vimuttimagga and Visuddhimagga : A comparative study*, Poona, 1937.
Ehara, N.R.M., Soma Thera, Kheminda Thera, *The Path of Freedom(Vimuttimagga) by the Arahant Upatissa*, Kandy: Buddhist Publication Society, Reprinted in 1977, 1995. Gethin, R.M.L.
Ehara, N.R.M., Soma Thera, Kheminda Thera, *The Buddhist Path to Awakening : A Study of the Bodhi-Pakkhiyā Dhammā*, Leiden: E. J. Brill, 1992.
Lamotte Étienne, *Le Traité de la Grande Vertu de Sagesse, Tome III*, Louvin, 1970.
Nyanatiloka, *The Word of the Buddha*, Kandy: Buddhist Publication Society, 1981. (김재성 譯,『붓다의 말씀』(서울: 고요한 소리, 2003)
Sakurabe, Hajime, 'On the Wu-T'ing-Hsin-Kuan', *Indianisme et Bouddhisme, Mélanges offerts à Mgr Étienne Lamotte*, Louvain, 1980.

사념처

1. 일차자료

Aṅguttaranikāya (AN.) 5 vols., Ed. R. Morris and E. Hardy, London: PTS, 1985-1990 (reprints); Tr. F.L. Woodward. 4 vols., *The Book of the Gradual Sayings,* London: PTS, 1986.

Dīghānikāya (DN.) 3 vols., Ed. T.W. Rhys Davids and J.E. Carpenter, London: PTS, 1982 (reprints); Tr. T.W. & C.A.F. Rhys Davids., *The Dialogues of the Buddha*. 3 vols., London: PTS, 1991 (reprints); Tr. M. Walshe, *Thus Have I Heard,* London: Wisdom Publications, 1987.

Majjhimanikāya (MN.) 3vols., Ed. V. Trenckner and R. Chelmers, London: PTS, 1979 (reprints); Tr. I.B. Horner, *The Collection of Middle Length Sayings,* 3 vols., London: PTS, 1990 (reprints).

Manorathapūraṇī (AN., *Aṅguttaranikāya-aṭṭhakathā*) 3vols., Ed. Max Walleser, London: PTS, 1973.

Paṭisambhidāmagga (Ps.) 2 vols., Ed. A.C. Taylor, London: PTS, 1907; Ed. Nepali Khapara (with an introduction by J. Kashyap), Varanasi: Nālandā Devanāgarī Pāli Series, No.75; Tr. Bhikkhu Ñāṇamoli (with an introduction by A.K. Warder), *The Path of Discrimination,* London: PTS, 1982; 渡辺照宏 譯.『無礙解道』(『南傳大藏經』 제40-41권)(東京: 大正新修大藏經刊行會, 昭和47年(再發行); 임승택 옮김,『초기불교수행론의 집성 빠띠삼비다막가 역주』(서울: 가산불교문화연구원, 2001)

Saddhammapakāsinī (PsA., *Paṭisambhidāmagga- Aṭṭhakathā*) 3vols., Ed. C.V. Joshi, London: PTS, 1979 (reprints).

Saṁyuttanikāya (SN.) 5 vols, Ed. M.L. Feer, London: PTS, 1990 (reprints); Tr. C.A.F. Rhys Davids and S. Sumangala Thera., vol.1; C.A.F. Rhys Davids., vol.2; F.L. Woodward, vol.3, 4, 5, *The Book of the Kindred Sayings,* London: PTS, 1950, 1992 (reprints).

Vinayapiṭaka (Vin.) 5 vols., Ed. H. Oldenberg, London: PTS, 1982 (reprints); Tr. I.B. Horner, *The Book of the Discipline,* 6 vols., London: PTS, 1983-1966 (reprints); Tr. T.W. Rhys Davids and H. Oldenberg., SBE, vols.13, 17, 20, Delhi: Motilal Banarsidass Publishers, 1990-1991.

Visuddhimagga (Vism.) 2 vols, Ed. C.A.F. Rhys Davids, London: PTS, 1975 (reprints); Tr. Bhikkhu Ñāṇamoli. *The Path of Purification,* Kandy: Buddhist Publication Society, 1991; 水野弘元 譯.『淸淨道論』3권(『南傳大藏經』 제62-64권), (東京: 大正新修大藏經刊行會, 昭和12-15年; 대림 옮김,『청정도론』(서울: 초기불전연구원, 2004.

『大毘婆沙論』(『大正藏』27권)
『摩訶止觀』(『大正藏』46권)
『阿毘達磨俱舍論』(『大正藏』29권)
『瑜伽師地論』(『大正藏』30권)
『雜阿毘曇心論』(『大正藏』28권)

2. 이차자료

Buddhadāsa, Bhikkhu., *Mindfulness with Breathing: A Manual for Serious Beginners* (Translated from the Thai by Santikaro). Boston: Wisdom Publications, 1988.

Daing, U. Than., *The Doctrine of Paticcasamuppāda,* Society for the Propagation of Vipassana,. 1966.

Gethin, R.M.L., *The Buddhist Path to Awakening - A Study of the Bodhi-Pakkhiyā Dhammā.* Leiden·New York·Köln, 1992.

Ginsberg, Mitchell, *The Far Shore-Vipassanā: The Practice of Insight.* Delhi: Motilal Banarsidass, 1996.

Harcharan Singh Sobti, *Vipassanā The Buddhist Way: Based on Pāḷi Sources.* Delhi: Eastern Book Linkers, 1992.

Myanaung Tin (ed)., *Satipaṭṭhāna Vipassanā Meditation - Criticisms and Replies.* Rangoon, 1979.

Nyanaponika There, *The Heart of Buddhist Meditation.* London: Rider, 1986

Pa-Aut Sayadaw, *Mindfulness of Breathing and Four Elements Meditation,* Malaysia: WAVE, 1998 등.

Schmithausen, Lambert., 'On Some Aspects of Descriptions or Theories of 'Liberating insight' and 'Enlightenment' in Early Bddhism', *Studien Zum Jainismus und Buddhismus*, Wiesbaden: Steiner-Verlag-Wiesbaden-Gmbh, 1981.
Sīlānanda, Venerable U., *The Four Foundations of Mindfulness*. Boston, 1990.
Vetter, Tilmann,. *The Ideas and Meditative Practices of Early Buddhism*, Leiden: E. J. Brill, 1988.

강진아 옮김, 『상좌불교의 가르침』(서울: 불교시대사, 1993)
김준호, 「初期佛典에 나타난 止觀槪念」, 『韓國禪學』 제1호, 한국선학회, 2000.
김열권, 『위빠사나』 2권(서울: 불광출판부, 1993).
______ 옮김, 『남방의 선지식』(서울: 법보출판사, 1997).
김재성, 「태국과 미얀마 불교의 교학과 수행체계」, 『세계 승가공동체의 교학과 수행체계』(서울: 가산불교문화연구원, 1997)
______, 「순관(純觀, suddha-vipassanā)에 대하여」, 『불교학연구』 제4호, 불교학연구회, 2002.
______, 「마하시 수행법과 대념처경」, 『근본불교 학술대회 자료집』(서울: 근본불교 수행도량, 2002),
무념 옮김, 『사마타 그리고 위빠싸나』(서울: 보리수선원, 2004)
송위지 옮김, 『불교 선수행의 핵심』(서울: 시공사, 1999)
인경 옮김, 『단지 보기만 하라』(서울: 경서원, 1990)
일중, 「고엔카 수행법과 대념처경」, 『근본불교 학술대회 자료집』(서울: 근본불교 수행도량, 2002)
임승택, 「마음지킴의 확립을 위한 큰 경전, 제1」, 『불교원전연구』 제3호, 불교문화연구원, 2002.
______, 「선정의 문제에 관한 고찰」, 『불교학연구』 제5호, 불교학연구회, 2002.
______, 「첫 번째 선정의 의의와 위상에 대한 고찰」, 『불교학연구』 제6호, 불교학연구회, 2003.
______, 「사념처의 심리적 지평에 관한 일고찰」, 『인도철학』 제16집, 인도철학회, 2004.
______, 『위빠사나 수행관 연구』(서울: 경서원, 2004)
정준영, 「대념처경에서 보이는 수념처의 실천과 이해」, 『불교학연구』 제7호, 불교학연구회, 2003.
정원 (김재성) 옮김, 『위빠사나 수행』(서울: 보리수선원, 1998)
조준호, 「초기불교에 있어 止·觀의 문제」, 『韓國禪學』 제1호, 한국선학회, 2000.
______, 「위빠싸나(vipassanā)의 인식론적 근거」, 『보조사상』 제16집, 2001.
______, 「초기불교중심교리와 선정수행의 제문제」, 『불교학연구』 제8호, 불교학연구회, 2004.
최봉수, 『부파불교 원전의 이해』(서울: 경서원, 1997)

사선근

1. 일차자료

MN= Majjhima-Nikāya, Vol. Ⅰ. ed. by V. Trencker. London: PTS, 1879.
『修行道地經』(『大正藏』 15권)
『阿毘達磨發智論』(『大正藏』 26권)
『阿毘達磨大毘婆沙論』(『大正藏』 26권)
『阿毘曇心論』(『大正藏』 28권)
『阿毘曇甘露味論』(『大正藏』 28권)
『阿毘達磨俱舍論』(『大正藏』 29권)
『阿毘達磨俱舍釋論』(『大正藏』 29권)
『坐禪三昧經』(『大正藏』 15권)
『集異門足論』(『大正藏』 26권)

『婆藪槃豆法師傳』(『大正藏』50권)

AKBh=*Abhidharmakośabhāṣya*. P. Pradhan(ed.), *Abhidharmakośabhāṣyam of Vasubandhu.* 2nd ed. Patna : K. P. Jayaswal Research Institute, 1975.

AKVy=*Abhidharmakośavyākhyā.* Unrai Wogihara(ed.) *Sphutārthā Abhidharmakośavyākhyā by Yaśomitra*. Tokyo: Sanikbo Buddhist Book Store, 1971.

Atthasālinī. Edward Müller(ed.) *The Atthasālinī Buddhagosa's commentary of the Dhammasaṅgani*. London: PTS, 1979.

2. 이차자료

Koitsu Yokoyama, Takayuki Hirosawa, *Dictionary of Buddhist Terminology based on Yogācārabhūmi*. Tokyo, 1997.

CPD = V. Trenker et al., *A Critical Pāli Dictionary*. Copenhagen, 1924. Ⅰ,Ⅱ, Ⅲ.

BHSD = Franklin Edgarton. *Buddhist Hybrid Sanskrit Grammer and Dictionary*. Delhi: Motila Banarsidass, 1985.

Jãschke. *Tibetan-English Dictionary*. London: Routledge & Kegan Paul LTD., 1968.

Monier-Williams, Sir Monier. *Sanskrit-English Dictionary*. London: Oxford University Press, 1899).

平川彰 外,『아비달마구사론색인』Ⅰ,Ⅱ,Ⅲ, 2nd ed.(東京: 大藏出版社, 1983)

Charles Willemen, *The Essense of Metaphysics*. Paris, 1978.

Charles Willemen·Bart Deddein·Collett Cox, *Sārvāstivāda Buddhist Scholasticism*. Lieden: New York: Köln : 1998.

Collett Cox, Attainment throgh Abandonment: The Sarvāstivādin Path of Removing Defilements, *Paths to Liberation*. Delhi: Motilal Banarasidass Publishers, 1994.

Erich Frauwallner (trans by Sophie Francis Kidd), *Studies in Abhidharma Literature and The Origins of Buddhist Philosophical systems*. New York: State of New York Press, 1995.

Genjun H. Sasaki, *Linguistic approach to Buddhist Thought*. 2nd ed.: Delhi: Motilal Banarsidass, 1992.

Hurvitz Leon, The Abhidharma on the 'Four Aids to Penetration. Emeryvile, 1997.

I. Armelin, *Le Cœur de la Loi Suprême*. Paris, 1978.

Lambert Schmithausen, *On some aspects of descriptions or theories of Liberating Insight and Enlightment in Early Buddhism*. Wiesbadan, 1981.

Nyanaponika Thera, trans., 'The roots of Good and Evil : Buddhist Texts', *The Wheel,* nos. 251-253. Kandy, Sri lanka: Buddhist Publication Society, 1978.

Robert E. Buswell, JR, The 'Aids to Penetration'(Nirvedhabhāgīya) according to the Vaibhāṣika school, *Jounal of Indian Philosophy*. Dordrecht: D. Reidel., 1997.

Robert E. Buswell, JR, The Path to Peredition: The wholesome Roots and Their eradication, *Paths to Liberation*. Delhi: Motilal Banarasidass Publishers, 1994.

T. Vetter, *The ideas and Meditative Practice of Early Buddhism*. Lieden, 1988.

권오민(역주),『아비달마 구사론』1-4.(서울: 동국역경원, 2002)

櫻部 建·小谷信千代,『俱舍論の原典解明(賢聖品)』(京都: 法藏館, 1999)

鈴木紀裕,「有部阿毘達磨に於ける四善根について」,『印度學佛教學研究』26-1, 日本印度學佛教學會, 1977.

兵藤一夫,「『現觀莊嚴論』に見える 順決擇分,」『印度學佛教學研究』36-1. 日本印度學佛教學會, 1987.

________,「四善根について-有部に於けるもの,」『印度學佛教學研究』38-2. 日本印度學佛教學會, 1990.

並川孝儀,「正量部の 四善根位說」,『印度學佛教學研究』44-1. 日本印度學佛教學會, 1997.

森章司,「發智六足論に於ける四諦說」,『印度學佛教學研究』24-2. 日本印度學佛教學會, 1975.

西義雄,『阿毘達磨佛教の研究』(東京: 國書刊行會, 1975)

西村實則,「『倶舍論』の成立と『甘露味論』」,『大正大學綜合佛教研究所年報』7(東京: 大正大學綜合佛教研究所, 1984)
釋慧敏,『「聲聞地」における所緣の研究』(Tokyo: The Sankibo Press, 1994)
小谷信千伐,『チベット倶舍論の硏究』(京都: 1995)
阿理生,「四善根位」『印度學佛教學研究』24-2, 日本印度學佛教學會, 1975.
안성두,「〈禪經〉에 나타난 유가행 유식파의 단초-4善根을 중심으로-」,『불교학연구』제6호, 불교학회, 2003.
______,「瑜伽行派에 있어 見道(darśana-mārga)說」(1),『인도철학』12, 인도철학회, 2002.
______,「瑜伽師地論에 있어 '128종 隨眠(anuśya)說의 성립과 특징」,『인도철학』12-2, 인도철학회, 2002.
櫻部 建,『佛教語の研究』(京都: 文榮堂, 1975)
이영진,「사제관의 수행법-아비달마구사론 현성품 1-28송을 중심으로-」, 동국대학교, 2000.
田中教照,「使品より見た『阿毘曇心論』の位置」,『印度學佛教學研究』36-1. 日本印度學佛教學會, 1987.
________,「阿毘曇心論系と大毘婆沙論の修行道論ちがいについて」,『印度學佛教學研究』24-1. 日本印度學佛教學會, 1975.
佐佐木現順,『阿毘達磨思想研究』(東京: 淸水弘文堂, 1958)

찾아보기

(ㅇ)

편자약력

고영섭

동국대학교 불교학과 교수(역사철학)
불교대학 세계불교학연구소 소장

저자약력

성명 가나다 순

강혜원(동국대)	신성현(동국대)
김선근(동국대)	원필성(전 대만대)
김영덕(위덕대)	이병욱(고려대)
김재성(능인불교대학원대)	이영진(금강대)
김진무(남경대)	이철헌(동국대)
김태완(부산대)	임상희(동국대)
김호귀(동국대)	임승택(경북대)
류호선(고려대)	최기표(금강대)
문을식(동국대)	최동순(동국대)
박영기(성균관대)	최은영(금강대)
백도수(능인불교대학원대)	최종석(금강대)